Heilerziehungspflege

Ein Studienbuch in Modulen
Band 2

Barbara Ebert

Norbert Göttker

Dr. Ulrike Kamende

Uwe Lüdke

Dr. Ansgar Stracke-Mertes

Unter Mitarbeit von Alfred Schramm

Handwerk und Technik – Hamburg

Für dieses Werk wurden Inhalte übernommen und überarbeitet aus:

Altenpflege in Lernfeldern – Pflegepraxis und medizinische Grundlagen
(Hrsg. H.-U. Zenneck; Autoren: R. Baur-Enders, T. Berkefeld, B. Ebert, B. Käppner, C. Liedtke, K. Meckbach, E. Querfurt, M. Weritz, K. Winkler-Budwasch, H.-U. Zenneck)

Altenpflege in Lernfeldern – Rechtliche Rahmenbedingungen und Berufskunde
(Hrsg. H.-U. Zenneck; Autoren: S. Dallmann, B. Ebert, A. Gößling-Brunken, S. Nobles, A. Tramm, Prof. Dr. O. Ungerer, H.-U. Zenneck)

Lehrbuch Altenpflege
(Autoren: R. Baur-Enders, T. Berkefeld, A. Brockmann, B. Ebert, S. Dallmann, A. Gößling-Brunken, M. Heinis, B. Käppner, Prof. Dr. H. Kohlen, K. Meckbach, E. Querfurt, D. Simpfendörfer, Prof. Dr. O. Ungerer, M. Weritz, K. Winkler-Budwasch, H.-U. Zenneck)

ISBN 978-3-582-0**4794**-6 (Band 2)

In dieser Reihe: Band 1 (ISBN 978-3-582-0**4793**-9)

Verlag Handwerk und Technik GmbH
Lademannbogen 135, 22339 Hamburg; Postfach 63 05 00, 22331 Hamburg – 2014
E-Mail: info@handwerk-technik.de – Internet: www.handwerk-technik.de
Satz und Layout: PER Medien+Marketing GmbH, 38102 Braunschweig
Umschlagmotiv: dpa-Picture-Alliance GmbH, Frankfurt am Main (Foto: Ingo Wagner)
Druck: Offizin Andersen Nexö Leipzig GmbH, 04442 Zwenkau

Autoren

Norbert Göttker
Teil I

Jg. 1961, Studiendirektor am ESPA-Berufskolleg in Münster, Studium der Theologie, Sozialwissenschaften und Sozialpädagogik in Münster und Dortmund, Bildungsgangleiter der Fachschule für Heilerziehungspflege.
Fächer Heilerziehungspflegerische Theorie und Praxis, Erziehungswissenschaften und Religion. Lehrbeauftragter an der Katholischen Hochschule Münster (Lehrgebiet Heilpädagogik) und Lehrbeauftragter an der Fachhochschule Münster (Fachbereich Pflege und Gesundheit, Modul Heilerziehungspflege).

Veröffentlichungen:
- Unterrichtsmaterial zu den Themen Rechtsextremismus, Gewalt, Globalisierung; u. a. *Europa – Quo Vadis*, mit Björn Rossa, Aulis Verlag 2011.

Dr. Ulrike Kamende
Teil I

Jg. 1974, Diplom-Pädagogin und Lehrerin (berufliche Fachrichtung Sozialpädagogik, Anglistik), Lehrerin an der Höheren Berufsfachschule und Fachschule für Sozialpädagogik und Heilerziehungspflege in Limburg.
Fächer Sozialpädagogische Konzepte und Strategien, Sozialpädagogische Grundlagen, Anthropologie, Erziehungslehre, Englisch.

Veröffentlichungen:
- *Work with Me – English for Early-Childhood Teachers and Youth Workers* (Reihe), Verlag Handwerk und Technik 2012.

Alfred Schramm
Teil I

Jg. 1954, Lehrer am ESPA-Berufskolleg in Münster (berufliche Fachrichtung Kunst, Sozialpädagogik). Langjährige Tätigkeit als Kunsttherapeut in einer Klinik für Psychiatrie, Lehraufträge an verschiedenen Hochschulen.

Uwe Lüdke
Teil II

Jg. 1965, Heilerziehungspfleger, Studium Sozialfürsorge in Potsdam. Tätigkeiten im sozialen/medizinischen Bereich: Betreutes Wohnen, Geriatrie, Begegnungszentrum, Fahrdienst für Menschen mit Behinderungen, pädagogische Unterrichtshilfe. Ausbildung zum Heilerziehungspfleger in Berlin, seit 1998 tätig in einer betreuten Wohnform für Menschen mit mittelgradigen bis komplex mehrfachen Behinderungen.

Dr. Ansgar Stracke-Mertes
Teil III, Teil I

Jg. 1954, Lehrer (berufliche Fachrichtung Psychologie, Erziehungswissenschaften, Sozialpädagogik), Fachlehrer für Heilpädagogik, Fachleiter für Psychologie am Zentrum für schulpraktische Lehrerausbildung Aachen, Dozent an der Katholischen Hochschule Aachen, Supervisor und Organisationsberater.

Veröffentlichungen:
- *Familienberatung.* Bergische Universität Wuppertal 1980.
- *Soziologie.* Der Blick auf soziale Beziehungen. Vincentz Verlag 2003.
- *Altenpflegeexamen Band 3 Psychologie, Gerontopsychologie, Soziologie, Geragogik.* Kunz Verlag 1998.
- Mitautor: *International Dictionary of Long-Term Care Insurance Terms.* Hiroshima, Japan University Education Press 2012.
- *Recht auf Leben – Recht auf Bildung.* Die Situation alter Menschen und die Aufgabe der Bildung. Schindele Universitätsverlag 1995.

Barbara Ebert
Teil IV

Jg. 1963, Diplom-Rechtspflegerin (FH), Rechtsassessorin, freiberufliche Dozentin für Recht (Schwerpunkte Alten- und Krankenpflege).

Veröffentlichungen:
- *Altenpflege in Lernfeldern (Band 2, 3, 4).* Verlag Handwerk und Technik.
- *Lehrbuch Altenpflege.* Verlag Handwerk und Technik 2014

Vorwort

HEP – drei Buchstaben mit umfassender Bedeutung

Der Begriff „Heilerziehungspflege" lässt die Vielfalt der damit in Zusammenhang stehenden Arbeits- und Wissensgebiete erkennen. Er beinhaltet das „Heilen", „Erziehen" sowie „Pflegen" von Menschen. Schon jede einzelne der drei „Tätigkeiten" verlangt von einer qualifizierten Fachkraft umfassende Fähigkeiten und Kompetenzen. Zusammengefasst werden die qualitativ wie quantitativ hochwertigen Anforderungen und Aufgaben bewusst, die Heilerziehungspflegerinnen und -pfleger in ihrer täglichen Arbeit erfüllen.

Als Generalisten im Feld der Behindertenhilfe und der psychiatrischen Versorgung wirken Heilerziehungspflegerinnen und -pfleger mit ihrem Wissen und ihren Tätigkeiten in einer Art und Weise, die Menschen in ihrem Assistenz- und Förderbedarf erkennt. Sie werden individuell unterstützt und begleitet, sodass ein weitestgehend selbstständiges und selbstbestimmtes Leben ermöglicht wird. Ziel ist dabei die umfassende Teilhabe des Menschen mit Beeinträchtigung an der Gesellschaft.

Die Bereiche und Tätigkeiten, in denen Heilerziehungspflegerinnen und -pfleger eingesetzt werden, sind vielfältig und unterschiedlich. Sie reichen von der Arbeit in Kindertagesstätten, Schulen und Werkstätten über die Tätigkeit in der Tagespflege bis hin zur Arbeit in Wohnheimen für Menschen unterschiedlichen Alters. Die Unterstützungsformen reichen von ambulanten über teilstationäre bis hin zu stationären Diensten.

Bei einer solchen Varietät von Einsatzmöglichkeiten bezüglich des Alters, der Art der Beeinträchtigung eines Menschen und der Einrichtung ist es nicht verwunderlich, wenn eine Vielzahl von Bezeichnungen für den Beruf der Heilerziehungspflege vorherrscht. Im deutschsprachigen Raum gibt es u. a. auch den Heilerzieher und die Heilerzieherin, im Englischen finden sich hier beispielsweise „special needs teacher", „educational therapeut" oder „social worker".

Das Berufsbild der Heilerziehungspflege geht zurück auf Pfarrer Ludwig Schlaich (1899–1977). Er war Leiter der Heil- und Pflegeanstalt der Diakonie Stetten von 1930 bis 1965 und gründete die erste Schule für Heilerziehungspflege.

Der Bildungsgang wurde im Lauf der Jahre stets um Inhalte unterschiedlicher Fachbereiche erweitert und aktualisiert. Damit reagierte (und reagiert) die Ausbildung auf den gesellschaftlichen Wandel. Wohnformen für Menschen mit Behinderungen entwickeln sich von der Unterbringung in großen „Anstalten" hin zu den unterschiedlichsten Angeboten in vielfältigen Lebenswelten. Der Arbeitsmarkt verändert sich, neue Bildungsangebote inklusiver Art entstehen, die Freizeitangebote für und von Menschen mit Behinderungen erweitern sich beständig.

Besonders seit den 1990er-Jahren werden vermehrt Fachkräfte im Bereich der Behindertenhilfe benötigt. Zusammen mit dem aktuellen Inklusionsgedanken besteht eine zunehmende gesellschaftliche Akzeptanz individueller Assistenzbedarfe. Menschen unterschiedlichsten Alters, die eine Beeinträchtigung haben, nehmen die qualifizierte Unterstützung durch Heilerziehungspflegerinnen und -pfleger wahr. Daher werden entsprechend ausgebildete Fachkräfte vermutlich auch zukünftig vermehrt gefragt sein.

Kurzum: Die Heilerziehungspflege ist ein Beruf mit Zukunft.

Zum Buch

Die Reihe „Heilerziehungspflege" vermittelt den Studierenden das Fachwissen für das anspruchsvolle Berufsfeld der Behindertenhilfe, heilpädagogischen Assistenz und psychiatrischen Versorgung. Zusammen decken die Bände die kompletten berufsspezifischen Fachinhalte der 3-jährigen Heilerziehungspflege-Ausbildung ab.

- 2 Bände mit je 4 Modulen
- Zur besseren Auffindbarkeit werden die thematischen Fachbereiche in den Modulen ausgewiesen:
  - I Theorie und Praxis der Heilerziehungspflege
  - II Gesundheit und Pflege
  - III Psychiatrie
  - IV Recht / Organisation / Verwaltung

Die Auswahl der Inhalte im Buch orientiert sich an den Lehrplänen der Bundesländer. Die Autoren haben Wert darauf gelegt, dass die Studierenden eine professionelle Haltung entwickeln, gekoppelt mit dem primären Grundwissen – präzise abgewogen zwischen inhaltlicher Tiefe und Praxisnähe. Dies bedeutet auch, dass Themen (z. B. Störungsbilder in der Psychiatrie) im Buch nur exemplarisch beleuchtet werden können. Ergänzt werden die Themen durch Hinweise „Zum Weiterlesen", in denen die Studierenden angeregt werden, sich selbsttätig zu informieren, was dem Niveau der Fachschulausbildung zur Heilerziehungspflege entspricht
Jedes Modul beginnt mit einer Praxissituation. Sie macht die Verknüpfung von Theorie und Praxis beispielhaft deut-

lich. Genutzt wird im Buch sowohl die männliche als auch die weibliche Form, dabei ist immer auch das andere Geschlecht angesprochen.

Das Autorenteam und der Verlag wünschen allen Studierenden viel Freude und Erfolg beim Arbeiten mit der Reihe und freuen sich auf konstruktive Rückmeldungen.

Autoren und Verlag

Elemente des Buchs

Beispiele (gelb hinterlegt) führen praxisnah in das jeweilige Thema ein.

Lea (3,8 Jahre) ist ein sogenanntes entwicklungsauffälliges Kind. Sie zeigt eine verlangsamte Entwicklung im Bereich der Körper- und Sinneswahrnehmung.

Merke-Kästen (rot hinterlegt) machen auf wichtige Aussagen und Lerninhalte aufmerksam.

Es kann davon ausgegangen werden, dass die Selbst- und Fremdeinschätzung von „Kompetenz“ oder „Hilflosigkeit“ sich auf den tatsächlichen Bedarf eines Menschen an Unterstützung auswirkt.

Hervorgehobene Definitionen (blau hinterlegt) erleichtern das Lernen.

Erziehung: die intentionale Beeinflussung eines anderen Menschen mit dem Ziel, diesen in einen Zustand größtmöglicher Unabhängigkeit und sozialer Verantwortung zu bringen.

Mit den **Aufgaben** am Ende des Kapitels können die wichtigsten Inhalte wiederholt und vertieft werden. Aufgaben in den Kapiteln setzen Impulse.

Aufgaben

1. a) Stellen Sie Leitgedanken für die heilpädagogische Arbeit in den unterschiedlichen Institutionen zusammen.
   b) Bringen Sie Ihre eigenen Vorstellungen von der heilpädagogischen Tätigkeit mit den aufgestellten Leitgedanken in Verbindung. Ziehen Sie ein persönliches Fazit in Bezug auf Ihre Berufswahl.

„Zum Weiterlesen“ listet weiterführende Printmedien und Internetadressen.

Zum Weiterlesen

H.-W. Schmuhl: Exklusion und Inklusion durch Sprache – Zur Geschichte des Begriffs Behinderung. 2011

Quellentexte und Zitate (hellgelb hinterlegt) bieten den Originalwortlaut von wichtigen Texten.

In seiner Empfehlung formuliert der Bildungsrat seine Sichtweise von „Behinderung“:
„Als behindert im erziehungswissenschaftlichen Sinne gelten alle Kinder, Jugendlichen und Erwachsenen, die in ihrem Lernen, im sozialen Verhalten, in der sprachlichen Kommunikation oder in den psychomotorischen Fähigkeiten so weit beeinträchtigt sind, dass ihre Teilnahme am Leben in der Gesellschaft wesentlich erschwert ist.

Querverweise stellen den Zusammenhang mit anderen Kapiteln oder Abbildungen her.

Verzweiflung ein. In der Gerontologie beschreibt man die pathologische Form dieser Enttäuschung auch als Involutionsdepression (▸ **s. Modul 3, Kap. III.2.3**).

Im Anhang finden sich:

- Verwendete und weiterführende Literatur, Internetadressen
- Sachwortverzeichnis

Band 1 beinhaltet die Module 1–4:

1 Heilen, erziehen, pflegen – eine berufliche Identität entwickeln
2 Beziehungen anbieten und entwickeln – Grundlagen der professionellen Beziehungsgestaltung
3 Wahrnehmen, beobachten, verstehen – Menschen mit Behinderung und ihre Individualität
4 Teilhabe ermöglichen – Lebenswelten heilerziehungspflegerisch strukturieren

Der vorliegende Band 2 beinhaltet die Module 5–8:

5 Planen, umsetzen, dokumentieren – heilerziehungspflegerische Angebote entwickeln
6 Unterstützen, begleiten, assistieren – Menschen mit Behinderungen in besonderen Situationen
7 Kooperieren und qualifizieren – interdisziplinäre Zusammenarbeit in der Heilerziehungspflege
8 Reflektieren, systematisieren, evaluieren – heilerziehungspflegerische Arbeit hinterfragen

Inhaltsverzeichnis

Modul 5 Planen, umsetzen, dokumentieren – heilerziehungspflegerische Angebote entwickeln

Praxisbeispiel Modul 5 12

Teil I Theorie und Praxis der Heilerziehungspflege 13

1 Grundlagen professioneller Hilfebedarfsplanung 13
1.1 Grundsätzliches zum Begriff des „Handelns" 13
1.2 Grundsätzliches zum Begriff des „Planens" 14

2 Modelle und Verfahren der Hilfebedarfsplanung 15
2.1 Ein (Rück-)Blick: Traditionelle Hilfebedarfsplanung 15
2.2 Der Mensch im Mittelpunkt – Beteiligung ermöglichen, Systeme stärken 16
2.3 Individuelle Hilfebedarfs- und Teilhabeplanung 17
2.3.1 Aspekte der individuellen Hilfebedarfs- und Teilhabeplanung 17
2.3.2 Verfahren der Hilfebedarfsplanung 18
2.3.3 Hilfebedarfsplanung und ICF 20
2.3.4 Ausgewählte Hilfeplaninstrumente (Metzler-Verfahren, IHP-3) 22
2.4 Persönliche Zukunftsplanung – ein personenzentriertes Instrument 29
2.4.1 Grundsätzliches 29
2.4.2 Planungsformate im Prozess der persönlichen Zukunftsplanung: MAPS und PATH 31
2.5 Verfahren der Hilfebedarfsplanung im Überblick 34

3 Adressaten- und situationsgerechte Gestaltung von Angeboten 35
3.1 Grundsätzliches 35
3.2 Das „Wollsocken-Prinzip" 36
3.3 Prinzipien im Planungsprozess 37
3.3.1 Zielperspektive: Lebensqualität 37
3.3.2 Zielhierachie: Vom Leitziel zum Feinziel 38
3.3.3 Ziele SMART formulieren 39
3.4 Perspektive: Orientierung an den Entwicklungsaufgaben 40
3.5 Perspektive: Orientierung an den personalen Kompetenzbereichen 41
3.6 Perspektive: Orientierung an den Lebensbereichen 42

4 Sprache wahrnehmen, verstehen und fördern 43
4.1 Zur Bedeutung der Sprache für den Menschen 43
4.2 Begriffsklärung: Sprache, Sprechen, Kommunikation 44
4.3 Wie Kinder Sprache erwerben 47
4.4 Kindliche Sprachentwicklungsstörungen und Sprachbehinderungen 50
4.5 Sprachförderung in der Heilerziehungspflege 51
4.5.1 Allgemeine Prinzipien der Sprachförderung 51
4.5.2 Angebote zur Förderung des Sprechens 52
4.5.3 Angebote zur Förderung der Sprache 53
4.5.4 Angebote zur Förderung der Kommunikation 55
4.6 Unterstützte Kommunikation 56
4.6.1 Körpereigene Kommunikationsformen 56
4.6.2 Nicht elektronische Kommunikationshilfen 59
4.6.3 Elektronische Kommunikationshilfen 61
4.6.4 Heilerziehungspflegerische Assistenz 63

5 Psychomotorik 64
5.1 Grundsätzliches 64
5.2 Körpererfahrung – Materialerfahrung – Sozialerfahrung 67
5.3 Motorische Entwicklung 68
5.4 Entspannungstechniken 70
5.5 Psychomotorik in verschiedenen Behinderungsbereichen 71
5.6 Aufbau einer psychomotorischen Übung 74
5.7 Grundlagen der Motodiagnostik 75

6 Sport und Bewegung 77
6.1 Begriffsklärung 77
6.2 Gründe und Zielvorstellungen für Sport und Bewegung 77
6.3 Institutionalisierte Betätigungsfelder 79
6.3.1 Schulsport 79
6.3.2 Vereine 79
6.3.3 Sportfreizeit/-urlaub 80
6.3.4 Werkstätten für Menschen mit Behinderung 80
6.3.5 Wohnheime 81

7 Spiel 83
7.1 Funktionen des Spiels 84
7.2 Verschiedene Spielformen 84
7.3 Spielansätze nach Montessori 88
7.4 Spielansätze nach Fröbel 89
7.5 New Games 90
7.6 Spiele unterschiedlicher Herkunftsregionen 91
7.7 Spielwirklichkeit von Menschen mit schwerer Behinderung 91
7.8 Planung und Durchführung von ausgewählten Spielen . 92

8 Musik, Rhythmik und Tanz 95
8.1 Musik in ihrer Bedeutung 95
8.2 Musik und der Mensch 96
8.2.1 Sozial-emotionaler Entwicklungsbereich 97
8.2.2 Kognitiver Entwicklungsbereich 97
8.2.3 Motorischer Entwicklungsbereich 99
8.3 Musik und ihre Bedeutung für den Menschen mit Behinderung 100
8.4 Musikalisches Handeln 101
8.4.1 Instrumente 101
8.4.2 Hilfsmittel zum musikalischen Handeln 103
8.5 Best-Practice-Beispiele zu musikalischem Handeln 104
8.6 Rhythmus, Melodie, Klang als Stimulation 104
8.7 Tanz 106

9 Kunst und Werken 108
9.1 Jeder Mensch ein Künstler oder eine Künstlerin 109
9.1.1 Zur Bedeutung von Kunst für das Mensch-Sein 109
9.1.2 Der Mensch als Gestalter 109
9.2 Kunst im Wandel der Zeit 110
9.2.1 Kunstbegriff und Bedeutung 110
9.2.2 Historischer Exkurs 111
9.2.3 Kunst von Menschen mit Behinderung 113

9.3 Perspektiven künstlerischen Tuns in der Heilerziehungspflege ... 113
9.3.1 Therapeutische Perspektive ... 114
9.3.2 Pädagogische Perspektive ... 114
9.3.3 Künstlerische Perspektive ... 115
9.4 Kunst bildet Identität ... 116
9.5 Künstlerisches Gestalten sich entfalten lassen ... 117
9.5.1 Entwicklung des bildnerischen Ausdrucks- und Darstellungsvermögens ... 117
9.5.2 Zusammenhang zwischen kognitiver Entwicklung und bildnerischem Gestalten ... 118
9.6 Künstlerisch-gestalterisch aktiv sein: Methoden, Materialien und Möglichkeiten ... 121
9.6.1 Zeichnen ... 121
9.6.2 Malen ... 121
9.6.3 Modellieren ... 122
9.6.4 Bildhauern ... 123
9.6.5 Bauen und Konstruieren ... 123
9.6.6 Collagieren ... 124
9.6.7 Drucken ... 125
9.6.8 Fotografieren ... 126
9.6.9 Videografieren ... 126
9.6.10 Sandbilder ... 126
9.7 Künstlerisches Werken und Gestalten – ein Projekt ... 127

10 Ernährung und Hauswirtschaft ... 128
10.1 Grundlagen der Ernährungslehre ... 128
10.1.1 Einflüsse auf die Ernährung ... 128
10.1.2 Ernährungszustand ... 128
10.1.3 Mangelernährung ... 129
10.1.4 Adipositas ... 130
10.1.5 Energiehaushalt ... 132
10.1.6 Lebensmittel – Nahrungsmittel – Nährstoffe ... 133
10.1.7 Ausgewogene Ernährung ... 137
10.2 Unterstützung bei der Ernährung ... 139
10.2.1 Unterstützung beim Einkauf von Lebensmitteln ... 139
10.2.2 Unterstützung bei der Vorratshaltung ... 141
10.2.3 Unterstützung bei der Vor- und Zubereitung von Lebensmitteln ... 141
10.2.4 Rahmenbedingungen für Essen und Trinken ... 142
10.2.5 Unterstützung bei einer Einschränkung der Sinnesorgane ... 143
10.2.6 Nahrungsaufnahme und Flüssigkeitsaufnahme ... 144
10.2.7 Hilfestellung beim Essen ... 149
10.2.8 Hilfestellung beim Trinken ... 153
10.2.9 Künstliche Ernährung ... 155

11 Wohnen und Haushaltsführung ... 157
11.1 Wohnformen für Menschen mit Behinderung ... 157
11.1.1 Wohnkonzepte für ältere Menschen mit Behinderung .. 159
11.2 Wohnraumanpassung ... 161
11.2.1 Barrierefreie Gestaltung des Wohnraums ... 162
11.2.2 Gesetzliche Grundlagen ... 165
11.3 Unterstützung bei der Schaffung eines förderlichen Wohnraums ... 167
11.3.1 Wohnatmosphäre ... 167
11.3.2 Gesundheitsfördernde Gestaltung des Wohnraums ... 168
11.3.3 Sicherheit in der Wohnung ... 170
11.4 Hilfsmittel ... 171
11.5 Unterstützung bei der Haushaltsführung und -hygiene ... 175
10.5.1 Haushaltsführung ... 175
11.5.2 Haushaltshygiene ... 183

Teil II Gesundheit und Pflege ... 185

1 Herz-Kreislauf-System und Gefäßsystem ... 185
1.1 Anatomie und Physiologie ... 185
1.1.1 Herz ... 185
1.1.2 Kreislauf ... 187
1.1.3 Blut ... 189
1.1.4 Venen und Arterien ... 191
1.1.5 Blutstillung und Blutgerinnung ... 191
1.1.6 Lymphgefäßsystem ... 192
1.2 Psychosoziale Aspekte ... 192
1.3 Krankheitsbilder ... 193
1.3.1 Herzschwäche (Herzinsuffizienz) ... 193
1.3.2 Herzrhythmusstörungen ... 194
1.3.3 Herzklappenfehler ... 195
1.3.4 Störungen der Herzdurchblutung (koronare Herzkrankheit) ... 196
1.3.5 Arterielle Hypertonie ... 196
1.3.6 Hypotonie ... 197
1.3.7 Schock ... 197
1.3.8 Anämie (Blutarmut) ... 198
1.3.9 Arteriosklerose ... 198
1.3.10 Arterielle Thrombose ... 199
1.3.11 Arterielle Verschlusskrankheit ... 199
1.3.12 Embolie ... 200
1.3.13 Krampfaderleiden (Varikosis) ... 201
1.3.14 Venenthrombosen ... 202
1.3.15 Chronisch venöse Insuffizienz ... 203
1.3.16 Unterschenkelgeschwür (Ulcus cruris) ... 203
1.3.17 Lymphödem ... 204
1.4 Pflege ... 204
1.4.1 Krankenbeobachtung ... 204
1.4.2 Pflege bei Herzinsuffizienz ... 206
1.4.3 Pflege bei Schrittmacherversorgung ... 207
1.4.4 Krankenbeobachtung bei Erkrankungen des Blutes ... 208
1.4.5 Pflege bei Antikoagulantientherapie ... 208
1.4.6 Thromboseprophylaxe ... 209
1.4.7 Kompressionstherapie ... 211
1.4.8 Lymphdrainage ... 212

2 Verdauungstrakt ... 214
2.1 Anatomie und Physiologie des Verdauungstrakts ... 214
2.1.1 Mundhöhle ... 214
2.1.2 Speiseröhre ... 215
2.1.3 Magen ... 215
2.1.4 Dünndarm ... 216
2.1.5 Leber und Gallenblase ... 216
2.1.6 Bauchspeicheldrüse (Pankreas) ... 217
2.1.7 Dickdarm und After ... 218
2.2 Psychosoziale Aspekte ... 218
2.3 Krankheitsbilder ... 219
2.3.1 Erkrankungen der Mundhöhle ... 219
2.3.2 Schluckstörungen ... 219
2.3.3 Magen- und Zwölffingerdarmgeschwür (Ulcus ventriculi und Ulcus duodeni) ... 219
2.3.4 Darmentzündung (Enteritis) ... 220
2.3.5 Darmverschluss (Ileus) ... 220
2.3.6 Leberentzündung (Hepatitis) ... 220
2.3.7 Hämorrhoidalleiden ... 221
2.3.8 Stuhlinkontinenz ... 221
2.3.9 Künstlicher Darmausgang (Stoma) ... 222
2.4 Pflege ... 222
2.4.1 Krankenbeobachtung ... 222

2.4.2 Hilfestellung beim Erbrechen ... 224
2.4.3 Mund- und Zahnpflege ... 224
2.4.4 Basale Stimulation® des Mundes ... 225
2.4.5 Diarrhoe und Obstipation ... 225
2.4.6 Künstliche Darmentleerung ... 226
2.4.7 Umgang mit Stuhlinkontinenz ... 227
2.4.8 Stomapflege ... 227
2.4.9 Enterale Ernährung ... 229

3 Wunden, Frakturen und Erste Hilfe ... 233
3.1 Wunden und Verbände ... 233
3.1.1 Kleine Wunden ... 233
3.1.2 Größere und stark blutende Wunden ... 233
3.1.3 Wundmanagement ... 234
3.1.4 Wunddokumentation ... 234
3.1.5 Schmerzbehandlung bei chronischen Wunden ... 235
3.2 Frakturen (Knochenbrüche) ... 235
3.3 Handeln in Notfällen ... 236
3.3.1 Nasenbluten ... 236
3.3.2 Fremdkörperverletzung ... 237
3.3.3 Akute Bewusstseinsstörungen ... 237
3.3.4 Verlegung der Atemwege ... 237
3.3.5 Asthma bronchiale ... 238
3.3.6 Einwirkungen von Hitze und Kälte ... 238
3.3.7 Verätzungen ... 239
3.3.8 Vergiftungen ... 240
3.4 Erste-Hilfe-Maßnahmen ... 240

Teil III Psychiatrie ... 245

1 Grundlagen der psychiatrischen Pflege ... 245
1.1 Grundsätzliches ... 246
1.2 Subjektive Krankheitsempfindung und Krankheitstheorie ... 248
1.3 Kompetenzen in der psychiatrischen Pflege ... 249
1.4 Ethische Grundlagen ... 250
1.5 Begleitende Aufgaben in der psychiatrischen Pflege ... 252

2 Psychiatrische Pflege bei Menschen mit geistiger Behinderung ... 254
2.1 Grundsätzliches ... 254
2.2 Stationäre Behandlung als Krisenintervention ... 256
2.3 Geistige Behinderung und Multimorbidität ... 257
2.4 Psychiatrische Pflege ... 257
2.5 Therapeutische Behandlungsverfahren ... 260

Teil IV Recht / Organisation / Verwaltung ... 261

1 Grundlagen der Haftung ... 261
1.1 Die zivilrechtliche Haftung ... 261
1.2 Die strafrechtliche Haftung ... 264
1.3 Ausgewählte Straftatbestände ... 266

Modul 6 Unterstützen, begleiten, assistieren – Menschen mit Behinderungen in besonderen Situationen

Praxisbeispiel Modul 6 ... 273

Teil I Theorie und Praxis der Heilerziehungspflege ... 275

1 Menschen mit Behinderungen in Krisen ... 275
1.1 Krisen in der heilerziehungspflegerischen Praxis ... 275
1.2 Krisen bei Menschen mit geistiger Behinderung ... 277
1.3 Krisenbewältigung ... 278

2 Herausforderndes Verhalten ... 280
2.1 Grundlagen ... 280
2.2 Aggressives Verhalten ... 282
2.2.1 Woher Aggression und Gewalt kommen ... 285
2.2.2 Wie Aggression und Gewalt sich vermindern, abbauen oder verhindern lassen ... 290
2.3 Selbstverletzendes und autoaggressives Verhalten ... 294
2.3.1 Autoaggressives und selbstverletzendes Verhalten – eine Annäherung ... 294
2.3.2 Der Blick auf die Ursachen – Arbeitshypothesen ... 295
2.3.3 Pädagogische Handlungsweisen im Umgang mit selbstverletzendem Verhalten ... 297
2.3.4 Pädagogische Anregungen ... 298

3 Besondere Lebenssituationen und -themen ... 299
3.1 Behinderung und Migration ... 299
3.1.1 Zur Ausgangslage – Migration und Behinderung ... 299
3.1.2 Migration – ein Begriff mit vielen Facetten ... 300
3.1.3 Zum Begriff der Kultur in der Arbeit mit Menschen mit Behinderung und Migrationshintergrund ... 301
3.1.4 Barrieren sehen – Barrieren überwinden ... 301
3.1.5 Kultursensible Arbeit ... 303
3.2 Sexualität von Menschen mit Behinderung ... 306
3.2.1 Die Sache mit der Sexualität ... 306
3.2.2 Sexualität: Grundrecht und Grundbedürfnis von Menschen mit Behinderung ... 307
3.2.3 Behinderung der Sexualität (behinderte Sexualität) ... 308
3.2.4 Sexuelle Aufklärung ... 309
3.2.5 Schutz vor sexueller Gewalt ... 310
3.2.6 Begleitete Elternschaft ... 312
3.2.7 Sexualassistenz – Sexualbegleitung ... 313
3.3 Sterben und Tod bei Menschen mit geistiger Behinderung ... 314
3.3.1 Sterbeprozess bei Menschen mit geistiger Behinderung ... 315
3.3.2 Umgang mit einem sterbenden Menschen ... 315
3.3.3 Umgang mit einem verstorbenen Bewohner ... 316

Teil II Gesundheit und Pflege ... 317

1 Pflege bei Schmerzen ... 317
1.1 Grundlagen ... 318
1.1.1 Schmerzgedächtnis ... 318
1.1.2 Schmerzerleben ... 318
1.1.3 Schmerzformen ... 319
1.1.4 Schmerztherapie ... 319
1.2 Krankheitsbilder ... 320
1.2.1 Schmerz bei Tumorleiden ... 320
1.2.2 Chronischer Schmerz – Schmerzkrankheit ... 321
1.2.3 Phantomschmerz ... 322
1.3 Pflege ... 322
1.3.1 Krankenbeobachtung ... 322
1.3.2 Nichtmedikamentöse Maßnahmen (zur ergänzenden Schmerzlinderung) ... 323

2 **Pflege Krebskranker** 326
2.1 Grundlagen 327
2.1.1 Entwicklung bösartiger Tumoren 327
2.1.2 Infiltration 328
2.1.3 Metastasierung 328
2.1.4 Früherkennung 330
2.1.5 Therapieprinzipien 330
2.2 Besonderheiten im Alter 333
2.3 Psychosoziale Aspekte 333
2.4 Krankheitsbilder 334
2.4.1 Lungenkrebs (Bronchialkarzinom) 334
2.4.2 Brustdrüsenkrebs (Mammakarzinom) 334
2.5 Pflege 335
2.5.1 Krankenbeobachtung 336
2.5.2 Schmerzlinderung 337
2.5.3 Übelkeit und Erbrechen 337
2.5.4 Pflege bei Tumorgeschwüren 338
2.5.5 Pflege bei Bestrahlung 338
2.5.6 Pflege bei Zytostatikatherapie (Chemotherapie) 339

3 **Pflege Sterbender (Palliativpflege)** 341
3.1 Gesellschaftliche Dimension des Sterbens 341
3.1.1 Veränderungen im Umgang mit Tod und Sterben 341
3.1.2 „Recht auf den eigenen Tod“ 342
3.2 Individuelle Ebene des Sterbens 343
3.3 Grundsätze in der Pflege Sterbender 344
3.3.1 Kommunikation und Interaktion mit Sterbenden 344
3.3.2 Verstehendes Verhalten 345
3.3.3 Hilfe für Helfer 345
3.4 Körperliche Symptomatik und Linderungshilfen 345
3.4.1 Unruhe und Verwirrtheit 345
3.4.2 Terminale Dehydration 346
3.4.3 Appetitlosigkeit 347
3.4.4 Bewegungseinschränkung 348
3.5 Tod 348
3.5.1 Klinischer Tod 349
3.5.2 Hirntod 349
3.5.3 Maßnahmen nach Eintritt des Todes 349

Teil III Psychiatrie 351

1 **Psychotherapie** 351
1.1 Psychoanalyse 353
1.2 Analytisch orientierte Psychotherapie 354
1.3 Klientenzentrierte Psychotherapie – Gesprächstherapie 355
1.4 Gestalttherapie 356
1.5 Verhaltenstherapie 357
1.6 Kognitive Therapien 358
1.7 Systemische Therapieformen 360
1.7.1 Familie als System 360
1.7.2 Paar- und Familientherapie 361
1.7.3 Psychotherapeutische Familientherapie 362
1.8 Medikamentöse Therapie – Psychopharmaka 363
1.9 Psychoedukation 365
1.9.1 Methoden der Psychoedukation 366
1.9.2 Haltung des Therapeuten 366
1.10 Milieutherapie – therapeutische Gemeinschaften 368
1.11 Ergotherapie 369
1.12 Musiktherapie 370
1.13 Tiergestützte Therapie 371
1.14 Körperbezogene Verfahren 372
1.15 Entspannungsverfahren 376
1.15.1 Autohypnotische Entspannungsverfahren 376
1.15.2 Snoezelen 377
1.16 Psychotherapie und Krankenkassen 378

Teil IV Recht/Organisation/Verwaltung 379

1 **Rechtliche Aspekte von Sterbehilfe und Sterbebegleitung** 379
1.1 Hilfe beim Sterben 379
1.2 Hilfe zum Sterben 379

Modul 7 Kooperieren und qualifizieren – interdisziplinäre Zusammenarbeit in der Heilerziehungspflege

Praxisbeispiel Modul 7 383

Teil I Theorie und Praxis der Heilerziehungspflege 384

1 **Team und Teamentwicklung** 384
1.1 Strukturen eines Teams 384
1.2 Kommunikation im Team 385
1.3 Teammoderation 386
1.4 Teamsteuerung und Teamleitung 391
1.5 Konflikte im Team 392
1.6 Hilfen für Helfer – Supervision 397

2 **Interdisziplinäre Zusammenarbeit** 400
2.1 Entwicklungs- und Betreuungsplanung 400
2.1.1 Die dialogische Entwicklungsplanung 400
2.1.2 Pädagogische Betreuungsplanung nach Haisch 403
2.1.3 Geplante Förderung und Unterstützung 406
2.2 Fallgespräche 409
2.3 Coaching 411
2.4 Kollegiale Beratung 415
2.5 Balint-Gruppen 418
2.6 Mediation 420
2.7 Zusammenarbeit mit anderen Institutionen 422
2.7.1 Frühförderstellen 422
2.7.2 Schulen 422
2.7.3 Arztpraxen 422
2.7.4 Therapieeinrichtungen 423
2.7.5 Arbeitgeber 424
2.7.6 Vereine 425
2.7.7 Kirchengemeinden 425
2.8 Öffentlichkeitsarbeit 426
2.8.1 Zeitungsartikel 427
2.8.2 Internetauftritt 427
2.8.3 Newsletter 428
2.8.4 Tag der offenen Tür 428
2.8.5 Marktstände 429
2.9 Fort- und Weiterbildung 431
2.10 Berufsorganisationen und Verbandsarbeit 432

3 **Mit Angehörigen partnerschaftlich arbeiten** 434
3.1 Die Arbeit mit Angehörigen in Phasen des Übergangs 435
3.2 Die Arbeit mit Angehörigen in Wohneinrichtungen 436
3.3 Mitwirkungsrechte des Heimbeirats 438

Modul 8 Reflektieren, systematisieren, evaluieren – heilerziehungspflegerische Arbeit hinterfragen

Praxisbeispiel Modul 8 ... 440

Teil I Theorie und Praxis der Heilerziehungspflege ... 442

1 Reflexion in der Heilerziehungspflege ... 442
1.1 Reflexion ... 442
1.1.1 Gründe für Reflexion ... 442
1.1.2 Verfahren der Reflexion ... 444
1.1.3 Ziele der Reflexion ... 448
1.2 Evaluation ... 448
1.2.1 Gründe für Evaluation ... 448
1.2.2 Verfahren der Evaluation ... 449
1.2.3 Ziele der Evaluation ... 452

2 Grundlagen des Qualitätsmanagements ... 455
2.1 Qualität sozialer Dienstleistungen ... 455
2.2 Qualitätssicherung ... 457
2.3 Instrumente der Qualitätssicherung ... 461
2.3.1 Total Quality Management (TQM) ... 461
2.3.2 European Foundation for Quality Management (EFQM) ... 461
2.3.3 Standardisiertes Instrumentarium zur Evaluation von Einrichtungen der stationären Altenhilfe (SIESTA) ... 462
2.3.4 Selbstbewertungssystem für stationäre Einrichtungen der Altenhilfe (SEA) ... 462
2.3.5 Qualitätssiegel und -zertifikate ... 463
2.3.6 Qualitätshandbücher ... 463
2.3.7 Qualitätszirkel ... 464
2.3.8 Pflegedokumentation ... 464
2.3.9 Resident Assessment Instrument (RAI) ... 465
2.3.10 Gestaltung der Betreuung für Menschen mit Behinderung (GBM) ... 466
2.3.11 SYLQUE ... 469
2.3.12 Lebensqualität in Wohnstätten für erwachsene Menschen mit geistiger Behinderung (LEWO II) ... 470
2.4 Organisationskonzepte und -strukturen ... 474
2.5 Konsequenzen für die heilerziehungspflegerische Praxis ... 475

3 Dokumentations- und Berichtswesen ... 476
3.1 Systematische Dokumentation in der Heilerziehungspflege ... 476
3.1.1 IT-gestützte Dokumentation ... 476
3.1.2 Protokollieren von Verlaufsprozessen und deren Ergebnissen ... 478
3.2 Besondere Verwaltungsaufgaben ... 478
3.2.1 Dienstplangestaltung ... 478
3.2.2 Die Übergabe ... 480
3.3 Ökonomischer Umgang mit Ressourcen ... 482

Teil II Gesundheit und Pflege ... 483

1 Das Hormonsystem und die Pflege bei Diabetes ... 483
1.1 Grundlagen ... 483
1.1.1 Hormone ... 483
1.1.2 Hormonproduzierende Drüsen ... 484
1.2 Altersveränderungen ... 486
1.3 Psychosoziale Aspekte ... 486
1.4 Krankheitsbilder ... 487
1.4.1 Schilddrüsenfunktionsstörungen ... 487
1.4.2 Diabetes mellitus (Zuckerkrankheit) ... 487
1.4.3 Diabetische Folgeerkrankungen ... 490
1.5 Pflege ... 491
1.5.1 Krankenbeobachtung ... 491
1.5.2 Pflege bei Diabetes mellitus ... 491
1.5.3 Über- und Unterzuckerung ... 495
1.5.4 Ernährung bei Diabetes mellitus ... 496

Teil III Psychiatrie ... 498

1 Pflegeplanung in der psychiatrischen Versorgung ... 498
1.1 Pflegetheorien ... 498
1.2 Bezugspflege ... 500
1.3 Pflegediagnose ... 501
1.4 Pflegeziele ... 501
1.5 Pflegeplanung ... 502
1.6 Evaluation und Qualitätsbeurteilung der psychiatrischen Pflege ... 504

2 Qualitätsmanagement in der Psychiatrie ... 506
2.1 Was ist Qualität? ... 506
2.2 Normen und Qualität – Qualitätsmanagement (QM) in der Psychiatrie ... 507
2.3 Verfahren zum Qualitätsmanagement ... 509
2.4 Qualitätsmanagement, Qualitätskontrolle und Qualitätsbeurteilung ... 510

Teil IV Recht/Organisation/Verwaltung ... 511

1 Grundlagen des Arbeitsrechts ... 511
1.1 Das Arbeitsverhältnis ... 512
1.2 Beendigung des Arbeitsverhältnisses ... 517
1.3 Tarifrecht ... 519
1.4 Mitwirkung und Mitbestimmung ... 520
1.5 Das Arbeitsgerichtsverfahren ... 521

2 Pflegerechtliche Fragestellungen ... 522
2.1 Durchführung ärztlicher Verordnungen ... 522
2.1.1 Rechtliche Voraussetzungen ... 522
2.1.2 Delegierbare Maßnahmen ... 523
2.1.3 Verordnungs- und Handlungsverantwortung ... 524
2.1.4 Sonstige gesetzliche Regelungen ... 524
2.2 Rechtliche Aspekte der Pflegedokumentation ... 526
2.3 Rechtsgrundlagen der Qualitätssicherung ... 527

Anhang ... 528

Literaturquellen und Internethinweise ... 528

Sachwortverzeichnis ... 537

Bildquellenverzeichnis ... 543

Modul 5

Planen, umsetzen, dokumentieren – heilerziehungspflegerische Angebote entwickeln

Teil I Theorie und Praxis der Heilerziehungspflege

1 Grundlagen professioneller Hilfebedarfsplanung 13
1.1 Grundsätzliches zum Begriff des „Handelns" 13
1.2 Grundsätzliches zum Begriff des „Planens" 14
2 Modelle und Verfahren der Hilfebedarfsplanung 15
2.1 Ein (Rück-)Blick: Traditionelle Hilfebedarfsplanung 15
2.2 Der Mensch im Mittelpunkt – Beteiligung ermöglichen, Systeme stärken 16
2.3 Individuelle Hilfebedarfs- und Teilhabeplanung 17
2.4 Persönliche Zukunftsplanung – ein personenzentriertes Instrument 29
2.5 Verfahren der Hilfebedarfsplanung im Überblick 34
3 Adressaten- und situationsgerechte Gestaltung von Angeboten 35
3.1 Grundsätzliches 35
3.2 Das „Wollsocken-Prinzip" 36
3.3 Prinzipien im Planungsprozess 37
3.4 Perspektive: Orientierung an den Entwicklungsaufgaben 40
3.5 Perspektive: Orientierung an den personalen Kompetenzbereichen 41
3.6 Perspektive: Orientierung an den Lebensbereichen 42
4 Sprache wahrnehmen, verstehen und fördern 43
4.1 Zur Bedeutung der Sprache für den Menschen 43
4.2 Begriffsklärung: Sprache, Sprechen, Kommunikation 44
4.3 Wie Kinder Sprache erwerben 47
4.4 Kindliche Sprachentwicklungsstörungen und Sprachbehinderungen 50
4.5 Sprachförderung in der Heilerziehungspflege 51
4.6 Unterstützte Kommunikation 56
5 Psychomotorik 64
5.1 Grundsätzliches 64
5.2 Körpererfahrung – Materialerfahrung – Sozialerfahrung 67
5.3 Motorische Entwicklung 68
5.4 Entspannungstechniken 70
5.5 Psychomotorik in verschiedenen Behinderungsbereichen 71
5.6 Aufbau einer psychomotorischen Übung 74
5.7 Grundlagen der Motodiagnostik 75
6 Sport und Bewegung 77
6.1 Begriffsklärung 77
6.2 Gründe und Zielvorstellungen für Sport und Bewegung 77
6.3 Institutionalisierte Betätigungsfelder 79
7 Spiel 83
7.1 Funktionen des Spiels 84
7.2 Verschiedene Spielformen 84
7.3 Spielansätze nach Montessori 88
7.4 Spielansätze nach Fröbel 89
7.5 New Games 90
7.6 Spiele unterschiedlicher Herkunftsregionen 91
7.7 Spielwirklichkeit von Menschen mit schwerer Behinderung 91
7.8 Planung und Durchführung von ausgewählten Spielen 92
8 Musik, Rhythmik und Tanz 95
8.1 Musik in ihrer Bedeutung 95
8.2 Musik und der Mensch 96
8.3 Musik und ihre Bedeutung für den Menschen mit Behinderung 100
8.4 Musikalisches Handeln 101
8.5 Best-Practice-Beispiele zu musikalischem Handeln 104
8.6 Rhythmus, Melodie, Klang als Stimulation 104
8.7 Tanz 106
9 Kunst und Werken 108
9.1 Jeder Mensch ein Künstler oder eine Künstlerin 109
9.2 Kunst im Wandel der Zeit 110
9.3 Perspektiven künstlerischen Tuns in der Heilerziehungspflege 113
9.4 Kunst bildet Identität 116
9.5 Künstlerisches Gestalten sich entfalten lassen 117
9.6 Künstlerisch-gestalterisch aktiv sein: Methoden, Materialien und Möglichkeiten 121
9.7 Künstlerisches Werken und Gestalten – ein Projekt 127
10 Ernährung und Hauswirtschaft 128
10.1 Grundlagen der Ernährungslehre 128
10.2 Unterstützung bei der Ernährung 139
11 Wohnen und Haushaltsführung 157
11.1 Wohnformen für Menschen mit Behinderung 157
11.2 Wohnraumanpassung 161
11.3 Unterstützung bei der Schaffung eines förderlichen Wohnraums 167
11.4 Hilfsmittel 171
11.5 Unterstützung bei der Haushaltsführung und -hygiene 175

Teil II Gesundheit und Pflege

1 Herz-Kreislauf-System und Gefäßsystem 185
1.1 Anatomie und Physiologie 185
1.2 Psychosoziale Aspekte 192
1.3 Krankheitsbilder 193
1.4 Pflege 204
2 Verdauungstrakt 214
2.1 Anatomie und Physiologie des Verdauungstrakts 214
2.2 Psychosoziale Aspekte 218
2.3 Krankheitsbilder 219
2.4 Pflege 222
3 Wunden, Frakturen und Erste Hilfe 233
3.1 Wunden und Verbände 233
3.2 Frakturen (Knochenbrüche) 235
3.3 Handeln in Notfällen 236
3.4 Erste-Hilfe-Maßnahmen 240

Teil III Psychiatrie

1 Grundlagen der psychiatrischen Pflege 245
1.1 Grundsätzliches 246
1.2 Subjektive Krankheitsempfindung und Krankheitstheorie 248
1.3 Kompetenzen in der psychiatrischen Pflege 249
1.4 Ethische Grundlagen 250
1.5 Begleitende Aufgaben in der psychiatrischen Pflege 252
2 Psychiatrische Pflege bei Menschen mit geistiger Behinderung 254
2.1 Grundsätzliches 254
2.2 Stationäre Behandlung als Kriseninterventionen 256
2.3 Geistige Behinderung und Multimorbidität 257
2.4 Psychiatrische Pflege 257
2.5 Therapeutische Behandlungsverfahren 260

Teil IV Recht / Organisation / Verwaltung

1 Grundlagen der Haftung 261
1.1 Die zivilrechtliche Haftung 261
1.2 Die strafrechtliche Haftung 264
1.3 Ausgewählte Straftatbestände 266

Praxisbeispiel Modul 5

Heilerziehungspflegerin Annika Behrens *nimmt am Gespräch des pädagogischen Teams der Erich-Kästner-Schule (einer Förderschule mit dem Schwerpunkt Geistige Entwicklung) teil. Sie begleitet als persönliche Assistentin den 20-jährigen* **Thomas Gerber**. *Gemeinsam mit den Lehrkräften der Berufspraxisstufe, der Ergotherapeutin, dem Physiotherapeuten und dem Referendar für Sonderpädagogik, Herrn Wetzlaff, geht es um die Besprechung der nächsten Förderziele für Thomas Gerber.*

Thomas Gerber (20) ist mit einer zerebralen Bewegungsstörung und einem schweren Herzfehler zur Welt gekommen. Die sensomotorischen Störungen beeinträchtigten die Kontaktaufnahme zur Umwelt und zu den Mitmenschen. Erschwerend kam eine Erblindung auf dem linken Auge hinzu, die vermutlich von einem vorgeburtlichen Schlaganfall herrührte.
2 Jahre nach seiner Geburt stand ein längerer Krankenhausaufenthalt an – ein Spenderherz für Thomas war gefunden! Doch nach der schweren Herztransplantation sowie den Reha-Maßnahmen musste Thomas noch einmal von vorne anfangen, bereits erlernte Fähigkeiten wie Sitzen, Krabbeln, Essen mussten neu geübt werden. Diese Phase war für die Eltern – wie das Lehrerkollegium aus langen Gesprächen weiß – eine deutliche Herausforderung und Belastung. Alles drehte sich um Thomas. Doch die Eltern beschreiben ihn auch als „große Kämpfernatur", dass er sich nicht unterkriegen lässt und mit „großer Willenskraft immer wieder seinen Weg macht". Die Kindergartenzeit im heilpädagogischen Kindergarten der CARITAS war nach Angaben der Mutter problemlos. Der Abschlussbericht des Kindergartens beschreibt Thomas Gerber als „fröhlichen und umgänglichen Jungen, der sich mitunter nur in der Physiotherapie als zurückhaltend zeige".

Im motorischen Bereich ist noch heute sein Gangbild durch spastische Muster und ausladende Bewegungen gekennzeichnet. An den angebotenen Therapien wie Schwimmtherapie oder vor allem dem heilpädagogischen Reiten, welches auf einem nahe der Förderschule gelegenen Bauernhof stattfindet, nimmt Thomas jedoch gern teil – der Physiotherapeut spricht sogar von „ehrgeizig"! So kann der Zwanzigjährige sich mittlerweile mithilfe eines Rollators im Schulgebäude eigenständig bewegen. Zur Erkundung des Umfelds und für längere Spazierwege steht ihm ein Rollstuhl zur Verfügung. Damit nutzt er die Besuche auf dem Bauernhof selbstbewusst für kleinere Touren zu den Ställen oder zum Fuhrpark, wo ihm besonders die Traktoren gefallen.

Im Bereich der kommunikativen Fähigkeiten hat der junge Mann in den letzten Jahren Fortschritte erzielt. Er kann sich mit Lauten und Gesten gut verständigen und wird auch deutlich von seinen Mitschülern und Mitschülerinnen akzeptiert.
Überhaupt ist Thomas Gerber aufgrund seiner Freundlichkeit und Fröhlichkeit bei allen beliebt. Er genieße, so beschreibt es der Referendar Herr Wetzlaff, die Zusammenarbeit im Klassenverband und zeige sich als hilfsbereiter Schüler. In letzter Zeit suche er dabei vor allem den Kontakt zu den Mitschülerinnen, bleibe jedoch dabei zurückhaltend und schüchtern.

Im Bereich der Selbstständigkeit hat Thomas Gerber – so bestätigen es auch die Eltern – große Fortschritte gemacht. Bei Toilettengängen braucht er nur manchmal Unterstützung. Mit etwas Hilfe beim Portionieren der Nahrung kann er selbstständig essen. Lediglich das Anziehen der Kleidung und das Verschließen von Reißverschlüssen und Schnürsenkeln stellt für ihn eine größere Herausforderung dar.
Während der Praxisphasen des Unterrichts hat Thomas Gerber Verschiedenes ausprobiert und am besten hat es ihm in der kleinen Gärtnerei gefallen. Annika Behrens, seine persönliche Assistentin, hat ein enges und vertrautes Verhältnis zu Thomas. Vor allem mag sie seinen Drang zur Selbstständigkeit, auch wenn sie dieses so manches Mal mit dem jungen Mann „zusammenrasseln" lässt. Sie ist immer wieder erstaunt über seine „Stehauf-Mentalität", wie sie das für sich nennt. Gern begleitet Annika Behrens ihn im Schulalltag.

Die junge Heilerziehungspflegerin Annika hat sich zu Hause auf diese Sitzung gut vorbereitet. Ihr sind viele Ideen und Überlegungen eingefallen, in welchen Bereichen sie Thomas unterstützen möchte.

Teil I
Theorie und Praxis der Heilerziehungspflege

1 Grundlagen professioneller Hilfebedarfsplanung

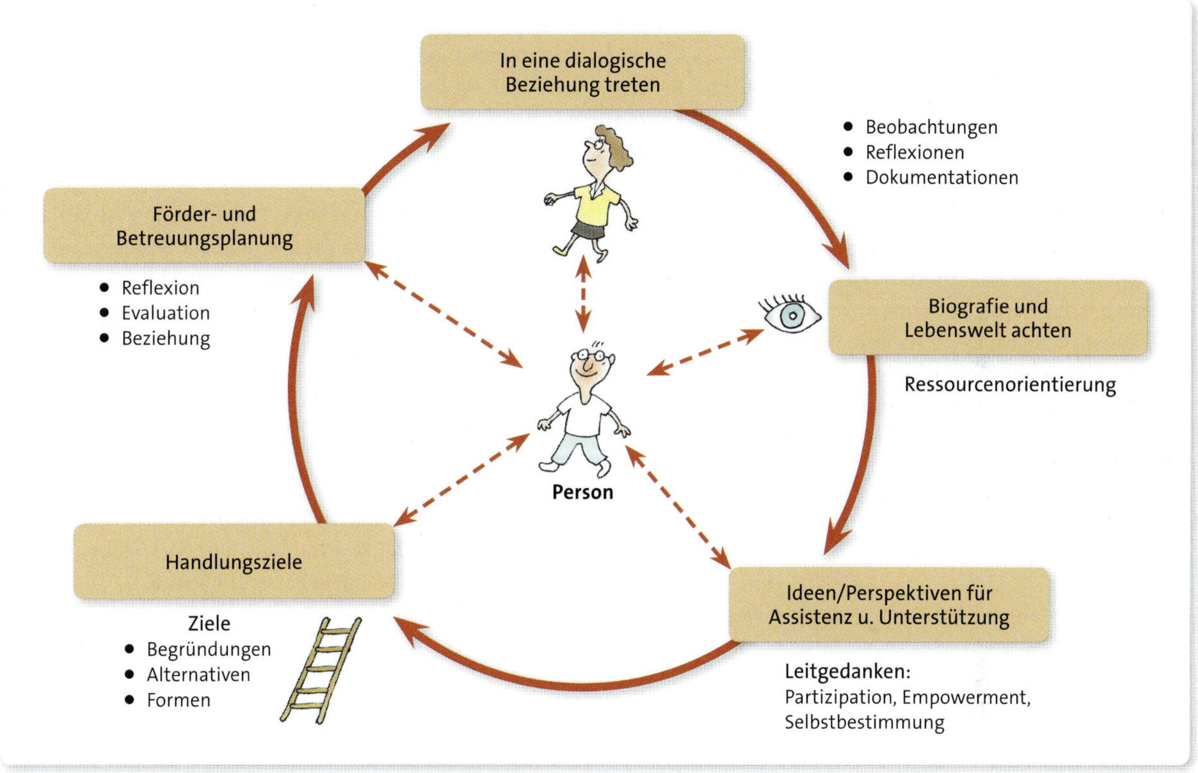

Abb. 1 Das heilerziehungspflegerische Handeln stellt den Menschen in den Mittelpunkt

1.1 Grundsätzliches zum Begriff des „Handelns"

Im Zentrum der heilerziehungspflegerischen Arbeit steht die Gestaltung einer ganz besonderen Beziehung. In der Begegnung zwischen Heilerziehungspfleger und Klient ereignet sich ein professioneller Prozess, der den Menschen mit Behinderung zugleich als Ausgangspunkt und als Ziel allen Handelns begreift. Das Verstehen-Wollen dieser besonderen Situation charakterisiert die Grundhaltung der Fachkraft. Die Professionalität der Fachkraft zeigt sich darin, dass im heilerziehungspflegerischen Tun ein spezifisches Arbeitsverhältnis begründet liegt. Getragen von der uneingeschränkten Wertschätzung und Achtung des anderen als Person ist ein bestimmter **Auftrag** zu erfüllen.

Grundsätzlich liegt der Auftrag für das heilerziehungspflegerische Handeln darin, den anderen in seinem So-Sein anzuerkennen und ihm zugleich die Möglichkeiten auf ein Anders-Sein hin zu eröffnen. „Du bist der, der du sein wirst – du wirst der sein, der du bist!" – das Menschenbild, das dem anderen immer schon die Möglichkeit von Selbstbestimmung und Teilhabe zuerkennt, geht in der Heilerziehungspflege von der unteilbaren Menschenwürde aller aus. Handeln in der Heilerziehungspflege ist von daher ein echter Dialog und folgt dem **Prinzip der dialogischen Assistenz**. Menschenbild und Grundhaltung prägen das professionelle heilerziehungspflegerische Handeln und orientieren es.

1.2 Grundsätzliches zum Begriff des „Planens“

Die Orientierung des heilerziehungspflegerischen Tuns an einem „menschenfreundlichen Menschenbild“ prägt das professionelle Handeln, welches als solches immer zielgerichtetes Handeln ist. Darin liegt einer der Hauptunterschiede zwischen einer privaten und einer professionellen Beziehung – der professionell Handelnde kann über Ziele und Motive, über Hintergründe und Bedingungen, über Inhalte und Methoden seines Tuns Auskunft geben und Rechenschaft ablegen. Das heilerziehungspflegerische Handeln ist planvolles, zielgerichtetes und reflektiertes Handeln.

Natürlich ist auch der heilerziehungspflegerische Berufsalltag geprägt von Unerwartetem, vom spontanen Reagieren und Sich-Einlassen auf eine Situation, von der „ziellosen Zeitverschwendung“ – Handeln „aus dem Bauch heraus“, intuitiv und (scheinbar) ungeplant. Doch eine verantwortungsvolle Assistenz, die den Menschen mit Unterstützungsbedarf auf seinem Weg zu Selbstbestimmung und Teilhabe begleitet und ihn befähigen möchte, seine Angelegenheit im Sinne von Empowerment selbst in die Hand zu nehmen, wird durch die **Zielgerichtetheit des Tuns** geprägt sein. Eine gute Planung ist damit unabdingbare Voraussetzung für die heilerziehungspflegerische Arbeit.

Die Besonderheit des heilerziehungspflegerischen Planungsprozesses liegt darin, dass

- das Planungsziel („Wozu soll etwas erreicht werden?“) und
- der Planungsprozess („Wie soll es erreicht werden?“)

dem gleichen Maß und der gleichen Perspektive verpflichtet sind – es gilt die unbedingte Selbstbestimmung des Klienten. Der Mensch mit Behinderung ist stets als „Experte seiner selbst“, als „empowered person“ (Theunissen) zu betrachten, der nicht nur über das Ziel („Wozu“) bestimmt, sondern auch den Planungsprozess („Wie“) führt. Dieses bedeutet kein Abgeben von Verantwortung oder ein Sich-Zurückziehen des Heilerziehungspflegers aus dem Gestaltungsprozess, sondern im Gegenteil: Die Fachkraft ist eine professionelle „Verstehens- und Übersetzungshilfe“ für den Menschen mit Behinderung dann – und erst dann -, wenn dieser auf genau diese oder jene (und keine andere, ihn hilflos machende) Unterstützung angewiesen ist.

Im gemeinsamen Planen zeigt sich eine bestimmte heilerziehungspflegerische Perspektive. Diese Haltung ist vor allem dort gefordert, wo etwa ein Klient an der Prozessbeteiligung gehindert wird oder wo ein Klient aufgrund der Schwere seiner Beeinträchtigung auf besondere Assistenz angewiesen ist. „Nichts über uns ohne uns!“ – dieser Leitspruch der Delegierten der Nichtregierungsorganisationen (NGO) bei den Verhandlungen zur UN-Behindertenrechtskonvention gilt nicht nur im politischen Raum, sondern ist Motto auch für das konkrete heilerziehungspflegerische Handeln und Planen.

Es ist gerade diese **doppelte Perspektive**, gleichermaßen vom Klienten und von der Fachkraft aus, die heilerziehungspflegerisches Planen und Handeln bestimmt (▶ **Abb. 1**).

Abb. 1 Doppelte Perspektive im heilerziehungspflegerischen Planungsprozess

2 Modelle und Verfahren der Hilfebedarfsplanung

Abb. 1 Im Beratungsgespräch

Hilfeplanung, **Hilfebedarfsplanung** oder auch **Hilfe- und Teilhabeplanung** sind unterschiedliche Begriffe für das Planen des Hilfebedarfs eines Menschen mit Behinderung, sie werden je nach Bundesland verwendet ▶ s. auch Kap. 2.3.2.

2.1 Ein (Rück-)Blick: Traditionelle Hilfebedarfsplanung

In den letzten Jahren hat sich im Zuge der Paradigmenwechsel in der Behindertenhilfe die Hilfebedarfsplanung mehr und mehr verändert. An die Stelle der institutionell geprägten Hilfebedarfsplanung trat und tritt die Individuelle Hilfebedarfsplanung oder Teilhabeplanung und mit der persönlichen Zukunftsplanung ergeben sich neue, spannende Perspektiven.

Gleichwohl lohnt ein Blick zurück – zum einen sind Grundmuster der traditionellen Hilfebedarfsplanung nach wie vor in den Verfahren erkennbar, zum anderen wird so die Wegstrecke deutlich, die es (immer) noch zurückzulegen gilt.

Die traditionelle Hilfebedarfsplanung ist vorwiegend in einem institutionellen Rahmen verortet. Es geht dabei um ein (staatlich) geregeltes und organisiertes Verfahren, welches in besonderem Maße den Kostenträger im Blick hat. Insofern liegen den Maßnahmen der Hilfebedarfsplanung in der Regel Gutachten zugrunde, die auf diagnostischen Verfahren, Tests und schriftlichen Berichten beruhen. Der Mensch, um den es in diesem Verfahren ja eigentlich geht, tritt hinter „seine Behinderung" zurück, ja wird auf diese reduziert.

Wenn die traditionelle Hilfebedarfsplanung den Menschen mit Behinderung im Hilfeplanverfahren beteiligt, so geschieht dieses oftmals mit einem eher defizitorientierten Blick. Der Mensch mit Behinderung wird als schutz- und hilfebedürftig gesehen. Es gilt die aus seiner Behinderung resultierenden negativen Verhaltensweisen zu vermindern. Es gilt das, was der Mensch nicht kann, in ein Können zu überführen. Nicht der Mensch steht im Fokus, sondern die Behinderung. Die Person mit Behinderung soll beispielsweise sich selbstständig anziehen können, soll ihr Zimmer in Ordnung halten, soll nicht länger mit auffälligen oder aggressiven Verhaltensweisen den Gruppenalltag stören und vieles andere mehr.

Diese Sicht auf den Menschen mit Behinderung ist nicht auf das Unvermögen oder die mangelnde Bereitschaft der Hilfebedarfsplaner zurückzuführen, sondern liegt in der Natur und der Zielsetzung der traditionellen Hilfebedarfsplanung selbst begründet.

Vorrangiges Ziel der traditionellen Hilfebedarfsplanung ist es, Maßnahmen und Ressourcen für die Unterstützung des Menschen mit Behinderung zu beantragen und zu erhalten. Dieses geschieht im Rahmen der dafür vorgesehenen Institutionen und Einrichtungen und dieses geschieht erschwerend vor dem Hintergrund knapper werdender Finanzmittel. Damit gerät die traditionelle Hilfebedarfsplanung in ein Dilemma – sie muss die Defizite betonen, muss in besonderer Weise die Schwächen hervorheben, um den Menschen mit Behinderung dann mit einem geeigneten Angebot unterstützen zu können („Ressourcen-Etikettierungs-Dilemma").

Aufgaben

1. Kennen Sie aus Ihrer beruflichen Praxis Beispiele für das „Ressourcen-Etikettierungs-Dilemma"?
2. Erkundigen Sie sich bei erfahrenen Mitarbeiterinnen und Mitarbeitern in Einrichtungen der Behindertenhilfe, in welcher Form etwa Sozialberichte, Entwicklungsberichte, Anträge bei den örtlichen Kostenträgern oder bei der Einrichtungsleitung zu stellen sind.
3. Übung: Formulieren Sie einen Bericht, der etikettierende und eher defizitäre Formulierungen enthält, einmal aus Sicht der betroffenen Person in eine ressourcenorientierte persönliche Erzählung um.

2.2 Der Mensch im Mittelpunkt – Beteiligung ermöglichen, Systeme stärken

Abb. 1 In einem Netzwerk gelingen Teilhabe und Selbstbestimmung am besten

Die Inklusionsdebatte und vor allem die UN-Behindertenrechtskonvention (UN-BRK) haben das Gespür dafür geschärft, den Menschen mit Behinderung nicht als hilfebedürftigen Leistungsempfänger zu sehen, sondern ihn als Bürger und damit als Träger von Menschenrechten zu begreifen. Behinderung wird verstanden als soziales Konstrukt. Gesellschaftliche Barrieren behindern ebenso wie körperliche Handicaps oder kognitive Beeinträchtigungen.
Unter diesen Annahmen wird sich der weithin verwendete Begriff der Hilfeplanung oder Hilfebedarfsplanung in Zukunft vielleicht als überholt erweisen. Begriffe wie **Teilhabeplanung oder persönliche Zukunftsplanung** (▶ s. Kap. 2.4) weisen bereits jetzt den Weg.

Sozialgesetz Neuntes Buch. Im SGB IX wird unter dem Leitgedanken „Selbstbestimmung und Teilhabe am Leben in der Gesellschaft" (§ 1) die grundlegende Überzeugung formuliert, die *„Selbstbestimmung und gleichberechtigte Teilhabe am Leben in der Gesellschaft zu fördern, Benachteiligung zu vermeiden oder ihnen entgegenzuwirken"*. In diesem Rechtsanspruch wird die gesellschaftliche Verpflichtung dargelegt und gleichzeitig erwächst aus diesem Rechtsanspruch die Frage, wie denn nun dieser Verpflichtung nachzukommen ist.
Perspektive verändern. Richtig ist die Idee, dass der Mensch mit Hilfebedarf – wie es zumeist heißt – im Mittelpunkt steht. Nicht mehr länger fragen: Was braucht der Mensch?, sondern fragen: Was will der Mensch? Nicht mehr fragen: Wie kann demjenigen oder derjenigen welche Art der Hilfe zukommen?, sondern fragen: Was muss passieren, damit er oder sie am gesellschaftlichen Leben teilhaben kann? Die Perspektive wandelt sich. Es geht nicht mehr länger um die Befriedigung vermeintlicher Bedürfnisse unselbstständiger Hilfeempfänger. Maßstab ist es, Menschen mit Behinderung bei der Realisierung ihrer selbst gesteckten Ziele zu begleiten und zu unterstützen.
Grundvoraussetzung ist es, dass der Mensch, um den es geht, sich aktiv am Prozess der Hilfebedarfsplanung beteiligt. Jeder Mensch hat die Verantwortung für sein eigenes Leben.
In der Praxis ist es mitunter nicht einfach, dass Menschen für sich selbst eintreten. Auf der einen Seite erschweren vielleicht Sprachbarrieren, psychische Störungen, kognitive Beeinträchtigungen u.a. die Selbstvertretungsmöglichkeiten. Auf der anderen Seite werden diese aber auch von komplizierten Antragsverfahren, fehlenden Informationen, ungeduldigen Mitarbeitern und Sachbearbeitern, fehlender Unterstützung u.a. an der Wahrnehmung ihrer Teilhabemöglichkeiten gehindert.

Aufgaben

1. Erkundigen Sie sich bei den zuständigen Hilfebedarfsplanern in Ihrer Region, welche Möglichkeiten der Unterstützung es für Menschen mit Behinderung gibt, sich aktiv am Hilfeplanprozess oder an den Hilfeplankonferenzen zu beteiligen. Stellen Sie die Maßnahmen im Klassenverband zusammen.
2. Interviewen Sie Menschen mit Behinderungen nach ihren Erfahrungen im Hilfeplanverfahren, sich selbst aktiv einbringen zu können. Was behindert und was ermöglicht aus Perspektive der Beteiligten die Teilhabe am Verfahren?
3. Überlegen Sie selbst: Unter welchen Bedingungen fällt es Ihnen leicht, andere Menschen nach Unterstützung zu fragen? Denken Sie an Situationen, wo sie selbst Hilfe benötigt haben.

„Würde erhalten die Menschen nur durch das, was sie selbst getan haben!" (Wolfgang Hinte, Mitbegründer des Konzepts der Sozialraumorientierung)

Sich selbstbestimmt zu verhalten und die eigenen Interessen wahrzunehmen, ist für jeden Menschen eine Herausforderung. Manchmal ist es bequemer, sich auf andere zu verlassen. Nicht immer (er-)kenne ich zudem meine eigenen Wünsche und Vorlieben. Letztlich aber macht zu viel, zu lange oder ungefragte Hilfe abhängig und behindert die eigene Selbstbestimmung.
Steht der Mensch im Mittelpunkt, werden seine Wünsche und Stärken ernst genommen, dann können auch Angehörige Freunde, Nachbarn und schließlich professionelle Fachkräfte ihren Beitrag zur Ermöglichung von Selbstbestimmung und Teilhabe leisten.

2.3 Individuelle Hilfebedarfs- und Teilhabeplanung

2.3.1 Aspekte der individuellen Hilfebedarfs- und Teilhabeplanung

Hilfebedarfsplanung ist vieles in einem:

- Sie ist eine bestimmte Sichtweise auf den Menschen mit Assistenzbedarf,
- sie ist ein kommunikativer Prozess zwischen allen Beteiligten,
- sie ist eine bestimmte Methode,
- sie ist ein gesetzlich verankertes Verfahren.

Es ist wichtig, die jeweiligen Aspekte voneinander zu trennen und zu betrachten.

Ziel einer individuellen Hilfebedarfs- und Teilhabeplanung ist es herauszufinden, welche Wünsche, Erwartungen, Vorstellungen für die Person selbst von Bedeutung sind. Was möchte die Person erreichen, wie möchte sie ihr Leben gestalten? Was hindert und behindert sie daran (und dabei ist gerade nicht nur an personale Defizite und Störungen gedacht, sondern auch an Behinderungen durch die Lebenssituation oder gesellschaftliche Barrieren)? Und: Welche Unterstützung bekommt sie und welche wünscht sie sich, damit Selbstbestimmung und Teilhabe gelingen kann?

Von diesem Ziel aus gedacht ist eine personenzentrierte Teilhabeplanung ein gemeinsamer **Prozess** aller Beteiligten. Freunde, Bekannte, professionelle Dienste, Einrichtungsmitarbeiter u. a. sind hier gefragt, die Hauptperson bei ihrer Bewegung hin zu mehr Teilhabe zu unterstützen, so sie es denn will. Diese Suchbewegung ist sicherlich manchmal schwierig, nimmt aber alle Beteiligten ernst. Das „Ich weiß, was für dich gut ist!" gehört der Vergangenheit an. Verschwiegen werden dürfen in diesem Prozess aber auch nicht Reibereien, unterschiedliche Meinungen oder gar Interessenkonflikte. In diesem Spannungsfeld der individuellen Hilfebedarfsplanung geht es um **Koordination**. Jeder der Beteiligten hat dabei unterschiedliche Aufgaben.

Die ▸ **Abb. 1** mit den Personen des Eingangsbeispiels vom Modul 5 zeigt gut, wie in der Hilfebedarfsplanung alle Beteiligten oder alle verantwortlichen Ebenen mitwirken.

In diesem kommunikativen Prozess der Hilfebedarfsplanung werden die Hilfen und Leistungen dokumentiert und festgehalten (▸ **s. auch Modul 8, Kap. I.3 Dokumentations- und Berichtswesen**). Sie sollen helfen, dass der Mensch mit seiner Individualität wahrgenommen wird und erkennbar ist. Es geht also nicht um ein Abhaken oder Ankreuzen von verschiedenen Kennzahlen, sondern um eine Verstehbarkeit der sich ergebenden Unterstützungen zur Teilhabe.

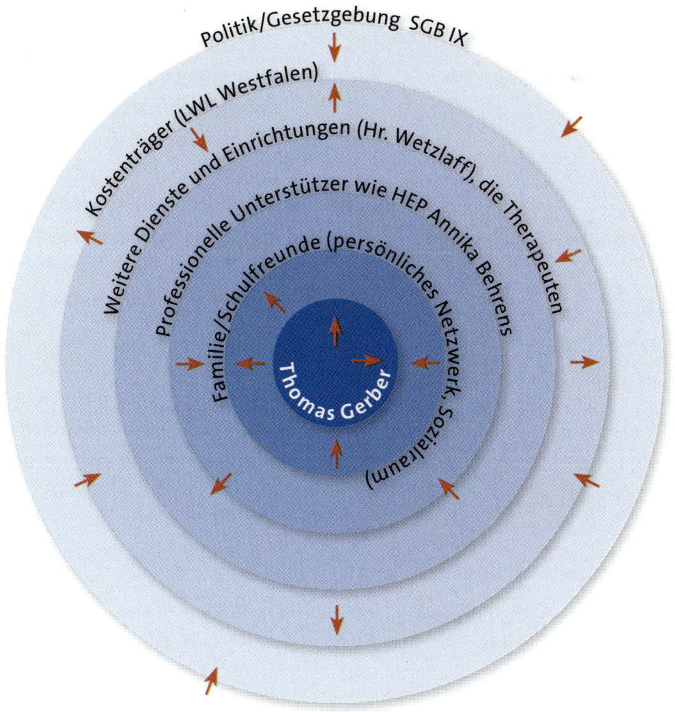

Abb. 1 Umfeld der Hilfebedarfsplanung von Thomas Gerber

2.3.2 Verfahren der Hilfebedarfsplanung

Das Ziel des Hilfeplanverfahrens, nämlich die Ermöglichung von Selbstbestimmung und Teilhabe von Menschen mit Behinderung, ist bundeseinheitlich durch die gesetzliche Grundlage in den Sozialgesetzbüchern abgesichert. Trotz des gemeinsamen gesetzlichen Rahmens gibt es allerdings in den Bundesländern, teilweise sogar in den einzelnen Regionen, unterschiedliche Hilfeplanverfahren. Eine Zählung des „Deutschen Vereins für öffentliche und private Fürsorge" hat vor Kurzem eine Zahl von über 60 verschiedenen Verfahren zur Bedarfsermittlung ergeben. Weitverbreitet und bekannt sind u.a. das Metzler-Verfahren (▸ S. 23), die Individuelle Hilfeplanung des LWL Rheinland (IHP-3. ▸ S. 27) sowie die Integrierte Teilhabeplanung (ITP) in Hessen. Die Tabelle ▸ **Abb. 1** führt auf, welche Hilfeplanverfahren in welcher Region angewandt werden.

Bundesland	**Hilfebedarfsplanverfahren** (Stand 2009 nach Jansen-Kayser 2010)
Baden-Württemberg	HMB-W (stationär), kein einheitliches ambulantes Verfahren
Bayern	HEB
Berlin	BRP, Steuerungsgremien in den Bezirken
Brandenburg	Kein einheitliches Hilfeplanverfahren, regionale Mischformen
Bremen	Bremer Hilfeplan, Steuerungsstelle
Hamburg	IBRP angelehnt, HMB-W
Hessen	IHP, ITP (inkl. persönliches Budget)
Mecklenburg-Vorpommern	Landesregelung IBRP mit HPK
Niedersachsen	Verbindliche Landesregelung IBRP
Nordrhein-Westfalen: Rheinland (LVR) Westfalen (LWL)	 IHP mit HPK, HMB-W IHP mit Clearingstelle
Rheinland-Pfalz	THP (inkl. persönliches Budget) mit THK
Saarland	Kein einheitliches Hilfeplanverfahren, regionale Mischformen
Sachsen	Größere Träger IBRP, kleinere Träger selbst entwickelte Verfahren
Sachsen-Anhalt	Selbst entwickelte Verfahren
Schleswig-Holstein	Kein einheitliches Hilfeplanverfahren, regionale Mischformen
Thüringen	Kein einheitliches Hilfeplanverfahren, regionale Mischformen

Abb. 1 Regionale Hilfebedarfsplanverfahren (Schreiber, 2010)

Bei aller Unterschiedlichkeit gibt es gemeinsame Grundsätze, auf die sich die Konferenz der Arbeits- und Sozialministerien (ASMK) 2010 geeinigt hat. Die Ministerinnen und Minister mahnten in ihrem Beschlussdokument die dringende Reform der Eingliederungshilfe an mit dem Ziel, in Übereinstimmung mit der UN-BRK die Teilhabemöglichkeiten und Leistungen für Menschen mit Behinderungen weiterzuentwickeln. Dabei seien u.a. folgende Ziele zu berücksichtigen:

- Entwicklung zu einer personenzentrierten Teilhabeleistung, die die individuellen Bedarfe stärker berücksichtigt und das Selbstbestimmungsrecht der Menschen mit Behinderungen beachtet
- Entwicklung eines durchlässigen und flexiblen Hilfesystems

Im Wandel von einer überwiegend institutionenbezogenen Hilfe zu einer **personenzentrierten Hilfe** verändern sich zugleich die Ansprüche an das entsprechende Hilfeplanverfahren. Die genannte Konferenz der Arbeits- und Sozialministerien formuliert entsprechend:

Umfang: Die Bedarfsermittlung und -feststellung durch den Träger der Sozialhilfe erstreckt sich auf alle Lebenslagen des Menschen mit Behinderung.

Kritierien: Für das Verfahren der Bedarfsermittlung und des Teilhabemanagements in der Eingliederungshilfe gelten folgende Maßstäbe und Kriterien:

- Verfahrensschritte, die der Ermittlung und der Feststellung des Bedarfs an Maßnahmen der Eingliederungshilfe und des Managements dieser Maßnahmen dienen, sind in persönlicher Anwesenheit des (potenziell) Leistungsberechtigten durchzuführen, es sei denn, er verzichtet darauf durch Erklärung.
- Der (potenziell) Leistungsberechtigte hat einen Anspruch auf Beratung. Die Verfahrensrechte gemäß SGB X (z.B. über Bevollmächtigte und Beistände) bleiben davon unberührt. Der Träger der Sozialhilfe stellt unverzüglich nach Beginn des Verwaltungsverfahrens das Vorliegen einer wesentlichen Behinderung fest, nimmt unmittelbar danach die Wünsche des Menschen mit Behinderung zu Ziel und Art der Leistungen/Hilfe auf und dokumentiert sie.

(Arbeits- und Sozialministerkonferenz ASMK 2010)

Abb. 1

Gütekriterien. Und auch für das Hilfeplanverfahren werden eindeutige Gütekriterien festgeschrieben:

Das Hilfebedarfsplanverfahren ist durch den Träger der Sozialhilfe nach folgenden Grundsätzen durchzuführen:

a) transparent
b) alle Lebensbereiche berücksichtigend, unabhängig von der Frage, welcher Leistungsträger für die Leistungen im Einzelnen zuständig ist/sein könnte
c) interdisziplinär
d) konsensorientiert (d.h. unter Einbeziehung des Anspruchsberechtigten und von ihm benannter Bezugsperson mit dem Ziel der Übereinstimmung)
e) individuell (d.h. unter Einbeziehung der im konkreten Fall maßgeblichen Kontextfaktoren sowie der persönlichen Ressourcen)
f) lebensweltbezogen unter Berücksichtigung der Inklusion bei Wohnen, Arbeiten, Tagesgestaltung, Teilnahme am gesellschaftlichen Leben
g) zielorientiert (d.h. unter Benennung konkreter Ergebnis- und Zwischenziele)

(ASMK 2010)

Hilfeplankonferenz und Gesamtplan. Koordinierungsstelle ist die Hilfeplankonferenz (HPK) oder auch Clearingstelle, angesiedelt beim jeweiligen zuständigen Sozialhilfeträger. Hier formuliert die Konferenz Mindeststandards:

Die Abstimmung der angemessenen Leistungen/Hilfen nach Inhalt, Umfang, zeitlicher Dauer und Zeitpunkten findet in einer **Hilfeplankonferenz** statt. Alle in Betracht kommenden Leistungsträger sind zur Teilnahme an der Hilfeplankonferenz verpflichtet.
Der Hilfeplan und das Ergebnis der Hilfeplankonferenz sind notwendiger Bestandteil eines **Gesamtplans** und fließen in diesen ein. Dieser muss mindestens folgende Angaben enthalten:

a) angestrebte, überprüfbar formulierte Teilhabeziele (mittel- und langfristige) sowie die Maßstäbe und Kriterien der Wirkungskontrolle
b) die verfügbaren oder aktivierbaren Selbsthilferessourcen
c) den individuellen Hilfebedarf an Hilfen Dritter unter Berücksichtigung der individuellen Ziele
d) die funktionsbezogene Zusammenstellung der zur Zielerreichung und Deckung des Hilfebedarfs voraussichtlich erforderlichen Hilfen/Leistungen einschl. ggf. erforderlicher Koordinierungsleistungen
e) eigene Aktivitäten des Leistungsberechtigten
f) die zuständigen Leistungsträger und sonstigen verpflichtenden Dritten
g) das Ergebnis der Abstimmung der Leistungen/Hilfen nach Inhalt, Umfang, zeitlicher Dauer und Zeitpunkten
h) die Angabe, ob ein persönliches Budget gewünscht ist
i) den Bewilligungs-/Überprüfungszeitraum/-zeitpunkt.

(ASMK 2010)

Damit sind wesentliche Grundlagen im Bereich der Hilfeplanverfahren länderübergreifend gelegt. Entsprechend sind die **Bestandteile der Hilfepläne** ähnlich.
Erfasst werden

- Daten zur Person des Antragstellers, sodass neben den biografischen Daten auch die bisherigen Erfahrungen und damit die individuelle Lebensgestaltung sichtbar wird;
- Daten zur gewünschten Wohn-, Arbeits- und Lebensform – unter Beachtung aller Lebensbereiche wie selbstständige Lebensführung, Beschäftigung, Freizeitverhalten, Beziehungen, Gesundheit und Tagesgestaltung;
- Daten zur gegenwärtigen Gesamtsituation, also zum Lebenskontext, zur lebenswelt- und sozialräumlichen Einbindung (und damit zu möglichen Unterstützungssystemen);
- Daten zu den Ressourcen und Fähigkeiten, aber auch zu den Störungen, Beeinträchtigungen und Problemen;
- Daten zu bislang erreichten sowie gewünschten Zielen.

▶ **S. auch Modul 7, Kap. I.2.1 Entwicklungs- und Betreuungsplanung**

In jedem Fall beginnt das einzelne Hilfeplanverfahren mit einem festgestellten Rechtsanspruch, den ein Facharzt attestieren muss. Das ist der erste Schritt. Im Verfahren selbst werden nach der Ermittlung des Hilfebedarfs Maßnahmen und Unterstützungen formuliert, die in der Regel in Form von Fachleistungsstunden ausgewiesen werden. Die Höhe dieser Dienste richtet sich nach der Qualität des Leistungserbringers sowie nach den mit dem Kostenträger zuvor ausgehandelten Sätzen.

Persönliches Budget. Eine immer größer werdende Bedeutung kommt dem persönlichen Budget zu. Dieses ermöglicht, dass der Klient als Nutzer oder Kunde (oder richtiger gesagt als Arbeitgeber) die benötigten und gewünschten Assistenzleistungen von unterschiedlichen Anbietern bzw. Leistungserbringern einkauft. An die Stelle von Sach- und Dienstleistungen, die oftmals ja an bestehende Institutionen gebunden sind, treten somit Geldzuweisungen, das persönliche Budget. Mit dieser Leistungsform – seit 2008 als Rechtsanspruch im SGB IX festgeschrieben (▸ **s. Modul 4, Kap IV.3,** Trägerübergreifendes persönliches Budget) – wird die Autonomie des Leistungsempfängers gestärkt.

Dialog. Entscheidend bleibt bei allen Hilfeplanverfahren, dass nicht die Form des Verfahrens im Vordergrund steht, sondern der Aspekt des achtenden Dialogs und der wertschätzenden Kommunikation. Jenseits eines formalen, bürokratischen und statischen Verfahrens geht es um die Ermöglichung und Unterstützung von Teilhabe. Ziel und Weg müssen daher übereinstimmen. Anhören statt Abhaken, Ganzheitlichkeit statt Zerstückelung des Lebens, Autonomie statt Abhängigkeit.

2.3.3 Hilfebedarfsplanung und ICF

Bei aller Vielfalt der Verfahren zur individuellen Hilfebedarfsplanung stellt sich die Frage, inwieweit es nicht einen einheitlichen Bezugspunkt geben sollte oder zukünftig geben wird.
Gesetzliche Grundlagen sind mit dem SGB IX formuliert, Maßstäbe und Gütekriterien für die Verfahrensabläufe in ministeriellen Beschlüssen festgelegt und zunehmend scheint sich für die Hilfebedarfsplanung als Orientierungsrahmen die ICF, die „International Classification of Functioning, Disability and Health", herauszubilden. Eine Kenntnis dieses Klassifikationssystems ist für die Fachkraft in der heilerziehungspflegerischen Arbeit sinnvoll und wichtig.

Mit der ICF liegt seit 2001 eine Klassifikation der WHO (World Health Organisation) vor, die länder- und fachübergreifend Gültigkeit beansprucht. Damit wird z.B. das Gespräch zwischen Fachleuten unterschiedlicher Professionen, wie es ja beim Hilfeplanverfahren angestrebt ist, auf eine einheitliche und standardisierte Basis gestellt. Die ICF folgt dabei dem bio-psycho-sozialen Modell der Beschreibung von Krankheit und Gesundheit.

Gesellschaftlicher und sozialer Kontext. Entscheidend ist die Überlegung, dass jeder Mensch in all seinen Lebensbereichen und Lebensvollzügen immer in seinem gesellschaftlichen Kontext gesehen werden muss. Was beeinflusst die Person? Welche förderlichen oder hinderlichen Bedingungen gibt es? In welchen Beziehungen und Netzwerken steht die Person und können diese zur Ermöglichung von Selbstbestimmung und Teilhabe genutzt werden? Welche Bedeutung haben individuelle Einstellungen? All diesen Fragen kann mit der ICF systematisch nachgegangen werden, um so der spezifischen Situation eines Menschen und seiner besonderen Lebenssituation gerecht zu werden.
Ausgangspunkt für die Betrachtungen ist eine Gesundheitsstörung oder eine Krankheit. Doch auch wenn die ICF von einem Gesundheitsproblem ausgeht, wird dieses immer zugleich als eine soziale Beeinträchtigung verstanden. So verlässt die ICF die defizitorientierte Sichtweise auf den Menschen und nimmt die Behinderungen und die Barrieren der Gesellschaft ins Visier. Mit ihrem Blick auf Körperfunktionen und -strukturen, auf Aktivitäten und auf Partizipation (Teilhabe), mit ihrer Perspektive auf personenbezogene Faktoren wie auf Umweltfaktoren (▸ **Abb. 1**) klassifiziert sie eher **Komponenten von Gesundheit**. Dieses entspricht einem ressourcenorientierten Verständnis und einem dem heilerziehungspflegerischen Tun angemessenen Menschenbild.

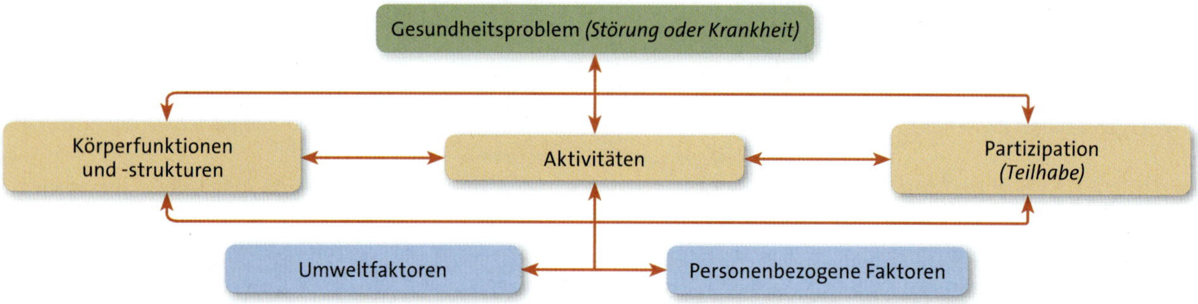

Abb. 1 Behinderung nach ICF

Mit der ICF – und dieses muss betont werden – liegt kein Messverfahren zur Erfassung eines individuellen Hilfebedarfs oder gar ein Instrument für eine Diagnostik vor. Die ICF kann aber helfen, sich bei der Beschreibung individueller Situationen, etwa bei der Vorbereitung auf ein Hilfeplanverfahren, zu orientieren.

Wie funktioniert die Orientierung in der ICF?
Die Komponenten der ICF umfassen jeweils unterschiedliche Themen oder Domänen. Mit **Domänen** bezeichnet die ICF *„eine sinnvolle Menge von miteinander im Zusammenhang stehenden physiologischen Funktionen, anatomischen Strukturen, Handlungen, Aufgaben oder Lebensbereichen"* (DIMDI/WHO 2005, S. 3). Jede Domäne ist wiederum in verschiedene Unterthemen gefasst (▸ **Abb. 1**).

Was bedeutet die ICF für die Hilfebedarfsplanung?
Bedeutsam für die heilerziehungspflegerische Arbeit ist die ICF vor allem in ihren Komponenten „Aktivitäten und Teilhabe", die zusammen klassifiziert werden (mit dem Kürzel d = daily activities). Hier finden sich folgende Themenbereiche bzw. **Kapitel**:

- Lernen und Wissensanwendung (dazu gehören bspw. Themen des Lernens wie Nachahmen, Lesen, Schreiben und Rechnen, Anwendung und Problemlösung)
- Allgemeine Aufgaben und Anforderungen (hierzu zählt etwa die Fähigkeit, mehrere Aufgaben gleichzeitig bewältigen zu können)
- Kommunikation (eine Mitteilung weitergeben können, sich an einem Gespräch beteiligen)
- Mobilität (Gehen, ein Fortbewegungsmittel nutzen)
- Selbstversorgung (etwa: auf die Hygiene achten, sich ernähren, Gesundheitsvorsorge)
- Häusliches Leben (meint u.a. die Fähigkeit, einen Haushalt zu führen)
- Beziehungen (bezieht sich bspw. auf die Art und Weise der Gestaltung von Beziehungen)
- Bedeutende Lebensbereiche (hierunter versteht die ICF z.B. Arbeit, Beschäftigung, Erziehung, Bildung)
- Soziales Leben/Leben als Staatsbürger (u.a. Themen wie Religion, Rechte, Erholung und Freizeit)

Die Kapitel wiederum werden in **Kategorien** unterteilt. Zentrale Kategorie ist schließlich eine vierstellige Codenummer (siehe nächste Seite).

	Teil 1: Funktionsfähigkeit und Behinderung		Teil 2: Kontextfaktoren	
Komponenten	**Körperfunktionen/ -strukturen**	**Aktivitäten und Partizipation (Teilhabe)**	**Umweltfaktoren**	**Personenbezogene Faktoren**
Domänen	Körperfunktionen Körperstrukturen	Lebensbereiche (Aufgaben, Handlungen)	Äußere Einflüsse auf Funktionsfähigkeit und Behinderung	Innere Einflüsse auf Funktionsfähigkeit und Behinderung
Konstrukte	Veränderungen in Körperfunktionen (physiologisch) Veränderungen in Körperstrukturen (anatomisch)	Leistungsfähigkeit Durchführung von Aufgaben in einer standardisierten Umwelt Leistung Durchführung von Aufgaben in der gegenwärtigen tatsächlichen Umwelt	Fördernde oder beeinträchtigende Einflüsse von Merkmalen der materiellen, sozialen und einstellungsbezogenen Welt	Einflüsse von Merkmalen der Person
Positiver Aspekt	Funktionale und strukturelle Integrität **Funktionsfähigkeit**	Aktivitäten Partizipation (Teilhabe)	Positiv wirkende Faktoren	(Nicht anwendbar)
Negativer Aspekt	Funktionale und strukturelle Integrität **Behinderung**	Aktivitäten Partizipation (Teilhabe)	Negativ wirkende Faktoren (Barrieren, Hindernisse)	(Nicht anwendbar)

Abb. 1 Komponenten und Domänen der ICF (in Anlehnung an DIMDI/WHO 2005; aus: Biewer 2009, 67)

Beispiel: d145 Schreiben lernen
Die Fähigkeit zu entwickeln, Symbole zu produzieren, die der Darstellung von Lauten, Wörtern oder Wendungen dienen, um Bedeutungen zu vermitteln (einschließlich Schreiben in Braille), wie richtig buchstabieren und die Grammatik korrekt verwenden
d = Buchstabe für die Komponente (hier: Aktivitäten und Teilhabe)
1 = Kapitelnummer (hier: Lernen und Wissen anwenden)
145 = Schreiben lernen
(DIMDI/WHO 2005)

Letztlich bedarf es nun noch einer Einschätzung der in dieser Kategorie festgestellten Funktionsfähigkeiten bzw. -störungen bzw. zum Einfluss der förderlichen oder beeinträchtigenden Umweltfaktoren. Hierzu bedient sich die ICF einer Skalierung, die folgendermaßen aussieht:

xxx.0	Problem nicht vorhanden (ohne, kein, unerheblich ...) 0–4 %
xxx.1	Problem leicht ausgeprägt (schwach, gering ...) 5–24 %
xxx.2	Problem mäßig ausgeprägt (mittel, ziemlich ...) 25–49 %
xxx.3	Problem erheblich ausgeprägt (hoch, äußerst ...) 50–95 %
xxx.4	Problem voll ausgeprägt (komplett, total ...) 96–100 %
xxx.8	nicht spezifiziert
xxx.9	nicht anwendbar

Beispiel: d145.1 Schreiben lernen
Die Fähigkeit zu entwickeln, Symbole zu produzieren, die der Darstellung von Lauten, Wörtern oder Wendungen dienen, um Bedeutungen zu vermitteln (einschließlich Schreiben in Braille), wie richtig buchstabieren und die Grammatik korrekt verwenden
d = Buchstabe für die Komponente (hier: Aktivitäten und Teilhabe)
1 = Kapitelnummer (hier: Lernen und Wissen anwenden)
145 = Schreiben lernen
.1 = leicht ausgeprägtes Problem in diesem Bereich
(DIMDI/WHO 2005)

Mit der ICF könnte sich zukünftig ein Klassifikationsinstrument herausbilden, welches an der Schnittstelle zwischen Pädagogik und Pflege – und damit im Kontext von individueller Hilfebedarfs- und Teilhabeplanung – die Verständigung zwischen den Fachkräften erleichtert. Allerdings zeigt die ICF zum gegenwärtigen Zeitpunkt noch eine deutlich „medizinische Schlagseite“. Schwerpunkt liegt in der Beschreibung der Körperfunktionen und Körperstrukturen. Die Umweltfaktoren nehmen deutlich weniger Raum ein und eine Ausarbeitung der personalen Faktoren liegt noch gar nicht vor. Damit werden aber wichtige Aspekte wie Ressourcenorientierung oder Resilienz ausgeklammert. Dieses muss bei der Orientierung an der ICF durch Hilfebedarfsplaner kritisch berücksichtigt werden.

2.3.4 Ausgewählte Hilfeplaninstrumente (Metzler-Verfahren, IHP-3)

In den Hilfeplanverfahren vieler Bundesländer wird auf erprobte Instrumente zurückgegriffen, um die Ressourcen, vor allem aber die Bedarfe von Menschen mit Behinderung zu ermitteln und zu dokumentieren. Dabei erweist sich der Begriff „Bedarf“ als durchaus unscharf. Zum einen ist damit der Bedarf im Rahmen der individuellen Zielplanung gemeint. Zum zweiten ist die Feststellung des Bedarfs die Voraussetzung, damit eine berechtigte Person Leistungen nach Maßgabe der Eingliederungshilfe (SGB XII) erhält. Nur wer einen festgestellten Bedarf hat, erhält Leistungen.

Leistungen der Eingliederungshilfe (nach §54 SGB XII) sind sachliche Leistungen für behinderte oder von Behinderung bedrohte Menschen. Sie umfassen die Hilfe zu einer angemessenen Schulbildung, zur schulischen Ausbildung für einen angemessenen Beruf, zur Ausbildung für sonstige angemessene Tätigkeit, Hilfe in vergleichbaren sonstigen Beschäftigungsstätten und nachgehende Hilfe zur Sicherung der Wirksamkeit der ärztlichen und ärztlich verordneten Leistungen und zur Sicherung der Teilhabe am Arbeitsleben.

Und drittens wird auf Basis der Bedarfsfeststellung die Zuordnung zu Leistungsgruppen (oder Hilfebedarfsgruppen) festgelegt. Kurz gesagt: Die Einstufung in eine Hilfebedarfsgruppe entscheidet über die Höhe der Vergütungen von Leistungen.

> **Aufgabe**
>
> Diskutieren Sie, inwieweit das System der Hilfebedarfsfeststellung mit einem ressourcenorientierten Menschenbild vereinbar ist.
>
> Tipp: Interviewen Sie zur Vorbereitung der Diskussion
> - einen Hilfeplaner des zuständigen Kostenträgers;
> - eine Heilerziehungspflegerin, die einen Sozial- und Entwicklungsbericht für einen Bewohner einer Wohneinrichtung zur Vorlage beim Kostenträger formuliert;
> - einen Menschen mit einer Behinderung, der über sein Hilfeplanverfahren Auskunft gibt.

Das Metzler-Verfahren (HMB)

Weit verbreitet ist das „Verfahren zur Ermittlung des Hilfebedarfs von Menschen mit Behinderung" (HMB), welches von einer Arbeitsgruppe um Dr. Heidrun Metzler von der Universität Tübingen entwickelt wurde und besser bekannt ist als „Metzler-Verfahren". Zu unterscheiden sind die Verfahren für den „Lebensbereich Wohnen" (HMB-W) und für den Bereich „Gestaltung des Tages" (HMB-T).

Dem „Lebensbereich Wohnen" sind im Metzler-Bogen insgesamt **7 Aktivitätsbereiche** zugeordnet:

- Alltägliche Lebensführung (u.a. Einkaufen, Nahrungszubereitung, Wäschepflege, Umgang mit Geld)
- Individuelle Basisversorgung (u.a. Ernährung, Körperpflege, persönliche Hygiene)
- Gestaltung sozialer Beziehungen (im näheren und weiteren persönlichen Umfeld)
- Teilnahme am kulturellen und gesellschaftlichen Leben (auch bezogen auf die Entwicklung von Perspektiven und Lebensplanung)
- Kommunikation und Orientierung (inkl. der zeitlichen und räumlichen Orientierung)
- Emotionale und psychische Entwicklung (u.a. Bewältigung von Angst, Störungen, Umgang mit Selbst- und Fremdgefährdung)
- Gesundheitsförderung und -erhaltung (neben dem eigenen gesundheitsfördernden Lebensstil auch bezogen auf die Kooperation mit Ärzten und Therapeuten)

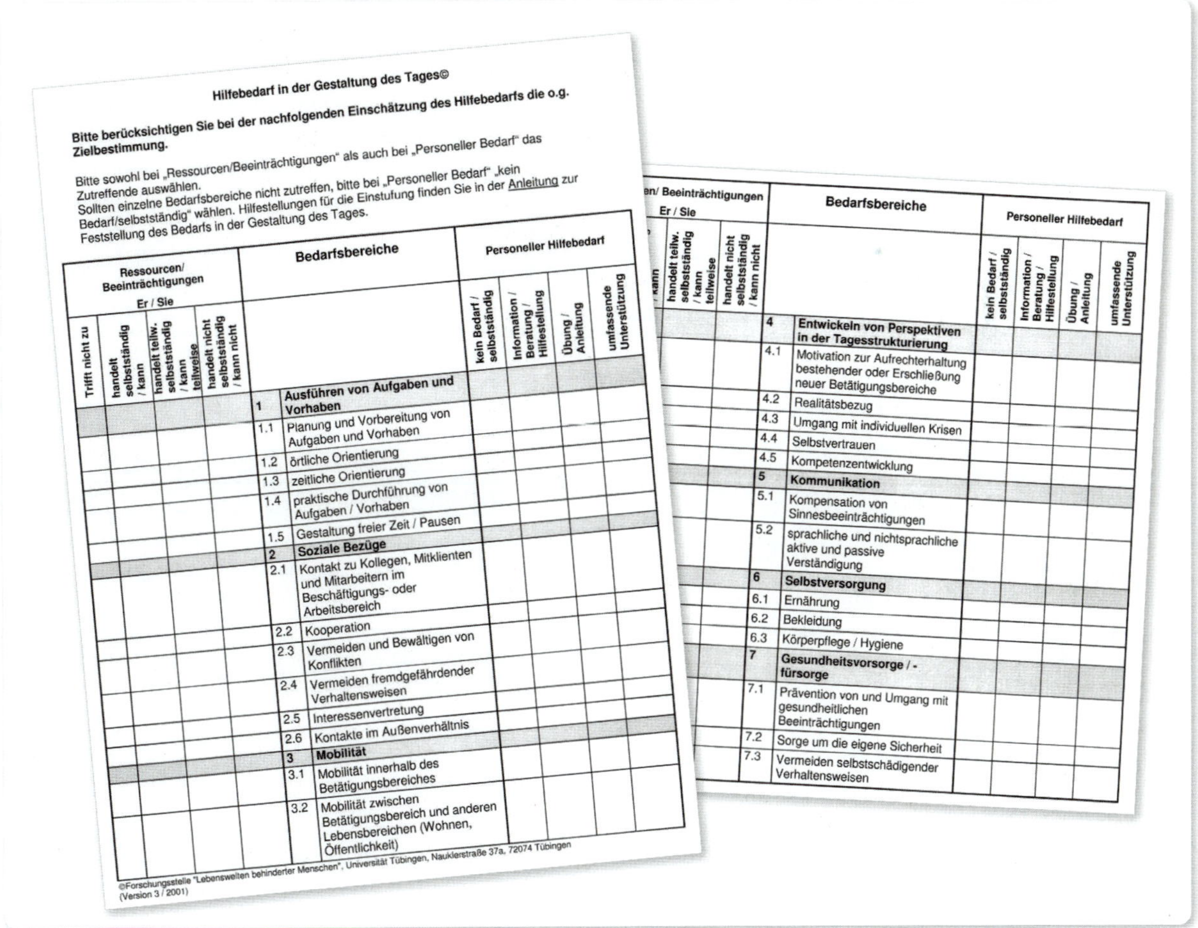

Hilfebedarf in der Gestaltung des Tages©

Bitte berücksichtigen Sie bei der nachfolgenden Einschätzung des Hilfebedarfs die o.g. Zielbestimmung.

Bitte sowohl bei „Ressourcen/Beeinträchtigungen" als auch bei „Personeller Bedarf" das Zutreffende auswählen.
Sollten einzelne Bedarfsbereiche nicht zutreffen, bitte bei „Personeller Bedarf" „kein Bedarf/selbstständig" wählen. Hilfestellungen für die Einstufung finden Sie in der Anleitung zur Feststellung des Bedarfs in der Gestaltung des Tages.

Ressourcen/ Beeinträchtigungen Er / Sie				Bedarfsbereiche		Personeller Hilfebedarf			
Trifft nicht zu	handelt selbstständig / kann	handelt teilw. selbstständig / kann teilweise	handelt nicht selbstständig / kann nicht			kein Bedarf / selbstständig	Information / Beratung / Hilfestellung	Übung / Anleitung	umfassende Unterstützung
				1	**Ausführen von Aufgaben und Vorhaben**				
				1.1	Planung und Vorbereitung von Aufgaben und Vorhaben				
				1.2	örtliche Orientierung				
				1.3	zeitliche Orientierung				
				1.4	praktische Durchführung von Aufgaben / Vorhaben				
				1.5	Gestaltung freier Zeit / Pausen				
				2	**Soziale Bezüge**				
				2.1	Kontakt zu Kollegen, Mitklienten und Mitarbeitern im Beschäftigungs- oder Arbeitsbereich				
				2.2	Kooperation				
				2.3	Vermeiden und Bewältigen von Konflikten				
				2.4	Vermeiden fremdgefährdender Verhaltensweisen				
				2.5	Interessenvertretung				
				2.6	Kontakte im Außenverhältnis				
				3	**Mobilität**				
				3.1	Mobilität innerhalb des Betätigungsbereiches				
				3.2	Mobilität zwischen Betätigungsbereich und anderen Lebensbereichen (Wohnen, Öffentlichkeit)				

©Forschungsstelle "Lebenswelten behinderter Menschen", Universität Tübingen, Nauklerstraße 37a, 72074 Tübingen
(Version 3 / 2001)

...en/ Beeinträchtigungen Er / Sie			Bedarfsbereiche		Personeller Hilfebedarf			
... kann	handelt teilw. selbstständig / kann teilweise	handelt nicht selbstständig / kann nicht			kein Bedarf / selbstständig	Information / Beratung / Hilfestellung	Übung / Anleitung	umfassende Unterstützung
			4	**Entwickeln von Perspektiven in der Tagesstrukturierung**				
			4.1	Motivation zur Aufrechterhaltung bestehender oder Erschließung neuer Betätigungsbereiche				
			4.2	Realitätsbezug				
			4.3	Umgang mit individuellen Krisen				
			4.4	Selbstvertrauen				
			4.5	Kompetenzentwicklung				
			5	**Kommunikation**				
			5.1	Kompensation von Sinnesbeeinträchtigungen				
			5.2	sprachliche und nichtsprachliche aktive und passive Verständigung				
			6	**Selbstversorgung**				
			6.1	Ernährung				
			6.2	Bekleidung				
			6.3	Körperpflege / Hygiene				
			7	**Gesundheitsvorsorge / -fürsorge**				
			7.1	Prävention von und Umgang mit gesundheitlichen Beeinträchtigungen				
			7.2	Sorge um die eigene Sicherheit				
			7.3	Vermeiden selbstschädigender Verhaltensweisen				

Abb. 1 HMB-T (Hilfebedarf in der Gestaltung des Tages), Metzler-Verfahren

Ähnlich aufgebaut ist der „Lebensbereich Tagesstrukturierung“:

- Ausführen von Aufgaben und Vorhaben (z.B. Planung, praktische Durchführung, örtliche und zeitliche Orientierung am Arbeitsplatz)
- Soziale Bezüge (u.a. Kontakt und Kooperation mit Kollegen, Umgang mit Konflikten, Vertretung eigener Interessen und Rechte)
- Mobilität (etwa am Arbeitsplatz oder zum Arbeitsplatz hin)
- Entwickeln von Perspektiven in der Tagesstrukturierung (u.a. Interesse und Motivation zur persönlichen Weiterentwicklung, realistische Einschätzung von Möglichkeiten und persönlichen Fähigkeiten)
- Kommunikation (meint die sprachliche wie nichtsprachliche aktive und passive Verständigung)
- Selbstversorgung (hier ähnlich dem Lebensbereich Wohnen)
- Gesundheitsvorsorge/-fürsorge (umfasst z.B. die Sorge um die eigene Sicherheit, Umgang mit Werkzeugen u.Ä.)

Grundsätzlich zielen die Metzler-Verfahren darauf ab, sowohl die Selbstständigkeit eines Menschen mit Behinderung zu erfassen („Aktivitätsprofil“) als auch den konkreten Hilfebedarf zu ermitteln („Zuordnung zu Hilfebedarfskategorien“).

In der Spalte „Aktivitätsprofil“ stehen 3 Einschätzungsmöglichkeiten zur Verfügung:

- Eine Person bewältigt eine Aktivität allein und ohne Schwierigkeiten („kann“),
- sie bewältigt diese Aktivität nicht vollständig bzw. sachgerecht („kann mit Schwierigkeiten“) oder
- sie kann die entsprechende Aktivität nicht ohne Unterstützung ausführen („kann nicht“) ▸ **Abb. 1**.

Für die Feststellung des Hilfebedarfs ist vor allem die Zuordnung zu entsprechenden **Hilfebedarfskategorien** von Bedeutung. Entscheidend ist, ob bei der Bewältigung einer Aktivität eine Hilfe nicht erforderlich oder gewünscht ist (Kategorie A), Informationen, Assistenz oder Hilfestellung zum selbstständigen Handeln des Menschen mit Behinderung wichtig ist (Kategorie B), Aktivitäten stellvertretend oder in Begleitung geleistet werden (Kategorie C) oder schließlich Aktivitäten stets nur mit intensiver Förderung oder umfassender Hilfestellung ausgeführt werden (Kategorie D).

Bei der Auswertung der Bögen wird auf ein **Auswertungsraster** zurückgegriffen (▸ **siehe rechts**). Dabei werden den ermittelten Hilfebedarfen jeweils unterschiedliche Punktwerte zugeordnet. Zusammengezählt ergeben sich dann Gruppen mit einem vergleichbaren Hilfebedarf.

Je nach Art der Leistungsangebote werden (von Bundesland zu Bundesland verschieden und unabhängig vom Metzler-Verfahren) einzelne **Leistungstypen** voneinander unterschieden. Im Bereich Wohnen findet sich etwa die Unterscheidung zwischen stationären und ambulanten Angeboten, im Bereich der Tagesstrukturierung wird differenziert in Werkstattangebot oder Tagesförderstätte. Den einzelnen Leistungstypen sind unterschiedliche Personalschlüssel und/oder Zeitbudgets zugeordnet.

Aufgabe

Erkundigen Sie sich bei Ihrem örtlichen Kostenträger nach den Leistungstypen, recherchieren Sie die entsprechenden Leistungsbeschreibungen und ermitteln Sie die jeweils zugewiesene Personalausstattung bzw. die zugewiesenen Zeitanteile.

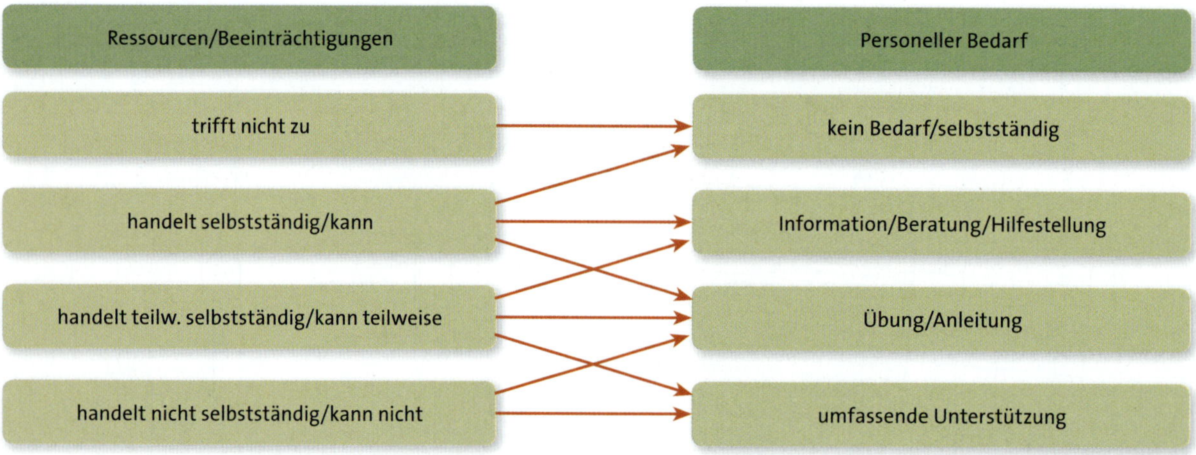

Abb. 1 Zusammenhang zwischen Ressourcen und Bedarf (Metzler-Verfahren, HMB-T)

Hilfebedarf in der individuellen Lebensgestaltung ("Wohnen")©
1. Auswertungsraster
- (H.M.B.-W / Version 5/2001) -

Bereich / Aktivität	Hilfebedarf / quantitative Bewertung (Punkte)			
	A	B	C	D
Alltägliche Lebensführung	0	2	3	4
2. Einkaufen	0	2	3	4
3. Zubereitung von Zwischenmahlzeiten	0	2	3	4
4. Zubereitung von Hauptmahlzeiten	0	2	3	4
5. Wäschepflege	0	2	3	4
6. Ordnung im eigenen Bereich	0	2	3	4
7. Geld verwalten	0	2	3	4
8. Regeln von finanziellen und (sozial-)rechtlichen Angelegenheiten				
Individuelle Basisversorgung	0	4	6	8
9. Ernährung	0	4	6	8
10. Körperpflege	0	4	6	8
11. Toilettenbenutzung / persönliche Hygiene	0	2	3	4
12. Aufstehen / zu Bett gehen	0	2	3	4
13. Baden / Duschen	0	2	3	4
14. Anziehen / Ausziehen				
Gestaltung sozialer Beziehungen	0	4	6	8
15. im unmittelbaren Nahbereich	0	4	6	8
16. zu Angehörigen	0	4	6	8
17. in Freundschaften / Partnerschaften				
Teilnahme am kulturellen und gesellschaftlichen Leben	0	2	3	4
18. Gestaltung freier Zeit / Eigenbeschäftigung	0	2	3	4
19. Teilnahme an Freizeitangeboten / Veranstaltungen	0	2	3	4
20. Begegnung mit sozialen Gruppen / fremden Personen	0	2	3	4
21. Erschließen außerhäuslicher Lebensbereiche	0	2	3	4
22. Entwickeln von Zukunftsperspektiven, Lebensplanung				
Kommunikation und Orientierung	0	4	6	8
23. Kompensation von Sinnesbeeinträchtigungen und Kommunikationsstörungen / Unterstützung der Kulturtechniken	0	4	6	8
24. Zeitliche Orientierung	0	4	6	8
25. räumliche Orientierung in vertrauter Umgebung	0	4	6	8
26. räumliche Orientierung in fremder Umgebung				
Emotionale und psychische Entwicklung	0	2	3	4
27. Bewältigung von Angst, Unruhe, Spannungen	0	4	6	8
28. Bewältigung von Antriebsstörungen etc.	0	4	6	8
29. Bewältigung paranoider oder affektiver Symptomatik	0	4	6	8
30. Umgang mit und Abbau von erheblich selbst- und fremdgefährdenden Verhaltensweisen				
Gesundheitsförderung und -erhaltung	0	2	3	4
31. Ausführen ärztlicher oder therapeutischer Verordnungen	0	2	3	4
32. Absprache und Durchführung von Arztterminen	0	2	3	4
33. Spezielle pflegerische Erfordernisse	0	2	3	4
34. Beobachtung und Überwachung des Gesundheitszustandes	0	2	3	4
35. Gesundheitsfördernder Lebensstil				

Gruppendifferenzierung:

	- 38 Punkte:	Gruppe 1
39	- 76 Punkte:	Gruppe 2
77	- 114 Punkte:	Gruppe 3
115	- 152 Punkte:	Gruppe 4
153	- 188 Punkte:	Gruppe 5

Abb. 1 Auswertungsraster HMB-W (Metzler-Verfahren)

Aufgabe

Analysieren Sie das obige Auswertungsraster zur Feststellung des Hilfebedarfs „Wohnen“ aufmerksam und versuchen Sie zu begründen, warum den einzelnen Aktivitätsbereichen bzw. Bedarfsbereichen unterschiedliche Punktwerte zugeordnet werden.

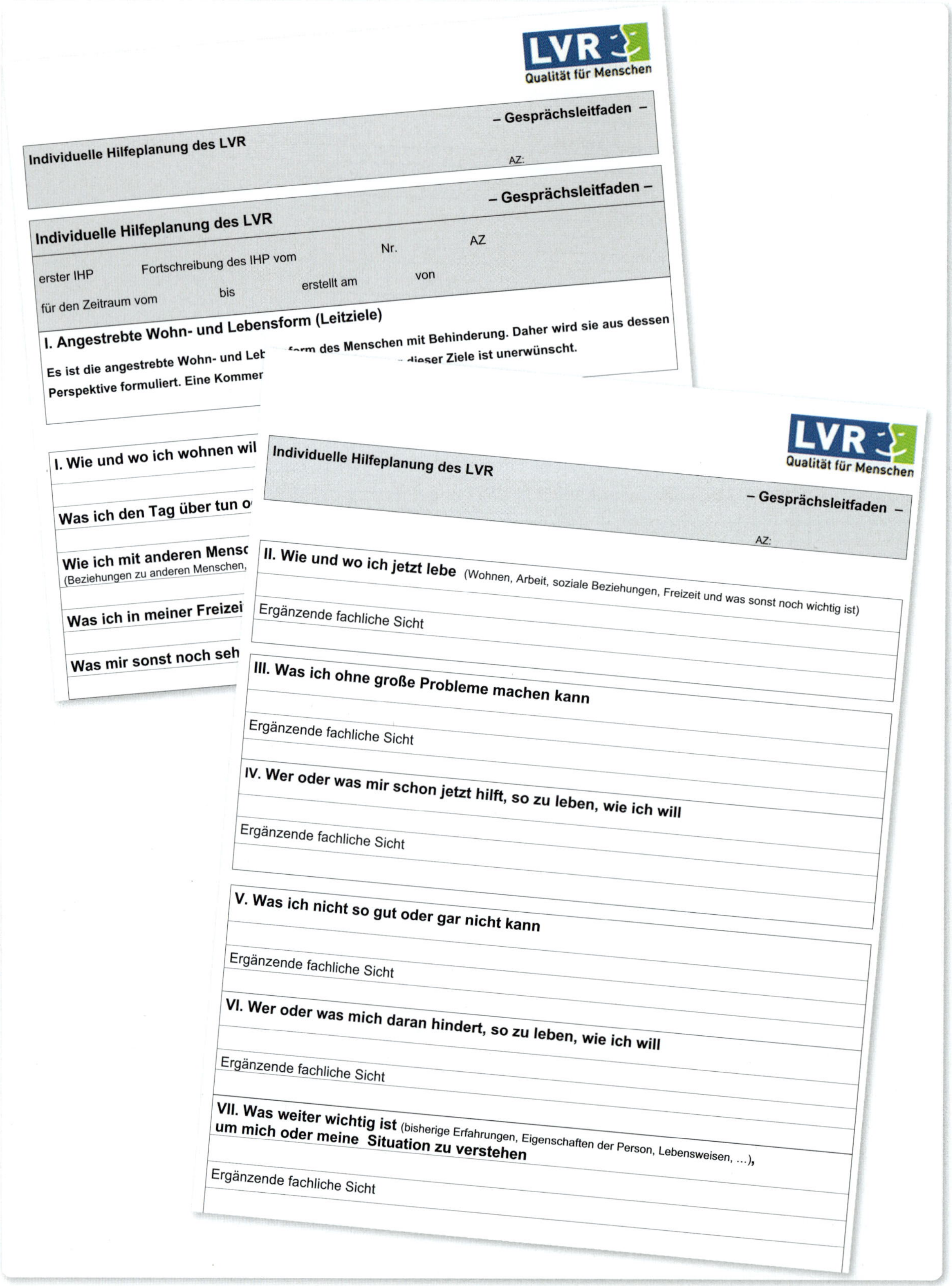
LVR
Qualität für Menschen

Individuelle Hilfeplanung des LVR – Gesprächsleitfaden –
AZ:

Individuelle Hilfeplanung des LVR – Gesprächsleitfaden –
erster IHP Fortschreibung des IHP vom Nr. AZ
für den Zeitraum vom bis erstellt am von

I. Angestrebte Wohn- und Lebensform (Leitziele)
Es ist die angestrebte Wohn- und Leb…form des Menschen mit Behinderung. Daher wird sie aus dessen Perspektive formuliert. Eine Kommer… dieser Ziele ist unerwünscht.

I. Wie und wo ich wohnen wil…
Was ich den Tag über tun o…
Wie ich mit anderen Mensc…
(Beziehungen zu anderen Menschen, …
Was ich in meiner Freizei…
Was mir sonst noch seh…

LVR
Qualität für Menschen

Individuelle Hilfeplanung des LVR – Gesprächsleitfaden –
AZ:

II. Wie und wo ich jetzt lebe (Wohnen, Arbeit, soziale Beziehungen, Freizeit und was sonst noch wichtig ist)
Ergänzende fachliche Sicht

III. Was ich ohne große Probleme machen kann
Ergänzende fachliche Sicht

IV. Wer oder was mir schon jetzt hilft, so zu leben, wie ich will
Ergänzende fachliche Sicht

V. Was ich nicht so gut oder gar nicht kann
Ergänzende fachliche Sicht

VI. Wer oder was mich daran hindert, so zu leben, wie ich will
Ergänzende fachliche Sicht

VII. Was weiter wichtig ist (bisherige Erfahrungen, Eigenschaften der Person, Lebensweisen, …), um mich oder meine Situation zu verstehen
Ergänzende fachliche Sicht

Abb. 1 Individuelle Hilfeplanung IHP-3: der Gesprächsleitfaden

Individuelle Hilfeplanung (IHP-3)

Mit der dritten Version des Individuellen Hilfeplans (IHP-3) legt der Landschaftsverband Rheinland (LVR) im Jahr 2010 ein Instrument vor, das deutlicher noch als die Metzler-Bögen den Mensch mit Behinderung ins Zentrum des Verfahrens rückt. Damit entspricht der IHP-3 dem Verständnis der UN-Behindertenrechtskonvention und dem in der ICF dargelegten Verständnis von „Behinderung". Der Mensch mit Behinderung ist nicht Träger eines persönlichen Defizits, sondern Bürger mit allen Rechten und Pflichten. Er ist zur umfassenden und gleichberechtigten Teilhabe am Leben in der Gesellschaft zu unterstützen. Somit wird im IHP-3 der Mensch mit Behinderung konsequent zum Ausgangspunkt und zum Zielpunkt des Verfahrens.

Dialog. Das IHP-3-Verfahren ist als dialogisches Verfahren angelegt. Wie die leistungsberechtigte Person ihr Leben gestalten möchte, welche Vorstellungen und Wünsche sie hat, was ihr wichtig ist – die Ziele der antragstellenden Person werden als Leitziele der Hilfeplanung respektiert und wertgeschätzt.

Abb. 1 Im Dialog

Abb. 2 Ziele und Maßnahmen werden im IHP-3 klassifiziert

Der Hilfeplanbogen ist somit eine Dokumentation des gemeinsamen Gesprächs (▸ **Abb. 1** vorige Seite, Gesprächsleitfaden). Neben den Zielen und Wünschen werden die Fähigkeiten und Fertigkeiten sowie die Entwicklungsmöglichkeiten festgehalten. Ebenso werden der Unterstützungsbedarf und die von der antragstellenden Person gewünschten Unterstützungsleistungen im Hilfeplan beschrieben.

Leitziele – Handlungsziele – Maßnahmen. Mit den **Leitzielen** (Welche Wohn- und Lebensform wird angestrebt?) wird im IHP-3 die grundlegende Richtung vorgegeben und der gesamte Hilfeplanprozess erhält eine Ausrichtung. Mit den **Handlungszielen** (Was soll konkret erreicht werden?) wird für einen überschaubaren Zeitraum positiv und anschaulich formuliert, wie der konkrete Fahrplan im Verfahren aussehen soll.
Die Formulierung von Zielen ist nur dann sinnvoll, wenn zugleich **Maßnahmen** beschrieben werden, um diese Ziele zu erreichen. Im IHP-3 sind Maßnahmen als Mittel (Tätigkeiten und Verrichtungen) zur Zielerreichung beschrieben.
Im Anschluss an die Dokumentation der Ressourcen und des Hilfebedarfs wird über die konkrete Art und Weise der Leistungserbringung nachgedacht (▸ **Abb. 3**).

LVR
Qualität für Menschen

Individuelle Hilfeplanung des LVR – Planung –

AZ

Nr.	X. Was soll zukünftig konkret erreicht werden?	Bis wann?	Nr.	XI. Was soll getan werden, um die Ziele zu erreichen?	Wer soll das tun?	Wo soll das gemacht werden?

Abb. 3 Planungsbogen IHP-3

LVR Qualität für Menschen

Individuelle Hilfeplanung des LVR – **notwendige Leistungen** –

AZ

Nr.	zeitliche Lage (bitte ankreuzen)		Art der Maßnahme	Form der Leistung (falls zutreffend, bitte ankreuzen)				**Name und Anschrift des vorgesehenen Leistungserbringers** (bei mehreren Leistungserbringern bitte zu Leistungen zuordnen)
	am Tage	nachts		Dienstleistung	Geldleistung	Persönliches Budget	Sachleistung Umfang in Stunden / Woche	

Abb. 1 Dokumentationsbogen der festgelegten Maßnahmen, Formen und Erbringer der Leistungen

Hilfeplankonferenz. Letztendlich wird der so gemeinsam ausgearbeitete Antrag in die zuständige Hilfeplankonferenz (HPK) eingebracht. In der Hilfeplankonferenz, in welcher der Sozialhilfeträger, das Sozial- und Gesundheitsamt, Anbieter von stationären und ambulanten Leistungen sowie Beratungsstellen für Menschen mit Behinderung vertreten sind, wird nach Möglichkeit mit der antragstellenden Person über die anstehenden Fragen beraten: Welche Leistungen sind erforderlich (Form der Leistungen)? Welchen Umfang sollen die Leistungen umfassen? Wer soll der Leistungserbringer sein? Wo soll die Hilfe erbracht werden (▸ **Abb. 1**, Dokumentationsbogen)?

Die Entscheidungen der Hilfeplankonferenz werden nach Empfehlungen und Beratungen dokumentiert und vom Antragsteller abgezeichnet. ▸ **Abb. 2** zeigt den Ablauf schematisch.

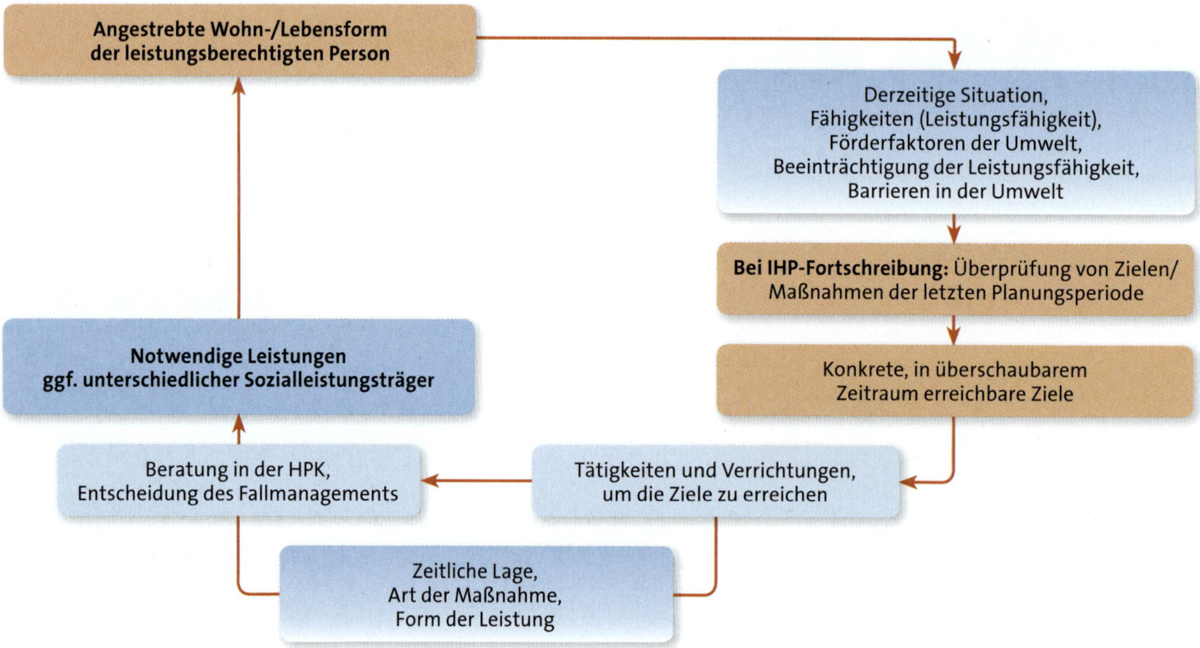

Abb. 2 „Von der angestrebten Wohn- und Lebensform zur Leistung im IHP-3" – das Gesamtverfahren im schematischen Überblick (nach: IHP-Handbuch 54)

2.4 Persönliche Zukunftsplanung – ein personenzentriertes Instrument

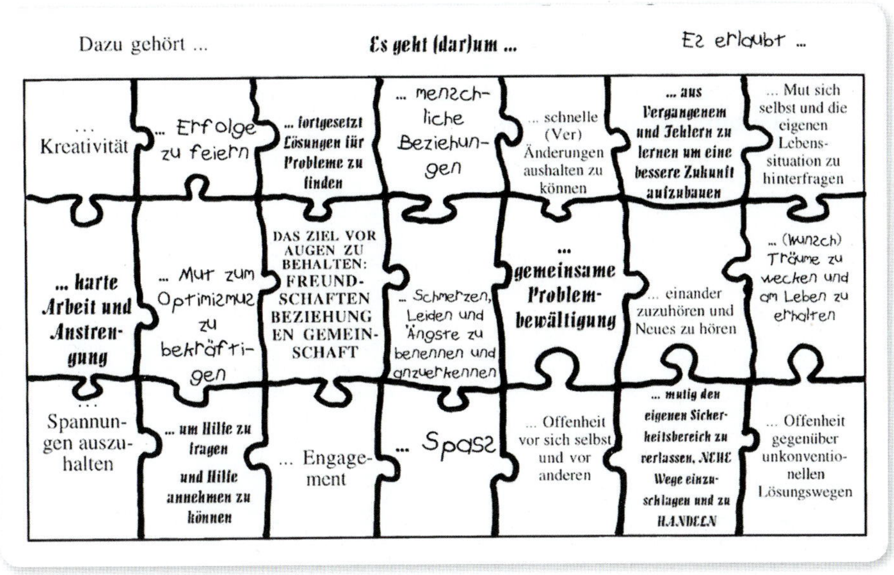

Abb. 1 Persönliche Zukunftsplanung (S. Doose; Grafik von Susanne Göbel aus: Doose (2013): I want my dream!)

„Die Zukunft, die wir wollen, müssen wir selbst erfinden! Sonst bekommen wir eine, die wir nicht wollen."

(Joseph Beuys, Künstler)

2.4.1 Grundsätzliches

Neben die bekannten Instrumente und Verfahren der Hilfebedarfsplanung tritt in den letzten Jahren verstärkt eine neue Form der Planung von Unterstützung von Menschen mit Behinderung – die persönliche Zukunftsplanung. Dies ist ein personenzentriertes Instrument für Menschen mit und ohne Behinderung. In Deutschland ist dieser Ansatz vor allem mit dem Namen Stefan Doose verbunden.

Grundgedanke. Die persönliche Zukunftsplanung nimmt ihren Ausgangspunkt in einer Idee. Jedes Mensch-Sein ist dadurch geprägt, dass der Mensch eine Zukunft hat. Über diese Zukunft nachzudenken und sie planend zu gestalten, ist immer dann wichtig, wenn Veränderungen anstehen – sei es beim Übergang von einer Lebensphase in eine andere (z. B. Auszug von zu Hause), sei es bei wichtigen Entscheidungen (etwa bei der Frage, welcher Beruf gewählt werden soll) oder bei besonderen Herausforderungen oder Krisen (Wie geht es nach dem Verlust des Partners weiter?). Das Nachdenken über zukünftige Ziele, Wünsche und Träume setzt Energien und Perspektiven frei.
Menschen mit Behinderungen erfahren sich in ihrem Leben nur allzu oft als fremdbestimmt und abhängig. Bei der persönlichen Zukunftsplanung geht es darum, ihre Lebensträume wahrzunehmen und ernst zu nehmen, mit ihnen Lebensräume zu gestalten und ihre Wünsche Schritt für Schritt umzusetzen. Wovon träumst du? Wie möchtest du leben, wohnen, arbeiten? Was möchtest du erreichen? Diese Fragen können Leitfragen in einem offenen Prozess sein, sie sind in einem guten Sinn Such- und Orientierungsfragen.

Haltung. Der Prozess der persönlichen Zukunftsplanung ist nicht allein eine Methode, sondern ist zunächst einmal eine Haltung. Sie basiert auf einem personenzentrierten Denken, welches die Ressourcen, Möglichkeiten und Fähigkeiten aller Beteiligten in den Blick nimmt. Genau hinsehen, was jemand kann, aufmerksam hinhören, welche Vorstellungen jemand äußert, miteinander ins Gespräch kommen, um voneinander zu lernen – und letztlich herausfinden, was der im Mittelpunkt stehenden Person selbst wichtig ist.

Ziel. Ziel der persönlichen Zukunftsplanungen ist es, positive Veränderungen auf den Weg zu bringen. Dabei geht es in erster Linie um die Hauptperson selbst. Doch die Veränderungsprozesse gehen darüber hinaus. Neben der Erreichung persönlicher Ziele geht es auch um die Weiterentwicklung von Organisationen und Dienstleistungen. Mit der Frage nach den Ressourcen und den Möglichkeiten im Umfeld der Beteiligten geht es dann letztlich um die Gestaltung des Gemeinwesens selbst. Wo kann sich der Sozialraum den Menschen mit Behinderung öffnen? Wie kann ehrenamtliches Engagement in der Gemeinde gestärkt werden? Welche Unterstützung steht vor Ort zur Verfügung? In diesem Sinn reiht sich die persönliche Zukunftsplanung gut ein in den Kanon von **Empowerment und Inklusion** und ist sinnvoll vereinbar mit Konzepten der **Sozialraumorientierung** und *community care*.

Methoden. Mit Blick auf die Methoden der persönlichen Zukunftsplanung gibt es ein umfassendes Setting an Ideen, Planungsansätzen, kreativen Vorgehensweisen, um gemeinsam mit der Hauptperson einen positiven Veränderungsprozess zu bewirken. Doch nicht die Methodenvielfalt ist das Entscheidende. Wichtigster Motor der persönlichen Zukunftsplanung ist – neben der Hauptperson selbst – der **Unterstützungskreis** (Circle of support). Eingeladen von der Hauptperson werden Familienmitglieder, Freunde und Freundinnen, vielleicht auch Nachbarn oder Lehrer – also ein Personenkreis, mit dem die Hauptperson gern über die eigene Zukunft nachdenken möchte und von dem sie sich kontinuierliche, freiwillige, freundschaftliche und kritische Unterstützung wünscht. Ein Netzwerk entsteht!

Rollen in Unterstützungskreisen

Hauptperson/planende Person:
- Überlegt sich, wer eingeladen und welche Themen behandelt werden
- Ist Gastgeber/-in, legt Ort, Getränke und ggf. Snacks fest
- Bereitet sich auf die Themen vor

Moderator/-in:
Übernimmt die Gesprächsführung des Unterstützungskreises, sorgt dafür, dass
- alle zu Wort kommen,
- die Gesprächsregeln eingehalten werden,
- die Hauptperson im Mittelpunkt bleibt.

Zeichner/-in und Schreiber/-in:
Hält die Ergebnisse bildlich und schriftlich fest

Agent/-in:
- Unterstützt die Hauptperson bei der Umsetzung der Aktionspläne
- Vorbereitung des nächsten Unterstützungskreises

Unterstützer/-innen:
- Unterstützen die Hauptperson mit ihren Ideen
- Moralische oder konkrete Unterstützung bei der Umsetzung der Zukunftspläne, Übernahme von Aufgaben

Abb. 1 Die Rollen in Unterstützungskreisen (Doose 2013)

2.4.2 Planungsformate im Prozess der persönlichen Zukunftsplanung: MAPS und PATH

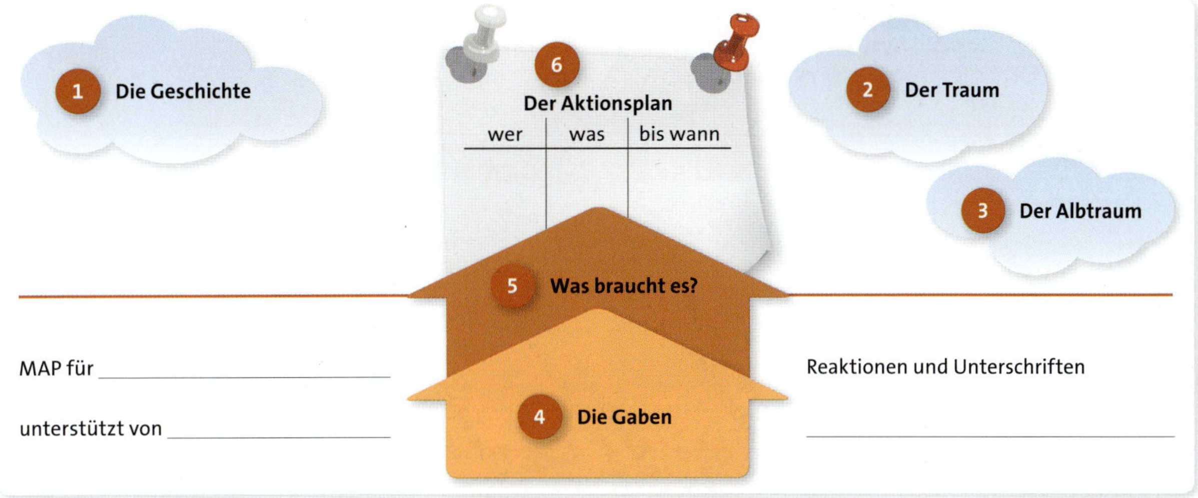

Abb. 1 MAPS – das Poster, das mit allen Beteiligten zusammen gestaltet wird (O'Brien et al 2010)

MAPS

MAPS („Making Action Plans", von Marscha Forest und Jack Pearpoint) stellt die Person, um die es sich in der persönlichen Zukunftsplanung dreht, mit ihrer Geschichte, ihren Träumen und Gaben in den Mittelpunkt. Bevor es also an die konkrete Handlungsplanung geht, wird zunächst einmal die „Schatzkiste" der Person angeschaut und gefüllt.

MAPS funktioniert wie eine Landkarte (im Englischen *map*), die zur Orientierung der Arbeit in und mit dem Unterstützungskreis dient. Die 6 Schritte von MAPS werden am besten auf einem großen Plakat für alle sichtbar aufgehängt (▸ **Abb. 1**). Bevor es losgeht, stellt sich jede anwesende Person vor und erläutert die eigene Motivation: Warum ist es mir wichtig, heute hier zu sein? Neben einer Moderatorin gibt es einen Zeichner, der die Wortbeiträge in Bildern festhält und so dokumentiert. Die Landkarte wird zur individuellen und lebendigen Route.

1 Die Geschichte. Am Anfang stehen 3 Geschichten der Hauptperson, die etwas mit den aktuellen Veränderungen, den anstehenden Entscheidungen oder den Herausforderungen zu tun haben. In diesen persönlichen Erzählungen wird Erlebtes und Erfahrenes subjektiv herauslesbar, in den Erinnerungen verdichten sich Gefühle und Gedanken, die zur Ressource im Prozess der persönlichen Zukunftsplanung werden.

2 Der Traum. In einem Bild wird festgehalten, was sich die Hauptperson von ihrem Leben erhofft: Was ist mein Traum, was möchte ich wirklich im Leben? Ist das Bild fertig und stimmig, interpretiert die planende Person mit Unterstützung der Moderatorin ihren Traum. Dabei geht es um die eigenen Gaben, Stärken und Fähigkeiten, die sie selbst in diesem Traum entdeckt.

3 Der Albtraum. Das, was die Person auf keinen Fall möchte, wovor sie sich fürchtet, ist der Albtraum. Mit einfachen Bildern und nur wenigen Worten wird der Albtraum festgehalten. Ziel dieses Schrittes ist es zu erkennen, welche Hindernisse es auf dem Weg der persönlichen Zukunftsplanung für die Person gibt, und den Mut wertzuschätzen, sich diesen Ängsten zu stellen und sie überwinden zu wollen.

4 Die Gaben. Im Zusammenhang mit der persönlichen Zukunftsplanung sind die Gaben das, was die Hauptperson anderen Menschen ganz individuell Positives zukommen lässt. Was bewirkt die Hauptperson bei anderen Menschen und wodurch macht sie einen positiven Unterschied im Leben anderer? Hier ist der Unterstützungskreis gefragt, die Gaben der Person zu benennen. Abschließend darf die Hauptperson dieses erweitern und ergänzen.

5 Was braucht es? Mit dieser Frage wird der Blick dafür geöffnet, was es für die planende Person braucht, um ihre Gaben bestmöglich einbringen zu können. Dabei wird auch der Unterstützungskreis einbezogen: An welchen Stellen ist für die Hauptperson Unterstützung wichtig, um ihre Gaben geben zu können?

6 Der Aktionsplan. Abschließend gilt es die nächsten Handlungsschritte zu identifizieren, damit die Hauptperson ihre Gaben auch tatsächlich einbringen kann: Welche Möglichkeiten gibt es zur Veränderung, wo sind weitere Personen zu informieren und einzubeziehen, was ist konkret als Erstes zu tun? Nicht immer sind die Handlungsschritte klar, nicht immer ist ein Aktionsplan greifbar. MAPS ist erst dann zu Ende, wenn die Hauptperson sich als Gebender – auch und gerade außerhalb des Unterstützungskreises! – erfährt. Dieses braucht Zeit.

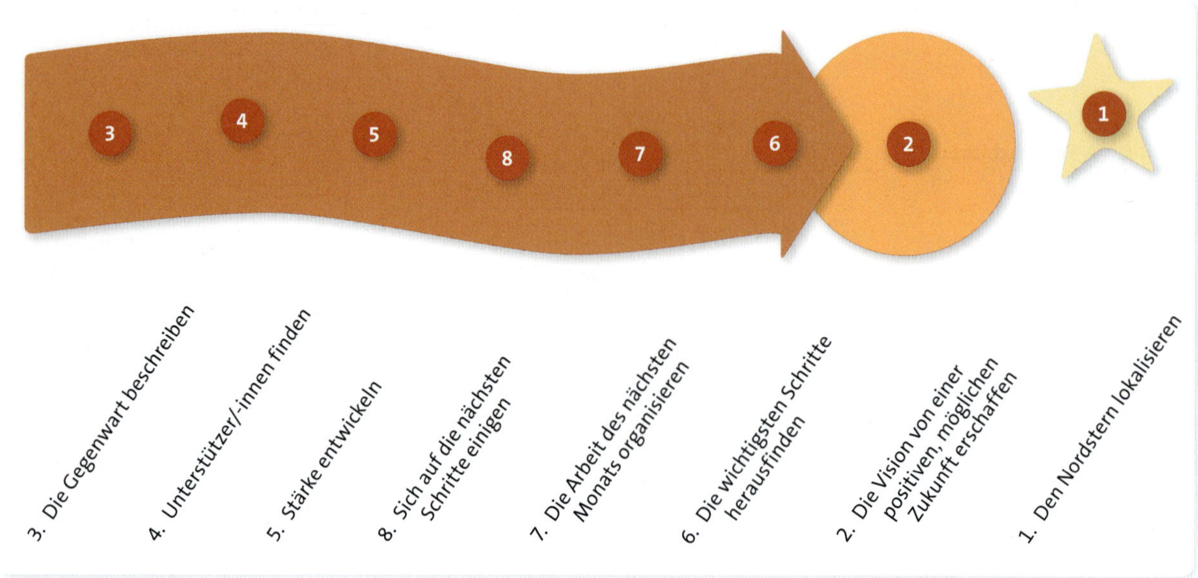

Abb. 1 Der neue PATH-Prozess (aus: Doose 2013)

PATH

Sind weitere Rahmenbedingungen zu gestalten, ist vielleicht ein längerer Weg zu beschreiten, damit die Hauptperson ihre Gaben einbringen kann, kann der PATH-Prozess sinnvoll sein.
PATH (von den Begründern Pearpoint, O'Brien und Forrest, abgekürzt für „Planing Alternatives Tomorrows with Hope") ist das englische Wort für „Weg". Gemeint ist im Kontext der persönlichen Zukunftsplanung ein gemeinsamer Planungsprozess – planende Person plus Unterstützungskreis – immer dann, wenn der Weg zu einem gewünschten konkreten Ziel noch geklärt und beschrieben werden muss.
Die 8 Schritte von PATH werden für alle sichtbar auf einem großen Plakat zusammengestellt und aufgehängt (▶ **Abb. 1**). Dieses Plakat begleitet die planende Person auf ihrem Weg der persönlichen Zukunftsplanung

1 Den Nordstern lokalisieren. In der Seefahrt und auf Entdeckungsreisen in unbekannte Gegenden bietet der Nordstern Orientierung, um Kurs zu halten. Das, was die Hauptperson leitet, was ihr in ihrem Leben wichtig ist, was sie antreibt, welche Werte sie tragen und welche Ziele sie verfolgt – all das gilt es in einem Bild festzuhalten. Ist der Nordstern festgehalten, kann die Reise in die richtige Richtung losgehen.

2 Die Vision von einer positiven, möglichen Zukunft erschaffen. In diesem Schritt geht es darum, sich auf eine Entdeckungsreise („Zeitreise") in die nahe Zukunft zu begeben. Für den Unterstützungskreis geht es darum, auf möglichst lebendige, bildhafte Weise die Möglichkeiten zu skizzieren, die der Unterstützungskreis gemeinsam mit der planenden Person in den nächsten 1–2 Jahren schaffen kann. Dabei geht es weniger um eine Detailzeichnung, sondern eher um eine „Routenplanung". Schließlich wählt und entscheidet die Hauptperson, welche positiven Möglichkeiten ihr am wichtigsten und am lebendigsten erscheinen.

3 Die Gegenwart beschreiben. Die dritte Phase folgt dem Motto „Veränderung kann nur stattfinden, wenn man sich der gegenwärtigen Situation bewusst wird." Die Zeichnerin hält in vielen einfachen Punkten, vielleicht auch in kleinen Zeichnungen, die wichtigsten Fakten und Aspekte der Gegenwart fest, die sie von der Planungsrunde genannt bekommt. Mit diesem „Schnappschuss auf das Hier und Jetzt" wird zugleich die (kreative) Spannung ausgelotet zwischen der möglichen, positiven Zukunftsvision und dem gegenwärtigen Heute (▶ **s. Gummiband-Metapher**).

4 Unterstützer/-innen finden. Niemand kann seine Ziele allein erreichen. In dieser Planungsphase geht es um das Ziel, einen konkreten Kreis von Menschen zur verbindlichen und aktiven Mitarbeit an der Umsetzung der positiven Zukunftsvisionen der Hauptperson zu motivieren. Für alle sichtbar tragen sich die Unterstützer und Unterstützerinnen auf dem Plakat ein und unterschreiben mit ihrem Namen. So entsteht ein Kontrakt.

	Haben wir	Brauchen wir
Menschen		
Organisationen		
Know-how		
Systeme		

Abb. 1 Plakat zum Ideensammeln (aus: Doose 2013)

5 Stärken entwickeln. Was haben wir und können wir nutzen? Was brauchen wir und müssen wir noch entwickeln? In einem Brainstorming werden Ideen entwickelt und in einer Tabelle festgehalten, die die Hauptperson auf dem Weg in die positive Zukunft stärken (▶ **Abb. 1, nächste Seite**).

6 Sich auf die nächsten Schritte verständigen. Jetzt soll es losgehen – was kann jeder dazu beitragen, der Zukunftsvision in den nächsten 1 oder 2 Tagen ein Stück näherzukommen? Welche Schritte hält die Hauptperson selbst für sinnvoll und gehbar? Die Zeichnerin hält die Überlegungen auf dem Plakat fest. Wer macht was bis wann?

7 Die Arbeit des nächsten Monats organisieren. Jetzt wird der Aktionsplan noch genauer gestrickt. Was genau soll im ersten Monat nach diesem Planungstreffen passieren? An welchen Zielen soll in welcher Form gearbeitet werden? Wer steht als Unterstützung zur Verfügung? Es geht um einen guten gemeinsamen Start in Richtung der positiven Zukunft.

8 Die wichtigsten Schritte herausfinden. Nun gilt es zu überlegen, welche konkreten Schritte es braucht, um die Zukunftsvision zu verwirklichen. Um den Weg überschaubarer und planbarer zu gestalten, wird ein „Fahrplan" bis zur Hälfte der gesamten Wegstrecke angenommen. Ergänzt werden die Schritte noch um jeweils 2 oder 3 konkrete Aktionen.

Ob eine persönliche Zukunftsplanung eher eine Spielwiese ist oder für die Beteiligten zu einer konkreten Reise in zukünftige Veränderungsprozesse wird, entscheidet sich im Tun – der Weg entsteht im Gehen!

Das Gummiband als Metapher für die kreative Spannung

Im PATH-Prozess muss es eine kreative Spannung zwischen der gewünschten Zukunft und der gegenwärtigen Situation geben:

- Ist schon alles jetzt vorhanden, was in einem Jahr sein soll, so ist die Spannung zu gering und die Ziele können anspruchsvoller sein (oder man benötigt eigentlich keine persönliche Zukunftsplanung).
- Ist die Spannung hingegen zu groß, sodass es „einen zerreißt", sollte überprüft werden, ob die Ziele tatsächlich mit menschlichen Kräften in diesem Zeitraum erreicht werden können.

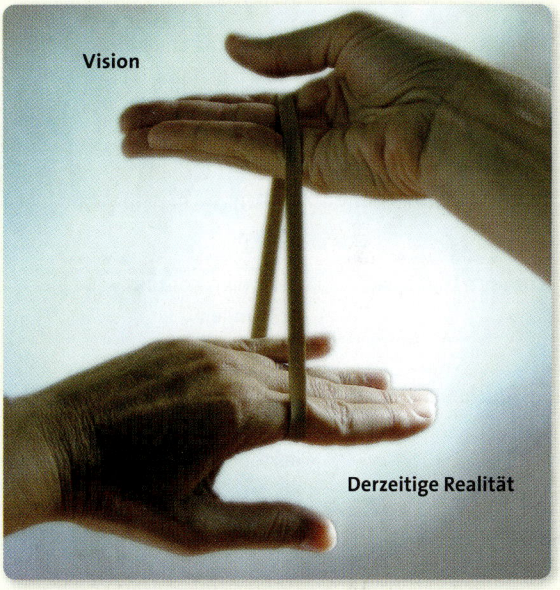

Mit einem langen Gummiband kann die Moderatorin dies in einem einfachen Experiment verdeutlichen: Die planende Person bleibt in der Gegenwart stehen, die Moderatorin begibt sich zur gewünschten Zukunft.

- Besteht zwischen der Gegenwart und der positiven und möglichen Zukunft genügend Spannung, so ist das Gummiband gespannt und die planende Person spürt die Zugwirkung der Zukunft.
- Ist schon alles erreicht und sind die Ziele (vielleicht aus Angst vor Enttäuschung oder niedrigen Erwartungen) zu niedrig, hängt das Gummiband durch und entfaltet keine Zugwirkung.
- Ist es dagegen viel zu stark gespannt, wird das Gummiband reißen oder eine Person umreißen.

(Doose 2013)

2.5 Verfahren der Hilfebedarfsplanung im Überblick

	Traditionelle Hilfebedarfsplanung	Individuelle Hilfebedarfsplanung	Persönliche Zukunftsplanung
Menschenbild	Mensch mit Behinderung als hilfebedürftige Person	Mensch als Bürger und Träger von Rechten	Mensch als individuelle Person
Orientierung/Fokus	Betonung von Defiziten und Bedürfnissen	Maßgabe ICF und Teilhabegedanke	Blick auf die Fähigkeiten und Stärken, Träume
Ziel	Behebung von Defiziten, Reduzierung unerwünschten Verhaltens	Ermöglichung von Selbstbestimmung und Teilhabe	Stärkung, Erhalt und Erweiterung von Lebensqualität
Steuerung	Beteiligung an der Hilfebedarfsplanung	Partizipation im Hilfeplanprozess	Selbststeuerung und eigene Kontrolle
Basis	Professionelle Distanz	Unterstützende Assistenz	Identifizierung von Gemeinsamkeiten (Unterstützerkreis)
Dokumentationsform	Schriftliche Berichte, Gutachten	Individueller Hilfeplan	Persönliche Geschichten und geteilte Erzählungen
Kontext/Lebenswelt	Person im Kontext von Einrichtungen	Person im Kontext von Maßnahmen der Behindertenhilfe und des Sozialraums	Person im Kontext des Sozialraums
Institutionen	Stärkung und Ausbau von Institutionen der Behindertenhilfe – „passgenaue“ Fördereinrichtungen	Umbau der Dienste für Menschen mit Behinderung – Flexibilisierung / Ambulantisierung	Individuelle Unterstützungsangebote und gemeindenahe Angebote – lernende Organisationen

Abb. 1 Verfahren der Hilfebedarfsplanung im Vergleich

Zum Weiterlesen

S. Doose: I want my dream! Persönliche Zukunftsplanung. Neue Perspektiven und Methoden einer personenzentrierten Planung mit Menschen mit und ohne Beeinträchtigungen. 2013

S. Doose u. a.: Käpt’n Life und seine Crew. Ein Arbeitsbuch zur persönlichen Zukunftsplanung. 2012

C. Emrich, P. Gromann, U. Niehoff: Gut Leben. Persönliche Zukunftsplanung realisieren – ein Instrument. 2006

P. Gromann (Hrsg.): Mit Teilhabeplanung zu einer individuellen ambulanten Versorgung. 2012

N. Metzner: „Planst Du noch oder hilfst Du schon?“ Hilfeplanung als Baukastensystem für ambulante und stationäre Dienste/Einrichtungen. 2008

Th. Schreiber: Individuelle Hilfeplanung in der Praxis. 2010

WHO: *www.dimdi.de*

Deutscher Verein für öffentliche und private Fürsorge e. V.: *www.deutscher-verein.de*

3 Adressaten- und situationsgerechte Gestaltung von Angeboten

„Wer nicht weiß, wo er hin will, darf sich nicht wundern, wenn er ganz woanders ankommt."
(Mark Twain, Schriftsteller)

3.1 Grundsätzliches

Pädagogische und pflegerische Prozesse planvoll, gezielt und bewusst zu gestalten, gehört zum Kernbereich des heilerziehungspflegerischen Tuns. Sei es bei der Förderung der motorischen Fähigkeiten eines Kleinkinds im integrativen Kindergarten, sei es bei der Unterstützung von Bildungsprozessen eines Jugendlichen an einer Förderschule oder im gemeinsamen Unterricht, sei es bei der assistierenden Alltagsbegleitung eines Erwachsenen im ambulant unterstützten Wohnen oder sei es bei der ressourcenorientierten Pflegebegleitung einer demenziell erkrankten Seniorin – **zielorientiertes Planen** ist stets die Voraussetzung für professionelles Tun.

Woran können sich nun die notwendigen Entscheidungen über Ziele und Zielformulierungen orientieren? Wie können Ziele im heilerziehungspflegerischen Prozess formuliert werden, sodass das Handeln sinnvoll geleitet, reflektiert, ausgewertet und damit stets verbessert werden kann?

Hilfreich ist zum einen eine konsequente Orientierung an den Klienten, ihren Wünschen, Bedürfnissen und Ressourcen im Kontext des jeweiligen Bezugssystems. Zum zweiten ist darüber nachzudenken, dass bei aller Offenheit und Komplexität von heilerziehungspflegerischen Prozessen diese sinnvoll auszurichten sind. Zielorientiertes Handeln bewegt sich im stets neu auszulotenden Spagat zwischen begründetem professionellem Angebot und selbstbestimmtem, selbstgesteuertem Handeln der Klienten. Drittens schließlich sind die Planungsprozesse und die Entwicklung von Zielen geprägt durch die jeweiligen Entwicklungsaufgaben, die Lebensbereiche und die personalen Kompetenzen eines jeden Menschen.

Aufgaben

Schauen Sie sich noch einmal das ▶ **Praxisbeispiel** von Thomas Gerber zu Beginn von Moduls an.

1. Vor welchen Entwicklungsaufgaben steht der junge Mann nach Ihrer Einschätzung?
2. In welchen Lebensbereichen könnte ihm die Heilerziehungspflegerin Annika Behrens Assistenz anbieten?
3. Auf welche Persönlichkeitsbereiche von Thomas Gerber könnte sich die Unterstützung beziehen?

3.2 Das „Wollsocken-Prinzip“

In der Praxis hat sich für eine grundlegende Orientierung in heilerziehungspflegerischen Planungsprozessen das „Wollsocken-Prinzip“ bewährt. Hinter dieser Eselsbrücke verbergen sich die Begriffe „Wollen“, „Sollen“ und „Können“, die konsequent aus der Perspektive des Klienten ausbuchstabiert werden; genauer gesagt von der betroffenen Person selbst zu formulieren sind.

Abb. 1 Wollsocken-Prinzip

„Wollen“

Einleitend werden im Planungsprozess zunächst die Wünsche und Ziele des Menschen mit Behinderung selbst erhoben. Methodisch kann das etwa mithilfe der persönlichen Zukunftsplanung (▶ **s. Kap. 3.4**) geschehen. Auch wenn die Forderung nach einer selbstbestimmten und individuellen Zielsetzung selbstverständlich ist, so ist deren praktische Umsetzung im heilerziehungspflegerischen Alltag mitunter schwierig. Auf der Basis einer tragfähigen und dialogischen Beziehung mit viel Zeit und Einfühlungsvermögen ist etwa bei Menschen mit starken Beeinträchtigungen im Bereich der Kommunikation deren persönliches „Wollen“ herauszufinden. Hier ist nach individuellen Ausdrucksformen zu suchen.

Doch auch bei Klienten, die klar und deutlich ihre Wünsche und Bedürfnisse zum Ausdruck bringen, geschieht dieses nicht immer selbstbestimmt und selbstbewusst. So verbirgt sich hinter der Forderung, nach den langen Arbeitstagen in der Werkstatt „endlich einmal ungestört fernsehen zu wollen“, vielleicht letztlich ein Mangel an alternativen Betätigungsmöglichkeiten oder vielleicht auch ein (ungewollter) Rückzug aus dem Gruppengeschehen.

Sich der (Lebens-)Ziele bewusst zu werden, diese in Selbstbestimmung und Selbstverantwortung zu klären und zu vertreten, ist erster und wichtigster Ausgangspunkt, damit die heilerziehungspflegerischen Planungen nicht in Fremdbestimmung und Bevormundung einmünden.

Für den Heilerziehungspfleger gehört an dieser Stelle auch dazu, sich seiner eigenen Interessen und Wünsche bewusst zu werden. Kritisch ist die eigene Haltung zu reflektieren. Vielleicht wird dabei ja beispielsweise deutlich, dass sich hinter dem Motto „Ich respektiere die Selbstbestimmung des Bewohners!“ letztlich eventuell nur die eigene Bequemlichkeit oder Ratlosigkeit steckt, nach sinnvollen Alternativen zum täglichen Fernsehkonsum zu suchen.

„Sollen“

Zielgerichtete Planungsprozesse in der heilerziehungspflegerischen Arbeit erfolgen nicht im luftleeren Raum. Sie sind eingebettet in institutionelle Vorgaben, in vorgängige Hilfebedarfsplanungen oder Teilhabeprozesse, in systemische Kontexte. In einem Kindergarten sollen die Kinder – bei aller Eigenständigkeit kindlicher Bildungsprozesse – auch auf den Eintritt in die Schule vorbereitet werden. Im System Schule geht es immer auch um die Vorbereitung auf ein späteres Berufsleben.

Die Klärung vorgegebener Ziele ist ein wichtiger Bestandteil des zielgerichteten Arbeitens. Dazu gehört auch, dass die Sinnhaftigkeit bereits formulierter Ziele (und Regeln!) immer wieder kritisch hinterfragt wird. Ist es wirklich immer wichtig und richtig, dass alle Bewohner und Bewohnerinnen einer Wohngruppe gemeinsam am Abendessen teilnehmen sollen? Müssen wirklich alle an der wöchentlichen Planungsrunde teilnehmen, auch wenn dieses vielleicht gerade für den Einzelnen nicht passend ist? („Herr Müller soll lernen, sich aktiv in die Gruppe einzubringen und seine Meinung zu vertreten!“ – Lässt sich nicht jedes Ziel so schön pädagogisch begründen?!)

„Können“

Der dritte Baustein des „Wollsocken-Prinzips“ ist die Suche nach den Ressourcen. Über welche Fähigkeiten und Fertigkeiten verfügt die Person bereits? Welche Ressourcen liegen in den Systemen? Worauf kann vielleicht mit ein wenig Mühe, Fantasie und Zeit noch zurückgegriffen werden?
Bei dieser Suche ist – wiederum – die betroffene Person vorrangig zu beteiligen. Gleichzeitig ist aber auch das „ressourcenorientierte Hinsehen“ und Formulieren für das heilerziehungspflegerische Planen wichtig.

Aufgaben

1. Welche Ressourcen nehmen Sie bei Thomas Gerber (▶ **Fallbeispiel zu Beginn von Modul 5**) wahr?
2. Welche Ressourcen können die Systeme (Schule, Elternhaus) zur Verfügung stellen?

3.3 Prinzipien im Planungsprozess

3.3.1 Zielperspektive: Lebensqualität

Ziele bestimmen und prägen die heilerziehungspflegerische Arbeit. Tätig sein ohne ein bewusstes Ziel mag manchmal zwar dem heilerziehungspflegerischen Alltag entsprechen – es muss spontan entschieden werden, es wird „aus dem Bauch heraus gehandelt“, das Team reagiert, weil „man es in dieser Gruppe schon immer so gemacht hat.“ Gleichwohl: Mag ein solches Handeln in der konkreten Situation auch durchaus richtig und angemessen sein, so hängt doch die Qualität professionellen Tuns von überlegten, reflektierten und damit verantworteten Entscheidungen ab.
Jeder Mensch steckt sich seine Ziele selbst. Ziele sind deshalb immer personen-, alters-, kontext- und lebensbezogen. Deshalb ist es schwierig, allgemeingültige und übergreifende, gleichsam zeitlose Ziele zu formulieren (▶ **Abb. 1**).

Zielformulierungen unterliegen dem Wandel und sind ständig zu hinterfragen und zu überprüfen.

Waren früher Gehorsam und Ordnung erstrebenswerte Ziele, so gelten heute Ziele wie Mündigkeit, Selbstbestimmung oder soziale Verantwortung als wünschenswert. Aktuell rücken in Heilerziehungspflege und Heilpädagogik **Lebensqualitätskonzepte** in den Blickpunkt des Interesses.

Ein gutes Leben leben – die Forschung hat in den letzten Jahren verstärkt den Blick auf die Lebensqualität von Menschen gerichtet. Ganz im Sinne des derzeit vorherrschenden mehrdimensionalen Modells der ICF der WHO (bio-psycho-soziales Modell von Behinderung/funktionales Gesundheitsverständnis, ▶ **s. Modul 1, Kap. I.3.1**) wird Lebensqualität dabei als Zusammenspiel von persönlichen Faktoren einerseits und Umweltfaktoren andererseits verstanden. Lebensqualität ist ein soziales Konstrukt.

Abb. 2 Lebensqualität!

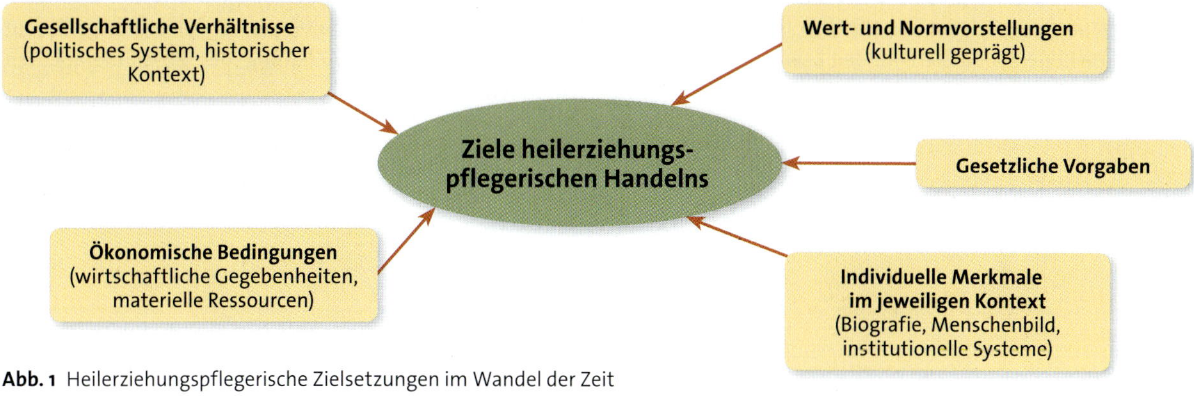

Abb. 1 Heilerziehungspflegerische Zielsetzungen im Wandel der Zeit

Unter **Lebensqualität** verstehen wir (...) gute Lebensbedingungen, die mit einem positiven Wohlbefinden zusammengehen. In einer allgemeineren Definition ist die Lebensqualität von Individuen und Gruppen bestimmt durch die Konstellation der einzelnen Lebensbedingungen und der Komponenten des subjektiven Wohlbefindens.

(Wolfgang Zapf 1984, zitiert n. Schäfers)

Kerndimensionen. Lebensqualität erreichen, sichern, steigern – so unterschiedlich das Verständnis von einem „guten Leben" auch ist, so hat doch die Lebensqualitätsforschung 8 Kerndimensionen identifiziert.

Übergeordnet markieren diese Faktoren Ziele und Zielperspektiven gerade auch für das heilerziehungspflegerische Handeln:

- Emotionales Wohlbefinden (Selbstbewusstsein, Selbstkonzept, Resilienz)
- Soziale Beziehungen (Familie, Freundschaften, Kontakte, soziales Netzwerk)
- Materielles Wohlbefinden (Einkommen, finanzielle Lage, persönlicher Besitz)
- Persönliche Entwicklung (Fähigkeiten und Fertigkeiten, Bildung, Aktivitäten)
- Physisches Wohlbefinden (Gesundheit, Bewegung, Möglichkeiten der Entspannung)
- Selbstbestimmung (Mitbestimmung, Wahlfreiheiten, persönliche Kontrolle)
- Soziale Inklusion (Teilhabe am Gemeinwesen, Zugang zu unterschiedlichen Lebensbereichen)
- Rechte (Privatsphäre, Anerkennung, Leben in Würde, Mitspracherechte)

In diesem Sinn lassen sich die Leitbilder und Konzepte der Behindertenhilfe in eine Zielpyramide eintragen ▸ **Abb. 1**.

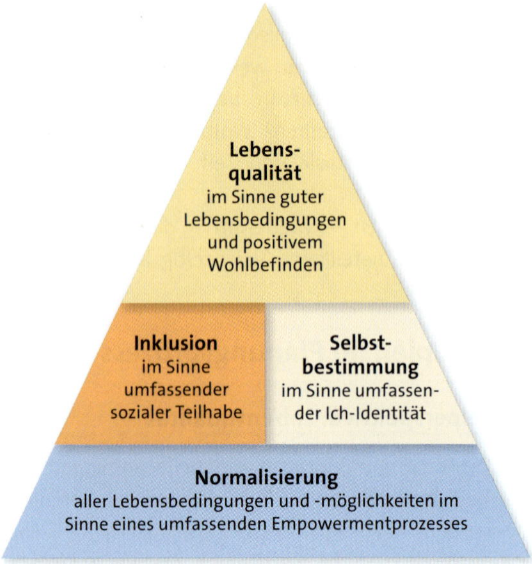

Abb. 1 Zieldimensionen des Handelns im Sinne anerkannter und konsensfähiger Leitziele in Heilerziehungspflege und Heilpädagogik

3.3.2 Zielhierachie: Vom Leitziel zum Feinziel

Allgemeine und abstrakte Ziele sind für die konkrete heilerziehungspflegerische Planung und Tätigkeit wenig geeignet. Hier ist es wichtig, die großen Ideen und Leitvorstellungen „herunterzubrechen", damit das Handeln überprüfbar wird. Ziele müssen operationalisiert werden bzw. müssen operationalisierbar sein.

In der didaktischen Diskussion um Zielformulierungen finden sich viele Begrifflichkeiten – Leitziele und Richtziele, Fernziele und Nahziele, Grob- und Feinziele, ja selbst Feinstziele werden genannt. Hilfreich für die Praxis ist eine überschaubare Abfolge: Ausgehend von einem übergeordneten, eher allgemeinen **Leitziel** (z. B. „Lebensqualität erhalten durch verstärkte Selbstbestimmung") werden 2 oder 3 **Richtziele** (z. B. „Selbstbestimmungsmöglichkeiten erweitern im System Familie und Schule") bestimmt, die wiederum in jeweils 2 oder 3 **Grobziele** aufgegliedert werden (z. B. „Mobilität steigern im Schulgebäude", „die eigene Meinung im Klassenrat formulieren", „Selbstständigkeit erhöhen im Anziehen der Kleidung während der Schulzeit").

Letztlich werden dann wiederum je 3 bis 5 **Feinziele** formuliert, die beobachtbares Verhalten und damit erreichbare Kompetenzen beschreiben (z. B.: „den Weg zwischen den Klassenräumen ohne fremde Hilfe bewältigen", „mit dem Rollator vom Schulgebäude bis zur Turnhalle gelangen", „auf dem Gehtrainer unter Anleitung des Physiotherapeuten 5 Minuten täglich üben").

Leitziele
sind allgemein formulierte, übergeordnete und eher noch undifferenzierte Aussagen über angestrebte Kompetenzen – also allgemeine Fähigkeiten und Fertigkeiten – einer Person

↓

Richtziele
beziehen diese Leitziele genauer auf bestimmte Lebens- oder Lernbereiche oder Kompetenzbereiche einer Person. Sie sind eher abstrakt formulierte Aussagen und umfassen ein größeres Vorhaben.

↓

Grobziele
sind differenziertere und genauere Beschreibungen der gewünschten Kompetenzen oder Kompetenzzuwächse für einen bestimmten, konkreten und fest umrissenen Bereich.

↓

Feinziele
schließlich beschreiben konkret und genau, im Sinne von überprüfbar und unmittelbar beobachtbar, gewünschte und gewollte Ergebnisse von Erziehungs-, Lern- und Bildungsprozessen (**operationalisierbare Ziele**).

Abb. 1 Vom Leitziel zum operationalisierbaren Feinziel – Zielhierarchien im Überblick

3.3.3 Ziele SMART formulieren

Ziele überschaubar, überprüfbar und kommunizierbar zu formulieren gelingt am ehesten mit der SMART-Methode. So werden Leitideen, Wünsche und Ideale in konkrete Ziele verwandelt (▶ **s. Kasten SMARTE Ziele**).

Das Formulieren smarter Ziele sollte in der heilerziehungspflegerischen Praxis beständig geübt werden. Dabei ist es üblich geworden, auf Formulierungen wie „sollte" und „müsste" zu verzichten, da diese Formulierungen einen normativen, fordernden Charakter haben – und aus der Perspektive der Fachkraft geäußert werden. Sinnvoll ist es, darauf zu achten, eine einfache und am Resultat orientierte Ausdrucksweise zu wählen. So wird die Kompetenz deutlich, die die Person in ihrem Lern- und Bildungsprozess erreichen möchte.

Es geht also immer um einen Inhaltsaspekt und einen Handlungsaspekt.

SMARTE Ziele

S = Spezifisch und konkret, klar und präzise, eindeutig und festgelegt

Also: Bis zu den Sommerferien nimmt Thomas Gerber zweimal wöchentlich an der Physiotherapie teil, um in diesen jeweils 10 Minuten im Gehtrainer an seiner Bein- und Fußmotorik zu arbeiten.

Und nicht: Thomas Gerber möchte mobiler werden.

M = Messbar und genau, an Kriterien orientiert und überprüfbar

Also: Thomas Gerber meldet sich in den wöchentlichen Klassenratssitzungen mindestens zweimal zu Wort.

Und nicht: Thomas Gerber soll selbstbestimmter seine Interessen wahrnehmen.

A = Attraktiv und motivierend, akzeptabel und ansprechend aus der Perspektive der Person

Also: Thomas Gerber kleidet sich (mit kleiner Unterstützung) für den Discobesuch schick an.

Und nicht: Thomas Gerber übt den Umgang mit Kleidungsverschlüssen an einem Übungsbrett.

R = Realistisch und machbar, fordernd und erreichbar

Also: Thomas Gerber übt sich beständig in der Kontaktaufnahme zu seinen Mitschülerinnen und nimmt dazu an einem „Flirtkurs" der Lebenshilfe teil.

Und nicht: Thomas Gerber hat eine feste Beziehung.

T = Terminiert und auf einen konkreten Termin bezogen, in der Dauer überschaubar

Also: Bis zu den nächsten Sommerferien kennt Thomas Gerber die Begriffe aus dem GuK-System, die für ihn im Schulalltag von Bedeutung sind.

Und nicht: Zukünftig kommuniziert Thomas Gerber mithilfe der gebärdenunterstützten Kommunikation.

3.4 Perspektive: Orientierung an den Entwicklungsaufgaben

Eine Orientierung für den heilerziehungspflegerischen Planungsprozess bieten die Entwicklungsaufgaben, die in den unterschiedlichen Lebensphasen zu bewältigen sind. Bei aller Individualität und Unterschiedlichkeit der Menschen werden gleichwohl in den jeweiligen Gesellschaften Anforderungen an alle gestellt, die dem Lebenslauf eine Struktur geben. Dabei fließen in diese Entwicklungsaufgaben neben den gesellschaftlichen Vorstellungen („in einem bestimmten Alter einen Beruf ausüben") sowohl individuelle Wünsche und Zielsetzungen als auch bestimmte entwicklungs- und reifungsbedingte Prägungen („eine eigene Sexualität entwickeln und sich in Beziehungen erproben") ein. Wichtig ist bei der Orientierung an den Entwicklungsaufgaben, dass neben der Individualität einer einzelnen Person das jeweilige Entwicklungsalter beachtet wird. Dieses kann sich bei Menschen mit einer (geistigen) Behinderung vom Lebensalter unterscheiden (▸ **s. auch Modul 2, Kap. III.3.1**, Entwicklungsaufgaben und kritische Lebensereignisse).

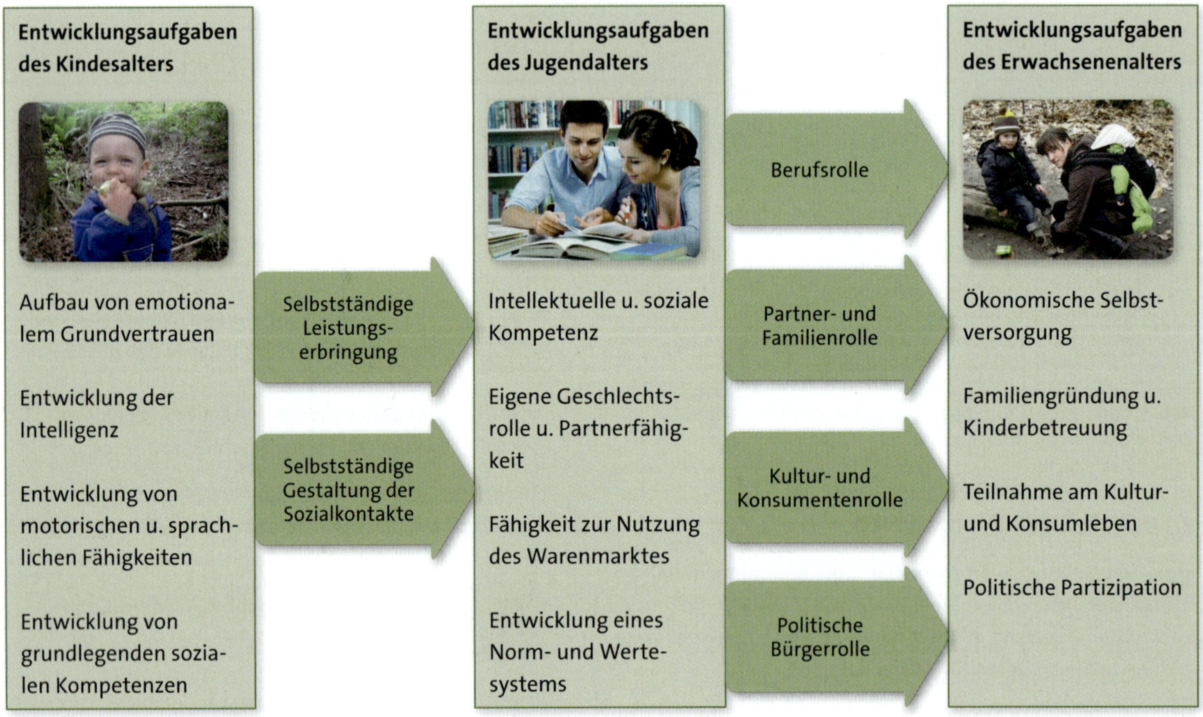

Abb. 1 (nach Hurrelmann, 2006)

3.5 Perspektive: Orientierung an den personalen Kompetenzbereichen

Die Formulierung von Zielen im Planungsprozess der Heilerziehungspflege ist auch von den Kompetenzbereichen eines Menschen her möglich und sinnvoll. Ziele ergeben sich dabei für die verschiedenen Bereiche.

Unter **Kompetenzen** versteht man die bei Individuen verfügbaren oder durch sie erlernbaren kognitiven Fähigkeiten und Fertigkeiten, um bestimmte Probleme zu lösen, sowie die damit verbundenen motivationalen, volitionalen und sozialen Bereitschaften und Fähigkeiten, um die Problemlösungen in variablen Situationen erfolgreich und verantwortungsvoll nutzen zu können. (Weinert 2001)

Kognitive Kompetenzen
- Denken
- Planen und Vorstellen
- Urteilen
- Begriffe bilden
- Probleme lösen
- Gedächtnis
- Abstraktion
- u. a.

Soziale Kompetenzen
- Kooperieren
- Kontakt aufnehmen
- Einfühlungsvermögen
- Konfliktbereitschaft und -fähigkeit
- u. a.

Emotionale Kompetenzen
- Selbstbewusstsein
- Selbstständigkeit
- Gefühle zeigen und wahrnehmen
- Selbstwahrnehmung
- u. a.

Motorische Kompetenzen
- Grobmotorik
- Feinmotorik
- Beweglichkeit
- Körperbeherrschung
- u. a.

Lebenspraktische Kompetenzen
- Sich versorgen
- Gesundheitsfürsorge
- Sich orientieren
- Umgang mit Geld
- u. a.

Wahrnehmungskompetenzen
- Wahrnehmen mit allen Sinnen
- Koordination der Wahrnehmung
- Integration
- Selbst- und Fremdwahrnehmung
- u. a.

Religiös-ethische Kompetenzen
- Sinnsuche
- Spiritualität
- Urteilsvermögen
- Auseinandersetzung mit Endlichkeit
- u. a.

Kompetenzen im Lern- und Arbeitsprozess
- Aufmerksamkeit
- Durchhaltevermögen
- Belastbarkeit
- Motivation und Antrieb
- Selbstorganisation
- u. a.

Fachliche Kompetenzen (Methoden)
- Künstlerisch-kreativer Bereich
- Spielerischer Ausdruck
- Musischer Bereich
- Sprachlicher Bereich
- u. a.

Abb. 1 Bereiche der personalen Kompetenz

3.6 Perspektive: Orientierung an den Lebensbereichen

Schließlich und endlich beziehen sich Planungsprozesse und damit auch heilerziehungspflegerische Ziele auf jeweils bestimmte Lebensbereiche eines Menschen. Dabei ist jeweils zu identifizieren, für welchen Bereich welche Ziele wichtig, aktuell und notwendig sind. Entscheidend ist dabei, dass das Leben eines Menschen mit Behinderung nicht „durchgeplant" und „pädagogisiert" wird – ein jeder Mensch hat das Recht auf so viel Assistenz wie nötig und so wenig Unterstützung wie möglich. Jeder Mensch entscheidet allein und bestimmt selbst darüber, welche Ziele Priorität haben.

Zum Weiterlesen

M. Schäfers: Lebensqualität aus Nutzersicht. Wie Menschen mit geistiger Behinderung ihre Lebenssituation beurteilen. 2008

Orientierung. Fachzeitschrift der Behindertenhilfe. Themenheft Lebensqualität. Heft 3/2013

E. Wacker, G. Wansing, M. Schäfers: Personenbezogene Unterstützung und Lebensqualität. Teilhabe mit einem Persönlichen Budget. 2009

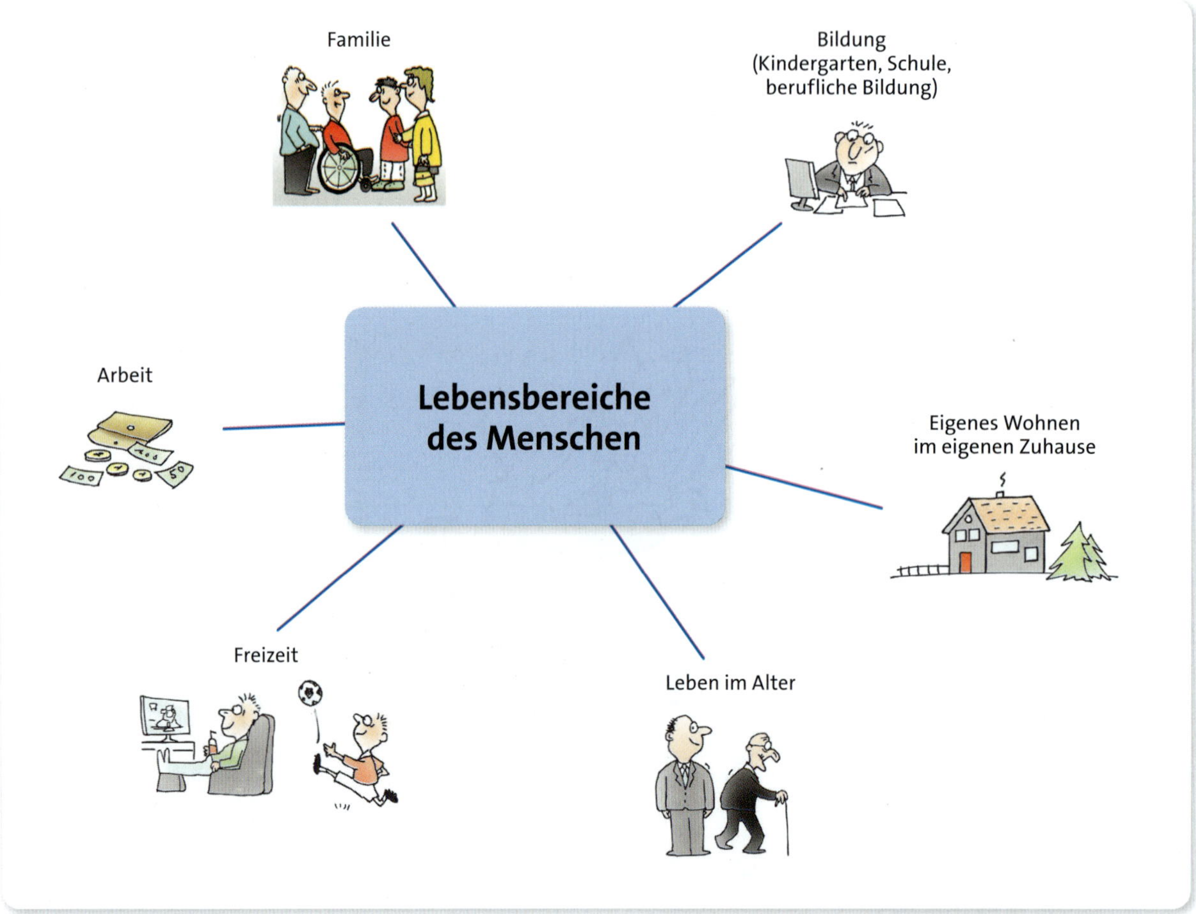

Abb. 1 Die Lebensbereiche

4 Sprache wahrnehmen, verstehen und fördern

Abb. 1 Sich mitteilen

„Das Menschlichste, was wir haben, ist doch die Sprache."

(Theodor Fontane, dt. Schriftsteller)

4.1 Zur Bedeutung der Sprache für den Menschen

Sich mitteilen, die eigenen Gefühle ausdrücken, mit anderen in ein Gespräch eintreten über „Gott und die Welt" – die Bedeutung der Sprache ist unbestritten. Auch wenn das individuelle Menschsein nicht von der Sprache abhängt, so ist doch der Mensch erst Mensch durch die Sprache.

Tatsächlich ist die Fülle von Bedeutungen, die der Sprache innewohnen, beachtlich.

Grundsätzlich gilt Sprache als „Schlüssel zur Welt". Mithilfe der Sprache erschließt sich der Mensch die äußere Welt um sich herum. Gleichzeitig ist Sprache der Schlüssel zur inneren Welt. Sprache hilft dem Menschen, sich selbst und den anderen zu verstehen.

Im Kontakt zur Welt ist die Sprache das wichtigste Instrument, sich dem anderen mitzuteilen. Im Austausch mit dem anderen werden Gefühle ausgedrückt und es wird das grundlegende Bedürfnis nach Gemeinsamkeit, nach Nähe und Zugehörigkeit formuliert. Gleichzeitig wird über die Sprache die Welt zu einer (mit-)geteilten Welt. Das, was unsere Wirklichkeit ausmacht, wird ergründet, will verstanden und benannt werden. Realität wird mithilfe der Sprache gestaltet.

Eine entscheidende Bedeutung kommt dem Zusammenhang zwischen **Sprache und Denken** zu. Sprache gilt als das entscheidende Instrument des Bewusstseins. Sie gibt uns die Möglichkeit, Eindrücke und Wahrnehmungen in Worte zu fassen. Begriffe helfen, die Welt zu ordnen und zu strukturieren.

Und doch greift die hier mitschwingende enge Verbindung zwischen Sprache und Denken zu kurz, wollte man die beiden gleichsetzen. Zwar entwickeln sich Sprache und Denken in gegenseitiger Stimulation und Abhängigkeit, gleichwohl geht die Bedeutung der Sprache über den rein kognitiven Aspekt weit hinaus.

Sprache beflügelt nicht nur unser Denken, sondern auch unsere Fantasie. Ideen können geplant, Wünsche geträumt werden. Nicht zuletzt wird mithilfe der Sprache unser Wissen über die Welt gespeichert und weitergegeben. So werden mit sprachlichen Mitteilungen unsere Erfahrungen gesichert. Sprache verbindet Vergangenheit, Gegenwart und Zukunft.

Kindliche Entwicklung. All diese Aspekte gelten in besonderer Weise für die Bedeutung der Sprache bei der Entwicklung von Kindern. Im Zusammenspiel der Entwicklung von sprachlichen, kognitiven und interaktiven Kompetenzen entwickelt sich die Identität des Kindes. Auf der Grundlage einer „sicheren Basis" (John Bowlby), die maßgeblich von einer vertrauensvollen Interaktion getragen wird und in der die Sprache und die Stimme der Bindungspersonen Emotionen und Bedeutungen vermitteln, entsteht, entwickelt und stabilisiert sich die Ich-Identität des Kindes.

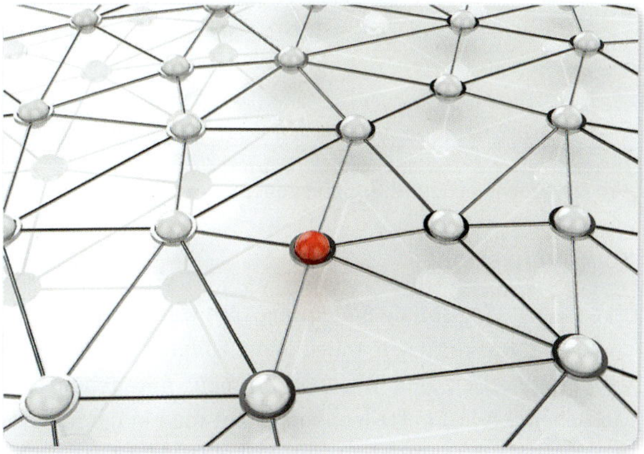

Abb. 2 Sprache ist Verbindung

Abb. 1 Sprache sprechen und teilen

Dabei sind die Kinder von Anfang an „Akteure ihrer eigenen Entwicklung" (Hansjörg Kautter), äußern eigene Bedürfnisse, reagieren auf sprachliche und nonverbale Kommunikation. So entsteht – begleitet, angeregt und schließlich erprobt durch die eigene Sprache – ein Bild von der Welt, von den anderen und von sich selbst!

Sprache ist geteilte Sprache – so gibt es einen engen Zusammenhang zwischen Sprache und Entwicklung der sozialen Identität des Kindes. Mit und in Sprache werden dem Kind orientierende soziale und kulturelle **Normen und Werte** vermittelt. Dieses trägt maßgeblich zur Entwicklung der kindlichen Identität bei. Mit der Sprache gehört jeder Mensch zu einer **Bezugsgruppe**. Die Wahrnehmung und Anerkennung der Sprache des Kindes bedeutet gleichzeitig die Wahrnehmung und Anerkennung seiner personalen und seiner sozialen Identität.

Es wird deutlich, welche Bedeutungen die Sprache für den Menschen hat. Kognitive, interaktive, emotionale, kulturelle Aspekte einer gemeinsamen Welt werden mitgeteilt, Beziehungen über Sprache (und Sprache über Beziehungen!) hergestellt, Selbstbildungsprozesse zum Menschsein entwickelt. Gerade Kinder brauchen auf ihrem Weg zur Entwicklung einer eigenen Identität Sicherheit und Verlässlichkeit, wie sie sich unter anderem in „echten Gesprächen" (Martin Buber) findet. Letztlich trägt Sprache nicht eine Bedeutung *in sich*, sondern ist Medium *für* etwas.

4.2 Begriffsklärung: Sprache, Sprechen, Kommunikation

Etwas zur Sprache bringen, eine deutliche Sprache sprechen oder nicht dieselbe Sprache sprechen – das, was mit „Sprache" und „Sprechen" gemeint ist, erscheint im Alltag selbstverständlich und wird wenig differenziert. Allerdings zeigt sich beim näheren Hinsehen, dass die Begriffe „Sprache" und „Sprechen" klärenswert sind, vor allem dann, wenn man sich mit dem Thema „Störungen der Sprache" bzw. „Sprachförderung" beschäftigt. Dieses gilt gleichermaßen auch für den Begriff der „Kommunikation".

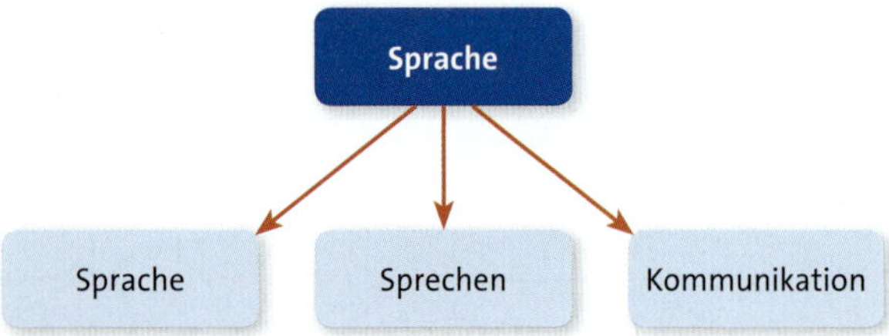

Abb. 2 Sprache bedeutet Verschiedenes

Kommunikation

Sprache hat eine soziale Bedeutung. Sich verständigen, dem anderen etwas mitteilen, miteinander kommunizieren – alle Verhaltensweisen und Ausdrucksformen, mit denen sich Menschen (etwas) mitteilen, bezeichnet man in der Sprachwissenschaft als Kommunikation. Dabei ist der verbale Ausdruck – die Sprache – nur eine ganz bestimmte Form der Kommunikation. Oft sagen Blicke und Gesten „mehr als tausend Worte", macht „der Ton die Musik", muss der Gesprächspartner „zwischen den Zeilen lesen", was gemeint ist.

Auf vielerlei Arten können Gesprächspartner miteinander kommunizieren, können in Körperhaltung und Blickkontakt, im Zeigen und Deuten ihre Interessen deutlich machen. Auch das Sprechen wird immer von nonverbalen Signalen begleitet – der Klang einer Stimme verändert sich mit der Gefühlslage, mithilfe der Betonung werden bestimmte Inhalte hervorgehoben, Aufregung oder Entspannung zeigen sich im Sprechtempo. „Man kann nicht nicht kommunizieren" – dieses Axiom von Paul Watzlawick macht darauf aufmerksam, dass es zum kommunikativen Verhalten keine Alternative gibt (▸ **s. Modul 2, Kap. I.4.2,** Watzlawick – Axiome menschlicher Kommunikation).

Sehr spezielle und individuelle basale Kommunikationsformen – etwa bei Menschen mit schweren Beeinträchtigungen im Bereich der Sprache – bedürfen eines vertrauten Gegenübers, das die gesendeten Signale angemessen interpretiert. Doch auch wenn Kommunikation allgegenwärtig und nicht hintergehbar ist, so ist sie gleichwohl nicht voraussetzungslos. Schon von Geburt an werden die Grundlagen gelegt. Die sensorischen Fähigkeiten des Kleinkinds, also Sehen, Hören, Fühlen, Schmecken und Riechen, ebenso wie der Gleichgewichtssinn und das Bewegungsgefühl, müssen ausgebildet werden. Die Sinneseindrücke und die Informationen müssen

Abb. 1 In den ersten Dialogen werden die Grundlagen der Kommunikation gelegt

in einem Lernprozess mit Bedeutungen versehen werden (sensorische Integration, ▶ **s. auch Kap. 5.1**). Dazu braucht es eine gerichtete, emotional motivierte Aufmerksamkeit ebenso wie die kognitiven Leistungen des (Wieder-)Erkennens und des Erinnerns.
In der Interaktion mit den Bindungspersonen erfährt das Kind die Beantwortung seiner eigenen Kommunikationssignale. Im Dialog wird das abwechselnde Handeln und der Wechsel der Sprecherrollen (*turn-taking*) erlernt.

Sprache

Spricht man in der Sprachwissenschaft von „Sprache", so ist damit das festgelegte Symbolsystem gemeint, welches von jedem Angehörigen der entsprechenden Sprachgemeinschaft verstanden wird. Sprachliche Zeichen repräsentieren eine gemeinsam geteilte Wirklichkeit, repräsentieren Dinge und Handlungen. Und weiter: Beziehungen der Menschen untereinander werden ausgedrückt, Zeit wird strukturiert, Abfolgen werden in eine logische Reihenfolge gebracht.
Sprachlichen Zeichen kommt jeweils eine verabredete (nicht immer explizite) Bedeutung zu. Damit wird die Verarbeitung von Wahrnehmungen und Informationen ermöglicht. Erfahrungen bilden sich in der Sprache, Erinnerungen bewahren Bedeutungen über Raum und Zeit hinweg.
Dabei sind diese Funktionen der Sprache keinesfalls an eine bestimmte Lautsprache gebunden. Schriftsprache, Gebärden, Piktogramme – überall dort, wo mittels gemeinsam verabredeter Symbolsysteme kommuniziert wird, wird einem Zeichen eine Bedeutung zugeordnet (▶ **s. auch Modul 2, Kap. I.4**, Kommunikationsmodelle).

Soziale Bedingungen. Das Erlernen von Sprache (des Regelsystems Sprache) bedarf bestimmter Voraussetzungen. Von zentraler Bedeutung ist auch hier eine gelingende soziale Beziehung. In der frühen Eltern-Kind-Interaktion lernt das Kind die genaue Bedeutung von Worten und Bezeichnungen kennen, es versteht grammatische Strukturen des Sprachsystems und lernt diese angemessen anzuwenden. Das Kind erlebt, dass die Anwendung von Sprache an bestimmte Kontexte und Situationen gebunden ist und angemessen erfolgen muss.

Kognitive Bedingungen. Neben diesen sozialen Bedingungen benötigt ein „Sprachlerner" auch individuelle kognitive Kompetenzen, vor allem ein zunehmend wachsendes Symbolverständnis. So muss sich ein Kind beispielsweise zunächst ein inneres Bild von einem Objekt oder einer Person machen, worauf sich ein Wort bezieht. Das Kind muss in der Lage sein, sich eine Realität vorzustellen (Symbolverständnis).

Das Symbolverständnis lässt sich gut beim Spiel beobachten: Das Mädchen auf dem Foto hält sich eine Banane ans Ohr und tut so, *als ob* sie telefoniere. Sie verwendet einen symbolischen Ersatz für das Telefon, wissend, dass die Banane kein Telefonhörer *ist*.

Sprechen

Unter Sprechen versteht man die Anwendung der Sprache. Die Laute müssen produziert, Worte und Sätze regelgerecht gebildet werden. Zudem gilt es, Sprechbewegungen zu planen und zu steuern, sodass bei der Artikulation die entsprechenden Muskeln und (Sprech-)Organe bewusst und kontrolliert eingesetzt werden können. Auch der angemessene Einsatz von Lautstärke und Betonung sowie von Redefluss und Sprechgeschwindigkeit sind wichtig für die Kommunikation.

Abb. 2 Spielerisch können die Sprechwerkzeuge trainiert werden

Neben den motorischen und kognitiven Fähigkeiten gehören zum Sprechenlernen auch soziale Kompetenzen. So gilt es, ein regelgerechtes und situationsgemäßes **Gesprächsverhalten** zu erlernen: Wie wird ein Gespräch begonnen, geführt und beendet? Welche Wortwahl ist in welchem Kontext angemessen? Wann wechselt eine Sprecherrolle?

Kommunikation, Sprache, Sprechen – im alltäglichen Gebrauch der Sprache greifen alle Bereiche ineinander, beeinflussen sich gegenseitig und bedingen sich. Der Spracherwerb basiert dabei auf zahlreichen **Voraussetzungen**:

Fähigkeiten. Zum einen sind die sprachrelevanten Fähigkeiten des lernenden Kindes zu beachten: Über welche kognitiven, motorischen, sensorischen, sozialen Kompetenzen, die für den Spracherwerb wichtig sind, verfügt die Person? Auf welche Ressourcen greift sie zurück? ▸ **Abb. 1**

Wahrnehmung	**Verarbeitung von Sinneseindrücken**	• Differenzierung lautlicher Kontraste (pa vs. ba) • Sensibilität für Prosodie und Sprachrhythmus • Erkennung korrelativer Muster • Verknüpfung von Reizmodalitäten (z. B. Wort plus Bildkarte)
Exekutive Funktionen und Aufmerksamkeit	**Planungs- und Steuerungsprozesse**	• Selbstkontrolle und Fehlerkorrekturen • Entwickeln und Aufrechterhalten einer Absicht • Zentrale Planung von Sprechbewegungen • Impulskontrolle, Unterdrücken falscher Antworttendenzen
	Aufmerksamkeitsprozesse	• Selektive Aufmerksamkeit • Blicksteuerung
Lern- und Denkfähigkeiten	**Imitationsfähigkeiten**	• Imitation von Gesten und Mimik • Imitation von Sprache (Laute, Wörter, längere Äußerungen)
	Denkfähigkeiten	• Mentale Repräsentation • Symbolverständnis • Erschließen von Bedeutung • Kategorisierungsfähigkeit
	Gedächtnisfähigkeiten	• Phonologisches Arbeitsgedächtnis • Abspeicherung längerer sprachlicher Einheiten • Abruf aus dem Lexikon
Sozial-kognitive Fähigkeiten	**Basale sozial-kognitive Fähigkeiten**	• Soziale Orientierung, Präferenz für Gesichter • Soziale Erwartungshaltung, Sprecherwechsel (turn-taking) • Intentionalität • Geteilte Aufmerksamkeit (joint attention) • Imitationsbereitschaft

Abb. 1 Sprachrelevante Fähigkeiten (Aktas 2012, 12)

Umwelt und Personen. Zum zweiten kommen die sprachliche Umwelt und dabei vor allem die Rolle der Bezugspersonen in den Blick. Welches Bindungsverhalten zeigen sie in der Interaktion? Wie gestalten sie ihr eigenes Sprachangebot? Über welche sprachförderlichen Strategien verfügen sie (▸ **Abb. 1, nächste Seite**)? Letztlich geht es darum, wie die zentrale Entwicklungsaufgabe des Spracherwerbs im Zusammenspiel aller Akteure gelöst wird.

Lernbereich	Verhalten der Bezugspersonen/Sprechstil	Günstige Lernkontexte/-situationen
Segmentierung der Sprache	• Babysprache: überzogene Satzmelodie, klare Betonungen, deutliche Pausensetzungen	• Rhythmische Lieder und Spiele
Lautproduktion	• Begleitung ritualisierter Abläufe mit Lauten • Spielen und Experimentieren mit Lauten	• Interaktions- und Sprachspiele • Ritualisierte Abläufe
Intentionalität	• Aufbau von Erwartungen • Turn-taking	• Interaktionsroutinen
Sprachverständnis	• Einsatz von Gesten • Ritualisierte Abläufe • Bildunterstützung	• Ritualisierte Abläufe • Bilderbuchbetrachtung • Eindeutige Kontexte
Aufbau und Ausbau des Wortschatzes	• Stützende Sprache: Worteinführung im Dialog • Wiederholungen • Gestenunterstützung • Wiederkehrende Dialogstrukturen • Handlungsbegleitendes Sprechen	• Bilderbuchbetrachtung • Spiel mit Objekten • Ritualisierte Abläufe • Gemeinsame Rollenspielskripte
Erste Regelableitungen	• Lehrende Sprache: Modellsprache • Wiederholende Rückmeldung • Korrigierende Rückmeldung • Sprachanregung durch F ragen • Handlungsbegleitendes Sprechen	• Bilderbuchbetrachtung • Gemeinsame Rollenspielskripte
Weiterer Ausbau von Wortschatz und Regelwissen	• Einführen seltenerer Wörter und versch. Wortarten • Steigerung der Komplexität und Länge der zu liefernden Sprachdaten • Abnahme der Gesten- oder Bildunterstützung beim Vorlesen von Geschichten • Steigerung der kognitiven Komplexität der Inhalte	• Vorlesen von Geschichten • Hörspiele • Gemeinsame Gespräche über Erlebtes

Abb. 1 Entwicklungsförderliches Verhalten der Bezugspersonen und günstige Lernkontexte (Aktas 2012, 27)

4.3 Wie Kinder Sprache erwerben

Voraussetzungen, Faktoren und Verlauf des Spracherwerbs

„Wüssten die Kinder über die Komplexität ihrer Erwerbsaufgabe, so würden sie ganz bestimmt gar nicht erst damit anfangen.“

Dieses kleine Bonmot der Sprachforscherinnen Sabine Weinert und Hannelore Grimm offenbart nicht nur die Schwierigkeiten des Spracherwerbsprozesses für Kinder, sondern zugleich die mit diesem Erwerbsprozess verbundenen Fragen und Erklärungsprobleme der Wissenschaft. Sprachentwicklung, Sprachlernen, Sprachaneignung, Spracherwerb – bis in die Begrifflichkeiten hinein begegnet man unterschiedlichen Vorstellungen darüber, wie das Kind zur Sprache kommt.

Ist Sprache ein fertiges System, das dem Kind gegenübersteht und welches sich dieses aneignet? Ist die Fähigkeit zum Spracherwerb angeboren? Erlernen die Kinder die Sprache spielerisch und mühelos?

Jenseits aller wissenschaftlichen Kontroversen gibt es heute weitgehend Einigkeit darüber, unter welchen Bedingungen und Voraussetzungen Kinder bereit und in der Lage sind, Sprache zu bilden. Dabei gilt die Grundüberzeugung, dass Kinder diesen Prozess aktiv selbst gestalten.

Voraussetzungen. Zu den in der Sprachwissenschaft geteilten Überzeugungen über die Voraussetzungen für einen gelungenen Spracherwerb gehört die Annahme, dass das Kind mit spezifischen biologischen, kognitiven und sozial-kognitiven Fähigkeiten ausgestattet ist, die ihm den Spracherwerb ermöglichen. Hinzuzufügen sind die motorischen Fähigkeiten. Genauso wichtig sind die sozial-kommunikativen Voraussetzungen des Spracherwerbs, also die sprachliche Interaktion und das Sprachangebot.
Erst das Zusammenspiel dieser unterschiedlichen Faktoren, erst die Schaffung bzw. das Vorhandensein günstiger Voraussetzungen führen dazu, dass die Möglichkeit des gelungenen Spracherwerbs für die Kinder gegeben ist. Grimm wählt dafür den Begriff der **Passung**, insofern die inneren Voraussetzungen des Kindes und die äußeren Umweltfaktoren – hier vor allem die frühen Bindungspersonen und die Interaktionspartner – stimmig ineinander greifen.

Abb. 1 Voraussetzung: Passung von Fähigkeiten des Kindes und Interaktionspartner in sprachförderlicher Umwelt

Faktoren. Eine schöne Veranschaulichung des Zusammenspiels der unterschiedlichen Faktoren für den Spracherwerb bietet die Abb. „Haus der Sprache“ auf der nächsten Seite.

Verlauf. Die Aneignung von Sprache geschieht bei jedem Menschen auf eigene Weise, mit dem eigenen Rhythmus und dem eigenen Tempo. Gleichwohl lassen sich – in gewissen Bandbreiten – „typische“ **Sprachentwicklungsverläufe** für Kinder angeben. Dabei ist zu berücksichtigen, dass die Entwicklungsschritte in den sprachrelevanten Fähigkeiten durchaus asynchron verlaufen können.
Mit aller Vorsicht sind **Meilensteine beim Spracherwerb** zu benennen, wobei die Sprache innerhalb sogenannter „Zeitfenster“ (Grimm) erworben wird:

Unterscheiden lassen sich 4 Phasen:
In der ersten, noch vorsprachlichen Phase (primär affektiv-soziale Phase) kommt es allmählich über die ersten Lautäußerungen und Vokalbildungen zu den ersten Silbenbildungen und Reduplikationen (ma-ma). Wichtig in dieser Phase erscheint die Aufnahme des „Dialogs“ durch die primären Bindungspersonen, sodass erste Bedeutungen zugewiesen werden und eine gemeinsame Erfahrungswelt aufgebaut wird. Für das Kind entsteht in diesen Kommunikationen über Nachahmungen und Bestätigungen ein erstes Sprachverständnis.

In der zweiten Phase lässt sich ein schnell anwachsender Wortschatz beobachten – das „eigentliche“ Sprechen beginnt. Das Kind stellt immer stärker eine Verbindung zwischen dem gesprochenen Wort und der Bedeutung her. Dabei kommt den Kommunikationspartnern die wichtige Funktion des „Bedeutens“ zu, um die „Einwortäußerungen“ der Kinder in ihrem Kontext verstehbar zu machen. In der lexikalischen Entwicklung lässt sich eine „Benennungsexplosion“ beobachten, nachdem der Schwellenwert von 50 produktiven Wörtern erreicht ist – die „magische 50-Wörter-Marke“ (Grimm). Jetzt ist der Boden bereitet für Wortkombinationen und die Bildung von Sätzen (Zwei- und Mehrwortäußerungen).

In der nächsten, bis zum dritten Lebensjahr reichenden Phase kann mit dem Aufkommen von Mehrwortsätzen von ersten grammatikalischen Strukturen gesprochen werden. Charakteristisch für diese Phase ist das Auftreten von Fragewörtern – das Kind fragt nach dem Namen, es vergewissert sich.

In der vierten Phase – bis etwa zum 5. Lebensjahr – nähert sich die Kindersprache merklich der Erwachsenensprache an. Im Bereich der Grammatik werden die Regeln und Konstruktionen der Muttersprache weitgehend gekonnt, das Kind spricht überwiegend in vollständigen Sätzen. Der Zusammenhang zwischen Denken und Sprache wird insofern bedeutsam, als dass in diesem Entwicklungsabschnitt die Sprache das Denken beeinflusst und verändert. Mit Blick auf den Erwerb linguistischer Kompetenzen gilt der Spracherwerb etwa mit dem Eintritt in die Schule als abgeschlossen, mit Blick auf die pragmatische Kompetenz lässt sich im eigentlichen Sinne kein Endpunkt definieren.

Sprache und Spracherwerb zeigt sich im Zusammenspiel der unterschiedlichen Faktoren nicht als eine abstrakte Lernanforderung an die Kinder. Vielmehr wird Sprache im alltäglichen praktischen Umgang „erobert“.

Was bedeuten diese Überlegungen zum Spracherwerb für Kinder mit einer geistigen Behinderung?

Zunächst gilt, dass die Entwicklungsverläufe von Kindern mit einer geistigen Behinderung sehr individuell und zudem im Ganzen betrachtet sehr heterogen sind. Zu beachten ist darüber hinaus, dass auch Kinder mit einer gleichen diagnostischen Klassifizierung (etwa: Trisomie 21) ein höchst unterschiedliches sprachliches Entwicklungsprofil zeigen. Dieses hängt vor allem mit den Beeinträchtigungen im kognitiven Bereich zusammen. Diese führen häufig (aber eben unterschiedlich stark ausgeprägt) zu einer Verlangsamung bei

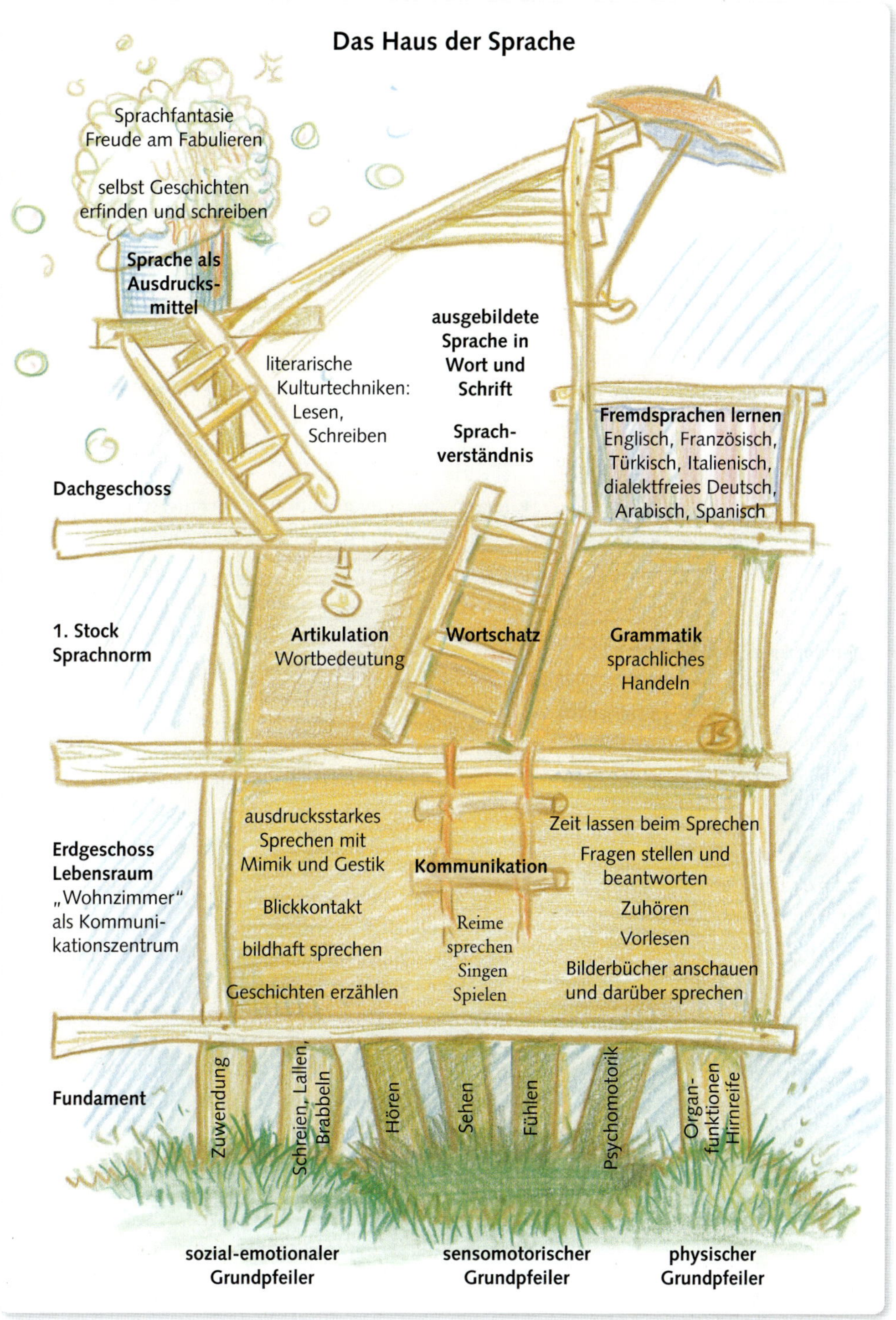

Abb. 1 Haus der Sprache

der Verarbeitung von Informationen, was sich auswirkt auf die Wahrnehmung und Verarbeitung von Sinneseindrücken ebenso wie auf Lern- und Denkprozesse.

Eine wichtige Rolle spielen ebenfalls Beeinträchtigungen im motorischen und sozial-emotionalen Bereich. Nicht zuletzt sind die Reaktionen und Verhaltensweisen der jeweiligen Bezugspersonen und des Umfelds zu bedenken. Aus diesen Überlegungen heraus ist es wichtig, bei der Diagnostik und bei der Förderung den individuellen Entwicklungsstand und die behinderungsspezifische Charakteristik zu sehen.

4.4 Kindliche Sprachentwicklungsstörungen und Sprachbehinderungen

Die Bündelung von Aufmerksamkeit auf eine gemeinsam geteilte Welt, das Erleben der Bedeutung der eigenen Sprache und damit von Selbstwirksamkeit und nicht zuletzt die schrittweise Bildung des Selbst in Kommunikationsprozessen machen auf die herausragende Stellung von Sprache – gerade auch für Kinder – aufmerksam. Und die aufgezeigte enge Verbindung zwischen Sprache und Identität lässt unmittelbar erkennen, dass Störungen in der kindlichen Sprachentwicklung zu Beeinträchtigungen der Identitätsentwicklung führen (können).

Nun ist die Frage, was als eine „auffällige Sprachentwicklung" bezeichnet oder wann ein kindlicher Entwicklungsrückstand als „Störung" betrachtet wird, schwer zu beantworten. Dieses hängt zum einen mit der komplexen Struktur der Sprache und den damit möglichen vielfältigen Sprachstörungen zusammen, zum anderen mit den möglichen Klassifikationen von Sprachentwicklungsstörungen mit Blick auf die Art der Beeinträchtigungen und des Weiteren auch mit dem Problem der Beurteilung von Kindersprache.

Wann also liegen Störungen der Sprachentwicklung bei Kindern vor?

Macht man einen Streifzug durch eine Kindertageseinrichtung, so wird man neben den Altersunterschieden auch deutliche Unterschiede in den sprachlichen Fähigkeiten feststellen. Dieses liegt vor allem daran, dass es für die Entwicklung der Sprache keinen „normierten" und idealen Verlauf gibt. Im „individuellen Abenteuer des Spracherwerbs" (Jürgen Butzkamm) gibt es Frühstarter und Spätzünder, die in einer großen Spannbreite sich ihre Sprache aneignen. Jedes Kind schlägt seinen individuellen Weg ein.

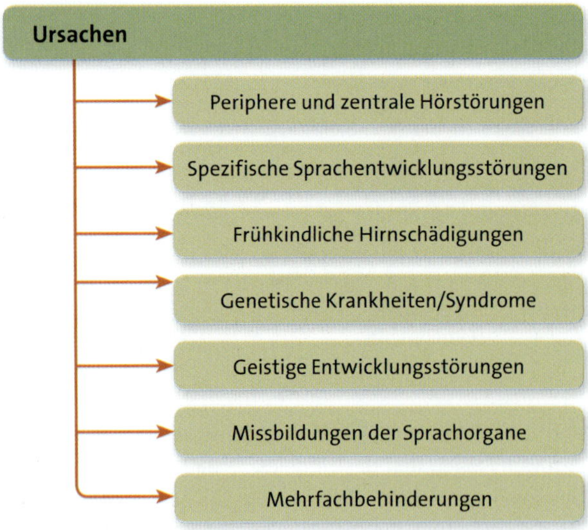

Abb. 1 Ursachen für behandlungsbedürftige Sprachauffälligkeiten bei Kindern

Hinweise. Aufmerksam sollte die Fachkraft auf Anzeichen achten, die auf eine Beeinträchtigung der Sprachentwicklung hinweisen können:

- Das Kind nimmt kaum Kontakt auf und reagiert nicht bzw. wenig auf Ansprache der Eltern.
- Das Kind reagiert eingeschränkt auf akustische Signale und Reize.
- Das Kind zeigt einen deutlich verspäteten Sprachbeginn, z.T. einhergehend mit einer Sprachentwicklungsverzögerung (SEV).
- Das Kind verfügt nicht über ein altersentsprechendes Sprachverständnis, vor allem liegt eine nachhaltige Beeinträchtigung der Sprachproduktion vor. (Als kritisch gilt es, wenn ein Kind mit 24 Monaten lediglich über einen aktiven Wortschatz von weniger als 50 Wörtern verfügt.)
- Neben einem quantitativen Sprachrückstand zeigen sich Probleme im qualitativen Sprachgebrauch.

Weitere wichtige Hinweise, inwieweit eine Störung vorliegt, liefern Kriterien, die sich in der Praxis bewährt haben. Ist zum einen die Kommunikationsfähigkeit deutlich beeinträchtigt, vielleicht sogar so weit, dass die soziale Teilhabe einer Person davon betroffen und eingeschränkt ist, und liegt zum anderen ein deutliches Störungsbewusstsein vor, so wird entsprechend von einer Sprach-, Sprech- oder Kommunikationsstörung gesprochen. Liegt darüber hinaus eine ärztlich abgeklärte Diagnostik zugrunde, wird von einer Sprachbehinderung gesprochen.

> Die Aufgabe von Sprachförderung oder Sprachbildung fällt in den Bereich sozialpädagogischer, heilpädagogischer oder heilerziehungspflegerischer Fachkräfte. Liegt eine vom Arzt festgestellte (Sprach-)Behinderung oder eine deutliche Sprachentwicklungsstörung vor, ist eine Sprachtherapeutin oder eine Logopädin zuständig. Wichtig ist es, dass die Berufsgruppen im Sinne der betroffenen Personen miteinander kooperieren und um ihre jeweiligen Grenzen und Aufgaben wissen.

Differenzierungen. Für eine genauere Betrachtung der Sprachauffälligkeiten – gerade auch mit Blick auf benötigte Sprachförderungen oder -therapien – sind 2 weitere Differenzierungen hilfreich:

1. Unter den Kindern, die ihre sprachlich-kommunikativen Fähigkeiten nicht altersgerecht entwickeln, gibt es Kinder, deren Sprachentwicklung aufgrund einer Primärbeeinträchtigung gestört und auffällig ist. Andere Kinder fallen ausschließlich durch ihre Sprachentwicklungsstörung auf.

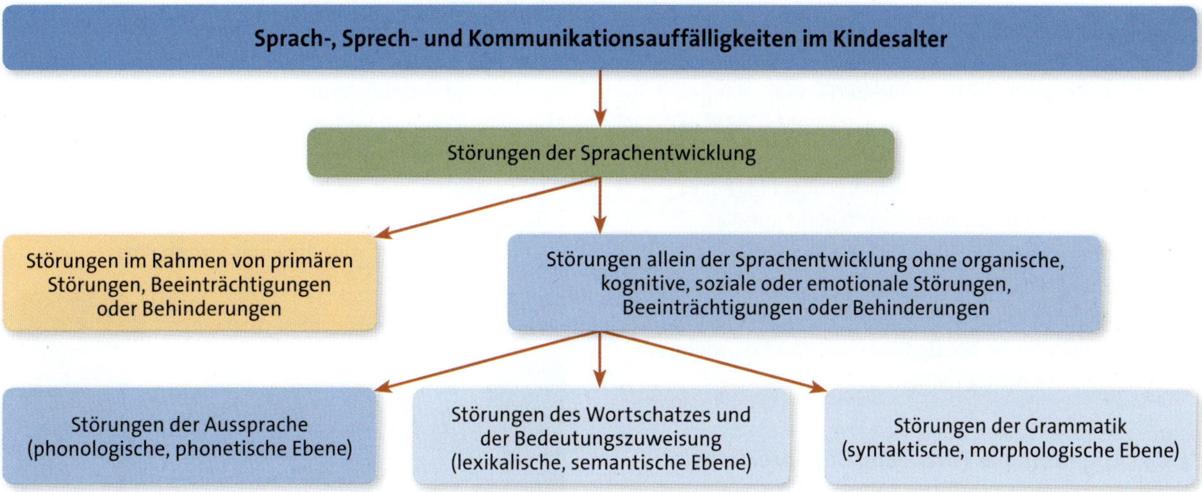

Abb. 1 Störungen der Sprachentwicklung sind differenziert zu betrachten (nach Kauschke/Siegmüller 2002)

2. Die Gruppe der Kinder mit einer spezifischen Sprachentwicklungsstörung bildet nun wiederum keine homogene Gruppe, sondern die Kinder unterscheiden sich darin, welche Sprachkomponenten überhaupt und in welchem Ausmaß gestört sind. Diese Differenzierung erscheint gerade mit Blick auf eine individuelle Diagnostik wie auch eine angemessene Sprachtherapie von großer Bedeutung.

4.5 Sprachförderung in der Heilerziehungspflege

4.5.1 Allgemeine Prinzipien der Sprachförderung

Neben den sprachrelevanten Fähigkeiten des Kindes, so wurde mit Blick auf den Spracherwerb von Kindern deutlich, sind es vor allem das sprachförderliche Verhalten der Eltern und ein förderlicher Lernkontext, die im Zusammenspiel zu einem gelingenden Spracherwerb und gutem kommunikativem Verhalten beitragen.

Was lässt sich daraus für heilerziehungspflegerische Fachkräfte für die Aufgabe der Förderung von Sprache, Sprechen und Kommunikation bei Menschen mit Behinderungen ableiten?

1. Grundsätzlich bedeutsam ist eine Haltung, die individuell und entwicklungsorientiert die einzelne Person in ihren lebensweltlichen Bezügen wahrnimmt. Handlungsleitendes Prinzip ist die ressourcenorientierte Förderung, nicht das Einhalten eines schematischen Konzepts.
2. Ziel der Förderung ist schließlich die Ermöglichung von Kommunikation und sozialer Teilhabe der Beteiligten und nicht etwa die Beherrschung einer korrekten Aussprache oder eines regelgerechten, normierten Sprachgebrauchs. In diesem Sinne erfolgt die Förderung in lebensweltlichen und alltagsnahen Situationen.
3. Stehen somit die Ressourcen und die Bedürfnisse des Menschen mit Behinderung im Mittelpunkt, so drückt sich die fördernde Grundhaltung des Heilerziehungspflegers in einem bestimmten unterstützenden Sprachstil aus: Kurze Sätze mit einem angemessenen, einfachen Wortschatz, klar erkennbare Sprachstrukturen mit bedeutungsunterstreichenden Betonungen, Gesten, Pausen oder Wiederholungen erleichtern das Sprachverständnis.
4. Grundlegend ist vor der Sprachproduktion der Erwerb des Sprachverständnisses und damit das Verstehen des symbolischen Gehalts von Kommunikation. Im Alltag werden dazu das Handeln und die Tätigkeiten sprachlich begleitet, Aufmerksamkeit wird hergestellt und geteilt, über Sprachroutinen bietet die Fachkraft ein verlässliches Angebot.
5. Zuverlässigkeit und Vertrautheit in der Verwendung von Sprache und Kommunikation (gerade in Teams) unterstützen die Betroffenen beim Aufbau des Wortschatzes und geben Sicherheit im Sprachgebrauch.
6. Entscheidend ist, dass die Sprachförderung als gewinnbringendes Angebot und als Bereicherung erlebt wird. Den Einsatz von Sprache als wertvoll erleben, in Kommunikationen mit der Umwelt aktiv werden – im Dialog erfährt sich die Person als selbstwirksam. Motivieren statt korrigieren, anregen statt belehren!

▸ **S. auch Abb. 1** Entwicklungsförderliches Verhalten der Bezugspersonen und günstige Lernkontexte (Seite 47).

In der Form des **korrektiven Feedbacks** verbinden sich diese Prinzipien. Die Fachkraft ist Modell für die richtige Sprachform. Die fehlerhafte oder unangemessene sprachliche Äußerung des Kindes oder des Erwachsenen wird nicht „besserwisserisch" kritisiert, sondern sprachlich richtig in den Dialog eingebaut. So reagiert die Heilerziehungspflegerin auf die Äußerung „Werkstatt Urlaub!" mit der Antwort: „Ja, ab Montag hat die Werkstatt geschlossen, Herr Müller. Dann beginnt Ihr Urlaub.", statt mit der Bemerkung: „Bitte wiederholen Sie den Satz vollständig" oder gar „Wie muss es richtig heißen?".

4.5.2 Angebote zur Förderung des Sprechens

Können sich Kinder nicht verständlich ausdrücken, so sind viele Erwachsene oft ratlos. Sollen sie bei undeutlicher und verwaschener Aussprache nachfragen? Oder sollen sie die fehlerhafte Aussprache korrigieren? Wie lässt sich die Kommunikation gestalten?

Ähnlich ist es im Kontakt mit Menschen mit Behinderungen. Sei es aufgrund einer Spastik, die die Mundmuskulatur, die Zunge und die Lippen und damit letztlich die Aussprache beeinträchtigt, sei es aufgrund eines schwachen Muskeltonus bei einem Jungen mit Trisomie 21, sei es aufgrund einer geistigen Behinderung und einer damit verbundenen Beeinträchtigung der Lautbildung und Lautentwicklung – Menschen mit Behinderungen haben manchmal eine nur schwer zu verstehende Aussprache.

Ist die Störung der Aussprache gravierend und beeinträchtigt nachhaltig die Kommunikation, so ist etwa eine Funktionstherapie bei einer Sprachheiltherapeutin oder Logopädin ratsam oder es wird auf Möglichkeiten der unterstützten Kommunikation (▶ **s. Kap. 4.6**) zurückgegriffen.

Gerade bei Kindern kann auf vielfältige Art und Weise spielerisch an der Förderung der Sprechwerkzeuge gearbeitet werden. Mundmotorische Übungen für die Beweglichkeit der Zunge und der Lippen, Spiele zur Wahrnehmung und zur Bildung von Lauten ermöglichen abwechslungsreiche Bewegungserfahrungen.

Eine kleine Übungsauswahl:

Puste-Blase-Spiele

mit dem Ziel der Aktivierung und Kräftigung der Muskulatur und zur Verbesserung der Koordination

- Mini-Puste-Ball: Auf einem Spielplan wird ein Fußballfeld eingezeichnet, als Ball eignet sich eine Styroporkugel, ein Tischtennisball, Watte, ein Schraubverschluss. Gepustet wird ggf. mithilfe eines Strohhalms.

Abb. 1 Wer „schießt" die meisten Tore – gemeinsam macht das Üben Spaß

Saug-Spiele

mit dem Ziel der Differenzierung der Mundmuskulatur etwa durch Anwendung verschiedener Materialien

- Euro-Memory: Jeweils 4 Münzen (Wert von 1 Cent bis 20 Cent) werden unter Schraubverschlüssen versteckt. Durch Ansaugen der Verschlüsse werden die Münzen „aufgedeckt". Wer errät die meisten Euro-Paare? (Hinweis: Zur besseren Kraftübertragung wird der Knicktrinkhalm mit einem Ohrtrichter versehen.)

Abb. 2 Ansaugen von Schraubverschlüssen

Ohrtrichterspiele
mit dem Ziel der Aktivierung der Mundmuskulatur und der Stärkung der Lippen

- Pferde-Rennen: Angelehnt an Activity werden beim Pferderennen zum einen Pferde (hergestellt aus Schraubverschlüssen und Pferdeglanzbildern) mit einem Knickstrohhalm (mit Ohrtrichter) über einen Spielplan zum Ziel geschoben,
- zum anderen müssen verschiedene Aufgaben gelöst werden (wie ein Pferd schnauben, die Nüstern aufblähen, mit dem Strohhalm verloren gegangene Pferdeäpfel/Holzperlen ansaugen und aufsammeln).

Abb. 3 Kind schiebt Pferd zum Ziel

Abb. 4 Mit viel motorischem Geschick und Muskelkraft ans Ziel beim Pferderennen

Neben diesen spielerischen Förderangeboten zur Verbesserung der Mundmotorik (und damit letztlich auf die Förderung der Aussprache zielend) gibt es Übungen zur Lauterkennung und zur Lautproduktion. So lernen Kinder Sprechlaute voneinander zu unterscheiden (*Die Bienen summen durch die Luft „SSS", die Schlange zischelt durch das Gras „sss"*), sie bilden selbst unterschiedliche Laute oder erkennen einzelne unterschiedliche Laute in Wortpaaren und deren bedeutungstragende Funktion (*Maus und Laus, Topf und Zopf, Hand und Wand*).

4.5.3 Angebote zur Förderung der Sprache

In der Sprachentwicklung können neben der Aussprache die lexikalisch-semantische Ebene (Bereich Wortschatz und Bedeutungszuweisung) und die syntaktisch-morphologische Ebene (Bereich Grammatik, also Form und Struktur der Sprache) von Störungen und Beeinträchtigungen betroffen sein.

Förderung des Wortschatzaufbaus und des Wortverstehens

Sich die Welt zu erschließen, diese möglichst vielfältig wahrzunehmen und sich in den unterschiedlichsten Kommunikationskontexten verständlich zu machen – dieses alles gelingt am ehesten, wenn der Mensch auf einen großen Wortschatz zurückgreifen kann. Das richtige Wort hilft Türen zu öffnen.
Zum Aufbau eines Wortschatzes ist es zunächst wichtig, dass die Wörter, Begriffe, Redewendungen für die Kommunikationspartner von Bedeutung sind. Über das Zeigen und Begreifen, über das Anschauen und Benennen und schließlich über die sichere und zuverlässige Zuordnung von Gesagtem und Gemeintem bahnen sich Wege zu einem abrufbaren und im Alltag verfügbaren Wortschatz an.
Im Alltag lässt sich der Wortschatz fördern, indem das Alltagshandeln sprachlich beständig begleitet wird. Die Handgriffe in einer Pflegesituation, die Arbeitsschritte in der Werkstatt, die Erledigung hauswirtschaftlicher Tätigkeiten, die Benennung von Spielgegenständen – hier ist das Sprachvorbild der heilerziehungspflegerischen Fachkraft gefragt.
Ein wiederkehrender einfacher, angemessener und alltagsnaher Sprachgebrauch hilft der Verankerung von Bedeutungen und Begriffen. Eine ganzheitliche Kommunikation mit allen Sinnen (den Apfel beschreiben, tasten, schmecken, riechen, beim Reinbeißen hören, ihn als Obstsorte erkennen) unterstützt die Sicherung, den Abruf und schließlich die Erweiterung des Wortschatzes.

Eine alltagsnahe, ganzheitliche und kontinuierliche Kommunikation unterstützt den Aufbau eines persönlich bedeutsamen Wortschatzes.

Eine kleine Übungsauswahl:

Bedeutsame Wortfelder „Wohnen", „Kleidung", „Freunde" u. a. auf möglichst vielfältige und ganzheitliche Weise erschließen, umschreiben, sortieren, darstellen, zuordnen.

Kleidungsstücke

Die Hose – der Pullover – das T-Shirt – die Shorts – die Stiefel – das Unterhemd – das Hemd – die Unterhose – das Kleid

Bekannte Spiele in verschiedenen Variationen anbieten, z. B. „Blinde Kuh", „Kofferpacken", „Ich sehe was, was du nicht siehst", „Montagsmaler", „Pantomime", „Memory®", „Gegensatzpaare bilden", „Dominospiele" u.v.m.

Ganzheitliche Planungen von Alltagsereignissen, Ereignissen oder vollständigen Handlungen werden sprachbegleitend und ggf. mithilfe von Bildtafeln, Collagen, realen Gegenständen gemeinsam überlegt („laut denken"!): „Was benötigen wir alles für unseren Ausflug zum Bauernhof?" „Was wollen wir uns dort gemeinsam anschauen?" u. a.

Projektorientiertes Arbeiten und Fördern des Wortschatzes mit verschiedenen Tätigkeiten

Aufgabe

Sehen Sie sich das ▸ **Eingangsbeispiel von Modul 5** über Thomas Gerber noch einmal an. Entwickeln Sie zunächst allein, dann im Team Ideen für ein Projekt, in welchem Sie in besonderer Weise den Wortschatz des jungen Mannes fördern wollen.

Förderung der Grammatik

Der Erwerb einer regelgerechten Grammatik, das Wissen um die richtige Verwendung von Pluralformen, Verbstellung oder über den Einsatz von Zeitformen erfolgt normalerweise nachdem Aufbau eines hinreichend großen Wortschatzes. Zudem erfolgt das Lernen grammatikalischer Regeln eher implizit und beiläufig als explizit und bewusst.

Dieses bedeutet für die Sprachförderung in diesem Bereich, dass die Fachkraft in besonderer Weise als Sprachmodell dient: Auf die eigene Sprache achten, sich deutlich von umgangssprachlichen Formulierungen lösen, dabei nach dem Prinzip des korrektiven Feedbacks motivierend die Sprachentwicklung unterstützen – mit diesen Grundlagen leistet die Heilerziehungspflegerin einen wichtigen Beitrag im Alltag.

Die Fachkraft ist sprachliches Vorbild!
Der bewusste Einsatz der Sprache und die beständige Reflexion des eigenen Sprachgebrauchs sind wichtige Erfolgsfaktoren in der Sprachförderung.

Für die gezielte Förderung eine kleine Auswahl:

Fotoboxen mit Abbildungen von Verben oder Nomen: Anhand kleiner Foto- oder Bildkarten werden kleine Geschichten erzählt oder Beschreibungen geübt, dabei die Verbstellung oder die Bildung des Plurals angewandt.

Lieder und Reime mit einer bestimmten Struktur helfen auf spielerische Weise, Regeln zu verinnerlichen.

Beim Plural-Memory wird einer Karte mit einem singulären Objekt („ein Haus") jeweils eine Karte mit mehreren Objekten derselben Art („fünf Häuser") zugeordnet. Wichtig ist das Formulieren ganzer, grammatikalisch korrekter Sätze.

4.5.4 Angebote zur Förderung der Kommunikation

In Kontakt treten, miteinander kommunizieren in einem guten Dialog, im sprachlichen Handeln sich selbst und andere entdecken – die Förderung der Kommunikation ist Basis und Ziel heilerziehungspflegerischer Angebote. Soziale Teilhabe, Selbstbestimmung und die Entfaltung von Lebensqualität sind ohne sinnstiftende Kommunikation nicht denkbar.
Die Kontaktaufnahme und Kontaktbereitschaft kann dabei auf vielfältige Weise unterstützt werden. Wichtig ist, dass die Fachkraft ein eigenes konstantes Angebot macht. Dieses Angebot ist vielfältig, alltagsnah und ganzheitlich. Gemeinsam ein Bilderbuch betrachten, in Reimen, Versen und Liedern den Rhythmus spüren, den eigenen Körper als Instrument und Stimme einsetzen – und dem anderen Zeit und Gelegenheit bieten, sich einzubringen.
Die Signale des Kommunikationspartners, seine Impulse zur Kontaktaufnahme und zum Dialog werden dabei achtsam wahrgenommen, unterstützend verstärkt und so in den Kommunikationskontext eingebunden.
Dialogische Bilderbuchbetrachtung fördert aufmerksames Zuhören und hat einen hogen Anforderungscharakter. So wird die Freude am Sprechen und Erzählen geweckt und kommunikative Kompetenz gefördert.

Abb. 1 Dialogische Bildbetrachtung

Eine kleine Übungsauswahl:

Kontaktaufnahmerituale: Mit einem gemeinsamen Lied werden alle im Stuhlkreis, in der Morgenrunde, beim Essen begrüßt und willkommen geheißen.
In Ritualen mit wiederkehrender Melodie, bekanntem Rhythmus und Struktur wird Sicherheit geboten und der Einstieg bleibt jedem selbst überlassen.

„Nachahmen" oder „Spiegelbild": Übungen zur Wahrnehmung des Anderen und zur Nachahmung sind kommunikativ (auch) ohne verbale Sprache. Das eigene Handeln kann dabei sprachbegleitend gestaltet werden

Gerade Menschen mit Behinderungen haben oft die Erfahrung gemacht, dass sie mit ihrer Art der Kontaktaufnahme und Kommunikation nicht ernst genommen werden oder gar scheitern. Angst und Rückzug, aber auch herausfordernde und manchmal grenzüberschreitende Annäherung sind dann mögliche Reaktionen auf diese Kommunikationsstörungen. Andererseits sind es aber auch die Exklusionen und Verweigerungen der Gesellschaft, die ihren Teil zur Kommunikationsstörung beitragen.
Hier sind beide Seiten gefordert. Hier müssen alle zur Kommunikationsfähigkeit und -bereitschaft befördert werden.

4.6 Unterstützte Kommunikation

Menschen, die sich aufgrund einer Beeinträchtigung nicht oder nur eingeschränkt lautsprachlich verständigen können, sind in einer Welt der lautsprachlichen Kommunikation entscheidend behindert. Für Kinder und Heranwachsende ist eine wichtige Grundlage der Entwicklung gefährdet, wenn sie sich nicht in sozialen Kontexten und kommunikativen Bezügen erproben und selbst erfahren können. Erwachsene, die beispielsweise durch einen Schlaganfall oder eine neurologische oder organische Erkrankung in ihrer bisherigen lautsprachlichen Kommunikation beeinträchtigt sind, sind deutlich von Möglichkeiten der sozialen Teilhabe abgeschnitten.
Die Selbstbestimmung von Menschen mit einer Behinderung, die sich in der Welt um sie herum nur eingeschränkt mitteilen und verständigen können, zu stärken, ist wesentliches Anliegen der unterstützten Kommunikation (UK). Ziel ist es, Formen ergänzender und ersetzender Kommunikation bereitzustellen, die dem Einzelnen eine erfolgreiche Verständigung ermöglichen.

Unter **alternativen Kommunikationsformen** versteht man Methoden, die statt der gesprochenen Sprache auf andere Kommunikationsmöglichkeiten setzen.

Unter **ergänzenden Kommunikationsformen** versteht man Methoden, die die vorhandene Lautsprache unterstützen oder begleiten, um so Verständigung zu ermöglichen.

Abb. 1 Kommunikationsformen

Dieses bedeutet in der Regel aber auch, dass sich die jeweiligen Kommunikationspartner – sei es im privaten oder professionellen Kontext – die entsprechenden Kompetenzen aneignen müssen. Ebenfalls ist die Umwelt so zu gestalten, dass sie den individuellen Bedürfnissen gerecht wird.

Mit unterstützter Kommunikation werden alle pädagogischen und therapeutischen Hilfen bezeichnet, die Personen ohne oder mit erheblich eingeschränkter Lautsprache zur Verständigung angeboten werden. (Wilken 2010)

▶ **S. auch Modul 3, Kap. II.4.2.5,** Kompensationshilfen Hören: unterstützte Kommunikation

Im internationalen Raum hat sich die Bezeichnung **AAC**. (**Augmentative and Alternative Communication**) durchgesetzt.

Neben dieser systematischen Differenzierung lassen sich die Angebote der unterstützten Kommunikation hinsichtlich der eingesetzten technischen Hilfsmittel unterscheiden. Entscheidend für den gewählten Zugang der Unterstützten Kommunikation bleibt jeweils der Klient und somit die verschiedenen Zielgruppen (▶ **Abb. 1**).

4.6.1 Körpereigene Kommunikationsformen

Sich mit Händen und Füßen verständigen – wer kennt diese Situation nicht, wenn man beispielsweise im Ausland unterwegs ist? Gelingt es nicht auch dem kleinen Kind, auf seine Art und Weise mit „Gebrabbel" den Kontakt zu seinen Eltern herzustellen und zu kommunizieren? Die Möglichkeiten der körpereigenen Kommunikation sind vielfältig.

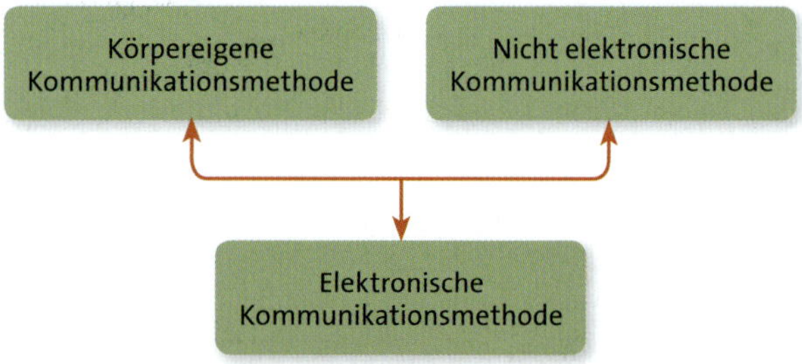

Abb. 2 Unterstützte Kommunikation – verschiedene Kommunikationsformen, ein Ziel

Kathrin Lemler, eine Studentin der Erziehungswissenschaften an der Universität zu Köln und Referentin im Bereich der unterstützten Kommunikation, ist selbst von einer infantilen Cerebralparese betroffen. Sie erzählt auf ihrer Webseite über ihre persönliche Ausdrucks- und Kommunikationsweise:

Mimik und Gestik
Eine sehr einfache Möglichkeit, mich zu verstehen, ist meine Mimik. Ich lache, wenn ich mich freue. Für „Ja" und „Nein" benutze ich die gleichen Zeichen wie andere: Ich nicke oder schüttle den Kopf. Durch geschlossene Fragen (die man mit „Ja" oder „Nein" beantworten kann) bekommt man meist heraus, was ich sagen möchte. Bedeutung haben auch immer intensive Blicke in eine Richtung oder auf einen bestimmten Gegenstand. Natürlich sind durch diese Methode nur beschränkt Aussagen möglich.

Ja-nein-Methode

Die einfachste Methode, sich mit mir zu unterhalten, ist die Ja-nein-Methode. Hier stellt ihr mir Fragen, die ich mit „Ja“ oder „Nein“ beantworten kann:
Ja = Kopfnicken | Nein = Kopfschütteln
Bei nicht vorhandenem Blickkontakt antworte ich auf Ja-nein-Fragen folgendermaßen:
Ja = Ich lautiere ein A. | Nein= Ich lautiere ein EI.
Wichtig: Auf Oder-Fragen kann nicht mit „Ja“ oder „Nein“ geantwortet werden. Also:

- Entweder man stellt die Frage ganz normal. Dann wiederholt man die Antwortmöglichkeiten langsam. Ich nicke, wenn es die Richtige ist. Beispiel: „Möchtest du Saft ... oder Wasser?“
- Oder: Während ihr die Frage stellt, hebt für die erste Möglichkeit eure linke Hand hoch und für die zweite Möglichkeit eure rechte. Ich schaue dann auf jene Hand, deren Möglichkeit ich gern hätte.

Die Auswahlmethode

Die Auswahlmethode nutzt ihr immer dann, wenn es mehrere Dinge gibt, zwischen denen ich wählen soll (Brotbelag, Kleidung etc.).

1. Je nach Anzahl der Möglichkeiten teilt ihr sie grob ein. Beispiel: Zunächst erfragt ihr, aus welchem Stapel ich gern ein Kleidungsstück hätte. Dazu geht ihr mit einem Finger die Stapel entlang und wartet auf mein Nicken.
2. Geht nacheinander die Möglichkeiten durch und wartet auf mein Nicken. Das geht entweder, indem ihr mit einem Finger nacheinander auf die Möglichkeiten zeigt oder die Möglichkeiten langsam aufzählt.

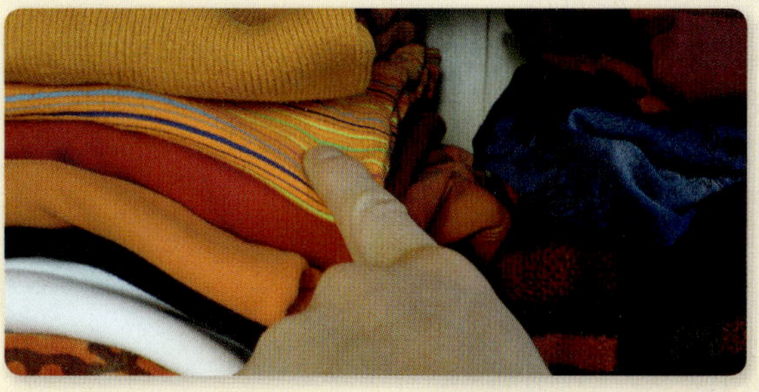

Lautsprache

Ich kann manchmal bestimmte Worte über die Lautsprache äußern. Wenn man weiß, dass ein bestimmter Laut etwas bedeuten soll, versteht man mich auch. Die wichtigsten Aussagen, die ich über Lautsprache äußere:
Ja | Nein | egal | ich auch | du auch

Die Körpersprache

Ich benutze sehr oft meine Körpersprache. Ich kommuniziere, indem ich mit meinen Augen auf Dinge zeige. Mein Blick hat immer etwas zu bedeuten. Ich nutze ihn, um

- jemand auf etwas aufmerksam zu machen,

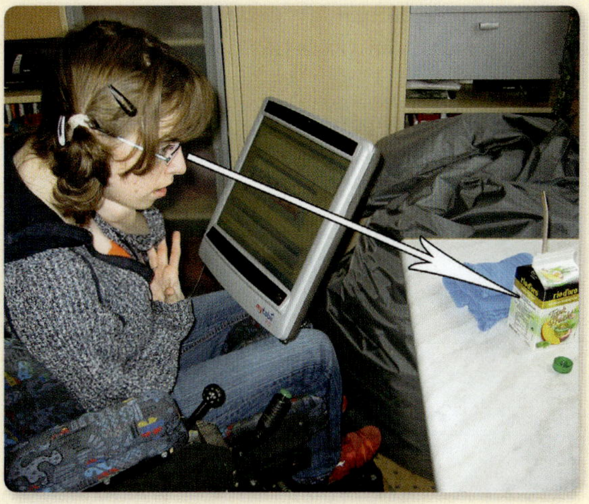

- jemandem zu sagen, dass ich etwas haben möchte,
- jemanden einen Weg zu beschreiben,
- jemandem zu zeigen, wo Dinge hingehören.

Neben meinem Blick habe ich einige feste Zeichen. Hier ein Überblick:
Zunge schnalzen = Ich habe Durst!
Mit der rechten Hand auf mich deuten = Ich
Zunge rausstrecken = Das schmeckt mir nicht! Das ist blöd!
Mehrmals den Kopf kreisen lassen = Mir ist schwindelig

(Quelle: http://kathrinlemler.de)

Gebärdensprache

Eine wichtige Methode unter den körpereigenen Kommunikationsformen sind die unterschiedlichen Gebärden. Bekannt sind standardisierte Formen wie die Gebärden der deutschen Gebärdensprache (DGS ▶ **Abb. 1**) oder die lautsprachbegleitenden Gebärden (LBG ▶ **nächste Seite**).

Abb. 1 Beispiel für die deutsche Gebärdensprache

Abb. 2 Auszubildende der Lufthansa-Technik lernen das Fingeralphabet, um sich mit ihren gehörlosen Kollegen zu verständigen

Das deutsche Fingeralphabet. Selbst Gehörlosen fehlen manchmal die Worte bzw. die Gebärden. Hin und wieder kommt es vor, dass ein Erzähler die Gebärde für ein Fremdwort oder einen Fachbegriff nicht kennt. In solchen Fällen buchstabiert er es dann mit dem Fingeralphabet (▶ **Abb. 3**). Auch Namen gibt man bei der ersten Erwähnung einer Person so weiter und erwähnt erst danach die Namensgebärde. Die Buchstaben des Fingeralphabets werden mit der rechten (bei Linkshändern der linken) Hand vor der Brust oder etwas rechts vom Rumpf ausgeführt.

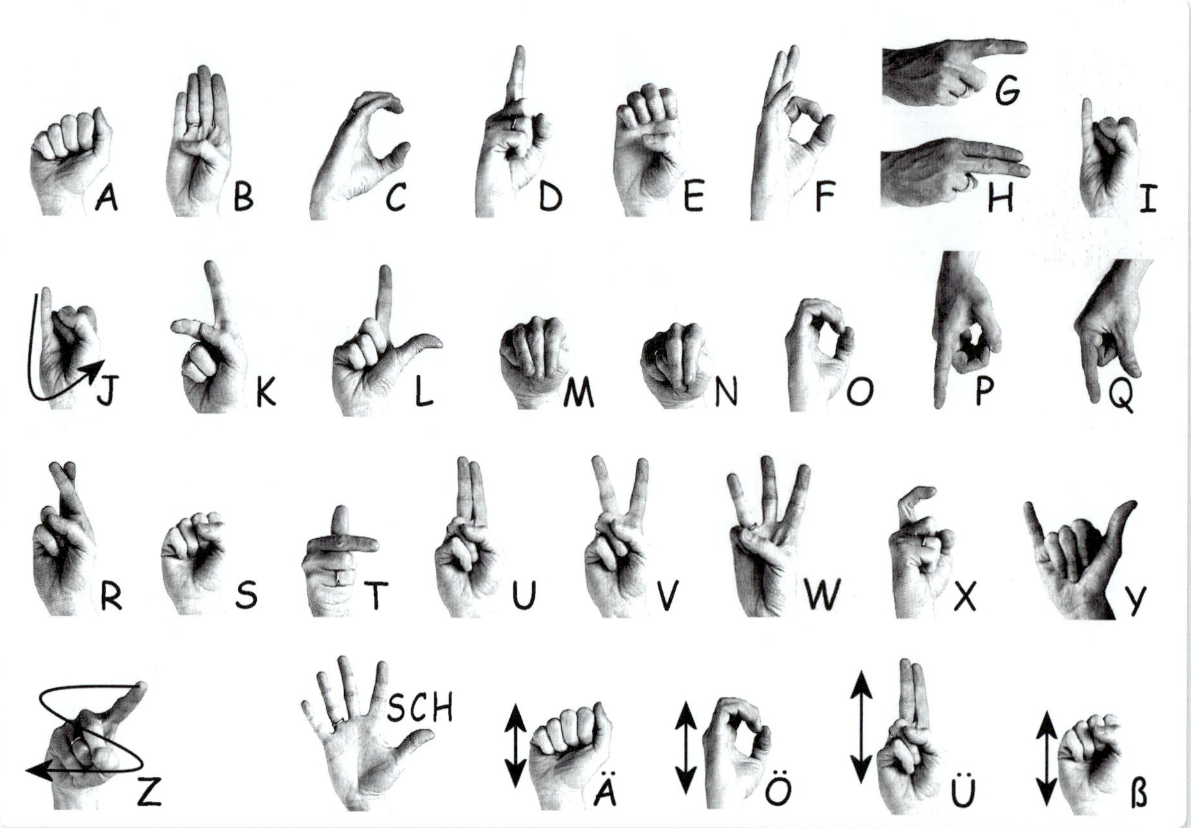

Abb. 3 Deutsches Fingeralphabet

Lautsprachbegleitende Gebärden (LBG)

Die lautsprachbegleitenden Gebärden unterscheiden sich von der deutschen Gebärdensprache insofern, als sie keine eigene Sprache darstellen, sondern vielmehr die verwendete Lautsprache begleitend sichtbar machen. Struktur, Aufbau und Grammatik der Lautsprache bleiben unverändert (▶ **Abb. 1**).

Abb. 1 Beispiel für die lautsprachbegleitenden Gebärden (LBG)

Aufgaben

1. Suchen Sie sich gemeinsam mit einem Partner oder einer Partnerin einen ruhigen Ort für folgende Selbsterfahrungsübung. Achten Sie auf einen Rollentausch zum besseren Verständnis für beide Rollen. Variieren Sie auch die Bewegungs- und Ausdrucksmöglichkeiten.
   a) Machen Sie Ihrem Kommunikationspartner ohne Verwendung der Lautsprache deutlich, dass es Ihnen zu kalt ist; dass Sie Hunger oder Durst haben; dass Sie gern heute Nachmittag einkaufen wollen. (Überlegen Sie weitere Beispiele.)
   b) Erzählen Sie ohne Verwendung der Lautsprache etwas von Ihrem gestrigen Tag.
   c) Werten Sie Ihre Erfahrungen aus: Was haben Sie als hilfreich empfunden, was war besonders erschwerend? Was können Sie für sich aus dieser Übung lernen?

Gebärdenunterstützte Kommunikation (GuK)

Demgegenüber bzw. dieses erweiternd zielt der Einsatz der gebärdenunterstützten Kommunikation vor allem auf die Unterstützung noch nicht hinreichend sprechender Kinder. Deren Spracherwerb und Sprachentwicklung soll mit eher einfachen und im Kontext erinnerbaren Gebärden unterstützt werden.

Abb. 2 Bildtafeln für GuK

Aufgabe des Heilerziehungspflegers. Für Menschen mit schweren Beeinträchtigungen sind die Ausdrucksmöglichkeiten oft aufgrund eingeschränkter motorischer Fähigkeiten noch basaler. Die Körperhaltung oder die Muskelspannung, aber auch die eigene Atmung oder die Körpertemperatur können dann Hinweise auf die Bedürfnisse und Befindlichkeiten geben. Es ist wichtig, dass in einer guten Interaktion und Beziehung die Kommunikationspartner diese Signale sensibel und aufmerksam wahrnehmen.
Sich einfühlen können, ruhig beobachten und die Kommunikation ermutigend aufrechterhalten, sind wichtige Botschaften an den Menschen mit eingeschränkter lautsprachlicher Kommunikation. Allerdings werden hier auch die Grenzen der körpereigenen unterstützten Kommunikation deutlich: Die Kommunikation mit wenig vertrauten Personen gelingt kaum oder selten, Gespräche über komplexere Inhalte sind schwierig und benötigen oft viel Zeit und Ausdauer.
Für den begleitenden Heilerziehungspfleger sollte es gleichwohl vorrangige Aufgabe sein, nach körpereigenen Formen der Kommunikation zu suchen, bedeutet doch der Einsatz technischer Hilfsmittel zumeist eine weitere Abhängigkeit.

4.6.2 Nicht elektronische Kommunikationshilfen

Eine weitere Möglichkeit der unterstützten Kommunikation bieten die nicht elektronischen Kommunikationshilfen wie etwa Tafeln, Poster, Bücher oder entsprechende Setzkästen mit Materialien. Hier sind mehrere Zugänge gegeben. Mit Fotos, Zeichnungen oder Piktogrammen steht eine **symbolbasierte Kommunikationshilfe** (▶ **Abb. 2**) zur Verfügung, in Setzkästen können **begreifbare Gegenstände** oder Miniaturen für die Kommunikation angeboten werden. Hilfreich kann auch eine Sammlung von Spielzeug oder anderen Alltagsobjekten sein.

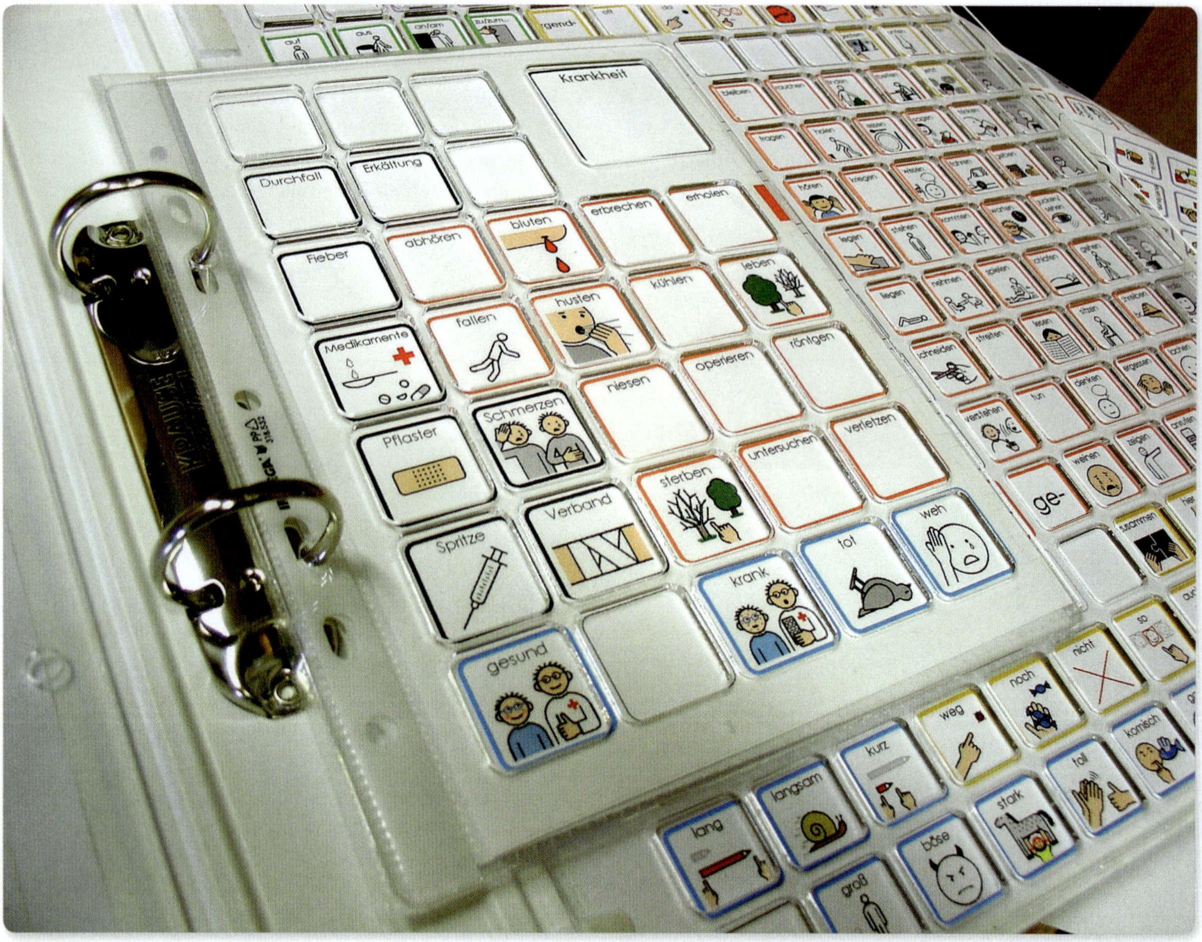

Abb. 1 Eine umfangreiche Sammlung von Symbolen, zudem differenziert in ein Kern- und ein Randvokabular, bietet der Kölner Kommunikationsordner (© Boenisch/Sachse). Der Ordner arbeitet wahlweise mit den beiden gängigsten Symbolsystemen PCS (Picture Communication Symbols) oder Metacom.

Während der Kommunikation zeigt, deutet oder blickt der unterstützt kommunizierende Mensch auf die gewünschte Abbildung. Im Gespräch ist er dann auf die Interpretationskompetenz und die Verstehensleistung seines Gegenübers angewiesen. Die bedeuteten Symbole müssen in ihrem Sinn und in ihrem Sinnzusammenhang entschlüsselt werden (Ko-Konstruktion).Dieses braucht zuweilen auch eine gewisse Übung und Vertrautheit.

Nicht elektronische Kommunikationshilfen lassen sich durch die individuelle Kombination verschiedener Hilfen zu einem „persönlichen Lexikon" zusammenstellen (▸ **Abb. 1**).

So wird den individuellen Bedürfnissen und Ressourcen der Betroffenen angemessen entsprochen. Darüber hinaus haben diese Hilfsmittel den Vorteil, dass sie zumeist mit wenig Aufwand und finanziellen Mitteln selbst herzustellen sind. Ihr Einsatz ist flexibel möglich, ein technisches Wissen ist nicht erforderlich.

PECS

PECS (Picture Exchange Communication System) ist eine Kommunikationsform, die auf dem Austausch von Bildkarten basiert. Dabei wird das grundlegende Kommunikationsprinzip sehr schön verwirklicht, insofern der Austausch von Worten abgebildet wird durch den Austausch von Karten. Diese Kommunikationshilfe unterstützt besonders die Selbstwirksamkeit des unterstützt Kommunizierenden und fordert seine Eigenaktivität heraus.

TEACCH

TEACCH (Treatment and Education of Autistic and related Communication-handicapped Children) ist ein Programm zur Visualisierung, wie es beispielsweise für die Gestaltung von Tages- und Wochenplänen genutzt wird (▶ **Abb. 1**).

Autismus. Bekannt ist der Einsatz nicht elektronischer Kommunikationshilfen vor allem in der Arbeit mit Menschen mit Autismus-Spektrums-Störungen (▶ **s. Modul 1, Kap I.3**). Hier werden grafische Symbole systematisch und kleinschrittig zusammengestellt. So werden Arbeitsabläufe oder Alltagsaktivitäten in einzelne Handlungsschritte zerlegt und überschaubar, die Umgebung wird mithilfe von Bildkarten strukturiert und verstehbar.

Abb. 1 Tagesplan, der mithilfe von Boardmaker (Boardmaker ist ein PCS-Symbolsystem für den Computer) erstellt wurde

Schriftsprache

Unabhängig von den symbolbasierten Hilfen gehören **Buchstaben** bzw. der Einsatz von Schriftsprache zu den wichtigsten nicht elektronischen Kommunikationshilfen. Sie ermöglichen die Kommunikation in verschiedenen Kontexten und mit verschiedenen Partnern. Zudem lassen sich mithilfe der so eingesetzten Schriftsprache auch komplexere Gedanken und Inhalte übermitteln.

4.6.3 Elektronische Kommunikationshilfen

Eine deutliche Erweiterung der Kommunikationsmöglichkeiten bieten elektronische Kommunikationshilfen. Diese ermöglichen die unterstützt kommunizierenden Personen, aktiver und initiativer Gespräche zu gestalten. Neben dem erhöhten Einfluss auf den Gesprächsverlauf ist zudem wichtig, dass der Kreis der Kommunikationspartner erweitert wird. So wachsen die Selbstbestimmung und die Unabhängigkeit von der persönlichen Assistenz. Zu den elektronischen Hilfen zählen:

- Taster
- Talker mit natürlicher oder synthetischer Sprachausgabe
- schriftbasierte Kommunikationshilfen

Taster

In einem ersten Schritt können elektronische Hilfsmittel zur Kommunikationsanbahnung genutzt werden. Mit einem Taster können Spielzeuge bedient, Haushaltsgeräte an- und ausgeschaltet oder die Funktion von Radio, Fernseher und Computer geregelt werden. Mit dem Betätigen des Tasters wird eine Wirkung erzielt, es kommt zu einer Interaktion. Es geht darum, etwas selbst auszulösen und aktiv in die Umwelt einzugreifen (▶ **Abb. 2**).

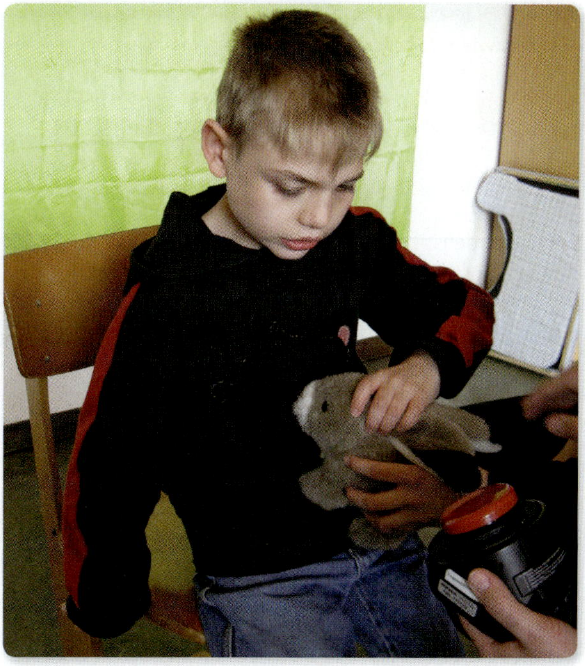

Abb. 2 Die Kommunikation selbst initiieren mit einem Tastendruck

Darüber hinaus sind Taster auch der Einstieg in die Kommunikationshilfen mit **Sprachausgabe**. So können einfache Botschaften aufgenommen und mit einem Tastendruck mitgeteilt werden. Bekannt sind BIGmack oder BIG Step-by-Step, die einfach und schnell auch mit lautsprachlichen eigenen Botschaften besprochen werden können. Dieses erhöht die Individualität der Kommunikation mit diesen Geräten.

Talker

Elektronische Kommunikationshilfen mit Sprachausgabe eröffnen eine Vielzahl weiterer Möglichkeiten für unterstützt kommunizierende Personen. Geräte mit einer natürlichen Sprachausgabe geben einen vorher gesprochenen Text in natürlicher Lautsprache wieder, während Sprachausgaben mit synthetischer Ausgabe zumeist Schrifteingaben umgewandelt „nachsprechen" (▶ **Abb. 1**).

Abb. 1 Mit dem Talker die Welt entschlüsseln und sich mitteilen

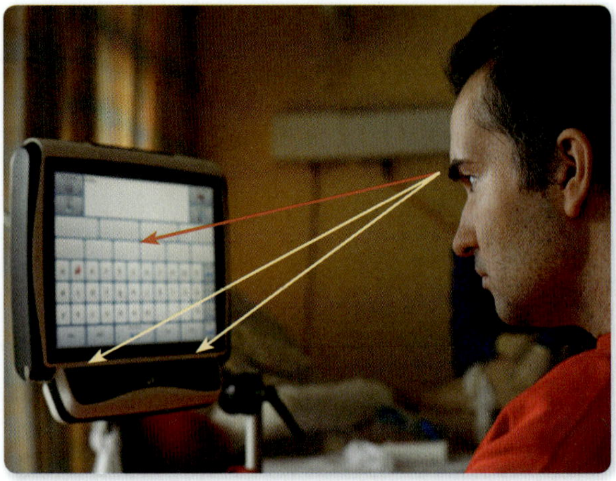

Abb. 2 Beim Eyetracking wird die Blickrichtung erfasst und so der Talker angesteuert

Talker sind auf vielfältige Art und Weise – je nach den Fähigkeiten der unterstützt kommunizierenden Person – ansteuerbar und zu bedienen. So gibt es blickgesteuerte Kommunikationshilfen (▶ **Abb. 2**), die Bedienung mit einem Stirnstab oder einem Joystick, das Ansteuern über einen Taster, die Bedienung über einen Touchscreen u.v.m. Variabel sind neben der Größe der Geräte und ihrer Funktion auch die Anzahl der verfügbaren Tasten und der möglichen Botschaften. Dieses verlangt jedoch auch eine fortwährende Modifizierung der Talker. Sie müssen als „lernende Geräte" mit ihren Nutzern „mitwachsen". Der assistierenden Person kommt hier eine wichtige Verantwortung zu.

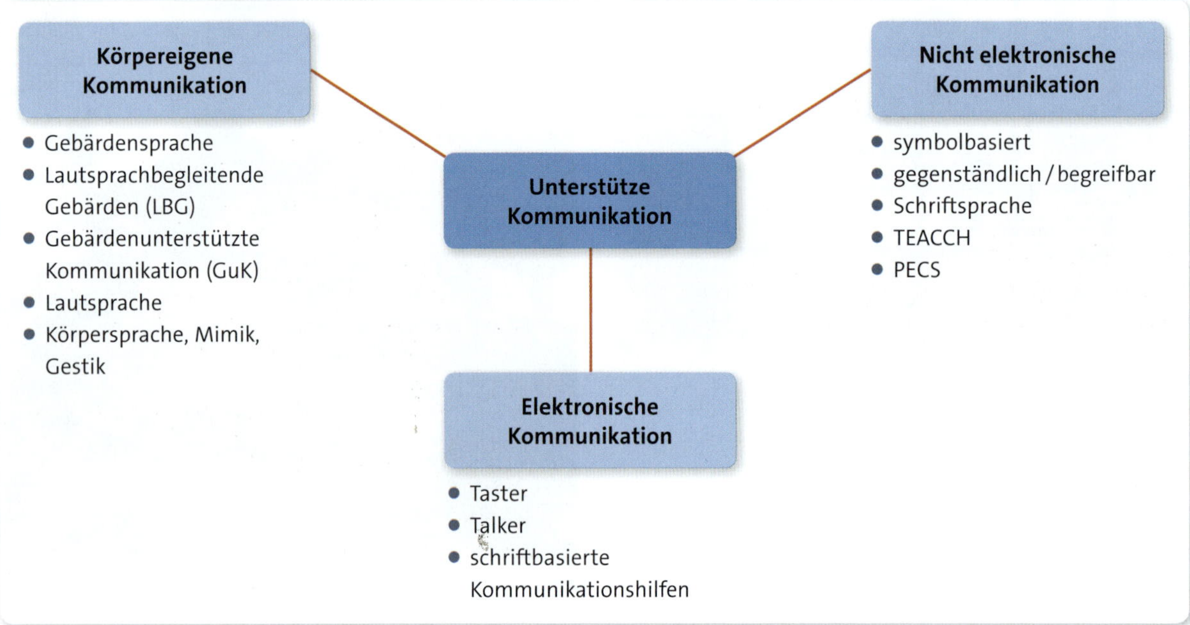

Abb. 3 Formen der unterstützten Kommunikation

4.6.4 Heilerziehungspflegerische Assistenz

In der Assistenz unterstützt kommunizierender Menschen kommt der heilerziehungspflegerischen Fachkraft eine besondere Bedeutung zu. Ihre Bereitschaft und Fähigkeit, sich auf das Gegenüber einzulassen, ist entscheidend für die Ermöglichung von Teilhabe und Selbstbestimmung.
Einige grundlegende Aspekte sind dabei hilfreich:

- Die heilerziehungspflegerische Assistenz in der unterstützten Kommunikation versteht sich durchgehend als **Ko-Konstruktion**. Beziehungen zwischen Gesagtem und Gemeintem herzustellen, ist eine Haltung, die Übung und Achtsamkeit erfordert.
- Ein ehrliches Interesse am Kommunikationspartner und ein **einfühlendes Verstehen** in das, was gemeint ist, drücken sich aus in der Kenntnis der zur Verfügung stehenden Kommunikationsformen. Dieses bedeutet auch ein technisches Interesse.
- Neben der Zuwendung zur Person sollte der Heilerziehungspfleger die **Rahmenbedingungen** für die Kommunikation angemessen und aufmerksam gestalten. Sind die Kommunikationstafeln für den Klienten handhabbar? Ermöglichen die ausgewählten Symbole eine Orientierung im Alltag und in der Lebenswelt? Müssen störende Faktoren beachtet und korrigiert werden? Vor allem: Steht für die unterstützte Kommunikation ausreichend Zeit zur Verfügung, um einen echten Dialog zu gewährleisten?
- Der Hinweis auf den Zeitfaktor macht darauf aufmerksam, dass es um ein „richtiges Verstehen" des unterstützt Kommunizierenden geht. **Zeit lassen** für Verarbeitungsprozesse, für Planungs- und Handlungsaktivitäten, Pausen aushalten für das Finden der richtigen „Gesprächsbausteine" – alles dies kommt vor dem allzu vorschnellen „Ja, ich habe dich schon verstanden."
- Den anderen nicht zu verstehen und dabei das Gefühl der Ohnmacht und Hilflosigkeit auszuhalten, ist ein wichtiges Moment in der Kommunikation mit nicht lautsprachlich kommunizierenden Partnern. Selbsterfahrungsübungen helfen zu einem besseren Verständnis und das **Ansprechen dieser Gefühle** hilft beiden Gesprächspartnern.
- **Kreativität und Geduld** ist gefragt, wenn die Kommunikation stockt. Manchmal hilft die Suche nach alternativen Gesprächsbausteinen weiter, manchmal kann auch eine andere Person um Rat gefragt werden.

Abb. 1 Die Heilerziehungspflegerin ist Ko-Konstrukteurin im Kommunikationsprozess

Tipp: Erkundigen Sie sich in Ihrem beruflichen Umfeld nach Möglichkeiten, Formen der unterstützten Kommunikation zu lernen. Laden Sie unterstützt kommunizierende Personen ein, die Ihnen auf ihre Art und Weise von ihren Mitteilungsmöglichkeiten und ihren Erfahrungen (oder aus ihrem Alltag) berichten.

Zum Weiterlesen

M. Aktas (Hrsg.): Entwicklungsorientierte Sprachdiagnostik und -förderung bei Kindern mit geistiger Behinderung. 2012

H. Grimm: Störungen der Sprachentwicklung: Grundlagen – Ursachen – Diagnose – Intervention – Prävention. 2012

H. Grimm, S. Weinert: Sprachentwicklung, in: Oerter/Montada, Entwicklungspsychologie. 5. Auflage 2002

Chr. Kauschke, J. Siegmüller: Patholinguistische Diagnostik bei Sprachentwicklungsstörungen. 2002

K. Otto, B. Wimmer: Unterstützte Kommunikation. Ein Ratgeber für Eltern, Angehörige sowie Therapeuten und Pädagogen. 2013

K. Snippe: Autismus. Wege in die Sprache. 2013

W. Wendlandt: Sprachstörungen im Kindesalter. 2010

E. Wilken: Unterstützte Kommunikation. Eine Einführung in Theorie und Praxis. 2010

http: //kathrinlemler.de

5 Psychomotorik

Abb. 1 Die 3 Säulen der Psychomotorik

5.1 Grundsätzliches

Der Begriff „Psychomotorik" beschreibt die Verbindung von psychischen Vorgängen mit motorischen Handlungen, d. h., man geht davon aus, dass sich die psychische Befindlichkeit eines Menschen in seinen Bewegungen widerspiegelt. Deutlich wird das, wenn man einen fröhlichen und einen traurigen Menschen beim Gehen beobachtet: Der fröhliche Mensch läuft normalerweise schneller und leicht wippend, während der Mensch mit trauriger Stimmung im Vergleich langsamer wirkt und quasi die Beine „hinter sich herzieht".

Psychomotorik geht aber über Aspekte der Körpersprache hinaus: Sie betrachtet den Menschen in seiner Ganzheitlichkeit und individuellen Entwicklung. Dabei spielen unterschiedliche Erfahrungen und Kompetenzen eine herausragende Rolle. Die Erfahrungen beziehen sich auf den eigenen Körper, auf den Umgang mit der Umgebung und Materialien sowie auf Erfahrungen in sozialen Bereichen. In diesen Bereichen können Kompetenzen erreicht werden, die das selbstständige, unabhängige und sozial akzeptierte **Leben in der Gesellschaft ermöglichen** und verbessern. Besonders trifft das auf die Entwicklungsbereiche der **Grobmotorik** und des **Sozial-Emotionalen** zu. Aber auch gerade die **kognitive** und damit in Verbindung stehende **sprachliche Entwicklung** erfährt durch gezielte psychomotorische Übungen ihre Förderung – begründet durch die bessere neuronale Vernetzung der Gehirnregionen miteinander.

Geschichtlicher Rückblick. Das Konzept der Psychomotorik kann auf die deutsche Rhythmikerin **Charlotte Pfeffer** (1881–1970) zurückgeführt werden. Sie verwendete erstmalig die Begriffe „psychomotorische Erziehung" und „psychomotorische Heilerziehung". Den Schwerpunkt der psychomotorischen Aktivitäten legte Pfeffer auf rhythmisch-musikalische Elemente. In den 1950er-Jahren entwickelte der Sportpädagoge **E. J. Kiphard** (1923–2010) das Konzept der psychomotorischen (Heil-)Erziehung weiter. Er setzte das an Pfeffer anknüpfende Konzept in seiner Klinik für Kinder- und Jugendpsychiatrie ab 1955 um und nannte es „psychomotorische Übungsbehandlung". Der dort zuständige Kinderpsychiater Dr. Hünnekens sowie die Direktorin der Einrichtung, Dr. Hecker, unterstützten Kiphards Konzept, da sie therapeutische Erfolge vermerken konnten; sie nannten es „Psychomotorik".

Kiphards Konzept. Er intendiert eine starke Förderung der sozial-emotionalen Entwicklung der Kinder und Jugendlichen mit Verhaltensauffälligkeiten. Dieses Ziel versucht er mit Aktivitäten zu erreichen, die basieren

- auf spielerischer Bewegung und
- bewusster Wahrnehmung.

Dabei ist es ihm wichtig, dass kein Leistungsdruck innerhalb der Angebote entsteht. Die Kinder und Jugendlichen sollen sich in ihrer Persönlichkeit mit ihren individuellen Stärken mit Freude am Tun entwickeln können. Die positive Seite des Lebens soll erfahren und betont werden, sodass das Leben von den Kindern und Jugendlichen als lebenswert erkannt werden kann. Auf dieser Basis kann der Prozess der **Selbstregulierung** und -erziehung, also der Steuerung eines angemessenen, gesellschaftlich akzeptierten eigenen Verhaltens, angestoßen und gefördert werden.

Nachdem sich die Psychomotorik in der Praxis aufgrund ihrer Erfolge in der Arbeit mit Kindern und Jugendlichen mit Beeinträchtigung vermehrt durchsetzte, wurde ab 1977 eine einjährige Zusatzausbildung zum staatlich geprüften Motopäden und 1983 der Aufbaustudiengang zum Diplom-Motologen angeboten:

- Während der **Motopäde** die psychomotorische Entwicklung des Kindes oder Jugendlichen durch *praktische* Angebote fördert (Motopädie),
- beschäftigt sich der **Motologe** vornehmlich *theoretisch* mit dem Zusammenhang von Wahrnehmung/Bewegung mit der Entwicklung individueller Kompetenzen und Persönlichkeit (Motologie). Dabei nimmt die Motorik für die Gesamtentwicklung des Individuums eine zentrale Stellung ein.

Ab Mitte der 1980er-Jahre wird der Ruf nach einer stärkeren empathischen Vorgehensweise psychomotorischer Übungen aus Sicht des Kindes laut. Kiphards Ansatz wird als defizitorientiert und psychiatrisch-klinisch kritisiert. Infolgedessen entwickeln sich unterschiedliche Richtungen in der Psychomotorik, die sich durch ihre Schwerpunktlegungen voneinander abgrenzen lassen:

Kindzentrierte Mototherapie

Abb. 1 Renate Zimmer

So prägen Renate Zimmer (*1947, Erziehungs-/Sportwissenschaftlerin) und Meinhart Volkamer (*1936, Psychologe, Sport-/Erziehungswissenschaftler) den kindzentrierten Ansatz, bekannt als „kindzentrierte Mototherapie". Sie basiert auf der Persönlichkeitstheorie nach Carl Rogers, die davon ausgeht, dass der Mensch in der Lage ist, sich selbst zu verstehen und zu verändern und nach Selbstverwirklichung strebt. Auf dieser Grundlage bietet die kindzentrierte Mototherapie Bewegungs- und Sozialerfahrungsraum, damit das Kind seine emotionalen Probleme feststellen und selbstständig durch Bewegung lösen lernt. Unterschiedliche Bewegungsangebote stehen dem Kind zum Überkommen seiner Schwierigkeiten zur Verfügung. Durch die Bewegung und ihre Konsequenzen erfährt das Kind seine Stärken und Schwächen, was zur Entwicklung und Ausweitung des Selbstkonzepts beiträgt. Wichtig dabei ist, dass das Kind sich über seine **Wirksamkeit**, d. h. die Folgen der eigenen Handlung, bewusst ist.

Kompetenzorientierter Ansatz

Friedhelm Schilling (*1936, klinischer Psychologe) prägt den kompetenzorientierten Ansatz, der als direkte Weiterentwicklung der Übungsbehandlung angesehen werden kann. Er bezieht sich auf die theoretischen Grundlagen der Gestaltkreislehre von Viktor Freiherr von Weizsäcker und die materialistische Handlungstheorie von Alexeij Leontjew sowie die Erkenntnisse von Jean Piaget.

> Viktor Freiherr von Weizsäcker (1886–1957): Mediziner, Begründer der psychosomatischen Medizin und der medizinischen Anthropologie
> Alexeij Leontjew (1903–1979): Psychologe
> Jean Piaget (1896–1980): Entwicklungspsychologe

Kritiken, die die psychomotorische Übungsbehandlung erhalten hat, ähneln denen des kompetenzorientierten Ansatzes, da trotz des Namens defizitorientiert vorgegangen wird: Schilling geht davon aus, dass Kinder mit Problemen im motorischen Entwicklungsbereich psychische Störungen oder Auffälligkeiten entwickeln, um die motorischen Schwierigkeiten zu „überdecken". Durch psychomotorische Übungen erhält das Kind Gelegenheit, seine Kompetenzen im motorischen Entwicklungsbereich zu stärken. Ist eine Stärkung erfolgt, erlebt das Kind, dass seine besonderen Verhaltensweisen nicht nötig sind. Es braucht seine Schwächen nicht durch andere Aktionen zu überspielen, da die Schwächen nicht mehr (oder weniger stark) vorhanden sind.

Verstehender Ansatz der Psychomotorik

Der „verstehende Ansatz" wird in den 1990ern von Jürgen Seewald (*1952, Motologe) entwickelt. Er gründet seinen Ansatz auf die Theorie der psychosozialen Entwicklung von Erik Erikson (1902–1994, Psychoanalytiker) sowie die „leibphänomenologische Sichtweise" von Maurice Merleau-Ponty (1908–1961, Philosoph und Phänomenologe). Aspekte, die menschliche Beziehungen und das Körperverständnis betreffen (von Seewald „Leib- und Beziehungsthemen des Kindes" genannt), werden in das Zentrum der Arbeit mit dem individuellen Kind gestellt. Die Durchführung der psychomotorischen Therapie geht von einem **psychoanalytischen Verständnis** des Kindes aus. Probleme und deren Ursachen werden in der psychomotorischen Therapie deutlich und können durch gezielte Aktivitäten bearbeitet und gelöst werden.

Systemische Psychomotorik

Rolf Balgo (*1958, Pädagoge und Motopäde) und Reinhardt Voss (*1949, Erziehungswissenschaftler) entwickeln in den 1990ern die „systemische Psychomotorik". Sie basiert auf der Systemtheorie, dem radikalen Konstruktivismus, der Kybernetik 2. Ordnung und dem Autopoiesis-Konzept.

> **Systemtheorie:** Eine Auffälligkeit wird innerhalb des bestehenden Systems betrachtet und behandelt. In pädagogisch-psychologischer Hinsicht handelt es sich bei dem „System" um das Konstrukt Familie. Das Verhalten einer Person ist durch Analyse des Systems zu erklären.
>
> **Radikaler Konstruktivismus (RK)**: Der RK geht davon aus, dass Wahrnehmung nie objektiv ist, sondern stets subjektiv. Sie ist das Ergebnis individueller Sinneseindrücke, die von Erfahrungen und Erlebnissen geprägt sind.
>
> **Kybernetik 2. Ordnung**: Die Familie wird als regelgeleitetes System verstanden, deren Mitglieder durch subjektive Wahrnehmung ihr individuelles, i. d. R. unterschiedliches Bild der Geschehnisse haben. Störungen im System, die beispielsweise am Verhalten einer Person deutlich werden, versucht man ressourcenorientiert innerhalb des Regelsystems zu lösen.

Autopoiesis-Konzept: Im Zentrum steht die Möglichkeit der Selbsterschaffung und -erhaltung. Der Mensch wird mit seiner Kraft der Veränderung zur individuell bestmöglichen Passung und innerhalb der vorhandenen Umstände gesehen.

Zentral für den psychomotorischen Ansatz von Balgo/Voss ist die Notwendigkeit der Anpassung des Kindes an seine Umgebung. Dabei beziehen sie sich sowohl auf die materielle Welt als auch auf die soziale Umwelt, wobei die Förderung der sozialen Kompetenz des Kindes in den Vordergrund von psychomotorischen Aktivitäten gestellt wird. In diesem Zusammenhang wird die direkte menschliche Umgebung des Kindes (i. d. R. seine Kernfamilie) in die psychomotorische Therapie stärker eingebunden als zuvor.

Abb. 1 Systemische Psychomotorik in der Praxis

Aktuell wird in den meisten Einrichtungen nach der systemischen Psychomotorik von Balgo/Voss vorgegangen. Je nach Einstellung der durchführenden Fachkraft kann auch nach einem anderen psychomotorischen Ansatz gearbeitet werden, wobei häufig Mischformen in der Praxis anzutreffen sind. Dabei wird stets eine **ganzheitliche Herangehensweise** gewählt, um möglichst optimal fördern zu können.

Ausgewählte Ansätze außerhalb Deutschlands

Die US-amerikanische Ergotherapeutin Jean Ayres (1920–1989) ist als Begründerin der wissenschaftlichen Basis der Psychomotorik anzusehen. Die Bedeutung und reziproke (wechselseitige) Wirkung von Motorik und Perzeption (Wahrnehmung) wurde durch ihre Forschung herausgestellt. In den 1960ern entwickelte Ayres das Konzept der **„sensorischen Integration"**, die das Zusammenspiel von Sinneswahrnehmung und körperlichen Aktivitäten beschreibt. Sie geht davon aus, dass der Mensch erst dann Handlungen vollziehen kann und zum Lernen fähig ist, nachdem das Zentralnervensystem (ZNS) die unterschiedlichen dort ankommenden Informationen verarbeitet hat. Besteht eine Störung in der Weiterleitung/Verarbeitung von Informationen im ZNS, ist von Verhaltens- oder Lernstörungen als Folgeerscheinung auszugehen. In Konsequenz entwickelte Ayres innerhalb der sogenannten „sensorischen Integrationstherapie" Aktivitäten, die der Förderung der sensorischen Integration dienen, sodass neuronale Prozesse möglichst optimal ablaufen können (▶ **Abb. 2**).

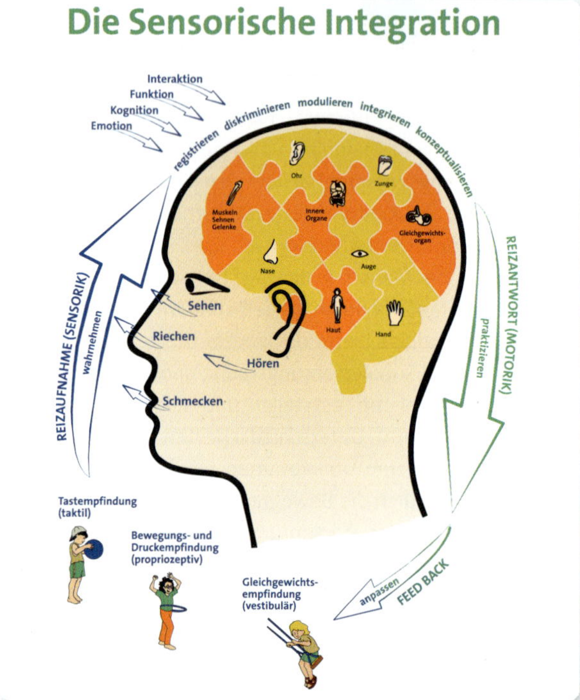

Abb. 2 Sensorische Integration

Der Sportpädagoge Bernard Aucouturier (*1934) entwickelte aus seiner Arbeit mit Kindern mit Beeinträchtigung das Konzept der **„psychomotorischen Praxis Aucouturier"**. Er stellt die Fähigkeit des Kindes, sich durch Bewegung auszudrücken, sowie den Beweggrund und die Absicht der kindlichen Verhaltensweisen ins Zentrum des therapeutischen Handelns. Dieses Konzept gründet auf psychoanalytischen Ansätzen unter Beachtung entwicklungspsychologischer Aspekte nach Piaget. Es ist ein eigenständiger, tiefenpsychologischer Ansatz der Psychomotorik und wird in Deutschland besonders von Marion Esser (*1961, Psychomotoriktherapeutin) vertreten.

„Denn es gibt keine Handlung ohne Grund. Und das, was ein Kind spontan tut, entspricht immer seinen tiefen Motivationen. An uns liegt es, zu verstehen, was dieses Tun ausdrückt, und mit unserem eigenen Tun darauf zu antworten." (Bernard Aucouturier)

5.2 Körpererfahrung – Materialerfahrung – Sozialerfahrung

Abb. 1 Ich kann das!

In heilpädagogischen Einrichtungen wird Psychomotorik genutzt, um Menschen mit Behinderung nicht nur in ihrer Motorik, sondern auch in den Bereichen des sozialen Miteinanders sowie der eigenen Fähigkeiten und Fertigkeiten ganzheitlich zu fördern und zu stärken. Dabei stellen

- Ich-Kompetenz,
- Materialkompetenz und
- Sozialkompetenz

zentrale Begriffe der psychomotorischen Praxis dar. Diese überschneiden sich mit den allgemeinen Intentionen der heilpädagogischen Arbeit.

Körpererfahrung

Dieser Bereich innerhalb der Psychomotorik zielt auf den Erwerb einer hohen **Ich-Kompetenz** des Klienten ab. Der Mensch soll ein eigenes Bild von sich und seinen körperlichen Stärken und Schwächen entwickeln können. Damit einher geht der Aufbau eines gesunden Selbstbewusstseins, welches ihm bei der Bewältigung der Alltagsanforderungen hilft. Gezielte Übungen helfen dem Menschen, seine körperlichen Grenzen und Möglichkeiten kennenzulernen, um diese schließlich bewusst zu regulieren und einzusetzen.

Ein Mensch mit Behinderung im Bereich der Sinneswahrnehmung kann durch gezielte psychomotorische Angebote **Impulse in einer anderen Weise wahrnehmen**, d.h., er kann Reize anders erfahren und sämtliche Empfindungen über die angesprochenen Wege zum Ausdruck bringen. Dadurch erfährt er seinen Körper neu, wodurch sich neue Funktions- und Ausdrucksmöglichkeiten eröffnen. Beispielsweise können Gefühle körperlich dargestellt oder das körperliche Balancehalten mit dem psychischen Gleichgewicht in Beziehung gesetzt werden (▶ **Abb. 2**).

Abb. 2 Balancieren – körperlich und psychisch

Daneben können durch psychomotorische Aktivitäten einzelne Sinnesorgane gezielt angesprochen werden, sodass die Wahrnehmung eines Reizes ermöglicht wird. Dafür ist häufig das **kurzzeitige Ausschließen eines anderen Sinnes** oder mehrerer Sinne notwendig, damit der Klient sich voll und ganz auf die intendierte Wahrnehmung konzentrieren kann. Ein Beispiel dafür ist das Verbinden der Augen, damit der Mensch Unterstützung erhält, um seinem Tastsinn zu folgen; visuelle Reize erfolgen nicht und können ihn daher nicht ablenken (▶ **Abb. 3**).

Abb. 3 Gezielte Sinneswahrnehmung

Durch die Reduktion erhält der Klient die Möglichkeit, andere Wahrnehmungen seines Körpers intensiv zu erfahren. Das Repertoire von Sinneswahrnehmung steht ihm für seine zukünftige Lebensführung zur Verfügung.

Materialerfahrung

Das bewusste aktive oder passive Erfühlen von Gegenständen führt zu einer Materialerfahrung, die partiell neu für eine Person sein kann. So bietet sich die Möglichkeit, die Beschaffenheit von unterschiedlichen Materialien in Verbindung mit den eigenen Gefühlen zu setzen. Beispiel: Ein weiches Wattebällchen wird anders wahrgenommen als ein stacheliger Igelball. Der Klient kann lernen, seine Gefühle mithilfe von Materialerfahrung zu beschreiben. Emotionsregungen werden damit „be-greifbar" und können ausgedrückt werden.
Notwendig ist dafür das Darbieten unterschiedlichster Materialien mit verschiedenen Eigenschaften – natürlich unter Ausschluss von Gegenständen, welche ein hohes Verletzungsrisiko bergen. Die **Sachkompetenz**, erreicht durch gezielte Materialerfahrung, unterstützt die Notwendigkeit der Anpassung an unterschiedliche Umweltgegebenheiten. Veränderten Situationen kann sich schließlich angepasst werden, um damit einhergehende Anforderungen auszuführen.

Sozialerfahrung

Die Ermöglichung von Sozialerfahrung innerhalb psychomotorischer Programme erfolgt in den meisten Fällen durch gemeinschaftliche Übungen, z. B. den Aufbau eines menschlichen „Standbilds", für das mehrere Personen notwendig sind. Der Einzelne erfährt, dass ein bestimmtes Ziel nur erreicht werden kann, wenn man auf den anderen eingeht und eigene Bedürfnisse teilweise in den Hintergrund stellt. Es gilt, Rücksicht zu nehmen und füreinander zu sorgen, um anerkannter Teil eines sozialen Gefüges (z. B. einer Kindertagesstättengruppe) zu sein. Die Akzeptanz von anderen Meinungen und Befindlichkeiten ist für ein gelingendes Miteinander notwendig; damit einhergehen die Fähigkeiten zu Konsensbildung und Kompromissbildung.

5.3 Motorische Entwicklung

Die Entwicklung der Motorik spielt für den Menschen eine herausragende Rolle, was deutlich wird durch überlebenssichernde Reflexe wie z. B. den Atemreflex, den Saug-Schluck-Reflex, den Moro-Reflex (späterer Schreckreflex) und den Tauchreflex (Abfall der Herzfrequenz und aller kreislaufantreibenden Mechanismen unter Wasser).
Weiterhin beeinflusst die motorische Entwicklung den Verlauf anderer Entwicklungsbereiche stark. Damit sind besonders der kognitive, der sprachliche und der sozial-emotionale Entwicklungsbereich gemeint: Bewegungsabläufe unterschiedlichster Art sorgen für Interaktion mit der Umwelt und den Mitmenschen. Ist die Bewegung einer Person eingeschränkt, zieht dies in der Regel Beeinträchtigungen in anderen Bereichen nach sich. Man führe sich vor Augen, dass selbst ein Wimpernschlag der Bestätigung oder ein Zuzwinkern der gezielten feinmotorischen Entwicklung zuzuordnen ist (▶ **Abb. 1**).

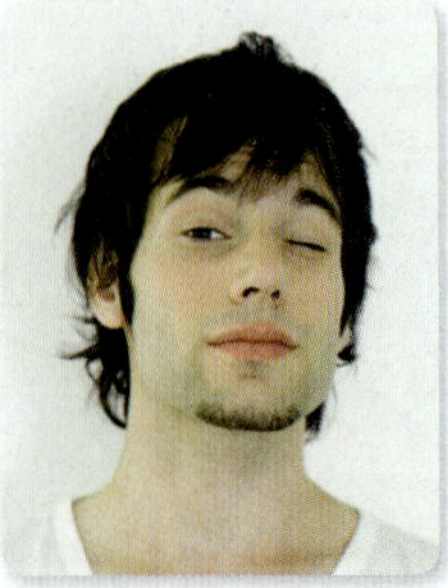

Abb. 1 Zwinkern = Feinmotorik

Insgesamt geht man innerhalb der motorischen Entwicklung von dem *cephalocaudalen* (vom Kopf abwärts) und dem *proximal-distalen* (vom Nahen zum Entfernten) Trend aus. Das bedeutet, dass der Mensch zunächst den Kopf und die Gesichtsmuskeln bewegen kann, bevor Bewegungen von Armen, Rumpf und Beinen erfolgen, wobei nach dem *proximal-distalen* Trend die feinmotorische Bewegung von Fingern und Zehen am Ende der motorischen Entwicklung steht.
Die Bewegung der einzelnen Körperteile ist jedoch nicht abgekoppelt voneinander zu sehen. Mit der Ausdifferenzierung der Möglichkeiten in einem Teilbereich geht die Ausbildung von Fähigkeiten in einem anderen Körperteil einher. In diesem Sinne kann von einem „Bausteinsystem der Motorik" gesprochen werden.

Folgt man den Bewegungsabläufen eines Säuglings im 1. Lebensjahr, wird das Aufeinander-Aufbauen motorischer Abläufe deutlich: Der Augenbewegung folgt die Kopfbewegung. Ist das Neugeborene in der Lage, mit diesen Fähigkeiten Gegenstände und Handlungen zu verfolgen, setzen Entwick-

Abb. 2 Motorische Fähigkeiten – eine Entwicklungsabfolge

lungsschritte zur eigenen Mobilität ein: Halten des Kopfes, Oberkörperkontrolle, aufrechtes Sitzen, Robben, Krabbeln, Stehen und Gehen. Gleichzeitig prägt sich in *proximal-distaler* Richtung die Arm- und Handmotorik aus, sodass Gegenstände gezielt ergriffen und exploriert werden können. Schritt für Schritt kann so die umgebende Welt „begriffen" und verstanden werden. Der durchschnittliche Ablauf der motorischen Entwicklung des Menschen – beispielhaft für das 1. Lebensjahr – ist in ▶ **Abb. 1** erfasst.

Motorische Fähigkeit	Mittleres Alter	Altersbereich
Augenfolgebewegung	1 Tag	1 Tag
Kind hält Kopf aufrecht, wenn Kind aufrecht gehalten wird	7 Wo.	3 Wo. – 4 Mon.
Erhebt sich in Bauchlage selbst mithilfe der Arme	2 Mon.	3 Wo. – 5 Mon.
Rollt von der Seite auf den Rücken	2 Mon.	3 Wo. – 5 Mon.
Greift Spielzeug	4 Mon.	2 – 7 Mon.
Rollt vom Rücken auf die Seite	4 ½ Mon.	2 – 7 Mon.
Sitzt allein, gute Koordination	7 Mon.	5 – 9 Mon.
Krabbelt	7 Mon.	5 – 11 Mon.
Zieht sich zum Stehen hoch	8 Mon.	5 – 12 Mon.
Kann gut festhalten	9 Mon.	7 – 10 Mon.
Steht allein	11 Mon.	9 – 16 Mon.
Läuft allein	12 Mon.	9 – 17 Mon.

Abb. 1 Motorische Entwicklung im 1. Lebensjahr (Durchschnittswerte; nach Guski 1996)

Der Entwicklungstabelle **Abb. 1** kann man entnehmen, dass bestimmte Fähigkeiten nicht zu einem bestimmten Zeitpunkt bei jedem Kind vorhanden sein müssen. Vielmehr ist die Herausbildung der einzelnen Kompetenzen von Mensch zu Mensch unterschiedlich. Allerdings kann ein Zeitraum angeführt werden, zu welchem bestimmte Aktionen von Kindern im Allgemeinen vollzogen werden können. So kann die Fähigkeit des selbstständigen Laufens bereits im Alter von 9 Monaten vorhanden sein, aber auch das spätere Laufenlernen mit 17 Monaten liegt noch im akzeptablen Bereich. Nach dieser weiten Zeitspanne ist ein Kind normalerweise in der Lage, sich laufend fortzubewegen. Ist dies nicht der Fall, wird man spätestens dann dem Kind individuelle Fördermaßnahmen zukommen lassen. In Absprache mit dem Therapeuten wird dann der Heilerziehungspfleger individuell angepasste Übungen mit dem Klienten durchführen, um diesen gezielt in seiner Entwicklung zu fördern.

Geschlechterspezifische Besonderheiten in der motorischen Entwicklung

Die motorische Entwicklung des Menschen läuft im Allgemeinen bei Mädchen wie Jungen gleich ab, allerdings zeigen Untersuchungen unterschiedliche Leistungsfähigkeit bei einzelnen Anforderungen. So können Jungen im Grundschulalter Aufgaben besser erledigen, bei denen Kraft, Schnelligkeit und Ausdauer benötigt wird. Mädchen gleichen Alters übertreffen Jungen in jenen Anforderungen, die die Fähigkeiten von Gleichgewicht, Körperkoordination und Hand-Auge-Koordination betreffen. Mit zunehmendem Alter, besonders mit der Veränderung des Körpers in der Pubertät, differenzieren sich die Unterschiede aus.

In grob- und feinmotorischen Leistungsanforderungen werden die Unterschiede, welche sich aus der Geschlechtszugehörigkeit ergeben, weitestgehend beachtet. Als Beispiel dafür können die unterschiedlichen Beurteilungskriterien in sportlichen Aktivitäten betrachtet werden (▶ **Abb. 2**)

Notentabelle Leichtathletik: Jungen Klasse 5				
Note	50 m	2000 m	Weitsprung	80 g Ball
1	8,0 Sek.	8:43 Min.	3,48 m	40,50 m
1,5	8,3 Sek.	9:08 Min.	3,31 m	37,69 m
2,0	8,5 Sek.	9:34 Min.	3,13 m	34,88 m
3,0	9,0 Sek.	10:25 Min.	2,78 m	29,25 m
...				

Notentabelle Leichtathletik: Mädchen Klasse 5				
Note	50 m	2000 m	Weitsprung	80 g Ball
1	8,2 Sek.	9:05 Min.	3,20 m	24,30 m
1,5	8,5 Sek.	9:30 Min.	3,04 m	22,55 m
2,0	8,7 Sek.	9:55 Min.	2,89 m	20,80 m
3,0	9,2 Sek.	10:45 Min.	2,58 m	17,30 m
...				

Abb. 2 Geschlechterspezifische Beurteilungskriterien im Sportunterricht

Zum Weiterlesen

Staatsinstitut für Frühpädagogik: empirische Ergebnisse zum geschlechtlichen Unterschied in der Motorik, Heinz Krombholz *www.ifp.bayern.de/projekte/laufende/krombholz-motorik2.html*

Abb. 1 Kinderuntersuchungsheft

Aber auch bei Vorsorgeuntersuchungen werden unterschiedliche Kriterien bezüglich Körpergröße, Gewicht und Kopfumfang von Jungen und Mädchen angelegt. Mit der Feststellung der unterschiedlichen körperlichen Entwicklung von Jungen und Mädchen geht konsequenterweise die Annahme unterschiedlicher Leistungsfähigkeiten im motorischen Bereich einher. Diese Unterschiede sind aus heilerziehungspflegerischer Sicht gerade in Bezug auf Fördermöglichkeiten im motorischen Entwicklungsbereich von starker Relevanz, da daraufhin Aktivitäten geschlechterspezifisch angemessen geplant und durchgeführt werden können.

5.4 Entspannungstechniken

Entspannungstechniken beinhalten unterschiedliche Maßnahmen, durch die der Einzelne zu innerer Ruhe finden soll. Die Hektik des Alltags, welche die Besinnung auf sich selbst, eigene Bedürfnisse oder Gefühle hemmt, soll unterbrochen werden. Dadurch kann das psychische und physische Befinden eines Menschen deutliche Steigerung erfahren und eine höhere Lebenszufriedenheit erreicht werden.
Es gibt unterschiedliche Arten von Entspannungstechniken, die zielgerichtet eingesetzt werden können. Dabei unterscheidet man generell zwischen aktiven und passiven Entspannungstechniken: Letztere sind leicht in den Alltag zu integrieren und leisten einen entscheidenden Beitrag zur Lebenszufriedenheit einer Person. Sie sind häufig Bestandteile einer aktiven Freizeitgestaltung, beispielsweise werden Spaziergänge, Musikhören und das Plaudern mit Freunden zu den **passiven** Entspannungstechniken gerechnet.

Aktive Entspannung kann durch gezielte Übungen erreicht werden, die auf den Gesamtorganismus wirken. Dazu zählen Techniken wie Yoga, Meditation, Fantasiereisen oder Atemtechniken. Sie sind nur einige der vielfältigen Möglichkeiten, vom Alltagsstress oder anderen psychischen Belastungen loszulassen.

In der Heilerziehungspflege/Psychiatrie. Gerade in der Heilerziehungspflege, in der psychische Beeinträchtigungen mittlerweile einen beachtlichen Anteil einnehmen, erhalten Entspannungstechniken einen besonderen Stellenwert. Der Klient erfährt einen Raum, in dem er seine Anspannung lösen kann. Er erhält die Möglichkeit, sich auf sich selbst, seinen eigenen Körper und eigene Befindlichkeiten zu konzentrieren, diese teilweise in ihrer Existenz erstmalig wahrzunehmen. Unterdrückte Bedürfnisse können so erkannt, schließlich benannt und im besten Fall gelöst werden; selbst chronische Beschwerden können durch Entspannungstechniken gelindert werden. Um jedoch zu einer zufriedenstellenden Änderung zu gelangen, sind eine Reihe von regelmäßigen Übungen mit fachlicher Unterstützung notwendig.

Schlafstörung
Rückenschmerzen
Gedankenkreisel/-sprünge
Muskelverspannung
Herz-/Kreislaufprobleme
Unausgeglichenheit
Atembeschwerden
Lustlosigkeit
innere Leere
Nervosität
Entscheidungsschwierigkeiten
Denkblockaden
Kopfschmerzen
Unzufriedenheit
Zähneknirschen
Gereiztheit
Energiemangel
Magenbeschwerden
Infektionsanfälligkeit
Entspannungsunfähigkeit
Perfektionsstreben
Hilflosigkeitsgefühl

Abb. 2 Anzeichen für erhöhte Stressbelastung bzw. Überforderung

Pizzamassage

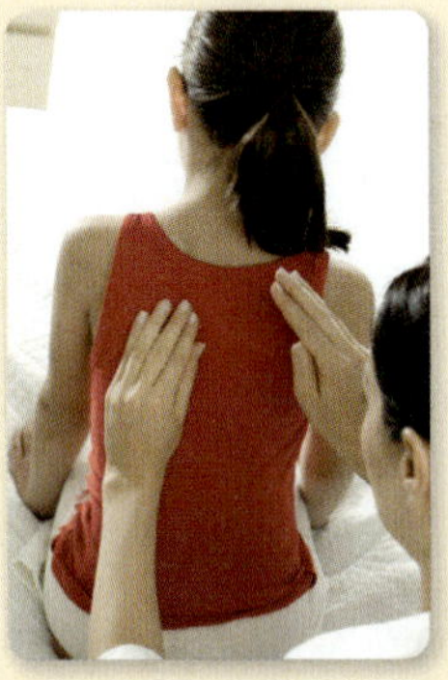

Eine einfache Partner-Entspannungsübung stellt die „Pizzamassage" dar, bei der eine imaginäre Pizza auf dem Rücken des Partners hergestellt wird. Unterschiedliche Druckausübung (nicht zu stark!) und Bewegungen werden einerseits erfühlt und andererseits ausgeübt. Derjenige, der die Massage erhält, kann die wohltuende Berührung durch einen anderen Menschen wahrnehmen. So wird der Kontakt zu einem Mitmenschen positiv erlebt, er ist also wünschenswert. Ebenso angenehm sollte die Erfahrung für denjenigen sein, welcher die Massage durchführt. Er sollte sich damit wohlfühlen, einen anderen Menschen in der notwendigen Art und Weise zu berühren.

Eine andere Art von Entspannung kann durch bewusste **Bauchatmung** erreicht werden. Durch eine solche Übung ist der Einzelne gefordert, auf sich selbst einzugehen und seinen Körper bewusst wahrzunehmen. In der heilerziehungspflegerischen Praxis hat es sich bewährt, Entspannungsübungen mit Bauchatmung mit sprachlichen Bildern oder Symbolen zu verbinden. Beispielsweise: „Durch das Einatmen werde ich dick wie ein Luftballon." Oder: „Auf meinem Bauch sitzt ein Marienkäfer, der langsam auf und nieder wippt."

Worauf bei Entspannungsübungen zu achten ist:
- Freiwilligkeit
- Wohlfühlatmosphäre
- Ruhe
- Störungen ausschließen
- bequeme Kleidung
- Vertrauen (bei Partnerübungen)
- Sicherheitsgefühl

Für weitere Entspannungsverfahren siehe ▸ **Modul 6, Kap. III.1.15.**

5.5 Psychomotorik in verschiedenen Behinderungsbereichen

Abb. 1 Psychomotorische Förderung

Psychomotorische Förderung hat ihren festen Stellenwert in der Arbeit mit Menschen mit Behinderung. Eine erweiterte motorische Fähigkeit bedeutet die Möglichkeit der verstärkten Interaktion mit der Umwelt und der Umgebung. Daran sind weitere Entwicklungsschritte geknüpft – beispielsweise die Kommunikation im Bereich der **kognitiven Entwicklung**. Aber auch der soziale Bereich der Entwicklung hängt eng mit den motorischen Fähigkeiten einer Person zusammen: Handlungen des eigenen Körpers lösen Empfindungen bei Mitmenschen aus, die unterschiedlich wahrgenommen werden können. In diesem Kontext ist die Fähigkeit der **Kontrolle eigener Emotionen** von Relevanz, damit diese nicht in aggressive Handlungen münden, unter welchen Mitmenschen leiden müssen.

Indem dieser Entwicklungsbereich angesprochen ist, wird der Bezug der motorischen Entwicklung zur **emotionalen Entwicklung** deutlich. Womit die Verschränkung sämtlicher Entwicklungsbereiche untereinander offensichtlich wird. Das Ansprechen des Menschen in seiner Ganzheitlichkeit ist demzufolge nachvollziehbar und unabdingbar.

Die Ganzheitlichkeit beachten

Psychomotorik in ganzheitlichem Verständnis fördert folglich nicht nur die grobmotorischen Handlungen eines Individuums, sondern sämtliche Funktionen des Organismus. Deshalb wird auch gerade **die Sinnesförderung** in diesem Bereich hervorgehoben. Unterschiedlichste Wahrnehmungskanäle werden sensibilisiert, um Umweltreize empfangen und darauf möglichst reagieren zu können. Dabei erhält die Reaktion in unterschiedlichen Bereichen gleichermaßen Beachtung, d. h., eine Reaktion muss nicht immer im sprachlichen oder grobmotorischen Bereich liegen. Wiederum kann ein olfaktorischer Reiz zu einer grobmotorischen Reaktion führen und hier seinen Ausdruck finden. Die Ganzheitlichkeit des Individuums mit seinen eigenen Möglichkeiten und Grenzen ist also stets zu beachten.

Leistungsdruck ist in der Psychomotorik an falscher Stelle. Vielmehr legt die Psychomotorik besonderes Augenmerk auf die Verarbeitung individueller Emotionen und die Art, wie sie in motorischen Handlungen ausgedrückt werden (können).

Ziele der Psychomotorik auf den Punkt gebracht:
- individuelle Persönlichkeitsentwicklung
- Spaß an Bewegung
- Verbesserung der Körperwahrnehmung
- Möglichkeit zum fantasievollen Spiel
- soziales Handeln
- Förderung von Kreativität
- Wahrnehmungsförderung
- Kennenlernen eigener Fertigkeiten und Fähigkeiten
- angemessenen Umgang mit Misserfolgen und Frustrationen üben
- Erleben von Körpererfahrungen zwischen „Anspannung" und „Entspannung"
- Freude am gemeinsamen Tun
- Vermittlung von Erfolgserlebnissen

Körperbehinderung

Bei Menschen mit einer Körperbehinderung besteht die psychomotorische Förderung besonders darin, die vorhandenen Bewegungsmöglichkeiten einer Person so auszubauen, dass ein weitgehend selbstständiges Leben in individuellem Lebensfeld realisierbar ist. Vorstellungen von bestimmten Vorhaben, die durch psychomotorische Förderung im Bereich des Möglichen liegen, sind zu unterstützen.
Aber auch Grenzen der eigenen körperlichen Fähigkeiten und die Akzeptanz derselben fallen in den Bereich einer umfassenden psychomotorischen Förderung, welche die Ich-, Sach- und Sozialkompetenz einer Person in ihrer Entwicklung beachtet.

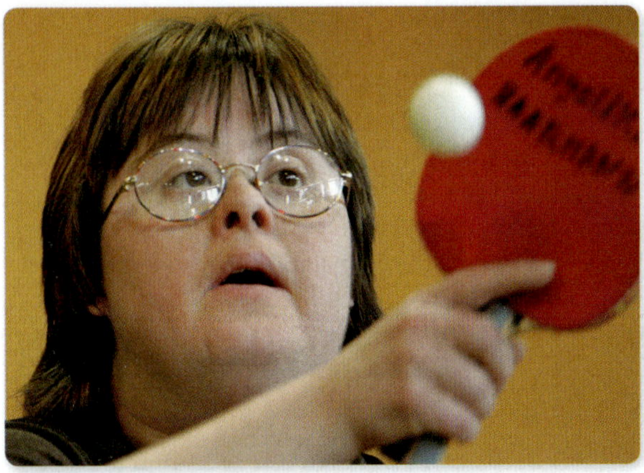

Abb. 1 Tischtennis spielen, Grenzen versetzen

Sinnesbeeinträchtigungen

Beeinträchtigungen im Bereich der Sinneswahrnehmung führen oft zu psychomotorischen Verhaltensstörungen. Die Ursachen für die geänderte Sinneswahrnehmung und damit einhergehende ungewöhnliche Verhaltensweise einer Person liegen nicht zwangsläufig in der Beeinträchtigung der Sinnesorgane an sich. Auch wenn Reize offensichtlich von den Rezeptoren der Sinne empfangen werden, kann eine Nicht-Weiterleitung oder unzureichende Filterung von Informationen auftreten. Eine weitere Ursache der beeinträchtigten Sinneswahrnehmung kann die Unausführbarkeit der „Decodierung" einer weitergeleiteten Information sein (dies tritt häufig bei Menschen mit Autismus auf). S. hierzu auch ▶ **Modul 2, Kap. I.7.1,** Sinnessysteme und ihre Funktionen.
So kann beispielsweise aggressives Verhalten eines Menschen in verschiedenen Fällen darauf zurückgeführt werden, dass weitergeleitete Informationen in entsprechender Gehirnregion nicht verarbeitet werden.

Ein Mensch, der eine Bitte oder Aufforderung zwar hört, aber nicht versteht, wird ihr nicht nachkommen können. Eine unfreundliche oder strafende Reaktion des Gegenübers ist für ihn dann nicht nachvollziehbar und kann in aggressives oder überängstliches Handeln münden.

In diesem Sinne könnte beispielsweise eine Hörbehinderung zu Aggressivität oder Überängstlichkeit und Handlungslähmung führen, d. h., die Beeinträchtigung im Sinnessystem hat nicht nur Konsequenzen für den betroffen Sinn und seine Funktion, sondern mindestens auch für die motorische und soziale Entwicklung eines Menschen.
Mithilfe psychomotorischer Übungen kann der Mensch mit einer Sinnesbeeinträchtigung sich und seinen Körper mit seinen Möglichkeiten intensiv kennenlernen und ein Verhalten üben, welches ihm ein sozial anerkanntes Leben ermöglicht. Dadurch kann eine insgesamt deutlich erhöhte Lebensqualität erreicht werden.

Kognitive Beeinträchtigungen

Menschen mit einer Beeinträchtigung im kognitiven Entwicklungsbereich, die oft durch hirnorganisch besondere Strukturen hervorgerufen worden ist, zeigen in der Regel motorisch undifferenziertes Verhalten. Dieses betrifft nicht nur feinmotorische Handlungen, sondern auch grobmotorische Aktivitäten. Daher zielen psychomotorische Übungen auf die Förderung grob- und feinmotorischer Handlungsfähigkeit und -fertigkeit ab.
Eine Vielfalt an gezielt ausgewählten Übungsgeräten unterstützt den Anleiter der psychomotorischen Aktivitäten in der Erreichung seiner Förderungsziele. Diese intendieren bei der Arbeit mit Menschen mit Beeinträchtigung im kognitiven Entwicklungsbereich in vielen Fällen eine **sozial angemessene Interaktion mit der Umwelt**. Spielerisch und ohne Leistungsdruck führt man unterschiedliche beliebte Bewegungsangebote durch, um die Selbstsicherheit und das Selbstbewusstsein des Klienten aufzubauen und ihn zur angemessenen Interaktion mit der ihn umgebenden sozialen und materiellen Welt zu bewegen. Dabei wird darauf geachtet, eher leichte als anspruchsvolle Aktivitäten anzubieten und dem Einzelnen – gerade auch bei Gruppenangeboten – genügend positive Verstärkung zukommen zu lassen.

Psychomotorische Übung: Wäscheklammern
Eine Übung zur Feinmotorik ist das Bauen eines Gebilds aus Wäscheklammern. Jedes Kind erhält dazu eine bestimmte Anzahl an Wäscheklammern.
Ein Kind baut 2 Wäscheklammern aneinander und reicht diese dann an das nächste Kind weiter. Die Kinder fügen jeweils eine Wäscheklammer hinzu, sodass ein großes Gebilde aus Wäscheklammern entsteht. Das Spiel geht so lange, bis alle Klammern aufgebraucht sind oder das Gebilde in sich zusammenfällt. Diese psychomotorische Übung führt zur Verbesserung der Feinmotorik, Wahrnehmung, Konzentration und des Sozialverhaltens. Bei kleineren Kindern sollte der Schwierigkeitsgrad nicht zu hoch sein, da es bereits eine Herausforderung darstellt, eine Wäscheklammer zu öffnen und an eine andere Klammer anzustecken.

(Quelle: Das Psychomotorik-Portal *www.psychomotorikundspiele.de/*)

Sozial-emotionale Beeinträchtigungen

Sozial-emotionale Beeinträchtigungen einer Person können zurückgeführt werden auf unterschiedlichste Ursachen, von strukturellen Änderungen in einzelnen Hirnregionen bis zu umweltbedingten Faktoren, die für psychische Besonderheiten verantwortlich sind.
Üblicherweise gehen mit sozial-emotionalen Beeinträchtigungen motorische Besonderheiten einher, die nahezu reziprok (wechselseitig) eine Weiterentwicklung in entsprechenden Entwicklungsbereichen verhindern. Beispielsweise verhält sich eine Person, die negative Erfahrungen mit Menschen gemacht und aufgrund dessen eine psychische Behinderung hat, abweisend gegenüber ihrer Umgebung. Dadurch wird ihr keine Freundlichkeit von Mitmenschen zuteil, was wiederum zur Verstärkung des eigenen offenen feindseligen Verhaltens oder des Rückzugs von jeglicher sozialer Gemeinschaft führt.
Durch gezielte psychomotorische Übungen kann der Klient mit sozial-emotionaler Beeinträchtigung lernen, seine physischen Handlungen zu verändern und darüber neue psychische Erfahrungen gewinnen, welche zu (partieller) Änderung einer Einstellung führen können. Um allerdings eine solche Veränderung erreichen zu können, bedarf es genauer Kenntnis des Klienten, der Ursachen und Ausprägungen seiner individuellen Beeinträchtigung. Diese Diagnostik geht weit über die Bewegungsdiagnostik bei Menschen mit einer körperlichen Beeinträchtigung hinaus. ▶ **S. auch Modul 6, Kap. III.1 Psychotherapie**

Abb. 1 Wechselseitigkeit

Schwerstmehrfachbehinderung

Im Bereich der Schwerstmehrfachbehinderung zielt Psychomotorik auf Erhaltung und Förderung der bestehenden Fähigkeiten ab, besonderes Augenmerk liegt dabei auf dem Erreichen (einer Art) der Kommunikation mit der Umwelt. Dabei nimmt das Verhältnis zum Interaktionspartner, d.h. besonders der Bezugsperson, eine herausragende Rolle ein. Unterliegt die zwischenmenschliche Beziehung einer Störung, wird eine Kommunikation nicht möglich sein.

Positive körperliche Erlebnisse. Psychomotorische Aktivitäten mit Menschen mit Schwerstmehrfachbehinderung stellen spielerische Tätigkeiten mit starkem Aufforderungscharakter in den Vordergrund, um eine möglichst ganzheitliche Entwicklung zu fördern. So sind positive körperliche Erfahrungen und Erlebnisse für den Klienten und seinen Entwicklungsprozess förderlich. Besonders zu denken ist hier an **Hippotherapie** oder Psychomotorik auf dem Pferd, da gerade hier die Verbindung von körperlicher Erfahrung (physiologischer Aspekt), eigenem Handeln (kognitiver Aspekt) und einer außergewöhnlichen Begegnung (emotionaler Aspekt) gegeben ist, wobei die Wirkung des Pferdes an sich auf den Menschen von eigener Bedeutung ist. Es liegt also eine sich wechselseitig beeinflussende Beziehung vor, ein „**psychomotorischer Dialog**" ist damit gegeben. Er gilt als Grundlage für eine mögliche Weiterentwicklung des Klienten mit Schwerstmehrfachbehinderung.

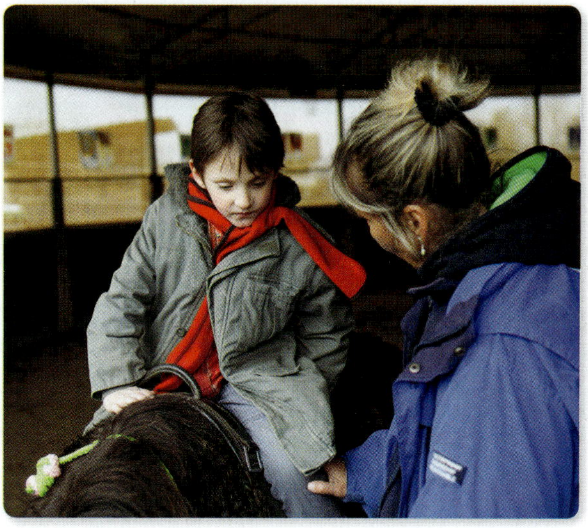

Abb. 2 Hippotherapie als besondere körperliche Erfahrung

Vertrauen und Vertrautheit. Allerdings ist zu beachten, dass ein erfolgreicher psychomotorischer Dialog nur auf einer absoluten Vertrauensbasis zum Heilerziehungspfleger oder Therapeuten stattfinden kann. Daneben sollten die Aktivitäten von bekannten Elementen gekennzeichnet sein, um eventuelle Auslöser für negative Reaktionen (Schlüsselreize) des Klienten möglichst auszuschließen. Besonders positive Reaktionen des Menschen mit einer Schwerstmehrfachbehinderung können durch Förderung in vestibulärem und kinästhetischem Bereich erlangt werden, da entsprechende Erfahrungen bereits pränatal gemacht wurden. Die Übung schließt somit an Bekanntes an, das positiv besetzt ist. ▸ **S. auch Modul 2, Kap. I.7.3, Basale Stimulation.**

5.6 Aufbau einer psychomotorischen Übung

Ein Beispiel zur Wahrnehmungsförderung
Paul (5,7 Jahre) besucht die „Wolkengruppe" der Kindertagesstätte „Wirbelwind". Paul hat einen besonderen Förderbedarf im Bereich der taktilen Sinneswahrnehmung. Äußere Reize, die den Tastsinn betreffen, können nur in Ausnahmefällen von ihm wahrgenommen werden. Zur Unterstützung der täglichen Arbeit der Erzieherinnen ist die 28-jährige Heilerziehungspflegerin Jane eingestellt worden.
Heute will Jane die Wahrnehmungsfähigkeit von Paul durch ein individuell geplantes Angebot fördern. Dazu hat sie eine Aktivität gewählt, die Anreize im Bereich der Füße bietet. Jane weiß, dass Rezeptoren im Fußbereich üblicherweise besonders aufnahmefähig sind, bei Reizweiterleitung und Informationsdecodierung könnte eine Reaktion erfolgen. In einem abschließenden Schritt ist eine Beschreibung des Wahrgenommenen durch den Klienten Paul intendiert.

Einleitung: In dieser ersten Phase wird sie die Aufmerksamkeit Pauls in einem Gespräch auf die Füße lenken. Jane denkt hier an Fragestellungen zum Gebrauch oder der Pflege der Füße. Im Anschluss wird sie auf die Befindlichkeit der Füße und deren Bereiche (Zehen, Ferse) eingehen.

Überleitung: Nun werden aktive und passive Möglichkeiten der Fußbewegungen kurz beschrieben, z. B. Gymnastik, Massage, Zehentheater.

Hauptteil: Der sich anschließende Hauptteil beinhaltet die dem Klienten Paul angemessen ausgewählte motorische Übung zur Wahrnehmung. Konkret handelt es sich dabei um Fußgymnastik (Fußmassage oder das Durchschreiten eines Barfußpfades sind ihre Alternativen).
Da es sich empfiehlt, je nach Beeinträchtigung des Klienten Fragen nach dem Wahrnehmungsgefühl zu stellen, um die Konzentration auf die Wahrnehmung zu richten, fragt Jane nach dem Wohlgefühl, dem Material, der Form und der Temperatur von Gegenständen, die zur Fußgymnastik verwendet werden.

Nach Beendigung spricht Jane mit Paul über sein Befinden bezüglich des geförderten Körperteils (hier Füße) sowie über seine Allgemeinverfassung nach der Aktivität. Weiterhin kann Paul die gewonnenen Erfahrungen im Einzelnen beschreiben. Dabei ist es für Jane von besonderer Relevanz, mehr Wissen über seine Körper- und Materialerfahrung zu erhalten, um weitere Angebote für Paul zu gestalten, um eine bestmögliche Förderung zu gewährleisten.

Psychomotorische Übungen mit Alltagsmaterialien
Flussüberquerung: Die Klienten stehen mit jeweils 2 kleinen Pappkarten (z.B. Bierdeckel) in der Hand auf einer Seite des Raums. Nun sollen sie versuchen, auf die andere Seite des Raums zu gelangen, indem sie nur auf die Karten treten. Jeder Klient legt immer eine Karte auf den Boden und tritt mit einem Fuß darauf. Dann legt er die nächste Karte in gewissem Abstand vor sich auf den Boden und tritt mit dem anderen Fuß darauf. Dies wiederholt er so oft, bis er auf der anderen Seite des Raums angekommen ist.

Zeitungen falten: Der Klient steht mit beiden Füßen auf einer Zeitungsseite. Er nimmt nun die Zeitung und faltet das Papier in der Hälfte, während er darauf steht. Dies wird so oft wiederholt, bis die Zeitung so klein gefaltet ist, dass der Klient nur noch mit einem Fuß darauf balancieren kann.

Wäscheklammern: Jeder Klient erhält eine bestimmte Anzahl an Wäscheklammern. Ein Klient baut 2 Wäscheklammern aneinander und reicht diese an die nächste Person weiter. Die Mitspieler fügen jeweils 1 Wäscheklammer hinzu, sodass ein großes Gebilde aus Wäscheklammern entsteht. Die Übung endet, wenn alle Klammern aufgebraucht wurden oder das Gebilde in sich zusammenfällt. (Quelle: Das Psychomotorik-Portal)

5.7 Grundlagen der Motodiagnostik

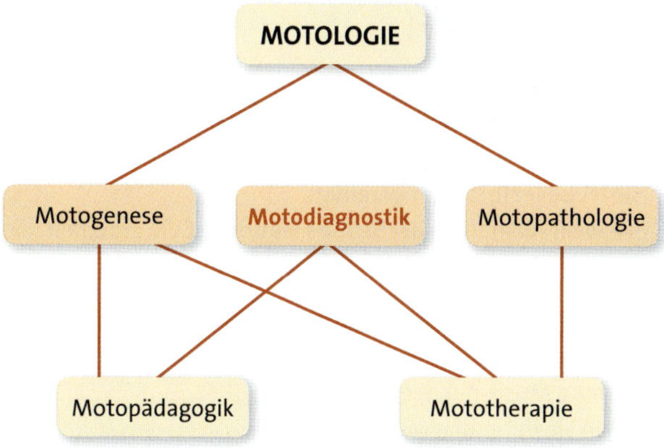

Abb. 1 Motologie und ihre 5 Teilbereiche

Motologie: die aus der Psychomotorik entstandene Wissenschaft, die Lehre von der Motorik. Überkategorie.

Motodiagnostik: Methoden zur diagnostischen Erfassung menschlicher Motorik

Motopädagogik: ein Erziehungskonzept durch Bewegung

Mototherapie: ein Behandlungskonzept von Auffälligkeiten

Motopathologie: motorische Auffälligkeiten und deren Folgen

Motogenese: die Zusammenhänge von Motorik mit der Persönlichkeitsentwicklung

Bei der Diagnostik und der darauf aufbauenden Förderung im motorischen Entwicklungsbereich sind sämtliche Faktoren, die das Individuum betreffen, von Wichtigkeit. Das sind nicht nur Aspekte des einzelnen Entwicklungsbereichs, sondern beispielsweise auch die Präferenzen des Klienten, seine soziale und materielle Umwelt. Es soll ein umfangreiches Bild gebildet werden, um ihn gezielt fördern und seine Stärken betonen zu können. Somit lässt sich die **Förderdiagnostik** klar von anderen Vorgehensweisen (beispielsweise der Selektionsdiagnostik) abgrenzen, die geeignete Bedingungen für das weitere Vorgehen auswählen.

Um zu einem qualifizierten Ergebnis zu kommen, stehen dem Diagnostiker vielfältige Methoden zur Verfügung. Ausgehend von dem persönlichen, von Kooperation geprägten Gespräch, gelten professionelle Beobachtungen, deren Auswertungen, Hypothesenbildung und Überprüfung als unabdingbar für die Förderdiagnostik.

Aber auch standardisierte Testverfahren wie Entwicklungs-, Leistungs- oder Koordinationstests finden ihren Platz innerhalb der motodiagnostischen Vorgehensweise. Dabei geht der Diagnostiker insgesamt empathisch vor und wahrt die Privatsphäre des Klienten. Er nimmt seine Sicht ein, um ihn in seinen Handlungen verstehen zu können und revidiert bislang vorliegende Ergebnisse bei Bedarf, da sich der Entwicklungs- und Erlebnisstand einer Person in ständigem Prozess befindet. Es gilt also, die Förderdiagnostik weiterzuführen und nicht einmal anzufertigen und dann abzuschließen. In diesem Sinne handelt es sich bei der Förderdiagnostik um eine Entwicklungs- und Prozessdiagnostik.
▸ **S. auch Modul 3, Kap. III.1.5, Förderdiagnostik im psychiatrischen Bereich.**

Zum Weiterlesen

K. Fischer: Einführung in die Psychomotorik, München 2009
Aktionskreis Psychomotorik *www.psychomotorik.com*
www.motopaedie-verband.de

Abb. 2 Mündliche Befragung

Aufgaben

1. a) Reflektieren Sie Ihre eigene Kompetenz bezüglich Material-, Körper- und Sozialerfahrung.
   b) Überlegen Sie, in welchem Bereich Ihre persönlichen Stärken liegen und welche Maßnahmen notwendig wären, um Ihre Kompetenzen in den anderen Bereichen auszubauen.
2. a) Vergleichen Sie unterschiedliche Entwicklungstabellen bezüglich grob- und feinmotorischer Aspekte. Beurteilen Sie ihre Vor- und Nachteile für den Einsatz in der heilerziehungspflegerischen Praxis.
   b) Erläutern Sie den Nutzen einzelner Bereiche von Entwicklungstabellen in der Arbeit mit Menschen mit Behinderung unterschiedlichen Alters.
3. Entwerfen Sie eine Entspannungsübung zur Bauchatmung und führen Sie diese mit Ihren Mitstudierenden durch. Reflektieren Sie die selbst entworfene Übung mit den Teilnehmern.
4. a) Lesen Sie folgenden Liedtext von Herbert Grönemeyer und verknüpfen Sie ihn mit Ihrem Wissen um Körpererfahrung im Kontext der Psychomotorik.
   b) Erstellen Sie eine psychomotorische Übungseinheit für die junge Frau in Grönemeyers Lied.
5. Recherchieren Sie folgende Untersuchungsmethoden der Motodiagnostik und stellen Sie Ihre Ergebnisse den Mitstudierenden vor.

Sie mag Musik nur wenn sie laut ist

(Herbert Grönemeyer)

Sie sitzt den ganzen Tag auf ihrer Fensterbank,
lässt ihre Beine baumeln zur Musik.
Der Lärm aus ihrem Zimmer macht alle Nachbarn krank,
sie ist beseelt, lächelt vergnügt.
Sie weiß nicht, dass der Schnee lautlos auf die Erde fällt,
merkt nichts vom Klopfen an der Wand.

Sie mag Musik nur, wenn sie laut ist,
das ist alles, was sie hört,
sie mag Musik nur, wenn sie laut ist,
wenn sie ihr in den Magen fährt.
Sie mag Musik nur, wenn sie laut ist,
wenn der Boden unter den Füßen bebt,
dann vergisst sie, dass sie taub ist.

Der Mann ihrer Träume muss ein Bassmann sein,
das Kitzeln im Bauch macht sie verrückt,
ihr Mund scheint vor lauter Glück still zu schrei'n,
ihr Blick ist der Welt entrückt.
Ihre Hände wissen nicht, mit wem sie reden sollen,
es ist niemand da, der mit ihr spricht ...

- Motoskopie
- Motometrie
- Mündliche und schriftliche Befragung
- Motografie
- Grafische Vorlagen

6 Sport und Bewegung

Abb. 1 Lebensfreude durch Bewegung

6.1 Begriffsklärung

Spricht man von Sport und Bewegung im Bereich der Arbeit mit Menschen mit Behinderung, denkt man häufig zunächst an mühsame gymnastische Bewegungsübungen, um die Beweglichkeit und Funktionsfähigkeit zu fördern. Doch gerade in der Arbeit mit Menschen mit Beeinträchtigung sollte die sportliche Betätigung im Sinne von Spaßgewinn und Freude am Tun eine bedeutsame Rolle spielen. Dabei sind nicht nur Menschen mit einer Körperbehinderung, sondern auch diejenigen mit einer Beeinträchtigung im kognitiven Bereich gemeint. Der Überforderung, welche aufgrund des häufig noch bestehenden Leistungsanspruchs im Sport bei Menschen mit einer kognitiven Behinderung leicht eintreten kann, sollte mit jenem geänderten Verständnis von Sport und Bewegung begegnet werden, das einen höheren Spaß- und Freizeitfaktor zulässt, ohne vorhandene Fähigkeiten und Fertigkeiten auszublenden.

Die partiell notwendigen Hilfen zur Ausübung der sportlichen Tätigkeit sollten selbstverständlich zur Verfügung gestellt werden und deren Fehlen keinen Hinderungsgrund für die sportliche Betätigung darstellen.

Der Begriff Sport kann unterteilt werden in Aktivitäten, die
- sportartenorientiert,
- sportartenmodifiziert oder
- sportartenunabhängig

sind. Durch diese Aufteilung werden sportliche Schwerpunktsetzungen deutlich und gerade Menschen mit Behinderung können in jenem Bereich sportlich aktiv werden, der ihnen am ehesten zusagt und ihren individuellen Fähigkeiten und Fertigkeiten entspricht. So entscheiden sie selbst über die sportliche Ausrichtung ihres Lebens, was ein entscheidender Gesichtspunkt der zunehmenden eigenen Selbstbestimmung und -verwirklichung ist.

Sportartenorientierte Angebote beinhalten klassische Sportarten wie Fußball, Hockey oder Leichtathletik.

Sportartenmodifizierte Angebote beschreiben in der Regel klassische Mannschaftssportarten, die auf veränderten Spielregeln basieren, z. B. Fußball spielen auf 6 Tore.

Sportartenunabhängige Angebote sind vornehmlich auf Problemlösungen und Erlebnisse ausgerichtet.

(Lebenshilfe)

6.2 Gründe und Zielvorstellungen für Sport und Bewegung

Gründe. Die Frage nach einer Begründung für die sportliche Betätigung von Menschen mit Behinderung sollte eigentlich nicht gestellt werden müssen, doch begegnet man ihr immer wieder in unterschiedlichen Alltagssituationen, sodass an dieser Stelle eine Begründung gegeben wird, die bei der Beantwortung der Frage helfen soll.

Eines der stärksten Argumente für Sport und Bewegung für Menschen mit Beeinträchtigung ist die Lebensfreude, die durch die körperliche Aktivität gewonnen wird. Dadurch kann eine **psychische Stabilität** erreicht, erhalten und gesteigert werden, da die eigenen Möglichkeiten und Grenzen nicht nur erkannt, sondern auch erfahren werden (s. auch Psychomotorik ▸ **Kap. 5 in diesem Modul**).

Davon ausgehend kann man gezielt an den individuellen Stärken arbeiten und sie weiter ausbauen. Mit dem dadurch gewonnenen Einblick in die eigenen Fähigkeiten geht eine größere Toleranz des Individuums einher, die **eigenen Grenzen zu akzeptieren,** wenn sie nicht überwunden werden können, und sich in seiner Person anzunehmen. Damit gekoppelt ist eine **Steigerung des Selbstwerts** und Selbstbewusstseins, die zur Verbesserung der gesamtgesundheitlichen Verfassung beiträgt.

Daneben bieten sportliche Angebote motorische Beschäftigungsmöglichkeiten für alle Altersklassen, Interessenbereiche und Leistungsniveaus. Der Einzelne kann also die Aktivität aussuchen, die ihm und seinen Bedürfnissen und Fähigkeiten am nächsten kommt; so ist eine intrinsische Motivation zur Ausführung der körperlichen Betätigung gegeben, die durch Eigenaktivität, also selbstständiges Handeln, zur Zielerreichung führt.

Zielvorstellungen. Wie nicht jeder Mensch ohne Beeinträchtigung bei den olympischen Spielen teilnehmen will, ist es auch nicht das ausgemachte Ziel eines jeden Menschen mit Beeinträchtigung, bei den *Paralympics* mitzumachen. Üblicherweise beschränken sich die sportlichen Tätigkeiten auf Aktivitäten, die dem Freizeithandeln zugerechnet werden.

Eine Erfolgsstory

Für Elke Borchardt war Sport das Glück der anderen. Seit der Geburt ist ihr rechtes Bein kürzer als ihr linkes, mehr als 40 Operationen hat sie über sich ergehen lassen müssen, manchmal war sie 6 Wochen am Stück im Krankenhaus, einmal sogar 5 Monate. Irgendwann wurde ihr rechtes Knie steif. An dieser Einschränkung richtete sie ihre Freizeit aus: Sie spielte Geige, zeichnete Bilder, strickte Kleidung. Schnelle Bewegungen? Absolut tabu.

Elke Borchardt scheint nervös zu sein, während sie ihre Geschichte erzählt, sie lächelt und staunt. Die 18-Jährige ist eine Symbolfigur für den Behindertensport von Jugendlichen. Für seine wachsende Bedeutung – aber auch für seine noch lange nicht ausgeschöpften Möglichkeiten.

Elke Borchardt ist auf die Carl-von-Linné-Schule gegangen, die im Berliner Bezirk Lichtenberg liegt. Die Linné-Schule zählt mit ihren 420 Schülern, 100 Pädagogen und medizinischen Kräften zu den größten Förderzentren für körperliche und motorische Entwicklung in Europa.

Im Sommer 2009 war Borchardt von Lehrerinnen zum Schwimmtraining eingeladen worden. Sie stutzte, zweifelte, willigte aber ein.

Sie schwamm gut, wurde schneller und schließlich hervorragend. Ein Jahr später nahm sie mit ihrer Schule an einem neuen Wettbewerb teil: „Jugend trainiert für Paralympics". Ihr Team gewann das Finale, der Jubel war groß, und so sagt Elke Borchardt inzwischen: „Ich hätte nie gedacht, dass eine solche körperliche Leistung in mir steckt. Mein Knie ist steif und vernarbt, aber Sport ist möglich."

(R. Blaschke/Deutsche Welle, 2012)

Abb. 1 Fußballspieler

Die Intentionen, welche mit sportlichen Aktivitäten von Menschen mit Behinderung einhergehen, sind unter sportspezifischen, sozial-integrativen und individuellen Gesichtspunkten zu sehen, wobei diese Bereiche weiter aufgegliedert werden müssen:

- Sportspezifische Ziele stellen die Verbesserung der individuellen sportlichen Leistungen in den Vordergrund der Übungen. So wird die körperliche Konstitution, die Koordination gefördert, um die gewählte Sportart besonders gut durchführen zu können. Als Mittel zur Zielerreichung werden üblicherweise allgemeinmotorische und sportartspezifische Fähigkeiten und Fertigkeiten trainiert sowie ein Konditionstraining durchgeführt.
- Soziale und sozialintegrative Ziele intendieren die Realisierung von Selbstverwirklichung des Menschen mit Behinderung im Kontext von Sport und Bewegung. Diese Ziele sollen durch die Möglichkeit der Teilnahme von Menschen mit Behinderung am Sportgeschehen in Familie und Gesellschaft erreicht werden.

Innerhalb der individuellen Ziele zeigen sich die Vorstellungen des Einzelnen von seiner sportlichen Betätigung, was von großer Relevanz für die Durchführung der Aktivitäten sowie deren Evaluation ist. An dieser Stelle verdeutlichen sich die Ansprüche des Einzelnen, die in ihrer Ausprägung zu akzeptieren und unterstützen sind.

6.3 Institutionalisierte Betätigungsfelder

In jeglichen Institutionen, welche sportliche Betätigung anbieten, gilt es, den Menschen in seinem ihm eigenen Sein anzunehmen und zu respektieren. Dazu gehört die Akzeptanz der Fähigkeiten und Fertigkeiten des Klienten in sämtlichen, nicht nur motorischen Entwicklungsbereichen. Außerdem ist der individuelle Förderbedarf bei durchzuführenden Aktivitäten unbedingt zu beachten und entsprechend darauf einzugehen, was auch für die abschließende Evaluation des Erreichten (unter Berücksichtigung der individuellen Ziele) zutrifft.

Dem Einzelnen soll in der Gestaltung seiner sportlichen Betätigung so viel Selbstständigkeit wie möglich gestattet werden, um eine entsprechende Lebensführung zu verstärken.

6.3.1 Schulsport

Zur Durchführung sportlicher Aktivitäten mit Kindern und Jugendlichen mit Beeinträchtigung an Schulen bedarf es zunächst der Feststellung der individuellen Fähigkeiten und Fertigkeiten des Schülers. Innerhalb der weiteren Angebotsplanung sollten Vorlieben des Schülers berücksichtigt werden, um eine angemessene Förderung zu erreichen. Man beachte dabei, dass bei erhöhter Motivation eine höhere Wahrscheinlichkeit der Zielerreichung gegeben ist. So kann die Gestaltung der Sportstunde zu einem bestimmten Thema des Interesses (z. B. Tiere im Wald) zu ambitionierten Aktivitäten führen, die das Individuum zu außergewöhnlichen Bewegungen verleitet, welche ein selbst ausgelöstes Höchstmaß an Förderung darstellen.

Der Anleiter solcher Angebote ist also in seiner eigenen Kreativität gefragt, motivierende Planungen zu erstellen, die herausfordernden Charakter für seine Schüler haben. Hier bieten sich im Allgemeinen sportartenunabhängige Angebote an, die körperliche Aktivitäten fordern, um zu einer Problemlösung zu gelangen. Ist die eigene Aktivität aufgrund vielfältiger körperlicher Einschränkungen nicht möglich, sollte die passive Bewegung, z. B. das Schaukeln, in das Sportangebot mit eingebaut werden. In sozialintegrativem Sinn ist damit ein gemeinschaftliches Erleben gegeben, das an individuelle Bedürfnisse anknüpft.

Für die konkrete Angebotsdurchführung innerhalb des Schulsports können verschiedenste Materialien, gerade auch Alltagsmaterial, verwendet werden. So bieten sich Luftballons, Handtücher oder Papprollen zur Durchführung motivierender Aktivitäten an.

Abb. 1 Unsere Sportstunde

6.3.2 Vereine

In Sport- und Turnvereinen herrscht gewöhnlich eine große Heterogenität der Mitglieder. Für Menschen mit Behinderung bieten sich Vereinsaktivitäten an, in denen Unterstützung hinsichtlich der Teilnahme geboten wird. Oft ist dies in Gruppen möglich, die sportartenunabhängige Angebote durchführen. Hier werden sportliche Aktivitäten so strukturiert, dass jeder willkommen ist und seinen Platz in der Gruppe finden kann. Nach seinen eigenen Fähigkeiten und Fertigkeiten kann er sich in das Gesamtgeschehen einbringen.

Menschen mit Behinderung, die sportartenorientierte Angebote wahrnehmen wollen, können diesem Wunsch in Vereinen mit entsprechender Sportart nachkommen. Hier erhalten sie Gelegenheit, ihre sportlichen Leistungen in gewählter Disziplin zu trainieren. Je nach individueller Zielsetzung und körperlicher Voraussetzung können unterschiedliche Leistungsniveaus angestrebt und erreicht werden. Dabei sind Regelwerke zu verwenden, die die bestehende Beeinträchtigung berücksichtigen – man führe sich vor Augen, dass der Tennisspieler im Rollstuhl andere Leistungen erzielt als derjenige ohne Rollstuhl. Aufgrund der Heterogenität des Leistungsstands der Mitglieder einer sportartorientierten Gruppe kann eine gezielte Förderung, z. B. zur Teilnahme an Wettkämpfen im Behindertensport, notwendig sein.

Abb. 2 Unser Sportverein

Viele Städte und Gemeinden bieten Sportgruppen für Menschen mit Behinderung an, die sich auf eine Behindertensportart spezialisieren möchten. Ist der Fall nicht gegeben, wird gewöhnlich durch die zuständige Behörde zumindest der Kontakt zu entsprechenden Vereinen hergestellt. In den meisten Fällen wird aber die Möglichkeit genutzt, seiner Lieblingssportart im ortsansässigen Verein nachzukommen, der die notwendige Unterstützung oder Modifikation zur Teilnahme leisten sollte.

6.3.3 Sportfreizeit/-urlaub

Freizeiten und Urlaubsangebote für Menschen mit Beeinträchtigung mit Schwerpunkt auf sportlichen Aktivitäten finden sich mittlerweile vielfältig (▸ **s. auch Modul 4, Teil I, Umsetzung im Alltag**).
Sowohl kommerzielle als auch öffentliche Anbieter haben Menschen mit Behinderung als Zielgruppe entdeckt und entwerfen angemessene Beschäftigungen. Innerhalb dessen bietet sich dem Urlauber die Möglichkeit der aktiven Freizeitgestaltung mit qualifizierter Begleitung. Sämtliche Angebotsformen stehen zur Auswahl: Tanzfreizeiten, Wanderurlaube oder Reitferien sind nur einige der Beschäftigungsmöglichkeiten in der arbeitsfreien Zeit des Jahres. Gerade bei sportartunabhängigen Aktivitäten ist außerdem noch das Eingehen auf besondere Wünsche der Reisenden möglich.

Persönliche Entwicklung. Dadurch beinhaltet die Urlaubszeit des Menschen mit Beeinträchtigung nicht nur eine Zeit der Muße und des Entspannens, sondern ermöglicht auch die weitergehende Förderung von bestimmten Entwicklungsbereichen, die im Interesse des Einzelnen liegen und oftmals im Bereich der persönlichen Stärken anzusiedeln sind. Stärkung des Selbstbewusstseins und Selbstwerts, für die Behauptung im Alltag notwendig, gehen nahezu automatisch mit den ausgeübten Betätigungen im Sporturlaub oder in der Sportfreizeit einher. Ein ähnlicher Effekt ist auch bei neuen oder eher unbekannten sportartorientierten Angeboten zu beobachten. Durch den Zugewinn an Wissen um ein bisher unerfahrenes Betätigungsfeld sowie die Befähigung, durch eigene Bewegungen in einer bislang nicht selbst erprobten Sportart persönlich erfolgreich zu sein, wird üblicherweise ein hohes Maß an **Selbstbewusstsein** und auch Selbstvertrauen aufgebaut.
Neben diesen positiven intrapersonalen sowie sozial-emotionalen Effekten der Teilnahme an Sportfreizeiten ist der Zuwachs an motorischen Fähigkeiten und Fertigkeiten des Einzelnen nicht zu vergessen: Einzelne Körperpartien werden gefordert und gestärkt. Dabei werden dem Einzelnen üblicherweise auch Bewegungen abverlangt, die im Alltagsgeschehen nicht ausgeführt werden. Diesbezüglich ist eine Forderung und Förderung sämtlicher grobmotorischer Aktivitäten im Sporturlaub zu vermerken.

Anlaufstellen für Sportfreizeiten und Sporturlaube
- Landesverbände des Behindertensports
- Sportämter
- Landesverbände der Lebenshilfe
- Reisebüros
- Aktionskreise für Psychomotorik
- Special Olympics Deutschland

6.3.4 Werkstätten für Menschen mit Behinderung

In Werkstätten für Menschen mit Behinderung (WfbM) stehen gewöhnlicherweise unterschiedliche Fachdienste im Rahmen der begleitenden Hilfen zur Verfügung. Diese Fachdienste gliedern sich mindestens in
- sozialpädagogische,
- psychologische und
- arbeitsmedizinische Dienste.

In gegenseitiger Absprache hinsichtlich gesundheitlichem und psychischem Zustand, der dem Einzelnen die Teilnahme an sportlichen Angeboten erlaubt, können beispielsweise sportpädagogische Aktivitäten durchgeführt werden. Aber auch Arrangements im Rahmen des **Rehabilitationssport** und der **Ergotherapie** können im Bereich der WfbM angeboten werden, um eine individuelle und ganzheitliche Förderung der Person zu erreichen. Daneben werden wöchentliche **Sport- und Bewegungsstunden** in den Werkstätten angeboten, um eine gesundheitsbewusste Lebenshaltung zu unterstreichen, die einen positiven Allgemeinzustand herbeiführt oder zur Erhaltung dessen beiträgt. So steht beispielsweise zumeist ein wöchentlicher Schwimmbadbesuch oder die Nutzung der ortsansässigen Sporthalle fest im Plan der Werkstatt, um eine Realisierung des allgemeinen Bewegungsangebots zu erreichen – auch wenn dies mit einem gewissen Zeit- und Personalaufwand verbunden ist.

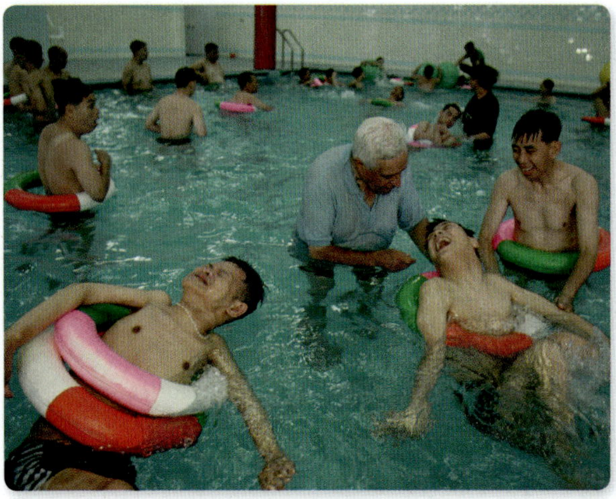

Abb. 1 Schwimmbadbesuch

Durchgeführt werden die allgemeinen Sportangebote oft von Heilerziehungspflegern oder Erziehern, die im günstigsten Falle eine Zusatzausbildung oder einen Übungsleiterschein vorweisen können, der die Qualifikation in sportlichen Tätigkeiten mit Menschen mit Behinderung dokumentiert. In einem solchen Fall werden normalerweise sämtliche Angebotsformen der sportlichen Betätigung berücksichtigt, sodass jeder Teilnehmer seinen persönlichen Betätigungsbereich im wöchentlichen Sportangebot finden kann. So sind auch im zunächst sportartorientieren Schwimmbadbesuch sämtliche Modifikationen möglich, sodass z. B. Aqua-Jogging, Wasserball oder Wassergymnastik angeboten wird.

Üblicherweise bietet das Sportangebot der Werkstätten den Teilnehmern einen willkommenen Ausgleich zu therapeutischen Maßnahmen der Bewegungsförderung, da körperliche Anstrengungen durch spielerische Elemente als weniger mühsam empfunden werden.

Ideen zur erfolgreichen Durchführung wöchentlicher Sportangebote

- großzügige Räumlichkeiten
- Varietät an Materialien
- unterschiedliche Spiel- und Bewegungsangebote
- Kooperation mit ortsansässigen Behindertensportgruppen
- Kooperation mit Schulen für Menschen mit Beeinträchtigung
- Motivation durch Vorbildfunktion
- keine überfordernden Angebote
- Spaß und Spiel durch körperliches Handeln betonen
- sportpädagogische Fortbildungen der qualifizierten Fachkräfte

(Lebenshilfe)

6.3.5 Wohnheime

Ähnlich den Sportangeboten in Werkstätten für Menschen mit Behinderung sollten auch in stationären Wohneinrichtungen mindestens einmal pro Woche sportliche Aktivitäten fest im Wochenablauf verankert sein. Diese Aktivitäten können je nach Intentionen und individuellen Fähigkeiten der Menschen mit Beeinträchtigung gemeinschaftlich oder einzeln durchgeführt werden. Für die Umsetzung im Alltag ist es von hoher Relevanz, dass der zeitliche und personelle Aufwand im Rahmen des Möglichen bleibt und keine utopischen Dimensionen annimmt.

Beispiele für sportliche Aktivitäten im Wohnheim für Menschen mit Behinderung

- Fußballturnier
- Schwimmbadbesuch
- Spaziergang
- Wanderung
- Bewegungsparcours durchlaufen
- Spielturnen

Externe Angebote. Es ist auch denkbar und empfehlenswert, sportliche Betätigungen einzelner Klienten in externen Angeboten qualifizierter Fachkräfte zu unterstützen; gemeint sind hier beispielsweise entsprechende Angebote ortsansässiger Volkshochschulen oder Sportgruppen. So kann nicht nur die individuelle Fähigkeit gefördert, sondern auch dem Wunsch eines Klienten nach Ausüben einer bestimmten Sportart nachgekommen werden, welcher mit vorhandenen materiellen und personellen Ressourcen im Wohnheim nicht umgesetzt werden könnte. Deshalb bietet sich eine **Kooperation** mit Personen und Institutionen entsprechender Ausrichtung an. Hier ist wieder an Schulen für Menschen mit Beeinträchtigung oder Behindertensportgruppen zu denken.

Eine Auswahl an Leistungssportarten des Deutschen Behindertensportverbands e.V.

- Boccia
- Bogensport
- Kanu
- Leichtathletik
- Paratriathlon
- Reiten
- Rollstuhlbasketball
- Rollstuhltanzen
- Rollstuhltennis
- Rudern
- Segeln
- Sportschießen
- Tischtennis
- Volleyball

Abb. 1 Gemeinsamer Spaziergang

Bewegungsraum. Aber auch im Wohnheim selbst sollte die Realisierung von wöchentlichen Sport- und Bewegungsangeboten möglich sein. Es bietet sich aus diesem Grund das Einrichten eines Bewegungsraums an, der Materialien beinhaltet, die schon von sich aus zur Bewegung auffordern. Je nach Klientel sind z. B. Bälle in unterschiedlichen Größen, Schaukeln, Wippen, Trampolins oder klassische Fitnessgeräte für die Ausstattung geeignet Der Bewegungsraum sollte aufgrund der erhöhten Unfallgefahr nicht frei zugänglich sein; bestimmte, möglichst tägliche Öffnungszeiten, in denen eine qualifizierte Begleitung durch Fachpersonal gegeben ist, haben sich in der heilerziehungspflegerischen Praxis bewährt. Dabei ist es wünschenswert, wenn der begleitende Heilerziehungspfleger eine Zusatzqualifikation im Bereich von Sport und Bewegung sowie persönliche Sportbegeisterung besitzt. Informationen zu Fort- und Weiterbildungen im Bereich der sportlichen Förderung von Menschen mit Behinderung gibt es über die Landesverbände des Deutschen Behindertensportverbandes.

Zum Weiterlesen

R. Schliermann u. a.: Sport von Menschen mit Behinderungen. Grundlagen, Zielgruppen, Anwendungsfelder, 2013

Bundesvereinigung Lebenshilfe: Broschüre „Bewegung, Spiel und Sport. Eine Empfehlung". www.lebenshilfe.de/de/themen-fachliches/artikel/bewegung-spiel-und-sport.php

Fit. Das Wissenschaftsmagazin der Deutschen Sporthochschule Köln, Heft 1/2010 „Sport und Behinderung", www.fi-bs.de/fibs/projekte/FIT_1_2010.pdf

Linkliste Sportangebote für Menschen mit Behinderung (in leichter Sprache): www.einfach-teilhaben.de/DE/LS/Mobilitaet/Sport/sport_inhalt.html

Deutscher Behindertensportverband: www.dbs-npc.de/
www.behindertensport.de/

Aufgaben

1. Nennen und beschreiben Sie konkrete Möglichkeiten der Realisierung sozialintegrativer Zielerreichung in der Arbeit mit Menschen mit Behinderung unterschiedlichen Alters.
2. Recherchieren Sie Erfolgsgeschichten auf Grundlage sportlicher Leistungen von Menschen mit Behinderung. Erstellen Sie ein Porträt der einzelnen Personen und präsentieren Sie es Ihren Mitstudierenden.
3. Praxisaufgabe: Organisieren Sie ein Sport- und Spielefest in Ihrer Praxisstelle.
   a) Fertigen Sie eine Flow-Map bezüglich Vorbereitung, Durchführung und Nachbereitung des Sport- und Spielefestes an.
   b) Erstellen Sie einen Ablaufplan des Festes mit Beschreibung der einzelnen Aktivitäten, Ihren Begründungen und Intentionen.
   c) Schreiben Sie einen Zeitungsbericht über das Fest in Ihrer Praxiseinrichtung.
   d) Reflektieren Sie das Fest mit Vor- und Nachbereitung hinsichtlich Ihrer persönlichen, fachlichen, organisatorischen und interaktiven Kompetenzen.
4. Erstellen Sie eine Liste von konkreten Möglichkeiten der Weiterqualifizierung von Heilerziehungspflegern im Bereich Sport und Bewegung. Vervielfältigen Sie diese für Ihre Mitstudierenden.

7 Spiel

Abb. 1 Spiel ist ...

„Der Mensch spielt nur, wo er in voller Bedeutung des Wortes Mensch ist, und er ist nur da ganz Mensch, wo er spielt." (Friedrich von Schiller, 1759–1805, Dichter und Mediziner)

Begriffsklärung. In seiner allgemeinsten Bedeutung meint der Begriff Spiel das freiwillige, ungezwungene Tun eines Menschen, das von Freude geprägt ist. Will man eine nähere Definition des Begriffs, so ist zwischen unterschiedlichen Spieltheorien (z. B. psychologisch, phänomenologisch oder sozialisationstheoretisch) zu unterscheiden. Die Tabelle ▶ **Abb. 2** zeigt einige Hauptmerkmale des Spiels auf, die von den meisten zeitgenössischen Theoretikern geteilt werden.

Der niederländische Kulturanthropologe Johan Huizinga (1872–1945) definiert Spiel folgendermaßen:

„Spiel ist eine freiwillige Handlung oder Beschäftigung, die innerhalb gewisser festgesetzter Grenzen von Zeit und Raum nach freiwillig angenommenen, aber unbedingt bindenden Regeln verrichtet wird, ihr Ziel in sich selber hat und begleitet wird von einem Gefühl der Spannung und Freude und einem Bewusstsein des ‚Andersseins' als das ‚gewöhnliche Leben'."

Kultur und Spiel. Dem Spiel kommt nicht nur hoher Stellenwert in der individuellen Entwicklung zu. Auch in kultureller Hinsicht ist es von immenser Bedeutung – gerade wenn man an den Ideenreichtum denkt, der mit einem Spiel und seiner Durchführung einhergeht. Besonders deutlich wird dies in der Betrachtung des Erwachsenenspiels, das seinen Niederschlag in kulturellem Schaffen findet. Konkret sind damit zunächst künstlerische, literarische und musikalische Leistungen gemeint. Aber auch Ergebnisse sämtlicher anderer Arbeiten, die Kreativität zulassen, sind angefüllt mit einer Weiterführung von Spielelementen der Kindheit, z. B. in architektonischen Produkten. Denkt man an das Regelspiel und das Zusammenleben von Menschen, welches ebenfalls einem bestimmten Reglement unterliegt, wird die Relevanz des Spiels für Kultur und Individuum deutlich.

Merkmale des Spiels	Calliess	Garvey	Maier	Sutton-Smith
Zweckfreiheit	+	+	+	
Freiwilligkeit	+	+	+	+
Intrinsische Motivation	+	+		+
Spaß, Freude, Vergnügen	+	+	+	+
Quasi-Realität (Scheinhaftigkeit)	+	+	+	
Handelnde Auseinandersetzung mit der vorgefundenen Wirklichkeit	+	+		+
Ambivalenz	+	+		+

Abb. 2 Merkmale des Spiels

7.1 Funktionen des Spiels

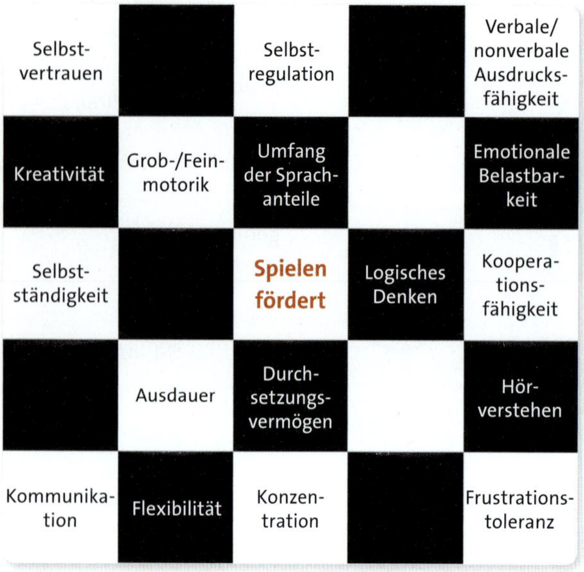

Abb. 1 Spiel und Ziel

In der pädagogischen Praxis. Durch gezielten Einsatz des Spiels in der sozialpädagogischen und heilerziehungspflegerischen Praxis können positive Ergebnisse in sämtlichen Entwicklungs- und Förderbereichen des Menschen erlangt werden. Die landläufige Meinung, dass das Spielen „sinnloser Zeitvertreib" sei, ist unangemessen. Vielmehr können die Funktionen des Übens, Erholens, Lernens und die der sozialen Interaktion durch die Tätigkeiten im Spiel erreicht werden. Vertieft wird auf die Nutzung in der heilerzieherischen Praxis eingegangen in ▶ **Kap. 7.7** Spielwirklichkeit von Menschen mit schwerer Behinderung und in ▶ **Kap. 7.8** Analyse, Planung und Durchführung.

Als Ventil nutzen. Innerhalb der gesunden Entwicklung des Kindes erhält das Spiel eine zentrale Stellung, da in ihm Erlebnisse verschiedenster Art verarbeitet werden können. Weiterhin besteht die Möglichkeit, das Spiel als Ventil unverarbeiteter Ereignisse zu sehen und unterschiedliche Lösungswege für ein Problem auszuprobieren, bevor ein Lösungsweg real durchgeführt wird.

Medienwelt. Den durchaus positiven Funktionen des Spiels, das evolutionär im menschlichen Verhalten verankert ist, steht die aktuell hemmende mediale Alltagswelt gegenüber: Eine überhöhte Rezeptionszeit medialer Angebote geht zulasten des ausgedehnten Spiels in seinen verschiedenen Formen. Konsequenz könnte eine Reduzierung entsprechenden Medienkonsums zugunsten der Impulsgebung zum aktiven Spiel sein.

7.2 Verschiedene Spielformen

Generell geht man davon aus, dass innerhalb der menschlichen Entwicklung bestimmte Spielformen in einer festgelegten Reihenfolge auftauchen: So steht das sensomotorische Spiel am Anfang des menschlichen Spielverhaltens. Darauf aufbauend folgen die Exploration und das Symbolspiel; es schließen sich Konstruktions-, Rollen- und Regelspiele an. Sind die einzelnen Spielformen auch noch so unterschiedlich, so dienen sie doch alle dem Ziel der **Lebensbewältigung** in ihren sämtlichen Ausprägungen.
Es ist anzumerken, dass sich viele Spiele nicht eindeutig einer Form zuordnen lassen, sondern Mischformen bilden, d. h., ein Spiel kann sowohl Regelspiel als auch sensomotorisches Spiel sein. Außerdem machen Computerspiele weitere Einteilungen notwendig, da sie unterschiedlichste Entwicklungsbereiche ansprechen und die Spielinitiative verschieben.

Funktionsspiel, sensomotorisches Spiel

Sensomotorische Spiele entstammen der Erfahrung, die der Mensch schon im Mutterleib machen konnte. Sie beinhalten Prozesse, die aus der Verbindung von Wahrnehmungseindrücken und motorischen Handlungen hervorgehen. Pränatal sind bereits Reize gegeben, die den Fötus zu Bewegungen anregen. Zum Einüben bestimmter Bewegungen steht ihm im Mutterleib der eigene Körper zur Verfügung, der in seinen grundlegenden Fähigkeiten kennengelernt werden kann. Bis etwa zum Ende des 30. Lebensmonats differenziert der Fötus einzelne Handlungen aus, die sich aus den Möglichkeiten ergeben, welche die Umgebung ihm bietet.
Eine anregende, aber nicht reizüberflutende Umwelt ist für die positive Entwicklung eines Säuglings in der sensomotorischen Phase notwendig. Das Spiel mit einem einzigen Gegenstand, welches allmählich in die angepasste Anwendung in den Alltag übertragen wird, steht nach der Beschäftigung mit dem eigenen Körper im Vordergrund. Ein Beispiel ist das anfänglich unkoordinierte Hin-und-Her-Bewegen der Hand, das zu Ende der sensomotorischen Spielphase in koordiniertes Führen eines Bärchens in die Hand der Mutter resultieren kann. Bis zum Beherrschen dieser Fertigkeit wiederholt das Kind die Bewegung sehr häufig. Es sieht die Handlungswiederholung als Spiel an, das ihm Freude bereitet.
Das sensomotorische Spiel fällt in das sensomotorische Stadium der kognitiven Entwicklung nach **Piaget** (▶ **s. Modul 2, Kap. III.3.6**).

Abb. 1 Sensomotorisches Spiel des Säuglings

Aufgabe der Bezugspersonen. Ihnen kommt die Aufgabe der liebevollen aktiven Beschäftigung mit dem Säugling und Kleinkind zu. Angemessene Reize unterschiedlichster Art, die an die pränatalen Wahrnehmungserfahrungen der Sinnesorgane anknüpfen, sind ihm anzubieten. Der wertschätzende soziale Kontakt ist dabei von besonderer Relevanz für das Kind. Eine Umgebung, die durch Massen an Reizen („Spielzeugladen- Atmosphäre") charakterisiert ist, ist zu vermeiden. Es sind Ruhephasen einzuplanen, in denen das Kind das Erfahrene auch kognitiv verarbeiten kann.

Sprachspiele

Dem sprachlichen Ausdruck des Säuglings in dieser Phase kommt eine besondere Funktion zu: Er beherrscht anfänglich noch nicht die Sprache der Bezugsperson, sondern drückt sich in seiner ihm eigenen Sprache aus. Er probiert sämtliche Laute und übt damit seine „Sprechwerkzeuge". Durch Kommunikation mit der Bezugsperson wird meist deutlich, welcher Inhalt ausgedrückt werden soll.

- Häufige, klare und deutliche Ansprache durch die Bezugsperson,
- sprachliche Begleitung der Handlungen und
- Bezeichnung der Gegenstände

unterstützen das Kleinstkind beim Erwerb der Zielsprache. Dabei sind **Gestik, Mimik** und paraverbal deutliche Ausdrucksweisen zu nutzen, um einerseits Inhalte verständlich werden zu lassen und andererseits das Erlernen der Sprache zu erleichtern. Ironie oder nicht adäquate Körpersprache sorgen für Verwirrung und sind fehl am Platz. Dahingegen sollten **Finger- oder Singspiele** als Kommunikationsformen für den spielerischen Sprachaufbau genutzt werden.
Zu Ende des 1. Lebensjahrs wird teilweise vom Einsetzen des „Explorationsspiels" gesprochen. Als Übergang sieht man den Zeitpunkt, zu dem die Fähigkeiten des gezielten Greifens und der Augen-Hand-Koordination gefestigt sind. In dieser Phase wird ein Gegenstand genauestens erforscht. Gebrauch und Anwendungsweisen eines Objekts werden ausprobiert, bevor das Kleinkind es für das Symbolspiel nutzt.

Symbolspiel, Als-ob-Spiel

Das Symbolspiel tritt im 2. Lebensjahr ein. Das Kind nutzt Gegenstände hinsichtlich ihres Verwendungszwecks sowie in selbst definierter Funktion, d. h., es zweckentfremdet sie. Anfänglich sollte der gewählte Gegenstand dem ausgedachten Objekt ähnlich sein, später spielt die Ähnlichkeit eine untergeordnete Rolle. Das Kleinkind lässt Objekten damit Symbolcharakter zukommen, d. h., es erfolgt eine Substitution des Originalgegenstands durch einen anderen Artikel (Objekttransformation).

Auch die spielerische Handlung des Kindes an sich entwickelt sich zu einem Spiel des Vortäuschens: Es gibt vor, eine bestimmte Handlung zu vollziehen, ohne dass es sich in entsprechendem Kontext befindet. Die Situation für das Spiel wird selbst definiert, d. h., es stellt sich eine eigene Realität auf und agiert in dieser Scheinwelt.
Schließlich verschiebt sich der Bezug im Spiel von sich selbst auf andere Personen oder Objekte, z. B. Teddybären oder Puppen.

Abb. 2 Kuchen ist fertig

Abb. 1 Fläschchenzeit – Symbolspiel mit Puppe

Rollenspiel

Das Rollenspiel eröffnet die Möglichkeit, Erlebnisse in einer Art Schonraum nachzuspielen und sie so ganzheitlich zu verarbeiten. Dabei bilden Imitation und die im Symbolspiel angeeignete Fähigkeit zur Objekttransformation sowie der Inszenierung einer Scheinwelt die Grundlage des Rollenspiels.

Das Kind spielt unverstandene oder häufig wiederkehrende Situationen nach und erlebt sie selbst so oft es will, um sie nachvollziehen zu können. Dabei können

- einerseits das Verständnis der nachgespielten Situation,
- andererseits das Einüben einer bestimmten Fähigkeit mit dem Ziel der selbstständigen Umsetzung

im Vordergrund der Motivation stehen. In den meisten Fällen werden Situationen der Alltagswelt des Kindes nachgespielt, die der pädagogischen Fachkraft Einblick in das häusliche Geschehen und dessen Wahrnehmung aus Sicht des Kindes bieten. Zur Durchführung des Rollenspiels benötigt ein Kind nicht immer andere Personen; auch Objekte wie Puppen, Äste oder Stühle können zu Mitspielern transformiert werden.

Weiterhin bietet das Rollenspiel die Chance zum Durchführen bestimmter Handlungen, **ohne Konsequenzen** erfahren zu müssen, die das Agieren in der Realität nach sich ziehen würde. Sie entfallen weitestgehend aufgrund des inszenierten Rahmens. Unterschiedliche Lösungsmöglichkeiten für eine Situation können konkret durchgespielt werden, um schließlich die bestmögliche Lösung für ihre reale Umsetzung zu wählen.

Rollen. So kann auch die eigene Person in unterschiedlichen Rollen wahrgenommen werden, um schließlich in der Realität (un-)bewusst die Rolle einzunehmen, die der eigenen Persönlichkeit bzw. dem Selbstbild entspricht. In diesem Zusammenhang ist auch das Nachspielen unterschiedlicher Berufe mit den ihnen einhergehenden Merkmalen zu sehen, z. B. ein Polizist, der Macht besitzt und für Ordnung sorgt, oder eine Gesundheitspflegerin, die sich um das Wohl der ihr anvertrauten Personen kümmert. Gezielt kann hier auch eine völlig neue Rolle gewählt werden, die dazu dient, ein anderes Selbstbild zu schaffen bzw. das bestehende Fremdbild zu ändern. Diese Möglichkeit des Rollenspiels wird besonders in der sozialpädagogischen Arbeit mit Erwachsenen zur Reflexion der eigenen Rolle genutzt (▸ **s. auch Modul 6, Kap. III.1**, Psychotherapie).

Findet das Rollenspiel unter Einbezug einer oder mehrerer Personen statt, spricht man vom „einfachen Sozialspiel". Es ergibt sich eine Dynamik im Spiel, die zunächst den interaktiven Umgang miteinander übt und konsequenterweise zu unterschiedlichen Lösungsmöglichkeiten der angelegten Situation führt.

Entwicklung des Sozialspiels bei Kindern von 13–47 Monaten

1. Parallelspiel ohne wechselseitige Beachtung
2. Parallelspiel mit wechselseitigem Augenkontakt
3. einfaches Sozialspiel (Kinder sprechen miteinander und bieten sich Gegenstände an)
4. komplementäres und reziprokes Spiel (Kinder nehmen einfache handlungsdeterminierte wechselseitig abhängige Rollen ein, wie Jagen und Verfolgen, Suchen und Verstecken)
5. kooperatives soziales Fiktionsspiel (Partner spielen Rollen in einem fiktiven Rollenspiel)
6. komplexes soziales Fiktionsspiel (Kinder spielen soziale Rollen unter Einsatz von Metakommunikation)

(nach Howes/Matheson, zitiert in Oerter 2011)

Die Geschehnisse im Rollenspiel können je nach personeller Konstellation einen positiven oder negativen Ausgang der Situation für den Einzelnen zur Folge haben. Fähigkeiten und Fertigkeiten, die der Ablauf des Spiels dem teilnehmenden Kind abverlangt, werden getestet und stellen gerade im Spiel mit älteren Kindern persönliche Herausforderungen dar. Aber auch Bestätigung und Erfolgserlebnisse für gefundene Lösungen oder individuelle Wege der Problemlösung impliziert das Rollenspiel.

Sprache. Daneben erfolgt durch die Interaktivität des inszenierten Geschehens unbewusste Förderung der Sprachkompetenz des Kindes. Selbst wenn das Rollenspiel lediglich mit Objekten durchgeführt wird, erfolgt sprachliche Kommunikation

in Form von Selbstgesprächen, die nicht das Sprechen, sondern auch das Hören und das auditive wie kognitive Verstehen fördern. Überdies bieten Selbstgespräche die Möglichkeit, psychische Belastungen geradezu loszuwerden, d. h., Selbstgespräche können als Ventil für angestaute Probleme und Nöte gelten, die bisher nicht „herausgelassen" worden sind.
Im weiteren Entwicklungsverlauf wird dem Kind die Realitätsnähe des Rollenspiels immer wichtiger: Es verkleidet sich, nutzt echtes Essen und Trinken oder sucht Räume auf, die sich möglichst durch eine der Situation angepasste Umgebung auszeichnen; ein Verständnis des Kindes für die Realität und das Anerkennen oder gar Abfinden mit derselben ist abzulesen.

Regelspiel

Regelspiel bezeichnet ein Spiel, dessen Inhalt komplett durch Regeln bestimmt wird, z. B. Schach oder Fußball. Spiele, die über einzelne Regeln und Vereinbarungen organisiert werden, sind anderen Formen des Spiels zuzuordnen.
Die Regeln bieten dem Spieler eine klare Struktur und Gewissheit; der Spielablauf folgt einer deutlich nachvollziehbaren Ordnung, die Sicherheit für ein spaßvolles Handeln in einem gesteckten Rahmen gibt.

Abb. 1 Regelspiel Fußball

Das Regelspiel folgt in den unterschiedlichen Kulturen ursprünglich jenen Aufgaben, mit denen Angehörige der jeweiligen Gesellschaft sich in ihrem Leben konfrontiert sehen.
Ging man früher davon aus, dass das Regelspiel Erwachsenen vorbehalten ist, so weiß man heute um die Kompetenz der Durchführung des Regelspiels von Kindern. Dabei sind die Regeln zunächst einfach gehalten und leicht nachvollziehbar. Mit fortschreitendem Alter nimmt das Verstehen von Spielen mit komplexeren Regeln und dem Erfordernis taktischer Vorgehensweise sowie Einbeziehen unterschiedlichster Problemlösungen zu.

Regeln werden von Kindern ab dem Grundschulalter „internalisiert", sodass sie keiner äußeren Kontrolle mehr bedürfen. (Elkonin, 1980)

Relevante Voraussetzung des Regelspiels ist die Fähigkeit des Kindes zum gemeinschaftlichen Spiel, mindestens aber zum Partnerspiel. Die Phase des Nebeneinander-Spiels muss abgeschlossen sein und das Kind muss Vereinbarungen einhalten können, um erfolgreich am Regelspiel teilzunehmen. Weiterhin ist ein Verständnis für zeitlich terminierte Gültigkeit von bestimmten Regeln Voraussetzung für positives Gelingen des Regelspiels.
Denkt man an **Hüpf- oder Kreisspiele**, die zu den Regelspielen zu rechnen sind, wird die große Bedeutung der Fähigkeit der Nachahmung im Regelspiel deutlich, um ein gemeinsames Ziel zu erreichen. In diesem Zusammenhang reflektiert der Spielteilnehmer (un-)bewusst die eigenen Fähig- und Fertigkeiten, die einerseits zur Steigerung des Selbstbewusstseins führen und einen herausfordernden Charakter, z. B. in Bezug auf das Gewinnen eines Wettkampfs, mit sich bringen. Andererseits beinhaltet die Einsicht in das eigene Unvermögen selbstzweifelgefüllte Gedanken und das Risiko der Resignation und Selbstaufgabe.

Umgang mit Sanktionen. Prinzipiell wird der Spielteilnehmer mit seinen eigenen Stärken und Schwächen konfrontiert, mit denen er umzugehen lernen muss. In diesem Kontext sind auch Regelüberschreitungen und deren Sanktionen zu sehen, die sowohl gezeigtes Fehlverhalten direkt ahnden als auch den Gerechtigkeitssinn der Spielteilnehmer herausfordern und fördern.
Eine besondere Bedeutung innerhalb der Regelspiele kommt den **Strategiespielen** zu, die neben der sozialen Erfahrung des Spiels mit anderen dem Gedächtnistraining dienen und das eigene Denken und Handeln widerspiegeln.

Konstruktionsspiel

Konstruktionsspiele haben das Ziel eines selbst erschaffenen (konstruierten) Produkts. Es kann sich dabei z. B. um ein Gemälde, ein Bausteingebäude oder ein Naturmaterialmännchen handeln. Vornehmlich ist in dieser Spielphase kulturübergreifend das Erstellen von Hütten und Häusern zu beobachten, was auf das Bedürfnis nach Sicherheit und Rückzugsmöglichkeit des Menschen zurückgeführt wird.
Ausgehend von den erworbenen Kenntnissen des sensomotorischen Spiels (Auseinandernehmen, Zusammenfügen) stellt das Kind einen bestimmten Gegenstand her, der weitestgehend des realen Vorbild entsprechen soll. Dabei wird es des ständigen Umbauens oder Neugestaltens nicht überdrüssig.

Abb. 1 Unsere kleine Stadt

Zur Ausführung des Konstruktionsspiels sind kognitive und feinmotorische Fähigkeiten notwendig, die Schenk-Danzinger in 3 Stufen unterteilt:

1. Unspezifisch-funktionale Stufe: oral-sensorische Wahrnehmung von Gegenständen im 1. Lebensjahr.
2. Spezifisch-funktionale Stufe: Tätigkeiten gehen bis zum 3. Lebensjahr von der horizontalen Ebene in die vertikale Ebene über.
3. Symbolstadium: Im 3. Lebensjahr werden hergestellte Produkte mit (willkürlichen) Begriffen bezeichnet. Es wird zwischen der eigenen und der anderen Person unterschieden. Der eigene Wille wird eingesetzt.

Werkzeuge und Material. Ausgehend von einer Idee entwickelt das Kleinkind einen Plan, den es in die Realität umsetzt. Innerhalb der Umsetzung des Plans wird dem Kind die Notwendigkeit des Einsatzes von Werkzeugen und/oder Materialien für die Realisierung seines Vorhabens deutlich. Dadurch wird nicht nur der Gebrauch von Werkzeugen eingeübt und dessen Bedeutung schätzen gelernt, sondern auch Erfahrung im Bereich unterschiedlicher Rohstoffe gewonnen.
Eigene Fähigkeiten in Bezug auf räumliche Vorstellungskraft und die Herstellung von Gegenständen unter Beachtung der physikalischen Grenzen können ebenso durch das Konstruktionsspiel erweitert werden wie Fantasie ausgelebt und Konzentrationsfähigkeit gesteigert werden kann. Eine Steigerung des Selbstbewusstseins geht quasi unmittelbar mit der Betrachtung und Ausstellung des selbst erstellten Endprodukts einher.

Sozialer Aspekt. Ist das Produkt in Zusammenarbeit mit einer oder mehreren anderen Personen entstanden, wird zusätzlich der soziale Entwicklungsbereich angesprochen. Durch notwendige Absprachen und deren Einhaltung, die die Herstellung eines gemeinsamen Objekts erst möglich machen, kann die Kompetenz hier deutlich erhöht werden.

Aufgabe der Fachkraft. Voraussetzung für die potenziell hohe Qualität und Quantität der Entwicklungssteigerung mindestens in den Bereichen der Kognition und Feinmotorik ist die aktive Unterstützung des Kindes durch eine qualifizierte Fachkraft sowie das Vorhandensein des benötigten Materials.

7.3 Spielansätze nach Montessori

Abb. 2 Montessori-Material – Zeig mir wie es geht, tu es nicht für mich

Kinder lernen schöpferisch. Spiel erfährt bei der italienischen Kinderärztin Maria Montessori (1870–1952) einen eigenen Stellenwert, da sie das Spiel allein als „Arbeit des Kindes" versteht. Dabei geht sie vom alleinigen zweckbestimmten Umgang mit Gegenständen aus, z. B. soll ein Bauklötzchen nicht als Auto umfunktioniert werden.
Zur sinnvollen und zielgerichteten Beschäftigung des Kindes stehen Gegenstände aus dem Montessori-Material (▶ **Abb. 1**) zur Verfügung, das nicht mit Spielzeug gleichzusetzen ist. Die Materialien ermöglichen gezielte Sinneserfahrungen, die das Kind in seiner Entwicklung in unterschiedlichen Bereichen fördern. Durch die Polarisation der Aufmerksamkeit, die durch die einzelnen Materialien erreicht wird, gelingt es dem Kind, seine **Konzentration auf eine Handlung** bzw. einen Gegenstand zu richten; es wird nicht durch multiple Anforderungen und ein Überangebot von Reizen abgelenkt.
Grundlage für die Beschäftigung des Kindes mit dem Montessori-Material ist das persönlich wahrgenommene Wohlfühlen, das eine Interaktion des Kindes mit seiner Umwelt erst ermöglicht. Daneben sind leichte Zugänglichkeit der Materialien und eine bestehende Ordnung von hoher Bedeutung für die Kinder. Dadurch wissen sie, an welcher Stelle sie bestimmte Materialien finden können, wenn sie sie benötigen.
Realitätsnahe Handlungen. Auch die Einrichtung des Gruppenraums mit Mobiliar in Kindergröße unterstützt sie in ihrer

Weiterentwicklung, z. B. beim Erlernen von Handlungen des alltäglichen Lebens. Dabei legt Montessori besonderen Wert auf die Betonung der Realität und des entsprechenden Handelns des Kindes. Fantasie findet lediglich in der Überlegung statt, die neue Konstruktionen oder die Umsetzung von Plänen nach sich zieht. Fehlende Wirklichkeitserfahrungen des Kindes, welche zur Entstehung von Fantasiefiguren oder -geschichten beitragen könnten, werden durch entsprechende Erfahrungen ausgeglichen, z. B. muss das Kind erst ein Schaf gesehen haben, um es malen zu können. Konsequenterweise werden auch in der Kinderküche reale Lebensmittel verwendet und Speisen und Getränke zum wirklichen Verzehr hergestellt. Wertschätzende Unterstützung und eine Anleitung durch pädagogische Fachkräfte (möglichst mit Montessori-Diplom) fördern die „Arbeit des Kindes" außerdem deutlich. Wobei sich die Montessori-Fachkraft besonders durch Zurückhaltung auszeichnet, um die persönliche Entfaltung des Individuums nicht zu behindern.

7.4 Spielansätze nach Fröbel

Abb. 1 Spielgaben nach Fröbel

Friedrich Fröbel (1782–1852), der als Begründer des Kindergartens gilt, geht von der intrinsischen Motivation des Menschen aus, die Grundlage jeglicher Bildung ist. Innerhalb des selbsttätigen Spiels, welches der freien Gestaltung und Eigenverantwortung unterliegt, bildet sich der Mensch von Anfang an selbst. Aus diesem Grund ist dem so ausgerichteten Spiel des Kindes eine besondere Stellung im Erziehungs- und Bildungsprozess zukommen zu lassen.

> „Ein Kind, welches tüchtig, selbsttätig, still, ausdauernd bis zur körperlichen Ermüdung spielt, wird gewiss ein tüchtiger, stiller, ausdauernder, Fremd- und Eigenwohl mit Aufopferung befördernder Mensch."
>
> (Friedrich Fröbel, zitiert nach Frey 2006, S. 118)

Spielpflege. In der sozialpädagogischen Praxis geschieht diese Form der Bildung im Rahmen der sogenannten „Spielpflege", die in Fröbel-Einrichtungen eine zentrale Rolle einnimmt: In der Beschäftigung mit Fröbels **Spielgaben** (auch Fröbelgaben genannt, ▸ **Abb. 1**), den Mutter-, Spiel- und Koseliedern sowie der Gartenpflege eignet sich das Kind Wissen in unterschiedlichsten Bereichen an und bereitet sich so auf sein Erwachsenensein vor.
Dabei ist es in seinem Handeln nicht auf sich allein gestellt, sondern wird von einer Fachkraft unterstützt. Sie beobachtet und begleitet das Kind in seinem Tun, gibt einen Rahmen für die Spielhandlung, in welchem sie sich selbst wieder auf die Stufe der Lernenden und Erforschenden begibt. Zusammen mit dem Kind wird Wissen geradezu neu entdeckt.
In diesem Vorgehen sieht Fröbel eine Wechselwirkung zwischen Verinnerlichung und Äußerung, d. h., einerseits werden Wissensinhalte und Erfahrungen, die auf das Kind treffen, innerhalb der spielerischen Tätigkeit *verinnerlicht*. Andererseits hat es die Möglichkeit, sich durch das freie Handeln in seinen Emotionen und Gedanken *auszudrücken*. Durch den Prozess der Wechselwirkung entsteht eine Ganzheitlichkeit des Lernprozesses des individuellen Kindes. Dies führt wiederum zu einer Gesamtförderung des Lernens des Kindes, um es zu einem „freien, denkend selbsttätigen" Menschen werden zu lassen.

Förderung des selbsttätigen Handelns durch Faltarbeiten – der Fröbelstern

Den bekannten Fröbelstern kann man selbst basteln, indem man 4 Papierstreifen (1 cm breit, 30 cm lang) in bestimmter Art und Weise faltet. Die genaue Anleitung findet sich z. B. hier:
www.froebel-gruppe.de/fileadmin/user/bastelanleitung-froebelstern.pdf

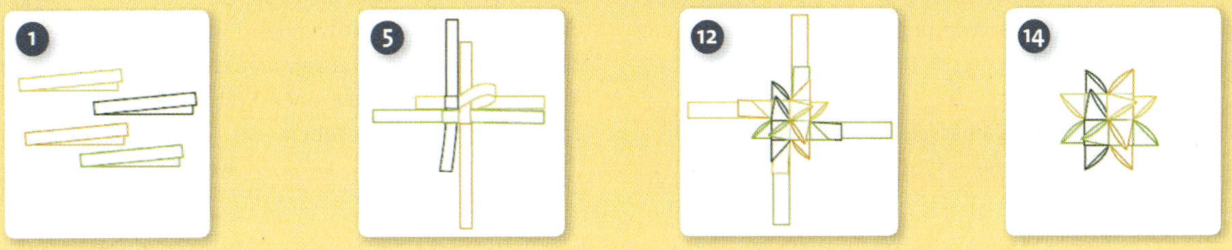

7.5 New Games

Abb. 1 Fallschirmspiel

„New Games" beschreiben konkurrenzfreie Spiele, die ihren Ursprung in den USA der 1960er-Jahre haben. Sie sprechen die kindlichen Spieltriebe an und sind als Gegenpol zu leistungsorientierten Wettkämpfen zu sehen, aus denen Sieger und Verlierer hervorgehen. Teilnehmer der „New Games" sind **Spielpartner, nicht Gegner**. Ihr Ziel ist vornehmlich die Freude am gemeinsamen Handeln. Aber auch die Verbesserung der Kooperation der Mitspieler untereinander ist neben dem Gewinn an Spaß durchaus beabsichtigt. Überdies führen die Gemeinschaftsaktionen zu positiven Erfahrungen der Teilnehmer, die zu einem verbesserten **Zusammengehörigkeitsgefühl** beitragen können. Aus diesem Grund werden sie oft als Kennenlernspiele eingesetzt, aber auch als gruppendynamische Übungen erhalten sie einen erhöhten Stellenwert.
Zur Teilnahme an den „New Games" sind keine besonderen Fähigkeiten notwendig. Jeder kann sich als Individuum mit seinen jeweiligen Besonderheiten an ihnen beteiligen. Allerdings ist zu beachten, dass ein bestimmtes spielimmanentes Ziel nicht erreicht werden kann, wenn ein Mitspieler ausfällt. Jeder Einzelne ist zur Zielerreichung wichtig; das erfolgreiche Beenden einer Aktivität ist also nur gemeinsam möglich – auch wenn die Anforderung an den Einzelnen gering sein kann.

Das Motto der New Games ist:
Spiel intensiv – spiel fair – tu niemandem weh!

Wellenreiten
Alle Mitspieler legen sich mit dem Gesicht nach unten auf den Boden, in eine Reihe gelegt, etwa körperbreit voneinander entfernt; sie stellen die „Welle" dar. Der erste „Wellenreiter" kniet an einem Ende, streckt die Arme nach vorne und vertraut sich dem „menschlichen Wasser" an, indem er sich vorsichtig auf die Mitspieler legt.
Jetzt muss sich die „Welle" durch Rollen in Bewegung setzen. Von vorne nach hinten dreht sich einer nach dem anderen in dieselbe Richtung um, sobald ihn der Wellenreiter erreicht. Wenn die Personen sich regelmäßig drehen, wird der Wellenreiter sicher zum „Strand" am anderen Ende der Reihe geschaukelt. Dort angekommen, legt sich der Wellenreiter in die Reihe, während der nächste am Anfang der Reihe seine Wellenreiter-Künste zeigen kann.

Gordischer Knoten
Die Mitspieler bilden einen Kreis, jeder Spieler greift mit geschlossenen Augen nach 2 Händen. Der Spielleiter achtet darauf, dass nicht die Hände des Nachbarn oder 2 des gleichen Mitspielers gegriffen werden. Nun stehen die Teilnehmer vor der Aufgabe, mit offenen Augen den entstandenen Knoten zu entwirren. Dies geschieht durch Drehen, Wenden und „Darübersteigen". Da dieses Spiel ein gesteigertes Maß an Gelenkigkeit verlangt, ist darauf zu achten, dass die Teilnehmer sich nicht die Gelenke verdrehen.

Drachenschwanzjagen
Für dieses Spiel benötigt man einen Schal oder ein Tuch und eine große Spielfläche (z. B. eine Turnhalle oder ein großes Feld). Die Mitspieler bilden durch Handreichung eine Kette (den „Drachen"). Dem letzten Mitspieler in der Kette wird ein Tuch angehängt. Der „Drachenkopf" muss nun das Tuch am „Drachenschwanz" ergattern. Das Spiel erfordert sowohl Schnelligkeit, Koordination als auch gegenseitige Rücksichtnahme und ist daher recht anspruchsvoll. Trotzdem kann der Anspruch zusätzlich durch eine Zeitvorgabe erhöht werden.

(Massen-)Aufstand
Die Mitspieler setzen sich zunächst paarweise Rücken an Rücken auf den Boden und haken die Arme ein. So versuchen sie – sich gegenseitig stützend – aufzustehen. Ist dies gelungen, wird die Gruppe der Rücken an Rücken (bzw. Seite an Seite) sitzenden Mitspieler stetig erweitert, sodass Gruppen zusammen aufstehen. Schließlich können alle Teilnehmer einen Kreis bilden und gemeinsam versuchen, aufzustehen.

(Kolping-Jugend DV Augsburg)

7.6 Spiele unterschiedlicher Herkunftsregionen

Abb. 1 Kind mit Stock und Reifen

Spielverhalten ist in allen Kulturen des Menschen anzutreffen und Spiel hat in jeder Kultur eine wichtige Stellung. Es ist bemerkenswert, dass die Spieltätigkeiten je nach Anforderungen der Alltagswelt variieren. Beispielsweise zeigt eine Dokumentation nach Eibel-Eibesfeld, dass die Kinder der *Himba* (Hirtenvolk in der Kalahari-Steppe in Afrika) das Hüten der Herden spielen. Die Kinder der *Eipo* (Einheimische in Neu-Guinea) beschäftigen sich mit dem Spiel der Jagd und des Kampfes sowie mit dem Hüttenbau.

Unterschiedliche gesellschaftliche Strukturen und ihre jeweiligen Anforderungen finden sich besonders in Regelspielen wieder. So wird der gesellschaftliche Wettbewerbscharakter der westlichen Industrienationen in entsprechenden sportlichen Wettkämpfen durchgespielt und eingeübt (▶ **Abb. 2**).

Abb. 2 Siegerurkunde ... Bewerberzeugnis

Es wird davon ausgegangen, dass die Ausprägung zum Spielen evolutionär beim Menschen vorhanden ist. Die Art und Weise des Spiels wird gesellschaftlich in eine Form gelenkt, die ein möglichst optimales Anpassen und erfolgreiches (Über-)Leben im Erwachsenenalltag unterstützt.

7.7 Spielwirklichkeit von Menschen mit schwerer Behinderung

Das Spiel von Menschen mit schwerer Behinderung unterscheidet sich oft von demjenigen durchschnittlich entwickelter Menschen durch eine andere Art der Ausübung bestimmter Aktivitäten bzw. das Nicht-Durchführen einiger Handlungen. Die Ausprägung der unterschiedlichen Spielart variiert je nach Beeinträchtigung und ist differenziert zu betrachten.

Spielhandlungen, gerade von Menschen mit einer geistigen Behinderung, prägen sich oft in wiederholenden Tätigkeiten aus. Dies können stereotype Bewegungen, wie ein Hin-und-her-Schaukeln des Oberkörpers oder ein Vor-und-zurückschieben eines Objekts sein. Diese Aktivität mag einer außenstehenden Person monoton, nutz- und ziellos erscheinen, jedoch ist dieser Eindruck bei den Akteuren nicht zu erkennen.

Die Ursachen dafür sind unterschiedlich; eine andere Wahrnehmung und Möglichkeit der Körperbewegung können jedoch als bedeutende Faktoren der besonderen Spielaktivität von Menschen mit Behinderung angesehen werden. Zur Verdeutlichung: Ein blindes Kind wird kein Memory® spielen, welches Bilder zeigt, die visuell erfasst werden müssen. Ein schwer geistig behindertes Kind nutzt die eigenen Hände zum Spiel, wenn die Fähigkeit zum Nutzen eines anderen Objekts nicht ausgeprägt ist.

Soll der Mensch mit schwerer Behinderung seine Spielaktivität ausweiten können, so müssen die externen Impulse (Reize) so stark sein, dass sie wahrgenommen werden können. Erst wenn ein Reiz wahrgenommen wurde, kann eine Reaktion erfolgen – auch wenn sie zunächst minimal ausfallen sollte.

Aufgabe des Heilerziehungspflegers. Dies bedeutet, dass der Heilerziehungspfleger seinem Klienten angemessen starke Impulse entgegenbringen sollte, z. B.

- äußerst farbintensive Gegenstände oder
- Töne, die nicht nur gehört, sondern auch gefühlt werden können.

Denkbar sind auch Wahrnehmungsspiele, die besonders die Sinne ansprechen: Sehen, Fühlen, Hören, Riechen, Schmecken (▸ **s. auch Kap. 5.2 und 5.5** im Kapitel Psychomotorik). Mit alltäglichen Gegenständen oder individuell veränderten Spielen kann visuell, auditiv, olfaktorisch oder gustatorisch gespielt und gleichzeitig die Wahrnehmung gefördert werden.
Für Spiele im Bereich der Sprachentwicklung ▸ **s. Kap. 4.5 Sprache** in diesem Modul.
Eine Vielzahl von Anregungen ist in den Entwicklungsbereichen möglich, die den Klienten zur Eigenaktivität anregen. Die neu gezeigte Aktivität kann dem Menschen mit Behinderung dabei helfen, neue Möglichkeiten zu finden, um sein Leben selbstständiger zu führen. In der Arbeit mit geistig behinderten Kindern nimmt in diesem Zusammenhang das systematisch vorbereitete Spiel (▸ **s. unten**) einen besonders zentralen Stellenwert ein.

Die Special Olympics

- *Special Olympics:* die weltweit größte Sportbewegung für Menschen mit kognitiver Behinderung (geistige und Mehrfachbehinderung)
- *Paralympics:* Olympische Spiele für Menschen mit körperlicher Behinderung

Eunice Kennedy-Shriver, die Schwester des US-Präsidenten Kennedy, setzte sich stark für Menschen mit geistiger Behinderung ein. Als Auslöser für dieses Engagement kann der Anruf einer Mutter angesehen werden, deren geistig behindertes Kind nicht in einem Sommercamp aufgenommen wurde. Die in den 1960er-Jahren vorherrschende Einstellung gegenüber Menschen mit Behinderung beschrieb Kennedy-Shriver damals folgendermaßen: „Plagt euch nicht mit denen rum. Die können ohnehin nichts lernen, also vergesst sie. Gebt ihnen einen Lolli und eine Bank zum Sitzen. Das reicht."
Sie selbst entschied sich, diese Sicht zu ändern. 1968 rief sie die „Special Olympics" ins Leben, die als kleiner Sportwettbewerb startete. Mittlerweile nehmen etwa 10.000 Athleten aus 175 Ländern an den Sommer- und Winterspielen dieser Bewegung für Menschen mit geistiger und Mehrfachbehinderung teil.

(Sueddeutsche.de)

7.8 Planung und Durchführung von ausgewählten Spielen

Voraussetzungen und Analyse

Grundvoraussetzung des systematisch vorbereiteten Spiels von Menschen mit Behinderung ist ein Vertrauensverhältnis zwischen Heilerziehungspfleger und Klient. Den Klienten mit seinen Besonderheiten zu akzeptieren, liegt als Basis des förderlichen gemeinsamen Tuns klar auf der Hand. Sind diese Faktoren nicht gegeben, müssen sie zunächst hergestellt werden, bevor eine Fördermaßnahme im Sinne des systematisch vorbereiteten Spiels durchgeführt werden kann.

Beobachtungsbögen. Die Durchführung von systematischen Beobachtungen zum näheren Kennenlernen des Klienten und seines Verhaltens in unterschiedlichen Situationen ist unabdingbar, um ein Spiel individuell angemessen planen und durchführen zu können. Hier bietet sich der Einsatz entsprechender Beobachtungsbögen an, ▸ **s. Modul 3, Kap. I.2 ff.**, Beobachtung.

Entwicklungstabellen. Hilfreich für die Auswertung und Analyse der professionellen Beobachtungen sind besonders im elementarpädagogischen Handlungsfeld aktuelle altersbezogene Entwicklungstabellen. Auch das Nutzen der ICF oder der DSM-V kann den Heilerziehungspfleger dabei unterstützen, Verhaltensweisen eines Klienten besser zu verstehen und daraufhin adäquate Aktivitäten anzubieten. Dabei ist die Analyse der Leistungsfähigkeit des Klienten in den Entwicklungsbereichen Voraussetzung für das weitere Planen und Durchführen von Spielen.

Planung

Ganzheitlichkeit. Innerhalb der Spielauswahl ist darauf zu achten, dass neben dem motivierenden Charakter für den Klienten eine ganzheitliche Förderung durch das Spiel erfolgen kann. Der Gefahr, einzelne Entwicklungsbereiche zu vernachlässigen, muss entgegengewirkt werden, da eine Verschlechterung des bereits erreichten Zustands bei Unterlassung der Förderung erfolgen kann. Das soll aber nicht bedeuten, dass nicht auch Spiele zur gezielten Förderung eines bestimmten Entwicklungsbereichs ihre Berechtigung hätten. Es ist allerdings zu beachten, dass die Förderung eines Bereichs nicht zulasten anderer geht. Der Mensch ist als ganzheitliches Wesen zu begreifen und entsprechend zu fördern.

Niveau. Die Wahl der Schwierigkeitsstufe eines Spiels sollte dem zuvor analysierten Entwicklungsstand des Klienten entsprechen: Im Zweifelsfall ist das leichtere, statt des schwereren Niveaus zu wählen, um Überforderung auszuschließen. Eine Entscheidungshilfe in diesem Zusammenhang ist die Frage, ob der Klient weitestgehend selbstständig am Spiel teilnehmen kann. Diesbezüglich notwendige Fähigkeiten sollten daher vorhanden sein. Ist dem nicht so, sollten einfache Erklärungen und kurze Übungen im Vorfeld ausreichen, um das Spiel durchführen zu können.

Phasen. Weiterhin sollte die spielerische Aktivität so geplant werden, dass ein häufiger Phasenwechsel dem Klienten einerseits wiederkehrende Impulse bietet und andererseits Entspannungsintervalle zulässt. Wobei zur Aufrechterhaltung der Konzentration und Leistungsfähigkeit des Klienten insgesamt auf eine kurze Spielzeit geachtet werden muss. Daher sollte auch das geplante Spiel in einer Zeit und Umgebung durchgeführt werden, in der der Klient üblicherweise eine hohe Aufmerksamkeit und Konzentration zeigt.

Durchführung

Beginn. Gerade der Beginn des Spiels sollte stark motivierend für den Menschen sein, sodass ein leichtes Einlassen darauf erfolgen kann. Damit wird die ungeteilte Aufmerksamkeit auf die Spielsituation hergestellt. Im weiteren Spielverlauf steht die selbstständige, zielgerichtete Aktivität des Klienten im Vordergrund. Einzelne Schritte und die Begründung ihrer Durchführung in der gewählten Weise sind bereits im Vorfeld vom Heilerziehungspfleger zu bedenken. Alternativen für eintretende Eventualitäten sollen vorhanden sein und situativ angemessen eingesetzt werden können.

Ende. Der Spielabschluss sollte durch ein deutliches Ende markiert sein, welches der Mensch mit Beeinträchtigung als solches leicht wahrnimmt, z. B. Gewinnen einer Spielrunde oder Beglückwünschen des Siegers. Daneben ist der Schluss einer Spielaktivität logisch und passend zum Spiel zu wählen. Einem Spiel ein anderes Abschlussspiel hinzuzufügen ist in den meisten Fällen für den Klienten nicht nachvollziehbar. Sinnvoll sind dahingegen kurze Aktivitäten, die die Hauptpunkte des Spiels nochmals hervorheben und ggf. einen Blick auf den zukünftigen Einsatz der Spielaktivität werfen, z. B. dass das Spiel immer vor dem Mittagessen durchgeführt wird (Rituale).

Insgesamt sind die spielerischen Aktivitäten zur Förderung einzelner Entwicklungsbereiche so durchzuführen, dass der Mensch neben dem Spaß am Spiel **Erfolgserlebnisse** verspürt. Diese sollten durch Lob des Heilerziehungspflegers verdeutlicht und verstärkt werden. Ist keine Freude beim Teilnehmer erkennbar, sollte das Spiel abgebrochen werden. Der definierte Sinn des Spiels ist verloren gegangen und eine Überforderung könnte bestehen.

Spieltherapie und Spielpädagogik

Spieltherapeutische Maßnahmen dienen zunächst dem Erkennen eines Problems und der Ursachenfindung. Im spielerischen Prozess können unterschiedliche Lösungsschritte für ein Problem durchgespielt werden. Einzelne Verhaltensweisen, die zur Problemlösung beitragen und realisierbar sind, können mithilfe des Therapeuten erkannt werden.

Spieltherapie fördert innerhalb ihres ganzheitlichen Ansatzes den individuellen Menschen in seiner Gesamtheit. Der Spieltherapeut unterstützt den Klienten bei der Verarbeitung negativer Erlebnisse und beobachtet ihn mit besonderem Augenmerk auf psychische Befindlichkeiten und Verhaltensmuster. Entwicklungsschritte und -möglichkeiten werden analysiert mit dem Klienten erarbeitet.
Innerhalb der Spieltherapie unterscheidet man:

- Direktive Spieltherapie (nach Jernberg): Der Spieltherapeut führt und leitet das Spielgeschehen gezielt.
- Nicht-direktive Spieltherapie (nach Axline): Das Spielgeschehen wird in die Hand des Klienten gelegt. Emotionale Ausbrüche werden zugelassen, um dem Klienten gespiegelt zu werden.

Die Spielpädagogik wird vor allem in der Sozialarbeit eingesetzt. Spielpädagogen intendieren durch ausgewählte Angebote ein Verständnis des Klienten in eigene Entwicklungsprozesse sowie das gesellschaftliche Geschehen. Weiterhin wird das Ziel der Weiterentwicklung individueller Fähigkeiten in unterschiedlichen Entwicklungsbereichen verfolgt. Die Freude, die der Klient während des Spiels erfährt, verstärkt den Verinnerlichungsprozess des angesprochenen Themas.

(IEK Berlin)

Reflexion

Die abschließende Reflexion der heilerziehungspflegerischen Aktivität mit dem Klienten sollte zumindest auf der persönlichen, der professionellen und der interaktiven Ebene erfolgen. Auf jeder dieser Ebenen sollte mindestens folgenden Fragestellungen nachgegangen werden:

- Was ist passiert? Was habe ich wahrgenommen?
- Wie habe ich es empfunden? Was hat es bei mir ausgelöst?
- Welche Konsequenzen ziehe ich daraus? Was will ich ändern?

In dieser Form bietet Reflexion dem Heilerziehungspfleger die Möglichkeit, sich selbst in persönlicher, fachlicher und sozialer Hinsicht stetig weiterzuentwickeln. Eigene Schwierigkeiten in der Umsetzung einer Aktivität oder in dem Umgang miteinander können herausgefunden und Lösungsmöglichkeiten erarbeitet werden. Dadurch gewinnt die weitere heilerziehungspflegerische Arbeit an Qualität und die persönliche Zufriedenheit kann deutlich gesteigert werden.

Zum Weiterlesen

R. Oerter: Die Psychologie des Spiels. 2011

U. Heimlich: Einführung in die Spielpädagogik. 2010

Linkliste Bildungsserver *www.bildungsserver.de/Spielen-Spielpaedagogik-Spieleratgeber-4384.html*

Spiele mit dem Schwungtuch *www.praxis-jugendarbeit.de/spielesammlung/spiele-fallschirm.html*

D. Le Fevre: Best of New Games, Faire Spiele für viele. 2002

Aufgaben

1. Informieren Sie sich zu unterschiedlichen Spieltheorien und stellen Sie die Merkmale der einzelnen Theorien in einer Liste gegenüber.
2. Erstellen Sie Ihre Biografie hinsichtlich der eigenen Spielerfahrungen. Gehen Sie dabei möglichst auf Ihre jeweiligen emotionalen Empfindungen ein.
3. Praxisaufgabe: Wählen Sie eine Spielaktivität für einen Ihrer Klienten, um diesen entsprechend seinem Förderplan zu unterstützen. Fertigen Sie eine schriftliche Analyse, Planung, Durchführung und schließlich Reflexion für die Spielaktivität an.
4. **a)** Stellen Sie eine Liste mit Möglichkeiten zusammen, die das Rollenspiel in der heilerziehungspflegerischen Praxis bietet. Gehen Sie dabei auf Klientel unterschiedlichen Alters ein.
   b) Praxisaufgabe: Inszenieren Sie ein geplantes Rollenspiel und beobachten Sie den weiteren Verlauf. Werten Sie Ihre Beobachtungen hinsichtlich einer gewählten Kategorie aus und ziehen Sie Konsequenzen für Ihre weitere heilerziehungspflegerische Arbeit in der Praxis.
5. Stellen Sie einen Katalog von Regelspielen zusammen, die in der heilerziehungspflegerischen Praxis mit Menschen unterschiedlichen Alters und verschiedenartiger Beeinträchtigungen vor dem Hintergrund des Fördergedankens durchgeführt werden können.
6. Finden Sie konkrete Beispiele aus der heilerziehungspflegerischen Praxis für J. Piagets Konstrukt der Akkommodation, Assimilation und Adaption.
7. Stellen Sie die Möglichkeiten dar, die sich Menschen mit geistiger Behinderung durch die „Special Olympics“-Bewegung eröffnen. Geben Sie konkrete Beispiele.
8. Erstellen Sie eine Spielekartei zur Förderung von Verhaltensweisen in unterschiedlichen Entwicklungsbereichen und Altersspannen.

8 Musik, Rhythmik und Tanz

Abb. 1 Musik ruft Reaktionen hervor

Die Begriffe Musik, Rhythmik und Tanz ziehen jeden Menschen auf ihre eigene Weise in den Bann. Nimmt der Mensch – als Wesen, das organischen Rhythmen unterliegt wie Herzschlag, Puls – einen Rhythmus wahr, der ihm entspricht, wird er ihm nicht widerstehen können: In der Regel möchte er sich rhythmisch dazu bewegen, z. B. durch Tanz oder Mitbewegen.

Geht man an den Beginn jedes Lebens, also zum Heranreifen im Mutterleib zurück, wird die Bedeutung von Musik und Rhythmik besonders augenscheinlich: Die ersten Wahrnehmungserfahrungen sind die rhythmischen Vorgänge sowie Töne und Geräusche, welche im Mutterleib vorherrschen. Daran schließt gerade die Basale Stimulation® in Theorie und Praxis der Arbeit mit Menschen mit Beeinträchtigung an (▸ **s. Modul 2, Kap. I.7**). Zunächst jedoch zur grundlegenden Bestimmung der einzelnen Begriffe.

8.1 Musik in ihrer Bedeutung

Der Begriff „Musik" ist sehr vielfältig: Gemeint ist damit der vom Menschen bewusst erzeugte Schall in einer willkürlichen Anordnung. Geräusche, Töne und Klänge werden mit unterschiedlichsten Materialien, Instrumenten oder der menschlichen Stimme erzeugt. Auch durch bestimmte Bewegungen wie Fingerschnipsen oder Händereiben kann Musik mit dem eigenen Körper geschaffen werden.

Entstehende Melodien basieren auf Tönen mit unterschiedlicher **Klangfarbe** (durch die Art des Instruments bestimmt) sowie Lautstärke. Die Dauer der einzelnen Töne, Geräusche und Zwischenpausen lässt einen **Rhythmus** zustande kommen, der harmonisch oder disharmonisch sein kann.

So verstanden, besteht Musik schon mindestens 35.000 Jahre, denn so alt ist das älteste Musikinstrument, das bisher gefunden wurde: eine Flöte aus Knochen (▸ **Abb. 3**).

Zu allen Zeiten und in verschiedenen Kulturen hat Musik einen hohen Stellenwert beigemessen bekommen, auch wenn ihr **Zweck** unterschiedlichster Natur sein konnte: Neben dem Unterhaltungssinn werden musikalische Elemente für religiöse, kommunikative oder alarmierende Funktionen genutzt.

Bis heute bat sich eine unglaubliche Varietät von Musikrichtungen herausgebildet: von klassischer Musik über volkstümliche Stücke bis hin zu Techno- und Rap-Songs. Jeder Mensch kann sich in einer Stilrichtung der Musik wiederfinden. So ist auch der Einsatz unterschiedlichster Musikstücke und -instrumente in der Arbeit mit Menschen mit und ohne Beeinträchtigung von hoher Bedeutung.

Abb. 2 A capella – Musik mit dem Körper erzeugt

Abb. 3 Das älteste Musikinstrument der Welt

8.2 Musik und der Mensch

Die Schallwellen der Musik werden von den Mechanorezeptoren im Ohr empfangen und als Geräusche, Sprache oder Klänge wahrgenommen (▶ **s. auch Modul 3, Kap. II.4, Sinnesorgan Ohr**). Dabei wird zwischen unterschiedlichen Tonhöhen und Lautstärke differenziert. Durch den Einsatz unterschiedlicher Instrumente und Techniken können auch mechanische Reize ausgelöst werden, die das taktile System ansprechen, so z. B. Vibration, die durch starken Basseinsatz erreicht wird.

Reaktionen. Bei dem Menschen, der Musik wahrnimmt, werden in der Regel Reaktionen hervorgerufen. Diese Reaktionen können individuell unterschiedlich sein, sind aber oft von Emotionen begleitet. Aber auch Erinnerungen an Personen oder Situationen können mit bekannten Melodien bei Menschen evoziert werden, weshalb ihr Einsatz in der Arbeit mit alten Menschen besonders empfehlenswert ist. Beispielsweise kann ein Schlaflied bei einem erwachsenen Klienten Erinnerungen an seine Kindheit wecken, in der ihm das Lied regelmäßig von seiner Mutter vorgesungen wurde. Die unterschiedlichsten Reaktionsmöglichkeiten einer Person auf die wahrgenommene Musik liegen deutlich auf der Hand: Sie können je nach bisheriger Erfahrung von Trauer bis zu Freude reichen. Wehmut, Sehnsucht oder gute Laune können durch Musik ausgelöst werden.
Musik schafft es, den einzelnen Menschen in seinen Gefühlen so anzusprechen, dass Reaktionen hervorgerufen werden können, die nicht kontrollierbar sind. Man denke in diesem Zusammenhang nur an Gänsehaut, Weinen oder unbewusstes Mitbewegen, das sich beim Wahrnehmen von musikalischen Elementen einstellen kann. Der Mensch reagiert also *unbewusst* wie *bewusst* auf Musik, was eine hohe Bedeutung der Musik oder Elemente von Musik für den Menschen deutlich macht. Diese Bedeutung ist nicht erlernt, sondern als Charakteristik des menschlichen Seins anzusehen.

Körperliches. Betrachtet man die physischen Prozesse, die Musik auslöst, wird ihre Bedeutsamkeit noch augenscheinlicher: Herzschlag, Blutdruck, Atemfrequenz, Muskelspannung und Hormonhaushalt erfahren eine Veränderung. Das limbische System, Nebenniere und Hypophyse werden in ihren Funktionen unterschiedlich beeinflusst – die Art hängt von der gewählten Musikrichtung ab. So kann Musik antreibende, aber auch entspannende, sogar schmerzlindernde Wirkung haben. Ihr gezielter Einsatz beispielsweise in der Schmerztherapie ist daher nur konsequent.

Bereits Neugeborene reagieren auf musikalische Reize in positiver Weise und das in allen Kulturen und Gesellschaften.

Ein Beispiel zur positiven Wirkung von Musik

Studie: Frühgeborene gedeihen besser mit Mozart-Sonaten

Für die Entwicklung und Gesundheit von Frühchen ist es entscheidend, dass sie schnell ein bestimmtes Körpergewicht erreichen. Israelische Forscher haben nun erstmals untersucht, wie sich klassische Musik von Mozart auf verschiedene Körpervorgänge der Neugeborenen auswirkt: Die Ergebnisse sind eindeutig:

- Frühchen verbrauchen weniger Energie und
- nehmen schneller zu,

wenn sie 30 Minuten am Tag Mozart hören. Das haben israelische Forscher in einer Untersuchung herausgefunden. Dies mache die Babys robuster und schütze sie vor Infektionen und Entwicklungsstörungen, berichten die Forscher in Tel Aviv in der Januar-2013-Ausgabe des Fachmagazins „Pediatrics".
Die Wissenschaftler haben erstmals untersucht, wie sich die klassische Musik von Mozart auf verschiedene Körpervorgänge bei Frühgeborenen auswirkt. Die Kinderärzte teilten 20 gesunde Frühchen in 2 Gruppen: Die eine bekam jeden Tag eine halbe Stunde lang Mozart-Sonaten vorgespielt, die zweite lag einfach ohne Musik ruhig im Bett. Der Vergleich des Energieverbrauchs der Kinder vor und nach dem Konzert ergab ein klares Bild: Wenn die Kleinen der Musik gelauscht hatten, verbrauchten sie deutlich weniger Energie. Dies bedeutet auch, dass die Kleinen weniger Kalorien zu sich nehmen müssen, um zuzunehmen und zu wachsen. In den ersten 10 Minuten war die Energiebilanz der beiden Vergleichsgruppen gleich. „Offenbar werden die Frühchen durch die Musik ruhiger", interpretiert Forscher Mandel die Ergebnisse. Wie die Klänge aus dem 18. Jahrhundert diese Wirkung erzielen, ist den Wissenschaftlern bislang nicht bekannt. Allerdings haben die Kinderärzte eine Vermutung: Anders als bei Beethoven, Bach oder Bartok wiederholen sich bei Mozart immer wieder ähnliche Melodien. Und diese Wiederholungen könnten sich auf bestimmte Regionen des Großhirns beruhigend auswirken [...]. (Die Welt, 2010)

Bislang ist keine Kultur bekannt, die ohne Musik auskommt. Dabei ist die **Stimme** als Musikinstrument nicht zu vernachlässigen. Gerade in der Begegnung mit dem Neugeborenen ist die vertraute Stimme der Mutter – schließlich konnte sie schon pränatal wahrgenommen werden – von hoher Bedeutung. Wird sie dann noch zum Singen von Kinder- oder Schlafliedern erhoben, kann die Stimme als natürliches Musikinstrument in ihrem hohen Stellenwert nicht negiert werden.

Aktiv musizieren. Mit dem Singen als Form des aktiven Musizierens, weg vom reinen rezeptiven Wahrnehmen, zeigen sich weitere positive Aspekte: Das musikalische Handeln fördert den Menschen in unterschiedlichen Entwicklungsbereichen; besonders hervorragende Ergebnisse können erzielt werden in

- den sozial-emotionalen,
- den kognitiven,
- den feinmotorischen und
- sprachlichen Bereichen.

Das eigene musikalische Handeln führt zu einer gesteigerten Vernetzung beider Gehirnhälften, was als Ursache für die meisten der genannten positiven Effekte angesehen werden kann.

8.2.1 Sozial-emotionaler Entwicklungsbereich

Ergebnisse der Hirnforschung zeigen, dass sich die emotionale und kognitive Intelligenz von Kindern und Jugendlichen durch das eigene Musizieren besonders gut entwickelt. Das Spielen eines Instruments bedeutet die Aktivierung sämtlicher Gehirnregionen, was zu vielfältiger Vernetzung der Gehirnbereiche führt, die wiederum positiv auf die kognitive und sozial-emotionale Entwicklung wirkt.

Gerade beim Musizieren in Gruppen können wichtige Erkenntnisse für das eigene **Sozialverhalten** gewonnen und eingeübt werden: Man muss einander zuhören, sich eingliedern und festgelegte Aufgaben erfüllen, um ein erfolgreiches gemeinsames Ergebnis, d. h. ein harmonisches Musikstück, zu erreichen. Dem Sprichwort „Es können nicht alle die erste Geige spielen" folgend, gilt es, sich im Sinne der gemeinsamen Sache schon mal unterzuordnen.

Ein Stück mit Gitarrensolo kann nicht aufgeführt werden, wenn der Gitarrist seinen Part nicht geübt hat oder gar wegbleibt. Verlässlichkeit und Verantwortungsübernahme sind in der Musikgruppe unabdingbar und werden durch die regelmäßigen Treffen zum gemeinsamen Musizieren eintrainiert. Kein Wunder also, dass dem Erlernen eines Instruments im schulischen Bereich, in dem auch ein gutes Sozialverhalten gelernt werden soll, eine immer bedeutendere Rolle zugemessen wird.

Musik in der Schule eingesetzt
Die Bastian-Studie (2000) kann festhalten, dass Musikunterricht in der Schule zur Förderung und Forderung von „Ausdauer, Wille zur Leistung, Konzentration, Motivation, Flexibilität, Kreativität, Sensibilität und Engagement" beiträgt. Dadurch erfahren Schüler eine Erleichterung des eigenen Lernens allgemein, was einer Erhöhung des IQ zuträglich ist. Daneben resultiert aus der Studie die Erkenntnis, dass sich das Sozialverhalten von Kindern durch regelmäßiges Musizieren positiv entwickelt.

Das Musizieren in der Gemeinschaft ist besonders zu betonen, da es ein hohes Potenzial für das Erlernen grundlegender Fähigkeiten für ein gemeinsames Miteinander festlegen kann. Aber auch das Musizieren allein resultiert in positiven Entwicklungen im sozial-emotionalen Bereich, wie etliche Studien belegen. Interessant sind in diesem Zusammenhang die Ergebnisse des „Modellversuchs Musikalische Grundschule" der Bertelsmann-Stiftung und die von Adamek & Blank, Universität Münster. Wobei Letztere besonders die Bedeutung des Singens für die Gesamtentwicklung eines Kindes bis zum Schuleintritt hervorheben.

Gerade im Erwachsenenalter wird die Wirkung von Musik beim Entspannen und Abbauen von Stress betont: Glückshormone werden freigesetzt und sorgen für ein gutes Wohlbefinden. Aus diesem Grund heraus werden Musik bzw. musikalische Elemente gezielt in unterschiedlichen Therapien, nicht nur der Musiktherapie (▸ **Modul 6, Kap. III.1.12**), eingesetzt.

8.2.2 Kognitiver Entwicklungsbereich

Ausgehend von der Studie der Musikpädagogen Adamek & Blank an der Universität Münster erhält das **Singen** eine herausragende Stellung für die Gesamtentwicklung eines Kindes ▸ **Abb. 1, nächste Seite**. Dem Diagramm kann man entnehmen, dass deutlich mehr als die Hälfte der Kinder, die nicht oder wenig singen, nicht regelschulfähig sind. Dahingegen sind nahezu 90 % jener Kinder, die häufig singen, regelschulfähig. Ein Ergebnis, das die Notwendigkeit der Förderung des Singens mehr als deutlich werden lässt.

Die Ergebnisse werden in der Praxis durch Lehrkräfte nicht nur bestätigt, sondern noch um die Effekte des **Musizierens insgesamt** ausgeweitet: Die Erfahrung zeigt, dass musizierende Kinder einen deutlichen Leistungsvorsprung gegenüber ihren nicht musizierenden Klassenkameraden haben, was besonders auf das räumliche Vorstellungsvermögen sowie ihre Sprachkompetenz und Merkleistung zutrifft.

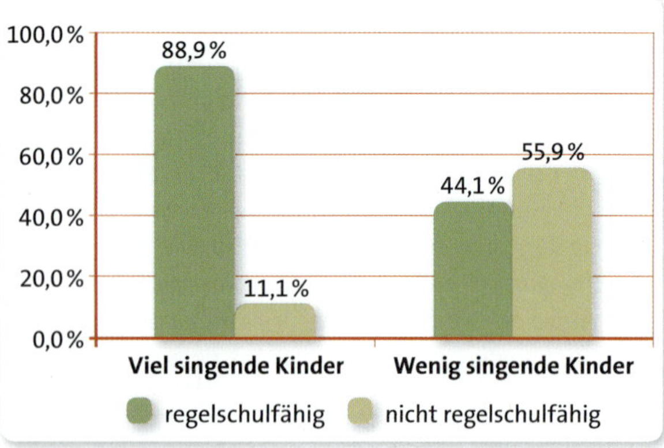

Abb. 1 Schulfähigkeit von (nicht) singenden Kindern (Adamek/Blank, 2010)

Hirnforschung. Nach Untersuchungen des Bewegungstherapeuten und Pädagogen Dierk Zaiser an der Universität Reutlingen hängen neuronale Verbindungen eng mit musikalischen Tätigkeiten zusammen. Dadurch wird das Gehirn in die Lage versetzt, einen Transfer bei ähnlichen Leistungsanforderungen herzustellen, z. B. beim Singen und bei der Sprachentwicklung. Aber auch allgemeine formale Abläufe und Strukturen können vom Gehirn nach Training im musikalischen Bereich leichter nachvollzogen und ausgeführt werden, der Intelligenzquotient nimmt zu. Nach Laurel Trainor (Neurowissenschaftler an der McMaster-Universität in Kanada) zeigt das Gehirn von musizierenden Vorschulkindern andere Reaktionen auf musikalische Reize als jenes der nicht musizierenden Kinder gleichen Alters. Grund dafür ist die partielle Überlappung von Gehirnregionen, die zur Verarbeitung von Sprache und Musik notwendig sind.

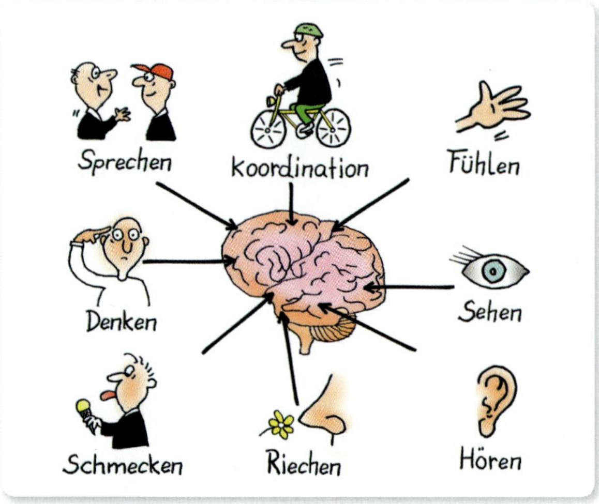

Abb. 2 Musik lässt die Funktionen von Gehirnregionen überlappen

Aktiv statt passiv. Um eine neuronale Verknüpfung zu erreichen, genügt es jedoch nicht, Musik passiv zu konsumieren. Vielmehr muss nach Ralph Schumacher (dt. Philosoph) Musik aktiv betrieben werden, um kognitive Fähigkeiten von Kindern zu verbessern. Nicht verwunderlich also, dass in der „Hamburger Erklärung“ die Relevanz von Musik an Schulen betont und gleichzeitig ihr Unterricht verstärkt gefordert wird. Allerdings ist es wichtig, jene musikalische Tätigkeit herauszufinden, die dem einzelnen Kind Freude bereitet und es gern zum Instrument greifen lässt. Täglicher Zwang zum Musizieren ist der Entwicklung des Kindes gewiss nicht in der Form förderlich, wie es das freiwillige und freudvolle Musizieren ist.

Aber nicht nur für die kognitive Entwicklung des Kindes spielt Musik eine große Rolle: Erwachsene, die aktiv Musik betreiben, profitieren von den sich neu bildenden neuronalen Verknüpfungen im Gehirn. Die Gedächtnisleistung verbessert sich insgesamt; die Konzentrationsfähigkeit nimmt zu.

Hochleistung Musizieren. Als Gründe dafür können die vielfältigen Aufgaben angeführt werden, die das Gehirn während des Musizierens bewältigen muss: Neben den feinmotorischen Leistungen, die koordiniert werden, sind auditive und visuelle Reize zu verarbeiten. Beispiel: So werden Noten gelesen, gespielte Töne mit dem Gelesenen verglichen, falsche Töne herausgehört und verbessert, neue Harmonien erzeugt, unpassende Töne (z. B. ein Räuspern oder die Türklingel) gleichzeitig geortet und als nicht zur Melodie gehörig erkannt. Die Aufzählung ließe sich noch sehr viel weiter fortführen und verdeutlicht bereits die Leistung, die dem Gehirn während des Musizierens abverlangt wird. Es liegt damit nur zu deutlich auf der Hand, dass beide Gehirnhälften (Hemisphären), welche sich die Aufgaben teilen, bei einem solchen „Training“ an Höchstleistungen herangeführt werden.

Fazit: Der Einsatz von Musik im Bereich der Arbeit mit alten Menschen und denjenigen, die von nachlassender Gehirnleistung gefährdet sind, könnte mindestens (!) zur Kompetenzerhaltung beitragen. Wenn das eigene Musizieren nicht möglich ist, so sollte wenigstens das **passive Konsumieren von Musik**, sprich das Hören, im Alltag eingebunden sein. Durch das wiederholte Hören können Texte und Melodien erinnert werden, wodurch die Merkleistung des Gehirns unterstützt wird.

Interessant ist in diesem Zusammenhang der Blick auf Gehirne von Berufsmusikern: Sie zeigen eine außerordentlich hohe Ausprägung der Areale, die eine Verknüpfung von feinmotorischen Bewegungen der Hände, Hör- und Analysefähigkeit beinhalten. Sie bleibt bis ins hohe Alter erhalten und ist somit für die geriatrische Arbeit von hoher Bedeutung.

8.2.3 Motorischer Entwicklungsbereich

Motorik und Musik hängen auf vielfältige Weise eng miteinander zusammen: Einerseits bedarf es der Motorik, um Musik zu erzeugen, andererseits bewirkt Musik motorische Handlung, wie Hin-und-her-Bewegen oder Tanzen.
Stufen der musikalischen und motorischen Entwicklung machen das Verhältnis von Musik und Bewegung in unterschiedlichen Altersbereichen zueinander deutlich. Einen Überblick gibt folgende Zusammenfassung von Sabine Barth ▸ Abb. 1.
Die Entwicklung von Grob- und Feinmotorik einer Person ist mit der Entwicklung im musikalischen Bereich verknüpft und wird durch den Einfluss von Musik gefördert. Im Hinblick auf Basale Stimulation® in der Arbeit mit Menschen mit Beeinträchtigung kann diesem Sachverhalt eine bedeutende Rolle beigemessen werden: Durch wiederholende musikalische Stimulation können beim Klienten Bewegungen ausgelöst werden, die vorher nur ansatzweise oder nicht zu beobachten waren. Auf dieser Grundlage eröffnen sich weitere Fördermöglichkeiten.

Abb. 2 Musik animiert zur Bewegung

Altersbereich (ca.)	Musik	Bewegung
1. Phase: 0–6 Monate	• Sammeln von auditiven Eindrücken • Unterscheidung von Stimmen, Melodien und einfachen Rhythmen • Experimentieren mit der Stimme	• Zappeln mit Händen und Füßen • Sitzen, Drehen und Aufrichten mit Hilfestellung • Spaß an Wippen, Wiegen, ‚Fliegen' u. a.
2. Phase: 6–12 Monate	• Unterscheidung von Klangfarben und Lautstärken • Imitation und Intonation von Sprachlauten, lautierende Reaktion auf einfache Sprach- und Liedformen	• Krabbeln und Robben durch den Raum, erstes Stehen (‚Fußsteher') • emotionaler und motorischer Bezug zu Musik und einfachen Spielformen • Wiedererkennen und Festigung durch Wiederholung
3. Phase: 12–24 Monate	• Unterscheidung von Tonlagen • Singen von Worten, Satzfetzen, Silben • Bezug zwischen Musik und Bewegung, Instrumentalspiel • Nachvollziehen von einfachen Reim- und Liedinhalten (‚Handlung') • Experimentieren mit Instrumenten und Materialien	• Imitieren einfacher Bewegungs- und Tanzformen, Metrik (Grundschlag) und einfache Rhythmen in Bewegung und in elementaren Fort- und Grundbewegungsarten • Fein- und Grobmotorik • Imitation und eigene Ansätze/Ideen • Geschicklichkeit, Körpergefühl, Standfestigkeit
4. **Phase:** 24–36 Monate	• Wiedererkennen und Nachsingen von Liedern, Erkennen von Gefühlen in der Musik • Unterscheidung von Tempi und Klangfarben • Differenzierungen im Bezug zwischen Musik und Bewegung (Tanz), im Umgang mit Materialien und Instrumenten, im Reproduzieren und im Verständnis von Rhythmen, Versen und Liedern	• Differenzierung und Erweiterung von Bewegungsformen, Bezug zu Gruppe und Raum • Körpersensibilisierung, Erlernen und Wiederholen von Bewegungsfolgen • Experimentieren mit Möglichkeiten und Grenzen in der Bewegung, freier individueller Ausdruck

Abb. 1 Motorische und musikalische Entwicklungsstufen in 4 Phasen (Barth 2009)

8.3 Musik und ihre Bedeutung für den Menschen mit Behinderung

▶ **S. auch Basale Stimulation® im Modul 1, Kap. Kap. I.7 und Modul 2, Kap. I.7**

Fördernd. Ausgehend von der Annahme, dass eigenes Musizieren sowie Musikhören förderlich für sämtliche Entwicklungsbereiche einer Person sind, erhält Musik in der Arbeit mit Menschen mit Beeinträchtigung eine herausragende Stellung: Mit musikalischen Angeboten kann der Einzelne gezielt gefördert werden. Beispielsweise können Schlaganfallpatienten Fähigkeiten leichter wiedererlangen, wenn sie häufig ihrer Lieblingsmusik zuhören. (Quelle: Spektrum der Wissenschaft 2012).

Freude bereitend. Abgesehen von dem Förderaspekt soll aber auch die Freude an Musik Menschen mit Behinderung zuteilwerden können. Ebenso wie Menschen ohne Beeinträchtigung sollen sie ihren musikalischen Interessen und Veranlagungen nachkommen können und diesbezügliche Unterstützung erfahren. Daneben stellt sie ein **Ausdrucksmittel** dar, das genutzt werden kann, wenn Worte versiegen oder andere Formen der Kommunikation fehlschlagen. So können auch Gefühle deutlicher mithilfe von Musik ausgedrückt werden, wobei die dazu notwendige Kompetenz jedem Menschen eigen ist, auch wenn Unterschiede in der Wahl des Musikinstruments bzw. dessen Beherrschung zu vermerken sind.

Teilhabe. Neben dem individuellen Musizieren erhält das gemeinsame Handeln in Musikgruppen oder Orchestern für Menschen mit Beeinträchtigung eine stärkere Bedeutsamkeit hinsichtlich integrativer und inklusiver Aspekte. Daher öffnen immer mehr Musikschulen ihr Angebot für Menschen mit Beeinträchtigungen. Im Einzelunterricht oder in einer heterogen zusammengesetzten Gruppe können sie ihrer musikalischen Leidenschaft nachkommen, ihre Begabung vertiefen und ihr individuelles So-Sein ausdrücken. Besonderen Bedarfen von Menschen mit Beeinträchtigung wird durch entsprechend qualifiziertes Fachpersonal nachgekommen.

Abb. 1 Mein Hobby – Geige spielen!

(Zusatz-)Ausbildungen und Aufbau-/Erweiterungsstudien zur qualifizierten musikalischen Arbeit mit Menschen mit Behinderung werden mittlerweile vielfältig an Hochschulen und von Weiterbildungsinstitutionen angeboten. Betrachtet man sich die Erfolge, die durch den Einsatz von Musik in der Arbeit mit Menschen mit Behinderung erreicht werden, drängen sich musikalische Aktivitäten nahezu auf.

Musik und Morbus Parkinson

▶ **S. auch Modul 2, Kap. II.4.2.3**

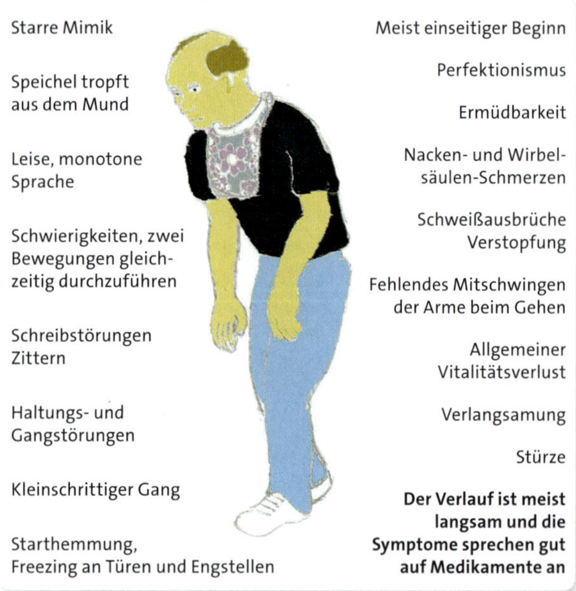

Abb. 2 Mögliche Symptome von Morbus Parkinson

Da Morbus Parkinson bis heute noch nicht heilbar ist, sind Patienten weiterhin auf Medikamente und Therapien in Fachkliniken oder -zentren angewiesen. Dort wird der Einsatz von musikalischen Elementen zielgerichtet in der jeweilige Therapie verankert – auch wenn es sich nicht um eine Musiktherapie handelt. Grund dafür ist der positive Erfolg, welcher in den letzten Jahren mit Musik bei Parkinson-Patienten erreicht werden konnte:

- Durch ein individuelles Gangtraining in Kombination mit ausgewählter Trainingsmusik kann die Kompetenz des Gehens aufrechterhalten und je nach Krankheitsverlauf verbessert werden.
- Durch Gruppensingtherapie oder therapeutisches Singen erfolgt eine Förderung der Atemkoordination sowie der Qualität der Stimme, was zu einer verbesserten Kommunikation führt.
- Letzteres wird auch mithilfe von rhythmischen Sprechtrainings erreicht.

- Durch Musizieren innerhalb der „aktiven Musiktherapie" kann der an M. Parkinson erkrankte Mensch einerseits seine Fein- und Grobmotorik verbessern, sodass er Fähigkeiten, die zur Alltagsbewältigung notwendig sind, zu leisten vermag. Das musikgestützte Feinmotoriktraining ist in diesem Zusammenhang besonders hervorzuheben.

(Quelle: Musiktherapie in der Rehabilitation)

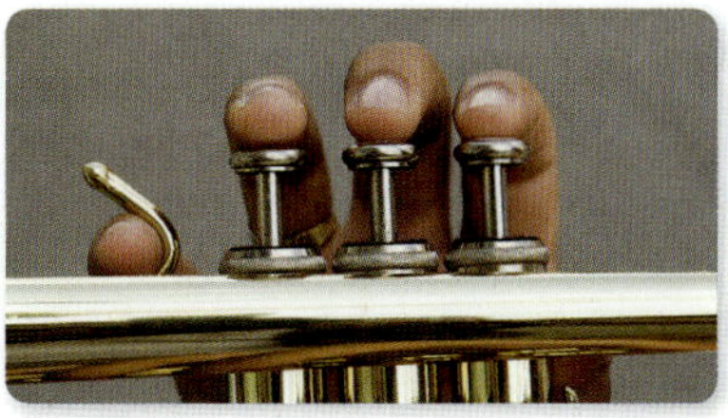

Abb. 1 Nicht nur Förderung der Feinmotorik

Selbstbewusstsein. Auch bietet das Musizieren dem Menschen mit M. Parkinson die Chance, seine Erkrankung leichter zu verarbeiten. Dabei spielt die fehlerfreie Instrumentenbeherrschung eine untergeordnete Rolle; vielmehr ist das Instrumentalspiel allein oder in der Gruppe als Mittel zur Zielerreichung zu sehen. Intention ist dabei die Steigerung des Selbstwertgefühls sowie die Fähigkeit zur Selbstbestimmung. In diesem Sinne kann von einer musiktherapeutischen Psychotherapie gesprochen werden.

Hinsichtlich Förderung der Grobmotorik ist die tänzerische Musiktherapie oder die Tanztherapie (▶ **s. unten und in Modul 6, Kap. III.1**) zu erwähnen. Kurz gesagt, werden in diesen Therapieformen tänzerische Bewegungen durchgeführt, die der Förderung der Grobmotorik und der Freude an ihr dienen.

Mit Dr. Björn Hauptmann (aus dem Fachbereich Parkinson/Bewegungsstörungen der Segeberger Kliniken) bestätigt ein Vertreter der medizinischen Praxis die positive Wirkung von musikalischen Ansätzen innerhalb der Therapie von Menschen mit Morbus Parkinson. Dabei hebt er die Intensität der Wirkung hervor, die durch Kombination mit anderen Ansätzen und Methoden erreicht werden kann. Insbesondere logopädische, physio- und ergotherapeutische Verfahren erhalten dabei ihre Erwähnung.

(Quelle: www.segebergerkliniken.de)

Forschung. Wissenschaftliche Fundierung erfahren die musikalischen Ansätze in der Arbeit mit Menschen mit M. Parkinson innerhalb unterschiedlicher Studien. Eine Studie von Hesse et al. stellt beispielsweise die Tendenz der Förderung der Bewegungsfähigkeit durch genau jene Musik fest, die der Parkinson-Patient mit positiven Emotionen verbindet (Hesse 2005).

Erklärung für die positive Wirkung von Musik ist zunächst die Ansprache unterschiedlicher Körperbereiche, d. h., nicht nur der auditive Sinn, sondern auch Atmung, Motorik und Körperspannung können durch aktives Musizieren angesprochen werden. Daraus ergibt sich oft ein neues Erleben bei Menschen mit M. Parkinson. Außerdem erfolgt eine erhöhte Verknüpfung der Nervenzellen im Gehirn während des Musizierens, wodurch Gehirnregionen miteinander verknüpft werden, die ohne Musik nicht in dieser Form miteinander in Kontakt kommen würden.

8.4 Musikalisches Handeln

Musikalisches Handeln umfasst sämtliche Bereiche der Lebensführung, welche in engerem und weiterem Sinne Musik beinhalten. Das Klavierspiel kann also ebenso musikalisches Handeln sein wie das Singen während eines Spaziergangs oder das Klatschen einer Melodie. Es ist ein weites Feld, das es gerade für die Arbeit mit Menschen mit Beeinträchtigung zu nutzen gilt.

8.4.1 Instrumente

Die Instrumentenwahl zum musikalischen Handeln bedarf nicht außergewöhnlicher finanzieller Belastungen oder organisatorischen Aufwands. Instrumente zum Musizieren finden sich bereits am eigenen Körper, wie A-capella-Musiker überzeugend darstellen. Die individuelle Zugewandtheit zu einem bestimmten Musikinstrument ist allerdings nicht von der Hand zu weisen. Daher ist der Mensch in seiner Individualität intensiv zu beobachten – harmoniert er mit einem bestimmten Instrument, hat er Verlangen danach, es zu spielen? Im besten Fall kann dem Bedürfnis nachgekommen werden.

In der Arbeit mit Menschen mit Behinderung ist in der Wahl eines Musikinstruments besonders sorgfältig zu agieren. Für die Beherrschung vieler Instrumente sind komplexe feinmotorische Fähigkeiten und Fertigkeiten notwendig, zu welchen Menschen mit unterschiedlichen Beeinträchtigungen nicht immer in der Lage sind. Daneben kann auch eine geistige Behinderung das Musizieren beeinträchtigen, beispielsweise könnten Noten nicht gelesen oder ein Rhythmus nicht erinnert oder abgerufen werden. Trotzdem können Menschen mit geistiger Behinderung ausgehend von ihren persönlichen Interessen und abhängig von der Art und Ausprägung der Beeinträchtigung sämtliche Instrumente zum Musizieren empfohlen werden (nach Manhardt, 2007):

Das Orff-Instrumentarium

Abb. 1 Das Orff-Instrumentarium im weiteren Sinne

Mithilfe der orffschen Instrumente kann das freie Spiel sowie das musikalische Begleiten allein oder in der Gruppe praktiziert werden. Es wird hauptsächlich grobmotorisches Handeln benötigt und Erfolge im Sinn harmonischer Klänge sind leicht zu erreichen. Um Disharmonien bei den Stabspielen zu vermeiden und das anfängliche Spiel zu erleichtern, können einzelne Stäbe umgedreht werden. So kann sich schnell ein positives Erleben während des Musizierens von Menschen mit (geistiger) Beeinträchtigung einstellen.

Blasinstrumente

Abb. 2 Holz- und Blechblasinstrumente

Die Varietät der Blasinstrumente ist vielfältig: Angefangen bei der Blockflöte über die Trompete bis hin zur Querflöte gibt es unterschiedliche Anforderungsniveaus. Die Blockflöte bietet sich als Einsteigerinstrument an, da die Töne den unterschiedlichen Griffen relativ leicht zugeordnet werden können. Außerdem ist das Spielen allein oder in der Gruppe möglich. Gerade für Menschen mit Behinderung bieten die geringen Grundvoraussetzungen für das Spiel eines Blasinstruments einen großen Anreiz, sich auf das Musizieren mit diesen Instrumenten zu konzentrieren. Zudem können mechanische Umgestaltungen motorische Beeinträchtigungen an den Händen kompensieren. Allerdings bedarf es einer gewissen Lippenspannung, um ein Blasinstrument spielen zu können, weshalb diese Art von Instrumenten Menschen mit entsprechender Beeinträchtigung (z. B. einer Lippendeformation) nicht empfohlen werden. Allgemein eignen sich im Bereich der Blasinstrumente die Klarinette und Blechblasinstrumente besonders gut für das musikalische Handeln von Menschen mit Beeinträchtigung.

Tasteninstrumente

Durch die relativ einfache Tonerzeugung bei Tasteninstrumenten bieten diese sich zum schnellen Erlernen von einfachen Melodien an – auch wenn die Tastatur anfänglich nur in einem eingeschränkten Bereich genutzt wird. Allerdings wirkt die mangelnde Verbindung von Handlung zu anders klingendem Ton erschwerend: Die gleiche Tätigkeit, nämlich das Drücken einer Taste, kann unterschiedliche Töne hervorbringen. Dies ist gerade für Menschen mit geistiger Behinderung oft verwirrend und kann das Erlernen des Tasteninstrumentes negativ beeinflussen.

Das Spiel mit beiden Händen, die unterschiedliche Bewegungen vollziehen müssen, ist eine große Herausforderung und stellt nicht selten eine Überforderung für Menschen mit geistiger Behinderung dar.

Saiteninstrumente

Abb. 3 Saiteninstrumente

Das Spiel von Saiteninstrumenten bietet sich vor allem für Menschen mit ausgeprägtem Hörsinn an. Für das harmonische Spiel müssen feinste Tonunterschiede erkannt werden. Daneben gilt es, unterschiedliche feinmotorische Bewegungen zu gleicher Zeit zu koordinieren und auszuführen. Das stellt eine weitere Herausforderung und oft ein Hindernis für das Erlernen eines Saiteninstruments dar, gerade für Menschen mit geistiger Behinderung. Von einer Unmöglichkeit zu sprechen wäre aber übertrieben, da beispielsweise durch technische Vereinfachung oder adaptierte Spielweise eines Saiteninstruments ein erleichterter Zugang geschaffen werden kann.

8.4.2 Hilfsmittel zum musikalischen Handeln

Damit das Vorhaben des musikalischen Handelns von Menschen mit Beeinträchtigung realisiert werden kann, sind häufig Hilfsmittel bzw. Unterstützungsmaßnahmen notwendig. So lässt sich beispielsweise das Lesen der Notenschrift mithilfe von **Farbtontafeln** (▸ **Abb. 1**) abwandeln oder durch das Auswendig-Spielen oder Improvisieren umgehen.
Entsprechend der Farbtontafel können Klaviaturen markiert werden (▸ **Abb. 2**).

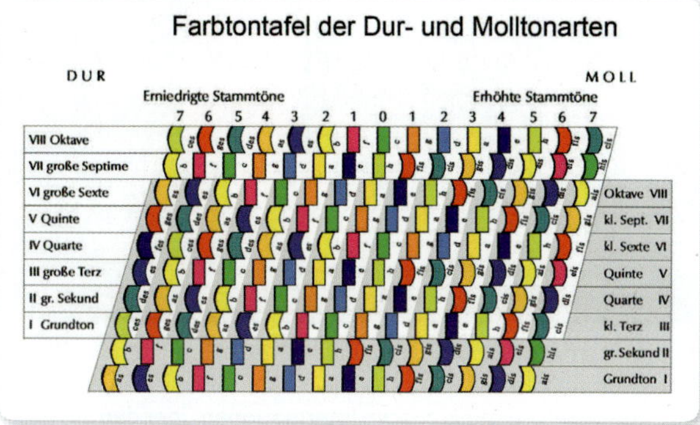

Abb. 1 Beispiel einer Farbtontafel (aus „Farbmusik – Leitfaden für eine kombinierte Farben- und Musiklehre" Dobretzberger/Paul, Simon+Leutner Verlag, Berlin 1993)

Abb. 2 Klaviaturmarkierung zum Aufkleben

Auch das Eingrenzen einer Spielart kann zum erfolgreichen Musizieren eines gewählten Instrumentes verhelfen. So können Melodien auf einem Saiteninstrument anstatt mit Bogen gespielt auch gezupft werden.

Technische Änderungen an Musikinstrumenten, wie das Bespannen von Saiteninstrumenten mit weniger als der vorgesehenen Anzahl an Saiten oder abgeänderten Mundstücken können beim Erlernen eines Instruments helfen.
Klar definierte Spielbereiche können festgelegt werden, um Menschen mit Beeinträchtigung das Musizieren leicht zu ermöglichen. Beispiel: Anstatt sämtliche Oktavlagen einer Klaviatur für das Spiel zu nutzen, wird zunächst nur die „eingestrichene Oktave" (▸ **Abb. 3**) bespielt.

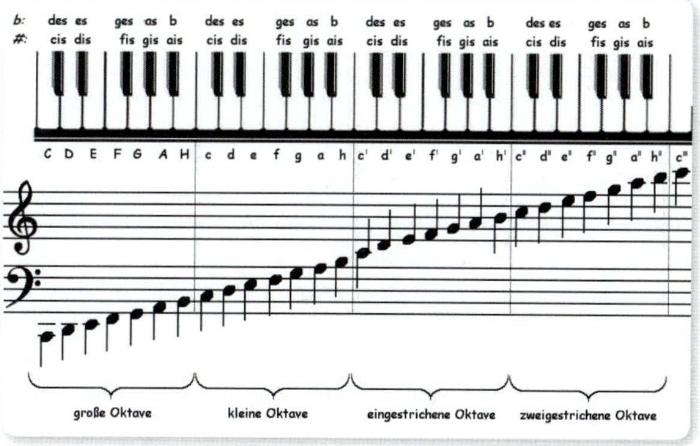

Abb. 3 Klaviatur und Noten inkl. Oktaven

8.5 Best-Practice-Beispiele zu musikalischem Handeln

Motorik bei Hörschädigungen verbessern. Eine Studie der Otto-von-Guericke-Universität Magdeburg hat schon 2005 gezeigt, dass Musik förderlich für die motorische Entwicklung gehörloser und gehörgeschädigter Kinder ist. Gezeigt wurde dies anhand von tänzerisch-gymnastischen Einheiten innerhalb des Sportunterrichts. Die Musik konnte mithilfe eines Hochtontrainer-Systems (▶ **Abb. 1**) von den Kindern als Vibration wahrgenommen werden. Nachdem im Sportunterricht 3 Monate regelmäßig diese Einheiten durchgeführt wurden, stellte man eine Verbesserung der Koordination von Bewegungen fest.

Abb. 1 Hochtontrainer-System in der Praxis: Ein sogenanntes Knochenhörgerät auf dem Kopf überträgt Vibrationen/Schall und vermittelt so musikalische Informationen über den Tastsinn.

Inklusion durch Musizieren. Ein weiteres Beispiel für beste Performanz in der Praxis, die Musik mit der Förderung von Menschen mit Beeinträchtigung verbindet, wurde 2011 mit dem BRIDGE-Preis der Lebenshilfe Baden-Württemberg bedacht: Es handelt sich um das gemeinsame Musizieren von Kindern mit und ohne Beeinträchtigung in einem Ensemble der Reutlinger Musikschule. In diesem inklusiven musikalischen Angebot können Emotionen durch Instrumente ausgedrückt werden und in eine gemeinsame Melodie einfließen. Musik verbindet dabei Menschen mit und ohne Behinderung und lässt ein gemeinsames Produkt entstehen. Weiterhin wird durch dieses Musikprojekt der Prozess des gegenseitigen Verstehens angeregt, indem man sich aufeinander einlassen muss. Das Kennenlernen der Fähigkeiten der Menschen mit und ohne Beeinträchtigung führt zu Respekt und Anerkennung; es hilft dabei, einen kompetenzorientierten Blick anstelle einer defizitorientierten Sichtweise auf den Einzelnen zu gewinnen. Gegenseitige Unterstützung führt zur Einsicht, voneinander lernen zu können sowie Hilfe anbieten und annehmen zu dürfen – und zwar sowohl von Menschen mit als auch ohne Beeinträchtigung. Gemeinsame Auftritte stärken das Selbstbewusstsein. (Quelle: Landesverband der Musikschulen BaWü)

8.6 Rhythmus, Melodie, Klang als Stimulation

Ausgehend von „gymnastique rythmique", die als musikpädagogische Methode von Emile Jaques-Dalcroze (1865–1950) entwickelt wurde, bildete sich die **Rhythmik** heraus. Mit ihr werden der Körper und die Psyche des Menschen angesprochen. So können Bereiche mittels Rhythmik individuell gefördert werden; besonders hervorzuheben sind dabei der grobmotorische, der sprachliche und der sozial-emotionale Entwicklungsbereich des Menschen. Die psychomotorische Verhaltensweise (▶ **s. Kap. I.5**) kann durch Rhythmik positiv unterstützt werden.

Durch Förderung der Wahrnehmung und Sensomotorik mittels Rhythmik ergeben sich vielfältige positive Effekte:

- Die Möglichkeit, sich selbst durch Bewegung, die eigene Stimme und Sprache oder rhythmische Klänge auszudrücken, stellt für einige Personen den einzigen Weg der Kommunikation mit der Umwelt dar. Kreative Gesichtspunkte sind dieser Art der Kommunikation und des Selbstausdrucks immanent. Diese sind für den Menschen in seiner Gesamtentwicklung und das ganzheitliche Wohlbefinden wichtig, da das eigene Ich sich offenbaren kann.
- Schöpferische Kräfte – mit oder ohne zusätzliche Materialien – werden freigesetzt und realisiert, womit Selbstwirksamkeit erhöht und das Selbstbewusstsein gestärkt werden.
- Objekterfahrung wird gesammelt.
- Die Konzentrationsfähigkeit wird gesteigert.
- Weiterhin bewirkt Rhythmik eine bessere Differenzierung der Wahrnehmung, die den Einzelnen Unterscheidungen leichter machen lässt bzw. ihm Entscheidungen erleichtert. Selbst- und Fremdwahrnehmung werden ebenfalls unterstützt.

All dies ergibt eine Steigerung des Vertrauens in sich selbst. So wird Rhythmik in der heilerzieherischen Arbeit zur Unterstützung von Einzel- und Gruppentherapien genutzt. Bei letzterer Form werden besonders die Kompetenzen des sozialen Entwicklungsbereichs gefördert.

Damit ähneln die positiven Effekte stark dem künstlerischen Tun mit Farbe, Stiften und bildendem Material (▸ s. Kap. 9.3 Kunst und Gestalten), durch das Kinder, Jugendliche und Erwachsene ebenfalls eine Verbesserung ihrer Lebensqualität erreichen können.

Hören. Durch sprachlich-musikalische Aktivitäten wird ebenfalls die auditive Wahrnehmung gefördert: Unterschiedliche Tempi und Lautstärken, verschiedene Tonlagen mit ihren unterschiedlichen Bedeutungen werden kennengelernt und in das persönliche Sozialverständnis integriert.

Wertfreiheit und Kreativität. Positive Basis für diese Förderungschancen, die sich durch Rhythmik eröffnen, ist das Wissen des Klienten darum, dass keine Bewertung oder Beurteilung des eigenen rhythmischen Handelns erfolgt. Voll Freude kann experimentiert und sich selbst kennengelernt werden. Der eigene Körper oder unterschiedliche Instrumente können zur Erzeugung von Rhythmen genutzt werden, sodass das kreative Experimentieren Raum erhält. Weiterhin bieten die unterschiedlichsten Materialangebote in der Rhythmik Gelegenheit, sich mit ihnen zu bewegen und sie auf Sprachbesonderheiten anzupassen. So können Schwellen, die den bisherigen sprachlichen Ausdruck hemmten, überschritten werden. Die Konzentration des Klienten liegt auf dem Material bzw. der Erzeugung von Rhythmen. Durch diese Aufmerksamkeitsverschiebung kann der Mensch seine Sprache ohne Hemmungen einsetzen. Unbewusst erfolgt sprachliches Handeln, welches mithilfe der individuell angepassten Rhythmik gefördert wird. (vgl. Zaiser 2005, S. 35 ff.)

Weiterbildungen
Zusatzausbildungen können zum Rhythmikpädagogen qualifizieren, z. B. beim Bildungswerk Rhythmik e.V. Rhythmik kann auch als Schwerpunkt eines künstlerisch-pädagogischen Studiengangs (Bachelorabschluss) belegt werden.

Sprachlicher Entwicklungsbereich

▸ S. auch Sprachförderung: Modul 5, Kap. I.4

Lernen unterstützen. Durch die Verbindung von Rhythmik und Sprache erhöht sich die Wahrscheinlichkeit, dass Begriffe, Texte und Gedichte leichter memoriert werden. Dieser Effekt wird besonders dann erreicht, wenn die sprachlich-rhythmischen Äußerungen von Bewegungen begleitet werden. So bietet sich das Aufsagen von Reimen oder Singen von Liedern an, die mit Gestik und Mimik unterstützt werden. Gerade im elementarpädagogischen Bereich ist das Angebot solcher „Bewegunglieder“ vielfältig. Diese bieten Kindern die Gelegenheit, ihre Welt auf sprachlich-musikalischem Wege kennen und verstehen zu lernen. Regeln und Verhaltensbeschreibungen können ebenfalls auf diese Art verinnerlicht werden. Unterstützend wirkt bei dieser Art des Lernens der durch die Musik angesprochene emotionale Entwicklungsbereich. Durch das gleichzeitige Ansprechen der Emotionen wird der Lerneffekt im sprachlich-musikalischen Handeln vergrößert.

Sprache entwickeln. Neben dem inhaltlichen Aspekt des Verinnerlichens bestimmter Themen bietet die Verbindung von Sprache und Rhythmik große Chancen im Bereich der Sprachentwicklung: Der Wortschatz kann erweitert werden, Satzstrukturen werden eingeübt und durch ständige Wiederholung – beispielsweise im Refrain – verinnerlicht. Die Aussprache kann verbessert werden, was in Konsequenz den Schriftspracherwerb positiv beeinflusst.

Ideen für das rhythmische Handeln
in der Arbeit mit Menschen mit Beeinträchtigung
- Mitsprechen von Lauten, Begriffen oder Texten, die unterschiedlichen Rhythmen folgen
- Lieder singen und durch Bewegung begleiten
- Gedichte, Reime lernen und aufsagen
- Eigene Lieder und Reime erfinden und rhythmisch (in Kombination mit Bewegung) ausdrücken lassen
- Effekte der eigenen Stimme ausprobieren und entdecken lassen
- Rhythmen mit unterschiedlichsten Materialien erzeugen und deren Wirkung verdeutlichen

8.7 Tanz

▸ S. auch Modul 6, Kap. III.1.14 Tanztherapie

Die Verbindung von Bewegung und Musik mit ihren vielfältigen Aspekten für ganzheitliche Förderung ist von grundlegender Bedeutung. Der Tanz im Allgemeinen stellt konsequenterweise ein Mittel zur ganzheitlichen Förderung des Menschen in seiner Entwicklung dar.
Durch unterschiedliche Tänze können zielgruppenspezifisch Bewegungen ausgewählt werden, die zur Förderung notwendig sind. Tanzfiguren können dabei von Walzer über Rock'n'Roll bis zu Hip-Hop reichen. Die Vorlieben des Klienten sind auf jeden Fall zu beachten, sodass das motorisches Handeln Freude bereitet und darüber individuelle Unterstützung erfolgen kann. Auch umgekehrt können favorisierte Musikrichtungen des Klienten genutzt werden, um Bewegungen dazu auszuführen. Es können festgelegte Bewegungen ebenso wie selbst entwickelte Figuren in einem Tanz kombiniert werden. Es gilt, den Spaß an der Bewegung nach Musik zu betonen!

Geförderte Aspekte. Abgesehen von motorischen Fähigkeiten, die durch das Tanzen gefördert werden, sind Wahrnehmung, Ausdrucksfähigkeit, Erinnerungs- und Durchhaltevermögen sowie Sozialkompetenz angesprochen. Die eigenen Emotionen und Gedanken können erfahren und durch den Körper kreativ oder in gelernter Bewegungsabfolge ausgedrückt werden. Auch die Kompetenz der Orientierung im Raum durch Tanzen wird gestärkt. Daneben ist der gesundheitliche Aspekt hervorzuheben, mit dem die körperliche Betätigung des Tanzens einhergeht.

Tanzen mit Beeinträchtigung

In der Arbeit mit Menschen mit Beeinträchtigung sollte das Tanzen aufgrund der vielfältigen Fördermöglichkeiten, die es beinhaltet, einen hohen Stellenwert einnehmen. Empfehlenswert wäre ein regelmäßiges Verankern von Tanzstunden im Wochenplan.
Da das Tanzen generell mit Spaß einhergeht, kann gerade in der Arbeit mit Menschen mit jenen psychischen Beeinträchtigungen, die durch depressive Züge charakterisiert sind, Lebensfreude wiederentdeckt werden. Es bietet sich die Möglichkeit, im Tanz seine Sorgen loszulassen und frei und ungezwungen zu handeln. Anspannungen werden für diesen Moment aufgehoben, sodass man nach dem Tanz entspannter dem Alltag begegnen kann.
Bestehen Beeinträchtigungen im sprachlichen Bereich, kann Tanz dazu genutzt werden, sich mit seinen Gedanken und

Abb. 1 Rollstuhltanz

Vorstellungen auf eine andere Weise auszudrücken. Auch wenn verbale Kommunikation bewusst durch den Klienten eingestellt wurde, kann Tanz ein Mittel der Kommunikation darstellen, das eine Öffnung des Individuums zur Außenwelt zulässt.
Die Bewegung trägt zu körperlicher Gesundheit und zu Wohlbefinden bei, was wiederum der leichteren Bewältigung von Alltagshandlungen dient. So stellen beispielsweise die Treppenstufen im Wohnbereich keine mühseligen Barrieren mehr dar, was oft für ältere Menschen mit Beeinträchtigung ein Problem ist.
Aber auch psychosomatische Beeinträchtigungen können aufgrund der physischen Aktivität im Tanz in Verbindung mit Selbstausdruck und Darstellen der eigenen Emotionen besonders gut aufgefangen werden. Psychische Probleme offenbaren sich dadurch, dass ihnen Gestalt verliehen wird. Erfolgt ein Ausbauen der Körpersprache, können eigene Handlungsspielräume in Konsequenz erweitert werden (was in das Handlungsfeld der Tanztherapie fällt).

Zum Weiterlesen

Bastian, H. G.: Musik(-erziehung) und ihre Wirkung. Eine Langzeitstudie an Berliner Grundschulen. 2000

Forschung zur Wirkung von Musik (engl.) *www.psychology.mcmaster.ca/ljt/research.htm*

Dt. Gesellschaft für Tanztherapie e.V. *www.dgt-tanztherapie.de*

Aufgaben

1. a) Nennen Sie 3 Musikstücke, die unterschiedliche Emotionen bei Ihnen auslösen. Erläutern Sie mögliche Gründe für die hervorgerufenen Gefühlslagen.
   b) Drücken Sie Ihre Emotionen im Tanz bzw. durch Bewegung aus. Reflektieren Sie über den Unterschied zwischen passiver Emotionsempfindung beim Hören der Musikstücke und bei aktivem Selbstausdruck der entstandenen Gefühle.
   c) Stellen Sie Überlegungen zur Arbeit mit Menschen mit Beeinträchtigung in Verbindung mit Emotionen an; beschreiben Sie Konsequenzen für Ihre Arbeit aufgrund der gewonnenen Erkenntnisse.
2. a) Stellen Sie Ihre individuelle „Gute-Laune-Zeit", hervorgerufen durch unterschiedliche Musikstücke, zusammen.
   b) Praxisaufgabe: Richten Sie eine auf Musik basierende „Gute-Laune-Zeit" für einen Klienten ein.
3. a) Lesen Sie folgenden Text fünfmal und versuchen Sie, ihn auswendig aufzusagen:

Der Humanismus meint den Menschen

„Das Wort Humanismus leitet sich ab vom lateinischen Begriff der ‚Humanitas', Menschlichkeit, – der Humanismus beschäftigt sich mit dem Wesen des Menschen und spürt seiner Existenz und seinem Sinn nach. Der Humanismus wird zur Weltanschauung, die sich an den Interessen, den Werten und der Würde jedes einzelnen Menschen orientiert. Traditionelle Kräfte wie die Religion oder Herrschaft werden hinterfragt und nicht unkritisch übernommen. Der moderne Mensch mit seinen Gaben und gestalterischen Fähigkeiten wird hervorgehoben. Die Humanisten tragen der Tatsache Rechnung, dass der Mensch aus eigenem Antrieb fähig ist, sich und seine Welt zu begreifen, kritisch zu hinterfragen und weiterzuentwickeln."

(WDR.de/Delvaux de Fenffe)

   b) Singen Sie folgenden Text fünfmal, begleitet von Bewegungen. Versuchen Sie dann, auch diesen Text singend und handelnd wiederzugeben:

Petrarca und das finstere Mittelalter

„Urvater der Humanisten ist der Dichter Petrarca, der neben Dante und Boccaccio zu den ‚3 Kronen' des Trecento, des 14. Jahrhunderts, gehört. Petrarca erspürt den bevorstehenden epochalen Umbruch, er deklariert kurzerhand die Zeit nach der Antike bis in seine Gegenwart als eine Periode der ‚tenebrae', der undurchdringlichen Dunkelheit. Und Petraca weist den Zeitgenossen den Weg aus diesem Dunkel: Es ist die Rückbesinnung auf das Zeitalter der Antike. Mit Petrarca wertet der Mensch der Renaissance die vergangenen Jahrhunderte als ‚finsteres Mittelalter' ab, er schafft einen künstlichen Einschub zwischen Antike und Renaissance – das Mittelalter, eine Un-Zeit, die er für rückständig erklärt. Die Renaissance hingegen soll Epoche machen und an Epochales der Antike anschließen."

(WDR.de/Delvaux de Fenffe)

   c) Evaluieren Sie, an welchen Text aus a) und b) Sie sich besser erinnern konnten und vergleichen Sie Ihre Erfahrungen mit denen Ihrer Mitstudierenden. Ziehen Sie ein persönliches wie berufliches Fazit aus Ihren Erkenntnissen.

9 Kunst und Werken

Abb. 1 Im Zoo

Peter W., 35 Jahre alt, ist seit seiner Geburt geistig behindert und hat Epilepsie. In seiner Jugend hatte er häufig innerhalb einer Woche mehrere große Anfälle („Grand Mal"). Nach mehreren Umzügen und der Unterbringung in verschiedenen Wohngruppen lebt Peter nun in einer beschützten Wohngruppe.
Peter hat kaum Kontakte zu den anderen Bewohnern und Bewohnerinnen. Er geht nicht in die Werkstatt zum Arbeiten und nimmt nur unregelmäßig an den bisherigen Angeboten in der Tagesstruktur der Einrichtung teil. Er ist in seinen Aktivitäten sehr verlangsamt und nimmt wenig Kontakt auf.

Seit einiger Zeit geht Peter jedoch dreimal in der Woche für eineinhalb Stunden zur Kunsttherapie. Wortlos zeichnet er mit Stiften Linien aufs Blatt und stellt mit einfachen Schemata Ereignisse aus seinem Leben dar. Diese können aus jüngster Zeit stammen (z. B. Geschehnisse aus der Wohngruppe, ein Besuch im Zoo) oder auch weiter zurückreichen in seine Kindheit und Jugend auf dem elterlichen Bauernhof.
Überhaupt spricht Peter kaum und wenn, dann kommt er sehr schnell ins Stottern, besonders wenn er etwas aufgeregt ist. Hat er sein Bild beendet, setzt sich der Kunsttherapeut neben ihn und Peter erzählt, was er dargestellt hat. Manchmal weiß er ein Wort, einen Begriff nicht und fragt dann den Kunsttherapeuten, wie das, was er gezeichnet hat, heißt.
Er kann nicht lesen und schreiben, aber wenn er Buchstaben in Blockschrift vorgezeichnet bekommt, zeichnet er diese nach. Auf diese Weise kommen auch Worte und Satzfragmente in die Bilder, schriftliche Botschaften, die ihm wichtig sind. Schließlich entstehen so mithilfe des Kunsttherapeuten kurze Botschaften, die Peter seiner Mutter schickt.

Abb. 2 In dieser Zeichnung stellt Peter verschiedene Ereignisse dar

Im Laufe der Zeit fällt auf, dass Peter immer flüssiger spricht und das Stottern seltener auftritt. Zum Kunsttherapeuten entwickelt sich eine vertrauensvolle Beziehung über die Kunsttherapie hinaus. Bei Problemen ist dieser oft der erste Ansprechpartner.
Es wird nach einiger Zeit eine positive Veränderung seiner Persönlichkeit bemerkbar, die einen lebhafteren und interessierten Menschen zeigt, der beginnt, sein Leben selbstbestimmter zu gestalten.
Höhepunkt dieser Entwicklung ist sein Eintritt in die Elektroabteilung der Werkstatt für Menschen mit Behinderung.

9.1 Jeder Mensch ein Künstler oder eine Künstlerin

„Sie erwarten von mir, dass ich Ihnen sage, dass ich Ihnen definiere: Was ist Kunst? Wenn ich es wüsste, würde ich es für mich behalten." (Pablo Picasso, 1926)

9.1.1 Zur Bedeutung von Kunst für das Mensch-Sein

Kunst und Kultur, die schöpferische Auseinandersetzung mit der Welt gehören seit den frühesten Anfängen zum Leben der Menschen. Sei es in der Musik oder im Tanz, sei es im bildnerischen Gestalten oder im Theater, sei es als aktiv schaffende Künstlerin oder als Genießer kultureller Darbietungen – in ihren vielfältigsten Facetten gehören kreative Ausdrucksformen zum gesellschaftlichen Leben.

Neben der Auseinandersetzung mit der Welt stellt Kunst – hier noch im weiteren Sinn verstanden – eine Form der Auseinandersetzung des Menschen mit sich selbst dar. Im künstlerischen Tun erlebt sich der Mensch als Schaffender. Im Werk, aber auch im Prozess des Gestaltens entwirft der Mensch seine Individualität und entwickelt damit seine eigene Identität.

Zeichen setzen und Spuren hinterlassen, Dinge neu ordnen und die Welt umformen, sich ausdrücken und sich mitteilen gehören wesentlich zum Mensch-Sein dazu. Egal ob jung oder alt, ob Mann oder Frau, ob mit oder ohne Behinderung – künstlerisches Tun bietet jedem Menschen eine einzigartige Möglichkeit, sich auf individuelle Art und Weise mit selbst gewählten Themen zu beschäftigen.

Abb. 1 Zeichen setzen, Spuren hinterlassen

Abb. 2 Für die einen Kunst, für die anderen ein Ärgernis: Sprayer

Kunst und Kultur beziehen ihre Faszination und ihre Wirkung aus diesen individuellen Beschäftigungen der Menschen mit der Welt. Diese Weltsichten in ihrer Vielfalt einerseits und diese unterschiedlichen subjektiven „Sichten auf die Welt" andererseits ermöglichen umfassende Teilhabe. Künstlerisches Tun und Kreativität eröffnen Perspektivenvielfalt. Jeder Mensch kann in seiner persönlichen Ausdrucksform seinen eigenen Beitrag zum gesellschaftlichen Leben leisten.

9.1.2 Der Mensch als Gestalter

Kunst und Kultur sind Ausdruck des menschlichen Daseins und des individuellen So-Seins. In der aktiven Auseinandersetzung mit Materialien und Gegenständen gestaltet der Mensch seine Welt. Er erlebt sich dabei als selbstwirksam. Er erfährt sich als Mensch. Doch nicht nur der einzelne Mensch, sondern auch gesellschaftliche Gruppen drücken in Kunst und Kultur ihre Identität aus.

Damit hat Kunst zugleich auch eine gestaltende gesellschaftliche Dimension. Kunst und Kultur verbinden Vergangenes mit Gegenwärtigem und sie eröffnen Perspektiven auf Zukünftiges. Im künstlerischen Tun gestaltet der Mensch Geschichte, in Kunstwerken bewahren sich Erinnerungen. Kultur ist gleichsam das Gedächtnis der Menschheit.

Abb. 1 Ein Bild gegen Krieg und Zerstörung: Pablo Picassos Guernica (1937)

Kunst und Kultur gibt es nur in Vielfalt und schließlich zeigt sich in der Kunst die Vielfalt und Verschiedenheit der menschlichen Kulturen. Gleichzeitig verbindet Kunst aber auch die verschiedenen Kulturen.

So ermöglicht und erlaubt Kunst in besonderer Weise die Verbindung von Einzigartigkeit und Verschiedenheit, von Identität und Diversität. Kunst hilft Inklusion zu gestalten, zu verwirklichen und zu erleben.

9.2 Kunst im Wandel der Zeit

9.2.1 Kunstbegriff und Bedeutung

Fragt man nach der Bedeutung des Wortes „Kunst", so steht man vor einer Vielzahl von Erklärungen. Dem Volksmund nach gilt: „Kunst kommt von Können". Wer handwerklich geschickt ist, virtuos eine Tätigkeit ausübt, auf seinem Gebiet fachlich etwas kann und kompetent ist, ist ein „Künstler". So impliziert *können* aber nicht nur eine Fertigkeit, sondern schließt auch Wissen und Kenntnisse ein.

Damit steht das Wort „Kunst" mit *kennen* in Zusammenhang. Es geht darum, den Dingen auf den Grund zu gehen, neue Zusammenhänge zu erschließen und zu begreifen, über Begriffe und Erkenntnisse letztlich zu einer neuen Weltsicht zu gelangen.

Für viele Menschen ist „Kunst" untrennbar mit dem „*Schönen*" verbunden. Etwas gilt als besonders „kunstvoll" oder als „künstlerisch" gelungen, wenn es gehaltvoll und geschmackvoll ist. Im alltäglichen Sprachgebrauch wird dann etwas als „ästhetisch" bezeichnet.

Seinem Ursprung nach geht das Wort Ästhetik auf den griechischen Begriff „aisthesis" zurück. Dieses bedeutet Wahrnehmung, im Sinne von sinnlich erfahrbarer Wahrnehmung. Damit ist Ästhetik nicht auf die schönen Künste, auf das Geschmackvolle und das Schöne zu reduzieren. Vielmehr geht es in der Ästhetik um die **Bildung des Wahrnehmungsvermögens**, es geht um die Schulung und Entwicklung von Eindrucks- und Ausdrucksfähigkeit und schließlich um eine Gefühls- und Urteilsbildung.

Griechisch aisthetike = Wissenschaft vom sinnlich Wahrnehmbaren, zu: aisthetikos = wahrnehmend, zu: aisthanesthai = wahrnehmen

Kunst ist also gekennzeichnet durch mehrere Dimensionen:

- Zum einen ist sie eine praktisch-produktive Tätigkeit im Sinne einer handwerklichen Fertigkeit und Fähigkeit,
- zum zweiten ist Kunst ein Vorgang der Welterschließung und damit ein erkenntnistheoretisch-emanzipatorischer Akt und
- drittens ist Kunst ein Prozess sinnlich wahrnehmender Selbstbildung.

9.2.2 Historischer Exkurs

Abb. 1 Höhlenmalerei aus Lascaux, Frankreich (ca. 15.000 v. Chr.)

Ihrem Ursprung nach hat Kunst kultisch-religiöse Wurzeln. Sich ein Bild von etwas machen – dieses hieß die Angst vor etwas zu vertreiben, etwas in seinen Besitz zu nehmen, Macht über etwas zu bekommen. Im Bildnis wurden Gefühle ausgedrückt und dem anderen etwas mitgeteilt.

In der Antike galten Maler und Bildhauer als Handwerker – ihre Produkte entsprechend nicht als Kunstwerk. Geachtet wurde das Theater. Durch das Miterleben der antiken Tragödie sollte der Mensch von seinem Leid befreit und gereinigt werden. (Katharsis = Reinigung).

Im Mittelalter stand die Kunst vor allem im Dienst der Kirche und der politischen Obrigkeit. Der bildende Künstler galt als Handwerker, der die Auftragsarbeiten (Malerei, Bildhauerei, Musik) ausführte und hinter sie zurücktrat. Eine besondere Bedeutung kam der Buchmalerei zu, insbesondere der Ausgestaltung biblischer Szenen. Die Bilder dienten der Information der Gläubigen, die Kenntnisse der Heiligen Schrift waren eine Voraussetzung zum Verständnis der Werke.

In der Renaissance löste sich der Künstler allmählich aus den politischen und religiösen Abhängigkeiten – die Kunst wird autonomer, der Künstler ist nicht mehr länger Auftragskünstler. Mit Leonardo da Vinci (1452–1519), zugleich Maler und Bildhauer, Architekt und Ingenieur, brachte diese Zeit einen der bedeutendsten Universalgelehrten aller Zeiten hervor.

Umgang mit Menschen mit Behinderung in der Kunst

In den Werken der bildenden Kunst schlagen sich zugleich auch die gesellschaftlichen Diskussionen um den Umgang mit Menschen mit Behinderungen, in der Regel mit psychisch Erkrankten, nieder. Mit Albrecht Dürers (1471–1528) Kupferstich „Melencolia I" (▶ **Abb. 3**) findet sich eine der ersten und bedeutendsten Auseinandersetzungen mit dem Rätsel der melancholischen Verfassung in der bildenden Kunst. Auch wenn sich der meisterhafte Kupferstich einer umfassenden und endgültigen Erschließung verwehrt, so gilt das Werk doch vielen Betrachtern als eine Allegorie der melancholischen Depression.

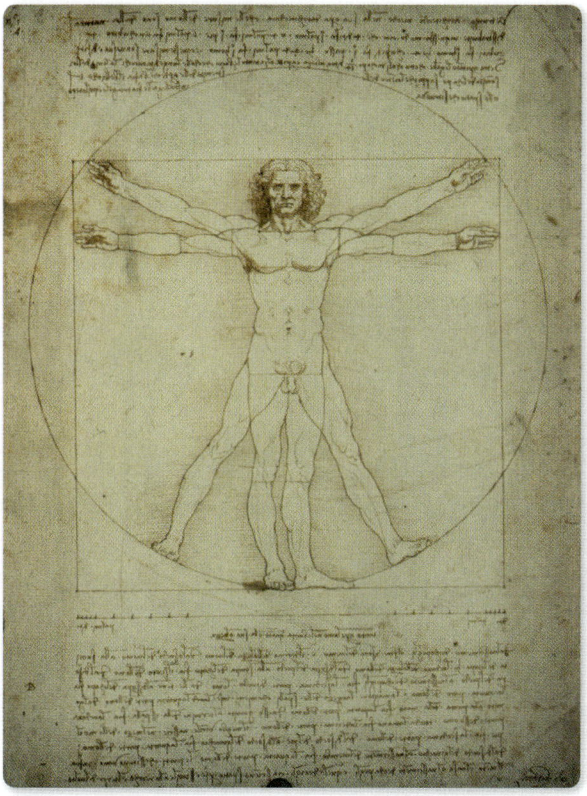

Abb. 2 Leonardo da Vinci: Der vitruvianische Mensch (um 1490)

Abb. 3 Albrecht Dürer: Melencolia I (1514)

Abb. 1 William Hogarth: A Rake's Progress (1733/1735)

Abb. 2 Francisco Goya: Casa de Locos (1815/19)

Mit der Aufklärung rückt zunehmend der Freiheitsbegriff in den Fokus auch von Kunst und Kultur. Die beginnende Industrialisierung beschleunigt das Entstehen eines unabhängigen Kunstmarktes und eines für diesen produzierenden freien bildenden Künstlers. In der Philosophie werden die Begriffe „Kunst" und „Ästhetik" neu ausgelotet. Friedrich Schiller (1759–1805) stellte die erzieherische und emanzipatorische Funktion der Ästhetik in den Mittelpunkt seiner Briefe „Über die ästhetische Erziehung des Menschen" (1795). Das Ideal der Freiheit lag für ihn in der Kunst, die Verstand und Gefühl zu einem Ausdruck formt. Hierin sah er den Weg zu Selbstbestimmung und produktiver Freiheit.

Schiller konnte zurückgreifen auf die Arbeiten des Philosophen Alexander Gottlieb Baumgarten (1714–1762), der erstmals die Ästhetik als eigenständige Wissenschaftsdisziplin begründete. Selbsterkenntnis und Selbstfindung sind – analog der Vernunft – auf sinnliche Weise möglich. Vielfach werden die Arbeiten Baumgartens heute als Ausgangspunkt kunsttherapeutischer Theoriebildung betrachtet.

Bildnisse von Erkrankungen. Aus der Zeit der Aufklärung stammen ebenfalls frühe Darstellungen damals bekannter Krankheitsbilder, die somit den damaligen Stand der Dinge in medizinischer Sicht als auch die Entwicklung von Heilanstalten und damit die unterschiedlichen Entwicklungen in der Geschichte der Psychiatrie dokumentieren. William Hogarth (1697–1764) hat mit dem Zyklus „A Rake's Progress" (*Werdegang eines Wüstlings* ▸ **Abb. 1**) der Darstellung des Wahnsinns und des gesellschaftlichen Umgangs einen markanten Ausdruck verliehen. Zugleich wirft er damit einen gesellschaftskritischen Blick auf die Zustände im Bethlem Royal Hospital in London, in dem bereits seit 1400 verhaltensauffällige Personen untergebracht waren.

Der spanische Maler Francisco Goya greift dieses Motiv des Wahnsinns auf. In seiner Szene sehen wir leicht oder gar nicht bekleidete „Irre" in ihrer „Unterbringungsanstalt" (*casa de locos*) – eine düstere Szene (▸ **Abb. 2**).

Doch auch die andere Seite der Psychiatrie findet ihren Niederschlag in den Werken der bildenden Kunst:

Im Zusammenhang mit der Aufklärung kam es Ende des 18. Jahrhunderts zu einer entscheidenden Wende, indem es in den psychiatrischen Anstalten zu einer menschenwürdigeren, an den Bedürfnissen der erkrankten Patienten orientierten Behandlung kommt.

In Frankreich ist es der Arzt Philippe Pinel (1745–1826), der nach sinnvollen musischen und handwerklichen Tätigkeiten – ganz im Sinne der heutigen Musik-, Kunst- und Ergotherapie – für die psychisch erkrankten Patienten sucht ▸ **Abb. 3**.

In Deutschland war es entsprechend der Mediziner Johann Christian Reil (1759–1813), der als Begründer der modernen Psychiatrie gilt und mit seiner Schrift „Rhapsodien über die Anwendung der psychischen Kurmethode auf Geisteszerrüttungen" (1803) eine an den Krankheitsbildern orientierte Aktivierung der Patienten vorlegte.

Abb. 3 Die moderne Geschichte der Psychiatrie beginnt üblicherweise mit der „Befreiung" der Wahnsinnigen in den Pariser Krankenhäusern durch den Arzt Philippe Pinel (Künstler unbekannt)

So lässt sich abschließend festhalten, dass im Wandel des Kunstverständnisses sich einerseits die gesellschaftlichen Strömungen und Geisteshaltungen wiederfinden lassen, andererseits sich in den Kunstwerken auch die jeweiligen Diskurse und Diskussionen über den Umgang mit Menschen mit Behinderungen niederschlagen.

9.2.3 Kunst von Menschen mit Behinderung

In der Einschätzung der bildnerischen Werke von Menschen mit geistigen Behinderungen bzw. psychischen Erkrankungen („Geisteskranke") entstanden spätestens ab Ende des 19. Jahrhunderts 2 Grundhaltungen, die sich bis in die Gegenwart verfolgen lassen:

- Auf der einen Seite gibt es ein ausgeprägtes diagnostisches Interesse vor allem vonseiten der Schulmedizin/-psychiatrie, welches sich bis in die heutigen Zeichentests verfolgen lässt.
- Auf der anderen Seite stehen jene Mediziner, Psychiater oder Künstler, die den eigenständigen, originären künstlerischen Wert der Arbeiten erkannten und schätzten.

Heute werden die vielfältigen ästhetischen und künstlerischen Ausdrucksformen unter die Bezeichnung „Außenseiterkunst" gefasst. Andere bekannte Bezeichnungen sind auch „Art Brut" (nach Jean Dubuffet) oder „Outsider Art" (so der englische Kunsthistoriker Roger Cardinal).
Die Bezeichnung Außenseiterkunst verdeutlicht, dass es jenseits der Kunsttradition und der im offiziellen Kunstbetrieb anerkannten Normen einen faszinierenden Reichtum an künstlerischen Ausdrucksformen gibt.
Historisch gesehen finden sich in Deutschland die Wurzeln der Außenseiterkunst dokumentiert in dem Buch von Walther Morgenthaler, Psychiater und Arzt in der Anstalt Waldau bei Bern. Im Jahr 1921 veröffentlichte er „Ein Geisteskranker als Künstler", ein Buch über das künstlerische Werk von Adolf Wölfli, den wohl berühmtesten Außenseiter. Ein Jahr später stieß der Psychiater und Kunsthistoriker Hans Prinzhorn mit dem Buch „Bildnerei der Geisteskranken" (1922) eine breite Diskussion an. Die Sammlung Prinzhorn umfasst mit rund 5.000 Werken einen einzigartigen Schatz, die dem künstlerischen Schaffen von Patienten psychiatrischer Anstalten entstammt.
Während die Veröffentlichungen von Morgenthaler und Prinzhorn, vor allem aber die Werke der „Außenseiter" bei vielen Künstlern der damaligen Zeit, wie Paul Klee, Pablo Picasso oder Max Ernst, ein großes Interesse hervorriefen, nutzten die Nationalsozialisten dieses für ihre Zwecke aus. Mit der vom Propagandaministerium initiierten Wanderausstellung „Entartete Kunst" wurde die damalige moderne Kunst heftig attackiert. Kunstrichtungen wie der Expressionismus oder Dadaismus wurden als entartet und nicht arisch angeprangert, Kunstwerke etwa von Kandinsky, Barlach, Beckmann oder Otto Dix wurden aus den Museen entfernt. Zahlreiche Künstler gingen ins Exil, andere wurden von den Nationalsozialisten in den Konzentrationslagern umgebracht.

9.3 Perspektiven künstlerischen Tuns in der Heilerziehungspflege

Wenn von künstlerischen Prozessen oder ganz allgemein von Kunst in der Arbeit mit und von Menschen mit Behinderung die Rede ist, so lassen sich darunter unterschiedliche Perspektiven beleuchten. Je nachdem, mit welchem Ziel oder von welchem Ausgangspunkt die Betrachtung geführt wird, lässt sich ein eher pädagogischer, therapeutischer oder künstlerischer Schwerpunkt bestimmen.
Eine genaue Grenzziehung erscheint schwierig und auch nicht notwendig – allenfalls zur Bestimmung der jeweils geforderten beruflichen Profession. So ist der Übergang zwischen einer pädagogischen, heilerziehungspflegerischen Förderung und Assistenz hin zum Arbeitsfeld eines Kunsttherapeuten oder eines Psychologen fließend, insofern beide auf Befähigung und Selbstwirksamkeit abzielen. Auch wenn der Ausgangspunkt ein künstlerischer ist, so erreicht doch die Unterstützung und Entwicklung des künstlerischen Ausdrucks den Menschen in seiner Ganzheit.
Gemeinsam ist allen Ansätzen die Grundhaltung, dass der Mensch in seinem künstlerischen Tun selbst bestimmt, welche Art der Unterstützung er möchte und benötigt. Wahrzunehmen und anzuerkennen, über welche Interessen jemand verfügt, den vorhandenen Ressourcen Aufmerksamkeit zu schenken, dem Klienten achtsam und respektvoll zu begegnen, sind die Grundlagen jeder künstlerischen Kooperation.

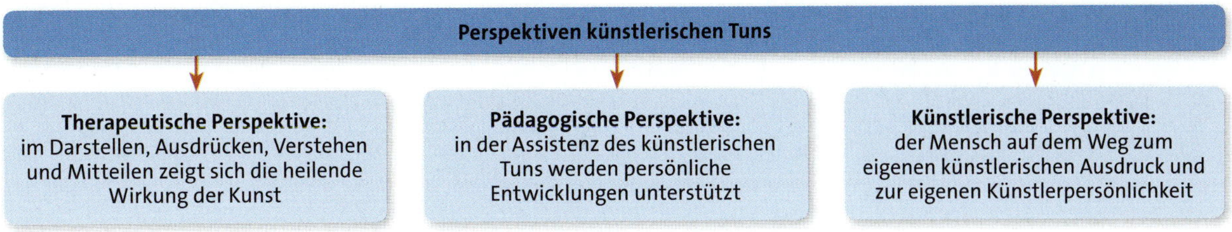

Abb. 1 Die Perspektiven künstlerischen Tuns

9.3.1 Therapeutische Perspektive

Die Einsatzmöglichkeiten kunsttherapeutischen Arbeitens sind vielfältig. In stationären Einrichtungen der Behindertenhilfe und der psychiatrischen Versorgung erleben Kinder, Jugendliche und Erwachsene einen kunsttherapeutischen Zugang als Möglichkeit zur Verbesserung ihrer Lebensqualität. **Kunsttherapeuten** arbeiten in Einzel- oder Gruppenarbeit und sind damit in vielen Einrichtungen fester Bestandteil des Therapiesettings, etwa von Patienten mit (chronischen) Persönlichkeitsstörungen und in der Arbeit mit Menschen in akuten Lebenskrisen. Im ambulanten Bereich kommen etwa Patienten mit einer ärztlichen Verordnung in eine Praxis für Kunsttherapie.

Generell richtet sich die kunsttherapeutische Vorgehensweise nach den persönlichen Bedürfnissen und Voraussetzungen des Patienten. So viele verschiedene Menschen es gibt, so viele verschiedenen Wege sind möglich!

„Erspüren, was der Mensch braucht" (Regina Werner). In den Entscheidungen für die Auswahl des Materials und für die Farben, für die gewählte Formensprache und für die Techniken vollzieht sich die kunsttherapeutische Begleitung. Der Patient ist der Wegweiser für die Arbeitsweise.

Im spontan gemalten Bild werden persönliche Motive und (biografische) Erlebnisse gestaltet, die über den Ausdruck und die Verständigung hinaus für eine Veränderung auf der Gesprächsebene oder auf der bildnerischen Ebene zugänglich werden.

Neben den eigenen Bilderwelten des Menschen, an die der Kunsttherapeut anknüpft, kann auch das Ab- und Nachbilden von Vorgegebenem in unterschiedlichen Gestaltungsweisen eine Rolle spielen. So kann Wahrnehmung sensibilisiert werden, es können neue Wahrnehmungsmuster erprobt und veränderte oder neue Bezüge zur Realität geschaffen werden. Es kann aber auch notwendig sein, die Erlebniskomplexität durch die Vorgabe klarer bildnerischer Strukturen zu reduzieren. Vorschläge für Zeichen, Formen und Farben, ebenso wie Vorgaben für Themen oder Begriffe dienen der Orientierung und helfen, Bilder zu ordnen. So werden über den persönlichen Ausdruck Reflexionen und Entwicklungen der Identität unterstützt.

Schließlich vermag das künstlerische Gestalten sich auch auf die Lebensqualität des Patienten auszuwirken. Sein Persönlichkeitsbild verändert sich, er erfährt sich als selbstwirksam und anerkannt in seinem Tun.

Im Gestalten selbst, in den unterschiedlichen Ausdrucksformen und Zugängen genauso wie im Verstehen und sich Mitteilen über den Prozess und das Produkt zeigt sich die heilende (therapeutische) Wirkung der Kunst.

9.3.2 Pädagogische Perspektive

In der heilerziehungspflegerischen Assistenz und Unterstützung von Menschen mit Behinderung kommt dem Grundgedanken der dialogischen Arbeit eine besondere Bedeutung zu. **Kunst ist Kommunikation.** Über ein künstlerisches Gestalten und Werken miteinander in Beziehung treten, einander zuhören, zu fragen und zu antworten, sich für den anderen zu interessieren – gerade in der Begleitung eines kreativen Schaffensprozesses ist eine ganzheitliche Zuwendung durch eine Fachkraft in besonderer Weise möglich. Kunst ist Kommunikation – dabei kann im Gestalten das ausgedrückt werden, was vielleicht bislang nicht gesagt und ausgesprochen werden konnte. Mit diesem Aktivwerden des Menschen mit Behinderung werden Lebensgefühl und Selbstbewusstsein gestärkt.

Die heilerziehungspflegerische Begleitung zielt auf einen umfassenden (Selbst-)Bildungsprozess ab, der die gesamte Entwicklung des Menschen meint:

- Motorik und Wahrnehmung werden gefördert,
- emotionale und soziale Kompetenzen angesprochen,
- Begriffsbildung und sprachlich-kommunikative Fähigkeiten angeregt,
- das Selbsterleben wird intensiviert.

Basale Stimulation®. Dabei eignen sich Methoden der Basalen Stimulation®, um etwa Menschen mit schwerer Behinderung die Auseinandersetzung mit Materialien und Techniken zu ermöglichen. Farben können am Körper wahrgenommen und erspürt werden, mit Rasierschaum werden Formen auf der Haut erfahrbar, Ton ermöglicht haptisch-taktiles Erleben, in Fotografien können Selbstbildnisse festgehalten werden.

Identitätsbildung. Darüber hinaus trägt die heilerziehungspflegerische Unterstützung auch zur (künstlerischen) Weiterentwicklung des Menschen mit Behinderung bei. Kunstpädagogisches Handeln ermöglicht erste Materialerfahrungen und das Erlernen verschiedener Techniken und Formgebungen. So werden Grundlagen für das eigenständige Gestalten gelegt. Dabei kommt der heilerziehungspflegerischen Fachkraft eine zweifache Aufgabe zu:

- Zum einen bringt sie aufmerksam ihr Wissen um die biografischen Hintergründe des Klienten ein und knüpft an dessen Ressourcen, Möglichkeiten und Wünsche an. So können mithilfe der Kunst jeweils unterschiedliche, ganz individuelle Kompetenzen angeregt und gefördert werden.
- Zum anderen wählt der Heilerziehungspfleger gezielt und begründet Materialien, Methoden und Techniken aus. Dieses verlangt von ihm Kenntnisse und Kompetenzen im Bereich des künstlerischen Gestaltens.

Im pädagogischen Setting verantwortet die Fachkraft die Rahmenbedingungen – ein stressfreier Raum, Zeit zum Ausprobieren und Experimentieren, ggf. sogar die Möglichkeit eines Ausstellungsorts für die Kunstwerke – und ermöglicht Angebote für Gestaltungsprozesse. Erlebnisse, Erfahrungen und Verarbeitungsprozesse bleiben (zum Glück!) nicht planbar und vorhersagbar.

Teilhabe. Neben der Begleitung und Förderung der Identitätsbildung spielt schließlich in der heilerziehungspflegerischen Assistenz der Inklusionsgedanke eine wichtige Rolle. Indem sich über das künstlerische Tun nicht nur eine Tür zum eigenen Erleben öffnen kann, sondern sich auch gleichsam eine Tür nach außen öffnet, ist Kunst ein Schlüssel zur Welt. Die Akzeptanz und Anerkennung des künstlerischen Tuns von Menschen mit Behinderung als eine selbstbestimmte Ausdrucksform ist ein erster wichtiger Schritt, dem der Kunstprozess etwa in einem Atelier folgen kann.

9.3.3 Künstlerische Perspektive

„Was ist das Handicap des Künstlers, der hier ausstellt?" – Frage eines Ausstellungsbesuchers.
„Dass er Künstler ist ..." – Antwort von Jürgen Heinrich, Leiter des Künstlerhauses Lydda in Bethel.

Zunehmend werden bildnerische und gestalterische Kunstprozesse und Kunstprodukte von Menschen mit Behinderungen mit einem künstlerischen Blick betrachtet. Dabei verwehren sich die in den Kunstwerkstätten, Ateliers oder Künstlerhäusern Tätigen und Schaffenden einer allzu vorschnellen Vereinnahmung. So geht es weder darum, dass jede kreativ-künstlerische Ausdrucksform von Menschen mit Behinderung an sich bereits „Kunst" ist, noch geht es darum, dass unter dem Etikett „Kunst von Menschen mit Behinderungen" hier ein Zugang zum Kunstmarkt eröffnet werden soll, und schließlich geht es auch nicht darum, dass über die „Kunst" Wege hin zur Integration und Inklusion von Menschen mit Behinderung scheinbar mühelos beschritten werden können.

Grundsätze der Arbeitsweise im Atelier Goldstein, Frankfurt a. M.

- Künstlerisch begabte Menschen mit Behinderung erhalten Assistenz, ausschließlich bei Bedarf oder auf Wunsch.
- Es wird weder gelehrt noch therapiert.
- Die Persönlichkeit des Künstlers und sein Werk sind der einzige Maßstab für die Betreuung und Vermittlung in der Öffentlichkeit.
- Immer wieder neu und individuell werden Künstler und Werk einer begleitenden Beobachtung unterzogen, um Veränderungen, Entwicklungen, Probleme, Wünsche usw. zu bemerken, zu dokumentieren und darauf einzugehen.
- Die Voraussetzungen, über die ein Betreuer verfügen sollte, sind: menschliche Reife, Einfühlungsvermögen, wirkliches Interesse sowie Kenntnis von Kunstgeschichte, zeitgenössischer Kunst und entsprechenden künstlerischen Techniken.

(Christiane Cuticchio, Leiterin des Ateliers Goldstein)

Im Fokus der künstlerischen Perspektive steht in erster Linie der selbstbestimmt arbeitende Künstler, der sich – mit künstlerischer Assistenz – entfalten und weiterentwickeln will.
Für Künstler und Künstlerinnen mit Behinderung gilt das Gleiche wie für Künstler und Künstlerinnen ohne Behinderung: Die einen geben sich „mit Leib und Seele" ihrem künstlerischen Tun hin, andere brauchen ihre Kunst zum Überleben, für eine weitere Gruppe ist die Kunst ein Hobby, dem sie mit einem großen schöpferischen (Entwicklungs-)Potenzial nachgehen, wiederum andere könnte man als Kunstwerke selbst bezeichnen, bei denen Kunstwerk und Künstlerpersönlichkeit verschmelzen. Kunst als Lebensaufgabe, als Beruf und als Berufung.
Für den Künstler ist zentral, dass das künstlerische Tun selbstreferentiell ist, also seinen Sinn in sich selbst findet.

Unter Selbstreferentialität versteht man die Fähigkeit eines Systems, eine Beziehung zu sich selbst herzustellen und die Differenz von außen und innen wahrzunehmen.

Das künstlerische Arbeiten selbst steht im Vordergrund, der Kontakt und der Austausch mit anderen Kunstschaffenden, ja letztlich die Anerkennung als Künstler. Inklusion ist somit nicht Konzept oder Programm oder gar „heimliches Ziel", sondern **gelebte Realität** in gemeinsamen Arbeitsprozessen, Ausstellungen und Katalogen.
Der begleitenden Unterstützung der Arbeit am künstlerischen Werk und am Prozess selbst kommt eine vorrangige Bedeutung zu. Begleitet wird der – wie bei jedem Künstler manchmal lange und mühsame (!) – Weg zum Selbstausdruck.
Damit ist künstlerische Assistenz eine Ermutigung zur „Selbstformung, Selbstbildung und Selbsterkenntnis" (Klaus Mecherlein).

Beispiele für künstlerische Ateliers und Werkstätten
www.kunsthaus-kannen.de – Museum für Outsider Art
www.schlumper.de – Die Schlumper, eine Hamburger Ateliergemeinschaft
www.lydda.de – Künstlerhaus Lydda, Bethel
www.kreative-werkstatt.de – Kreative Werkstatt Dresden e. V.
www.atelier-goldstein.de – Frankfurt/Main
www.eucrea.de – Verband Kunst und Behinderung e. V.; hier findet sich eine gut dokumentierte Übersicht angeschlossener Ateliers und Museen.

9.4 Kunst bildet Identität

Kunst als Möglichkeit der Selbst-Wahrnehmung

Wie kaum ein anderer Wirklichkeitszugang bietet das bildnerische Gestalten die Möglichkeit, dass der Mensch sich mit sich selbst auseinandersetzt. Für Menschen mit Behinderungen bedeutet dieses, dass sie im Medium der Kunst ihre subjektiven Erfahrungen des „Behindert-Werdens" im Alltag und im gesellschaftlichen Kontext verarbeiten können. Künstlerisches Gestalten verleiht diesen Erlebnissen einen bleibenden und nach außen sichtbaren Ausdruck. Im Werk des Künstlers schlagen sich die Vorstellungen über sein Selbst, über seine Welt und über sein Leben in dieser Welt nieder.
Dabei gelangt der Mensch (mit und ohne Behinderung) im künstlerischen Gestalten zu einer differenzierteren Wahrnehmung der eigenen Person. Der bildnerische Ausdruck ermöglicht dem Künstler einen direkten Zugang zu den eigenen Gefühlen. Begriffsbildungen helfen, sich in der Welt zu orientieren. Dieses erweitert die Möglichkeiten, sich in dieser Welt zu verorten und sich selbst wahrzunehmen. Je vielfältiger die Ausdrucksformen werden, je weiter Konzentrations- und Merkfähigkeit entfaltet werden, umso breiter und intensiver wird der Zugang zur inneren wie zur äußeren Welt.

Kunst als Möglichkeit der Mitteilung

Über das Medium der Kunst treten Menschen miteinander in Kontakt und in Kommunikation. Die bildnerischen Ausdrücke der künstlerisch tätigen Person hinterlassen Spuren und Eindrücke beim Betrachter. Mit diesen Eindrücken eröffnen sich Möglichkeiten des „echten Dialogs", insofern beide Seiten einen Zugang zur Welt des anderen finden.

Dieser Kommunikations- und Mitteilungsprozess trägt umfassend zur Identitätsbildung bei. Erst wenn ich weiß, wie der andere mich sieht, wer ich für ihn bin, kann ich mein eigenes Selbst weiterentwickeln. In der Auseinandersetzung mit dem anderen bildet sich die eigene Identität – gleichsam von außen nach innen. Damit kommt Kunst eine kommunikative, identitätsstiftende Bedeutung zu.

Kunst als Möglichkeit der Selbstbestimmung

Im künstlerischen Prozess erlebt sich der Mensch mit Behinderung als selbstwirksam. In der eigenen Handlung und Tätigkeit wird die Umgebung geformt, in der Wahrnehmung und Beschäftigung mit den Ergebnissen erfährt der Künstler über die individuelle Wahrnehmung hinaus soziale Anerkennung.
Kunst ist Möglichkeit der Selbstbestimmung, insofern im künstlerischen Tun nicht die Defizite im Fokus stehen, sondern an den vorhandenen Fähigkeiten und Ressourcen des Künstlers angeknüpft wird. Diese Erfahrungen schlagen sich in seinem Ich-Gefühl und seinem Selbstbewusstsein nieder.
Neben diesen emotionalen Erfolgserlebnissen beeinflusst künstlerisches Arbeiten auch die kognitive Entwicklung. In der Entwicklung (und Betrachtung) seiner künstlerischen Fähigkeiten und Fertigkeiten erlebt sich der Künstler als zugleich „selbstwirksamer Mensch" wie auch als „lernendes Individuum" (Saskia Schuppener). Indem sich der Mensch mit Behinderung als Kreativ-Schaffender erlebt, verändert er sich positiv und ganzheitlich in seinem Selbstkonzept.

Kunst als Möglichkeit der Auseinandersetzung mit der Welt

Jeder Mensch erschließt sich die Welt um sich herum auf seine eigene Art und Weise. Dabei versucht der Mensch, seinem eigenen Tun eine Bedeutung zuzuschreiben. Menschliches Handeln will sinnvoll sein. In diesem Zusammenhang bietet das künstlerisch-kreative Gestalten jedem Menschen einzigartige Möglichkeiten, sich mit selbst gewählten Inhalten so auseinanderzusetzen, wie er es kann und möchte. Kunst legt die individuelle Sicht des Menschen auf die Welt, auf „seine" Welt frei.
Im künstlerischen Tun wird dabei die subjektive Welt erkundet. Für Menschen mit Behinderung bieten sich hier jenseits sprachlicher, vorgeformter Wege Möglichkeiten der ganzheitlichen Auseinandersetzung.
Im Kunstprozess und im künstlerischen Werk verdichtet sich diese Weltsicht zu einer ganz eigenen Konstruktion von Welt. Gleichzeitig erschließen sich dem Betrachter, der sich auf den Dialog mit diesen Werken und mit dem Kunstschaffenden einlässt, durch das Medium der Kunst gerade diese unterschiedlichen „Sichten auf die Welt".

Kunst als barrierefreies Medium

Von seiner ureigenen Bedeutung her verschließt sich Kunst einer Vereinnahmung und einer Verzweckung – der Mensch ist künstlerisch tätig, weil er sich selbst als Mensch ausdrücken und gestalten will.
Gleichwohl liegt in der Kunst ein Potenzial für die Integration des Einzelnen, eine Möglichkeit für soziale Teilhabe. Kunst bedeutet, mit anderen in eine Beziehung zu treten, wobei diese kommunikative Annäherung nicht auf vorgegebene – vor allem sprachliche – Formen angewiesen ist. Kreativität erlaubt und verlangt geradezu nach Eigenarten und Verschiedenheiten und ermöglicht so Gleichwertigkeit. Indem sich der einzelne Künstler positiv wahrnimmt, Wertschätzung durch andere erfährt und im dialogischen Miteinander bedingungslose und barrierefreie Begegnung geschieht, ereignet sich Inklusion.
Kunst ist somit ein Ermöglichungsraum für Selbstentfaltung (Empowerment) und ein Ermöglichungsraum für Inklusion.

9.5 Künstlerisches Gestalten sich entfalten lassen

9.5.1 Entwicklung des bildnerischen Ausdrucks- und Darstellungsvermögens

Von Beginn an entdecken und erkunden Kinder die Welt um sie herum mit allen Sinnen. Tastend, fühlend, spielend findet die Auseinandersetzung mit sich selbst, mit den Mitmenschen und mit der Umwelt statt. Hier findet das bildnerische Darstellen und Ausdrücken seinen Ausgangspunkt.
Meist **im Alter von einem halben Jahr** kommt es bei den Kleinkindern zu den ersten Schmieraktivitäten. Mit den Fingern, mit der ganzen Hand wird Brei erfühlt, wahrgenommen, verschmiert und verwischt. Dabei werden fundamentale taktile, haptische und sensomotorische Erfahrungen gemacht. Die Motorik der Finger, Hände und schließlich der Arme (des ganzen Körpers) ermöglicht die sensitive Wahrnehmung des Materials. Mit zunehmender Dynamik, in wiederkehrenden, rhythmischen Hin-und-her- sowie Auf-und-ab-Bewegungen gewinnt das Kind Sicherheit und erweitert beständig seinen Aktionsradius. Mit der Beobachtung des eigenen Tuns nimmt das Kind zugleich seine eigenen Schmierspuren wahr – ein „erster bildnerischer Akt" (Georg Peez).
Dem Schmieren folgt das Kritzeln, zumeist mit Stiften oder Kreide auf Papier (oder auf Wänden, der Straße). Erhalten bleiben dabei zunächst die geübten sensomotorischen Bewegungsmuster – so entstehen Schwingkritzel, Hieb-Kritzel, Kreis- und Kreuzkritzel.
Schließlich ordnet das Kind – nun etwa **im Alter von 2 bis 3 Jahren** – den Kritzelspuren eine **Bedeutung** zu. Der Kreis wird zur Sonne, zeigt ein Gesicht, verweist auf einen Teller – es kommt zu ersten Bedeutungszuschreibungen. Die Kompetenz, den Zeichnungen eine Bedeutung zuzuschreiben, also ein Symbol zu schaffen, ist ein wichtiger Baustein für die Entwicklung von Bildsymbolik und Schriftverständnis. Im sinnunterlegten Kritzeln zeigen sich die wachsenden kognitiven Fähigkeiten des Kindes.

Abb. 1 Kindliches Schmieren – erste Bewegungsspuren

Symbolik
Kinderzeichnungen sind voller Symbole – was ein Kinderbild darstellt, erschließt sich erst im genauen Hinschauen und vor allem im Gespräch mit dem Kind über das Bild.
Dieses gilt genauso und vielleicht umso mehr für die Auseinandersetzung mit Bildern erwachsener Menschen mit einer (geistigen) Behinderung, die vielleicht auf den ersten Blick wie Kinderbilder anmuten. In ihren Bildern zeigt sich die Welt von Erwachsenen mit ihren Erlebnissen, die Bilder sind Ausdruck ihrer inneren und äußeren Welt. Das Bild wird zur Sprache, die aufmerksam entschlüsselt werden will.

Abb. 1 Kritzelphase

9.5.2 Zusammenhang zwischen kognitiver Entwicklung und bildnerischem Gestalten

Die Entwicklung des kindlichen Zeichnens und Malens, der gesamten gestalterischen Möglichkeiten hängt von einer ganzen Reihe Faktoren ab. Zum einen hängt das bildnerische Gestalten von den entwicklungsbedingten **Reifungsprozessen** ab – hierunter sind die motorischen Fähigkeiten ebenso zu verstehen wie die kognitiven Bedingungen, die sensorischen oder die emotionalen Kompetenzen.
Zum zweiten sind die von der Umgebung bereitgestellten **Möglichkeiten und Ressourcen** zu nennen. Gibt es ein für das Malen und Zeichnen, Experimentieren und Ausprobieren förderliches Elternhaus? Ist ein ungehinderter Zugang zu Pinsel und Farben, zu Stiften und Papier gegeben? Liegt ein Interesse der Bezugs- und Bindungspersonen an kreativen Prozessen und am gestalterischen Tun des Kindes vor?
Drittens sind natürlich die individuellen **Vorlieben** und Wünsche des Kindes selbst zu sehen. Jeder Mensch entwickelt eigene Zugänge zum künstlerischen Tun.
Es ist vor allem der Bezug zum kognitiven Entwicklungsprozess, der ein besonderes Interesse weckt. Lässt sich an der Kinderzeichnung – oder der Zeichnung eines Erwachsenen mit einer geistigen Behinderung – der „Grad der intellektuellen Reife" ablesen? Oder ist es vielleicht sogar umgekehrt, dass mit der Entfaltung des gestalterischen Tuns sich auch die Kognition (weiter-)entwickelt?

Entwicklungsstufen

Unter der Vielzahl der Herangehensweisen, die Entwicklung des kindlichen Zeichnens zu beschreiben, ist die der Einteilung in Entwicklungsstufen die allgemeinste. Den Stellenwert der Entwicklung des Gestaltungs- und Darstellungsvermögens im Zusammenhang mit der gesamten Entwicklung des Kindes hat dabei besonders der Entwicklungspsychologe **Jean Piaget** (1896–1980) hervorgehoben (▸ **Tabelle, S. 120**).

Kinderzeichnungen. Neben der motorischen Entwicklung spiegelt sich speziell die kognitive Entwicklung des Kindes in den verschiedenen Phasen der Kinderzeichnung.
In aktuellen Forschungen wird der Zeitpunkt für die frühesten Entwicklungen von Bewegungsabläufen etwa in den 5. Lebensmonat datiert. Mit dem Schmieren und Sudeln, wenn Kinder mit ca. 6 Monaten in Flüssigkeiten oder Brei lustvoll ihre Finger bewegen, wird heute der Beginn der darstellenden Entwicklung bestimmt.
Die **Kritzelphase** (ca. 0,5 bis 2,0 Jahre) findet eine Entsprechung in der *sensomotorischen Entwicklungsstufe*, in der das Kind zunächst reflexhaft und noch nicht zielgerichtet seine Handlungen koordiniert. Erst nach und nach kommt es schließlich zum zweckhaften und gerichteten Tun.
Das Erkennen eines Zusammenhangs zwischen den Bewegungen der Hand und den entstehenden Bewegungsspuren führt zur Konstruktion neuer Handlungsschemata wie Zick-Zacklinien und Wellen. Verfügt das Kind über eine geübtere Sensomotorik, so ist es in der Lage, Kreisformen zu zeichnen, die einen ersten einfachen Symbol- und Bedeutungsgehalt haben. In der kognitiven Entwicklung bedeutet dies den Schritt hin zu symbolischem Denken.
Mit den ersten konkreteren Formen wie dem Kreis beginnt die sprachliche Entwicklung. Formen werden mit *Mama, Papa, Auto* benannt und das Kind beginnt, Gegenstände mit Bedeutungen und Begriffen zu verbinden. Die Verknüpfung von *Greifen* und *Begreifen* wird in dieser Zeit besonders wichtig.

Die folgende Stufe des abstrakten oder sogenannten **intellektuellen Realismus (oder Schemaphase**, ca. 5. bis 8. Lebensjahr) ist gekennzeichnet durch ikonische Ordnungs- und Zeichenmuster, eine intellektuell-schematische Darstellung, deren Weiterentwicklung durch die abwechselnden Prozesse von Akkommodation und Assimilation bestimmt werden. Das Kind befindet sich nun in der *präoperationalen Phase*, in der

subjektives, innervorstellungshaftes, merkmals- und motivorientiertes Erleben und intuitives Denken vorherrscht.
Es ist die Zeit der eigenständigsten und fantasievollsten Bildnereien der Kinder. Nach der ersten, rein von der Freude an der Bewegung gekennzeichneten sogenannten Kritzelphase folgt somit die interessanteste und kreativste Entwicklungsstufe. In dieser Zeit entwickeln Kinder ihren individuellen Darstellungsmodus, mit dem sie ihre Welterfahrungen auf die ihnen eigene und persönliche Art zum Ausdruck bringen.
Verschiedene Probleme sind nun zu lösen:
Wie ist der Raum zu organisieren, um auch alles unterzubringen, welche Formen und Farben haben die Dinge? Stimmt das auch so, wie ich es darstelle? Ein andauerndes Überprüfen von Abbildung und wahrgenommener Realität findet statt und führt zu stetigen Veränderungen, bis schließlich ein zufriedenstellendes Ergebnis erzielt ist. *Akkommodation* und *Assimilation* beschreibt Piaget als wesentliche Prozesse zur Entwicklung des bildnerischen Ausdrucksvermögens.

Das Kind gleicht das Schema seiner Wahrnehmung an und verbessert es ständig. So gelangt es über die Schemaphase in die **Phase des visuellen Realismus,** in der schließlich die Darstellung der sichtbaren, äußeren Realität in den Mittelpunkt rückt. Die *konkret-operationale Phase*, mit zunehmender logischer Orientierung führt in der bildnerischen Entwicklung zu immer stärkerer Ausrichtung an der konkreten visuellen Realität.
In der darauf folgenden, die kognitive Entwicklung abschließenden, *formal-operationalen Phase* werden komplexere und hypothetische Denkschemata entwickelt. Abstraktion, gesellschaftskritische Themen und aktuelle jugendtypische Ausdrucksformen wie Graffiti, Sprayen u. a. treten in den Mittelpunkt. Dem kritischen Urteil der Pubertät ist aber häufig auch der Verzicht geschuldet, sich weiter bildnerisch zu betätigen. Oftmals bricht wegen der Diskrepanz zwischen Anspruch und unbefriedigendem Ergebnis das Interesse am bildnerischen Gestalten zu diesem Zeitpunkt ab.

Abb. 1 Schemaphase

Abb. 2 Visueller Realismus

Interpretieren
Vorsicht ist auf jeden Fall vor allzu schnellen Interpretationen von Zeichnungen und Malereien – egal ob von Kindern oder von Erwachsenen – geboten. Gleichwohl können Grundkenntnisse der Entwicklung hilfreich sein für die heilerziehungspflegerische und künstlerische Arbeit und Förderung.

Die Richtlinien und Lehrpläne für die Fachschule Heilerziehungspflege des Landes Nordrhein Westfalen von 3/2008 siedeln die heilerzieherische Methode Werken/ Gestalten an zwischen den beiden Polen:
- Förderung der manuellen Geschicklichkeit
- Entwicklung eigenständiger schöpferischer Aktivität der Menschen mit Behinderung

Ausdrücklich betont wird dabei die Unterstützung bzw. Ermöglichung der Bildung und Entwicklung der Persönlichkeit des Menschen mit Behinderung. Dabei soll besonders der individuelle Mensch mit der Entwicklung seiner originären Kreativität im Sinne eines ganzheitlichen Grundverständnisses im Mittelpunkt stehen. Mittels entsprechender Konzeptionen sollen Heilerziehungspfleger die Verbindung von manueller Tätigkeit mit der Persönlichkeitsentwicklung herstellen. Dabei erscheint es sinnvoll, über die Selbsterfahrung mit Gegenständen und Materialien einen eigenen Standpunkt zu entwickeln. Ausgangspunkt sind die grundlegenden bildnerischen Methoden wie Zeichnen, Malen und Formen.

Zeichnerische Entwicklung	Kognitive Entwicklung (Phasen nach Piaget)
Ca. 0,5 Jahre Schmierspuren in Flüssigkeiten und Brei	*Sensomotorische Phase:* Reflexhaftes Reagieren; das Kind denkt motorisch; Üben/Anwenden von Reflexen, zunächst zufällig, im Laufe der Zeit zweckhaft, zielgerichtet; Koordination von Sehen und Greifen
1–2 Jahre *Kritzelphase:* Visuell und taktil wird an Bewegungsspuren angeknüpft; kinästhetisches Zeichnen: verschiedene Formen von Kritzeln (Hieb-, Schwing-, Kreiskritzel)	Experimentierte Handlungsschemata verfestigen sich; Übertragung auf neue Situationen; Bildung neuer, einfacher Handlungsschemata
2–4 Jahre Sensomotorische Fähigkeiten ermöglichen Kreisform; erste symbolische Benennungen; frühe Symbol- und Bedeutungsgebung; Kopffüßler, Übergang zur Schemaphase	Autonomie; Abgrenzung; Beginn des symbolischen Denkens, Sprechens und Handelns (so tun als ob); Bei-sich-selbst-Sein (egozentrische Weltsicht)
Ca. 4–7 Jahre *Schemaphase (abstrakter /intellektueller Realismus):* Innermodellhaftes Darstellen in Transparenzen (gezeichnet wird das, von dem das Kind weiß, dass es da ist); ikonische Ordnungs- und Zeichenmuster; intellektuell-schematische Darstellung; Entwicklung durch Akkommodation und Assimilation	*Präoperationale Phase: (intuitive Phase)* Subjektives, lebhaftes, innervorstellungshaftes, merkmalsorientiertes Erleben; intuitives Denken; Phase der Kreativität und Neugier, Anmutungserleben und Fantasie
Ca. 7–12 Jahre *Visueller Realismus:* Immer stärkere Orientierung an der sichtbaren Realität; Subjektivität nimmt ab; Gegenstandsbezogenheit (das Kind zeichnet das, was tatsächlich da ist; keine „Röntgenzeichnungen" mehr); realistischere Form- und Farbgebung	*Konkret-operationale Phase:* Zunehmende logische Orientierung; Umkehrbarkeit und Internalisierung von Aktionen; Vorstellung von räumlichen Beziehungen; Klassifikationen und Begriffsbildungen
Ab 12 Jahren Kritisches Urteilsvermögen; Abstraktion; Jugendzeichnung; Verlust des Interesses am Zeichnen	*Formal-operationale Phase:* Eigene Werke werden kritisch betrachtet; Hypothesenbildung; komplexe Denkschemata, z. B. Nachdenken über Ideen und Möglichkeiten

Abb. 1 Phasen der zeichnerischen Entwicklung

Erprobt werden sollen vor allem solche Techniken, die möglichst komplexe, ganzheitliche Erfahrungen ermöglichen, also möglichst viele Bereiche gleichzeitig ansprechen, i. S. der Basalen Stimulation®. Besonders geeignet sind unter diesen Gesichtspunkten Materialien wie Fingerfarben, Sand, Ton.

Zum Weiterlesen

Ch. Leutkart u. a. (Hrsg.): Kunsttherapie aus der Praxis für die Praxis. Materialien, Methoden, Übungsverläufe. 2010

K.-H. Menzen: Kunsttherapie in der Sozialen Arbeit: Indikationen und Arbeitsfelder. 2013

Orientierung. Fachzeitschrift der Behindertenhilfe. Themenheft Kunst, Heft 1/ 2013

M. Somazzi: Spuren machen – Zeichen setzen. Bausteine zum bildnerischen Gestalten. 1999

U. Stritzker/G. Peez/C. Kirchner: Schmieren und erste Kritzel – der Beginn der Kinderzeichnung. 2008

A. Müller/J. Schubert (Hrsg.): SHOW UP. Beiträge zur künstlerischen Aus- und Fortbildung geistig beeinträchtigter Menschen. 2007

G. Theunissen (Hrsg.): Außenseiter-Kunst. Außergewöhnliche Bildnereien von Menschen mit intellektuellen und psychischen Behinderungen. 2007

A. Dienstbier: Kinder, Kunst und Kompetenzen. Kreatives Gestalten in der Sozialpädagogik. 2013

A. Dienstbier: Krippenkinder, Kunst und Kompetenzen. Kreatives Gestalten in der Frühpädagogik. 2014

9.6 Künstlerisch-gestalterisch aktiv sein: Methoden, Materialien und Möglichkeiten

9.6.1 Zeichnen

Zeichnen ist die Kunst,
Striche spazieren zu führen.
Eine Linie ist ein Punkt,
der spazieren geht.
(Paul Klee, Künstler, 1879–1940)

Abb. 1 Frau (Kreidezeichnung)

Zeichnen bedeutet, auf Flächen oder Objekten lineare Spuren zu erzeugen. Dabei sind Punkt und Linie die gestalterischen Grundelemente. So können Strukturen erzeugt und Flächen abgegrenzt werden. Bedingt durch ihre Entstehungsweise hat jede Linie ihren eigenen Ausdruckswert. Mit spitzem Stift, Stahlfeder oder dünnem Permanentmarker gezogene Linien wirken präzise, klar und hart. Pinselstriche hingegen haben eher malerischen Charakter und wirken weicher. Ein zarter, kaum sichtbarer Bleistiftstrich wirkt fragil, ein kraftvoll, vehement geführter weicher Stift kann äußerst expressive Spuren hinterlassen, die momentane innere Befindlichkeit darstellen können.

Zeichnen, heißt es, ist „Denken mit dem Stift". Es erfordert hohe Konzentration und Ausdauer. Es ist die ursprünglichste und früheste Form des bildnerischen Ausdrucks. Das Kleinkind schmiert lustvoll mit der verschütteten Flüssigkeit oder dem verkleckerten Brei. Zeichnen und Zeichensetzen ist Ausdrucksweise und Verständigungsmittel. Mit wenigen Strichen erklärt man einem Fremden den Weg oder veranschaulicht einen Gedanken. Zeichnerisch klärt man Sachverhalte, ordnet seine Eindrücke und verleiht seinen Wahrnehmungen Ordnung und Struktur.

Zeichenmaterialien: Bleistifte verschiedener Härtegrade, Buntstifte, Aquarellstifte, Filzstifte, Kugelschreiber, Füllfederhalter, Federn, Zeichenkohle, Rötel, Kreide, Pastellkreide, Pastell-Ölkreide, Wachsmalstifte (auch aus Bienenwachs erhältlich), verschiedene Zeichenpapiere unterschiedlicher Stärke

9.6.2 Malen

Während beim Zeichnen ein Gegenstand mit Umrissen definiert wird, geht es beim Malen zwar gleichermaßen um einen bildhaften Ausdruck, jedoch unter Verwendung der vielfältigen Ausdrucksmöglichkeiten von Farben, Formen und Flächen. Im Malexperiment kann der Mensch unbefangen und frei seinen Empfindungen Ausdruck verleihen. Im Malen sind schnelle Ergebnisse möglich, das Spiel mit dem Zufall regt die Fantasie an. Über Fingerfarben, etwa vermischt mit Kleister, wird Farbe haptisch erlebbar.

Die einzelnen Farben haben unterschiedliche Farbwirkungen, mit denen verschiedene Stimmungen ausgedrückt werden können – von der abstrakten, gestischen Pinselspur über einfache bildnerische Formgebungen bis hin zu komplexen Farbkompositionen.

Abb. 2 Stadt (Aquarell)

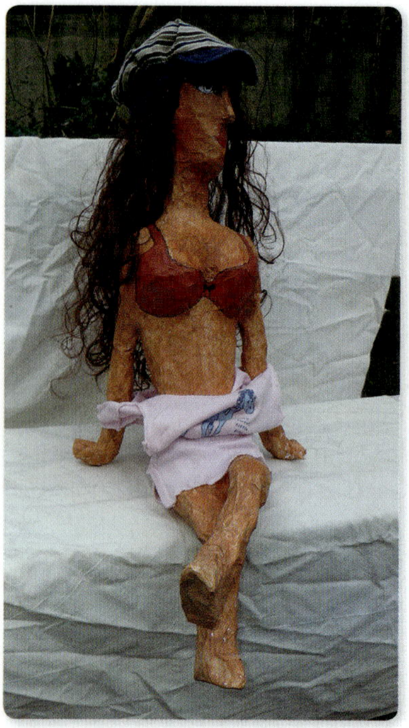

Abb. 1 Bikinifrau (Pappmache)

Abb. 2 Kopf, mit Engobe bemalt und glasiert (Ton)

Abb. 3 Weiblicher Akt (Ton)

Aquarellfarben sind mit ihrer Transparenz und leuchtenden Farbigkeit besonders ausdrucksstark und intensiv. Acrylfarben trocknen schnell und ermöglichen rasches Arbeiten. Pastellfarben ermöglichen eine zarte Farbgebung mit weichen Übergängen. Wachsmalkreiden bieten eine hohe Festigkeit und materielle Stabilität im Einsatz in der Praxis.
Für die Heilerziehungspflege eignen sich hier mitunter besonders aus Bienenwachs hergestellte Kreiden.

9.6.3 Modellieren

Modellieren heißt plastisches Gestalten mit verschiedensten Materialien. Dieses geht von der bereits aus dem Kindergarten bekannten einfachen Knetmasse über Pappmasche bis hin zum Arbeiten mit Ton.

In der heilerziehungspflegerischen Praxis ermöglicht Modellieren raumgreifende Erlebnisse und fördert die Entwicklung und Entfaltung handwerklicher Fertigkeiten. In besonderer Weise werden die motorischen Fähigkeiten (Feinmotorik der Hand) und die Auge-Hand-Koordination angeregt. Das Formen mit Ton wird wegen seiner Direktheit und Emotionalität gerade im kunsttherapeutischen Bereich häufig eingesetzt. Es knüpft an und erinnert an frühe Kindheitserfahrungen mit Matsch.
Jeder Eindruck beim Modellieren ergibt unmittelbar einen Ausdruck. Die Arbeit mit Ton bietet aber auch die Möglichkeit, sich körperlich auszuagieren. Alle Wahrnehmungssinne werden angesprochen.

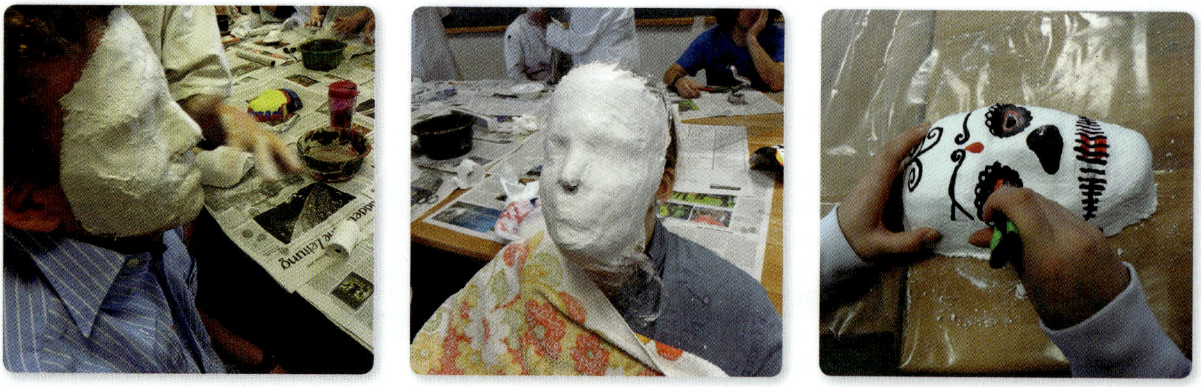

Abb. 4 Herstellung der Gipsmasken

Abb. 1 Buschgeister (Ton)

Abb. 2 Ytongköpfe

Gipsabdrücke ermöglichen das Erleben und die Auseinandersetzung mit dem eigenen Körper. Aus Draht werden einfache Formen und Körper hergestellt, denen mit Gipsbinden Volumen und Gestalt verliehen wird ▸ **Abb. 4, linke Seite**.

Ein Produkt des Modellierens sind bspw. die Hand- und **Kommunikationspuppen**. Mit ihnen kann Kontakt und Kommunikation hergestellt werden.

9.6.4 Bildhauern

Im Unterschied zum Modellieren wird beim Bildhauern an einem vorgegebenen Material etwas weggenommen – vom Gipsstein wird etwas weggeschlagen, in der Holzschnitzerei ein Holzstück bearbeitet, der Speckstein wird beschnitten und abgeschmirgelt, bis er seine neue gewünschte Form erhalten hat. Die Arbeit an Ytong-Steinen (ein weiches und leicht zu bearbeitendes Material) erfordert gewisse Vorsichtsmaßnahmen wegen der Staubentwicklung (z. B. Mundschutz) oder es wird nach Möglichkeit im Freien gearbeitet. Wenn das beachtet wird, so ermöglicht der Ytong-Stein eine hohe Vielfalt: Die Skulpturen können je nach Fähigkeiten großzügig oder differenziert bearbeitet werden, figürliche oder abstrakte Darstellungen sind möglich und schließlich lässt sich das Produkt mit Modelliergips weitergestalten oder mit Acrylfarben bemalen ▸ **Abb. 2**.

Das Bildhauern stellt besondere Anforderungen an die Vorstellungskraft und an die manuelle Geschicklichkeit. Je nach Größe des Objekts und Beschaffenheit des Materials variiert die körperliche Kraft, die bei der Bearbeitung aufgebracht werden muss.

> Die Bezeichnung Skulptur kommt aus dem Lateinischen sculptura und bezieht sich auf sculpere, was so viel heißt wie ‚schnitzen', ‚bilden', ‚meißeln'.

9.6.5 Bauen und Konstruieren

Im Unterschied zum Modellieren und Bildhauern steht hier das Bauen und Konstruieren im Sinne von etwas zusammenbauen, zusammensetzen und konstruieren im Mittelpunkt. Plastisch geformte Objekte, etwa aus Ton modelliert oder aus Stein gehauen, besitzen oft einen eher organischen Charakter, während diese Objekte eher architektonisch-geometrische Formen ergeben.

Papier und (Well-)Pappe, Holz und alle möglichen Alltagsgegenstände („wertfreies Material"), industriell vorgeformte Gegenstände (Schachteln, Papprollen, Korken, Blechdosen, Plastikgegenstände) und Naturmaterialien spielen beim Bauen und Konstruieren eine wichtige Rolle.

Aus Wellpappe lassen sich leicht kleine Objekte bauen, Holzreste können zu fantastischen Objekten wuchern. Es können auch größere Projekte für kleine Gruppen entwickelt werden, z. B. der Bau eines Windrads. So ein **Projekt** kann gut in einen größeren thematischen Zusammenhang eingebunden

Abb. 3 Badezimmer (Puppenstube im Karton)

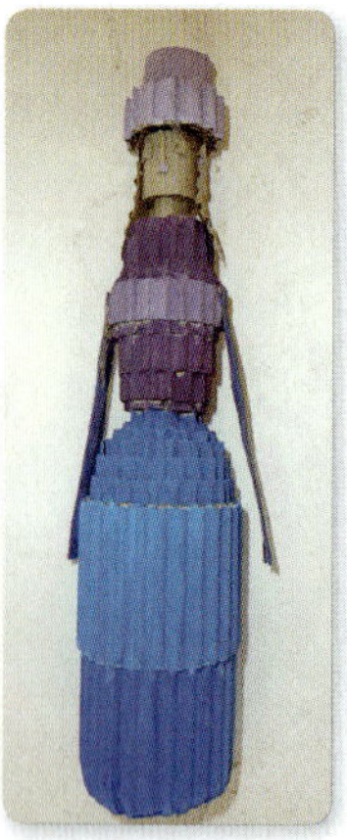

Abb. 1 Frau (Wellpappe)

Abb. 2 Tierkarussell (Holz)

Abb. 3 Mann mit Kugel (Holzreste zusammenmontiert und bemalt)

werden, beispielsweise zum Thema „Wetter“. Eine selbst gebaute **Tastwand** und ähnliche Objekte, etwa ein **Sinnesparcours,** lassen sich einbinden in den weiten Bereich der Sinneserfahrungen und Wahrnehmungen.

Dem Spielen mit den vorgeformten Dingen und dem Montieren kommen dabei besondere Bedeutung zu.

9.6.6 Collagieren

Collagieren bedeutet zu experimentieren mit verschiedensten Materialien: farbigen Papieren, Pappe, Fotos, Zeitungsausschnitten, Stoffen. Je nach Möglichkeiten und Voraussetzungen spannt sich der Bogen von mit wenig Aufwand hergestellten Collagen (z. B. aus gerissenen bunten Papieren) bis zu sehr aufwendig gestalteten Collagen aus unterschiedlichen Abbildungen, die zusammengefügt eine gänzlich neue Bildkomposition ergeben (Fotocollage ▸ **Abb. 4**).

Collage – von französisch coller = kleben; papier collés = geklebtes Papier

Die Collage hat ihren Ursprung im **Kubismus** der Künstler Pablo Picasso (1881–1973 ▸ **Abb. 4**) und George Braque (1882–1963). Diese *papier collés* bildeten die Grundlage aller nachfolgenden Collage-Techniken bis hin zum *Ready-made*

Das Wort Kubismus ist abgeleitet von frz. cube bzw. lat. cubus für Würfel.

Ready-made ist eine von Marcel Duchamp (1887–1968) eingeführte Bezeichnung für vorgefertigte oder industriell produzierte Gebrauchsgegenstände, die vom Künstler ohne jede Veränderung ihrer äußeren Gestalt zu Kunstwerken erklärt werden (▸ **Abb. 1, nächste Seite**).

Abb. 4 Pablo Picasso: Stillleben mit Rohrstuhlgeflecht (1912, Collage)

Abb. 5 Theater (Collage)

Abb. 1 Marcel Duchamp: Fahrrad (1913, Ready-made)

Im Jahre 1912 begannen Picasso und Braque, in ihre Bilder Tapetenreste, mit Holzmaserung bedrucktes Papier, Zeitungsausschnitte und andere Materialien einzukleben. Auf diese Weise fügten die Künstler Teile der Wirklichkeit direkt in ihre Bilder, ohne den Umweg über die Malerei. So demonstrierten sie, dass alle möglichen Materialien für die bildnerische Arbeit zur Verfügung standen und brachen so mit der bisherigen künstlerischen Tradition.

Wichtig ist bei allen Varianten der Collage die Bereitschaft zu experimentieren, die unterschiedlichsten Materialien zu kombinieren, mutig scheinbar Unvereinbares miteinander zu verbinden. Der Begriff des Absurden ist in diesem Zusammenhang von großer Bedeutung. Das Rationale spielt keine Rolle mehr, das Spiel mit der willkürlichen Zusammenstellung von Dingen, um in surrealistische Traumwelten vorzudringen, steht im Mittelpunkt. Scheinbar Divergierendes bildet eine neue Einheit. Im Materialbild können die Farben mit den unterschiedlichsten Materialien vermischt werden, wie Sand, Gips, Mörtel, Stroh, Holz oder anderen Rohmaterialien.
Die Collagetechnik eröffnet große Freiräume zur individuellen Entfaltung. In ihrer Offenheit und **Nähe zum Spiel** ermöglicht sie jedem Menschen, der sich darauf einlässt, über seine Grenzen hinaus sich träumerisch in unbekannte Dimensionen zu begeben.
Eine Sonderform ist die **Decollage**: Sie ist das genaue Gegenteil der Collage. Ihr Prinzip ist die kreative Zerstörung. Das Prinzip gleicht dem einer Plakatwand, viele Plakate sind schon in Lagen übereinandergeklebt. Manche Plakate sind teilweise abgerissen, tieferliegende Schichten werden teilweise sichtbar, neue Bilder setzen sich so zusammen. Man nimmt dazu eine dicke Pappe oder ein Brett und klebt am besten ganze Seiten aus Zeitschriften in einer dicken Schicht mit Kleister übereinander. Wenn das Ganze getrocknet ist, beginnt man, vorsichtig einzelne Schichten wieder abzureißen, bis man mit der neuen Komposition zufrieden ist.

9.6.7 Drucken

Das Wesen des Druckens liegt darin, ein und dasselbe Motiv zu vervielfältigen. So können beispielsweise ein Kalender, ein Plakat oder Einladungskarten für Feste in größerer Auflage erstellt werden. Andererseits kann aber auch dasselbe Motiv durch experimentelle Drucktechniken und Gestaltungen variiert werden. Die Druckergebnisse lassen sich außerdem weiterbearbeiten.
Es gibt verschiedene Druckverfahren. Im **Hochdruck** bspw. im Holz- und Linolschnitt werden nur die hochstehenden Teile der Druckvorlage gedruckt, im **Tiefdruckverfahren** werden alle durch Einritzungen entstandenen Vertiefungen gedruckt, z. B. in der Radierung.

Abb. 2 Florales (Linoldruck)

Abb. 3 Papagei (Linoldruck)

Für die heilerziehungspflegerische Praxis eignen sich als einfachste Drucktechniken Material- und Stempeldruck. Dabei sind die Materialien nahezu unerschöpflich: Stoff- und Pappreste, Holzstücke, Korken, Pflanzen u. v. m.

9.6.8 Fotografieren

Dank digitaler Technik kann man heute schnell und unkompliziert fotografieren und sofort die Ergebnisse betrachten, beurteilen und weiterverwerten. Man kann die Fotos bearbeiten, ausdrucken und den Ausdruck weiterbearbeiten, übermalen, überzeichnen, als Collagematerial verwenden. Am Computer kann schon mit einfachen Programmen an den Fotos gearbeitet werden. Auch besteht die Möglichkeit, einfache Trickfilme zu erstellen.

Thematisch kann diese Technik gut eingebunden werden in die Auseinandersetzung mit dem Alltag, der Umgebung (z. B. die Beschäftigung mit dem Sozialraum), Beschäftigung mit dem Selbstbild, der eigenen Geschichte und den Mitmenschen.

9.6.9 Videografieren

Ähnlich verhält es sich mit dem Medium Film. Heute haben schon viele digitale Kameras eine Videofunktion. So können schnell und einfach kurze oder längere Videosequenzen gefilmt werden. Thematisch kann an oben Genanntes angeknüpft werden. Sich im Film als Agierenden zu sehen, ergibt eine neue Perspektive auf die eigene Person, verändert die Selbstwahrnehmung und wird somit identitätsbildend.

Es ergeben sich zudem viele Möglichkeiten der Zusammenarbeit unterschiedlicher Unterrichtsfächer (Kunst/Werken, Musik, Spiel).

9.6.10 Sandbilder

Sand ist ein Material mit sehr hohem Aufforderungscharakter – wer hat noch nicht als Kind Sandburgen am Meer gebaut oder mit dem Finger Figuren in den Sand gezeichnet?

In den feinen, trockenen Sand der **Sandwanne** lassen sich einfache Linien, geometrische Formen oder gar ganze Geschichten mit dem Finger einzeichnen. Die Arbeit an der Sandwanne dient der Vorübung zum Formenzeichnen oder Schreibenlernen. Sie kann aber auch meditativen Charakter haben sowie die Konzentration fördern. Die Körperwahrnehmung wird unterstützt. Bei beidhändigem Arbeiten dreht die Wahrnehmung sich um die Körpermitte.

Sandbilder aus **farbigem Sand** sind besonders ansprechend ▶ **Abb. 1 und 2**. Der Sand kann selbst eingefärbt werden, etwa mit Batikfarben oder Farbpigmenten. Mit Kleister vermischt, kann der Sand auf eine Holzplatte aufgetragen werden, sodass sich eine reliefartige Oberflächenstruktur dauerhaft ergibt.

Abb. 1 Schmetterling (Sandbild)

Abb. 2 Sandbild, kubistisch

Über den getrockneten Sand kann man weitere Schichten verschiedenfarbigen Sandes legen. Mit einem spitzen Gegenstand kann man aus den getrockneten Sandschichten darunterliegende wieder freikratzen – und erzielt so eine Wirkung wie bei altem Gemäuer, wenn verschiedene Schichten Verputz freigelegt sind.

Der getrocknete Sand ermöglicht durch Abtasten der Oberfläche zusätzlich haptisch-taktile Erfahrungen. Des Weiteren kann der Sand bei entsprechender Konsistenz wie Ton geformt werden. Er wird nach dem Trocknen relativ fest, jedoch nicht so stabil wie gebrannter Ton.

Die Sandwanne kann sehr einfach im Unterricht hergestellt werden. Sie hat die Maße 70 x 50 cm Grundfläche und eine Seitenhöhe von ca. 5 cm.

9.7 Künstlerisches Werken und Gestalten – ein Projekt

In einer Wohngruppe für Menschen mit geistigen Behinderungen und Suchterkrankungen wird eine Kräuterschnecke im eigenen Garten angelegt, eine inklusive Schulklasse arbeitet zum Thema „Wetter", in der heilpädagogischen Kindertagesstätte sorgt das Wespennest im Obstbaum für Interesse und Aufmerksamkeit – all dieses sind Ansatzpunkte, im heilerziehungspflegerischen Alltag das bildnerische Gestalten in einen größeren Kontext projektbezogen einzubinden.

Das Projekt. Eine Schulklasse angehender Heilerziehungspfleger stand vor der Frage, wie ein alltagsnahes Projekt für möglichst viele Menschen mit unterschiedlichen Fähigkeiten und Voraussetzungen realisiert werden könnte.
Projektideen wurden diskutiert, z. B.

- den Garten einer Wohnanlage gestalten und mit Kunstobjekten verschönern,
- die Außenfassade eines Kindergartens bemalen,
- aus Tonkacheln ein Wandrelief für die Pausenhalle einer Schule erstellen

... und wieder verworfen. Am Ende entschied man sich für ein **naturnahes Projekt: „eine Scheune für die Meise, für die Hummel und die Biene ein Hotel"**.
Mit dem Bau von Nisthilfen und Futterplätzen aus Holz und Ton für Insekten, Vögel, Eichhörnchen oder Fledermäuse – nach vorgegebenen Bauplänen, aber auch nach eigenen kreativen Ideen – sollten verschiedene heilerziehungspflegerische Aspekte beachtet werden. Neben der Beschäftigung mit Natur und Umwelt waren Kooperation, handwerkliches Geschick und Kreativität gefordert. Verschiedene Materialien sollten zum Einsatz kommen, die Anforderungen an das Tun sollten den Fähigkeiten und Möglichkeiten entsprechen.
Es ging ans Werk ...

Abb. 1 Futterhäuschen

Abb. 2 Insektenhotel (im Bau)

Abb. 3 Großes Insektenhotel auf dem Schulhof

Abb. 4 Kleines Insektenhotel

Abb. 5 Insektenhotel und Nistkasten

Abb. 6 Projektergebnisse

10 Ernährung und Hauswirtschaft

Abb. 1 Kochen als Teil der selbstständigen Haushaltsführung

10.1 Grundlagen der Ernährungslehre

10.1.1 Einflüsse auf die Ernährung

Allgemeine körperliche Faktoren wie
- Immobilität,
- eingeschränkte Beweglichkeit von Armen oder Händen,
- Koordinationsprobleme,
- Sehstörungen und
- Schwäche

erschweren die Nahrungszubereitung oder Nahrungsaufnahme.

Soziale Faktoren wie
- Einsamkeit,
- finanzielle Probleme und
- eine ungünstige Wohnsituation

führen zu Fehl- und Mangelernährung.

Krankheitsbedingte Faktoren

Viele Erkrankungen, z.B. Infekte, Krebsleiden, rheumatische, Magen-Darm- und psychische Erkrankungen, führen zu **Appetitlosigkeit**. Bei vielen Erkrankungen, z.B. einer Überfunktion der Schilddrüse (Hyperthyreose), wird mehr Energie benötigt. Die Aufnahme der Nahrung und von Nahrungsbestandteilen ist eingeschränkt, z.B.:
- Vitamin-B12-Mangel durch eine atrophische Gastritis
- eingeschränkte Magen- und/oder Darmmotilität (reflektorische und vegetativ regulierte Bewegung), z.B. bei Diabetes mellitus
- verminderte Resorptionsfähigkeit des Darms, z.B. bei Morbus Crohn

Verwirrtheit und Vergesslichkeit bei einer **Demenzerkrankung** schränken das Hunger- und Durstgefühl ein. Die unerwünschten Wirkungen von **Medikamenten** tragen zu Appetitlosigkeit, Übelkeit oder Durchfall bei.

10.1.2 Ernährungszustand

Um den Ernährungsstatus zu überprüfen, genügen wenige Informationen:
- Gewichtszunahme bzw. -abnahme
- Appetit
- Veränderungen der Ernährungsgewohnheiten
- Übelkeit, Erbrechen, Durchfall, Heißhunger
- körperliche Leistungsfähigkeit

Gewichtsveränderungen. Das Körpergewicht lässt sich mit dem **Body-Mass-Index** (BMI) beurteilen. Der BMI errechnet sich aus der Formel:

$$\text{BMI} = \frac{\text{Körpergewicht in kg}}{\text{Körpergröße in m} \cdot \text{Körpergröße in m}}$$

Beispiel 55 kg Körpergewicht bei 1,63 m Körpergröße:

$$\text{BM} = \frac{55}{1{,}63 \cdot 1{,}63} = 20{,}7$$

Zur Bewertung des Körpergewichts gilt folgende Einteilung:

Bewertung	BMI ♂	BMI ♀
Untergewicht	< 20	< 19
Normalgewicht	20–25	19–24
Übergewicht	25–30	24–30
Adipositas	30–40	30–40
massive Adipositas	> 40	> 40

Abb. 2 Bewertung des Körpergewichts Erwachsener nach der DGE (Deutsche Gesellschaft für Ernährung), 1992

Der BMI unterscheidet nicht, ob sich das Gewicht mehr durch Muskelmasse oder Fett ergibt. Er kann daher nur Anhaltspunkte liefern, um Über- oder Untergewicht zu bestimmen. Starke Gewichtsveränderungen weisen immer auf gravierende Stoffwechselveränderungen hin (▶ **Abb. 1**).

Älteren Menschen wird ein **leichtes Übergewicht** empfohlen, denn im Alter sind Gewichtsverluste, z. B. durch Krankheit, deutlich schwerer auszugleichen als in jüngeren Jahren. **Erhebliches Übergewicht** belastet den Organismus vielfältig. Es erhöht das Risiko für Erkrankungen wie Hypertonie, Diabetes mellitus oder Arteriosklerose. Erhebliches Übergewicht begünstigt außerdem Gelenkverschleiß und reduziert die Belastungsfähigkeit. Menschen mit **Untergewicht** bekommen häufiger Infektionen und erleiden häufiger Druckgeschwüre. Sie haben ein dreifach höheres Risiko, an den Folgen einer Operation zu sterben als Normalgewichtige.

Gewichtsverlust. Auch bei Klienten, die nicht abgemagert sind, sollte im Rahmen der Pflegeanamnese gefragt werden, ob in den letzten Monaten Gewicht verloren wurde. Dabei ist zunächst zu klären, ob die Gewichtsabnahme auf veränderte Ernährungsgewohnheiten zurückzuführen ist. Wenn nicht, ist sie ein erstes Zeichen für eine Erkrankung und sollte abgeklärt werden.

10.1.3 Mangelernährung

Mangelernährung: eine erhebliche Unterversorgung mit Energieträgern und lebenswichtigen Stoffen, z. B. Eiweiß als Baustoff oder Vitamine.

Kachexie (griech. schlechter Körperzustand): Auszehrung mit allgemeiner Atrophie und einem Körpergewicht von 20% unter der Norm (BMI unter 18,5 liegend)

Oft wissen Betroffene und Fachkräfte nicht ausreichend über den **Energiehaushalt** von älteren und kranken Menschen Bescheid. Der Energiebedarf steigt z. B. bei Klienten mit motorischer Unruhe aufgrund einer Demenzerkrankung, aber auch bei Klienten mit starkem Zittern im Rahmen einer Beeinträchtigung (z. B. Morbus Parkinson).

Maßnahmen. Wird eine Mangelernährung festgestellt, müssen zunächst die Hintergründe geklärt werden.

- Häufig hilft es, Betroffene bei der Auswahl und Zubereitung der Nahrungsmittel zu beraten und zu unterstützen.
- Hilfreich sind auch eine besondere Atmosphäre beim Essen und, falls erforderlich, den Umständen angepasste Essbestecke.
- Liegen Schluckbeschwerden vor, sollte der Logopäde diese abklären.
- Kaubeschwerden lassen sich meist durch eine Sanierung des Gebisses vermeiden.
- Wenn der Klient aufgrund von Krankheit oder Medikamenten keinen Appetit hat, kann die Behandlung verändert oder die Medikation gewechselt werden.

Reichen diese Maßnahmen nicht aus, sollten zunächst die Speisen auf natürliche Weise angereichert werden, z. B. mit Sahne. Im nächsten Schritt werden dem Essen Nährstoffkonzentrate wie Maltodextrin oder Eiweißpulver zugegeben. Spezielle energiereiche Trinknahrung kann zusätzlich angeboten werden. In besonders schwierigen Fällen kann künstlich über implantierte Sonden, z. B. eine PEG-Sonde, ernährt werden (▶ **s. Modul 5, Kap. II.2.4.9**), dies geschieht nur auf eine Anordnung des Arztes hin.

Anorexie/Bulimie. Neben der körperlichen Mangelernährung kommen auch Essstörungen wie Magersucht oder Ess-Brech-Sucht vor – diese gehören zum Bereich der psychischen Störungen und können ebenfalls in den Aufgabenbereich

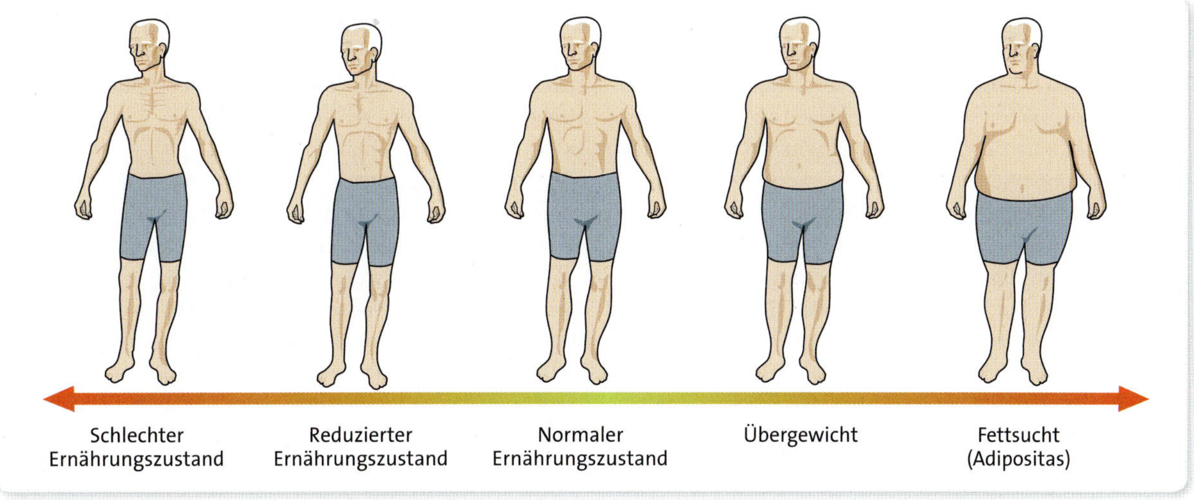

Abb. 1 Erscheinungsformen des Ernährungszustands

des Heilerziehungspflegers fallen. Bei Menschen mit diesen Erkrankungen gehören sozialpädagogische Maßnahmen wie Aufbau einer klaren äußeren Struktur, verhaltenstherapeutische Methoden oder Ernährungsberatung zu den Aufgaben der Fachkraft. Mehr dazu hier ▶ **Modul 3, Kap. III.2.5.1 Essstörungen**.

10.1.4 Adipositas

Adipositas (Fettleibigkeit, Obesitas): Darunter versteht man eine übermäßige Gewichtserhöhung durch Fettgewebe. Ab einem BMI von über 30 kg/m² spricht man von Adipositas (▶ s. Kap. 10.1.2).

Adipöse Menschen sind generell meist erblich vorbelastet und haben einen gestörten Stoffwechsel. Sie nehmen mehr Energie auf, als sie verbrauchen. Lebensqualität und Lebenserwartung sind eingeschränkt.
Für das Risiko von Herz-Kreislauf-Erkrankungen ist die Fettverteilung maßgebend: Ein hohes Risiko haben Personen mit einem erhöhten Umfangsverhältnis von Taille zu Hüfte (Waist-Hip-Ratio), bei Frauen > 0,85, bei Männer > 1,0, weswegen bei Person mit Übergewicht auch der Taillenumfang gemessen werden sollte.

Taille-Hüfte-Verhältnis = Taillenumfang ÷ Hüftumfang

Begleit- und Folgeerkrankungen betreffen:
- den Stoffwechsel, z. B. Diabetes mellitus, Fettstoffwechselstörungen und Gicht,
- das Herz-Kreislauf-System, z. B. Bluthochdruck, Herzinsuffizienz und Krampfaderleiden,
- den Bewegungsapparat, z. B. Gelenkverschleiß, und
- die Atmungsorgane, z. B. erhöhtes Risiko für eine Lungenentzündung.

Menschen mit geistiger oder Mehrfachbehinderung sind besonders gefährdet, Übergewicht und Adipositas zu entwickeln, zum einen aufgrund genetischer Faktoren, zum anderen wegen der zentralen Stellung von Essen als Lebensgenuss. Auch gibt es einen Zusammenhang zwischen Übergewicht und sozialökonomischem Status.
Vorgefertigte Therapieangebote stehen für diese Klientel nicht zur Verfügung, da ihre besonderen Lebenssituationen und Bedürfnisse in den gängigen Programmen nicht berücksichtigt werden: „In den Qualitätskriterien für Adipositasprogramme werden intellektuelle Handicaps entweder als Kontraindikation für die Teilnahme genannt – BZgA 2005 – oder sie bleiben komplett unberücksichtigt" (Peterberns 2006).

Besondere Risiken für Übergewicht bei Menschen mit geistiger Behinderung (Peterberns, 2006):
- genetische Schädigung, die gleichzeitig Ursache der Intelligenzminderung darstellt (z. B. bei Trisomie 21: muskuläre Hypotonie, reduzierter Grundumsatz, Einschränkungen in Motorik und Bewegungsfreude)
- Sonderfälle: syndromale Adipositas in Verbindung mit einer geistigen Entwicklungsstörung, z. B. Prader-Willi-Syndrom oder Bardet-Biedl-Syndrom
- Nebenwirkung von Medikamenten, insbesondere Neuroleptika oder Antikonvulsiva
- Lebensfreude: Essen stellt bei Menschen mit geistiger Behinderung oft das genussreichste sinnliche Erlebnis dar
- Normalisierung/Selbstbestimmung bedeutet auch: Zugang zu Nahrungsmitteln einfacher
- körperliche Aktivität häufig begrenzt, z. B. bei zusätzlicher körperlicher Behinderung oder durch Vorenthaltung von Bewegungs- und Lernmöglichkeiten

Allgemeine Maßnahmen oder Programme

Wenn ein heilerzieherisches Team für seine Klienten Hilfestellungen in Form von vorgefertigten Therapieprogrammen sucht, so können eventuell Materialien aus dem Bereich „Abnehmen bei Kindern und Jugendlichen" verwendet werden, die allerdings von den Fachkräften zielgruppenspezifisch modifiziert werden müssen. Die unterschiedlichen intellektuellen Fähigkeiten der Teilnehmer gilt es zu berücksichtigen und eine Überforderung zu vermeiden. Auch die Motivation des Betroffenen selbst ist natürlich von großer Bedeutung.

Beispielhaft zu nennen als Therapieprogramm ist das einjährige Langzeitprogramm „Moby Dick", das sich an Kinder, Jugendliche und deren Bezugspersonen richtet und bundesweit mit einem Netzwerk vertreten ist.
In Einzelfällen wurde es bereits (modifiziert) durch Menschen mit Behinderung umgesetzt.

Ratsam ist, dass zeitgleich die Heilerziehungspfleger und Betreuer Fortbildungen erhalten mit
- Vermittlung von Ernährungswissen,
- Training von praktischen Übungen zur Zubereitung von energiearmen Snacks und Getränken,
- Hinweisen zu Bewegung und Verhaltenstraining.

Als bedeutsam für den Erfolg ist auch das Einbeziehen der relevanten Bezugspersonen zu nennen. Mit solchem Wissen und der Schaffung von positiven Rahmenbedingungen kann mittel- und langfristig eine Gewichtsstabilisierung oder -reduzierung der betroffenen Menschen mit Behinderung erfolgen.

Zentrale Elemente eines Gesundheitsprogramms zum Zwecke der Gewichtsabnahme sollten generell sein:
- diätische Maßnahmen: kalorienreduzierte Mischkost (▸ s. unten)
- körperliche Aktivität/Steigerung der Alltagsaktivität (geringe Intensität, hohe Frequenz)
- Psychosoziales (Verhaltenstraining z. B. zur Stärkung von Selbstvertrauen und Eigenverantwortlichkeit): erfordert besonderes Training und Assistenz

Handlungsempfehlungen für die Gestaltung von Programmen zum Abnehmen:
- Dreier-Konzept: Ernährung + Bewegung + Verhaltensmodifikation
  - z. B. Essen nach dem einfachen Ampelprinzip auswählen
  - gesunde Snacks
  - energiearme Getränke
  - Zusammenhang zwischen Essen und Gefühlen erkennen
- Verbesserte Rahmenbedingungen (in privatem Haushalt bzw. in der Wohngruppe oder Einrichtung)
- Ziel: dauerhafte Lebensstilveränderung
- Betreuer, Wohngruppenmitarbeiter und Angehörige müssen in das Programm mit einbezogen werden.

(vgl. Peterberns, 2006)

Diätische Maßnahmen

Die Menge und Zusammensetzung der Nahrung soll den tatsächlichen Erfordernissen des Organismus angepasst werden. Das ist schwer umzusetzen, da die Essgewohnheiten stark von Erziehung und Gewohnheiten geprägt sind und Essen mehr bedeutet als nur reine Nahrungsaufnahme.
Angestrebt wird, die tägliche Energieaufnahme (Grundumsatz + Leistungsumsatz, ▸ s. unten) um 500–800 kcal täglich zu reduzieren, vor allem durch weitgehenden Verzicht auf Nahrungsfette. Dies entspricht einer Gewichtsreduktion von etwa 0,3–1 kg/Woche. Um den Durchhaltewillen zu stärken, kann es sinnvoll sein, diese Menge pro Monat zu planen.
Die größten Erfolge erzielen Menschen, die über ein halbes Jahr täglich nicht mehr als 1.200 kcal zu sich nehmen (Reduktionskost). Bei weiterer Reduzierung ist ärztliche Begleitung erforderlich.

Ausgewogenheit. Beobachtet die Heilerziehungspflegerin eine unausgewogene Ernährung, z. B. weil der Mensch sehr fett oder zu wenig isst, so informiert sie ihn über eine gesunde und bedarfsgerechte Ernährung. Zu einer individuell angepassten Ernährungsumstellung berücksichtigt sie:
- Gewohnheiten des Menschen
- Vorlieben des Menschen
- Allgemeinzustand und Gewicht des Menschen
- Nahrungsmittelunverträglichkeiten
- Erkrankungen, die bestimmte Anforderungen an die Ernährung stellen

Starkes Übergewicht (ein BMI ≥ 30) sollte bei allen Menschen behandelt werden. Mäßiges Übergewicht sollte gesenkt werden, wenn Beschwerden vorliegen.
Bei einer Senkung des Energiegehalts ist darauf zu achten, dass die Kost alle lebenswichtigen Nährstoffe enthält. Schnelle Gewichtsabnahmen durch „Wunderdiäten" bewirken, dass der Organismus seinen Energieumsatz drosselt. Nach der selbst verordneten „Hungersnot" werden dann umso schneller Reserven in Form von Fettpolstern für die nächste Notzeit angelegt. Der Anteil der Fettmasse im Körper steigt. Diese erneute Gewichtszunahme nach einer Diät, der Jo-Jo-Effekt, führt zu Frust, der dann häufig mit Schokolade oder weiteren Diäten kompensiert wird. Bei Diabetikern können solche Gewaltdiäten gefährliche Stoffwechselentgleisungen auslösen.

Reduktionskost. Das Gewicht kann dauerhaft nur mit der richtigen Ernährungsweise und einer ausgewogener Mischkost reduziert werden:
- Energiezufuhr um 500–800 kcal täglich senken.
- Energiereduzierte Nahrung besonders ansprechend und abwechslungsreich gestalten.
- Fett- und zuckerreiche Lebensmittel meiden.
- Gemüse, Obst und Vollkornprodukte machen lange satt, enthalten viele Vitamine und Mineralstoffe und sind vergleichsweise energiearm.
- Reichlich Wasser trinken, das füllt den Magen und unterstützt den Stoffwechsel.
- Alkoholische Getränke meiden. Sie enthalten keine Nährstoffe und steigern zudem den Appetit.

Keine strengen Verbote aufstellen, sondern Lieblingsgerichte und Leckereien bewusst genießen. Von einem Stückchen Schokolade ist noch niemand dick geworden, von einer im Heißhunger verschlungenen Tafel schon.

Körperliche Bewegung, sofern sie dem Klienten mit seiner Einschränkung möglich ist, unterstützen das Abnehmen und trainieren zusätzlich den Körper. Hat das Übergewicht vor allem seelische Ursachen („Kummerspeck"), kann zusätzlich an eine psychologische Unterstützung gedacht werden.
▸ S. auch Modul 5, Kap. I.6 Sport und Bewegung
▸ S. auch Modul 8, Kap. II.1 Diabetes mellitus

Zum Weiterlesen

N. Peterberns: Übergewicht und Adipositas bei Erwachsenen mit geistiger Behinderung: Handlungsempfehlungen für die Gestaltung von Beratungsprogrammen. 2006

Kampagne „5 am Tag – Obst und Gemüse“: *www.5amtag.de/*

C. Petersen, M. Hamm: Moby Dicks Spaß-Diät für Kinder. 2003

P. Warschburger: Gemeinsam fit – das Elterntraining Adipositas. 2013

10.1.5 Energiehaushalt

Alle Lebensvorgänge – sowohl auf der Ebene der Zellen, z. B. Zellaufbau und Stoffwechsel, als auch der Ebene der Organe und Organsysteme – verbrauchen Energie. Und das nicht nur in Arbeit, also bei körperlicher und geistiger Aktivität, sondern auch in Ruhe.

Die im Körper benötigte Energie wird im Wesentlichen aus **Kohlenhydraten**, **Fetten** und **Eiweißen** gewonnen. Eiweiß nimmt dabei eine Sonderrolle ein: Es ist nicht nur Energieträger, sondern wird auch zum Aufbau von Körperstrukturen benötigt. In einem chemischen Prozess in den Zellen werden die kleinsten Bausteine der Nährstoffe aufgespalten und unter Wärmeabgabe in energiereiche Verbindungen (ATP) umgewandelt. Dabei entstehen Kohlendioxid und Wasser, bei den Eiweißen zusätzlich Harnstoff, eine Stickstoffverbindung.

Energiebedarf

Joule (J): 1 Wattsekunde (WS) = 1 Newtonmeter (Nm). Standardeinheit für Energie. Allerdings hat sich diese Einheit nicht durchgesetzt.

Kalorie (cal): Wärmemenge, um 1 g Wasser von 14,5 auf 15,5 °C zu erwärmen. Statt Joule wird meist **Kilokalorien** (kcal) verwendet.

1 Joule (J) = 0,239 Kalorie (cal),
4,187 J = 1 cal.

Um die Energiemenge zu berechnen, die ein Mensch pro Tag braucht, bestimmt man zunächst den Grundumsatz.

Grundumsatz

Grundumsatz: Energie, die bei völliger Ruhe verbraucht wird, also für die notwendigen Stoffwechselvorgänge und zum Aufrechterhalten der Körpertemperatur.

Der Grundumsatz wird folgendermaßen berechnet:

- ♀: (11,2 × Gewicht) – (3,47 × Alter) + 1010 = Grundumsatz in Kcal
- ♂: (11,2 × Gewicht) – (3,47 × Alter) + 770 = Grundumsatz in Kcal

Beispiel 70-jährige Frau mit 65 kg Körpergewicht:
(11,2 × 65) – (3,47 × 70) + 770 = 1255 Kcal.

Der Grundumsatz wird auch grob mit 1 kcal pro kg pro 24 Stunden berechnet. Hiervon werden dann bis zu einem Alter von 80 Jahren 15%, darüber 20% abgezogen.

Verschiedene Faktoren beeinflussen den Grundumsatz: Im Alter nimmt beispielsweise die Stoffwechselleistung ab, bei Frauen sorgt ein höherer Fettanteil im Körper für bessere Wärmespeicherung, wohingegen bei Männern mit einem physiologisch größeren Muskelanteil der Stoffwechsel aktiver ist. Krankheiten können den Grundumsatz steigern und das Klima (Kälte im Winter) sorgt teilweise für Wärmeverlust, der ebenfalls durch Kalorienverbrennung ausgeglichen wird.

Leistungsumsatz

Um auf den täglichen Energiebedarf zu kommen, wird zum Grundumsatz der Leistungsumsatz addiert. Dieser ergibt sich aus der Summe der täglichen Aktivitäten. Hierzu gehören:

- Muskeleinsatz wie körperliche Arbeit, Sport, Muskelzittern oder Unruhe
- Wärmeregulation, also das Anpassen an unterschiedliche Temperaturen
- krankheitsbedingter Energiemehrbedarf, z. B. bei Fieber, Tumorleiden und Entzündungen
- geistige Tätigkeit

Der Leistungsumsatz ist eine variable Größe, die sich von Tag zu Tag ändert. Man rechnet deshalb mit Durchschnittswerten. Für die Pflege gut einsetzbar sind die **PAL-Werte** (PAL = physiologischer Aktivitätslevel).

PAL (Physical Activity Level): Maß für die körperliche Aktivität. Körperlichen Aktivitäten werden je nach Energiebedarf entsprechende PAL-Werte zugeordnet (▸ **Abb. 1**).

Aktivität	PAL-Wert
Nachtruhe	0,95
hohes Alter und stark eingeschränkte Aktivität	1,2
normale Alltagsaktivität im Alter	1,4
Schüler oder Berufstätige mit überwiegend sitzender Tätigkeit	1,6–1,7
Hausfrauen oder Berufstätige mit überwiegend stehender Tätigkeit	1,8–1,9
starke körperliche Anstrengung	2,0–2,4

Abb. 1 PAL-Werte

Der Grundumsatz multipliziert mit dem jeweiligen PAL-Wert ergibt die Summe aus Grund- und Leistungsumsatz.
Beispiel rüstige 70-jährige Frau mit 65 kg Körpergewicht und einem Grundumsatz von 1255 Kcal:

- 8 h Nachtruhe: 0,95 × 1255 × (8 ÷ 24) = 397 kcal
- 4 h Spazierengehen, Gymnastik: 1,8 × 1255 × (4 ÷ 24) = 377 kcal
- 12 h Sitzen, Ausruhen: 1,4 × 1255 × (12 ÷ 24) = 879 kcal
- Summe = 1653 kcal

10.1.6 Lebensmittel – Nahrungsmittel – Nährstoffe

Lebensmittel sind alle Stoffe und Erzeugnisse, die dazu bestimmt sind, dass sie von Menschen aufgenommen werden. **Nahrungsmittel** sind Lebensmittel, die der Ernährung dienen. **Genussmittel** wie Alkohol, Tee und Kaffee zählen nach der Definition ebenfalls zu den Lebensmitteln, auch wenn sie nicht für die Ernährung notwendig sind. Nicht zu den Lebensmitteln gehören Tabakwaren, Arzneimittel und Futtermittel.

Nährstoffe

Nahrungsmittel enthalten Nährstoffe (▶ **Abb. 1**). Diese erfüllen im Körper unterschiedliche Aufgaben:

- **Kohlenhydrate**, **Fette** und in geringem Maße auch Eiweiße liefern Energie. Sie unterscheiden sich in ihrem Energiegehalt (▶ **Abb. 2**).
- **Eiweiße** werden zum Aufbau von Körpersubstanz benötigt.
- **Vitamine** sind an der Energieproduktion und am Stoffwechsel beteiligt.
- **Mineralien** und **Spurenelemente** sind für zahlreiche biologische Vorgänge erforderlich.
- **Wasser** ist nicht nur Hauptbestandteil unseres Körpers, sondern ermöglicht erst die Stoffwechselvorgänge in den Zellen.

Energieliefernder Nährstoff	Energiemenge pro Gramm
Kohlenhydrat	4,1 kcal = 17,2 kJ
Fett	9,3 kcal = 37,0 kJ
Eiweiß	4,1 kcal = 17,2 kJ
Alkohol	7 kcal = 29,3 KJ

Abb. 2 Energiegehalt der energieliefernden Nährstoffe

Empfehlung zur Nährstoffrelation für Erwachsene:

- 10–15 % **der Energie** aus Eiweiß gewinnen
- 30 % aus Fett
- 55–60 % aus Kohlenhydraten

Kohlenhydrate

Kohlenhydrate sind Zucker, sogenannte **Saccharide** (▶ **Übersicht Abb. 1 auf der nächsten Seite**). Sie sind wichtige Nährstoffe und können zum größten Teil vom menschlichen Organismus verwertet werden. Eine Ausnahme bildet z. B. Cellulose. Dieser Vielfachzucker ist unverdaulich und zählt deshalb zu den Ballaststoffen. Aus Kohlenhydraten kann der Körper besonders schnell Energie bereitstellen, etwa dreimal schneller als aus Fetten. Kohlenhydrate können darüber hinaus von allen Körperzellen zur Energiegewinnung genutzt und in Form von **Glykogen** in der Muskulatur und der Leber gespeichert werden.
Glukose (Traubenzucker) liegt im menschlichen Körper in gelöster Form vor und kann so von allen Zellen aufgenommen werden. Dazu muss allerdings **Insulin** vorhanden sein. Es ermöglicht den Transport von Glucose in die Zelle. Fehlt dieses Hormon oder wirkt es nicht ausreichend – wie beim Diabetes mellitus – steigt der Blutzuckerspiegel (▶ **s. Modul 8, Kap. II.1**).

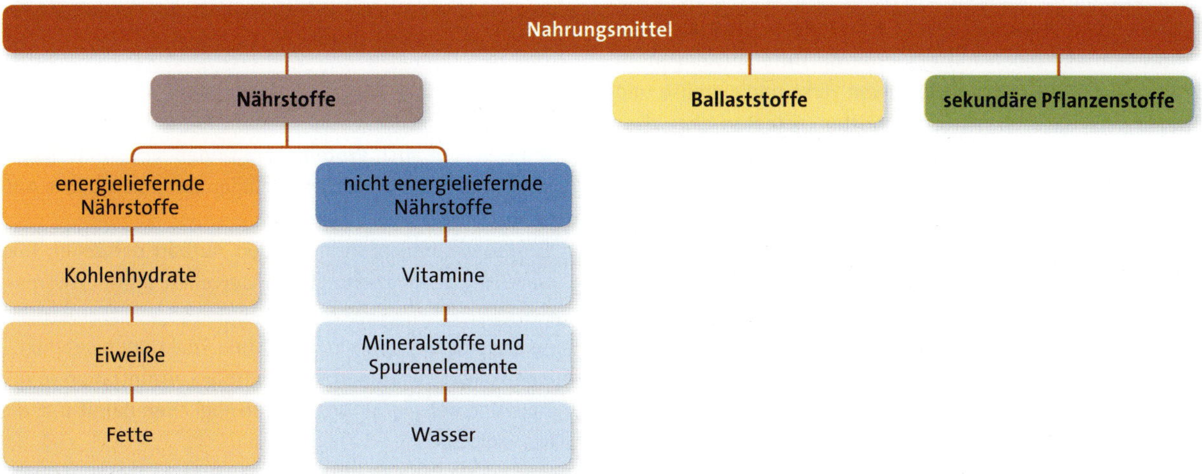

Abb. 1 Übersicht der Nährstoffe in Nahrungsmitteln

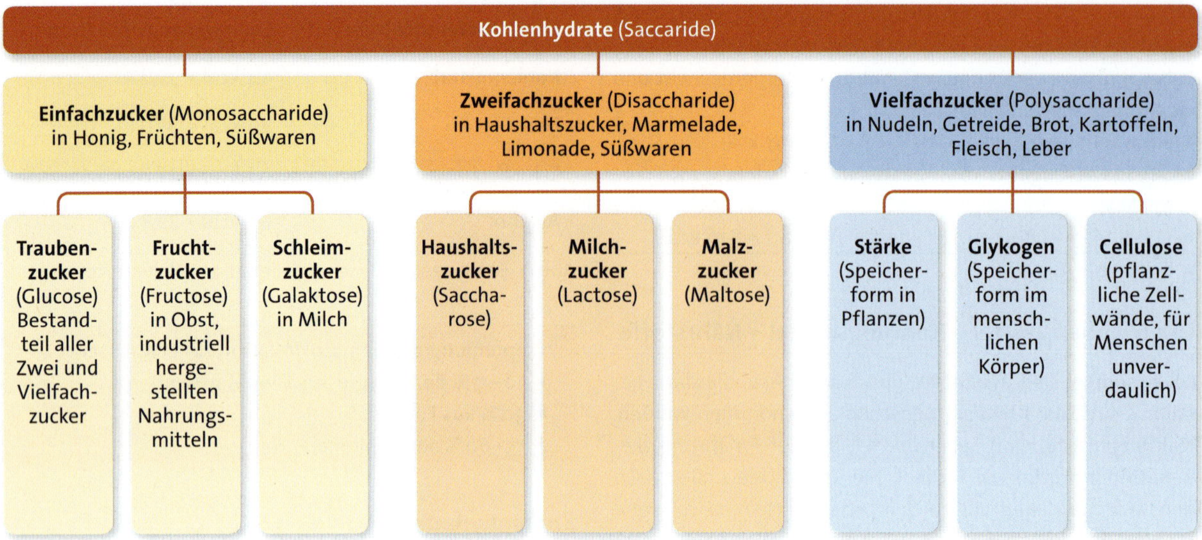

Abb. 1 Übersicht der Kohlenhydrate

Das führt langfristig zu Organschäden. Beim gesunden Menschen liegt der Blutzuckerspiegel etwa zwischen 70 und 120 mg Glucose pro 100 ml Blut.
Glucose gelangt direkt vom Darm ins Blut. Nach einer glucosereichen Mahlzeit steigt der Blutzucker deshalb schnell an. Der Körper reagiert darauf mit der Insulinproduktion. Andere Zucker müssen erst umgewandelt werden, bevor sie ins Blut gelangen. Der Blutzucker steigt dadurch langsamer und die Gegenregulation des Körpers wird weniger beeinflusst. Solche „langsamen" Kohlenhydrate sind besser für den Organismus.

Ballaststoffe (Kohlenhydrate)

Ballaststoffe: Polysaccharide (Vielfachzucker), die vom Menschen nicht verdaut werden können.

Die sogenannten Ballaststoffe wurden früher als unnötig angesehen und teilweise sogar in aufwendigen Verarbeitungsprozessen aus Lebensmitteln entfernt. Untersuchungen an Menschen, die sich vorwiegend von Hirse und Gemüse und daher sehr ballaststoffreich ernährten, belegten aber, dass sie kaum an Krankheiten des Herz-Kreislauf-Systems, Darmkrebs oder Diabetes mellitus litten. In der Folge wurden zunehmend positive Eigenschaften von Ballaststoffen entdeckt. Die Deutsche Gesellschaft für Ernährung empfiehlt eine **Ballaststoffzufuhr** von ca. 30 g pro Tag.
Unterschieden werden lösliche Ballaststoffe wie Pektin und unlösliche Ballaststoffe, wie Zellulose. Sie kommen vorwiegend in Getreide, Obst, Gemüse, besonders Kartoffeln und Hülsenfrüchten, vor. Sie wirken unter anderem cholesterinsenkend und unterstützen die Darmentleerung, weil sie Wasser binden und dadurch das Volumen vergrößern und die Gleitfähigkeit verbessern.

Fette

Fette werden auch als **Lipide** bezeichnet. Sie sind Energieträger und -speicher, schützen als Baufett die Organe, sind Bestandteil von Zellwänden und Grundbaustein von Hormonen. Außerdem werden sie zur Aufnahme fettlöslicher Vitamine benötigt.
Fettsäuren werden in Form von Triglyceriden in Fettzellen gespeichert. Die Fettzellen sitzen im Wesentlichen unter der Haut, im Unterhautfettgewebe und im Bauchraum um die inneren Organe herum. Auch die Muskulatur enthält kleineEtttröpfchen. Nach einer fettreichen Mahlzeit steigen die Fette im Blut an und werden vermehrt im Fettgewebe gespeichert.
Auch **Cholesterin** gehört zu den Fetten. Es wird mit der Nahrung aufgenommen, der größere Teil wird in der Leber produziert. Cholesterin ist die Grundsubstanz u. a. für Gallensäuren und viele Hormone, z. B. das Cortisol und Sexualhormone. Außerdem spielt es eine wichtige Rolle in der Entstehung der Arteriosklerose.

Eiweiß (Protein)

Eiweiße heißen auch **Proteine**. Sie finden sich im Körper in unterschiedlichen Formen und erfüllen unterschiedliche Aufgaben:

- Struktureiweiße bestimmen den Aufbau der Zellen und damit die Beschaffenheit von Geweben und der Körperstruktur.
- Als Enzyme sind sie an chemischen Reaktionen beteiligt.
- Ionenkanäle regulieren die Elektrolytkonzentration in der Zelle und der Umgebung und ermöglichen damit u. a. die Nerventätigkeit.
- Kontraktile Eiweiße ermöglichen die Muskelkontraktion.

- Transporteiweiße wie Hämoglobin und Transferrin transportieren Sauerstoff bzw. Eisen. Das Protein Albumin hat neben Transportfunktionen noch die wichtige Aufgabe, Wasser in den Gefäßen zu halten.
- Als Hormone regeln Proteine Vorgänge im Körper, z. B. die Glucoseaufnahme in die Zellen.
- Als Antikörper wehren sie Krankheitserreger ab.

Eiweiße sind große Moleküle, die in den Zellen nach dem Bauplan der genetischen Information zusammengesetzt werden Als Bausteine dienen **Aminosäuren**. Menschliche Eiweiße bestehen aus 20 verschiedenen Aminosäuren, die der Körper teilweise selbst herstellen kann. Wie bei den Fetten, gibt es aber auch 9 Aminosäuren, die beim Erwachsenen mit der Nahrung aufgenommen werden müssen: die **essenziellen Aminosäuren**.

Die in einer Kette angeordneten Aminosäuren bilden kugelförmige Eiweiße oder strangförmig gefaltete Eiweiße, die Strukturproteine. Die Form unterstützt die jeweilige Funktion. Beim Abbau von Eiweißen wird genauso viel Energie gewonnen wie aus Kohlenhydraten. Im Gegensatz zu Kohlenhydraten und Fetten kann ein Überschuss von Eiweiß jedoch nicht gespeichert werden.

Der Eiweißbedarf eines erwachsenen Menschen liegt etwa bei 0,8 g pro kg Körpergewicht. Diese Menge wird mit einer ausgewogenen Mischkost üblicherweise erreicht. Bei Kindern liegt der Bedarf höher (1,0–1,2 g pro kg Gewicht). Bei extremer körperlicher Belastung und nach größeren Verletzungen oder operativen Eingriffen wird mehr Eiweiß benötigt, bei einer Niereninsuffizienz muss die Zufuhr oft reduziert werden. Folgende Nahrungsmittel liefern besonders viel Eiweiß:

- Fleisch und Fisch
- Eier
- Milchprodukte
- Hülsenfrüchte
- Kartoffeln
- Getreideprodukte

Der Eiweißbedarf sollte zu 1/3 aus tierischen und zu 2/3 aus pflanzlichen Lebensmitteln gedeckt werden. Mit tierischen Nahrungsmitteln lässt sich der Eiweißbedarf vor allem an essenziellen Aminosäuren leichter abdecken.

Mineralstoffe

Mineralstoffe: nichtorganische Nährstoffe, die für den Körper lebensnotwendig sind und mit der Ernährung zugeführt werden müssen (▶ **Abb. 1**).

Je nachdem, wie viel der Körper von einem Mineralstoff benötigt, spricht man von **Mengenelementen** oder **Spurenelementen**. Mineralstoffe werden bei der Nahrungszubereitung kaum geschädigt. Allerdings laugen beim Kochen die Mineralstoffe zum Teil in die Garflüssigkeit aus. Deshalb sollte man mit wenig Flüssigkeit garen und diese möglichst weiterverwenden, z. B. für Soßen.

Bei einer ausgewogenen Ernährung treten Mangelerscheinungen normalerweise nicht auf. Bei alten Menschen sollte allerdings darauf geachtet werden, dass sie ausreichend mit Calcium versorgt werden (**Osteoporose** ▶ **s. Modul 4, Kap. II.3.2.6**)

Mineralstoff	Bedarf/Tag	Vorkommen	Wirkung/Beteiligung
Calcium	1000 mg	• Milch, Käse • Gemüse • Nüsse	Knochenaufbau Blutgerinnung Erregungsleitung im Nervensystem
Phosphor	700 mg	• Fleisch, Fisch • Milchprodukte • Hülsenfrüchte	Knochenaufbau Energietransport
Magnesium	300–400 mg	• Fleisch, Fisch • Gemüse • Nüsse	Erregungsleitung im Nervensystem Aktivierung von Enzymen
Natrium	550 mg	• Speisesalz • Käse • Wurstwaren, Konserven • Brot	Wasserhaushalt Erregungsleitung Nervensystem osmotischer Druck
Kalium	2000 mg	• Gemüse • Obst • Hülsenfrüchte, • Reis	Wasserhaushalt Erregungsleitung im Nervensystem osmotischer Druck Herztätigkeit
Chlor	830 mg	• Speisesalz • Wurstwaren, Konserven • Brot	Magensäure osmotischer Druck
Eisen	10–15 mg	• Fleisch, Leber • Eigelb • Hülsenfrüchte • Gemüse	Sauerstofftransport
Jod	150–200 µg	• Seefisch • Eier • Zusatz zu Speisesalz und Backwaren	Schilddrüsenfunktion
Fluor	1 mg	• schwarzer Tee • Zusatz z. T. zum Trinkwasser	Zahnschmelzerhalt
Zink	7–10 mg	• Fleisch • Käse • Getreide • Nüsse	Aktivierung von Enzymen Insulin Eiweißaufbau
Selen	30–70 µg	• Fleisch, Fisch • Eier • Knoblauch	Immunsystem Schutz der Zellmembranen

Abb. 1 Empfohlene Mineralstoffzufuhr für Erwachsene (orientiert an der DGE)

Vitamine

Vitamine: Substanzen, die der Körper braucht, aber nicht selbst herstellen kann und nicht als Energielieferant oder Baustoff benutzt.

Vitamine sind unerlässlich für den Stoffwechsel. Dies verdeutlicht der Wortteil Vita, der für Leben steht. Da die Vitamine nicht oder nur ungenügend im Körper synthetisiert werden, müssen sie mit der Nahrung zugeführt werden.

Alle mit der Nahrungszubereitung zusammenhängenden Prozesse wie Lagerung, Zerkleinerung und Kochen senken den Vitamingehalt der Nahrungsmittel. Zu höheren Verlusten kommt es durch:

- Wärme
- UV-Strahlung
- Herauslösen durch Wasser
- Sauerstoffkontakt

Fettlösliche Vitamine können im Darm nur aufgenommen werden, wenn gleichzeitig Fett gegessen wurde. Diese Vitamine sind relativ hitzestabil, aber sauerstoffempfindlich. Fettlöslich sind die Vitamine A, D, E und K.

Wasserlösliche Vitamine werden durch Hitze teilweise zerstört. Darauf ist bei der Nahrungszubereitung zu achten.

Beispiele für den vitaminschonenden Umgang mit Nahrungsmitteln:

- Karotten sollten möglichst frisch verbraucht oder in geschlossenen Behältern kühl gelagert werden. Beim Garen möglichst ohne Wasser dünsten. Mit etwas Fett wird der Gehalt an β-Carotin, der Vorstufe von Vitamin A, weitgehend erhalten und die Aufnahme gefördert.
- Petersilie sollte frisch verarbeitet und roh über das Gericht gegeben werden, um eine maximale Ausbeute an Vitamin C zu erreichen.

Der **Vitaminbedarf** unterscheidet sich von Mensch zu Mensch. Folgende Belastungen und Gewohnheiten lassen den Vitaminbedarf ansteigen:

- körperliche Belastungen
- nervliche Belastungen
- Krankheit
- Rauchen
- Alkoholmissbrauch

Hauptaufgaben der Vitamine sind:

- Unterstützung und Regulierung der Verstoffwechslung von Kohlenhydraten, Fetten und Eiweiß
- Unterstützung der Immunabwehr
- Unterstützung beim Aufbau von Zellen des Bluts, von Knochen, Knorpel und Zähnen

Meist wirken Vitamine als **Coenzyme**, d. h., sie ermöglichen die Leistung der Enzyme. Enzyme sind Eiweißkörper, die chemische Reaktionen beschleunigen.

Sekundäre Pflanzenstoffe

Die Gruppe der sekundären Pflanzenstoffe umfasst Tausende von chemisch unterschiedlichen Substanzen, die ausschließlich in Pflanzen vorkommen. Viele von ihnen sind Farbstoffe oder Aromen, manche beeinflussen aber auch die Funktionen des Körpers und werden deshalb als bioaktive Substanzen bezeichnet. Obst und Gemüse sind vor allem aufgrund der sekundären Pflanzenstoffe so gesund. Täglich sollte man davon 5 Portionen verzehren – roh, gekocht oder als Saft.

Wasser

Wasser ist unerlässlich für alle Körperfunktionen. Während es möglich ist, längere Zeit ohne feste Nahrung auszukommen, muss die tägliche Versorgung mit Flüssigkeit sichergestellt sein. Wasser ist:

- Hauptbestandteil des menschlichen Körpers
- Lösungsmittel
- Transportmittel für Stoffwechselprodukte
- Wärmeregulator (Schwitzen)

Ohne Wasser verlieren die Zellen ihre Form und die in ihnen ablaufenden Vorgänge kommen zum Erliegen. Etwa 60–70% des menschlichen Körpers bestehen aus Wasser. Mit zunehmendem Alter nimmt der Wassergehalt allerdings ab.

Der größte Anteil des Wassers befindet sich in den Zellen (intrazellulär) und in den Zellzwischenräumen (extrazellulär), darüber hinaus in den Blutgefäßen und z. B. im Darm. Aufgrund der vielfältigen Aufgaben des Wassers findet zwischen diesen Räumen ein reger Austausch statt.

Wasser wird über den Verdauungstrakt aufgenommen und über die Nieren als Urin, über die Atmung und die Haut wieder ausgeschieden. Das Wasser, das so verloren geht, muss über Getränke und Essen wieder aufgenommen werden (▸ **Abb. 1**).

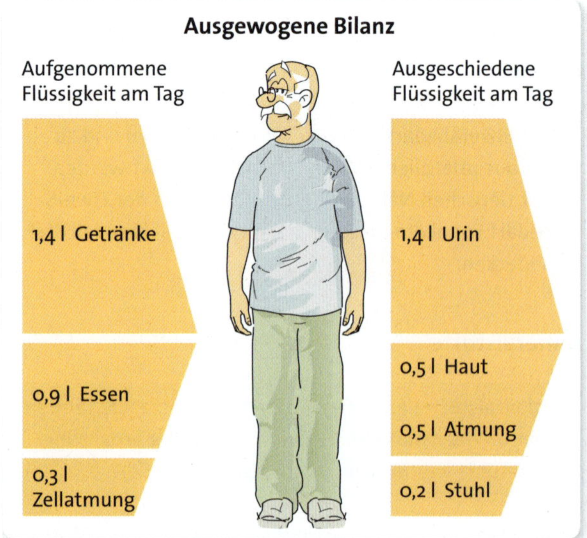

Abb. 1 Ausgeglichene Flüssigkeitsbilanz

10.1.7 Ausgewogene Ernährung

Die Zusammensetzung der Nahrung sollte ausgewogen und möglichst abwechslungsreich sein. Um die verschiedenen Nahrungsmittel richtig zusammenzustellen, kann man sich am **Ernährungskreis** orientieren (▶ **Abb. 1**). Die Deutsche Gesellschaft für Ernährung (DGE) hat auf der Basis wissenschaftlicher Erkenntnisse **10 Regeln** formuliert, die helfen, genussvoll und gesundheitsfördernd zu essen (▶ nächste Seite und *www.dge.de*). Diese Regeln treffen auf jede Altersgruppe zu:

Abb. 1 Der Ernährungskreis der DGE zeigt, wie sich eine vollwertige Ernährung zusammensetzt, unterteilt in 7 Gruppen. Je größer ein Feld ist, desto größere Mengen sollten aus der Gruppe verzehrt werden. Lebensmittel aus kleinen Gruppen sparsam verwenden. (DGE-Ernährungskreis®, Copyright: Deutsche Gesellschaft für Ernährung e. V., Bonn)

Zum Weiterlesen

www.dge.de/index.php Deutsche Gesellschaft für Ernährung

www.uni-hohenheim.de/wwwin140/info/interaktives/bmi.htm Ernährungsinformationsseite, u. a. Berechnung des BMI

Expertenstandard Ernährungsmanagement zur Sicherstellung und Förderung der oralen Ernährung in der Pflege. 2010

Ernährungsgewohnheiten

Tradition. Ernährungsgewohnheiten entwickeln sich schon in der Kindheit – man lernt am Beispiel von Eltern, Geschwistern und anderen Kindern. Regelmäßig durchgeführte Handlungen verfestigen menschliches Verhalten. Deshalb lassen sich individuelle Ernährungsgewohnheiten nur sehr schwer ändern: Diätversuche scheitern häufig und auch krankheitsbedingte Ernährungsumstellung werden meist nur schwer akzeptiert. Das liegt daran, dass Essen für den Menschen nicht nur eine physiologische Notwendigkeit ist, sondern auch psychologische Bedeutung hat.

Region. Neben den Erfahrungen aus der Kindheit prägen regionale Besonderheiten die Ernährungsgewohnheiten. Im Norden Deutschlands nimmt z. B. die Kartoffel eine wichtige Stellung ein, in südlichen Bundesländern sind es Teigwaren oder verschiedene Klöße. Natürlich sind diese auch anderswo bekannt, allerdings werden sie regional bevorzugt.

Ebenso wie zur Planung der Pflege die Biografiearbeit gehört, sollte eine **Ernährungsbiografie** sicherstellen, dass die Vorlieben und Gewohnheiten weitestgehend berücksichtigt werden. In diesem Zusammenhang sind folgende Fragen wichtig:

- In welcher Region wurde die Kindheit verbracht?
- Welche Familiensituation besteht und welche Familienrituale gibt es?
- Gibt es besondere Essenstraditionen in der Familie und Region?
- Wurden in der Familie besondere Tischsitten befolgt, z. B. Gedeck, Unterhaltung, Anwesenheitspflicht?

Religion. Wichtig im Hinblick auf die Nahrungszubereitung können **religiöse Normen** sein, die beachtet werden sollten, wenn dies gewünscht wird. In allen Religionen gibt es jedoch Erleichterungen dieser Vorschriften für Kranke und geschwächte Menschen. Einige Vorschriften sind:

koscheres Kochen im **Judentum**:

- kein Schweinefleisch
- nur Fische mit Schuppen und Flossen, keine anderen Meerestiere
- Milchprodukte dürfen nicht gleichzeitig mit Fleischprodukten verarbeitet und verzehrt werden, z. B. kein Rahmspinat zur Frikadelle und keine Spaghetti Carbonara
- kein Verzehr von Blut (Blutwurst, Schwarzsauer)

im **Islam**

- absolutes Alkoholverbot, d. h. kein Tiramisu, keine Eierlikörtorte
- kein Schweinefleisch
- kein Verzehr von Blut (Blutwurst, Schwarzsauer)
- Einhaltung des Fastenmonats Ramadan, also kein Essen und Trinken während des Tageslichts

im **Christentum**

- kein Fleisch und kein Alkohol am Karfreitag und bei Katholiken auch am Aschermittwoch
- Passionszeit zwischen Karneval und Ostern mit Reglementierungen
- freitags traditionell Fisch

Vegetarismus. Vegetarier verzichten aus unterschiedlichen Gründen weitgehend auf Lebensmittel von getöteten Tieren. Nach der Lebensmittelauswahl wird wie folgt unterschieden:

- **Ovo-Lacto-Vegetarier** essen kein Fleisch und keinen Fisch, aber Milchprodukte und Eier.
- **Lactovegetarier** verzichten zusätzlich auch auf Eier.
- **Veganer** verzichten zusätzlich auf Milch, Milchprodukte und Honig.

Bei richtiger Zusammensetzung enthält lactovegetarische und ovo-lacto-vegetarische Kost alle lebenswichtigen Nährstoffe. Veganer benötigen hingegen ein sehr großes Ernährungswissen, um sich mit allen essenziellen Nährstoffen zu versorgen.

Die 10 Regeln der Deutschen Gesellschaft für Ernährung (DGE) für gesundes Essen

1. Vielseitig essen
Genießen Sie die Lebensmittelvielfalt. Merkmale einer ausgewogenen Ernährung sind abwechslungsreiche Auswahl, geeignete Kombination und angemessene Menge nährstoffreicher und energiearmer Lebensmittel.

2. Reichlich Getreideprodukte und Kartoffeln
Brot, Nudeln, Reis, Getreideflocken, am besten aus Vollkorn, sowie Kartoffeln enthalten kaum Fett, aber reichlich Vitamine, Mineralstoffe sowie Ballaststoffe und sekundäre Pflanzenstoffe. Verzehren Sie diese Lebensmittel mit möglichst fettarmen Zutaten.

3. Gemüse und Obst: Nimm „5 am Tag"
Genießen Sie fünf Portionen Gemüse und Obst am Tag, möglichst frisch, nur kurz gegart, oder auch eine Portion als Saft – idealerweise zu jeder Hauptmahlzeit und auch als Zwischenmahlzeit: Damit werden Sie reichlich mit Vitaminen, Mineralstoffen sowie Ballaststoffen und sekundären Pflanzenstoffen, z. B. Carotinoiden, Flavonoiden, versorgt. Das Beste, was Sie für Ihre Gesundheit tun können.

4. Täglich Milch und Milchprodukte; ein- bis zweimal in der Woche Fisch; Fleisch, Wurstwaren sowie Eier in Maßen
Diese Lebensmittel enthalten wertvolle Nährstoffe, wie z. B. Calcium in Milch, Jod, Selen und Omega-3-Fettsäuren in Seefisch. Fleisch ist Lieferant von Mineralstoffen und Vitaminen wie B1, B6 und B12. Mehr als 30–600 g Fleisch und Wurst pro Woche sollten es nicht sein. Bevorzugen Sie fettarme Produkte, vor allem bei Fleischerzeugnissen und Milchprodukten.

5. Wenig Fett und fettreiche Lebensmittel
Fett liefert essenzielle Fettsäuren. Fetthaltige Lebensmittel enthalten auch fettlösliche Vitamine. Fett ist besonders energiereich, daher kann zu viel Nahrungsfett Übergewicht fördern. Zu viele gesättigte Fettsäuren erhöhen das Risiko für Fettstoffwechselstörungen, mit der möglichen Folge von Herz-Kreislauf-Krankheiten. Bevorzugen Sie pflanzliche Öle und Fette, z. B. Raps- und Sojaöl und daraus hergestellte Streichfette. Achten Sie auf unsichtbares Fett, das in Fleischerzeugnissen, Milchprodukten, Gebäck und Süßwaren sowie in Fast-Food- und Fertigprodukten meist enthalten ist. Insgesamt 60–80 g Fett pro Tag reichen aus.

6. Zucker und Salz in Maßen
Verzehren Sie Zucker und Lebensmittel und Getränke, die mit verschiedenen Zuckerarten, z. B. Glucosesirup, hergestellt wurden, nur gelegentlich. Würzen Sie kreativ mit Kräutern und Gewürzen und wenig Salz. Verwenden Sie Salz mit Jod und Fluorid.

7. Reichlich Flüssigkeit
Wasser ist absolut lebensnotwendig. Trinken Sie rund 1,5 Liter Flüssigkeit jeden Tag. Bevorzugen Sie Wasser – ohne oder mit Kohlensäure – und andere kalorienarme Getränke. Alkoholische Getränke sollten nur gelegentlich und nur in kleinen Mengen konsumiert werden.

8. Schmackhaft und schonend zubereiten
Garen Sie die jeweiligen Speisen bei möglichst niedrigen Temperaturen, soweit es geht kurz, mit wenig Wasser und wenig Fett – das erhält den natürlichen Geschmack, schont die Nährstoffe und verhindert die Bildung schädlicher Verbindungen.

9. Sich Zeit nehmen und genießen
Bewusstes Essen hilft, richtig zu essen. Auch das Auge isst mit. Lassen Sie sich Zeit beim Essen. Das macht Spaß, regt an vielseitig zuzugreifen und fördert das Sättigungsempfinden.

10. Auf das Gewicht achten und in Bewegung bleiben
Ausgewogene Ernährung, viel körperliche Bewegung und Sport – 30–60 Minuten pro Tag – gehören zusammen. Mit dem richtigen Körpergewicht fühlen Sie sich wohl und fördern Ihre Gesundheit.

Aufgaben

1. Welche sozialen Faktoren haben Einfluss auf die Ernährung?
2. Ab welchem BMI spricht man von Untergewicht?
3. Informieren Sie sich über Trainingsprogramme zum Abnehmen bei Übergewicht.
   a) Wie unterscheiden sich Programme für Erwachsene von solchen für Kinder und Jugendliche?
   b) Welche Rückschlüsse können Sie für Ihre heilerziehungspflegerische Klientel aus den Programmen ziehen?
4. Welche Bedeutung hat Wasser für den Menschen?

10.2 Unterstützung bei der Ernährung

Je nach der Wohnform, in der ein Mensch lebt (ambulant, stationär oder Mischformen, ▸ s. Kap. 11), sowie nach dem Grad einer Beeinträchtigung kommen verschiedene Aspekte der Unterstützung bei der Ernährung infrage. Maßstab ist grundsätzlich die selbstständige Lebensführung des Menschen mit Behinderung, die sich so wenig wie möglich von der Lebenssituation von Personen ohne Beeinträchtigung unterscheiden soll (Normalisierungsprinzip). In der **ambulanten Betreuung** unterstützt der Heilerziehungspfleger beispielsweise den Klienten je nach Erforderlichkeit bei seiner Ernährung durch Aspekte wie:

- Feststellung des Ernährungszustands
- Kontrolle des Gewichtsverlaufs
- Kontrolle der regelmäßigen Nahrungsaufnahme, d. h. bei „Essen auf Rädern" auch stichprobenhaft, ob die Mahlzeiten wirklich gegessen werden, Kühlschrankinhalt
- Kontrolle der Flüssigkeitsaufnahme, z. B. Zahl der geleerten Wasserflaschen pro Tag oder pro Woche
- Einkaufshilfen, Einkauf erledigen oder zum Einkauf begleiten
- Hilfe bei „Essen auf Rädern", wie Bestellung, Auswahl, Sicherstellung der korrekten Anlieferung, Öffnen der Verpackung
- Überwachung von besonderen Kostformen
- Verabreichung von Sondenkost oder parenteraler Ernährung (künstliche Ernährung ▸ s. unten, Kap. 10.2.9)
- Hilfe bei der Nahrungszubereitung
- Beratung in Ernährungsfragen
- gemeinsames Aufstellen von Kostplänen
- Beratung bei der Lebensmittellagerung
- Beratung der Angehörigen hinsichtlich der angepassten Versorgung bei Problemen

10.2.1 Unterstützung beim Einkauf von Lebensmitteln

Lebensmittelqualität

Lebensmittelqualität lässt sich durch 5 wichtige Teilaspekte erfassen:

- gesetzlich vorgeschriebene Qualität, z. B. gesundheitliche Unbedenklichkeit, Schutz vor Täuschung
- gesundheitlicher Wert, wie Nährstoff- und Energiegehalt, Allergene, Schadstoffe etc.
- Genusswert, z. B. Geschmack, Geruch, Aussehen, Farbe, Beschaffenheit
- Eignungswert, wie küchentechnische Eigenschaften, Lagerfähigkeit
- ideeller Wert, z. B. religiöse, ethische und politische Aspekte, Nachhaltigkeit, Mode/Kultur

Abb. 1 Der Kühlschrankinhalt kann bei Bedarf geprüft werden, um die Nahrungsaufnahme des Klienten im Blick zu behalten

Bei verpackten Lebensmitteln geben die aufgedruckten Informationen Hinweise auf die Lebensmittelqualität. Für Verpackungen gibt es Kennzeichnungselemente, die vorgeschrieben sind. Auf lose angebotenen Waren gibt es weniger Pflichtangaben.

Nährwertkennzeichnung

Nährwertangaben, etwa zum Energiegehalt oder zu Vitaminen und Mineralstoffen, sind freiwillig auf Verpackungen zu kennzeichnen, müssen aber stimmen. Allerdings beziehen sich Werte in „Prozent des Tagesbedarfs" teilweise auf geringere Zufuhrempfehlungen anderer Länder oder auf nicht näher erklärte Altersstufen.
Der Verband der Europäischen Lebensmittelindustrie hat für die Nährwertkennzeichnung das sogenannte **„Guideline Daily Amounts" GDA** vorgeschlagen. GDA bedeutet „Richtwert für die Tageszufuhr". Bei der Kennzeichnung „Pro Portion (100 ml) 75 kcal/4 % des Richtwerts für die Tageszufuhr", nimmt man z. B. mit 100 ml 4 % des täglichen Energiebedarfs auf. Genauso werden auch die 4 Nährstoffe Zucker, Fett, gesättigte Fettsäuren und Salz ausgewiesen. Zusätzlich wird eine Nährwerttabelle gezeigt, die den Gehalt an Nährwertstoffen auf 100 g bzw. 100 ml des Lebensmittels ausweist (▸ Abb. 2).

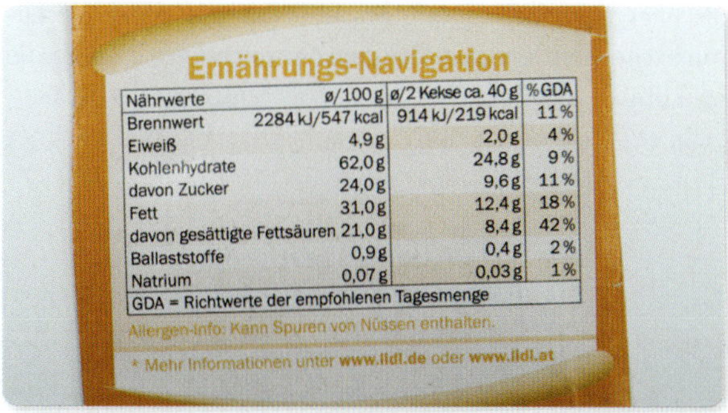

Abb. 2 Nährwertangaben eines Lebensmittels

Zusatzstoffe

Zusatzstoffe, also Zutaten, die mit E-Nummern gekennzeichnet sind, verbessern bestimmte Eigenschaften von Lebensmitteln:

- die Haltbarkeit
- den Geschmack
- das Aussehen
- die technische Handhabung in der Industrie
- die Aufbereitung zu Hause

Das Gesetz erlaubt nur solche Zusatzstoffe, die unbedenklich für die Gesundheit sind, den Verbraucher nicht täuschen und für die Produktion notwendig sind. E 500 ist z. B. einer der insgesamt 320 zugelassenen Zusatzstoffe: Backpulver. Es lässt Kuchen- und Plätzchenteige aufgehen und gibt ihnen eine lockere Struktur.

Mindesthaltbarkeitsdatum und Verbrauchsdatum

Bei dem Einkauf von Lebensmitteln sowie bei der regelmäßigen Prüfung des Kühlschrankinhalts muss auf das Mindesthaltbarkeitsdatum und das Verbrauchsdatum der Lebensmittel geachtet werden.

Mindesthaltbarkeitsdatum: Das Mindesthaltbarkeitsdatum gibt an, bis zu welchem Zeitpunkt ein Lebensmittel unter angemessenen Aufbewahrungsbedingungen seine spezifischen Eigenschaften behält. Nach Ablauf des Mindesthaltbarkeitsdatums ist die Ware nicht automatisch verdorben.

Verbrauchsdatum: Bei sehr leicht verderblichen Lebensmitteln, wie Hackfleisch, Vorzugsmilch (Rohmilch) oder frischem Geflügelfleisch, ist ein Verbrauchsdatum anzugeben („Verbrauchen bis...") und eine Beschreibung der einzuhaltenden Aufbewahrungsbedingungen. Solche Lebensmittel dürfen nach Ablauf des Verbrauchsdatums nicht mehr verkauft werden.

Allergenkennzeichnung

Ist der Klient ein Lebensmittelallergiker, muss besonders auf die Allergenkennzeichnung geachtet werden. Durch die **Europäische Richtlinie zur Allergenkennzeichnung** müssen die 14 Zutaten, die in Europa am häufigsten Lebensmittelallergien, etwa 90 %, auslösen, auf dem Etikett gekennzeichnet werden, auch wenn nur kleinste Mengen davon als Zutat verwendet wurden. Alle Ausnahmen von der Kennzeichnungspflicht wurden abgeschafft. Zu den 14 Zutaten gehören:

- glutenhaltiges Getreide, wie Weizen, Gerste, Roggen, Hafer, Dinkel, Kamut oder Hybridstämme davon
- Krebstiere
- Eier
- Fisch
- Erdnüsse
- Soja
- Milch, einschließlich Lactose
- Schalenfrüchte wie Mandeln, Haselnüsse, Walnüsse, Pecannüsse, Paranüsse, Pistazie, Macadamianüsse, Queenslandnüsse
- Sellerie
- Senf
- Sesamsamen
- Schwefeldioxid und Sulfite, ab 10 mg pro kg oder l
- Süßlupinen
- Mollusken, Weichtiere wie Schnecken

Nachhaltig einkaufen

Nachhaltig entscheiden heißt, Verantwortung dafür zu übernehmen, wie Produkte angebaut, verarbeitet und transportiert werden. Alle Lebensmittel mit dem Zusatz **Bio** oder **Öko** stammen aus kontrolliert biologischer Landwirtschaft. Diese Form der Landwirtschaft verzichtet auf chemische Dünge- und Pflanzenschutzmittel, auf Gentechnik sowie auf die meisten Zusatzstoffe bei der Lebensmittelverarbeitung. Zudem achtet sie auf artgerechte Tierhaltung. Die Erträge sind geringer und mit mehr Arbeitseinsatz verbunden, sodass die Preise für Bio-Lebensmittel meist etwas höher liegen.

Fair gehandelte Produkte garantieren den Bauern in den Erzeugerländern in Afrika, Asien oder Südamerika einen existenzsichernden Verdienst sowie ein Minimum an Arbeitsschutz. Kaffee, Tee und Kakao, aber auch Bananen und Orangensaft sind Produkte, die viele Supermärkte auch aus fairem Handel anbieten.

Regionale Produkte zu kaufen, unterstützt die Landwirtschaft in der unmittelbaren Umgebung. Außerdem schont es die Umwelt umso mehr, je weniger Transportkilometer auf Straße und Schiene notwendig sind.

10.2.2 Unterstützung bei der Vorratshaltung

Wie viel und was ein Haushalt bevorratet, hängt von den individuellen Vorlieben sowie den Einkaufs- und Lagermöglichkeiten ab. Obst und Gemüse lassen sich selbst haltbar machen, indem man sie einfriert, einkocht oder zu Konfitüre verarbeitet. Kühlen oder Tiefkühlen verzögert den Verderb, weil Mikroorganismen sich langsamer oder nicht mehr vermehren. Erhitzen tötet Verderbs- und Krankheitserreger ab.

Zum Einfrieren eignen sich Gemüsesorten, die gegart verzehrt werden:

- Beerenobst
- Obstpüree
- Steinobst
- alle Arten von Fleisch, Fisch und Geflügel
- Brot
- Kuchen und Torten, die kein frisches Obst enthalten

Gemüse wird vor dem Einfrieren blanchiert, das heißt kurz in kochendes Wasser gegeben und anschließend abgekühlt. Für allein lebende Klienten kann es sinnvoll sein, Speisen in größerer Menge vorzukochen und portionsweise einzufrieren, z. B. bei aufwendigen Gerichten.

	Dauer	Lagerort	Beispiele
kurzfristige Lagerung	etwa eine Woche	Kühlschrank bei 2 – 8 °C	frische, leicht verderbliche Lebensmittel wie Milchprodukte, Aufschnitt, Obst und Gemüse, außer Exoten und Nachtschattengewächse wie Tomaten
mittelfristige Lagerung	mehrere Monate	Tiefkühlprodukte bei mindestens *** (–18 °C); Vorratsraum, -keller	Tiefkühlprodukte, Öle, Kartoffeln
langfristige Lagerung	ein Jahr und länger	Schränke und Regale 15 – 20 °C, geringe Luftfeuchtigkeit, dunkel	lagerfähige und haltbar gemachte Vorräte wie Konserven, Trockenvorräte

Abb. 1 Vorratshaltung nach Lagerdauer

Zum Auftauen bleiben tiefgekühlte Lebensmittel, die sich nicht sofort verarbeiten lassen, wie Gemüse und kleinere Fleisch- und Fischportionen, am besten im Kühlschrank. In den Kühlschrank gehören nur Vorräte, die kälteverträglich (▸ **Abb. 1**), verpackt oder abgedeckt und die vorher abgekühlt sind, z. B. gegarte Lebensmittel und Reste.

Was einmal aufgetaut ist, eignet sich nicht mehr zum erneuten Einfrieren.

Beim Einlagern von Vorräten hat sich das **FIFO-Prinzip (First in, first out)** bewährt. Frischere Produkte mit längerem Haltbarkeitsdatum werden dabei hinter den älteren eingeordnet. Was zuerst da war, wird automatisch zuerst verbraucht.

Ohne Stern	0 °C	eignet sich nur für Eiswürfel
*	–6 °C	eingefrorene Lebensmittel halten sich bis zu einer Woche
**	–12 °C	eingefrorene Lebensmittel halten sich bis zu drei Wochen
***	–18 °C	eingefrorene Lebensmittel halten sich über Monate
****	–18 °C	eignet sich zum Einfrieren von Lebensmitteln und zum Lagern über mehrere Monate (je nach Lebensmittel)

Abb. 2 Gefrierfächer – das bedeuten die Sterne

10.2.3 Unterstützung bei der Vor- und Zubereitung von Lebensmitteln

Das Zubereiten von Lebensmitteln kann **geschmackliche, gesundheitliche** und **hygienische Vorteile** haben. Beim Vorbereiten durch Waschen, Schälen und Putzen werden ungenießbare Bestandteile entfernt. Durch das Garen werden manche Lebensmittel wie Kartoffeln und grüne Bohnen erst verdaulich. Zudem **sterben Krankheitserreger durch Erhitzen** ab.

Je stärker Lebensmittel verarbeitet werden, desto mehr wertvolle Nährstoffe können mit der Garflüssigkeit verloren gehen oder durch Wärme zerstört werden. Beim Kochen sind es z. B. über 30 %. Schon bei der Lebensmittelvorbereitung und in der kalten Küche gibt es zahlreiche Möglichkeiten, die wertvollen Nährstoffe zu erhalten (▸ **s. nächste Seite**):

Nährstoffe schonen

Lebensmittelverarbeitung und kalte Küche

- Beim Einkauf auf Frische und Qualität achten.
- Lebensmittel kurz unzerkleinert unter fließendem Wasser waschen, empfindliche Lebensmittel in stehendem Wasser.
- Einweichwasser z. B. von Hülsenfrüchten beim Garen mitverwenden.
- Die ungenießbaren Teile von Obst und Gemüse sparsam entfernen, ggf. Sparschäler einsetzen.
- Lebensmittel erst kurz vor der Weiterverarbeitung zerkleinern.
- Rohkostsalate direkt in das Dressing raspeln.

Garen von Lebensmitteln

- Möglichst wenig Garflüssigkeit verwenden, dünsten.
- Kochstelle richtig einstellen: mit höchster Leistung ankochen, zum Fortgaren zurückschalten.
- Gemüse möglichst kurz bissfest garen.
- Fleisch und Geflügel aus hygienischen Gründen „durch" garen.
- In Dampfdrucktopf, Dampfgarer und Mikrowellengerät Garzeiten exakt einhalten.
- Mit fest schließendem Deckel garen.
- Gegarte Speisen sofort servieren.
- Speisen nicht warm halten, sondern besser abkühlen und wieder erwärmen.
- Reste rasch abkühlen, im Kühlschrank lagern.
- Kräuter und Frisches als Garnitur ergänzen den Nährstoffgehalt.

10.2.4 Rahmenbedingungen für Essen und Trinken

Allein lebende Menschen scheuen oft die Mühe, für sich eine komplette Mahlzeit zu kochen, den Tisch zu decken und in Ruhe zu essen. Sie essen und trinken nur noch, wenn sie es selbst für unbedingt nötig halten. Um den Klienten zum Essen und Trinken anzuregen, ändert die Heilerziehungspflegerin nach seinen Gewohnheiten und Vorlieben die Rahmenbedingungen für das Einnehmen der Mahlzeiten:

- Tisch decken mit Tischschmuck, z. B. frische Blumen, und notwendigen Beigaben wie Zucker, Sahne etc.
- Nach dem Essen abräumen, um einen deutlichen Kontrast zwischen den Mahlzeiten und dem übrigen Tag mit seinen Aktivitäten zu erzeugen.
- Falls „Essen auf Rädern" bezogen wird, auf normales Geschirr umfüllen, auf Esstemperatur bringen, eventuell mit frischen Zutaten, z. B. Zitronenschnitze, Petersilie, appetitlich anrichten.
- Bei Zubereitung von Broten auf Abwechslung und Frische achten, Appetitanreger wie saure Gurken, Tomaten, Oliven o. Ä. zusätzlich reichen.
- Sonn- und Feiertage durch den Rahmen und das Angebot vom Alltag unterscheiden.
- Falls planbar, gemeinsame Mahlzeiten oder eine gemeinsame Tasse Kaffee oder Tee vorsehen.

Abb. 1 Die Fachkraft genießt mit der Klientin eine gemeinsame Tasse Kaffee.

Führung eines Haushalts

Zur Förderung der lebenspraktischen Kompetenzen gehört auch, dass der Heilerziehungspfleger den Menschen mit Beeinträchtigung in der Haushaltsführung unterstützt. Das nächste Kapitel 11 Wohnen und Haushaltsführung widmet sich dem Thema ▶ **Kap. 11.5**.

10.2.5 Unterstützung bei einer Einschränkung der Sinnesorgane

Eingeschränkte Sinnesfunktion	Probleme	Lösung
Sehen		
Konturen verschwimmen, Farben verwischen	Muster werden für Essensreste gehalten, Unsicherheit beim Hantieren mit dem Besteck, beim Fassen der Tassen und Gläser	Ausreichendes Licht auf dem Tisch, möglichst starker Kontrast zwischen Gedeck und Unterlage, Information über die Anordnung der Gerätschaften und der Speisen auf dem Teller, Tassen und Gläser nur halb füllen
Zahlen und Buchstaben können nicht ausreichend gelesen werden	Verbraucherinformationen auf Nahrungsmitteln können nicht ausreichend gelesen werden, Qualität von Rohware kann nicht erkannt werden	Einkäufe tätigen oder beim Einkaufen begleiten und Hinweise geben
	Haltbarkeitsdaten werden nicht erkannt	Regelmäßige Kontrolle aller Lebensmittel in der Wohnung
Hören		
Geräusche werden nur eingeschränkt wahrgenommen	Kochgeräusche (Brodeln, Zischen beim Überkochen) werden nicht wahrgenommen	Pfeifkessel, Porzellanteller am Grunde des Topfes zur Geräuscherzeugung beim Kochen, Anwesenheit in der Küche bei Gasherd sicherstellen
	Knacken beim Öffnen von Vakuumpackungen wird nicht registriert	Packungen öffnen und kontrollieren
Geruchsempfinden		
Einschränkung der Geruchs- und Geschmacksempfindung	Essensdüfte werden nicht als appetitweckende Reize wahrgenommen	Training der Wahrnehmung mit Duft von Rose, Gewürznelke, Eukalyptus und Zitrone (zunächst ca. 4 Wochen morgens und abends). Starke Reize setzen, frisch gekochter Kaffee, frische, warme Brötchen
	Das Essen schmeckt nicht mehr	Frische Kräuter, kräftiger würzen
	Verdorbene Nahrungsmittel können nicht identifiziert werden	Regelmäßige Kontrolle des Kühlschranks mit Entfernung entsprechender Nahrungsmittel
Tastsinn		
Einschränkung des Tastvermögens	Reifegrad von Früchten und Gemüsen wird nicht erkannt	Einkäufe tätigen oder beim Einkaufen begleiten und Hinweise geben

Abb. 1 Durch Einschränkung der Sinnesorgane können die Auswahl der Nahrungsmittel, die notwendige Hygiene bei der Zubereitung und der Genuss insgesamt leiden. Hier greift die Heilerziehungspflegerin besonders unterstützend ein.

10.2.6 Nahrungsaufnahme und Flüssigkeitsaufnahme

Durch die tägliche Nahrungsaufnahme erhält der Mensch die Energie, die er für seine täglichen Aktivitäten braucht. Aber auch Menschen, die körperlich nicht oder kaum aktiv sind, benötigen Nahrung:

- Einerseits ist auch die Gehirnleistung auf Nährstoffe angewiesen.
- Andererseits benötigen alle Körperfunktionen, z. B. die Atmung, die Herzleistung und der Temperaturhaushalt, Energie, um ihren Aufgaben nachzukommen.

Je nach Gewicht und körperlichem Zustand kann ein Mensch einige Tage ohne Essen auskommen. Gleichwohl zehrt der **Nahrungsentzug** an den Energiereserven des Menschen. Mit einem **Flüssigkeitsentzug** kommt der Mensch nur sehr viel kürzer aus. Da der Mensch keine Wasservorräte anlegen kann, ist er auf eine regelmäßige Flüssigkeitszufuhr angewiesen, um die Nährstoffe mit dem Blut in alle Bereiche des Körpers zu transportieren.

Regelmäßig zu essen und zu trinken sind Voraussetzungen für einen gesunden Körper und körperliche sowie geistige Leistungsfähigkeit. Kann der Mensch diesen Bedürfnissen nicht selbstständig nachkommen, so unterstützt ihn die Heilerziehungspflegerin. Dabei setzt sie ihr Fachwissen ein, um dem Klienten eine bedarfsgerechte und ausgewogene Nahrungsaufnahme zu ermöglichen, die seinen Bedürfnissen und Gewohnheiten gerecht wird.

Abb. 1 Getränke-Inseln können ans Trinken erinnern und laden dazu ein, regelmäßig Flüssigkeit aufzunehmen

Kennenlernen. Bei der Aufnahme erklärt die Heilerziehungspflegerin dem Klienten die von der Einrichtung angebotenen Mahlzeiten. Ebenso stellt sie das Angebot an Nahrungsmitteln und Getränken dar. Gleichzeitig klärt sie mit ihm, im Sinne einer **biografie-orientierten Assistenz**, seine Gewohnheiten beim Essen sowie bei der Flüssigkeitsaufnahme. Auch bringt sie die von ihm bevorzugten Lebensmittel, eventuell vorhandene Lebensmittelallergien sowie Nahrungsmittelunverträglichkeiten in Erfahrung. Nicht zuletzt bespricht sie mit dem Klienten die Rahmenbedingungen, die er bei der Nahrungsaufnahme gewohnt ist, z. B.

- das Bedürfnis, in Gesellschaft zu essen,
- Rituale rund um die Mahlzeit, z. B. beim Frühstück die Zeitung lesen,
- bereits vorhandene Hilfsmittel für die Nahrungsaufnahme.

Beobachtung des Essverhaltens

Um das Essverhalten eines Menschen zu beobachten, achtet die Heilerziehungspflegerin in erster Linie auf die Mahlzeiten, die der Mensch einnimmt. Dabei verfolgt sie:

- Anzahl der Mahlzeiten innerhalb von 24 Stunden,
- Zeitpunkt der Mahlzeiten,
- Hauptmahlzeiten, in denen der Mensch den größten Teil seines Nährstoffbedarfs deckt, und Zwischenmahlzeiten, in denen der Mensch kleinere Mengen oder Snacks zu sich nimmt,
- Regelmäßigkeit der Mahlzeiten.

Unterstützungsbedarf beim Essen. Als Kleinkind lernt der Mensch allein zu essen. Von da an entscheidet er zunehmend selbstständig, was er wann und in welchen Mengen essen möchte. Je höher der **Hilfebedarf** eines Menschen bei der Nahrungsaufnahme ist, desto höher ist die Gefahr, dass der Heilerziehungspfleger das Essverhalten und die Zeitpunkte der Mahlzeiten vorgibt – und damit nicht immer das Bedürfnis des Menschen trifft.

Aus diesem Grund und zumal die Nahrungsaufnahme auch der **körperlichen Befriedigung** dient, beobachtet die Heilerziehungspflegerin, in welchen Bereichen der Mensch Hilfe benötigt. Sie bespricht mit ihm, wie sie ihn unterstützen und seine Selbstständigkeit soweit wie möglich fördern bzw. erhalten kann.

Abb. 1 Gemeinsame Mahlzeiten sind auch ein soziales Ereignis

Folgende Fragen geben bereits ersten Aufschluss über den **Unterstützungsbedarf** des Menschen:

- Benötigt er Unterstützung, um die Mahlzeit vorzubereiten, z. B. weil er nicht mobil genug ist, die benötigten Lebensmittel auf dem Tisch bereitzustellen?
- Braucht der Mensch Hilfe während der Mahlzeit, z. B. um das Essen zum Mund zu führen?
- Hat der Mensch Probleme mit der Nachbereitung der Mahlzeit, z. B. weil er kein Sättigungsgefühl bemerkt und die Mahlzeit nicht allein beenden kann?

Gleichzeitig beobachtet die Fachkraft, ob das Problem eher in der **Feinmotorik** liegt oder ob der Mensch Probleme bei **groben Bewegungsabläufen** aufweist. Je nach Ursache, unterstützt sie den Menschen bzw. organisiert Hilfsmittel, die ihm erlauben, selbstständig zu essen (▸ **s. Kap. 10.2.7 Hilfestellung beim Essen**).

Die meisten Menschen sind gewohnt, in **Gesellschaft** zu essen. Die Nahrungsaufnahme ist eine gute Gelegenheit, sich auszutauschen und Sozialkontakte zu pflegen. Viele Menschen, die nicht selbstständig essen können oder die gängigen „Tischmanieren" nicht beherrschen, neigen dazu, ihre Mahlzeiten allein einzunehmen.
Der Heilerziehungspfleger achtet auf diese **Rückzugstendenzen** und bespricht mit dem Klienten Lösungswege, um seine sozialen Kontakte zu erhalten.

Gerade wenn der Mensch sich nicht äußern kann, bemerkt die Fachkraft **Schluckprobleme** oft erst, wenn der Mensch sich bereits verschluckt hat. Da verschluckte Nahrung zu einer Aspirationspneumonie (▸ **s. Modul 4. Kap. II.4.2.4**) führen kann, achtet die Fachkraft insbesondere bei neu aufgenommenen Menschen auf deren Schluckverhalten. Bei Bedarf ergreift sie die Maßnahmen der Aspirationsprophylaxe.
▸ **S. auch Kap. 10.2.7 Kau- und Schluckprobleme**

Wahl der Nahrungsmittel

„Der Mensch ist, was er isst" lautet ein berühmtes Zitat. Es stammt von Ludwig Feuerbach, einem deutschen Philosophen des 19. Jahrhunderts. Im Gegensatz zur heutigen Zeit, war der Zusammenhang zwischen Gesundheit und einer ausgewogenen Ernährung früher weniger bekannt. Allerdings: Damals gab es auch weniger künstliche Nahrungsmittel und eine kleinere Auswahl an Lebensmitteln als heute.

Art und Menge der Nahrungsmittel. In der Theorie wissen viele Menschen relativ gut, welche Lebensmittel **gesund** und welche weniger gesund sind. Im Alltag hingegen werfen viele Menschen ihr Wissen über Bord und essen ganz einfach, was ihnen schmeckt. Auf Schokolade, Pommes frites und Co. muss in der Tat auch niemand verzichten, solange keine Erkrankung, z. B. eine Lebensmittelallergie, dagegenspricht. **Entscheidend ist die Menge**, in welcher der Mensch z. B. sehr fettige, stark zuckerhaltige oder sehr stark verarbeitete Lebensmittel zu sich nimmt. Denn ein anderes Sprichwort, das von Paracelsus stammt, lautet: „Die Dosis macht das Gift." Diesem Sprichwort nach darf jeder Mensch jedes Lebensmittel zu sich nehmen – allerdings in Maßen.

Lebensmittelallergien können bei schwerem Verlauf zum Schock oder gar Tod führen. Die Heilerziehungspflegerin erfragt daher, ob bei dem Klienten bereits Lebensmittelallergien bekannt sind.
Neu auftretende Nahrungsmittelunverträglichkeiten meldet sie zeitnah dem Arzt, ebenso sorgt sie dafür, dass der Klient das betreffende Lebensmittel nicht weiterhin verzehrt.

Kostform	Beispiele	Beispiele zur Indikation
Vollkost	(Vollkorn)brot, Gemüse, Obst, Milchprodukte – alle üblichen Lebensmittel und Speisen in einem ausgewogenen Verhältnis	Gesunde Menschen, die weder über- noch untergewichtig sind und nicht aufgrund einer Erkrankung einer speziellen Diät bedürfen.
Leichte Vollkost	Alle leicht verträglichen Speisen und Lebensmittel wie bei der Vollkost. Nicht infrage kommen Lebensmittel, die schwer verträglich sind oder den Magen angreifen, z. B. Zitrusfrüchte, Kohlsorten, stark zucker- oder fetthaltige Speisen.	Magen-Darm-Erkrankungen
Passierte Kost, auch pürierte Kost genannt	Sämtliche Lebensmittel, die passiert werden können. Nicht infrage kommt Fisch mit Gräten, Fleischsorten mit kleinen Knochen, z. B. Hühnchen.	Menschen, die aufgrund eines fehlenden Kauvermögens oder bedingt durch massive Schluckprobleme keine feste Kost zu sich nehmen können.
Hochkalorische Kost	In der Regel spezielle Trinknahrung	Menschen mit massivem Untergewicht oder stark zehrenden Erkrankungen
Aufbaukost	In der Regel mit einigen Schlucken Wasser beginnend, dann (sehr) kleine Nahrungsportionen, unter Verzicht auf starke Würzung; fettarm, säurearm, wenig gewürzt und wenig gezuckert	Nach Magen-Darm-Infekten oder längerer Nahrungskarenz
Diätkost	Sehr unterschiedlich, je nach Erkrankung	Erkrankungen, die eine bestimmte Diätform erforderlich machen, z. B. Diabetes, Rheuma, Nahrungsmittelallergien

Abb. 1 Die gängigsten Kostformen mit beispielhaften Speisen und Indikationen

Je nachdem, wie sich ein Mensch ernährt oder wie er sich, z. B. aufgrund einer Erkrankung, ernähren sollte, werden verschiedene **Kostformen** unterschieden. Die ▸ **Abb. 1** zeigt die gängigsten Kostformen bei erwachsenen Menschen mit einem Unterstützungsbedarf.

Gerade in einer stationären Wohnform (Wohnheim) kann der Heilerziehungspfleger durch Absprachen mit der **Hauswirtschaft** die gesunde Ernährung des Menschen unterstützen. Allerdings ist auch hier seine **Zustimmung** notwendig. Bei einer Nahrungsmittelauswahl gegen den Willen des Menschen kann nicht von Selbstbestimmung gesprochen werden.

Verträglichkeit der Lebensmittel. Neben der Art und Menge der Lebensmittel beobachtet die Fachkraft auch ihre Verträglichkeit. Diese erkennt sie an:

- Reaktionen unmittelbar nach dem Verzehr von Lebensmitteln, z. B. Magenschmerzen, Hautausschlag, oder an
- verzögerten Reaktionen auf bestimmte Lebensmittel, z. B. Obstipation, Abgang von Winden, die erst einige Stunden oder gar Tage nach der Aufnahme der Lebensmittel auftreten.

Abb. 2 Zitrusfrüchte können aufgrund ihres hohen Säuregehalts auf den Magen schlagen. Der Heilerziehungspfleger erfragt bei jedem Menschen bzw. Angehörigen, ob Nahrungsmittelunverträglichkeiten bekannt sind

Abb. 3 Erdnüsse sind dafür bekannt, bei entsprechenden Allergikern sehr starke Reaktionen hervorzurufen

Doch zur Verträglichkeit zählt nicht nur, wie der **Verdauungstrakt** (▸ s. Modul 5, Kap. II.2) mit dem Lebensmittel zurechtkommt. Um zu beurteilen, ob ein Lebensmittel bzw. die Menge, in der es aufgenommen wird, für einen Menschen verträglich ist, achtet die Heilerziehungspflegerin auch auf:

- die Fähigkeit des Menschen, Lebensmittel zu sich zu nehmen, z. B. Bedarf an weicherer Kost bei einer schlecht sitzenden Zahnprothese,
- Erkrankungen, die eine Rücksichtnahme auf bestimmte Lebensmittel erfordern, z. B. Diabetes mellitus (▸ s. Modul 8, Kap. II.1) Allergien gegen bestimmte Nahrungsmittel und
- den Ernährungszustand des Menschen (▸ s. oben, Kap. 10.1) und seinen Bedarf, Gewicht zu gewinnen oder zu verlieren.

Beobachtung der Flüssigkeitsaufnahme

Der Heilerziehungspfleger beobachtet täglich die Flüssigkeitsaufnahme des Klienten, da

- ein Mensch nur sehr wenige Tage ohne Flüssigkeit auskommt,
- Flüssigkeitsmangel sehr schnell negative Folgen nach sich zieht, z. B. eine schlechtere Gedächtnisleistung,
- ausreichend Flüssigkeit notwendig ist, um wasserlösliche Stoffwechselprodukte über die Niere auszuscheiden, und weil
- besonders ältere Menschen aufgrund eines abnehmenden Durstgefühls nicht selten zu wenig Flüssigkeit zu sich nehmen.

Beobachtung des Trinkverhaltens

Bei der Beobachtung des Trinkverhaltens spielt eine Rolle, wie viele **Trinkpausen** oder -mahlzeiten der Mensch am Tag einnimmt und ob er **Hilfe** benötigt, um trinken zu können.
Viele **Trinkmahlzeiten** finden nebenbei statt, z. B. wenn der Mensch während der Mahlzeit oder vor dem Fernseher etwas trinkt. Die Fachkraft beobachtet, wann der Mensch trinkt und ob er zwischenzeitlich Anzeichen von **Durst** oder gar **Flüssigkeitsmangel** in Form einer **Dehydratation** (▸ s. unten) zeigt.

Abb. 1 Eine Wasserkaraffe kann den Menschen daran erinnern, wie viel Flüssigkeit er im Laufe des Tages noch zu sich nehmen sollte. Die Karaffe sollte zu den motorischen Fähigkeiten des Menschen passen

Ihre Beobachtungen geben einen ersten Anhalt, ob der Mensch ausreichend trinkt oder ob über den Tag verteilt längere Phasen bestehen, in denen der Mensch keine Flüssigkeit zu sich nimmt. Gleichzeitig kann die Fachkraft durch ihre Beobachtungen Schlüsse ziehen, z. B. zu welchen Tageszeiten oder Situationen der Mensch besonders starken **Durst** hat oder wann er besonders wenig trinkt.
Indem die Fachkraft ihre Beobachtungen mit dem Klienten bespricht, kann sie **Gründe** für sein Trinkverhalten erfahren, z. B. wenn ein Mensch am Abend wenig trinkt, um nachts nicht zur Toilette gehen zu müssen. Auf Basis ihrer Beobachtungen sowie der Information des Menschen bespricht sie mit ihm, wie eine ausreichende Flüssigkeitszufuhr sichergestellt werden kann.
Der **Unterstützungsbedarf beim Trinken** kann, wie der Hilfebedarf beim Essen (▸ s. unten) sehr unterschiedlich aussehen. Während der eine Mensch beispielsweise Unterstützung benötigt, um das Getränk einzugießen, benötigt der andere Mensch Hilfe, um das Trinkgefäß an den Mund zu führen.
Die Heilerziehungspflegerin beobachtet und erfährt durch Kommunikation mit dem Klienten, worin genau der Hilfebedarf besteht, und richtet ihre Unterstützung entsprechend aus.
▸ S. auch Kap. 10.2.8 Hilfestellung beim Trinken

Der Hilfebedarf kann, z. B. bei an Demenz erkrankten Menschen, darin bestehen, dass der Mensch eine Erinnerung benötigt, um das Trinken nicht zu vergessen. In diesem Fall bespricht der Heilerziehungspfleger im Team feste Zeiten oder Situationen, in denen dem Klienten ein Getränk angeboten wird, und führt ggf. ein Trinkprotokoll.

Getränkewahl und -menge

Die meisten Menschen haben ein **Lieblingsgetränk**. Bei einem ohnehin niedrigen Durstgefühl kann dieses den Menschen bewegen, mehr zu trinken. Die heilerzieherische Fachkraft erfährt daher in der Kommunikation mit dem Klienten, welche Getränke er bevorzugt.
Lange Zeit hieß es, dass für einen guten Flüssigkeitshaushalt vor allem Wasser, ungesüßte Tees und leichte Saftschorlen infrage kämen. Doch auch der **Appetit** auf Getränke hängt von deren Abwechslung ab. Zudem spielen die Gewohnheiten eines Menschen eine wichtige Rolle. Hat ein Mensch sein Leben lang viel Kaffee getrunken, so möchte er dies auch im Alter wahrscheinlich nicht aufgeben. Dass Kaffee ein **Flüssigkeitsräuber** ist, zu dem immer ein Glas Wasser getrunken werden sollte, ist inzwischen widerlegt. Allerdings: Ein zusätzliches Glas Wasser schadet nicht.
Die Fachkraft achtet darauf, welche Getränke der Mensch zu sich nimmt. Besteht seine Getränkewahl vor allem aus stark zuckerhaltigen, sehr fettigen oder alkoholischen Getränken,

so bespricht sie mit ihm die Getränkeauswahl und berät ihn in Bezug auf eine gesunde Getränkewahl.

Die meisten Menschen nehmen vor allem durch Getränke Flüssigkeit auf. Allerdings können auch Nahrungsmittel, z. B. eine klare Brühe, gute Flüssigkeitslieferanten sein.
Die Heilerziehungspflegerin achtet daher nicht nur auf die Getränke, die der Mensch zu sich nimmt, sondern auch auf flüssigkeitsreiche Nahrungsmittel. Übersieht sie diese, so kann sie ein mangelndes Durstgefühl und eine zu niedrige Trinkmenge vermuten, obschon der Mensch ausreichend Flüssigkeit zu sich nimmt.

Dehydratation

Dehydratation: Abnahme des Körperwassers durch eine erhöhte Ausscheidung mit einer gleichzeitig zu geringen Flüssigkeitsaufnahme. Mitunter wird die Dehydratation auch als Hypohydratation bezeichnet.

Der Mensch scheidet auf verschiedenen Wegen Wasser aus: über den Urin, durch starkes Schwitzen, durch Erbrechen und über den Stuhl. Scheidet der Mensch in erhöhtem Maße Flüssigkeit aus, so ist es besonders wichtig, dass er auch ausreichend Flüssigkeit aufnimmt, um eine Dehydratation zu vermeiden.

Dehydratationsprophylaxe. Der Heilerziehungspfleger achtet auf die folgenden Anzeichen einer Dehydratation bzw. fragt den Menschen danach:
- Durst
- konzentrierter Urin
- trockene Zunge und Schleimhäute
- verminderte Hautspannung, geringer Hautturgor
- Hypotonie/zu niedriger Blutdruck (▸ **s. Modul 5, Kap. II.1.3.6**)
- allgemeine Schwäche

Einzeln gesehen, müssen die genannten Symptome nicht immer für eine Dehydratation stehen. Auch können einige Symptome, z. B. die Hypotonie, andere Ursachen haben. Die Fachkraft betrachtet daher nicht nur die einzelnen Symptome, sondern sieht sie im Zusammenhang. Vergleicht sie ihren Eindruck mit dem Flüssigkeitsverlust und der Flüssigkeitsaufnahme, so kann sie leicht erkennen, ob der Mensch dehydriert.

Hyperhydratation: Überschuss an Körperwasser, verursacht durch eine zu hohe Flüssigkeitszufuhr und/ oder eine zu geringe Ausscheidung des Wassers über die Niere.

Ebenso wie bei der Dehydratation können die Ursachen einer **Hyperhydratation** krankheitsbedingt sein. Aber auch Ärzte sowie Pflegefachkräfte können diesen Zustand ungewollt fördern, indem sie den Menschen nicht fachgerecht versorgen und beispielsweise trotz einer verminderten Nierenleistung zu viel Flüssigkeit zuführen.
Eine Hyperhydratation äußert sich durch folgende Symptome:
- glatte, glänzende Haut
- Gewichtszunahme durch Ödembildung
- Hypertonie/erhöhter Blutdruck (▸ **s. Modul 5, Kap. II.1.3.6**)

Wie auch bei der Dehydratation achtet die Fachkraft besonders darauf, ob die Symptome im **Zusammenhang** auftreten. Neben der Menge der aufgenommenen Flüssigkeit beobachtet sie auch die Menge des Urins.
Die **Behandlung** der Hyperhydratation richtet sich nach der Ursache, die zu der Überwässerung geführt hat und wird vom Arzt angeordnet. Sowohl eine veränderte Ernährung, eine eingeschränkte Flüssigkeitszufuhr als auch eine medikamentöse Therapie kommen infrage.

Bilanzierung der Ein- und Ausfuhr

Um festzustellen, ob die Aufnahme und Ausscheidung von Flüssigkeiten im richtigen Verhältnis zueinander stehen, kann der Heilerziehungspfleger eine Bilanzierung durchführen. Diese Beobachtungsmaßnahme ist angezeigt, wenn die Gefahr einer Dehydratation besteht, z. B. bei einer Nierenerkrankung, oder wenn der Mensch Anzeichen einer Hyperhydratation zeigt, z. B. durch starke Ödembildung.
Die Bilanzierung der Ein- und Ausfuhr findet in der Regel über einen Zeitraum von 24 Stunden statt.
- Ist die Einfuhr größer als die Ausfuhr, so spricht man von einer positiven Bilanz.
- Ausgeglichen ist die Bilanz, wenn die Einfuhr gleich oder bis zu 200 ml größer ist als die Ausfuhr.
- Ist die Ausfuhr größer als die Einfuhr, so handelt es sich um eine negative Bilanz.

Beobachtungsfokus	Beobachtungskriterien
Einfuhr (Plusseite der Bilanz)	Messung: Getränke, sehr flüssige Kost, z. B. Suppen, Sondenkost, Infusionen Schätzung: mit der Nahrung aufgenommene Flüssigkeit, z. B. sehr wässriges Obst, z. B. Orangen
Ausfuhr (Minusseite der Bilanz)	Messung: Urin, Drainageflüssigkeiten Schätzung: Stuhl, Erbrochenes

Abb. 1 Bilanzierung der Ein- und Ausfuhr

10.2.7 Hilfestellung beim Essen

Die Hilfestellung beim Essen ist von vielen Faktoren abhängig, auch die Kultur spielt eine Rolle. In westlichen Ländern geht man davon aus, dass ein erwachsener Mensch, der nicht mit dem Essbesteck umgehen kann, Hilfe benötigt. Beispielsweise in Indien hingegen ist es nicht unüblich, mit der Hand zu essen. Niemand würde in diesem Fall zur Hilfe eilen und dem betreffenden Menschen das Essen anreichen.
Da die Fachkraft darauf achtet, dass der Mensch mit Behinderung so selbstständig wie möglich seinen Aktivitäten nachgehen kann, denkt sie bei jedem einzelnen Menschen auch über ungewöhnliche Hilfsmöglichkeiten nach. Zweifellos gefällt es nicht jedem Menschen, mit den Händen zu essen. Auch ist es nicht sinnvoll, einen Menschen zum Essen mit den Händen zu überreden. Isst hingegen beispielsweise ein Mensch mit einer Demenz von selbst mit den Händen, so ist es Aufgabe der Fachkraft, ihn dabei zu unterstützen, z. B. indem sie

- auf eine geeignete Temperatur des Essens achtet,
- Lebensmittel anbietet, die gut mit der Hand gegessen werden können, und
- den Menschen bei Bedarf anleitet, vor der Mahlzeit die Hände zu waschen.

Hilfsmittel zur Nahrungsaufnahme

Die Hilfsmittel zur Nahrungsaufnahme zeigen eine große Bandbreite. Ihr Ziel ist stets gleich: dem Menschen zu ermöglichen, so weit wie möglich selbstständig zu essen. Notwendig werden die Hilfsmittel bei Behinderungen und Einschränkungen, bei denen der Mensch die Nahrung nicht mit „normalen“ Utensilien zerkleinern, auf das Besteck bringen oder zum Mund führen kann (▶ **Abb. 1**).

Nahrung anreichen

Je nach den Fähigkeiten des erwachsenen Menschen, reicht die Heilerziehungspflegerin ihm teilweise oder komplett die Mahlzeit an oder ist bei bestimmten Handgriffen, z. B. beim Zerschneiden der Nahrung, behilflich. Liegt beispielsweise eine Halbseitenlähmung vor, so reicht die Fachkraft dem Klienten die für ihn geeigneten **Hilfsmittel** und ordnet Gläser und Besteck so, dass er mit der nicht betroffenen Seite darauf zugreifen kann.
Kann der Mensch kauen und schlucken, die Nahrung jedoch nicht selbst zum Mund führen, so reicht die Heilerziehungspflegerin die Nahrung an.

	Hilfsmittel	Funktion
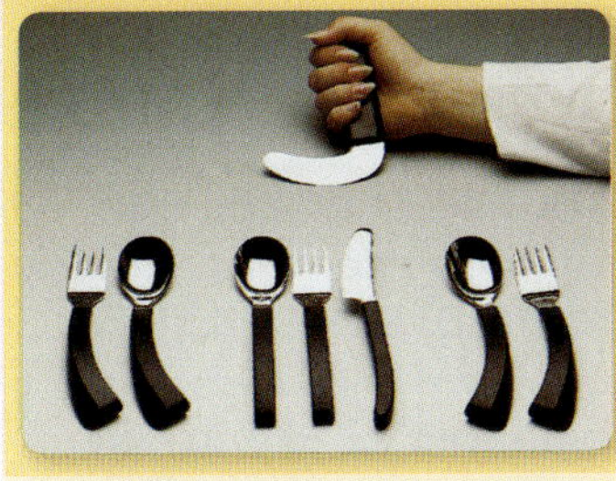	Die Griffe des Bestecks sind für Links- und Rechtshänder geformt. Auch erhältlich ist dieses Besteck mit neutralem Griff, der durch den Betroffenen selbst einmalig angepasst werden kann.	Die Griffe ermöglichen, mit verformten und steifen Fingern zu essen und Nahrung zuzubereiten.
	Teller mit erhöhtem Rand und Warmhaltefunktion	Der erhöhte Rand verhindert, dass Nahrung über den Tellerrand hinausgeschoben wird. Er kann zum Warmhalten von Speisen mit heißem Wasser befüllt werden (s. weißer Stopfen).
	Anti-Rutschunterlage aus Gummi	Die gummierte Unterlage „klebt“ leicht am Tisch und ebenso an der Rückseite des Tellers. Auf diese Weise kann der Teller nicht versehentlich verschoben werden. Spezialteller ersetzen die Matte meist, indem unter dem Teller ein Gummiring fest angebracht ist.

Abb. 1 Hilfsmittel, die das selbstständige Essen erleichtern

Der Begriff „anreichen“ ist nicht nur für Pflegelehrbücher gedacht, auch dem Klienten gegenüber sprechen Fachkräfte davon, das Essen anzureichen. Der Begriff „füttern“ ist für erwachsene Menschen unpassend und wird in der Pflege von Säuglingen und Kleinkindern verwandt.

Bevor sie mit der Maßnahme beginnt, klärt die Fachkraft mit dem Menschen, welche Speisen er in welcher Menge essen möchte. Ebenso lässt sie den Menschen den Zeitpunkt festlegen, an dem er essen möchte. Auf diese Weise kann sie die Zeit mit dem höchsten Hunger bzw. Appetit nutzen.
Kann sich der Mensch mit Behinderung nicht sprachlich äußern, so ist eine gute **Beobachtungsgabe** gefragt. Das Ziel ist, dem Klienten die Nahrungsmittel anzureichen, die er essen möchte, und zwar in der Menge, die er sich vorstellt. Der Mensch sollte weder hungrig die Mahlzeit beenden noch sollte der Heilerziehungspfleger ihm mehr Nahrung anreichen, als er essen möchte.

Händereinigung. Zunächst wäscht und desinfiziert die Fachkraft ihre Hände. Auf Wunsch unterstützt sie den Menschen dabei, seine Hände zu reinigen. Trägt der Mensch eine Zahnprothese, so setzt die Heilerziehungspflegerin diese bei Bedarf ein.
Auf Wunsch des Menschen legt sie eine **Serviette** über seinen Schoß. Geht sie von einer sehr starken Verschmutzung durch das Essen aus, so legt sie die Serviette mit dem Einverständnis des Menschen über dessen Brust und Bauch.

Der Begriff Lätzchen wird für Babys und Kleinkinder verwandt. In der Pflege von Erwachsenen ist dieser Begriff unangemessen, daher verwendet der Heilerziehungspfleger den Begriff Serviette oder Kleckerschutz.

Dann stellt sie die Mahlzeit so bereit, dass der Mensch sie sehen kann. Im Idealfall steht die Mahlzeit vor dem Menschen auf dem Tisch. Möchte er eine größere Menge essen oder isst er sehr langsam, so gibt die Fachkraft zunächst nur einen Teil der Mahlzeit auf den Teller. Den übrigen Teil der Mahlzeit stellt sie zunächst warm oder sie benutzt einen Warmhalteteller.

Während sie das Essen anreicht, sitzt sie auf gleicher Höhe mit dem Klienten. Gleichzeitig sollten der Mensch und die Heilerziehungspflegerin sich während der Maßnahme ins Gesicht sehen können. Wann immer möglich, sollte der Mensch auf einem Stuhl oder Sessel vor einem Tisch essen. Dies entspricht der typischen Situation einer Mahlzeit und verringert das Abhängigkeitsgefühl im Vergleich zu einer im Bett eingenommenen Mahlzeit.

Abb. 1 Ist der Mensch blind, so erklärt der Heilerziehungspfleger ihm, welches Essen sich auf dem Teller befindet. Isst der blinde Mensch selbstständig, so erklärt er ihm zudem die Positionierung der einzelnen Speisen.

Beim Anreichen der Nahrung achtet die Fachkraft darauf, dass

- die Größe der Bissen bzw. die **Menge** der Lebensmittel auf dem Löffel dem entspricht, was der Mensch kauen bzw. schlucken kann,
- die Temperatur der Nahrung nicht zu heiß ist, sodass sich der Mensch verbrennen könnte,
- sie die Gabel bzw. den Löffel **nicht zu weit** in den Mund schiebt, um einen Würgereflex zu vermeiden, aber auch
- dass sie die Gabel bzw. den Löffel **weit genug** in den Mund schiebt, damit der Mensch die Nahrung aufnehmen kann.

Nahrung, die aus dem Mund läuft, wischt der Heilerziehungspfleger mit einer Serviette ab. Mit einem Löffel über den Mund zu streichen, wie es häufig bei Babys gemacht wird, ist für erwachsene Menschen nicht angemessen. Zudem irritiert das Streichgefühl die Wahrnehmung der Lippen und des vorderen Mundraums.

Ruhe und Zeit. Sofern es den Menschen nicht stört oder seine Konzentration zu sehr ablenkt, kann sich die Fachkraft mit dem Menschen **unterhalten**. Da für den Menschen die Nahrungsaufnahme im Vordergrund steht, erzählt die Heilerziehungspflegerin mehr als dass sie Fragen stellt.
Der Heilerziehungspfleger nimmt sich Zeit, um die Nahrung anzureichen. Der Mensch bestimmt die Geschwindigkeit und – sofern er sich äußern kann – auch die Reihenfolge, in der die Fachkraft die Speisen anreicht. Erst wenn der Mensch geschluckt hat, nimmt die Fachkraft den nächsten Bissen auf und reicht ihn an. Das Ende der Mahlzeit bestimmt der Klient.

Erneute Reinigung. Nach der Mahlzeit bietet die Fachkraft dem Menschen eine Mund- und Zahnreinigung oder Prothesenpflege an. Ebenso hilft sie dem Klienten bei Bedarf erneut, die Hände zu reinigen.

Medikamentengabe. Oft werden gleichzeitig mit der Mahlzeit Medikamente verabreicht. Bei vielen Medikamenten ist es nicht egal, wann sie eingenommen werden. Die Fachkraft achtet daher darauf, dass

- bei Bedarf der korrekte Abstand zwischen Medikament und Mahlzeit eingehalten wird,
- das Medikament ohne oder mit Nahrungsmitteln gemeinsam eingenommen wird – entsprechend den Angaben in der Packungsbeilage,
- der Mensch bei Bedarf ausreichend Flüssigkeit erhält, um das Medikament zu schlucken.

Die Nahrungsanreichung im Bett ähnelt stark der Anreichung, bei der der Mensch auf dem Stuhl oder Sessel sitzt. Um den Menschen in eine möglichst aufrechte Lage zu bringen, stellt die Heilerziehungspflegerin das Kopfteil hoch. Allerdings sollte der Mensch nicht in einem 90°-Winkel sitzen, da auf diese Weise die Verdauungsorgane eingeengt werden würden. Dies wiederum würde ein vorzeitiges Völlegefühl fördern und könnte zu einer verminderten Nährstoffaufnahme führen.

Da es dem bettlägerigen Menschen nicht möglich ist, am Waschbecken die Hände zu waschen, stellt die Fachkraft auf Wunsch eine kleine Waschschüssel zum **Händewaschen** bereit. Um die Nahrung in Sichtweite des Menschen zu bringen, klappt die Heilerziehungspflegerin den Nachttisch auf und schiebt ihn über das Bett. Oder aber sie benutzt – gerade bei sehr niedrigen Betten – ein Betttablett mit Füßen. Dabei achtet sie darauf, dass die Füße lang genug sind, sodass sie die Matratze berühren. Liegt das Tablett nur lose auf den Beinen des Menschen, so besteht die Gefahr, dass es umkippt, sobald der Mensch die Beine bewegt.

Nach der Mahlzeit bringt die Fachkraft den Menschen wieder in die gewünschte Position, z. B. indem sie das Kopfteil wieder flacher stellt.

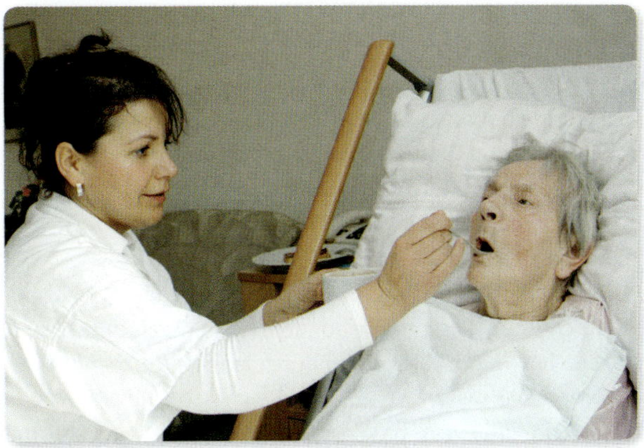

Abb. 1 Beim Anreichen der Nahrung hält sich die Fachkraft an die Essgeschwindigkeit, die der Mensch vorgibt.

Füttern von Säuglingen

Die beste Nahrung für einen Säugling ist die Muttermilch. Wenn diese Form der Ernährung nicht möglich ist, kann der Heilerziehungspfleger industriell hergestellte Säuglingsnahrung geben. Es wird unterschieden zwischen Anfangsnahrung der Stufe „Pre" (Pre-Milch) für Neugeborene und den Säuglingsnahrungstypen 1, 2 und 3, die sich jeweils in der Konsistenz unterscheiden und daher für ältere Säuglinge geeignet sind.

Frühestens mit Beginn des 5. Monats kann ergänzend Beikost (erste Breie, z. B. bestehend aus Gemüse) gegeben werden. Ab dem 10. Monat können erste Brotmahlzeiten angeboten werden. Durch die Umstellung auf Beikost bekommen viele Kinder Blähungen und Verdauungsbeschwerden, da der Verdauungstrakt noch nicht auf diese ungewohnte Nahrung eingestellt ist. Hier hilft eine Schritt-für-Schritt-Umstellung.

Die Zubereitung der Säuglingsmilch ist je nach Hersteller unterschiedlich und sollte genau befolgt werden. Da die Nahrung einen idealen Nährboden für krankheitserregende Keime darstellt, muss sehr genau auf die Hygiene und korrekte Zubereitung geachtet werden.

Abb. 2 Säuglingsfütterung

Hygieneregeln bei der Säuglingsfütterung

- Die eigenen Hände zuerst gründlich reinigen.
- Nur sterilisierte Flaschen und Sauger zur Zubereitung der Säuglingsmilch verwenden. Sterilisieren geschieht durch 10-minütiges Auskochen oder Dampfsterilisieren in einem speziellen Gerät (Vaporisator).
- Das Wasser für die Zubereitung sprudelnd kochen lassen. Auf ca. 40 °C abkühlen lassen und nach Herstellanleitung zubereiten. Bei einer Temperatur von 37 °C kann die Milch verfüttert werden (Handgelenksprobe).
- Nach der Mahlzeit die Flaschen und Sauger wieder gründlich reinigen und sterilisieren.
- Milchreste müssen entsorgt und dürfen nicht warm gehalten werden (Keime).
- Ab dem 6. Monat muss nicht mehr sterilisiert werden, eine Reinigung mit 55–65 °C ist ausreichend, da der Verdauungstrakt des Kindes nicht mehr so empfindlich ist.

Fläschchen geben

- Für eine ruhige und warme Umgebung sorgen. Das Füttern ist gleichzeitig Gelegenheit zur körperlichen Kontaktaufnahme und stärkt die Bindung zur Bezugsperson.
- Die Nahrungsaufnahme soll als etwas Angenehmes für den Säugling erfahren werden. Blickkontakt und Kommunikation sind ein wichtiger Teil des Fütterns.
- Das Köpfchen und der Rücken des Säuglings liegen für die Fütterung leicht erhöht.
- Auf die richtige Saugergröße (I-III) achten (zu großes Saugerloch: Gefahr des Verschluckens).
- Die Flaschenhaltung (Winkel von ca. 45 °) muss eine vollständige Füllung des Saugers gewährleisten, damit der Säugling nicht zu viel Luft ansaugt.
- Nach dem Trinken muss der Säugling zum „Bäuerchenmachen" animiert werden. Hierzu kann man ihn an die Schulter nehmen und leicht mit der flachen Hand auf den Rücken klopfen, damit verschluckte Luft entweichen kann.
- Wie häufig ein Baby trinkt, ist sehr unterschiedlich und kann in den ersten Wochen von 4 bis 8 Fütterungen reichen.

Füttern von Kleinkindern (ab dem 2. Lebensjahr). Das Zufüttern von Beikost in Breiform kann ab dem 5. Lebensmonat begonnen werden. Die Flaschenfütterung wird zu Anfang beibehalten und erst nach und nach verringert. Der Brei wird mit dem Löffel gefüttert. Den Umgang mit dem Schlucken muss das Baby allerdings erst lernen. Auch hier sind Ruhe und Geduld wichtig.

Getränke: Mit Einführung der Beikost wird die Nahrung fester und man kann dem Kleinkind auch Getränke anbieten, z. B. Wasser (ohne Kohlensäure), ungesüßte Kräuter- oder Früchtetees, Frucht- oder Gemüsesäfte (ohne Salz- und Zuckerzusatz). Säuglingsflaschen mit Sauger sollten recht bald auf Lernbecher oder Lerntassen umgestellt werden. Die Sauger verleiten sonst zum Dauernuckeln (Zahnfehlstellungen). Wenn sich das Kind immer mehr für das Essen der Erwachsenen interessiert, kann es den Umgang mit dem eigenen Löffel oder Brot- und Obststücken lernen.

Beim Füttern mit dem Löffel über den Mund zu streichen, sollte vermieden werden. Das Streichgefühl irritiert die Wahrnehmung der Lippen und der Mundpartie.

Abb. 1 Den Umgang mit dem Löffeln lernen

Kau- und Schluckprobleme

Kau- und Schluckprobleme bei Erwachsenen stellen eine besondere Herausforderung an die Heilerziehungspflegerin dar. Ihre Ursache kann krankheitsbedingt sein. Manche Menschen können, wenn sie relativ flach liegen, nicht so leicht schlucken wie sonst. Die Fachkraft klärt zunächst, ob sie die Kau- bzw. Schluckprobleme selbst beseitigen kann, z. B. durch eine andere Position des Menschen, durch weniger harte Nahrung oder indem sie die Zahnprothese neu befestigt. Ist dies nicht der Fall, so informiert sie den Arzt.

Kaustörungen. Der Heilerziehungspfleger versucht, eine ungewohnt weiche Kost zu vermeiden, da diese folgende Nachteile mit sich bringt:

- Bei länger anhaltender weicher Kostform gewöhnt sich die gesamte Kau- und Schluckmuskulatur daran, weniger zu arbeiten. Die Rückkehr zu normal fester Kost wird zunehmend schwerer.
- Bei vielen Lebensmitteln wird die Vorliebe dafür nicht nur durch ihren Geschmack, sondern auch durch ihre Konsistenz bestimmt, diese kann durch langes „Zerkochen" verloren gehen.
- Weiche oder gar passierte/pürierte Kost wird oft mit Kleinkindkost verglichen. Der Mensch, fühlt sich infantilisiert, also als Kind betrachtet.

Abb. 1 Auch die Zubereitungsart entscheidet darüber, ob ein Mensch mit Kauproblemen mit dem Essen zurechtkommt. Weich gekochtes Gemüse ist immer attraktiver als passierte Kost.

Weiche Kost ist nicht gleich weiche Kost. Schon von Natur aus sind einige Lebensmittel weicher als andere. Ebenso verhält es sich mit den unterschiedlichen Zubereitungsarten. Bevor die Fachkraft dem Menschen passierte/pürierte Kost anbietet, bespricht sie mit ihm, von welchen Lebensmitteln er glaubt, sie kauen zu können.

Der höchste Grad an weicher Kost wird erreicht, wenn das **Essen püriert** bzw. passiert wird. Dadurch gehen entscheidende Reize der Nahrung verloren: Die Konsistenz ist völlig anders und auch das Aussehen der Nahrung ändert sich sehr, beispielsweise wenn man an ein paniertes, dann jedoch püriertes Schnitzel oder an pürierten Spargel denkt.

Gerade deshalb gilt auch hier: Das Auge isst mit. Die Heilerziehungspflegerin informiert die Küche, welche Lebensmittel der Mensch gern mag und welche er verträgt. Auch achtet sie darauf, Farbreize beim Essen zu bieten und nicht beispielsweise Hähnchenbrustfilet mit Kartoffeln und Blumenkohl zu kombinieren: In passierter/pürierter Form sehen alle 3 Lebensmittel sehr ähnlich aus.

In Absprache mit dem Klienten organisiert der Heilerziehungspfleger, dass Lebensmittel, die keinen hohen Eigengeschmack haben, gut mit Kräutern gewürzt werden.

Schluckprobleme und Aspirationsprophylaxe. Schluckprobleme sind meist noch gravierender als Kauprobleme, da sie die Gefahr der Aspiration, also des Verschluckens, bergen. Dies wiederum kann eine Pneumonie (▶ **s. Modul 4, Kap. II.4.2.4**) nach sich ziehen.

Um dies zu vermeiden, beachtet die Fachkraft folgende **Grundregeln**:

- Sie achtet auf eine ruhige und stressfreie Situation.
- Der Mensch trinkt und isst im Sitzen.
- Unterschiedliche Konsistenzen, z. B. eine Brühe mit Einlage, vermeidet sie, ebenso Speisen mit hohem Milchanteil, da diese schleimen.
- Getränke dickt sie bei Bedarf geschmacksneutral an, mit einem Pulver aus dem Fachhandel.
- Kohlensäurehaltige Getränke erschweren durch das Sprudeln das Schlucken. Muss der Mensch aufstoßen, so irritiert dies ebenfalls den Schluckreflex.
- Das Schlucken kann anfangs durch pürierte Nahrung geübt und die Konsistenz der Nahrung dann langsam erhöht werden.
- Sie vermeidet sauren Geschmackszusatz, z. B. Zitronensaft, da dieser zu vermehrtem Speichelfluss und damit gehäuftem Schlucken anregt.
- Reicht sie das Essen oder Getränke an, so achtet sie auf kleine, mundgerechte Portionen und gibt dem Klienten ausreichend Ruhe und Zeit für den Schluckvorgang

10.2.8 Hilfestellung beim Trinken

Um den Flüssigkeitsbedarf des Menschen zu decken, sorgt die Heilerziehungspflegerin dafür, dass sich stets ein Getränk in der Nähe des Menschen befindet. Auf diese Weise kann sie ihm ohne großen Aufwand, auch zwischen den Mahlzeiten, immer wieder das Getränk anbieten. Menschen, die selbstständig trinken, erinnert sie bei Bedarf mehrmals täglich daran, zu trinken. Auf diese Weise kann der Klient viele kleine Portionen trinken statt wenige große Mengen zu den Mahlzeiten, was vielen schwerfällt.

Die **Indikation** zur Hilfestellung beim Trinken besteht immer, wenn der Mensch nicht in der Lage ist, selbstständig ausreichend zu trinken. Somit liegt auch dann eine Indikation vor, wenn die Hilfestellung darin besteht, den Menschen an das Trinken zu erinnern, z. B. weil er desorientiert ist und nicht selbst daran denkt.

Die Hilfestellung beim Trinken hat zum Ziel, dass der Mensch ausreichend Flüssigkeit aufnimmt und Folgen von Flüssigkeitsmangel, z. B. Kreislaufprobleme, Gedächtnisstörungen und Probleme der Nieren sowie Harnwege, vermieden werden.

Hilfsmittel zum Trinken

Das einfachste „Hilfsmittel" zum Trinken besteht bei vielen Menschen darin, ihnen ein Getränk in Reichweite zu stellen und sie regelmäßig an das Trinken zu erinnern. Ist der Mensch nicht in der Lage, ein normales Glas an den Mund zu führen, so kann zunächst eine Tasse mit Henkel ausreichen, um dem Menschen zu helfen. Eine Erweiterung dieses Hilfsmittels besteht in Tassen, die links und rechts über einen Henkel verfügen (▶ **Abb. 1**).

Fällt es dem Menschen mit Behinderung hingegen schwer, das Trinkgefäß im richtigen Winkel zu kippen, so besteht die Gefahr, das Getränk über den Oberkörper zu verschütten. In diesem Fall können ein **Trinkhalm** oder ein **Spezialgefäß** dem Menschen helfen, selbstständig zu trinken. Ist auch dies nicht möglich, so reicht die Heilerziehungspflegerin dem Klienten das Getränk an.

Weitverbreitet unter den Spezialgefäßen sind sogenannte **Schnabeltassen** oder Schnabelbecher. Auf den ersten Blick erscheinen sie als praktisches Hilfsmittel, da die Flüssigkeit nicht herauslaufen und verschüttet werden kann. Aber Schnabelbecher sind längst nicht für jeden Menschen geeignet; die **Nachteile** dieses Hilfsmittels sind:

- Der Mensch muss die Lippen spitzen, um aus dem Gefäß zu saugen. Dadurch wird der Mundraum verkleinert und eher geschlossen, statt – wie bei einem Glas oder einer Tasse – geweitet. Der Mensch nimmt kleinere Schlucke zu sich, für die er sich mehr anstrengen muss. Es besteht die Gefahr, dass er aus diesem Grund zu wenig trinkt.
- Die Flüssigkeit muss als zusätzlichen Weg den Schnabel passieren. Daher ist es notwendig, dass der Mensch den Kopf weiter als üblich in den Nacken legt. Gerade Menschen mit Behinderung fällt diese Bewegung nicht immer leicht. Steht der Mensch, so kann auch sein Gleichgewicht durch die starke Nackenbeugung gestört werden.

Abb. 1 Gerade Menschen, die sehr zittrig sind, kann eine Tasse mit 2 Henkeln helfen, diese ruhiger zum Mund zu führen

Abb. 2 Trinkhalme sind leicht zu beschaffen und helfen Menschen, die das Trinkgefäß nicht kippen können

Abb. 3 Der F.O.T.T.-Becher erlaubt eine normale Lippenhaltung und ist dezent. Die Flüssigkeit läuft aus der länglichen Öffnung, die runde Öffnung dient dazu, bei sinkender Flüssigkeitsmenge Luft in den Becher einzulassen. Der Lippenschluss löst den Schluckreflex aus.

Eine **vorteilhafte Alternative** dazu bieten Becher, deren Auslaufschutz nach innen verlegt ist (▶ **Abb. 3**):

- Die Fachkraft kann dem Klienten auch hier einen gefüllten Becher bereitstellen.
- Der Mensch kann mit den üblichen Bewegungen von Lippen und Mund trinken.
- Der Mensch ist vor auslaufenden Flüssigkeiten geschützt.

Der Hilfsmittelbedarf eines Menschen kann sich ändern – auch beim Trinken. Der Heilerziehungspfleger prüft daher regelmäßig, ob die zur Verfügung gestellten Hilfsmittel noch angemessen sind oder ob der Mensch **Fort-** oder **Rückschritte** gemacht hat. Diese können dazu führen, dass der Mensch inzwischen ohne Hilfsmittel oder mit einer anderen Unterstützung besser zurechtkommen würde. Die Fachkraft bespricht ihren Eindruck mit dem Menschen und schlägt ihm das weitere Vorgehen bzw. andere Hilfsmittel vor.

Gerade bei Trinkgefäßen spielt auch die **Sicherheit** eine große Rolle. Besteht die Gefahr, dass der Mensch in das Trinkgefäß beißt, so verwendet die Fachkraft Gefäße aus Plastik statt aus Glas oder Porzellan. Zudem achtet sie darauf, dass das Plastikgefäß keine scharfen Kanten aufweist.

Getränke bereithalten und anreichen

Kann sich ein Mensch nicht selbstständig um eine ausreichende Flüssigkeitszufuhr kümmern, so sagen die Antworten auf die folgenden beiden Fragen viel darüber aus, wie sich der Flüssigkeitshaushalt des Menschen entwickelt:

- Werden dem Klienten in ausreichender Menge Getränke, die er mag, in einem Trinkgefäß, mit dem er umgehen kann, in erreichbare Nähe gestellt?
- Werden dem Menschen, der kein Trinkgefäß selbstständig benutzen kann, ausreichend oft und in ausreichender Menge Getränke, die er mag, angeboten?

Getränke bereithalten. Kann ein Mensch seine Getränke nicht selbst besorgen, so ist für seinen Flüssigkeitshaushalt entscheidend, dass die Fachkraft Getränke bereitstellt. Da gerade ältere Menschen oft wenig Durst haben und gleichzeitig große Trinkmengen scheuen, sorgt die Heilerziehungspflegerin dafür, dass der Mensch jederzeit, auch zwischen den Mahlzeiten, ein Getränk in erreichbarer Nähe hat.

Da eine fehlende **Abwechslung** an Getränken oder Getränke, die der Mensch nicht mag, dazu führen, dass der Mensch zu wenig trinkt, bespricht die Fachkraft mit ihm, welche Getränke er bevorzugt. Da sich Geschmäcker ändern und auch von der Tagesform abhängig sind, fragt sie den Menschen z. B. morgens, welches Getränk er möchte. Dieses stellt sie ihm anschließend bereit.

Ist der Mensch auf ein spezielles Hilfsmittel angewiesen, z. B. auf einen Becher mit innen liegendem Auslaufschutz, so richtet die Fachkraft dem Menschen das Getränk direkt in diesem Gefäß an.

Sensibel achtet die Fachkraft auf **Positionsveränderungen** des Menschen. Schiebt sie ihn im Rollstuhl beispielsweise im Wohnzimmer vom Esstisch vor den Fernseher, so achtet sie darauf, das Trinkgefäß mitzunehmen und wiederum in erreichbare Nähe zu stellen.

Trinkpausen. Oft findet die Flüssigkeitsaufnahme quasi nebenbei statt, z. B. wenn der Mensch während der Mahlzeit oder vor dem Fernseher etwas trinkt. Gerade im Alter ist das Durstgefühl jedoch oft so gering, dass diese Trinkmengen nicht reichen. Aus diesem Grund macht es Sinn, sogenannte **Trinkpausen** einzuplanen. Hierbei handelt es sich um eine Zwischenmahlzeit, die aus einem Getränk besteht.

Trinkpausen können **spontan** stattfinden, z. B. wenn die Fachkraft in das Zimmer des Menschen kommt, um die Post zu bringen. Diese Situation kann sie nutzen, um den Menschen zum Trinken zu motivieren, oder aber sie reicht ihm das Getränk an, sofern er Hilfestellung benötigt.

Spontane Trinkpausen dürfen jedoch nicht dazu führen, dass der Mensch lediglich dann ein Getränk erhält oder daran erinnert wird, wenn die Fachkraft zufällig ins Zimmer kommt. Daher macht es Sinn, auch **gezielte Trinkpausen** einzuhalten:

- ein- bis zweimal zwischen dem Frühstück und dem Mittagessen
- vor und nach Gruppenaktivitäten
- während Gruppenaktivitäten
- ein- bis zweimal zwischen Mittag- und Abendessen
- zur Abendbeschäftigung, z. B. vor dem Fernseher

Getränke anreichen. Bevor die Fachkraft ein **Getränk anreicht**, desinfiziert sie ihre Hände und wählt das geeignete Hilfsmittel aus. Zudem prüft sie, ob das Gefäß ordnungsgemäß funktioniert, z. B. der Deckel korrekt verschlossen ist. Sofern sie noch nicht weiß, welches Getränk der Mensch trinken möchte, befragt sie ihn danach. Bei Heißgetränken achtet sie darauf, dass diese eine angemessene Trinktemperatur besitzen.

Je nach der Situation und den **Fähigkeiten** des einzelnen Menschen, stützt die Fachkraft leicht seinen Kopf, während sie das Getränk anreicht. Vorsichtig kippt sie den Becher, sodass der Mensch einen kleinen Schluck nehmen kann. Dann setzt sie den Becher ab, um dem Klienten Gelegenheit zu geben, das Getränk zu kommentieren, z. B. wenn ihm das Getränk zu warm oder zu süß ist.

Ist ein Getränk zu heiß, um es sofort zu trinken, so lässt die Fachkraft das Getränk entweder eine Zeit lang stehen oder aber sie schüttet das Getränk in ein anderes, kaltes Gefäß, um den Abkühlvorgang zu beschleunigen.
Damit sie dem Getränk nicht ihre eigenen Keime zufügt, „pustet“ sie keinesfalls in das Getränk.

Ist das Getränk aus Sicht des Menschen in Ordnung, so kippt die Fachkraft erneut etwas in den Becher, sodass der Mensch nun Schluck um Schluck trinken kann. Zwischen den Schlucken kippt sie den Becher immer wieder leicht zurück, sodass keine Flüssigkeit ausläuft und der Mensch in Ruhe schlucken kann. Während die Fachkraft das Getränk anreicht, achtet sie auf die **Gestik** und **Mimik** des Menschen, z. B. das Schließen der Augen oder eine Handbewegung, die andeuten soll, dass der Mensch nicht mehr trinken möchte. Diesem Wunsch kommt sie umgehend nach und setzt den Becher ab. Hat der Mensch eine gute Menge getrunken, so stellt die Fachkraft den Becher komplett ab.

10.2.9 Künstliche Ernährung

Menschen, die nicht mehr richtig schlucken können oder gerade eine Operationen hinter sich haben, sowie Menschen mit fehlendem Hungergefühl sind zum Teil nicht einmal in der Lage, pürierte Kost aufzunehmen. In diesen Fällen ist eine sogenannte künstliche Ernährung oder eine bilanzierte Diät erforderlich. Künstlich wird diese Kostform genannt, weil keine normalen Lebensmittel und Speisen, sondern **Nährstofflösungen** den täglichen Energiebedarf – oder einen Teil davon – decken.

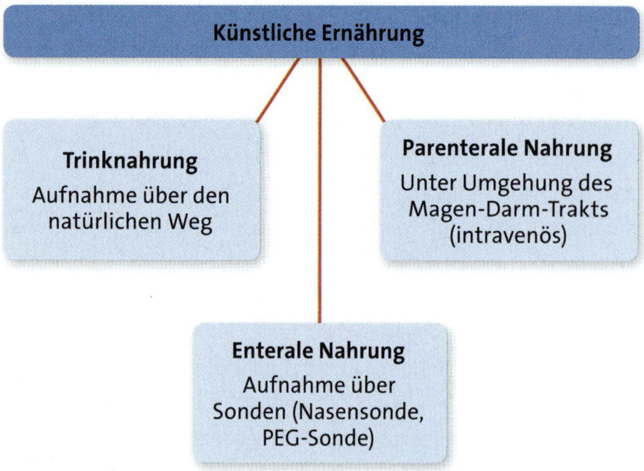

Abb. 1 Verabreichungsformen künstlicher Ernährung

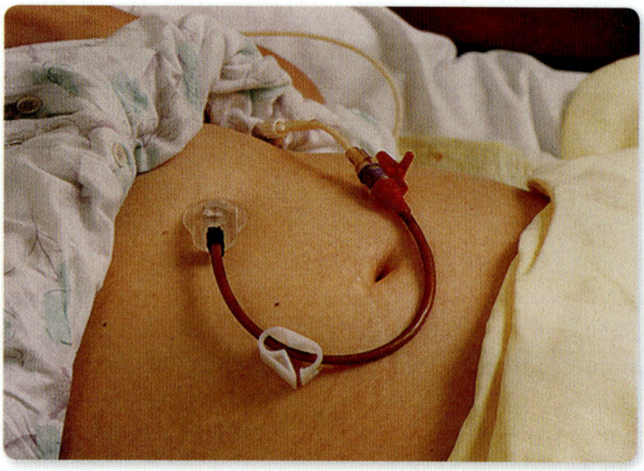

Abb. 2 Verabreichung von Sondennahrung

Künstliche Ernährung ist über unterschiedliche Wege möglich, je nach den speziellen Problemen des Betroffenen (▶ **Abb. 1**)

Trinknahrung wird immer dann eingesetzt, wenn die normale Nahrungsaufnahme nicht ausreicht. Dazu kann aber weiter normal gegessen und getrunken werden. Die Zubereitungen sind je nach Bedarf entweder besonders kalorienreich (1,4–1,6 kcal/ml) oder eiweißreich. Um den Wünschen nach Abwechslung und Geschmack entgegenzukommen, werden unterschiedliche süße oder herzhafte Varianten angeboten. Hinzu kommen Varianten für bestimmte Indikationen, z. B. Diabetes mellitus.

Enterale Ernährung kommt bei Menschen zum Einsatz, deren Nahrungsaufnahme gestört ist, die aber noch einen intakten Magen-Darm-Trakt haben. Über eine Sonde wird die Nährstofflösung in den Magen oder direkt in den Dünndarm geleitet (▶ **s. auch Pflege im Kapitel Verdauungstrakt: Modul 5, Kap. II.2.4.9**).

Vorteile sind:

- natürliche (physiologische) Zufuhr
- Gesunderhaltung der Darmschleimhaut
- Erhaltung der Funktion des Magen-Darm-Trakts

Die Präparate erfüllen besondere Anforderungen an den Kalorien- und Eiweißgehalt, sie können auch mit Ballaststoffen angereichert sein. Für die Ernährung bei unterschiedlichen Erkrankungen gibt es spezielle Zubereitungen.

Parenterale Ernährung. In Fällen, in denen der Magen-Darm-Trakt umgangen werden muss (z. B. nach einer Darmoperation) oder seine Funktion schwer gestört ist, erfolgt eine parenterale Ernährung. Die Nährstofflösungen fließen dabei über venöse Zugänge direkt ins Blut. Sie enthalten die verschiedenen Grundbausteine wie Glucose, Aminosäuren und Fette.

Künstliche Ernährung kann aus folgenden Gründen erforderlich sein:

- Mangelernährung
- Kau- und Schluckprobleme, z. B. nach einem Schlaganfall
- schwerer Morbus Parkinson
- Wachkoma
- Verlust des Hungergefühls bei Demenz

Die Entscheidung zur enteralen und parenteralen Ernährung sollte immer unter Einbeziehung aller Beteiligten abgewogen werden, denn diese Art der künstlichen Ernährung ist weitgehend oder vollständig ohne die Mitwirkung und damit auch Entscheidungsmöglichkeit des Betroffenen durchführbar.

Zum Weiterlesen

www.enterale-ernaehrung.de

Aufgaben

1. Beschreiben Sie, was in der heilerziehungspflegerischen Betreuung zur Unterstützung der Ernährung gehört.
2. Auf was ist besonders zu achten, wenn der Klient ein Allergiker ist?
3. Was ist der Unterschied zwischen Mindesthaltbarkeitsdatum und Verbrauchsdatum?
4. Erläutern Sie die Möglichkeiten, den Menschen mit Beeinträchtigung zum Essen und Trinken anzuregen.
5. Erläutern Sie, was bei Kau- und Schluckstörungen zu beachten ist.

11 Wohnen und Haushaltsführung

Abb. 1 Das „Wohnnest" in Münster, ein Kurz- und Langzeitheim für Kinder und Jugendliche mit geistiger oder mehrfacher Behinderung

Wohnen hat unmittelbaren Einfluss auf die persönliche Entfaltung, dies gilt nicht zuletzt im Berufsfeld der Behindertenhilfe, heilpädagogischen Assistenz und psychiatrischer Versorgung. Gerade im Bereich Wohnen ist die Teilhabe des Menschen mit Beeinträchtigung an der Gestaltung des „Lebensraums" von großer Wichtigkeit. Das Recht, über den eigenen Aufenthalt zu bestimmen, wird in der UN-Behindertenrechtskonvention festgelegt, das schließt auch die Bestimmung über die Wohnform mit ein.

Die Wohnsituation eines Menschen mit Beeinträchtigung soll möglichst der eines Menschen ohne Beeinträchtigung entsprechen. Immer soll der Mensch in den Gesamtprozess der Gestaltung seiner Wohnumgebung einbezogen werden. Der Heilerziehungspfleger kann den Klienten hierbei professionell begleiten und unterstützen.

11.1 Wohnformen für Menschen mit Behinderung

So vielfältig Wohnsituationen sein können, so individuell sind die Bedürfnisse der dort Wohnenden. Ihren Wünschen kommt ein hoher Stellenwert zu. Jedoch wird gleichzeitig versucht, den Menschen mit Behinderung in das bestehende Konzept einer Einrichtung (Wohnheim. Wohngemeinschaft, selbstständiges Wohnen) einzubinden, d. h., seine Idee in Einklang mit dem Vorhandenen zu bringen.

Dabei ist seine besondere Rolle bezüglich der Beeinträchtigung zu beachten. Seine Bedürfnisse können je nach individuellen Vorlieben, gekoppelt mit Form und Ausprägung der Behinderung, beispielsweise umgesetzt werden in diesen Wohnformen:

- selbstständiges, barrierefreies Wohnen mit ambulanter Assistenz
- stationäres Wohnen in Form eines Wohnheims
- betreute Wohngemeinschaft oder Außenwohngruppe (als Abstufung des stationären Wohnens)
- Hausgemeinschaften, Mehrgenerationenhäuser
- Wohnen in der Herkunftsfamilie
- Wohngemeinschaft zwischen behinderten und nicht behinderten Menschen (integrative Wohnformen)
- Wohnkonzept für ältere Menschen mit Behinderung (▶ **s. Kap. 11.1.1**)
- Einrichtung für Kinder und Jugendliche mit Beeinträchtigungen

▶ **S. auch Modul 1 Kap. I.4.5 Wohnformen**

Teilhabe und Bezug zum Sozialraum. Die Grundsätze der Inklusion, der Teilhabe am gesellschaftlichen Leben und am Sozialraum sowie des Empowerments sind in jedem Fall umzusetzen (▶ **s. Modul 4, Kap. I.2 Normalisierung bis Kap. I.6. Sozialraumkonzept**, dort: Umsetzung im Alltag).

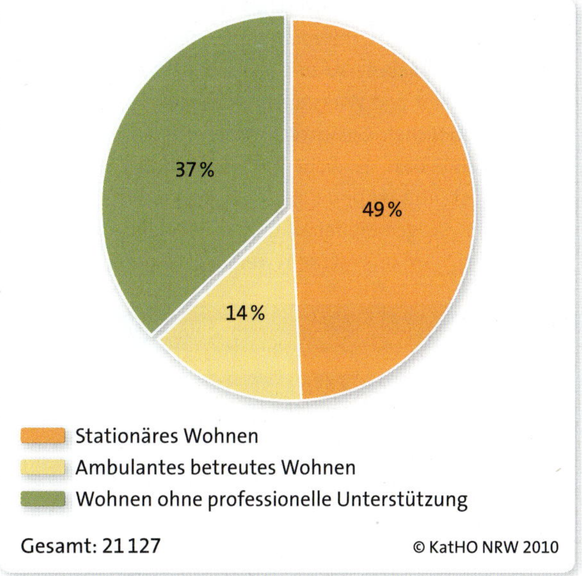

Abb. 2 Prozentanteil erwachsener Menschen mit geistiger Behinderung aus Westfalen-Lippe nach Wohnformen im Jahr 2010

Aufgabe des Heilerziehungspflegers – Wohnbegleitung

Zur professionellen Aufgabe der Fachkraft gehört zum einen, dass er durch das Wissen über Wohnraumanpassung, Wohnraumgestaltung und Hilfsmittel (▶ **s. unten, Kap. 11.2, 11.3 und 11.4**) die Wohnqualität des Menschen mit Behinderung verbessert. Zum anderen unterstützt er seinen Klienten durch pädagogische Maßnahmen bei der Vernetzung im Gemeinwesen und im Sozialraum, sodass geeignete altersgemäße Kontakte zu den Nachbarn und Einrichtungen im Quartier geschaffen werden. Dies gilt sowohl in der ambulanten als auch in der stationären Wohnbetreuung.

Fragen, die sich in der **Wohnbegleitung** stellen, sind z. B.:

- Wie viel Unterstützungsbedarf hat der Mensch in der alltäglichen Wohn- und Lebenssituation?
- Was braucht der Mensch mit Behinderung und was braucht er nicht? Was ist ihm beim Wohnen wichtig? (individuelle Ausrichtung)
- Wie findet man seine Wünsche heraus? (Hilfebedarfsplanung, Förderplanung u. a. unter Partizipation des Klienten)
- Sind alle Aspekte des Umfangs oder der Ausprägung der Pflegeerfordernisse, der Schwere der Behinderung berücksichtigt?
- Wie kann man den Menschen als Experten in eigener Sache mit einbinden? Umgesetzt werden sollen Selbstbestimmung und uneingeschränkte Teilhabe am normalen gesellschaftlichen Leben.
- Wie kann ein Unterstützerkreis aussehen? (Ehrenamtliche, Nachbarschaft, interdisziplinäre Teams u. a.)

Ziel soll sein, Angebote so zu gestalten, dass ein Höchstmaß an Zufriedenheit und Wirksamkeit für jeden Einzelnen unter seinen persönlichen Gesichtspunkten erreicht wird. Die Erfahrung zeigt, dass es nicht immer leicht ist, die Interessen von Kostenträger und Klienten miteinander zu vereinen. Das Prinzip „so gemeindenah und so wenig einschränkend wie möglich“ sollte trotzdem versucht werden umzusetzen – auch wenn es ein stärkeres fachliches Engagement der Leistungsträger bedeutet. Neue Konzepte von Wohnen und Unterstützungsarrangements (auch bei schwerer Behinderung) können in der Zukunft dabei helfen, Übergänge zwischen „stationär“ und „ambulant“ im Bereich Wohnformen zu schaffen. Gesucht sind **flexible Lösungen**, die an den Wünschen und am Lebensstil des Menschen ansetzen.

Bei der pädagogischen Planung gelten immer die Grundsätze der adressaten- und situationsgerechten Gestaltung von Angeboten (▶ **s. Modul 5, Kap. I.3**), um beispielsweise die Kompetenzen, die Lebensziele oder die Orientierung an den Lebensbereichen des Menschen mit Behinderung im Blick zu behalten.

Maßnahmen der Hilfebedarfsplanung. Interessant im Zusammenhang mit dem Wohnraum ist das „Metzler-Verfahren“ (genauer: Verfahren für den „Lebensbereich Wohnen“, HMB-W). Grundsätzlich zielt das Metzler-Verfahren darauf ab, sowohl die Selbstständigkeit eines Menschen mit Behinderung zu erfassen als auch den konkreten Hilfebedarf zu ermitteln (▶ **s. Modul 5, Kap. I.2.3.4**). Auch die **„persönliche Zukunftsplanung“** mit Unterstützerkreisen (▶ **s. Modul 5, Kap. I.2.4.2**) kann (nicht exklusiv) ein geeignetes Instrument sein, um die (Wohn-)Wünsche des Klienten umzusetzen.

Zum Weiterlesen

K. Bundschuh, W. Dworschak: Leben in stationären Wohnformen für Erwachsene mit geistiger Behinderung. 2003

S. Göbel, O. Miles-Paul: Wohnen, wo ich will! Stärkung gemeindenaher Wohn- und Unterstützungsformen für behinderte Menschen. 2003

fib e.V. Marburg: „Mittendrin statt nur dabei?!“ Selbstbestimmtes Leben/Wohnen von Menschen mit (geistiger) Behinderung

Fachtagung des Ausschusses „Wohnen“ der BV Lebenshilfe: *www.lebenshilfe.de/de/themen-fachliches/artikel/Wohnbegleitung.php*

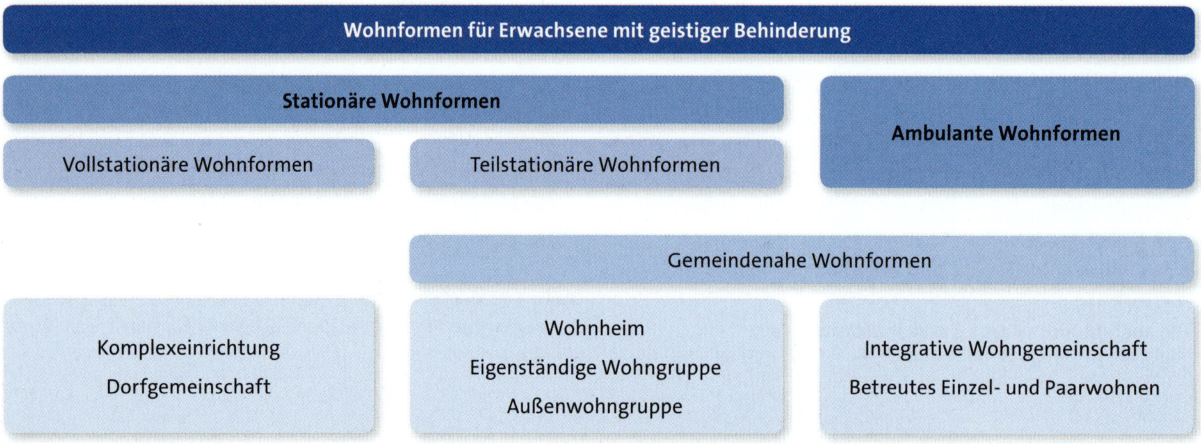

Abb. 1 Wohnformen für Menschen mit geistiger Behinderung (Bundschuh/Dworschak, Studie 2004)

11.1.1 Wohnkonzepte für ältere Menschen mit Behinderung

Immer mehr Menschen mit geistigen und körperlichen Behinderungen erreichen durch den medizinischen Fortschritt und die demografische Entwicklung das Seniorenalter. Die wachsende Zahl der älteren Menschen mit Behinderungen stellt eine **neue Herausforderung** dar. Altersgerechte Wohnformen und Angebote für Menschen mit Behinderungen müssen entwickelt werden. Dieser Herausforderung möchte z. B. das Bundesministerium für Familie, Senioren, Frauen und Jugend begegnen, indem es neue Wohnprojekte und -konzepte fördert, die dazu beitragen sollen, die Lebenssituation z. B. älterer Menschen mit Behinderungen nachhaltig zu verbessern. Sie sind überregional beispielgebend und übertragbar.

Ziele und Grundsätze der Projekte sind

- die Rahmenbedingungen für ein **selbstständiges Leben von Menschen mit Behinderung** zu verbessern, d. h. eine tatsächliche Selbstbestimmung,
- respektierende Gleichstellung und einbeziehende Teilhabe,
- das **Zusammenleben von älteren und jüngeren Menschen mit Behinderung** zu fördern,
- durch das **Verknüpfen modellhafter Wohn– und Betreuungsformen** ein Zuhause mit **hoher Lebensqualität** zu schaffen.

Beispiele für bestehende Projekte

Ländliches Wohn- und Integrationszentrum für Menschen mit Behinderung des Diakonischen Werks der Evangelischen Landeskirche Sachsens im Kirchenbezirk Annaberg e. V.

Das Wohn- und Integrationszentrum macht erwachsenen **Menschen mit einer geistigen Behinderung** vielfältige und ganzheitliche Unterstützungsangebote in den Bereichen Wohnen, Arbeit, Tagesstrukturierung und Freizeit. Im Vordergrund steht die individuelle Begleitung und Betreuung der Klienten. Selbstbestimmung und Selbstständigkeit werden gefördert, wichtig sind auch persönliche Sicherheit und Schutz. Die Angebote richten sich an:

- Menschen, die bereits einer externen Beschäftigung nachgehen,
- Schulabgänger direkt an den Anschluss ihrer Schulzeit,
- Menschen, die bisher im familiären Umfeld mit ihren Eltern lebten,
- Senioren und Vorruheständler, die ihre Tätigkeit in einer Werkstatt für behinderte Menschen beendet haben,
- Menschen, die im Heim „überbetreut" und in ihrer Entfaltung eher eingeschränkt sind.

Zum Zentrum gehören neben dem Wohnangebot eine **Begegnungsstätte** und Beratungsstelle. Außerdem findet eine **Integrierung in das Gemeindeleben** statt. **Insgesamt 12 Plätze** sind verteilt auf 3 Wohngemeinschaften, dazu gibt es eine 2-Zimmer-Wohnung für ein Paar.

Wohnheim Wennerstorf, Stiftung Freilichtmuseum am Kiekeberg

Im Wohnheim Wennerstorf leben seit Oktober 2008 13 Menschen mit Behinderungen in 2 familienähnlichen Wohngruppen. Jeweils 6 bzw. 7 Menschen wohnen in einer Gruppe zusammen. Es gibt ein Heimelternpaar; ein Elternteil stellt die Heimleitung. Beide Wohngruppen werden von allen angestellten Fachkräften betreut, wobei sich für je eine Gruppe eine Fachkraft (Gruppenverantwortliche/r) hauptverantwortlich zeigt. Die Gruppenverantwortlichen setzen die Anweisungen der Heimleitung um und stimmen alle Erfordernisse und Belange ihrer Gruppen ab.

Der Alltag der Klienten ist abwechslungsreich und erfahrungsoffen gestaltet, strukturiert und hält eine möglichst große Zahl alltagsbezogener Lernmöglichkeiten (Wäsche waschen, Tisch decken, Gartenarbeit u. a.) bereit. Die weitgehende Aufhebung der üblichen Trennung von Leben und Arbeiten ist eine Besonderheit. Vor allem für Bewohner, die zugleich im Ort auf dem Museumsbauernhof oder dem benachbarten Freilichtmuseum „Am Kiekeberg" arbeiten, ergibt sich ein ganzheitlicher Lebensraum.

Abb. 1 Das Wohnheim Wennersdorf hat insgesamt 13 Plätze, verteilt auf 2 Wohngruppen

Wohnstätte „Am Anger – Gemeinsames Leben junger und älterer Menschen mit Behinderungen" der Evangelischen Stiftung Christopherushof Anna-Luisen-Stift

Die Modellwohnstätte für **junge und ältere Menschen mit Behinderungen** hat 2 Zielgruppen: Kinder und Jugendliche mit schweren Behinderungen bis zu einem Alter von etwa 25 Jahren und älter werdende und alt gewordene Menschen mit geistiger Behinderung zwischen 50–70. Zwölf jüngere und zwölf ältere Bewohnerinnen und Bewohner leben in insgesamt 4 Wohngruppen unter einem Dach. Um den verschiedenen Bedarfslagen der beiden Zielgruppen gerecht werden zu können, sind die Wohngruppen nach Alter getrennt. Damit die beiden Altersgruppen durch das gemeinsame Wohnen intensiv voneinander profitieren, haben **gruppenübergreifende Aktivitäten** eine hohe Bedeutung. Für die beiden Zielgruppen wurden unterschiedliche Assistenzkonzepte entwickelt: Alltagsassistenz für die Senioren, ein heilpädagogisches Konzept für die Kinder und Jugendlichen. Basis ist immer die **ganzheitliche Betrachtung des Menschen mit Behinderung** in jedem Lebensalter. Die „assistierende Lebensbegleitung" bindet die älteren Klienten aktiv in das tägliche Leben ein. Sie respektiert ihre persönlichen Freiräume und unterstützt gleichzeitig ihre individuelle Lebensentfaltung. Zu den vielfältigen therapeutischen Angeboten der Wohnstätte gehören: Physiotherapie, Ergotherapie, musisch-ästhetische Angebote (Musik- und Kunsttherapie), Körper- und Bewegungserfahrung (u. a. Reittherapie, Schwimmtherapie), Soziotherapie, geistig-ethische Begleitung. Insgesamt gibt es 24 Plätze, verteilt auf 4 Wohngruppen.

Integrative Begegnungsstätte für Menschen mit und ohne Behinderung der Lebenshilfe Westerwald e. V.

Die integrative Begegnungsstätte soll dazu beitragen, die Lebenssituation der betroffenen Menschen und ihrer Familien nachhaltig zu verbessern, indem sie „die Menschen mit Behinderung von Geburt an bis ins hohe Alter, auch bis an das Lebensende begleitet, betreut und auch entlastet". Die Begegnungsstätte hält vielfältige Freizeit- und Begegnungsmöglichkeiten für alle Altersgruppen und für Menschen mit und ohne Behinderung bereit. Krabbelgruppe und Elterntreff für die Jüngsten, Freizeit mit Tanz und Disco für Jung und Alt gemeinsam und ein Seniorencafé gehören zum Programm. Gerade für ältere Menschen mit Behinderung, die nicht mehr in Werkstätten oder Tagesförderstätten betreut werden, mangelte es vorher an geeigneten Begegnungs- und Betreuungsangeboten.

LEQUI – Lebensqualität inklusiv(e): Innovative Konzepte unterstützten Wohnens älter werdender Menschen mit Behinderung

Die Katholische Hochschule NRW hat seit Sommer 2009 in Kooperation mit der LWL-Behindertenhilfe Westfalen und gefördert durch das Bundesministerium für Bildung und Forschung das Forschungsprojekt „LEQUI – Lebensqualität inklusiv(e): Innovative Konzepte unterstützten Wohnens älter werdender Menschen mit Behinderung" gestartet.

Der Rahmen des Projekts umfasst:

- eine Vorausschätzung der Altersentwicklung in der Gruppe der Menschen mit geistiger Behinderung im Lebensbereich Wohnen und in den Werkstätten
- eine Analyse der Lebenssituationen älter werdender Menschen mit geistiger Behinderung
- Ableitung der Anforderungen an Unterstützungsangeboten im Lebensbereich Wohnen, die passgenaue und tragfähige Antworten auf die Herausforderungen des Alterns geben

11.2 Wohnraumanpassung

Im Falle einer ambulanten Wohnform, d. h. der Klient wohnt in einer eigenen Wohnung mit ambulanter Unterstützung oder in einer Wohngemeinschaft, gilt es, den Wohnraum an die Behinderung des Klienten anzupassen. Hier ist sinnvoll, eine **Bestandsaufnahme des Wohnraums** (▸ **Abb. 1**) vorzunehmen, dann zu den einzelnen Bereichen Lösungen zu erarbeiten und diese ggf. mit dem Vermieter abzusprechen.

Zugang zur Wohnung

- Beleuchtung im Eingangsbereich: Hausnummer
- Namensschilder, Türschloss, Stufen
- Zugänglichkeit: Stufen, Rampe, und Platz im Eingangsbereich
- Sicherheit der Treppenstufen: Stufenbreite, Steigewinkel, Rutschsicherheit
- Geländer: einseitig, beidseitig, Handläufe
- Zugang zum Fahrstuhl, Fahrstuhlbedienung, Eintrittsbreite
- Beleuchtung im Treppenhaus: Erreichbarkeit der Schalter, Lichtstärke, Zeitintervall
- Abstellplatz, -erlaubnis für Rollstuhl oder Rollator, Sitzmöglichkeit auf dem Treppenabsatz

Toilette/Bad

- Rutschsicherheit
- Beleuchtung: Helligkeit, Erreichbarkeit
- Zugang zur Toilette
- Benutzung und Verlassen der Toilette, Handhabung des Papiers, Auslösen der Spülung
- Zugang zur Badewanne: Platzierung der Waschmaschine, Höhe der Wanne, Position
- Nutzung der Wanne: Ein-/Ausstieg, Größe, Waschmaschineninstallation
- Zugang zur Dusche: Höhe der Duschtasse, Durchgangsbreite, Spritzschutz: Klapp-/Schiebetür, Vorhang
- Höhe von Ablagen, Spiegel, Handtuchhalter
- Waschbeckennutzung: Unterfahren, Sitzen

Wohnungsflur

- Begehbarkeit: lose Gegenstände, Möblierung, Kabel
- Beleuchtung
- Türbreiten für Gehhilfen
- Türanschlag
- Schwellen
- Bewegungsmöglichkeiten: Wendekreis Rollator oder Rollstuhl
- Abstellmöglichkeiten, z. B für den Rollator
- Türspion, Wechselsprechanlage mit Türöffner
- Wechselschloss

Wohnzimmer

- Zugang: Türbreite, Türanschlag
- Bewegungsraum mit Hilfsmitteln
- Trittsicherheit des Bodens
- Sturzfallen
- Höhe der Sitzmöbel
- Zugänglichkeit Fernsehen, Radio, CD- oder Plattenspieler, Telefon
- Beleuchtung

Küche

- Höhe der Arbeitsflächen
- Höhe, Zugänglichkeit der Geschirr- und Vorratsschränke
- Beleuchtung
- Bewegungsraum für Hilfsmittel: Gehhilfen, Rollator, Rollstuhl
- Arbeitsflächennutzung im Sitzen
- Möglichkeiten zur Nahrungsaufnahme
- Transportwege für Nahrungsmittel
- Kochherd, elektrisch, Gas
- Sonstige elektrische Geräte
- Küchenkleingeräte: Töpfe, Pfannen, Dosenöffner, Flaschenöffner, Messer

Schlafzimmer

- Zugang: Türbreite, Türanschlag
- Bewegungsraum mit Hilfsmitteln
- Beleuchtung: Helligkeit, Erreichbarkeit
- Erreichbarkeit des Bettes
- Betthöhe
- Platz für Nachttisch
- Verstellbarkeit der Liegeposition
- Trittsicherheit des Bodens
- Raum für Hilfsmitteleinsatz: Toilettenstuhl, Rollator
- Zugang zum Bett für Hilfeleistungen

Balkon, Terrasse

- Zugang: Schwellen, Stufen
- Türöffnung: Breite, Flügel-/Schiebetür
- Türöffnung: leicht, kompliziert, schwergängig

Abb. 1 Raster zur Bestandsaufnahme für eine Wohnungsanpassung.

Merkmale einer idealen behindertengerechten Wohnung sind:
- guter Zugang, Aufzug, keine Stufen oder Schwellen
- passende Größe, je nach Anzahl der Personen, getrennter Wohn- und Schlafbereich, ausreichend große Küche, Bad mit Bewegungsmöglichkeiten
- ausreichende Bewegungsmöglichkeit auch mit Gehhilfe oder Rollstuhl, Türbreiten 90 cm
- zentrale Beheizung, automatisch oder gut zu regulieren
- ausreichender Tageslichteinfall, Fenster in Sitzhöhe, leicht zu öffnen und zu schließen
- Zugang zu Balkon, Terrasse oder Garten, ausreichender Lärmschutz

Auch für das **Wohnungsumfeld** gibt es Faktoren für optimales Wohnen:
- gute Erreichbarkeit mit dem öffentlichen Nahverkehr
- Einkaufsmöglichkeiten für den täglichen Bedarf in der Nähe, Erreichbarkeit zu Fuß
- Arztpraxis in der Nähe
- gute Erreichbarkeit durch ambulante Dienste
- Kinos, Restaurants, Freizeittreffs in erreichbarer Nähe
- Parks oder Grünanlagen in der Nähe.

11.2.1 Barrierefreie Gestaltung des Wohnraums

§ 4 BGG Behindertengleichstellungsgesetz:
„Barrierefrei sind bauliche und sonstige Anlagen, Verkehrsmittel, technische Gebrauchsgegenstände, Systeme der Informationsverarbeitung, akustische und visuelle Informationsquellen und Kommunikationseinrichtungen sowie andere gestaltete Lebensbereiche, wenn sie für behinderte Menschen in der allgemein üblichen Weise, ohne besondere Erschwernis und grundsätzlich ohne fremde Hilfe zugänglich und nutzbar sind."

Abb. 1 Hier ist ein barrierefreier Zugang zum Hauseingang gewährleistet

Wohnraumanpassung

Bei Wohnraumanpassung zur barrierefreien Nutzung (z. B. für uneingeschränkte Nutzung mit dem Rollstuhl) gilt seit 2010 die **DIN-Norm 18040** in ihren beiden Teilen:
- DIN 18040-1 Barrierefreies Bauen 1: öffentlich zugängliche Gebäude
- DIN 18040-2 Barrierefreies Bauen 2: Wohnungen

Barrierefreie Gestaltungsmaßnahmen gewährleisten die Veränderung und Ausstattung von Wohnungen dergestalt, dass sie den besonderen Bedürfnissen von Menschen mit Behinderungen an Komfort und Sicherheit entsprechen.
Durch eingeschränkte Sinnes- und Reaktionsfähigkeit oder körperliche Einschränkungen ist das **Unfallrisiko** auch im eigenen Haushalt erhöht. Im Zuge der barrierefreien Gestaltung des Wohnraums können gleichzeitig entsprechende Unfallverhütungsmaßnahmen getroffen werden, vor allem, um Stürze zu vermeiden. Der Heilerziehungspfleger sollte die Grundsätze der Wohnraumgestaltung und -anpassung kennen, um Klienten bei der Einrichtung, Instandhaltung oder ggf. neuer Wohnungsbeschaffung zu unterstützen. Auch in der Einrichtung von Wohnheimen kann so eine Steigerung der Lebensqualität erreicht werden.

Allgemeine Grundsätze der Barrierefreiheit
- Alle Räume der Wohnung sind stufenlos. Türschwellen vermeiden.
- Türen mit Durchfahrbreite von 90 cm (oder breiter, wenn ein Pflegebett hindurchgeschoben werden soll).
- Türdrücker, Schalter, Haltestangen und -griffe sind in einer Höhe von 85 cm angebracht.
- Evtl. automatisch zu öffnende Türen installieren (mit Schalter).
- Mindestbewegungsfläche 1,20 m x 1,20 m oder 1,50 m x 1,50 m für Rollstuhlfahrer vor Möbeln, Waschbecken, Dusche und Toilette.
- Bodenbelag und Teppiche sind rutschfest, Teppichecken sind fixiert.
- Gute Ausleuchtung in allen Räumen.
- Ausreichende Anzahl an Steckdosen, um herumliegende Kabel zu vermeiden.
- Bewegungsfläche und freie Durchgangswege.

Telefon- oder Rufanlagen in allen Räumen.

Kleine Veränderungen können bereits eine Verbesserung bewirken. Für die individuelle Gestaltung innerhalb von Wohnungen gibt es in den Räumen viele Möglichkeiten:

Hauseingang/Flur/Diele
- Eingang von innen und außen durch einen Bewegungsmelder ausleuchten.
- Briefkastenentleerung möglichst von innen ermöglichen, auf niedrige Höhe achten.

- Zweitonklang der Haustürklingel, da höhere Töne schlechter gehört werden; evtl. mit visueller Benachrichtigung.
- Erreichbarkeit der Klingel und des Türspions sicherstellen (in Sitzhöhe).
- Ggf. Gegensprechanlage und Videokamera.
- Rampe für Rollstuhl oder Rollator einbauen bei nicht ebenerdigem Eingangsbereich ▸ **Abb. 1**.
- Abstellmöglichkeit für Rollator/Rollstuhl schaffen.
- Kennzeichnung der Treppenstufen durch Anstrich oder farbiges Klebeband.
- Für gute Beleuchtung im Treppenhaus sorgen.
- Stuhl im mittleren Etagenbereich zum Ausruhen bereitstellen.
- Handläufe an beiden Seiten der Treppe zum Abstützen und Festhalten.
- Bei Gehbehinderung Treppenlift einbauen.
- Aufzug: Etagen mit Sprachansage.
- Für eine gute Erreichbarkeit der Mülltonnen sorgen.

Küche

- Ausreichend Bewegungs- und Arbeitsflächen.
- Kochfeld, Spüle und Arbeitsplatte höhenverstellbar, mit ausreichend Beinfreiheit nebeneinander anordnen.
- Armatur mit langem Hebel/Schlauch.
- Kühlschrank, Backofen, Geschirrspüler in Griffhöhe.
- Anordnung der Kochfelder nebeneinander.
- Absenkbare Oberschränke für Rollstuhlfahrer.

Bad und WC

- Tür öffnet nach außen.
- Duschplatz 1,50 m x 1,50 m breit, stufenlos und befahrbar, mit Duschsitz und bodengleichem Wasserablauf.
- Badewanne mit Seiteneinstieg oder mit Hebelift unterfahrbar.
- Haltegriffe im Toiletten-, Wannen- und Duschbereich.
- Leicht erreichbare Armaturen und Einrichtungsgegenstände.
- Ausreichend Bewegungsfläche.
- Rutschfester Bodenbelag.
- Toilettensitzhöhe 48–50 cm, mit Haltegriffen rechts und links.
- Waschtisch flach und unterfahrbar, Höhe nach individuellem Bedarf, Kippspiegel für Rollstuhlfahrer beginnt oberhalb des Waschbeckenrands ▸ **Abb. 1**.

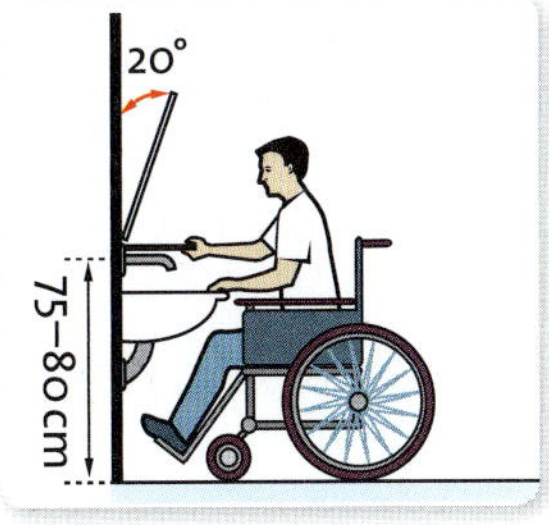

Abb. 1 Unterfahrbares Waschbecken und Kippspiegel im Badezimmer

Wohnzimmer

- Ausreichende Tageslichtquelle durch großes, leicht zu öffnendes Fenster mit Sonnenrollo oder Rollladen.
- Fenster auch aus dem Sitzen zu öffnen.
- Sitzmöbel: Sitzhöhe von 50 cm erleichtert Hinsetzen und Aufstehen, Rücken- und Armlehne geben Halt und Sicherheit.
- Bewegungsraum und freie Durchgänge schaffen.

Schlafzimmer

- Höhenverstellbares und von 3 Seiten zugängliches Bett, Fuß- und Kopfende elektrisch veränderbar.
- Leicht erreichbare Nachttischlampe, zusätzliches Nachtlicht gibt Sicherheit.
- Verdunkelungsmöglichkeit.

Häufige Maßnahmen

Ohne wesentliche Eingriffe in die Bausubstanz

- Anbringen von Griffen und Handläufen.
- Einbau von Treppenliften in bestehende Treppenaufgänge.
- Entfernung von Schwellen.
- Anbringen kleiner Rampen im Wohnbereich.
- Erhöhte Toilettenbecken.

Mit mittleren Eingriffen in die Bausubstanz

- Verlegung von Strom und Wasser.
- Türverbreiterungen.
- Änderung des Anschlags einer Tür.

Mit großen Eingriffen in die Bausubstanz

- Badumbau mit befahrbarer Dusche. Dieser ist grundsätzlich nur möglich, wenn bei Erdgeschosslage ein Gefälle zur Kanalisation möglich ist oder bei Stockwerklage der Abstand zur Decke der Unterwohnung ausreichend hoch ist.
  - Als Mieter immer vor dem geplanten Umbau die Zustimmung des Vermieters einholen!
  - Kein Baubeginn vor Bewilligung und verbindlicher Kostenzusage!
  - Nur Unternehmen beauftragen, die über Erfahrung mit behindertengerechten Baumaßnahmen verfügen.

Zum Weiterlesen

http://nullbarriere.de Barrierefrei bauen
www.barrierefrei-leben.de

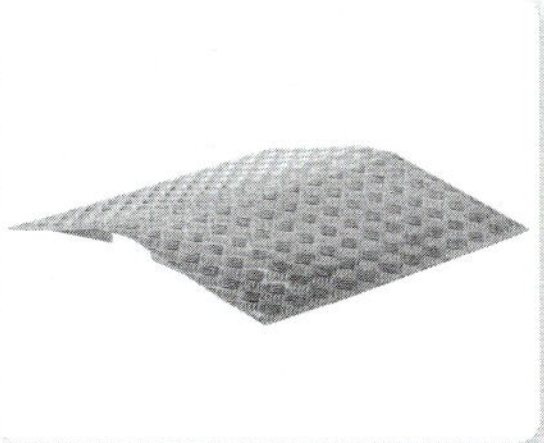

Abb. 2 Balkonschwelle, eine Maßnahme ohne wesentlichen Eingriff in die Bausubstanz

Wohnraumanpassung für Menschen mit Seh- oder Hörbehinderung

Bei Sehbehinderung

- Wichtige Informationen zusätzlich in akustischer oder taktiler Form im Wohnraum anbringen (tastbares Briefkastenschild, evtl. Sprachausgabe; 2-Sinne-Prinzip).
- Beschriftung mit Brailleschrift.
- Leicht erfassbare Einrichtung der Wohnung, z. B. mit Gegenständen/Möbeln, die Orientierung geben (eckige statt runde Formen).
- Geräuschquellen in der Wohnung zur Orientierung platzieren.
- Passende Beleuchtung je nach Raum und Funktion (starke Kontraste bei Bedarf, z. B. in der Küche).
- Spürbare Leitlinien zum Ertasten auf dem Boden (auch im öffentlichen Raum genutzt).
- Notfallknöpfe akustisch hörbar machen.
- Tür- und Gefahrenbereiche in der Wohnung optisch gut erkennbar machen.
- Bei Assistenz beim Essen: Information über die Anordnung der Speisen auf dem Teller geben, Tassen und Gläser nur halb füllen.
- Bei Assistenz beim Einkaufen: Vorlesen (Informationen auf Nahrungsmitteln, Haltbarkeitsdaten), die Qualität von Rohware prüfen.

Bei Hörbehinderung

- Notfallknöpfe deutlich sichtbar machen, z. B. gekoppelt mit Licht (2-Sinne-Prinzip).
- Vibrationsalarm für Wecker, Türklingel und Alarme einrichten.
- Kücheneinrichtung: Pfeifkessel, einen Porzellanteller auf den Boden des Topfes legen (zur Geräuscherzeugung beim Kochen).
- Anwesenheit in der Küche bei Nutzung eines Gasherds sicherstellen.
- Vakuumpackungen von Lebensmitteln besonders kontrollieren (das Knacken beim Öffnen wird nicht wahrgenommen).

Zum Weiterlesen

www.dbsv.org Dt. Blinden- und Sehbehindertenverband e. V. (Hinweise zur Barrierefreiheit)

Wohnraumanpassung für Menschen mit geistiger Behinderung

- Übersichtliche Anordnung der Räume inklusive der Einrichtung.
- Einfache Bedienbarkeit von technischen Geräten und Telefon (z. B. 1-Klick-Bedienung).
- Mehr-Sinne-Prinzip ratsam, d. h. neben Textinformationen auch bildhafte Darstellungen oder potenziell Sprachausgabe.
- Sicherheitsabschaltungen (z. B. für Herdplatten nach einer festgelegten Zeitspanne).
- Orientierungssysteme mit schlüssigen Codierungen mit Farben und Bildsprache (unterstützende Markierungen auf Haushaltsgeräten).
- Schränke mit Sichtbereichen aus Glas zur besseren Erkennung des Inhalts.
- Piktogramme sind für Menschen mit geistiger Behinderung besonders gut verständlich (Symbolgehalt muss klar sein).
- Wenn möglich sollten Informationen zusätzlich in gesprochener Form (Sprachausgabe) bereitgestellt werden.
- Erinnerung an Aufgaben durch Symbole an sichtbarer Stelle.
- Sichtbarkeit von wichtigen Informationen (in leichter Sprache oder Bildsprache möglich): Telefonnummern, Termine (Wochenmarkt, Sportverein u. a.).

Zur Aufgabe des Heilerziehungspflegers gehören auch die Unterstützung bei der Sozialraumnutzung (z. B. Aufbau von Nachbarschaftshilfe als Netzwerk) und das Heranführen an ein Orientierungssystem im öffentlichen Raum, z. B.:

- Landmarken erkennen.
- Leitsysteme nutzen.
- Den Weg nach Hause finden.
- Den öffentlichen Nahverkehr samt dazugehöriger Automaten nutzen.
- Die Informationsflut in der Umgebung bewältigen.

Zum Weiterlesen

Kriterienkatalog zur Barrierefreiheit für Menschen mit kognitiven Einschränkungen *http://www.barrierefreiheit.de/kriterienkatalog.html*

Wohnraumanpassung für Menschen mit Mehrfachbehinderungen

Hier steht die individuelle Anpassung an den betroffenen Menschen im Vordergrund und der Kreativität sind keine Grenzen gesetzt. Nachfolgend einige Ideen. Auf eine altersgerechte Gestaltung ist zu achten.

- Kreativ sein bei der Deckengestaltung: bei überwiegend liegenden Menschen für optische Stimulation an der Decke sorgen (Lichter, Bilder) und diese regelmäßig wechseln.
- Angebote der basalen Förderung installieren (Liegeflächen, Lichtgestaltung u. a.).
- Türen verbreitern, damit ein Pflegebett hindurchpasst (doppelte Breite).

- In allen Räumen, in denen sich der Mensch mit Mehrfachbehinderung aufhält, für genügend Platz zum Bewegen sorgen. Raum für Aktivität und Teilhabe am täglichen Leben schaffen.
- Unfallverhütungsmaßnahmen treffen.
- Individuelle Einbauten schaffen.

11.2.2 Gesetzliche Grundlagen

Grundsätzlich ist der Mensch für die Ausstattung seiner Wohnung oder die Umstände, in denen er wohnt, selbst verantwortlich. Im Falle **körperlicher oder geistiger Beeinträchtigungen** gibt es allerdings durch den **Staat,** die **Sozialversicherungsträger** oder die **Sozialhilfe Möglichkeiten einer Kostenentlastung**.

Bei **Wohnungseigentum** ist eine Umbaumaßnahme unproblematisch. In einer **Mietwohnung** sind Umbauten von der **Zustimmung des Vermieters** abhängig.

Der Vermieter kann für eventuelle **Rückbaukosten** eine zusätzliche Sicherheit fordern, die wie eine Mietkaution mit Festlegung auf gesondertem Konto zu behandeln ist.

Mietrecht: Bei vorliegender Behinderung bzw. Pflegebedürftigkeit kann nach dem gültigen Mietrecht die Zustimmung des Vermieters verlangt werden. Dabei sollte der Antrag mit der Bitte versehen sein, die Änderungen bei einem Auszug nicht rückgängig machen zu müssen.

Zum Weiterlesen

Beratungsstellen helfen weiter, z. B. durch die Adressenliste der Wohnberatungsstellen: *www.bag-wohnungsanpassung.de/wohnberatungsstellen.html*

Fördermöglichkeiten

Kosten für Umbaumaßnahmen können gegenüber dem **Finanzamt** als außergewöhnliche Belastung in der Steuererklärung geltend gemacht werden. Allerdings wird hier, wie auch bei anderen Förderungen, von einer **einkommensabhängigen Eigenbelastung** ausgegangen. Darüber hinaus darf mit der Maßnahme keine Wertsteigerung des Hauses oder der Wohnung erzielt werden. Es muss sich also um Maßnahmen handeln, die nur dem Menschen mit Behinderung zugutekommen. Ein Nachweis der Behinderung über ein Attest, ein Pflegegutachten oder einen Schwerbehindertenausweis ist erforderlich.

Um Unterstützung gebeten werden können:

- **Sozialhilfe** nach SGB XII (§ 53 *Eingliederungshilfe für behinderte Menschen*, § 61 Hilfen zur Pflege)
- **gesetzliche Krankenkasse** nach SGB V (§ 33 Hilfsmittel)
- **Rehabilitationsträger** nach SGB IX zur beruflichen Rehabilitation (§ 33 *Leistungen zur Teilhabe am Arbeitsleben*)
- **Pflegekasse** nach SGB XI (§ 40 *Pflegehilfsmittel und wohnumfeldverbessernde Maßnahmen*)
- **der KfW-Fonds** für Förderungen und Mittel zum Umbau

Sind die eigenen Mittel begrenzt und liegt ein Grad an Behinderung vor, der andere Kostenträger, z. B. die Pflegekasse, ausschließt, kann eine Unterstützung im Rahmen der **Sozialhilfe** beantragt werden. Im Falle der **anerkannten Pflegebedürftigkeit,** mindestens der Stufe I, ist die Finanzierung eindeutig geregelt. Es besteht eine Leistungsmöglichkeit der **Pflegekasse**, falls nicht schon andere Kostenträger eintreten, z. B. nach dem Schwerbehindertenrecht (SGB IX Teil 2) oder aus der Unfallversicherung heraus.

„Die Pflegekassen können subsidiär finanzielle Zuschüsse für Maßnahmen zur Verbesserung des individuellen Wohnumfeldes des Pflegebedürftigen gewähren (...), wenn dadurch im Einzelfall die häusliche Pflege ermöglicht oder erheblich erleichtert oder eine möglichst selbstständige Lebensführung des Pflegebedürftigen wiederhergestellt wird..." (§ 40 Abs. 4 SGB XI Pflegeversicherung)

Maßnahmen für die **Verbesserung des individuellen Wohnraums** dienen der Anpassung bereits vorhandenen Wohnraums. In Sonderfällen, wie dem Wohnungswechsel eines Klienten, da der Umbau der eigenen Wohnung nicht ausreichend ist, kann auch im Zusammenhang mit der **Schaffung neuen Wohnraums** gefördert werden. Es kommen unter anderem folgende Maßnahmen in Betracht:

Zugang zur Wohnung

- Fahrstuhl in eigenem Haus
- Fahrstuhlanpassung an Rollstuhlnutzung, Zugang ebenerdig oder über Rampe, Türbreiten, niedrige Schalterleiste, Handläufe, Klappsitze
- Orientierungshilfen für Menschen mit Sehbehinderung, z. B. tastbare Informationshilfen.
- Anpassung von Treppen, z. B. Stufenmarkierung, Handläufe, Rampen, Überbrückung von Schwellen, Treppenlifte

Flur

- Türverbreiterungen, Abbau von Schwellen, Türen mit Öffnungsautomatik
- Veränderung von Türanschlägen
- Handläufe
- Gegensprechanlage

Abb. 1 Eine behindertengerechte Dusche: Es gibt einen ebenerdigen Wasserablauf, die Duschtasse wurde entfernt.

Küche
- Einhandarmaturen
- Auswechseln des Fußbodens für Rutschsicherheit
- unterfahrbare Einrichtung
- absenkbare Schränke

Toilette / Bad
- Einbau von Bad oder WC
- Installation von Warmwassergeräten, falls nicht vorhanden
- Umwandlung einer Wanne in eine Duschnische
- ebenerdiger Wasserablauf, Entfernung der Duschtasse
- Einhandarmaturen
- rutschsichere Verfliesung im Duschbereich
- höhenverstellbares Waschbecken
- erhöhtes Toilettenbecken
- Höhenanpassung von Spiegel und Schränken
- Verlegung von Wasser- und Stromanschlüssen, z. B. Waschmaschine in die Küche

Wohnzimmer
- trittsicherer Bodenbelag
- handhabbare Heizungsarmaturen
- Anpassung der Greifhöhe und des Zugangs von Lichtschaltern, Steckdosen, Heizungsventilen
- Versetzen von Fenstergriffen

Schlafzimmer
- trittsicherer Bodenbelag
- Umsetzen von Lichtschalter / Steckdosen

Allerdings sind nicht alle Maßnahmen, die einem Menschen mit Behinderung die selbstständige Lebensführung ermöglichen, auch Maßnahmen im Sinne des Gesetzes. So werden die Herstellung von Wohnverhältnissen, die man als üblich bezeichnen kann sowie eine Verbesserung des allgemeinen Wohnwerts nicht gefördert.

Nicht gefördert werden
- Erstausstattung mit Telefon, Kühlschrank, Waschmaschine
- Verbesserung von Wärmedämmung und Schallschutz
- Reparaturmaßnahmen, Beseitigung von Feuchtigkeitsschäden
- Schönheitsreparaturen wie Anstreichen, Tapezieren, Erneuerung des Fußbodenbelags
- Erneuerung der Treppenhausbeleuchtung
- Rollstuhlgarage, Sitzplatzüberdachung, Markisenantrieb
- Erneuerung der Heizungsanlage
- Modernisierungsmaßnahmen
- Parkplatzgestaltung, Pflaster im Hauseingangsbereich

Die Förderung einer wohnraumverbessernden Maßnahme schließt die gleichzeitige Versorgung mit erforderlichen Hilfsmitteln (▸ **s. Kap. 11.4**) nicht aus, z. B. Umbau der Dusche und Versorgung mit einem Duschsitz.

Bauliche Mindestvoraussetzung in stationären Wohnformen

In Einrichtungen, die dem Zweck dienen, volljährige pflegebedürftige oder psychisch kranke Menschen oder Personen mit Behinderung aufzunehmen, ihnen Wohnraum zu überlassen sowie Betreuung und Verpflegung zur Verfügung zu stellen, also einer Form der stationären Wohneinrichtungen, gilt das **Heimrecht** (▸ **s. Modul 4, Kap. IV.6, Heimrecht**). In diesem Gesetz (HeimG von 2001 auf Bundesebene) sowie in den jeweiligen Landesgesetzen gibt es unter anderem diese Vorschriften zur baulichen Mindestvoraussetzung von neuen Heimen:
- Es müssen Einzelzimmer zur Verfügung gestellt werden.
- Die Mindestgröße muss dabei 14 m² ohne Vorflur und Sanitätsbereich betragen.
- Jede Einrichtung soll einen Außenbereich zur gemeinschaftlichen Nutzung haben.
- Für kleine Einrichtungen (weniger als 15 Bewohner) gelten Ausnahmeregelungen.
- Für ältere Einrichtungen bestehen Übergangsfristen, in denen die Voraussetzungen geschaffen werden müssen.

Aufgaben

1. Zählen Sie Merkmale einer behindertengerechten Wohnung und eines optimalen Wohnungsumfelds auf.
2. Was versteht man unter „Barrierefreiheit“?
3. Welche Punkte der barrierefreien Gestaltung verbessern die Möglichkeiten der selbstständigen Lebensführung?

11.3 Unterstützung bei der Schaffung eines förderlichen Wohnraums

Das Wohnen ist für den Menschen ein Grundbedürfnis. Der eigene Wohnraum – dabei kann es sich auch um ein Zimmer oder um Teile einer gemeinschaftlich genutzten Wohnung handeln – hat in den einzelnen Phasen des Lebens eine unterschiedliche **Bedeutung** für den Menschen (▶ **Abb. 1**). Im Vordergrund steht immer die Funktion als Ort der

- **Identifikation,**
- **Rückzugsmöglichkeit,**
- **Entspannung** und Regeneration,
- Geborgenheit und Sicherheit,
- Vertrautheit,
- Möglichkeit, selbstständig **Entscheidungen zu treffen**.

Für an **Demenz Erkrankte** (▶ **s. Modul 3, III.2.7**) haben zusätzlich die Aspekte Sicherheit und Vertrautheit im eigenen Haushalt besondere Bedeutung.

Lebensphase	Bedeutung
Jugend	• Sicherer Rahmen, von dem aus die Welt erkundet werden kann • Erlernen des Lebens in einer Gemeinschaft • Allgemeine kulturelle Prägung • Übernahme eigener Verantwortung • Hinführung zur Fähigkeit selbstständiger Haushaltsführung • Entwicklung einer eigenen Wohnform
Erwachsenenalter	• Rückzugsmöglichkeit im Alltag • Ausdruck der Eigenständigkeit, des finanziellen Status • Möglichkeit der eigenen Gestaltung der Wohnform • Möglichkeit der Außendarstellung, Prestigeobjekt
Rentenalter	• Emotional und strukturell sicherer Rahmen • Möglichkeit der Bewahrung eigener/familiärer Tradition • Wirkungsstätte (Renovierung, Reparaturen, Haushaltsführung) • Ort von Erinnerungen

Abb. 1 Bedeutung des eigenen Wohnraums in den unterschiedlichen Lebensphasen eines Menschen

Einschränkung durch Betreuung. Unterstützungsbedarf kann immer eine Einschränkung dieser Funktionen mit sich bringen, weil das Zuhause dadurch der Ort nicht nur des privaten Lebens, sondern der Erbringung sozialer Dienstleistungen wird. Bei einem Platz im Wohnheim ist dies augenscheinlich. Aber auch die eigene Wohnung eines Menschen mit Behinderung garantiert keinen hundertprozentig sicheren Rückzugsraum im Hinblick auf Privatheit.

11.3.1 Wohnatmosphäre

Die Gestaltung des Wohnraums durch den Menschen mit Behinderung und die sich daraus ergebende Wohnatmosphäre sind stets sehr individuell. Über das Wohlbefinden in Wohnung oder Zimmer entscheidet z. B.

- die Art der Möbel und wie sie gestellt sind,
- wie mit Pflanzen umgegangen wird,
- ob und welche Bilder an den Wänden hängen,
- welche dekorativen Elemente eingesetzt werden,
- der Farb- und Lichtgestaltung,
- der Fußbodengestaltung (Kunststoff, Teppichboden, Holzboden),
- welche Gestaltung die Fenster durch Gardinen haben, offene oder verdeckte Sicht.

Individualität. Außer in Sonderfällen, z. B. der Verwahrlosung, finden sich Entsprechungen zwischen den **Charakterstrukturen** der Menschen und der von ihnen gestalteten **Wohnatmosphäre**. Diese kann als Hinweis genutzt werden, um potenzielle Probleme bei der Versorgung zu erkennen. Die jeweiligen **Bedürfnisse** des Klienten müssen respektiert werden, auch wenn sie nicht dem eigenen Verhalten entsprechen, denn jeder möchte selbst entscheiden,

- wie und wie oft gelüftet wird, z. B. Schlafen bei offenem oder geschlossenem Fenster,
- wie warm es im Zimmer sein soll,
- wie abgeschlossen wird, z. B. mehrfache Sicherung,
- ob Fremde sofort eingelassen werden oder zunächst an der Tür eine gewisse Vorklärung erfolgt.

In der Wohnung, aber auch im Zimmer in einer Einrichtung ist die Fachkraft „Gast".

Abb. 2 Der eigene Wohnraum als Ort der Regeneration und Entspannung

Die Umsetzung von **Wohnraumanpassungen** (▸ **s. oben, Kap. 11.2**), die sich aus Assistenzsicht anbieten oder sogar notwendig sind, ist nicht nur eine Sache rationaler Überzeugungsarbeit, sondern muss von den Betroffenen auch **emotional verarbeitet** werden können. Dies erfordert jeweils eine professionelle Abklärung des Machbaren und des Notwendigen in Absprache mit dem Klienten.

11.3.2 Gesundheitsfördernde Gestaltung des Wohnraums

Nicht nur die Atmosphäre in einer Wohnung entscheidet über das Wohlbefinden, sondern auch:
- Temperatur
- Luftfeuchtigkeit
- Geräuschpegel
- Beleuchtung

Die meisten Menschen empfinden eine **mittlere Raumtemperatur und Luftfeuchtigkeit** als angenehm. Der **Geräuschpegel** sollte so sein, dass während ein Gespräch in normaler Lautstärke geführt wird, ohne Mühe gelesen oder gearbeitet werden kann. Im Gegensatz zum Klima außerhalb des Wohnraums lässt sich das Raumklima weitgehend selbst bestimmen. In modernen Wohnungen helfen zur Regulierung z. B. Dimmer, Thermostate, automatisch arbeitende Lüfter, Absaugvorrichtungen sowie Isolierverglasung.

Raumtemperatur. Das Temperaturempfinden des Einzelnen ist sehr unterschiedlich und situationsabhängig. Oft verändert es sich im Alter und bei Krankheit, es werden dann höhere Raumtemperaturen verlangt. Die empfohlenen Temperaturen sind daher Mittelwerte (▸ **Abb. 1**).

Raum	°C
Wohnzimmer und Küche	20
Bad	21
Schlafzimmer, Tag	18
Schlafzimmer, Nacht	14 – 16

Abb. 1 Empfohlene Temperaturen im Wohnbereich

Luftfeuchtigkeit und -qualität. Wesentlich für ein angenehmes Raumklima ist die optimale Luftfeuchtigkeit. Diese liegt bei etwa 40–60 % relativer Feuchte. Empfohlen werden im Durchschnitt 45–55 %, über 60 % nur etwa 2 Stunden täglich.
Bei **zu hoher Luftfeuchtigkeit** funktioniert die wärmeregulierende Verdunstung über die Haut schlecht. Ist die Lufttemperatur zusätzlich hoch, wird die Luft als schwül empfunden. Darüber hinaus kann es an kalten Außenwänden zur **Schimmelbildung** kommen. Durch Abgabe von Sporen kann die Gesundheit beeinträchtigt werden, z. B. durch eine Schimmelpilzallergie. Eine relative Luftfeuchtigkeit über 60 % ermöglicht auch die Entwicklung und das Überleben von Hausstaubmilben, deren Kot bei vielen Menschen zu allergischen Erscheinungen und Atemwegserkrankungen führt.
Bei **zu niedriger Luftfeuchtigkeit** kommt es zu Austrocknungserscheinungen wie Augenbrennen, Hautreizungen und Hustenreiz. Die erhöhte Beanspruchung der Schleimhäute von Rachen und Atemwegen erhöht die Anfälligkeit für Erkältungen.
Feuchtigkeit wird in der Wohnung durch verschiedene Quellen produziert, z. B. beim Kochen oder über die Haut und Atmung. In einem 4-Personen-Haushalt kann dies bis zu 15 Liter täglich ergeben.
Die Aufnahmefähigkeit der Luft für Wasserdampf sinkt mit der Temperatur, deswegen setzt sich an kalten Flächen das Wasser als Tau ab, z. B. am Spiegel im Bad beim Duschen.
Zur Regulierung der Luftfeuchtigkeit kann geheizt und / oder gelüftet werden. Da die Heizungen oft über Thermostate gesteuert werden und den Bedürfnissen bereits angepasst sind, konzentrieren sich die Maßnahmen auf das Lüften. Dies verbessert zusätzlich die Luftqualität.

Küchen, Bäder und Räume, in denen Wäsche gemacht, gebügelt oder geraucht wird, sollten während der Nutzung geschlossen bleiben und dann möglichst sofort nach draußen entlüftet werden.

Richtiges Lüften bedeutet:
- von drinnen nach draußen, d. h. Austausch wärmerer und feuchter Luft gegen kältere und trockenere
- möglichst durch 2 gegenüberliegende Fenster **(Querlüftung)**
- unabhängig vom Wetter, auch bei Regen ist die kalte Außenluft trockener als die warme Zimmerluft
- bei niedriger Zimmertemperatur häufiger lüften
- bei niedrigen Außentemperaturen kürzer lüften
- kurzzeitig, aber intensiv lüften, **Stoßlüftung** mit geöffnetem Fenster, reicht auch bei Windstille und geringen Temperaturunterschieden aus
- bei dichten Isolierglasfenstern häufiger lüften
- Bad ohne Fenster mit automatischer Lüftung versehen
- Dunstabzugshaube in der Küche

Gelüftet werden sollte bei ganztägig bewohnten Wohnungen
- morgens, alle Fenster und Türen öffnen, vollständiger Luftaustausch,
- vormittags und nachmittags , nur Zimmer, in denen sich Personen aufhalten,
- abends, vollständiger Luftaustausch, auf jeden Fall Schlafzimmer,
- Bäder auf dem kürzesten Weg nach draußen lüften,
- beim Kochen, Wäschetrocknen, Bügeln: Raum geschlossen halten und möglichst sofort oder öfter nach draußen lüften.

Ungeeignet ist das Lüften mit gekipptem Fenster. Es kostet Heizenergie und hat nur einen geringen Effekt.

Geräuschpegel. Durch die zunehmende Mobilität, Technisierung und das veränderte Freizeitverhalten nehmen die schädigenden Auswirkungen von **Schall (Lärm)** zu. **Lärmschäden** können durch zu lautes Musikhören, unsachgemäßen Umgang mit motorisierten Geräten oder Explosionen (**Knalltrauma**) entstehen.

Die **subjektive Wahrnehmung** hat nichts mit den **Schäden** zu tun, die der Schall am Gehör hervorrufen kann. Für Erwachsene gilt eine **Lärmgrenze von 85 dB**, höhere Schallpegel gefährden das Gehör. Auch dauerhafte Einwirkungen von individuell nicht als auffällig empfundenen Geräuschpegel können gesundheitliche Schäden hervorrufen.

Lärmbelastung hat auch soziale Auswirkungen. Als Gegenmaßnahme wird häufig die Stimme angehoben, um verstanden zu werden bzw. Radio oder Fernseher lauter gestellt. Dadurch fühlen sich Nachbarn oder die Hausgemeinschaft gestört und die Situation kann eskalieren.

Beleuchtung. Ausreichend Licht ermöglicht die sichere Ausübung notwendiger Tätigkeiten. Die Art und Weise der **Beleuchtung** hat Auswirkungen auf das **Wohlbefinden**. Dabei wird durch die große Anpassungsfähigkeit des Auges der Einfluss der **Lichtverhältnisse** auf die Leistungsfähigkeit beim Arbeiten und im Alltag unterschätzt. Zu helle Beleuchtung lässt auf Oberflächen störende Lichtreflexe entstehen, unzureichende Beleuchtung verringert die Kontraste und stört das scharfe Sehen. Die so stattfindende Überbeanspruchung führt zu Konzentrationsproblemen, geminderter Leistungsfähigkeit und rascher Ermüdung. Um notwendige Aktivitäten sicher ausüben zu können, ist eine entsprechende Beleuchtung notwendig. Dies gilt in besonderem Maße bei Menschen mit Sehbeeinträchtigung.

Die **Beleuchtungsstärke** wird in **Lux** (**lx**, **Lichtstrom pro Fläche**) mit **Luxmetern** gemessen. Dies ist ein Maß für die Helligkeit, mit der eine Fläche beleuchtet wird. Entscheidend für das Erkennen von Gegenständen ist, wie viel von dem Licht diese reflektieren und aus welcher Entfernung sie betrachtet werden. 50 lx sind die untere Grenze für optimales Sehen für junge Leute, wenn es sich um helle Gegenstände handelt. Für ältere Menschen müssen die Lichtquellen stärker sein.

Abb. 1 Ein Deckenfluter mit schwenkbarer Leselampe minimiert die Störung anderer Personen

Für die einzelnen Wohnbereiche gibt es unterschiedliche **Beleuchtungsempfehlungen**:

- **Flure** sind Durchgangsräume und werden nur wenig genutzt. Ausreichend ist daher eine Gesamtausleuchtung durch eine Deckenlampe oder einen Wandfluter. Bei Bedarf sollte ein Ankleidespiegel oben und seitlich mit Beleuchtung versehen sein, um den ganzen Körper ausreichend betrachten zu können.
- Im **Wohnzimmer** liegt der Schwerpunkt auf der wohnlichen Atmosphäre, die durch gemütliches, indirektes und nicht zu grelles Licht unterstützt wird. Geeignet sind Deckenfluter, dimmbare Deckenlampen sowie Stehlampen. In Bereichen, in denen gelesen wird, ist eine direkte Beleuchtung vorteilhaft.
- Am **Schreibtisch** sollte ebenfalls eine schwenkbare Lampe eingesetzt werden. Bei Rechtshändern links, um Schatten durch die eigene Hand zu vermeiden. Die Arbeitsfläche sollte möglichst vollständig ausgeleuchtet sein, Auflagen auf der Arbeitsfläche vermeiden eine Blendung.
- Über dem **Esstisch**, der meist auch für andere Aktivitäten genutzt wird, ist eine höhenverstellbare Pendelleuchte mit undurchsichtigem Schirm die ideale Lichtquelle. Sie kann je nach Bedarf höher oder tiefer hängen und verhindert, dass die am Tisch Sitzenden geblendet werden. Empfohlener Abstand zum Tisch: 60 cm.
- Das **Schlafzimmer** sollte neben einer Deckenleuchte über Nachttischlampen verfügen, die einen möglichst begrenzten Bereich ausleuchten, um Störungen zu vermeiden. Diese Lampen sollten gut erreichbar sein und große Schalter haben, um sie im Dunkeln leicht zu finden. Für Schränke gibt es direkt zu montierende oder bereits installierte Leuchten, die den Inhalt gut erkennen lassen.
- Die **Küche** ist eindeutig als Arbeitsbereich zu betrachten, in dem die Sicherheit Vorrang vor der Gemütlichkeit hat. Zunächst ist eine Gesamtausleuchtung erforderlich mit Decken- oder Leuchtstofflampen. Dabei werden für Energiesparlampen 5 Watt/m² und für Leuchtstofflampen 10 Watt/m² Bodenfläche empfohlen. Zusätzlich sollten Arbeitsflächen gesondert ausgeleuchtet werden. Hierfür gibt es bei Einbauküchen meist direkt unter den Oberschränken befestigte Niedervolt-Halogenlampen, die blendfreies Arbeiten ermöglichen.
- Auch im **Badezimmer** hat die Sicherheit Vorrang und erfordert eine gute Gesamtausleuchtung wie in der Küche. Das Waschbecken und den Spiegel zusätzlich beleuchten.

Abb. 1 Helle Wandfarben und individuelle Beleuchtungsobjekte schaffen eine behagliche Wohnatmosphäre (hier ein Kinderzimmer)

Das **Tageslicht** hat eine positive Wirkung auf den menschlichen Organismus. Fenster möglichst wenig verhängen, um das Tageslicht in den Wohnraum zu lassen. In Bereichen, in denen Sichtschutz erforderlich ist, kann man z. B. lichtdurchlässige Lichtschutzfolien auf die Scheiben kleben.

11.3.3 Sicherheit in der Wohnung

Sicherheit von Geräten und Hilfsmitteln

- Elektrogeräte regelmäßig überprüfen.
- Bei Wackelkontakten, beschädigtem Gehäuse oder lockerem oder beschädigtem Kabel, Gerät nicht benutzen.
- Bei Geruchsentwicklung Stecker sofort aus der Steckdose ziehen und Gerät vom Fachmann überprüfen lassen.
- Glühlampenwechsel nur bei ausgeschaltetem Gerät.
- Stecker nicht am Kabel aus der Steckdose ziehen.
- Elektrogeräte nie in der Nähe gefüllter Badewannen benutzen.
- Lüftungsschlitze von Fernsehgeräten nicht mit Zierdecken verschließen.
- Bei längerer Abwesenheit Elektrogeräte nicht auf Standby-Modus lassen.

Verhüten von Unfällen und Stürzen

Die **Ursachen für Stürze** sind in der Person selbst begründet. Nach einem Schlaganfall oder bei behinderungsbedingten Gleichgewichts- und Gangstörungen besteht eine besondere Gefährdung. Unsicherheit und Angst vor dem Fallen erhöhen das Risiko. Gründe für Stürze liegen auch in der Einrichtung der Wohnung. Hier gibt es eine Reihe von **Stolperfallen**, die es zu entdecken und entschärfen oder zu beseitigen gilt (▸ **Abb. 2**).

Vorkehrungen zur **Verhütung** von Stürzen:

- durchgehende, griffsichere Handläufe an Treppen
- trittsichere Treppenstufen: Oberflächenstruktur, Profilschienen
- gute Ausleuchtung der Treppe: blendfrei, hohe Lichtintensität
- ausreichende Beleuchtung in allen Räumen
- Sicherheitsbeleuchtung neben dem Bett, im Flur, im Bad
- rutschsichere Teppiche und Brücken, auf Bettvorleger verzichten
- rutschhemmende Matten für Badezimmer und Badewanne
- Gerätekabel fixieren: Klebehalterungen, Überlängen aufgerollt hinter dem Gerät verstauen
- sichere Trittleitern für Arbeiten über Reichhöhe
- Griffe als Einstiegshilfen oder zum Aufstehen für Badewanne und Toilette
- Feuchtigkeit auf Fliesen sofort beseitigen

Abb. 2 Typische Stolperfallen im privaten Wohnbereich: 1. schlechte Beleuchtung; 2. Stuhl statt Trittschemel oder Leiter; 3. überlange Tischdecke; 4. lose Teppichkanten; 5. loses Kabel; 6. auf dem Boden liegende Gegenstände; 7. hervorstehende Möbelkanten

11.4 Hilfsmittel

Bei der **Hilfsmittelversorgung** werden im Wesentlichen 2 Versorgungswege unterschieden:

- Versorgung über die Krankenkasse mit Hilfsmitteln zum Ausgleich einer Behinderung
- Versorgung über die Pflegekasse mit Pflegehilfsmitteln

Die Verpflichtung der **gesetzlichen Krankenversicherung** zur Versorgung mit Hilfsmitteln leitet sich aus ihrem Auftrag ab. Danach ist es Aufgabe der Krankenkassen, die Gesundheit ihrer Versicherten zu erhalten, wiederherzustellen oder zu bessern. Dies erfordert unter Umständen auch die Versorgung mit Hilfsmitteln.

Die Leistungen der **Pflegeversicherung** sollen den Pflegebedürftigen helfen, trotz ihres Hilfebedarfs ein möglichst selbstständiges und selbstbestimmtes Leben zu führen. Das bedeutet, im Fall von Pflegebedürftigkeit Hilfe zu leisten, falls erforderlich auch über eine Versorgung mit Hilfsmitteln.

Beide Kassenarten setzen bei der Versorgung Gelder ein, die durch die **Solidargemeinschaft,** also alle Versicherten, aufgebracht werden müssen. Es sollte also ein gemeinsames Interesse daran bestehen, die Gelder nur **sachdienlich** zu verwenden. Bei der Krankenkasse gilt das **Wirtschaftlichkeitsgebot**. Das heißt, die Kasse und die Versicherten haben sicherzustellen, dass Leistungen, also auch Hilfsmittel, wirksam sind, wirtschaftlich erbracht werden und nur im notwendigen Umfang in Anspruch genommen werden (§ 2 (4) SGB V).

Bei der Pflegekasse bedeutet dies, dass nur bei **Pflegebedürftigkeit mindestens der Stufe I** Hilfsmittel zur Verfügung gestellt werden.

Bei **fehlenden Voraussetzungen**, z. B. keine Pflegestufe bei nicht erfüllter Vorversicherungszeit von 5 Jahren, kann die Versorgung mit Hilfsmitteln über den **Sozialhilfeträger** infrage kommen.

Anspruch auf Hilfsmittel der gesetzlichen Krankenversicherung (§ 33 SGB V)

„Versicherte haben Anspruch auf Versorgung mit (...) Hilfsmitteln, die im Einzelfall erforderlich sind, um den Erfolg der Krankenbehandlung zu sichern, einer drohenden Behinderung vorzubeugen oder eine Behinderung auszugleichen, soweit die Hilfsmittel nicht als allgemeine Gebrauchsgegenstände des täglichen Lebens anzusehen (...) sind.“ (§ 33 (1) SGB V)

Dies bedeutet, dass **technische Hilfen**, die im weitesten Sinne geeignet sind, Menschen von Fremdhilfe unabhängig zu machen und ihnen eine weitgehend selbstständige Lebensführung zu ermöglichen, Hilfsmittel sein können und damit in die Kostenpflicht der Krankenkasse fallen. Die Kasse kann dabei Hilfsmittel auch nur **leihweise** zur Verfügung stellen, z. B. Elektrogeräte zur Schmerzbehandlung. Die Versorgung mit Hilfsmitteln umfasst auch die eventuell nötige Ausbildung in deren Gebrauch, z. B. Elektrorollstuhl.

Abgegrenzt werden müssen Hilfsmittel gegen **allgemeine Gebrauchsgegenstände**. Dies ist nicht immer ganz einfach. Zur Abgrenzung hat das Bundessozialgericht unter anderem ausgeführt, dass es sich bei allgemeinen Gebrauchsgegenständen um Gegenstände handelt, die für jedermann zugänglich und üblicherweise durch eine große Anzahl von Menschen genutzt werden.

- **Eindeutige Gebrauchsgegenstände** sind z. B. elektrische Dosenöffner und Schuhanzieher.
- **Nicht eindeutige Hilfsmittel** sind z. B. verschiedene Hilfsmittel zur Kommunikation wie Vergrößerungssoftware, Spracherkennung, Bildschirmtastaturen, da sie im Rahmen der technischen Entwicklung häufig schon bei handelsüblichen Rechnern zur Verfügung stehen .

Nach dem Gesetz hat die Bundesregierung das Recht, **Hilfsmittel mit geringem therapeutischem Nutzen** oder **geringem Abgabepreis** von der Verordnungsfähigkeit auszuschließen. **Hierunter fallen z. B.:**

- Applikationshilfen für Wärme und Kälte
- Armtragetücher
- Augenklappen
- Brillenetuis
- Gummihandschuhe
- Handgelenkmanschetten

Hilfsmittel werden **ärztlich verordnet**. Die Notwendigkeit der Versorgung muss mindestens durch eine entsprechende Diagnose begründet sein.

Eine Versorgung mit Inkontinenzhilfsmitteln ist dann begründet möglich, wenn

- eine entsprechende Krankheit vorliegt, z. B. Harninkontinenz,
- daneben schwere Funktionsstörungen vorliegen mit der Gefahr einer Entwicklung z. B. eines Dekubitus, falls kein Hilfsmittel zum Einsatz kommt,
- nur durch den Einsatz des Hilfsmittels eine Teilhabe am gesellschaftlichen Leben ermöglicht wird.

Die Kasse prüft die Leistungsvoraussetzungen und zieht in Zweifelsfragen den Medizinischen Dienst hinzu.

Anspruch auf Pflegehilfsmittel und technische Hilfen (§ 40 SGB XI)

„Pflegebedürftige haben Anspruch auf Versorgung mit Pflegehilfsmitteln, die zur Erleichterung der Pflege oder zur Linderung der Beschwerden des Pflegebedürftigen beitragen oder ihm eine selbstständigere Lebensführung ermöglichen (...). Die Pflegekasse überprüft die Notwendigkeit der Versorgung mit den beantragten Pflegehilfsmitteln unter Beteiligung einer Fachkraft oder des Medizinischen Dienstes." (§ 40 (1) SGB XI)

Pflegehilfsmittel sollen durch die Pflegekassen vorzugsweise **leihweise** abgegeben werden. Die Bewilligung kann davon abhängig gemacht werden, dass der Pflegebedürftige oder seine Pflegeperson in der Handhabung ausgebildet werden.
Lehnt ein Pflegebedürftiger die leihweise Überlassung ohne zwingenden Grund ab, muss er die Kosten für das Hilfsmittel selbst tragen. Wählt er ein aufwendigeres Hilfsmittel, hat er die Mehrkosten zu tragen.
Pflegehilfsmittel können **formlos beantragt** werden, da immer dann, wenn eine Pflegestufe besteht und das Hilfsmittel im **Hilfsmittelverzeichnis** zu finden ist, die Zuständigkeit besteht.
Die ärztliche Verordnung auf einem Rezept ist folglich nicht erforderlich, wird aber genauso bearbeitet wie die persönliche Antragstellung oder der Antrag durch einen Pflegedienst.

Hilfsmittel zum Ausgleich einer Behinderung

Hilfsmittelverzeichnis: Die Spitzenverbände der Krankenkassen erstellen ein Hilfsmittelverzeichnis (§ 128 SGB V), das ständig aktualisiert und veröffentlicht werden muss. Zurzeit enthält das Verzeichnis 39 Produktgruppen mit etwa 15.000 Produkten.

Im Zusammenhang mit der Betreuung von Menschen mit Behinderung kommen vielfältige Hilfsmittel zum Einsatz, deren Handhabung eventuell eine **Schulung** oder zumindest eine **Einweisung** verlangt.

Hilfsmittel der gesetzlichen Krankenversicherung dienen im Wesentlichen dem Ausgleich einer Behinderung/Pflegebedürftigkeit und werden überwiegend von dem **Klienten** benutzt.

Abb. 1 Ein Badewannenlifter ist ein installiertes Hilfsmittel

Installierte Hilfsmittel

- Treppenlift, an der Wand befestigte, auf Schienen laufende Sitze zum Transport von Personen zwischen Stockwerken
- Deckenlifter, an der Decke oder auf Stützen montierte Schienensysteme zum Transfer von Personen z. B. vom Rollstuhl in eine Wanne
- Rampensysteme, Hebebühnen

Mobile Hilfsmittel

Adaptationshilfen

- Anziehhilfen
- Ess-/Trinkhilfen
- Rutschfeste Unterlagen
- Greifhilfen (Helfende Hand)

Badehilfen

- Badewannenlifte
- Badewannensitze
- Duschhilfen
- Badewanneneinsätze
- Sicherheitsgriffe und Aufrichthilfen

Gehhilfen

- Gehwagen
- Gehstöcke
- fahrbare Gehhilfen, z. B. Rollator

Hilfsmittel gegen Dekubitus

- Positionierungshilfen, z. B. Fersenauflagen
- Auflagen aus Weichlagerungsmaterial
- luftgefüllte Auflagen
- Matratzen zur intermittierenden Entlastung, z. B. Wechseldruckmatratzen
- dynamische Systeme zur Stimulation von Mikrobewegungen

Inkontinenzhilfsmittel
- saugende Inkontinenzvorlagen
- Netzhosen zum Halten
- Urinbeinbeutel
- Urinbeutel für geschlossene Systeme
- Stuhlauffangbeutel
- Verweilkatheter
- intravaginale Inkontinenztherapiesysteme, z. B. Pessare zur Aufrichtung des Blasenbodens

Hilfsmittel zur Kompressionstherapie
- Kompressionsstrümpfe

Kranken- / Behindertenfahrzeuge
- Toilettenrollstühle
- Duschrollstühle
- Schieberollstühle
- Treppenfahrzeuge, Scalamobil zum Transport von Rollstühlen
- Adaptivrollstühle, Selbstfahrer
- Elektrorollstühle
- Elektromobile

Krankenpflegeartikel
- behindertengerechte Betten, manuell oder elektrisch verstellbare Liegeflächen
- Bettenzubehör, Verlängerung, Aufrichthilfen, Seitengitter
- Einlegrahmen, verstellbar
- Steckbecken
- saugende Bettschutzeinlagen, wieder verwendbar

Lagerungshilfen
- Lagerungskeile

Messgeräte für Körperzustände
- Blutdruckmessgeräte
- Blutzuckermessgeräte

Mobilitätshilfen
- Umsetz- und Hebehilfen, z. B. Bettbügel, Rollbretter, Hebekissen
- Aufstehhilfen, z. B. Katapultsitze
- fahrbare Lifter

Stomaartikel
- Ausstreifbeutel
- Urostomiebeutel
- Basisplatten
- Stomakappen
- Pflegemittel

Toilettenhilfen
- Toilettensitze
- Toilettenstützgestelle
- Toilettenstühle
- WC-Aufsätze mit Wascheinrichtung

Hilfsmittel nie über einen Katalog bestellen, da dann 2 wesentliche Forderungen nicht erfüllt werden können: Hilfsmittel in der Wohnung durch den Lieferer aufstellen lassen!
Einweisung und Probenutzung verlangen!

Pflegehilfsmittel

Pflegehilfsmittel dienen im Wesentlichen der Erleichterung der Pflege und werden überwiegend von den **Fachkräften** eingesetzt.

Die Pflegekassen sind nur für die Versorgung mit Pflegehilfsmitteln im **häuslichen Bereich** zuständig. Eine Kostenübernahme für Bewohner von stationären Einrichtungen ist nicht möglich. Dies ist insofern nachvollziehbar, als Heime eine ihren Zwecken entsprechende Ausstattung vorhalten müssen.

Pflegehilfsmittel zur Erleichterung der Pflege
- Pflegebetten, manuell oder elektrisch verstellbar
- Pflegebettenzubehör, Aufrichthilfen, Seitengitter
- spezielle Pflegebetttische, z. B. Bettnachtschränke mit schwenkbarer Arbeitsplatte, Sitzhilfen zur Pflegeerleichterung
- Pflegerollstühle, Mehrfunktionsstühle

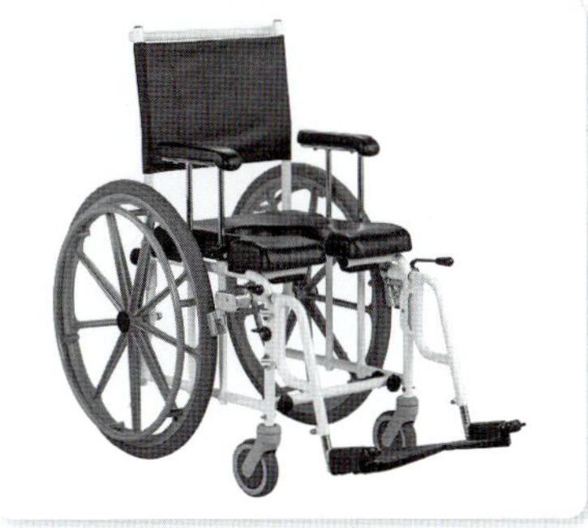

Abb. 1 Ein Duschrollstuhl ist ein mobiles Hilfsmittel

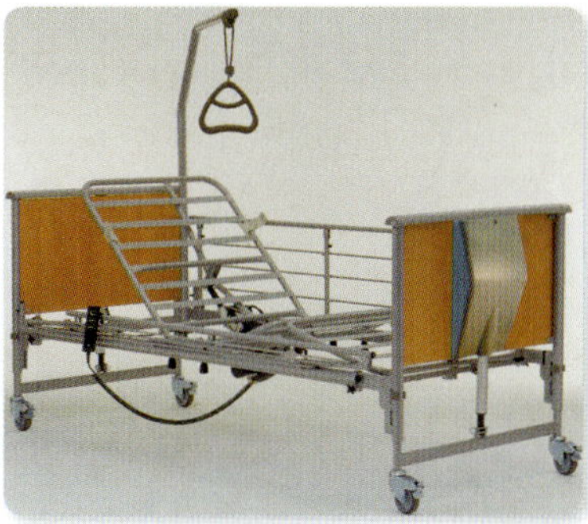

Abb. 2 Das Pflegebett mit Aufrichthilfe entlastet die Fachkraft

Diese Pflegehilfsmittel haben die Aufgabe, die häusliche Pflege zu ermöglichen, die Fachkräfte physisch und psychisch zu entlasten und eine menschliche Pflege zu unterstützen. Sie sind indiziert, wenn die Pflege ganz oder teilweise im Bett vorgenommen werden muss, wobei der Aspekt der aktivierenden Pflege berücksichtigt werden sollte.
Das Zubehör soll die Anpassung des Bettes an den Klienten ermöglichen und die Fachkraft entlasten.

Mehrfunktionsstühle machen bei vollständig immobilen Klienten unter Umständen andere Hilfsmittel wie Lifter oder Zimmerrollstühle entbehrlich.

Pflegehilfsmittel zur Körperpflege und Hygiene
- Steckbecken
- Urinflaschen
- Urinschiffchen
- Urinflaschenhalterungen
- Saugende Betteinlagen
- Waschsysteme (Kopf, Ganzkörper)
- Duschwagen

Diese Pflegehilfsmittel werden zur Erleichterung der Pflege eingesetzt, ermöglichen teilweise auch eine selbstständigere Lebensführung.

Saugende Bettschutzeinlagen sind geeignet zum Schutz von Matratzen und Bettbezügen, sie sind keine Inkontinenzhilfsmittel.

Pflegehilfsmittel zur selbstständigeren Lebensführung
- Hausnotrufsysteme: Sie geben dem Pflegebedürftigen die erforderliche Sicherheit, unterstützen ihn in seiner Selbstständigkeit, Teilhabe und der Fähigkeit zur Selbstpflege.

Im Rahmen der Versorgung nach dem SGB XI müssen folgende Voraussetzungen gegeben sein:
- Der Pflegebedürftige muss vollständig oder überwiegend allein leben.
- Er muss außerstande sein, mit einem handelsüblichen Telefon umzugehen, z. B. Mobiltelefon mit der Möglichkeit, wichtige Nummern zu programmieren.
- Es muss krankheitsbedingt die Notwendigkeit sofortiger Hilfeleistung bestehen, z. B. wegen eines Anfallleidens oder einer hochgradigen Sturzgefährdung.
- Der Klient muss geistig in der Lage sein, das Gerät zweckentsprechend zu nutzen.

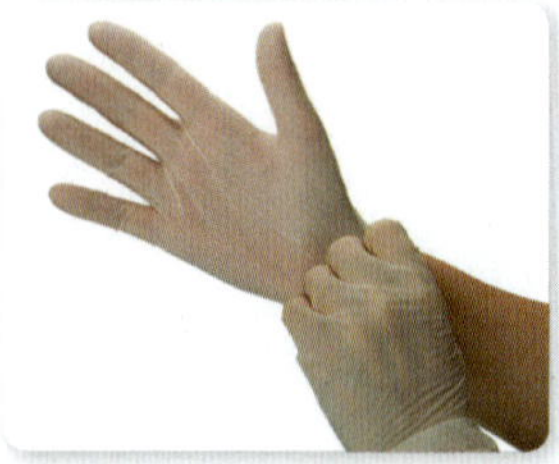
Abb. 1 Einmalhandschuhe

Pflegehilfsmittel zur Linderung von Beschwerden
Lagerungsrollen: Diese Pflegehilfsmittel werden vor allem bei **dauerhafter Immobilität** und damit verbundener **Bettlägerigkeit** angewendet. Sie lindern lagebedingte Verspannungen, dienen der Stabilisierung von Liegepositionen und werden daher insbesondere im Rahmen der **Dekubitusprophylaxe** eingesetzt (▸ **s. Modul 2, Kap. II.2.2.1**).

Zum Verbrauch bestimmte Pflegehilfsmittel
- Saugende Bettschutzeinlagen zum Einmalgebrauch
- Schutzkleidung, z. B. Fingerlinge, Einmalhandschuhe, Mundschutz, Schutzschürzen
- Desinfektionsmittel

Zum Verbrauch bestimmte Pflegehilfsmittel kommen immer dann zum Einsatz, wenn sich aus hygienischen Gründen oder wegen der Besonderheiten des Materials eine **Wiederverwendung verbietet**. So sind im Falle einer Inkontinenz zunächst waschbare Bettschutzeinlagen vorzusehen.

In diesem Bereich kommt es häufig zu einer **finanziellen Belastung der Pflegebedürftigen**, da der Gesetzgeber den Anspruch eingeschränkt hat:

> „Die Aufwendungen der Pflegekassen für zum Verbrauch bestimmte Hilfsmittel dürfen monatlich den Betrag von 31 Euro nicht übersteigen." (§ 40 (2) SGB XI)

Aufgaben

1. Was ist der Unterschied zwischen Hilfsmitteln und allgemeinen Gebrauchsgegenständen?
2. Unter welchen Voraussetzungen ist eine Versorgung mit Inkontinenzhilfsmitteln möglich?
3. Was ist im Hilfsmittelverzeichnis geregelt?

11.5 Unterstützung bei der Haushaltsführung und -hygiene

Abb. 1 Das Säubern der eigenen Räume gehört dazu

Aufgaben der Haushaltsführung haben einen direkten Zusammenhang mit anderen heilerzieherischen Aufgaben. Auch hier sind Beobachtung, Anleitung und Hilfestellungen je nach den vorhandenen Ressourcen mit geeigneten Maßnahmen umzusetzen.

Haushaltsführung bedeutet für den Menschen mit Behinderung:

- fähig zu sein, den Alltag selbst zu gestalten,
- unter Anleitung gemeinsam etwas zur Stärkung der sozialen Kompetenz zu tun,
- neues Selbstvertrauen durch das Erreichen selbst gesetzter Ziele zu gewinnen und
- neue Sinneseindrücke aus unterschiedlichsten Bereichen zu erhalten.

Gemeinsames Wirtschaften im Haushalt beinhaltet nicht nur das Erledigen der hauswirtschaftlichen Aufgaben, sondern hilft auch, Vertrauen zu entwickeln und positive Verhaltensweisen zu festigen:

- durch den selbstverständlichen Bezug zur Lebenssituation,
- durch das Erzielen von Ergebnissen als sofort erlebbare sinnliche Erfahrung,
- durch das Erleben einer helfenden Hand ohne Gefühl der Hilflosigkeit oder Abhängigkeit.

10.5.1 Haushaltsführung

Folgende Tätigkeiten gehören zur Haushaltsführung und fallen in einem Haushalt regelmäßig an:

Reinigung der Wohnung

- Aufräumen
- Müll entsorgen
- Fußbodenpflege
- Möbelpflege
- Fensterputzen
- Gardinenpflege

Reinigung des Sanitärbereichs

- Bodenreinigung
- Reinigung von Wasch-, Duschbecken und Badewanne
- Toilettenreinigung
- Versorgung mit Artikeln zur Hygiene und -Körperpflege

Kleidungs- und Wäschepflege

- Waschen
- Bügeln
- Zusammenlegen und Wegordnen
- Reparaturen ausführen

Nahrungszubereitung (▸ s. Kap. 10)

- Einkaufen
- Lagerhaltung
- Kochen
- Reinigung von Küche, Geräten und Werkzeugen

Sonstiges

- Heizen
- Blumenpflege
- Versorgung von Haustieren

Angehörige oder die heilerzieherische Assistenz können die Hilfestellung bei der Haushaltsführung in vielen Fällen nicht oder nicht vollständig übernehmen. In den Gelben Seiten, in Stadtteilzeitungen oder im Internet sind Angebote zur Haushaltsunterstützung auch mit abgestuften Leistungen zu finden. Diese Leistungen müssen allerdings von den Betroffenen in der Regel selbst bezahlt werden. Beispiele:

- Gartenpflege, Schneeräumdienst, Treppenhausreinigung
- Fensterputzen, Bügeln, Teilreinigung der Wohnung oder Komplettreinigung

Wohnung reinigen

Aufräumen

Ordnung schaffen bedeutet, einen besseren Überblick zu behalten. Es kann auch notwendig sein, um Unfallgefahren auszuschalten. Einem Menschen nach dessen Vorstellungen und Bedürfnissen beim Aufräumen zu assistieren, erfordert von der Fachkraft Einfühlungsvermögen, Fingerspitzengefühl und Geduld. Oftmals ist eine einfache Ordnung durch eine Sichtreinigung herzustellen, z. B.:

- alles Herumliegende sortieren und stapeln,
- benutztes Geschirr einsammeln, evtl. spülen,
- Lebensmittelreste entsorgen,
- Schmutzwäsche in entsprechende Behälter geben,
- verwelkte Blumen entfernen,
- auf den Fußboden Heruntergefallenes aufheben.

Ergänzend zum Ordnungschaffen ist manchmal **Staubwischen** notwendig. Hierbei ist zuerst genau zu beobachten, an welcher Stelle sich welche Dinge befinden, denn nach dem Staubwischen muss alles wieder am gleichen Platz stehen. Oftmals helfen Klienten mit. Dies ist für sie eine wunderbare Gelegenheit, anhand der aufgestellten Erinnerungsstücke aus dem eigenen Leben zu erzählen.

- Zum Staubwischen ein nebelfeuchtes Vliestuch mit der Farbe Grün verwenden.
- Für schwer zugängliche Stellen geeignete Düsen des Staubsaugers nehmen.
- In einer geordneten Reihenfolge vorgehen, um nichts zu übersehen.
- Von oben nach unten arbeiten.
- Empfindliche Gegenstände vorsichtig anfassen.

Grundsätzlich gilt es, die Ordnungsgrundsätze der Person zu respektieren. Falls diese es wünscht, kann die Fachkraft eigene Vorschläge für Ordnungssysteme machen, z. B.:

- Kleidung jeweils sortiert nach Hosen, Röcken, Hemden im Schrank aufhängen.
- Bücher im Regal nach den Nachnamen der Autoren in alphabetischer Reihenfolge einstellen.
- Geschirr nach der Häufigkeit des Gebrauchs in den Schrank einräumen: Was häufig gebraucht wird, steht vorn in günstiger Höhe.
- Utensilien nach abgestimmten Gesichtspunkten sortieren und in unterteilte Schubladen oder Schachteln einräumen und diese deutlich beschriften.
- Schriftverkehr alphabetisch nach dem Absender und/oder nach Datum ablegen.

Nichts ohne die Zustimmung des Menschen wegwerfen!

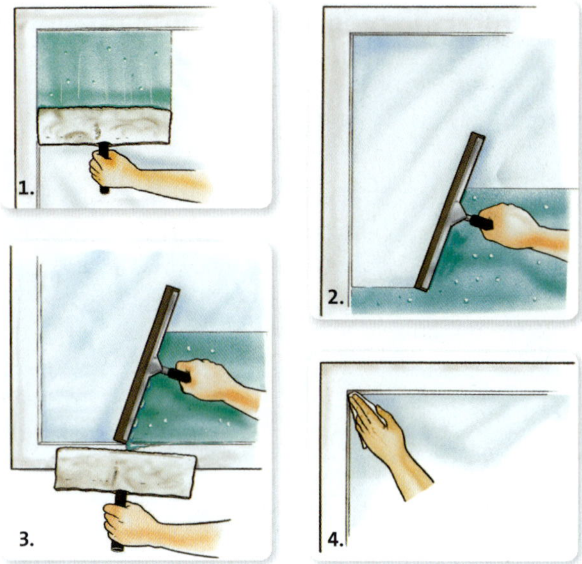

Abb. 1 In dieser Reihenfolge reinigt man Fenster

Fenster reinigen

Als Arbeitsgeräte zur Fensterreinigung sind ein kleiner Eimer, Schwammtuch, Fensterwischer mit Einwaschfell und Abzieher sowie ein Vliestuch notwendig. Die Verschmutzungen an Fensterscheiben hängen von den örtlichen Gegebenheiten und der Jahreszeit ab. Im Allgemeinen sind Glasreiniger wirkungsvolle Reinigungsmittel.

Vorbereiten

- Arbeitsmittel und Glasreiniger bereitstellen.
- Reinigungsmittellösung nach Dosieranweisung herstellen.
- Tritthocker oder Trittleiter bereitstellen.
- Gardinen zur Seite schieben oder abnehmen.
- Fenstersimse freiräumen.

Durchführen

- Rahmen innen feucht mit Schwammtuch abwischen.
- Scheiben innen mit feuchtem Einwaschfell von oben nach unten abreiben.
- Feuchtigkeit auf der Scheibe mit Abzieher entfernen. Diesen quer führen und dabei leicht nach unten drehen, damit das Wasser abfließen kann;
- das Einwaschfell dabei unten am Rahmen halten, um das abfließende Wasser aufzunehmen.
- Bei Bedarf Scheiben mit feuchtem Vliestuch nachtrocknen.
- Fensterbank innen abwischen.
- Fensterrahmen außen feucht mit Schwammtuch abwischen.
- Fensterscheiben außen einwaschen.
- Feuchtigkeit abziehen.
- Fensterscheiben nachtrocknen.
- Fensterbank außen reinigen.
- Kontrolle Reinigungsergebnis.

Aufräumen

- Evtl. Gardinen aufhängen.
- Fensterbänke dekorieren.
- Tücher und Einwaschfell auswaschen, trocknen.
- Eimer und Abzieher reinigen.

Gardinen waschen

Das Waschen von Gardinen stellt für viele Menschen mit Beeinträchtigung, die in ihrer Privatwohnung leben, ein großes Problem dar. Es ist eine der ersten Tätigkeiten, bei deren Ausführung Unterstützung durch andere benötigt wird. Vor dem Abnehmen und Aufhängen der Gardinen schrecken viele zurück, denn dies setzt Trittsicherheit auf Leitern voraus. Das Waschen der Gardinen erfolgt am besten im Zusammenhang mit dem Reinigen von Fenstern. Die Vorbereitungsarbeiten und das Aufräumen gelten für beide Abläufe.

Durchführen

- Gardinen abnehmen, dabei unbedingt eine standfeste Haushaltsleiter verwenden, diese mit geschlossenen Schuhen besteigen.
- Gardinen zum Waschen vorbereiten: Kunststoffröllchen können in den Gardinen bleiben, Metallröllchen und Bleigewichte im Saum entfernen, damit sie keine Rostflecken auf dem Stoff verursachen.
- Gardinen in die Waschmaschine geben. Darauf achten, dass nicht mehr als 12 m^2 Stoff pro Waschgang in die Maschine gegeben werden.
- Sehr staubige Gardinen zuerst mit einem Spülgang vorreinigen, um den Staub zu entfernen.
- Zum Waschen das Programm Feinwäsche wählen und Waschmittel dosieren, für weiße, helle Gardinen Spezialwaschmittel, für farbige Gardinen Colorwaschmittel verwenden.
- Gardinen nur kurz schleudern.
- Nach dem Schleudern sofort aufhängen – bei Bedarf Metallröllchen/Bleigewichte wieder anbringen.
- Gardinen trocknen schnell und hängen sich dabei selbst in Form.

Sanitärbereich reinigen

Vorbereiten

- Hautschutzmaßnahmen durchführen.
- Arbeitsmittel bereitstellen:
  rotes Vliestuch, roter Eimer, gelbes Vliestuch, gelber Padschwamm, gelber Eimer, kleine Folienbeutel.
- Allzweckreiniger und Sanitärreiniger bereitstellen.
- Handschuhe anziehen.
- Reinigungsmittellösung mit Allzweckreiniger herstellen.

Durchführen

- Toilettenbecken mit Reinigungsmittel vorbehandeln, einwirken lassen.
- Abfallbehältnisse leeren, neue Folienbeutel einlegen.
- **Bereich Körperpflege** reinigen: Wandfliesen in Sichthöhe, Spiegel, Ablagen, Handtuchhalter, Trennwände, Griffspuren an Türen mit gelbem Vliestuch feucht abwischen.
- Waschbecken, Dusch- oder Badewanne sowie Armaturen innen und außen mit Padschwamm reinigen, mit Vliestuch nachtrocknen.
- **Bereich Toilette** reinigen: Toilettenpapierhalter, Haltegriffe feucht mit rotem Vliestuch abwischen sowie Toilettensitz Ober- und Unterseite, Wandfliesen im Spritzbereich.
- Toilettenbecken innen mit Toilettenbürste reinigen.
- Beckenrand und Toilettenbecken außen mit Vliestuch abwischen.
- Bürstenbehälter ausleeren und auswischen.
- Reinigungsergebnis kontrollieren.
- Toilettenpapier auffüllen.

Aufräumen

- Reinigungstücher und Schwämme auswaschen.
- Eimer ausspülen und nachtrocknen.
- Reinigungsmittel aufräumen.
- Abschließend Handpflege durchführen.

Im Pflegebereich sind für jede Nasszelle frische Tücher zu verwenden, um Keimverschleppung zu vermeiden.

Kleidung und Wäsche pflegen

Es gibt unterschiedliche Anlässe, mit Kleidung und Wäsche umzugehen. Bei pflegerischen Tätigkeiten ist der sachgerechte Umgang mit Schmutzwäsche notwendig, weil diese oft **infektiös oder infektionsverdächtig** ist. Auch Textilien benötigen Pflege, damit sie möglichst lange erhalten bleiben. Dazu sind sie sorgfältig zu behandeln, richtig zu waschen und zu bügeln und bei Bedarf auszubessern. Als Kriterium für die Qualität einer Einrichtung kann auch die Behandlung der Privatwäsche der Bewohner dienen.

Die **Pflegekennzeichen** geben wichtige Informationen zur Behandlung der Wäsche. Zu jedem der Symbole gibt es weitere Angaben, z. B. genaue Hinweise zu Waschprogrammen und Temperaturen. Richtiges Waschen verhindert Beschädigungen wie Verfärben, Verfilzen oder unerwünschte Knitter.

Umgang mit Schmutzwäsche

Im privaten Bereich erfolgt die **Aufbewahrung der Schmutzwäsche** in luftdurchlässigen Behältern oder Stoffsäcken. Ist genügend Platz vorhanden, kann man mithilfe von Sammelsystemen (▸ **Abb. 2, nächste Seite**) schon eine einfache Sortierung vornehmen. Dabei sollten bereits die Taschen geleert sein.

Beim **Sortieren** der Wäsche sind die **Pflegesymbole** unbedingt zu beachten. Es wird nach Temperatur und Farben sortiert (▶ **Abb. 1**).

Hellfarbige, nicht kochechte Textilien aus Baumwolle, Leinen, Viskose und deren Mischungen, aber auch leicht verschmutzte kochfeste weiße und farbige Wäsche	**Normalprogramm** 60 °C-Wäsche
Dunkelfarbige, nicht kochechte Textilien aus Baumwolle, Leinen, Modal und deren Mischungen	40 °C-Wäsche
Weiße und hellfarbige bügelarme Textilien aus Baumwolle, Leinen, Chemiefasern und Fasermischungen	**Pflegeleichtprogramm** 60 °C-Wäsche
Dunkelfarbige bügelarme Textilien aus Baumwolle, Leinen, Chemiefasern und Fasermischungen	40 °C-Wäsche
Farbige Textilien aus Baumwolle, Chemiefasern und Fasermischungen, die empfindlich sind gegen starke mechanische Einwirkungen	**Schonprogramm**
Waschmaschinenfeste Wolle	30 °C-Wäsche

Abb. 1 Art der Textilien und das zugehörige Waschprogramm

Gleichzeitig mit dem Sortieren einige **vorbereitende Tätigkeiten** erledigen:

- Taschen leeren und evtl. ausbürsten.
- Bettwäsche, bedruckte Shirts nach links wenden.
- Reißverschlüsse schließen.
- Stark verschmutzte Stellen, etwa an Kragen oder Ärmelbünden, mit Spezialprodukten vorbehandeln.

Zusätzlich kann nach dem **Verschmutzungsgrad** sortiert werden, z. B.:

- gering/leicht: Bluse/Hemd, einen Tag getragen
- normal: Unterwäsche, Bettwäsche, Nachtwäsche
- stark: Tischtücher mit sichtbaren Flecken, Vorbinder zum Essen, Geschirrtücher
- sehr stark: Bettwäsche, durch Kot-Reste verfärbt

In Pflegeeinrichtungen sind die **Hygienevorschriften** zum Aufbewahren der Schmutzwäsche zu beachten, denn beim Einsammeln und Transportieren entstehen hygienische Risiken. Die Schmutzwäsche wird in einem abgetrennten Raum in speziellen Wäschesammlern gelagert (▶ **Abb. 3**). Dies sind spezielle Stoffwickelsäcke, eingehängt in fahrbare Gestelle. Sie werden auf der Station verschlossen und öffnen sich erst beim Waschen in der Maschine. Die gefüllten Wäschesäcke sind in geschlossenen Behältern zu transportieren.

Abb. 2 Sammelsystem für Schmutzwäsche im Privathaushalt

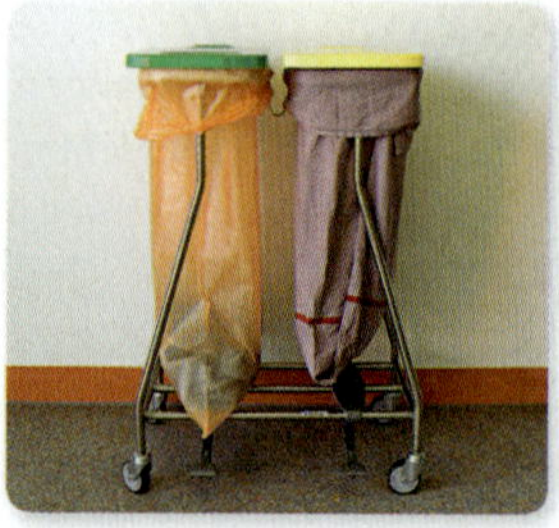

Abb. 3 Aufbewahrung von Schmutzwäsche in Pflegeeinrichtungen

Vor dem Abwerfen der Wäsche unbedingt überprüfen, dass keine Fremdkörper wie Kugelschreiber, Instrumente, Spritzenkanülen, Papiertaschentücher, Armbanduhren u. a. darin sind. Grobe Kot-Reste sind ebenfalls zu entfernen. In vielen Pflegeeinrichtungen gilt:

- Infektiöse Wäsche kommt in Säcke mit roter Kennzeichnung. Sie wird direkt im Bewohnerzimmer in die Wäschesäcke gegeben. Der Wäschesack wird fest verschlossen und von dort direkt in die Wäscherei transportiert.
- Infektionsverdächtige Wäsche wird nach Waschtemperaturen sortiert und im Raum für Schmutzwäsche in die farblich gekennzeichneten Wäschesammler gegeben.

Die meisten Waschmaschinen haben 4 Grundarten von **Waschprogrammen** zur Auswahl. Die Unterschiede zwischen den Waschprogrammen bestehen neben den Waschtemperaturen in der mechanischen Wirkung:

- Füllmenge an trockener Wäsche zwischen 4,5 kg und 1 kg und davon abhängiger Wasserstand
- unterschiedlich häufige und starke Trommelbewegungen
- Schleuderprogramme zum Entwässern dauern unterschiedlich lang und erfolgen mit verschieden hohen Umdrehungen der Waschtrommel

Für umweltbewussten Wasser- und Stromverbrauch gilt:
Die für ein Waschprogramm empfohlene Füllmenge ausnutzen. Dafür das Gewicht der Wäschestücke abschätzen oder aus einer Tabelle entnehmen und beim Beladen der Waschmaschine mitrechnen. Normal 4,5–6,0 kg, Pflegeleicht 2,5–3,0 kg und Feinwäsche 1,0–1,5 kg

Soweit keine hygienischen Vorgaben zu beachten sind, bei möglichst niedrigen Temperaturen unterhalb von 60° waschen und durch Wählen einer Zusatzfunktion die Waschzeit verlängern. Das Aufheizen benötigt sehr viel mehr Energie, als die Bewegung der Waschtrommel.

GINETEX GERMANY

WASCHEN

Normalwaschgang (95)	Normalwaschgang (60)	Schonwaschgang (60)
Normalwaschgang (40)	Schonwaschgang (40)	Spezialschonwaschgang (40)
Normalwaschgang (30)	Schonwaschgang (30)	Spezialschonwaschgang (30)
Handwäsche maximale Temperatur 40 °C	Nicht Waschen	Die Zahlen im Waschbottich zeigen die maximal zulässige Waschtemperatur in °C an. *

BLEICHEN

Chlor- oder Sauerstoffbleiche erlaubt	Nur Sauerstoffbleiche (keine Chlorbleiche) erlaubt	Nicht Bleichen

TROCKNEN

Trocknen im Tumbler möglich, normale Temperatur, 80 °C normaler Trocknungsprozess	Trocknen im Tumbler möglich, niedrige Temperatur, 60 °C normaler Trocknungsprozess	Nicht im Wäschetrockner/ Tumbler trocknen
Trocknen auf der Wäscheleine	Trocknen aus dem tropfnassen Zustand	Liegend trocknen
Liegend trocknen aus dem tropfnassen Zustand	Trocknen auf der Wäscheleine im Schatten	Trocknen aus dem tropfnassen Zustand im Schatten
Liegend trocknen im Schatten	Liegend trocknen aus dem tropfnassen Zustand im Schatten	Die Punkte kennzeichnen die Trocknungsstufe des Tumblers. Die Striche kennzeichnen Art und Ort des Trocknens.

BÜGELN

Bügeln mit einer Höchsttemperatur der Bügeleisensohle von 200 °C	Bügeln mit einer Höchsttemperatur der Bügeleisensohle von 150 °C	Die Punkte kennzeichnen die Temperaturstufe des Bügeleisens.
Bügeln mit einer Höchsttemperatur der Bügeleisensohle von 110 °C *	Nicht Bügeln	* Vorsicht beim Dampfbügeln

PROFESSIONELLE TEXTILPFLEGE

Professionelle Trockenreinigung, normaler Prozess (P)	Professionelle Trockenreinigung, schonender Prozess (P)	Professionelle Trockenreinigung, normaler Prozess (F)
Professionelle Trockenreinigung, schonender Prozess (F)	Nicht Trockenreinigen	Die Buchstaben im Kreis kennzeichnen die Lösemittel (P, F) die in der Trockenreinigung angewendet werden oder die Nassreinigung (W). *
Professionelle Nassreinigung, normaler Prozess (W)	Professionelle Nassreinigung, schonender Prozess (W)	
Professionelle Nassreinigung, besonders schonender Prozess (W)	Nicht Nassreinigen	

* Generell: Der Strich unter dem Symbol kennzeichnet eine mildere Behandlung (z.B. Schongang für Pflegeleichtartikel). Der doppelte Strich kennzeichnet Pflegestufen mit besonders schonender Behandlung.

Abb. 1 Internationale Textilpflegesymbole. Die Programme der Waschmaschinen sind auf die Pflegekennzeichen abgestimmt

Waschmaschine bedienen

Vorbereitung:

Wäscheteile vorbereiten.

Waschmittel und Wäschekorb bereitstellen.

Befüllen der Maschine:

Waschautomat einschalten (1).

Wäsche auseinandergefaltet und locker in die Waschmaschine füllen.

Füllmenge für das jeweilige Waschprogramm beachten, Tür schließen (2).

Programm wählen (3).

Waschmittel dosieren und einfüllen, evtl. Nachbehandlungsmittel einfüllen (4).

Wasserzulauf aufdrehen (5).

Programm starten (6).

Nach Programmablauf:

Programmwähler auf „Stopp".

Tür öffnen.

Wäsche in Wäschekorb umfüllen.

Trommel auf verbliebene Wäsche kontrollieren.

Dichtungsring auf Fremdkörper überprüfen.

Waschautomat ausschalten.

Wasserzulauf schließen.

Abb. 1 In dieser Reihenfolge bedient man die Waschmaschine

Waschmittel auswählen und dosieren. Das Angebot an Waschmitteln ist sehr vielfältig. Es gibt **Voll-, Color-, Feinwasch- und Spezialwaschmittel**, die sich in ihren Inhaltsstoffen unterscheiden.

Wichtige Gesichtspunkte für die Auswahl des Waschmittels sind die textilen Materialien, das Waschprogramm, die Waschtemperatur und die Verschmutzungsart.

- Hellfarbene Textilien aus Baumwolle oder Fasermischungen benötigen ein Vollwaschmittel mit Bleichmittel.
- Für farbige Kleidungsstücke ist ein Colorwaschmittel ohne Bleichmittel besser geeignet, damit die Farben erhalten bleiben.
- Textilien aus Wolle und Seide benötigen ein Feinwaschmittel ohne Enzyme.
- Weiße Textilien aus Synthetik wie Gardinen benötigen ein Spezialwaschmittel mit hohem Anteil an optischen Aufhellern.

Waschmittel gibt es in ganz unterschiedlichen **Formen**: Pulver, Granulat, flüssig, Tabs, mit oder ohne Duftstoffe. Im Hinblick auf einen sparsamen Waschmittelverbrauch ist es günstig, Mittel zu wählen, die wie Pulver oder Gel abgestimmt auf den Verschmutzungsgrad **dosierbar** sind.

Wäsche an der Luft trocknen. Nach dem Entnehmen der Wäsche aus der Waschmaschine erfolgt ein kurzer Sortiergang. Alle gleichartigen Teile zusammenlegen, damit in allen weiteren Bearbeitungsschritten rationell gearbeitet werden kann. Wäscheleinen im Freien vor der Benutzung abwischen. Alle gleichen Teile nebeneinander aufhängen, ohne dass sie den Boden berühren. Je weniger sich die Wäscheteile beim Trocknen verziehen oder verknittern, desto schneller sind sie gebügelt oder gelegt. An der Wäschespinne innen die kleinen Teile aufhängen und außen die großen:

- Glatte Teile mit Überschlag über die Leine hängen.
- Hosen und Röcke am Bund aufhängen.
- Hemden und Blusen am Saum anklammern, dabei Knopfleisten übereinanderlegen. Kragen hochstellen, oder auf Kleiderbügeln aufhängen.
- Sehr elastische Textilien wie handgestrickte Wollpullover zum Trocknen auf einem Wäscheständer flach ausbreiten, damit die Stangen oder Leinen des Wäscheständers nicht durchdrücken, ein großes Frottiertuch unter den Pullover legen.

Ist die Wäsche trocken, die Teile einzeln abnehmen und so in den Wäschekorb legen, dass keine Knitter entstehen.

Wäsche maschinell trocknen. Mit einem elektrischen Wäschetrockner geht das Trocknen wesentlich schneller. Die Geräte verbrauchen jedoch viel Strom. Manche Wäschestücke werden beim maschinellen Trocknen besonders flauschig und erhalten einen weichen Griff. Die Wäsche kann direkt aus der Waschmaschine in den Trockner gegeben werden. Die Programme sind ähnlich eingeteilt wie an den Waschmaschinen.

Für Textilien, die gebügelt werden, das Trockenprogramm „**bügeltrocken**" wählen und unmittelbar nach Programmende bügeln. Durch die Restfeuchte im Gewebe lassen sich die Teile leichter bügeln.

Nach dem Trocknen die Wäsche in „**Legewäsche**" und „**Bügelwäsche**" sortieren. Fast alle Maschenwaren, also Unterwäsche, Sportkleidung, Jersey-Bettwäsche, Pullover, Socken, Strümpfe und Frottierwaren, können ungebügelt zusammengelegt werden. Polohemden und T-Shirts werden bei Bedarf gebügelt. Oberbekleidung, Tisch- und Bettwäsche aus gewebten Stoffen sind zu bügeln.

Oberbekleidung bügeln

- Vor dem Bügeln die Wäsche vorbereiten:
- Säume und Kanten glatt streichen.
- Verzogene Teile in Form ziehen.
- Alle gleichen Teile ordentlich aufeinanderstapeln.
- Bei Bedarf Kleidungsstücke wenden, um diese entweder auf der rechten oder linken Stoffseite zu bügeln.

Bügelarbeiten benötigen Geduld und Sorgfalt. Je langsamer die Bügelbewegungen ausgeführt werden, desto wirksamer sind sie. Beim doppelseitigen Bügeln erst auf der linken, dann auf der rechten Seite bügeln.

Bügeln eines T-Shirts. Beim Bügeln von Kleidungsstücken mit Ärmeln und Kragen ist ein überlegtes Vorgehen wichtig, damit bereits gebügelte Teile nicht wieder knittrig werden. Man beginnt bei den Ärmeln, dann folgen Kragen und Blenden, zuletzt die Vorder- und Rückenteile. Die Arbeitsfläche des Bügelbretts bestmöglich ausnutzen (▸ **Abb. 1**).

- T-Shirt in die Mitte des Bretts legen.
- Ärmel rechts und links ausstreifen.
- Ärmel bügeln.
- Vorderteil, soweit es aufliegt, bügeln.
- T-Shirt über das Bügelbrett ziehen.
- Körper rundherum bügeln.

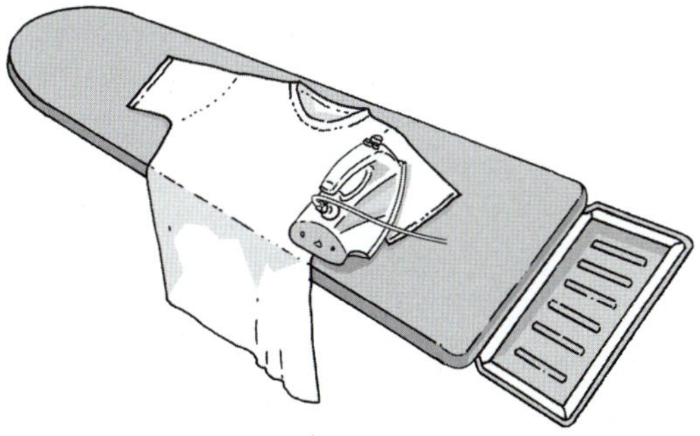

Abb. 1 So bügelt man ein T-Shirt

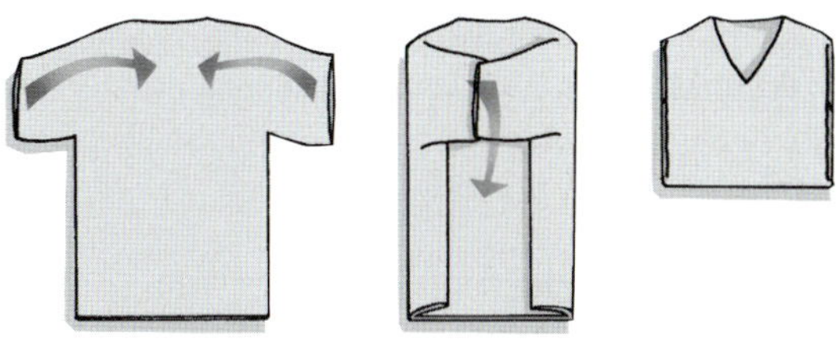

Abb. 2 Längsfaltung eines T-Shirts: T-Shirt mit der Vorderseite auf die Arbeitsfläche legen, Vorderseite mit Ärmeln gleichmäßig umschlagen, Ärmel exakt auf Umschlag legen. **Querfaltung**: je nach Größe des Shirts 1- bis 2-mal nach oben hin umschlagen

Wäsche legen. Beim Legen werden die Textilien gefaltet und auf eine Größe gebracht, damit sie im Schrank ordentlich und übersichtlich aufeinanderliegen. Die Größe hängt von der Größe der Schrankfächer ab.

- Erst in Längsrichtung, dann in Querrichtung legen (▸ **Abb. 2**).
- Gleichartige Wäschestücke müssen das gleiche Endformat erhalten. Damit keine unnötigen Brüche an der Wäsche entstehen, sollte nur so viel wie notwendig gefaltet werden.
- Bei jeder Faltung mit einer Hand im Umbruch die Stofflagen glatt streichen, damit es keine unerwünschten Falten gibt.

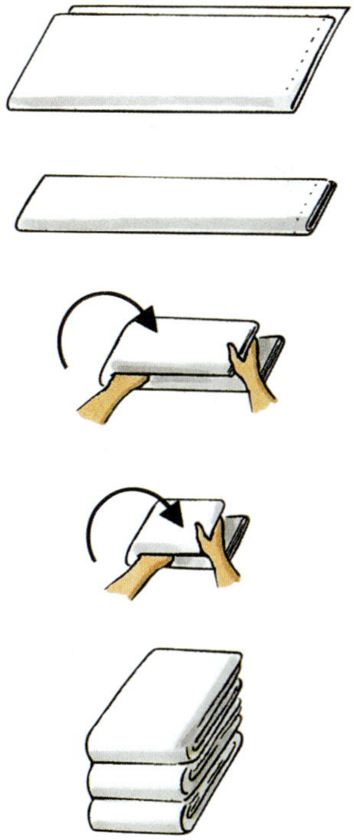

Abb. 3 Legen von Wäsche

Einräumen in den Schrank. Beim Einräumen in Transportwagen oder Schränke die Wäschestücke bündig aufeinanderlegen, die Bruchkanten nach vorne. So können die Stücke einzeln entnommen werden und der Schrank ist übersichtlich eingeräumt.

Reinigung der Küche

Aus hygienischen Gründen ergeben sich regelmäßig anfallende Reinigungsarbeiten vor allem dort, wo Lebensmittel aufbewahrt und verarbeitet werden. Sauberes Arbeiten während der Nahrungszubereitung lässt viele Verschmutzungen erst gar nicht entstehen und erspart Reinigungsarbeiten.

Arbeitsflächen nach jeder Benutzung abwischen, ebenso frische Verschmutzungen und Griffspuren an Schranktüren und Schubladen. Hierfür Allzweckreiniger, weiche Padschwämme und Vliestücher in grüner Farbe verwenden.

Kochmulden und fest haftende Verschmutzungen auf Glaskeramikfeldern mit Glashobel oder Spezialreinigungsmittel entfernen. Herdplatten mit Scheuermilch oder Schwamm mit grüner Padauflage reinigen.

Backofen feucht auswischen, bei Bedarf Innenraum nach Empfehlungen der Hersteller reinigen. Verkrustungen zuerst mit feuchtem Schwamm anweichen, dann entfernen. Fronten und Schalter mit Allzweckreiniger reinigen.

Kühlgeräte einmal wöchentlich reinigen, denn dort werden leicht verderbliche Lebensmittel aufbewahrt. Dieses Vorgehen kann auf die Reinigung von Schränken übertragen werden. Zur Küchenreinigung gehört auch das Wischen des Fußbodens.

Kühlschrank reinigen

Vorbereiten

- Kleinen Eimer, grünes Vliestuch, Allzweckreiniger oder Essigreiniger bereitstellen.
- Reinigungsmittellösung herstellen.
- Teewagen bereitstellen oder Abstellfläche frei räumen.
- Kühlgerät ausschalten.

Lebensmittel ausräumen, kontrollieren, auf Abstellfläche fächerweise abstellen.

Durchführen

- Einlegeböden, Einsätze und Schubladen herausnehmen, reinigen, auf Abstellfläche ablegen.
- Innenraum von oben nach unten feucht auswischen, nachtrocknen.
- Tür und Dichtungsring reinigen.
- Außenflächen reinigen.
- Lüftungsgitter entstauben.
- Reinigungsergebnis kontrollieren.

Aufräumen

- Einlegeböden, Einsätze und Schubladen einsetzen.
- Lebensmittel einräumen.
- Gerät anschalten, auf höchster Stufe kühlen bis Temperatur erreicht ist, dann zurückstellen, nach gewisser Zeit Temperatur kontrollieren (4–8 °C).
- Arbeitsfläche oder Teewagen reinigen
- Vliestuch auswaschen, trocknen lassen, Eimer auswischen.
- Arbeitsgeräte wegräumen.

Blumenpflege

Zimmerpflanzen, ob grün oder blühend, verschönern jeden Raum. Sie wirken positiv auf die Behaglichkeit, senken die Lärmbelastung und können teilweise sogar Schadstoffe aus der Luft filtern. Pflanzen reduzieren nachweislich Stress beim Menschen. Das setzt allerdings voraus, dass sie selbst gesund sind und gut gedeihen.

An erster Stelle brauchen Pflanzen einen geeigneten Standort: Viele von ihnen stammen ursprünglich aus tropischen Ländern und bevorzugen daher **einen hellen Platz mit hoher Luftfeuchtigkeit**. Kalte Zugluft und trockene Heizungsluft mögen sie nicht. Zu vermeiden ist auch die pralle Sonne, denn sie kann die Blätter „verbrennen". Grundsätzlich brauchen Pflanzen **Licht, Wasser, Luft und Nährstoffe**. Sie nehmen Wasser hauptsächlich aus dem Boden auf und erhalten ihre Nährstoffe aus der Erde bzw. dem Pflanzsubstrat und geeignetem Dünger.

Pflanzen pflegen

- Gießen, wenn sich die Erdoberfläche trocken anfühlt. Die Pflanze niemals austrocknen lassen.
- Regelmäßig, aber mäßig gießen.
- Bei heißem Wetter und trockener Luft die Pflanze mit Wasser besprühen, wichtig wenn Blätter trocken und gelb werden, sich einrollen.
- „Nasse Füße" unbedingt vermeiden, sie führen zu Wurzelfäule; überschüssiges Wasser aus dem Übertopf entfernen.
- Ausgeblühte Blüten unterhalb des Blütenkopfes mit einer Schere abschneiden.
- Tote und absterbende Blätter entfernen, das Austrocknen der unteren Blätter ist bei vielen Pflanzen normal.
- Die Blätter gelegentlich mit einem feuchten Schwamm von Staub befreien.
- Auf Schädlinge und Krankheiten achten.
- Ein Gespür für das Lebewesen Pflanze entwickeln

Umtopfen. Von Zeit zu Zeit brauchen Zimmerpflanzen einen größeren Topf. Am besten erfolgt das Umtopfen, bevor das neue Wachstum einsetzt, meist im Frühjahr, sonst können junge Wurzeln und Triebe Schaden nehmen. Faustregel für das Umtopfen ist die Wurzelkontrolle: Zeigen sich seitlich im Topf bereits zahlreiche Wurzeln in der Erde, braucht die Pflanze meist einen größeren Topf. Pflanztöpfe sollten an der Unterseite Löcher besitzen, sodass überschüssiges Wasser ablaufen kann und zwar in einen geeigneten Übertopf oder eine untergestellte Schale.

Düngen. In frischer Erde sind zunächst genug Nährstoffe für das Gedeihen der Pflanze vorhanden. Mit der Zeit müssen diese Stoffe jedoch durch Dünger ersetzt werden. Die einfachsten Zimmerpflanzendünger lassen sich im Gießwasser auflösen. Die Verdünnung pro Liter Wasser ist auf der Verpackung angegeben.
Pflanzen nehmen in der Nacht Sauerstoff auf und atmen Kohlendioxid aus, da das Licht fehlt. Doch der Sauerstoffbedarf von Zimmerpflanzen ist so gering, dass ihr Vorteil für das Raumklima überwiegt. In einem Krankenzimmer sind Topfpflanzen wegen der Erde verboten, denn im Erdreich kommen mögliche Krankheitserreger vor.

Schädlinge. Es ist unansehnlich und das Wachstum leidet, wenn Pflanzen von Schädlingen wie Blatt- oder Schildläusen befallen sind. Je früher der Schädlingsbefall erkannt wird, desto leichter lässt er sich entfernen:

- Pflanzen regelmäßig auf Schädlinge kontrollieren, vor allem die zarten Blätter und Triebe sowie die Blattunterseiten.
- Befallene Pflanze von anderen trennen.
- Schädlingsart herausfinden.
- Schädlinge von Hand mit Tuch, Schwamm oder Wattestäbchen entfernen.
- Pflanze ggf. abduschen.
- Sachkundigen Rat im Fachhandel einholen und befolgen, Schädlinge bekämpfen.

11.5.2 Haushaltshygiene

In Privathaushalten und Einrichtungen ist **eine normale Reinigung mit üblichen Reinigungsmitteln** unter dem Aspekt der Hygiene völlig ausreichend. Lediglich bei Ungezieferbefall oder übertragbaren Krankheiten sind Sondermaßnahmen wie Desinfektion (▸ **s. Modul 2, Kap. II.3**) erforderlich. **Bakterien** und **Keime** finden sich vor allem in Küche, Bad und Toilette. Eine Übertragung erfolgt durch direkten Kontakt oder Aufnahme durch Mund und Nase.

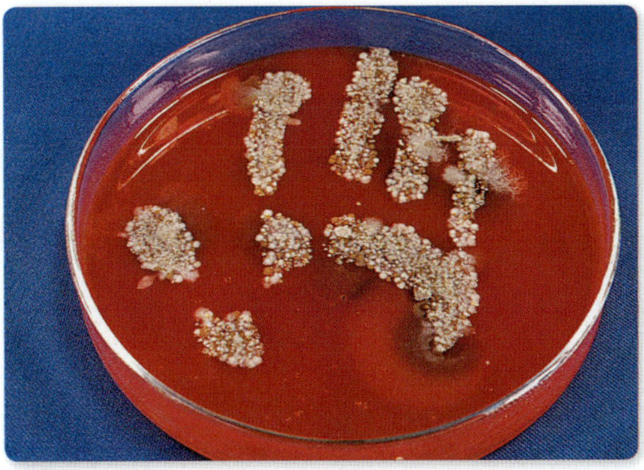

Abb. 1 Bakterienwachstum nach Abklatsch einer Hand

Krankheitserreger werden hauptsächlich durch die Hände übertragen. Deshalb gilt: Händewaschen vor und nach allen Tätigkeiten im Haushalt!

Zum Einsatz von **antibakteriellen Reinigern** hat die Stiftung Warentest (Heft 02/2005) festgestellt:

„Putzmittel mit antibakteriellen Wirkstoffen können banale Infekte auch nicht verhindern. Während einer amerikanischen Langzeitstudie über 42 Wochen gab es in den Haushalten, die mit solchen Mitteln putzten, genauso oft Husten, Schnupfen, Heiserkeit wie in denen, die normale Allzweckreiniger benutzten. Hygienereiniger schaden sogar mehr, als sie nützen. Viele ihrer Wirkstoffe können Allergien auslösen, die Abwehrkraft schädigen und Krankheitskeime resistent gegen Antibiotika machen, warnen Experten. Für ausreichende Sauberkeit reicht normales Putzen völlig aus."

Raum	Mögliche Ursache für Keimbesiedelung
Küche	Verdorbene Lebensmittel (unsachgemäßer Transport, Lagerung) Kontaminierte Lebensmittel (z. B. Tiefkühlgeflügel) Durch Verarbeitung Verschleppung auf Geräte, Arbeitsflächen möglich
Bad	Begünstigung durch hohe Luftfeuchtigkeit und hohe Raumtemperatur Rückstände (Hautschuppen, Haare) als Lebensraum
Toilette	Ausscheidungen

Abb. 2 Bakterien im Haushalt

Bad und Toilette
- Bad und Toilette trocken halten und gründlich reinigen.
- Regelmäßig und ausreichend lüften.
- Handtücher, Waschlappen, Badematten nach Gebrauch zum Trocknen aufhängen und regelmäßig bei 60 °C waschen.

Küche

- Fleisch, Wurst, Eier und Milchprodukte kühl aufbewahren, geeignet transportieren, damit die „Kühlkette" nicht unterbrochen wird.
- Geflügel und Fleisch mit gesonderten Geräten verarbeiten.
- Kühlschranktemperatur bei maximal 7 °C halten.
- Kühlschrank regelmäßig mit Essiglösung reinigen, überlagerte oder verdorbene Lebensmittel umgehend entfernen.
- Essensreste kühl aufbewahren.
- Müll regelmäßig entsorgen.
- Nach dem Kochen alle Geräte und Arbeitsflächen reinigen (Spülmittellauge).
- Handtücher, Wischlappen, Reinigungsschwämme alle 2 bis 3 Tage wechseln und bei 60 °C waschen.

Lebensmittelrecht

Um Erkrankungen zu verhindern, ist die Herstellung von Speisen in Heimen rechtlichen Regelungen unterworfen, die im **Lebensmittel- und Futtermittelgesetzbuch (LFGB)** zusammengefasst sind.

§ 5 Verbote zum Schutz der Gesundheit
(1) Es ist verboten, Lebensmittel für andere derart herzustellen oder zu behandeln, dass ihr Verzehr gesundheitsschädlich im Sinne des Artikels 14 Abs 2 Buchstabe a der Verordnung (EG) Nr. 178/2002 ist ...
(Auszug aus LFGB 2011)

In der **Heimverpflegung** dürfen deshalb z. B. keine rohen Eier (weiches Frühstücksei) oder Speisen mit rohen Eiern (Tiramisu, Weinschaumsoße) angeboten werden. Spiegeleier müssen durchgebraten sein. Fleisch muss durchgaren (Kerntemperatur 70 °C).

Die lebensmittelrechtlichen Grundsätze gelten nur für die **Gemeinschaftsverpflegung**. Von Angehörigen mitgebrachte Speisen fallen nicht hierunter. Allerdings muss sichergestellt sein, dass diese Lebensmittel nicht Teil der Gemeinschaftsverpflegung werden. Nach Feiern müssen die Essensreste von den Besuchern mitgenommen oder vernichtet werden, wenn die Bewohner nicht über eigene Kühlmöglichkeiten verfügen. Auch die Nahrungszubereitung in der **ambulanten Betreuung** ist keine Gemeinschaftsverpflegung. Trotzdem gilt natürlich die Einhaltung allgemeiner **Hygieneregeln**.

Mitarbeiter, die mit der Herstellung von Speisen betraut sind, müssen sowohl im ambulanten als auch im stationären Bereich eine Belehrung nach §§ 42 und 43 Infektionsschutzgesetz erhalten.

Teil II
Gesundheit und Pflege

1 Herz-Kreislauf-System und Gefäßsystem

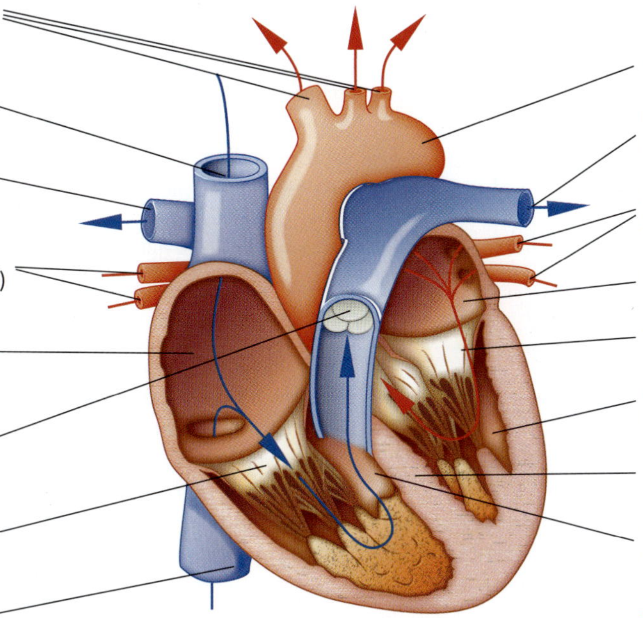

Abb. 1 Herz im Längsschnitt

1.1 Anatomie und Physiologie

1.1.1 Herz

Das Herz ist ein **Hohlmuskel** aus spezialisierten Muskelzellen (▸ **s. Modul 2, Kap. II.1.5**). Die dicke Muskelschicht heißt **Myokard** (myo, gr. Muskel, kardia, gr. Herz). Im Inneren wird das Herz von einer glatten Epithelschicht ausgekleidet, dem **Endokard** (endo, gr. innen). Außen wird das Herz von einer bindegewebigen gedoppelten Haut umschlossen, dem sogenannten Herzbeutel (**Perikard**, peri, gr. um herum). Durch eine kleine Menge Flüssigkeit sind die Schichten gut gegeneinander verschiebbar und ermöglichen so die ungehinderte Arbeit des Herzens.

Durch die Scheidewand wird das Herz in 2 Hälften geteilt. Aus der rechten Herzhälfte gelangt das Blut in den **Lungenkreislauf**, aus der linken Herzhälfte in den **Körperkreislauf**.

Herzkammer. Jede Herzhälfte besteht aus einem dünnwandigen **Vorhof (Atrium)** und einer dickwandigen **Kammer (Ventrikel)**. Die Vorhöfe nehmen das Blut aus den zum Herzen verlaufenden Gefäßen auf. Die Kammern pumpen es in den Kreislauf zurück. In den rechten Vorhof münden die untere und die obere **Hohlvene**. In den linken Vorhof münden je 2 **Lungenvenen** (▸ **Abb. 1**).

Aus den Herzkammern, somit vom Herzen fort, führen die großen Arterien: aus der rechten Herzkammer der Lungenstamm, der sich pro Lungenflügel in eine Unterarterie (A. pulmonalis) aufteilt, die das sauerstoffarme Blut in den Lungenkreislauf leitet, aus der linken Herzkammer die **Hauptschlagader (Aorta)**, die das sauerstoffreiche Blut in den Körperkreislauf leitet.

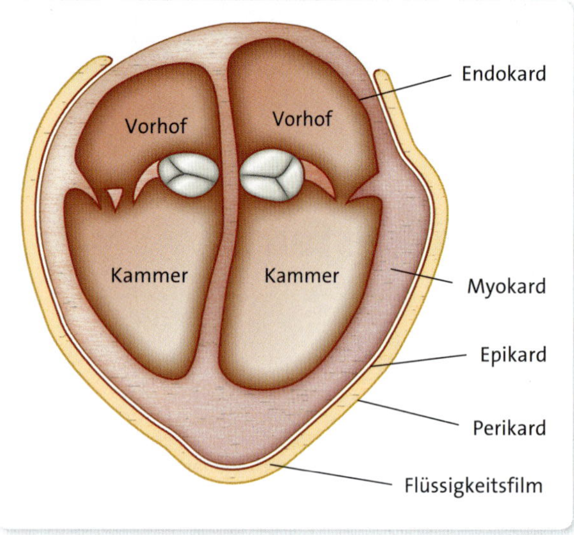

Abb. 1 Herzwand und Herzbeutel

Unabhängig vom Sauerstoffgehalt gilt:
- Venen: Gefäße, die zum Herz führen
- Arterien: Gefäße, die vom Herz wegführen

Systole: Pumpphase der Vorhöfe und Kammern
Diastole: Füllungsphase der Vorhöfe und Kammern

Diastole und Systole. Die beiden Herzkammern ziehen sich gleichzeitig zusammen, um das Blut in die Gefäße zu pumpen. Die Vorhöfe arbeiten ebenfalls gleichzeitig und füllen die Kammern mit Blut. Auf diese Weise wird ein kontinuierlicher Blutstrom erzeugt. Die Anspannungs- und Pumpphase der Vorhöfe und Kammern wird **Systole** genannt, die Entspannungs- und Füllungsphase **Diastole** (▶ **Abb. 2**).

Herzklappen. Damit das gepumpte Blut nicht zurückfließt, befinden sich im Herzen zwischen Vorhöfen und Kammern sogenannte **Segelklappen** sowie zwischen Kammern und Arterien sogenannte **Taschenklappen**, die die Funktion von Ventilen haben. Die Segelklappe der rechten Herzhälfte ist dreizipfelig (**Trikuspidalklappe**), die der linken Herzhälfte zweizipfelig (**Mitralklappe**).

Herzgröße. Der **Herzmuskel** kann durch sportliches Training, aber auch durch krankhafte Überlastung an Masse zunehmen. Dabei vergrößert sich jede einzelne Herzmuskelzelle. Hierdurch kann das Gewicht des Herzens von normal 300 g deutlich ansteigen. Da eine gleichzeitige Zunahme der versorgenden Herzkranzgefäße nicht möglich ist, besteht bei Überschreitung eines Herzgewichts von 500 g die Gefahr einer unzureichenden Sauerstoffversorgung der Herzmuskelfasern. Durch regelmäßiges körperliches Training nimmt die Fähigkeit der Muskelzellen, Energie zu speichern, zu. Deshalb brauchen sie im Verhältnis weniger Sauerstoff als untrainierte Muskeln. Die Herzleistung eines Sportlers verbessert sich also, ohne dass es zu einer kritischen Gewichtszunahme des Herzens kommt.

Erregungsleitungssystem. Für das regelmäßige Schlagen des Herzens ist das **Erregungsleitungssystem** (▶ **Abb. 1 auf der folgenden Seite**) zuständig. Ausgangspunkt sind Ansammlungen von spezialisierten Herzmuskelfasern. In der Vorderwand des rechten Vorhofs liegt der sogenannte **Sinusknoten**. Er sorgt für eine Schlagfolge (**Frequenz**) von etwa 60 bis 80 Schlägen/min. Das heißt, im Normalfall zieht sich das Herz alle 0,8 Sekunden zusammen (75 Schläge in der Minute). Die eigentliche Kontraktion dauert 0,4 Sekunden. Dann erfolgt eine Pause von 0,4 Sekunden, während der für die nächste Kontraktion wieder Energie bereitgestellt wird. Die Erregungsbildung erfolgt automatisch.

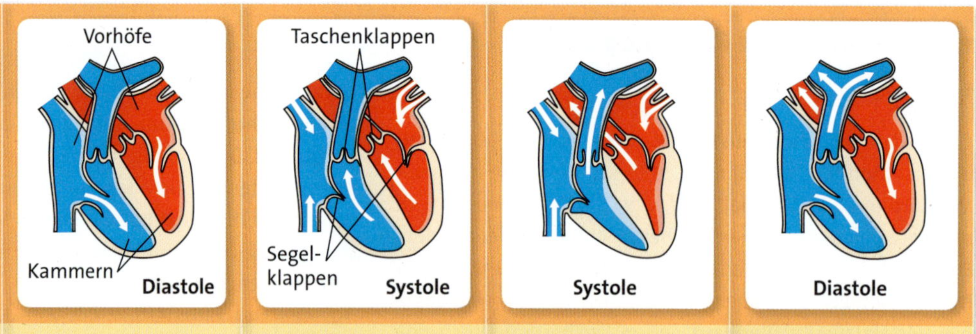

Vorhöfe	kontrahiert	erschlaffen	füllen sich	gefüllt
Segelklappen	voll geöffnet	geschlossen	geschlossen	leicht geöffnet
Kammern	füllen sich	gefüllt	kontrahiert	erschlaffen
Taschenklappen	geschlossen	geschlossen	geöffnet	geschlossen

Abb. 2 Phasen der Arbeit des Herzens (Systole und Diastole beziehen sich auf die Kammern)

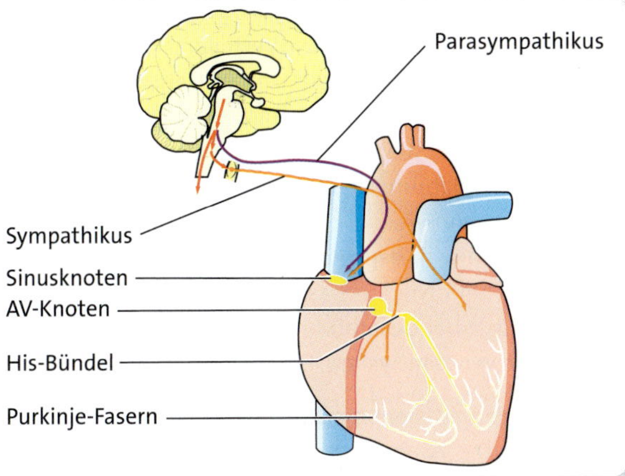

Abb. 1 Erregungsleitungssystem

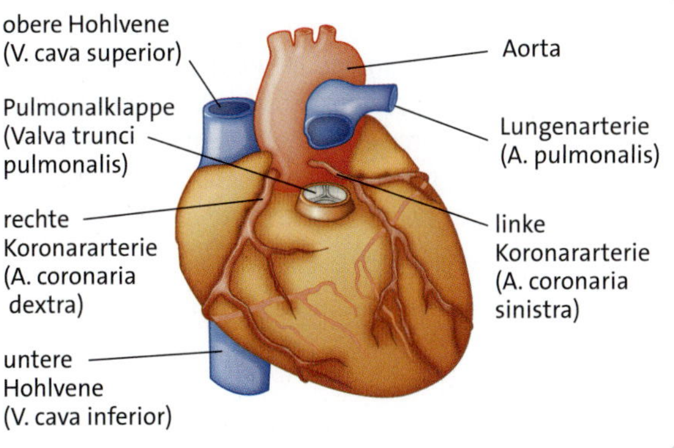

Abb. 2 Herz mit Koronararterien. DieArterien versorgen das Herz mit Nährstoffen und Sauerstoff.

Vom Sinusknoten aus wird die Erregung über die Vorhofmuskulatur zu dem am Boden des Vorhofs liegenden Vorhof-Kammer-Knoten (**AV-Knoten**, **A**trio**v**entrikular**k**noten) weitergeleitet. Auch dieser Knoten kann den Herzschlag auslösen – mit etwa 40 bis 60 Schlägen/min. Er dient somit als Reserve und arbeitet nur, wenn der Sinusknoten ausfällt. Vom AV-Knoten über das **His-Bündel** und die **Purkinje-Fasern** wird nun die Erregung auf die Muskelzellen der Kammern übertragen (▸ **Abb. 1**).

Sympathikus und Parasympathikus. Über das vegetative Nervensystem (▸ **s. Modul 2, Kap. II.4.1.4**) wird eine ständige Anpassung an veränderte Anforderungen vorgenommen. Der **Sympathikus** erhöht die Frequenz und Kraft der Kontraktion. Der **Parasympathikus** senkt die Frequenz bei extremer Reizung sogar bis zum Stillstand. Über diesen Weg wird die Herzleistung nicht nur an unterschiedliche Belastungszustände des Körpers angepasst (Frequenzerhöhung bei körperlicher Arbeit), sondern es kommt auch zu einer Beeinflussung durch die jeweilige psychische Befindlichkeit, z. B. Herzrasen bei Angstzuständen, sehr ruhiger Herzschlag im Schlaf.

Herzminutenvolumen. Das Herz fördert bei jedem Schlag eine bestimmte Menge Blut, das Schlagvolumen – ca. 70 ml. Multipliziert man dies mit der normalen Schlagzahl pro Minute, ergibt sich das **Herzminutenvolumen** mit ca. 5 l. Dies entspricht in etwa der Gesamtblutmenge des Erwachsenen, d. h., die gesamte Blutmenge wird in ca. einer Minute durch den Körper gepumpt.

Koronararterien. Die Blutversorgung des Herzens erfolgt über die **Herzkranzgefäße (Koronarien,** ▸ **Abb. 2)**, die kurz über der Aortenklappe ihren Anfang nehmen und sich kranzförmig um das Herz herumziehen. Die Venen des Herzens münden, in einem Gefäß gesammelt, direkt in den rechten Vorhof.

Durch den hohen Druck in der Muskelwand bei Kontraktion wird das Einströmen des Blutes unterbrochen, das Ausströmen unterstützt.

Dies bedeutet, dass eine Sauerstoffversorgung des Herzmuskels nur in der **Füllungsphase** (**Diastole**) erfolgen kann und dass die Durchblutung des Herzmuskels auch abhängig ist von der **Frequenz**. In Anpassung an Belastungen kann die Durchblutung durch Weitstellung der Herzkranzgefäße auf das 4- bis 6-Fache gesteigert werden.

1.1.2 Kreislauf

Bei der Aktion des Herzens geschieht Folgendes:

- In der **Vorhofdiastole** fließt sauerstoffarmes Blut in den rechten Vorhof. Von hier aus gelangt es in der Vorhofsystole in die rechte Herzkammer.
- In der **Kammersystole** wird das Blut in die großen Lungenarterien befördert. Diese verzweigen sich bis hin zu Arteriolen, die dann in das Kapillarnetz übergehen, das die Alveolen umspannt. Das Blut gibt Kohlendioxid ab und nimmt Sauerstoff auf (▸ **s. Modul 2, Kap. II.1.6**). Die Kapillaren gehen über in Venolen, die sich zu immer größeren Venen zusammenschließen, um dann über die 4 Lungenvenen in den linken Vorhof zu münden.
- In der **Vorhofsystole** fließt das nun sauerstoffreiche Blut in die zurzeit in der Diastole befindliche linke Kammer. Bei der folgenden Kammersystole wird das Blut in die große Körperschlagader gepumpt. Diese verzweigt sich in immer kleiner werdende Arterien bis hin zu Arteriolen, die erneut in ein Kapillarnetz übergehen, sodass alle Gewebezellen erreicht werden. Hier finden die Abgabe von Sauerstoff und die Aufnahme von Kohlendioxid statt.
- Das sauerstoffarme Blut sammelt sich in den Venolen, später Venen, die sich in der unteren und oberen Hohlvene zusammenschließen und das Blut erneut zum rechten Vorhof transportieren. Damit ist dann der Kreislauf geschlossen.

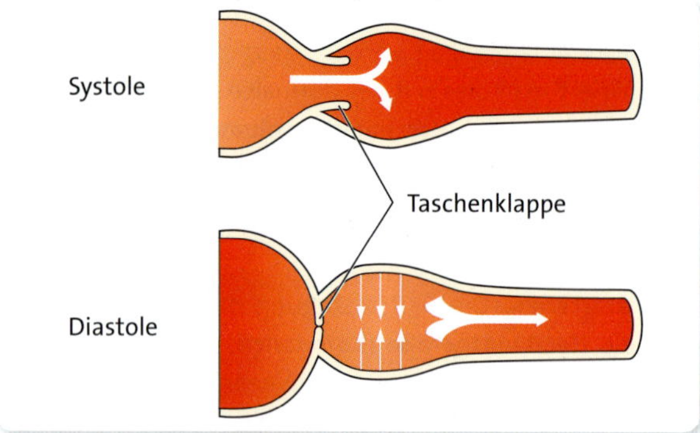

Abb. 1 Verhalten der Aorta bei den Herzaktionen

Arterielles und venöses System. Die Arterien werden nach dem Organ benannt, welches sie versorgen, oder der Region, in der sie liegen. Eine Ausnahme bildet die **Hauptschlagader (Aorta)**. Der Name der Venen entspricht ebenfalls dem Organ sowie der Region. Ausnahmen sind die obere und untere Hohlvene sowie die **Pfortader (V. portae)**.

Die Blutmenge jedes Pumpstoßes wird von der sich weitenden Aorta aufgenommen und durch das elastische Zusammenziehen in der Ruhephase des Herzens kontinuierlich an das Gefäßsystem abgegeben (▶ **Abb. 1**).

Herz und Lunge werden von der gesamten im Körper kreisenden Blutmenge durchströmt. Die Verteilung des Blutes in den übrigen Organen ist abhängig von der Dehnbarkeit der Gefäßabschnitte und dem jeweiligen Bedarf der einzelnen Organe. Zum Beispiel steigert sich die Durchblutung der Bauchorgane nach Nahrungsaufnahme, die Durchblutung der Muskulatur bei Arbeit.

Stabil gehalten wird dagegen die Durchblutung von Gehirn, Rückenmark und Nieren. Das arterielle System enthält jeweils etwa 25 % der Gesamtblutmenge, 75 % befinden sich im druckarmen venösen System.

Eine Besonderheit stellt die **Durchblutung** des **Verdauungssystems** dar. Die Versorgung erfolgt zunächst wie bei den anderen Organsystemen durch Arterien, welche sich aus der Aorta abzweigen. Die Venen müssen hier jedoch die aufgenommenen Bestandteile der Nahrung wie Aminosäuren und Glucose sowie z. B. Medikamente transportieren. Ziel des Transports ist die **Leber**, in der die weitere Verarbeitung erfolgt. Die Venen von Speiseröhre, Magen, Darm, Milz und Bauchspeicheldrüse sammeln sich daher in der sogenannten **Pfortader**, die in die Leber mündet (▶ **Abb. 3**). Erst nach Passage durch die Leber findet das Blut über die Lebervene wieder Anschluss an den Kreislauf.

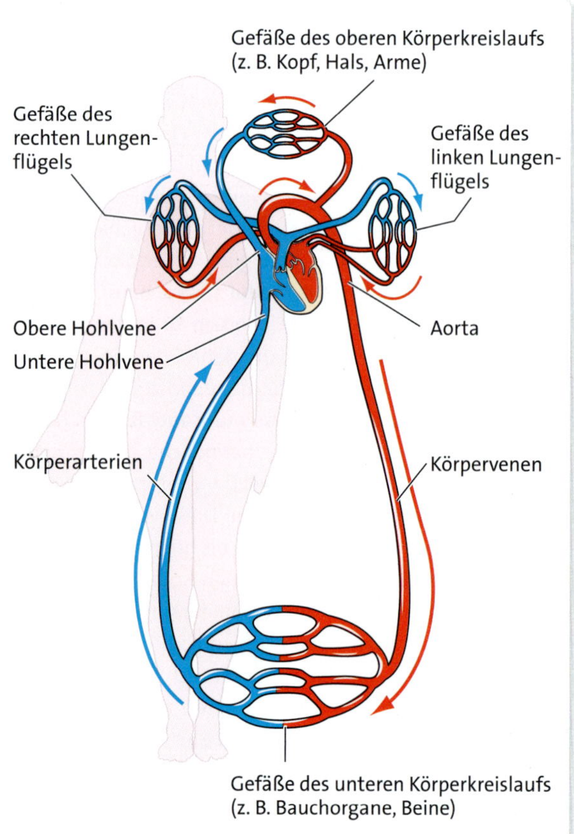

Abb. 2 Körperkreislauf

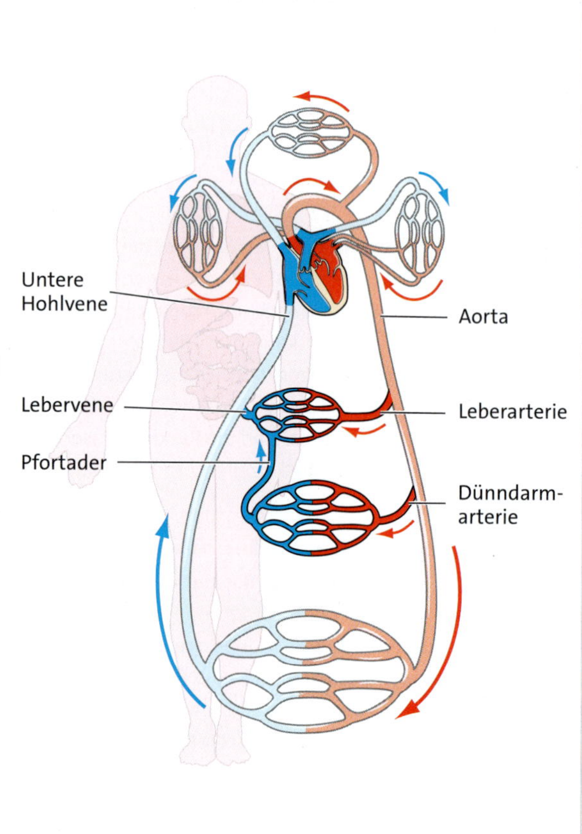

Abb. 3 Pfortadersystem

Puls. Durch die Elastizität der Arterien, insbesondere der Aorta, wird aus den einzelnen Pumpstößen eine fast kontinuierliche Strömung, erhalten bleibt aber eine wellenförmige Bewegung, die als **Puls** (pulsus, lat. stoßen) messbar ist.
Durch Messen des Pulses lassen sich Aussagen über die Kreislauffunktion machen. Er gehört zu den sogenannten **Vitalzeichen** (▶ s. Modul 3, Kap. II.3.1).

Blutdruck. Die ausreichende Versorgung des Gewebes mit Blut setzt voraus, dass dieses mit einem gewissen Druck in das arterielle Gefäßsystem gepumpt wird.

Dieser ist abhängig:
- von der Kraft des Herzmuskels,
- vom Schlagvolumen,
- von der Flüssigkeitsmenge in den Gefäßen,
- vom Gefäßwiderstand (zusammengesetzt aus Weite und Elastizität der Gefäße).

Beeinflusst wird er durch körperliche Tätigkeit und unterschiedliche Substanzen sowie durch psychische Faktoren. Bei Aufregung steigt er insgesamt an, in Ruhe fällt er ab.
Entsprechend der Herzaktion unterscheidet man einen **systolischen** (höchster momentaner Druck) von einem **diastolischen** (niedrigster momentaner Druck) Blutdruckwert.
Der Blutdruck eines jungen Menschen in Ruhe liegt bei 120/80 mmHg. Mit zunehmendem Alter nimmt die Elastizität der Gefäße ab, sodass der Blutdruck im Alter steigt (**Messen des Blutdrucks** ▶ s. Modul 3, Kap. II.3.2).

1.1.3 Blut

Die Gesamtmenge des Blutes in den Blutgefäßen beträgt rund 8 % des Körpergewichts. Eine 70 kg schwere Person besitzt demnach ungefähr 5,6 l Blut.

Den prozentualen Anteil der Blutzellen am Gesamtvolumen des Blutes bezeichnet man als **Hämatokritwert**. Er liegt normalerweise bei ca. 45 %. Abweichungen davon deuten auf ein krankhaftes Geschehen hin.

Blutplasma. Blutplasma besteht zu 90 % aus Wasser. Darin gelöst sind verschiedene Eiweiße, Salze und Nährstoffe sowie Abwehrstoffe, z. B. Antikörper und Hormone. Die gelb-rötliche Farbe des Plasmas stammt vom Bilirubin, einem Zerfallprodukt des Blutfarbstoffes (▶ Abb. 1).
7 % des Plasmas bestehen aus **Eiweiß**. Insgesamt sind über 100 verschiedene Eiweißarten vorhanden. Die häufigsten sind Albumine und Globuline.
Den größten Anteil der Bluteiweiße stellen die **Albumine** (albus, lat. weiß), es handelt sich um sogenannte **Transportproteine**. Sie binden Mineralstoffe wie Calcium, Gallen- und einige Fettsäuren, Bilirubin, einige Hormone und Vitamine,

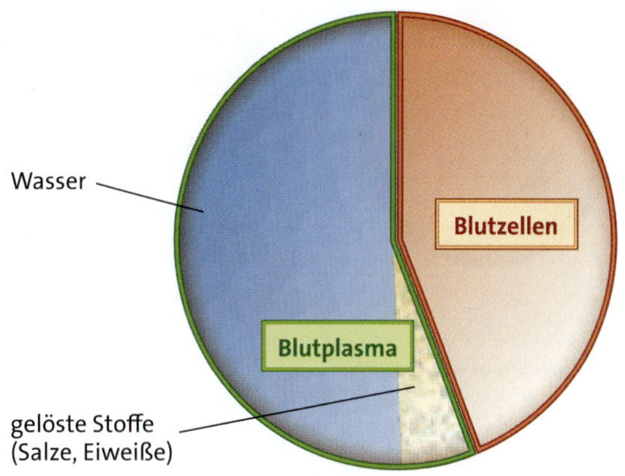

Abb. 1 Blutzellen und Blutplasma

aber auch Medikamente. Durch die Bindung können diese Stoffe im Blut transportiert werden. Zum Beispiel gelangen so die wasserunlöslichen Vitamine A, D, E und K über das Blut zu den einzelnen Geweben. Albumine sind relativ große Moleküle, die in den Kapillaren verbleiben. Sie erhöhen damit den kolloidosmotischen Druck und sorgen dafür, dass Wasser, das im Kapillargebiet in die Zellzwischenräume ausgetreten ist, wieder zurück in das Blutgefäßsystem strömt. Ein Albuminmangel führt also zu Ödemen.
Auch die **Globuline** (globus, lat. Kugel) dienen dem Transport, unter anderem von Cholesterin, Eisen, Vitamin B12 und Hormonen der Nebennierenrinde. Zu den Globulinen zählen auch die Eiweiße, die im Blut die Blutgerinnung bewirken.
Eine wichtige Untergruppe sind die Gamma- oder **Immunglobuline** (immun, lat. unempfänglich). Sie werden auch als **Antikörper** bezeichnet. Sie sind in der Lage, körperfremdes Eiweiß von Krankheitserregern und körpereigenes, verändertes Eiweiß aus Tumorzellen zu binden und unschädlich zu machen.

Feste Blutbestandteile (Blutzellen). Die Bildung aller Blutzellen erfolgt im roten Knochenmark, das die Hohlräume zwischen den Knochenbälkchen (Spongiosa) ausfüllt und z. B. in den platten Knochen, den Wirbelkörpern und den Gelenkenden der Röhrenknochen zu finden ist.

Feste Blutbestandteile sind rote Blutkörperchen (Erythrozyten), weiße Blutkörperchen (Leukozyten) und Blutplättchen (Thrombozyten).

Die **roten Blutkörperchen (Erythrozyten)** machen etwa 95 % aller Blutzellen aus. Sie sind sehr spezielle Zellen, denn während ihrer Entwicklung aus den Stammzellen des roten Knochenmarks verlieren sie ihren Kern und die Organellen. Sie haben die Form eines Drops mit eingedellter Mitte, dies

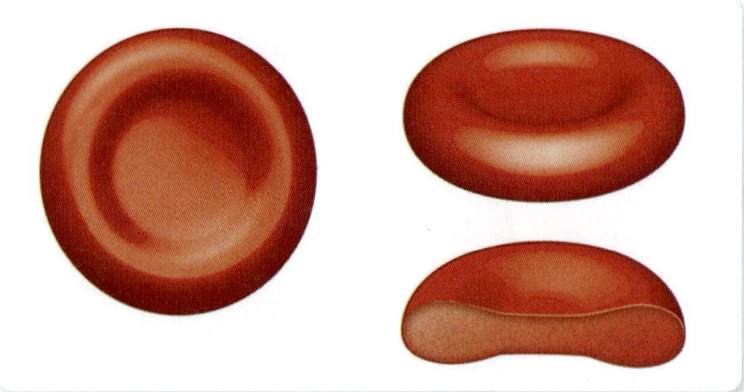

Abb. 1 Rotes Blutkörperchen

macht sie sehr flexibel und lässt das Fortkommen auch in den engsten Kapillaren zu (▸ **Abb. 1**).

Hauptaufgabe der Erythrozyten ist der Sauerstofftransport.

Im Zellinneren der Erythrozyten befindet sich **Blutfarbstoff (Hämoglobin)** in gelöster Form. Mithilfe des in ihm enthaltenen Eisens werden Sauerstoff und Kohlendioxid gebunden und transportiert. Bei einem Mangel an Eisen ist der Hämoglobingehalt der einzelnen Erythrozyten geringer, es kann nicht mehr so viel Sauerstoff transportiert werden.

Sauerstoff wird in den Lungenbläschen gebunden und im Kapillargebiet der Gewebe an die Zellen abgegeben. Der Durchmesser der Kapillaren ist so gering, dass sich die roten Blutkörperchen regelrecht durch die Kapillaren hindurchzwängen müssen. Dabei verändern sie ihre Form, was wiederum die Sauerstoffabgabe erleichtert bzw. die Kohlendioxidaufnahme ermöglicht. Das Kohlendioxid wird mit dem Blut in die Lungenbläschen transportiert und ausgeatmet (▸ **s. Modul 4, Kap. II.4.1**).

Rote Blutkörperchen sind nicht vermehrungsfähig und sterben nach durchschnittlich 120 Tagen. Ihr Abbau erfolgt in der Leber und in der Milz.

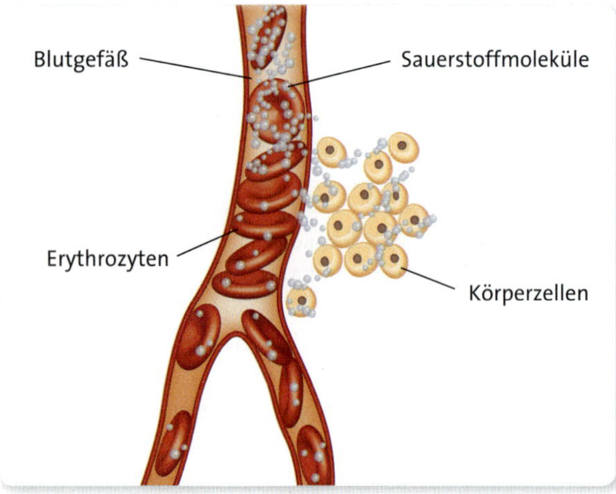

Abb. 2 Erythrozyten im Kapillargebiet geben Sauerstoff ab

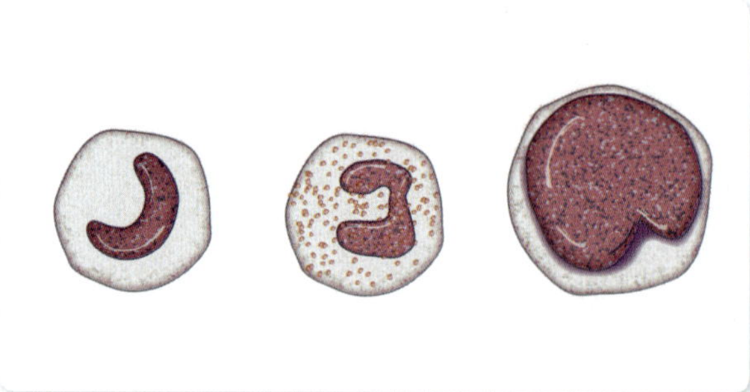

Abb. 3 Weiße Blutkörperchen

Weiße Blutkörperchen (Leukozyten) besitzen keinen Blutfarbstoff (leukos, lat. weiß). Sie stellen ca. 0,4 % der festen Blutbestandteile. Davon befinden sich etwa die Hälfte nicht im Blut, sondern in Geweben oder „ruhen" im Knochenmark. Sie haben eine Lebensdauer von wenigen Stunden bis zu einigen Jahren.

Leukozyten verfügen sowohl über einen Kern als auch über Organellen. Sie können sich wie Amöben (einzellige Lebewesen) bewegen. Mit dieser Fähigkeit verlassen sie auch die Blutgefäße. Dabei geben sie Enzyme ab, welche den Zellverband, in dem sie sich befinden, lockern und so ihr Fortkommen erleichtern. Im Intrazellulärraum können sie Krankheitserreger, Fremdkörper und nicht mehr funktionstüchtige Zellbestandteile auffressen und anschließend auflösen. Diesen Vorgang nennt man **Phagozytose**. Sterben die Leukozyten dabei ab, bilden sie Eiter, wie er in verunreinigten Wunden zu sehen ist.

Hauptaufgabe der Leukozyten ist die Erregerabwehr (▸ s. Modul 2, Kap. II.3.1).

Granulozyten. Fresszellen oder Granulozyten (granula, lat. Körnchen) dienen hauptsächlich der unspezifischen Abwehr. Die Körnchen im Zytoplasma enthalten Enzyme, die die phagozytierten Erreger oder Zellbruchstücke auflösen. Granulozyten sammeln sich an Stellen, an denen Gewebe geschädigt wurde oder es zu einer Infektion kam.

Monozyten. Diese Zellen heißen so, weil sie im Gegensatz zum gelappten und deshalb scheinbar mehrkernigen Zellkern der Granulozyten deutlich erkennbar einen einzigen Zellkern besitzen (mono, lat. allein). Diese Zellen verlassen 20 bis 30 Stunden nach ihrer Entstehung im roten Knochenmark die Blutbahn und bilden sich im Gewebe zu Riesenfresszellen (**Makrophagen**) um. Sie haben die Fähigkeit zur **Phagozytose** (unspezifische Abwehr), sind aber auch an der spezifischen Abwehr beteiligt. So geben sie nach Aufnahme eines Erregers über die Zellmembran Informationen weiter, welche zu einer Vermehrung der Lymphozyten beitragen.

Lymphozyten. Diese Zellform findet sich hauptsächlich in den sogenannten lymphatischen Organen. Sie entstehen vor der Geburt im Knochenmark und z.T. in der Thymusdrüse (liegt im oberen Brustraum, in Herznähe, bildet sich in der Pubertät zurück). In den lymphatischen Organen erfolgt die Vermehrung sowie eine Differenzierung in verschiedene Formen. Zu diesen Organen zählen die Lymphknoten, die Milz, die Rachen- und Gaumenmandeln, der Wurmfortsatz (Appendix) und Ansammlungen von Lymphgewebe im Dünndarm (Peyersche Plaques). Etwa 25% der Lymphozyten sind im Blut unterwegs. Wenn sie auf Krankheitserreger treffen, bilden sie Abwehrstoffe, sogenannte **Antikörper**. Diese können körperfremdes Eiweiß binden und unschädlich machen. Jede Erregerart besitzt eine ihr eigene, spezifische Eiweißstruktur. Deshalb wird von den Lymphozyten für jede Erregerart ein ganz bestimmter Antikörper produziert.

Blutplättchen (Thrombozyten). Thrombozyten sind unregelmäßig geformte kleine Plättchen. Sie enthalten Zellorganellen und Speicher für ein Gewebshormon (Serotonin), allerdings keinen Zellkern. Thrombozyten entstehen durch Abschnürung von im Knochenmark entstehenden Riesenzellen (Megakaryozyten). Ihre Lebensdauer liegt bei 7 Tagen.

Hauptaufgabe der Thrombozyten ist die Blutstillung.

Die Gefäße sind die Transportwege, über die das Blut an die Körperzellen gelangt. Der Mensch hat ein **Blutgefäß- und ein Lymphgefäßsystem**.

1.1.4 Venen und Arterien

Die **Gefäße** transportieren das Blut an die Körperzellen und von dort zurück zum Herz. Unterschieden werden die vom Herz wegführenden **Arterien** von den zum Herz hinführenden **Venen**.

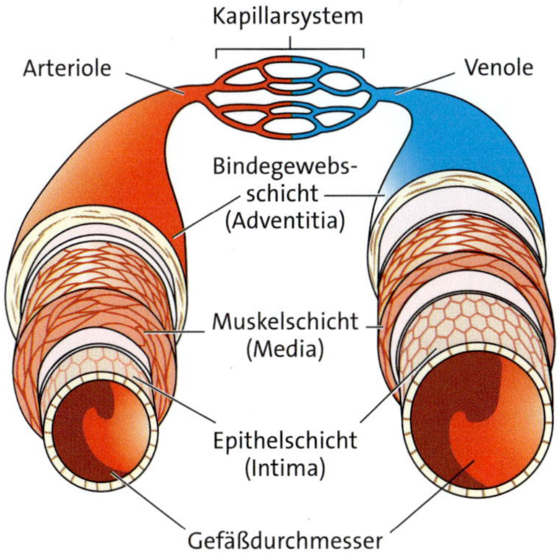

Abb. 1 Schichtenaufbau von Venen und Arterien

Venen und Arterien sammeln und verteilen das Blut im Körper. Die Wand dieser Gefäße besteht aus 3 Schichten (▶ **Abb. 1**).

Die **äußere Schicht** aus Bindegewebe (**Adventitia**) stabilisiert die Form der Gefäße und verbindet sie mit dem umgebenden Gewebe. Die **mittlere Schicht** aus glattem Muskelgewebe (**Media**) ist in den Arterien stark ausgebildet, weil diese Gefäße einem hohen Druck ausgesetzt sind. Sie ermöglicht außerdem eine Anpassung der Weite der Arterien. Je nach Blutbedarf des zu versorgenden Organs müssen sich die Arterien erweitern oder verengen können (z.B. für die Wärmeregulation über die Haut). Gesteuert wird dieser Vorgang durch das vegetative Nervensystem (▶ **s. Modul 2, Kap. II.4**).

Die **innere Schicht** der Gefäße besteht aus einem dünnen Epithelgewebe (**Intima**). Sie ist äußerst glatt, um zu verhindern, dass der Blutstrom gestört wird und sich Gerinnsel bilden.

Die Blutversorgung der Gefäße erfolgt bis zur mittleren Schicht von außen durch winzige Arterien und Venen. Die inneren Schichten werden direkt aus dem strömenden Blut versorgt.

Die **Arterien** zweigen sich vom Herzen kommend in immer kleinere Arterien auf bis zu kleinsten Arterien im Gewebe, den **Arteriolen**. Diese gehen in die Kapillaren über. Die **Kapillaren** sind der Teil des Gefäßsystems, an dem das arterielle in das venöse System übergeht. Die Wand der Kapillaren besteht aus einer zarten einreihigen Zellschicht. Sie bildet Öffnungen, durch die der Austausch von Blutgasen, Nährstoffen und Stoffwechselendprodukten ermöglicht wird (▶ **Abb. 1**).

Nach einer kurzen Strecke vereinigen sich die Kapillaren zu kleinsten **Venolen**. Diese schließen sich zu **Venen** zusammen, die dann in die **Hohlvenen** münden. In den Venen bildet die innere Schicht in kürzeren Abständen halbmondförmige, zum Herzen hin offene **Taschenklappen**, die – einem Ventil gleich – den Rückfluss des Blutes vom Herzen weg verhindern. Sie ermöglichen damit den Bluttransport auch entgegen der Schwerkraft.

Aufgabe

Lassen Sie Ihre Hände eine Weile herabhängen und beobachten Sie das erscheinende Adergeflecht. Tasten Sie die Adern ab. Um welche Art von Gefäßen handelt es sich?

1.1.5 Blutstillung und Blutgerinnung

Zur Verhinderung von Blutverlusten bei Gefäßverletzungen gibt es 2 ineinandergreifende Mechanismen: die Blutstillung und die Blutgerinnung.

Blutstillung. Die Verletzung eines Blutgefäßes führt zunächst zu einer reflektorischen Verengung mit Minderung des Blutaustritts. Durch Schädigung der Gefäßinnenwand werden gleichzeitig Kollagenfasern frei, welche die Blutstillung

auslösen. Zunächst haften sich an die Fasern **Blutplättchen** (**Thrombozyten**) an. Diese werden dabei aktiviert und setzen Stoffe frei, die einerseits die Anheftung weiterer Thrombozyten fördern, andererseits zu einer weiteren Gefäßverengung führen (Serotonin).
Die aktivierten Thrombozyten verändern zusätzlich ihre Form. Sie bilden durch Ausstülpung der Zellmembran kleine Scheinfüßchen (Pseudopodien) aus, mit denen sie sich untereinander verhaken. So entsteht ein Plättchenpfropf, der den Defekt abschließt und damit die Blutung zunächst zum Stillstand bringt.

Blutgerinnung. Der entstandene Pfropf aus Thrombozyten ist allerdings nicht stabil genug, um einen hinreichenden dauerhaften Verschluss zu garantieren. Hier setzt die Blutgerinnung ein, in deren Folge relativ stabile **Eiweißfäden** gebildet werden, die den Thrombozytenpfropf stabilisieren und vor einer frühzeitigen Auflösung schützen. Aus dem **Thrombinpfropf** ist ein **Thrombus** geworden. Durch Einwanderung von Bindegewebszellen kommt es zu einem endgültigen Wundschluss.

Hemmung der Blutgerinnung. Um zu vermeiden, dass durch den Gerinnungsvorgang ganze Gefäßabschnitte verschlossen werden, werden mit Auslösung der Gerinnung auch Hemmstoffe aktiviert, die sicherstellen, dass die Gerinnung nur im Bereich der jeweiligen Wunde stattfindet. Mit speziellen Medikamenten (▸ **s. Modul 4, Kap. II.1.5**) kann in die Gerinnung eingegriffen werden, um Gefäßthrombosen zu verhindern.

1.1.6 Lymphgefäßsystem

Lymphe (lympha, lat. Wasser) entsteht im Kapillargebiet. Ein Teil der Blutflüssigkeit verlässt dort die Blutgefäße und sickert in die Zellzwischenräume der Gewebe. 90 % dieser Gewebsflüssigkeit wird in den venösen Teil der Blutkapillaren rückresorbiert, 10 % sammeln sich in einem besonderen Gefäßsystem, den Lymphgefäßen.
Die **Lymphgefäße** beginnen blind als **Lymphkapillaren**. Ähnlich wie die Venen gehen sie allmählich in immer größer werdende Lymphgefäße über und vereinigen sich schließlich in einem Hauptstamm, dem **Brustmilchgang**. Dieser mündet in den Zusammenfluss von linker Schlüsselbein- und Halsvene. In die gleiche Stelle, allerdings beiderseits, münden auch die Lymphgefäße von Kopf und Hals (▸ **Abb. 1**). Somit hat das Lymphgefäßsystem im Gegensatz zum Blutkreislauf einen Anfang und ein Ende.

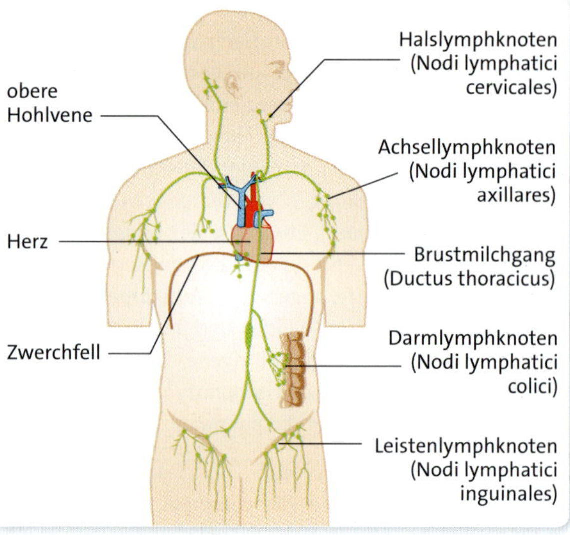

Abb. 1 Lymphgefäßsystem

Die Lymphgefäße weisen ähnlich wie die Venen **Klappen** auf, die dafür sorgen, dass der Lymphstrom immer in die gleiche Richtung fließt. Größere Lymphgefäße kontrahieren sich rhythmisch (ca. 10- bis 12-mal/Minute) und leiten so die Lymphe weiter. Bei kleineren Lymphgefäßen wird der Transport der Lymphe dadurch bewerkstelligt, dass benachbarte, Arterien mit ihren Pulswellen oder benachbarte sich kontrahierende Muskeln auf die Wand der Lymphgefäße drücken.

Das Lymphsystem hat 3 Aufgaben:
- Drainage von Flüssigkeit aus den Zellzwischenräumen,
- Transport von Fetten und
- Abwehr von körperfremden Stoffen.

1.2 Psychosoziale Aspekte

Im 21. Jahrhundert gilt das menschliche Herz in seinem Bau und seiner Funktion als hinlänglich erforscht. Seit 1967 (dem Jahr der ersten Herztransplantation) kann es bei Fehlfunktionen ausgetauscht werden (▸ **s. auch Eingangsbeispiel von Modul 5**, Thomas Gerber). Dennoch nutzen wir im Alltag sprachliche Bilder, die Stimmungen und Emotionen, Gemütsverfassungen und Gefühle in einen Bezug zum Herzen setzen: Etwas ist „herzerwärmend" anzuschauen, es „zerreißt einem das Herz", im Zustand großer Erregung droht gar der „Herzkasper", manchen Menschen fehlt es an „Herzenswärme".

Psychische Erkrankungen wie Depressionen (▸ **s. Modul 3, Kap. III.2.3**), aber auch psychosoziale Faktoren wie fehlende soziale Kontakte oder fehlender emotionaler Rückhalt können zur Entstehung von Herzerkrankungen beitragen.
Schmerzen, z. B. bei einer Angina pectoris oder einem Herzinfarkt, gehen häufig mit einer resignativen Grundstimmung oder einem Vernichtungsgefühl einher. Herzerkrankungen können den Menschen in seinem Kern treffen. Bei der Behandlung und Pflege ist daher in besonderem Maße seine psychische Verfassung zu berücksichtigen.

Das Herz mit seiner zentralen Lage verbindet die Funktion aller Organe miteinander. So verzweigt sich das Gefäßsystem vom Herzen durch den gesamten Organismus. Veränderungen der Arterien und ihre Folgen machen sich erst bemerkbar, wenn sie gravierend sind. Der Veränderungsprozess (Gefäßverengung, Ablagerungen) ist schleichend, weder sichtbar noch schmerzhaft. Deshalb fällt es vielen Menschen schwer, frühzeitig Verhaltensveränderungen (Lebensstil, Konsum von Tabak oder Alkohol, Bewegungsarmut, Ernährungsgewohnheiten) im Sinne von Prävention vorzunehmen.

Krampfadern (Varizen) als Veränderung des Gefäßsystems gelten in der heutigen Gesellschaft gemeinhin als äußerlicher Makel. Ihre Träger leiden häufig darunter, die Folge ist ein mangelndes Selbstwertgefühl. Mit der modernen Gefäßchirurgie lassen sich Korrekturen vornehmen.

1.3 Krankheitsbilder

1.3.1 Herzschwäche (Herzinsuffizienz)

Hierunter versteht man die Unfähigkeit des Herzens, die für die Versorgung des Körpers nötige Pumpleistung zu erbringen (insuffizient, lat. unzureichend). Die rechte und die linke Herzhälfte versorgen unterschiedliche Teile des Kreislaufs, sodass ihre Schwächung unterschiedliche Auswirkungen auf den Körper hat. Es ist daher für das Verständnis sinnvoll, **Links- und Rechtsinsuffizienz** getrennt zu betrachten. Da es sich aber um ein Organ und einen Kreislauf handelt, wird die Insuffizienz der einen Hälfte immer eine Beeinträchtigung der anderen nach sich ziehen. Die schwere Insuffizienz des gesamten Herzens wird **Globalinsuffizienz** genannt.
Von Herzschwäche betroffen sind zumeist ältere Menschen.

Ursache sind verschiedene Krankheiten des Gefäßsystems und der Lungen:
- Arteriosklerose
- koronare Herzkrankheit
- Bluthochdruck
- Herzklappenfehler
- chronische Lungenerkrankungen

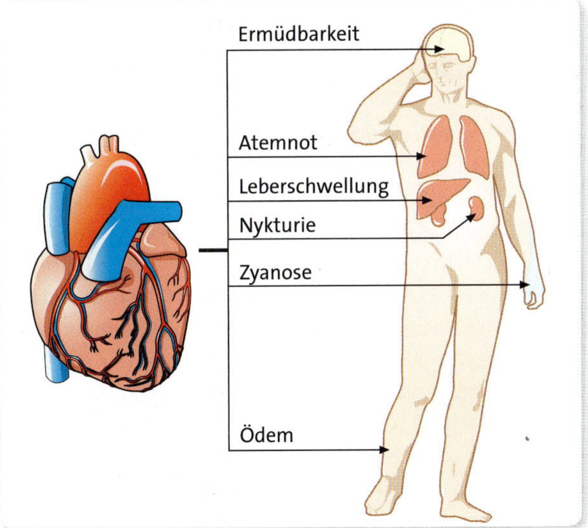

Abb. 1 Folgen der Herzinsuffizienz für die Organe

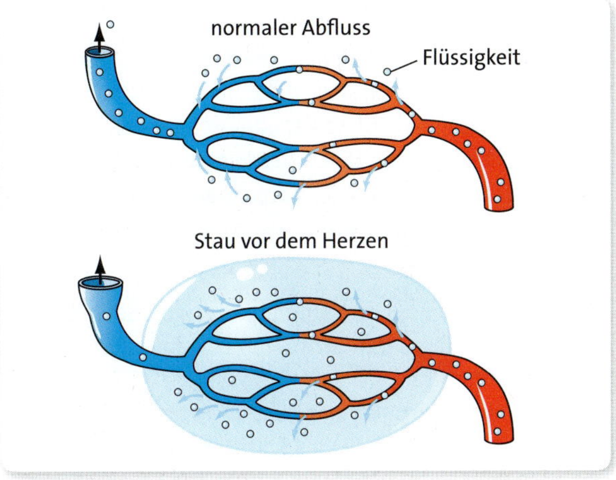

Abb. 2 Ödementstehung

Die Schwäche des Herzmuskels kann entweder durch direkte Schädigung oder durch Überlastung ausgelöst werden. Häufigste Auslöser sind der **Herzinfarkt** und die Störung der Durchblutung des Herzens, die **koronare Herzkrankheit**.

Durch die Herzinsuffizienz kommt es zu **typischen Krankheitszeichen**:
- **Schneller Herzschlag (Tachykardie)**
  Durch die Schwächung des Herzmuskels kommt es zu einer Ausweitung der Herzkammern. Der geschwächte Herzmuskel pumpt weniger Blut in den Kreislauf. Dies versucht das Herz, mit einer Zunahme der Herzfrequenz auszugleichen.
- **Erschwerte Atmung (Dyspnoe)**
  Blutstau im Lungenkreislauf sowie Flüssigkeitsansammlungen in den Lungenbläschen erschweren den Sauerstoffaustausch. Dies versucht der Körper, mit einer Zunahme der Atemfrequenz auszugleichen.
- **Wasseransammlungen im Gewebe (Ödeme)**
  Die Aufnahme des venösen Blutes ist gestört. Dies führt zu einer Stauung im gesamten venösen System vor dem betroffenen Herzteil. Die im arteriellen Abschnitt der Kapillaren filtrierte Flüssigkeit kann im venösen Abschnitt nicht mehr aufgenommen werden und belastet das Gewebe.

- **Nächtliches Wasserlassen (Nykturie)**
  Die aufrechte Haltung über Tag erleichtert die Ausbildung von Wasseransammlungen in den Beinen. Werden die Beine hochgelagert, fließt das Blut leichter zum Herzen zurück und nimmt dieses Wasser mit. Die plötzliche Zunahme der Gesamtflüssigkeitsmenge führt zu erhöhter Urinproduktion mit Harndrang.

Für den an Herzinsuffizienz leidenden Menschen sind das Vermeiden von unnötigen Belastungen, eine angepasste Ernährung und die Kontrolle von Trinkmenge und Ausscheidung wichtige Maßnahmen zur Unterstützung der medikamentösen oder apparativen Behandlung.

Medikamentöse Therapie. Medikamentös stehen 2 Möglichkeiten zur Verfügung. Erstens können durch eine Erhöhung der Kontraktionskraft die Folgen der Herzinsuffizienz für den Körper durch die Vergabe von Digitalispräparaten verringert werden. Zweitens kann durch Verringerung der Blutmenge oder durch Drucksenkung im Körperkreislauf das Herz mithilfe von Diuretika (entwässernde Wirkung) entlastet werden.

In den letzten Jahren werden vermehrt gefäßerweiternde Medikamente eingesetzt. Sie führen ebenfalls zu einer Entlastung des Herzens.
Bei schwerer Herzinsuffizienz besteht neuerdings auch die Möglichkeit des Einsatzes eines **Schrittmachers**, der das Reizleitungssystem des Herzens unterstützt und für ein gleichzeitiges Zusammenziehen der Herzkammern sorgt und damit die Pumpleistung verbessert.

Lungenödem. Bei ausgeprägtem Rückstau in die Lungen und einer massiven Flüssigkeitsansammlung in den Lungenbläschen entsteht das Lungenödem mit
- schwerster Atemnot,
- hörbarem „Brodeln" bei der Atmung,
- blutig schaumigem Auswurf,
- Todesangst (der Kranke sitzt aufrecht, um die Atmung zu erleichtern),
- aschfahler kaltschweißiger Haut,
- bläulich verfärbten Lippen und Fingern.

> Das Lungenödem ist ein lebensbedrohender Notfall, bei dem schnell und zielgerichtet gehandelt werden muss (atemerleichternde Lagerung, Rettungsleitstelle).

1.3.2 Herzrhythmusstörungen

Der Aufbau des Erregungsleitungssystems stellt sicher, dass Vorhof und Kammer nicht gegeneinander arbeiten. Die Erregung erfasst zunächst die Vorhöfe, welche sich zusammenziehen, dann die Kammern, welche pumpen, während die Vorhöfe wieder erschlaffen.

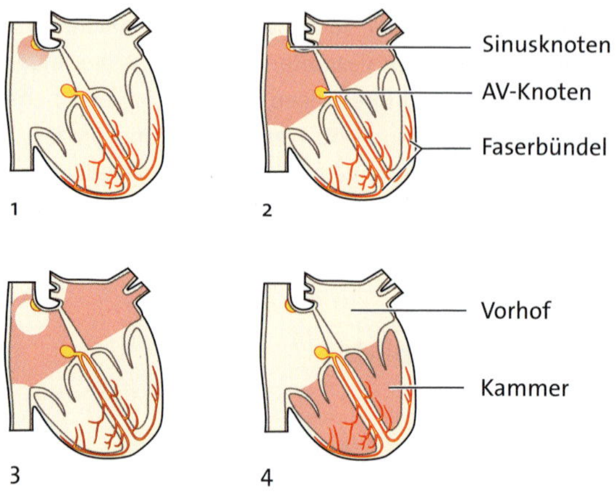

Abb. 1 Ausbreitung der Erregung im Herzen

Krankhafte Veränderungen mit Auswirkungen auf Erregungsbildung oder Erregungsleitung im Herzen stören diese Abfolge. Als Folge kommt es zu zusätzlichen Herzaktionen ohne ausreichende Förderung von Blut, den sogenannten **Extrasystolen**.

Häufige **Gründe** für Herzrhythmusstörungen sind:
- Durchblutungsstörungen bei Arteriosklerose,
- Narben nach Herzinfarkt,
- Erschlaffung des Herzmuskels bei Herzinsuffizienz, aber auch
- Stoffwechselstörungen,
- Medikamente oder auch
- psychosozialer Stress.

Aufschluss über die Art der Störung gibt das **Elektrokardiogramm (EKG)**.

> Extraschläge sind auch bei gesundem Herzen normal. Ihre Zunahme muss aber registriert werden, da sie Vorboten gefährlicher Störungen sein können.

Kommt es zu einer ungeregelten Herzaktion spricht man von **Arrhythmie**.
Das Problem dabei ist die unregelmäßige Füllung der Kammern und damit eine unzureichende Blutmenge pro Schlag. Dies geschieht entweder durch Extraschläge, welche zu schnell auf die Entleerung der Kammern erfolgen, oder durch die fehlende Koordination von Vorhöfen und Kammern, wenn die Aktionen der Vorhöfe nicht mehr abgestimmt sind.
Die fehlende Abstimmung kann zu Verwirbelungen des Blutes im Herzen führen. Es besteht die Gefahr der Thrombenbildung und damit einer arteriellen Embolie (▸ s. Kap. 1.3.12).
Eine spezielle Behandlung erfolgt mit rhythmisierenden Medikamenten.

Zur Vermeidung von Thrombenbildungen und Embolien werden Medikamente zur Herabsetzung der Gerinnungsfähigkeit des Blutes eingesetzt.

Herzschrittmacher

Haben die Rhythmusstörungen erhebliche Auswirkungen auf die Kreislauffunktion, ist ein Schrittmacher erforderlich, um die Herzaktion zu harmonisieren. Dies ist der Fall bei:
- ausgeprägt langsamer Herzschlagfolge (Bradykardie) mit Auswirkung auf die Kreislauffunktion,
- Kombinationen von langsamen und schellen Herzrhythmusstörungen,
- unzureichenden Steigerungen der Herzfrequenz bei Belastung.

Herzschrittmacher werden meist unterhalb des Schlüsselbeins unter die Haut gelegt. Die Verbindung zum Herzen wird durch Elektroden hergestellt, die durch die obere Hohlvene das Herz erreichen und je nach Aufgabenstellung im rechten Vorhof und rechter Kammer verankert werden. Bei Herzschrittmachern zur Behandlung der Herzinsuffizienz führt eine dritte Elektrode zur linken Kammer.
Die Operation selbst findet in örtlicher Betäubung statt und ist in jedem Alter möglich. Der Wechsel des Systems gestaltet sich meist komplikationslos und ist von der Laufzeit der Batterie (ca. 10 Jahre) abhängig.
Der Computer des Herzschrittmachers überwacht den Herzschlag. Der Herzschrittmacher greift nur dann ein, wenn dieser unregelmäßig wird oder unter eine eingestellte Frequenz abfällt (Demand-Schrittmacher, engl. bei Bedarf). Die Überprüfung der Einstellungen, der Funktion sowie des Ladezustands der Batterie kann von außen erfolgen. Hierfür sind regelmäßige Kontrolluntersuchungen beim Kardiologen notwendig. Ein sogenannter Schrittmacherpass enthält alle wichtigen Daten.

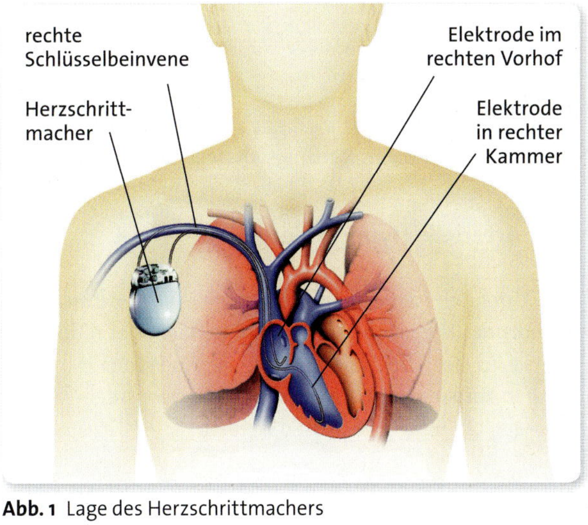

Abb. 1 Lage des Herzschrittmachers

Herzversagen

Die extremste Form der Herzrhythmusstörung ist das Versagen des Herzens. Dies kann in unterschiedlicher Art und Weise auftreten:
- **Kammerflimmern**
  Hierunter versteht man eine völlig ungeordnete Muskeltätigkeit der Herzkammern ohne Förderung von Blut. Das Flimmern kann Folge von Extraschlägen sein oder nach einem Herzinfarkt auftreten.
- **Asystolie**
  Dieser Ausdruck bezeichnet das Aufhören jeder Aktivität des Herzens. Sie tritt auf als Folge einer plötzlichen Reizung des Parasympathikus oder nach dem Verbrauch jeglicher Stoffwechselreserven.

So schnell wie möglich muss die Herz-Lungen-Wiederbelebung eingeleitet werden, um einen Zelluntergang zunächst im Hirn, dann in den anderen Organen zu vermeiden.

1.3.3 Herzklappenfehler

Besonders häufig sind Schädigungen der Klappen der linken Herzhälfte, der **Mitral-** und der **Aortenklappe**. Ursache sind Veränderungen ähnlich der Arteriosklerose, Entzündungen oder Folgen eines Herzinfarkts (▸ **s. unten**).

Besonderheit Trisomie 21

Menschen mit Trisomie 21 haben häufig einen angeborenen Herzfehler, man geht davon aus, dass 40–60 % der Kinder betroffen sind. Zumeist handelt es sich um einen atrioventrikulären Septumdefekt (AV-Kanal) oder um einen Ventrikelseptumdefekt.
Der Ventrikelseptumdefekt zählt zu den häufigsten angeborenen Herzfehlern. Er tritt isoliert auf bzw. in Verbindung mit weiteren Fehlbildungen des Herzens und der großen Arterien. Bei einem Ventrikelseptumdefekt spricht man auch vom Herzkammerscheidewand-Defekt. Der Defekt kann an unterschiedlichen Stellen der Scheidewand zwischen den beiden Herzkammern liegen und besteht darin, dass ein Großteil sauerstoffreichen Blutes aus der Lunge in die linke Vorkammer fließt, dann in die linke Hauptkammer und – defektbedingt – in die rechte Herzkammer. Das zusätzliche Blut wird von der rechten Kammer wieder in die Lunge gepumpt – mit schädlichen Folgen für das Herz und die Lungenschlagadern. Diese zusätzliche Belastung der beiden Herzkammern sowie der vermehrte Blutfluss durch die Lunge führen beim Betroffenen zu beschleunigter Atmung, erhöhter Infektanfälligkeit und einer allgemeinen Gedeihstörung als Ausdruck einer Herzinsuffizienz. Der Defekt kann operativ behoben werden, dies wird heutzutage bereits im Säuglingsalter durchgeführt.
Beim AV-Kanal handelt es sich um einen zentralen Defekt, der sowohl den unteren Anteil der Vorhofscheidewand als

auch den oberen Anteil der Kammerscheidewand betrifft. Dadurch sind der rechte und linke Vorhof von den beiden Kammern durch eine einzige Klappe getrennt. Aufgrund der Kombination eines Kammerscheidewanddefekts und eines Vorhofscheidewanddefekts stehen alle 4 Herzhöhlen miteinander in Verbindung. Die Folgen für den Betroffenen sind Atemschwierigkeiten, Blausuchtanfälle, Erschöpfungszustände und allgemeine Gedeihstörungen. Mittlerweile ist es gängige Praxis, den kompletten AV-Kanal bereits im Säuglingsalter zu operieren.

1.3.4 Störungen der Herzdurchblutung (koronare Herzkrankheit)

Die koronare Herzkrankheit und ihre Folgen stellen die häufigste Todesursache bei den Erkrankungen des Herz-Kreislauf-Systems dar.
Ursache ist in den meisten Fällen eine **Arteriosklerose** der Herzkranzgefäße. Aber auch Gefäßkrämpfe können verantwortlich sein. Der Erkrankte kann unter verschiedenen Störungen leiden:

- akute Koronarinsuffizienz bei Belastung (Angina pectoris)
- akuter Herzinfarkt
- Herzinsuffizienz (▸ **s. Kap. 1.3.1**)
- Herzrhythmusstörungen (▸ **s. Kap. 1.3.2**)

Da die Verengungen der Herzkranzgefäße sich langsam entwickeln, deuten Krankheitszeichen schon auf ein fortgeschrittenes Leiden hin.

Angina pectoris

Die Störung der Durchblutung des Herzens führt zu einem Missverhältnis zwischen Sauerstoffangebot und Sauerstoffbedarf des Herzens. Ausgelöst durch körperliche Anstrengung, psychosozialen Stress, Blutdruckabfall, Kälte oder auch ohne erkennbaren Anlass treten anfallweise starke Beschwerden im Brustraum links auf, häufig mit Ausstrahlung in den linken Arm.
Der Betroffene klagt über ein Engegefühl in der Brust, verbunden mit einer starken Angst. Das Gesicht ist blass, Zyanose und Kurzatmigkeit beeinträchtigen ihn zusätzlich.
In Ruhe und nach Gabe von Medikamenten zur Entlastung des Herzens bessert sich der Zustand im Allgemeinen schnell, denn je weniger das Herz arbeiten muss, desto eher reicht die vorhandene Durchblutung wieder aus.
Eine kurzfristige Entlastung des Herzens erreicht man durch eine Weitstellung besonders der venösen Gefäße. Das Blut sammelt sich dort und muss vom Herzen nicht mehr gepumpt werden. Erreicht wird dies durch Nitropräparate, die als Spray unter die Zunge gegeben werden oder als Kapsel aufgebissen werden müssen (▸ **s. Modul 4, Kap. II.1.5**) Diese Präparate wirken nur sehr kurz, aber schnell, allerdings z.T. verbunden mit einer starken Blutdrucksenkung.

Herzinfarkt (Myokardinfarkt)

Unter einem **Infarkt** versteht man den vollständigen **Verschluss** einer Arterie oder eines Arterienastes mit Absterben des Gewebes hinter dem Verschluss. Dies geschieht durch Gerinnselbildung, z.B. in einer vorgeschädigten Koronararterie, oder durch einen Embolus.
Insbesondere ist an einen Herzinfarkt zu denken, wenn zusätzlich zu den **Beschwerden** einer **Angina pectoris**

- eine schwere Atemnot,
- Pulsbeschleunigung,
- Blutdruckabfall und
- Herzrhythmusstörungen auftreten.

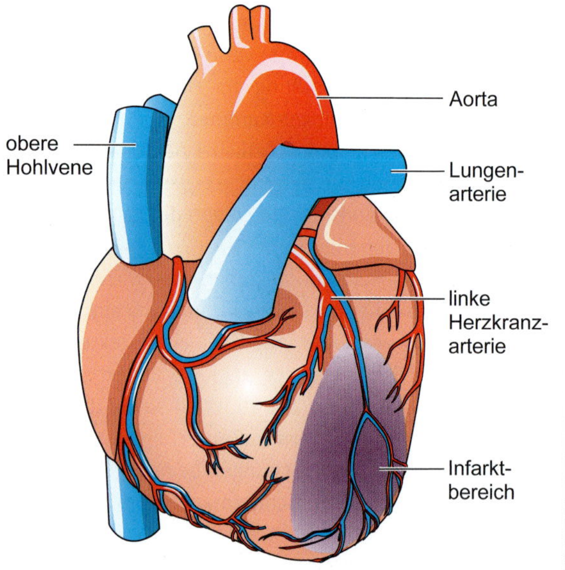

Abb. 1 Herzinfarkt im Bereich der Vorderwand

Der Herzinfarkt führt in über 20% der Fälle zum Tod. Bei jedem Verdacht Rettungsleitstelle alarmieren.

1.3.5 Arterielle Hypertonie

Eine chronische Erhöhung des arteriellen Drucks wird als **Hochdruck** (Hypertonie) bezeichnet. Nach Definition der Deutschen Hochdruckliga besteht eine Hochdruckkrankheit, wenn in körperlicher Ruhe – unabhängig vom Alter – Werte über 140/90 mmHg gemessen werden.

systolisch (mmHg)	diastolisch (mmHg)	Bewertung
< 120	< 80	optimal
120–129	80–84	normal
130–139	85–89	noch normal
≥ 140	≥ 90	Bluthochdruck

Abb. 1 Bewertung des Blutdrucks (nach Deutsche Hochdruckliga e.V. DHL® Stand: Feb. 2013)

Unterschieden werden **primärer Hochdruck**, dessen Entstehung weitestgehend unbekannt ist, und **sekundärer Hochdruck** als Folge anderer Erkrankungen.
Beim primären Hochdruck spielt die Vererbung eine große Rolle. Rauchen, erhöhter Kochsalzgenuss, kaliumarme Kost, Übergewicht (Adipositas), Alkoholgenuss und psychosozialer Stress können die Krankheitsentwicklung fördern. Unter dieser Form leiden etwa 90 % der Betroffenen.
Unter den sekundären Formen stehen die Folgen von Veränderungen an Nierengewebe und -gefäßen an erster Stelle.
Der Hochdruckkranke ist lange Zeit beschwerdefrei. Die dann auftretenden Krankheitszeichen sind Auswirkungen des Drucks auf Gehirn, Herz und Nieren. Es kommt zu Kopfschmerzen, Schwindel, Herzklopfen und Atemnot bei Belastung. Häufig treten Sehstörungen, Ohrensausen und Blutungen aus der Nase und in die Bindehaut des Auges auf.

Ziel der Hochdruckbehandlung ist eine Senkung des Drucks auf Normalwerte. Grundlagen sind:
- Gewichtsnormalisierung,
- kochsalzreduzierte Kost,
- ausreichender Schlaf,
- Vermeidung von ständigen psychischen Belastungen,
- Einstellen des Rauchens,
- mäßiger oder gar kein Alkoholgenuss.

Die medikamentöse Therapie setzt unterschiedlich an und muss in jedem Fall durch regelmäßige Blutdruckmessungen überwacht werden.

- **Entwässernde Substanzen (Diuretika)** senken den Blutdruck über eine Verringerung des Blutvolumens.
- **Betarezeptorenblocker** senken die Pumpleistung des Herzens.
- **Gefäßerweiternde Mittel (Vasodilatatoren)** verringern den Widerstand des Gefäßsystems.

Spätfolgen der Hochdruckkrankheit sind Niereninsuffizienz (▶ s. Modul 4, Kap. II.2.2.5) und Linksherzinsuffizienz. Bluthochdruck ist ein ganz wichtiger Risikofaktor für Herzinfarkt und Schlaganfall.

Die Verwendung von Salz bei der Ernährung hat Auswirkungen auf den Blutdruck. Kochsalz führt zu einer Abnahme der Elastizität der Arterien mit nachfolgender Drucksteigerung. Durch Reduzierung der Kochsalzaufnahme kann das Risiko, an einem Herzinfarkt oder Schlaganfall zu erkranken, gesenkt werden.

1.3.6 Hypotonie

Als **niedrigen Blutdruck** bezeichnet man systolische Werte unter 100 mmHg und diastolische unter 60 mmHg.

Die Hypotonie kann vielfältige **Ursachen** haben:
- Herzleistungsminderung bei Herzinsuffizienz
- Austrocknung
- Kreislaufregulationsstörungen bei Infektionskrankheiten
- entwässernde und gefäßerweiternde Medikamente

Die **Krankheitszeichen** sind:
- Schwindel,
- „Schwarzwerden vor den Augen", besonders bei raschem Lagewechsel,
- Müdigkeit,
- Ohrensausen,
- eventuell Hautblässe.

1.3.7 Schock

Als Schock bezeichnet man ein allgemeines Versagen des Kreislaufs. Einzelne oder alle Organe werden nicht mehr ausreichend mit Sauerstoff versorgt. Dies kann zu Bewusstlosigkeit führen, aber auch zum Versagen von Organen (z. B. Lunge, Nieren).

Ursache des Schocks sind Störungen der Blutzirkulation oder eine Verringerung der Blutmenge:
- große Blutverluste nach schweren Verletzungen oder starker Wasserverlust nach Erbrechen oder Durchfällen (Volumenmangelschock)
- Minderung der Pumpleistung des Herzens nach Herzinfarkt (kardiogener Schock)
- allergische Reaktion mit starker Weitstellung aller Gefäße (anaphylaktischer Schock)

Der Körper versucht, den Blutdruck durch Ausschüttung des Stresshormons Adrenalin zu stabilisieren. Es kommt durch Verengung der Arteriolen zu einer Reduzierung der Durchblutung in Haut, Muskulatur und Magen-Darm-Trakt, um die Versorgung von Gehirn und Herz sicherzustellen. Dies wird **Kreislaufzentralisation** genannt.

Hauptsymptome des Schocks sind:
- schneller, schwacher Puls,
- systolischer Blutdruck unter 80 mmHg,
- kalte, schweißige Haut,
- Blässe,
- Bewusstseinstrübung bis zur Bewusstlosigkeit.

Der Schock ist ein lebensbedrohendes Ereignis; neben den Sofortmaßnahmen ist eine Ursachenbehandlung im Krankenhaus erforderlich (Rettungsleitstelle).

1.3.8 Anämie (Blutarmut)

Unter dem Begriff Anämie werden Funktionszustände und Erkrankungen des Blutes zusammengefasst, welche auf einem Mangel an Blutfarbstoff (Hämoglobin) oder roten Blutkörperchen beruhen. Ihre Folge ist in jedem Fall eine Verschlechterung der Sauerstoffversorgung der Organe.
Fehlende Eisenaufnahme führt zu einer Verminderung des Hämoglobins im Blut. Man spricht dann von einer **Eisenmangelanämie**, die durch Eisenpräparate in Form von Tabletten behandelt wird.
Vitamin B12 ist an der Zellvermehrung im Knochenmark beteiligt. Bei der **Vitamin-B_{12}-Mangelanämie** ist deswegen die Zahl der Erythrozyten stark vermindert. Die Gabe des fehlenden Vitamins erfolgt durch intramuskuläre Injektionen.

1.3.9 Arteriosklerose

Die Arteriosklerose ist eine Erkrankung der Arterien, welche im Alter zunimmt. Man geht heute davon aus, dass die Arteriosklerose mit kleinen Verletzungen der Arterieninnenhaut beginnt. Diese können zum Beispiel durch einen Bluthochdruck ausgelöst sein.
Im Bereich der Schädigung kommt es zur Schwellung und Einlagerung von **Blutfetten** (**LDL-Cholesterin**). Einwandernde weiße Blutkörperchen (Fresszellen) werden damit überlastet und wandeln sich zu sogenannten **Schaumzellen**. Es kommt zu einer Entzündungsreaktion. Glatte Muskelzellen aus der mittleren Wandschicht wandern ein und bilden Bindegewebe. So entsteht ein **arteriosklerotischer Herd** (Plaque), der zunehmend verkalkt.

Die Veränderungen der Gefäßwand erschweren den freien Blutfluss und führen zu einer Reihe von Störungen:
- zunehmende Einengung der Gefäße
- krampfartiges Zusammenziehen (Spasmen) der betroffenen Gefäßabschnitte durch Reizung der Nervenfasern
- Einrisse der Gefäßwand
- Auflagerung von Blutgerinnseln

Diese Störungen haben Sauerstoffmangel im Versorgungsgebiet des betreffenden Gefäßes zur Folge.

Genetische Voraussetzungen und das männliche Geschlecht bedingen eine Veranlagung zur Arteriosklerose.

Risikofaktoren sind:
- Rauchen,
- Bluthochdruck (Hypertonie),
- Zuckerkrankheit (Diabetes mellitus),
- Fettstoffwechselstörungen (Hypercholesterinämie),
- Übergewicht (Adipositas),
- Bewegungsmangel.

Präventionsmaßnahmen sind:
- Bewegung (z. B. täglich 30 Min. Radfahren),
- Rauchverzicht,
- Alkohol nur in geringen Mengen,
- 5 x tgl. Obst und Gemüse,
- Behandlung von Bluthochdruck, Zuckerkrankheit

Besondere Bedeutung kommt dabei dem **Cholesterinspiegel** zu. Ist eine Normalisierung durch die Ernährung nicht möglich, werden Medikamente (Lipidsenker) eingesetzt. Konsequent durchgeführt, lässt sich hiermit das Risiko einer Erkrankung vermindern.
Da die Arterien den gesamten Körper mit Sauerstoff und Nährstoffen versorgen, kann es bei einer Schädigung – je nach Ort und Ausmaß der Unterversorgung – zur Störung der Durchblutung kommen an:
- Herzkranzgefäßen (koronare Herzkrankheit),
- Gefäßen der Gliedmaßen (arterielle Verschlusskrankheit),
- Gefäßen des Gehirns und der Nieren.

Neben der Störung der Durchblutung der Extremitäten (▸ **s. unten**) sind die wichtigsten Auswirkungen der Arteriosklerose:

Störungen der Herzdurchblutung

Arteriosklerotische Veränderungen der Koronargefäße können die Funktion des Herzens erheblich beeinträchtigen; akut als **Herzinfarkt**, chronisch als **Angina pectoris**.

Störungen der Hirndurchblutung

Arteriosklerotische Veränderungen der Hirngefäße führen zu vielfältigen Störungen der Hirnleistung. Verschlüsse oder Einblutungen größerer Gefäße lösen einen **Schlaganfall** (**Apoplex**, ▸ **s. Modul 2, Kap. II.4.2.5**) aus. Viele kleine, über das ganze Hirn verbreitete Störungen der Durchblutung sind Ursache der **arteriosklerotischen Demenz**.

Störungen der Nierendurchblutung

Arteriosklerotische Veränderungen der Nierenarterien können die Nierenfunktion mindern und damit die Ausscheidung von Stoffwechselendprodukten behindern.

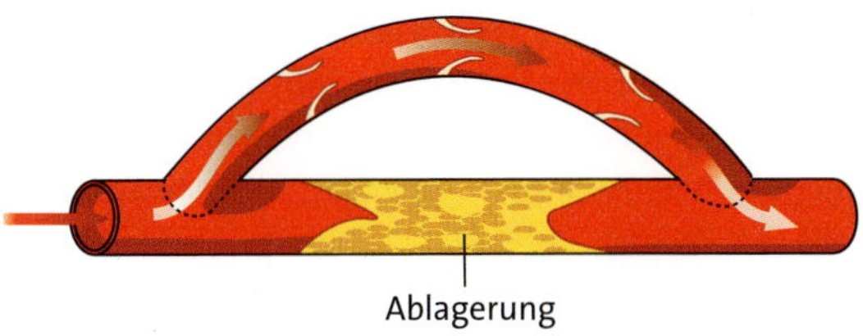

Abb. 1 Bypass

Ist es zu Verengungen der Gefäße gekommen und eine ausreichende Sauerstoffversorgung nicht mehr gewährleistet, können operative Maßnahmen helfen. Mithilfe kleinster Bohrgeräte oder Laserstrahlen werden unter Sichtkontrolle Ablagerungen entfernt oder verengte Abschnitte erweitert. Außerdem gibt es die Möglichkeit einer Aufdehnung verengter Bezirke durch einen kleinen Ballonkatheter.
Am Herzen können mit Venen, die aus dem Unterschenkel entnommen werden, Umgehungsstrecken für die Kranzgefäße gebildet werden (**Bypassoperation**).

1.3.10 Arterielle Thrombose

Als Thrombose wird das Auftreten von **Blutgerinnseln** bezeichnet, welche sich im Gefäßsystem selbst gebildet haben. Im Bereich der Arterien führen im Wesentlichen Gefäßwandveränderungen zur Entwicklung eines **Thrombus** (gr. geronnene Blutmasse). Durch Einengung der Gefäße oder Aufrauung der Innenschicht kommt es zu lokaler Strömungsverlangsamung und Zusammenballung von Blutplättchen (Thrombozyten). Hierdurch oder durch die Freisetzung gerinnungsaktiver Substanzen aus arteriosklerotischen Herden wird der Gerinnungsvorgang ausgelöst. Es bildet sich ein festes Gerinnsel.
Ein Thrombus kann an der Wand des arteriellen Gefäßes haften oder dieses ganz verschließen und führt damit zu unterschiedlichen Schädigungen der versorgten Organe.

Extremitäten
- kalt und blass
- Puls nicht mehr tastbar
- sehr starke Schmerzen
- Funktion stark eingeschränkt

Darm-Trakt
- sehr starke Bauchschmerzen

Nieren
- starke Flankenschmerzen
- blutiger Urin

Augen
- Sehstörungen bis
- Blindheit

Gehirn
- neurologische Ausfälle (Bewegung, Sprache u. a.)

Lunge
- Atemnot
- Schmerzen

Abb. 2 Anzeichen für einen Arterienverschluss in den Organen

1.3.11 Arterielle Verschlusskrankheit

Hierunter versteht man eine langsame Einengung der Arterien bis hin zum Verschluss. Dies führt zu Schäden in dem betroffenen Gebiet, am häufigsten in den Beinen. Mit der langsamen Verminderung der Blutzufuhr entwickelt sich, falls anatomisch möglich, um die betroffene Stelle herum ein Umgehungskreislauf (**Kollateralenbildung**). Dessen Qualität entscheidet darüber, wie ausgeprägt die Folgen des Sauerstoffmangels für das Gewebe werden.
Hauptsymptom ist der Schmerz, der durch die mangelhafte Sauerstoffversorgung der Muskelzellen auftritt.

Nach den Beschwerden werden 4 Stadien unterschieden:

Stadium I	fast beschwerdefrei, kalte Füße, Kribbeln in den Beinen
Stadium II	eingeschränkte schmerzfreie Gehstrecke: II a) über 200 m II b) unter 200 m
Stadium III	Ruheschmerzen
Stadium IV	Ruheschmerzen, Nekrosenbildung

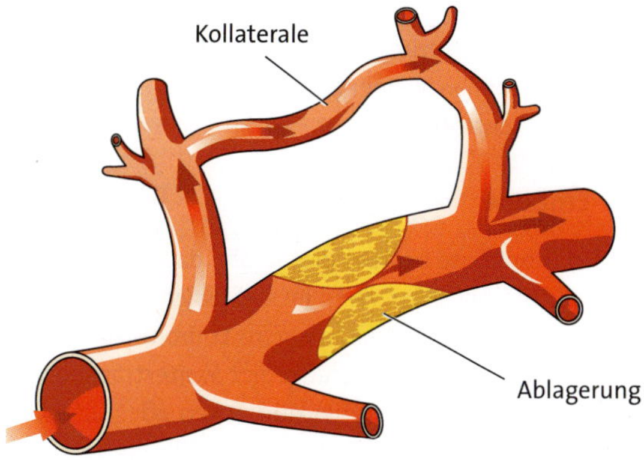

Abb. 3 Bildung einer Umgehungsstrecke

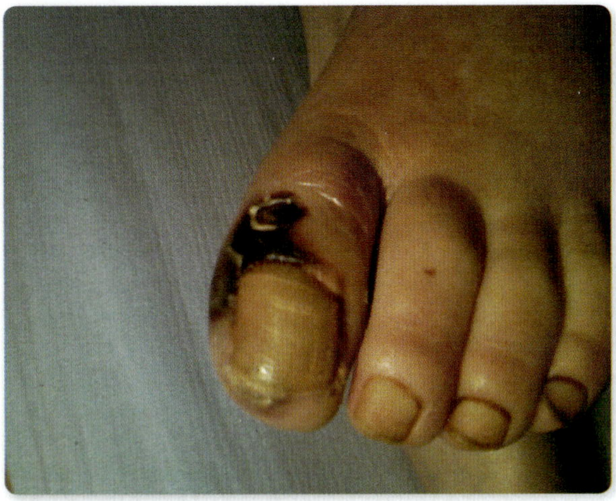

Abb. 1 Gangrän des Großzehs

Gangrän

Ist ein Gefäß vollständig verschlossen und hat sich keine ausreichende Umgehungsstrecke gebildet, stirbt das unterversorgte Gewebe ab. Die **Nekrose** beginnt in der Regel an den Zehen und wird Gangrän (gr. fressendes Geschwür) genannt.
Die Gangränbildung wird wegen des wichtigsten einzelnen Risikofaktors auch **Raucherbein** genannt. Die Grundbehandlung besteht in einer Vermeidung der Risikofaktoren. Medikamentös wird versucht, die Durchblutung zu verbessern.
Zweiter wichtiger Ansatz ist eine Verbesserung der Umgehungskreisläufe, die bei langsamer Entwicklung der Krankheit häufig erfolgreich ist. Da der Reiz für die Gefäßneubildung der Sauerstoffmangel ist, wird in einem Belastungstraining eng an der Schmerzgrenze gearbeitet. Dies kann nur durch geschulte Trainer erfolgen und bedarf der ärztlichen Kontrolle, um Verschlechterungen zu vermeiden. Sportvereine bieten „Gefäßsportgruppen“ an. Zusätzliche chirurgische Maßnahmen können in einer Eröffnung oder der Anlage eines Umgehungskreislaufs bestehen.

1.3.12 Embolie

Bei jeder Thrombose besteht die Gefahr, dass sich Teile oder der ganze Thrombus lösen und im Gefäßsystem verschleppt werden. Man spricht dann von einem **Embolus** (gr. das Hineingeschobene). Auch im Gefäßgebiet weitertransportierte Fremdkörper, wie z. B. Bakterienklümpchen oder Luftblasen, werden als Embolus bezeichnet.
Ein Embolus wird mit dem Blutstrom so weit mitgenommen, wie die Weite des Gefäßes dies zulässt. Verstopft er das Gefäß, spricht man von **Infarkt**. Als Folge stirbt das nun nicht mehr mit Blut und Sauerstoff versorgte Gewebe ab. Es entwickelt sich eine **Nekrose** (z. B. Herzinfarkt, Schlaganfall, Gangrän).

Ein Embolus aus der linken Herzhälfte oder dem Körperkreislauf führt zu einem Verschluss in den Arterien des Körpers oder des Gehirns. Ein Embolus aus dem venösen Teil des Körperkreislaufs führt über die rechte Herzhälfte immer zu einem Verschluss in den Lungenarterien, einer **Lungenembolie** (▸ s. rechts).
Bei Thrombose- und Emboliegefahr werden Medikamente eingesetzt, die entweder in den Vorgang der Gerinnselbildung eingreifen (Thrombozytenaggregationshemmer, z. B. Acetylsalicylsäure) oder die Gerinnung selbst hemmen (Antikoagulanzien, z. B. Heparin oder Kumarin).

Akuter Arterienverschluss

Häufigste Ursache für einen akuten Arterienverschluss ist ein Embolus aus dem linken Herzteil (Vorhof oder Kammer). Normalerweise fließt das Blut ohne Wirbelbildungen durch das Herz. Bei unregelmäßiger Schlagfolge, Veränderungen an der Segelklappe und durch Narbenbildung nach einem Herzinfarkt kann es aber zu Verwirbelungen mit der Gefahr der Gerinnselbildung kommen (▸ **Abb. 2**). Der Embolus passiert die Aorta und kann in alle von ihr abgehenden Arterien hineingelangen, so z. B. in die mittlere Hirnarterie (mit dem Bild eines Schlaganfalls), weiterhin in alle Abzweigungen des Gefäßsystems, die zu den Bauchorganen führen. Am häufigsten sind akute Verschlüsse der Extremitätenarterien, insbesondere der Beine.

Krankheitszeichen sind
- plötzlich auftretender starker Schmerz,
- unterhalb des Verschlusses kein tastbarer Puls,
- kaltes und blasses Bein,
- Gefühlsstörungen, das Bein kann nicht mehr bewegt werden.

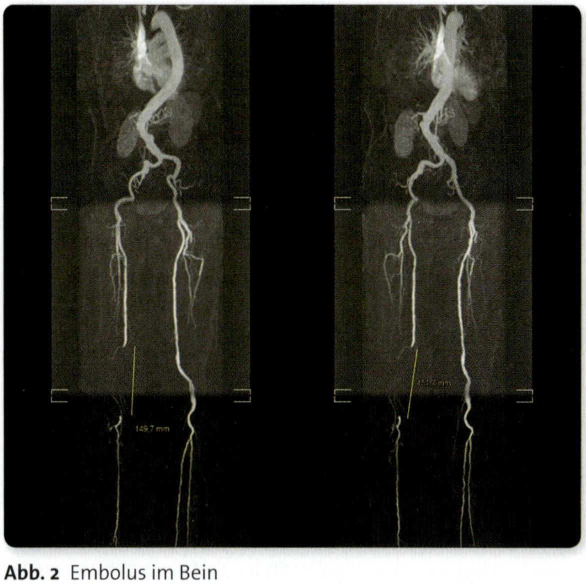

Abb. 2 Embolus im Bein

Zeichen sind:
- Schmerz
- Blässe
- Gefühlsstörungen
- Lähmung
- Schock
- Pulslosigkeit

Es müssen sofort gezielte Maßnahmen ergriffen werden. An erster Stelle steht die **Lagerung**. Das Bein muss tief liegen, um die eventuell verbliebene Durchblutung zu erhalten. Zur Vermeidung von Verletzungen und Verhütung von Wärmeverlusten sollte eine Polsterung mit Watte erfolgen. Danach muss umgehend eine Krankenhauseinweisung eingeleitet werden.

Bei akutem Arterienverschluss darf keine Wärme angewendet werden. Diese würde zu einer Öffnung der Hautgefäße führen und dem tiefen Gewebe damit noch mehr Blut entziehen!

In der Zwischenzeit sollten in ärztlicher Absprache die Schmerzen gelindert werden. Ein sofortiger Eingriff in Form eines Herauslösens des Embolus (**Embolektomie**) kann eine Amputation verhindern.

Lungenembolie

Löst sich ein Thrombus im venösen System der Beine, wird er über die untere Hohlvene zur rechten Herzhälfte und von dort zur Lunge transportiert. Je nach Größe werden kleinere oder größere Lungenarterien verschlossen. Dies führt zu einem Aufstau des Blutes mit Belastung der rechten Herzhälfte und zu einer Verschlechterung der Sauerstoffversorgung, da der Sauerstoff im betroffenen Bereich der Lunge nicht mehr aufgenommen werden kann.

Krankheitszeichen sind:
- plötzlich auftretende Schmerzen im Brustkorb,
- Atemnot in Ruhe,
- Schwierigkeiten beim Durchatmen.

Schon der Verdacht auf eine Lungenembolie sollte zu einer Krankenhausaufnahme führen.

Kleinere Embolien können unbemerkt verlaufen und wegen der Durchblutungsstörungen eine Lungenentzündung nach sich ziehen. Größere Embolien können wegen des plötzlichen Staus ein Herzversagen mit Todesfolge auslösen.

1.3.13 Krampfaderleiden (Varikosis)

Schweregefühl in den Beinen, Schmerzen, Hitzegefühl in den Waden oder Knöchelödeme sind Zeichen einer beginnenden **Venenschwäche**. Dies ist ein weitverbreitetes Problem, das jeden fünften Menschen in unserem Land betrifft. Die Veranlagung dazu wird überwiegend vererbt. Die dünnwandigen

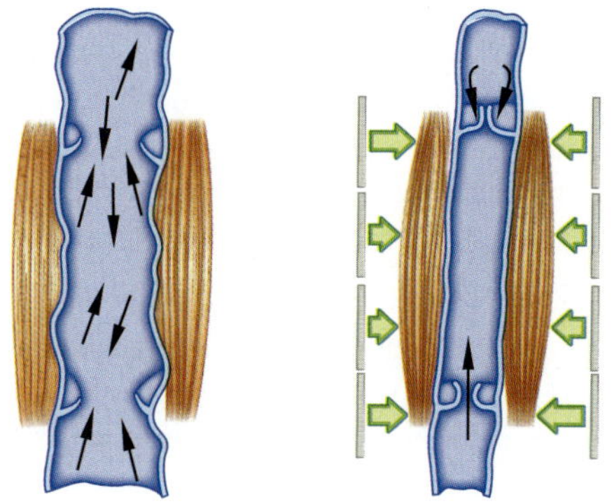

Die Vene ist erweitert; dadurch können sich die Venenklappen nicht mehr schließen.

Der Kompressionsverband drückt die Venenwand zusammen; dadurch können sich die Venenklappen wieder schließen.

Abb. 1 Varize ohne und mit Kompressionstrumpf

Venen können sich bei Behinderung des Blutflusses dehnen. Die Klappen schließen dann nicht mehr, das Blut versackt und überdehnt langsam die Wände. Es kommt zur Entwicklung von **Krampfadern (Varizen)**.

In dem so veränderten Venensystem können dann als Komplikationen Venenentzündungen und Thrombosen auftreten. Die Thrombosen wiederum können eine Lungenembolie zur Folge haben. Häufig ist auch die Entwicklung von **Unterschenkelgeschwüren**. Begünstigend wirken:
- familiäre Vorbelastung mit der Neigung zu Venenerkrankungen,
- vorwiegend stehende Berufsausübung,
- Übergewicht,
- Schwangerschaften.

Daneben führen äußere Einflüsse zur Entwicklung von Krampfadern. Den Abfluss erschweren:
- intensives Bauchpressen (Pressen beim Stuhlgang, Heben mit falscher Atemtechnik, Husten),
- abschnürende Kleidungsstücke, zu fest sitzende Strümpfe,
- längeres Stehen,
- Sitzen mit angewinkelten Beinen (Auto),
- ungenügende Beweglichkeit im oberen Sprunggelenk (Arthrose, hochhackige Schuhe),
- Thrombosen der Beckenvenen (Schwangerschaften).

Der venöse Rückfluss ist abhängig vom Funktionieren der Taschenklappen, einer straffen Gefäßwand und ausreichender Muskeltätigkeit. Ruhigstellung führt also zu einer Verminderung des Rückflusses und einer erheblichen Verlangsamung des Blutstroms. Bewegung, konsequentes Tragen von Kompressionsstrümpfen und eventuell Entfernung oder Verödung der am stärksten veränderten Abschnitte stellen die Therapie dar.

1.3.14 Venenthrombosen

Die Entwicklung von Thromben ist im venösen System deutlich häufiger als im arteriellen. Thrombosen zählen weltweit zu den häufigsten Komplikationen eines Krankenhausaufenthalts, insbesondere bei Bettlägerigkeit nach Operationen (fast 30 % aller Frischoperierten bekommen eine Venenthrombose).

Unter dem Begriff **Virchow-Trias** (Rudolf Virchow, Arzt und Politiker, 1821 bis 1902) werden die Bedingungen zusammengefasst, unter denen es zu einer Gerinnung im Gefäßsystem kommt:

- **Verlangsamung des Blutstroms**
  Immobilität durch Bettlägerigkeit
  Bewegungsmangel in Stehberufen
  Ruhigstellung einer Gliedmaße in Verbänden
  Krampfaderleiden
- **Verletzungen der Gefäßinnenwand**
  Zerstörung der Venenklappen bei Krampfadern, Venenentzündungen Druck oder Stoß von außen
- **Erhöhung der Gerinnbarkeit**
  Vermehrte Produktion von Gerinnungsfaktoren nach Operationen
  Verminderung von Blutplasma bei Austrocknung Kombination von Rauchen und „Pille“

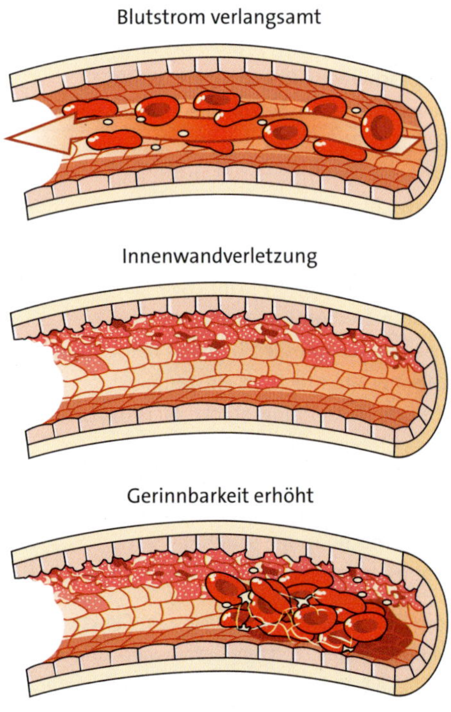

Abb. 1 Virchow-Trias

Phlebothrombose: Thrombose der tiefen Beinvenen
Thrombophlebitis: Thrombose der oberflächlichen Beinvenen

Unterschieden wird die Thrombose der tiefen Beinvenen, die sogenannte **Phlebothrombose**, von der Thrombose der oberflächlichen Beinvenen, der **Thrombophlebitis**. Selten kommt es im Bereich der Arme zu venösen Thrombosen. Hämorrhoiden können ebenfalls thrombosieren. Die Thrombose selbst macht je nach Lokalisation unterschiedliche Beschwerden. Problematisch ist insbesondere die Ablösung in den Venen der Beine mit dem Auftreten einer Lungenembolie (▸ **s. oben**).

Thrombophlebitis

Bei Krampfaderleiden kommt es häufig auch zur Schädigung der Veneninnenwand im Bereich der Klappen. Verbunden mit den Aussackungen der Gefäßwand, führt dies zu einer Verlangsamung der Blutströmung. Hierdurch wird die Bildung von Blutgerinnseln begünstigt. Kommt es dann zu einer Entzündung oder war eine entzündliche Reizung der Venenwand der Auslöser, kann man lokale Entzündungszeichen mit Bildung eines verhärteten Stranges feststellen, meist im Bereich der Unterschenkel.
Wichtigste Maßnahme ist das Anlegen eines Kompressionsstrumpfs oder Kompressionsverbands, um den Thrombus in der oberflächlichen Vene festzuhalten. Darüber hinaus wird versucht, eine weitere Gerinnung in den Venen zu vermeiden. Hierfür wird heute bevorzugt **Heparin** eingesetzt (▸ **s. Modul 4, Kap. II.1.5**).

Phlebothrombose

90 % dieser tiefen Thrombosen entstehen im Einflussgebiet der unteren Hohlvene. Davon 2/3 in den Beinen, 1/3 im Becken. Nicht immer werden die Phlebothrombosen bemerkt, erst eine Untersuchung oder spätere Folgen weisen dann darauf hin.
Ein Verschluss tiefer Venen (Oberschenkel, Becken) führt meist zu einer Schwellung des gesamten Beines mit bläulicher Verfärbung und eher diffusen Schmerzen im Verlauf der Venen. Die Waden schmerzen auf Druck. Schmerzen im Bein bei Druck auf die Fußsohlen sind ebenfalls auslösbar. Eine abschließende Diagnostik ist mit einem speziellen Sonografieverfahren oder einer Röntgen-Kontrastmittel-Untersuchung (**Phlebografie**) möglich.

Die Behandlung hat 3 Ziele:
- Verhinderung einer Zunahme des Thrombus
- Verhinderung der Ablösung (Lungenembolie)
- Verhinderung von Folgen (postthrombotisches Syndrom)

Gerinnungshemmende Medikamente (Antikoagulantien) sollen eine weitere Zunahme des Thrombus verhindern. In der akuten Phase (ca. eine Woche) wird Heparin gespritzt. Nach 2 Tagen (überlappend) wird dann z.B. Marcumar eingesetzt. Zur Verhinderung der Ablösung des Thrombus erfolgt eine Kompressionsbehandlung mit Binden, später die Versorgung mit einem Kompressionsstrumpf der Klasse II.

Nur bei hoher Gefahr einer Lungenembolie (Beckenvenenthrombose) ist absolute Ruhigstellung mit Hochlagerung des betroffenen Beins nötig. Daraus ergeben sich einige Konsequenzen:

- Um Druckerhöhungen im Bauch zu vermeiden, muss eine Obstipationsprophylaxe durchgeführt werden (▶ s. Modul 5, Kap. II.2.4.5).
- Bei der Pneumonieprophylaxe darf nicht abgeklopft werden, nur Einreibungen mit alkoholischen Lösungen sind möglich (▶ s. Modul 4, Kap. II.4.3.4).
- Das nicht betroffene Bein muss bewegt werden, um eine weitere Thrombosierung zu vermeiden (▶ s. Kap. 1.4.6).

1.3.15 Chronisch venöse Insuffizienz

Störungen des venösen Rückflusses werden allgemein unter dem Begriff chronisch venöse Insuffizienz (lat. nicht genügend, Schwäche) zusammengefasst.

Häufig geht die Erkrankung von einer wohl angeborenen Schwäche der Venenwände aus mit zunehmender Einschränkung der Funktion der Venenklappen. Unterstützt wird die Funktionseinschränkung durch vermehrtes Stehen und Übergewicht. Auch aus dem postthrombotischen Syndrom kann sich längerfristig eine chronisch venöse Insuffizienz entwickeln.

Sichtbarer Ausdruck der Erkrankung sind **Ödeme** der Beine und **Krampfadern**. Häufig kommt es bei körperlicher Belastung zu Schmerzen in den Oberschenkeln oder Waden. Diese bilden sich am schnellsten zurück, wenn die Beine hochgelagert werden

> Geht der Schmerz in den Beinen nach der Hochlagerung zurück, handelt es sich mit großer Wahrscheinlichkeit um eine venöse Störung.

Als Folge der gestörten Abflussverhältnisse kann es nach Verletzungen zu schlecht heilenden Wunden im Bereich der Unterschenkel kommen.

1.3.16 Unterschenkelgeschwür (Ulcus cruris)

Geschwüre (Ulzerationen) sind Defekte der Haut, die durch Zerfall krankhaft veränderten Gewebes entstehen. Sie können alle Hautschichten und eventuell auch tiefer liegende Gewebe (Unterhautfettgewebe, Muskeln, Sehnen) betreffen. Der Begriff Ulcus cruris beschreibt nur die Folge krankhafter Veränderungen und deren Lokalisation. Vor einer gezielten Therapie müssen also die Ursachen abgeklärt werden. Diese sind (nach der Häufigkeit des Auftretens):

- chronisch venöse Insuffizienz zu ca. 90 %,
- periphere arterielle Verschlusskrankheit,
- periphere Neuropathie bei Diabetes mellitus (▶ s. Modul 8, Kap. II.1).

Venöses Ulcus cruris

Das venöse Ulcus cruris ist eine Komplikation der chronisch venösen Insuffizienz. Durch Stauung kommt es zu einer Störung der Mikrozirkulation des Blutes mit Störung der Gewebeernährung. Typische Lokalisation ist der Bereich des **Innenknöchels**. Es ist wenig schmerzhaft, begleitend besteht meist ein Unterschenkelödem. Die Haut in der Umgebung ist verhärtet, verfärbt und häufig zusätzlich entzündlich verändert. Die Behandlung der Wunden selbst entspricht der des Dekubitus (▶ s. Modul 2, Kap. II.2.2). Es wird eine feuchte Wundbehandlung sowie zusätzlich eine konsequente Kompressionstherapie durchgeführt (▶ s. Kap. 1.4.7).

Arterielles Ulcus cruris

Das arterielle Ulcus ist Folge mangelnder Blutversorgung, häufig bei zusätzlicher Störung der Mikrozirkulation, z.B. bei Diabetes mellitus. Das Ulcus ist meist an der **Außenseite** des Unterschenkels gelegen und im Gegensatz zum venösen Ulcus sehr schmerzhaft. Der Defekt ist tief, meist mit abgestorbenem Gewebe belegt. Das Bein ist blass und kühl, Fußpulse sind nicht zu tasten. Die Wundbehandlung entspricht der des venösen Ulcus.

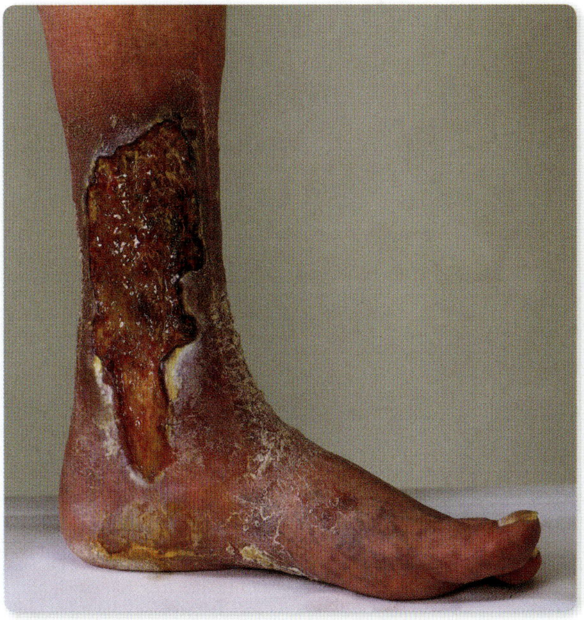

Abb. 1 Venöses Ulcus cruris

Hier ist allerdings ein Kompressionsverband absolut kontraindiziert!

Zusätzlich kann eine Verbesserung der Blutversorgung durch Öffnung verengter Abschnitte der entsprechenden Arterien (Ballonkatheter) oder deren Umgehung (Bypass) versucht werden, um die Ursache zu beheben.

1.3.17 Lymphödem

Als Lymphödem wird ein meist durch mechanische Behinderung hervorgerufener, unzureichender Abtransport der Lymphe verstanden. Ein Lymphödem findet sich z.B. als Folge einer chronisch venösen Insuffizienz oder Entzündungen oder im Verlauf einer Ausbreitung eines Tumors über die Lymphbahnen.
Auslöser bei alten Menschen sind oft Abflussstörungen durch operative Maßnahmen. Im Armbereich treten sie häufig bei Mammakarzinom mit Ausräumen der Achsellymphknoten auf (▸ **Abb. 1**), im Beinbereich häufig bei metastasierenden Unterleibstumoren mit Verlegung der Abflussbahnen. Prinzipiell können alle Körperregionen von Lymphödemen betroffen werden.

Unterschieden werden 4 Stadien:

- **Stadium 0**
  keine Symptome
- **Stadium 1**
  beginnendes Ödem, teigig weich („Delle" auf Fingerdruck), Besserung durch Hochlagerung
- **Stadium 2**
  Ödem ist hart (Verfestigung der Ödemflüssigkeit), beginnende Zunahme von Fettgewebe im betroffenen Gebiet, kein Lagerungseffekt mehr
- **Stadium 3**
  ausgeprägte harte Schwellung mit erheblicher Einlagerung von Fettgewebe (Elefantiasis)

Die Therapie besteht in einer mechanischen Entstauung des betroffenen Gebiets. Dies geschieht mit einer manuellen Lymphdrainage, gefolgt von einer Kompressionsbehandlung.

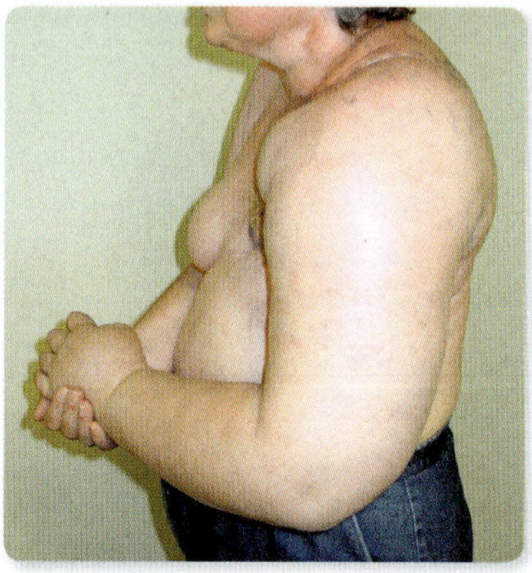

Abb. 1 Lymphödem Stadium 3

1.4 Pflege

1.4.1 Krankenbeobachtung

Herzerkrankungen können sich sowohl auf Herzfrequenz und Blutdruck als auch auf die Atmung auswirken. Die Krankenbeobachtung bezieht sich also im Wesentlichen auf diese 3 Bereiche. Zusätzlich sollte immer auch auf Schwellungen im Bereich der Unterschenkel und Änderungen der allgemeinen Belastbarkeit geachtet werden.

Erfasst werden dabei die sogenannten **Vitalzeichen** (vita, lat. Leben) (▸ **s. Modul 3, Kap. II.3**):

- Puls
- Blutdruck
- Atmung

Diese 3 sind meist gemeint, wenn von Vitalzeichen die Rede ist. Weiter gefasst gehören auch Bewusstsein und Temperatur zu den Vitalzeichen.

Messung und Beobachtung des Pulses

Die **Pulsmessung** ist ein aussagekräftiges Beobachtungskriterium und gehört zu den am häufigsten angewandten diagnostischen Maßnahmen. Der Puls dient der Beurteilung der Herz-Kreislauf-Funktion.
Neben der **Pulsfrequenz** sind der **Pulsrhythmus** sowie die **Pulsqualität** als Beobachtungskriterien von Bedeutung.
Die **Pulsmessung** wird durch Ertasten (Palpieren) durchgeführt. Dabei wird zwischen zentralen und peripheren Pulsmessstellen unterschieden.
Der **zentrale Puls** kann an der Halsschlagader (A. carotis), der Oberschenkelschlagader (A. femoralis) oder an der Schlüsselbeinschlagader (A. subclavia) ertastet werden.
Der **periphere**, d.h. fern vom Herzen befindliche Puls kann an den übrigen Arterien, z.B. an den Handgelenken (A. ulnaris und A. radialis), der Schläfe (A. temporalis), dem vorderen Fußrücken (A. dorsalis pedes) und an der Innenseite des Fußknöchels (A. tibialis posterior) ertastet werden.

Exakte Messung: Zu Beginn der Pflegetätigkeit sollte – ebenso wie bei Personen mit bekannten Herz- und Kreislauferkrankungen – eine volle Minute durchgezählt werden, um einen sicheren Ausgangswert zu erhalten.
Bei Rhythmusstörungen oder sehr langsamer Herzaktion ist ebenfalls eine Minute zu zählen, um Ungenauigkeiten zu vermeiden.

Pulsfrequenz. Bei einer Erhöhung der Körpertemperatur um ein Grad Celsius kommt es zu einem Anstieg der Pulsfrequenz um ca. 8 Schläge/min aufgrund des erhöhten Stoffwechsels.

Bei gravierenden Abweichungen von der Norm oder den bekannten Messwerten des Betroffenen muss Rücksprache mit einem Arzt erfolgen. Parallel werden engmaschige Kontrollen angesetzt. Die Messergebnisse sind zu dokumentieren.

Pulsrhythmus. Unter Pulsrhythmus wird die Regelmäßigkeit der Schlagfolge des Herzens verstanden. Bei einem gesunden Erwachsenen breiten sich die Pulswellen regelmäßig und in gleicher Stärke aus.

Pulsqualität. Unter Pulsqualität wird die Füllung und das Anschlagen der Pulswelle an den Fingern verstanden. Sie gibt Auskunft über die Intensität der Kontraktionen der Herzkammern und den Zustand des Gefäßsystems.

Bei **hartem Puls** lässt sich die Pulswelle nur schwer durch Fingerdruck behindern. Er tritt häufig im Zusammenhang mit Hypertonie auf.
Dagegen ist bei einem **weichen Puls** die Pulswelle leicht zu unterdrücken. Ursache können Hypotonie oder Herzinsuffizienz sein; der weiche Puls kann aber auch während eines Fieberschubs auftreten.
Der **fadenförmige Puls** ist ein kaum tastbarer Puls mit zumeist hoher Frequenz. Er tritt als Zeichen ungenügender Füllung des Gefäßsystems bei Kollaps- oder Schockzuständen auf.
Als **Pulsdefizit** wird das Fehlen einer spürbaren Pulswelle bei messbarem Herzschlag (Stethoskop, EKG) bezeichnet. Dies kann bei fallweise ungenügender Pumpleistung der Fall sein, z. B. bei Extrasystolen oder ungeregelter Vorhofaktion.

Aufgaben

1. Messen Sie bei Ihren Mitstudierenden den Puls an jeweils unterschiedlichen Messpunkten.
2. Beschreiben Sie Ihr Messergebnis anhand der Kriterien Rhythmus, Frequenz, Qualität.

Bezeichnung	Frequenz (Schläge/min)	Bedeutung
Bradykardie (gr. langsam)	< 60	Sportlerherz, Störungen der Reizleitung, Unterfunktion der Schilddrüse, Medikamente (z. B. Betablocker, Schlafmittel, ▸ s. Modul 4, Kap. II.1.5)
Normokardie	60–100	
Tachykardie (gr. schnell)	> 100	Störungen der Erregungsleitung, Herzinsuffizienz, Überfunktion der Schilddrüse

Abb. 1 Abweichungen der Pulsfrequenz

Bezeichnung	Charakteristik	Bedeutung
Arrhythmie (gr. unregelmäßig)	Unregelmäßige Pulswellen	Störung der Erregungsleitung, Herzklappenerkrankungen
Extrasystolie	Extrawellen unterschiedlicher Ausprägung	Herzerkrankungen Medikamentennebenwirkung
Bigeminus (lat. Zwilling)	Gedoppelte Pulswellen mit spürbarer Pause	Überdosierung von Digitalispräparaten, koronare Herzkrankheit
Asystolie (a, lat. nicht)	Fehlender Puls	Herzstillstand

Abb. 2 Rhythmusstörungen

Blutdruckmessung

Ebenso wie die Pulsmessung sollte auch die Blutdruckmessung immer in Ruhe erfolgen. Bei der Bewertung des Blutdrucks muss beachtet werden, dass körperliche Arbeit, Aufregung, Kaffee oder starker Tee den Blutdruck kurzfristig erhöhen können. Auch die eingenommenen Hochdruckmedikamente beeinflussen den Wert. Es ist wichtig, die Zeit der Einnahme zu protokollieren, da in der ersten Stunde nach Einnahme die niedrigsten Werte gemessen werden. Streng genommen müsste auch der Genuss von Alkohol und Nikotin eine Stunde zurückliegen, um Beeinflussungen auszuschließen.

Exakte Messung: Zu Beginn der Pflegetätigkeit sollte zunächst der Blutdruck an beiden Armen gemessen werden, um Differenzen feststellen zu können (z. B. niedrigere Werte durch arterielle Durchblutungsstörungen wie Stenose der A. subclavia). Danach ist der Arm zu benutzen, an dem der höchste Wert gemessen wurde.

Zur **Blutdruckmessung** werden ein heute übliches Blutdruckmessgerät mit aufblasbarer Manschette und Federmanometer sowie ein Stethoskop benutzt. Die übliche Abkürzung für den Blutdruckwert **RR** steht für **Riva-Rocci** (italienischer Arzt, der 1896 das erste Quecksilbermessgerät zur Blutdruckmessung erfand).
Die Maßeinheit ist **mmHg** (Millimeter Quecksilbersäule) nach den alten Manometern. Die Angabe kPa (Maßeinheit Pascal) findet sich auf der Anzeige einiger moderner Geräte, hat sich aber in der Medizin nicht durchgesetzt.
Zur Messung wird die **Blutdruckmanschette** angelegt. Für sichere Messergebnisse sollte die angelegte Manschette in ihrer Breite ca. drei Viertel des Oberarms umschließen.
Elektronische Messgeräte gibt es zum Einsatz am Oberarm oder am Handgelenk. Hier ist es wichtig, den eingebauten Messfühler exakt auf der jeweiligen Arterie zu platzieren. Es sollten vor Gebrauch vergleichende Messungen gemacht werden, um die korrekte Durchführung zu überprüfen (▸ **s. Modul 3, Kap. II.3.2**).

1.4.2 Pflege bei Herzinsuffizienz

Menschen mit einer eingeschränkten Herzleistung (Herzinsuffizienz) sind grundlegend in ihrer Belastbarkeit eingeschränkt. Permanent kommt es zu einer chronischen Unterversorgung des Blutes und somit des gesamten Organismus mit Sauerstoff.
Typische Merkmale bei Kindern mit **Trisomie 21** und Herzinsuffizienz sind die rot-bläulich gefärbten Wangen und Lippen sowie eine bläuliche Färbung des Gewebes unter den Finger- und Zehennägeln.
Folgende Teilbereiche der Alltagsstruktur unterliegen bei der Pflege von Menschen mit Herzinsuffizienz besonderer Aufmerksamkeit:

Ernährung

Durch eine angepasste und gezielte Auswahl von Speisen und Getränken lässt sich der Verlauf einer Herzerkrankung beeinflussen. Übergewicht belastet das Herz zusätzlich, daher empfiehlt sich eine leicht verdauliche und bekömmliche Kost. Der Speiseplan sollte salzarm sein, um zusätzliche Wassereinlagerungen (Folge einer übermäßig salzhaltigen Kost) im Gewebe zu vermeiden. Es wird für einen erwachsenen Menschen eine Kochsalzreduktion auf 6 Gramm täglich empfohlen. Es ist ratsam, auch auf eine ballaststoffreiche Kost zu verzichten, da der hierfür nötige intensive Verdauungsprozess (inklusive seiner Begleiterscheinungen wie Blähungen) das Herz-Kreislauf-System zusätzlich belastet.

Trinkmenge. Ein weiterer Pflegeschwerpunkt liegt in der Beobachtung (und gegebenenfalls Dokumentation) der Flüssigkeitsversorgung. Empfohlen wird eine Trinkmenge von ca. 1.000 bis 1.500 ml natriumarmem Mineralwasser. Als Faustregel gilt: Trinkmenge etwa 500 ml über der messbaren Ausscheidungsmenge (Urin) des Vortags.

Beim Kochen würzen, wenig salzen.
Kein zusätzliches Salz bei Tisch.
Meiden von Lebensmitteln mit hohem Kochsalzanteil (Natrium > 400 mg / 100 g Kochsalz > 1 g / 100 g). Etwa 3 g Salz enthalten • 100 g Salami (etwa 5 Scheiben) • 150 g Kasseler • 125 g Camembert oder • 50 g Matjesfilet
Bevorzugen kochsalzarmer Lebensmittel: • frisches Gemüse • frisches Obst • Obstsäfte • frisches Fleisch • frischer Fisch • Reis, Teigwaren • Pflanzenöle • Diätmargarine

Abb. 1 Kochsalzreduktion

Gewichtskontrolle

Rasche Gewichtszunahme kann ebenfalls ein Zeichen von Wassereinlagerungen sein. Bei der Herzinsuffizienz ist es daher sinnvoll, jeden Tag das Gewicht zu bestimmen:
- nach dem Aufstehen (vorher Wasser lassen)
- unbekleidet
- immer auf derselben Waage
- Waage nicht verstellen

Die gemessenen Werte sollten dokumentiert und bei Besuchen jeweils dem Arzt gezeigt werden.

Eine Gewichtszunahme von bis zu 2 kg in 2 bis 3 Tagen sollte umgehend dem betreuenden Arzt mitgeteilt werden.

Wird durch den behandelnden Arzt eine Flüssigkeitsbeschränkung angeordnet, muss die Flüssigkeit exakt bilanziert werden (▸ **s. Modul 5, Kap. I.10.2, Ernährungszustand**).

Erleichterung der Atmung durch Lagerung

(**Atemunterstützende Lagerungen, ▸ s. Modul 4, Kap. II.4.3.2**)

Bei der **Rechtsherzinsuffizienz** wird die Atmung häufig durch Einengung der Lunge (Wasseransammlungen im Bauch) beeinträchtigt. Erleichterung erfährt der Betroffene durch eine **Oberkörperhochlagerung** oder aufrechtes Sitzen, was eine größere Atmungsfläche bewirkt.
Bei einer **Linksherzinsuffizienz** ist die Atmung durch Flüssigkeitsansammlungen im Lungengewebe gestört. Hier kann durch den nach vorn gebeugten sogenannten **Kutschersitz** (▸ **s. Modul 4, Kap. II.4.3.1**) geholfen werden. Dabei wird durch Aufstützen der Arme der Schultergürtel vom Brustkorb abgehoben und somit die Ausdehnung der Lunge erleichtert. Es kommt zusätzlich zu einem verbesserten Einsatz der Atemhilfsmuskulatur.
Insgesamt sollten Menschen mit Herzinsuffizienz so wenig wie möglich liegen.
Nachts kann durch Hochlagerung der Arme und Entspannung der Bauchmuskulatur durch eine Knierolle die Atmung erleichtert werden. Bei schwerer Herzinsuffizienz und bei bettlägerigen Kranken ist ein Krankenbett mit Verstellmöglichkeiten (sogenanntes Herzbett) für die Versorgung erforderlich. Durch eine Hochlagerung der Unterschenkel kann den Ödemen vorgebeugt werden. Die Aufrichtung des Oberkörpers unterstützt die Atmung.
Allerdings muss auch diese Lagerung öfter gewechselt werden (beidseitige flache Seitenlagerung), um eine Minderbelüftung der unteren Lungenabschnitte (Pneumoniegefahr) und Lagerungsschäden (Dekubitus) zu vermeiden.

Angstminderung

Atemnot ist oft mit Angstzuständen verbunden. Deshalb sollten gefährdete Pflegebedürftige möglichst über die Zusammenhänge aufgeklärt werden. Das Einüben der geeigneten Maßnahmen zur Atemerleichterung (▸ **s. Modul 4, Kap. II.4.3**) und eine gesprächsbereite Haltung verbunden mit ruhigem Auftreten wirken unterstützend.

Abb. 1 Angst und Atemnot

1.4.3 Pflege bei Schrittmacherversorgung

Bei Klienten mit Herzschrittmachern sollte täglich eine Pulskontrolle durchgeführt werden. Dabei muss der Puls über eine Minute ausgezählt werden. Es ist auf Unregelmäßigkeiten oder Pausen zu achten.
Subjektiv empfundenes Herzklopfen, Schwindel, anhaltender Schluckauf, Herzrasen und Atembeschwerden sollten ärztlich abgeklärt werden, ebenso Schmerzen und Entzündungszeichen am Ort der Implantation.
Der Betroffene sollte bei der Wahrnehmung seiner Kontrolltermine unterstützt werden. Bei Menschen mit Behinderung sollte dies von der Fachkraft stets begleitet werden.

Diese sind:
- direkt nach der Implantation,
- 6 Wochen bis 3 Monate danach,
- 6 Monate nach der Operation,
- bei problemloser Funktion dann alle 6 Monate.

Menschen mit Herzschrittmacher können bedenkenlos elektrische Geräte wie Fernseher, Computer oder Haushaltsgeräte nutzen. Heizdecken und Induktionsherde können Störungen verursachen. Das Gleiche gilt für Therapiegeräte (TENS-Geräte).

Mobiltelefone sollten allerdings stets auf der Seite gehalten werden, die dem implantierten Herzschrittmacher gegenüberliegt.
Vermieden werden sollte die Nähe von Sendeanlagen (Rundfunk) und Kraftwerken (Umspannstationen) sowie starken elektrischen Feldern wie z. B. ein laufender Automotor (nicht mit dem Oberkörper darüberbeugen).
Vor Untersuchungen oder Behandlungen sollte die Fachkraft den Arzt oder die Ausführenden über den Schrittmacher informieren, da in der medizinischen Diagnostik und Therapie häufig mit elektrischen Feldern gearbeitet wird. So z. B. bei der Kernspintomografie, der Nierensteinzertrümmerung und bei allen Operationen, bei denen eine Blutstillung mit Elektrogeräten erfolgt.

1.4.4 Krankenbeobachtung bei Erkrankungen des Blutes

Bei der Krankenbeobachtung von an hämatologischen Erkrankungen leidenden Personen ist vor allem auf Anzeichen von Anämien, Gerinnungsstörungen und Infektionsgefährdung zu achten. Dabei sollte auch scheinbar unwichtigen Veränderungen Beobachtung geschenkt werden. Gerade im Anfangsstadium einer Blutkrankheit ist das Symptombild oft diffus und uneinheitlich. Aufschluss bringt in den meisten Fällen erst eine Blutuntersuchung im Labor.

Anämie

Bei der Anämie finden sich typische Zeichen einer **Sauerstoffunterversorgung**. Am auffälligsten ist meist eine sich langsam entwickelnde Leistungsschwäche, die später in bleierne Müdigkeit übergeht. Üblicherweise aktive Personen werden antriebslos, meiden Bewegung und geraten bereits bei geringen Anstrengungen außer Atem.
Bei der Kontrolle der **Vitalzeichen** ist ein erhöhter Puls (Tachykardie) und ein meist niedriger Blutdruck festzustellen. Der Körper versucht, die mangelnde Aufnahmekapazität des Blutes für Sauerstoff durch Beschleunigung der Blutzirkulation zu kompensieren. Dadurch ist den Betroffenen häufig schwindelig, was besonders beim Aufstehen zu beachten ist, um Stürzen vorzubeugen.

> Bei einer bislang unauffälligen koronaren Herzerkrankung kann der Sauerstoffmangel zu Herzschmerzen und bei Belastung zum Angina-pectoris-Anfall führen.

Die Haut der Betroffenen erscheint blass, manchmal auch fahlgelb. Auch die Schleimhäute wirken heller als beim Gesunden. Beruht die Anämie auf einem **Eisenmangel**, lassen sich als Zeichen der gestörten Zellfunktion häufig eine spröde, rissige Haut und Rhagaden an den Mundwinkeln beobachten. Die Kopfbehaarung wirkt strohig und glanzlos, die Nägel werden brüchig.

Gerinnungsstörungen

Häufig und schon nach kleinsten Stößen oder mechanischen Beanspruchungen auftretende deutliche **Hämatome** („blaue Flecken") können Zeichen einer Gerinnungsstörung sein. Kleine Hautblutungen nach leichten äußeren Einwirkungen oder ohne erkennbaren Grund, besonders an den Händen und Armen, sind ein Zeichen ungenügend ausgebildeter Gefäßwände.

Infektionsneigung

Die **Schwächung der Immunabwehr** ist ein typisches Merkmal von Störungen im Bereich der weißen Blutkörperchen, häufig die Folge einer Krebserkrankung (Leukämie). Durch den Mangel an funktionsfähigen Leukozyten kommt es zu Infekten vor allem der Atem- und Verdauungswege, aber auch des Urogenitaltrakts. Außerdem nimmt die Schwere der Erkrankungen zu. Häufig lassen sich infektiöse Veränderungen der Mundschleimhaut (Soor, Stomatitis, Ulcera) und in Hautfalten beobachten.
Die Körpertemperatur sollte im Falle eines Infekts täglich und nach Bedarf überprüft werden. Manchmal treten auch plötzliche, z. T. heftige Fieberschübe auf, die nicht durch Infekte erklärbar sind, die jedoch auf die angegriffene Abwehrlage hinweisen. Auch auftretender Nachtschweiß bei sonst fehlendem Krankheitsgefühl sollte beobachtet und bei längerer Dauer ärztlich abgeklärt werden. Die Betroffenen benötigen im Vergleich zu gesunden Personen oft weit längere Erholungszeiten. In vielen Fällen schleppen sie sich von einem Infekt zum nächsten, was sowohl ihre Psyche belastet als auch den Körper nachhaltig schwächt.

1.4.5 Pflege bei Antikoagulantientherapie

Für Menschen mit Behinderung, die Antikoagulantien wie z. B. Marcumar einnehmen, sind besondere Schutzmaßnahmen notwendig, da die Blutungsgefahr erhöht ist. In den Einrichtungen der Behindertenhilfe müssen die beteiligten Fachkräfte informiert sein, um im Fall einer Blutung schnell zu reagieren.

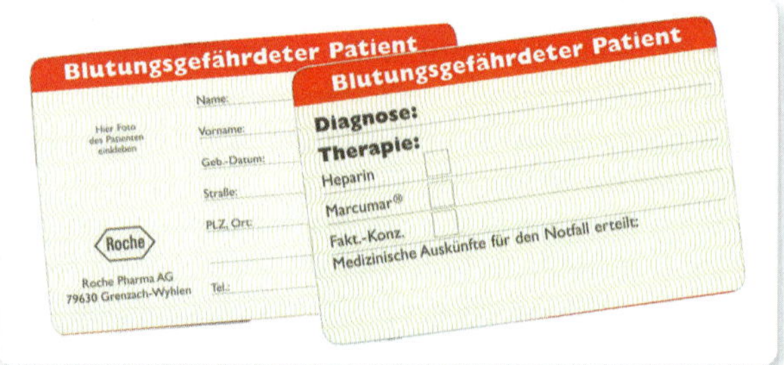

Abb. 1 Hinweis auf Antikoagulantientherapie

Bei der **Unterstützung der Therapie** ist Folgendes zu beachten:
- Marcumartabletten streng nach Plan und stets zur gleichen Tageszeit einnehmen.
- Möglichst konstante Vitamin-K-Zufuhr (Vitamin K ist Gegenspieler des Marcumar), d. h. stark Vitamin-K-haltige Nahrungsmittel wie Salat, grüne Gemüsesorten wie Kohl nur in Normalportionen.
- Bei vergessener Einnahme auf keinen Fall die Dosis „nachholen", vielmehr den Arzt informieren.
- Regelmäßige Kontrollen der Blutgerinnung mit nachfolgender individueller Dosierung der Tabletten nach dem durch den Arzt gemessenen Quickwert (zeigt den Gerinnungsstatus an).
- Marcumarpass oder entsprechendes Papier außer Haus immer dabeihaben.

Allgemeine Vorsichtsmaßnahmen helfen, das Leben des Marcumarpatienten komplikationsfrei zu gestalten:
- Trockenrasur statt Nassrasur (Minimierung der Verletzungsgefahr)
- Sturzprophylaxe
- Jede Blutung sowie „blaue Flecke" sofort dem behandelnden Arzt mitteilen.
- Bei „Teerstuhl" (durch Blutungen im Darm verursacht) sofort beim Arzt vorstellen.
- Vor kleinen Operationen oder Zahnextraktionen Situation mit dem behandelnden Arzt abklären.

- Keine Schmerzmittelgabe (z. B. Ibuprofen, ASS) ohne ärztliche Abklärung.
- Keine i. m.-Injektionen ohne ärztliche Rücksprache.

Krankenbeobachtung

Gefäßerkrankungen entwickeln sich unter Umständen schleichend und können damit der direkten Wahrnehmung entgehen. Neben einer Beobachtung von Blutdruck und Puls mit allgemeinen Aussagen zur Funktion des arteriellen Systems gehören spezielle Beobachtungen zur Feststellung von Störungen in den oben beschriebenen Gefäßsystemen. Hierbei müssen sowohl Schmerzen als auch Funktionsstörungen und Hautveränderungen in einen richtigen Zusammenhang gebracht werden.

System	Beobachtung	Hinweis auf
Arterien	• Schmerzen beim Gehen • kalte, blasse Extremitäten • fehlende Pulse	arterielle Verschlusskrankheit
Venen	• Besenreiser • stark geschlängelte Venen im Stehen • dunkelbraune Hautverfärbungen im Knöchelbereich	Krampfaderleiden
	• Rötung mit tastbarer Schwellung	Thrombophlebitis
	• Schwellung des ganzen Beins • blaurote Verfärbung • Schmerzen	tiefe Venenthrombose
Lymphsystem	Schwellung	Lymphödem

Abb. 1 Beobachtungen bei Erkrankungen des Gefäßsystems

1.4.6 Thromboseprophylaxe

Besonders ältere Menschen und Menschen mit einer eingeschränkten Beweglichkeit sind – bedingt durch eine länger andauernde Immobilität – **thrombosegefährdet**. Durch die eingeschränkte körperliche Aktivität ist der Blutfluss verlangsamt, was die Entstehung einer Thrombose begünstigen kann. Weitere **Risikofaktoren** sind Übergewicht, die erhöhte Gerinnbarkeit und Viskosität des Blutes und Gefäßveränderungen. Damit kommt der Thromboseprophylaxe auch bei Menschen mit Mehrfachbehinderungen eine besondere Bedeutung zu. Betroffen sind in erster Linie Menschen mit Trisomie 21 (Gewebsschwäche) und gleichzeitigem Übergewicht. Ziel der Prophylaxe ist es, den Hauptursachen, die zur Entstehung einer Thrombose führen, entgegenzuwirken, d. h.:
- den venösen Rückfluss steigern,
- die Gerinnungsbereitschaft senken,
- Venenwandveränderungen/-schäden vorbeugen.

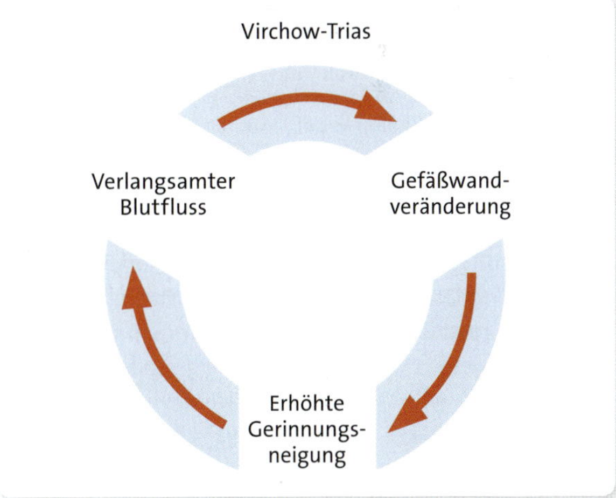

Abb. 2 Hauptursachen der Thromboseentstehung

Pflegerisches Vorgehen

Beobachtung auf Thrombosezeichen. Die klassische Symptomatik besteht in Schmerzen und Spannungsgefühl, insbesondere in den Waden (Wadendruckschmerz, Wadenschmerzen beim Fußstrecken), gespannter, glänzender, rötlich blauer

Haut, Überwärmung, Schwellung und vermehrter Füllung der oberflächlichen Venen. Häufig klagen die Betroffenen auch über einen Fußsohlenschmerz beim Gehen.

Auswahl, Durchführung und Überwachung geeigneter Maßnahmen. Die prophylaktischen Maßnahmen müssen auf die Bedürfnisse und die spezielle Situation des Einzelnen bezogen und mit den Mitgliedern des Teams (Pflegekräfte, Arzt, Physiotherapeut) und den Eltern besprochen und abgestimmt werden.

Ziele	Maßnahmen
Steigerung des venösen Rückflusses	• Mobilisation • Venenkompression • Hochlagerung der Beine • Aktive und passive Gymnastik
Gerinnungsbereitschaft senken	• Heparinisierung • Ausreichende Flüssigkeitszufuhr
Veneninnenwandveränderungen / -schäden vorbeugen	• Ausstreichen der Venen • Reduzierung von Übergewicht • Obstipationsprophylaxe • Vermeidung von: – lang andauernder sitzender Körperhaltung – einengender Kleidung (z. B. einschnürende Strümpfe und Wäsche, enge Schuhe) – lang anhaltender Wärmeeinwirkung (z. B. sehr warme Voll- und Fußbäder)

Abb. 1 Ziele und Maßnahmen der Thromboseprophylaxe

Kommunikation mit der gefährdeten Person. Vor Beginn der Prophylaxe sollte die Zeit für ein Informations- und Motivationsgespräch fest in den Ablauf eingeplant werden. Hilfreich bei der Vermittlung der bevorstehenden Maßnahmen sind bebilderte Broschüren, die gemeinsam mit dem Betroffenen besprochen werden können. Ein großzügig geplanter Zeitrahmen für das Gespräch gibt dem Betroffenen die Möglichkeit, in Ruhe nachzudenken und evtl. Fragen an die Fachkraft zu richten. Während des Gesprächs sollten neben den theoretischen Inhalten bereits erste prophylaktische Maßnahmen mit dem Klienten durchgeführt werden. So erhält er eine Vorstellung davon, welche konkreten Maßnahmen auf ihn zukommen. Des Weiteren kann die Fachkraft abschätzen, inwieweit der Betroffene in der Lage ist, mitzuarbeiten.
Bei Menschen mit Behinderung, die sich nicht äußern können, ist eine aufmerksame Beobachtung und kompetente Einschätzung des Zustands des Klienten vonseiten der Fachkraft von großer Bedeutung.

Mobilisation

Trotz aller körperlichen Beeinträchtigungen sollte der Betroffene seine Alltagsverrichtungen so weit wie möglich selbstständig erledigen. Die Fachkraft sollte dazu animieren, das Bett möglichst oft zu verlassen, um beispielsweise das Essen am Tisch einzunehmen, die Körperpflege im Bad durchzuführen oder an den verschiedenen gesellschaftlichen Veranstaltungen im Haus teilzunehmen. Körperliche Aktivität steigert den Blutfluss und verringert damit das Risiko einer Thrombose.
Bei bestehender **Thrombophlebitis** sollte der Betroffene nur mit Kompressionsstrümpfen aufstehen. Das Gehen fördert die Tätigkeit der Muskelpumpe, die durch die Kompression des Verbandes oder Strumpfes unterstützt wird.

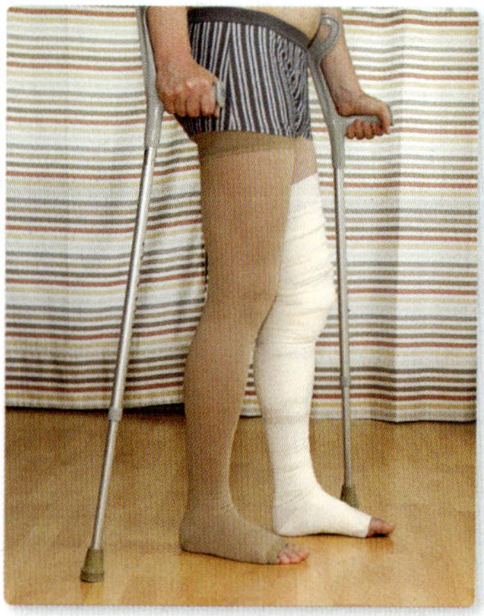

Abb. 2 Kompressionsstrümpfe

Hochlagerung der Beine

Eine sehr einfache Methode zur Förderung des venösen Rückflusses ist das Hochlagern der Beine im Winkel von ca. 20°. Der Oberkörper sollte dabei nicht zu hoch gelagert werden, da durch vermehrte Hüftbeugung der venöse Rückfluss erschwert wird.

> Bei **arteriell** bedingten Gefäßerkrankungen darf das betroffene Bein **nicht** hochgelagert werden. Hochlagerung nur nach ärztlicher Rücksprache.

Gymnastik

Bei Bettlägerigkeit kann der venöse Rückfluss durch gymnastische Übungen zur Anregung der **Muskelpumpe** verbessert werden. Die Übungen sollten zunächst unter fachlicher Anleitung eines Physiotherapeuten oder einer Fachkraft erfolgen.

Abb. 1 Thromboseprophylaxe

Der Bettlägerige sollte dann mehrfach täglich selbst aktiv werden und Übungen im Bett durchführen (▶ **Abb. 1**). Bei großer Schwäche können die Übungen auch assistiert durch die Fachkraft durchgeführt werden.

> Die Gymnastik sollte regelmäßig durchgeführt werden, da nur während der Übungsphase der venöse Rückstrom durch die Betätigung der Muskelpumpe beschleunigt wird.

Weitere Maßnahmen

Heparinisierung. Ziel der Heparinisierung (**s.c. Injektionen von Heparin**) ist die Hemmung der Gerinnungsbereitschaft des Blutes zur Vorbeugung venöser Thrombosen. Heparingaben werden dann vom Arzt angeordnet, wenn die physikalischen Maßnahmen zur Thromboseprophylaxe allein nicht ausreichen.

Ausreichende Flüssigkeitszufuhr. Ein Flüssigkeitsdefizit wirkt sich auch auf die Zusammensetzung des Blutes aus. Durch den Wassermangel wird das Blut dickflüssiger und das Risiko einer Thromboseentstehung wesentlich gesteigert.

Reduzierung von Übergewicht. Besonders nachhaltig wirken sich große Fettdepots im Bauchraum auf die großen Beckenvenen aus. Durch den erhöhten abdominellen Druck wird der venöse Rückstrom behindert. Mit Übergewichtigen sollten gewichtsreduzierende Maßnahmen besprochen werden.

Obstipationsprophylaxe. Stuhlverstopfung und starkes Pressen bei sehr hartem Stuhl erschweren ebenfalls den venösen Rückfluss und erhöhen damit die Thrombosegefahr.

1.4.7 Kompressionstherapie

Durch das Anlegen der **Kompressionsstrümpfe** oder der **Kompressionsverbände** werden die oberflächlichen Venen komprimiert, sodass das Blut in den tieferen Venen schneller herzwärts fließen kann. Außerdem bilden Kompressionsstrümpfe bzw. Kompressionsverbände ein Widerlager für die Muskulatur und verstärken so den Effekt der Muskelpumpe. Nach längerer Bettruhe erfolgt zuerst die Venenkompression vor der anschließenden Mobilisation, um so die Gefahr einer Thrombose zu vermeiden.

> Kompressionstrümpfe und Kompressionsverbände sind verboten bei
> - arteriellen Durchblutungsstörungen bzw. Verschlusskrankheiten
> - Polyneuropathie
> - Allergie auf das Strumpfmaterial
> - dekompensierter Herzinsuffizienz

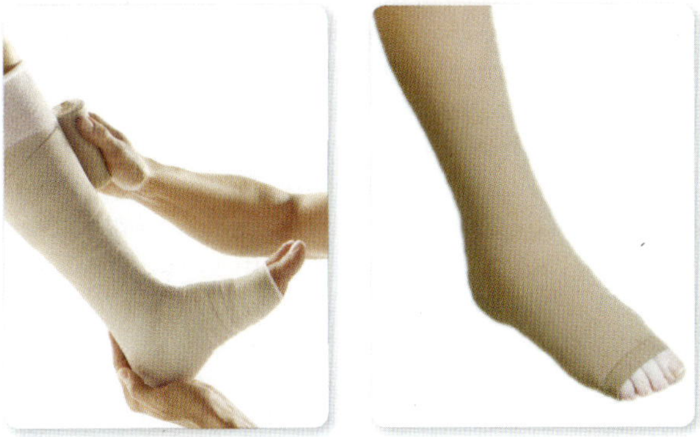

Abb. 2 Kompressionsverband, medizinischer Kompressionstrumpf (MKS)

Kompressionsstrümpfe

Kompressionsstrümpfe werden in verschiedenen Größen, Längen (Wadenstrumpf, Schenkelstrumpf, Strumpfhose) und Kompressionsklassen (I–IV) von den Herstellern angeboten Die mitgelieferten Maßbänder und Größentabellen ermöglichen es, die richtige Größe zu ermitteln. Beim Maßnehmen werden:
- Beinlänge,
- dickste Stelle am Oberschenkel,
- dickste Stelle am Unterschenkel und
- die Fessel gemessen.

Stimmen die Messwerte nicht mit den Konfektionsmaßen überein, müssen die Strümpfe individuell angefertigt werden (Sanitätsfachgeschäft).

Wichtige Kontrollen
- Oberer Rand des Strumpfes endet an der Gesäßfalte (oder unter dem Knie)
- Faltenfreier Sitz
- Gute Zehendurchblutung (15 Min. nach dem Anziehen)

Kompressionsverband

Die Beine werden bandagiert, wenn Strümpfe nicht vertragen werden und die Beine auch für eine Maßanfertigung zu unförmig sind.

Beim Anlegen ist darauf zu achten, dass
- Zehengrundgelenk und Ferse mitgewickelt sind,
- gefährdete Stellen abgepolstert werden,
- der Druck vom Fuß zum Oberschenkel hin abnimmt,
- die Zehen gut durchblutet sind.

Medizinische Thromboseprophylaxestrümpfe (MT-Strümpfe)

Die oben beschriebenen Methoden der Kompressionstherapie dienen auch der Verhütung von Thrombosen und werden bei **mobilen** Menschen durchgeführt. Soll bei Bettlägerigkeit oder weitgehender **Immobilität** die Entstehung von Thrombosen minimiert werden, kommen spezielle Strümpfe zum Einsatz. Medizinische Thromboseprophylaxestrümpfe (**MT-Strümpfe**) sind ebenfalls zur Kompression der oberflächlichen Beinvenen geeignet. Die Anpassung erfolgt nach Beinlänge, Dicke des Oberschenkels und Wadenumfang. Der passende Strumpf wird aus bis zu neun Größen herausgesucht.
MT-Strümpfe sind immer oberschenkellang und üben aufgrund ihrer Herstellungsart einen fast gleichmäßigen Druck auf das Gewebe des ganzen Beins aus. Sie unterscheiden sich damit von den oben beschriebenen Kompressionsstrümpfen, bei denen der Druckverlauf von unten nach oben abnimmt. MT-Strümpfe sind somit bei aufrechter Haltung und beim Gehen **nicht** ausreichend.

- MT-Strümpfe müssen 24 Std. getragen werden.
- Kurze Wechsel zur Körperpflege sind möglich, dabei Hautbeobachtung wegen ständiger Bedeckung (Hautpilz).
- Alle 2 bis 3 Tage wechseln.
- Leiern durch Waschen aus, müssen dann ersetzt werden.

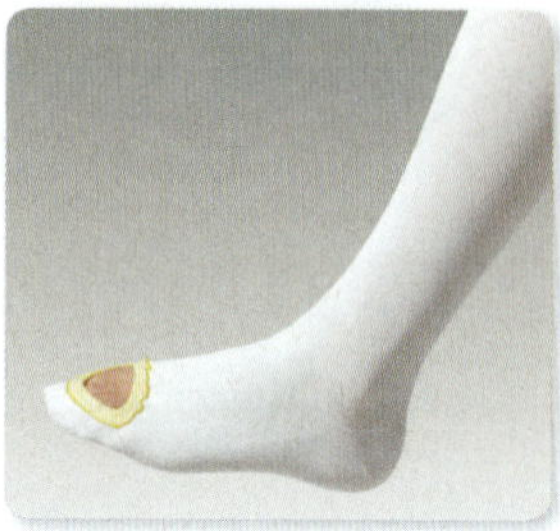

Abb. 1 MT-Strumpf zur Entlastung des Venensystems

1.4.8 Lymphdrainage

Die **manuelle Lymphdrainage** ist eine Variante der klassischen Massage. Sie dient jedoch nicht der Lockerung und Entspannung der Muskulatur, sondern soll durch spezielle Grifftechniken den Abtransport von Gewebsflüssigkeit fördern. Die Methode wird vorwiegend als Therapie und Prävention chronischer Lymphödeme an oberen und unteren Gliedmaßen angewandt.

Ziele der Lymphdrainage
- Steigerung des Rücktransportes von Lymphflüssigkeit (Ödemrückbildung)
- Verbesserung der Eigenmotorik der Lymphgefäße
- Verringerung der Hautspannung
- Verbesserung der Beweglichkeit
- Reduzierung der Schmerzen
- Unterstützung der Wundheilung (z.B. bei Ulcus cruris, nach Operationen)

Vorgehensweise. Die manuelle Lymphdrainage darf nur von Fachkräften mit entsprechender Weiterbildung (Physiotherapeuten, Masseure) und nach vorheriger ärztlicher Rücksprache vorgenommen werden. Die Handgriffe verlaufen entlang der Abflussrichtung der Lymphbahnen. Dabei wird zunächst immer am Hals begonnen (Übertritt des lymphatischen Systems in das venöse System). Mit kreisenden rhythmischen Bewegungen wird die Eigenbewegung der Lymphgefäße angeregt und der Abfluss verbessert. Erst dann erfolgt die gezielte Behandlung der betroffenen Extremität.
Durch kreisförmige, mit leichtem Druck ausgeübte Massage mit flach aufgelegten Händen wird die Flüssigkeitsaufnahme aus dem Gewebe unterstützt. Dabei wird von proximal (körpernah) nach distal (körperfern) vorgegangen. Die dadurch

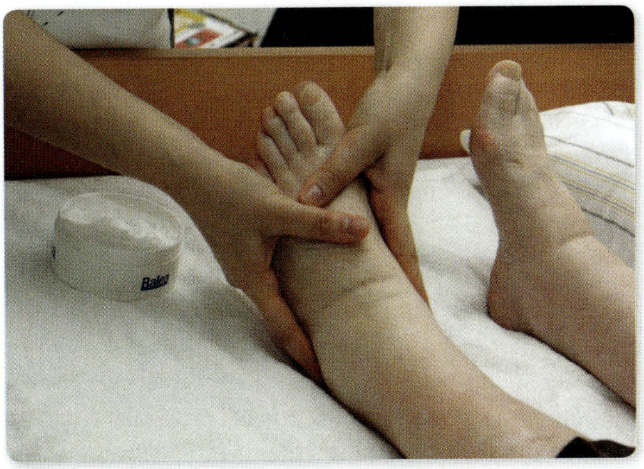

Abb. 1 Manuelle Lymphdrainage

erzielte Druckminderung in den jeweils „oberen" Lymphbahnabschnitten begünstigt die Flüssigkeitsaufnahme aus dem distalen Gewebe.

Die Lymphdrainage wird selten als alleinige entstauende Maßnahme eingesetzt. Zur weiteren Unterstützung der Ödemrückbildung erfolgt meist eine Kompressionsbehandlung nach der Drainage sowie krankengymnastische Übungen und Hautpflege.

Lymphdrainagen dürfen nicht angewendet werden bei:
- dekompensierter Herzinsuffizienz,
- Thrombose (Emboliegefahr!),
- akuten bakteriellen Entzündungen.

Aufgaben

1. Nennen Sie die Hauptsymptome der Herzinsuffizienz.
2. Nennen Sie Faktoren, die den Blutdruck beeinflussen.
3. Nennen Sie 5 wesentliche Maßnahmen, die zur Pflege bei der Herzinsuffizienz gehören.
4. Welche neuen Erkenntnisse gibt es hinsichtlich der Belastungsminderung bei Herzinsuffizienz? Überprüfen Sie, ob diese in der Praxis umgesetzt werden.
5. Situation: Ein von Ihnen betreuter Klient mit Marcumartherapie hat vom Orthopäden Diclofenac verordnet bekommen. Was halten Sie davon (nutzen Sie die Rote Liste® oder das Internet *http://medikamente.onmeda.de* und ▸ s. Modul 4, Kap. II.1.5)?
6. Beschreiben Sie den Wandaufbau der Blutgefäße.
7. Benennen Sie die Risikofaktoren der Arteriosklerose.
8. Was unternehmen Sie bei einem akuten arteriellen Verschluss im Bein?
9. Nennen Sie Risikofaktoren, die zu einer Thrombose führen können.
10. Situation: Sie haben den Verdacht, dass eine Klientin unter einer Thrombose im rechten Bein leidet. Welche Symptome stützen Ihre Vermutung?
11. Geben Sie einem Menschen mit Venenleiden Ratschläge zur Lebensführung.

2 Verdauungstrakt

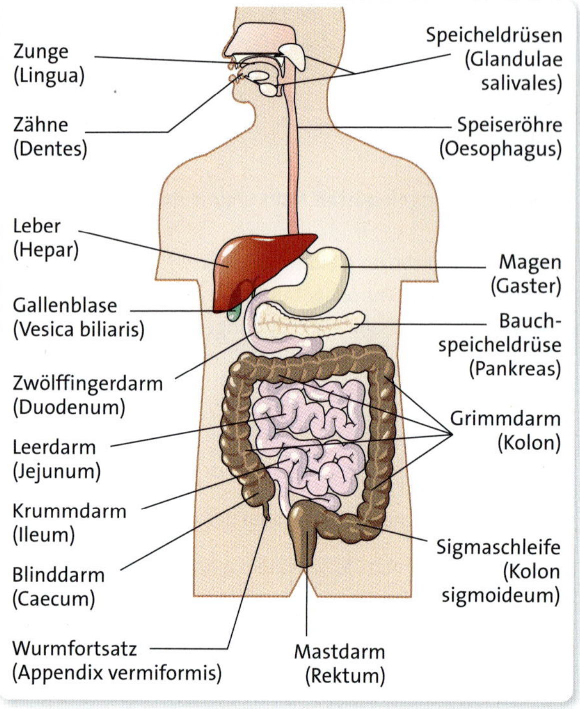

Abb. 1 Verdauungsapparat

2.1 Anatomie und Physiologie des Verdauungstrakts

2.1.1 Mundhöhle

Die Mundhöhle ist der erste Abschnitt des Verdauungstrakts. Sie wird nach vorne durch die **Lippen**, seitlich durch die **Wangen**, nach unten durch den **Mundboden** und nach oben durch den **Gaumen** begrenzt. Nach hinten hin bilden die Gaumenbögen mit dem Zäpfchen die **Schlundenge**, die den Übergang zum Rachen markiert.
Die in der Mundhöhle liegenden **Zähne** und die **Zunge** leiten – zusammen mit dem Speichel – die mechanische und chemische Zerkleinerung der Nahrung ein.

Zähne. Die Zähne zerkleinern die Nahrung. Dies ist die Voraussetzung für die Zuführung von Enzymen und den Weitertransport durch den Schluckakt.
Zähne sind aus mehreren Schichten aufgebaut: Die sichtbare äußere Schicht, der **Zahnschmelz**, besteht im Wesentlichen aus Calcium und Phosphat und ist die härteste Substanz des Körpers. Er ist kaum zu zerstören, aber empfindlich gegen Säuren (Karies entsteht durch säureproduzierende Bakterien). Darunter liegt das etwas weichere **Zahnbein** (Dentin), welches schmerzempfindlich ist und auf Hitze, Kälte und Berührungen unterschiedlich stark reagiert. Im **Zahnmark** verlaufen Nerven und Blutgefäße.

Zunge. Diese ist ein kompliziert aufgebauter **Muskel**. Sie unterstützt das Kauen, Schlucken, Saugen, Sprechen und ist auch ein empfindliches Tastorgan. Sie ist von einer Schleimhaut mit rauer Oberfläche überzogen. Dieser raue Eindruck entsteht durch die **Geschmacksknospen (Papillen)**. In diesen befinden sich hochempfindliche **Nervenendigungen** zur Wahrnehmung von
- Geschmacksqualitäten,
- Wärmequalitäten,
- Tasteindrücken.

Speicheldrüsen. In die mit Schleimhaut ausgekleidete **Mundhöhle** münden zahlreiche Speicheldrüsen. Der **Speichel** dient der Verbesserung der Gleitfähigkeit der zerkleinerten Nahrung und führt Enzyme zu, welche die Verdauung vorbereiten. Kleine Speicheldrüsen liegen im Bereich der gesamten Mundschleimhaut. Außerdem gibt es paarig angelegte größere Speicheldrüsen (▸ **Abb. 1**).
Je eine **Ohrspeicheldrüse (Parotis)** liegt vor dem rechten bzw. linken Ohr. Die **Unterkieferspeicheldrüsen** liegen am Unterkieferwinkel im Mundboden. Gleichfalls am Zungengrund münden die Gänge der **Unterzungenspeicheldrüsen**.
Die im Speichel enthaltenen Schleimstoffe **(Muzine)** machen den Bissen schluckfähig. Einzelne Nahrungsbestandteile werden im Speichel gelöst und ermöglichen so den Beginn der Verdauung schon im Mund und das Wirksamwerden von Geschmacksreizen. Durch das Enzym **Amylase** wird die Verdauung der Kohlenhydrate bereits beim Kauen eingeleitet.
Der Speichel ist alkalisch und ermöglicht damit das Wirken des Verdauungsenzyms. Außerdem dient er der Erhaltung des Zahnschmelzes durch Neutralisierung saurer Bakterienprodukte (s. oben). Die Fähigkeit des Speichels, Krankheitserreger abzuwehren, beruht auf enthaltenen **Immunglobulinen** und **Lysozym** (Enzym, das Bakterienwände auflöst).

Rachen (Pharynx). Der Rachen ist ein Muskel-Schleimhaut-Schlauch, den die Nahrung auf ihrem Weg von der Mundhöhle zur Speiseröhre durchquert. Sobald der Nahrungsbrei nach hinten gereicht wird und den Zungengrund, die Gaumenbögen oder die Rachenhinterwand berührt, wird der **Schluckreflex** ausgelöst. Dieser bewirkt nicht nur den Weitertransport der Nahrung, sondern verhindert zugleich, dass Nahrung in die Atemwege gelangen könnte, welche den Speiseweg im Rachen **kreuzen**. Der Nasenrachen wird nach oben mithilfe der quer gestellten Gaumensegel und des oberen Schlundschnürermuskels abgedichtet. Der **Kehldeckel** (Epiglottis) dichtet nach unten den Kehlkopfeingang ab und ist so geformt, dass der Nahrungsbrei sicher in die Speiseröhre abfließt, die rückwärts von Kehlkopf/Luftröhre liegt.

Nahrungstransport im Magen-Darm-Trakt. Der Schluckakt ist der letzte bewusste Akt des Transports der Nahrung im Körper. Danach gelangt der Speisebrei über die Speiseröhre in den Magen und von dort in den Darm. Diese Organe können durch rhythmisches Zusammenziehen und Entspannen der Muskulatur (**Peristaltik**) den Speisebrei aktiv transportieren. Die Regelung der Peristaltik erfolgt durch ein eigenes Nervengeflecht zwischen den Muskelschichten. Es wird in seiner Aktivität durch das vegetative Nervensystem gesteuert.

2.1.2 Speiseröhre

Die mit glatter Schleimhaut ausgekleidete **Speiseröhre (Ösophagus)** ist bis etwa 25 cm lang und verläuft in dem zwischen den Lungenflügeln liegenden Raum (Mediastinum). Ab hier ist der gesamte Magen-Darm-Trakt aus 3 Schichten aufgebaut:

- einer inneren **Schleimhautschicht** mit sehr unterschiedlichen Aufgaben,
- einer mittleren **Muskelschicht** aus innen ringförmig und außen längs angeordneten Muskeln,
- einer äußeren **glatten Schicht**, die ein Verschieben gegenüber anderen Organen ermöglicht (z. B. bei der Atmung).

2.1.3 Magen

Knapp unterhalb des Zwerchfells tritt die Speiseröhre in den Magen ein (▶ Abb. 1). Der Magen hat die Form des zunehmenden Mondes. Durch die Wandmuskulatur, die hier zusätzlich eine schräg verlaufende Schicht aufweist, kann sich der Magen dem jeweiligen Füllungszustand anpassen. Der Speisebrei wird im Magen bewegt und mit dem Magensaft vermengt. Die Schleimhaut des Magens hat Längsfalten, durch die die Oberfläche ebenfalls vergrößert wird.

In der Schleimhaut befinden sich **Drüsen** (▶ Abb. 2), die in spezialisierten Zellen die Bestandteile des Magensaftes produzieren (ca. 2 l/Tag). Die **Hauptzellen** im Magengrund sind Bildungsort für die **Endopeptidasen** (durch Salzsäure zu Pepsin aktiviert), die die Nahrungseiweiße spalten. In den **Nebenzellen** wird in der gleichen Region der **Magenschleim** gebildet (Schutz der Magenschleimhautoberfläche). Die **Belegzellen** in Magengrund und -körper sind Bildungsstätte von Salzsäure (HCl) und Intrinsic-Faktor. Durch die Salzsäure bekommt der Magensaft einen pH-Wert von 1 bis 1,5.

> Der pH-Wert einer Lösung kennzeichnet ihre saure oder alkalische Wirkung. Werte < als 7 sind sauer, Werte > als 7 sind alkalisch.

Der niedrige pH-Wert ist für die Aktivierung des Pepsins sowie die Abtötung von Krankheitskeimen in der Nahrung erforderlich. Darüber hinaus setzt **Salzsäure** Eisen aus der Nahrung frei und fördert dessen Aufnahme im Dünndarm. Der **Intrinsic-Faktor** ist notwendig für die Aufnahme von Vitamin B_{12} im Dünndarm.

Zusammengefasst hat der Magen folgende Funktionen:

- Depot für ca. 1,5 l Nahrungsbrei
- Verflüssigung der Nahrung durch Magensaft
- Aufschluss von Eiweiß durch Enzyme
- Abtötung von Keimen durch Salzsäure

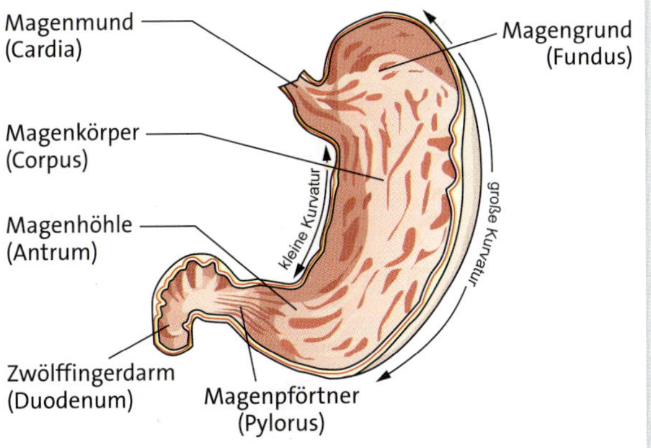

Abb. 1 Magen

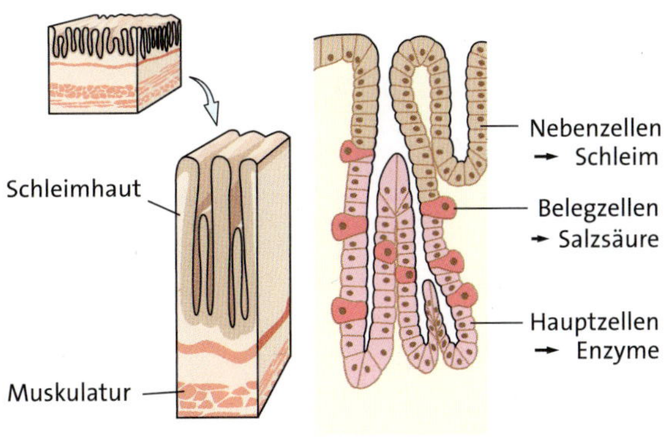

Abb. 2 Magenwand und Drüsen der Magenschleimhaut

2.1.4 Dünndarm

Über den **Magenpförtner** wird der Nahrungsbrei nach Durcharbeitung in den Dünndarm abgegeben. Hier werden die löslichen Nahrungsbestandteile in Blut und Lymphbahn aufgenommen. Dazu muss durch Sekrete der Bauchspeicheldrüse (▸ **s. unten**) und der Dünndarmschleimhaut der Nahrungsbrei alkalisch eingestellt werden (pH-Wert 8,3), um die Tätigkeit der Enzyme zu ermöglichen.

Der **Zwölffingerdarm** ist der erste Abschnitt des Dünndarms, ihm schließen sich weitere Dünndarmabschnitte an: der **Leerdarm (Jejunum)** und der **Krummdarm (Ileum)**. Beide sind insgesamt etwa 3 m lang und stark gewunden.

In der **Dünndarmschleimhaut** finden sich spezialisierte Zellen, die den Abbau der Eiweiße und Kohlenhydrate vervollständigen. Der Hauptanteil verdauungswirksamer Stoffe für die Aufbereitung der Nahrung in körpergerechte und resorbierbare Bestandteile stammt allerdings aus der Bauchspeicheldrüse und aus dem Leber-Gallenblasen-System.

Die Schleimhaut des Dünndarms (▸ **Abb. 1**) ist zur Vergrößerung der Oberfläche in ringförmige Falten gelegt. Zur weiteren Oberflächenvergrößerung bildet die Schleimhaut winzige **Ausstülpungen**, die **Zotten**. Sie sind so fein, dass die Schleimhaut ein samtartiges Aussehen hat. Durch zusätzliche Fältelung des Epithels entsteht ein **Bürstensaum**, der die Resorptionsleistung steigert. Zur Resorption aus dem Darm in Blut- und Lymphbahn findet sich in der Dünndarmwand ein dichtes bis in die Zotten hineinreichendes Netz von Blut- und Lymphkapillaren.

Resorption im Dünndarm

- **Kohlenhydrate**, die hauptsächlich als Zweifachzucker (Disaccharide) vorliegen, werden zu Einfachzuckern (Monosaccharide, z. B. Glucose) aufgespalten bzw. abgebaut.
- **Eiweiße**, die schon im Magen in kleinere Einheiten gespalten wurden, werden in Aminosäuren zerlegt.
- **Fette** werden in Fettsäuren und Glycerin gespalten, dann z. T. von Blutgefäßen, größtenteils aber von den Lymphgefäßen aufgenommen und über den Brustmilchgang (Ductus thoracicus) in das venöse System abgegeben. Über den Kreislauf erreichen sie dann ebenfalls die Leber.
- **Aminosäuren, Glucose, Salze, Vitamine** und **Spurenelemente** werden von Kapillaren aufgenommen und über die Pfortader zunächst zur Leber transportiert.

2.1.5 Leber und Gallenblase

Im **Zwölffingerdarm** werden dem Nahrungsbrei die Sekrete der Leber und der Bauchspeicheldrüse zugegeben.

Die **Leber (Hepar)** ist mit etwa 1500 g die größte Drüse des Körpers. Sie liegt unter dem Zwerchfell im rechten Oberbauch und ist vom Bauchfell überzogen. Sie ist in einen großen rechten und einen kleineren linken Leberlappen unterteilt. An der Unterfläche findet sich die sogenannte **Leberpforte** (Leberhilus). Hier treten die Leberarterie, die Pfortader und Nerven in die Leber ein. Der rechte und linke Lebergallengang, Venen und Lymphgefäße verlassen die Leber dort. Die Lebervenen münden unmittelbar in die untere Hohlvene ein (▸ **Abb. 2**).

Die Blutmenge, welche die Leber durchströmt, kommt zu etwa 25 % aus der **Leberarterie** und zu 75 % aus der **Pfortader** (Vena portae). Die Leberarterie versorgt die Leber mit Sauerstoff und Nährstoffen, die sie für sich und ihre Stoffwechsel-

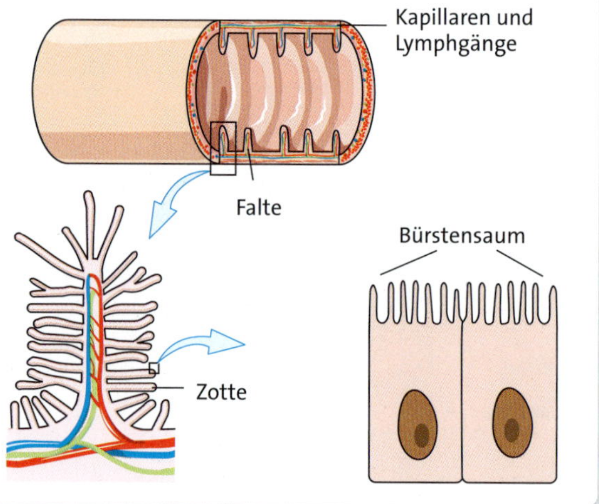

Abb. 1 Aufbau der Dünndarmwand

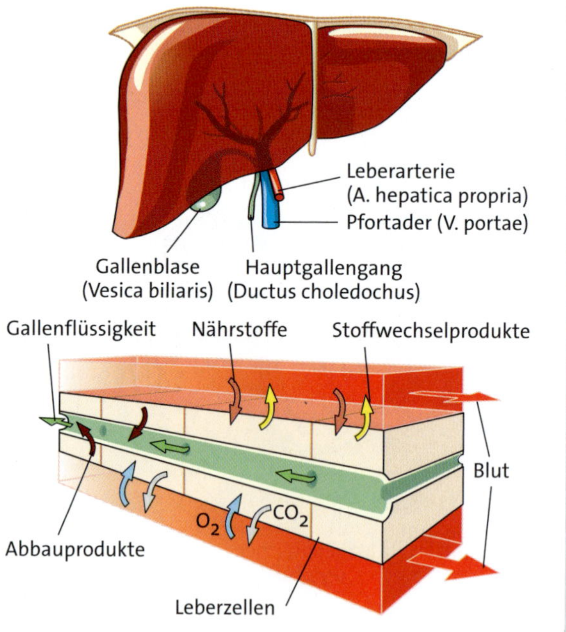

Abb. 2 Aufbau und Funktion der Leber

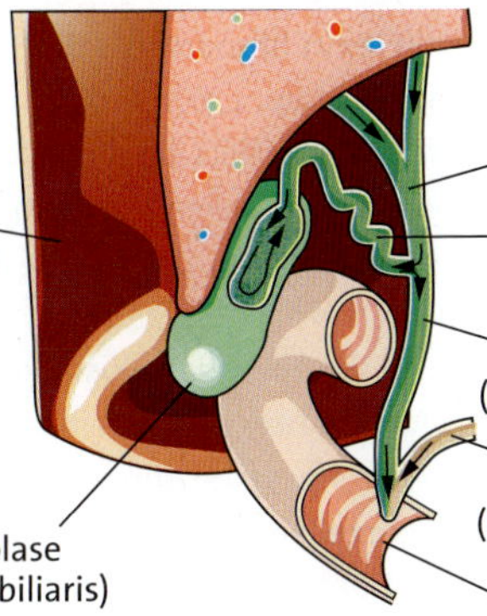

Abb. 1 Gallenblase und Gallengänge

tätigkeit braucht. Die Pfortader (venöses Gefäß) transportiert aus dem Magen-Darm-Trakt die dort aufgenommenen **Nährstoffe** und die nicht mehr verwertbaren **Stoffwechselendprodukte**. Die Leber speichert Glykogen, Eisen, Vitamin B_{12} und Vitamin A sowie Hormone. Sie „entgiftet" die Stoffwechselendprodukte und auch eine große Zahl von Medikamenten, das heißt, sie werden ab- oder umgebaut und damit in eine Form gebracht, die der Körper ausscheiden kann.

Eine weitere wichtige Aufgabe ist die Bildung von etwa 0,7 l **Gallenflüssigkeit** pro Tag. Fette verbinden sich kaum mit Wasser, die Nahrungsfette würden also auf dem Nahrungsbrei schwimmen wie Fettaugen auf der Brühe. Damit wären sie für die Enzyme sehr schlecht erreichbar. **Gallensäuren** in der Gallenflüssigkeit (aus **Cholesterin** gebildet) machen die Fette durch feinste Verteilung (durch Emulgieren) „wasserlöslich".

Die in der Leber kontinuierlich gebildete Gallenflüssigkeit wird in der **Gallenblase** (▸ **Abb. 1**) aufgenommen und gespeichert. Diese ist eine birnenförmige Blase von 8 bis 12 cm Länge, 4 bis 5 cm Breite und einem Fassungsvermögen von 50 bis 70 ml. Sie liegt an der Rückseite der Leber im **Gallenblasenbett** zwischen rechtem und linkem Leberlappen. Die in der Leber produzierte Galle wird zum Teil in der Gallenblase als „Vorrat" eingedickt. Ihre muskuläre Wand kann sich bei Bedarf zusammenziehen und Galle durch den Gallenblasengang in den Hauptgallengang (Ductus choledochus) abgeben. Dieser mündet zusammen mit dem Ausführungsgang der Bauchspeicheldrüse in den Zwölffingerdarm.

Das bei Übertritt des Nahrungsbreis in den Zwölffingerdarm freigesetzte Hormon **Sekretin** hemmt nicht nur die Salzsäurefreisetzung im Magen, sondern steigert auch die Gallenproduktion. Gleichzeitig wird in der Darmwand ein Hormon gebildet, das die Abgabe der Gallenflüssigkeit aus der Gallenblase fördert, besonders dann, wenn der Nahrungsbrei sehr fettreich ist.

Die Gallenflüssigkeit wird durch den Farbstoff **Bilirubin** gelbgrünlich gefärbt. Das Bilirubin entsteht beim Abbau der roten Blutkörperchen aus deren rotem Blutfarbstoff, dem Hämoglobin. Es ist zunächst wasserunlöslich und wegen seiner Fähigkeit, sich mit Fetten zu verbinden, schädigend für Körpergewebe (Zellmembranen bestehen zum großen Teil aus Fetten). Es wird im Blut deswegen an Transporteiweiße gebunden.

Nach Aufnahme durch die Leberzelle wird das Bilirubin mit einer speziellen Substanz (**Glukuronsäure**) gekoppelt und damit unschädlich und wasserlöslich (der Transport von vielen Medikamenten und ihre Umwandlung finden auf die gleiche Art und Weise statt). Das nun gelöste Bilirubin wird über die Gallenflüssigkeit in den Dünndarm abgegeben. 15 % werden im Dünndarm resorbiert und wieder der Leber zugeführt (Darm-Leber-Kreislauf).

Im Darm wird das Bilirubin z. T. durch Bakterien weiter abgebaut. Die Abbauprodukte bewirken die braune Farbe des Stuhls. Teile werden im Mastdarm resorbiert (unter Umgehung des Pfortadersystems) und im Urin ausgeschieden.

2.1.6 Bauchspeicheldrüse (Pankreas)

Die Bauchspeicheldrüse (▸ **Abb. 2**) ist ein lang gestrecktes, etwa 100 g schweres Organ, das im Mittelbauch oberhalb des Nabels liegt.

In dem **exokrinen** Anteil der Bauchspeicheldrüse werden Enzyme und Vorstufen von Enzymen für die Eiweiß-, Kohlenhydrat- und Fettverdauung gebildet, die **Peptidasen**, die **Amylasen** und die **Lipasen**. Sie sammeln sich im **Bauchspeicheldrüsengang**, der gemeinsam mit dem Gallengang in den Zwölffingerdarm mündet. Die Lipasen (Fettspaltung) können erst nach Vermischung mit dem Gallensaft ihre volle Wirkung entfalten. Die Amylasen (Kohlenhydratspaltung) liegen in aktiver Form vor. Zusätzlich sorgt das Sekret der Bauchspeicheldrüse für einen Anstieg des pH-Werts im Darm, der Nahrungsbrei wird alkalisch. Veränderungen in diesem Teil der Bauchspeicheldrüse führen zu Störungen der Verdauung, insbesondere der Fettverdauung.

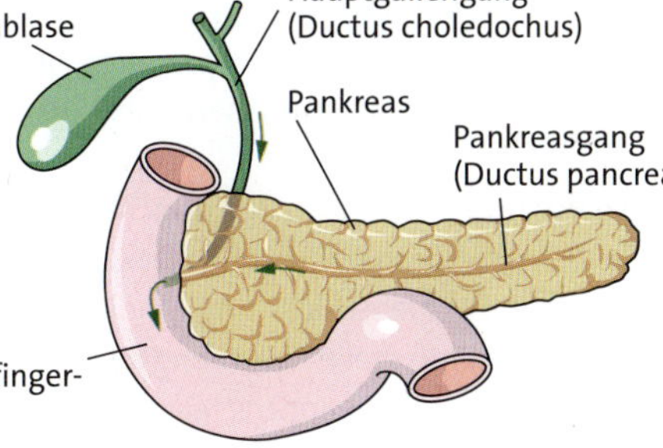

Abb. 2 Bauchspeicheldrüse

In dem viel geringeren **endokrinen** Anteil werden die Hormone gebildet, die den Blutzuckerspiegel stabil halten. Störungen dieses Anteils betreffen den Kohlenhydratstoffwechsel und führen zur Zuckerkrankheit (▶ **s. Modul 8, Kap. II.1**).

2.1.7 Dickdarm und After

An den Dünndarm schließt sich der **Dickdarm (Kolon)** an. Er rahmt in seinem Verlauf die Bauchhöhle – rechts aufsteigend, dann oben quer verlaufend und links absteigend – ein.
Der Beginn des aufsteigenden Dickdarms im rechten Unterbauch heißt **Blinddarm (Coecum)**. An diesem findet sich als Ausstülpung der etwa kleinfingerlange **Wurmfortsatz (Appendix)**. Die „Blinddarmentzündung" ist also eine Entzündung des Wurmfortsatzes.
Dem Blinddarm folgt der **Grimmdarm (Kolon)**, welcher den größten Teil des Dickdarms ausmacht. Das Kolon besteht aus einem aufsteigenden Anteil auf der rechten Bauchseite, einem quer verlaufenden Anteil etwa eine Handbreit unter dem Rippenbogen, einem absteigenden Anteil auf der linken Bauchseite und einem s-förmigen Anteil (Sigmaschleife), der durch das kleine Becken zum **Mastdarm (Rektum)** führt. Der Mastdarm schließt mit dem Darmausgang, dem **After (Anus)**, den Magen-Darm-Kanal ab. Hier ist die Muskulatur ringförmig angeordnet. Glatte Muskelfasern bilden den **inneren Schließmuskel**. Dieser wird von einem **äußeren Schließmuskel** aus quer gestreiften Muskelfasern bedeckt, welcher willkürlich zu betätigen ist. Unter der Schleimhaut befindet sich ein Geflecht von Blutgefäßen, die den muskulösen Verschluss wie ein Polster verstärken (**Plexus hämorrhoidalis**) und damit die Kontinenz sicherstellen (▶ **s. Kap. 2.3**).
Die Dickdarmschleimhaut hat – anders als im Dünndarm – keine Zotten mehr. Die einzelnen Zellen haben aber einen **Bürstensaum**, der gewährleistet, dass das Wasser, das mit den Drüsensekreten in den Darm abgegeben wurde, zurückgewonnen werden kann. Damit wird das Flüssigkeitsgleichgewicht im Körper aufrecht gehalten, sodass eine Konzentration der unverdaulichen Nahrungsreste zum **Kot** stattfinden kann. In sogenannten **Becherzellen** wird Schleim produziert, der das Gleiten des Kots im Darm gewährleistet.
Auf der Schleimhaut befinden sich Bakterien (**Darmflora**), die die unverdaulichen Nahrungsbestandteile (z. B. Cellulose) unter Gasbildung zersetzen. Eine weitere Aufgabe der Bakterien ist die Produktion von Vitaminen, insbesondere Vitamin K, das in der Blutgerinnung eine wichtige Rolle spielt.

Darmentleerung. Der Vorgang der Darmentleerung (**Defäkation**) läuft reflektorisch ab und ist willkürlich beeinflussbar, ähnlich dem Vorgang beim Wasserlassen (▶ **s. Modul 4, Kap. II.2.1**).
Nervenendigungen, die auf Dehnung reagieren, signalisieren dem Rückenmark, dass der Mastdarm gefüllt ist. Als Antwort erschlafft der innere Schließmuskel. Eine Entleerung kann aber nur eintreten, wenn über eine Einschaltung des Großhirns willkürlich der äußere Schließmuskel erschlafft.

2.2 Psychosoziale Aspekte

Das Einnehmen von Mahlzeiten findet sowohl allein als auch in einem gemeinschaftlichen Kontext statt. Das Abweichen von gesellschaftlich geprägten Normen und Gewohnheiten bewirkt allgemein Aufmerksamkeit. Ein Restaurantbesuch setzt das Beherrschen gewisser Regeln, Kulturtechniken und Fertigkeiten voraus bzw. hier wird ein solches Verhalten erwartet. Begriffe wie „schlingen" oder „reinhauen" beschreiben den Akt einer eher ungezügelten Nahrungsaufnahme. Auch Menschen mit Behinderung neigen zuweilen zu einem gesellschaftlich wenig bis gar nicht akzeptierten **Essverhalten**, wofür behinderungsspezifische Ursachen vorliegen.
Motorische Beeinträchtigungen, Beeinträchtigung des Sehvermögens, Schluckstörungen (häufig bei Cerebralparesen) oder ungenügender Lippenschluss sind als die häufigsten zu nennen. Erfährt der Betroffene Ablehnung durch sein Umfeld bzw. wird er zum Gespött für andere, reagiert er verunsichert und frustriert. Die Folgen sind einerseits Rückzug und ein mangelndes Selbstwertgefühl. Andererseits kann es durch eine Verweigerungshaltung zu Mangelernährungszuständen bzw. unzureichender Flüssigkeitszufuhr kommen, wenn der Betroffene ausschließlich auf Nahrungsmittel besteht, die er technisch leicht zu sich nehmen kann (z. B. Gabelbissen) bzw. wenn er zum Trinken ausschließlich einen mit einer Tülle versehenen Becher benutzt.
Mit Empathie und Geduld sollte die Fachkraft ihrem Klienten Alternativen aufzeigen und ihn in seinem Selbstwertgefühl stärken. Durch Verwendung von Spezialbesteck lassen sich motorische Beeinträchtigungen teilweise kompensieren. Diese Esswerkzeuge lassen sich problemlos in einem Restaurant verwenden. Auch sind gewisse Grundregeln und Techniken, gerade bei der Entwicklung bzw. Verbesserung motorischer Fähigkeiten, für den Menschen mit Behinderung durchaus erlern- und trainierbar.

2.3 Krankheitsbilder

2.3.1 Erkrankungen der Mundhöhle

Zahnerkrankungen sind häufig die Folge von ungenügender Pflege oder fehlender zahnärztlicher Behandlung. Eine Ernährung mit vielen zuckerhaltigen Speisen oder Süßigkeiten führt zu einer Veränderung des Milieus im Mund – es kommt zu einem Anstieg der Säuren –, die durch den Speichel nur sehr langsam ausgeglichen werden kann. Hierbei wird der Zahnschmelz angegriffen (**Karies**). Durch ungenügende Pflege können krankhafte Veränderungen im Bereich der Zahntaschen (**Parodontitis**) auftreten. Eiterungen im Kieferbereich (Zahnwurzel) können Streuherde für Bakterien sein, die die Gesundheit erheblich beeinträchtigen.

Durch konsequentes Zähneputzen nach jeder Mahlzeit werden Essensreste entfernt, der Speichelfluss angeregt und ein Haften von Zucker am Zahnschmelz vermieden.

Begleitung zum Zahnarzt. Auch für Menschen mit Behinderung ist der Besuch beim Zahnarzt mit Ängsten und zuweilen negativen Erinnerungen besetzt (▶ **s. auch Modul 6, Kap. II.1**). Umso wichtiger ist die Begleitung des Betroffenen durch eine Person seines Vertrauens. Es sollte für die regelmäßig stattfindende Kontrolle und alle erforderlichen Behandlungen eine geeignete Praxis gefunden werden. Für den Menschen mit Behinderung hat der Wiedererkennungswert der Praxis und des Ärzteteams große Bedeutung, er verleiht ihm Sicherheit und Orientierung. Mittlerweile gibt es in großen Städten Zahnarztpraxen, die spezielle Behandlungen, auch mit ambulanter Narkose, für Menschen mit Behinderung anbieten.

2.3.2 Schluckstörungen

Störungen des Schluckmechanismus sind durch Veränderungen im Bereich des Zentralnervensystems verursacht und betreffen unter anderem den Lippenschluss, die Koordination der Kau- und Zungenbewegungen oder die Funktion der Muskeln des Kehlkopfs und treten häufig bei Menschen mit Mehrfachbehinderung auf. Durch halbseitige Lähmungen kann es zu einem ungenügenden Verschluss kommen, der Kehldeckel „hakt" auf einer Seite.
Klienten mit Schluckstörungen wird Flüssigkeit häufig über einen Spezialbecher mit Tülle bzw. mit einem Löffel zugeführt. Eher selten erfolgt die Sicherstellung der Ernährung über eine Sonde.

2.3.3 Magen- und Zwölffingerdarmgeschwür (Ulcus ventriculi und Ulcus duodeni)

Grundlage ist eine erbliche Veranlagung. Psychosoziale Belastungssituationen, unregelmäßige Nahrungsaufnahme und Nikotingenuss sind zusätzliche schädigende Faktoren. Personen mit Suchterkrankungen, z.B. Alkoholabusus (▶ **s. Modul 3, Kap. III.2.4**), stellen in diesem Kontext eine besonders gefährdete Gruppe dar. Bei 80 % der Patienten treten immer wieder neue Geschwüre auf, Männer erkranken doppelt so häufig wie Frauen. In 60 bis 70 % der Fälle ist das Bakterium **Helicobacter pylori** nachweisbar. In Bereichen vorgeschädigter Schleimhaut greift der Magensaft die Magenwand an und kann sie zerstören. Es kommt zunächst zu einer leichten Oberflächenblutung, dann zu einem Schleimhautdefekt, der auch in tiefere Schichten vordringen kann.

Krankheitszeichen sind:

- Völlegefühl,
- Druck im Oberbauch,
- Übelkeit, eventuell Erbrechen,
- Sodbrennen,
- Schmerzen im Oberbauch.

Die bei einem Magen- oder Zwölffingerdarmgeschwür auftretenden Schmerzen oder deren Zunahme weisen einen erkennbaren Zusammenhang mit der Nahrungsaufnahme auf. Bei einem Magengeschwür, besonders wenn es im oberen Teil des Magens liegt, tritt der Schmerz kurz nach der Nahrungsaufnahme auf. Bei einem nahe dem Magenpförtner gelegenen Geschwür oder einem Zwölffingerdarmgeschwür erfolgt dies längere Zeit nach der Nahrungsaufnahme.

Magenblutungen treten auf, wenn das Geschwür ein Gefäß zerstört. Leichte Blutungen bleiben häufig lange Zeit unerkannt. Erst die allgemeinen Zeichen einer **Anämie** (▶ **s. Modul 5, Kap. II.1.3.8**) führen dann zur weiteren Abklärung. Blutungen aus größeren Gefäßen führen z.T. zum **Bluterbrechen**. Das erbrochene Blut ist schwarz verfärbt und geronnen (**Kaffeesatzerbrechen**), da die Salzsäure des Magens den roten Blutfarbstoff chemisch verändert. Bei einer sehr starken Blutung (arterielles Gefäß) kann das erbrochene Blut rot bleiben. Wird kein Blut erbrochen und gelangt dieses in den Darm, verändert sich die Farbe des Stuhls, er wird tiefschwarz (**Teerstuhl**). Eine Blutung bei Geschwürleiden muss zur sofortigen Klinikeinweisung führen.

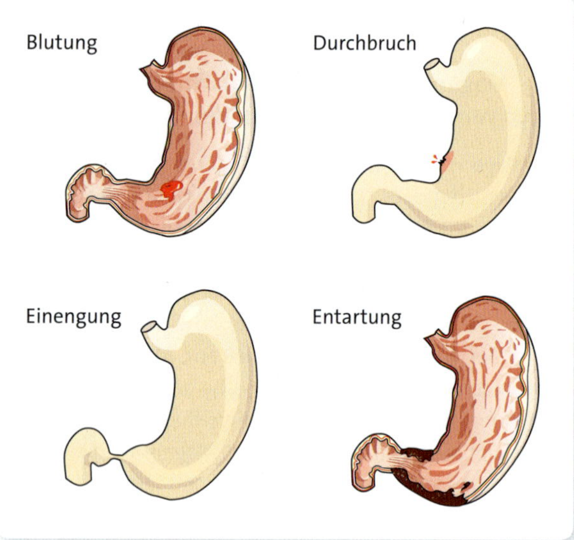

Abb. 1 Komplikationen des Magengeschwürs

Eine weitere Komplikation ist der **Durchbruch** des Geschwürs durch alle Wandschichten in die freie Bauchhöhle. Dies geht meist mit starken Schmerzen einher. Mageninhalt gelangt in den Bauchraum und verursacht eine **Bauchfellentzündung (Peritonitis)**. Der Durchbruch eines Magen- oder Zwölffingerdarmgeschwürs ist ein Notfall und erfordert sofortiges operatives Vorgehen in einer Klinik.

2.3.4 Darmentzündung (Enteritis)

Die Entzündung des Darms tritt meistens gemeinsam mit einer Magenschleimhautentzündung auf. Es handelt sich also in der Mehrzahl der Fälle um eine **Magen-Darm-Entzündung**. Da es bei dieser Erkrankung zu starken Schleimhautschwellungen und Schleimabsonderungen kommt, wird auch von einem **Magen-Darm-Katarrh** gesprochen. Hervorgerufen wird diese Entzündung meist durch Bakterien (wie Salmonellen) als sogenannte **„Nahrungsmittelvergiftung"** oder Viren (z. B. Noroviren) als sogenannte **„Darmgrippe"**. Sie ist aber auch häufige Nebenwirkung einer Antibiotikatherapie. Hinzu kommen individuelle Lebensmittelunverträglichkeiten. Die Krankheitszeichen sind meist:

- starke krampfartige Leibschmerzen (hervorgerufen durch erhöhte Peristaltik und Überdehnung des Darms durch Darmgase),
- Durchfälle (**Diarrhoe**, ▸ **s. Kap. 2.4.5**), Übelkeit, Erbrechen und eventuell Fieber.

Die krampfartigen Schmerzen werden am besten durch Wärme (reflektorische Ruhigstellung des Darms) oder krampflösende Medikamente (Spasmolytika) gelindert. Eventuell müssen die Durchfälle mit Medikamenten, die die Peristaltik dämpfen, gestoppt werden.

2.3.5 Darmverschluss (Ileus)

Ein **mechanischer Darmverschluss** entsteht bei Verlegung des Darms durch Vernarbung, entzündliche Ummauerung, Strangbildung in der Bauchhöhle oder Tumoren. Eine häufige Ursache ist die chronische Verstopfung. Im Sonderfall können Gallensteine und große Mengen von Orangen und Pilzen wegen des hohen Zelluloseanteils Auslöser sein.
Kann der Kot ein Hindernis im Magen-Darm-Trakt nicht überwinden, kommt es zum Verhalten von Stuhlgang und Blähungen, kolikartigen Leibschmerzen und Erbrechen, bei einem Verschluss im Dickdarm auch zum **Koterbrechen**. Der Leib ist gespannt und prall aufgetrieben. Glucksende, metallisch klingende Darmgeräusche sind durch die vermehrte Darmtätigkeit zu hören.
Der mechanische Darmverschluss kann nur durch eine Operation, bei der das Hindernis entfernt wird, behandelt werden. Unter Umständen muss vorübergehend oder bleibend, je nach Sitz des Hindernisses und der Möglichkeit, es zu entfernen, ein künstlicher Darmausgang (▸ **s. Kap. 2.3.9**) geschaffen werden.

2.3.6 Leberentzündung (Hepatitis)

In der Bundesrepublik Deutschland erkranken jährlich etwa 20 000 Menschen an akuter **Virushepatitis**. Bei gesichertem Erkrankungsfall ist diese Krankheit namentlich meldepflichtig. Je nach dem Erreger unterscheidet man:

- akute Virushepatitis **Typ A,**
- akute Virushepatitis **Typ B,**
- akute Virushepatitis vom **Typ C, D** oder **E**.

Die verschiedenen Virustypen führen im akuten Stadium zu ähnlichen Krankheitserscheinungen. Wegen ihrer Bedeutung werden jedoch nur die Hepatitis A und B besprochen.
Die durch **Typ A** verursachte seuchenartige (epidemische) Leberentzündung wird durch Schmutz- und Schmierinfektionen übertragen, aber auch durch fäkalienverseuchte Nahrungsmittel.

> Im Pflegebereich sind ungenügende Händedesinfektion nach Intimwäschen oder die Entsorgung von Bettpfannen vor der Essensausgabe Hauptinfektionsquellen.

Die Krankheit hat eine Inkubationszeit von bis zu 6 Wochen. Im Stuhl wird das Virus etwa eine Woche vor Ausbruch der Krankheitszeichen bis etwa 3 Wochen nach Erkrankungsbeginn ausgeschieden. Die **Hepatitis A** verläuft im Allgemeinen mild und ohne Komplikationen. Ein Übergang in eine chronische Form kommt nicht vor.
Die durch **Typ B** und **C** ausgelöste Hepatitis wird auf dem Blutwege übertragen, z. B. durch Verletzung an einer gebrauchten

Kanüle bei unsachgemäßer Entsorgung. Außerdem über sexuellen Kontakt, als „vertikale" Infektion (von der Mutter auf den Fötus), Übertragung durch Blutprodukte, durch medizinische oder kosmetische Eingriffe (Tätowierungen, Piercings). Besonders gefährdet sind Menschen im Gesundheitswesen, die viel mit Blut zu tun haben. Die Inkubationszeit beträgt bis zu 6 Monate. Die akute **Hepatitis B** heilt in etwa 90 % der Fälle nach einigen Wochen aus. Verlaufsformen, die über Monate andauern, kommen vor. Selten sind komplizierte Verläufe mit Ausfall der Leber und Todesfolge.

2.3.7 Hämorrhoidalleiden

Krankhafte Veränderungen des Gefäßpolsters im Anus werden umgangssprachlich auch als **Hämorrhoiden** bezeichnet (▶ **Abb. 1**). Sie beruhen auf angeborenen oder erworbenen Veränderungen. Bei ständig erhöhter Spannung der Analmuskulatur sowie starkem Pressen beim Stuhlgang kann sich das Gefäßgeflecht nicht richtig entleeren und es kommt zu **Gefäßausstülpungen**.

Man unterscheidet einen äußeren und inneren Gefäßgeflechtanteil, also auch äußere und innere Hämorrhoiden. In **äußeren Hämorrhoiden** bilden sich leicht Blutgerinnsel (**Analthrombose**) mit Schmerzen beim Stuhlgang oder einem ständigen quälenden Juckreiz am After. Bei geringen Beschwerden heilt die Thrombose unter Sitzbädern mit Kamillenlösung von allein ab. Bei starken Beschwerden wird das Gerinnsel unter Lokalnarkose entfernt.

Innere Hämorrhoiden können unterschiedlich starke Beschwerden hervorrufen. Es kann zu frischen Blutauflagerungen (auf dem Stuhl) ohne Schmerzen kommen, später zu einer Vorwölbung von Knoten, die den Stuhlgang schmerzhaft gestalten, im Endstadium zu einem Vorfall der Hämorrhoidalknoten beim Stehen und Gehen (unabhängig vom Stuhlgang). In der Anfangsphase besteht die Therapie in der Anwendung von Salben und einer über Monate durchgeführten Dehnung des Analrings, um den Abfluss des Gefäßgeflechts zu verbessern. Verschlimmert sich das Leiden, werden die Hämorrhoiden verödet (**Sklerosierung**) oder entfernt.

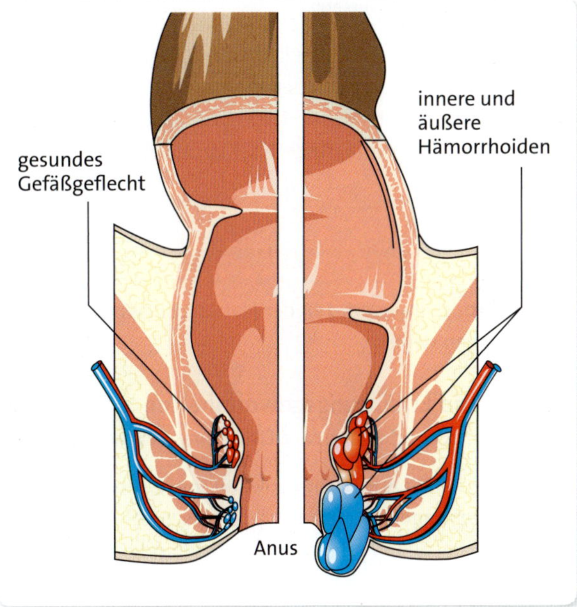

Abb. 1 Hämorrhoiden

2.3.8 Stuhlinkontinenz

Ähnlich der Harninkontinenz ist das Unvermögen, den Stuhl gesteuert abzusetzen, keine Krankheit, sondern ein Symptom. Hinzugezählt werden das unkontrollierte Absetzen von Stuhl, das Auftreten von Schmierstuhl in der Wäsche sowie der unkontrollierte Abgang von Darmwinden. Es gibt im Wesentlichen 4 Ursachenbereiche:

- Obstipation (▶ **s. Kap. 2.4.5**)
- Medikamentennebenwirkungen (Abführmittel, Eisenpräparate, Parkinsonmittel)
- Erkrankungen des Enddarms (Divertikulose, Hämorrhoiden, Krebs)
- Störungen des Nervensystems (als Folge von Zuckerkrankheit, Schlaganfall, Multiple Sklerose, Demenz)

Mithilfe der Rektoskopie werden die Ursachen festgestellt, insbesondere chronische Entzündungen, Enddarmkrebs oder chronische Obstipation. Bei Störungen der Steuerung des Entleerungsreflexes tritt etwa zweimal am Tag normal geformter Stuhl unkontrolliert aus.

Unter **„Stressstuhlinkontinenz"** versteht man den unwillkürlichen Abgang von Kot bei körperlicher Belastung wie Husten und Heben. Ursache ist ein geschwächter äußerer Schließmuskel. Durch ein sogenanntes **anorektales Biofeedbacktraining** kann die Schließfunktion verbessert werden. Hierbei werden die Funktion der Beckenbodenmuskulatur und der Schließmuskeln sichtbar gemacht, um Trainingserfolge direkt nachvollziehen zu können. Operative Methoden ähnlich denen bei Harninkontinenz kommen zunehmend zum Einsatz. In extremen Fällen kann ein künstlicher Darmausgang die Lebensqualität verbessern.

Komplexe Mehrfachbehinderungen gehen häufig einher mit einer Stuhlinkontinenz. Es liegt keine organische Ursache hierfür vor, sondern bedingt durch eine erhebliche cerebrale Beeinträchtigung kommt es zum unkontrollierten Absetzen von Stuhlgang. Ein über einen langen Zeitraum angesetztes Toilettentraining (d. h., man setzt den Betroffenen mehrmals täglich zur selben Zeit auf die Toilette) kann eine erfolgversprechende Fördermaßnahme sein. Ein täglich zu führendes Protokoll gibt Aufschluss über das Gelingen der Maßnahme.

2.3.9 Künstlicher Darmausgang (Stoma)

Mit dem Ausdruck **Stoma** (Mund, Öffnung) werden alle künstlichen Organausgänge bezeichnet. Je nach Lage und Organsystem spricht man von **Kolostoma** (künstlicher Dickdarmausgang) oder **Ileostoma** (künstlicher Dünndarmausgang). Gebräuchlich ist auch der Ausdruck **Anus praeternaturalis**, ein Ausgang „vor" dem natürlichen Ausgang (prae, lat. vor) oder kurz **Anus praeter**.

Liegt der Darmausgang im **rechten Unterbauch**, so handelt es sich um ein **Ileostoma** (▸ **Abb. 1**). Hier ist die totale Entfernung des Dickdarms vorangegangen. Dieser große Eingriff kann zur Behandlung ausgebreiteter entzündlicher Veränderungen des Dickdarms (z. B. der Colitis ulcerosa) notwendig werden.

Die Anlage des Stomas im **Mittelbauch** erfolgt durch Vorverlagerung des quer verlaufenden Dickdarms und dient der vorübergehenden Stuhlableitung. Es handelt sich dabei um einen vorbereitenden Entlastungseingriff bei Dickdarmverschluss oder um eine Ruhigstellung und Entlastung von gefährdeten Nähten des Darms. Dieser Darmausgang wird **doppelläufiges Kolostoma** genannt, da sowohl der obere als auch der untere Darmabschnitt ableitet werden. Ist der Darm abgeheilt, wird der künstliche Ausgang wieder verschlossen. Eine Anlage im **linken Unterbauch** erfolgt z. B. nach Operation eines Mastdarmkrebses. Wächst dieser sehr dicht am Anus, werden Mastdarm und After amputiert. Der neu entstandene Darmausgang wird als **endständiges Kolostoma** bezeichnet.

Um Kontinenz zu erzielen, kann ein **magnetisches Verschlusssystem** (▸ **Abb. 2**) implantiert werden. Hierfür wird in das Unterhautfettgewebe um den Darmausgang herum ein ringförmiger Magnet mit einer vom Gewebe meist gut vertragenen Umhüllung eingepflanzt. Ein passender Aufsatz mit Ventil wird von dem Magneten gehalten und verschließt den Darm. Leider ist diese Versorgung nicht bei allen Menschen möglich. Für einen Dickdarmausgang mit normal geformter Ausscheidung wird ein Verschlusssystem verwendet, das sich durch einen weichen Schaumstoffteil im Darmausgang verkeilt und zusätzlich mithilfe einer Klebeplatte gehalten werden kann. Durch ein Ventil entweichen Darmgase fast geruchsneutral und geräuschlos (**Stomapflege,** ▸ **s. Kap. 2.4.8**).

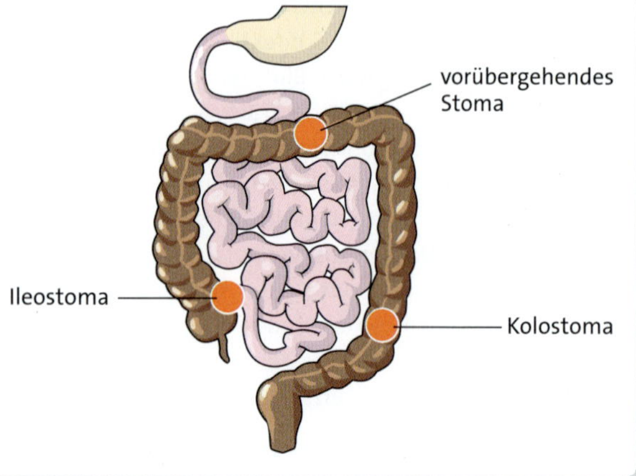

Abb. 1 Lage künstlicher Darmausgänge

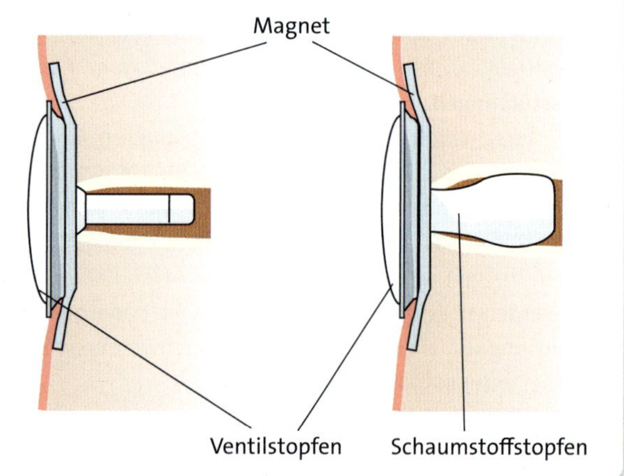

Abb. 2 Stomamagnetverschluss

2.4 Pflege

2.4.1 Krankenbeobachtung

Bei Menschen mit Behinderung, die sich zudem gar nicht bzw. nur sehr begrenzt äußern können, gestaltet sich das Diagnostikverfahren bei Magen-Darm-Erkrankungen als schwierig. Das Erkennen von Schmerzsymptomen setzt eine entsprechende Kompetenz der Fachkraft voraus. Deshalb sollte sie ihre Klienten und deren Gewohnheiten und Auffälligkeiten kennen, um auftretende Abweichungen bzw. Warnsignale, wie z. B. verhärtete Bauchdecke, häufiges Erbrechen oder erhöhte Temperatur, entsprechend einzuordnen. Zur Initiierung entsprechender Maßnahmen, z. B. Einleiten einer Schmerztherapie, muss in jedem Fall der Hausarzt bzw. ein Internist hinzugezogen werden.

Lebens- und Ernährungsgewohnheiten

▸ **siehe auch Expertenstandard Ernährung: www.dnqp.de**

Störungen der **Magen-Darm-Funktion** sowie **Leber-** und **Pankreaserkrankungen** werden durch Lebensgewohnheiten oder Ernährungsbesonderheiten hervorgerufen oder durch deren Einfluss verstärkt. Deshalb sollte die aktuelle Situation des Klienten hinsichtlich Risikofaktoren beobachtet werden, um entsprechend beraten zu können. Das gilt nicht nur bei erkennbarer Fehl- oder Überernährung, sondern insbesondere bei erkennbarem Alkohol- bzw. Medikamentenmissbrauch. In einer Form des betreuten Wohnens gelingt die Beobachtung des Ess- und Genussverhaltens bei den Hauptmahlzeiten in der Regel problemlos. Zur Erfassung von Beschwerden in der ambulanten Betreuung eignet sich das Führen eines Ernährungsprotokolls, in das der Klient (sofern er dazu gewillt und in der Lage ist) über einige Tage Zeit, Art und Menge der verzehrten Speisen und Getränke sowie auftretende Beschwerden einträgt (▶ **s. Modul 5, Kap. I.10**).

Bauchbeschwerden

Leber- und Pankreaserkrankungen zeigen sich in erster Linie in **Verdauungsbeschwerden**. Die Betroffenen klagen besonders nach dem Essen über Völle- und Druckgefühl im Oberbauch sowie Blähungen. Häufig sind sie appetitlos und meiden fettreiche Speisen. Aber auch andere Nahrungsmittel können Beschwerden hervorrufen oder verstärken.

Bei **Bauchschmerzen** jeder Art nehmen die Betroffenen oft eine Schonhaltung ein, indem sie die Beine anziehen und/oder den Oberkörper krümmen, um so ihre Bauchdecke zu entspannen.

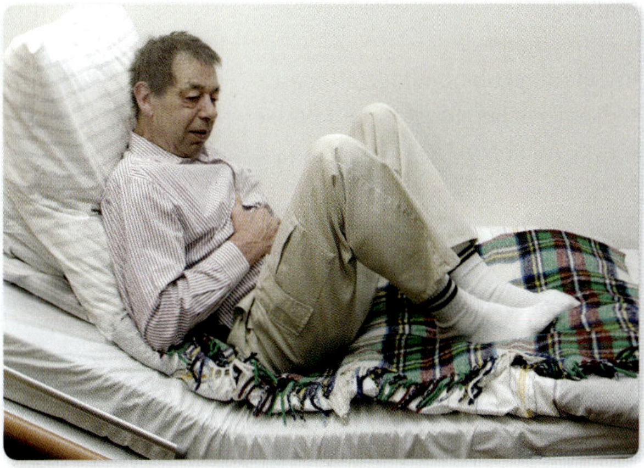

Abb. 1 Schonhaltung bei Bauchschmerzen

In vielen Fällen machen Erkrankungen der Leber und der Bauchspeicheldrüse nur gelegentlich Beschwerden. Neben Bauchschmerzen müssen folgende Begleiterscheinungen beachtet und dokumentiert werden:
- Puls und Blutdruckveränderungen
- Übelkeit und Erbrechen
- Temperaturerhöhung
- Spannung der Bauchdecke („brettharter Bauch“)

In jedem Fall ist sofort der Arzt zu verständigen. Je nach Ursache werden krampf- und schmerzlindernde Medikamente verabreicht oder eine weitere Abklärung in der Klinik veranlasst.

Stuhlgang

Solange keine Beschwerden bestehen, ist es für die meisten Personen und auch Menschen mit Behinderung ungewohnt und peinlich, über das „Geschäft“ zu sprechen oder danach gefragt zu werden. Um mögliche Komplikationen frühzeitig erkennen zu können, sind jedoch Fragen nach der Häufigkeit, der Menge und der Beschaffenheit der Ausscheidung notwendig.

Stuhlveränderung	Mögliche krankhafte Ursachen
dünnflüssig, breiig	Durchfallerkrankung
hart, Kotsteine	Verstopfung, mangelndes Trinken
bleistiftdünn	Verengungen des Dickdarms
lehmfarben (grauweiß)	Lebererkrankung
schwarzer Teerstuhl	Blutungen in oberen Darmabschnitten
aufgelagertes Blut	Hämorrhoiden/Verletzungen durch „Pressen“ beim Stuhlgang
salbenartig glänzend	Beimengungen von Fett bei Störung der Fettverdauung (Pankreas)
schleimig	Entzündungen des Dickdarms
fauliger Geruch	Fäulnis- und Gärungsprozesse im Darm bei Verdauungsstörungen

Abb. 2 Krankhafte Veränderungen des Stuhls

Abweichungen von der normalen Stuhlausscheidung. Die normale Stuhlausscheidung beträgt je nach Art der Ernährung ca. 100–500 g/Tag, wobei aber nicht jeden Tag Stuhl abgesetzt werden muss. In der Regel ist der Stuhl geformt bis dickbreiig mit charakteristischem Geruch. Bei der Beobachtung der Stuhlausscheidung achtet die Fachkraft auf
- Häufigkeit des Stuhlgangs,
- Beschaffenheit des Stuhls,
- Farbe des Stuhls,
- Beimengungen (z. B. Blut, Schleim, unverdaute Nahrungsbestandteile, verschluckte Fremdkörper).

Veränderungen können jedoch auch durch die Einnahme von Medikamenten (z. B. Kohletabletten und Eisenpräparate) oder den Genuss bestimmter Lebensmittel (z. B. Rote Bete) verursacht werden.

Übelkeit und Erbrechen

Das Erbrechen ist ein Schutzreflex des Körpers, mit dem schädigende Stoffe aus dem Magen entfernt werden sollen. Zeitpunkt und Häufigkeit des Erbrechens sowie die Farbe, das Aussehen und der Geruch von Erbrochenem können wichtige Hinweise liefern.

Gelbsucht (Ikterus)

Die Gelbsucht wird durch die Behinderung des Gallenflusses bei Gallensteinen oder eine Verengung des Gangs bei Krebs des Bauchspeicheldrüsenkopfes ausgelöst. Gelbsucht deutet darüber hinaus fast immer auf eine Leberentzündung (Hepatitis) hin. Eine Gelbsucht wird durch einen Anstieg des Bilirubins (▸ **s. Modul 5, Kap. II.1.1**) im Blut, später Einlagerung ins Gewebe hervorgerufen. Sie zeigt sich besonders früh und deutlich in der Gelbfärbung der Bindehaut des Auges, im späteren Verlauf auch durch eine gelbe Verfärbung der Haut. Auch die Schleimhäute sind entsprechend verändert, was im Mundraum gut zu erkennen ist. Weitere Symptome sind dunkler Urin, graugelblich gefärbter Stuhl sowie eine druckempfindliche, vergrößerte Leber.

2.4.2 Hilfestellung beim Erbrechen

Erbrechen wird von vielen Menschen als ekelerregend und zum Teil als entwürdigend erlebt. Aus diesem Grund ist es besonders wichtig, den Betroffenen einfühlsam zu betreuen. Bei bettlägerigen, stark geschwächten Personen besteht die Gefahr, dass Erbrochenes in die Luftröhre gelangt und es somit zu einer Aspiration kommt.

Beim Erbrechen

- Den Klienten in leichter Kopftieflage erhöht auf der Seite lagern, damit der Mageninhalt nicht in den Rachen zurücklaufen und unter Umständen eingeatmet werden kann. Aspirationsgefahr!
- Den Kopf des Betroffenen stützen, Auffangschalen und Zellstofftücher bereithalten und ggf. anreichen.

Nach dem Erbrechen

- Mundpflege durchführen (lassen).
- Gesicht- und Handwäsche anbieten.
- Bei Verschmutzungen Kleidung und Wäsche wechseln.
- Erbrochenes auf Beschaffenheit und Beimengungen kontrollieren und sofort aus dem Zimmer entfernen.
- Zimmer gut lüften, dabei den Erkrankten zum tiefen Durchatmen auffordern (der Geruch von Erbrochenem verstärkt die Übelkeit).
- Zeitpunkt und Beobachtungen beim Erbrechen dokumentieren.

Bei häufigem Erbrechen ist gerade bei alten Menschen der hohe Flüssigkeits- und Salzverlust zu bedenken. Bei Blutbeimengungen muss sofort eine ärztliche Versorgung erfolgen.

2.4.3 Mund- und Zahnpflege

Mund- und Zahnpflege. Menschen mit Behinderung und entsprechenden motorischen Voraussetzungen sind in der Lage, sich selbstständig die Zähne zu putzen. Für einen Teil der Klientel ist die Notwendigkeit der täglichen Zahnpflege ein langer Lernprozess, der durch die Fachkraft kontinuierlich begleitet werden sollte. Für diese Personen ist das Erlernen der Zahnpflege sowie die tägliche Durchführung eine gezielte Fördermaßnahme.

Bei jeder Mund- oder Zahnpflege sollte auf krankhafte Veränderungen im Mundraum geachtet und ggf. der (Zahn-)Arzt verständigt werden:

- Rötungen, Schwellungen oder Verletzungen der Mundschleimhaut
- Entzündungen des Zahnfleischs, evtl. Zahnfleischbluten
- Beläge auf der Zunge
- gelockerte oder kariöse Zähne

Auch bei Menschen mit Behinderung sollte zweimal im Jahr eine zahnärztliche Kontrolle stattfinden.

Zahnpflege. Die Zähne sollten nach jeder Mahlzeit, wenigstens aber zweimal am Tag gründlich (ca. 3 Minuten) geputzt werden. Das gilt auch für die **Restbezahnung** bei Prothesenträgern. Durch die Zahnpflege werden Essensreste beseitigt, der Mundraum wird erfrischt und Erkrankungen der Zähne und des Zahnbetts wird vorgebeugt.

Material

- Einmalhandschuhe
- Zahnbürste und milde Zahnpasta
- Plastikbecher mit warmem Wasser
- evtl. Trinkhalm
- evtl. mildes Mundwasser
- Auffangschale, falls nicht am Waschbecken, zum Ausspülen
- Handtuch zum Schutz der Person

Dass jeder Klient eine eigene Zahnbürste benutzt, ist selbstverständlich. Sie sollte besonders für hilfsbedürftige Personen gut in der Hand liegen. Ihr Bürstenkopf darf nicht zu groß sein, damit alle Zahnflächen zu erreichen sind. Die Zahnbürste sollte alle 8 bis 12 Wochen und bei Beschädigung des Borstenfelds gewechselt werden.

Bei Menschen mit Mehrfachbehinderung wird die Zahnpflege stellvertretend von der Fachkraft übernommen. Die Zahnpflege kann auch mit Handführung nach Affolter (▸ **s. Modul 2, Kap. I.7.4**) erfolgen.

Durchführung. Vor dem eigentlichen Zähneputzen wird der Mundraum gründlich mit warmem Wasser gespült. Das darauffolgende Putzen der Zähne mit der Handzahnbürste erfolgt systematisch und mit sanftem Druck in kleinen kreisenden Bewegungen. Damit keine Zahnflächen vergessen werden, hilft das **AKI-Schema**:

- Putzen der **A**ußenflächen
- Putzen der **K**auflächen
- Putzen der **I**nnenflächen

Nach der Zahnpflege wird erneut gründlich ausgespült. Die Zahnbürste wird unter fließendem warmem Wasser gereinigt und zum Trocknen mit dem Borstenkopf nach oben in den Becher gestellt. Zur Reinigung größerer Zwischenräume und unter fest sitzenden Brücken sind spezielle Interdentalbürsten oder Zahnseide zu verwenden. Eine elektrische Zahnbüste kann sowohl zur Reinigung als auch durch die Vibration zur Stimulation des Zahnfleisches und der Mundschleimhaut dienen.

Prothesenpflege. Zahnprothesen können als **Teilprothesen** ein noch vorhandenes Restgebiss ergänzen oder die Zähne eines oder beider Kiefer als **Vollprothese** ganz ersetzen. In der Regel sind diese Formen des Zahnersatzes herausnehmbar. Sie werden entsprechend außerhalb der Mundhöhle gepflegt. Die Zahnprothese muss immer sicher gehalten und vor Brüchen und Beschädigungen geschützt werden. Auch wenn sie nur vorübergehend entfernt wird, sollte sie stets sicher in einer Prothesendose abgelegt werden.
Zahnprothesen sollten regelmäßig getragen werden, sonst kommt es durch Verformungen des Kiefers zur Beeinträchtigung des Sitzes. Die Ausnahme bilden bewusstlose Personen, bei denen ein Aspirationsrisiko beim Tragen der Prothese besteht. Einige Klienten entfernen die Prothese zum Schlafen aus dem Mund und reinigen sie über Nacht. Eine Gefahr für den Kiefer besteht dabei in der Regel nicht, wenn die Prothese dafür tagsüber konsequent im Mund bleibt.

2.4.4 Basale Stimulation® des Mundes

Für die Nahrungsaufnahme und das Schlucken, aber auch für die Lautbildung beim Sprechen, ist es von grundlegender Bedeutung, dass sich der Mensch seines Mundbereichs bewusst ist. Die **orale Stimulation** versucht, mit gezielter Anregung durch Berührungs- und Geschmacksreize dem Menschen mit Behinderung seinen Mund mit dessen vielfältigen Wahrnehmungs- und Bewegungsfunktionen (wieder) erfahrbar zu machen.

> Ausstreichen der Wangen zum Mund hin, das vorsichtige Ausmassieren der Wangentaschen mit dem kleinen Finger bzw. mit einem Tupfer auf einer Klemme oder auch das sanft massierende Nachfahren der Lippen können zunächst das allgemeine Bewusstsein für die Muskulatur des Mundbereichs fördern. Dies kann als Initialberührung auch eine anschließend geplante Mundpflege anbahnen. Gerade für Menschen mit Mehrfachbehinderungen kann die **Basale Stimulation®** des Mundes eine wohltuende Erfahrung sein.

Die Mundpflege bietet über das hygienische Pflegeziel hinaus vielfältige Möglichkeiten, den Klienten mit angenehmen, vertrauten Pflegemitteln anzuregen und ihn neugierig auf weitere Erfahrungen zu machen.

2.4.5 Diarrhoe und Obstipation

Durchfall (Diarrhoe)

Von Durchfall wird gesprochen, wenn mehr als 3 dünnflüssige Stühle pro Tag abgesetzt werden. Akute Beschwerden sind meist auf Stress oder Infekte oder den Genuss verdorbener oder unverträglicher Lebensmittel zurückzuführen. Die Einnahme von Antibiotika geht bei empfindlichen Menschen oft mit Durchfällen einher. Auch Zuckeraustauschstoffe (z. B. Sorbit in Diabetikermarmelade) können Durchfälle auslösen. Hinter anhaltenden Durchfällen stehen meist Funktionsstörungen des Darms (z. B. Reizdarm, Resorptionsstörung) oder Tumoren. Bei chronisch entzündlichen Darmerkrankungen treten im Rahmen wiederkehrender Entzündungsschübe häufig blutig-schleimige Durchfälle auf, die von heftigen Schmerzen begleitet sind.

Pflege bei Durchfall

- Nach Absprache mit dem Betroffenen kann ein Toilettenstuhl in der Nähe des Bettes positioniert werden.
- Eine Einmalunterlage nimmt dem Klienten ein wenig von der Sorge, das Bett zu verschmutzen, wenn er nicht rechtzeitig die Toilette erreicht. Selbstverständlich sind Unterlagen und Wäsche auch bei geringfügiger Verschmutzung sofort zu wechseln. Bei Personen, die generell inkontinent (▶ **s. Modul 4, Kap. II.2.3 Harninkontinenz**) sind, sollte das Inkontinenzmaterial in kürzeren Abständen als üblich gewechselt werden.
- Bei infektiösen Durchfallerkrankungen ist einer Weiterverbreitung des Erregers auf andere Personen durch Schmierinfektion vorzubeugen (▶ **s. Modul 2, Kap. II.3.1.2**).
- Zur Entlastung des gereizten Darms wird auf feste Nahrung verzichtet und reichlich Flüssigkeit (Tee, stilles Mineralwasser) angeboten. Zum Ausgleich der Salzverluste eignen sich leichte Brühen.
- Bei Besserung der Beschwerden wird die Kost langsam aufgebaut. Dazu eignen sich Zwieback, Getreideschleimsuppen, geriebener Apfel und Bananen sowie Kartoffeln und Möhrengemüse sowie eine ausreichende Elektrolytzufuhr. Spezielle wasserlösliche Produkte sind in jeder Apotheke erhältlich.

Dokumentation

- Vitalzeichen
- Flüssigkeitsbilanz
- Angaben zu Ausscheidung, Schmerzen, Allgemeinzustand

> Bei erkennbarer Verschlechterung des Zustands sowie bei Durchfällen, die länger als 3 Tage anhalten, ist ärztliche Abklärung notwendig.

Stuhlverstopfung (Obstipation)

Erst wenn weniger als 3 Stühle in der Woche abgesetzt werden, ist das ein Anzeichen für eine Trägheit des Darms. Der Stuhl verbleibt länger im Dickdarm, durch den Flüssigkeitsentzug kommt es zur Obstipation, bei der oft nur kleine Mengen harten Stuhls unter starkem Pressen ausgeschieden werden können.

Ältere Menschen und insbesondere Frauen sind häufig betroffen. Die Ursache liegt in vielen Fällen in einer ballaststoffarmen Ernährung, kombiniert mit unzureichendem Trinken sowie Bewegungsmangel. Zudem wird die Darmbewegung bei verringerter körperlicher Bewegung im Alter zu wenig gefördert. Obstipation kann auch durch seelische Einflüsse gefördert werden, wenn der Stuhldrang durch die Abneigung gegen die ungewohnte Umgebung oder aus Scham bewusst oder unbewusst unterdrückt wird. Personen mit einer **Epilepsie**, die entsprechende Antiepileptika dauerhaft einnehmen müssen, können gefährdet sein. Antiepileptika wirken substanzspezifisch, sodass nicht jedes Präparat eine Obstipationsgefahr beim Betroffenen zur Folge hat.

Weitere Auslöser sind Erkrankungen der Darmwand oder Störungen der Peristaltik durch Schädigung des Nervengeflechts des Darms (z. B. durch Neuropathie bei Diabetes mellitus, Morbus Parkinson) und Störungen der Darmentleerung. Eine gestörte Entleerung kommt bei schwacher Bauchmuskulatur oder bei Erkrankungen im Analbereich vor (z. B. Hämorrhoiden, Entzündungen oder Tumoren).

Folgen der Verstopfung sind druckbedingte Schädigungen des Enddarms durch das Pressen beim Stuhlgang, z. B. Hämorrhoidalleiden oder Divertikulose (▶ **s. Krankheitsbilder, Kap. 2.3**). Eine lange Verweildauer des Stuhls lässt aber auch schädigende Stoffe länger auf die Darmwand einwirken, es besteht ein erhöhtes Risiko für Darmkrebs.

Obstipationsprophylaxe

Zur Vorbeugung einer Obstipation können eine Ernährungsumstellung und die ausreichende Zufuhr von Flüssigkeit hilfreich sein. Gemüse, Obst und feine Vollkornprodukte enthalten einen hohen Anteil unverdaulicher Faserstoffe, die den Stuhl voluminöser und weicher machen. Der Druck der Stuhlmasse auf die Darmwand stimuliert die Darmmuskulatur und fördert dadurch den Weitertransport. Außerdem tut dem Darm ein (halbwegs) regelmäßiger Rhythmus gut. Feste Essenszeiten sind dabei ebenso wichtig wie das Einplanen von ausreichend Zeit, um in Ruhe auf die Toilette gehen zu können. Kreisende Darmmassagen im Uhrzeigersinn können bei Personen mit Peristaltikstörungen und Erkrankungen der Analregion die Darmbewegungen stimulieren (▶ **Abb. 1**). Auch das Wahrnehmen von **Bewegungsangeboten** (Spazierengehen, Schwimmen, Tanzen) dient der Obstipationsprophylaxe.

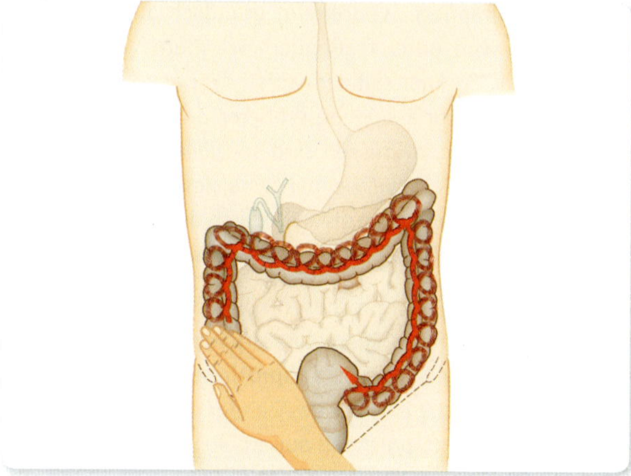

Abb. 1 Kreisende Darmmassage

Wurden bereits über Jahre Abführmittel genommen, sollte versucht werden, die Dosis schrittweise im Zuge der Ernährungsumstellung zu reduzieren. Eine kontinuierliche Einnahme in geringer Dosis ist einer einmaligen Gabe vorzuziehen, um zu einer Normalisierung der Darmfunktion zu gelangen.

2.4.6 Künstliche Darmentleerung

Wenn eine Stuhlverstopfung nicht durch die genannten Maßnahmen zu behandeln ist, muss durch Einläufe, Klistiere oder digitales Ausräumen des Enddarms eine Darmentleerung herbeigeführt werden.

- **Klistiere** sind kleine Einläufe, bei denen nur 100 bis 300 ml Flüssigkeit (Mikroklist nur 5 ml) in den Darm eingebracht werden. Sie bewirken die Entleerung unterer Dickdarmabschnitte.
- Bei **Reinigungseinläufen** werden größere Mengen an Flüssigkeit in den Dickdarm eingebracht, wodurch große Teile des Dickdarms gespült und entleert werden.
- Das **digitale Ausräumen** bezeichnet das mechanische Entfernen von Stuhl oder Kotsteinen aus dem Enddarm mithilfe des Fingers.

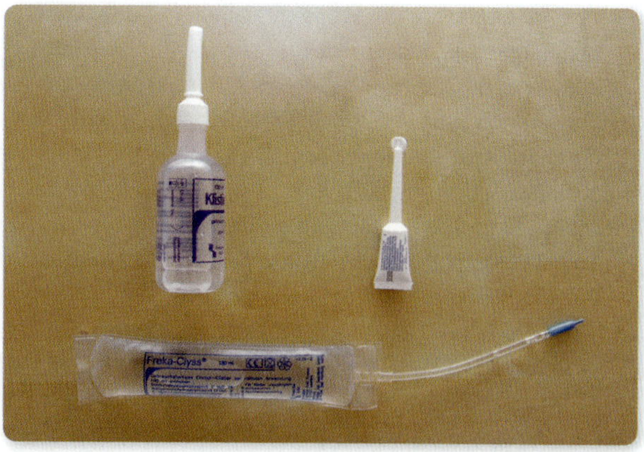

Abb. 2 Klistiere (links 150 ml, rechts 5 ml, unten mit Darmrohr)

Der Effekt von Klistieren und Einläufen beruht auf 3 Wirkmechanismen:

- **Dehnungsreiz:** Die Flüssigkeit im Darm führt zu einer Reizung der Dehnungsrezeptoren in der Darmwand, die durch vermehrte peristaltische Muskelbewegungen beantwortet wird.
- **Thermischer Reiz:** Liegt die Temperatur der einlaufenden Flüssigkeit unter der Körperkerntemperatur, führt dies zu einer deutlich stärkeren Darmperistaltik.
- **Chemischer Reiz:** Auf ärztliche Anordnung eingesetzte Zusätze wie Salze, Rizinusöl oder Glycerin erhöhen die Wirkung durch Reizung der Darmschleimhaut.

Bei unklaren Bauchbeschwerden, akuten Entzündungen der Darmschleimhaut und bei Tumoren und Verengungen (Stenosen) des Dickdarms dürfen Einläufe und Klistiere nicht angewendet werden. Die Art der Maßnahme, die vorgesehene Flüssigkeit und die Häufigkeit sind Teil ärztlicher Verordnung.

Das Einführen eines Darmrohrs in den After verletzt in besonderem Maß die Intimsphäre und das Schamgefühl des Pflegebedürftigen und ist daher psychisch sehr belastend. Entsprechend ist seitens der Pflege einfühlsames, behutsames Vorgehen notwendig. Die Durchführung sollte möglichst nicht im (Mehrbett-)Zimmer des Betroffenen und schon gar nicht unter Beobachtung von Mitbewohnern stattfinden.

Bei allen Darmeinläufen oder Klistieren gilt:

- Das Darmrohr wird bei spürbaren Widerständen nicht gewaltsam eingeführt.
- Bei Schmerzen des Betroffenen (beim Vorschieben des Darmrohrs oder beim Einlaufen der Flüssigkeit) wird die Maßnahme abgebrochen.
- Beim Auftreten von Blutungen beim Einführen des Darmrohrs, am herausgezogenen Darmrohr oder bei der nachfolgenden Stuhlentleerung ist der Arzt zu informieren.

2.4.7 Umgang mit Stuhlinkontinenz

Der Umgang mit Stuhlinkontinenz bei Menschen mit Behinderung sollte für die Fachkraft ein selbstverständlicher Aspekt ihrer Tätigkeit sein, den sie professionell bewältigt. Aufgrund unterschiedlicher Ursachen und Diagnosen kann man davon ausgehen, dass ein großer Teil der Klienten mit komplexen Mehrfachbehinderungen dauerhaft stuhlinkontinent ist.

Im Rahmen der Beobachtung des Stuhlgangs (▶ **s. oben**) können auch der Schweregrad und mögliche Auslöser einer Inkontinenz festgestellt werden.

I	verschmutzte Unterwäsche
II	unwillkürlicher Abgang von dünnflüssigem Stuhl und Darmgasen
III	unwillkürlicher Abgang von breiigem Stuhl
IV	vollständiger Kontrollverlust

Abb. 1 Schweregrade der Stuhlinkontinenz

Zur Normalisierung der Stuhlentleerung können folgende Maßnahmen beitragen:

- Beckenbodentraining
- Obstipationsprophylaxe (▶ **s. oben**)
- Stuhlentleerungstraining unter Anwendung von Laxantien (ähnlich Harnkontinenztraining, ▶ **s. Modul 4, Kap. II.2.3.4**)

Mithilfe der regelmäßigen künstlichen Darmentleerung (▶ **s. oben**) kann u. U. ein freies Intervall von bis zu 48 Stunden erreicht werden.

Spezielle Maßnahmen sind die **Analtamponade** und die externe Ableitung über einen **Fäkalkollektor**. Tampons werden mit einem Applikator in den Darm eingebracht und mittels einer dünnen Schnur wieder entfernt. Sie sind kurzfristig wirksam, versagen allerdings bei dünnflüssigem Stuhl.

Zur Versorgung immobiler Menschen gibt es den Fäkalkollektor, der vergleichbar dem externen Urinableiter um den Anus herumgeklebt wird.

2.4.8 Stomapflege

Die unwillkürliche Ableitung des Darminhalts in einen am Körper getragenen Beutel zu jeder Zeit und an jedem Ort macht die Ausscheidung teilweise öffentlich, was zu Scham und Angst vor Ausgrenzung führt. Verstärkt wird diese noch durch die Sorge um Gerüche. Produkte zur Versorgung des Stomas müssen daher dem Bedürfnis des Betroffenen nach Sicherheit, Diskretion und Bewegungsfreiheit Rechnung tragen. Sie sollten

- hautfreundlich sein,
- sicher und flüssigkeitsdicht haften,
- Gerüche verhindern,
- bei Bewegungen des Klienten keine Geräusche verursachen und
- einfach in der Handhabung sein.

Hilfsmittel zur Stomaversorgung

- Haftende Produkte (Hautschutzplatten, Schutzringe, Pasten, Pulver) bilden eine schützende Schicht zwischen Haut und Versorgungssystem. Zusätze von Gelatine und Zellulose wirken zudem wasserbindend, Pektine fördern die Heilung stark beanspruchter Hautzonen.

- Stomabeutel mit Vliesumhüllung verhindern eine vermehrte Schweißbildung unter dem Beutel (▶ Abb. 1)
- Zur Hautpflege im Bereich des Stomas sind spezielle Lösungen zum Entfernen von Kleberückständen und Hautpflegemittel erhältlich.

Auffangsysteme

Inzwischen gibt es eine Vielzahl unterschiedlicher **Auffangsysteme**. Die Auswahl richtet sich nach
- den individuellen Bedürfnissen (Alter, Hobbys, Geschick bei der Versorgung),
- der Häufigkeit und Konsistenz des Stuhls,
- dem Hautzustand und der -empfindlichkeit.

Ein- und zweiteilige Systeme. Bei **einteiligen Systemen** bilden Beutel und die auf der Haut klebende Platte eine untrennbare Einheit. Da sich das System der Haut sehr flexibel anpasst und kaum aufträgt, ist es vor allem für sehr aktive Menschen geeignet. Bei alten Menschen ist die leichte Handhabbarkeit dieser Versorgung ein Vorteil. Da bei jedem Beutelwechsel das gesamte System ausgetauscht werden muss, wird die ohnehin beeinträchtigte Haut jedoch zusätzlich beansprucht.

Zweiteilige Systeme (▶ Abb. 1) bestehen aus einer Basisplatte mit Rastring oder beschichteter Oberfläche zum Anbringen des Beutels. Die Basisplatte kann bis zu 3 Tage auf der Haut verbleiben, während nur der Beutel bei Bedarf gewechselt wird. Die Haut des Betroffenen wird dadurch entsprechend geschont. Systeme mit Rastring für den Beutel sind einfach in der Handhabung, passen sich aber weniger den Bewegungen des Trägers an als einteilige Systeme.

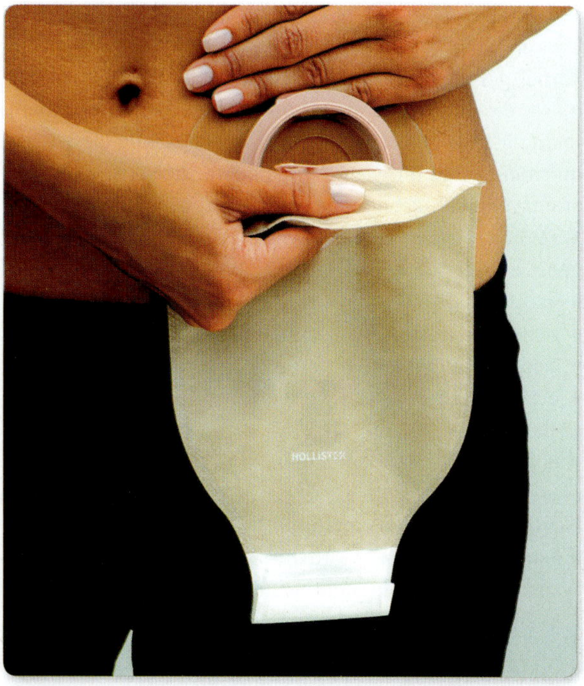

Abb. 1 Stomaversorgung mit zweiteiligem System

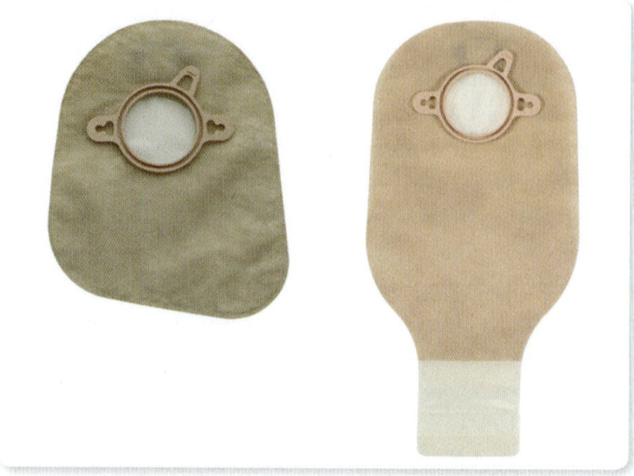

Abb. 2 Geschlossene Versorgung und Ausstreifbeutel

Offene und geschlossene Versorgung. Je länger der Darminhalt den Dickdarm durchlaufen kann, desto mehr entspricht der aufzufangende Stuhl in Menge und Beschaffenheit der normalen Ausscheidung. Beim **endständigen Anus praeter** (▶ s. Kap. 2.3.9) wird deshalb eine **geschlossene Versorgung** (▶ Abb. 2) bevorzugt, bei der der gefüllte Beutel bis zu dreimal täglich durch einen neuen ausgetauscht wird. Entlüftungsfilter mit Aktivkohle leiten Darmgase geruchsfrei aus dem Inneren ab und verhindern so das Aufblähen des Beutels.

Ausstreifbeutel werden bei einem Ileostoma oder bei Durchfällen wegen großer Mengen dünnflüssigen Stuhlgangs verwendet. Sie besitzen ein verlängertes offenes Ende, das mit einer Klammer verschließbar ist. Mehrmals täglich wird der Beutel in ein Steckbecken oder die Toilette entleert und anschließend wieder verschlossen. Auf diese Weise ist ein Beutelwechsel in der Regel nur einmal täglich notwendig.

Durchführung der Stomaversorgung

Die Versorgung des Anus praeter sollte bei mobilen Personen möglichst im Bad mit Toilette und Waschgelegenheit erfolgen. Ein Spiegel in Bauchhöhe erleichtert dem Betroffenen bei der Selbstversorgung den Blick auf das Arbeitsfeld. Außerdem ist hier auch eine diskrete Entsorgung des gefüllten Beutels möglich.

- Zum Systemwechsel sitzt oder steht der Betroffene. Bei Bettlägerigen wird der Oberkörper in Rückenlage gebracht, wenn möglich etwas erhöht.
- Mit Schutzhandschuhen wird das gebrauchte System vorsichtig von oben nach unten von der Haut gelöst.
- Flüssiger oder breiiger Beutelinhalt wird in die Toilette entleert, danach werden Beutel und Platte im Abwurf entsorgt.

- Die Umgebung des Anus praeter wird mit unsterilen Kompressen oder Reinigungstüchern gereinigt. Zunächst werden grobe Verschmutzungen und Klebereste beseitigt, dann mit Wasser und Seife gesäubert und mit klarem Wasser nachgewischt. Es wird in Richtung des Anus praeter vorgegangen, also von außen nach innen, um Stuhl und damit Keimverschleppungen zu verhindern. Anschließend wird der Bereich mit Kompressen getrocknet.
- Die gesäuberte Haut und der Anus praeter werden auf Verletzungen, Irritationen oder Infektionszeichen inspiziert. Bei Auffälligkeiten ist ärztlicher Rat einzuholen.
- Bei starker Behaarung kann die Haut in der Umgebung mit einem Trockenrasierer rasiert werden. Die Nassrasur verbietet sich aufgrund der Verletzungs- und damit Infektionsgefahr.
- Nun wird die neue Platte mit Beutel angesetzt und von unten nach oben (bzw. bei Bettlägerigen von der Körpermitte zur Seite hin) faltenfrei auf die Haut aufgebracht. Um die Haftung zu verbessern, wird auch die Hautschutzplatte mit den Händen leicht erwärmt.

Sobald die Hautschutzplatte nicht mehr ausreichend haftet, muss sie erneuert werden. Ein Beutel kann bei guter Haftung und fehlender Stuhlentleerung bis zu max. 3 Tagen verbleiben.

Darmirrigation. Eine Möglichkeit zur vollständigen Entleerung des Dickdarms stellt die **Darmspülung** (Irrigation) dar. Sehr mobilen Menschen schafft diese Maßnahme volle Bewegungsfreiheit für etwa 24 Stunden.

Komplikationen am Stoma. Auch bei guter Stomapflege kann es zu Beschwerden im Umgebungsbereich kommen. Man unterscheidet:

- **Hautirritation** (Reizung der Haut ohne Defekt)
- **Hautmazeration** (Schädigung der oberen Hautschicht durch feuchte Absonderung)
- **Hautulzera** (tiefe Gewebsschädigung)

Infektionen im Bereich des Stomas werden aufgrund des feuchten und abgeschlossenen Milieus häufig durch Pilze, aber auch durch Herpesviren ausgelöst. Eine **Kontaktdermatitis** (schmerzende, gerötete, nässende Areale) entsteht als Reaktion auf aggressive Ausscheidungen (Dünndarmstuhl) oder Allergie auf die Versorgungsmaterialien; ein Wechsel der Versorgungs- und Pflegeartikel hilft oft schon. Komplikationen am Stoma selbst gehören umgehend in ärztliche Behandlung.

Hinweise zur Ernährung. Die Versorgung mit einem Stoma lässt in der Regel normale Kost zu. Günstig ist die Verteilung auf 4 bis 6 Mahlzeiten am Tag. In der Anfangszeit kann es aufgrund der veränderten Darmsituation zu Unverträglichkeiten wie Blähungen und Völlegefühl, aber auch zu Durchfall kommen. In diesen Fällen sollte eine Zeit lang ein Ernährungsprotokoll geschrieben werden, in dem die Nahrungsmittel und Getränke und die eventuell auf die Mahlzeiten folgenden Beschwerden aufgenommen werden, um die Auswahl anzupassen.

2.4.9 Enterale Ernährung

Ist eine medizinische Indikation gegeben (z.B. bei Personen mit komplexen Mehrfachbehinderungen mit erheblichen Schluckstörungen), kann über einen Zeitraum, z.B., um eine Verbesserung des Ernährungszustandes zu erreichen, enteral ernährt werden. Dabei gilt es für den Heilerziehungspfleger, Folgendes zu beachten:
Menschen mit ausgeprägten Cerebralparesen können zu permanenter Unruhe bzw. körperlicher Anspannung als Ergebnis plötzlich einschießender Muskelkontraktionen neigen. Zudem kann man davon ausgehen, dass eine transnasal gelegte Sonde ein Fremdkörpergefühl beim Betroffenen auslöst. Selbst bei professioneller Verlegung und Befestigung des dünnen Schlauchs an Wange und hinterm Ohr kann sich dieser bei stark unruhigen Personen lösen und in das Sichtfeld geraten. Es besteht die Gefahr, dass der Betroffene an der Sonde reißt bzw. sich diese vollständig herauszieht. Deshalb empfiehlt sich für den genannten Personenkreis die Verlegung einer **PEG-Sonde**. Abgesehen von einem Befestigungspflaster auf der Bauchdecke kann man hier ein Fremdkörpergefühl nahezu ausschließen. Um eine Unerreichbarkeit des PEG-Schlauchs für den Betroffenen zu gewährleisten, empfiehlt sich das Tragen von Overalls als Nachtwäsche, von sogenannten „Bodys" (Einteiler) als Unterwäsche und von Latzhosen als Tageskleidung.

Transnasale Sonde

Für die vorübergehende Ernährung eignen sich Sonden, die als dünner Schlauch durch die Nase (transnasal) über den Rachen und die Speiseröhre bis in den Magen oder weiter in den Dünndarm vorgeschoben und fixiert werden. Das Legen der Sonde ist in der Regel eine ärztliche Aufgabe.

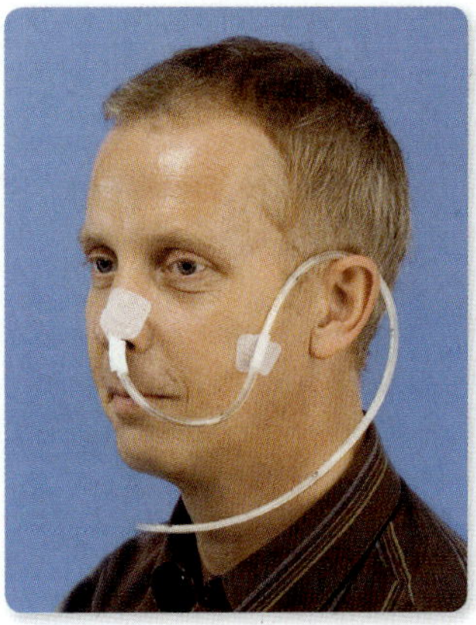

Abb. 1
Transnasale Sonde

Pflege bei transnasaler Sonde. Die Sonde sollte äußerlich täglich von Sekreten und Verschmutzungen gesäubert werden. Außerdem muss die Pflasterbefestigung täglich gewechselt werden, um Hautreizungen auf dem Nasenrücken bzw. der Wange vorzubeugen.

- Unter hygienischen Bedingungen wird die Pflasterfixierung vorsichtig entfernt, ohne dabei an der Sonde zu ziehen. Die Sonde wird dann mit einer Kompresse, Wasser und Seife abgewaschen und getrocknet. Dabei werden auch Pflasterreste vollständig entfernt.

Bei unruhigen Klienten sollte eine zweite Fachkraft die Sonde in Position halten.

- Die Nasenöffnungen werden mit einem angefeuchteten Wattestäbchen von Sekreten und Krusten befreit. Das Äußere der Nase wird mit Wasser und milder Seife gesäubert und von Pflasterresten befreit.
- Der Nasenbereich wird auf Hautirritationen und evtl. Druckstellen kontrolliert.
- Der Naseneingang und die Nasenschleimhaut werden mit etwas Nasensalbe eingecremt.
- Abschließend wird die Sonde – falls erforderlich – entsprechend der Markierung vorgeschoben und erneut fixiert.

Kontrolle der Sondenlage. Nach der Versorgung und vor jeder Verabreichung von Sondenkost wird die korrekte Lage der Sonde geprüft.

Entfernen einer transnasalen Sonde. Das Entfernen einer Sonde erfolgt ausschließlich auf ärztliche Anweisung und wird auch nur von diesem bzw. geschultem Fachpersonal durchgeführt.

Perkutane Sonde

Zur Langzeitbehandlung wird in einem kleinen operativen Eingriff eine Ernährungssonde direkt durch die Bauchdecke (perkutan) in den Magen (**PEG** = **p**erkutane **e**ndoskopische **G**astrostomie) oder den Dünndarm (**PEJ** = **p**erkutane **e**ndoskopische **J**ejunostomie) geführt. Aufgabe der Fachkräfte ist die sorgfältige Versorgung des Wundbereichs und der Sonde.

Sondenpflege. Nach dem Legen der perkutanen Sonde ist bis zur Abheilung der Wunde ein täglicher Verbandswechsel mit Wundkontrolle notwendig. Später genügen je nach Hautzustand 2–3 Verbandswechsel in der Woche.

- Unter hygienischen Bedingungen wird zunächst der alte Verband entfernt und entsorgt. Nach dem Lösen der Fixierklammer lässt sich die äußere Hautplatte etwas verschieben, sodass die Wunde freigelegt wird.

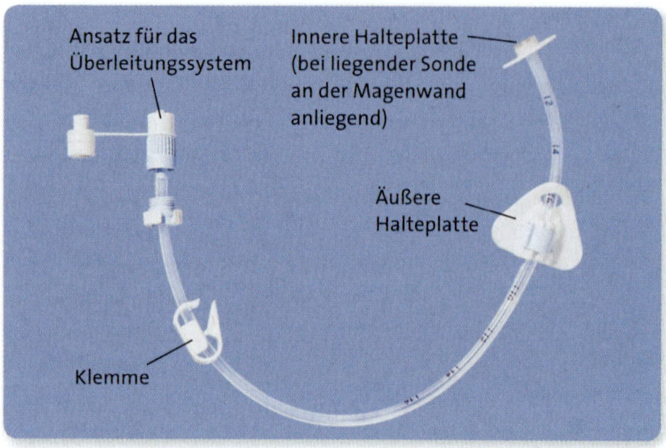

Abb. 1 PEG-Sonde

- Der Wundbereich wird entsprechend der hygienischen Vorgehensweise beim Verbandswechsel mit Kompressen von innen nach außen gereinigt und desinfiziert. Die Sonde wird gesäubert. Bei starker Sekretion sollte auch die Hautplatte gereinigt und desinfiziert werden.
- Bei der Wundkontrolle wird auf den Hautzustand, mögliche Sekretion oder Blutungen im Bereich der Durchtrittsstelle sowie auf die Bildung von „wildem Fleisch“ geachtet.
- Anschließend wird die Sonde mobilisiert, indem sie etwa 2 cm vorgeschoben und etwas gedreht wird. Auf diese Weise lässt sich die innere, an der Magen- bzw. Darmwand anliegende Fixierplatte auf Freigängigkeit kontrollieren. Danach wird die Sonde wieder in die Ausgangsposition zurückgelegt. Unterbleibt das Mobilisieren, kann es zu Verwachsungen mit der Magenwand kommen.
- Nach dem Zurückschieben der Hautplatte wird diese erneut mithilfe der Klammer fixiert. Bei starker Sekretion kann evtl. eine Schlitzkompresse zwischen Platte und Haut eingelegt werden.
- Für den abschließenden Pflasterverband wird ein Fixierpflaster eingeschnitten, um die Sonde knickfrei durch den Schlitz ausführen zu können. Der Sondenschlauch sollte zusätzlich mit einem Pflasterstreifen fixiert werden.
- Sollte die Sonde beschädigt, geknickt oder durch Ablagerungen verstopft sein, ist dies zu dokumentieren und ein Wechsel zu veranlassen. Verfärbungen an der Innenwand der Sonde lassen sich durch regelmäßiges Spülen vermeiden. Die Funktion ist dadurch nicht beeinträchtigt.

Die PEG-Sonde sollte wegen der Gefahr von Beschädigungen nie mit einer Klemme abgeklemmt werden. Zu diesem Zweck befinden sich am Schlauch vormontierte Kunststoffklemmen (▶ **Abb. 2 auf der vorigen Seite**).

Sondennahrung

Die Verabreichung der Sondennahrung erfolgt am einfachsten mithilfe von Schwerkraftsystemen, bei denen die Nahrung als Flasche oder Beutel an einem Infusionsständer hängt und über ein Schlauchsystem mit dem Ansatz der Sonde verbunden ist. Der Durchlauf kann mittels einer Rollklemme reguliert werden. Dabei sollten nicht mehr als 100 ml pro 10 Minuten verabreicht werden.

Die Art der Sondennahrung wird in der ärztlichen Verordnung angegeben. Kriterien für die Auswahl sind:

- Grunderkrankungen des Betroffenen (z. B. Nierenleiden),
- Ernährungszustand,
- Lage der Sonde (Magen oder Dünndarm),
- individueller Energie- und Nährstoffbedarf,
- Verdauungs- und Resorptionsleistung des Magen-Darm-Trakts.

Der Handel bietet eine große Auswahl an industriell hergestellten Sondennahrungen an, die in ihrer Zusammensetzung einer vollwertigen Ernährung entsprechen. **Vollbilanzierte** Nahrung ist zur ausschließlichen Ernährung des Betroffenen geeignet. **Teilbilanzierte** Nahrung eignet sich zum Ausgleich von Ernährungsdefiziten (z. B. bei erhöhtem Eiweißbedarf). Sondennahrung wird in der Regel fertig zubereitet in Flaschen oder Beuteln vertrieben.

> Sondennahrung ist ein sehr guter Nährboden für Krankheitserreger. Einmal geöffnet ist sie im Kühlschrank aufzubewahren und binnen 24 Stunden zu verbrauchen.

Verabreichung der Sondennahrung vorbereiten

- Sondennahrung kurz aufschütteln, um den Bodensatz zu mischen.
- Nahrung, wenn nötig, in einen Ernährungsbeutel umfüllen und am Infusionsständer aufhängen. Überleitungssystem anschließen und entlüften (spezielle Überleitungssysteme können direkt an die Flasche angeschlossen werden).
- Betroffenen über die Maßnahme informieren, wenn möglich mit erhöhtem Oberkörper lagern (Aspirationsprophylaxe).
- Sondenlage prüfen (s. oben), ist bei perkutanen Sonden nicht erforderlich.
- Person auf ein mögliches Völle- oder Druckgefühl im Bereich des Magens hin befragen (ungenügende Entleerung des Magens).
- Kleidung und Bettzeug mit einer Serviette vor Verschmutzung schützen.
- Sonde mit 20 bis 50 ml stillem Wasser durchspülen und damit auf Durchgängigkeit kontrollieren.

Verabreichung mit Schwerkraftsystem. Das Überleitungssystem wird an die Sonde angeschlossen und der gewünschte Durchfluss nach ärztlicher Anweisung und individueller Verträglichkeit des Betroffenen mithilfe der Rollklemme eingestellt.

> Mit zunehmender Magenfüllung kann sich die Tropfgeschwindigkeit der Sondenkost verlangsamen, was die regelmäßige Kontrolle und ggf. ein Nachregulieren notwendig macht.

Nachbereitung. Nach der Verabreichung wird die Sonde abgeklemmt und das Überleitungssystem entfernt.

- Die Sonde wird mit stillem (ggf. abgekochtem) Wasser durchgespült. Abschließend ist die korrekte Fixierung zu überprüfen und gegebenenfalls zu erneuern.
- Der Oberkörper des Pflegebedürftigen sollte wenn möglich noch 20 bis 30 Minuten hochgelagert bleiben (Reflexgefahr).
- Der Betroffene wird besonders zu Beginn der Sondenernährung aufgefordert, sich bei Übelkeit oder sonstigen Beschwerden zu melden.
- Das Überleitungssystem wird täglich gewechselt.

Verlaufskontrolle und Dokumentation

- Angaben zur Sondenlage
- Art der Sonde
- Art der Ernährung
- Menge der verabreichten Nahrung, eventuell zusätzlich zugeführte Speisen und Getränke
- Applikationsform
- Zulaufgeschwindigkeit
- Haut- bzw. Schleimhautveränderungen im Bereich der Sonde
- Zwischenfälle beim Sondieren
- Beobachtung der Bekömmlichkeit der Nahrung und möglicher Verdauungsbeschwerden
- regelmäßige Gewichtskontrolle des Betroffenen

Medikamentengabe über eine Sonde

(**Darreichungsformen von Medikamenten und Hinweise zur Medikamentengabe, ▸ s. Modul 4, Kap. II.1**)

Die Medikamentengabe über die Sonde darf nur nach ärztlicher Verordnung erfolgen. Grundsätzlich sollten Medikamente immer getrennt von Sondennahrung verabreicht werden. Dabei wird die Sonde vor und nach der Medikamentengabe gut durchgespült, um Vermischungen von Nahrungs- und Medikamentenresten vorzubeugen. Zum Spülen wird stilles Wasser wegen sonst möglicher Interaktionen mit den Medikamenten verwendet. Flüssige Arzneimittel werden direkt in eine Spritze aufgezogen und verabreicht. Geeignete

Tabletten müssen zuvor feinst zermörsert und verlustfrei mit reichlich Wasser in die Spritze aufgenommen werden. Welche Medikamente über die Sonde gegeben werden dürfen, ist nachzulesen unter www.enterale-ernaehrung.de.

Aufgaben

1. Erklären Sie die Funktion des Verdauungssystems.
2. Beschreiben Sie den Wandaufbau der Organe des Magen-Darm-Trakts und den Transport der Nahrung.
3. Benennen Sie das Hauptproblem einer Durchfallerkrankung und erarbeiten Sie Maßnahmen im Falle einer bettlägerigen Person.
4. Herr Trautheim klagt seit dem Mittagessen über heftige Übelkeit und meint, sich gleich übergeben zu müssen.
   a) Welche Ursachen vermuten Sie?
   b) Welche Materialen legen Sie bereit und welche Maßnahmen ergreifen Sie, um den Klienten zu unterstützen?
5. Welche Probleme können bei der enteralen Versorgung von Menschen mit komplexen Mehrfachbehinderungen auftreten? Zeigen Sie Alternativen auf.

3 Wunden, Frakturen und Erste Hilfe

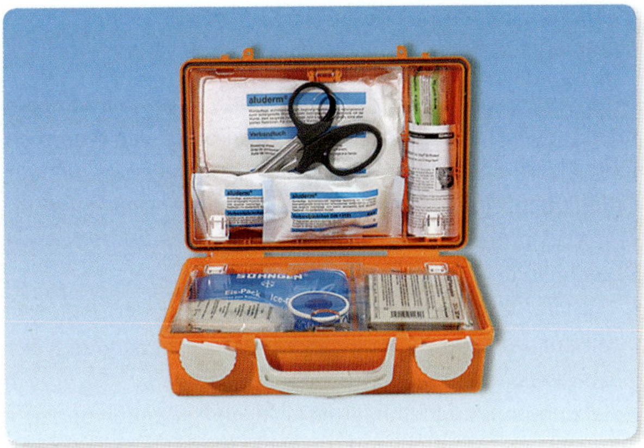

Abb. 1 Kleiner Notfallkoffer

3.1 Wunden und Verbände

Die professionelle Grundversorgung und Behandlung von Wunden bei Menschen mit Behinderung ist ein Bestandteil der heilerziehungspflegerischen Tätigkeit. Jede Fachkraft soll mit den Grundlagen der Wund- und Heilbehandlung vertraut sein. Dazu zählt z. B. die Dekubitusprophylaxe (▸ s. Modul 2, Kap. II.2.3.8) bei Menschen mit erheblichen Mobilitätseinschränkungen.

Wunden entstehen durch äußere Gewalteinwirkungen auf den Körper. Zunächst wird die Haut geschädigt, dann das Unterhautfettgewebe, danach Sehnen, Nerven und Muskeln, manchmal auch Knochen und Organe.

- Durch die Verletzung von Blutgefäßen entstehen Blutungen, einhergehend mit Blutverlust und Schockgefahr (▸ s. Kap. 3.4).
- Die Verletzung der Nerven verursacht Schmerzen.
- Die Verletzung der Haut ermöglicht Erregern das Eindringen, sodass bei Verletzungen stets Infektionsgefahr besteht.

Hieraus ergeben sich unabhängig von der Art der Verletzung für die Wundversorgung allgemeine, bei der Ersten Hilfe anerkannte und zu beachtende Grundsätze:

1. Wunden dürfen nicht mit den Händen berührt werden, immer Schutzhandschuhe tragen!
2. Wunden dürfen von Ersthelfern nicht ausgewaschen oder gereinigt werden (Infektionsgefahr)!
3. Wunden dürfen bei der Erstversorgung nicht mit Pudern oder Salben behandelt werden (erschwert die Beurteilung der Wunde)!

3.1.1 Kleine Wunden

Kleinere Wunden werden **desinfiziert** (z. B. mit Wunddesinfektionsmitteln) und, falls erforderlich, mit einem **Pflaster** versehen. Bei Pflasterwundverbänden ist darauf zu achten, dass die Wundauflage immer größer ist als die Wunde und zunächst die Schutzfolie von den Klebestreifen zu entfernen ist. Dabei darf die keimfreie Wundauflage nicht berührt werden.

3.1.2 Größere und stark blutende Wunden

Größere oder tiefere Wunden werden in der Erstversorgung **steril** verbunden. In der Arztpraxis oder Klinik wird dann über das weitere Vorgehen entschieden. In Einrichtungen der Behindertenhilfe befinden sich Erste-Hilfe-Kästen, die mit sterilen Mullkompressen ausgestattet sind.
Die Gefahr bei stark blutenden Wunden besteht in den Auswirkungen des Blutverlustes. Erwachsene geraten bei einem Blutverlust von ca. 1 Liter Blut in Lebensgefahr durch einen Volumenmangelschock. Daher ist möglichst kurzfristig eine Blutstillung mittels eines **Druckverbands** (▸ Abb. 2) durchzuführen, wobei der Betroffene sich immer hinlegen soll.

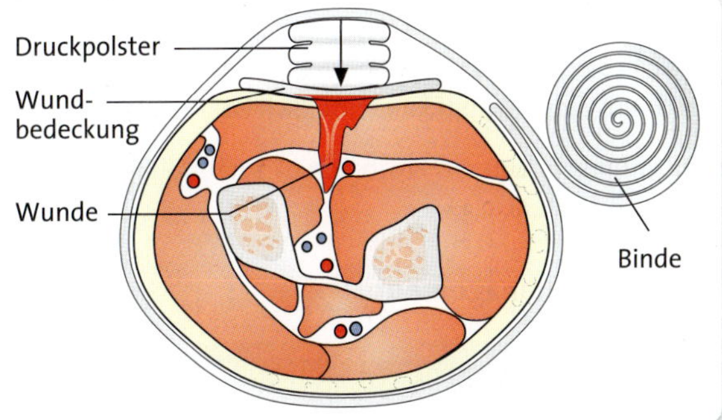

Abb. 2 Prinzip des Druckverbands am Unterarm

Durch den Druckverband wird über das umgebende Gewebe eine Kompression der tiefer liegenden Blutgefäße erreicht. Dies führt allerdings auch zu einer Unterversorgung der entfernteren Körperabschnitte.

Nach Anlegen eines Druckverbands die Zeit dokumentieren, um die Zweithelfer über die Dauer der Unterbrechung zu informieren.

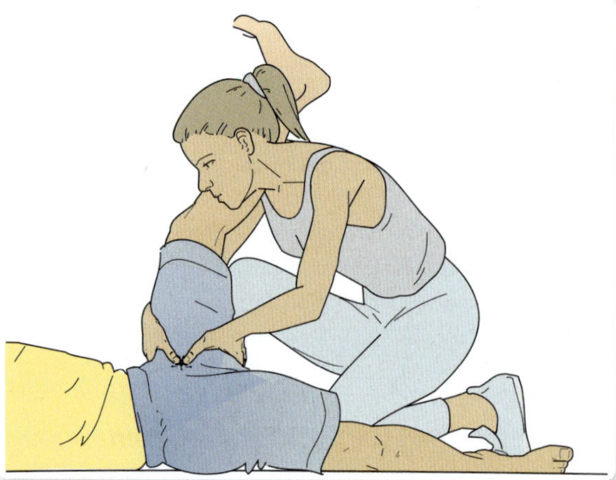

Abb. 1 Kompression in der Leistenarterie

Blutung am Bein. Bei starken Blutungen am Bein liegt der Druckpunkt in der Leiste. Wegen der Größe der Arterie muss der Druck gegen das Schambein mit beiden Daumen erfolgen (▶ Abb. 1).
Danach erfolgt die Anlage eines Druckverbands, wie beim Arm beschrieben.

Blutung an Kopf oder Rumpf. Bedrohliche Blutungen an Kopf und Rumpf werden dadurch versorgt, dass möglichst keimfreies, weiches Material direkt auf die Blutungsstelle gepresst wird. Notfalls muss der Druck bis zum Eintreffen des Rettungsdienstes beibehalten werden, da die Anlage eines Druckverbands am Kopf kaum möglich ist.

Entzündungen. Um die Prozesse bei Entzündungen geht es im ▶ **Modul 2, Kap. II.3.1.2**.

3.1.3 Wundmanagement

Wundmanagement heißt:
- fortlaufende Wundkontrolle
- Wundbeurteilung sowie stadiengerechte Versorgung der Wunde
- Verhinderung der Einschleppung von Erregern und Bekämpfung einer bestehenden oder beginnenden Infektion

Wundmanagement in seiner praktischen Umsetzung beinhaltet:
- **Wundspülung**
  geeignet sind Kochsalzlösung 0,9% oder Ringerlösung, Temperatur der Lösung soll körperwarm sein
- **Wundantiseptik**
  bei infizierten und infektionsgefährdeten Wunden werden antiseptische Lösungen verwendet, geeignet sind z. B. Otenidin oder Polyhexanid
- **Wundauflagen**
  beinhalten konventionelle Auflagen, diese nehmen Sekret auf, schützen und polstern die Wunde; für chronische Wunden eignen sich Mull/-Vliesstoffkompressen oder z. B. imprägnierte Wundgaze mit Vaseline bzw. Silicon.

Die konsequente Umsetzung der Inhalte des Wundmanagements beeinflusst den Wundheilungsprozess. Als Wundheilung bezeichnet man Vorgänge, die zu einem Verschluss der Wunde und einer Erneuerung des verletzten Gewebes führen. Man unterscheidet zwischen primärer und sekundärer Wundheilung:
- Primäre Wundheilung steht für einen zügigen Heilungsverlauf und nahezu vollständige Wiederherstellung des Gewebes und geringe Narbenbildung.
- Sekundäre Wundheilung tritt bei allen klaffenden und verunreinigten Wunden auf. Sie ist verzögert und ist durch erhebliche Narbenbildung gekennzeichnet. Dazu zählt unter anderem auch die Wundheilung eines Dekubitus.

Störungen der Wundheilung treten auf bei:
- Verunreinigung
- Taschenbildung, Blutergüssen und Nekrosen
- mangelhafter Durchblutung des Gewebes
- Diabetes mellitus
- Vitaminmangel (Vitamin C)
- Kortisontherapie

3.1.4 Wunddokumentation

Bei der Behandlung von Wunden ist es wichtig, den Behandlungs-/Heilungsverlauf aufmerksam zu beobachten. Grundlage einer exakten Beurteilung eines Heilungsverlaufs ist eine möglichst genaue Beschreibung der Wunde. Diese erfolgt in speziellen Dokumentationsbögen. Jede Veränderung, die vom Heilerziehungspfleger registriert wird, ist zu dokumentieren.

Anforderungen an eine gute Dokumentation
- Gründliche Anamnese
- Ärztliche Anordnung zur Wundversorgung
- Benennung der Wundheilungsphase
- Feststellen von Schmerzen
- Verbandswechseldaten eintragen
- Foto erstellen
- Wundheilungsverlauf erkennbar dokumentieren

Zwingend erforderliche Angaben
- Länge in mm
- Breite in mm
- Tiefe in mm
- Oberflächenbeschaffenheit
- Wundrandbeschaffenheit

3.1.5 Schmerzbehandlung bei chronischen Wunden

Verbandswechsel bei chronischen Wunden sind meist mit Schmerzen verbunden, die unbedingt berücksichtigt werden müssen. Das heißt:

- Schmerz immer ernst nehmen.
- Erfassung mit Schmerzskala dokumentieren (▶ **s. Modul 6, Kap. II.1 Schmerz**).
- Betroffenen über Notwendigkeit der Schmerzmitteleinnahme informieren, Schmerzmittel rechtzeitig vor dem Verbandswechsel einnehmen lassen oder verabreichen.
- Wirkungseintritt und Wirkungsdauer des Schmerzmedikamentes beachten.
- Ruhige Umgebung schaffen.
- Entspannungstechniken anwenden.
- Lagerung optimieren.
- Vermeiden zu häufiger Verbandswechsel.
- Einsatz von Lokalanästhetika nach ärztl. Anweisung.

3.2 Frakturen (Knochenbrüche)

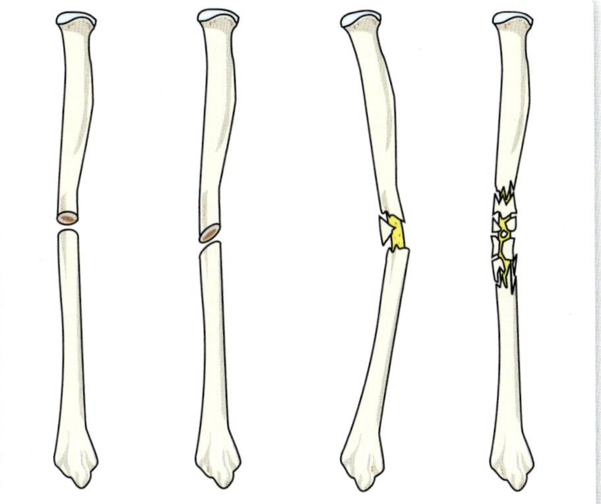

Abb. 1 Bruchformen

Sturzrisiko. Menschen mit Behinderung sind häufig zusätzlich in ihrer Mobilität eingeschränkt. Ursachen hierfür sind einerseits cerebrale Paresen, Hemiparesen, muskuläre Dysbalancen oder Koordinationsstörungen, zum Beispiel Ataxie. Die Betroffenen sind weitaus häufiger einem Sturzrisiko ausgesetzt. Andererseits sind Wahrnehmungsstörungen, z. B. beim Sehen, aber auch sensorische Integrationsstörungen Ursachen für Stürze.

Zudem weisen Menschen mit Behinderung häufig eine niedrige Schmerztoleranz auf, was ein Erkennen möglicher Frakturen erschwert (▶ **s. auch Modul 4, Kap. II.3 Bewegungsapparat**).

Bei jedem Sturz besteht die Gefahr, dass besonders die langen Röhrenknochen brechen. Abhängig ist die Bruchgefahr unter anderem von der Dichte der Knochenbälkchen.

Wird bei einem Knochenbruch auch die Muskel- und Hautschicht zerstört, spricht man von einem **offenen Bruch**. Ein **geschlossener Bruch** ist demnach gegeben, wenn keine zusätzlichen sichtbaren Verletzungen bestehen. In keinem Fall bedeutet dies aber, dass die Situation weniger ernst ist. Jede Gewalteinwirkung, die stark genug ist, den Knochen zu brechen, zerstört natürlich auch Gewebe und führt zum Zerreißen von Adern mit massiver Einblutung in das Gewebe. Hinzu kommen die Gewebezerstörungen durch die unter Umständen scharfen Knochenkanten.

Liegt der Knochen direkt unter der Haut, ist der entstehende **Bluterguss** (Hämatom) schnell zu erkennen. Liegt der Knochen in der Tiefe, z. B. der Oberschenkelknochen, wird der Bluterguss häufig erst sehr spät erkannt. Berührungsschmerz im betroffenen Bereich sowie eine Aufhebung der Funktion deuten auf einen Knochenbruch hin. Eine Abwinkelung außerhalb der Gelenke oder Stellungen, die anatomisch nicht möglich sind, gelten als untrügerische Zeichen.

Speichenbruch (Radiusfraktur). Die Gelenkfläche zwischen den Unterarmknochen Elle und Speiche und der Mittelhand wird zum größten Teil von der Speiche gebildet. Aus diesem Grund wird eine starke Gewalteinwirkung auf die Hand, wie sie bei einem Sturz mit vorgestrecktem Arm entsteht, wesentlich auf den Gelenkteil der Speiche ausgeübt.

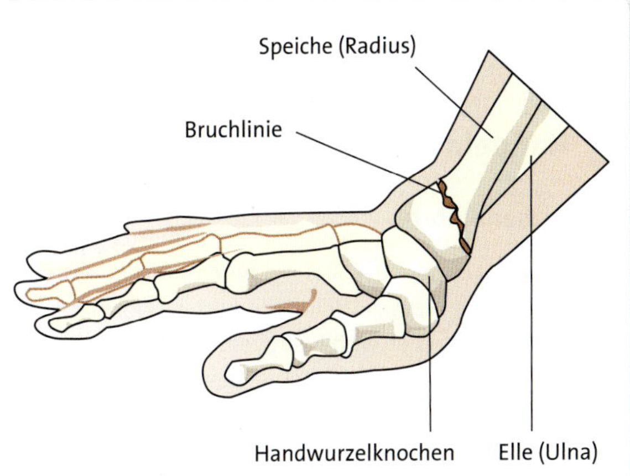

Abb. 2 Speichenbruch (Radiusfraktur)

Nach dem Sturz entwickelt sich rasch ein Bluterguss. Unterarm und Handwurzel sind von der Seite aus betrachtet gegeneinander verschoben. Die Hand steht höher als der Unterarm (**Bajonettstellung**). Bewegung ist nicht mehr möglich und der gesamte Bereich schmerzt stark. Auch nach der ärztlichen Versorgung (meist eine Ruhigstellung) ist darauf zu achten, dass die Hand immer höher als das Ellbogengelenk gehalten wird. Tägliche Bewegungsübungen in Schulter- und Ellbogengelenk sollen einer Versteifung vorbeugen.

Erstmaßnahmen bei Frakturen

Erstmaßnahmen bei Brüchen (Frakturen) sind eine **Ruhigstellung und Abpolsterung** der betroffenen Gliedmaßen ohne Veränderung der Lage (!), falls erforderlich auch steriles Abdecken der entstandenen Wunde. Der Kopf sollte möglichst bequem gelagert werden, sodass freies Atmen möglich ist. Die sofortige Prüfung von Puls und – falls möglich – Blutdruck sollte folgen, um einen Blutverlust rechtzeitig zu erkennen. Dieser kann z.T. sehr erheblich sein, ohne dass es zu sichtbaren äußeren Zeichen kommt. Es besteht die Gefahr eines Volumenmangelschocks. Um nicht auszukühlen, sollte der Verletzte zugedeckt werden.
Kommt es bei einem Sturz zu einer **offenen Fraktur**, d.h., wurde die Haut vom Knochenbruchstück durchspießt, sollte die Perforationsstelle mit einer keimfreien Wundauflage bedeckt werden.

Arm,- Hand- und Schulterfrakturen können mit zwei Dreieckstüchern „ruhig gestellt" werden (▶ **Abb. 1**).
Bei allen Verletzungen der Hand muss wegen des lockeren dünnen Gewebes über der Muskulatur mit einer Schwellung gerechnet werden. Um Abschnürungen zu vermeiden, müssen daher alle Fingerringe entfernt werden. Dann sollte die Hand möglichst ruhig gestellt werden. Dazu bieten sich ein Dreieckstuch oder eine einfache Binde an. Die Beugung im Ellenbogen sollte so groß sein, dass sich die Hand oberhalb des Gelenks befindet. So kann das Blut gut zurücklaufen und die Schwellung abnehmen.

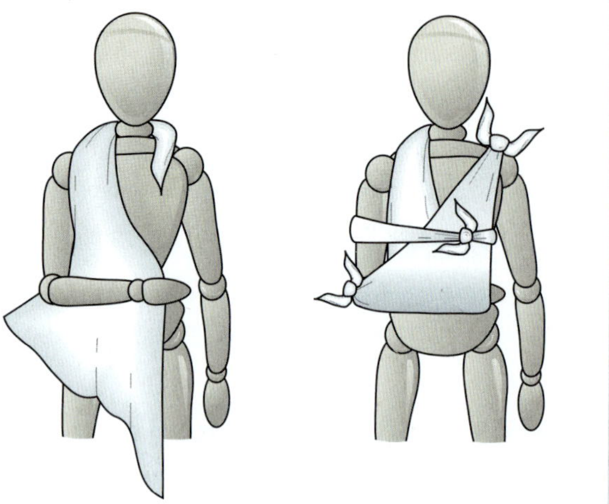

Abb. 1 Ruhigstellung mit zwei Dreieckstüchern

Verletzte mit Verdacht auf eine **Rippenfraktur** haben Schwierigkeiten zu atmen und leiden unter erheblichen Schmerzen. Derartig Verletzte sind mit erhöhtem Oberkörper zu lagern, was zumindest die Schmerzen lindert.
Verunglückte mit Verdacht auf **Wirbelbrüche** sollten grundsätzlich in der vorgefundenen Lage belassen werden, lebensrettende Maßnahmen dürfen nur dann durchgeführt werden, wenn die Vitalfunktionen der Verunglückten z.B. durch Bewusstlosigkeit, Atemstillstand oder Kreislaufstillstand bedroht sind. Die Betroffenen sollten lediglich mit einer Decke zugedeckt und betreut werden. Der alarmierte Rettungsdienst verfügt über Möglichkeiten, Wirbelsäulenverletzte gefahrlos zu transportieren.

Prellungen

Bei **Prellungen** ist es ausreichend, die betroffenen Körperteile zu kühlen (Kältekompressen) und gegebenenfalls hoch zu lagern. Jede Prellung ist allerdings bis zur Abklärung durch einen Arzt vom Helfer wie eine Fraktur zu betrachten.

3.3 Handeln in Notfällen

3.3.1 Nasenbluten

Akute Blutungen aus der Nase gehören zu den aufregenden, wenn auch nicht zu den bedrohlichen Notfällen. Blut färbt sehr stark und es wird häufig ein hoher Verlust vorgetäuscht. Allerdings kann die Menge des eventuell über den Rachen in den Magen gelaufenen Blutes nicht überprüft werden. In jedem Falle ist also eine Überwachung des Blutdrucks nötig – auch deshalb, weil Nasenbluten häufig erstes Anzeichen eines krisenhaften Bluthochdrucks ist. Weitere Gründe können mechanische Schädigungen (Putzen der Nase, Bohren in der Nase bzw. Sturz) der Nasenschleimhaut sein.
Einfache Maßnahmen können sehr hilfreich sein. Der Kopf sollte nach vorn gebeugt werden, um ein Verschlucken des Blutes zu vermeiden. Die Nasenflügel werden zur Blutstillung mehrere Minuten kräftig aneinandergedrückt. Ein in den Nacken gelegtes kaltes Tuch sorgt für eine Engerstellung der Gefäße in der Nase.

Kommt die Blutung damit nicht zum Stehen, muss durch einen Arzt eine **Tamponade** eingelegt werden.

3.3.2 Fremdkörperverletzung

Fremdkörper dürfen nicht vom Ersthelfer, sondern nur vom Arzt entfernt werden.

Fremdkörper in **Wunden** sind vorsichtig mit einer oder mehreren Wundauflagen zu umlegen. Größere Fremdkörper sollten noch abgepolstert werden. Dabei sollte der Fremdkörper möglichst nicht bewegt werden. Anschließend erfolgt eine Fixierung mit Binde oder Pflaster. Die sachgerechte Entfernung erfolgt in einer unfallchirurgischen Praxis oder einem Krankenhaus.
Kleinere bewegliche **Fremdkörper** im **Auge** (Staub, Insekten, Wimpern) können durch Spülung entfernt werden. Spezielle Lösungen sind nicht erforderlich. Geeignet sind Wasser, aber auch Infusionslösungen, z.B. NaCl 0,9% oder Ringerlactat. Verbleibt ein Fremdkörpergefühl (Brennen, Reiben), muss ein Augenarzt konsultiert werden wegen möglicher Verletzungen der Hornhaut.
Größere oder festsitzende Fremdkörper im Auge dürfen auf keinen Fall entfernt werden. Vielmehr soll das betroffene Auge mit einer Wundauflage bedeckt werden, danach sollten beide Augen mit einem undurchsichtigen Tuch abgedeckt werden. Durch Aufhebung der Sicht werden beide Augen ruhig gestellt, ansonsten würde sich das verletzte Auge mitbewegen. Durch die Ruhigstellung des verletzten Auges kann eine Schmerzlinderung erreicht werden.

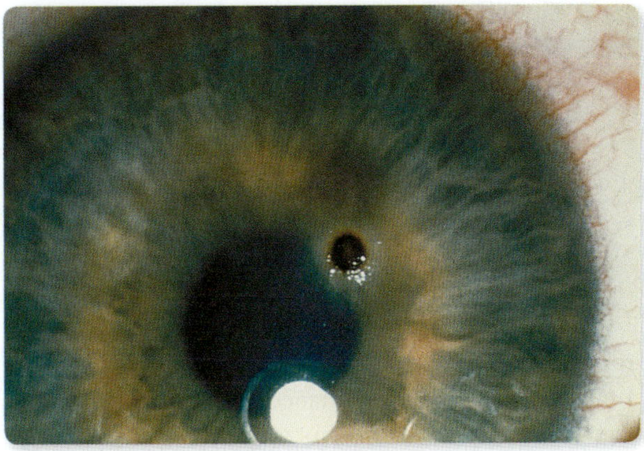

Abb. 1 Festsitzender Fremdkörper auf der Hornhaut

3.3.3 Akute Bewusstseinsstörungen

Synkope

Einen plötzlich auftretenden, kurz andauernden Bewusstseinsverlust nennt man **Synkope** (gr. Zusammenschlagen). In diesem Fall muss sofort ein Notruf abgesetzt werden. Danach sollte der Betroffene in die Schocklage gebracht werden (▸ s. Kap. 3.4), bis der Notarzt eintrifft. Auf keinen Fall darf die Person alleine gelassen werden.

Schlaganfall (Apoplex) (▸ s. Modul 2, Kap. II.4.2.5)

Die Lähmungserscheinungen sowie die Sprachstörungen deuten auf eine schwere **neurologische Störung** hin. Nach Alarmierung des Rettungsdienstes wird der bei Bewusstsein Befindliche bequem und mit erhöhtem Oberkörper gelagert. Die gelähmten Körperteile werden umpolstert.
Bei Bewusstlosigkeit mit Spontanatmung würde der Erkrankte in die stabile Seitenlage auf die gelähmte Seite gebracht. Bei ausbleibender Atmung müssen lebensrettende Sofortmaßnahmen durchgeführt werden.

Kopfverletzungen

Herr N. ist bei einem schweren Sturz hart mit dem Kopf aufgeschlagen. Danach ist er kurze Zeit nicht ansprechbar und klagt über Schwindel und Kopfschmerzen. Kurz darauf muss er sich übergeben. An den Sturz selbst kann Herr N. sich nicht mehr erinnern.

Bei Kopfverletzungen besteht immer der Verdacht einer Gehirnerschütterung. In einem solchen Fall wird sofort der Rettungsdienst alarmiert, der Verletzte veranlasst, sich flach hinzulegen, und zugedeckt. Wie in allen Fällen bei Bewusstseinsstörungen sollte der Betroffene nicht allein gelassen werden.

3.3.4 Verlegung der Atemwege

Fremdkörper in der Luftröhre

Schluckstörungen treten häufig auf bei Menschen mit Behinderung. Betroffen sind zumeist Personen mit ausgeprägten cerebralen Paresen.
Zuerst den Notruf absetzen. Dann wird der Betroffene gebeten, seinen Oberkörper vornüberzubeugen und es wird versucht, mit angepassten Schlägen der flachen Hand zwischen die Schulterblätter die Person zum Husten zu bringen, um so einen möglichen Fremdkörper aus der Luftröhre zu entfernen.

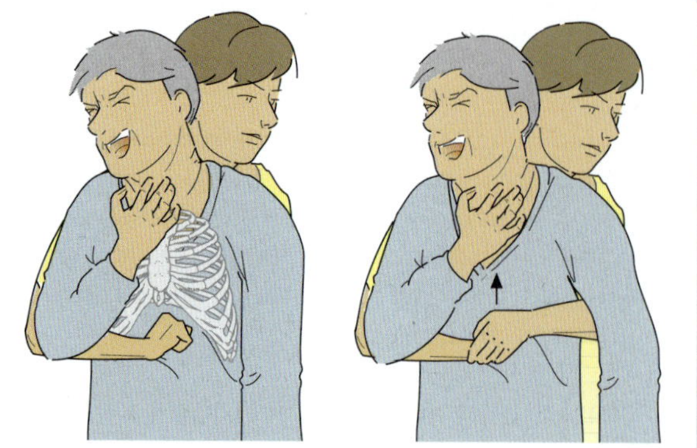

Abb. 1 Entfernung von Fremdkörpern (Heimlich-Handgriff)

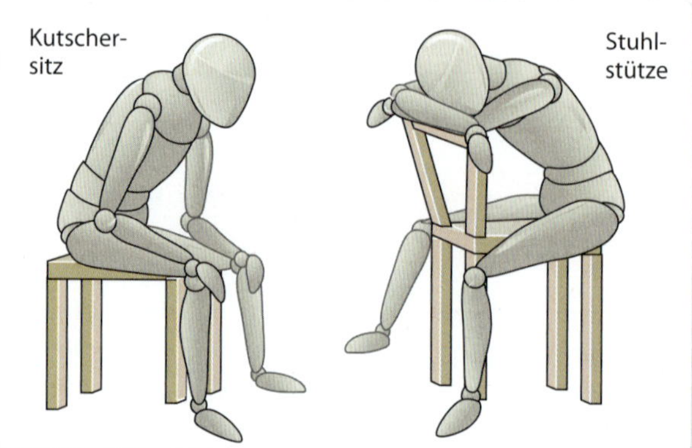

Abb. 2 Atemerleichternde Körperhaltung

Führt dies nicht umgehend zum Erfolg, können erfahrene Ersthelfer mithilfe des sogenannten **Heimlich-Handgriffs** (nach dem Arzt **Henry J. Heimlich**) versuchen, den Fremdkörper zu entfernen (▶ **Abb. 1**).
Der Helfer steht dabei hinter der Person, die zu ersticken droht, und führt seine Hände vor dem Bauch des Betroffenen zusammen. Eine Hand wird zur Faust geballt (Daumen nach innen) unterhalb des Brustbeins im Rippenbogen aufgesetzt, die andere Hand umfasst die Faust. Dann wird mit einem kräftigen Ruck nach innen und oben der Bauch zusammengezogen. Der dabei entstehende Überdruck soll den Fremdkörper aus der Luftröhre treiben.
Da der Griff jedoch meist innere Verletzungen nach sich zieht, sollte er nur bei akuter Lebensgefahr und mit entsprechender Übung angewandt werden. Er wird in Erste-Hilfe-Kursen gelehrt.

Insektenstich im Mund- und Rachenraum

Durch das Insektengift kann es zum Anschwellen der Schleimhäute im Mund- und Rachenraum kommen, sodass die Atemwege eingeengt werden. Es besteht akute Erstickungsgefahr. Nachdem der Rettungsdienst benachrichtigt ist, werden dem Betroffenen Eiswürfel zum Lutschen gegeben und der Hals von außen mit Kältekompressen oder kalten Umschlägen gekühlt. Bis zum Eintreffen des Notfalldienstes wird der Betroffene beruhigt und auf Atmung und Puls geachtet. Bei Zeichen eines anaphylaktischen Schocks wird eine Schocklagerung durchgeführt mit Freihalten der Atemwege (▶ **s. Kap. 3.4 Erstmaßnahmen bei Schock**).

3.3.5 Asthma bronchiale (▶ s. Modul 4, Kap. II.4.2.3)

Herr K. hat in seinem Zimmer einen akuten Asthmaanfall erlitten. Er sitzt schwer atmend auf einem Stuhl und hat bereits eine bläuliche Gesichtsfarbe bekommen.

Beruhigend mit dem Betroffenen sprechend, wird ein Tisch an den Stuhl geschoben, damit die Unterarme aufgelegt werden können, um die Atmung zu unterstützen (atemerleichternde Lagerung).
Danach muss der Betroffene zwei Sprühstöße eines Medikaments zur Öffnung der Bronchien inhalieren. Zur Verlangsamung der Atmung wird die sogenannte „Lippenbremse“ eingesetzt: Beim Ausatmen die Lippen leicht schließen, die Oberlippe über die Unterlippe schieben und mit einem langen „fffffffffff...“ ausatmen.
Sollten diese Maßnahmen die Situation nicht verbessern, ist der Rettungsdienst zu informieren. Auch bei einer Verbesserung des Zustands sollte auf jeden Fall für ärztliche Behandlung gesorgt werden, um die Therapie an die neue Situation anzupassen.

3.3.6 Einwirkungen von Hitze und Kälte

Verbrennung und Verbrühung

Frau S. möchte es in ihrem Zimmer etwas gemütlicher haben und zündet eine Kerze an. Als sie sich umdreht, um ein Buch zu holen, erfasst die Flamme ihre Bluse. In Panik rennt Frau S. auf den Flur, wo gerade eine Praktikantin Bettwäsche verteilt.

Um den Kleiderbrand zu löschen, ist es in der gegebenen Situation am besten, die Flammen mit einem Bettbezug zu ersticken.

Alternativen:
- Ersticken der Flammen mit einem Feuerlöscher
- Ersticken der Flammen mit einer Feuerlöschdecke
- Das Feuer mit Wasser löschen

Falls es zu größeren Brandverletzungen gekommen ist, wird der Rettungsdienst informiert.

Bei Verbrennungen von mehr als 5 % der Körperoberfläche (ca. 1/2 Arm) muss ein Notarzt hinzugezogen werden.

Aufgetretene kleine **Brandverletzungen** an den Armen werden mit kaltem Wasser gekühlt (ca. 15 °C, mindestens 10 Min.), großflächige Verletzungen mit handwarmem Wasser (25 bis 30 °C, 5 Min., um Unterkühlung zu vermeiden).
Danach werden die Verletzungen mit sterilen Kompressen abgedeckt. Der Verletzte sollte dabei beruhigt und getröstet werden.

Bei Erstversorgung werden weder Blasen geöffnet noch irgendwelche Substanzen auf die verbrannte Fläche aufgetragen!

Bei einer schweren Verbrennung kann es zu einem Schock kommen. Dann erfolgen die Erstmaßnahmen bei Schock (▸ **s. Kap. 3.4**).
Die Erstversorgung von **Verbrühungen** ist identisch mit der von Verbrennungen. Bei Verbrühungen muss die Kleidung möglichst rasch, aber vorsichtig entfernt werden, um die Hitzewirkung zu unterbrechen.

Hitzschlag und Sonnenstich

Bei Hitzschlag oder Sonnenstich wird der Betroffene sofort an einen kühlen Ort gebracht und mit erhöhtem Oberkörper gelagert. Die Kleidung ist zu öffnen. Danach wird der überhitzte Körper langsam mit feuchten Tüchern auf Armen und Stirn abgekühlt und es wird Luft zugefächelt. Der Flüssigkeitsverlust wird mit Mineralwasser (mit einem Teelöffel Salz versetzt) ausgeglichen. Verändert sich die Bewusstseinslage, werden die entsprechenden Sofortmaßnahmen durchgeführt und sofort der Rettungsdienst gerufen.
Ein **Sonnenstich** unterscheidet sich vom **Hitzschlag** dadurch, dass nicht der gesamte Körper, sondern zunächst nur der Kopf betroffen ist. Beim Sonnenstich ist die direkte Sonnenbestrahlung Auslöser, während beim Hitzschlag nur der Wärmestau entscheidend ist. Als zusätzliches Zeichen neben Kopfschmerzen, Übelkeit und Erbrechen kann beim Sonnenstich eine schmerzhafte Nackensteifigkeit (Meningismus) auftreten. Die durchzuführenden Maßnahmen sind gleich.

3.3.7 Verätzungen

Augenverätzungen können zum Erblinden führen. Das Auge sollte sofort mit Wasser gespült werden. Dafür soll der Betroffene sich hinlegen und, falls erforderlich, Kontaktlinsen entfernen. Während ein Helfer oder der Betroffene selbst das Auge aufhält, sollte aus einem Gefäß Wasser aus ca. 10 cm Höhe über das Auge gegossen werden, und zwar vom inneren Augenwinkel nach außen. Anschließend ist das Auge mit einem keimfreien Verband zu bedecken (▸ **Abb. 1**).

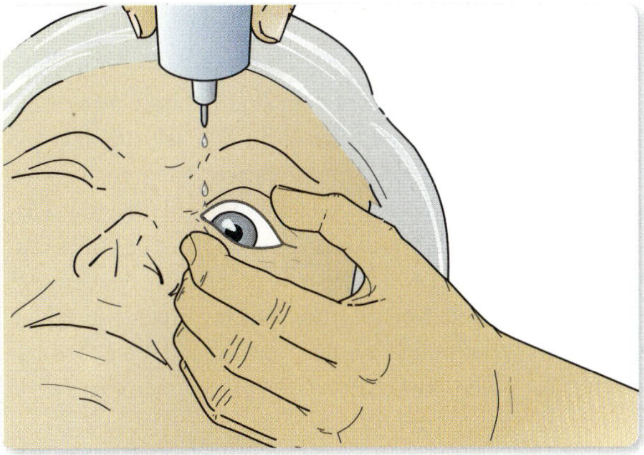

Abb. 1 Augenspülung

Durch das Spülen von innen nach außen wird verhindert, dass die Lösung durch den Tränen-Nasen-Gang in die Nase läuft.

Danach ist sofort ein Augenarzt zur weiteren Abklärung aufzusuchen, der Unfall muss der Berufsgenossenschaft (BG) gemeldet werden (Arbeitsunfall).

Bei **Hautverätzungen** sollten zunächst mit Säuren oder Laugen benetzte Kleidungsstücke vom Körper des Verunglückten entfernt werden, um ein Fortschreiten der Verätzung zu unterbinden.

Bei der Ersthilfe ist auf Eigenschutz zu achten, Handschuhe sollten getragen werden.

Der betroffene Körperteil wird sofort unter fließendem Wasser gründlich gespült (d. h. mindestens 10 Minuten). Wenn kein Wasser vorhanden ist, sollte versucht werden, die ätzenden Stoffe oder Flüssigkeiten mit Mulltupfern zu entfernen. Die gereinigten Wunden müssen steril verbunden werden. Der Rettungsdienst ist unverzüglich zu alarmieren, um den Transport in ein Krankenhaus durchzuführen.
Wenn Säure oder Lauge versehentlich getrunken wurde (Menschen mit Behinderung und verwirrte ältere Personen stellen eine Risikogruppe dar), ist dem Verunglückten Wasser oder Tee in kleinen Schlucken zum Trinken zu geben, um die verätzten Speisewege zu spülen und die Chemikalien zu verdünnen. Auf keinen Fall darf ein Erbrechen ausgelöst werden, da sich die Verätzung dann wiederholt.

3.3.8 Vergiftungen

Bei Verdacht auf Vergiftung muss zuerst der Notruf abgesetzt werden. Giftnotrufzentralen sind bundesweit erreichbar. Die betroffene Person wird in die stabile Seitenlage gebracht, dabei sollte der Kopf in diesem Falle nach unten gewendet sein. Toxine gelangen über das Verdauungssystem, die Atmung (bei Gasen), die Haut oder direkt in den Blutkreislauf (Alkohol). Beim Erbrechen sollte unterstützt werden; ggf. zudecken und weiter beobachten. Noch vorhandene Tabletten sollten sichergestellt werden, ebenso evtl. bereits Erbrochenes. Bei vollem Bewusstsein können Wasser oder Tee in kleinen Schlucken angeboten werden.

Auf keinen Fall darf einem Vergifteten Milch zu trinken gegeben werden. Diese beschleunigt in vielen Fällen die Aufnahme der schädlichen Substanzen.

Ursachen von Vergiftungen mit Medikamenten und chemischen Substanzen (z. B. Haushaltsreiniger) sind oft Leichtsinn, Verwechslung, Unwissenheit oder Vorsatz. Vergiftungen sind darüber hinaus möglich durch Lebensmittel oder Alkohol.

Aufgaben

1. Überprüfen Sie Ihr Wissen und Können an den genannten Fallbeispielen. Bilden Sie eigene Fallbeispiele und überlegen Sie die dann durchzuführenden Maßnahmen.
2. Beschreiben Sie Gefühle und Handlungsblockaden bei den unterschiedlichen Notsituationen.
3. Stellen Sie Notsituationen szenisch dar und besprechen Sie diese im Plenum.
4. Suchen Sie im Telefonbuch oder im Internet nach der Telefonnummer der für Ihren Arbeits- und Lebensbereich zuständigen Informationszentrale für Vergiftungen.

3.4 Erste-Hilfe-Maßnahmen

Aufgabe

Erinnern Sie sich an Ihre Erste-Hilfe-Ausbildung.
- Überlegen Sie, welche Anforderungen an einen Ersthelfer gestellt werden.
- Erstellen Sie ein Ablaufschema.

„Erste Hilfe" bündelt Maßnahmen, die im Fall einer Notsituation geleistet werden müssen. Das Leisten von Erster Hilfe sollte nicht ausschließlich ethisch motiviert sein, jeder Bürger ist dazu verpflichtet.
In Unfallsituationen bzw. bei lebensbedrohlichen Notfällen kommt es auf ein zielgerichtetes, schnelles Einleiten von notwendigen Hilfsmaßnahmen an. Daher lautet der oberste Grundsatz: **Ruhe bewahren!**
Kurse in Erster Hilfe. Heilerziehungspfleger gehören aufgrund ihrer unterschiedlichen Tätigkeitsfelder zum geschulten Personal beim Erbringen von Erster Hilfe. Turnusmäßig werden seitens der Arbeitgeber Kurse angeboten, in denen Heilerziehungspfleger Situationen trainieren und ihr theoretisches Wissen auf den aktuellen Stand bringen. Diese Grund- bzw. Auffrischungskurse werden vom Deutschen Roten Kreuz und karitativen Organisationen angeboten und sind für die Fachkräfte verpflichtend.

Auffinden einer hilflosen Person

Um etwas über den Gesundheitszustand einer hilflosen Person zu erfahren, müssen folgende Parameter überprüft werden:

Bewusstsein	Atmung	Verletzung
Ansehen: Bewusstseinslage prüfen **Anfassen:** Bewegungsmöglichkeiten testen **Ansprechen:** Orientierung prüfen	**Sehen:** Heben und Senken des Brustkorbs oder des Bauchs **Hören:** Atemgeräusche **Fühlen:** Atem an Handrücken oder Wange	**Ansehen:** sichtbare Verletzungen **Ansprechen:** Schmerzen erfragen

Abb. 1 Überprüfung des Gesundheitszustands

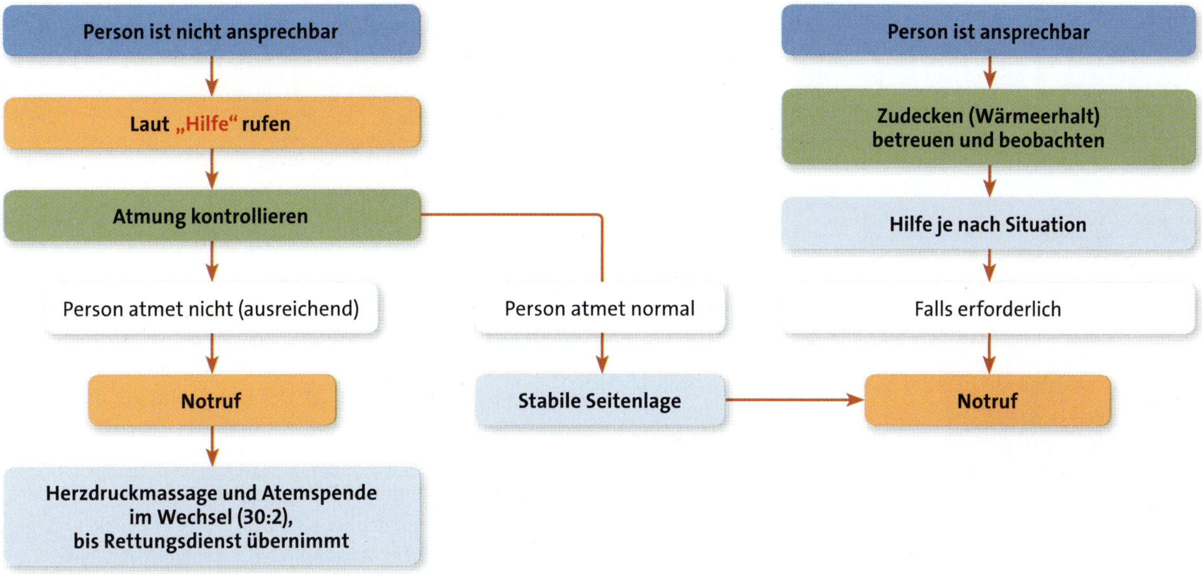

Abb. 1 Reihenfolge der Maßnahmen

Danach müssen entsprechende Maßnahmen entweder selbst durchgeführt oder Hilfe organisiert werden.

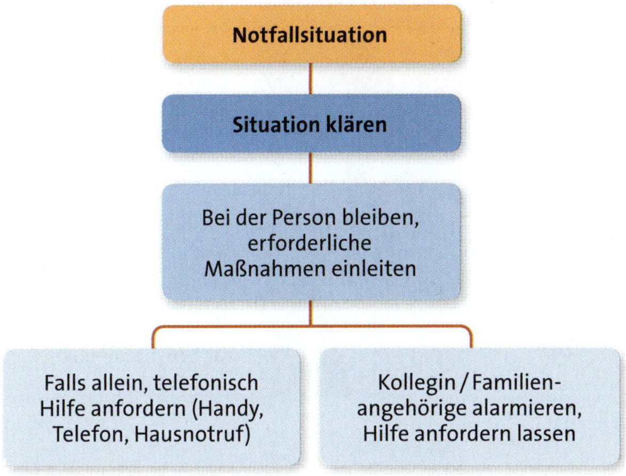

Abb. 2 Vorgehen beim Notfall

Stabile Seitenlage

Der Helfer kniet sich links neben den Liegenden und legt dessen linken Arm etwa im rechten Winkel vom Körper weg, den rechten Arm längs zum Körper. Das rechte Bein wird angebeugt. Er fasst mit der linken Hand das Knie und mit der rechten Hand das Handgelenk des rechten Armes und zieht den Bewusstlosen zu sich hin, bis dieser auf der linken Seite liegt (▸ **Abb. 3**).

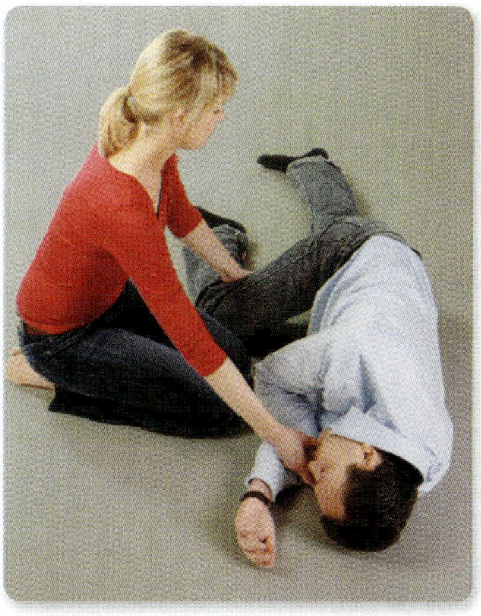

Abb. 3 Stabile Seitenlage

Um die Atemwege frei zu halten, wird der Kopf jetzt überstreckt und mit der daruntergelegten rechten Hand des Bewusstlosen fixiert. Danach sollte der Betroffene zugedeckt werden, um Auskühlungen zu vermeiden.

Herz-Lungen-Wiederbelebung

Reagiert der Verunglückte nicht auf die Frage „Hallo, können Sie mich hören?" und auf Berühren oder vorsichtiges Rütteln der Schulter und scheint seine Atmung gestört, wird mit den lebensrettenden Maßnahmen begonnen.

Zuerst ist der Betroffene auf den Rücken zu drehen und die **Atemwege** sind frei zu machen. Dafür wird durch Überstrecken des Halses (▶ **Abb. 1**) und Anheben des Kinns der Weg für die Atemluft geöffnet. Dazu wird die Hand auf die Stirn / den Kopf des Betroffenen gelegt und der Kopf leicht nach hinten gekippt.

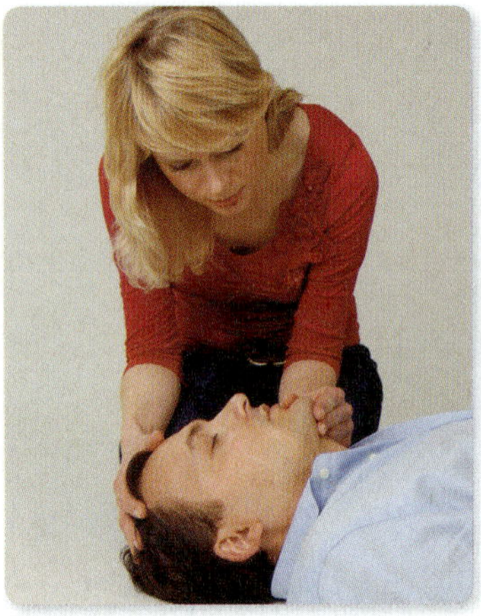

Abb. 1 Überstrecken des Halses

Danach wird das Kinn mit den Fingerspitzen angehoben. Dabei ist die **normale Atmung** durch Sehen, Hören und Fühlen zu kontrollieren (▶ **Abb. 2**).

- **Sehen:** Bewegungen des Brustkorbs
- **Hören:** die Kontrolle von Atemgeräuschen
- **Fühlen:** Luftstrom an der Wange des vornübergebeugten Rettungshelfers

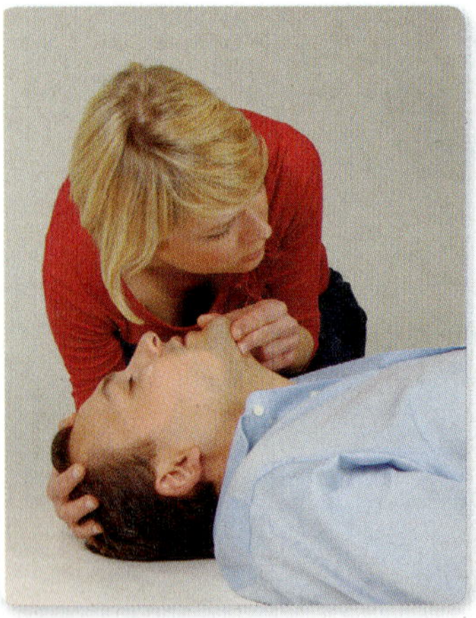

Abb. 2 Kontrollieren der Atmung

Es ist hierbei zu beachten, dass ein Betroffener nach einem Kreislaufstillstand in den ersten Minuten kaum atmet oder nur vereinzelte, deutlich vernehmbare Atemzüge macht. Dieses darf nicht mit normaler Atmung verwechselt werden. Die Kontrolle, ob ein Betroffener normal atmet, durch Sehen, Hören und Fühlen sollte nicht länger als ca. 10 Sek. dauern.

Eine Pulskontrolle wird nicht mehr durchgeführt, es wird mit der Herz-Druck-Massage begonnen.

(Leitlinien der Bundesärztekammer, April 2006)

Die **Herz-Lungen-Wiederbelebung** besteht aus

1. **Herz-Druck-Massage,**
2. **Atemspende.**

Für die **Herz-Druck-Massage** kniet sich der Ersthelfer seitlich neben den Bewusstlosen und legt den Ballen einer Hand auf die Mitte seiner Brust. Danach legt er den Ballen der anderen Hand auf die erste Hand. Hierbei werden die Finger der Hände verschränkt (▶ **Abb. 3**). Der Druck wird auf das relativ elastische mittlere Drittel des Brustbeins ausgeübt. Damit werden die Rippen, das untere Ende des Brustbeins und der Oberbauch umgangen. Der Helfer beugt sich nun mit dem Oberkörper senkrecht über den Brustkorb. Er drückt mit gestreckten Armen das Brustbein ca. 5 bis 6 cm mit einer Geschwindigkeit von 100–120 Thoraxkompressionen/min nach unten.

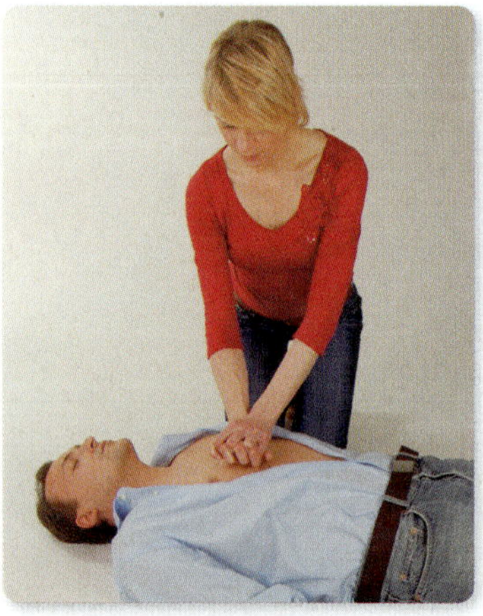

Abb. 3 Mit verschränkten Fingern und gestreckten Armen wird das Brustbein nach unten gedrückt

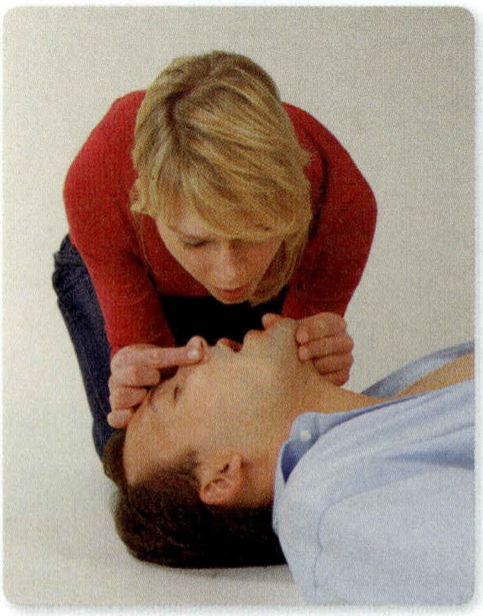

Abb. 4 Atemspende

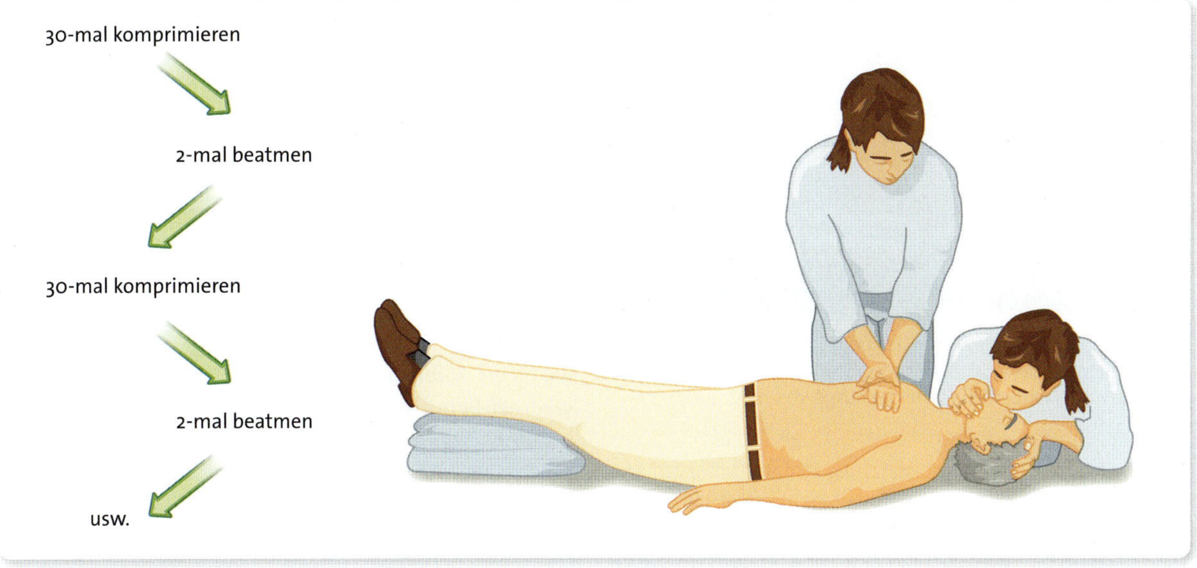

Abb. 1 Arbeitsrhythmus bei der Herz-Lungen-Wiederbelebung

Nach 30 **Kompressionen** des Brustkorbs wird 2-mal **Atemspende** gegeben. Dafür wieder den Kopf nach hinten neigen (▸ **Abb. 4, vorherige Seite**) und dann die Atemluft gleichmäßig in den Mund blasen. Durch Zusammenpressen der Nasenflügel wird ein Entweichen der Atemluft vermieden. Am Heben und Senken des Brustkorbs kann der Effekt der Maßnahme gesehen und kontrolliert werden. Kann die Atemluft nicht ungehindert einströmen, wird der Mundraum mit zwei Fingern (Handschuhe!) durchfahren, um ihn frei zu machen. Die Atemspende sollte nicht länger als jeweils eine Sekunde dauern. Danach wird im Verhältnis **Thoraxkompressionen** und Beatmungen von 30/2 ununterbrochen fortgefahren. Dabei sollte mit einer Frequenz von etwa 100/min komprimiert werden. Die Unterbrechungen in den Thoraxkompressionen sind für die Beatmung bei ungesicherten Atemwegen auf max. 5 Sekunden zu begrenzen (ERL Leitlinie 2010).

Sind zwei Helfer zugegen, sollten sie sich alle zwei Minuten abwechseln, um nicht vorzeitig zu ermüden.

Falls der Betroffene wieder selbstständig atmet, darf er auf keinen Fall auf dem Rücken liegen bleiben, da durch Speichel, Erbrochenes oder Blut Erstickungsgefahr droht. Er muss in die stabile Seitenlage (▸ **siehe oben**) gebracht werden, sodass ein Abfluss möglich ist und die Zunge die Atemwege nicht verlegt.

Bei Problemen mit der Durchführung oder im Zweifel hat die korrekte Herzmassage Vorrang vor der zusätzlichen Atemspende.

Defibrillator

Eine erweiterte Reanimationsmaßnahme stellt ein Defibrillator mit EKG-Monitor (AED, automatisierte externe Defibrillation) dar. AEDs sind hoch entwickelte, verlässliche und computergesteuerte Geräte, die in der Lage sind, den Herzrhythmus zu bewerten, um bei Bedarf einen Elektroschock abzugeben. Die AEDs leiten Ersthelfer zum sicheren Defibrillationsversuch und ermöglichen die Durchführung einer optimalen Thoraxkompression bei Menschen mit einem Kreislaufstillstand, indem sie akustische und visuelle Anweisungen liefern. Der Ersthelfer muss den AED lediglich einschalten und den Anweisungen des Geräts folgen.

Defibrillation: Durchgang einer ausreichenden Strommenge durch den flimmernden Herzmuskel, um einen geordneten Herzrhythmus wiederherzustellen.

Bei der Anwendung eines AED unterbricht der Helfer die Wiederbelebungsmaßnahmen vor und während des AED-Einsatzes nur minimal. Da eine Rhythmusanalyse des Geräts unter laufender kardiopulmonaler Reanimation (CPR) nicht möglich ist, werden für wenige Sekunden die Thoraxkompressionen unterbrochen, damit das Gerät das EKG erkennen kann.

Liegt eine pulslose ventrikuläre Tachykardie oder ein Kammerflimmern vor, muss der Mensch defibrilliert werden.

Sollte nach wenigen Minuten eine **Schnappatmung** auftreten, darf diese nicht mit einer normalen Atmung verwechselt werden. Der Helfer führt die Reanimation bei unregelmäßiger Atmung fort. Die CPR darf nur unterbrochen werden, wenn der Mensch innerhalb von 2 Minuten nach dem Schock Lebenszeichen wie Husten, Schlucken und Bewegungen zeigt.

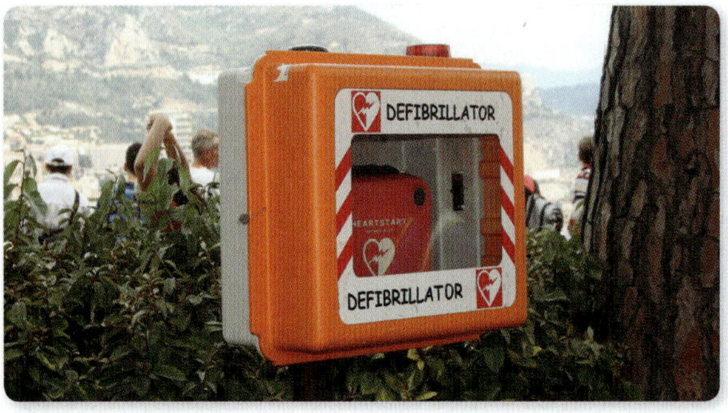

Abb. 1 Automatisierte externe Defibrillatoren befinden sich an öffentlichen Plätzen, z. B. Bahnhöfen, Stadien und Altenheimen, und sind durch einheitliche Schilder ausgewiesen.

Falls der Mensch wieder selbstständig atmet, darf er auf keinen Fall auf dem Rücken liegen bleiben, da Speichel, Erbrochenes oder Blut in die Luftröhre laufen können und Erstickungsgefahr besteht. Der Helfer bringt den Menschen in die stabile Seitenlage, sodass ein Abfluss nach außen möglich ist und die Zunge die Atemwege nicht verlegt.

Erstmaßnahmen bei Schock

Der verunglückte Motorradfahrer ist wieder ansprechbar. Er ist äußerst unruhig, nervös und erklärt Karin, die auf den Rettungsdienst wartet, dass er Angst habe. Dabei fröstelt er. Das Gesicht ist blass und schweißig.

Die Anzeichen aus dem Beispiel deuten auf einen **Schockzustand**. Da eine unter Schock stehende Person sich absolut hilflos fühlt und Todesängste hat, ist menschliche Zuwendung und Betreuung sehr wichtig. Zunächst sollte dem Betroffenen eine Decke unter- und übergelegt werden. Danach muss er in der **Schocklagerung** gelagert werden (▸ **Abb. 2**). Das ist eine den Kreislauf unterstützende Lage, bei der der Oberkörper flach liegt und die Beine bequem ca. 20 bis 30 cm erhöht liegen.

Allgemeine Anzeichen eines Schocks sind:
- Puls wird schneller und schwächer
- blasse, kalte Haut
- Frösteln
- kalter Schweiß auf der Stirn

Die Maßnahmen richten sich danach, welche Art des Schocks vorliegt.

Bei einem **Volumenmangelschock**, der z. B. bei inneren und äußeren Blutungen auftreten kann, ist die oben beschriebene Lagerung durchzuführen.

Bei einem **kardiogenen Schock**, z. B. bei einem Herzinfarkt, wird der Betroffene mit erhöhtem (!) Oberkörper gelagert, wenn er bei Bewusstsein ist. Ansonsten erfolgt bei bewusstlosen Personen mit Spontanatmung die stabile Seitenlagerung.

Beim **anaphylaktischen Schock**, der z. B. bei Überempfindlichkeitsreaktionen gegen Medikamente (Infusionen) oder Insektengifte auftreten kann, kommt es zu einer plötzlichen Gefäßweitstellung mit starkem Blutdruckabfall. Wenn möglich, sollte zuerst der Auslöser des Schocks (z. B. bei einer Infusion) abgestellt werden. Dann Lagerung wie oben beschrieben.

Besteht die Möglichkeit, den Betroffenen auf einer schiefen Ebene zu lagern (z. B. Pflegebett), kann die Schocklagerung mit der stabilen Seitenlage kombiniert werden.

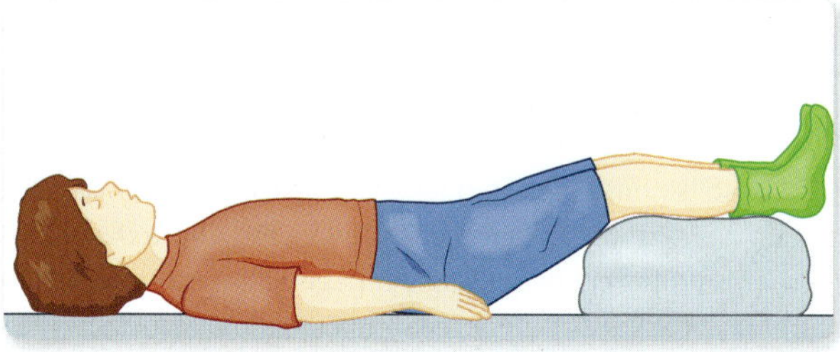

Abb. 2 Schocklagerung (Hochlagerung 20–30 cm)

Teil III
Psychiatrie

1 Grundlagen der psychiatrischen Pflege

Abb. 1 Krankheitsempfinden ist subjektiv

Situation

Katrin (51 Jahre) lebt seit dem Tod ihrer Mutter in einem kleinen Dachzimmer des elterlichen Hauses. Der Vater hat erneut geheiratet und bewohnt mit seiner Frau die unteren Etagen. Katrin leidet seit früher Jugend an depressiven Verstimmungen. Viele Jahre hat sie als Floristin Teilzeit gearbeitet, war aber dabei so langsam und häufig unzuverlässig, dass sie irgendwann diese Stelle verlor. Dabei arbeitet sie sehr gern kreativ und hat einen guten Bezug zu Farben und Formen. Oftmals fühlt sie sich nach dem Aufstehen außerstande, das Haus zu verlassen. Dann kann sie einfach nicht zur Arbeit gehen – die Vorstellung, das Zimmer zu verlassen, ist dann unerträglich. Katrin fühlt sich oft nicht wohl, ohne dass sie dafür eine Ursache benennen könnte. Sie fühlt sich dem Vater gegenüber schuldig, weil sie sein Leben nicht teilen kann und zu seiner Frau keine Beziehung findet, sie kann sich an alltäglichen Aufgaben und Aktivitäten meist nicht beteiligen. Freunde hat sie keine.
Die Agentur für Arbeit hat ihr nun einen Platz in einer beschützten Werkstatt vermittelt. Katrin freut sich darüber, ist zugleich aber voller Angst, ob sie die neue Aufgabe bewältigen kann. Schon der Gedanke, jeden Morgen mit dem Bus fahren zu müssen, ist unvorstellbar. Zugleich weiß sie, dass es gut ist, das Haus regelmäßig zu verlassen.
Ihr Vater versteht nicht, was mit ihr los ist, bezeichnet sie als willensschwach und faul. Es gibt deswegen viel Streit – und genau das will sie ja immer vermeiden.

Abb. 2 Kompetenzen und Bestandteile

1.1 Grundsätzliches

Fachkompetenz in der psychiatrischen Arbeit:
Der Heilerziehungspfleger kann die multifaktoriellen Entstehungsbedingungen, die klinischen Erscheinungsbilder und Entwicklungen psychischer und neurologischer Erkrankungen und Behinderungen in Grundzügen erkennen, beschreiben und darauf angemessen und professionell reagieren.

Die Einnahme einer professionellen heilerziehungspflegerischen Haltung und die Kenntnis psychiatrischer Therapieverfahren ermöglichen eine professionelle Beziehungsgestaltung und hilfreiche Begleitung der betroffenen Menschen. **Psychische Störungen** lassen sich grundlegend durch folgende Merkmale kennzeichnen, die allerdings in sehr unterschiedlicher Intensität bzw. Häufung bei psychisch kranken Menschen auftreten:

- emotionale Missempfindung wie Unruhe, Angst, Antriebslosigkeit
- kognitive Irritation wie Fehleinschätzungen, Halluzinationen, Wahngedanken
- Arbeits- und Beziehungsprobleme wie Belastungsstörung, Sexualstörung
- abweichende Verhaltensweisen wie Ticks, Zwangshandlungen, Sucht
- subjektiver Leidensdruck
- Selbst- oder Fremdgefährdung wie Suizidalität, Selbstverletzung, Magersucht

Das Beispiel auf der vorigen Seite zeigt, wie vielschichtig die Schwierigkeiten eines Menschen mit psychiatrischer Erkrankung sind. Ein unterstützender, hilfreicher Umgang im Rahmen der psychiatrischen Pflege setzt fundiertes Fachwissen und eine hohe Personal- und Sozialkompetenz voraus.

Der Deutsche Berufsverband für Pflegeberufe (DBfK) beschreibt die **psychiatrische Pflege** wie folgt:
„Im Zentrum der psychiatrischen Pflege steht die Gestaltung der Beziehung des Klienten zu sich selbst und zu anderen Menschen. Psychiatrische Pflege begleitet und berät, leitet an und unterstützt fachkompetent und prozesshaft den einzelnen Menschen mit seinen psychischen und physischen Störungen. Psychiatrisch Pflegende erkennen und benennen den Bedarf an psychiatrischer Pflege, sie aktivieren die Hilfe zur Selbsthilfe, d.h., sie initiieren die möglichen Selbsthilfepotenziale der Klienten, ihres Lebensumfelds und der Gesellschaft. Psychiatrische Pflege wirkt unmittelbar und mittelbar auf Klienten, pflegende Angehörige, andere an der Versorgung/Behandlung beteiligte Berufsgruppen, auf das soziale Umfeld und auf unsere Gesellschaft.“ (DBfK, 2006)

Beziehungsgestaltung

Die Gestaltung einer Beziehung, in der sich der Klient sicher fühlen kann, in der er Orientierung findet und die sein Selbstkonzept positiv im Sinne einer erwachsenen Ichstärkung unterstützt, ist zentrale Aufgabe der Heilerziehungspflege im Umgang mit Menschen in psychischen Krisen und Krankheiten. Dabei sind das Angebot und die Aufrechterhaltung einer verlässlichen, verfügbaren und klar strukturierten professionellen Beziehung wichtig. Eine therapeutische Beziehung zeichnet sich auch durch die Haltung einer „schützenden Autorität“ bei Suizidalität, Suchtverhalten und selbstverletzenden Verhaltensweisen aus. Bei Klienten mit Borderline-Störung und Psychosen sind oftmals Grenzen und Begrenzungen der Beziehung notwendig.

Förderung

Selbstkonzept, Kommunikationsfähigkeit, Konflikt- und Kritikfähigkeit sind bei psychiatrischen Klienten häufig gering ausgebildet. Die besondere Aufgabe der Heilerziehungspflege in der teilstationären wie stationären psychiatrischen Arbeit liegt darin, die Personal- und Sozialkompetenzentwicklung der Klienten zu unterstützen. Die Entwicklung einer positiven Selbst- und Fremdwahrnehmung des Klienten kann in der psychiatrischen Pflege gefördert werden durch:

- emotionale Zuwendung
- Verlässlichkeit und Beharrlichkeit in der Beziehung
- kognitive Achtung
- soziale Wertschätzung
- Selbstaktivierung, Selbstbestimmung, Kompetenzerfahrung
- orientierende Rahmung

Menschliche Beziehungen und menschliche Bindungen gehören zu den Grundbedürfnissen des Menschen. In der Beziehung erlebt sich der Mensch in seiner **Subjektivität** und zugleich in seiner **Intersubjektivität** („zwischen Personen“ – damit ist gemeint, dass Menschen in der Lage sind, ihre Wahrnehmungen und Empfindungen miteinander zu teilen und abzustimmen), er erfährt emotionale und soziale Anerkennung und Sicherheit, er erlebt Bedeutsamkeit, Zugehörigkeit und kognitive Respektanz. Menschliche Beziehungen gestalten sich in der Gleichzeitigkeit von Wahrnehmungen, Erlebnissen, Emotionen und Kognitionen, sie realisieren sich in Interaktion und Kommunikation. Erwachsene menschliche Beziehungen führen zu Bindungen, in denen sich der Mensch sicher in seiner Identität erleben kann, in denen er Verlässlichkeit und Treue erlebt, die für die psychische Stabilität Konstanz ermöglicht.

Ziele

Entwicklung. Ziel der psychiatrischen Pflege ist die Unterstützung des Klienten bei der Entwicklung eines ausgewogenen Selbstkonzepts (Kohärenz zwischen Selbst- und Fremdwahrnehmung), der Fähigkeit zur emotionalen Selbstregulierung, der Fähigkeit zur Reflexion und Verhaltenssteuerung (kognitive Kompetenz), der Entwicklung einer angemessenen sozialen Kompetenz und der realistischen Einschätzung seiner Alltagskompetenzen.

Psychiatrische Heilerziehungspflege knüpft an gesunde und gesicherte Persönlichkeitsanteile eines Klienten an. Der psychiatrische Klient benötigt Unterstützung, um zu einer positiven und kompetenzorientierten Selbstwahrnehmung kommen zu können. Dazu sind die kommunikative Absicherung oder Korrektur seiner Realitätswahrnehmung, die Stärkung seiner Schutz- und Abwehrfunktionen, die Förderung seiner Selbstbestimmung und die Unterstützung seiner persönlichen Ressourcen wichtige Pflegeziele. Der Bildungs- und Erziehungsauftrag der Heilerziehungspflege zielt darauf, den psychisch kranken Menschen zu befähigen, möglichst selbstbestimmt sein Leben zu gestalten, um so wieder Arbeits- und beziehungsfähig zu werden.

Persönliche Ressourcen sind *Fähigkeiten der Person* wie gesunde emotionale und kognitive Anteile, konstruktive Konfliktbewältigungsmuster, gelingende Coping-Strategien, Kompetenzen. Persönliche Ressourcen sind aber auch interpersonelle *Fähigkeiten des sozialen Systems* (soziales Unterstützungspotenzial) sowie *materielle Ressourcen*. In der psychiatrischen Pflegediagnostik ist daher immer die Ressourcendiagnose zu berücksichtigen.

Abb. 1 Psychiatrische Pflege bedeutet immer Pflege in einem interdisziplinären Team

Professionalität

Die Professionalität des psychiatrisch Tätigen zeigt sich auch in seiner eigenen Beziehungsfähigkeit und in seiner Möglichkeit, Motivation, Dynamik und Qualität der eigenen Beziehung zu reflektieren und psychodynamische Prozesse zu erkennen (Übertragungs- und Gegenübertragungsphänomene, Regelkreise, Verhaltensmuster, transaktionsanalytische Aspekte u.v.m.). Heilerziehungspfleger sollten eine optimistische Erwartungshaltung einnehmen, Interesse an der Lebensgeschichte, den Gefühlen, Gedanken und Handlungen des Klienten zeigen und Vorschläge oder Wünsche aufgreifen. Wertschätzende und verlässliche und belastbare Vertrauenspersonen stellen einen wichtigen „Gesundheitsfaktor" für psychisch erkrankte Menschen dar.

Psychiatrische Klienten benötigen sichere, authentisch erlebbare und belastungsfähige Bezugspersonen. Heilerziehungspfleger in der psychiatrischen Arbeit müssen **Beziehungskonstanz** gewährleisten, obwohl sich der Beziehungsaufbau und die Beziehungsgestaltung zu den Klienten oftmals schwierig gestaltet und immer wieder durch Konflikte und Belastungen gefährdet wird.

Therapeutische Beziehungen beruhen auf professioneller Fachkompetenz, emotionaler Verlässlichkeit, Belastungsfähigkeit und Vertrauen. Um Verlässlichkeit und Sicherheit zu gewährleisten und das Vertrauen der Klienten zu gewinnen, ist es wichtig, die eigene Haltung, das eigene Handeln und auch die Möglichkeiten und Grenzen der heilerzieherischen Unterstützung für den Klienten durchschaubar zu machen.

Zusammenarbeit mit anderen Berufen. Die heilerziehungspflegerische Tätigkeit mit psychisch kranken Menschen ist immer eingebunden in die therapeutische Arbeit weiterer Berufsgruppen der psychiatrischen Versorgung. Die Heilerziehungspflegerin bildet mit Ärztinnen, Psychologen, Krankenschwestern, Ergotherapeuten und Sozialarbeiterinnen ein therapeutisches Team (▸ **s. Modul 7, Kap. I.2 Interdisziplinäre Zusammenarbeit**).

Die Psychiatrie-Personalverordnung (Psych-PV) sieht die Heilerziehungspflege **im multiprofessionellen Team** der psychiatrischen Behandlung.
Demnach gewährleisten die Pflegekräfte die Sicherstellung jener Rahmenbedingungen, die für die Behandlung von Kindern und Jugendlichen in einer Fachklinik erforderlich sind. Wichtige Aufgaben sind (neben der Aufsichtspflicht)

- die Schaffung einer emotional tragenden Atmosphäre mit persönlichen Bindungen (Bezugspersonensystem, Beziehungspflege) und
- die Gestaltung einer therapeutischen Beziehung über Spiel, Gespräche sowie Aktivitäten innerhalb und außerhalb der Klinik.

Selbstpflege und Unterstützung. Psychiatrisch Tätige müssen Möglichkeiten der gegenseitigen Entlastung und der unterstützenden Reflexionen erhalten, um die vielschichtige Unterstützung für psychiatrische Klienten gewährleisten zu können.

Milieu. Die heilerzieherische Arbeit muss neben den anderen Therapieformen eingebettet werden in ein vertrauensvolles und sicheres Milieu, in dem sich Orientierung, Motivation und Kontinuität entwickeln kann. Therapeutische Konzepte wie Milieutherapie, Ergotherapie, Empowerment, Normalisierung und Kompetenzansatz sind hilfreiche Unterstützungsmöglichkeiten in der Heilerziehungspflege.

Wichtig: Heilerziehungspfleger sollten immer wieder Gelegenheiten z. B. in der Supervision suchen, um über sogenannte Übertragungseffekte nachzudenken:
Unter **Übertragungseffekte** versteht man in der Psychologie Phänomene oder psychische Muster, bei denen Gefühle aus einer früheren Beziehung auf eine aktuelle Beziehung übertragen werden. So kann ein Klient, der in der Pflegeabhängigkeit zu einer Heilerzieherin steht, seine früheren positiven wie negativen Gefühle „der eigenen Mutter gegenüber" nun auf die Heilerzieherin übertragen und sich in der Folge wie das „frühere Kind" verhalten.
Von **Gegenübertragung** spricht man, wenn die Heilerzieherin diesem Klienten gegenüber nun behütende, versorgende oder strenge „mütterliche Gefühle" empfindet und sich in ihrem Verhalten davon leiten lässt.

1.2 Subjektive Krankheitsempfindung und Krankheitstheorie

Für den Umgang mit psychisch gestörten Menschen ist es bedeutsam, ob der betroffene Mensch ein **subjektives Krankheits- oder Störungsempfinden** hat. Der Leidensdruck und die Wahrnehmung der eigenen Hilflosigkeit können zu einer Behandlungsmotivation führen. Dies trifft aber nicht immer zu, da z. B. depressive Menschen zwar ihre Hilflosigkeit wahrnehmen, zugleich aber jegliche Hilfe als aussichtslos erleben; hingegen Menschen mit narzisstischen Persönlichkeitsstörungen oder Borderline-Störungen sehen ihre psychischen Probleme eher durch äußere Situationen bedingt und nicht als Folge eigener psychodynamischer Prozesse.
Wichtige Behandlungsgrundlage ist also die Fähigkeit des Klienten, seine psychischen und kognitiven Symptome und Verhaltensmuster zu erkennen, diese als Beeinträchtigung für eine zufriedene Lebensgestaltung wahrzunehmen und konstruktive Bewältigungsstrategien zu entwickeln.
Die **subjektive Krankheitstheorie** des Klienten ist ein weiterer Aspekt, der im Umgang mit psychischen Störungen zu berücksichtigen ist. Welche Erklärung, welche Ursache, welche Geschichte nutzt der Patient, um sein inneres Erleben und seine Verhaltensweisen zu erklären?

Herr Claus berichtet während einer Gruppensitzung, dass er sich deshalb ständig die Hände waschen müsse, weil seine Mutter ihn immer von allen möglichen Keimen ferngehalten habe. Egal, was er als Kind angefasst habe, sofort hätte die Mutter seine Hände gewaschen. Dadurch habe er keine Abwehr entwickeln können und müsse sich durch das ständige Waschen vor einer möglichen schweren Erkrankung schützen. Das Waschen sei seine einzige Möglichkeit, nicht zu erkranken.

Krisen

Natürlich kann es in der psychiatrischen Arbeit trotz bester professioneller Absichten immer wieder zu Krisen, Konflikten und Eskalation im Umgang mit Klienten kommen. Insbesondere dann ist es wichtig, in therapeutische Distanz zu gehen, die Ursachen zu ergründen und über Handlungsstrategien zur Deeskalation, Beruhigung und Reflexion zu verfügen. Nur der psychiatrische Klient selbst kann letztlich seine Wirklichkeitskonstruktionen ändern, seine Gefühlsmöglichkeiten differenzieren und erweitern, seine Verhaltensmuster unterbrechen und sein Leben anders und erwachsener gestalten.
Klienten, die erleben, dass der Umgang mit Schwierigkeiten und Konflikten konstruktiv gestaltet wird, **lernen „am Modell"**, sich aus infantilen Schutz- und Abwehrmechanismen zu befreien.
Spannungen oder Konflikte im Umgang mit psychisch erkrankten Menschen lassen sich vermeiden, wenn der psychiatrisch Tätige seine Arbeit regelmäßig in einer Supervisionsgruppe oder Balintgruppe reflektiert und zur Überprüfung durch die Gruppenmitglieder auffordert.

1.3 Kompetenzen in der psychiatrischen Pflege

Die Gestaltung einer förderlichen heilerzieherischen Beziehung setzt voraus, dass die Fachkraft mit ihren eigenen Gefühlen, Absichten, Erfahrungen umgehen und sich in beruflichen Situationen professionell verhalten kann. Hierzu gehören Fähigkeiten wie

- Fach- und Methodenkompetenz
- Personalkompetenz (emotionale Intelligenz, Selbstbewusstheit, Selbstsicherheit, Reflexionsfähigkeit)
- Sozialkompetenz (Mitgefühl, Kommunikationsfähigkeit, Konfliktfähigkeit) ▸ **Abb. 1**

Psychiatrische Kompetenz bedeutet, angemessen mit den eigenen Emotionen umzugehen, sich seiner Gefühle bewusst zu sein und sie angemessen ausdrücken zu können. Psychiatrische Kompetenz bedeutet auch, die Gefühle anderer Menschen zu erkennen und auf andere Menschen eingehen und mit ihren Gefühlen angemessen umgehen zu können. **Empathie** ist in der psychiatrischen Pflege eine notwendige Voraussetzung des Verstehens, die Fähigkeit, dabei die notwendige Distanz nicht zu verlieren, die Voraussetzung für professionelles Handeln.

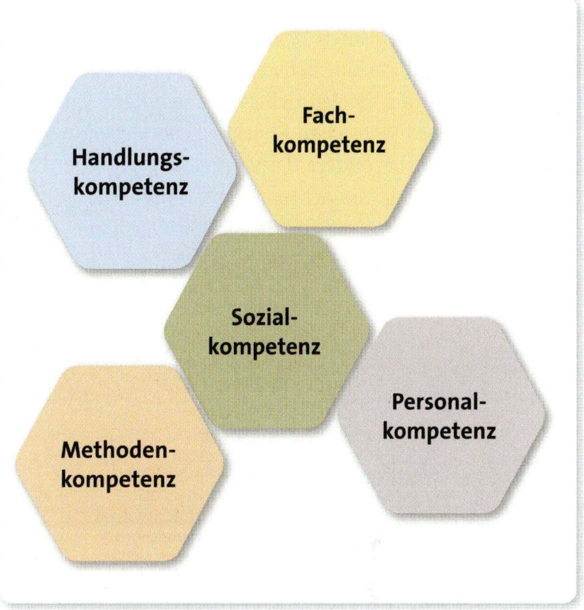

Abb. 1 Kompetenzwabe

Der Berufsverband für Pflegeberufe (DBfK) beschreibt die **Kompetenzen in der psychiatrischen Pflege** wie folgt:

„Psychiatrisch Pflegende

- nehmen zu Menschen in schwierigen Lebenssituationen Beziehungen auf, gestalten, erhalten und beenden diese.
- gestalten die notwendige Nähe und Distanz zu den Patienten und reagieren fachgerecht auf Veränderungen.
- setzen Kommunikationsmethoden situationsgerecht und geplant ein.
- erkennen und benennen Konflikte, sie entwickeln konstruktive Lösungen.
- akzeptieren andere Meinungen, Werte und Grundhaltungen, sie berücksichtigen diese in ihren eigenen Handlungen.
- erkennen Therapiebedürfnisse ihrer Klienten und geben ihnen genügend Zeit und Raum für ihre Entwicklung.
- schätzen Veränderungen der Klienten darauf ein, ob sie in eine Krise führen können.
- erkennen kritische Lebenssituationen und sind in der Lage, entsprechende Hilfen zu leisten oder einzuleiten.
- sind in kritischen Situationen besonnen und sicher.
- beachten, dass Krisen zu einer positiven Veränderung führen können.
- sorgen für die Sicherheit ihrer Klienten und für eine sichere Umgebung.
- helfen den Klienten, die Ursache für ihre Krise erkennen zu können.
- setzen sich in angemessener Form mit notwendigen Sicherheitsmaßnahmen auseinander.
- beziehen die Angehörigen und das Umfeld in die Pflege ein.
- informieren Klienten, deren Angehörige und andere Gruppen angemessen über psychiatrische Erkrankungen.
- beobachten Wirkungen und Nebenwirkungen von Medikamenten und teilen diese mit.
- begleiten Klienten und versorgen sie, auch wenn diese keine „Fortschritte" machen oder sich ablehnend verhalten.
- trainieren mit Klienten die Fähigkeiten, die diese für ihre Selbstversorgung brauchen.
- planen und führen Gruppenaktivitäten durch und evaluieren diese.
- entlasten psychisch Kranke und Menschen mit Behinderung in ihrem Alltag. (DBfK, 2006)

1.4 Ethische Grundlagen

Die Arbeitsbeziehung in der psychiatrischen Pflege beruht auf einem klaren Unterstützungs- und Begleitungsauftrag und ist geprägt durch eine aktive Beziehungsgestaltung. Professionelle Haltung in der Heilerziehungspflege orientiert sich an den berufsethischen Prinzipien der Heilerziehungspflege, wobei insbesondere die Vermeidung jeglicher Form der Diskriminierung, die Achtung der Grundrechte und Persönlichkeitsrechte und die grundlegende Zuversicht in die aktuellen und zukünftigen Fähigkeiten des Klienten zu nennen sind.

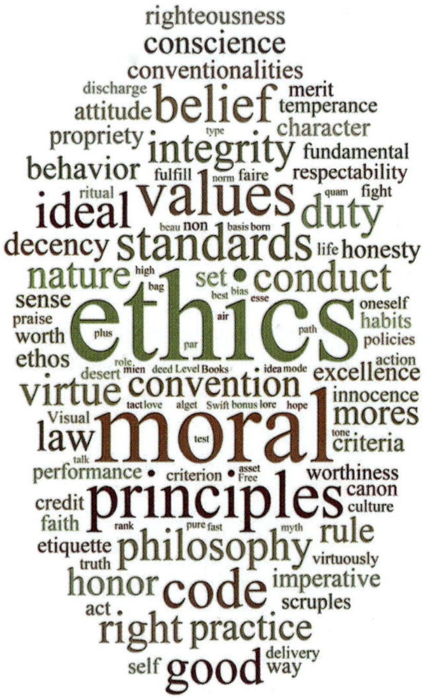

Abb. 1 Diese ethischen Begriffe kennzeichnen die pflegerische Grundhaltung

In Analogie zum Begriff der „Geistesgegenwärtigkeit" können wir hier auch von der „Herzensgegenwärtigkeit" sprechen. Johann Wolfgang von Goethe sprach von „Herzensbildung". „Herzensbildung" meint die Kompetenz, sich wirklich in die Situation eines Klienten einfühlen zu können, seine Bedürfnisse wahrzunehmen und seine Möglichkeiten der Bedürfnisbefriedigung so zu unterstützen, dass der Klient ein subjektiv zufriedenes Leben führen kann. Den Klienten als individuellen Menschen mit einer einmaligen Lebensgeschichte und einer einmaligen Persönlichkeit wertzuschätzen und ihm von Mensch zu Mensch zu begegnen, ist grundlegende berufsethische Pflicht.

Berufsethische Prinzipien nach Beauchamp und Childress

Die berufsethischen Prinzipien lassen sich nach Beauchamp und Childress in 4 Aussagen formulieren:

1. Prinzip des Nichtschadens: Alle Situationen oder Handlungen, die andere Personen schädigen, sollen unterlassen werden.
2. Prinzip des Wohltuns: Alle Handlungen sollen ausgeführt werden, die zur Unterstützung und zum Wohlergehen von Personen sind oder die Gefährdungen und Beeinträchtigungen vermeiden helfen.
3. Prinzip des Respekts vor der Autonomie: Alle Situationen oder Handlungen sind darauf auszulegen, dass das Selbstbestimmungsrecht der Klienten geachtet und die Selbstbestimmungsfähigkeit gefördert oder unterstützt wird.
4. Prinzip der Gerechtigkeit: Handlungen einem Klienten gegenüber müssen so organisiert werden, dass dadurch kein Schaden für andere Personen entsteht.

Zu 1: Die Heilerziehungspflegerin darf dem Klienten keinen Schaden zufügen.
Das klingt selbstverständlich, ist aber in der täglichen psychiatrischen Pflege, insbesondere innerhalb von Institutionen, keine Selbstverständlichkeit. Klinische Versorgungsstrukturen, ein überversorgendes Pflegeverständnis (Paternalismus), medikamentöse Behandlungen, begrenzter Freiraum, enge Tagestrukturen und die stark eingegrenzte Privatsphäre führen zu eingeschränkten Möglichkeiten des Klienten. Heilerziehungspflege sollte daher stets so angelegt sein, dass der Klient in seinen Selbstverstehens- und Selbstbestimmungsmöglichkeiten unterstützt wird. Das wichtigste Pflegeprinzip kann als „Pflege mit der Hand in der Tasche" (▸ **s. auch Modul 8, Kap. III.1.5**) beschrieben werden.

Zu 2: Das Prinzip der Förderung und Unterstützung
fordert zum praktischen Handeln und zur professionellen Intervention auf. Der Arbeitsauftrag der Heilerziehungspflege verpflichtet dazu, den Klienten zu schützen (manchmal auch vor sich selbst), zu begleiten und zu fördern. Die Haltung einer „schützenden Autorität" hilft, psychiatrischen Klienten gegenüber klar und eindeutig aufzutreten und Verhaltensweisen zu erwarten, die dem Wohl und der Gesundung des Patienten dienen. Das Förderprinzip verpflichtet auch, die systemischen Bedingungen im Sinne einer **Care-Ethik** zu berücksichtigen. Die Care-Ethik betrachtet Individuen nicht als völlig autonom, sondern immer in Beziehung und Abhängigkeit zu anderen Menschen. Dieses Beziehungsnetzwerk ist daher bei psychiatrischen Problemen immer mit in die Wahr-

nehmung zu nehmen und bei allen Handlungen möglichst mit einzubinden.

Zu 3: Das Prinzip der Selbstbestimmung und das Recht auf Eigensinn
gesteht jedem Menschen das Recht zu, seine eigenen Gefühle zu haben, seine eigene Weltsicht zu vertreten, seine eigenen Entscheidungen zu treffen, seine eigenen Handlungen oder Nichthandlungen zu vollziehen. Die besondere Lebenssituation von psychiatrischen Patienten, ihre kränkende Selbst- und Fremdwahrnehmung, ihre mögliche Selbstgefährdung, ihre eingeschränkte Lebensgestaltungskompetenz und ihre „verzerrte" Realitätswahrnehmung führen dazu, dass ihre Autonomie stark eingeschränkt wird. Die Aufgabe der Heilerziehung ist daher, die Möglichkeiten zur Selbstbestimmung aktiv zu fördern und zu unterstützen. Hieran schließt sich das Prinzip der „advokatorischen Vertretung", das bedeutet, dass man Entscheidungen oder Handlungen für den Klienten treffen kann, wenn man gesichert davon ausgehen kann, dass der Klient – wäre er dazu in der Lage – diese Entscheidungen oder Handlungen selbstständig ausführen würde.

Zu 4: Das Prinzip der Gerechtigkeit
meint die Fairness und Allparteilichkeit dem Klienten und seinem sozialen Netzwerk gegenüber oder eine gerechte Verteilung von Leistungen. Innerhalb von psychiatrischen Institutionen bedeutet dieses Prinzip, dass die Pflege und Begleitung einer Person nicht die Pflege und Begleitung anderer Klienten beeinträchtigen darf. Die Akzeptanz individueller Gefühle, Gedanken und Handlungen findet ihre Begrenzung da, wo die Gefühle oder die psychische bzw. körperliche Integrität anderer eingeschränkt oder gar verletzt werden.
Die berufsethischen Prinzipien sind professionelle Pflichten, die von jedem Heilerziehungspfleger einzuhalten sind. Es ist in der Arbeit wichtig, diese Prinzipien in ihrer alltäglichen Umsetzung regelmäßig zu überprüfen. Dies kann dadurch geschehen, dass die Prinzipien als Pflegestandard formuliert werden und somit ihre Beachtung und Umsetzung einer Qualitätskontrolle unterzogen werden können.

Neben den oben genannten Prinzipien von Beauchamp und Childress ist auch der Kompetenz- bzw. Verwirklichungsansatz (Capability Approach) von Martha Nussbaum (*1947, Professorin für Ethik) ein hilfreiches Konzept, um eine berufsethische Grundhaltung zu formulieren.

Dabei gilt als ethisches Prinzip, die individuell realisierbaren Möglichkeiten eines Klienten so zu schützen und zu erweitern, dass dieser die Freiheit entwickelt, ein Leben nach seinen Vorstellungen und Wertmaßstäben trotz psychischer und/oder körperlicher Begrenzungen zu führen.
Bei der Wahrnehmung und Beurteilung von individuellem Gestaltungspotenzial ist nicht die tatsächliche Realisierung aller erdenklichen menschlichen Möglichkeiten, sondern die individuelle Möglichkeit zur Realisierung der **erwünschten** individuellen Lebensweisen entscheidend. Ob Menschen tatsächlich ihre Möglichkeiten nutzen, hängt immer von ihrer individuellen Entscheidung ab.

Selbstwirksamkeit

In diesem Zusammenhang wird auch der Begriff der Selbstwirksamkeit (geprägt durch den Psychologen **Albert Bandura**, *1925) benutzt. Selbstwirksamkeit ist die Überzeugung, dass man selbst Kompetenzen besitzt, um Handlungen zu planen und durchzuführen, um eine Situation zu meistern.
In der Auseinandersetzung mit alltäglichen Anforderungen stellen die Selbstwirksamkeitserfahrungen und -erwartungen (oder Kompetenzerwartungen) eine wichtige personale Ressource dar. Wenn ein Mensch schwierige Dinge zu bewältigen hat, muss er die gestellten Anforderungen gegen seine Kompetenzen abwägen. Erst dann entscheidet er sich für eine bestimmte Handlung bzw. Bewältigungsreaktion.

> „**Wahrgenommene Selbstwirksamkeit** bezieht sich auf Überzeugungen über diejenigen eigenen Fähigkeiten, die man benötigt, um eine bestimmte Handlung zu organisieren und auszuführen, um damit bestimmte Ziele zu erreichen." (A. Bandura, 1997)

Dieses Vertrauen in die eigenen Handlungsfähigkeiten bestimmt das Denken, Fühlen und die eigene Motivation zum Handeln sowie die Handlung selbst.
Selbstwirksamkeit kann auch als **Selbstkompetenz** beschrieben werden. Zu wissen was ich kann, schafft Selbstsicherheit. Die Erfahrungen, etwas zu können, muss ich immer wieder machen dürfen. Selbstkompetenzerfahrungen sind besonders wirksam, wenn ich selbst etwas tun kann, was ich für die Befriedigung meiner Bedürfnisse tun möchte.

1.5 Begleitende Aufgaben in der psychiatrischen Pflege

Die Begleitung von Kindern, Jugendlichen und Erwachsenen im Rahmen einer psychiatrischen Behandlung durch Heilerziehungspfleger bietet die Möglichkeit, neben den klassischen therapeutischen Methoden Entwicklungsaspekte, Selbststeuerungsaspekte, Umweltaspekte und soziale Aspekte der Entstehung und Beeinflussung psychischer Krisen mit zu berücksichtigen und günstig zu beeinflussen.

Grundsätzlich kann die therapeutische Arbeit durch **heilpädagogische Maßnahmen** unterstützt werden. Hierzu gehören Maßnahmen zur Förderung der motorischen, kognitiven, psychischen und sozialen Entwicklung durch heilerzieherische und funktionelle Übungsbehandlungen, Motopädie, kreativ-künstlerische Angebote, milieutherapeutische Maßnahmen, tiergestützte Therapien oder ambulante sozialpädagogische Hilfen.

Bei psychotherapeutischen Maßnahmen kann die Heilerziehungspflege durch Tagesstrukturierung, verlässliche Beziehungsgestaltung, Gespräche und das Selbstkonzept unterstützende Rückmeldungen den Behandlungsverlauf unterstützend.

Bei medikamentösen Maßnahmen sind die Unterstützung beim sorgsamen Umgang mit den Medikamenten und die dialogische Reflexion der Wirkungen und Nebenwirkungen für den Patienten und den behandelnden Arzt wichtige heilerzieherische Begleitmaßnahmen.

Teilhabe

Das Recht auf Teilhabe psychisch Kranker am normalen Leben und die Schaffung von Voraussetzungen für ein weitgehend selbstbestimmtes Leben können durch Heilerziehungspflege unterstützt werden. Schulische und berufliche Integration sowie die Schaffung förderlicher Rahmenbedingungen für eine schulische und berufliche Inklusion sind dazu zentrale Maßnahmen.

Psychoedukation

Eine zentrale Aufgabe der Heilerziehungspflege im Umgang mit psychisch erkrankten Menschen ist es, eine verlässliche Unterstützung anzubieten, sodass der Klient in eine stabile psychische, physische und sozialen Situation kommen und diese zunehmend selbstständig halten kann – auch, wenn er mit der psychischen Behinderung auf Dauer leben muss. Menschen mit psychischen Erkrankungen benötigen Unterstützung in der realistischen Einschätzung ihrer Beeinträchtigung und in der Fähigkeit, die eigene Erkrankung sinnvoll zu managen und therapeutische Hilfe effektiv zu nutzen. Heilerziehungspfleger können im Sinne einer Psychoedukation die Bereitschaft zur therapeutischen Mitarbeit des Klienten schulen (Compliance-Schulung) ▸ **s. Modul 6, Kap. III 1.9 Psychoedukation.**

Die Aufgaben lassen sich in folgende Bereiche gliedern:

1. klientenbezogene Aufgaben
2. gruppenbezogene Aufgaben
3. systemische Aufgaben

Klientenbezogene Aufgaben

- Beziehungsaufnahme, Beziehungsgestaltung (Nähe und Distanz ermöglichen)
- Klare, offene Kommunikation
- Beobachtungen, Gespräche
- Erkundung der Pflegeanamnese (Fremd- und Selbstanamnese)
- Bedürfnisse und Bedarfe des Klienten erkennen, erkunden, berücksichtigen
- Psychiatrische Symptome und Störungen erkennen, richtig einschätzen und angemessen reagieren
- Sicherheit, Struktur, Kontinuität, Verlässlichkeit anbieten
- Eigene Grenzen erkennen und benennen
- Selbstbestimmung stärken, Selbststeuerung stützen
- Krisen wahrnehmen, konsequent reagieren
- Mit allen beteiligten Berufsgruppen zusammenarbeiten
- Beziehungsgestaltung, Alltagsgestaltung und pflegerische Maßnahmen reflektieren und dokumentieren

Gruppenbezogene Aufgaben

- Kommunikation und Beziehungen zwischen Klienten unterstützen und mitgestalten
- Möglichkeiten der Klienten dazu nutzen, Beeinträchtigungen zu beachten
- Therapeutisches Milieu entwickeln
- Umgang mit Nähe und Distanz einüben
- Gruppendynamische Aspekte kennen und berücksichtigen
- Wechselseitige Unterstützung und Verantwortungsübernahme ermöglichen
- Gemeinsame Gestaltung der Alltagsaufgaben
- Alle gruppenbezogenen Aufgaben kommunizieren, reflektieren und dokumentieren

Systemische Aufgaben

- Angehörige, Bekannte, Arbeitskollegen kennenlernen und mit in die Anamnese und Pflegeplanung einbeziehen
- Psychodynamische Aspekte, Muster, Regelkreisläufe, Verletzungen beachten und möglicherweise ansprechen
- Belastungsgrenzen und Unterstützungsressourcen des sozialen Systems erkennen und berücksichtigen
- Bezugspersonen in Pflege und Alltagsgestaltung möglichst einbeziehen
- Bezugspersonen informieren, Symptome, Erkrankung oder psychische Störungen erklären
- Angehörige entlasten, Konflikte (er-)klären
- Wohnsituation, Schul- oder Arbeitsplatzsituation in den Blick nehmen und einbeziehen
- Information und Unterstützung bei finanziellen und sozialrechtlichen Fragen (z. B. ARGE, Versorgungsamt)
- Aktivierung sozialer Ressourcen in der Nachbarschaft, Gemeinde, Freizeitmöglichkeiten
- Unterstützung von Aktivitäten in einer Selbsthilfegruppe
- Alle systemischen Aufgaben kommunizieren, reflektieren und dokumentieren

▸ **S. auch Modul 8, Kap. III.1 und III.2, Pflegeplanung bzw. Qualitätsmanagement in der psychiatrischen Versorgung**

Zum Weiterlesen

Dt. Gesellschaft Kinder- und Jugendpsychiatrie, Psychosomatik und Psychotherapie e.V.: Infos zu Diagnostik und Behandlung *www.dgkjp.de*

www.kinder-psych.de

www.psychiatrie.de/dgsp/ – Allgemeine Psychiatrie

Psychiatrische Pflege muss insofern von der somatischen Pflege unterschieden werden, als sie nicht allein bedeutet, bei den Alltagsverrichtungen unmittelbar helfend in den Handlungsbedarf einzugreifen oder ärztlich verordnete abgrenzbare Einzelleistungen wie Medikamentenvergabe oder Verbandswechsel durchzuführen. Sie muss vielmehr bedeuten, dem psychisch Kranken Hilfe zu geben, dass er die Regeln der Sorge des Menschen für sich selbst und des mitmenschlichen Umgangs als Element des eigenen Handlungsrepertoires wahrnimmt und umsetzt."

(Expertenkommission der Bundesregierung,1988)

Aufgaben

1. Beschreiben Sie mit Ihren eigenen Worten die wesentlichen Aufgaben der psychiatrischen Pflege.
2. Reflektieren Sie folgende Aussage auf das eigene professionelle Pflegeverhalten: „Psychiatrische Erkrankungen gehen immer mit Beziehungsstörungen einher."
3. Wie kann in der psychiatrischen Pflege der Einbezug des erkrankten Menschen in Planung und Ausgestaltung der Unterstützungsangebote gelingen?
4. Was können Sie im Pflegealltag tun, um die Selbstwahrnehmung des Klienten positiv zu stärken? Nennen Sie mindestens 5 Möglichkeiten.
5. Die Möglichkeit zur Selbstbestimmung ist eine grundlegende Voraussetzung für die individuelle und selbstverantwortliche Lebensgestaltung. Wie können Sie die Fähigkeit der Selbstbestimmung so stützen, dass der Klient Verantwortung für sich und andere zu übernehmen lernt?
6. Die Evaluation psychiatrischer Pflege kann nur unter Beteiligung des Klienten geschehen. Entwickeln Sie einen einfachen Evaluationsbogen (Beobachtungs- und Interviewbogen), den Sie gemeinsam mit dem Klienten zur Auswertung der Effekte heilerziehungspflegerischen Tuns ausfüllen und bewerten können.

2 Psychiatrische Pflege bei Menschen mit geistiger Behinderung

Abb. 1 Wohnhaus für Menschen mit geistiger Behinderung der St.-Augustinus-Behindertenhilfe

2.1 Grundsätzliches

Geistige Behinderung ist keine psychische Erkrankung, sondern eine Entwicklungseinschränkung. Menschen mit geistiger Behinderung sind daher nicht vornehmlich medizinisch-pflegerisch, sondern heilpädagogisch zu begleiten. Wenn allerdings neben der kognitiven Beeinträchtigung psychische Auffälligkeiten entstehen, dann kann auch psychiatrische Unterstützung notwendig werden.

Etwa 10–15 % der Menschen mit geistiger Behinderung entwickeln eine psychische Störung mit klinischer Relevanz. Dabei sind oftmals die psychischen Beeinträchtigungen hinter dem „Bild der geistigen Behinderung" verborgen, sodass eine angemessene Hilfe nicht gewährleistet wird.

Intelligenzdefizite

In der **ICD-10** werden unter den Diagnoseziffern F70–F79 Ausprägungsgrade von „Intelligenzminderung" aufgelistet:

F70 – Leichte Intelligenzminderung (IQ von 50–69)
F71 – Mittelgradige Intelligenzminderung (IQ von 35–49)
F72 – Schwere Intelligenzminderung (IQ von 20–34)
F73 – Schwerste Intelligenzminderung (IQ unter 20)

Die kognitiven Beeinträchtigungen führen dazu, dass die Klienten weniger differenziert über ihre psychischen Erlebnisse wie paranoide Zustände, Ängste oder depressive Verstimmungen Auskunft geben können. Hier sind eine sorgfältige Krankenbeobachtung und eine intensive diagnostische Einbindung von nahestehenden Bezugspersonen wichtig. Auch können therapeutische Maßnahmen häufig nur in einer engen Begleitung mit Angehörigen oder Bezugspersonen sinnvoll durchgeführt werden.

Die Prävalenz psychischer Störungen bei Menschen mit geistiger Behinderung ist vergleichsweise hoch. Die Angaben in der Forschungsliteratur schwanken zwischen 25 % und über 50 %. Psychische Störungen treten bei Menschen mit geistiger Beeinträchtigung drei- bis viermal häufiger auf als in der Allgemeinbevölkerung.

Defizite in der Versorgung

Die Versorgungssituation von psychisch kranken Menschen mit geistiger Behinderung ist unbefriedigend. Wahrscheinlich nur ein Drittel der als psychisch auffällig eingeschätzten Kinder werden einem Kinder- und Jugendpsychiater vorgestellt. Die gesetzlichen Voraussetzungen zur Versorgung psychisch erkrankter Menschen mit Behinderungen sind gegeben. Gesundheitsbezogene Leistungen für Menschen mit geistiger Behinderung sind Leistungen nach SGB V, SGB XII und SGB VIII (Kinder- und Jugendliche).

Die UN-Behindertenrechtskonvention formuliert im Artikel 25 das **Recht auf Gesundheit:**

- Recht auf ein „erreichbares Höchstmaß von Gesundheit"
- Verfügbarkeit: „eine unentgeltliche oder erschwingliche Gesundheitsversorgung in derselben Bandbreite, von derselben Qualität und auf demselben Standard ... wie (bei) anderen Menschen" und so gemeindenah wie möglich
- Notwendigkeit von Gesundheitsleistungen, die „speziell wegen ihrer Behinderung benötigt werden", die also über das übliche Maß hinausgehen können
- „Verbot der diskriminierenden Vorhaltung von Gesundheitsversorgung oder -leistung ... aufgrund von Behinderung"

In der Medizin und Pädagogik verlassen sich Fachkräfte viel zu häufig auf ihre „subjektiven Alltagstheorien". Geistig behinderte Menschen seien eben so, sie hätten Auffälligkeiten und Ticks, zeigten psychisch abweichende Verhaltensweisen usw. Dabei wird völlig verkannt, dass es sich hierbei um eine eigenständige psychische Erkrankung handeln kann, die mit der geistigen Behinderung nur wenig gemein hat.

Einflussfaktoren auf eine Erkrankung

Menschen mit geistiger Behinderung sind deshalb so häufig auch von psychischen Erkrankungen betroffen, weil sie häufig Benachteiligungen in der frühen Kindheit und Sozialisation erleben. Die frühe **Bindung** zu den Eltern und die emotionale Entwicklung können durch eine erschwerte Eltern-Kind-Beziehung beeinträchtigt sein (▶ s. Modul 2, Kap. I.1 f.). Die Beziehung zu Gleichaltrigen, die Entwicklung von Freundschaften, die Bewältigung von **zentralen Entwicklungsaufgaben**, wie sie von Erikson und Harvighurst beschrieben wurden (▶ s. Modul 2, Kap. III.3) sind oft deutlich erschwert oder ganz verhindert. Eine gesunde Ichbildung und Selbstkonzeptentwicklung ist unter diesen Umständen schwierig.

Symptome

Menschen mit geistiger Behinderung fallen, wenn sie zusätzlich psychiatrisch erkranken, in ihrer psychischen Instabilität durch folgende Symptome auf:

- emotionale Labilität, Verstimmungen
- Unruhe- oder Erregungszustände
- Antriebslosigkeit und depressive Symptome
- autistische Verhaltensweisen und Selbstverletzungen
- Verlustängste und phobische Zustände
- psychosomatische Beschwerden
- mangelnde Belastungsfähigkeit und geringe Anstrengungsbereitschaft
- psychotische Zustände

Historie

Historisch gesehen war im 19. und 20. Jahrhundert die stationäre psychiatrische Behandlung und Versorgung für viele Menschen mit einer geistigen Behinderung eine Hilfe. Da es noch keine eigenständige Heilpädagogik gab, bot die psychiatrische Zuständigkeit erstmals für diese Klientel eine Möglichkeit der professionellen Unterstützung. Gleichwohl darf nicht unerwähnt bleiben, dass die stationäre Aufnahme von Menschen mit geistiger Behinderung in der Psychiatrie in den 1930er- und 1940er-Jahren unter dem Hitler-Regime erst die massenhafte Tötung von mindestens 70.000 Behinderter möglich gemacht hat.

Noch in den 1980er-Jahren war es landesweit üblich, Menschen mit geistiger Behinderung in die stationäre psychiatrische Klinik zu überweisen, wenn es keine andere Form der ambulanten oder stationären Betreuung im Rahmen der Behindertenhilfe gab. In vielen psychiatrischen Kliniken waren daher auf den sogenannten **Langzeitstationen** neben Menschen mit chronifizierten psychiatrischen Krankheiten auch Menschen mit geistigen Behinderungen untergebracht. Ihre Pflege und Behandlung unterschied sich meist nicht voneinander, obwohl die geistig behinderten Patienten nicht unbedingt auch eine psychiatrische Erkrankung hatten. Noch heute sind Einrichtungen der Behindertenhilfe in der Trägerschaft psychiatrischer Krankenhäuser.

Abb. 1 In einer Gärtnerei, die zu einer psychiatrischen Klinik gehört

Im Rahmen der Psychiatriereform begannen die psychiatrischen Kliniken in den 1970er-Jahren erstmals heilpädagogische Angebote für Menschen mit geistigen Behinderungen in den Langzeitstationen zu entwickeln. Der erste Schritt war häufig die Schaffung von heilpädagogischen Einrichtungen, die sich von der psychiatrischen Klinik trennten. Beispiele hierzu lassen sich in bei den meisten psychiatrischen Krankenhäusern finden. Im Rahmen der **Psychiatrie-Reform** haben sich auch die Heilpädagogischen Heime (HPH) aus der klinischen Versorgung herausgelöst. Früher noch räumlich eng an die psychiatrischen Krankenhäuser gekoppelt, befinden sich die HPH heute meist dezentral in den Gemeinden.

Fazit: Es ist selbstverständlich, dass auch Menschen mit einer geistigen Behinderung – wie alle anderen Menschen – an einer psychischen Beeinträchtigung oder Störung, z. B. an einer depressiven Störung, einer schizophrenen Erkrankung, einer Zwangsstörung usw., leiden können.

Eine Intelligenzminderung im Sinn der ICD-10 ist keine Krankheit, schon gar keine psychische Erkrankung. Die Zuständigkeit der Psychiatrie bezieht sich und beschränkt sich auch gegenüber Menschen mit geistiger Behinderung auf die Behandlung einer psychischen Störung im oben erwähnten Sinne. Die **psychiatrische Diagnostik** muss daher die psychische Symptomatik sehr sorgfältig von der Verhaltensweise infolge einer geistigen Behinderung unterscheiden.

Natürlich ist es wichtig, dass ein Mensch mit einer geistigen Behinderung auch kompetente psychiatrische Hilfe erfährt, wenn er psychisch erkrankt ist. Dabei ist der stationäre Aufenthalt in einer Psychiatrie oft eine wichtige Voraussetzung für eine professionelle Behandlung. Wichtig ist, dass die medizinischen Fachkräfte in der Psychiatrie auch hinreichende Kenntnisse von den Besonderheiten der jeweiligen geistigen Behinderung haben.

2.2 Stationäre Behandlung als Krisenintervention

Stationär-psychiatrische Behandlung kann nur in einem psychiatrischen Krankenhaus oder einer psychiatrischen Abteilung eines Allgemeinkrankenhauses erfolgen. Die **Voraussetzungen einer psychiatrischen Krankenhausbehandlung** sind im § 39 SGB V allgemein definiert:

Sozialgesetzbuch V § 39 Krankenhausbehandlung
(1) Die Krankenhausbehandlung wird vollstationär, teilstationär, vor- und nachstationär (§ 115 a) sowie ambulant (§ 115 b) erbracht. Versicherte haben Anspruch auf vollstationäre Behandlung in einem zugelassenen Krankenhaus (§ 108), wenn die Aufnahme nach Prüfung durch das Krankenhaus erforderlich ist, weil das Behandlungsziel nicht durch teilstationäre, vor- und nachstationäre oder ambulante Behandlung einschließlich häuslicher Krankenpflege erreicht werden kann. Die Krankenhausbehandlung umfasst im Rahmen des Versorgungsauftrags des Krankenhauses alle Leistungen, die im Einzelfall nach Art und Schwere der Krankheit für die medizinische Versorgung der Versicherten im Krankenhaus notwendig sind, insbesondere ärztliche Behandlung (§ 28 Abs. 1), Krankenpflege, Versorgung mit Arznei-, Heil- und Hilfsmitteln, Unterkunft und Verpflegung; die akut stationäre Behandlung umfasst auch die im Einzelfall erforderlichen und zum frühestmöglichen Zeitpunkt einsetzenden Leistungen zur Frührehabilitation.

Ganz wichtig für die psychiatrische Pflege ist die Einschränkung, dass die Behandlung nicht auf andere Weise, z. B. ambulant oder im Wohnheim, erreicht werden kann. Somit wird deutlich, dass die stationäre psychiatrische Behandlung für Menschen mit geistiger Behinderung immer eine nur **zeitlich begrenzte** und letzte Möglichkeit der Krisenintervention ist.

Aufenthalt als verunsicherndes Erlebnis. Menschen mit geistiger Behinderung erleben den Aufenthalt in einer psychiatrischen Klinik oftmals als ein einschneidendes Erlebnis, das mit viel Irritation, Verunsicherung und Angst begleitet ist. Sie sind der Situation und sich selbst gegenüber hilflos und zeigen dies durch übermäßige Anpassung, depressive oder auch aggressive Verhaltensweisen.

Der Heilerziehungspfleger in der stationären psychiatrischen Versorgung muss daher mit großer **Empathie** die besondere Lebens- und Leidenssituation der Betroffenen wahrnehmen und mit einem klaren **Beziehungsangebot** Sicherheit und Verlässlichkeit vermitteln.

Nachsorgende Hilfe. Nach einer stationären Behandlung ist sowohl für den Patienten wie auch für seine Angehörigen oder Betreuungspersonen die nachsorgende Hilfe wichtig. Hierzu ist im Rahmen einer Überleitungspflege dafür zu sorgen, dass Behandlungs- und Pflegeentscheidungen sowie Pflegemaßnahmen aus der Klinik in die ambulante Versorgung übertragen werden. Dadurch kann eine **Behandlungskontinuität** ermöglicht werden, die den Klienten auch weiterhin unterstützt. Angehörigenarbeit soll zudem helfen, eine erneute Krise zu verhindern, indem sie die systemischen Bedingungen klärt, die mit dazu beigetragen haben, dass der Betroffene psychisch erkrankte.

Netzwerk. Angebote zur psychiatrischen Behandlung von Menschen mit geistiger Behinderung müssen differenziert und vernetzt sein. Hierzu gehören:

- Ambulanzen (Diagnostik und Beratung, Behandlungsangebote, Konsiliarangebot)
- teilstationäre Behandlungsplätze (Tagesklinik für die kurz-, mittel- und langfristige Behandlung)
- stationäre Behandlungsplätze (Krisenintervention, kurz-, mittel- und langfristige Behandlung)

Aufgaben

Erkunden Sie in einer nahegelegenen psychiatrischen Klinik oder während eines Praktikums in einer psychiatrischen Klinik, ob es ein besonders Pflegekonzept für Menschen mit geistiger Behinderung gibt. Fragen Sie bei den klinischen Sozialarbeitern nach, ob es besondere Angebot der Angehörigenarbeit gibt. Wissen die Mitarbeiter/-innen, wie der Klient mit einer geistigen Behinderung vor dem Klinikaufenthalt gelebt hat, was seine Möglichkeiten, Gewohnheiten und Begrenzungen sind? Ist der Begriff des Übergangsmanagements in der Klinik bekannt und wird diese Schnittstellenarbeit ernst genommen?

2.3 Geistige Behinderung und Multimorbidität

Multimorbidität: das gleichzeitige Bestehen mehrerer Krankheiten bei einer einzelnen Person (Mehrfacherkrankung)

Bei vielen Menschen mit geistiger Behinderung können noch eine Reihe weiterer Einschränkungen festgestellt werden. Sie leiden häufig zusätzlich an körperlichen Beeinträchtigungen, Sinnesbeeinträchtigungen oder psychiatrischen Auffälligkeiten wie Epilepsien, Entwicklungsstörungen, Antriebsarmut bis zu depressiven Störungen.

Menschen mit geistiger Behinderung, die psychisch erkranken, benötigen besondere heilerziehungspflegerische Hilfen. In einem multiprofessionellen Team sind ärztliche, pflegerische und heilpädagogische Erkenntnisse zusammenzufügen. Die Unterstützungsmöglichkeiten durch Begleitpersonen außerhalb der psychiatrischen Behandlung sind einzubinden.

▸ **S. auch Modul 7, Kap. 2 Interdisziplinäre Zusammenarbeit**

2.4 Psychiatrische Pflege

Die häufigsten Behandlungsdiagnosen sind Erkrankungen des schizophrenen Formenkreises. An zweiter Stelle stehen Verhaltensstörungen durch psychotrope Substanzen wie Alkohol, Medikamente, Koffein, Nikotin. Es folgen hinsichtlich der Häufigkeit somatoforme Störungen wie Müdigkeit und Erschöpfung, Schmerzsyndrome, Herz-Kreislauf-Beschwerden, Magen-Darm-Beschwerden und pseudoneurologische Symptom wie Ängste oder extreme innere Unruhe sowie die affektiven Störungen wie depressive Verstimmungen oder autoaggressive Verhaltensweisen.

Die psychiatrische Pflegeaufgabe bei Menschen mit geistiger Behinderung ergibt sich aus der „Doppeldiagnose". Einerseits sind alle Unterstützungs- und Begleitmaßnahmen der heilerziehungspflegerischen Arbeit anzuwenden, andererseits kommen besondere psychiatrische Pflegemaßnahmen hinzu. Diese können sich in der Praxis **zeitweise durchaus widersprechen**:

→ So ist aus *heilerziehender Perspektive* der personenorientierte und ressourcenbezogene Umgang hilfreich,

→ aus *psychiatrischer Pflegeperspektive* kann in der akuten Krankheitsphase eine stark führende, entscheidungseinschränkende Umgangsform therapeutisch angemessen sein.

Der multiperspektivische Blick auf die Gesamtheit der Phänomene hilft in der Regel, zu einer angemessenen Pflegeentscheidung zu kommen.

Heilerziehungspflegekräfte haben in der Begleitung psychisch erkrankter behinderter Menschen eine besondere Kompetenz. Sie wissen um die heilpädagogischen Besonderheiten und haben eine personenorientierte und ressourcenunterstützende Grundhaltung, zugleich verfügen sie aber auch über pflegerische Kompetenzen und können beide Fachwissenschaften in der konkreten Arbeit zusammenfügen.

Verstehen und Akzeptanz. Grundsätzlich gilt für jedes heilpädagogisches Handeln die Einnahme einer individualisierten, personenorientierten „Suchhaltung" dem Klienten gegenüber: den anderen weitgehend aus seiner Lebenswirklichkeit heraus verstehen zu wollen. Somit sich in seine psychische Erlebniswelt einzufühlen, um sein Handeln zu verstehen und aus diesem Verstehen heraus seine Möglichkeiten zu fördern. Die wertschätzende Akzeptanz der individuellen Lebensbestimmung wirkt sich schon heilbringend auf den anderen aus.

Im Rahmen der psychiatrischen Pflege folgert aus diesem Verstehen die Ableitung individueller **Pflegeziele**:

- die Verbesserung der individuellen Fähigkeiten,
- der subjektiven Selbstwahrnehmung,
- der Möglichkeiten einer freudvollen Lebensgestaltung,
- der Sinnfindung,
- der Kommunikation und Interaktion.

Aufgaben

Heilerziehungspflege in der Psychiatrie steht im Spannungsfeld zwischen den eigenen berufsethischen Prinzipien und den psychiatrischen Behandlungsgrundsätzen.

Stellen Sie sich einen Menschen mit geistiger Behinderung vor, der depressiv erkrankt und suizidgefährdet ist. Entwickeln Sie ein heilerzieherisches Begleitkonzept für einen mehrwöchigen stationären Aufenthalt. Bedenken Sie dabei auch, wie der Übergang in die normale Alltagssituation nach dem klinischen Aufenthalt gestaltet werden müsste.

Frank P. (52 Jahre) ist seit der Geburt in seinen kognitiven Fähigkeiten eingeschränkt. Er besuchte die Sonderschule für geistig behinderte Menschen und fand danach einen Arbeitsplatz in einer geschützten Werkstatt.

Seine Eltern waren mit seiner Behinderung stets überfordert und haben diese lange versucht zu verleugnen. Oft gab es deswegen Streit, weil der Vater meinte, wenn Frank sich nur genügend anstrengen würde, dann könne er auch etwas Selbstständiges schaffen.

Je älter Frank wurde, desto mehr fühlte er sich unverstanden und abgelehnt. Er konnte nicht verstehen, warum er nicht so sein konnte, wie er war, warum die Eltern ihn von Therapie zu Therapie schleppten und doch immer unzufrieden waren. Nach der Schulzeit musste er in ein Wohnheim ziehen, die Besuche bei den Eltern und der Kontakt zu ihnen wurden immer seltener.

Seit nunmehr 2 Jahren sind Franks Eltern verstorben, Geschwister hat er keine und andere Angehörige sind nicht bekannt. Frank, der gern Trompete spielt und fernsieht, hat seitdem mehr und mehr seine Freizeitaktivitäten aufgegeben: Er sitzt abends in seinem Zimmer und spricht immer häufiger davon, dass er sich „kaputt machen“ will. Das Team im Wohnheim konsultiert einen Psychiater, der eine Krankenhauseinweisung zur diagnostischen Klärung vorschlägt.

Frank ist seit 3 Wochen in der psychiatrischen Abteilung des städtischen Krankenhauses. Er hat sich rasch eingewöhnt, zeigt allerdings auch hier keine Initiative und geht kaum in Kontakt.

Die Diagnose lautet: Depression.

Im Beispiel oben sollte Frank P. viele Gelegenheiten erhalten, sich selbst positiv, d. h. wertschätzend zu erleben. Klare Beziehungsangebote, Erfahrungen von Kompetenz und Selbstbestimmung in der Alltagsbewältigung sowie positive soziale Kontakte zu vertrauten Personen sind im Umgang mit depressiven Stimmungen therapeutisch wirksam. Die Möglichkeiten **positiver Selbstwahrnehmung** können durch wertschätzendes Feedback der Heilerziehungspfleger weiter unterstützt werden.

Daneben gilt zugleich der **Normalisierungsgrundsatz**: Die Lebensbedingungen – auch unter dem Eindruck einer psychischen Krise oder Erkrankung – sollen so normal wie möglich gestaltbar sein. Für die Situation von Frank P. bedeutet dies: Alle Umstände sind zu vermeiden, die seine Abhängigkeit und Unselbstständigkeit verstärken könnten. Seine gelingenden Alltagsfähigkeiten sind auch unter stationären Bedingungen zu unterstützen. Ein Leben so normal wie möglich ist zu fördern, aber auch zu fordern.

Für die Heilerziehungspflege stellt sich zunächst die Frage, welche Fähigkeiten Frank P. besitzt, was ihm Lebenssinn und Lebensfreude vermittelt, welche Stärken er ausgebildet hat und wie er früher mit psychischen Krisen umgegangen ist. Auch wird mit Frank überlegt, was ihn entspannt, erfreut, ereifert und was er tun kann, damit solche angenehmen Gefühle wieder möglich werden.

Mit Blick auf das soziale Umfeld ist zu fragen, wie seine Mitbewohner und pädagogischen Begleiter während der Klinikzeit in Kontakt bleiben und möglicherweise ihre Beziehung intensivieren können. Aus pflegerischer Perspektive wird eine eindeutige **Bezugspflege** (▶ **s. Modul 8, Kap. III.1.2**) angeboten, in welcher der 52-Jährige Wertschätzung und Anerkennung seiner Leistungen erfährt. Die Pflegeplanung ist auf sehr konkrete und kurzfristig zu erreichende Ziele orientiert und stellt kleine Forderungen an die Selbstversorgung im Alltag gemäß den Aktivitäten des täglichen Lebens (ADL).

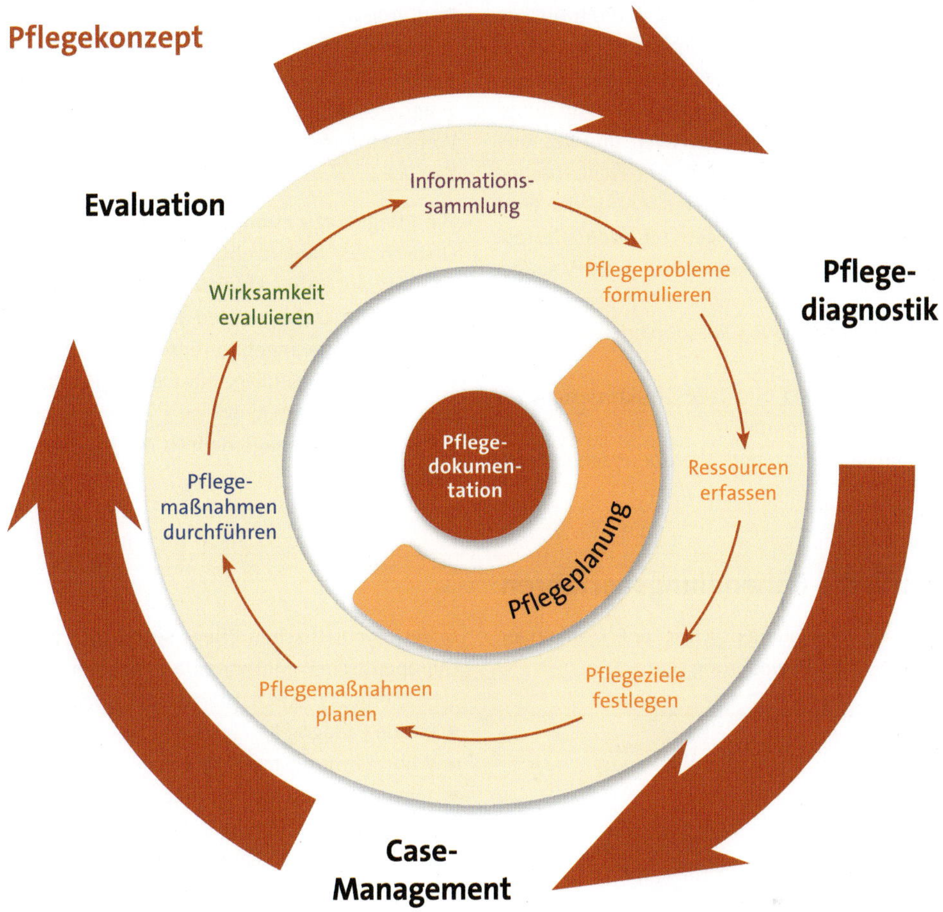

Abb. 1 Zum psychiatrischen Pflegekonzept gehören Pflegediagnostik, Pflegeplanung, Case-Management, multidisziplinäre Zusammenarbeit und Evaluation

Die Pflegediagnostik beschreibt das Verfahren, aktuelle Probleme, individuelle und soziale Schwierigkeiten sowie Fähigkeiten und Ressourcen individuell wahrzunehmen, zu beschreiben und fachlich korrekt einzuschätzen. Zur Pflegediagnose zählen:

- Aufnahmegespräch mit dem Klienten und den Angehörigen bzw. begleitenden Personen
- Befunddarstellung
- Beschreibung der Unterstützungsbedarfe und Ressourcen aller Beteiligten
- regelmäßige Fortführung der Gespräche und gemeinsame Evaluation der Pflegeplanung

Die Pflegeplanung geht von der Diagnostik aus, stimmt mit allen Beteiligten pflegerische und heilpädagogische Ziele ab und plant personenorientiert die pflegerischen und pädagogischen Maßnahmen. Zur Pflegeplanung in der Heilerziehungspflege gehört:

- Einbringen der Expertise des Heilerziehungspflegers in pflegerischen Fragen
- Einbringen der Expertise des Heilerziehungspflegers in heilpädagogischen Fragen
- Pflegeplanung als integrierter Bestandteil der Hilfeplanung
- Bezugspersonenpflege als heilpädagogisches Prinzip („Primary Nursing“)

▸ **S. auch Modul 8, Kap. III.1 Pflegeplanung in der psychiatrischen Versorgung**

Case-Management in Bezug auf den heilpädagogischen Bereich betrachtet die psychische Erkrankung in ihren Auswirkungen auf *alle Lebensbereiche* des Betroffenen und somit auch auf den Kreis aller weiteren Beteiligten. Case-Management meint die Vernetzung aller beteiligten Unterstützungssysteme und die Einbindung ihrer Expertisen und Ressourcen in den Pflegeplan. Insbesondere ist in der psychiatrischen Pflege bei Menschen mit geistiger Behinderung die enge Zusammenarbeit mit den Angehörigen und/oder Betreuungskräften der Behindertenhilfe notwendig. Case-Management meint:

- Assessment (Wahrnehmung von Ressourcen/Risiken/Störungen)
- biografische Wahrnehmung und Tagesstrukturierung zur Sicherung der Alltagskontinuität
- Begleitung prophylaktischer und therapeutischer Maßnahmen
- Sicherstellen der organisatorischen Aspekte
- interdisziplinärer Austausch und Zusammenarbeit im Behandlungsprozess
- Beratung, Schulung, Begleitung von Angehörigen und anderen Begleitungen.

Weitere Informationen zum Case-Management ▸ **s. Modul 4, Kap. I.7**.

Die Pflege-Evaluation beschreibt alle Maßnahmen, um die Qualität der heilerziehungspflegerischen Arbeit zu ermitteln und um Entwicklungs- und Optimierungsmöglichkeiten zu erkennen. Dabei werden die individuellen und sozialen Effekte der Pflegeangebote untersucht. Die Ergebnisse bilden eine wichtige Grundlage für weitere Planungs- und Behandlungsüberlegungen.

Zum Qualitätsmanagement in der Psychiatrie ▸ **s. Modul 8, Kap. III.2**.

2.5 Therapeutische Behandlungsverfahren

Häufige Verfahren zur Behandlung psychischer Erkrankungen bei Menschen mit geistiger Behinderung sind:

- Verhaltenstherapie
- Spieltherapie
- Entspannungsverfahren
- körperorientierte Therapie
- kreative Therapieformen (Musik- und Kunsttherapie)
- Gruppentherapie
- Milieutherapie
- Eltern- und Angehörigenberatung
- Balint-Gruppen für Angehörige und Begleiter
- Psychoedukation

In der psychiatrischen Pflege setzen sich neben den psychotherapeutischen Methoden auch zunehmend heilpädagogische Methoden durch. Hierzu zählen insbesondere:

- basale Pädagogik
- Wahrnehmungstraining
- sensorische Integration (nach Ayres, ▸ **s. Modul 5, Kap. I.5**)
- Basale Stimulation® (▸ **s. Modul 1, Kap. I.7.4**)
- heilpädagogische Übungsbehandlung (nach Oy und Sagi)
- TEACCH-Programm Integration (▸ **s. Modul 5, Kap. I.4.6.2**)

Zum Weiterlesen

Ch. Schanze: Psychiatrische Diagnostik und Therapie bei Menschen mit Intelligenzminderung. Ein Arbeits- und Praxisbuch für Ärzte, Psychologen, Heilerziehungspfleger und -pädagogen. 2007

Teil IV
Recht / Organisation / Verwaltung

1 Grundlagen der Haftung

Das Haftungsrecht teilt sich in 2 große Bereiche: die **zivilrechtliche Haftung**, die Schäden zwischen Privatpersonen regelt, und die **strafrechtliche Haftung**, bei der Fehlverhalten vom Staat geahndet wird. Aus einer einzelnen Handlung können sich Folgen in beiden Bereichen ergeben, sie sind rechtlich jedoch streng voneinander getrennt zu betrachten (▸ **s. Modul 1, Teil IV.1, Grundlagen des Rechts**).

Abb. 1 Defekter Stecker – ein Haftungsgrund

1.1 Die zivilrechtliche Haftung

In einem Wohnheim für Menschen mit Behinderungen entsprechen die Pflegebetten nicht mehr dem Standard und erfüllen insbesondere nicht mehr die Sicherheitsbestimmungen. Vor allem besteht die Gefahr, dass der Motor überhitzt und in Brand gerät. Da ein umfangreicher Umbau des Heims viel Geld verschlungen hat, kann die Anschaffung neuer Betten derzeit nicht finanziert werden. Die Heimleitung weist deshalb die Fachkräfte an, nach jedem Gebrauch den Stecker der Pflegebetten aus der Steckdose zu ziehen. Fachkraft Charlotte vergisst dies eines Abends, weil sie in Gedanken bereits im Kino ist. Ein Bett gerät nachts in Brand und ein Bewohner erleidet starke Verbrennungen.
Wer haftet?

Eine Haftung im Zivilrecht kann aufgrund verschiedener Anspruchsgrundlagen (Vertrag oder Gesetz) bestehen.

Die Haftung aus Vertrag

Ein Vertrag besteht aus übereinstimmenden Willenserklärungen der Vertragspartner. Ein Vertrag kann auch durch Vertreter geschlossen werden, bei minderjährigen oder betreuten Personen kann dies sogar zwingend erforderlich sein. Eine bestimmte Form ist für die meisten Verträge nicht vorgeschrieben, ein gültiger Vertragsschluss kann auch mündlich oder sogar durch schlüssiges Tun erfolgen (z. B. schließt jeder, der in eine Straßenbahn einsteigt, einen Beförderungsvertrag ab). Wird der Vertrag nicht oder nicht ordentlich erfüllt und hat ein Vertragspartner dies zu verantworten, so muss er entweder den Vertrag erfüllen oder Schadensersatz leisten.
Es ist dabei unerheblich, ob die Pflichtverletzung vorsätzlich (= Wissen und Wollen) oder fahrlässig (= Außerachtlassen der gebotenen Sorgfalt) geschah.
Der Vertragspartner haftet auch für das Verschulden seiner Erfüllungsgehilfen, das sind die Personen, die ihm helfen, seinen Vertrag zu erfüllen. So sind z. B. Fachkräfte

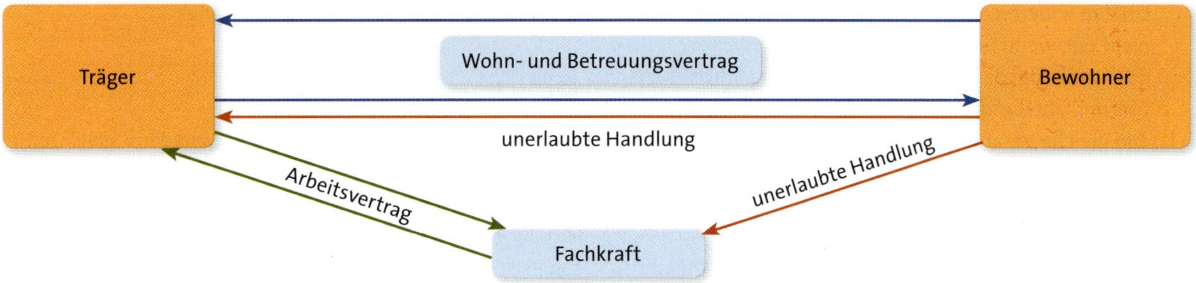

Abb. 2 Anspruchsgrundlagen für die Haftung

Erfüllungsgehilfen des Trägers bei der Erfüllung des Wohn- und Betreuungsvertrags. Zwischen Fachkräften und Bewohnern besteht kein Vertrag.

Betreuungspflicht. Zu den vertraglichen Pflichten gehört auch die Betreuungspflicht bei Bewohnern, die gerade wegen eines erhöhten Betreuungsbedarfs aufgrund einer geistigen Behinderung oder einer psychischen oder demenziellen Störung in einem Heim leben. Hier hat das Heim sicherzustellen, dass die Bewohner sich selbst oder anderen keinen Schaden zufügen. Das bedeutet für das Fachpersonal, dass Bewohner mit geistigen Behinderungen sowie psychisch kranke und demente Bewohner über mögliche Gefahren aufzuklären sind und im Rahmen der Gesetze (Freiheitsrechte/Freiheitsberaubung) zu schützen sind. Eine Verletzung der vertraglichen Betreuungspflicht führt zur Haftung des Heimträgers.

Aufsichtspflicht. Dasselbe gilt, wenn aufgrund der Schwere einer geistigen Behinderung eine Aufsichtspflicht auch für Volljährige gegeben ist oder Minderjährige in einer stationären Einrichtung betreut werden. Einzelheiten zur Aufsichtspflicht ▸ **s. Modul 2, Kap. IV.5**.

Die Haftung aus unerlaubter Handlung/Delikt

Für diese Form der Haftung sind keine vertraglichen Beziehungen erforderlich. In vielen Lebensbereichen, z. B. im Straßenverkehr, haften Verursacher von Schäden, weil sie eine unerlaubte Handlung (= Delikt) begangen haben, nach dem Gesetz (§§ 823 ff. BGB).

Unerlaubte Handlungen sind Verletzungen eines Rechtsguts (Leben, Gesundheit, Freiheit, Eigentum u. a.). Auch hier ist es unerheblich, ob der Schaden fahrlässig oder vorsätzlich verursacht wurde.

Aufgrund Gesetzes haften Träger und Pflegekräfte nach § 832 BGB bei Verletzungen der **Aufsichtspflicht** (▸ **s. Modul 2, Kap. IV.5**).

§ 832 BGB – Haftung des Aufsichtspflichtigen

(1) Wer kraft Gesetzes zur Führung der Aufsicht über eine Person verpflichtet ist, die wegen Minderjährigkeit oder wegen ihres geistigen oder körperlichen Zustands der Beaufsichtigung bedarf, ist zum Ersatz des Schadens verpflichtet, den diese Person einem Dritten widerrechtlich zufügt. Die Ersatzpflicht tritt nicht ein, wenn er seiner Aufsichtspflicht genügt oder wenn der Schaden auch bei gehöriger Aufsichtsführung entstanden sein würde.

(2) Die gleiche Verantwortlichkeit trifft denjenigen, welcher die Führung der Aufsicht durch Vertrag übernimmt.

Darüber hinaus besteht eine gesetzliche Verkehrssicherungspflicht; dies bedeutet, dass Gefahrenquellen abzusichern sind.

Der Fußbodenbelag im Flur eines Wohnheims hat schon bessere Zeiten gesehen. An einigen Stellen ist er aufgerissen. Die Bewohnerin Gerda bleibt mit ihrem Schuh in einer der aufgerissenen Stellen hängen, stürzt und bricht sich dabei den Knöchel.

Aufgrund unerlaubter Handlung kann zum einen die Fachkraft, zum anderen aber auch der Träger für eigenes Handeln haften. Für die Haftung des Trägers gibt es verschiedene Möglichkeiten:

- Organisationsverschulden: Der Träger stellt schlechtes Material zur Verfügung oder stellt zu wenig Personal ein.

a) In einer Pflegeeinrichtung lässt der Träger Desinfektionsmittel durch Essigreiniger ersetzen, da dieser preiswerter ist. Einige Bewohner erleiden eine bakterielle Infektion.

b) In einem Wohnheim für Menschen mit Behinderungen werden im Dienstplan für einzelne Wohnbereiche Hilfskräfte für mehrere Stunden allein eingeteilt. In einem Notfall ist eine Hilfskraft überfordert, dadurch kommt es zu einer Verletzung eines Bewohners.

- Auswahlverschulden: Der Träger begeht bei der Auswahl des Personals Fehler.

Ein Träger überprüft bei der Einstellung von Pflegekräften deren Zeugnisse nicht und verlässt sich auf die Aussagen der Bewerber. Er stellt eine Person ein, die ihre Ausbildung nicht abgeschlossen hat, jedoch in der Bewerbung angab, Fachkraft zu sein. Es kommt zu einem schweren Pflegefehler.

- Anleitungs- und Überwachungsverschulden: Der Träger leitet das Personal nicht richtig an und überwacht nicht zumindest stichprobenweise, ob sorgfältig gearbeitet wird.

In einer Pflegeeinrichtung werden Auszubildende damit beauftragt, subkutane Injektionen zu geben, ohne dass sie ausreichend angeleitet werden. Ebenso bleibt eine Kontrolle aus. Eine Bewohnerin erleidet nach einer Injektion eine Entzündung.

Die Haftung mehrerer Personen

Haften mehrere Verursacher eines Schadens gleichzeitig, so nennt man sie Gesamtschuldner. Der Geschädigte kann wahlweise von dem einen oder dem anderen der Gesamtschuldner die gesamte Höhe des Schadensersatzes verlangen, aber natürlich nur einmal. Die Gesamtschuldner haben dann unter sich zu klären, wer welchen Anteil zu tragen hat.

Bewohnerin Paula ist aus einem Lifter gestürzt. Sie verklagt den Heimträger und den Heilerziehungspfleger Rudi auf Schadensersatz für die Behandlungskosten. Das Gericht verurteilt den Heimträger und Rudi als Gesamtschuldner, da es als erwiesen ansieht, dass Rudi während der Arbeit angetrunken und der Lifter reparaturbedürftig war.
Paula fordert den gesamten Betrag vom Heimträger. Der Heimträger bezahlt die Summe, fordert aber die Hälfte von Rudi.

Der Schadensersatz

Der Schadensersatz soll den ursprünglichen Zustand wiederherstellen und wird meist in Geld geleistet. Er umfasst Reparaturkosten, Kosten für eine Neubeschaffung, Behandlungskosten, Kosten für einen Krankenhausaufenthalt oder Rehabilitation, Medikamente und Hilfsmittel, Lohnausfall und eventuell sogar eine lebenslange Rente.
Der Geschädigte kann außerdem **Schmerzensgeld** verlangen wegen einer Verletzung des Körpers, der Gesundheit, des Persönlichkeitsrechts, der sexuellen Selbstbestimmung oder einer Freiheitsentziehung. Schmerzensgeld hat vor allem eine Sühne- und Genugtuungsfunktion.
Im Zivilrecht muss der Geschädigte selbst den Schadensersatz verlangen und notfalls vor Gericht einklagen.

Abb. 1 Parteien vor Gericht

Die Beweisregeln

Grundsätzlich gilt: Der Geschädigte muss beweisen, dass das Handeln des Schädigers ursächlich für den Schaden war. Dieser Beweis ist für Heimbewohner oder Menschen, die ambulant gepflegt werden, oft schwer zu erbringen. Die Fachkraft oder der Träger sind oftmals durch die Vorlage einer lückenlosen Dokumentation in der Lage, sich zu entlasten. Deshalb gibt es bei der Abklärung von vermuteten Pflegefehlern die sogenannte **Beweislastumkehr**.

Vor allem Dekubitus, Dehydration, Mangelernährung und Kontrakturen können auf Pflegefehlern beruhen.

Beweislastumkehr: Nicht der Geschädigte muss beweisen, dass er falsch gepflegt wurde, sondern Fachkraft oder Träger müssen beweisen, dass sie richtig gepflegt haben.

Die Haftpflichtversicherungen

Gegen die zivilrechtliche Haftung kann man sich versichern:

- Eine **Privathaftpflichtversicherung** reguliert Schäden, die sich im privaten Umfeld ereignet haben. Sie tritt nicht für berufliche Schäden ein.
- Die **Berufshaftpflichtversicherung** kann von Berufstätigen abgeschlossen werden für alle Schäden, die in Ausübung einer beruflichen Tätigkeit entstehen.
- Insbesondere für Mitarbeiter von ambulanten Pflegediensten oder in Heimen, in denen teure Schließanlagen installiert sind, kann es sinnvoll sein, eine **Schlüsselversicherung** abzuschließen, die das Risiko eines Schlüsselverlustes absichert.
- Die **Betriebshaftpflichtversicherung** kann von Unternehmen oder Trägern abgeschlossen werden, um Schäden abzusichern, die im Betrieb entstehen oder durch Betriebsangehörige verursacht werden.

Tipp: Erkundigen Sie sich bei Ihrem Arbeitgeber, ob er eine Betriebshaftpflichtversicherung abgeschlossen hat und welche Schäden dadurch abgesichert sind. Überprüfen Sie auch die Unterlagen Ihrer eigenen Privathaftpflichtversicherung. Einige Versicherungen bieten Privat- und Berufshaftpflichtversicherung im Paket ohne Mehrkosten an.

Die Versicherungen regulieren nur zivilrechtliche Schäden, wenn diese nicht vorsätzlich verursacht wurden. Vor strafrechtlicher Verantwortung (▶ s. Kap. 1.2) schützen sie in keinem Fall!

Aufgaben

1. Aus welchen Gründen können Fachkräfte oder Träger zivilrechtlich haften?
2. Heilerziehungspfleger Charlie schüttet der Bewohnerin Frau Neu den siedend heißen Kaffee über den Arm. Frau Neu erleidet Brandblasen und muss ärztlich behandelt werden. Ihr erst vor Kurzem angeschafftes Kleid ist ein Fall für die Altkleidersammlung. Haftet Charlie? Wenn ja, was kann Frau Neu verlangen?

1.2 Die strafrechtliche Haftung

Situation 1: Bewohnerin Frau Sturm weigert sich, die ihr verordneten Beruhigungsmittel, die starke Nebenwirkungen haben, einzunehmen. Fachkraft Liesel mischt die zerkleinerten Tabletten deshalb unter das Abendessen.

Situation 2: Fachkraft Dagobert soll gemäß ärztlicher Anweisung Medikamente für die Bewohner des Wohnheims richten. Mit seinen Gedanken ist Dagobert bei seiner Freundin und nicht bei der Arbeit. Er vertauscht deshalb bei 2 Bewohnern die Medikamente, worauf beide schwere Kreislaufprobleme erleiden.

Situation 3: Fachkraft Uschi fixiert eine Bewohnerin mit einer schweren geistigen Behinderung mit einem Gurt, nachdem sie diese Maßnahme mit dem Betreuer besprochen hat. Uschi ist der festen Überzeugung, dass die Zustimmung des Betreuers zur Fixierung genüge.

Haben sich die Mitarbeiter strafbar gemacht? Wenn ja, wie?

Abb. 1 Medikamente richten

Das Strafrecht gehört zum öffentlichen Recht und schützt Werte wie die körperliche Unversehrtheit, das Leben, das Eigentum und die Freiheit. Der Staat sieht dabei bestimmte Verhaltensweisen als strafwürdig an. Im Strafgesetzbuch (StGB) sind allgemeine Regeln und die meisten Straftaten aufgeführt.

Strafbar? Um festzustellen, ob eine Handlung strafbar ist, sind 3 Punkte zu prüfen:

Tatbestand – Rechtswidrigkeit – Schuld

Der Tatbestand

Der **objektive Tatbestand** beschreibt, was tatsächlich objektiv nachprüfbar geschehen ist.

Der objektive Tatbestand des § 212 StGB (Totschlag) lautet: „Wer einen Menschen tötet" – d.h., ein Mensch ist tot, ein anderer Mensch hat seinen Tod verursacht.

Unter **subjektivem Tatbestand** versteht man das „Innenleben" des Täters.
Der Täter kann **vorsätzlich** handeln. Er weiß, was er tut und welche Folgen sein Handeln hat und er will dies auch. Vorsätzlich handelt auch, wer bestimmte Folgen seines Handelns billigend in Kauf nimmt, auch wenn er den Eintritt der Folge nicht wünscht („Es wird schon nichts passieren...").
Fahrlässiges Handeln (= Außerachtlassen der gebotenen Sorgfalt) ist nur strafbar, wenn dies im Gesetz ausdrücklich geregelt ist, z.B. „fahrlässige Körperverletzung" in § 229 StGB.

Die Rechtswidrigkeit

Tatbestandsmäßiges Handeln wird nur bestraft, wenn die Tat auch rechtswidrig ist. Eine Tat ist nicht rechtswidrig, wenn ein **Rechtfertigungsgrund** vorliegt. Rechtfertigungsgründe sind vor allem:

Notwehr: die Abwehr eines rechtswidrigen und schuldhaften Angriffs von sich selbst

Die in der ambulanten Pflege tätige Fachkraft Sieglinde wird spätabends nach dem Besuch bei einer Klientin von einem unbekannten Mann angegriffen. Geistesgegenwärtig schlägt Sieglinde dem Angreifer ihre schwere Tasche auf den Kopf, worauf der Mann stürzt und sich am Bein verletzt.

Nothilfe: Wehrt man einen Angriff auf einen anderen ab, so spricht man von Nothilfe.

Sieglinde geht mit einer Gruppe von Jugendlichen mit Behinderungen im Park spazieren. Plötzlich entreißt ein Mann der 15-jährigen Jana den Rucksack. Geistesgegenwärtig stellt Sieglinde dem Mann ein Bein.

Rechtfertigender Notstand: die Abwehr einer gegenwärtigen Gefahr von sich oder anderen

Bert bemerkt, wie aus dem Nachbarhaus, in dem eine betreute Wohngruppe lebt, dunkler Rauch dringt. Obwohl Bert Sturm klingelt, öffnet niemand die Türe. Er befürchtet das Schlimmste, holt eine Axt aus seinem Gartenhaus und schlägt die Tür zum Haus der Wohngruppe ein, um die Bewohner zu retten.

Einwilligung: Die Zustimmung des Opfers lässt die Rechtswidrigkeit entfallen.

Der körperlich mehrfach behinderte Bewohner Herr Eberle erklärt sich damit einverstanden, dass die Fachkräfte Informationen über seinen Gesundheitszustand an seine Tochter weitergeben.

Pflichtenkollision: wenn den Täter gleichzeitig mehrere Handlungspflichten treffen, er aber nur eine dieser Pflichten auf Kosten der anderen erfüllen kann, also zwingend eine der Pflichten verletzen muss

Fachkraft Fred hat allein Nachtwache. Gleichzeitig klingelt es aus 2 Zimmern: Bewohner Herr Schmidt erleidet einen Herzanfall, Bewohnerin Frau Heinrich ist auf dem Weg zur Toilette gestürzt. Fred muss sich entscheiden.

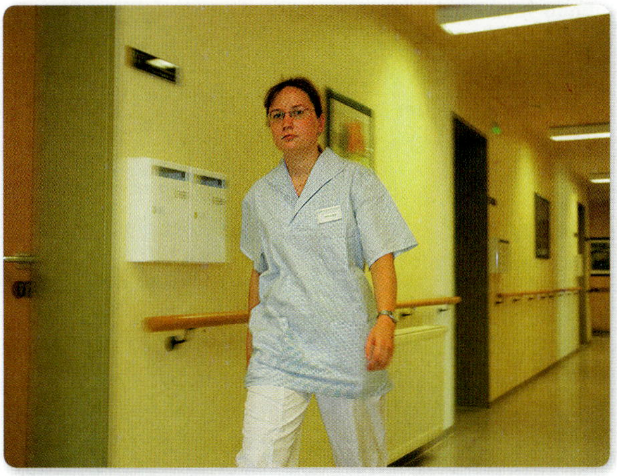

Abb. 1 Eilige Entscheidungen treffen

Die Schuld

Nur schuldhaftes Handeln ist auch strafbar. Nicht schuldhaft handeln können schuldunfähige Personen, das sind:

- Kinder unter 14 Jahren
- Personen, bei denen die Einsichtsfähigkeit in das Unrecht der Tat aufgrund krankhafter seelischer Störungen fehlt
- Personen, bei denen die Einsichtsfähigkeit aufgrund schweren Alkohol- oder Drogenrausches fehlt

Eine verminderte Schuldfähigkeit, z. B. wegen geringer Alkoholisierung oder einer seelischen oder geistigen Störung, die die Einsichtsfähigkeit nur *vermindert*, führt unter Umständen zu einer Strafmilderung.

Der Versuch

Auch der Versuch (d. h., eine Straftat wird nicht vollendet) ist strafbar, wenn

- es sich um ein Verbrechen (= Mindeststrafe 1 Jahr) handelt oder wenn
- die Strafbarkeit im Gesetz festgelegt ist, z. B. beim Diebstahl (§ 242 StGB).

Heilerziehungspfleger Guido kommt mit seinem Verdienst nicht aus. Er beschließt deshalb, eine Bank zu überfallen, besorgt sich hierfür eine Schreckschusspistole und eine schwarze Maske. Bevor er die von ihm ausgekundschaftete Bank betritt, packt ihn die Reue. Er macht kehrt und läuft einem Streifenpolizisten in die Arme.

Der Irrtum

„Irrtum schützt vor Strafe nicht!" Auch wer sich z. B. darüber irrt, dass eine Handlung strafbar ist, wird bestraft.

Pflegerin Sofie ist der festen Überzeugung, dass sie Bewohnern die Haare auch gegen deren Willen abschneiden darf, wenn dies der Vereinfachung von Arbeitsabläufen dient.

Täterschaft und Teilnahme

Straftaten können nicht nur von einer Person allein begangen werden, sondern es gibt auch Konstellationen, bei denen mehrere beteiligt sind. Hier sind zu unterscheiden:

- **Mittäter:** Mehrere begehen eine Tat gemeinsam. Sie fassen den Entschluss gemeinsam und leisten einen gleichwertigen Beitrag zur Tat.
- **Anstiftung:** Jemand bestimmt einen anderen dazu, eine Straftat zu begehen.
- **Beihilfe:** Jemand hilft dem Täter bei der Ausführung einer Straftat.

Die Rechtsfolgen einer Straftat

- **Freiheitsstrafe:** Sie beträgt mindestens einen Monat und höchstens 15 Jahre. Bei Mord droht ein lebenslänglicher Entzug der Freiheit. Eine Freiheitsstrafe bis zu 2 Jahren kann auch mit Auflagen zur Bewährung ausgesetzt werden.
- **Geldstrafe:** Sie wird nach Tagessätzen in Höhe eines Dreißigstels des Monatseinkommens berechnet. Bei Nichtzahlung droht eine Ersatzfreiheitsstrafe.
- **Nebenstrafen:** Sie können neben der eigentlichen Strafe verhängt werden. Hierzu zählt insbesondere das Fahrverbot von 1–3 Monaten.
- **Maßregeln der Sicherung und Besserung:** Sie kann das Gericht in besonderen Fällen im Urteil neben der eigentlichen Strafe aussprechen. Sie sollen die Allgemeinheit vor dem Täter schützen und diesen bessern. Sie können auch gegen schuldunfähige Täter verhängt werden. Maßregeln der Sicherung und Besserung sind vor allem
  - die Unterbringung in einem psychiatrischen Krankenhaus oder in der Sicherheitsverwahrung,
  - die Führungsaufsicht,
  - die Entziehung der Fahrerlaubnis und
  - das Berufsverbot.

Aufgaben

1. Welche Rechtfertigungsgründe haben Sie kennengelernt? Versuchen Sie, Beispiele aus Ihrem Berufsalltag für jeden Rechtfertigungsgrund zu finden.
2. Welche Personen sind schuldunfähig? Was bedeutet das für Menschen mit einer geistigen Behinderung oder einer Demenz?
3. Welche Strafen können einem Täter vom Gericht auferlegt werden?

1.3 Ausgewählte Straftatbestände

Situation 1: Heilerziehungspflegerin Katja erzählt ihrem Ehemann in allen Einzelheiten von den Behinderungen des von ihr betreuten Klaus.

Situation 2: Heilerziehungspfleger Roland mischt jeden Morgen die „Pille“ in das Müsli von Hilde P. Die junge Frau hat Trisomie 21. Seit einiger Zeit hat sie eine Beziehung zu Gerd L., der in der benachbarten Wohngruppe lebt. Roland möchte verhindern, dass Hilde schwanger wird. Er befürchtet, dass sie die Antibabypille nicht nehmen würde, wenn er das Thema offen anspräche.

Situation 3: Assistentin Judith verlässt den ambulant betreuten Herrn Heil wie jeden Tag nach einer Stunde, obwohl sie bemerkt, dass Herr Heil starke Atembeschwerden hat. Herr Heil ist mehrfach körperlich behindert und auf den Rollstuhl angewiesen. Da Judith mit ihrem Zeitplan bereits in Verzug ist, hofft sie darauf, dass sich der Zustand von Herrn Heil nicht verschlechtern wird.

Situation 4: Heilerziehungspfleger Bodo sperrt Heidi (41 Jahre, mit geistiger Behinderung) in ihrem Wohnheimzimmer ein, weil sie des Öfteren auf der Straße aufgefunden wurde, nachdem sie sich verlaufen hatte.

Situation 5: Die Praktikantin Sophia betritt ohne Anklopfen die Zimmer der Wohnheimbewohner.

Verletzung von Privatgeheimnissen (§ 203 StGB)

Geschützt sind Geheimnisse einer betreuten Person, die Fachkräften von dieser anvertraut wurden oder auf andere Weise bekannt geworden sind.
Geheimnisse sind biografische Daten, Krankheiten, Einkommensverhältnisse, persönliche Eigenarten – eben alle Dinge, von denen man nicht möchte, dass sie öffentlich gemacht werden.

Schweigepflichtig sind nur Angehörige bestimmter Berufsgruppen wie Rechtsanwälte, Psychologen, Sozialarbeiter und vor allem Ärzte. Heilerziehungspfleger sind zwar nicht ausdrücklich benannt, ihre Schweigepflicht leitet sich jedoch ab von der Schweigepflicht von Psychologen, Sozialarbeitern und Ärzten, mit denen sie arbeiten. Die Schweigepflicht gilt auch für in Ausbildung befindliche Personen.
Die Schweigepflicht wird verletzt, wenn ein Geheimnis unbefugt offenbart wird.

Verletzung der Schweigepflicht
- Weitergabe von Daten, Behinderungen, Krankheitsbildern u. a. im Familien- oder Bekanntenkreis
- Mitteilen des Gesundheitszustands an Angehörige ohne Einwilligung des Betroffenen
- Offenes Liegenlassen von Dokumentationen in der Einrichtung
- Aufhängen einer Tafel mit allen Geburtstagen von Bewohnern im Wohnheim

Erlaubt ist das Weitergeben von Daten dann, wenn
- der Betroffene einwilligt. Von einer mutmaßlichen Einwilligung geht man z. B. in den Fällen aus, in denen das Personal Informationen über Bewohner, die für die Behandlung wichtig sind, an den Arzt weitergibt;
- wenn ein rechtfertigender Notstand vorliegt;

Jonas M. lebt in einer Wohngruppe für Menschen mit geistiger Behinderung. Aufgrund seiner Behinderung ist Jonas nicht in der Lage, sich zu orientieren und selbständig die Wohngruppe zu verlassen. Eines Tages ist Jonas im ganzen Haus nicht auffindbar. Da er dringend seine Medikamente benötigt, benachrichtigt Heilerziehungspflegerin Anna die Polizei und schildert insbesondere die Behinderung und den Gesundheitszustand von Jonas.

- wenn die Weitergabe von Daten gesetzlich vorgeschrieben ist;

Das Infektionsschutzgesetz schreibt die namentliche Meldung einer Infektion mit Salmonellen vor.

- wenn die Daten anonymisiert sind, z. B. zu statistischen Zwecken.

Die Schweigepflicht besteht auch über den Tod des Betroffenen hinaus. Die Verletzung von Privatgeheimnissen wird allerdings nur auf Antrag des Betroffenen strafrechtlich verfolgt.

Nicht zu verwechseln ist die Schweigepflicht mit der „Verschwiegenheitspflicht". Hierbei handelt es sich um eine arbeitsvertragliche Regelung. Alle Arbeitnehmer sind verpflichtet, über betriebsinterne Dinge Stillschweigen zu bewahren. Bei Verletzung drohen arbeitsrechtliche Folgen wie Abmahnung, Versetzung oder Kündigung.

Verletzung des Briefgeheimnisses (§ 202 StGB)

Strafbar ist das Öffnen und Lesen eines verschlossenen Briefes oder eines anderen Schriftstücks. Ebenso ist das Lesen von Schreiben, die sich in einem besonders gesicherten Behältnis (Kassette oder geschlossene Schublade) befinden, nicht erlaubt.

Heilerziehungspflegerin Elli betreut Herrn Schmidt in einer betreuten Wohngruppe. Sie bemerkt, dass sich ungeöffnete Briefe auf dem Tisch stapeln. Ohne mit Herrn Schmidt gesprochen zu haben, öffnet Elli die Briefe, sortiert sie und heftet wichtige Unterlagen ab.

Auch die Verletzung des Briefgeheimnisses wird nur auf Antrag des Betroffenen strafrechtlich verfolgt.

Recht am eigenen Bild (§ 201a StGB)

Strafbar macht sich, wer von einer anderen Person, die sich in einer Wohnung oder einem anderen geschützten Raum befindet, ohne Erlaubnis Fotos macht und dadurch deren höchst persönlichen Lebensbereich verletzt.

In einem Wohnheim für Menschen mit Behinderungen fotografiert die Auszubildende Monika verschiedene Bewohner in ihren Zimmern, ohne um Erlaubnis zu fragen. Sie stellt diese Bilder dann auf die Homepage der Einrichtung und auf eine neue Facebook-Seite.

Körperverletzung (§§ 223 ff. StGB)

Voraussetzung ist eine körperliche Misshandlung oder eine Gesundheitsbeschädigung. Das bedeutet, dass der Körper nach der Verletzung in seiner Beschaffenheit anders ist als vorher. Das körperliche Wohlbefinden muss erheblich beeinträchtigt sein.

Eine Schmerzzufügung ist jedoch nicht erforderlich. Deshalb stellt auch das Abschneiden von Haaren gegen den Willen des Betroffenen eine Körperverletzung dar.

Tatbestandlich stellen **alle ärztlichen Eingriffe** und Maßnahmen eine Körperverletzung dar. Sie sind jedoch in den meisten Fällen durch die Einwilligung des Betroffenen gerechtfertigt. Eine wirksame Einwilligung liegt vor, wenn:
- der Betroffene in der Lage ist, einzuwilligen. Bei Menschen mit einer geistigen Behinderung und bei an Demenz Erkrankten kann es deshalb erforderlich sein, einen rechtlichen Betreuer für den Bereich „Ärztliche Versorgung" zu bestellen (▸ **s. hierzu Modul 2, Kap IV.3, Rechtliche Betreuung**);
- er vor der Maßnahme **aufgeklärt** wurde, sodass er sich bewusst entscheiden konnte. Dazu gehört, dass vor allem über Risiken, Behandlungsalternativen und finanzielle Folgen (Übernahme der Kosten durch die Krankenkasse) mit dem Betroffenen gesprochen wird. Die Aufklärung sollte möglichst schonend erfolgen. Sie ist eine ärztliche Aufgabe, kann in einfachen Fällen jedoch auch an das Pflegepersonal delegiert werden.

Die Einwilligung kann auch stillschweigend erteilt werden. Die Einwilligung kann jederzeit widerrufen werden.

Heilerziehungspflegerin Annegret kommt wie jeden Morgen mit der vorbereiteten Insulinspritze ins Zimmer. Frau Freundlich hebt ihr Hemd hoch, damit Annegret ihr die Spritze geben kann.

Mit höheren Strafen bedroht sind:
Gefährliche Körperverletzung (§ 224 StGB). Diese liegt unter anderem vor, wenn jemandem Gift verabreicht wird oder die Körperverletzung mit einer Waffe oder einem anderen gefährlichen Gegenstand (z. B. Flasche, Stein oder auch brennender Zigarette) begangen wird.

Schwere Körperverletzung (§ 226 StGB). Diese liegt vor, wenn als Folge der Körperverletzung

- das Sehvermögen, das Gehör, das Sprechvermögen oder die Fortpflanzungsfähigkeit verloren gehen,
- ein wichtiges Körperglied verloren geht oder dauerhaft nicht mehr gebraucht werden kann,
- die verletzte Person dauerhaft entstellt, gelähmt oder behindert ist.

Misshandlung von Schutzbefohlenen (§ 225 StGB)

Fünf Jahre Haft für Aushilfsfahrer

Die 4. Jugendschutzkammer des Landgerichts Stuttgart hat einen Mann wegen sexuellen Missbrauchs zweier behinderter Mädchen zu 5 Jahren Gefängnis verurteilt. [...] Der gelernte Mechaniker hat sich der Vergewaltigung, der sexuellen Nötigung und des sexuellen Missbrauchs von zwei 10 und 11 Jahre alten Mädchen schuldig gemacht. [...]
„Sie haben einen schwerwiegenden Vertrauensbruch mit bösen Folgen begangen", sagte der Richter. Die Kinder seien traumatisiert, litten seither an Albträumen und müssten therapeutisch betreut werden. Auch die Eltern seien schwer mitgenommen. [...] Es sei zu honorieren, dass der 50-Jährige Schmerzensgeld an die Opfer bezahlen wolle. Noch wichtiger sei allerdings, dass er eine Therapie mache und intensiv an sich arbeite. „Es darf nicht sein, dass je wieder eine Gefahr von Ihnen ausgeht", so der Richter.

(Stuttgarter Nachrichten 14.05.2009)

Geschützt sind vor allem Kinder und Jugendliche, aber auch Menschen, die wegen einer körperlichen oder geistigen Behinderung wehrlos und abhängig von der Fürsorge anderer sind. Zwischen dem Täter und der misshandelten Person muss eine rechtliche Beziehung bestehen. Zum möglichen Täterkreis zählen deshalb Pflegepersonen sowohl in der ambulanten als auch in der stationären Pflege und Assistenz. Die Tat wird begangen durch Quälen, rohes Misshandeln oder durch böswillige Vernachlässigung der Fürsorgepflicht, die zu einer Gesundheitsbeschädigung führt.

Nötigung (§ 240 StGB)

Von Nötigung spricht man, wenn ein Mensch mit Gewalt oder Drohung mit einem empfindlichen Übel zu einer Handlung oder Duldung gezwungen wird.

Der 20-jährige Thomas ist Autist. Er erträgt es nicht, wenn Wasser auf seinen Kopf prasselt, und weigert sich deshalb, seine Haare unter der Dusche zu waschen. Heilerziehungspfleger Manfred droht Thomas an, dass er 3 Tage nichts zu essen bekäme, wenn er sich nicht unter die Dusche stelle.

Aussetzung (§ 221 StGB)

Wer einen Menschen in eine hilflose Lage versetzt oder in einer hilflosen Lage im Stich lässt, obwohl er verpflichtet ist, ihm beizustehen, und diesen Menschen dadurch einer Todesgefahr oder schweren Gesundheitsgefährdung ausliefert, macht sich strafbar.
Heilerziehungspfleger haben eine **Obhutspflicht** für von ihnen betreute Menschen mit Behinderung, wenn sie minderjährig oder aufgrund ihrer Behinderung hilflos sind, und gehören deshalb zum möglichen Täterkreis.
Im Unterschied zu den **Unterlassungsdelikten** ist es nicht erforderlich, dass eine tatsächliche Gesundheitsschädigung oder der Tod als Folge der Aussetzung eintritt. Es genügt die konkrete Gefahr.

Der mehrfach gelähmte und völlig auf fremde Hilfe angewiesene Manfred M. wird von einem ambulanten Pflegedienst rund um die Uhr betreut. Fachkraft Anita, die für die Betreuung und Pflege von Manfred tagsüber verantwortlich ist, geht für einen Zeitraum von 4 Stunden in die Stadt, um ein Kleid für ihre Verlobung auszusuchen. Manfred ist in dieser Zeit allein und ohne jegliche Hilfe.

Beleidigung (§ 185 StGB)

Unter Beleidigung versteht man Äußerungen gegenüber einem anderen Menschen, die Geringschätzung oder Missachtung zum Ausdruck bringen. Das Opfer muss dadurch in seiner Ehre verletzt werden.

Heilerziehungspfleger Joachim verbringt den Nachmittag mit einer Gruppe junger Menschen mit Trisomie 21 im Stadtpark. Zwei andere Jugendliche machen sich über die Gruppe lustig und beschimpfen sie als „blöde Mongos“. Joachim überlegt, ob er die beiden Jugendlichen anzeigen soll.

Straftaten gegen die sexuelle Selbstbestimmung

Auch das Recht, über seine Sexualität frei zu bestimmen, ist gesetzlich geschützt. Zu den Straftaten gegen die sexuelle Selbstbestimmung gehören insbesondere:

- sexueller Missbrauch von Schutzbefohlenen (§ 174 StGB)
- sexueller Missbrauch von Kindern (§ 176 StGB)
- sexuelle Nötigung und Vergewaltigung (§ 177 StGB)

Totschlag (§ 212 StGB)

Hierunter versteht man die vorsätzliche Tötung eines anderen Menschen.

Fahrlässige Tötung (§222 StGB)

Auch wer durch Fahrlässigkeit, also sorgfaltswidriges Handeln, den Tod eines Menschen verursacht, macht sich strafbar.

Heilerziehungspflegerin Elli und ihr Kollege Anton wollen die schwerstbehinderte Ursula M. baden. Da es schnell gehen muss, setzen sie Ursula in das viel zu heiße Badewasser, ohne die Temperatur noch einmal zu kontrollieren. Ursula M. erleidet einen Kreislaufkollaps und verstirbt.

Mord (§ 211 StGB)

Mörder ist, wer vorsätzlich einen Menschen tötet und dabei unter anderem heimtückisch, besonders grausam, aus Habgier oder um eine andere Straftat zu verdecken, handelt. Mörder werden mit lebenslanger Freiheitsstrafe bestraft.

Fachkraft Olga erfährt, dass die von ihr betreute Frau Reich ihre gesamten Ersparnisse und wertvollen Schmuck in ihrer Wohnung aufbewahrt. Olga erstickt Frau Reich, nimmt Geld und Wertsachen und zerstört das Türschloss, damit es wie ein Einbruch aussieht.

Freiheitsberaubung (§ 239 StGB)

Geschützt ist die potenzielle persönliche Bewegungsfreiheit. Es kommt nicht darauf an, ob sich jemand bewegen will, sondern ob er sich bewegen könnte, wenn er wollte.
In der Heilerziehungspflege sind viele Formen der Freiheitsberaubung denkbar:

- Einsperren im Zimmer oder auf der Station
- alle Formen der Fixierung
- Wegnahme von Straßenkleidung und -schuhen
- Drohung oder psychischer Druck
- Gabe von stark sedierenden Medikamenten
- Wegnahme von Hilfsmitteln (z. B. Gehhilfe oder Rollator)

Nicht strafbar sind freiheitsentziehende Maßnahmen, wenn:

1. **der Bewohner einwilligt.** Wichtig ist, dass der Bewohner in der Lage ist einzuwilligen. Diese Einwilligung kann nicht pauschal erteilt werden, sondern muss sich auf die konkrete Situation beziehen. Sie kann jederzeit widerrufen werden;
2. **ein rechtfertigender Notstand vorliegt**, also eine akute erhebliche Gefahr für Leib und Leben. Die Notsituation darf nur eine vorübergehende sein; für längere oder sich wiederholende Fixierungen ist der Notstand als Rechtfertigung nicht geeignet;
3. **eine Notwehrsituation vorliegt,** also der Bewohner einen Mitbewohner oder eine Fachkraft angreift. Die Fixierung darf auch hier nur kurzzeitig angewendet werden und sie muss das mildeste Mittel zur Gefahrenabwehr sein;
4. **eine richterliche Genehmigung vorliegt.** Diese ist dann erforderlich, wenn der Bewohner nicht in der Lage ist, seine Einwilligung zu geben. Zuständig ist das Betreuungsgericht. Auch wenn der Bewohner einen Betreuer hat, muss dieser eine richterliche Genehmigung beantragen.

Wichtig ist eine lückenlose **Dokumentation**, aus der Grund, Beginn, Unterbrechungen, Ende, Art und Umfang und die Namen aller beteiligten Personen hervorgehen und die Angaben über die Einwilligungsfähigkeit des Bewohners enthält. Die dazugehörige Klientenbeobachtung sollte ebenfalls immer mit Angabe von Person und Uhrzeit dokumentiert werden.

Hausfriedensbruch (§ 123 StGB)

Geschützt ist die Wohnung, hierzu zählen auch einzelne Zimmer, z. B. das Wohnheimzimmer. Das Betreten eines Zimmers gegen den Willen eines einsichtsfähigen Bewohners, ebenso wie das Verweilen in einem Bewohnerzimmer, obwohl man

Abb. 1 Bitte anklopfen!

zum Verlassen aufgefordert wurde, stellt deshalb einen Hausfriedensbruch dar. Auch diese Straftat wird nur auf Antrag des Betroffenen strafrechtlich verfolgt.

Unterlassene Hilfeleistung (§ 323c StGB)

Wer in Unglücksfällen oder anderen Gefahren für Leib und Leben keine Hilfe leistet, obwohl es ihm zuzumuten wäre, macht sich strafbar. Niemand muss sich jedoch hierbei selbst in Gefahr bringen. Diese Pflicht zur Hilfeleistung gilt für alle Personen.

Weit wichtiger für Heilerziehungspfleger sind jedoch die sogenannten **„unechten Unterlassungsdelikte"**. Sie sind im Gegensatz zu den „echten Unterlassungsdelikten" nicht ausdrücklich im Gesetz geregelt.

„Unechte" Unterlassungsdelikte liegen vor, wenn der Täter aufgrund seiner besonderen Stellung einen Erfolg durch Handeln hätte abwenden müssen. Sie werden rechtlich dem „Tun" gleichgestellt.

Jede Straftat kann damit grundsätzlich auch durch Unterlassen begangen werden, soweit zusätzliche Voraussetzungen vorliegen.

> Die Heilerziehungspfleger Rolf und Maria betreuen eine Gruppe junger Erwachsener mit Trisomie 21. Bei einem Schwimmbadbesuch lassen sie ihre Schützlinge im Nichtschwimmerbereich allein und essen im Bistro ein Eis. Rolf und Maria sind der Meinung, dass im Schwimmbad der Bademeister die Aufsicht für die Gruppe habe und dass im Nichtschwimmerbecken sowieso nichts passieren könne. Trotz der geringen Wassertiefe ertrinkt eine junge Frau.

Das „Nichtstun" ist jedoch nur dann strafbar, wenn der Täter eine **Garantenstellung zum Opfer** hat. Neben Familienangehörigen und Ehegatten haben auch Heilerziehungspfleger eine Garantenstellung für die von ihnen betreuten Personen, da sie eine besondere Obhutspflicht übernommen haben. Deshalb können sich Heilerziehungspfleger z. B. der Körperverletzung oder Tötung durch Unterlassen strafbar machen, was zur Folge hat, dass sie härter bestraft werden, als dies bei der „unterlassenen Hilfeleistung" der Fall wäre.

Urkundenfälschung (§ 267 StGB)

Inhaltliche Änderungen, Streichungen und nachträgliche Ergänzungen in Pflegedokumentationen werden als strafbare Urkundenfälschung gewertet. Dies gilt auch für EDV-gestützte Dokumentationen.

> Fachkraft Dora bemerkt, dass ihre Kollegin Vera vergessen hat, Eintragungen in der Dokumentation vorzunehmen. Sie trägt deshalb etwas ein und macht das Kürzel von Vera so gut es geht nach.

Abb. 1 Pflegedokumentation

> **Nachträgliche Ergänzungen und Eintragungen in der Dokumentation sind immer als solche zu kennzeichnen und mit Datum zu versehen!**

Aufgaben

1. Nennen Sie Beispiele für die Verletzung von Privatgeheimnissen im heilerzieherischen Berufsalltag.
2. Worin besteht der Unterschied zwischen der Schweigepflicht und der Verschwiegenheitspflicht?
3. Wann ist die Verletzung von Privatgeheimnissen erlaubt?
4. Was wird durch das Briefgeheimnis geschützt?
5. Welche Formen der Körperverletzung können im Pflegealltag vorkommen?
6. In welchen Fällen könnte sich eine Fachkraft der Heilerziehung der Aussetzung strafbar machen?
7. Welche Formen der Freiheitsberaubung können in Ihrem Berufsalltag vorkommen?
8. Wann sind Freiheitsberaubungen gerechtfertigt?
9. Worin besteht der Unterschied zwischen „unterlassener Hilfeleistung" und den unechten Unterlassungsdelikten?
10. Diskutieren Sie folgende Zeitungsausschnitte aus rechtlicher Sicht. Um welche Straftatbestände geht es? Wie hätten die Angeklagten richtig gehandelt?

Prozess um strangulierte 83-jährige Pflegepatientin

Eine Binde sollte die Seniorin an Rollstuhl fesseln

(Badische Neueste Nachrichten, 8.7.2009)

Amtsrichter steht vor Gericht

Stuttgart (dpa/lsw). Ein Amtsrichter soll Senioren in Pflegeheimen eigenmächtig Bettgitter und Bauchgurte verordnet haben – dafür muss sich der 45-Jährige nun selbst vor dem Landgericht Stuttgart verantworten. Der mittlerweile suspendierte Vormundschaftsrichter aus Nürtingen rechtfertigte sich, der Verzicht auf eine persönliche Rücksprache mit den Patienten hätte teilweise in seinem Ermessen gelegen, da die Betroffenen der Anhörung ohnehin nicht hätten folgen können. „Das entspricht der gängigen Rechtspraxis." Er habe die Senioren schützen wollen und nicht bestrafen. (…)

(Bad. Neueste Nachrichten, 7.10.2003)

Tod eines Patienten: Geldstrafe für Pflegechefin

Bühl/Sinzheim (ov/pn). Nach dem Tod eines Patienten ist die frühere Pflegedienstleiterin eines Heims in Sinzheim vom Amtsgericht Bühl wegen fahrlässiger Tötung zu einer Geldstrafe von 1 400 Euro verurteilt worden. Der Mann war im August 2003 an einer verschluckten Zahnprothese gestorben. Die 52-Jährige wusste laut Gericht, dass der Rentner zuvor bereits einmal Teile seines Gebisses verschluckt hatte. Sie hätte dafür sorgen müssen, dass das Pflegepersonal über die Gefahr informiert oder die Prothese entfernt wird. (…)

(Bad. Neueste Nachrichten, 2.6.2005)

Pflegerin erhält Bewährungsstrafe

BERLIN (ddp). Eine 62-jährige Krankenschwester ist am Donnerstag wegen gefährlicher Körperverletzung zu 8 Monaten Haft auf Bewährung verurteilt worden. Das Amtsgericht Berlin-Tiergarten sprach die Wohnbereichsleiterin eines Pflegeheimes schuldig, im August 2006 einer damals 86-jährigen Patientin einen Schlaftrunk verabreicht zu haben, um sie für eine Begutachtung ruhigzustellen. Nach der Einnahme des Safts Dipiperon wirkte die Rentnerin bei der Kontrolle durch den Medizinischen Dienst der Krankenkasse hilflos. Später brach sie zusammen. Mit dem Trunk habe die Schwester erreichen wollen, dass die Frau die „richtige Pflegestufe bekommt".

(Mühlacker Tagblatt, Juni 2010)

Schwesternhelferin wegen Sterbehilfe in Haft

Kiel/Preetz (dpa). Wegen aktiver Sterbehilfe hat das Kieler Landgericht eine ehemalige Schwesternhelferin des Kreiskrankenhauses Preetz zu 4 Jahren Haft verurteilt. Die Richter sahen es gestern als erwiesen an, dass die 53-Jährige einen Krebspatienten vor knapp 3 Jahren mit einer Überdosis Morphium zu Tode gespritzt hat.

„Es gibt keine Anhaltspunkte, dass der Mann sie um eine derartige Hilfe gebeten hat", sagte der Vorsitzende Richter.

(Bad. Neueste Nachrichten, 13.5.2004)

Pflegerin in U-Haft

Eine 47 Jahre alte Altenpflegerin sitzt wegen Verdachts des Totschlags in Untersuchungshaft, weil sie das Beatmungsgerät eines 69 Jahre alten Patienten abgestellt haben soll. Die Staatsanwaltschaft Ulm nimmt an, dass sich die 47-Jährige während ihrer Nachtwache im Januar durch ständige Alarme des Beatmungsgerätes gestört gefühlt hat. Der Patient erstickte kurze Zeit später.

(Bad. Neueste Nachrichten, 16.5.2008)

Patient trinkt Reinigungsmittel statt Tee

Emlichheim (dpa). Ein Patient in einem niedersächsischen Pflegeheim hat giftiges Reinigungsmittel statt Tee getrunken und ist gestorben. In der Küche der Einrichtung in Emlichheim war versehentlich ein Getränk aus einem Teeautomaten weitergegeben worden, der gerade mit Entkalkungsmittel gereinigt wurde, so die Polizei gestern.

Von der Flüssigkeit tranken 4 weitere Patienten, die jedoch keine lebensbedrohlichen Verletzungen erlitten.

(Bad. Neueste Nachrichten, 28.9.2006)

Modul 6

Unterstützen, begleiten, assistieren – Menschen mit Behinderungen in besonderen Situationen

Teil I Theorie und Praxis der Heilerziehungspflege

1 Menschen mit Behinderungen in Krisen 275
1.1 Krisen in der heilerziehungspflegerischen Praxis 275
1.2 Krisen bei Menschen mit geistiger Behinderung 277
1.3 Krisenbewältigung 278

2 Herausforderndes Verhalten 280
2.1 Grundlagen 280
2.2 Aggressives Verhalten 282
2.3 Selbstverletzendes und autoaggressives Verhalten 294

3 Besondere Lebenssituationen und -themen 299
3.1 Behinderung und Migration 299
3.2 Sexualität von Menschen mit Behinderung 306
3.3 Sterben und Tod bei Menschen mit geistiger Behinderung 314

Teil II Gesundheit und Pflege

1 Pflege bei Schmerzen 317
1.1 Grundlagen 318
1.2 Krankheitsbilder 320
1.3 Pflege 322

2 Pflege Krebskranker 326
2.1 Grundlagen 327
2.2 Besonderheiten im Alter 333
2.3 Psychosoziale Aspekte 333
2.4 Krankheitsbilder 334
2.5 Pflege 335

3 Pflege Sterbender (Palliativpflege) 341
3.1 Gesellschaftliche Dimension des Sterbens 341
3.2 Individuelle Ebene des Sterbens 343
3.3 Grundsätze in der Pflege Sterbender 344
3.4 Körperliche Symptomatik und Linderungshilfen 345
3.5 Tod 348

Teil III Psychiatrie

1 Psychotherapie 351
1.1 Psychoanalyse 353
1.2 Analytisch orientierte Psychotherapie 354
1.3 Klientenzentrierte Psychotherapie – Gesprächstherapie 355
1.4 Gestalttherapie 356
1.5 Verhaltenstherapie 357
1.6 Kognitive Therapien 358
1.7 Systemische Therapieformen 360
1.8 Medikamentöse Therapie – Psychopharmaka 363
1.9 Psychoedukation 365
1.10 Milieutherapie – therapeutische Gemeinschaften 368
1.11 Ergotherapie 369
1.12 Musiktherapie 370
1.13 Tiergestützte Therapie 371
1.14 Körperbezogene Verfahren 372
1.15 Entspannungsverfahren 376
1.16 Psychotherapie und Krankenkassen 378

Teil IV Recht/Organisation/Verwaltung

1 Rechtliche Aspekte von Sterbehilfe und Sterbebegleitung 379
1.1 Hilfe beim Sterben 379
1.2 Hilfe zum Sterben 379

Praxisbeispiel Modul 6

Eigentlich hätte es eine ungestörte und fröhliche Familienfeier werden sollen im Hause der **Familie Krefft** in Münster.

Claudia (37 Jahre) war gerade von einem sechsmonatigen Aufenthalt aus Detroit zurückgekehrt, wo sie als Betriebswirtin an einem Austauschprogramm der Deutschen Automobilindustrie teilgenommen hatte. Birgit (36 Jahre), ihre jüngere Schwester, war zu diesem Termin extra aus Freiburg angereist. Sie ist studierte Heilpädagogin und arbeitete dort als Geschäftsführerin der Lebenshilfe.
Ihre Eltern Martin (60 Jahre) und Gudrun (58 Jahre) hatten sich große Mühe gegeben, ein schönes Fest vorzubereiten. Sie freuten sich sehr über den Werdegang ihrer beiden Töchter. Und auch der Senior der Familie, Opa Kurt, wie ihn alle nur nannten, war zur Feier eingeladen. Alle freuten sich auf ein wenig Abwechslung. In der Tat hatte sich das Familienleben bei den Kreffts sehr verändert, seit Gudrun Krefft wieder ganztags berufstätig war. Am Autohaus Homann war die Finanzkrise nicht spurlos vorübergegangen, es wurden deutlich weniger Autos gekauft als früher. Martin Krefft war inzwischen Alleininhaber, sein Schwiegervater, Kurt Homann, hatte sich vor 2 Jahren aus dem Geschäft zurückgezogen und widmet sich seinem Garten. Einige Mitarbeiter hatten in den letzten Monaten die Kündigung erhalten, dafür hatte Gudrun Krefft nun wieder die Buchhaltung übernommen und kam oft mit ihrem Mann spät nach Geschäftsschluss nach Hause.

Neben dem Betrieb bereitete den Eltern die Entwicklung ihres **Sohnes Peter** große Sorgen. Mit seinen 20 Jahren war er nicht nur der Nachkömmling gewesen – die Familienphase im Hause Krefft war eigentlich schon abgeschlossen gewesen –, sondern Peter hatte einen nicht leichten Start ins Leben gehabt. Mit einer unklaren Diagnose hatten sich bei ihm schon im Kindesalter deutliche Entwicklungsverzögerungen gezeigt, die in die Richtung einer leichten geistigen Behinderung wiesen. Peter Krefft war kognitiv und motorisch, vor allem aber auch sprachlich beeinträchtigt.

Unterstützt von der Frühförderung und der guten Begleitung im integrativen Kindergarten konnte Peter zwar Fortschritte machen, doch die Eltern hatten sich schließlich – nach langen Diskussionen, die Mutter hatte sich schließlich durchgesetzt – für den Besuch einer Förderschule entschieden. Und zunächst hatte sich Peter auch sehr wohl auf seiner neuen Schule (mit dem Förderschwerpunkt Lernen) gefühlt, neue Freunde gefunden und sogar eine erste Liebe mit Sarah, einer Klassenkameradin, hatte sich entwickelt. Doch je näher der Schulabschied rückte, umso gereizter und verletzlicher reagierte Peter.
Neulich hatte es (leider, wie die Eltern später erfuhren, zum wiederholte Male!) einen **heftigen Zwischenfall** auf dem Schulhof gegeben, der schließlich sogar zu einer Klassenkonferenz geführt hatte: Peter war in einen heftigen Streit mit Markus Weber verwickelt gewesen. Dieser hatte sich aufreizend lange mit Sarah in der Pause unterhalten, schließlich sogar den Arm um sie gelegt. Peter war ausgerastet. Er hatte Markus umgestoßen, beschimpft und bespuckt. Der Streit war eskaliert und als die Pausenaufsicht einschreiten wollte, hatte Peter der Lehrkraft einen kräftigen Kopfstoß gegeben, sodass sich der Lehrer das Nasenbein gebrochen hatte. Nur mit Mühe konnte Peter in den „Ruheraum" der Schule gebracht werden. Hier hatte er mit Stühlen um sich geworfen – und schließlich nach einer geraumen Zeit mit dem Kopf immer wieder heftig gegen die Tür geschlagen. Er war kaum zu beruhigen gewesen.
Die Klassenkonferenz hatte es schließlich bei einem Verweis belassen, verbunden mit der dringenden Empfehlung, Peter möge doch an einem Deeskalationstraining teilnehmen. Dieses sei wichtig, gerade mit Blick auf die bevorstehende Zeit im Berufsbildungsbereich.

Beim Abendessen drehte sich nun alles um Peter. Vorschläge wurden gemacht (die Mutter brachte ins Gespräch, ob nicht eine Wiederholung des Schuljahrs das Beste sei, so könne man „diesem Markus" am ehesten aus dem Weg gehen!), es wurde diskutiert und hin und her überlegt.

Birgit, die Heilpädagogin, berichtete von einem neuen Angebot ihres Trägers – eine erlebnispädagogische Freizeit in den Bergen. Klettern, Rafting auf einem Gebirgsbach, Zelten und Selbstversorgung, viele gemeinsame Aktivitäten mit anderen behinderten Jugendlichen … – das Programm habe im letzten Jahr sogar einen Preis der „Aktion Mensch" für seine vorzügliche Gewaltprävention bekommen. Und vielleicht täte ihrem Bruder der Ortswechsel ja auch mal ganz gut. Während der Vater begeistert einstimmte und die Mutter ihre Einwände formulierte, wurde Peter immer stiller …

Schließlich platzte es aus Peter heraus: „Ich ziehe aus! Dann stört es keinen mehr, dass ich behindert bin! Mich mag hier sowieso keiner mehr. Hier bin ich sowieso fast immer allein! Da ziehe ich besser in eine Wohngruppe. Dort treffe ich wenigstens Leute. Und zwar solche, die mich mögen. Oder ich wohne bei dir, Opa! Und auf diesen blöden Arbeitsplatz habe ich auch keine Lust! Dann stört es hier keinen mehr, dass ich behindert bin!"

Peters Aussagen trafen vor allem die Mutter sehr – ihr Sohn wollte sie verlassen. Ihr wurde das Herz schwer bei all den Entscheidungen, die jetzt anstanden.

Teil I
Theorie und Praxis der Heilerziehungspflege

1 Menschen mit Behinderungen in Krisen

Abb. 1 In einer Grenzsituation

Heilerziehungspflegerisches Handeln ist dort besonders gefordert, wo Menschen mit Behinderung in Krisen geraten oder sich in besonderen Lebenssituationen befinden. Problematische, unverständliche und auffällige Verhaltensweisen der Klienten führen zu Hilflosigkeit und Ohnmacht aufseiten der Fachkräfte. Bislang erprobtes und bewährtes pädagogisches Handeln trägt nicht mehr, professionelle Rollenmuster kommen an ihre Grenzen.

Aufgabe

Tragen Sie in Ihrer Klasse Situationen aus der heilerziehungspflegerischen Praxis zusammen, die Sie als „pädagogische Grenzsituationen" bezeichnen würden. Beschreiben Sie diese Situationen möglichst konkret. Überlegen Sie, was diese Situationen charakterisiert. Welche Gemeinsamkeiten, welche Unterschiede weisen sie auf?

Mit Blick auf das eigene Handeln:
- Welche Gefühle hat das erlebte Verhalten bei Ihnen ausgelöst? Auf welche Handlungsweisen haben Sie zurückgegriffen? Welche Handlungsmöglichkeiten hätten Sie sich (noch) gewünscht?

Mit Blick auf die Klienten:
- Wie stellt sich die Situation aus Sicht der beteiligten Person(en) dar? Welche Erklärungsmuster gibt es für das erlebte Verhalten? Welche Handlungsalternativen hat der beteiligte Klient?

1.1 Krisen in der heilerziehungspflegerischen Praxis

Grundlegendes zum Begriff der Krise

Jeder Mensch, egal ob mit oder ohne Behinderung, ob alt oder jung, erlebt Krisen. Das Durchleben – und auch das Bestehen – von Krisen gehören zum Lebensweg eines jeden Menschen dazu. Alltagssprachlich ist mit dem Begriff „Krise" eine ernst zu nehmende, mitunter bedrohliche Ausnahmesituation gemeint. Entscheidungen stehen an, bisherige Lösungsmuster greifen nicht mehr und neue Wege sind (noch) nicht in Sicht. Krisen machen Angst, denn sie führen den Menschen an seine Grenzen. Krisen überfordern, sie lassen die Betroffenen und auch das soziale Umfeld hilflos und mitunter ohnmächtig zurück.

Betrachtet man die emotionalen und sozialen Folgen tiefgehender Krisen, so wirkt der oft zitierte Ausspruch „Krise als Chance" verharmlosend, ja ungerecht und gar zynisch. Zwar können sich Möglichkeiten der Veränderung und der

Abb. 2 Jeder erlebt Krisen in seinem Leben

Weiterentwicklung hin zum Positiven eröffnen, doch oft genug bedeuten Krisen entmutigende Erfahrungen. Einsamkeit, Selbstzweifel bis hin zur Selbstaufgabe (Identitätskrise!) sind die Schattenseiten von krisenhaften Situationen.
Gelingt die Bewältigung der Krise nicht oder nur unzureichend, so bleibt der Mensch in seiner Entwicklung stehen. Der Mensch droht seine Lebendigkeit und seine schöpferischen Kräfte zu verlieren. Eine Krise kann zum Tod führen – im übertragenen wie im realen Sinn. Eine Garantie zur Bewältigung der Krise gibt es nicht.

Im Altgriechischen bedeutet „crisis“ den Wendepunkt zu Gesundheit oder Tod. In der Medizin bezeichnet „Krise“ den entscheidenden Moment im Verlauf einer Erkrankung, in dem es zu einer Heilung oder zu einer Verschlechterung des Gesundheitszustands kommt. In einigen Kulturen ist der Begriff „Krise“ verknüpft mit den Bedeutungen von „Gefahr“ und „Chance“.

Bei aller Unterschiedlichkeit der gängigsten Krisendefinitionen herrscht weitgehende Einigkeit darüber, dass es sich bei einer Krise um einen Zustand handelt, der
- akut und zeitlich begrenzt ist,
- im Zusammenhang mit einem emotional bedeutsamen Ereignis steht,
- oftmals in Verbindung steht mit Veränderungen im Lebensumfeld oder der Lebensumstände,
- subjektiv als Bedrohung empfunden wird,
- die momentan zur Verfügung stehenden Ressourcen zur Bewältigung oder Lösung übersteigt.

Die Auslöser und die tiefer liegenden Ursachen für Krisen sind sehr unterschiedlich. So können z. B. Anhäufungen von belastenden und überfordernden Situationen die eigenen Kräfte übersteigen, Lebensereignisse wie Familien- oder Beziehungskonflikte sowie schwerwiegende Verlusterfahrungen können das Gleichgewicht auseinanderbringen, traumatische und existenzbedrohende Erlebnisse erweisen sich als nicht zu bewältigende Erfahrungen.
Diese kritischen Lebensereignisse führen zu einer Reihe von **Symptomen**: So zeigen Menschen in Krisensituationen eine erhöhte Unruhe und Anspannung, sie berichten von Antriebslosigkeit, Angstzuständen, Hilflosigkeit und Unsicherheit, nicht selten von Schlaflosigkeit. Krisen führen zu psychosomatischen Beschwerden, schließlich kann es zu Veränderungen des Verhaltens mit Fremd- und Autoaggressionen bis hin zur Beeinträchtigung des Realitätserlebens kommen.
Das Erleben krisenhafter Situationen und Ereignisse hängt dabei nicht allein von der Schwere des Auslösers ab. Entscheidend ist es, über welche subjektiven Ressourcen eine Person verfügt. Die im Laufe der Biografie erworbene Fähigkeit, mit Widerständen und Unwägbarkeiten umzugehen (**Resilienz**) sowie die eingeübten Bewältigungsstrategien (**Coping**) sind ein wichtiger Schutzfaktor zur Vermeidung und zum Umgang mit Krisen.
Menschen mit psychischen Erkrankungen und Menschen mit geistigen Behinderungen sind von den krisenauslösenden Anlässen in gleicher Weise betroffen, haben allerdings aufgrund ihrer Lebensumstände oder ihrer persönlichen Fähigkeiten ein erhöhtes Risiko, in Krisen zu geraten.

Krisentypen

Situativ-traumatische Krise. Eine situative Krise wird ausgelöst durch einen unvorhergesehenen und als bedrohlich empfundenen Schicksalsschlag. Der Tod eines geliebten Menschen, die Nachricht einer lebensbedrohlichen Erkrankung, das Ende einer Beziehung – all dieses kann sich als nicht bewältigbare Belastung zeigen.
Traumatische Krisen nach Gewaltverbrechen, schweren Misshandlungen mit seelischen und körperlichen Verletzungen oder Naturkatastrophen können schwerwiegende Folgen haben, da in diesen Fällen die normalen Bewältigungsstrategien nicht mehr greifen. Der Betroffene sieht sich in seiner ganzen Existenz und seiner Identität gefährdet. Die bislang geltenden Sicherheiten und Selbstverständlichkeiten schwinden plötzlich dahin. Das Vertrauen in die Welt, das Vertrauen in sich selbst ist tief erschüttert.
Der Verlauf einer situativen oder traumatischen Krise lässt sich in einem Modell abbilden (▸ **Abb. 1**). Nach dem ersten Schockzustand folgt die Phase der Reaktionen. Innere und äußere Ressourcen zur Bewältigung der Belastung werden

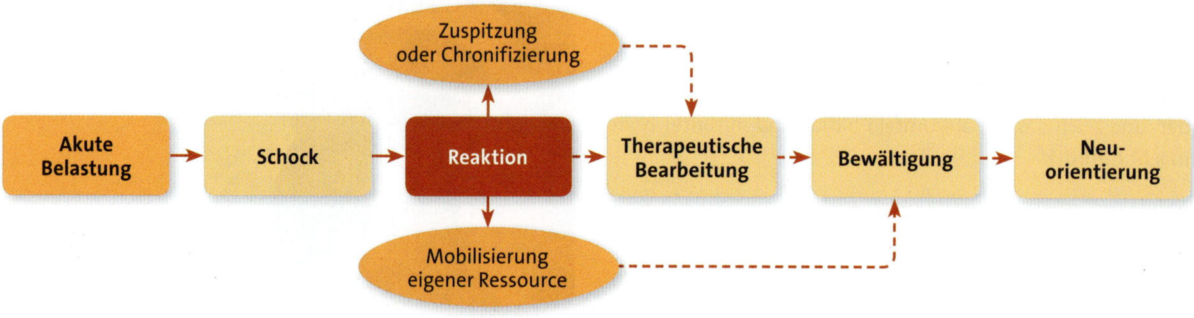

Abb. 1 Krisenmodell einer situativen oder traumatischen Krise nach Johan Cullberg

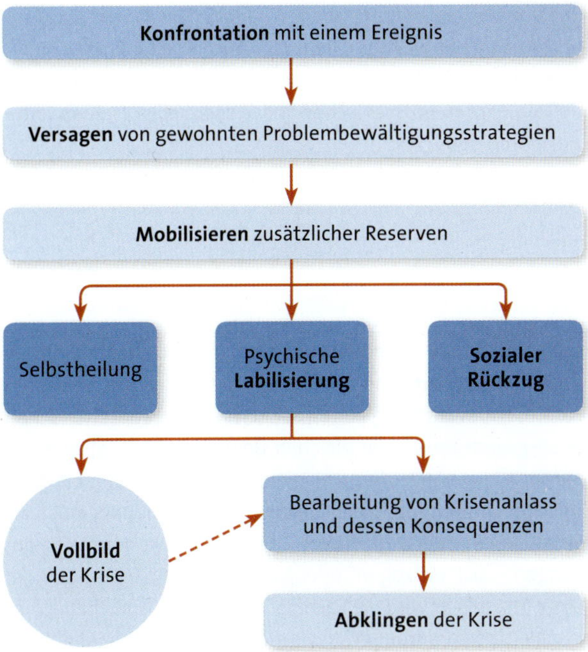

Abb. 1 Krisenmodell einer Lebensveränderungs- oder Entwicklungskrise nach Gerald Caplan

mobilisiert, es kann aber auch zu Alkohol- oder Drogenmissbrauch, Chronifizierung körperlicher Krankheiten oder suizidalen Verhaltensweisen kommen. Nach einer Phase der Bearbeitung, in der es im Idealfall zu einer Integration der Trauer und zum Aufbau neuer Bewältigungsstrategien kommt, kann es schließlich eine Neuorientierung für den Betroffenen geben. Ein Weiterleben, die Aufnahme neuer Beziehungen und das Entstehen noch vorsichtiger erster Sicherheiten sind möglich.

Lebensveränderungs- oder Entwicklungskrise. Krisen markieren wichtige Übergänge im Laufe eines Lebens. In einigen Entwicklungsmodellen ist das Durchlaufen einer Krise fundamentaler Bestandteil der Ich-Werdung eines jeden Menschen. Die Entwicklung der Ich-Identität ist ein Prozess. Während verschiedener Entwicklungsstufen sind spezifische Krisen zu bewältigen, ohne die eine Weiterentwicklung oder Reifung nicht möglich ist. Diese Krisen zeigen den Übergang von einer Lebensphase in die nächste Phase an. Die instabilen Phasen der Krise sind dann die notwendigen Wendepunkte, an denen die Weichenstellungen und Entscheidungen über den weiteren Lebensweg fallen. Erst die Verabschiedung der alten Phase ermöglicht den Beginn von etwas Neuem.

Neben diesen biologischen bzw. psychosexuellen krisenhaften Übergangsphasen gibt es Lebensveränderungen aufgrund von sozialen Brüchen. Der Auszug aus dem Elternhaus, Heirat und Geburt, Trennungen und Verluste von Partnern, der Wechsel des Wohnorts oder der Arbeitsstelle, der Eintritt ins Rentenalter – für Menschen mit und ohne Behinderung sind dieses gleichermaßen kritische Lebensereignisse.

In einem idealtypischen Modell lassen sich die Verlaufsphasen einer Lebensveränderungskrise veranschaulichen (▸ **Abb. 1**).

1.2 Krisen bei Menschen mit geistiger Behinderung

Menschen mit einer geistigen Behinderung zeigen eine höhere Anfälligkeit oder Verletzlichkeit für psychische Störungen oder Krisen. Dieses hat verschiedene Ursachen, die im Lebenskontext und in der Verminderung bestimmter Kompetenzen begründet liegen können.

> Unter **Vulnerabilität** versteht man die Verletzbarkeit oder die Anfälligkeit für bestimmte Erkrankungen, Verwundungen und Enttäuschungen. In Phasen erhöhter Vulnerabilität können Belastungen nur erschwert ausgehalten und bewältigt werden.

Je nach Schwere der geistigen Behinderung können Bewältigungsstrategien und Problemlösefertigkeiten der betroffenen Personen eingeschränkt sein. „Worin genau besteht das auslösende Problem? Wie kann ich diese Situation verändern? Auf welche Unterstützung kann ich zurückgreifen?“ Fragen, die nur schwer beantwortet werden können.

Als weiterer Risikofaktor gilt die verminderte Fähigkeit, über sich selbst und über die Krankheit oder über die auslösenden Situationen Auskunft geben zu können und diese zu reflektieren. Als bedeutsamster Faktor werden aber oft die fehlende soziale Einbindung und die „fehlenden Beziehungsbedingungen“ (Barbara Senckel) genannt. Stabile, sichere Bindungen, achtsame und feinfühlige Bindungs- und Bezugspersonen und ein Vertrauen in die Welt von Anfang an sind die fundamentalsten Schutzfaktoren zur Bewältigung von Krisen.

Ein weiterer Risikofaktor für Menschen mit einer geistigen Behinderung kann in der spezifischen Lebenssituation liegen. Die vielleicht fehlende Ablösung vom Elternhaus und die damit versagte Möglichkeit, eigene Erfahrungen machen zu dürfen und eigene Entwicklungsschritte zu durchlaufen; das Angewiesensein auf pädagogische Fachkräfte in einer Wohngruppe, die zudem mit einem „Gruppenzwang rund um die Uhr“ die eigenen Entfaltungsmöglichkeiten beschneidet. Das Arbeitsleben in einer „beschützten Werkstatt“, in der nicht

selten Menschen mit auffälligen Verhaltensweisen aufeinandertreffen – Rückzugsmöglichkeiten ausgeschlossen.
Eine weitere Schwierigkeit bei Menschen mit einer geistigen Behinderung resultiert daraus, dass Krisen oft nicht oder sehr spät erkannt werden – von geeigneten Formen der Krisenintervention oder gar der therapeutischen Behandlung ganz abgesehen.

Zusammengefasst lässt sich festhalten, dass Krisen bei Menschen mit einer geistigen Behinderung als „soziale Ereignisse“ (Ernst Wüllenweber) verstanden werden können und nicht auf ein rein innerpsychisches und individuelles Erleben reduziert werden dürfen.

1.3 Krisenbewältigung

Grundhaltung der Fachkraft

Menschen in Krisen fühlen sich hilflos und orientierungslos. Ein Weg aus der Krise ist nicht in Sicht. Eigene und unterstützende Ressourcen zur Bewältigung der Belastungen und zur Bearbeitung der Krise scheinen nicht zur Verfügung zu stehen. Grundrezepte zur Arbeit mit Menschen mit (und ohne) Behinderung in krisenhaften Situationen gibt es nicht. Wohl hat sich aber in der Praxis eine bestimmte Grundhaltung der begleitenden und unterstützenden Fachkräfte bewährt. Dabei sollten die heilerziehungspflegerischen Kräfte um ihre Grenzen wissen. Therapeutische Hilfe bleibt den entsprechenden Berufsgruppen vorbehalten.

(1) Das Beziehungsangebot im Sinne einer sicheren Bindung – getragen von Akzeptanz, Einfühlung und Echtheit – hilft das Zulassen von Gefühlen, Gedanken und Bewertungen, die die aktuelle Krise ausmachen. Die begleitende Fachkraft hat dabei die eigenen Grenzen der Belastbarkeit zu erkennen. Ein „hilfloser Helfer“ (Wolfgang Schmidbauer) wird selbst handlungsunfähig werden.
(2) Leitend in der Begleitung bleibt der Betroffene selbst. Das, was er zur Lösung beitragen kann, soll ihm ermöglicht werden. Je tiefgreifender die Krise, je hilfloser und ratsuchender der Klient ist, desto stärker und aktiver ist die Unterstützung angesagt.
(3) Ziel ist es, den Menschen in der Bearbeitung und in der Lösung seiner Belastungen zu stärken, sodass schließlich die Bewältigung (oder Integration) der Krise gelingt. In der Regel beruht dieses auf der Fähigkeit, erstens die Krise oder ihre auslösenden Faktoren zu verstehen und zu erfassen, zweitens zu einem angemessenen (Lösungs-)Verhalten zu finden (oder eben auch nicht abwendbare Belastungen auszuhalten) und drittens sinnvoll und in ein soziales Netzwerk eingebunden an eine Perspektive zu glauben und daran zu arbeiten.
(4) Auch wenn zuweilen Menschen mit geistiger Behinderung die kognitiven, emotionalen und sozialen Kompetenzen zur Krisenbewältigung abgesprochen werden, so stehen ihnen doch grundsätzlich die gleichen Bewältigungsmöglichkeiten zur Verfügung. Allerdings reagieren die Betroffenen häufiger mit abwehrenden oder vermeidenden Bewältigungsmustern. Belastungen oder Überforderungen wird „aus dem Weg gegangen“, „sich entzogen“ oder gar „entflohen“. Im Wissen um diese Strategien wird die Fachkraft einerseits versuchen, emotionale Überforderungen zu vermeiden, gleichzeitig aber auch belastende Themen nicht zu tabuisieren.
(5) Grundsätzlich ist es für die heilerziehungspflegerische Fachkraft wichtig, ihre eigene Haltung und Einstellung zu Krisen und Belastungen zu reflektieren. Wie gehe ich selbst mit krisenhaften Situationen um? Welche Krisen sind für mich (gegenwärtig) aktuell? Mit welchen Bewältigungsstrategien trete ich selbst Krisen gegenüber? Bin ich im Augenblick offen für die Wahrnehmung von Krisen bei anderen? Inwieweit bin ich in meiner derzeitigen Verfassung eine Unterstützung für die hilfesuchende Person?
(6) Hilfreich ist es auf jeden Fall, in der Einrichtung ein Verzeichnis von Personen und Institutionen (etwa: Krisenberatung, Telefonseelsorge, Beratungsdienste, psychiatrische Notfallambulanz) zur Hand zu haben, die ggf. zur Unterstützung und zur Weiterversorgung bereitstehen.

Krisenintervention

Eine Krisenintervention stellt einen wichtigen Schritt – noch vor einer Kurzzeit- oder Psychotherapie – dar, um erste Schritte zur Lösung anzubahnen. Zuweilen ist damit auch der Anstoß gegeben, dass der Betroffene eigene Ressourcen zur Bewältigung der Krise mobilisieren kann.

Für eine Krisenintervention gelten bestimmte Grundregeln.
Sie sollte
- in unmittelbarer zeitlicher Nähe zum Auftreten der Krise beginnen, sodass eine rasche Entlastung (und Stabilisierung) möglich sein kann;
- in einem zeitlich begrenzten Umfang stattfinden;
- einen hohen Wert auf die Vermittlung von Sicherheit für die betroffenen Personen legen, etwa indem ein sicherer Raum und Rückzugsmöglichkeiten geboten werden;
- von einer aufmerksamen, aktiv zuhörenden, fachlichen und flexiblen Grundhaltung der Fachkraft bestimmt sein;
- auf ein Verstehen des Hilfesuchenden zielen;
- ein transparentes, nachvollziehbares und eindeutiges Setting bieten;
- die aktuelle Belastungssituation bzw. den Krisenauslöser in den Mittelpunkt stellen;
- die individuellen und sozialen Ressourcen des Betroffenen ansprechen;
- eine Nachsorge fest verankern.

Der Ablauf einer Krisenintervention hängt vom jeweiligen individuellen Zustand der betroffenen Person und vom gegebenen Kontext ab. Gleichwohl lassen sich verschiedene Phasen identifizieren (▶ **Abb. 1**).

Zum Weiterlesen

A. Dosen: Psychische Störungen, Verhaltensprobleme und intellektuelle Behinderung: Ein integrativer Ansatz für Kinder und Erwachsene. 2010

J. Cullberg: Krise als Entwicklungschance. 2008

E. Wüllenweber, G. Theunissen: Handbuch Krisenintervention. Bd. 1: Hilfe für Menschen mit geistiger Behinderung (2001); Bd. 2: Praxis und Konzepte zur Krisenintervention bei Menschen mit geistigen Behinderungen (2004)

G. Theunissen: Geistige Behinderung und Verhaltensauffälligkeiten. 2011

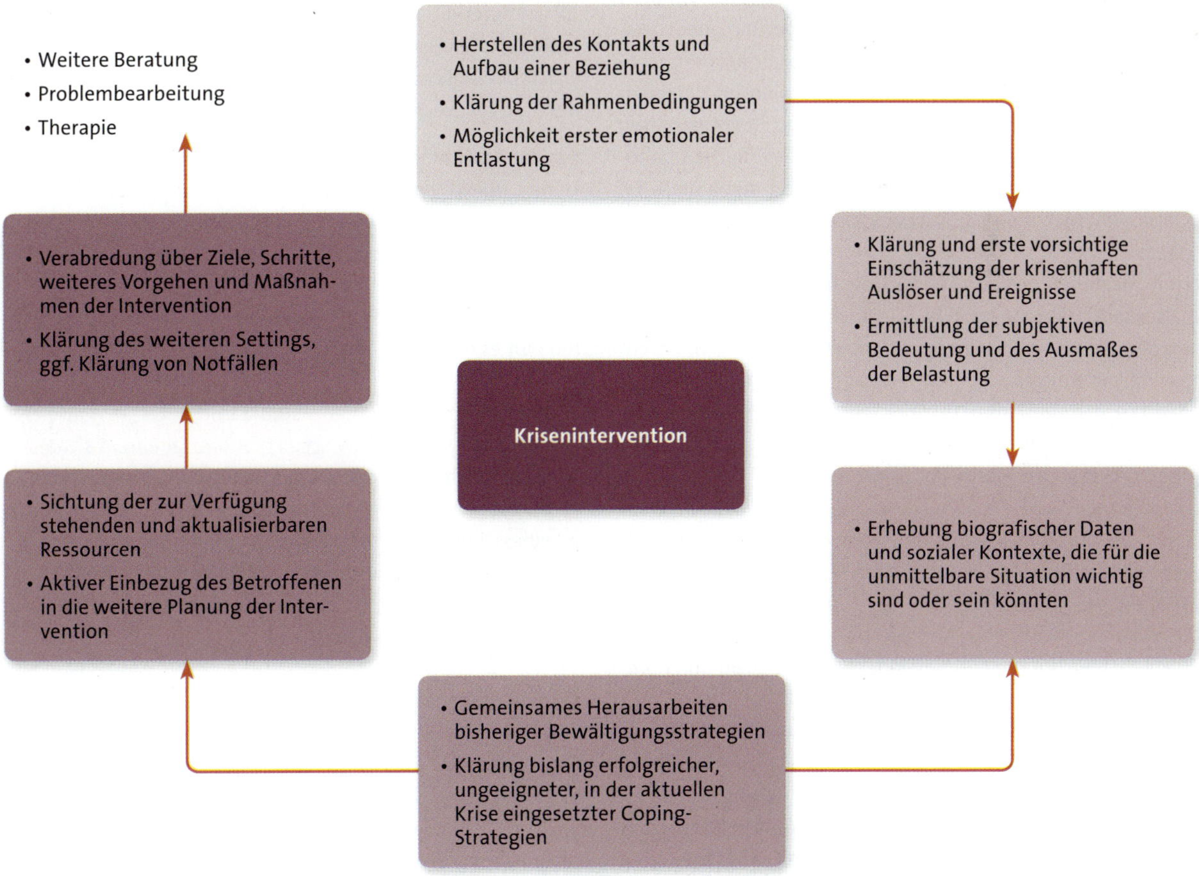

Abb. 1 Phasen der Krisenintervention

2 Herausforderndes Verhalten

Abb. 1 Auffälliges Verhalten

2.1 Grundlagen

Fragt man heilerziehungspflegerische Fachkräfte nach ihren **Erfahrungen** mit Verhaltensauffälligkeiten und problematischem Verhalten von Menschen mit Behinderungen, so wird Verschiedenes deutlich:

Zum einen scheinen Erfahrungen von Fremdaggression oder selbstverletzendem Verhalten, von Verweigerung oder sozialer Isolation, von auffälligem sexuellem Verhalten oder grenzverletzenden Provokationen, von Stereotypien und Autostimulationen, von dissozialem Verhalten und Suchtverhalten zum Alltagsbild heilerziehungspflegerischer Praxis zu gehören. Wenn sie auch nicht die Regel sind, so prägen diese Erfahrungen doch deutlich das pädagogische und pflegerische Handeln.

Zum zweiten wird klar, dass der Umgang mit deutlichen Verhaltensauffälligkeiten von den Heilerziehungspflegern als besondere Beanspruchung erlebt wird. Dabei führen vor allem die Anforderungen, die sich aus aggressivem oder selbstverletzendem Verhalten ergeben, zu einer hohen Belastung. Diese betreffen nicht nur die einzelne Fachkraft, sondern darüber hinaus ganze Teams, ja Institutionen.

Zum dritten wird genannt, dass auch für die Betroffenen selbst die auffälligen Verhaltensweisen oft zu negativen Folgen führen. Weitere Ausgrenzungen aus dem Gruppen- oder Arbeitsleben, Ausschluss von Lern- und Entwicklungsmöglichkeiten, die Notwendigkeit psychiatrischer Kriseninterventionen bilden dann einen scheinbar kaum noch zu durchbrechenden Teufelskreis.

Schließlich: Bei den beschriebenen und von den Fachkräften genannten Verhaltensweisen handelt es sich in der Regel nicht um psychische Verhaltensstörungen im engeren Sinne (psychische Erkrankung). Schwere Persönlichkeitsstörungen, schizophrene Symptome, Depressionen, Angstzustände oder Zwangshandlungen werden von den Fachkräften anders wahrgenommen und gedeutet. Hier scheinen Ursachen klarer erkennbar. Ist der Grund für das Verhalten verstehbar, scheint das Verhalten des Menschen mit Behinderung und einer Auffälligkeit „sinnvoll", so lässt sich eher eine verstehende Beziehung aufbauen.

Begriffsklärung: Verhaltensauffälligkeit

Gemeinsam ist den beschriebenen Verhaltensauffälligkeiten, dass sie von den Heilerziehungspflegern als ein Verhalten charakterisiert werden, welches „aus dem üblichen Rahmen fällt". Das Verhalten desjenigen, der sich auffällig verhält, wird in der gegebenen Situation als „unangemessen" und als „von der Normalität abweichend" empfunden.

Im Austausch und in der kollegialen Beratung über erlebte Praxissituationen stellt sich heraus, dass ein und dasselbe beobachtete Verhalten höchst unterschiedlich eingeschätzt und beurteilt wird. So wird beispielsweise von den einen Mitarbeitern einer Wohngruppe das Lautieren und Schreien der geistig schwer behinderten Frau Schulte als „störend" und „provozierend" empfunden, während der andere Teil des Fachkräfteteams dieses Schreien als Möglichkeit und Ausdruck persönlicher Kommunikation von Frau Schulte „toleriert", sogar „begrüßt".

Für die Bestimmung von „Verhaltensauffälligkeiten" gibt es keinen objektiven Maßstab. Die „Wahrheit" liegt im Auge des Betrachters, d. h., eine Verhaltensauffälligkeit gibt es erst dann, wenn ein Beobachter sagt, dieses Verhalten ist (für mich!) auffällig. Eine trennscharfe Abgrenzung und Festlegung zwischen „nicht auffälligem" und „auffälligem" Verhalten gibt es nicht.

> Menschliches Verhalten – und damit auch „Verhaltensauffälligkeiten" – bewegt sich immer **in einem situativen Kontext**. Dieser Kontext bestimmt unser Nachdenken und unsere Wahrnehmung. Das Verhalten eines Einzelnen ist nur dann als „sinnvolles Verhalten", „normales Verhalten" oder „auffälliges Verhalten" zu verstehen, wenn es in diesem Interaktionsgeschehen betrachtet und beurteilt wird.

Eine Verhaltensauffälligkeit ist also keine Wesenseigenschaft einer bestimmten Person. Interpretationen, Normen und Werte des gesellschaftlichen Umfelds, der situative Kontext – all dieses sind Faktoren, die bei der Charakterisierung von „auffälligem Verhalten" mindestens mitgedacht, am besten noch mitgenannt werden müssen.

Verhaltensauffälligkeit als pädagogische Herausforderung

Eine weitere Besonderheit gilt für den **Umgang** mit Verhaltensauffälligkeiten – die Situationen und die Betroffenen fordern zum Handeln heraus. Für die Mitarbeiter in den Einrichtungen entsteht ein „Handlungsdruck", eine „Handlungsnotwendigkeit". Sei es zum Schutz der Betroffenen oder zum Schutz anderer, sei es zur Aufrechterhaltung des Alltags, sei es ein Handeln mit dem Ziel kurzfristiger Intervention oder langfristiger Verhaltensänderungen – die Fachkräfte müssen und wollen aktiv werden.

Das Verständnis, Verhaltensauffälligkeiten von Menschen mit Behinderungen als pädagogische Herausforderung zu begreifen und sie (zunächst) nicht medizinisch oder psychiatrisch zu klassifizieren, folgt folgenden **Grundannahmen**:

(1) Herausforderndes Verhalten von Menschen mit Behinderungen wird als subjektiv sinnvoll und für die Person als sinnhaftes und bedeutsames Verhalten verstanden. Dieser Annahme liegt ein Menschenbild zugrunde, demzufolge jeder Mensch in der Regel versucht, für sich selbst einen zufriedenstellenden Zustand zu erlangen und zu erhalten. Wenn ein Mensch herausforderndes Verhalten zeigt, so will er etwas erreichen.

(2) Herausforderndes Verhalten von Menschen mit Behinderung ist erlerntes Verhalten. Erfahrungen im bisherigen Leben, biografisch eingebettete Lernprozesse sowie gespeicherte Erinnerungen an das vergangene Handeln (ebenso Erwartungen an Zukünftiges) bestimmen das zur Verfügung stehende Verhaltensrepertoire. Somit kann aber auch alternatives, für das soziale Umfeld womöglich weniger anstrengendes und verträglicheres Handeln und Verhalten erlernt werden.

Menschen mit einer (geistigen) Behinderung geht es vielfach darum, mit herausforderndem Verhalten auf fundamentale Bedürfnisse und ihre Befriedigung aufmerksam zu machen. Sei es der Wunsch nach Aufmerksamkeit und Zuwendung, sei es der Wunsch, sich mitzuteilen und mit dem Gegenüber zu kommunizieren, sei es der Wunsch nach Hilfe und Unterstützung – mit dem Verhalten ist jeweils eine bestimmte **Funktion** verknüpft. Diese gilt es pädagogisch zu entdecken und zu verstehen.

(3) Herausforderndes Verhalten von Menschen mit Behinderung birgt die Gefahr, den Menschen allein auf diese Verhaltensweisen zu reduzieren. Pädagogisches Handeln ist jedoch darauf angewiesen, die Vorlieben und Hobbys, die Wünsche und Träume, die Interessen und Ziele eines Menschen zu entdecken und daran anzuknüpfen. Erst der ressourcenorientierte Blick ermöglicht Ganzheitlichkeit und Unterstützungsmöglichkeiten. In diesen veränderten Blick wird auch das soziale Netzwerk des Betroffenen einbezogen.

(4) Herausforderndes Verhalten von Menschen mit Behinderung findet wie jedes Verhalten in Interaktionen, in Situationen und in Kontexten statt. Eine systemische Sicht auf das Thema „Verhaltensauffälligkeiten" hilft, möglichst alle Faktoren in den Blick zu nehmen (multifaktorielle Betrachtung und Mehrperspektivität).

Fazit: Verhaltensauffälligkeiten als pädagogische Herausforderung zu begreifen, bedeutet letztlich personenbezogene, lebensweltbezogene und alltagsorientierte Antworten zu suchen.

Abb. 1 Sich verkriechen

2.2 Aggressives Verhalten

Die Gewalt (Erich Fried)

Die Gewalt fängt nicht an,
wenn einer einen erwürgt.
Sie fängt an, wenn einer sagt:
„Ich liebe dich:
Du gehörst mir!"

Die Gewalt fängt nicht an,
wenn Kranke getötet werden.
Sie fängt an, wenn einer sagt:
„Du bist krank:
Du musst tun, was ich sage!"

Die Gewalt fängt an,
wenn Eltern
ihre folgsamen Kinder beherrschen
und wenn Päpste und Lehrer und Eltern
Selbstbeherrschung verlangen.

Die Gewalt herrscht dort, wo der Staat sagt:
„Um die Gewalt zu bekämpfen,
darf es keine Gewalt mehr geben,
außer meiner Gewalt."

Die Gewalt herrscht,
wo irgendwer oder irgendetwas
zu hoch ist oder zu heilig,
um noch kritisiert zu werden.

Oder wo die Kritik nichts tun darf,
sondern nur reden
und die Heiligen oder die Hohen
mehr tun dürfen als reden.

Die Gewalt herrscht dort, wo es heißt:
„Du darfst keine Gewalt anwenden!"

Die Gewalt herrscht dort,
wo sie ihre Gegner einsperrt
und sie verleumdet
als Anstifter zur Gewalt.

Das Grundgesetz der Gewalt lautet:
„Recht ist, was wir tun.
Und was die anderen tun,
das ist Gewalt!"

Die Gewalt kann man vielleicht nie
mit Gewalt überwinden,
aber auch nicht immer
ohne Gewalt.

Annäherungen

Sich mit Definitionen, Theorien und Erklärungen im Umgang mit aggressivem Verhalten zu beschäftigen, ist eine fundamentale Grundlage für die heilerziehungspflegerische Praxis. Doch die Erfahrungen des Alltags

- mit verbalen Provokationen, mit Schlagen und Spucken, mit dem selbstverletzenden Beißen in die eigene Hand,
- aber auch mit dem Wegsperren, der 5-Punkt-Fixierung, der „kleinen Gewalt im Alltag" (Tilman Geyler)

verlangen notwendigerweise noch nach einem anderen Zugang. Es geht darum, sich **über seine eigenen Verhaltensweisen** und Gefühle als heilerziehungspflegerische Fachkraft klar zu werden, bewusst die eigenen Anteile von aggressivem Verhalten zu reflektieren und die eigene Verstricktheit in herausfordernde und hilflos machende Situationen zu sehen.
Ein Team, dem dieser erste Schritt der Verständigung, des Austausches und der Reflexion der eigenen Betroffenheit gelingt, hat den ersten wichtigen Schritt zur Verminderung von Aggression und Gewalt bereits getan.

Aufgabe

Setzen Sie sich zunächst allein, dann in einem kleinen Team zusammen und tauschen sich über folgende Gedankenanregungen aus:

1. Was mich selbst aggressiv macht ...
2. Wie ich mich selbst verhalte, wenn ich aggressiv werde ...
3. In welchen beruflichen Situationen ich Aggressionen und Gewalt erlebe ...
4. Welche Reaktionen auf aggressives Verhalten ich kennengelernt habe ...

Diskutieren Sie anschließend in der Klasse, welche Konsequenzen sich aus Ihren Überlegungen für die heilerziehungspflegerische Praxis ziehen lassen.

Eine fachlich fundierte Haltung wird erreicht, wenn die vielfach noch vorherrschende **Tabuisierung** des Themas „Aggression und Gewalt" durchbrochen wird. Sich im Team einzugestehen, dass man den aggressiven Übergriffen des Bewohners Herrn Gruber selbst manchmal nur mit „einem festen Zupacken" begegnet, dass man sich selbst auch keinen Rat mehr weiß „gegen das permanente Kopfschlagen" von Frau Schmidt an ihrem Arbeitsplatz in der Werkstatt, dass man das Wegsperren des „ausrastenden" Schülers Peter in

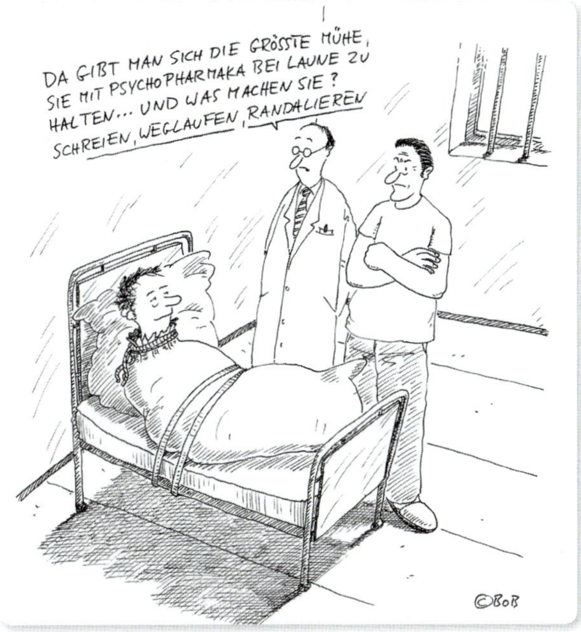

Abb. 1 Verzwickte Situation

den Time-out-Raum mit sehr gemischten Gefühlen betrachtet – der vielfach vorhandene und doch oft unsichtbare „Teufelskreis herausfordernder Verhaltensweisen" kann so aufgebrochen werden.

Aufgabe

Nehmen Sie Stellung zu folgenden Thesen. Diskutieren Sie diese nicht nur im Klassenverband, sondern auch in Ihrer Praxis.

1. Wer Aggressionen und Gewalt in Einrichtungen der Behindertenhilfe vermindern will, muss bei sich selbst und im Team anfangen.
2. Wer Aggressionen und Gewalt in Einrichtungen der Behindertenhilfe vermindern will, muss versuchen, die Verhaltensweisen aller Beteiligten zu sehen und zu verstehen.
3. Wer Aggressionen und Gewalt in Einrichtungen der Behindertenhilfe vermindern will, muss sich den „Tätern" zuwenden – und den „Opfern".
4. Wer Aggressionen und Gewalt in Einrichtungen der Behindertenhilfe vermindern will, muss seine Haltung und sein Verhalten mit dem Team abstimmen.
5. Wer Aggressionen und Gewalt in Einrichtungen der Behindertenhilfe vermindern will, muss Abschied nehmen von schnellen und richtigen Lösungen und muss Widersprüche und Misserfolge aushalten.

Was Aggression und Gewalt ist – Definitionen

Aggression. Nicht nur in der alltäglichen Praxis, sondern auch in der wissenschaftlichen Auseinandersetzung ist die Beschäftigung mit dem Phänomen „Aggression" von einer gewissen Unschärfe und Uneinheitlichkeit begleitet. Dieses fängt schon bei den Begrifflichkeiten an. Wie lassen sich „Aggression", „aggressives Verhalten", „Aggressivität" und „Gewalt" bestimmen? Wo gibt es Überschneidungen, wo sind die Begriffe voneinander abzugrenzen? Wo ist mit diesen Begriffen ein bestimmtes Verhalten gemeint und wo wird damit eine (moralische) Bewertung vorgenommen? Gibt es berechtigte (etwa abwehrende) Aggressionen?

Für die heilerziehungspflegerische Theorie und Praxis ist es wichtig, sich zumindest auf eine gemeinsame Arbeitsdefinition zu verständigen. Erst eine einheitliche Sichtweise und damit verbunden (mit-)geteilte Bewertung von beobachteten Verhaltensweisen bietet die Grundlage für ein wirksames heilerziehungspflegerisches Handeln.

Im *alltäglichen* Sprachgebrauch wird zuweilen ein sehr weitreichendes Verständnis von „Aggression" offenkundig. Das Agieren des „aggressiven Abwehrspielers im Zweikampf" wird im Fußball geschätzt, die „aggressive Werbung" will gezielt Verbraucher ansprechen, ein Mitwerber um einen Arbeitsplatz beeindruckt durch seine „aggressive Körpersprache" – danach ist eine „Aggression" eine besonders angriffslustige, offensive und selbstbewusste Aktivität. Dieses sehr weite, durchaus positive Verständnis von „Aggression" hilft letztlich nicht weiter, da die Vielfalt der damit umfassten Phänomene diese Auffassung für das pädagogische Handeln unbrauchbar macht.

Sichtet man verschiedene *wissenschaftliche* Definitionsversuche und gleicht sie mit dem Alltagsverständnis ab, so scheint sich für den Begriff „Aggression" ein gemeinsamer Nenner zu ergeben:

Unter **Aggression** wird ein
- beobachtbares Verhalten verstanden,
- das mit einer bestimmten Absicht oder Zielgerichtetheit ausgeführt wird und
- zu einer Schädigung von Menschen, Lebewesen oder Gegenständen führt.

Der Aspekt der „Absicht" oder der „absichtlichen Schädigung" ist dabei bei Mitarbeitern in der Behindertenhilfe umstritten. Zum einen lässt sich die Absicht einer Handlung nicht immer beobachten. Zum zweiten wird gefragt, inwieweit Menschen mit geistiger Behinderung absichtsvoll in dem Sinne handeln, dass sie die Konsequenzen überblicken und für die Folgen ihres Verhaltens verantwortlich sind. Zum dritten weisen Fachleute aus der Praxis darauf hin, dass (vorrangig, aber nicht nur) bei Menschen mit einer geistigen Behinderung

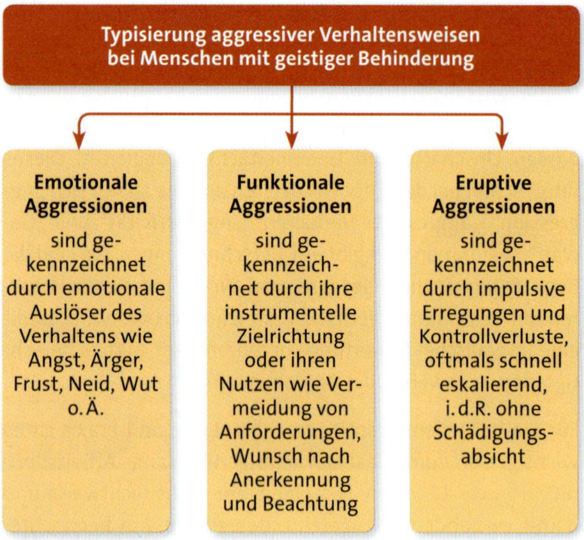

Abb. 1 Typisierung nach Johannes Heinrich

impulsive und ungesteuerte Handlungen auftreten, die zu deutlichen Selbst- oder Fremdschädigungen führen. Die Kontrolle über das eigene Handeln scheint außer Kraft gesetzt (dieses gilt übrigens auch für Handlungen etwa unter Alkoholeinfluss oder dort, wo Menschen „ausrasten und einfach zuschlagen"), ein absichtsvolles Handeln ist erschwert.
Unter diesen Prämissen scheint folgende **Definition für die Heilerziehungspflege** geeignet:

Aggression ist ein beobachtbares, in der Regel zielgerichtetes Verhalten, welches eine Schädigung bewirkt.

Hilfreich ist es, die aggressiven Verhaltensweisen noch weiter zu differenzieren und aus verschiedenen Perspektiven zu betrachten. Johannes Heinrich schlägt eine Systematisierung aggressiver Verhaltensweisen von Menschen mit geistiger Behinderung vor, die für die praktische Arbeit und letztlich für die Verminderung von Aggressionen geeignet scheint (▸ Abb. 1).

Gewalt. In vielen Publikationen werden die Begriffe „Aggressionen" und „Gewalt" parallel gebraucht. Demgegenüber wird in den öffentlichen Diskussionen und im alltäglichen Sprachgebrauch ein aggressives Verhalten oftmals dann als „Gewalt" charakterisiert, wenn es sich um ein besonders schwerwiegendes Verhalten, z. B. eine mit hoher krimineller Energie ausgeführte Tat oder ein Geschehen mit weitreichenden Folgen oder Traumatisierungen für die Opfer handelt.

Wichtig ist der Begriff der **„strukturellen Gewalt"** (Galtung). Damit wird die systembedingte Einschränkung von Lebens- und Entfaltungsmöglichkeiten angesprochen. Wenn Menschen in einem Gesellschaftssystem der Zugang zu medizinischer Versorgung verweigert wird, wenn Bürger in einer Diktatur ihr Wahlrecht und ihr Recht auf freie Meinungsäußerung nicht wahrnehmen können, wenn Menschenrechte in einem Staat durch Gesetze verletzt werden, dann kommen Menschen zu Schaden. Oder eine Ebene kleiner: Kann man nicht auch von „struktureller Gewalt" sprechen, wenn der Personalschlüssel einer Einrichtung es nicht zulässt, dass die Bewohner selbstbestimmt ihre Essenszeiten oder ihre nächtlichen Ruhezeiten regeln? Oder wenn es nicht ermöglicht werden kann, dass in Pflegesituationen auf geschlechtsgleiche Fachkräfte geachtet wird?
Wenngleich auch der Begriff der „strukturellen Gewalt" nicht unendlich ausgedehnt werden darf (es gibt in jedem gesellschaftlichen Zusammenleben Regeln, die Selbstbestimmung eingrenzen!), so lohnt doch ein Nachdenken über „behindernde Strukturen".

Einige Gewaltdefinitionen zum Weiterdenken

Gewalt tut weh.

Gewalt verletzt.

Gewalt schädigt, verletzt und zerstört fahrlässig oder gezielt Menschen, Tiere oder die Natur.

Gewalt liegt immer dann vor, wenn Menschen gezielt oder fahrlässig physisch oder psychisch geschädigt werden. Gewalt ist immer an Macht geknüpft. Dazu gehört auch der Bereich der strukturellen Gewalt, also Ordnungssysteme und ökonomische Prinzipien, die materielle, soziale und ideelle menschliche Entwicklungen beeinträchtigen oder verhindern.

(www.aktion-zivilcourage.de)

2.2.1 Woher Aggression und Gewalt kommen

Klassische Erklärungsansätze

Die Bezugswissenschaften der Heilerziehungspflege – vornehmlich Psychologie und (Heil-)Pädagogik, aber auch Soziologie – stellen die unterschiedlichsten Ansätze und Theorien zur Erklärung aggressiven Verhaltens zur Verfügung. Wenngleich diese sich in erster Linie nicht auf das Verhalten von Menschen mit Behinderungen beziehen, so bieten diese klassischen Modelle dennoch wichtige Anknüpfungspunkte zum Verständnis von herausforderndem Verhalten. Ebenso lassen sich aus ihrer Kenntnis Ideen zur Lösung, zum Abbau und zur Verminderung von Aggression und Gewalt ableiten.

Aggressionen als Trieb. Geprägt von den Grausamkeiten und den Gewalttaten des 1. Weltkriegs war es Sigmund Freud, der Begründer der Psychoanalyse, der die Ursachen der aggressiven Ausbrüche in einer angeborenen Neigung des Menschen zur Zerstörung sah – dem „Todestrieb". Wie eine nicht versiegende Quelle, so nahm Freud an, würde dieser Trieb im menschlichen Organismus aggressive Impulse produzieren. Der Aggressionstrieb sei letztlich ein nach außen gerichteter abgelenkter Todestrieb.

Der Verhaltensforscher Konrad Lorenz geht – hierin ähnlich – von einer angeborenen, instinktiven Aggression aus. Diese diene der Arterhaltung und sichere das Überleben der Stärksten in einer Gesellschaft. Lorenz zufolge schlummern diese Aggressionen im Menschen und stauen sich so lange auf, bis es zu einer Entladung kommt. Wie in einem „Dampfkessel" kann zwar die Dauer des Aggressionsstaus reguliert werden – Angst etwa schwächt das Regelventil, Freundschaft verzögert den Ausbruch. Verhindert werden kann die aggressive Entladung, so Lorenz, jedoch nicht. Für einen kontrollierten Aggressionsabbau empfiehlt er sportliche Betätigungen und körperliche Anstrengungen.

Wenngleich sich diese Auffassungen (auch in der psychoanalytischen Wissenschaft) letztlich nicht durchgesetzt haben, so gibt es doch eine populäre Entsprechung. In öffentlichen Diskussionen findet sich immer wieder die Meinung, dieses aggressive Verhalten oder jene Gewalttat habe einfach stattfinden müssen, um „Druck abzulassen". Besonders beklemmend sind dabei Meinungen, die bei Sexualverbrechen ernsthaft behaupten, der (in der Regel männliche) Gewalttäter habe seinen „Trieben gehorchen müssen".

Unter heilerziehungspflegerischen und pädagogischen Gesichtspunkten sind diese Modelle **eher kritisch zu betrachten**. Zum einen gibt es keine wissenschaftlichen Beweise für ihre Annahmen. Zum anderen schließen sie im eigentlichen Sinn einen pädagogischen Umgang mit aggressivem Verhalten aus. Wäre aggressives Verhalten angeboren, ließe es sich ja tatsächlich nicht dauerhaft beeinflussen oder verändern. Das viel zitierte „Dampfablassen am Boxsack" – oder die Empfehlung von „kontrolliertem Ringen und Raufen" – verbessert sicherlich das Körpergefühl und das Spüren und Wahrnehmen der eigenen Kräfte, es mag Spaß machen oder ablenken – zum Aggressionsabbau taugen diese Maßnahmen nicht.

Frustrations-Aggressions-Theorie. Der zweite klassische wissenschaftliche Erklärungsansatz – der sich zudem in vielen Alltagserfahrungen zu bestätigen scheint – geht davon aus, dass einem aggressiven Verhalten ein frustrierendes Erlebnis vorausgeht. Eine amerikanische Gruppe von Psychologen um John Dollard veröffentlichte bereits 1939 das Buch „Frustration und Aggression", welches von 2 Grundthesen ausgeht: So ist zum einen Aggression immer eine Folge von Frustration und zum anderen führt Frustration immer zu einer Form von Aggression.

Als Frustration gilt dabei zunächst eigenes Versagen oder vergebliche Anstrengungen, ein bestimmtes Ziel zu erreichen. Zusätzlich frustrierend wirken sich Provokationen etwa in Form von Beleidigungen, Herabsetzungen oder Missachtungen aus.

In der Folgezeit der Veröffentlichung konnten zwar die Grundannahmen des Modells experimentell überprüft werden, in vielen Beispielen zeigte sich jedoch, dass die Zusammenhänge zwischen erlebten Frustrationen und tatsächlich ausgeübtem aggressivem Verhalten deutlich komplexer waren.

Wie Menschen auf frustrierende Ereignisse reagieren, hängt vor allem daran, wie die einzelnen Personen das Erlebte empfinden und verarbeiten. Zudem verfügen die Einzelnen über unterschiedliche Verhaltensmuster – während die einen emotional aufbrausen, ziehen sich andere zurück, während wieder andere die Frustrationen vielleicht lediglich mit einem „Achselzucken" quittieren. Neben diesen subjektiven biografischen Bedingungen beeinflussen situative Einflüsse und der Kontext unsere Reaktionen auf ein frustrierendes Erlebnis.

Zusammengefasst lässt sich sagen, dass es vielfältige Faktoren sind, die einwirken:

- die Art und Weise des frustrierenden Ereignisses selbst;
- die Individualität der betroffenen Person, d. h. die subjektive Art des Umgangs (Wahrnehmung, Interpretation) mit dem Ereignis sowie die erlernten Verhaltensgewohnheiten (Verhaltensrepertoire, Alternativen) und schließlich auch persönliche Eigenschaften (Temperament, Dispositionen);
- letztlich die situativen Faktoren (Familie, Gruppe) ebenso wie die Lebensbedingungen.

Ein allzu vorschneller **Automatismus** im Sinne der ursprünglichen Grundannahmen der Frustrations-Aggressions-Theorie ist **sicherlich abzulehnen**. Wichtige Ansatzpunkte und Gedankenanstöße für die heilerziehungspflegerische Praxis ergeben sich aus dem Erklärungsmodell allemal.

Aufgabe

Lesen Sie aufmerksam das Praxisbeispiel zu Beginn des Moduls 6 (als Alternative oder Vertiefung bietet sich auch die Situation im Modul 2, Band 1, an) und überlegen Sie, wie

- im ungünstigsten Fall,
- in günstigen Fällen

die folgende Frustrations-Aggressions-Kette durchlaufen werden kann ▸ **Abb. 1**:

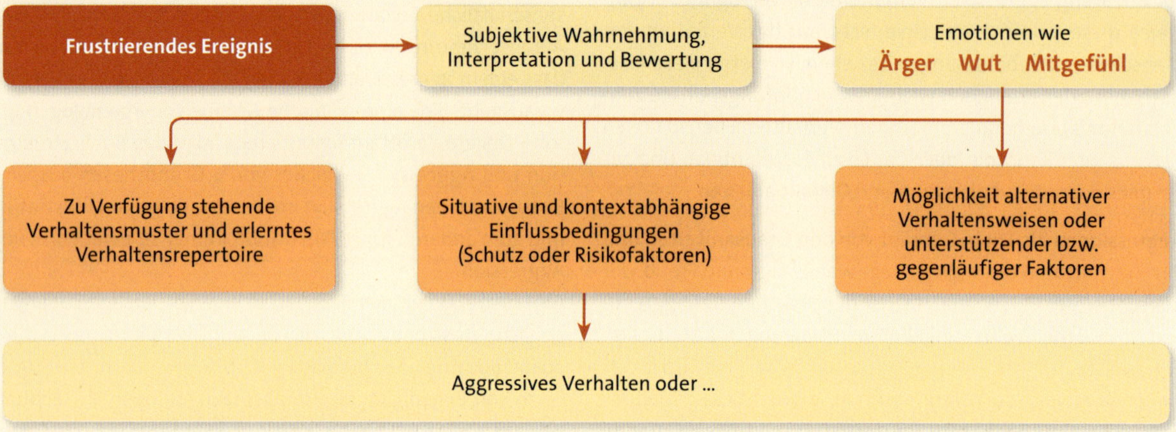

Abb. 1 Frustrations-Aggressions-Kette

Aggressionen als erlerntes Verhalten. Die dritte grundlegende Theorie zur Erklärung aggressiver Verhaltensweisen hebt darauf ab, dass aggressives Verhalten wie jedes soziale Verhalten erlernt ist. Zu den bedeutendsten Vertretern der Lerntheorie gehört Albert Bandura (*1925), ein kanadischer Psychologe, der die entscheidende Rolle des sozialen Lernens betont. Ursache von Aggressionen sind weder ein angeborener Trieb noch ein auslösendes frustrierendes Ereignis, sondern Ursache ist das **Lernen am Modell** (▸ **Abb. 2**) sowie das **Lernen am Effekt**.

Grundlegend bedeutet Lernen, dass sich personale Dispositionen durch Erfahrungen verändern. Haltungen und Einstellungen, Kompetenzen und Verhaltensgewohnheiten, Vorlieben und Abneigungen entwickeln sich erst durch Beobachtung, dann durch Nachahmung und Einsicht, schließlich durch das erfolgreiche oder erfolglose Verfolgen und Erreichen von Zielen.

Im **Lernen am Modell** vollzieht sich ein emotionaler und sozialer, vor allem auch kognitiver Lernprozess. Beim Betrachten eines Modells, genauer: beim aufmerksamen und differenzierten Beobachten eines für mich wichtigen und „attraktiven“ Vorbilds werde ich angeregt, neue Verhaltensweisen zu übernehmen, bislang ausgeübtes Verhalten zu verändern oder meine (bislang noch nicht gezeigten) Verhaltenswünschen zu aktivieren.

Für Bandura gliedert sich das Modell-Lernen in unterschiedliche **Phasen**. Dieses ist gerade auch für die Arbeit mit Menschen mit (geistigen) Behinderungen in der heilerziehungspflegerischen Praxis von Bedeutung:

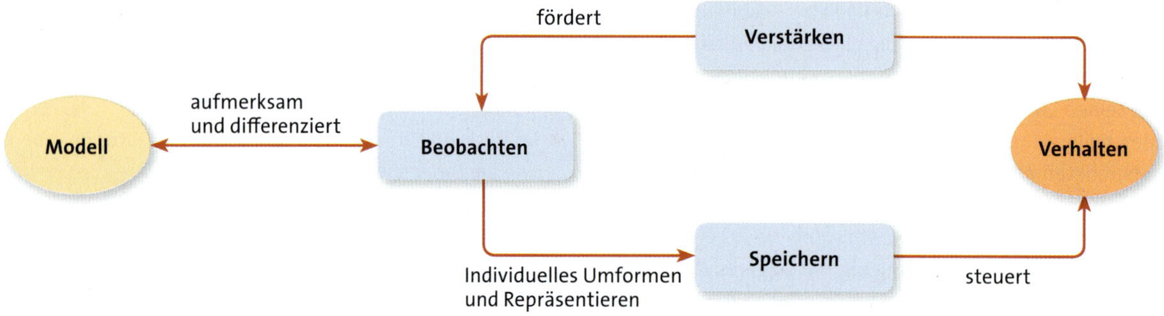

Abb. 2 Lernen am Modell

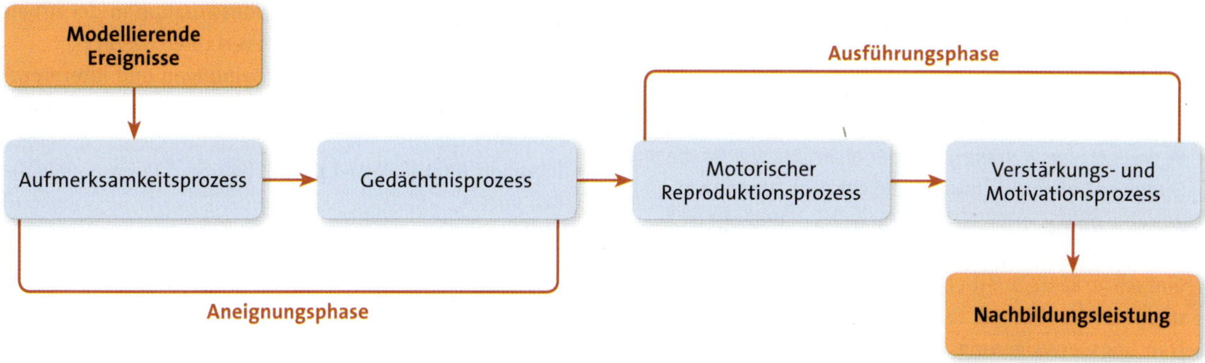

Abb. 1 Lernen am Effekt

In der 1. Phase (*Aneignungsphase* ▶ **Abb. 1**) spielen die Aufmerksamkeitszuwendung und die Abspeicherung des Beobachteten eine wichtige Rolle. Hier können etwa bewusste Aufmerksamkeitslenkungen oder -steuerungen vorgenommen werden. Ebenso ist auf die Fähigkeiten und die Bereitschaft der Gedächtnisspeicherungen zu achten.

In der *Ausführungsphase* geht es zum einen um die motorische Reproduktion des Behaltenen und zum anderen um die Motivation, dieses auch anzuwenden. Neben der inneren Motivation spielen hier äußere Verstärkungen und externer Ansporn eine wichtige Rolle.

Dieses Lernen am Effekt – also Lernen durch Verstärkung oder Lernen am Erfolg, genauer: durch die Erfolgserwartung – beruht auf der Annahme, dass das Verhalten eines Menschen bestimmt wird durch die (erwarteten bzw. befürchteten) **Konsequenzen**. Eine Handlung, die zum Erfolg führt und damit eine Bekräftigung erfährt, wird eher wiederholt und verfestigt sich. Verhalten, welches keinen Erfolg zeigt, unterbleibt.

Im Alltag der Heilerziehungspflege finden sich eine Reihe von Beispielen für die These, dass es sich bei Aggressionen oftmals (nicht nur und ausschließlich!) um erlernte Verhaltensweisen handelt.

Beispiel 1: Wird Frau Werner, eine 52-jährige Frau mit einer geistigen Behinderung, nach dem gemeinsamen Abendessen aufgefordert, ihrem Dienst in der Wohnstätte nachzugehen und sich um den Abwasch zu kümmern, so reagiert sie wiederholt mit Schreien und heftigem Kopfschütteln. In letzter Zeit ist dieses so heftig eskaliert – Teller sind zu Bruch gegangen, Stühle wurden umgeworfen und dabei auch Mitbewohner getroffen –, dass die Fachkraft Frau Werner energisch auf ihr Zimmer verwiesen hat.

Beispiel 2: Kommt Herr Fürth morgens in die Werkstatt – er arbeitet in der Tagesförderstätte einer großen Einrichtung –, so zieht er sofort die Aufmerksamkeit aller Mitarbeiter auf sich. Herr Fürth drückt und herzt jeden Einzelnen, wobei dieses oft die persönlichen Grenzen überschreitet. Immer wieder steht er von seinem Arbeitsplatz auf, um in der Werkstatt noch „dies und das" zu erledigen. Dabei rempelt er seine Nachbarn derart heftig an, dass es immer wieder zu Unruhe kommt. Der Heilerziehungspfleger Timo Wächter setzt sich dann oft neben ihn.

Grundbedürfnisse und Gefühle

Die bislang vorgestellten klassischen Erklärungstheorien für die Entstehung und die Aufrechterhaltung von aggressiven Verhaltensweisen können Ansatzpunkte für die Arbeit mit Menschen mit Behinderungen bieten. In Reinkultur wird keiner dieser Standpunkte in der Praxis zu finden sein, auch in der Wissenschaft wird von der Ausschließlichkeit *eines* Modells Abstand genommen.

Es kommt darauf an, personenbezogen die Komplexität der aggressiven Verhaltensweisen zu verstehen, differenziert die verschiedenen Einflussfaktoren zu betrachten und nach individuellen Lösungswegen zu suchen.

Hilfreich scheint der Weg, Aggressionen als Reaktion auf nicht erfüllte Grundbedürfnisse von Menschen mit Behinderungen zu verstehen. Dabei kommt erschwerend hinzu, wenn diese keine oder nur begrenzte Möglichkeiten der konventionellen Kommunikation haben oder aber in ihren Äußerungen nicht adäquat verstanden werden. Eine szenische Collage zeigt das Dilemma des heilerziehungspflegerischen Alltags (siehe nächste Seite):

Babylonische Sprachverwirrung

Teamleitung: „Es tauchten ziemliche Widersprüche über die Verhaltensauffälligkeiten von Herrn Seiler auf. Wir müssten jetzt einmal klären, ob das bei ihm gezieltes Verweigerungsverhalten ist oder nicht. Man muss die Diagnose kennen, es muss vielleicht auch abgeklärt werden, ob das organisch oder psychisch bedingt ist."

Mitarbeiter: „Also, ich denke grundsätzlich, der wurde einfach 30 Jahre überbehütet: ‚Mama dies, Mama das', und jetzt der Wechsel zu uns. Er zieht eben alle Register: Nahrungsverweigerung, Erbrechen, Treten, Beißen und sein Stürzen beim Laufen. Einfach fremdaggressiv, wie sagt man heute: extrem auffordernd."

Mitarbeiterin: „Ja, und wir haben jetzt die beschissene Aufgabe, ihn zu brechen, damit er in unsere Routine passt. Das ist ja heute schon nicht mehr Pflege im Vorbeigehen, sondern im Vorbeilaufen."

Motopädin: „Also, ich kann nur sagen, bei mir läuft Herr Seiler sehr gut – und gebissen hat er mich auch noch nie. Wir hatten sogar schon überlegt, ihn in eine Tanzgruppe zu geben."

Mitarbeiter: „Also, ich muss gestehen, ich hatte diese Probleme mit Herrn Seiler beim Essen auch nicht. Ich glaube einfach, der Mann trauert, trauert, trauert – aber wie soll er das denn sagen oder sollen wir ihn in eine Gruppe zu Trauerarbeit schicken? Ich glaube, er stürzt nicht, sondern er kollabiert äußerlich wie innerlich: Er bricht zusammen. Ich glaube, ich würde in seiner Situation auch gegen Türrahmen laufen."

Mitarbeiter: „Nun gut. Also, die Werkstatt hat schon mehrmals nachgefragt, ob das mit dem Erbrechen, aber auch das mit dem Stürzen organisch bedingt ist, ob wir schon einen Befund vom Arzt hätten. Und das mit dem Rollstuhl und dem Fixieren passt ihnen gar nicht."

Mitarbeiter: „Da fällt mir ein, weiß jemand, ob sich das mit der Wollallergie bestätigt hat, das mit seinem ständigen Ausziehen finde ich gerade sehr anstrengend."

Mitarbeiterin: „Wenn man ihn nur fragen könnte ..."

(Gräßlin/Länger 2007)

Zu erfahren, was Herrn Seiler bewegt und was ihn zu seinen Verhaltensweisen drängt, ist schwierig. Die Zugänge zu ihm, zu seinen Bedürfnissen und Wünschen, sind nicht nur durch die individuellen Ausdrucks-und Kommunikationsmöglichkeiten von Herrn Seiler erschwert.

Oftmals scheint die Kommunikationssituation in der Arbeit mit Menschen mit Behinderungen verfahren, wenn

- aufgrund unterschiedlichster Meinungen und Interpretationen der beteiligten Fachkräfte kein gemeinsam abgestimmter Umgang möglich ist;
- niemand (mehr) so recht weiß, was dem Klienten eigentlich guttut;
- Stigmatisierungs- und Etikettierungsprozesse einer (offenen, wahren, neuen) Begegnung entgegenstehen;
- in Einrichtungen die Zeit für einen verlässlichen und stabilen Beziehungsaufbau fehlt.

Ist es berechtigt, bestimmte **Grundbedürfnisse** bei Herrn Seiler vorauszusetzen?

Zahlreiche Untersuchungen gehen davon aus, dass es zentrale menschliche Grundbedürfnisse gibt, deren Erfüllung für Wohlbefinden, deren Nichterfüllung zu Konflikten und in der Folge davon zu aggressiven Verhaltensweisen führen.

Menschen mit und ohne Behinderung haben gleichermaßen:

(1) das Bedürfnis nach einer sicheren Bindung, nach sozialer Anerkennung, wertschätzender Akzeptanz und Liebe, d. h. als Person „(für) wahrgenommen" zu werden;

(2) das Bedürfnis nach Schutz, Ruhe, Nahrung und nach körperlicher Unversehrtheit;

(3) das Bedürfnis nach einem sicheren Ort und nach einem Zuhause, d. h. „sich dazugehörig fühlen und wissen";

(4) das Bedürfnis nach Entwicklung und ungehinderter Entfaltung der eigenen Identität, d. h. „jener Mensch sein zu können, der man sein möchte";

(5) das Bedürfnis nach einem selbstbestimmten Leben und nach Selbstwirksamkeit, d. h. nach einem Leben, das „Spuren hinterlässt".

Werden diese Grundbedürfnisse nicht oder nur unzureichend befriedigt, so ist diese Erfahrung oftmals mit Gefühlen von Angst und Ohnmacht, von Traurigkeit und Wut verknüpft. Diese Gefühle abzuwehren, kann aggressives Verhalten auslösen, anders ausgedrückt: ein Verhalten, das dazu herausfordert, die gerade aktuellen und dringlichen Bedürfnisse zu erfüllen.

In der heilerzieherischen Praxis kommt es darauf an, einen Weg zu den individuellen Bedürfnissen und den individuellen Gefühlen der Menschen zu finden.

Aufgabe

Halten Sie beobachtbares Verhalten eines Klienten in verschiedenen Alltagssituationen für sich fest.

- Welche Bedürfnisse und Gefühle äußert die Person?
- Was vermuten Sie selbst?
- Wodurch macht die Person auf ihre Bedürfnisse aufmerksam?
- Inwieweit werden die Gefühle der Person wahrgenommen und ernst genommen?
- Werden die Bedürfnisse der Person in dem Maße erfüllt, wie Sie es sich für diese Person wünschen?
- Was müsste dafür passieren?

Tauschen Sie sich mit Ihrem Nachbarn oder einer Kollegin über ihre Reflexionen aus.

Gibt es erste Gedanken, um besonders herausforderndes, aggressives Verhalten vermindern oder abbauen zu können?

Hilfreiche Fragen

Herausfordernde, aggressive, ja gewaltintensive Verhaltensweisen von Menschen mit Behinderungen machen subjektiv aus der Perspektive der Betroffenen Sinn. Für die Fachkräfte kommt es darauf an, die subjektive Bedeutung des gezeigten Verhaltens zu entdecken. Auf diesem Weg ist die **Frage nach dem Zweck** und dem Ziel des Verhaltens (Wozu passiert dieses und jenes?) oftmals hilfreicher als die Suche nach den Ursachen.

Viele Faktoren sind zu erhellen, vor allem:

- die Art und Weise des beobachtbaren Verhaltens selbst;
- die Person in ihrer aktuellen Situation und im Kontext ihrer Biografie;
- der Interaktionskontext des Verhaltens;
- die Reaktionen der Beteiligten auf das gezeigte Verhalten;
- die vermuteten oder geäußerten Annahmen (Hypothesen) der Beteiligten über das gezeigte Verhalten;
- die Wünsche und Perspektiven zum zukünftigen Verhalten.

Beobachtbares Verhalten
- Wie lässt sich das Verhalten konkret beschreiben? (Form, Häufigkeit, Intensität)
- In welchen Situationen ist das Verhalten (nicht) beobachtbar?
- Welche Gefühle zeigt / äußert die Person?

Wünsche und Perspektiven
- Welche Wünsche und Träume hat die Person?
- Welche Wünsche und Perspektiven hat das Umfeld für die Person und für sich selbst?

Person im Kontext der Biografie
- Welche biologischen Faktoren prägen die Person? (Dispositionen)
- Wie sehen die Entwicklungsbedingungen der Person aus? (Bindungsmuster, Familie, Erfahrungen und Erlebnisse)
- Über welche Ressourcen, Interessen, Verhaltensmuster verfügt die Person?
- Welche Bedürfnisse werden sichtbar?

Arbeitshypothesen
- Welche Bedeutung und Funktion hat das aggressive Verhalten? („Guter-Grund-Frage")
- Welche Rahmenbedingungen müssten sich verändern?
- Was braucht die Person, um ein alternatives Verhalten statt der Aggression zu entwickeln?

Reaktionen auf Verhalten
- Welche Reaktionen ruft das Verhalten bei anderen Beteiligten hervor?
- Inwieweit gibt es verstärkende oder hemmende Umgangsweisen mit dem erlebten Verhalten?
- Gibt es Möglichkeiten des Stressabbaus, der Ruhe oder der Auszeit?
- Inwieweit sind Sicherheit und Schutz zu gewährleisten?

Person in Interaktion
- In welchen Interaktionen zeigt sich das aggressive Verhalten?
- Welche Bedeutung hat die Beziehung / Interaktion für die Person?
- Welche Rolle nimmt die Person in der Interaktion ein?
- Wie sehen die aktuellen Lebensbedingungen aus?

Fragen: Welche Bedeutung hat das gezeigte Verhalten für diese konkrete Person in ihrer aktuellen Situation im Kontext der jetzigen Lebensbedingungen und der gelebten Beziehungen für die Erlangung oder Erhaltung des individuellen Wohlbefindens? Und: Welchen alternativen, für den Betroffenen und die anderen Beteiligten weniger anstrengenden, sozial verträglicheren, weniger schädigenden Verhaltensweisen kommt die gleiche Bedeutung zu?

Abb. 1 Hilfreiche Klärungsfragen

2.2.2 Wie Aggression und Gewalt sich vermindern, abbauen oder verhindern lassen

Die Komplexität des Phänomens „Aggressives Verhalten", die Vielfältigkeit der auftretenden Typen oder Arten von Aggression, die Unterschiedlichkeit individueller Lebensgeschichten mit ihren Erfahrungen von Aggression und Gewalt, geplante, spontane, hilflose und erfolgreiche Umgangsweisen im privaten und im professionellen Bereich – schnell wird deutlich, dass es ein Patentrezept zum Aggressionsabbau und zur Gewaltverminderung nicht geben kann.
Gleichwohl: In irgendeiner Art und Weise reagiert jeder Mensch auf Aggressionen. Sei es, dass Strafen und Sanktionen ausgesprochen oder gefordert werden, sei es, dass resignierend auf Fixierung, Time-out-Raum oder Psychopharmaka zurückgegriffen wird , sei es, dass Tagesabläufe, Räume oder Alltagsstrukturen hinterfragt und verändert werden – nicht selten gleicht die Suche nach dem angemessenen Umgang mit dem herausfordernden Verhalten der berühmten „Suche nach der Nadel im Heuhaufen". Anknüpfungspunkte bieten die (vermuteten) Erklärungen und „guten Gründe" für das gezeigte Verhalten.

Pädagogische Interventionen

bei emotional-aggressiven Verhaltensweisen
Diesen aggressiven Verhaltensweisen liegt (idealtypisch) eine erhöhte emotionale Erregung zugrunde. Gefühle wie Ärger und Wut, oftmals auch Angst führen dazu, dass die betroffene Person keine oder nicht genügend Kontrolle über das eigene Denken und Handeln hat. Mit Konflikten oder Überforderungen kann nicht (mehr) konstruktiv umgegangen werden, die Folgen des eigenen Tuns oder gar Alternativen werden in diesem Augenblick nicht überblickt. Anforderungen und pädagogische Aufforderungen, gar Diskussionen werden in den Situationen emotionaler Erregung als Stress und Zwang erlebt. Dabei droht die Gefahr, dass das aggressive Verhalten sich gegen „Unbeteiligte" richtet. Eskalationen führen in eine ausweglose Spirale und sind dann nur mit massiver Energie zu stoppen.
Die **pädagogische Intervention** zielt darauf ab, dass die betroffene Person möglichst die eigenen Emotionen unter Kontrolle bekommt oder zu kontrollieren lernt. Wichtig ist, dass für eine angstfreie Umgebung und Atmosphäre gesorgt wird. Klare Strukturen, routinierte Abläufe und ein überschaubares Verhalten der Bezugskräfte auf der Grundlage angemessener Zuwendung bieten Sicherheit.
Sind emotionale Erregungen auf das individuelle Befinden des Betroffenen bzw. seine persönliche Disposition zurückzuführen, etwa eine erhöhte Reizbarkeit, eine eingeengte Wahrnehmungsfähigkeit oder verminderte Steuerungsfähigkeit, so kann mitunter durch eine angemessene Kommunikation, eine Vermeidung von Zeitdruck und durch eine wertschätzende Haltung die Anspannung gemildert werden. Flexibles und individuell gestaltetes Verhalten der Fachkräfte hilft Überforderungen durch starre (Gruppen-)Regeln abzubauen. Dieses kann schließlich zu einer emotionalen Stabilisierung beitragen.

bei funktional-aggressiven Verhaltensweisen
Im Fall der funktional-aggressiven Verhaltensweisen steht für den Betroffenen die Erlangung einer Ziels oder eines persönlichen Vorteils im Fokus. Das aggressive Verhalten wird bewusst (oder weil keine anderen Handlungsalternativen zur Verfügung stehen) eingesetzt, um etwa Aufmerksamkeit und Zuwendung zu erhalten oder auch um unangenehme Situationen zu beenden oder zu vermeiden. Funktional-aggressives Verhalten hat einen instrumentellen Charakter und stellt sich häufig als Folge eingeschränkter Kommunikationsmöglichkeiten des Betroffenen dar.
Die **pädagogische Intervention** zielt letztlich darauf ab, die mit der Aggression verbundenen positiven Effekte auf eine andere Art und Weise zu erreichen. Die Fachkraft wendet sich dem Klienten nicht (erst) dann zu, wenn dieser mit Geschirr nach ihm wirft, sondern widmet sich ihm beim gemeinsamen Essen. Der Mensch mit Behinderung erfährt sich nicht nur während seiner aggressiven Handlungen als kraftvoll und selbstwirksam, sondern ihm werden Möglichkeiten geboten, sich z. B. bei der Gartengestaltung als unverzichtbarer Mitarbeiter zu zeigen. Dieser „kraftvolle körperliche Einsatz" wird dann entsprechend gewürdigt. Lob, Anerkennung und gemeinsame Zeit sind wichtige Verstärker. Individuell abgestimmte Belohnungspläne können motivieren und unterstützen.
In der Regel ist es nicht damit getan, aggressives Verhalten zu bestrafen oder zu ignorieren. Es reicht nicht aus, dass sich für den Betroffenen das aggressive Handeln nicht mehr lohnt. Andere, sozial verträglichere, aber gleichermaßen sinngebende Lösungsstrategien und Verhaltensmuster müssen nach und nach erarbeitet und aufgebaut werden. Nicht übersehen werden darf dabei, dass der vielleicht über Jahre erfolgreich eingeübte Einsatz aggressiver Verhaltensweisen zur Erlangung der Ziele sich zu „festgefahrenem Verhalten" (Heijkoop) entwickelt hat. Die gegenläufigen Anreize müssen entsprechend sinnvoll, subjektiv bedeutsam und attraktiv sein.

bei eruptiv-aggressiven Verhaltensweisen
Eruptive oder impulsive Erregungen, bei denen die betroffene Person die Kontrolle über sich selbst plötzlich zu verlieren scheint, münden oftmals in ungesteuerten und heftigen Aggressionen. Zwischen dem Handeln und dem Tun gibt es keine Handlungskontrolle, wie ein „HB-Männchen" gehen die Betroffenen unvermittelt in die Luft. Die Reaktionen auf einen Reiz können weder gesteuert noch unterdrückt werden. Die Heftigkeit der aggressiven Reaktionen und Verhaltensweisen steht in keinem Verhältnis zu den (möglichen) Ursachen, das aggressive Verhalten erscheint kaum zielgerichtet, aber von hoher Intensität.

Die **pädagogische Intervention** setzt auf die beiden Schwerpunkte „Deeskalation“ und „Impulskontrolle“. Beide Maßnahmen verlangen ein hohes Maß an Übung und Fachlichkeit.

Die persönlichkeitsbedingte Impulsivität eines Menschen hängt von vielen Faktoren ab. Gerade bei Menschen mit (schweren) geistigen Behinderungen und bei Menschen mit autistischen Störungen können kognitive Fähigkeiten der Planung und Reflexion, Gedächtnisleistungen oder die Fähigkeit der Wahrnehmung und Aufmerksamkeit beeinträchtigt sein. Hier wird die Fachkraft durch eine entsprechende Gestaltung des gesamten Settings versuchen, Überforderungen zu vermeiden und entsprechend frühzeitig auf auslösende Reize zu reagieren. Eine genaue Beobachtung von Spannungsverläufen und Krisenentwicklungen kann helfen, spannungserhöhende ebenso wie spannungsvermindernde Faktoren aufzuspüren.

In der konkreten aggressiven Krisensituation geht es dann darum, rechtzeitig Maßnahmen zur Deeskalation einzuleiten: das Angebot von Ruhe- und Rückzugsmöglichkeiten, der Einsatz von Ablenkungen oder paradoxen Interventionen, eine ruhige und deutliche Präsenz der Fachkraft, für die aggressiven Verhaltensweisen einen Bewegungsraum zulassen.

Langfristig ist es das Ziel, dass der Betroffene den Umgang mit seinen impulsiven Reaktionen lernen soll. Es geht darum, auslösende Situationen zu erkennen und dieses mitzuteilen, die eigene Anspannung durch geeignete Methoden zu regulieren und letztlich andere Lösungswege zu entwickeln. Hier ist neben der pädagogischen Intervention oftmals eine therapeutische, fachliche Unterstützung notwendig und wichtig.

Pädagogische Veränderungen

Veränderung aggressionsfördernder Faktoren

Folgt man den Grundannahmen der (modifizierten) Frustrations-Aggressions-Theorie (▸ s. oben), so ist ein Abbau bzw. eine Verminderung aggressiver Verhaltensweisen vor allem durch die Veränderung frustrierender Situationsbedingungen oder den Umgang der betroffenen Person mit eben diesen Bedingungen zu erwarten.

In der Arbeit mit Menschen mit Behinderung, die mit aggressivem Verhalten eine Herausforderung für die Fachkräfte bedeuten, kann dieses u.a. bedeuten

- die Wohn- und Arbeitsbedingungen in oft nicht selbstbestimmten „Zwangsgruppen“ zu hinterfragen;
- auf die einengenden und möglicherweise rigiden Regelwerke in Tagesabläufen aufmerksam zu sein;
- sich über die Gestaltung einer angenehmen Atmosphäre und eines aggressionsarmen Klimas Gedanken zu machen;
- häufige Personalwechsel in Bezugsbetreuungen zu vermeiden;
- Enttäuschungen aufgrund nicht eingehaltener Versprechen oder Zusagen zu vermeiden;
- die Betroffenen durch Überforderungen unterschiedlichster Art nicht in Situationen von Ohnmacht und Hilflosigkeit zu bringen;
- Ausgrenzungen durch die Art und Weise der Kommunikation zu unterlassen;
- Provokationen und persönliche Herabsetzungen des Selbstwertgefühls auszuschließen.

Positiv kann der Umgang von Menschen mit Behinderungen gegenüber frustrierenden Bedingungen und Ereignissen angeregt werden, indem

- sie zu einem anderen Blick und zu einer anderen Sichtweise auf konfliktträchtige Situationen motiviert werden;
- sie in ihrer Selbstbestimmung durch bewältigbare Wahl- und Entscheidungsmöglichkeiten gestärkt werden;
- mit Humor und Herz (dramatische) Störungen und Provokationen entschärft werden;
- die eigenen Sichtweisen, Ziele, Werte und Handlungen einfühlsam relativiert werden;
- das Wahrnehmen der eigenen Gefühle und das einfühlende Verstehen des anderen geübt und vorgelebt werden.

Veränderung der Verhaltensmuster

An dieser Stelle geht es nicht um die (möglicherweise erwünschten und anzustrebenden) fundamentalen Verhaltensänderungen bis hin zur grundsätzlichen Absage an aggressive Verhaltensweisen – dieses ist oft nur in einem langjährigen Lernprozess bzw. Trainingsprozess zu erreichen. Es geht eher um kleine Veränderungen.

Diese sind schon erreicht,

- wenn aus dem kleinen Ärger und der gereizten Stimmung nicht eine problematische Verhaltensweise erwächst, sondern der Betroffene um Möglichkeiten der angenehmen Ablenkung oder körperlichen Bewegung und Entspannung weiß – und diese (ggf. mit Unterstützung) auch ausübt;
- wenn bei einem tief sitzenden Ärger rasch und zuverlässig ein vertrauter Gesprächspartner da ist, der Verständnis hat;
- wenn bei einem Konflikt jemand auf meiner Seite steht und zu mir hält (und dabei durchaus die gezeigten aggressiven Verhaltensweisen missbilligt!);
- wenn es bei einem Konflikt einen neutralen Streitschlichter gibt;
- wenn es Gelegenheiten gibt, dass jemand sich für sein herausforderndes Verhalten entschuldigen kann – und nichts „nachgetragen“ wird;
- wenn auch nach dem wiederholten Scheitern und dem wiederholten Rückfall in aggressive Handlungsmuster jeder die Chance auf einen Neuanfang und eine echte und wertschätzende Begegnung hat;
- wenn die heilerziehungspflegerischen Fachkräfte selbst gute Modelle für den Umgang mit konfliktträchtigen Situationen und aggressiven Verhaltensweisen sind.

Konzept der positiven Verhaltensunterstützung

Leitfragen und Prinzipien

Das Konzept der positiven Verhaltensunterstützung ist in Deutschland vor allem durch Georg Theunissen entwickelt und bekannt gemacht worden. Dabei geht es um einen lerntheoretisch fundierten, zugleich lebensweltbezogenen und ressourcenorientierten Ansatz zum pädagogischen Umgang mit auffälligen und herausfordernden Verhaltensweisen von Menschen mit (geistiger) Behinderung.

Zentraler Bestandteil des Konzepts ist ein **funktionales Assessment**. Hier ist es die Aufgabe eines Unterstützerkreises (circle of supports, ein Kreis aus Personen, die für den betroffenen Menschen eine bedeutsame Rolle zur Lösung des problematischen Verhaltens spielen), sich einen Überblick über die Situation zu verschaffen und allgemeine und spezifische Informationen zusammenzustellen. Darauf aufbauend wird (in der Regel gemeinsam mit dem Betroffenen) ein individuelles Programm geplant, welches umfassend nicht nur auf den Abbau aggressiver Verhaltensweisen zielt, sondern letztlich einen Beitrag zu mehr Lebensqualität des Betroffenen leisten möchte.

Auf das funktionale Assessment folgt die **funktionale Verhaltensanalyse**, in der Hypothesen zur subjektiven Bedeutung der herausfordernden, aggressiven Verhaltensweisen formuliert werden. Dabei wird zwischen den spezifischen Annahmen bezüglich der unmittelbaren Problemsituation und den globalen Annahmen unterschieden. Letztere tragen zum ganzheitlichen Verständnis der Person und ihrer Entwicklungsmöglichkeiten bei.

Schließlich werden auf dieser Grundlage **Ziele und Maßnahmen** zu einer positiven Verhaltensunterstützung formuliert, die in ein Gesamtprogramm eingebunden werden. In jedem Einzelfall ist dieses Programm auf die betroffene Person und ihr Umfeld abzustimmen. Der Unterstützerkreis sollte intensiv und verantwortlich in das Programm einbezogen werden. Begleitend und abschließend ist das Programm zu **evaluieren**, sodass Veränderungen und Entwicklungen erfasst werden können.

Leitprinzipien für ein Gesamtprogramm der positiven Verhaltensunterstützung im Umgang mit herausfordernden Verhaltensweisen von Menschen mit Behinderung (nach Theunissen):

Ein Unterstützungsprogramm ist:
- zielorientiert und basiert auf (funktional geprägten) Arbeitshypothesen
- auf den individuellen und konkreten Einzelfall abgestimmt
- auf die Persönlichkeitsentwicklung und Lebensqualität der ganzen Person ausgerichtet
- im Alltag der Person anwendbar
- im Alltag der Bezugspersonen praktikabel
- auf die Zusammenarbeit aller Beteiligten und einen Unterstützerkreis angewiesen
- in einer Evaluation nachvollziehbar und überprüfbar

Programmatische Bausteine

Unabhängig von der individuellen Passung beinhaltet ein Gesamtprogramm zur positiven Verhaltensunterstützung verschiedene tragende Bausteine, wie ▸ **Abb. 1** zeigt:

(1) Die Veränderung von Kontextfaktoren muss nicht unbedingt zu einer Veränderung des aggressiven Verhaltens der Person führen, kann aber einen wichtigen Beitrag zur Prävention leisten. Eine neue Situation bietet neue Lern- und Verhaltensbedingungen und schafft so vielfach eine gute Basis für weitere Maßnahmen.

(2) Die Erweiterung des Verhaltens- und Handlungsrepertoires, etwa durch den Erwerb neuer Krisenbewältigungsstrategien, zielt darauf ab, bislang ausgeübtes Verhalten durch

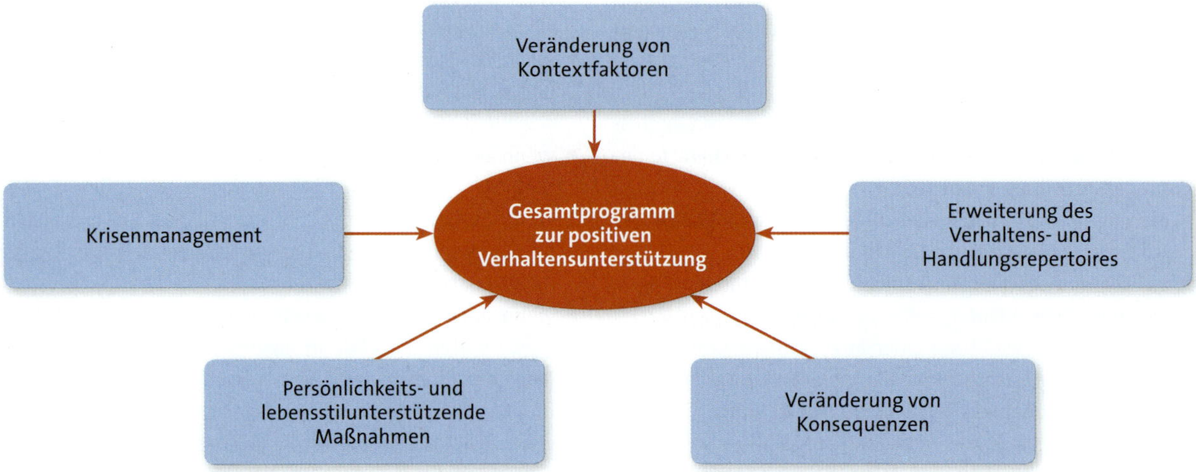

Abb. 1 Programmatische Bausteine nach Theunissen

ein funktional ähnliches, aber sozial angemesseneres Verhalten zu ersetzen. Des Weiteren sollen neue Fähigkeiten aufgebaut werden, die letztlich insgesamt zu einer verbesserten Problembewältigung führen.

(3) Die Maßnahmen zur Veränderung der Konsequenzen umfassen positive Verstärkungstechniken, etwa durch den Einsatz sozialer Verstärker (Lob, Anerkennung o.Ä), materieller Verstärker (Nahrung, Spielzeug o.Ä.) bzw. Handlungsverstärker (gemeinsames Tun), aber auch Unterstützungen beim Lernen. Eine weitere Strategie ist die Reduktion von problematischem Verhalten, etwa durch Ignorieren, Umlenken oder Grenzsetzungen.

(4) Persönlichkeitskeits- und lebensstilunterstützende Maßnahmen reichen über die Bearbeitung des konkreten Problemverhaltens hinaus in die Lebenswelt, die sozialen Netzwerke und schließlich in den Sozialraum der betroffenen Person hinein. Letztlich geht es auch um eine gesellschaftspolitische Aufgabe, etwa durch die Schaffung inklusiver und gemeindenaher Settings.

(5) Ein Krisenmanagement ist für- und vorsorglicher Natur (z. B. Krisenplan, Akutintervention, Nachsorge) und erfordert in der Regel den Einbezug anderer fachlicher Dienste.

Schutz und Sicherung

Im heilerziehungspflegerischen Alltag gerät man – bei allen pädagogischen Bemühungen um Aggressionsverminderung – in schwierige Situationen, die das „normale Maß" aggressiven Verhaltens übersteigen. Nicht immer gelingt es, massive Übergriffe und Angriffe zu vermeiden. Die eigene körperliche Unversehrtheit und die Sicherheit der anderen Beteiligten, aber auch der Schutz des aggressiv Handelnden selbst verlangen dann nach **Notfallmaßnahmen**.

In vielen Einrichtungen, in denen Fachkräfte häufiger mit aggressiven und gewaltsamen Verhaltensweisen von Klienten konfrontiert werden, gibt es Kurse für Schutzmaßnahmen und Sicherungstechniken. Dabei werden nicht nur spezielle Griffe und Techniken zur Abwehr vermittelt, sondern darüber hinaus wird auch über die rechtlichen und ethischen Aspekte von Gewaltanwendung durch die Fachkraft nachgedacht.

Wichtig erscheint in jedem Fall – unabhängig vom Programm oder von der vermittelten Methode –, dass

- die Anwendung körperlicher Gewalt immer *letztes* Mittel der Abwehr von Angriffen ist;
- eingesetzte Techniken nur dann sinnvoll sind, wenn sie intensiv geübt, sicher beherrscht und automatisiert in schwierigen Situationen angewandt werden können;
- die Anwendung von Schutz- und Sicherungstechniken eingebunden ist in ein umfangreiches Konzept der Krisenintervention und der pädagogischen bzw. heilerziehungspflegerischen Arbeit mit Menschen mit aggressiven Verhaltensweisen.

Abb. 1 Grenzsetzung

Zum Weiterlesen

J. Heinrich (Hrsg.): Akute Krise Aggression. Aspekte sicheren Handelns bei Menschen mit geistiger Behinderung. 2012

M. Janssens: Humor als Intervention, die Betreuung verändert. Spaß mit Menschen, die mit einer geistigen Behinderung leben. 2010

G. Theunissen: Positive Verhaltensunterstützung. Eine Arbeitshilfe für den pädagogischen Umgang mit herausforderndem Verhalten bei Kindern, Jugendlichen und Erwachsenen mit Lernschwierigkeiten, geistiger Behinderung und autistischen Störungen. 2011

J. Heijkoop: Herausforderndes Verhalten von Menschen mit geistiger Behinderung. Neue Wege der Begleitung und Förderung. 2014

H.-P. Nolting: Lernfall Aggression. Wie sie entsteht – wie sie zu vermindern ist. Eine Einführung. 2009

F. Petermann, U. Petermann: Training mit aggressiven Kindern. 2012

Orientierung 2/2007: Themenheft Herausforderndes Verhalten

2.3 Selbstverletzendes und autoaggressives Verhalten

Juliane, ein 12-jähriges Mädchen mit einer geistigen Behinderung und autistischen Zügen, ist Schülerin an einer Förderschule mit dem Schwerpunkt „Geistige Entwicklung". Ihr Verhalten ist für die Lehrkräfte und die begleitenden heilerziehungspflegerischen Fachkräfte häufig nur schwer auszuhalten. So schlägt sie „wie aus heiterem Himmel" mit dem Kopf heftig und wiederholt auf ihren Schultisch oder schlägt sich selbst mit der Hand ins Gesicht. Ihre Wangen sind gerötet, der Kopf weist deutliche Verletzungsspuren und Narben auf. In anderen Situationen beißt Juliane sich in ihre linke Hand. Eine dicke Hornhaut, die zudem durch ihr Kratzen regelmäßig aufplatzt, zeugt von diesen Aktionen.
Im Unterricht zieht sich Juliane immer wieder aus dem Geschehen zurück und nimmt keinen Kontakt zu ihren Mitschülern auf. Wird sie direkt angesprochen, so verkriecht sie sich oftmals unter ihrem Tisch. Dort geht das Schlagen mit dem Kopf in stereotype und heftige Bewegungen über.
In ihrer verbalen Ausdrucksfähigkeit ist Juliane stark eingeschränkt. Auf Angebote der gebärdenunterstützten Kommunikation (▶ s. Modul 5, Kap. I.4.6) reagiert sie kaum, lautiert aber deutlich und einfordernd, wenn sie etwas möchte. Kommt es zu schulischen Anforderungen – etwa ihren Aufräumdienst zu erledigen oder sich an den praktischen Arbeiten zu beteiligen –, läuft sie oft schreiend davon.
Ihre Aggressionen richten sich dabei nicht gegen die Klassenkameraden. Hier hält sie Abstand und geht von sich aus auf Distanz. In diesen Situationen wirkt sie auf die Fachkräfte auch zunehmend traurig und allein. Ihr Verhalten hat mittlerweile dazu geführt, dass sie morgens allein von ihren Eltern zur Schule gebracht wird, da die gemeinsamen Busfahrten für alle zu einer unerträglichen Belastung geworden waren.

Abb. 1 Autoaggressives Verhalten: sich selbst schlagen

2.3.1 Autoaggressives und selbstverletzendes Verhalten – eine Annäherung

Heilerziehungspfleger berichten über die unterschiedlichsten Formen und Ausprägungen von selbstverletzendem Verhalten von Menschen mit Behinderungen.
Da ist der 45-jährige Franz Maurer, der mit seinem Kopf immer heftig gegen die Heizungsrohre in seinem Zimmer schlägt. Sein linkes Ohr ist von den Narben entstellt, er ist auf diesem Ohr ertaubt.
Die 5-jährige Claudia schaukelt rhythmisch mit dem Oberkörper und ist kaum ansprechbar. Mit ihrer Hand reibt sie sich die Augenhöhlen, bis es blutet. Die Erzieherinnen des heilpädagogischen Kindergartens müssen sie oft mit hoher körperlicher Kraft davon zurückhalten.

Die 24-jährige Dorothee Wermeling ritzt sich mit Rasierklingen, Scherben oder Messern die Unterarme und Handgelenke blutig. Die Narben werden immer wieder aufgekratzt.

Während der Spaziergänge auf dem Klinikgelände sammelt Udo Zanger, ein 62-jähriger Patient mit leichter geistiger Behinderung und einer Suchtproblematik, regelmäßig Zigarettenstummel auf. Diese stopft er in sich hinein, ohne dass das Fachpersonal dieses verhindern könnte.

Die Begriffe „selbstverletzendes Verhalten", „Selbstschädigung" und „autoaggressives Verhalten" werden in der Regel parallel gebraucht. Deutlich unterschieden wird davon das Handeln in suizidaler Absicht.

Auch wenn sich selbstverletzende Verhaltensweisen in ihrer Vielfalt mit Blick auf die Schwere der Schädigung, die Häufigkeit und Dauer des Auftretens, die betroffenen Körperregionen sowie hinsichtlich der mehr oder weniger stereotypen Ausführung unterscheiden, so stimmen die meisten Fachleute darin überein, dass es sich um eine absichtliche Schädigung des eigenen Körpers handelt, ohne dass jedoch eine suizidale Absicht dahintersteht.
Allerdings sagt dieser Ansatz noch wenig über den sozialen Kontext und die vermuteten Hintergründe aus. Um dieser Komplexität gerecht zu werden, hat sich in Wissenschaft und Praxis folgende Definition bewährt:

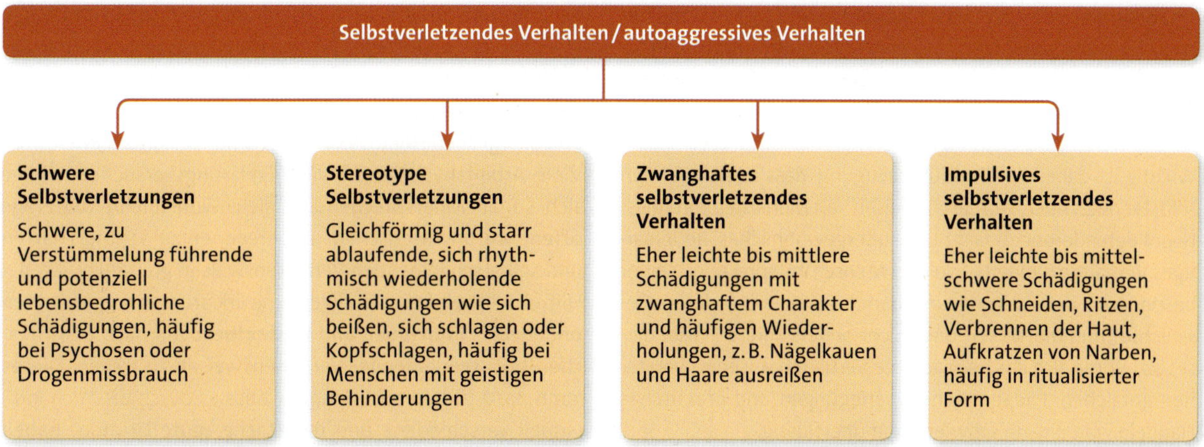

Abb. 1 Klassifikation von selbstverletzendem Verhalten (nach Simeon/Favazza, in: Petermann/Winkel 2009, 32)

Unter **selbstverletzendem Verhalten** wird eine direkte und offene Schädigung des eigenen Körpers verstanden, die (egal ob bewusst oder unbewusst) in der Regel funktionell motiviert ist, sozial nicht akzeptiert wird und nicht in suizidaler Absicht ausgeführt wird. Selbstverletzendes Verhalten ist multifaktoriell bedingt (bio-psycho-soziales Modell) und letztlich nur verstehbar vor dem Hintergrund der (eingeschränkten) Kompetenzen einer Person, ihrer Entwicklungs- und Lerngeschichte und im umfassenden Kontext ihrer sozialen Beziehungen und ihrer Lebenswelt.

▸ S. auch Modul 3, Kap. III.2.5.3 Selbstverletzendes Verhalten

Bei Menschen mit (geistiger) Behinderung entwickelt sich selbstverletzendes Verhalten mit einer erhöhten Wahrscheinlichkeit bereits ab dem Kindesalter. Dort gezeigte autoaggressive Verhaltensweisen nehmen zu und scheinen sich zu verfestigen, bis sie zum festen Verhaltensrepertoire des (dann jugendlichen oder erwachsenen) Menschen werden. Je stärker zudem die Behinderung, desto häufiger ist selbstverletzendes Verhalten zu beobachten.

Nach einer gängigen Klassifikation werden selbstverletzende Verhaltensweisen in schwere Selbstverletzungen, stereotype Selbstverletzungen, zwanghaftes und impulsives selbstverletzendes Verhalten unterschieden, wobei diese eher beschreibende Zuordnung bereits einen ersten Zugang zum differenzierten Verstehen des Verhaltens eröffnet (▸ **Abb. 1**).

2.3.2 Der Blick auf die Ursachen – Arbeitshypothesen

Weshalb verletzen sich Menschen selbst? Warum kommt es zu diesen Verhaltensweisen, die oft genug den Betroffenen ja in (weitere) soziale Isolationen führen, da das Umfeld den Kontakt so weit wie möglich zu vermeiden sucht? Gibt es Erklärungen, die für die heilerziehungspflegerischen Fachkräfte Ansatzpunkte für Veränderungen und pädagogisches Handeln bieten können? Macht dieses sinnlos wirkende autoaggressive Verhalten, wenn schon von außen so wenig nachvollziehbar, aus Sicht der Betroffenen Sinn?

Aufgabe

Beschreiben Sie selbstverletzende Verhaltensweisen eines Menschen mit einer Behinderung so genau wie möglich. Achten Sie dabei nicht nur auf die Schilderung des beobachtbaren Verhaltens, sondern auch auf den situativen Kontext, auf soziale Interaktionen und die Reaktionen des Umfelds.

1. Was löst das beobachtete selbstverletzende Verhalten bei Ihnen aus?
2. Welche Vermutungen und Erklärungsversuche haben Sie zu dem Verhalten?
3. Wie sind die Reaktionen des Umfelds? Welche Umgangsweisen haben Sie kennengelernt bzw. halten Sie für wünschenswert?

Unabhängig von der Beschäftigung mit wissenschaftlichen Erklärungsansätzen und Hintergrundinformationen zu selbstverletzenden Verhaltensweisen entwickelt sich eine Vielzahl von Arbeitshypothesen, die zunächst die Grundlage für das weitere Handeln bieten.

Wichtig ist dabei die Grundüberzeugung, dass es sich bei den selbstverletzenden Verhaltensweisen von Menschen mit (geistigen) Behinderungen *nicht* um außergewöhnliches, andersartiges Verhalten handelt – weil der Mensch entsprechend seiner besonderen Behinderung und damit seiner besonderen Geschichte „nun mal so sei" und „nicht anders könne". Wäre dieses so, würde sich das beobachtete Verhalten unserem Verstehen entziehen. Pädagogische Überlegungen und praktisches Handeln wären dann schwierig, gar überflüssig.

Die zusammengestellten Arbeitshypothesen folgen der Überzeugung, dass selbstverletzendes Verhalten von Menschen mit (und ohne) Behinderung **subjektiv sinnvolles Handeln** ist. Das gelebte Tun – und sei es in unseren Augen noch so abwegig – stellt für den betroffenen Menschen eine Möglichkeit dar, Bedürfnisse zu befriedigen. Es ist zugleich die diesem Menschen in diesem Moment mögliche Art und Weise, mit Situationen und alltäglichen Herausforderungen sinnvoll umzugehen.

Viele Arbeitshypothesen, viele Erklärungsversuche – einige sich sogar widersprechend –, gleichwohl bleibt die Frage offen, warum Menschen ausgerechnet zu schmerzhaften und selbstschädigenden Verhaltensweisen greifen (müssen). Hilfreich scheint es, auf allgemeine Erklärungen zu verzichten und jeweils **individuell und kontextbezogen** nach den Ursachen selbstverletzender Verhaltensweisen zu fragen. Dieses kann dazu führen anzunehmen, dass es durchaus auch individuell verschiedene und mehrfache „gute Gründe" haben kann, zu selbstverletzendem Verhalten zu greifen.

Es kommt also darauf an, die Effekte, die das Verhalten für den Betroffenen hat, zu verstehen.

Aufgabe

Die folgenden Erklärungsversuche von Fachkräften der heilerziehungspflegerischen Praxis im Schaubild ▸ Abb. 1 markieren das weite Feld der Arbeitshypothesen zu den Ursachen selbstverletzenden Verhaltens. Gleichen Sie Ihre Vermutungen mit den hier genannten Vermutungen ab.

Welche könnten auf Ihre erlebten Praxiserfahrungen zutreffen? Welchen Hypothesen stimmen Sie eher zu?

Welche pädagogischen Handlungsweisen ergeben sich aus den jeweiligen Erklärungsversuchen?

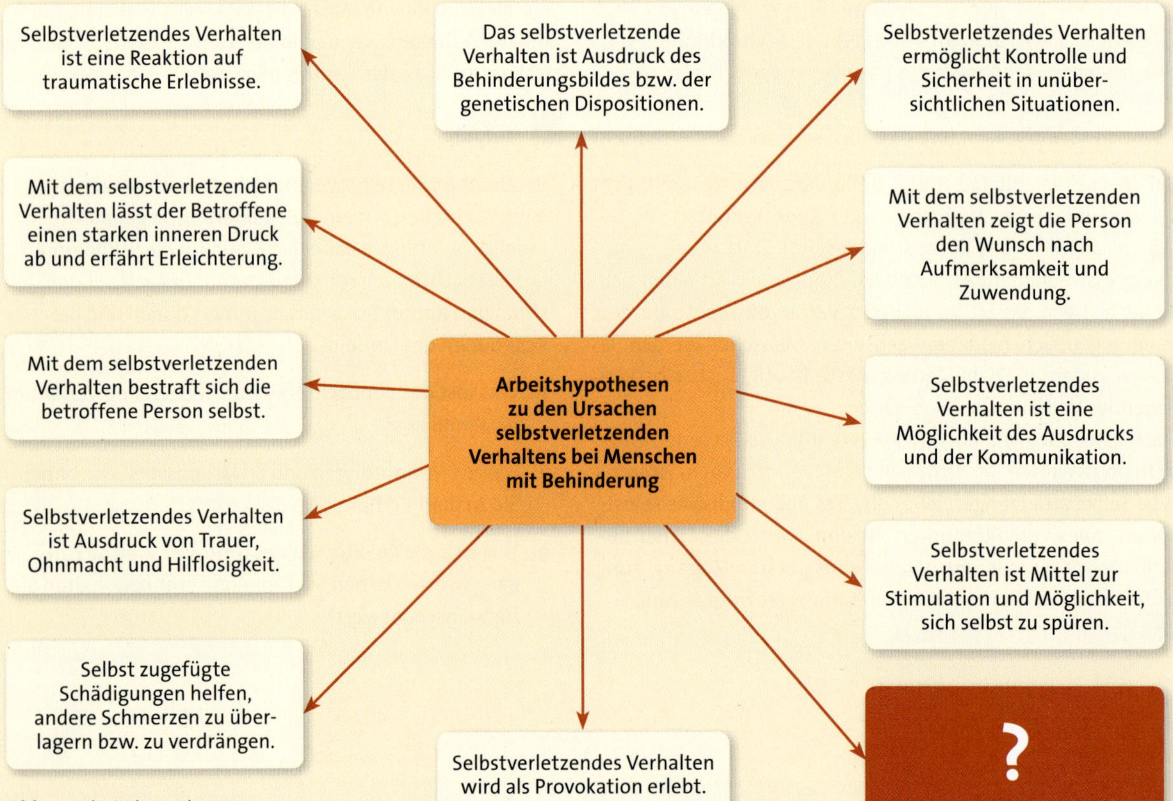

Abb. 1 Arbeitshypothesen

Welche Bedeutung haben die im Laufe des Lebens mit dem gezeigten selbstverletzenden Verhalten gemachten Erfahrungen und Effekte für die jeweilige Person? Welche Funktionen hat das gezeigte selbstverletzende Verhalten?
Wichtig sind dabei der Blick auf die Körperlichkeit des Phänomens, der Blick auf die erlebte Selbstwirksamkeit und schließlich der Blick auf die kommunikativ-soziale Bedeutung des selbstverletzenden Verhaltens.
Abzuklären bleibt,

- inwieweit eine Beeinträchtigung des körperlichen Wohlbefindens der Person den Hintergrund für selbstverletzendes Verhalten bildet;
- inwieweit die Form des gezeigten selbstverletzenden Verhaltens – insbesondere bei stereotypen, sich rhythmisch wiederholenden Verhaltensweisen – der (vielleicht nur einzig mögliche oder sinnvolle) Ausdruck des Wunsches nach Selbsttätigkeit, Selbstbestimmung und Selbstwirksamkeit der Person ist;
- inwieweit selbstverletzendes Verhalten vor allem in Interaktionen eingesetzt wird, um wahrgenommen zu werden und auf sich oder seine Bedürfnisse und Anliegen aufmerksam zu machen.

Fazit: Erst eine differenzierte Betrachtung des selbstverletzenden Verhaltens lässt die spezifische Art und Weise und die jeweils individuell bedeutsame Funktion dieses Verhaltens deutlich werden.

2.3.3 Pädagogische Handlungsweisen im Umgang mit selbstverletzendem Verhalten

Die folgenden Überlegungen gehen von der Überzeugung aus, dass heilerzieherische Angebote im Umgang mit Menschen mit selbstverletzendem Verhalten einen hohen Aufforderungscharakter haben müssen. An die Stelle mitunter lang eingeübter, stereotyper, körpernaher und subjektiv sinnvoller schädigender Verhaltensweisen soll eine attraktive Alternative treten. Dabei bildet der Mensch mit seinen Erfahrungen und Gewohnheiten, aber auch mit seinen Ressourcen und Vorlieben den unhintergehbaren Ausgangspunkt aller pädagogischen Anstrengungen.

Aufgabe

Überlegen Sie als Gedankenanstoß einmal selbst,

- wie schwer es Ihnen fällt, von lieb gewonnenen Routinen des Alltags Abschied zu nehmen, auch wenn Sie wissen, dass diese Ihnen nicht guttun?
- wie attraktiv die Alternativen sein müssen, bislang erprobtes Verhalten aufzugeben, um noch Neues und Unbekanntes zu erproben?
- wie schwierig trotzdem das Erlernen neuer Verhaltensweisen ist?

Medikamente und Schutzmaßnahmen

Selbstverletzendes Verhalten kann in einer hohen Intensität zu Schädigungen führen, sodass sich die Frage des Schutzes der Person und die Frage der eigenen Sicherheit stellen.
Medikamente, in der Regel Psychopharmaka (▸ s. Modul 6, Kap. III.1.8), können keine grundsätzliche Lösung des Problems darstellen, insofern sie zu einer Eingrenzung der Selbstbestimmung des Betroffenen führen. Gleichwohl kann eine medikamentöse Behandlung indiziert sein, die begleitend, abgestimmt und zeitlich begrenzt sein sollte. Entscheidend ist, ob die Medikamentengabe Möglichkeiten des heilerziehungspflegerischen Arbeitens eröffnen hilft. Zu beachten sind in jedem Fall die Nebenwirkungen.
Medikamente können in jenen Fällen sinnvoll sein, wo der Mensch mit selbstverletzendem Verhalten auf körperliches Unwohlsein und Schmerzen hinweisen möchte. Hier sind medizinische Abklärungen und die Kooperation mit Fachkräften notwendig.
Die Regulierung selbstverletzenden Verhaltens mithilfe von **Armmanschetten, Helmen oder Handschuhen** stellt eine manchmal unumgängliche Schutzmaßnahme dar. Es geht darum, schwerwiegende Schädigungen zu verhindern. Wichtig ist der Hinweis, dass mit diesen Maßnahmen nicht die Bewegungsfreiheit und Mobilität des Betroffenen grundlegend eingeschränkt werden.
Fixierung ist – so berichten Fachkräfte nahezu übereinstimmend – die letzte, manchmal nicht zu vermeidende Notlösung, um die betroffene Person vor schweren Verletzungen zu schützen. Hierbei ist nicht nur die juristische Lage und Problematik zu beachten und abzuwägen (▸ s. Modul 5, Kap. IV.1.3). Bedenklich erscheint vor allem, dass dem Betroffenen nahezu jegliche Handlungsmöglichkeiten genommen werden. Darüber hinaus beschämt die entwürdigende und belastende Situation nicht nur den sich selbst verletzenden Menschen, sondern nahezu immer auch die handelnden Fachkräfte.

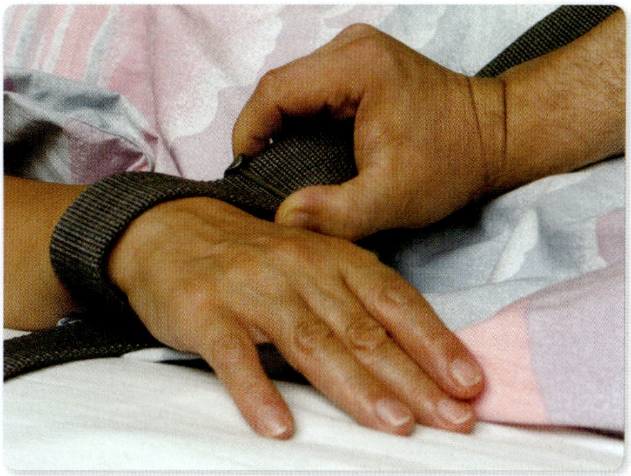

Abb. 1 Fixierung

2.3.4 Pädagogische Anregungen

Anregungen zur körperbezogenen Arbeit

Wird die Bedeutung von selbstverletzendem Verhalten darin vermutet, dass die Person auf körperliches Unwohlsein aufmerksam machen oder körperliche Schmerzen überdecken will, so ist zunächst einmal nach den Quellen zu suchen. Angezeigt sind etwa Untersuchungen bei HNO-Ärzten und Augenärzten, aber auch Hinweisen etwa zu Druckstellen durch falsche Lagerungen oder eine schlechte Sitzposition im Rollstuhl ist nachzugehen. Fachkräfte sollten den Menschen mit Behinderungen geeignete Möglichkeiten anbieten, sich über ihre körperlichen Schmerzen rechtzeitig mitteilen zu können. Hinweise in diese Richtung können etwa permanentes Jucken oder Kratzen sein (▸ **s. Modul 6, Kap. II.1 Pflege bei Schmerzen**).
Die Schaffung einer wohltuenden, ruhigen Atmosphäre kann bereits für eine Entspannung sorgen. Düfte, Musik, leichte Bewegungen unterstützen dieses. Massagen mit wohlriechenden Salben und Ölen, angenehme Bäder beeinflussen nicht nur die Körperwahrnehmung positiv, sondern fördern auch den Aufbau von Sicherheit und Vertrauen. Zudem kann so die Entdeckung des eigenen Körpers angeregt werden – und die Erfahrung, dass Wohlbefinden auch auf nicht schädigende Weise gelingen kann. Der Körper kann anders erlebt werden auf langen Spaziergängen in der Natur oder beim Sichbewegen.
Wird das selbstverletzende Verhalten als „suchtartig" erlebt, werden gegebenenfalls personenbezogene Alternativen in einem „**persönlichen Skill-Koffer**" (skill, engl.: Fähigkeit ▸ **Abb. 1**) zusammengestellt. Dieses verlangt Wissen über die biografischen Hintergründe und die individuellen Vorlieben.

Jeder Skill-Koffer sieht anders aus – Igelbälle, Schnippsgummis, Tabasco, eine Bürste, Brausepulver, aber auch Handcremes, Duftkerzen, persönliche Lieblingsfotos oder Musik, ein Gutschein für eine schöne Beschäftigung, darüber hinaus z. B. Pflaster, Verbandszeug, wichtige persönliche Adressen, Notfallnummern. Der Skill-Koffer sollte immer wieder aktualisiert werden. Zudem ist der Umgang zu beobachten und in einem Tagebuch zu protokollieren.

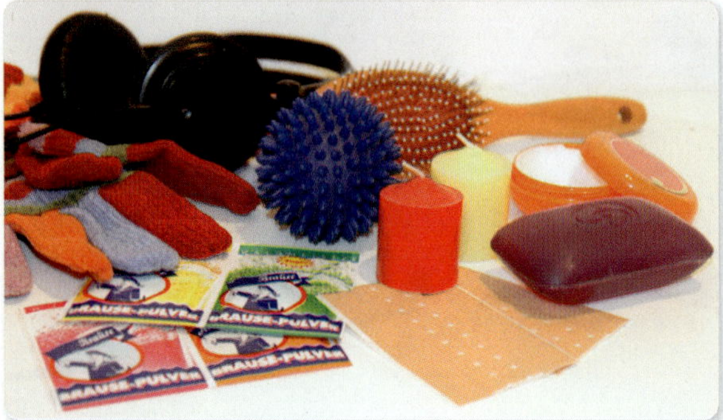

Abb. 1 Persönlicher Skill-Koffer (Beispiel)

Anregungen im Bereich der Betätigung und Interaktion

Liegt die Bedeutung (Funktion) des selbstverletzenden Verhaltens darin, dass es zu wenige Erfahrungen mit fördernden, anregenden, lustvollen und dabei nicht schädigenden Betätigungen gibt, so können hier neue „adäquate Bildungsangebote" (Theo Klauss) hilfreich sein.
Spürbare und alternative Angebote im Bereich der **Bewegung** wie Schaukeln, Trampolin springen, Hüpfen oder Snoezelen auf dem Wasserbett – die Entdeckung neuer Bewegungsmöglichkeiten in Interaktionen unterstreicht die Wertschätzung der Person.
Anknüpfend an individuelle Vorlieben werden Lebensfreude und Selbstbestimmung unterstützt. Dabei können etwa gewohnte Bewegungsmuster spielerisch aufgegriffen und in eine Interaktion eingebunden werden.
Doch es gilt auch **Neues** anzubieten. Ein Kinobesuch oder eine Theatervorstellung statt des abendlichen Fernsehens, selbst Musik und Kunst machen – ein Ideenkoffer oder eine Gutscheinbox laden zur eigenen Entdeckungsreise ein.

Anregungen zur Erlangung von Selbstwirksamkeit

Macht der Mensch mit Behinderung in der Form des selbstverletzenden Verhaltens darauf aufmerksam, dass er beachtet und „wahrgenommen" werden möchte, so kann zum einen die Fähigkeit anderer Ausdrucks- und Mitteilungsformen gefördert werden. Dieses verlangt von der Fachkraft Übung, die gesendeten Signale etwa nach Aufmerksamkeit und Anerkennung frühzeitig zu erkennen und richtig zu verstehen.
Zum anderen sind Möglichkeiten zu schaffen, damit die Person im Gruppenalltag und im sozialen Miteinander **als Einzelne gesehen** wird. Dabei braucht jeder Gelegenheiten, sich als präsent und selbstwirksam zu erleben. Selbstbestimmte Entscheidungen sollten dabei aber von tatsächlicher Bedeutung, Wahlmöglichkeiten real und wichtig sein.
Natürlich ist es entsprechend wichtig, dass auch die **Rahmenbedingungen** stimmen – ausreichend Personal, um den Einzelnen zu sehen und sich ihm persönlich zuwenden zu können, Räume, die individuelle Gestaltung und persönlichen Ausdruck erlauben, Zeit für sich und die Dinge, die dem Einzelnen wichtig und bedeutsam sind.

Zum Weiterlesen

P. Bienstein, J. Rojahn: Selbstverletzendes Verhalten bei Menschen mit geistiger Behinderung. 2013

J. F. Kane, T. Klauss (Hrsg.): Die Bedeutung des Körpers für Menschen mit geistiger Behinderung. Zwischen Pflege und Selbstverletzung. 2003

F. Petermann, S. Winkel: Selbstverletzendes Verhalten. Erscheinungsformen, Ursachen und Interventionsmöglichkeiten. 2009

3 Besondere Lebenssituationen und -themen

Abb. 1 Ausgrenzungen

3.1 Behinderung und Migration

Behinderung und Migration –
eine doppelte Herausforderung?!

3.1.1 Zur Ausgangslage – Migration und Behinderung

Menschen mit und ohne Behinderung verlassen aus den unterschiedlichsten Gründen ihre Heimat – Tendenz weltweit steigend. Längst sind Migranten ein unverzichtbarer Teil der Lebenswirklichkeit auch in unserem Land geworden.

Im Jahre 2013 leben etwa 15 Millionen Menschen mit Migrationshintergrund in Deutschland – d.h., etwa jeder 5. Mitbürger zählt laut offizieller amtlicher Definition zur Gruppe derjenigen Menschen, die seit der Gründung der Bundesrepublik entweder zugewandert sind oder in Deutschland als Ausländer geboren wurden, oder gilt als Deutscher mit zumindest einem nach 1949 zugewanderten bzw. als Ausländer in Deutschland geborenen Elternteil.

Die größte Gruppe bilden die vor allem in den 1960er-Jahren von der Bundesrepublik angeworbenen Arbeitsmigranten – die sogenannten „Gastarbeiter“ – und ihre Nachkommen. Mit ihrer Anwerbung mussten diese sich einer gesundheitlichen Überprüfung ihrer Arbeitsfähigkeit unterziehen. Menschen mit Behinderung gab es unter den zumeist angeworbenen Männern nicht. Mit dem Anwerbestopp der damaligen Bundesregierung endete 1973 diese Migrationsbewegung. Der darauf folgende verstärkte Familiennachzug führte zu einem deutlichen Zuwachs und zu einer Vielfalt der Lebensformen. Das Thema Migration und Behinderung hielt – von der Gesellschaft und der Politik noch weitgehend unbeachtet – Einzug in Einrichtungen der Behindertenhilfe.

Die zweitgrößte Gruppe der Migranten bilden die Spätaussiedler, die zumeist aus der (ehemaligen) Sowjetunion und deren Nachfolgestaaten nach Deutschland immigrierten.

Die Datenlage zu Menschen mit Behinderung und Migrationshintergrund ist unklar und zuweilen diffus. Von den Menschen mit Migrationshintergrund haben etwa 5 % eine staatlich anerkannte Behinderung, wobei die meisten Schätzungen von einer erheblich höheren Zahl ausgehen. **Zugänge zum Hilfesystem** sind aufgrund verschiedener Barrieren für Menschen mit Behinderung und Migrationshintergrund oft versperrt, sodass nicht alle registriert sind. Gleichzeitig zeigt sich, dass an Förderschulen (vor allem mit dem Schwerpunkt „Lernen“) Kinder mit Migrationshintergrund deutlich überrepräsentiert sind.

Auf eine zweite Weise ist die Behindertenhilfe mit dem Thema Migration befasst: Zunehmend mehr heilerziehungspflegerische und heilpädagogische **Fachkräfte mit Migrationshintergrund** arbeiten in den Einrichtungen, das Feld öffnet sich.

Gleichwohl steht die Diskussion um das Thema Migration und Behinderung erst am Anfang. Mehrere Standpunkte und Perspektiven zeichnen sich ab:

Auf der einen Seite wird in vielen Veröffentlichungen von einer „doppelten Benachteiligung“ gesprochen, insofern die Zugehörigkeit zur Gruppe der „Migranten“ und zur Gruppe der „Behinderten“ zu einer zweifachen Ausgrenzung und Stigmatisierung führe.

Auf der anderen Seite wenden Kritiker ein, mit dieser Bezeichnung der „doppelten Benachteiligung“ würde man der Lebenswirklichkeit dieser Menschen nicht gerecht. Es ginge nicht an, eine soziale Benachteiligung lediglich als die Addition verschiedener Ungleichheiten und Ausgrenzungen zu begreifen. Letztlich gehe es darum, das Wechselspiel verschiedener Dimensionen zu beleuchten und dabei auch Ressourcen und Kompetenzen der betroffenen Personen in den Blick zu nehmen.

Eine einfache Betrachtung des Themas Migration und Behinderung verbietet sich unter dieser Perspektive.

3.1.2 Migration – ein Begriff mit vielen Facetten

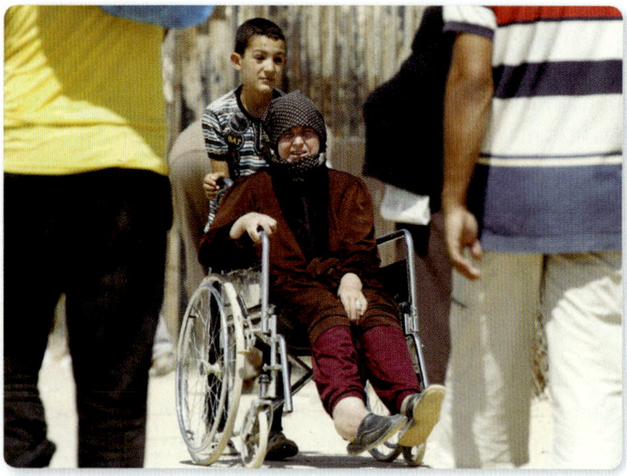

Abb. 1 Auf der Flucht

Jede Migration hat ihre eigene Geschichte. Da gibt es zum einen die Menschen, die aufgrund von bewaffneten Konflikten zwischen Staaten oder Situationen des Bürgerkriegs aus ihrer Heimat fliehen. Ebenso können massive Menschenrechtsverletzungen in autoritären Regimen oder Verfolgungen Menschen zur unfreiwilligen Migration aus ihrem Land zwingen. Darüber hinaus sind es Naturkatastrophen oder humanitäre Katastrophen, etwa bei Dürren oder Hungersnöten, die Menschen zur Migration drängen.

Für Menschen, deren Mobilität aufgrund einer Behinderung eingeschränkt ist oder deren kommunikative Fähigkeiten eingeschränkt sind, bedeutet eine Flucht in vielen Fällen eine unüberwindliche Hürde. In einigen Fällen kann sogar die Behinderung selbst Grund für die unfreiwillige Migration sein. Oft ist es so, dass mit einer Flucht die Risiken für eine Verschlechterung der Lebenssituation steigen. Menschen mit Behinderungen sind in Flüchtlingslagern zusätzlichen Erschwernissen ausgesetzt, weil ihnen der Zugang zu Lebensmitteln oder zur gesundheitlichen Versorgung verwehrt ist. Eine weitere psychische Belastung stellt die Fluchtsituation selbst dar, die zuweilen auch mit der Ankunft im sicheren Aufenthaltsland noch nicht zu Ende ist. Erfahrungen von Flucht und Verfolgung können sich als traumatische Erlebnisse niederschlagen, Unsicherheiten ob der zukünftigen Perspektive zu Ohnmacht und Verzweiflung führen.

Auf der anderen Seite gibt es Menschen, die (mehr oder weniger) freiwillig ihr Heimatland verlassen. Auf der Suche nach einer besseren Zukunft oder einer neuen Perspektive wandern sie z. B. aus einer wirtschaftlichen Notlage heraus aus ihrer Heimat ab. In dieser Gruppe von Menschen finden sich Menschen mit einer Behinderung eher selten wieder.

Um das Thema Behinderung und Migration in seiner Komplexität zu erfassen, reicht ein Blick auf die Ursachen allein nicht aus. Es ist bedeutsam, dass auch mit der Ankunft und der Aufnahme in einem anderen Land der Status als Migrant oft jahrelang bestehen bleibt. Selbst die nachfolgenden Generationen gelten mit Blick auf rechtliche, politische, soziale und kulturelle Wahrnehmungen als Fremde. Hier bedarf es oft langer Kommunikations- und Verständigungsprozesse bis hin zu einer veränderten Wahrnehmung.

Für Migranten mit Behinderungen kann aufgrund des fehlenden Wissens über das Gesundheitssystem oder die Möglichkeiten der sozialrechtlichen Unterstützung im Aufenthaltsland die Partizipation am gesellschaftlichen Leben eingeschränkt sein.

Zusammenfassend lässt sich festhalten, dass für Menschen mit Behinderung eine Migrationserfahrung in vielen Fällen ein erhöhtes Risiko für eine (zusätzliche) psychosoziale Belastung darstellt.

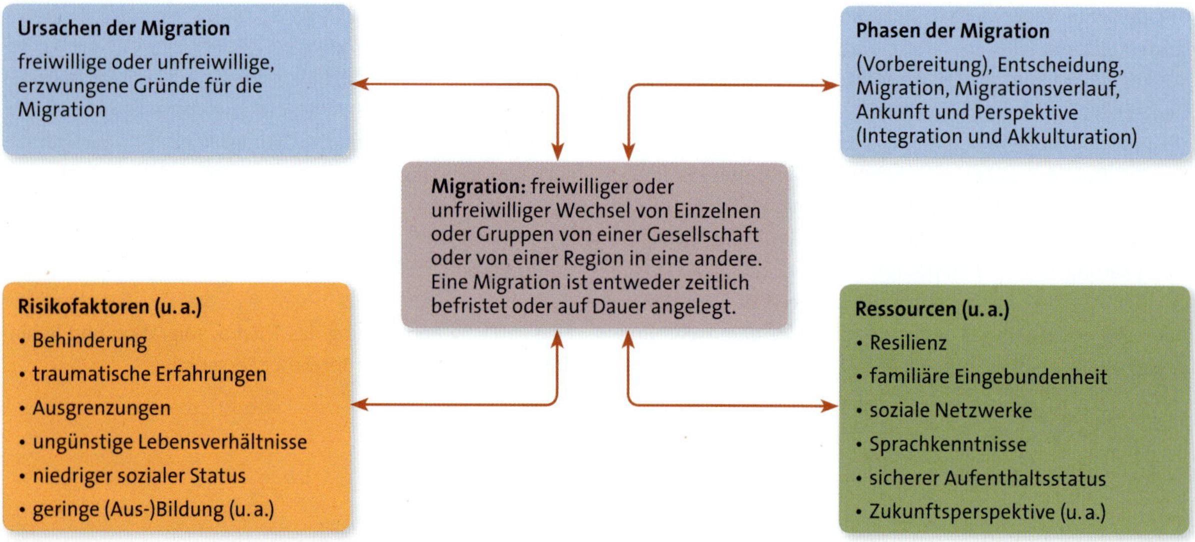

Abb. 2 Migration und ihre Facetten

3.1.3 Zum Begriff der Kultur in der Arbeit mit Menschen mit Behinderung und Migrationshintergrund

Menschen mit Behinderung und Migrationserfahrungen bringen nicht nur ihre eigenen kulturellen Prägungen und Hintergründe in die heilerziehungspflegerische Praxis ein, sondern darüber hinaus oftmals auch ein kulturell (anders) geprägtes Verständnis von Behinderung. Für die alltägliche Arbeit, vor allem aber für eine angestrebte kultursensible Behindertenhilfe ist es wichtig, sich mit dem Kulturbegriff auseinanderzusetzen.

> Im Allgemeinen versteht man unter „**Kultur**“ einen in einer Gruppe von Menschen geteilten Vorrat an Bedeutungen, Sinngebungen und Übereinstimmungen, mithilfe derer sich Menschen in der Welt orientieren und diese gestalten.

Insofern die Welt permanenten Veränderungen unterworfen ist, ist „Kultur“ etwas Prozesshaftes und Dynamisches. Der Mensch *hat* nicht eine Kultur, sondern *lebt* in verschiedenen Kulturen. Im Wechselspiel mit der eigenen Biografie, mit der gesellschaftlichen Mitwelt und im historischen Kontext befindet sich die „Kultur einer Person“ in einem dauerhaften Wandel. „Kultur ist die Art und Weise, wie die Menschen leben und was sie aus sich selbst und ihrer Welt machen“ (Gerhard Maletzke).

Nach diesem Verständnis ist „Kultur“ also keine nationale, ethnische oder religiöse Kategorie, die einem Menschen gleichsam wie eine zweite Haut anhaftet. „Kultur“ ist eine **soziale Konstruktion**. Jeder Mensch hat einen einzigartigen kulturellen Hintergrund, der sich aus einer Vielzahl von Facetten zusammensetzt.

Abb. 1 Behinderung und Migration

Migranten sind von der Kultur ihres Herkunftslandes – wie auch von der Kultur des Einwanderungslandes – ebenso beeinflusst wie von familiären Handlungsmustern oder individuellen Wertvorstellungen, Normen und Werten. Eine kulturelle Engführung, Zuschreibung oder gar Reduzierung verengt die Vielschichtigkeit und Komplexität kulturellen Lebens auf kulturelle Klischees.

3.1.4 Barrieren sehen – Barrieren überwinden

Barrieren sehen

In der Arbeit mit Menschen mit Behinderungen und Migrationshintergrund berichten Heilerziehungspfleger, dass es für diese Gruppe oft hohe Hürden für den Zugang zu Angeboten und Diensten der Behindertenhilfe gibt. Im Einzelnen werden aufgeführt:

Sprachliche Barrieren. Nicht verstanden zu werden und sein Anliegen nicht richtig deutlich machen zu können, stellt für viele Migranten die größte Barriere dar. In den seltensten Fällen gibt es in den Einrichtungen Personal mit den entsprechenden Sprachkenntnissen, um eine Beratung in der jeweiligen Muttersprache zu ermöglichen. Zudem ist häufig das Informationsmaterial nicht in unterschiedlichen Übersetzungen zu erhalten. Eine schwierige Fachsprache in Broschüren erschwert zudem die Verständigung. So kann oft nur langsam eine vertrauensvolle Basis aufgebaut werden.

Kulturelle Barrieren. Kulturell bedingte Unterschiede bez. des Rollenverständnisses von Männern und Frauen, wie sie sich etwa in Pflegesituationen äußern, eine andere Auffassung zur Rolle der Familie und deren Fürsorgeverantwortung, ein gegenüber der westlichen Welt abweichendes Verständnis von „Behinderung“ – verbunden mit Scham und religiösen Vorstellungen –, nicht selten prägen kulturelle Deutungsmuster (aber auch Vorurteile auf Seiten der „Profis“) den Kontakt von Migranten mit Behinderung zum System der Behindertenhilfe.

Soziokulturelle Barrieren. Unsicherheiten im Kontakt mit Fachdiensten und Beratungsstellen ergeben sich für Migranten mit Behinderung auch aufgrund des unterschiedlichen Bildungsniveaus oder des sozialen Status. Hier die eigenen Interessen artikulieren zu wollen und zu sollen, zudem vielleicht mit dem Anspruch auf Ermöglichung von Selbstbestimmung und Teilhabe für Menschen mit Behinderung konfrontiert zu werden, kann die Kommunikation erschweren. Hinzu kommen beispielsweise Ängste vor den Reaktionen des sozialen Umfelds oder auch Sorgen, ein Hilfegesuch könne von den deutschen Behörden als Ausdruck von Inkompetenz und fehlender Erziehungsfähigkeit angesehen werden. Bereits erlebte Erfahrungen von Diskriminierung und Ausgrenzung tragen sicherlich zu dieser Haltung bei.

Bürokratische Barrieren. Für Menschen mit Behinderung und Migrationshintergrund kann der Gang zu den Ämtern eine weitere Hürde bedeuten. Die Regelungen und Verfahren, etwa zur Beantragung des Behindertenausweises oder zur Einstufung in eine Pflegestufe, sind aufwendig. Zudem können Zuständigkeitsfragen – welches Amt ist eigentlich vorrangig zuständig? – zu einer weiteren Barriere werden.

Aufgabe

Recherchieren Sie in Einrichtungen in Ihrer Nähe, welche Hürden es für die Mitarbeiter im Umgang mit Menschen mit Behinderung und Migrationshintergrund gibt. Wie wird mit diesen Schwierigkeiten umgegangen?

Stellen Sie in Ihrer Klasse eine Liste der Lösungsvorschläge zusammen.

Barrieren überwinden – Konzept der Intersektionalität

Die Betrachtung des Themas Migration und Behinderung, mehr noch aber die konkrete Arbeit mit Menschen mit Behinderung und Migrationserfahrung fordert eine besondere Aufmerksamkeit. Beide Merkmale führen allzu oft noch zu Ausgrenzungen und Diskriminierungen der Betroffenen. Ihr Alltag und ihre Lebenswirklichkeit werden von der Gleichzeitigkeit und dem Zusammenspiel beider Merkmale geprägt.

Abb. 1 Intersektionalität praktisch

Dabei gehen die Erfahrungen über eine Addition der Merkmalsausprägungen „Behinderung" und „Migration" weit hinaus. Vielmehr handelt es sich um ein **Wechselspiel** und um eine Verwiesenheit **beider Erfahrungswelten**. Gefordert ist ein genauer Blick auf die jeweils individuelle Lebensgeschichte. Das aus der amerikanischen feministischen Geschlechterforschung stammende Konzept der Intersektionalität versucht, diesen „Überkreuzungen" und „Interdependenzen" von verschiedenen Kategorien gerecht zu werden. Dabei ist es wichtig, dass sich Ungleichheitserfahrungen etwa aufgrund von „Behinderung", „Migration" oder „Geschlecht" auf verschiedene Art und Weise im Leben der Betroffenen niederschlagen. Erfahrungen von Diskriminierungen können sich risikohaft addieren oder aber es können Kompetenzen der „einen Lebenswirklichkeit" helfen, um in „anderen Situationen" handlungsfähig zu bleiben.

Der 14-jährige Jussuf wächst als Kind mit einer Lernbehinderung und einer Migrationsgeschichte in kulturell, sozial und religiös unterschiedlich geprägten Lebenswelten und Wertesystemen auf. Zurzeit besucht er eine inklusive Schule. Als besondere Kompetenz wird vonseiten der Lehrkräfte wertgeschätzt, dass sich Jussuf flexibel auf neue und unbekannte Situationen einstellen kann. Zudem gelingt es dem Jungen gut, Ereignisse und Situationen aus verschiedenen Perspektiven zu betrachten und zu bewerten.

Das Konzept der Intersektionalität nimmt die konkrete Lebenswelt der Betroffenen ernst. Es wird versucht, die Vielschichtigkeit und Vielfältigkeit der Erfahrungen zu berücksichtigen und herauszuarbeiten, inwieweit sich dieses insgesamt auf die Identität einer Person auswirkt.

Nun sind Fragen wichtig, wie sich die Betroffenen als „Mensch mit Behinderung", als „Mensch mit Migrationsgeschichte", als „Mensch mit dem Geschlecht weiblich" selbst positionieren. Wichtig ist aber auch zu sehen, in welche sozialen Strukturen die Personen aufgrund ihrer jeweiligen Merkmalszuschreibung eingebunden sind und mit welchen Erfahrungen und Prozessen sie konfrontiert werden.

Die Alltagswirklichkeit zeigt sich als komplex – neben die bereits angesprochenen Erfahrungen treten weitere Herausforderungen der Lebensbewältigung, z. B. ein unsicherer Arbeitsplatz oder Arbeitslosigkeit, eine unzulängliche Wohnungssituation, fehlende Ausbildung oder niedrige Bildungsabschlüsse oder eine niedrige soziale Platzierung und geringes gesellschaftliches Ansehen.

Vielleicht kann eine solche Betrachtung dazu verhelfen, als Fachkraft genauer hinzusehen und der Komplexität des individuellen Lebens gerecht zu werden. Erst so können auch **Ressourcen** zur Bewältigung schwieriger Herausforderungen und Lebenssituationen wahrgenommen und genutzt werden.

3.1.5 Kultursensible Arbeit

Interkulturelle Kompetenz

Sei es in der Pflege eines von Demenz betroffenen muslimischen Mannes in einem Wohnheim, sei es in einer Beratungssituation mit einer Flüchtlingsfamilie aus Afghanistan in einer Förderschule oder in der ambulanten Unterstützung einer jungen türkischen Frau – überall dort, wo Menschen mit Behinderungen und einem Migrationshintergrund leben und arbeiten, wohnen oder ihre Freizeit verbringen, sind die heilerziehungspflegerischen Fachkräfte in ihrer Fachlichkeit und interkulturellen Kompetenz gefordert.

„Leitbild und Maßstab der Politik und der Arbeit für und mit Menschen mit Behinderung ist die UN-Konvention über die Rechte von Menschen mit Behinderung, deren Ziel eine inklusive Gesellschaft ist.
Unter Inklusion verstehen die unterzeichnenden Verbände, dass jeder Mensch, unabhängig von persönlichen Eigenschaften und individuellen Fähigkeiten, ethnischer und sozialer Herkunft, Geschlecht und Alter, vollständig und gleichberechtigt an allen gesellschaftlichen Prozessen teilhaben und sie mitgestalten kann.
Eine inklusive Gesellschaft schätzt die Vielfalt menschlicher Eigenschaften und Fähigkeiten als ihren eigentlichen Reichtum. Dieses Ziel kann nur erreicht werden, wenn auf dem Weg dorthin alle einbezogen sind.
Dazu gehören selbstverständlich auch Menschen mit Behinderung und Migrationshintergrund.“

(aus: Gemeinsame Erklärung der BAG der Freien Wohlfahrtspflege zur interkulturellen Öffnung und zur kultursensiblen Arbeit für und mit Menschen mit Behinderung und Migrationshintergrund, Berlin 2012)

Wichtigstes Ziel interkultureller Kompetenz ist es, in interkulturellen Situationen, also in der Begegnung mit kulturell bedingten Unterschieden und Verschiedenheiten, angemessen handeln zu können. Dabei lassen sich verschiedene grundlegende Aspekte unterscheiden:
Grundlegend ist die Fähigkeit des Heilerziehungspflegers zur **Reflexion der eigenen Handlungen, der eigenen Einstellungen und der eigenen Haltung**. Für die Arbeit mit Migranten soll die heilerzieherische Haltung geprägt sein von der Wertschätzung gegenüber der kulturellen Vielfalt von Lebensentwürfen (Diversity-Kompetenz).
Ein weiterer wichtiger Baustein ist die **Offenheit und Neugier** für Neues und Fremdes. Dieses verlangt von der Fachkraft, sich der eigenen Wurzeln bewusst zu werden. „Nur wer das Eigene kennt und schätzt, kann in einen echten Dialog mit dem anderen eintreten“ (Fulbert Steffensky). Gefordert ist zudem ein Maß an **Ambiguitätstoleranz**, das Unterschiede aushalten kann und Handlungsfähigkeit auch in konfliktreichen interkulturellen Situationen erlaubt.

Notwendig für ein interkulturell angemessenes, an den individuellen Bedürfnissen und Ressourcen anknüpfendes heilerziehungspflegerisches Handeln ist ein **kulturelles (Hinter-) Grundwissen**. Dieses bezieht sich auf Informationen etwa über die kulturell verschiedenen Zugänge zu Pflege oder zum grundlegenden Verständnis von Behinderung. Dazu gehören auch Kenntnisse religiöser Weltanschauungen. Neben den Wissensbeständen über andere kulturelle Zugänge und Verortungen benötigt interkulturelle Kompetenz hier aber auch ein sensibles Beobachten, ein aufmerksames Zuhören und ein reflektiertes Bewerten der Wahrnehmungen.
Entscheidend ist, dass die heilerziehungspflegerische Fachkraft sich ihrer eigenen kulturellen Brille bewusst ist und nicht in ein Schubladendenken verfällt (Ethnozentrismus). Jede beteiligte Person bringt neben ihrer kulturellen Prägung ihre ganz eigene Biografie mit. Nicht jeder Unterschied, nicht jeder Konflikt hat zwangsläufig einen kulturellen Hintergrund.

Ethnozentrismus bedeutet, dass die Normen, Werte und Verhaltensweisen der eigenen Kultur als Maßstab und Standard für alle Betrachtungen und Vergleiche festgelegt werden. Betrachtet man die Mitmenschen und die Mitwelt durch die Brille der eigenen kulturellen Prägung, so erscheinen andere Kulturen fremd und werden abgewertet. Eine Ethnisierung von Problemen erschwert die Lösungssuche und die Zusammenarbeit.

Interkulturelle Kompetenz zeigt sich schließlich nach innen wie nach außen. Zu den **internen Wirkungen** wird die Fähigkeit zum Perspektivwechsel und zu angemessener Kommunikation in interkulturellen Situationen gezählt. Auch der Verzicht oder die Relativierung einer ethnozentrischen Sichtweise lässt sich hier anführen. Je entwickelter und verinnerlichter die interkulturellen Kompetenzen sind, umso eher und eindeutiger zeigen sie sich letztlich in ihrer **externen Wirkung**, also im kompetenten Handeln in den unterschiedlichsten Situationen von Verschiedenheit.
Heilerziehungspfleger entwickeln ihre interkulturelle Kompetenz Schritt für Schritt, die Arbeit daran lässt sich mit einem Prozessmodell beschreiben (▸ **Abb. 1**).

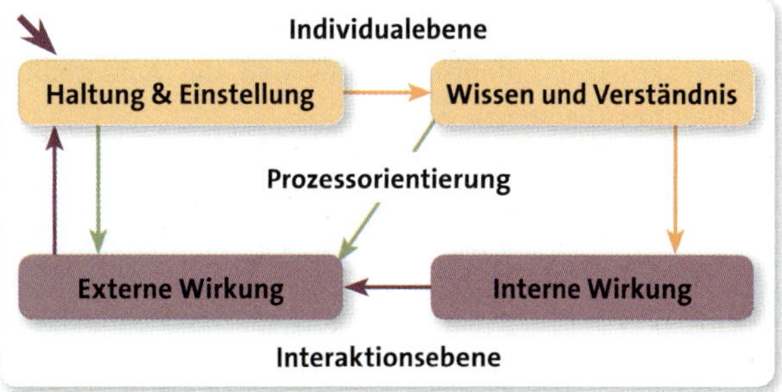

Abb. 1 Prozessmodell interkultureller Kompetenz (Kvas 2012, modifiziert nach Deardorff)

Kultursensible Beratung

Abb. 1 In einer Beratungssituation

Kompetenzen mitbringen. Interkulturelle Kompetenz ist eine Grundvoraussetzung, um in heilerziehungspflegerischen Kontexten in eine kultursensible Beratung eintreten zu können. Dabei braucht kultursensible Beratung ein bestimmtes Know-how ebenso wie bestimmte Rahmenbedingungen.
Eine kultursensible Beratung

- berücksichtigt die kulturellen Hintergründe des Klienten angemessen und betrachtet sie im Kontext seiner Biografie, seiner Familie und seiner Lebenswelt,
- reduziert den Klienten nicht auf seinen kulturellen Hintergrund,
- reflektiert die eigene kulturelle Eingebundenheit und weiß um die wechselseitige Fremdheit in einem Beratungsgespräch.

Menschen mit Migrationshintergrund – ob mit oder ohne Behinderung – haben die unterschiedlichsten Geschichten und Erlebnisse hinter sich, leben in unterschiedlichen Lebenssituationen und Lebenswelten und blicken auf ganz unterschiedliche Perspektiven.

Eine kultursensible Beratung berücksichtigt

- die individuelle Migrationsgeschichte, also die Herkunft des Klienten ebenso wie den Migrationsgrund,
- den aktuellen Aufenthaltsstatus und die Aufenthaltsdauer des Klienten,
- die aktuelle Lebensform, worunter nicht nur die Familie und die sozialen Netzwerke fallen, sondern auch die wirtschaftliche, berufliche, soziale, bildungsmäßige Platzierung,
- die Religionszugehörigkeit und die religiöse Lebenswirklichkeit des Klienten,
- die vorhandenen Sprachkenntnisse und -fähigkeiten.

Rahmenbedingungen der Beratungsstelle. Eine kultursensible Beratung baut auf der interkulturellen Kompetenz der Beratungskräfte auf, braucht aber auch bestimmte institutionelle Rahmenbedingungen.

Eine kultursensible Beratungsstelle verfügt über

- ein niedrigschwelliges, kostenfreies Angebot mit guter Erreichbarkeit im sozialen Nahraum und offenen Sprechzeiten,
- eine einladende Raumgestaltung, ggf. eine Landkarte als Anker für die „heimatliche Verortung", Kaffee und Tee, vielleicht Spielzeug oder Bilderbücher in verschiedenen Sprachen für Kinder,
- eine gute Vernetzung mit entsprechenden Vereinen, Organisationen und Religionsgemeinschaften,
- eine ausgewiesene Mehrsprachigkeit in Broschüren, Beschilderungen und den Beratenden selbst, ggf. die Möglichkeit einer muttersprachlichen Beratung.

Abb. 2 In mehreren Sprachen

Aufgabe

Hilfreich für die Beratung von Menschen mit Migrationshintergrund ist die Klärung der Frage, inwieweit deutsche Sprachkenntnisse zur Verfügung stehen oder ob eine muttersprachliche Beratung notwendig ist.

1. Klären Sie in Ihrer Klasse, über welche Sprachkenntnisse die Studierenden verfügen. Welche Erfahrungen machen Sie mit Mehrsprachigkeit? Sind die Sprachkenntnisse so fundiert, dass Sie sich ggf. als Dolmetscher für Beratungssituationen neu zur Verfügung stellen könnten?
2. Diskutieren Sie die Vorteile und Nachteile, die eine Übersetzung durch
   - einen professionellen Dolmetscher,
   - Familienangehörige,
   - Freunde oder Freundinnen

   hat. Sammeln Sie dazu jeweils die Pro- und Kontra-Argumente.
3. Erkundigen Sie sich bei Beratungsstellen in Ihrem Sozialraum nach der dort üblichen Praxis in mehrsprachigen Beratungssettings.

Abb. 1 Bebilderte, mehrsprachige Verständigungshilfe (tip doc pflege, Setzer Verlag)

Interkulturelle Behindertenhilfe

Über die individuell erworbene interkulturelle Kompetenz und die kultursensible Beratung in der einzelnen Beratungsstelle hinaus muss sich die Behindertenhilfe als Ganze für die Anforderungen einer interkulturellen Arbeit öffnen. Dieses umfasst vielschichtige **Prozesse der Personal-, der Konzept- und der Organisationsentwicklung** (▸ **Abb. 2**).

Insgesamt geht es in diesen Prozessen darum, die Teilhabemöglichkeiten für eine größer werdende Gruppe von Menschen mit Behinderung und Migrationshintergrund nachhaltig zu verbessern. Dabei muss die zunehmende Heterogenität der Gesellschaft als Normalfall begriffen und von den Hilfesystemen anerkannt werden. Hier bleibt für die heilerziehungspflegerischen Fachkräfte, für die Behindertenhilfe und die Politik wie aber auch für Wissenschaft und Forschung mit Blick auf die anzustrebende Inklusion noch ein weites Feld zu bearbeiten.

Zum Weiterlesen

I. Beyer: Unser Kind ist ein Geschenk. Familien türkischer Herkunft mit einem geistig behinderten Kind in Deutschland. 2013

Orientierung 1/2012: Themenheft Migration und Behinderung

G. Wansing, M. Westphal: Behinderung und Migration. Intersektionale Perspektiven. 2014

Aspekte der interkulturellen Öffnung der Behindertenhilfe – Diversity Management als Personal-, Team-, Organisations- und Feldentwicklung

Personalentwicklung
- Mitarbeiterschaft diversifizieren
- Fachkräfte mit Migrationshintergrund einstellen
- Weiterqualifizierung von Mitarbeitern und Mitarbeiterinnen im Bereich interkultureller Kompetenz, aber auch mit rechtlichem, politischem, kulturellem Hintergrundwissen

Konzeptentwicklung
- Leitbild entwickeln mit Blick auf das Thema Migration
- Konzept auf entsprechende Zielgruppen kultursensibel ausrichten
- Best-Practice-Modelle sichten: ehrenamtliche Tandems und interkulturelle Selbsthilfegruppen einbinden, Netzwerke aktivieren

Organisations- und Feldentwicklung
- Erschließung individueller sozialer Netzwerke im persönlichen Nahraum / Sozialraum der betroffenen Klienten
- Vernetzung der Arbeitsfelder „Behindertenhilfe" und „Migrationssozialarbeit"
- **Politisch**: Kooperation beider Hilfesysteme mit dem Ziel fall- und personenbezogener Teilhabeermöglichung von Menschen mit Behinderung und Migrationshintergrund

Abb. 2 Aspekte der interkulturellen Öffnung der Behindertenhilfe

3.2 Sexualität von Menschen mit Behinderung

Abb. 1 Ein Paar sein

3.2.1 Die Sache mit der Sexualität

Trotz Normalisierung der Lebensverhältnisse von Menschen mit Behinderung in vielen Bereichen und trotz der weit gefächerten Inklusionsbemühungen gilt immer noch, dass für viele Menschen mit Behinderungen Sexualität kein selbstverständlicher Bestandteil ihres Lebens ist. Immer wieder stoßen Menschen mit Behinderungen an Grenzen. Auch in vielen Einrichtungen der Behindertenhilfe ist das Thema Sexualität immer noch ein **Tabuthema**.

Oftmals wird Menschen mit Behinderung ihre Sexualität nicht zugetraut. Beziehungen führen, in einer festen Partnerschaft leben, erotische Gefühle füreinander entwickeln, nach Genuss und Befriedigung suchen und streben – in all diesen Aspekten werden Menschen mit Behinderung nur allzu oft noch als „asexuelle Wesen" wahrgenommen.

Abb. 2 Annahme: Rollstuhlfahrer und -fahrerinnen sind geschlechtslos; daneben die lobenswerte Ausnahme

Oftmals wird Menschen mit Behinderung aber auch kein Raum zugestanden, ihre Sexualität zu leben. Wohngruppen, die keine Intimsphäre und kaum Rückzugsmöglichkeiten zulassen, Werkstätten, in denen das Thema Sexualität nicht auf der Tagesordnung steht, Schulen, die sich um das Thema „sexuelle Aufklärung und Behinderung" herumdrücken – auch heute noch Alltag.

Gleichzeitig gestaltet sich für Menschen mit Behinderung, die in ihrer Lebensgestaltung auf Assistenz angewiesen sind, eben dieser Rückzug ins „Private" als schwierig. Beim Gang auf die Toilette, bei der Pflege, beim Anziehen – die Grenze zwischen „privat" und „öffentlich" ist ein schmaler Grad, der von den Fachkräften viel Sensibilität im Umgang verlangt – und von den Betroffenen ebenfalls!

Mittlerweile ist nicht nur in der Fachöffentlichkeit unbestritten, dass Sexualität in all ihren Facetten, Formen und Farben zum Mensch-Sein dazugehört. Selbstbestimmung und Teilhabe hören nicht bei Körperlichkeit und Sexualität auf, Empowerment bezieht sich eben auch auf Gefühle und Bedürfnisse. Es geht um den ganzen Menschen.

Aufgabe

Vorab: Achten Sie bei der unterrichtlichen Beschäftigung mit dem Thema Sexualität auf einige Grundsätze. Das Reden über Sexualität braucht eine offene Atmosphäre, einen ungezwungenen, freiwilligen und auch humorvollen Rahmen (Sexualität ist lebendig!), es braucht Vertrauen der Teilnehmer untereinander – und es braucht Übung!

1. **Thema: Zwischen Tabuisierung und Sexualisierung – Sexualität *(Einzelarbeit und Plenum)***
   Legen Sie unterschiedliche Postkarten im Klassenraum aus mit den verschiedensten Motiven. Jeder Teilnehmer wählt eine Karte aus zu der Frage: Was repräsentiert für Sie am ehesten den Umgang mit Sexualität in unserer Gesellschaft?

2. **Thema: Fragen zum heilerziehungspflegerischen Umgang mit „Beziehung – Partnerschaft – Sexualität" *(Dreier-Kleingruppe)***
   Wie wird mit „Beziehungen" in den Praxiseinrichtungen (Wohnheim, Schule, Werkstatt) umgegangen?

   Welche Bedeutung hat dabei Sexualität?

   Von welcher Art sind die Beziehungen in der Einrichtung? Welchen Stellenwert hat dabei Sexualität?

   Wie wird mit dem Thema Sexualität im Team umgegangen? (Anlässe, Rahmen, Einschätzung)

   Inwieweit ist das Thema Sexualität Bestandteil der Konzeption in der Einrichtung?

3. **Thema: Sexualität zur Sprache bringen *(Einzelarbeit und Plenum)***
   Erstellen Sie ein „Sex-ABC" und sammeln Sie alle Ihnen bekannten Begriffe und Assoziationen zum Thema Sexualität. Sprechen Sie diese Begriffe aus. Klären Sie Unbekanntes und benennen Sie Assoziationen. Beispiel: Von A wie Aufklärung, Aids bis Z wie Zärtlichkeit, Zwang, Zungenkuss.

3.2.2 Sexualität: Grundrecht und Grundbedürfnis von Menschen mit Behinderung

Art. 2, Grundgesetz der Bundesrepublik Deutschland
(1) Jeder hat das Recht auf die freie Entfaltung seiner Persönlichkeit, soweit er nicht die Rechte anderer verletzt und nicht gegen die verfassungsmäßige Ordnung oder das Sittengesetz verstößt.

Nicht erst mit der UN-Behindertenrechtskonvention ist die Grundlage dafür geschaffen, dass die freie Persönlichkeitsentfaltung allen Menschen in Deutschland zusteht. Das Grundgesetz kennt dabei keine Ausgrenzungen – weder in Bezug auf die Zielgruppe noch in Bezug auf die zu entfaltenden Bereiche der Persönlichkeit.

Gleichwohl hat die UN-Behindertenrechtskonvention dem Menschenrechtsgedanken für alle Bürger einen neuen Rückenwind verschafft. Auch wenn es in der Konvention keinen ausdrücklichen Artikel zum „Recht auf Sexualität“ gibt, so unterstreicht diese doch nachdrücklich (etwa in Art. 22 „Achtung der Privatsphäre“ und Art. 23 „Achtung der Wohnung und Familie“) das Recht aller Menschen mit Behinderungen auf sexuelle Selbstbestimmung.

Formulierte Menschenrechte und Rechtsprechungen – so wichtig und unverzichtbar sie auch sind – garantieren noch keine barrierefreie gesellschaftliche Normalität für Menschen mit Behinderungen im Umgang mit Sexualität. Es käme zuallererst darauf an, den Wunsch nach gelebter Sexualität als **Grundbedürfnis** eines jeden Menschen anzuerkennen. Dabei ist jede (sexuelle) Persönlichkeit anders. Konkret: Sowenig wie es *die* Behinderung oder *den* Menschen mit Behinderung gibt, gibt es *die* Sexualität. Schon gar nicht gibt es *die* Sexualität *des* Menschen mit Behinderung.

Jeder Mensch ist in seiner ganz persönlichen Geschichte mit seiner persönlichen Sexualität zu verstehen. Dabei sind die Lebensgeschichten immer zugleich auch *Lern*geschichten – Sexualität wird gelebt und gelernt. Diese Lernprozesse sind ganzheitliche Entwicklungs- und Entdeckungsprozesse. Im Zusammenspiel von Körper, Geist und Seele, in sozialen und emotionalen Bezügen entwickelt sich die individuelle Sexualität.

Nicht zuletzt: Auch das Lernen sexueller Erfahrungen braucht Wissen und Einübung, kennt das Scheitern und den Erfolg, spielt sich in Schonräumen und Risikobereichen ab. In diesen Prozessen brauchen alle Menschen Unterstützung, Zeit und Raum.

Die ▸ **Abb. 1** zeigt das Zusammenspiel der unterschiedlichen Aspekte der Sexualitätsentwicklung. Die Methode des hermeneutischen Kreises dient dem Verstehen der individuellen Lebensgeschichte und der Persönlichkeit. So wird Sexualität nicht als isolierter Teil der individuellen Entwicklung verstanden, sondern als integraler Bestandteil.

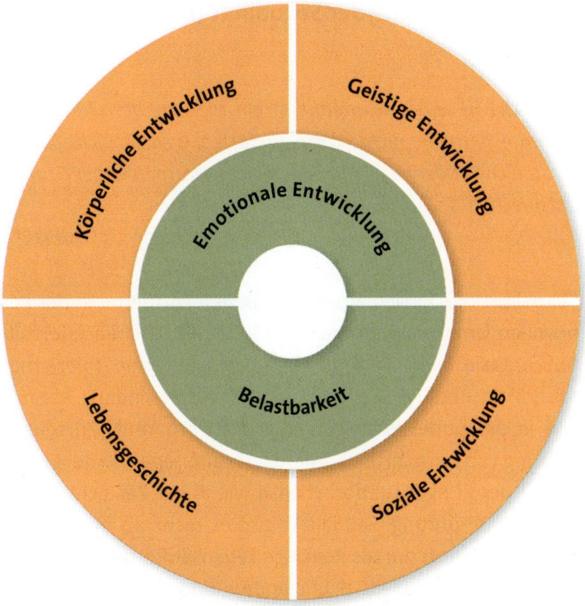

Abb. 1 Der hermeneutische Kreis (Bosch/Suykerbuyk, 2007, 57)

Hermeneutischer Kreis: Verstehen im hermeneutischen Sinn ist nicht geradlinig, sondern zirkelförmig. Um den Sinn eines Werkes als Ganzes zu verstehen, muss man den Sinn seiner Teile verstehen – und umgekehrt.

Die Realisierung von Grundrechten mit Blick auf die sexuelle Selbstbestimmung von Menschen mit Behinderung und die Anerkennung von Sexualität als Grundbedürfnis eines jeden Menschen gelingt unter 2 Grundvoraussetzungen:

Zum einen braucht es Fachkräfte, die in der Begleitung und Unterstützung von sexuellen Selbstbestimmungsprozessen um die wechselseitigen Möglichkeiten und Grenzen wissen. Ein offener und bewusster reflektierter Umgang mit der eigenen Sexualität – gepaart mit einem aufmerksamen Blick für die Wünsche des anderen – führt zu einer sexualitätsbejahenden Haltung.

Zum zweiten braucht es eine sexualitätsfreundliche Gesellschaft. Oder im konkreten Praxisfeld – eine Wohneinrichtung, die nicht nur an einer sexualpädagogischen Konzeption arbeitet, sondern auch ihre Mitarbeiter und Mitarbeiterinnen schult; Kollegen, die zur richtigen Zeit „hinsehen“ (oder auch einmal „wegsehen“); ein Bewusstsein und die Ermöglichung von geschlechtsbewusster Pflege; Orte der Begegnung, an denen Sexualität und Körperlichkeit als lustvoll erlebt werden; schließlich aber auch die Verabschiedung von gängigen Vorstellungen von Normalität und Körperkult.

3.2.3 Behinderung der Sexualität (behinderte Sexualität)

Behindert in seiner Sexualität ist ein Mensch, der glaubt, bestimmte Wünsche nicht haben zu dürfen, weil sie nicht seinen persönlichen oder nicht den allgemeinen Normen seiner Gruppe entsprechen.

(Siegfried Schröder)

Sexualität drückt sich aus in vielfältigen Formen – in der liebevollen Umarmung ebenso wie in der erotischen unerfüllten Fantasie, in der öffentlichen, kaum tolerierten (tolerierbaren?) Masturbation in einer Werkstatt für Behinderte ebenso wie in der publikumswirksamen (tolerierbaren?) Zurschaustellung von normierten Körpern auf Laufstegen, in der Flüchtigkeit der Pflegesituation ebenso wie in der Zärtlichkeit der scheuen Berührung. Sexualität gibt es nicht als etwas Abstraktes, sondern nur als konkrete Lebensäußerung. Dabei ist jede Sexualität individuell und anders, und die Sexualität von Menschen mit Behinderung ist genauso *anders und* genauso *gleich* wie die Sexualität von Menschen ohne Behinderung.
Die (gesellschaftlich und personal-individuell bedingte) Nicht-Behinderung eines Menschen ist so betrachtet beides: Sie ist einerseits konkreter Ausdruck eines konkreten individuellen Mensch-Seins und sie ist andererseits auch konkreter Einflussfaktor für die Sexualität in der Gesamtheit und im Gesamtbild dieses Menschen. So wie jeder Mensch einmalig und einzigartig ist, erhält die Sexualität eines Menschen durch seine Behinderung „lediglich eine weitere Facette an individueller Eigenart" (Siegfried Schröder).
Eine heilerziehungspflegerische sexualpädagogische Handlungskompetenz sollte um diese Zusammenhänge wissen, um den Einzelnen individuell zu verstehen und zu unterstützen.

Aufgabe

Zur Reflexion: Was beeinflusst Ihre Sexualität in Ihrer konkreten Lebensgeschichte?

Ein Denkanstoß

„Wenn Sexualität zu tun hat mit Sehen, Licht, Farben, Durchsichtigkeit, Anmut und Schönheit, mit dem Bild im Spiegel, mit Angeschaut-Werden und Suchen, mit Gesichtern und der Sprache der Augen, dann muss man objektiv sagen, dass BLINDHEIT sicher Sexualität beeinflusst.

Wenn Sexualität zu tun hat mit Hören, Flüstern und Lauschen, mit Hinhören und Gehören, mit Begriffen, Namen und gestammelten Erklärungen, mit dem Klang der Stimme, mit Musik und gesprochenen Worten, dann muss man objektiv sagen, dass GEHÖRLOSIGKEIT sicher Sexualität beeinflusst.

Wenn Sexualität über ihre organische Bedingtheit hinaus zu tun hat mit Körperlichkeit, mit Streicheln, Wärme, mit Festhalten und Gehaltenwerden, mit Angenommen- und Getragen-Werden, mit Tanzen, Bewegungen und Bewegt-Sein, mit Nähe-Spüren, Berührungen und Behutsamkeit, dann muss man objektiv sagen, dass schwere KÖRPERBEHINDERUNGEN sicher Sexualität beeinflussen.

Wenn Sexualität zu tun hat mit Gefühlen und Empfindungen, mit Traurigkeit, Schmerz und Verzweiflung, aber auch mit Lust und Freude, mit Unbewusstem und Träumen, Ahnungen und Sichverlieren, mit Staunen, unendlich viel Zärtlichkeit und einem roten Kopf, dann muss man objektiv sagen, dass SEELISCHE BEHINDERUNGEN sicher Sexualität beeinflussen.

Wenn Sexualität zu tun hat mit Dialog, benötigt sie das Gegenüber, sucht Bestätigung, möchte sie vertraut und geborgen sein, braucht sie Gemeinsamkeit und Solidarität, ist voll Drängen und Sehnen, voll Dankbarkeit und Sorge, greift sie nach Verantwortung, kennt Eifersucht und wird gezeichnet durch die Einsamkeit und das Gefühl des Verlassen-Seins, dann müssten, objektiv gesehen, SOZIALE BEHINDERUNGEN auch Sexualität beeinflussen.

Wenn Sexualität zu tun hat mit Gedanken, Vorstellungen und Ideen, Sprache und Erinnerung, Erfahrung und Bewusstsein, Hoffen und Wollen, Fantasie und Kreativität, Entdecken, Begreifen, Erkennen und Verstehen, dann muss man objektiv sagen, dass GEISTIGE BEHINDERUNGEN sicher Sexualität beeinflussen."

(Siegfried Schröder, ehem. Sonderschulrektor, in: Joachim Walter 2002)

3.2.4 Sexuelle Aufklärung

„Sexualität ist mit dem Menschsein untrennbar verbunden. Sie umfasst alle Aspekte des Mann-oder-Frau-Seins und ist bereits Teil der kindlichen Persönlichkeit. In der zwischenmenschlichen Beziehung ist Sexualität von großer Bedeutung für Werte wie Liebe, Nähe und Wärme, Zärtlichkeit, Sinnlichkeit und Erotik. Sie ist damit Ausdruck des Grundbedürfnisses, nicht allein sein zu wollen."

(aus: Ja zu Partnerschaft und Sexualität, Lebenshilfe 1991)

So wie die Sexualität eines Menschen sich sein ganzes Leben lang entwickelt und Ausdruck seiner Persönlichkeit ist, so gibt es auch für die „Aufklärung" keinen „richtigen" Zeitpunkt.

Die Begriffe „sexuelle Aufklärung", „Sexualerziehung" oder „sexuelle Bildung" werden synonym verwendet.

Sexualerziehung ist ein lebenslanger Prozess, der bereits mit der Geburt beginnt. Mit dem Säugling – egal ob mit oder ohne Behinderung – schmusen und das Kind im Arm halten, baden und pflegen oder ihm im Kindergartenalter Raum geben zur Entdeckung des anderen Geschlechts und damit einen Beitrag zur Entwicklung der Geschlechtsidentität zu leisten – all dieses sind bereits wichtige Bausteine für die eigene Sexualitätsentwicklung.
Diese Entwicklung zu begleiten, ist zunächst Aufgabe der Eltern. Doch gerade mit zunehmendem Alter ihrer Kinder – vor allem in der Phase der **Pubertät**, wenn Fragen und Themen wie Freundschaft und Beziehungen, die erste Regel und Erektion, Schwangerschaft und Selbstbefriedigung auftauchen und Sexualität aus dem Kreis der Familie in die Öffentlichkeit „drängt", geraten Eltern oftmals in Konflikte. Auf der einen Seite wünschen sich Eltern für ihre Kinder ein erfülltes und zufriedenes Leben, zu dem auch gelebte Sexualität gehört. Auf der anderen Seite gibt es Ängste, Hilflosigkeit und Ratlosigkeit, wie dieser Prozess des Erwachsenwerdens begleitet und unterstützt werden kann.

Heilerziehungspflegerische Fachkräfte sind als Ansprechpartner der Eltern, aber auch als Mitarbeiter in Einrichtungen gefordert, ihren Beitrag zur sexuellen Bildung zu leisten. Ausgehend von der Grundhaltung, dass jeder Mensch ein Recht auf sexuelle Selbstbestimmung hat und dass von daher sexuelle Aufklärung als lebensbegleitender Prozess einen Beitrag zu Autonomie und Teilhabe leistet, lassen sich konkrete Ziele sexueller Aufklärung bestimmen:

Vermittlung von Wissen und Informationen. Zu wissen, was mit dem eigenen Körper passiert, den Unterschied zwischen Mann und Frau zu kennen, gute von schlechten Gefühlen unterscheiden zu können – wer über seinen Körper und seine Sexualität informiert ist, lebt selbstbewusster und selbstbestimmter. Die Wissensvermittlung orientiert sich einerseits an der körperlichen Entwicklung – die in der Regel altersentsprechend ist – ebenso wie an der kognitiv-seelischen Entwicklung des Einzelnen, die ggf. beeinträchtigt und verlangsamt ist. Die gewählten Methoden, Materialien und Zugänge sollten so konkret und anschaulich wie möglich und nötig sein.
Die Vermittlung von Wissen durch Heilerziehungspfleger ist oftmals auch deshalb wichtig, weil für Jugendliche mit einer (geistigen) Behinderung der Austausch und das Experimentieren mit Altersgenossen (Peers) fehlt.

Stärkung des Selbstbewusstseins. Ziel von sexueller Aufklärung ist es, sich seiner selbst als sexueller Persönlichkeit bewusst zu werden. Seinen Körper einschätzen zu können und sich in Beziehungen bewegen zu können, unterstützt die Bildung eines positiven Selbstbilds. Selbstvertrauen ist die Folge von Selbstwirksamkeit.

Leben in Beziehungen. Für Menschen mit Behinderung ist es wichtig, dass sie sich als bedeutsam erleben in ihren Beziehungen. Freundschaften und Partnerschaften bedeuten, dass sich jemand für mich interessiert *ohne* einen professionellen und fachlichen Auftrag oder Hintergrund. Für Menschen mit Behinderung ist hier oftmals ein großes Lernfeld. Discoabende, Tanzkurse, Flirtseminare – ein vielfältiges Angebot für sexuelle Bildung und Aufklärung will entdeckt werden.

Den eigenen Körper achten. Sexuelle Aufklärung geht um den achtsamen und pfleglichen Umgang mit dem eigenen Körper. Dazu zählt nicht nur die Hygiene der Geschlechtsteile und die angemessene Pflege, etwa während der Zeit der Menstruation, sondern auch das Sichwohlfühlen mit dem eigenen Körper. Ein angenehmes Bad, eine gut riechende Creme oder ein Parfüm, sich schick machen für einen Ausflug sind Bausteine von Sexualerziehung. Selbstverständlich gehören auch die Informationen über sexuell übertragbare Krankheiten ebenso wie der Schutz davor zur Aufklärungsarbeit.

Sicherheit schaffen. Sich in seiner eigenen Geschlechtsidentität und Sexualität sicher sein, bedeutet für Menschen mit Behinderung Sicherheit und Schutz. So vermindert sexuelle Aufklärung nicht nur die Angst vor Sexualität und sexuellen Erfahrungen (Wie viele Vorurteile gibt es auf diesem Gebiet immer noch?!), sondern vermag auch sexuellen Übergriffen, Grenzüberschreitungen und sexueller Gewalt vorzubeugen. Fachleute sind sich darin einig, dass sexuelle Bildung das Risiko, Täter oder Opfer sexueller Gewalt zu werden, deutlich verringert.

3.2.5 Schutz vor sexueller Gewalt

Vorab: Eine ehrliche und angemessene Beschäftigung mit dem Thema „sexuelle Gewalt" würde den Rahmen sprengen – gehört aber auf die Tagesordnung einer jeden Einrichtung. Jede heilerziehungspflegerische Fachkraft sollte für dieses Thema sensibilisiert sein. In konkreten Verdachtsfällen ist die Unterstützung durch professionelle Beratungsstellen dringend angeraten. Im Folgenden können nur einige Anregungen gegeben werden.

Menschen mit Behinderungen sind einem deutlich höheren Risiko ausgesetzt, von sexueller Gewalt und sexuellen Grenzüberschreitungen betroffen zu sein. Wenn auch aktuelle Studien in ihren Zahlen variieren, so gehen Fachleute davon aus, dass vor allem geistig behinderte Kinder, Jugendliche und Erwachsene überproportional häufig Opfer von sexueller Gewalt sind.

Unter sexueller Gewalt (hier synonym: sexueller Missbrauch, sexueller Übergriff, sexuelle Belästigung, sexualisierte Gewalt) wird die Überschreitung, Missachtung oder Verletzung der körperlichen und seelischen Integrität eines anderen Menschen verstanden. Über die sexuelle Selbstbestimmung des anderen wird sich bewusst und wissentlich hinweggesetzt.
Sexuelle Gewalt liegt vor, wenn ein Mensch von einem anderen Menschen als Objekt zur Befriedigung der eigenen sexuellen Wünsche benutzt wird.
Sexuelle Gewalt hat mit der Ausübung von Macht zu tun und geht mit erzwungener Geheimhaltung einher.

Warum ist das Risiko der Konfrontation von Menschen mit Behinderung erhöht? Wie kann Prävention aussehen?

(1) Menschen mit Behinderung sind deutlich stärker von sozialer Abhängigkeit (und gleichzeitig sozialer Isolation) betroffen. Sie sind auf die Unterstützung durch andere in besonderer Weise angewiesen. Hinzu kommen Strukturen, die die sexuelle Selbstbestimmung der Betroffenen gefährden oder vermindern – wechselndes Personal auch in Pflegesituationen, offene Zimmertüren und damit herabgesetzter Schutz vor Übergriffen, Räumlichkeiten, die die Intimsphäre zu wenig schützen helfen. Ein bewusster und verantwortlicher Umgang mit dem Thema Macht, mit Grenzen und Grenzsetzungen ist wichtiger Bestandteil einer Präventionsarbeit.

(2) Menschen mit Behinderung erleben allzu oft noch Situationen von Fremdbestimmung und damit der „erlernten Hilflosigkeit". Dieses schränkt das Selbstbewusstsein ein – und somit einen zentralen Schutzfaktor vor Übergriffen. Die Ermöglichung und Stärkung von Selbstbestimmung und Teilhabe im Alltag sind wichtige Schritte zum Schutz vor sexueller Gewalt.

(3) Menschen mit Behinderung wissen nur allzu häufig noch zu wenig über ihren eigenen Körper, ihre guten wie schlechten Gefühle, über den Umgang mit ihrer Sexualität. Ihnen wird ihre Sexualität nicht zugestanden bzw. es werden ihnen zu wenige Möglichkeiten der sexuellen Bildung eröffnet. Sie werden so leichter zu Opfern sexueller Gewalt. Sexuelle Aufklärung im umfassenden Sinne stärkt die ganze Person.

(4) Menschen mit Behinderung wird etwa aufgrund von intellektueller Beeinträchtigung, geringer verbaler Kommunikation oder ihren Verhaltensauffälligkeiten häufiger ihre Glaubwürdigkeit abgesprochen. Eine Haltung des Ernstnehmens und der Abbau von Kommunikationsbarrieren sind wichtige Bausteine. Eine Atmosphäre des Vertrauens und der Offenheit – gerade und vor allem auch in den Teams – ermöglicht einen bewussten Umgang mit Ängsten (auch der Angst der Fachkräfte vor ungerechtfertigten Anschuldigungen) und Grauzonen. So haben Geheimnisse und falsche Verschwiegenheiten weniger Chancen.

Nicht verschwiegen werden soll an dieser Stelle, dass Behinderungen auch Folge von sexueller Gewalt und Übergriffen sein können. Es kann zu körperlichen Schädigungen wie inneren und äußeren Verletzungen kommen. **Psychosomatische Beschwerden** können auf Bewältigungs- oder Verdrängungsversuche bzw. Strategien hinweisen. Es können psychische und psychosoziale Folgen wie etwa Beziehungsstörungen oder ein negatives Selbstbild bis hin zu tiefgreifenden Persönlichkeitsstörungen auftreten. **Aggressionen** und autoaggressives Verhalten können Ausdruck von erlebter sexueller Gewalt sein. Nicht zuletzt gibt es ein erhöhtes Risiko, sowohl erneutes Opfer von sexueller Gewalt zu werden als auch Täter.

Ziel muss es sein, sexueller Gewalt vorzubeugen und sie zu verhindern. Im Verdachts- oder Vorkommensfall hat der Schutz des Opfers Vorrang vor Aufklärung und Aufarbeitung. Hektische Entscheidungen oder Kurzschlussreaktionen sind zu vermeiden. Wichtig ist eine sorgfältige Dokumentation. In jedem Fall ist die Zusammenarbeit mit einer Fachstelle zu empfehlen.

Ein anschauliches Beispiel für Präventionsarbeit – zum Selberlesen und Vorlesen:

Anita holt Hilfe

Erst war's schön mit Peter

Alles fing schön an:
Anita und Peter wohnten in derselben betreuten Wohn-Gemeinschaft.
Abends kam Peter oft in das Zimmer von Anita.

Anita mochte Peter.
Sie erzählte gerne mit ihm.
Eines Tages küsste Peter Anita.
Auch das mochte Anita.

Dann machte er Sachen, die Anita nicht mochte

Doch plötzlich berührte Peter Anitas Brüste und ihre Scheide.
Anita fühlte sich unwohl.
Sie rückte ein Stück von Peter weg und sagte:
Lass uns doch lieber erzählen.

Peter hörte nicht auf sie.
Er zog ihr den Pulli und die Hose aus.
Dann zog er seine Hose aus. Anita mochte das nicht.
Aber sie wusste nicht, was sie tun sollte.

Peter drohte Anita

Am nächsten Abend kam Peter wieder.
Er hörte gar nicht zu, als Anita etwas erzählte.
Er berührte sie an der Scheide.
Und er zwang sie, seinen Penis anzufassen.
Für Anita fühlte sich das eklig an.

Bevor Peter ging, sagte er: Was wir hier machen, ist unser Geheimnis. Das darfst du keinem erzählen.

Peter kam jeden Abend, sobald die Assistentinnen weg waren.
Anita hatte Angst vor den Abenden.
Und sie schämte sich.
Sie hätte gerne mit jemandem darüber geredet.
Aber Peter sagte: Wenn du das jemandem erzählst, passiert etwas Schlimmes.

Anita wehrt sich

Doch Anita hält das nicht mehr aus.
Am nächsten Nachmittag geht sie zu ihrer Assistentin und sagt:
Ich muss mit dir reden.

Sie gehen in das Büro und Anita fängt an zu weinen.
Sie hat Angst und schämt sich.
Aber sie erzählt trotzdem alles.

Die Assistentin hört zu und sagt:
Es ist gut, dass du mir alles erzählst.
Was Peter gemacht hat, ist sexueller Missbrauch.
Das ist verboten.

Anita braucht Peter nie wieder zu sehen

Anita ist sehr erleichtert.
Peter muss aus der Wohn-Gemeinschaft ausziehen.
Anita muss Peter nie mehr sehen.

Jetzt kann sie ihre Abende wieder ungestört genießen.
Anita ist stolz auf sich:
Denn sie hat sich gewehrt und Hilfe geholt.

Jede Frau darf sich wehren und Hilfe holen

Gemeinsam mit ihrer Assistentin informiert sich Anita weiter über sexuellen Missbrauch.
Anita weiß nun, dass auch andere Menschen schon sexuellen Missbrauch erlebt haben.
Behinderte und nicht behinderte Menschen.
Erwachsene und Kinder.
Anita sagt heute: Niemand darf einen Menschen berühren, wenn er das nicht will.
Jeder Mensch darf sich wehren.

Abb. 1 Anita holt Hilfe – eine Geschichte gegen sexuellen Missbrauch (Bundesvereinigung Lebenshilfe e.V.)

3.2.6 Begleitete Elternschaft

Michael und Beate, beide sind Mitte 20, haben ein Down-Syndrom mit einer leichten geistigen Behinderung. Sie leben gemeinsam in einer betreuten Wohngruppe. Sie sind seit 3 Jahren ein glückliches Paar. Mitbewohner und Fachkräfte freuen sich über die Beziehung.
In der Gruppe gibt es ein offenes, freundliches Klima. Es wird offen mit Fragen der Sexualität umgegangen. Michael und Beate schlafen miteinander. Das Thema Verhütung ist geklärt. Beate achtet eigenständig auf die Einnahme der Pille. Bei Fragen und Problemen wenden sich beide an ihre jeweiligen Bezugsfachkräfte.
Trotz Verhütung wird Beate ungewollt schwanger, was erst im zweiten Schwangerschaftsmonat bemerkt wird. Für alle Beteiligten ist es eine große Überraschung – für manche eine schöne, für andere eher nicht so. Beate will auf jeden Fall das Kind bekommen und auch Michael ist dafür und will seine Partnerin dabei voll und ganz unterstützen.
Die Eltern sind strikt gegen die Schwangerschaft und wollen nicht, dass das Paar ein Kind bekommt.

Der Wunsch von Paaren mit einer (geistigen) Behinderung, ein Kind zu bekommen und dafür verantwortlich zu sein, löst viele Fragen aus: Ist es im Rahmen gesetzlicher Bestimmungen letztlich legitim, dass ein Paar mit einer (geistigen) Behinderung ein Kind großzieht? Zeigt sich darin vielleicht sogar das Recht auf sexuelle Selbstbestimmung? Wer kann dieses verbieten? Andererseits: Niemand hat das Recht auf einen Kinderwunsch, oder? Wo bleibt das Recht des später geborenen Kindes auf eine verantwortliche Erziehung? Können die behinderten Eltern dieses leisten? Werden sich Kinder für ihre Eltern schämen?
Die hier aufgeworfenen Fragen markieren ein ethisches Problem und Dilemma, bei dem auch die praktischen Erfahrungen keinen eindeutigen Weg weisen. So zeigen viele Fälle aus der heilerziehungspflegerischen Praxis, dass geistig behinderte Eltern der Situation letztlich nicht gewachsen sind. Die Verantwortung erweist sich – auch bei guter Assistenz – als zu groß. Kinder werden dann in Pflegefamilien vermittelt. Andererseits gibt es mittlerweile eine nicht unerhebliche Zahl von begleiteten Elternschaften, die die Eltern bei der Erziehung ihrer Kinder unterstützen. Ihre Erfahrungen sind positiv.
Eine grundsätzliche Entscheidung kann nicht getroffen werden, die Argumente und die Chancen und Schwierigkeiten sind in jedem einzelnen Fall gegeneinander abzuwägen.

Im Unterschied zur sozialpädagogischen oder heilpädagogischen Familienhilfe richtet sich die **begleitete Elternschaft** an Familien, deren Eltern (oder ein Elternteil) eine geistige Behinderung haben. Ziel ist es, durch geeignete Maßnahmen der Begleitung und Unterstützung der Eltern, der Familie unter vorrangiger Berücksichtigung des Kindeswohlgedankens ein realistisches Familienleben zu ermöglichen.

Die Befürworter der begleiteten Elternschaft verweisen auf das gesetzlich verankerte Diskriminierungsverbot und das Grundrecht zum Schutz von Ehe und Familie. Somit dürfe es keine Ausgrenzungen und Verbote geben. Niemand überprüfe auch in anderen Fällen die Befähigung zur Elternschaft von Paaren. Zu einem erfüllten Leben und einer gelebten Sexualität gehörten deshalb durchaus auch Kinder. Heutzutage hätten Eltern, so die Befürworter, vielfältige Möglichkeiten der Unterstützung, um ein Familienleben unter Beachtung des Kindeswohls zu realisieren. Zudem bedeuteten eingeschränkte kognitive Fähigkeiten keine Einschränkungen der Bindungsfähigkeit. Für die Kinder stelle sich der Alltag als Normalität dar. Somit sei diese Familienform nur eine weitere Möglichkeit in der Vielfalt heutiger Familien- und Lebensformen und letztlich auch Ausdruck eines gelebten Normalisierungsprinzips.

Die Kritiker der begleiteten Elternschaft verweisen in erster Linie auf die Situation des Kindes. So sei durch die Wohn- und Lebenssituation mit geistig behinderten Eltern – auch bei fachlicher Assistenz – nicht sichergestellt, dass die Kinder ihre eigenen Möglichkeiten bestmöglich entfalten können. Hinzu komme, dass Eltern mit einer geistigen Behinderung nur über ein eingeschränktes Reflexionsvermögen und Handlungsrepertoire verfügten, um in Alltagssituationen – vor allem aber in Stresssituationen und Herausforderungen – angemessen erzieherisch zu handeln. Schließlich ergebe sich, so die Kritiker der begleiteten Elternschaft, mit dem Älterwerden der Kinder eine problematische Konstellation. Rollenverschiebungen und wiederkehrende beschämende Situationen bis hin zu sozialen Ausgrenzungen für die Kinder seien die Folge.

In der Praxis der begleiteten Elternschaft ist es wichtig, dass die beteiligten Behörden und Ämter – also Eingliederungshilfe und erzieherische Hilfen – gut abgestimmt miteinander kooperieren. Ebenso sind Kindergarten und Schule sowie Angehörige und Freunde im familiären und sozialen Netzwerk in dieses Unterstützungssystem einzubinden.
Letztlich gehört zu diesem Thema auch die Auseinandersetzung mit der Frage, wie die Eltern und Kinder zu begleiten sind, wenn ein gemeinsames Leben als „Familie unter einem Dach“ – aus welchen Gründen auch immer – nicht länger möglich ist.

Aufgabe

Mittlerweile gibt es viele Institutionen, Träger und Einrichtungen, die sich in der „Bundesarbeitsgemeinschaft Begleitete Elternschaft“ zusammengeschlossen haben. Informieren Sie sich über Angebote in Ihrer Nähe und laden Sie ggf. betroffene Eltern und Fachkräfte zu einem Informationsgespräch in Ihre Klasse ein.

3.2.7 Sexualassistenz – Sexualbegleitung

Der Mann ist für alle Mitarbeiter, vor allem aber für die Mitarbeiterinnen, eine Herausforderung, ja Zumutung.
Klaus Weber lebt in einem Wohnheim für Menschen mit Behinderung, sitzt im Rollstuhl und schikaniert die Fachkräfte. Diese sollen nach seinen Anweisungen die Pin-up-Fotos in seinem Zimmer immer wieder neu anbringen, häufig verlangt er nach pornografischen Filmen.
Erst als es einer Mitarbeiterin einmal zu bunt wird und sie ihm ordentlich die Meinung sagt, ändert Herr Weber seinen Ton. Es bricht aus ihm heraus: „Ich habe seit Jahren keinen Sex gehabt. Das macht mich noch verrückt. Ich will endlich eine Frau!“ Daraufhin berät sich die Mitarbeiterin mit ihrem Team.

Während in der heilerziehungspflegerischen *Theorie* das Recht auf sexuelle Selbstbestimmung von Menschen mit Behinderung weitestgehende Akzeptanz findet und sich im heilerziehungspflegerischen Alltag lebendig niederschlägt, so geraten Fachkräfte bei Fragen der *praktischen* Unterstützung oftmals an ihre Grenzen. Wie ist mit dem konkreten Hilfebedarf in Fragen der Sexualität umzugehen? Was ist zu tun, wenn der Bewohner den Wunsch nach Befriedigung seiner sexuellen Bedürfnisse äußert? Welche Haltung habe ich als Fachkraft selbst zu Fragen der Pornografie oder gar zu Fragen sexueller Dienstleistungen?
In der Form der „Sexualassistenz“ oder der „Sexualbegleitung“ hat sich in den letzten Jahren auch in Deutschland ein Angebot etabliert, welches es in den Niederlanden bereits seit Längerem gibt.

Sexualassistenz ist eine Dienstleistung für jene Menschen mit einer Beeinträchtigung, die auch in anderen Lebensbereichen Assistenz benötigen und für die sexuelle Begegnungen sonst schwer möglich sind.

(Nina de Vries)

Deutlich getrennt ist diese Form der sexuellen Begleitung von Formen der Unterstützung, wie sie sich im Alltag der Heilerziehungspfleger wiederfinden.

Man spricht von **passiver Sexualassistenz** dort, wo es um das Besorgen von sexuellen Artikeln wie etwa Kondomen, Vibratoren oder Filmen geht. Auch die Anbahnung von Kontakten, etwa zu Prostituierten oder Sexualbegleitern, gehört zur passiven Assistenz wie eine Sexualberatung. Im weiteren Sinn werden auch Tätigkeiten wie etwa der Transport zu einer sexuellen Dienstleistung oder die Mithilfe beim Entkleiden zu diesem Bereich gezählt. In eine Grauzone fallen körperliche Berührungen wie Streicheln, Schmusen oder in den Arm nehmen.
Beachtet werden muss in jedem Fall das Recht des Betroffenen auf sexuelle Selbstbestimmung auf der einen Seite und das Recht auf den Schutz vor einem Missbrauch des Beratungs-, Betreuungs- und Behandlungsverhältnisses (Abhängigkeitsverhältnis) auf der anderen Seite.
Oder anders ausgedrückt: Einerseits sollen und wollen die Fachkräfte den Klienten ein lebenswertes und lustvolles (auch sexuelles und erotisches) Leben ermöglichen und sie darin unterstützen, andererseits müssen die Klienten vor dem Missbrauch oder der (vielleicht auch gut gemeinten) Grenzüberschreitung geschützt werden.
Doch auch die Grenze zwischen passiver und aktiver Sexualassistenz ist nicht einfach zu ziehen. Soll die Fachkraft dort, wo sie die Erektion des jungen Mannes beim Waschen des Geschlechtsteils sieht, verschämt zu einer funktionalen Pflege übergehen? Soll die Funktion des Vibrators erklärt und gezeigt werden?

Aktive Sexualassistenz wird ausgeübt in nicht von beruflicher Abhängigkeit geprägten Beziehungen – in der Regel also als eigenständige Dienstleistung. Hierunter fallen erotische Massagen, Zärtlichkeiten und Befriedigungen, oft geht es auch um Unterstützung bei der Selbstbefriedigung, manchmal auch um Geschlechtsverkehr.
Worin liegen die Unterschiede zur Prostitution?
Einerseits fällt eine Abgrenzung dort schwer, wo man von außen lediglich den Blick auf das sexuelle Dienstleistungsverhältnis richtet. Hier wie dort geht es um Sex, hier wie dort geht es um eine Bezahlung.

Andererseits distanzieren sich die Sexualassistenten und -assistentinnen an dieser Stelle deutlich von der professionellen Prostitution. Jenseits einer verruchten und halbillegalen Grauzone möchten sie in ihrer Sexualassistenz Menschen mit Behinderung ein erotisches, sinnliches und sexuelles Erleben ermöglichen. Dabei geht es um die Ermöglichung von ersten sexuellen Erfahrungen ebenso wie um ein vertieftes Kennenlernen und Erspüren des eigenen und des anderen Körpers. Im besten Fall geht es also um die Unterstützung in einem ganzheitlichen Lernprozess.

Die Sexualassistenten werden eigens in einer Ausbildung für ihre Tätigkeit geschult und so auf den verantwortungsbewussten Kontakt mit Menschen mit Behinderung vorbereitet. Supervision und die beständige Reflexion der Tätigkeit gehören zur Professionalität dazu.

Fazit: Es ist gut und richtig, dass eine aktive Sexualassistenz nicht Teil des heilerziehungspflegerischen Berufsalltags ist. Sexuelle Assistenz in einem Macht- und Abhängigkeitsverhältnis würde nicht zur sexuellen Selbstbestimmung beitragen. Gleichwohl müssen die Fragen, die sich im praktischen Umgang mit der behinderten Ausübung von Sexualität stellen, beantwortet werden.

Die Diskussion über Möglichkeiten und Grenzen des Rechts auf sexuelle Selbstbestimmung, das Gespräch über Visionen und Irrwege, über Träume und den realen Alltag ist an dieser Stelle – so scheint es – gerade erst in Gang gekommen.

Aufgabe

Bezahlter Sex auf Krankenschein? Diskutieren Sie im Klassenverband Möglichkeiten und Grenzen der Sexualassistenz. Laden Sie – wenn möglich und gewünscht – Fachleute und Betroffene zu einem Gespräch ein.

Zum Weiterlesen

Bundesvereinigung Lebenshilfe (Hrsg.): Sexualpädagogische Materialien für die Arbeit mit geistig behinderten Menschen. 2009

J. Clausen, F. Herrath (Hrsg.): Sexualität leben ohne Behinderung. Das Menschenrecht auf sexuelle Selbstbestimmung. 2013

S. Hierholzer: KompaktWISSEN Sexualpädagogik in der Heilerziehungspflege. 2014

E. Bosch, E. Suykerbuyk: Aufklärung – Die Kunst der Vermittlung. Methodik der sexuellen Aufklärung für Menschen mit geistiger Behinderung. 2007

I. Achilles: Was macht Ihr Sohn denn da? Geistige Behinderung und Sexualität. 2010

J. Walter (Hrsg.): Sexualität und geistige Behinderung. 2002

L. Sandfort: Hautnah. Neue Wege der Sexualität behinderter Menschen. 2003

www.sexualassistenz.ch

3.3 Sterben und Tod bei Menschen mit geistiger Behinderung

Abb. 1 Auseinandersetzung mit dem Tod

Wenn Menschen mit geistiger Behinderung in ein Alter kommen, in dem auch für sie das Thema Tod und Sterben zunehmend relevant wird, ist es für die Heilerziehungspflege eine wichtige Aufgabe, die Auseinandersetzung mit dem Tod zu begleiten. Älter werdende Menschen mit geistiger Behinderung erleben, wie ihre Eltern und weitere Angehörige sterben, sie erleben möglicherweise den Tod von Mitbewohnern und kommen selbst in ein Alter, das sie zunehmend an das Lebensende führt.

Stirbt ein wichtiger Mensch, so erleben Menschen mit Behinderung diesen Abschied schmerzhaft und verwirrend.

Die Erfahrung im Umgang mit der Sterbethematik zeigt, dass Menschen mit geistiger Behinderung manchmal eine erstaunlich klare Vorstellung davon haben, was der Tod bedeutet – besonders wenn mit ihnen darüber gesprochen wurde und sie einfache Bilder für den Tod haben.

Es sind aber auch Situationen erfahrbar, in denen der Tod eines nahen Angehörigen augenscheinlich distanziert wahrgenommen wird. Zwar sprechen die Betroffenen von Trauer und Verlust, zeigen aber kaum entsprechende Emotionen. Dahinter können Unsicherheiten, Ängste oder gar Schuldgefühle verborgen sein. Der Tod der Eltern kann mit der Angst verbunden sein, jetzt alles zu verlieren. Es ist daher wichtig, das Ereignis so zu thematisieren, dass der Betroffene mit seinen Möglichkeiten den Verlust wahrnehmen und betrauern kann und zugleich seine Ängste und Fragen bearbeitet werden können.

Zum Weiterlesen

Bilder und Bücher können möglicherweise helfen, wenn das Gespräch über den Tod schwierig ist.

Bücher für Menschen mit geistiger Behinderung:

Bundesvereinigung Lebenshilfe: Bäume wachsen in den Himmel. Sterben und Trauern. 2011

S. Varley: Leb wohl, lieber Dachs. 2009

I. Abedi: Abschied von Opa Elefant: Eine Bilderbuchgeschichte über den Tod. 2006

Bücher für Begleiter:

E. Bosch: Tod und Sterben im Leben von Menschen mit geistiger Behinderung. 2011

E. Franke: Anders leben – anders sterben: Gespräche mit Menschen mit geistiger Behinderung über Sterben, Tod und Trauer. 2012

3.3.1 Sterbeprozess bei Menschen mit geistiger Behinderung

In der Begleitung von Menschen mit geistiger Behinderung kommt es immer wieder vor, dass Menschen nach Zeiten von Krankheit und im Alter in den Sterbeprozess kommen und schließlich sterben. Die Begleitung und Assistenz dieser Menschen stellt besonderer Anforderungen an die Heilerziehungspflege.

Im Team sollte das Thema Sterben und Tod frühzeitig besprochen und es sollten eindeutige Pflegestandards vereinbart werden. So ist die individuelle **Bezugspflege** eine wichtige Voraussetzung für eine intensive Sterbebegleitung. Die zuständigen Pflegepersonen sollten dazu emotional und zeitlich bereit sein – eine dienstliche „Verordnung" zur Sterbebegleitung wäre fatal. Pflegende benötigen Wissen über den Sterbeprozess und über die besonderen Bedingungen bei behinderten Menschen. Sie benötigen ein stabiles, emotional wertschätzendes Team, in dem sie sich austauschen und ihre Erlebnisse und ihre emotionale Betroffenheit reflektieren können. Auch die Möglichkeit, zeitweise auf Distanz zu gehen, um daraus wieder hilfefähig zu werden, muss ein Team anbieten können.

▸ **S. auch Pflegeteil: Modul 6, Kap. II.3 Pflege Sterbender (Palliativpflege)**

▸ **Modul 6, Kap. IV.1 Rechtliche Aspekte von Sterbebegleitung**

3.3.2 Umgang mit einem sterbenden Menschen

Während der letzten Wochen, Tage und Stunden sind eine gute Körperpflege, eine entlastende Lagerung, ausreichende Angebote zur Nahrungsaufnahme und aktive oder passive Bewegung für das körperliche Wohlergehen wichtig. Alles, was dem kranken und sterbenden Menschen vertraut ist und Sicherheit ermöglicht, sollte angeboten werden. Hierzu gehören das eigene Bett, die eigenen Bilder und wichtigen Gegenstände, aber auch Musik, Besuche, Gespräche und Berührungen. Wann immer es möglich ist, sollte der Sterbende in Gemeinschaft mit anderen sein können. Sterbende brauchen vertraute Bezugspersonen und Angehörige und diese wiederum benötigen Assistenz und konkrete Hilfe.

Je weniger das Thema Sterben und Tod tabuisiert wird, desto stärker kann auch im Sterbeprozess die Selbstbestimmungsfähigkeit des Sterbenden unterstützt werden. Was der Sterbende braucht, kann er am besten für sich feststellen und mithilfe der Assistenzkraft kommunizieren.

Religiöse Rituale oder auch der Beistand durch einen Geistlichen können den Übergang in den Tod begleiten. Dazu gehört auch, dass Pflegekräfte mit dem Sterbenden beten können.

Gebete können auch gesprochene Verse sein:

Psalm 23

Der Herr ist mein Hirte; mir wird nichts mangeln. Er weidet mich auf einer grünen Aue und führet mich zum frischen Wasser. Er erquicket meine Seele. Er führet mich auf rechter Straße um seines Namens willen. Und ob ich schon wanderte im finstern Tal, fürchte ich kein Unglück; denn du bist bei mir (...) Gutes und Barmherzigkeit werden mir folgen mein Leben lang und ich werde bleiben im Hause des Herrn immerdar.

Aaronitischer Segen (4. Mose 6, 24–26)

Gott segne dich und behüte dich. Er lasse leuchten sein Angesicht über dir und sei dir gnädig. Er erhebe sein Angesicht auf dich und schenke dir seinen Frieden.

Auch das Gedicht/Lied von Dietrich Bonhoeffer hat sich als Tröstung bewährt:

Von guten Mächten wunderbar geborgen

Von guten Mächten treu und still umgeben,
behütet und getröstet wunderbar,
so will ich diese Tage mit euch leben,
und mit euch gehen in ein neues Jahr.
Refrain:
Von guten Mächten wunderbar geborgen,
erwarten wir getrost, was kommen mag.
Gott ist mit uns am Abend und am Morgen
und ganz gewiss an jedem neuen Tag.

Noch will das Alte unsre Herzen quälen,
noch drückt uns böser Tage schwere Last.
Ach, Herr, gib unsern aufgescheuchten Seelen
das Heil, für das Du uns bereitet hast.

(Refrain)

Und reichst Du uns den schweren Kelch, den bitt'ren
des Leids, gefüllt bis an den höchsten Rand,
so nehmen wir ihn dankbar ohne Zittern
aus Deiner guten und geliebten Hand.

3.3.3 Umgang mit einem verstorbenen Bewohner

Der Tod eines Bewohners ist immer ein einschneidendes Erlebnis für Mitbewohner und Team. Nachdem ein Bewohner verstorben ist, sollten alle Bewohner und Mitarbeiter informiert werden. Es hilft vielleicht, wenn ein Bild des Verstorbenen aufgestellt wird und bei einer gemeinsamen Mahlzeit an den Verstorbenen gedacht und über ihn gesprochen werden kann. Mitarbeiter können dieses Gespräch einleiten und vorsichtig lenken.

Abb. 1 Abschiedsbuch

Es ist sinnvoll, dem Tod eine gute Gestalt zu geben. Dieses kann beispielsweise auch durch ein **Abschiedsbuch** geschehen. Ein kleiner Tisch wird an zentraler Stelle liebevoll dekoriert mit einem Bild des Verstorbenen, Blumen, einer Kerze und einem Abschiedsbuch ausgestattet. Im Abschiedsbuch stehen möglicherweise typische Aussagen, Erinnerungen an lieb gewonnene Gewohnheiten und Bilder von gemeinsamen Veranstaltungen.

Der Tod eines jeden Bewohners braucht Raum zur Erinnerung und zum Abschied. Hierzu hilft es, wenn **Rituale** vereinbart sind. Auch die Teilnahme an der Beerdigung sollte allen Bewohnern ermöglicht werden. Es gibt in der Praxis schöne Beispiele dafür, wie eine Beerdigung gemeinsam vorbereitet und mitgestaltet wird. Auch die Grabpflege kann eine gemeinsame Aufgabe der Bewohner werden.

Zum Weiterlesen

S. Kostrzewa: Menschen mit geistiger Behinderung palliativ pflegen und begleiten. Palliative Care und geistige Behinderung. 2013

Aufgaben

1. Welche Haltung und welche Gefühle können Sie bei einem Menschen mit geistiger Behinderung dem Sterben und Tod gegenüber wahrnehmen?
2. Welche Vorstellungen haben die Menschen mit geistiger Behinderung, die Sie kennengelernt haben, vom Tod?
3. Wie trauern Menschen mit geistiger Behinderung, wenn sie einen Freund oder Angehörigen verloren haben?
4. Welche Abschiedskultur (Pflegestandard) haben Sie in Ihrer Praxiseinrichtung?

Teil II
Gesundheit und Pflege

1 Pflege bei Schmerzen

Herr Schneider ist ein leicht übergewichtiger, gut gelaunter Mann von 35 Jahren. Er bewohnt ein eigenes Zimmer in einer Wohngruppe mit 7 anderen Mitbewohnern innerhalb einer Wohnstätte. Wochentags besucht er eine geschützte Werkstatt, die sich am anderen Ende der Stadt befindet. Zur Stärkung seines Selbstvertrauens hat sehr beigetragen, dass er in der Lage ist, selbstständig mit öffentlichen Verkehrsmitteln zur Arbeit zu fahren. Herr Schneider kann frei über ein mit ihm vereinbartes Kontingent seines Taschengelds verfügen. Am Wochenende liebt er es, lange fernzusehen. Als Stimmungsverstärker kauft er sich Cola, Chips oder Salzstangen.

Am Montagmorgen erscheint Herr Schneider zum Frühstück in der gemeinsamen Wohnküche. Wie immer am Morgen ist er in Eile, pünktliches Erscheinen ist ihm wichtig. Außerdem muss sich die erst kürzlich eingestellte Fachkraft um Klienten mit weitaus höherem Hilfebedarf kümmern.

Dennoch fällt ihr die leicht geschwollene linke Wange des Herrn Schneider auf. Sie spricht ihn daraufhin an, doch er reagiert nur unwirsch und ausweichend. Die Frage nach der Wange oder gar nach Zahnweh passt nicht in seine Vorstellung des gewohnt routinierten Ablaufs am Morgen. Die Fachkraft dokumentiert ihre Beobachtung.

Am Nachmittag, zurück von der Arbeit, trifft Herr Schneider auf einen ihm vertrauten Betreuer. Gemeinsam hatten sie das erfolgreiche Wegetraining zwischen Wohnort und Arbeitsstelle geplant und durchgeführt. Während der Dienstübergabe hat sich der Heilerziehungspfleger auf den aktuellen Stand gebracht. Er kennt Herrn Schneiders Anfälligkeit für Zahnschmerzen und auch seine Angst vor der zahnärztlichen Behandlung. Folglich kann er Herrn Schneiders Ausweichmanöver am Morgen entsprechend einordnen. Im Laufe des Nachmittags bittet er Herrn Schneider zum Gespräch, den Ort kann er bestimmen. Dieser wählt sein Zimmer.

Ja, er habe Zahnweh, eigentlich schon seit Sonntag. Regelmäßig geputzt habe er (was vom Betreuungspersonal beobachtet wird), auch nach dem Genuss von Chips bzw. Salzstangen. Er äußert große Angst vor dem Zahnarzt und habe gehofft, die Schmerzen würden nachlassen.

Der Heilerziehungspfleger macht Herrn Schneider keinen Vorwurf und versucht, ihn etwas zu beruhigen. Konfrontiert ihn aber auch mit der Dringlichkeit des Besuchs beim Zahnarzt. Gibt Herrn Schneider die Zusage, ihn zu begleiten. Als Bedarfsmedikation darf Herr Schneider Paracetamol 500 als Schmerzmittel (bis zu 3 Tabletten am Tag) bekommen. Dieses Angebot zur Schmerzlinderung nimmt Herr Schneider nun erleichtert an.

Die Fachkraft dokumentiert den gesamten Vorgang sowie die Vergabe des Medikaments, versehen mit dem Hinweis für den Nachtdienst, dass Herr Schneider auf Wunsch eine weitere Schmerztablette bekommen darf. Mit der Zahnarztpraxis des Herrn Schneider vereinbart die Fachkraft einen Termin, wobei sie die aktuelle Situation beschreibt und eine Dringlichkeit deutlich hervorhebt.

1.1 Grundlagen

Schmerzen haben für unseren Organismus eine wichtige Signalfunktion. Sie zeigen Schädigungen an bzw. fungieren als Warnhinweis auf Überlastungen des Körpers. Das Schmerzempfinden kann uns auch schützen vor größeren Verletzungen und Erkrankungen. So vermeiden wir zum Beispiel reflexartig den heißen Wasserstrahl, ziehen die Hand zurück und schützen uns somit vor einer größeren Schädigung des Hautgewebes.

Menschen mit Behinderung, insbesondere Personen mit erheblichen kognitiven Beeinträchtigungen bzw. komplexen Mehrfachbehinderungen, sind nur eingeschränkt bzw. gar nicht in der Lage, Schmerzen zu äußern. Deshalb kommt hier der **Diagnostik und Lokalisation von Schmerzen** eine besondere Rolle zu. Meist sind es Angehörige oder Bezugspersonen wie zum Beispiel Fachkräfte, die zunächst individuelle Auffälligkeiten, die auf Schmerzempfindungen hinweisen, wahrnehmen. Zwischen Betroffenem und der Fachkraft sollte ein Vertrauensverhältnis bestehen und die Fachkraft erfahren genug sein, um abweichende Verhaltensmuster zu erkennen. Berührungen oder leichter Druck auf möglicherweise betroffene Körperregionen können Abweichungen der Mimik hervorrufen oder, bei Personen mit Cerebralparesen, eine plötzliche Erhöhung des Muskeltonus verursachen.

Schmerzentstehung und -wahrnehmung. In fast allen Geweben, mit Ausnahme des zentralen Nervensystems, der Knochen und des Zahnschmelzes, finden sich freie Nervenendigungen oder **Schmerzrezeptoren** (Nozizeptoren), über die helle, dumpfe oder brennende Empfindungen wahrgenommen werden können. Bei einer Gewebsschädigung werden chemische Stoffe (z. B. Histamin, Prostaglandin, Serotonin) freigesetzt, die die **Nozizeptoren** erregen und Schmerzimpulse über das Rückenmark zum Gehirn weiterleiten.

Die **Schmerzwahrnehmung** wird beeinflusst durch:

- vorhergehende Erfahrungen (Schmerzgedächtnis)
- Bewertung der Schmerzreize
- Kompetenz zur Schmerzbewältigung
- subjektive Einstellung zum Schmerz
- Vorhandensein von Behandlungsmöglichkeiten
- Auswirkungen auf das Alltagsleben

Eine unzureichende Schmerzbehandlung kann die Gesundheit und Lebensqualität der Betroffenen erheblich beeinträchtigen. Starke Schmerzen können durch ihre Wirkung auf das vegetative Nervensystem den peripheren Gefäßwiderstand erhöhen, wodurch Blutdruck und Puls ansteigen, die Herztätigkeit zunimmt und ein größerer Sauerstoffbedarf entsteht. Die Blutzirkulation in der Haut und in den Organen wird vermindert, die Wundheilung verzögert, Infektionen (Lungenentzündung) und Druckgeschwüre können entstehen; es können aber auch Muskelkrämpfe ausgelöst werden. Personen mit Schmerzen neigen zu Kontrakturen, da sie häufig eine Schonhaltung einnehmen. Wenn starke Schmerzen die Mobilität des Betroffenen einschränken, vermindert sich der venöse Blutrückfluss, sodass Beinvenenthrombosen und Lungenembolien begünstigt werden. Schmerzen können auch Funktionen des Magen-Darm-Trakts beeinträchtigen. Die Entleerung des Magens und die Darmbewegungen werden verzögert. Ebenso kann es durch eine reduzierte Beweglichkeit der Blase zu Harnverhalt kommen.

1.1.1 Schmerzgedächtnis

Nicht nur das Gehirn, sondern auch die sensiblen Nervenzellen können „lernen". Werden sie wiederholt Schmerzreizen ausgesetzt, verändern sie ihre Aktivität. Üblicherweise als normal empfundene Reize (Kälte, Wärme, Berührungen, Dehnung) werden nun als Schmerzreiz registriert und entsprechend wahrgenommen. Man spricht in diesem Zusammenhang vom sogenannten Schmerzgedächtnis.

Werden Schmerzen nicht hinreichend gedämpft oder auf bestimmte Art und Weise verarbeitet, können sie sogar ohne erkennbaren Schmerzreiz fortdauern und sich zu einer eigenständigen Krankheit (**Schmerzkrankheit, ▶ s. unten**) entwickeln. Das macht deutlich, wie wichtig eine regelmäßige und ausreichende Schmerzmittelgabe vor Auftreten und Intensivierung der Schmerzen ist.

1.1.2 Schmerzerleben

Das Schmerzerleben wird von sehr subjektiven Einflussfaktoren bestimmt. Im Laufe des Lebens entwickelt jeder Mensch seine ganz persönlichen Strategien im Umgang mit Schmerz. Dies hat zu tun mit dem jeweiligen sozialen und kulturellen Hintergrund. Wie haben wir gelernt uns zu verhalten und welches Verhalten haben unsere Bezugspersonen gezeigt („Ein Indianer kennt keinen Schmerz" oder Trost und Mitleid)? Wie weit können Senioren, die Zeit ihres Lebens verinnerlicht haben, „tapfer" sein zu müssen, sich heutzutage überwinden, ihre Schmerzen zu äußern?

Aufgabe

Erinnern Sie sich daran, wie in Ihrer Familie mit Schmerzen umgegangen wurde!

- Wie haben Sie sich bei Schmerzen verhalten?
- Welche Verhaltensweisen wurden von Ihnen erwartet?
- Wie hat Ihre Familie auf Ihr Schmerzverhalten reagiert?

Schmerzart		Gewebestruktur	Beispiel
Nozizeptiver Schmerz	Oberflächenschmerz	Haut	Stiche, Schnitte, Verbrennungen
	Tiefenschmerz	Bindegewebe, Muskeln, Knochen, Gelenke	Muskelkrämpfe, Zerrungen, Spannungsschmerz bei Ergüssen
	Eingeweideschmerz	Eingeweide	Nierenkolik, Magengeschwür, Bauchfellentzündung
Neuropathischer Schmerz		Nerven, Nervengewebe	Polyneuropathie, Trigeminusneuralgie, Postzoster-neuralgie
Somatoformer Schmerz			Kopfschmerzen, Oberbauchbeschwerden, Muskel-, Skelettschmerzen

Abb. 1 Schmerzformen

Menschen mit Schmerzzuständen haben sehr unterschiedliche Erwartungen an ihr Umfeld.

Aufgabe

Bilden Sie Gruppen (je 3 Personen).

Jeder schreibt zunächst für sich kurz auf:
- Welche Erwartungen habe ich bei Schmerzen an mein Umfeld?
- Welches Verhalten wünsche ich mir von einem schmerzgeplagten Menschen?

Tauschen Sie sich in der Gruppe über Unterschiede und / oder Gemeinsamkeiten aus.

1.1.3 Schmerzformen

Nozizeptiver Schmerz. Diese Schmerzform weist auf Verletzungen oder Schädigungen von Haut, Muskeln, Knochen oder Eingeweiden bei intaktem Nervensystem hin.
- **Körperschmerz** ist hell, stechend und meist örtlich gut eingrenzbar. Er entsteht z. B. durch Zerstörung von Gewebeeiweiß an den Nervenendigungen.
- **Eingeweideschmerz (visceraler Schmerz)** wird als dumpf, ziehend oder drückend empfunden. Häufig verursacht er Schweißausbrüche, Übelkeit oder Erbrechen. Er entsteht, wenn im Brust- oder Bauchraum Hohlorgane gedehnt oder gereizt (z. B. bei Gallen- oder Nierensteinen) oder von Tumorgewebe durchwandert werden.

Neuropathischer Schmerz. Diese Schmerzen entstehen durch Schädigung der peripheren Nerven, der Nervenwurzeln oder des Zentralnervensystems bei intaktem Körper. Im Unterschied zum nozizeptiven Schmerz wird neuropathischer Schmerz durch die Reizung der Nerven des zentralen oder peripheren Nervensystems erzeugt, entweder durch Eindringen schädigender Stoffe oder durch Entartung von Zellstrukturen. Der Entstehungsort des Schmerzes entspricht nicht dem Schmerzort. Es handelt sich um einen brennenden, einschießenden Schmerz, der häufig mit einem „Schraubstock-Gefühl" oder „Elektroschock" ähnlichen Empfindungen verbunden ist.

Somatoformer Schmerz. Als somatoform (soma, gr. Körper) bezeichnet man Funktionsstörungen, für die keine organische Ursache gefunden werden kann. Somatoforme Schmerzen finden sich bei unzureichender Verarbeitung von Belastungen und Konflikten bei intakten Nerven und intaktem Körper (▶ Abb. 1).

1.1.4 Schmerztherapie

WHO-Stufenschema. Die Auswahl der **Analgetika** (Schmerzmittel) erfolgt nach dem WHO-Stufenplan und wird entsprechend der Schmerzintensität stufenweise angepasst.
- Als Basismedikation bei **leichten Schmerzen** werden Medikamente der WHO-Stufe I verabreicht.
- **Mittelstarke Schmerzen** können mit schwachen Opioiden der WHO-Stufe II behandelt werden, bei Bedarf kombiniert mit Nichtopioiden und sogenannten Koanalgetika. Dies sind Medikamente, welche je nach Auslöser der Schmerzen die Schmerztherapie unterstützen.
- **Starke Schmerzen** werden mit starken Opioiden der WHO-Stufe III ebenfalls in Kombination mit Nichtopioiden und ggf. unterstützenden (adjuvanten) Substanzen behandelt.

Durch die Kombination von Opioiden und Nichtopioiden wird eine effektivere schmerzlindernde Wirkung erzielt und der Bedarf an Opioiden gesenkt. In einer Studie mit Krebspatienten konnte bei einer Schmerzbehandlung nach dem WHO-Stufenschema bei 88 % eine gute bis zufriedenstellende Schmerzlinderung erzielt werden (vgl. Zech, D., 1995).

Das WHO-Stufenschema ist eine Orientierungshilfe. Es darf auf keinen Fall dazu führen, auf einen individuell abgestimmten Behandlungsplan zu verzichten.

Problem	Wirksame Medikamente
Brennender (neuropathischer) Schmerz	**Antidepressiva:** Amitriptylin, Doxepin, Clonipramin
Einschießende, elektrisierende (neuropathische) Schmerzen	**Antikonvulsiva:** Carbamazepin, Clonazepam, Gabapentin, Pregabalin
Muskelkrämpfe	**Muskelrelaxierende Medikamente:** Tetrazepam, Chlormezanon, Baclofen
Schmerzen, die mit einem Schwellungszustand einhergehen, z. B. Hirnmetastasen, Lebermetastasen (Leberkapselschmerz), Tumore, die ein Nervengeflecht oder einen peripheren Nerv einengen	**Cortikosteroide:** Dexamethason
Knochenschmerzen, zu hoher Calciumspiegel bei Knochenmetastasen (Hyperkalzämie)	**Biphosphonate:** Clodronat, Pamidronat
Akuter Angstzustand	**Benzodiazepine:** Diazepam, Lorazepam
Krampfartige Schmerzen, Überdehnung von Hohlorganen	**Spasmolytika:** Butylskopolamin

Abb. 1 Koanalgetika

Koanalgetika (unterstützende Begleitmedikamente). Koanalgetika sind Medikamente, die ursprünglich nicht zur Schmerzbehandlung zugelassen sind. Sie erzielen jedoch bei speziellen Schmerzformen (z. B. neuropathischen Schmerzen) eine gute schmerzlindernde Wirkung. Der Einsatz eines Schmerzmittels hängt vor allem von der Schmerzintensität ab. Die Verordnung eines Koanalgetikums orientiert sich dagegen an speziellen krankhaften Schmerztypen. Koanalgetika können auf jeder Stufe des WHO-Stufenplans bei entsprechender Indikation hinzugefügt werden. Man spricht deshalb auch von **adjuvanter Therapie** (adiuvare, lat. unterstützen).

1.2 Krankheitsbilder

1.2.1 Schmerz bei Tumorleiden

Ursachen

- Durch Druck, Eindringen und Durchwandern von Metastasen (▸ s. Kap. 2) in **Knochen und Knochenhaut** kommt es zu einem hellen, gut lokalisierbaren Schmerz, der anfänglich nur bei körperlicher Belastung und Bewegung, später auch in Ruhe vorhanden ist. Weil ein ruhiges Liegen unmöglich wird, klagen diese Klienten häufig über Schlafstörungen. Bei Rippenmetastasen kann die Atmung schmerzhaft eingeschränkt sein, sodass der Betroffene nicht mehr richtig abhusten kann. Knochenmetastasen können zu spontanen Knochen- und Wirbelbrüchen führen.
- Zu einem **Weichteilschmerz** kommt es durch das Eindringen von Tumorzellen in Skelettmuskulatur oder Bindegewebe (Infiltration). Häufig sind es brennend bohrende Dauerschmerzen oder plötzlich einschießende Schmerzattacken, die unabhängig von Bewegungen auftreten. Bei Druck oder im Sitzen verstärkt sich der Schmerz.
- Werden Blutgefäße durch Tumorgewebe zusammengedrückt oder durchwandert, entsteht in dem entsprechenden Versorgungsgebiet ein Sauerstoffmangel, der einen sogenannten **Ischämieschmerz** (Ischämie, gr. zurückhalten, hindern) durch Mangeldurchblutung auslöst. Betrifft dies die Gliedmaßen, verstärkt sich der Schmerz bei Bewegung. Häufig fällt eine blassbläuliche Verfärbung der Haut auf.
- Verdrängt der Tumor innere Organe oder verschließt er Hohlorgane (z. B. Gallengänge, Bauchspeicheldrüsengänge), werden die zuführenden Nervenbahnen erregt und es entsteht ein sogenannter **visceraler Schmerz**. Dieser Schmerz wird als dumpf, schlecht lokalisierbar und krampfartig empfunden.
- Werden körperferne Nerven, Nervengeflechte oder zentrale Nervensysteme durch Tumorgewebe zusammengedrückt oder durchsetzt, entsteht ein **neuropathischer Schmerz**. Nervenschmerzen können durch den Tumor selbst, aber auch durch Operationen, Chemotherapien

und Bestrahlungen entstehen. Eine leichte Berührung der Haut kann starke Schmerzen verursachen, die auch nach Beendigung der Berührung andauern. So kann ein leichter Schmerzreiz extrem stark empfunden werden. Empfindungsstörungen in Form einer Überempfindlichkeit oder herabgesetzter Empfindung kennzeichnen den Nervenschmerz. Bei einer Beteiligung des sympathischen Nervensystems (▸ s. Modul 2, Kap. II.4) kann sich der Ernährungszustand der Haut verschlechtern und es können Ödeme und brennende Schmerzen auftreten.

10 bis 25 % der Patienten leiden unter therapiebedingten Schmerzen

- durch **Operationen**:
  Nervenschädigungen, Lymphödeme (z. B. bei Entfernung der befallenen Lymphknoten beim Mammakarzinom), Narbenbildung, Muskelverspannungen
- durch **Bestrahlung**:
  Veränderung der Schleimhäute (Entzündungen, Pilzinfektionen), Umbau von Funktionsgewebe in Bindegewebe (z. B. Lungengewebe), Lähmungen durch Nervenschädigungen
- durch **Chemotherapie**:
  Entzündungen, Schleimhautinfektionen und Nervenschädigung

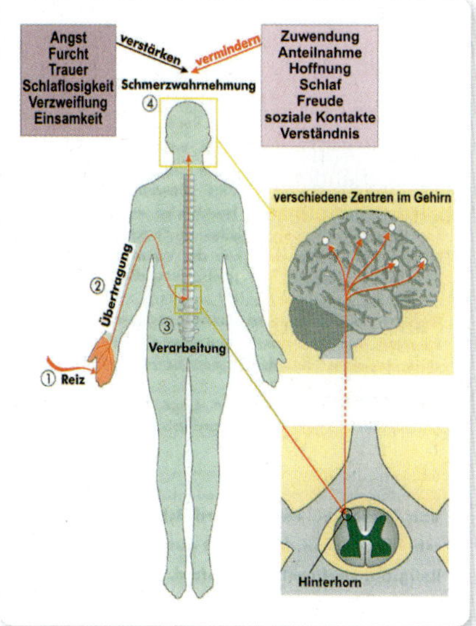

Abb. 1 Chronifizierung von Schmerz

1.2.2 Chronischer Schmerz – Schmerzkrankheit

Unterbleibt eine ausreichende Behandlung der Schmerzen, kann es zu chronischem Schmerz kommen. Jeder bewusst werdende Schmerz führt zu nachweisbaren **biochemischen Veränderungen** der betroffenen Nervenstrukturen. Die „Erinnerung" (**Schmerzgedächtnis**) an den Schmerz führt dazu, dass erneute Schmerzen stärker erscheinen, länger anhalten und scheinbar ausgedehntere Gebiete betreffen. Im Weiteren kommt es zu einer chronischen Schmerzempfindung auch ohne konkrete Auslöser. Da Schmerzen in Hirngebieten verarbeitet werden, welche auch der Verarbeitung von Gefühlen dienen, kann eine Vermischung der Empfindungen auftreten, d. h., dass belastende Gefühle auch als Schmerz empfunden werden.

Zur **Chronifizierung** tragen bei:

- unzureichende Schmerzbehandlung wegen mangelnder Ursachenklärung und/oder fehlender fachlicher Kompetenz
- ein rein körperbezogenes Krankheitsverständnis von Arzt und Patient
- Krankheitsgewinn (Entlastung, Zuwendung)
- Eigenmedikation
- bestehende Angststörungen und Depression

Chronische Schmerzen	Akute Schmerzen
haben keine Warnfunktion	haben eine sinnvolle Warnfunktion
dauern länger als 3 Monate	dauern Tage bis Wochen und hören von selbst wieder auf
Schmerzursache nicht klar abzugrenzen, unterschiedliche Gründe möglich, Zeitpunkt der Chronifizierung bleibt unbekannt	Schmerzursache klar und leicht zu erkennen
umfassende Behandlung notwendig	Ursachenbehandlung ausreichend
Veränderung der Persönlichkeit, der Lebensumstände und der Funktionalität	
Beispiele: Phantomschmerz nach Amputationen, Nervenschmerzen, Migräne und Spannungskopfschmerz, Rückenschmerzen	Beispiele: Wundschmerz nach Operationen oder Verletzungen, Infarktschmerz

Abb. 2 Abgrenzung chronische Schmerzen gegen akute Schmerzen

1.2.3 Phantomschmerz

Bis zu 75 % aller Menschen, denen Gliedmaßen amputiert wurden, leiden an sogenannten Phantomschmerzen. Das bedeutet, dass sie Missempfindungen bis hin zu starken Schmerzen in den nicht vorhandenen Gliedern spüren. Grund hierfür ist die Verarbeitung von Reizen im Gehirn. Für die Zuordnung und die Steuerung der Funktionen existiert im Gehirn eine Art vollständiges Bild des Körpers, welches ständig mit Rückmeldungen aus den einzelnen Körperabschnitten abgeglichen wird. Fehlen diese Rückmeldungen, werden sie von bestimmten Hirnzentren durch Missempfindungen oder Schmerz ersetzt.

Schmerzmittel sind in solchen Fällen nur bedingt wirksam. Eine neue Behandlungsmethode besteht in dem Versuch, das Körperbild wieder zu komplettieren, indem durch den Einsatz von Spiegeln die fehlende Gliedmaße „ersetzt" wird. Das Auge, die Bewegungen und damit verbundenen Empfindungen „spielen" dem Hirn einen wieder intakten Körper vor. Schmerz als Ersatzinformation wird daher unnötig. In vielen Fällen haben sich damit die Schmerzen zumindest lindern lassen. Weiterführende Untersuchungen der Methode stehen noch aus.

1.3 Pflege

Voraussetzungen für eine adäquate Schmerzbehandlung vonseiten der Fachkraft

- Sie verfügt über das notwendige Wissen zur systematischen Schmerzeinschätzung.
- Sie verfügt über das erforderliche Wissen zur medikamentösen Schmerzbehandlung.
- Sie kennt nichtmedikamentöse Maßnahmen zur Schmerzlinderung sowie deren mögliche Kontraindikationen.
- Sie verfügt über die notwendigen Beratungs- und Schulungskompetenzen in Bezug auf Schmerz und schmerzbedingte Probleme.

Zum Weiterlesen

Expertenstandard Schmerzmanagement: www.dnqp.de

1.3.1 Krankenbeobachtung

Um den Behandlungserfolg zu überprüfen, gehört eine geschulte Krankenbeobachtung (Wahrnehmung auch nonverbaler Signale) zu den Aufgaben der Fachkraft. Fragen zur Verbesserung der Mobilität und der Motivation z. B. bei der Körperpflege, beim Ankleiden sowie der Verrichtung alltäglicher Aufgaben entsprechend seinen Fähigkeiten geben wertvolle Rückschlüsse auf die Wirksamkeit der Behandlung.

▸ s. Modul 3, Kap. II.1 Wahrnehmen und Beobachten in der Pflege

Aufgaben der Fachkraft

- Zu Beginn erhebt die Fachkraft Informationen darüber, ob der Betroffene Schmerzen oder schmerzbedingte Probleme hat. Ist dies der Fall, wird die Einschätzung in individuell festzulegenden Zeitabständen wiederholt.
- Wurden Schmerzen oder schmerzbedingte Probleme festgestellt, wird mittels geeigneter Instrumente eine systematische Schmerz-Ersteinschätzung durchgeführt.
- Die Schmerzeinschätzung wird in Ruhe, bei Belastung und Bewegung wiederholt.

Gesichtspunkte bei der Schmerzeinschätzung und ihre Bedeutung

- Die **Lokalisation** des Schmerzes gibt Aufschluss über die Schmerzursache.
- Die **Schmerzintensität** ist Grundlage für Einleitung bzw. Anpassung der medikamentösen Schmerztherapie.
- Die **Schmerzqualität** gibt ebenfalls Aufschluss über die Schmerzursache und ist eine wichtige Grundlage für die Auswahl der Schmerzmedikamente, insbesondere für den Einsatz von Zusatzmedikamenten (s. WHO-Schema oben).
- Die **zeitlichen Aspekte**, erstes Auftreten, Zusammenhänge, Rhythmus und zeitlicher Verlauf, sind wichtig für den Pflegeplan und eventuell nichtmedikamentöse Maßnahmen.
- **Schmerzverstärkende** oder **-lindernde Faktoren** dienen der Entwicklung von Lösungsstrategien oder der Fortführung bewährter Maßnahmen.
- Die **Auswirkungen** des Schmerzes auf das **Alltagsleben** sind wichtig für die Bewertung der Schmerzbehandlung und geben Auskunft über den individuellen Umgang mit den Schmerzen.

Mediziner: Schmerzen bei Demenz oft unterschätzt

(ug) Menschen, die an Demenz erkrankt sind, verlieren die Fähigkeit, ihren Schmerz zu äußern - und erhielten darum zumeist keine adäquate Therapie. Untersuchungen zeigten, dass bei gleicher Schmerzursache Demenzkranke nur ein Drittel der Morphindosis erhalten, die nicht dementen Patienten in solchen Fällen verordnet wird. Selbst mit einfachen Analgetika seien Demenzpatienten unterversorgt: Sie erhielten nur die Hälfte der bei anderen Patienten üblichen Dosis. Auf dem Deutschen Schmerz- und Palliativtag 2013 in Frankfurt/Main präsentierten Experten Strategien, wie man Schmerz im Alter erfassen, messen und behandeln kann.

(Forum aktuell vom 19.03.2013)

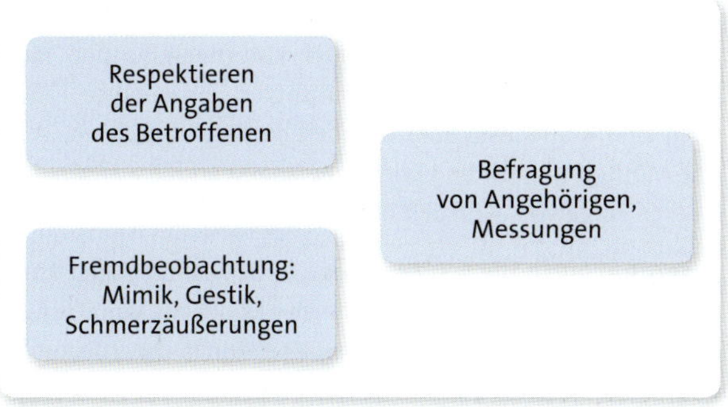

Abb. 1 Schmerzerfassung

Schmerzassessment

Schmerz ist ein subjektives Phänomen. Nur der Betroffene selbst kann zuverlässige Aussagen darüber machen. Von Außenstehenden kann Schmerz nur indirekt über das Verhalten erschlossen werden. Grundvoraussetzung für eine angemessene Schmerzbehandlung ist es, die Angaben der Betroffenen uneingeschränkt zu akzeptieren und zu respektieren (▸ **Abb. 1**).

Die **Schmerzintensität** sollte mithilfe standardisierter Skalen erhoben werden. Zur Erfassung haben sich sogenannte Ratingskalen (to rate, engl. einschätzen) bewährt. Am häufigsten eingesetzt werden nummerische (NRS), verbale (VRS) und visuelle **Schmerzskalen** (▸ **Abb. 2**). Die verbale Ratingskala (VRS) wird meist als 4-teilige Skala verwendet, sie ist besonders geeignet für schwer kranke oder ältere Menschen, die mit einer 10-teiligen Skala oft überfordert sind.

Der Betroffene markiert an einer Stelle auf der Skala (visuell, nummerisch, verbal) die von ihm empfundene Schmerzintensität.

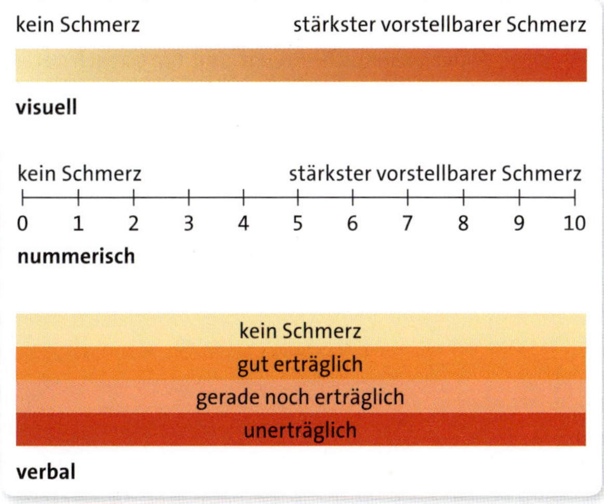

Abb. 2 Schmerzskalen

Auch ein **Schmerzverlaufsprotokoll** oder ein **Schmerztagebuch** können einen guten Überblick über Schmerzstärke und -häufigkeit geben. Verschiedene Aussagen können hier erfasst werden:

- Uhrzeit und Dauer der Schmerzattacken
- Schmerzqualität
- Schmerzausmaß
- Besonderheiten im Zusammenhang mit dem Schmerz
- Auswirkungen auf den Alltag
- Begleitsymptome (Schlafstörungen, Verstopfung)
- schmerzverstärkende / schmerzlindernde Faktoren

Es ist wichtig, gemeinsam mit dem Betroffenen das für ihn geeignete Messinstrument zu wählen und dann bei dieser Form der Schmerzerfassung zu bleiben.

Jeder Mensch hat seine eigenen Erfahrungen und Verhaltensweisen im Umgang mit Schmerz. Pflegende dürfen niemals ihren eigenen Umgang mit Schmerzen zum Maßstab für andere machen. Um zu erfahren, auf welche Art und Weise der Schmerz empfunden wird, und Rückschlüsse auf die Art der Schmerzen ziehen zu können, stehen eine Reihe von Eigenschaftswörtern zur Verfügung:

klopfend, stechend, einschießend, nagend, brennend, elektrisierend, bohrend, spitz, krampfartig, zuschnürend, dumpf, ziehend, stark, schwach, heftig, erschöpfend, unerträglich, beängstigend, vereinnahmend.

1.3.2 Nichtmedikamentöse Maßnahmen (zur ergänzenden Schmerzlinderung)

Nichtmedikamentöse Maßnahmen stellen trotz z. T. geringer wissenschaftlicher Begründung eine wertvolle Ressource in der Schmerzbehandlung dar. Schmerzpatienten und ihre Angehörigen sollten dieses Angebot in Ergänzung zur medikamentösen Schmerztherapie erhalten und darin unterwiesen werden. Auch hier gilt, dass nicht alle Methoden für alle Menschen geeignet sind. Dem einen liegen körperbetonte Methoden mehr, der andere ist am ehesten über den Geist „ansprechbar".

Stimulation der Haut

- Wärme und Kälte
- Druckpunktmassage (Akupressur)
- Allgemeine Massagen (auch wirksam an Füßen und Händen
- Vibrationen (elektrisch oder mit Hand)

Die vorgeschlagenen Methoden werden nicht therapeutisch oder **kurativ** (curare, lat. Sorge tragen) eingesetzt, sondern ausschließlich **palliativ** (palliare, lat. mit einem Mantel bedecken).

Atmung (unabhängig von Lautäußerungen)
- gelegentlich angestrengt atmen
- kurze Phasen von Hyperventilation (beschleunigte Atmung)
- lautstark angestrengt atmen
- lange Phasen von Hyperventilation
- Cheyne-Stoke-Atmung (periodisches Atmen)

Negative Lautäußerungen
- gelegentlich stöhnen oder ächzen
- sich leise negativ oder missbilligend äußern
- wiederholt beunruhigt rufen
- laut stöhnen oder ächzen
- weinen

Gesichtsausdruck
- traurig
- ängstlich
- sorgenvoller Blick
- grimassierend

Körpersprache
- angespannt
- nervös hin und her gehen
- nesteln
- starr
- geballte Fäuste
- angezogene Knie
- sich entziehen oder wegstoßen
- schlagen

Trost
- ablenken oder beruhigen durch Stimme oder Berührung möglich
- trösten, ablenken, beruhigen nicht möglich

Abb. 1 Auffällige Beobachtungen bei Menschen mit kognitiven Einschränkungen, nach: BESD–Skala (**Be**urteilung von **S**chmerzen bei **D**emenz), Deutsche Fassung der PAINAD-Scale (Warden et al., 2003. JAMDA, 4, 9–15)

Der Effekt einer Stimulation besteht darin, dass die Schmerzintensität während oder für eine bestimmte Zeit nach der Stimulation verringert wird. Trotz der Einfachheit der Mittel kann eine sehr effektive Schmerzlinderung erzielt werden. Anzuwenden natürlich nur bei intakter Haut. Einige Methoden haben eine entspannende oder ablenkende Wirkung, andere hemmen die Aktivität der Übermittlung einer Schmerznachricht. Vibration oder Kaltanwendungen können die Schmerzsensibilität herabsetzen, in manchen Fällen auch eine Anästhesie oder Taubheit der Haut bewirken. Welche Methode wann und wie lange angewendet werden soll, ist eine Frage von „Versuch und Irrtum".

Lagerung. Allein die z. T. erzwungene Unbeweglichkeit kann bei bettlägerigen Klienten Schmerzen in der Muskulatur verursachen. Eine Änderung der Position durch Lagerung wird häufig als lindernd empfunden. Die Auswahl der Hilfsmittel und Positionen richtet sich nach dem Schmerzgeschehen und dem subjektiven Empfinden der Betroffenen. Durch entsprechende Lagerung können z. B. die Atemfunktion unterstützt, Druckstellen (Fersen, Ellenbogen, Ohren) entlastet und / oder die Bauchdecke entspannt werden (▸ **s. Modul 4, Kap. II.3.3**).

Ablenkung. Diese Strategie eignet sich für kurze Schmerzepisoden:
- Die Aufmerksamkeit richtet sich auf andere Reize als den unerfreulichen Schmerzstimulus.
- Der Schmerz wird an den Rand des Bewusstseins gedrängt.
- Die Schmerzen werden erträglicher, nicht behoben.

Entspannung
- Muskelspannung, Angst und Schmerzen können sich gegenseitig aufschaukeln.
- Erhöhte Spannung der Skelettmuskulatur kann durch Belastung und Druck den Schmerz verstärken.
- Entspannung ist durch eine Vielzahl von Methoden erreichbar, z. B. Atemtechniken, Musik, Meditation, progressive Muskelentspannung nach Jacobson (▸ **s. Modul 6, Kap. III.1.15**).

Imagination (Fantasie, Einbildungskraft). Hierunter wird das Vermögen verstanden, im Wachzustand innere Bilder wahrzunehmen. Der Unterschied zu Traumbildern besteht darin, dass diese Bilder willentlich erzeugt und thematisch verändert werden können.
- In einer ruhigen Atmosphäre werden die Betroffenen an ihre Bilder herangeführt oder nutzen die erreichte Entspannung nach einer der oben beschriebenen Methoden.
- Es werden Bilder benutzt, welche geeignet sind, vom Schmerz wegzuführen (Strandspaziergänge, Bäche, Urlaubserinnerungen).

Medikamentöse Schmerzbehandlung

Die Gabe von Analgetika muss entsprechend der Schmerzintensität angepasst sein. Hierzu holt die heilerzieherische Fachkraft ärztliche Anordnungen ein (Dauer, Art der Anwendung). Diese Anordnungen werden dann nach Plan durchgeführt.

▶ **S. auch Modul 8, Kap. IV.2.1, Durchführung ärztlicher Verordnungen, Betäubungsmittelrecht**

Zum Weiterlesen

E. Carr, E. Mann: Schmerz und Schmerzmanagement. 2014
Th. Fischer: Schmerzeinschätzung bei Menschen mit schwerer Demenz. 2012

Stoffgruppen, Wirkstoffe (Beispiele)	Wirkung	Unerwünschte Wirkungen, Kontraindikationen (KI)
Analgetika, Antirheumatika. Indikation: Schmerzen, Entzündungen		
• Opioide (Opiate, Morphine) • Analgetika, z. B. Paracetamol • nichtsteroidale Antirheumatika (NSAR, NSAID), z. B. Acetylsalizylsäure, Ibuprofen, COX-Hemmer	schalten Schmerzempfinden aus: • zentral: Wirkung am Hirn durch Dämpfung der Schmerzwahrnehmung und -verarbeitung • peripher: Hemmung der Entstehung von Schmerzstoffen, Blockierung von Schmerzrezeptoren unterdrücken Entzündungen, indem die Bildung und Wirkung von Entzündungsvermittlern (Mediatoren) unterdrückt wird	• Obstipation • Atemdämpfung in hoher Dosierung • Beruhigung • Blutdruckabfall bei raschem Lagewechsel • Übelkeit, Erbrechen, Sodbrennen • Blutungen im Magen-Darm-Trakt • Paracetamol: Leberschäden bei Überdosis • NSAR: Auslösung von Asthma-Anfällen. **KI:** bekannte Magengeschwüre, Asthma

Abb. 1 Analgetika und Wirkungen (▶ **s. auch: Koanalgetika, Kap. 1.1.4**)

Aufgaben

1. Stellen Sie eine Liste von Faktoren zusammen, welche das Schmerzempfinden beeinflussen können.
2. Erklären Sie den Begriff „Schmerzgedächtnis". Erarbeiten Sie gemeinsam Konsequenzen für die Pflege.
3. Erarbeiten Sie aus dem vorliegenden Kapitel, was bei Betroffenen mit Mehrfachbehinderungen auf Schmerzen deutet.
4. Erklären Sie die Grundsätze der medikamentösen Schmerztherapie anhand des WHO-Stufenschemas.
5. Stellen Sie in einer Gruppe nichtmedikamentöse Unterstützungsangebote zur Schmerzbehandlung zusammen.

2 Pflege Krebskranker

Frau Gerden ist 42Jahre alt und wohnt zusammen mit 5 weiteren Personen in einer Wohnstätte. Sie ist eine gesunde, korpulente und pragmatisch veranlagte Frau, die in wöchentlich stattfindenden Bewohnerbesprechungen gern das Wort führt und noch lieber ihre Mitbewohner von der Richtigkeit ihrer Meinung zu überzeugen versucht. Die Einrichtung liegt zentral in einer Großstadt mit optimaler Verkehrsanbindung in alle Stadtteile. Wochentags besucht Frau Gerden eine geschützte Werkstatt, wo sie hauptsächlich mit Verpackungstätigkeiten beschäftigt ist. Sie ist als freundliche und fleißige Kollegin bekannt und beliebt. Ihre Liebe und Leidenschaft gilt dem ortsansässigen Fußballverein. Poster der Mannschaft sowie diverse Schals schmücken ihr Zimmer. Bereits mehrmals war sie mit einem Betreuer und einem ihrer Mitbewohner beim Spiel live im Stadion dabei. Zum Ritual ist es geworden, dass sie nach einem Sieg eine Fahne in den Vereinsfarben auf ihrem Balkon in eine eigens dafür angebrachte Halterung an der Balkonbrüstung steckt. Derzeit läuft es ganz gut und die Fahne flattert häufig im Wind.
Das Betreuungsteam ist für die Beobachtung und Überwachung des Gesundheitszustands von Frau Gerden verantwortlich. Dazu zählt, stellvertretend für sie turnusmäßige Kontrolluntersuchungen zu vereinbaren und diese auch zu begleiten. Bei einer dieser jährlich stattfindenden gynäkologischen Untersuchungen wurde bei Frau Gerden ein Knoten in ihrer rechten Brust entdeckt. Weitere Tests und Untersuchungen ergaben, dass sich außerdem kleinere Metastasen im Gehirn gebildet haben. Dem Betreuungsteam erklärt sich nun, warum Frau Gerden in letzter Zeit häufig über Abgeschlagenheit, Kopf- und Gliederschmerz sowie Appetitlosigkeit klagte. Auch hatte sie eine deutlich höhere Anfälligkeit für grippale Infekte. Frau Gerden ist zunächst erstaunt darüber, dass jene kleine Stelle in ihrer Brust, die sie selbst kaum wahrnimmt, dafür verantwortlich sein soll, dass sie in den folgenden Wochen so häufig bei Ärzten vorstellig werden muss und auch umgehend von ihrer Arbeit freigestellt wurde. Gemeinsam mit der Mutter von Frau Gerden sowie der Psychologin der Einrichtung berät das Betreuungsteam darüber, Frau Gerden „auf Augenhöhe" verständlich ihre Erkrankung zu erklären. Man entschließt sich zu einem Gespräch mit Frau Gerden, ihrer Mutter und dem Bezugsbetreuer, der Frau Gerden sehr nahe steht. In für sie verständlichen, knappen Sätzen wird ihr die Gefährlichkeit ihrer Erkrankung deutlich gemacht, verbunden mit dem Ausblick, was an therapeutischen Maßnahmen in nächster Zeit auf sie zukommen wird. Materialien aus dem Bereich der unterstützten Kommunikation helfen, Frau Gerden zu erklären, dass die kleinen, roten Teufel mit ihren langen Zähnen sich durch ihren Körper knabbern und, wenn man nichts dagegen unternimmt, sehr schnell immer mehr werden. Sie kann sich vorstellen, dass das keiner aushält, zunächst wird man schwach, dann krank. Unter Umständen kann diese Erkrankung zum Tod führen.
Auf die Erwähnung des Wortes Tod hatte man sich im Vorfeld geeinigt, da Frau Gerden über kognitive Fähigkeiten verfügt, die eine angemessene Einordnung des Begriffs zulassen. Kurz umrissen weiß Frau Gerden nun über sich Bescheid und sieht der Behandlung und den folgenden Therapiemaßnahmen sehr tapfer und aufgeschlossen entgegen. Frau G. wird zunächst brusterhaltend operiert. Die Veränderung ihres gewohnten Umfelds nimmt sie gelassen auf, häufige Besuche ihrer Mutter, Mitbewohner und Betreuer geben ihr ein Gefühl der Sicherheit. Auf ihren Tisch am Bett hat sie einen kleinen Wimpel ihres Vereins aufgestellt. Hilft auch. Außerdem weiß sie, dass ihr Aufenthalt im Krankenhaus begrenzt ist.

Mit dem Beginn der Strahlen- und Chemotherapie wohnt Frau G. wieder zu Hause in ihrer Wohnstätte. Die Therapie fordert sie körperlich sehr, sie ist matt und häufig plagen sie Übelkeit und Erbrechen. Sie wirkt verunsichert darüber, dass sie zunächst, um zu genesen, noch kränker werden muss. Dass ihr während der Therapie die Haare ausfallen , nimmt sie pragmatisch. Ständig trägt sie nun eine Wollmütze in den Farben ihres Vereins.

Mit dem Ende der Therapie ist Frau G. körperlich und moralisch sehr ausgelaugt. Den Betreuern fiel es in letzter Zeit zunehmend schwer, Frau G. zu motivieren, sie wirkte erschöpft und niedergeschlagen; vom turbulenten Nachmittagsgeschehen in der Wohnküche hielt sie sich nach eigenem Wunsch zunehmend fern.
Die Ergebnisse der Untersuchungen und Tests sind durchaus positiv, die Therapie hat angeschlagen und war wirkungsvoll. Über ihre Nachhaltigkeit kann vom aktuellen Zeitpunkt keine Aussage getroffen werden, die Prognose ist positiv. Das liegt auch daran, dass Frau G. mit 42 Jahren noch relativ jung ist.
Zunächst muss Frau G. wieder zu Kräften kommen, körperlich und psychisch. Am Gruppengeschehen hat sie in letzter Zeit nur die Rolle eines Beobachters eingenommen. Die Aufgabe der Betreuer wird es sein, sie entsprechend ihrem Gesundheitszustand einzubinden, ihr Verantwortung zu übertragen, um ihr das Gefühl der Teilhabe zurückzugeben. Dazu zählt auch, doch noch einmal den Zeitpunkt der geplanten Gruppenreise zu überdenken. Sie würde ein Spiel ihres Vereins verpassen. Dabei möchte sie sehr gern mal wieder live dabei sein. Ihre aktuelle Stoppelhaarfrisur gefällt ihr übrigens sehr gut.

2.1 Grundlagen

2.1.1 Entwicklung bösartiger Tumoren

Es gibt weder **den** Krebs noch **die** Ursache für Krebs. Generell können sich in allen Geweben bösartige Veränderungen entwickeln, wobei Gewebe mit hoher Teilungsrate eher betroffen sind. Auch bei den Ursachen gibt es bekannte Häufungen. So ist Tabakkonsum ganz eindeutig Hauptrisikofaktor für Lungenkrebs.
Etwa 80 % aller bösartigen Tumoren gehen von den sich schnell teilenden Oberflächen- und Drüsengeweben aus (**Karzinome**). 6 % gehen von Bindegeweben aus (**Sarkome**). Bösartige Veränderungen der blutbildenden Gewebe machen 5 % aus (z. B. Leukämien). Sehr selten sind bösartige Veränderungen des Nervengewebes.

Die Krebsentstehung selbst läuft in 2 Phasen ab. Zunächst kommt es durch **Veränderung der genetischen Information** in den Zellkernen von Körperzellen zur Entwicklung von bösartigen Tumorzellen. Ursachen sind z. B.:

- erbliche Belastung und hormonelle Fehlsteuerungen
- kurzwellige Strahlungen (UV-Licht, Röntgen- und radioaktive Strahlen)
- chemische Substanzen (Asbest, Benzpyren, Nitrosamine),
- natürliche Stoffe (Pilzgifte, z. B. Aflatoxin)
- Viren (z. B. Hepatitisviren, Papillomaviren)

Dann kommt es zum **Wachstum** (Zellvermehrung) und damit zur **Tumorbildung**. Beschleunigt wird dies durch äußere Wirkstoffe (z. B. Dioxin, Teerprodukte) oder Sexualhormone (z. B. Mammakarzinom, Prostatakarzinom).

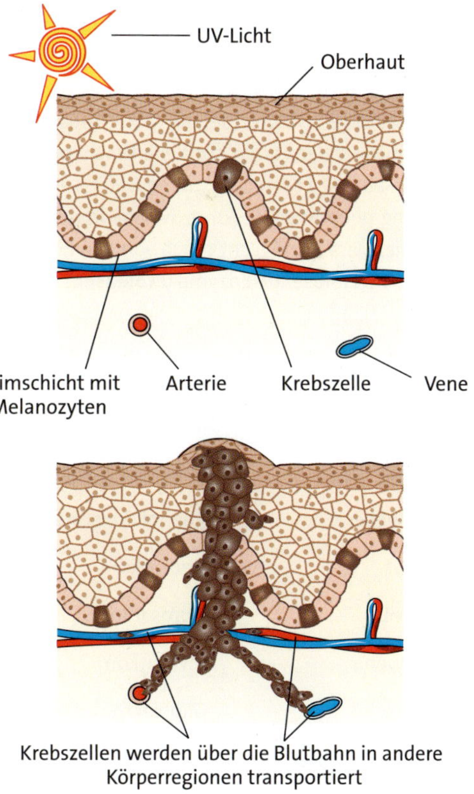

Abb. 1 Krebsentstehung am Beispiel Pigmentzellkrebs (Melanom)

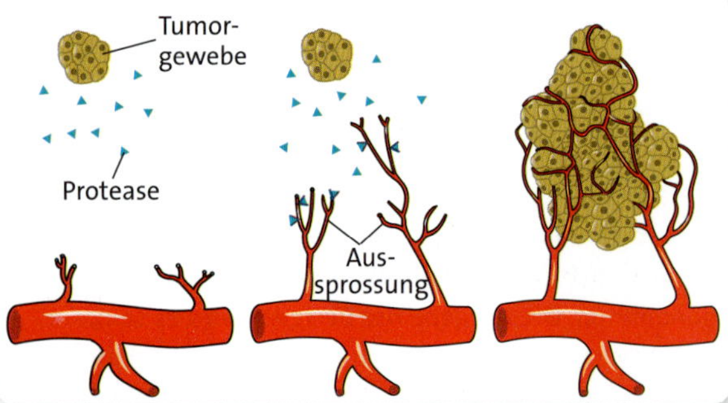

Abb. 1 Gefäßneubildung von Tumoren (Neoangiogenese)

Einige Viren sind offensichtlich in der Lage, ein Protein zu hemmen, welches die Zellteilung kontrolliert, sowie einen Proteinkomplex zu verändern, welcher an der Wachstumskontrolle beteiligt ist.

Nach neueren Erkenntnissen besteht auch ein bösartiger Tumor aus Zellen mit unterschiedlichen Funktionen. Neben einer Vielzahl von zwar veränderten, aber spezialisierten Zellen, die den größten Teil des Tumors ausmachen, gibt es sogenannte **Krebsstammzellen**, welche für die Nachbildung des Tumors sorgen. Erste Hinweise deuten darauf, dass es sich hierbei um veränderte Gewebestammzellen handelt.

Wie jedes andere Gewebe ist auch das **Tumorgewebe** auf eine ausreichende Blutversorgung angewiesen. Da es sich um ein vorher nicht vorhandenes Gewebe handelt, müssen dafür neue Gefäße gebildet werden (**Neoangiogenese**). Hierfür produziert der Tumor spezielle **Wachstumsfaktoren**. Diese wirken auf die Zellen der inneren Gefäßschicht, was zur Aussprossung neuer Gefäße führt, welche in den Tumor einwandern. Dies wird ermöglicht durch von den Endothelzellen freigesetzte eiweißlösende Enzyme (**Proteasen**).

Ausgangsgewebe	Bösartiger Tumor
Oberhaut	Plattenepithelkarzinom, malignes Melanom
Schleimhaut	Polyp mit atypischen Zellen
Drüsengewebe	Adenokarzinom
Fettgewebe	Liposarkom
Bindegewebe	Fibrosarkom
Muskelgewebe	Myosarkom
Nervengewebe	Glioblastom

Abb. 2 Systematik bösartiger Tumoren nach Ausgangsgewebe

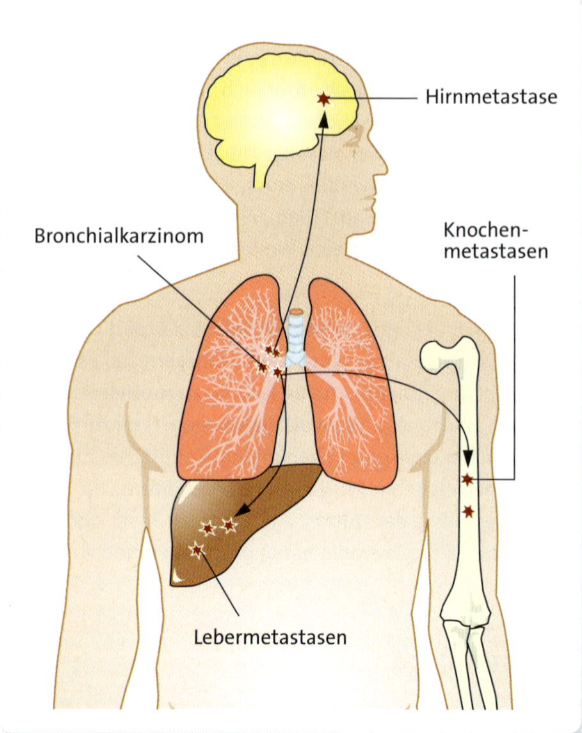

Abb. 3 Metastasierung eines Bronchialkarzinoms

2.1.2 Infiltration

Um das Eindringen bösartiger Tumorzellen in andere Gewebe und Körperstrukturen zu ermöglichen, verfügen diese Zellen über unterschiedliche Fähigkeiten. An der Grenze des Tumors wird durch Abbau der Zellhaften zunächst der Zellverbund gelöst. Dann dringen einzelne Zellen durch aktive Bewegung in das gesunde Gewebe ein. Durch Abgabe von Enzymen, welche den Zellzwischenraum auflockern, sowie durch ein begleitendes Ödem kommt es zu einem Auseinanderweichen der gesunden Gewebezellen, was das Eindringen erleichtert.

Das Eindringen in Blut- und Lymphkapillaren wird ermöglicht durch die Abgabe von eiweißlösenden Enzymen, die die Membranen der Gefäße zerstören.

2.1.3 Metastasierung

Eine große Bedeutung kommt der Bildung von Metastasen zu, die häufig den Organismus mehr schädigen als der Ursprungskrebs (**Primärtumor**). Es handelt sich hierbei um Krebszellen, welche den Zellverband verlassen und meist über die Lymphbahnen (**lymphogen**) oder die Blutgefäße (**hämatogen**) andere Organe erreichen, um dort erneut zu wachsen.

Über die Lymphbahnen gelangen die bösartigen Zellen zunächst zu den Lymphknoten, die für ein bestimmtes Gebiet zuständig sind (z. B. von der Brust in die Achsellymphknoten). Hier kann sich schon ein neuer Tumor bilden. Häufig wandern die Zellen aber weiter und gelangen in den Körperkreislauf. Über die Blutbahn werden die Tumorzellen im ganzen Körper verteilt.

In Organen, die ein enges Gefäßnetz haben, setzen sich die Krebszellen bevorzugt fest, d. h. in Knochen, Lunge und Leber. Die für einzelne Krebsformen typischen **Absiedelungswege** ergeben sich so aus der anatomischen Lage der Organe zueinander. Der Darmkrebs siedelt z. B. über die Pfortader in die Leber ab, der Lungenkrebs über die Lungenvenen und die linke Herzhälfte in Leber und Knochen.

Knochenmetastasen

Knochenmetastasen sind vor allem Folge von Lungen-, Prostata-, Brust-, Nieren- und Schilddrüsenkrebs. Sie treten häufig an der Wirbelsäule, Becken-, Oberschenkel- oder Schädelknochen auf.

Die Tumorzellen setzen Botenstoffe frei, die das Gleichgewicht der Umbauprozesse im Knochen stören und die Aktivität der **Osteoklasten** steigern. Dadurch kommt es zu einem verstärkten **Knochenabbau**, der die Stabilität des Skeletts erheblich reduziert. Knochenschmerzen und im schlimmsten Fall Knochenbrüche schon durch normale Alltagsbelastungen sind die Folge. Die Lebensqualität der Betroffenen wird dadurch stark vermindert. Häufig ist Bewegung nur noch eingeschränkt möglich oder unterbleibt aus Angst vor Schäden.

Der Abklärung dienen bildgebende Verfahren. Eine Übersicht über das gesamte knöcherne Skelett ist mit der Skelettszintigrafie möglich. Blutuntersuchungen lassen das Ausmaß des Knochenumbaus erkennen.

Lungenmetastasen

Lungenmetastasen sind gehäuft Folge folgender Tumoren:
- Dickdarm- und Enddarmkrebs
- Nierenzellkrebs
- Tumoren aus dem Kopf- und Halsbereich
- Knochenkrebs
- Hautkrebs

Meist werden Lungenmetastasen bei einer Nachsorgeuntersuchung entdeckt, ohne dass der Betroffene von Beschwerden berichtet. Im Röntgenbild zeigen sich **„Rundherde"** im Bereich des Lungengewebes. Schmerzen im Brustbereich treten dann früh auf, wenn die Metastasen das Lungenfell durchwachsen und in die Rippen eindringen. Zeichen des fortgeschrittenen Stadiums sind:
- Bluthusten (Hämatemesis)
- Bronchitis
- zunehmende Atemnot
- Brustschmerzen
- Gewichtsverlust
- allgemeine Abgeschlagenheit

Die wichtigste Untersuchung zur Abklärung ist die Röntgenaufnahme, eventuell zur genaueren Abklärung von Lokalisation und Ausbreitung die Computertomografie.

Lebermetastasen

Metastasen in der Leber finden sich bei ca. 30 % aller bösartigen Tumoren. Besonders häufig sind sie bei:
- Darmkrebs (85 %)
- Bauchspeicheldrüsenkrebs
- Magenkrebs
- Lungenkrebs
- Brustkrebs
- Speiseröhrenkrebs
- Schilddrüsenkrebs

Die Beschwerden sind unspezifisch und treten häufig erst sehr spät auf:
- Gewichtsabnahme
- Appetitlosigkeit, Übelkeit
- Durchfall
- Druckschmerzen im rechten Oberbauch
- starkes nächtliches Schwitzen

Bei der Diagnose stehen neben Blutuntersuchungen bildgebende Verfahren an erster Stelle. Auf der Suche nach dem Primärtumor wird meist eine Darmspiegelung durchgeführt. Lebermetastasen sind immer ein Zeichen bereits weit fortgeschrittener Krebserkrankungen. Die Prognose ist abhängig vom Primärtumor und dem Ausmaß der Metastasierung.

Hirnmetastasen

Mehr als die Hälfte aller Hirntumoren sind Metastasen. Diese befinden sich meist im Bereich des Großhirns. Folgende Tumoren sind am häufigsten Ausgangsort der Tumorzellen:
- Lungenkrebs (40 – 60 %)
- Brustkrebs (20 %)
- Melanom (10 – 15 %)
- Magen-, Darm-, Blasen-, Prostatakrebs (5 %)

Hirnmetastasen können sehr vielfältige Beschwerden verursachen. Dies liegt an der besonderen Lokalisation. Da die knöcherne Schädelhöhle ein Ausweichen des Gehirns nicht zulässt, kommt es neben der direkten Auswirkung auf

unterschiedliche Hirnareale häufig schnell zu einer Verdrängung durch die Metastasen oder ein begleitendes Ödem mit Druck auf das Gehirn. Wachsen die Metastasen sehr schnell, wird der Verlauf der Erkrankung mehr durch sie als durch den Primärtumor bestimmt (▶ Abb. 1).
Zur Diagnostik gehören u.a. bildgebende Verfahren, Hirnstrommessung (EEG), Untersuchung des Liquors und des Augenhintergrunds.

Das Auftreten von Hirnmetastasen verändert die Prognose einer Krebserkrankung erheblich, da diese die verbleibende Lebenszeit stärker verkürzen als der Ausgangstumor.

Kopfschmerzen (ca. 50 %)	• Länger anhaltend als bekannt • Schlechtes Ansprechen auf Schmerzmittel
Funktionsstörungen	• Gefühlsstörungen • Seh- und Gleichgewichtsstörungen, Schwindel • Veränderungen der Sprache • Lähmungen bis hin zur Halbseitenlähmung
Krampfanfälle (ca. 20 %)	• Besonders erstmaliges Auftreten • Kann Zeichen erhöhten Hirndrucks sein
Persönlichkeitsveränderungen (neu auftretend)	• Auffälliges oder unpassendes Verhalten • Unfähigkeit zur Alltagsbewältigung • Verwirrtheit

Abb. 1 Symptome bei Hirnmetastasen

2.1.4 Früherkennung

In der frühen Entwicklungsphase sind Krebsleiden selten schmerzhaft und zeigen keine spezifischen Symptome. Es ist daher wichtig, auf körperliche Veränderungen zu achten:
- Auftreten von nicht verschieblichen Gewebeknoten, besonders in der Brust
- Fehlende Abheilung von Wunden
- Veränderungen der Farbe, Größe und Oberfläche von Leberflecken
- Blutiger Ausfluss aus Scheide oder After
- Anhaltender Schluckauf oder Schluckbeschwerden
- Husten oder Heiserkeit über mehr als 4 Wochen
- Blut in Stuhl, Urin oder Auswurf
- Magenbeschwerden, die trotz Therapie nicht besser werden

Häufig sind es aber auch allgemeine Symptome, die den Betroffenen auffallen:
- Gewichtsverlust wegen des hohen Verbrauchs von Energie und Baustoffen
- Allgemeine Schwäche bei Blutarmut durch einen vermehrten Abbau von roten Blutkörperchen im Tumorgewebe, aber auch durch schleichenden Blutverlust bei der Gewebezerstörung
- Funktionsstörungen durch Verlegung von Drüsengängen oder Transportwegen

Je früher Veränderungen erkannt werden, desto größer sind die Chancen für eine erfolgreiche Behandlung. Es ist dringend zu raten, die angebotenen Untersuchungen zur Früherkennung regelmäßig wahrzunehmen. Gezielt werden bei Verdacht Röntgenuntersuchungen, sonografische Untersuchungen und Darmspiegelungen durchgeführt. Auch das Blut wird untersucht, denn viele Krebszellen produzieren spezielle Stoffe, die im Blut nachgewiesen werden können, sogenannte **Tumormarker**.
Entgegen häufiger Auffassung und Verhalten vieler Älterer nimmt die Notwendigkeit regelmäßiger Früherkennungsmaßnahmen (umgangssprachlich Vorsorgeuntersuchung) im Alter zu (▶ Abb. 2).

Alter ist der wichtigste Risikofaktor für Krebserkrankungen.

Alter ab	weiblich	männlich
20	Genitaluntersuchung	∅
30	zus. Brust, Haut	∅
45	zus. Dickdarm, Rektum	Dickdarm, Rektum, Prostata, Genital, Haut
50–69	Mammografie-Screening	∅
56	zus. Dickdarmspiegelung	

Abb. 2 Früherkennungsuntersuchungen

2.1.5 Therapieprinzipien

Die Therapie ist auf die vollständige Entfernung der bösartigen Zellen ausgerichtet. Dabei müssen häufig erhebliche psychische und körperliche Beeinträchtigungen in Kauf genommen werden. Bei fortgeschrittenen Erkrankungen oder im hohen Alter sind der Radikalität der Therapie meist Grenzen gesetzt.

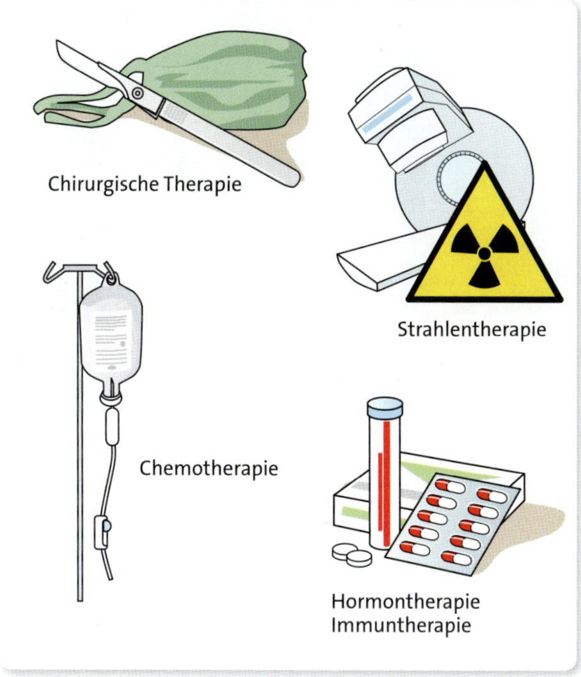

Abb. 1 Möglichkeiten der Krebsbehandlung

Chirurgische Therapie

Die chirurgische Therapie hat das Ziel, das bösartige Gewebe restlos zu entfernen. Sehr häufig ist eine Entfernung der zugehörigen Lymphknoten erforderlich. Mit der Einführung neuer Techniken (Laser, Hochdruckwasserstrahlen) wird versucht, die Operationen gewebeschonend durchzuführen. Sonografisch oder röntgenologisch kontrollierte Sonden können in geeigneten Fällen in die Tumoren (z. B. Prostatakarzinom, Lungen- und Lebermetastasen) geschoben werden, um diese von innen her mit Wärme zu zerstören. Neueste Entwicklung ist eine Zerstörung des Prostatatumors durch Ultraschall über eine in das Rektum geschobene Sonde. In den meisten Fällen wird nach Eröffnung des Organs zunächst eine Probe entnommen und feingeweblich untersucht, um die Diagnose zu sichern.

Die Folgen und Komplikationen von Operationen bei Krebs (Funktionseinschränkungen, Verwachsungen, überschießende Narbenbildung, Wundheilungsstörungen) sind nicht von denen aus anderen Gründen unterschieden. Allerdings ist durch die Krebserkrankung mit längeren Gesundungszeiten (**Rekonvaleszenz**) zu rechnen.

Nicht selten kann wegen der Ausdehnung oder des Gesamtzustands des Betroffenen ein Krebs nicht operiert werden (**inoperabel**). In solchen Fällen wird versucht, durch entlastende oder stabilisierende (z. B. bei Knochenmetastasen) operative Eingriffe Schmerzen zu lindern oder die Folgen des Krebses zu mindern. Dieses Vorgehen wird **Palliativoperation** genannt.

Chemotherapie

Strahlen- und Chemotherapie beruhen auf der Erkenntnis, dass die Krebszellen einen veränderten Stoffwechsel haben und sich rasch teilen. Dies macht sie etwas verletzlicher als die gesunden Zellen des betroffenen Gewebes. Bei einer Behandlung sterben sie also eher ab. Die Chemotherapie hat das Ziel, unerkannte Tumorreste oder Metastasen zu zerstören.

Eingesetzt werden **Zytostatika**, Substanzen, die zellschädigend (zytotoxisch) sind. Dies trifft besonders Zellen kurz vor der Teilung. Damit werden aber auch andere sich schnell teilende Gewebe betroffen, was die Nebenwirkungen erklärt. Häufig kommt es zu Haarausfall, Durchfällen, Übelkeit und Erbrechen, Infektionsneigung und Anämie. Die Nebenwirkungen können zum Teil medikamentös gelindert werden. Sie verschwinden nach Beendigung der Chemotherapie, die Haare z. B. wachsen sofort wieder nach. Auch Chemotherapie wird unter bestimmten Umständen palliativ eingesetzt.

Strahlentherapie

Die Strahlentherapie wird mit energiereichen Strahlen (z. B. Röntgenstrahlen) durchgeführt. Häufig wird sie kombiniert mit einer Chemotherapie zur Sicherung des operativen Vorgehens. Aber auch eine Verkleinerung von Tumoren vor einer Operation kann Ziel sein. Strahlentherapie kann sowohl zur Behandlung als auch zur Schmerzlinderung (besonders bei Knochenmetastasen) eingesetzt werden.

Strahlentherapie wird am häufigsten bei Prostatakarzinom, Mammakarzinom und Darmkrebs eingesetzt. Ausgenutzt wird die Tatsache, dass Tumorgewebe empfindlicher gegenüber Strahlung ist als gesundes Gewebe. Trotzdem können auch gesunde Zellen beeinträchtigt werden. Nebenwirkungen sind dabei abhängig von der Dosis, der Eindringtiefe der Strahlung und der Anzahl der Behandlungen. Besonders gefährdet sind schnell regenerierende Gewebe wie Schleimhäute, Knochenmark oder Organe, bei denen eine Teilstörung die Gesamtfunktion beeinträchtigt (z. B. Dünndarm). Relativ häufig sind daher neben Hautrötungen im Bestrahlungsbereich Schädigungen der Schleimhaut von Mund und Speiseröhre bei Bestrahlung im Halsbereich, Übelkeit, Durchfälle und Blasenbeschwerden bei Bauchbestrahlung.

Spätreaktionen der Bestrahlung zeigen sich erst nach Monaten und bilden sich kaum oder gar nicht zurück. Sie sind Folge von Verengungen der Gefäße mit Verschlechterung der Durchblutung und eines narbigen Umbaus des Bindegewebes (**Fibrosierung**). Dies sind unter anderem:

- Hautverfärbungen
- Verhärtungen des subkutanen Fettgewebes
- Mundtrockenheit
- Geschmacksstörungen
- Einschränkung der Lungenfunktion

Hormontherapie

Bei bösartigen Tumoren der Brust, der Vorsteherdrüse und der Gebärmutter wird das Wachstum durch die Geschlechtshormone (Östrogen, Testosteron) gefördert. Die Therapie besteht in einer Aufhebung der Hormonwirkung entweder durch Blockierung der Hormonrezeptoren des Tumors oder durch eine Minderung der Hormonproduktion im Körper.

Begleitende Maßnahmen

Daneben wird nach Mitteln und Methoden gesucht, den Heilungsprozess biologisch zu beeinflussen. Denn der Verlauf einer Krebserkrankung hängt nicht nur von der tumorzerstörenden Therapie ab, sondern auch von der Reaktion des Körpers und dem Umgang mit der Erkrankung. Hier ergibt sich für den Kranken die Möglichkeit, selbst etwas zu tun und nicht nur ein Behandlungsschema über sich ergehen zu lassen.

Der psychischen Stabilisierung dienen Gesprächstherapien und die Mitarbeit in Selbsthilfegruppen. Entspannend wirken körperorientierte Atem- und Tanztherapie, progressive Muskelentspannung und autogenes Training. Mal- und Musiktherapie helfen bei der Auseinandersetzung mit der Krankheit (▸ **s. Modul 6, Kap. III.1**).

Neue Therapieansätze

Immuntherapie. Zunehmend wendet sich die Forschung der Immuntherapie von Krebserkrankungen zu. Ausschlaggebend war die Erkenntnis, dass Tumorzellen auf ihrer Oberfläche Antigene haben, aber gleichzeitig über Mechanismen verfügen, die körpereigene Immunabwehr zu verhindern. Damit sind Maßnahmen zur allgemeinen „Stärkung der Immunabwehr" gegen Krebs unwirksam. Das Ziel der Immuntherapie ist, die Abwehrmechanismen der Tumorzellen zu umgehen und das Abwehrsystem gezielt gegen die Tumoren zu aktivieren. Einerseits wird versucht, mithilfe von **Antikörpern** die Tumorzellen zu zerstören. Andererseits wird versucht, über die Injektion körpereigener Zellen, welche mit einem Tumorantigen beladen sind, eine Immunantwort auszulösen (dies könnte auch als Impfung bezeichnet werden).

Abb. 1 Maltherapie

Impfung. Was zurzeit als Impfung gegen Krebs bezeichnet wird, ist bei genauer Betrachtung eine Maßnahme zur Verhinderung einer Infektion mit Viren, die eine Krebserkrankung auslösen können. Es handelt sich um eine Impfung von Mädchen zur Vermeidung einer Infektion mit **Papillomaviren**, welche Gebärmutterhalskrebs auslösen können.

Antiangiogenese. Ein weiterer Ansatz ist die Entwicklung von Medikamenten, die durch den Tumor ausgelöste Gefäßneubildungen stoppen und den Krebs damit sozusagen „aushungern". Das erste Medikament wurde 2007 für die Behandlung des Darmkrebses zugelassen.

Stoffgruppen, Wirkstoffe (Beispiele)	Wirkung	Unerwünschte Wirkungen, Kontraindikationen (KI)
Zytostatika. Indikation: Krebs		
z. B. Asparaginase, **Bleomyzin. Cisplatin, Cyclophosphamid,** Doxorubicin, **Fluorouracil, Methotrexat,** Tamoxifen (Brustkrebs), Vinblastin	Zytostatika wirken sehr unterschiedlich: Sie stören z. B. die DNA-Synthese, den Stoffwechsel oder blockieren Rezeptoren.	• Infektionen • Haarausfall • Hitzewallungen • Übelkeit • Sehstörungen • Blutbildungsstörungen

Abb. 2 Chemotherapie: Wirkungen und Nebenwirkungen

2.2 Besonderheiten im Alter

Krebs entsteht in jedem Alter. Das mittlere Erkrankungsalter liegt 2012 bei 69 Jahren. Die Zunahme der Krebserkrankungen bei alten Menschen hängt einmal mit der immer höheren Lebenserwartung zusammen, aber wohl auch mit dem Erlahmen der Reparaturmechanismen und der Wächterfunktion des Abwehrsystems. Auftretende Schäden in der Erbinformation von Zellen werden repariert oder die Zellen werden beseitigt. Mit zunehmendem Alter verliert dieser Mechanismus an Effektivität und veränderte Zellen können zu Tumoren heranwachsen. Sicher spielt auch der Zeitverlauf der Erkrankung eine Rolle. Häufig dauert es einige Jahre, bis aus einer veränderten Zelle ein bösartiger Tumor geworden ist und entsprechende Symptome auftreten (▸ **Abb. 1**).

Das Wachstum von bösartigen Tumoren ist sehr unterschiedlich je nach Art der Ursprungszellen. Es kann nicht generell von einem langsameren Wachstum ausgegangen werden. Bei Brust- und Lungenkrebs gibt es allerdings im Alter häufig weniger aggressive Verläufe.

Die Behandlung von bösartigen Tumoren und auch die Wirksamkeit der einzelnen Methoden haben generell nichts mit dem Alter zu tun. Die Frage „Kann man Krebs im Alter effektiv behandeln?" muss eindeutig mit „Ja" beantwortet werden. Einschränkungen ergeben sich jedoch durch die im Alter nicht selten vorliegende **Multimorbidität**.

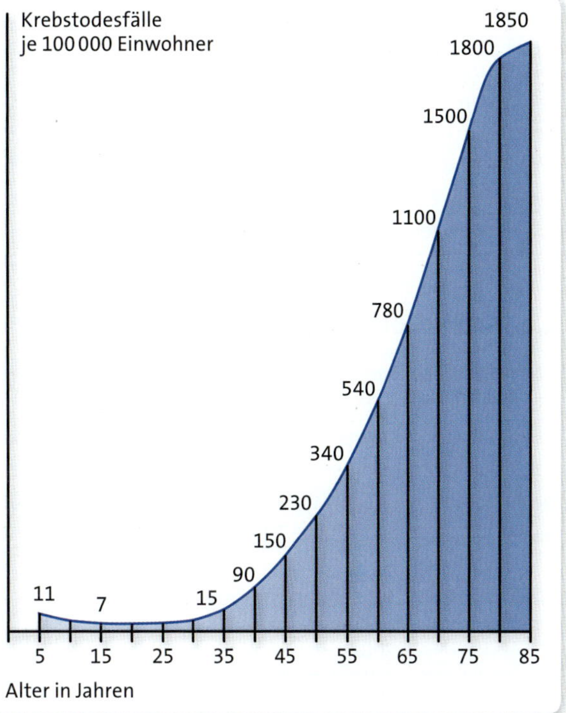

Abb. 1 Krebs in verschiedenen Lebensaltern

2.3 Psychosoziale Aspekte

Unabhängig vom Alter ist eine Erkrankung an Krebs immer eine existenzielle Erschütterung. Anders als bei den voraussehbaren Krisen, die im Leben bewältigt werden müssen, geht es bei der Krebserkrankung um eine Ausnahmesituation. Kennzeichen:

- Sie trifft den Menschen meist unerwartet und damit unvorbereitet.
- Die Existenz wird als gefährdet erlebt (körperlich, seelisch, sozial).
- Die Entwicklung kann wegen fehlender Erfahrungen nicht vorhergesehen werden.
- Die bewährten Strategien zur Konfliktlösung funktionieren nicht.
- Das Anpassungsvermögen stößt an seine Grenzen.
- Es gibt kaum Handlungsspielraum.

Die Möglichkeiten, mit einer solchen Krise umzugehen, sind von Mensch zu Mensch unterschiedlich. Einige nehmen den Kampf auf und vertrauen auf die Möglichkeiten der modernen Medizin. Anderen erschließt sich durch die Krankheit ein tieferer Sinn und sie verzichten bewusst auf Behandlung.

Vielen gelingt die Verarbeitung ihrer Krankheit nicht. Dazu zählen **Menschen mit Behinderung**, die eingeschränkt bzw. gar nicht ihre Erkrankung und das, was mit ihnen und um sie herum an Neuem geschieht, einordnen können. Allgemeine Abgeschlagenheit, Erschöpfung oder gar Schmerzen als Folge der Erkrankung bzw. Behandlung können bei ihnen Depressionen und Isolation verursachen. Zusätzlich erschwert wird der Umgang mit der Erkrankung, wenn der Betroffene nicht in der Lage ist, sich zu äußern bzw. im engsten Wortsinn „ihm die Worte fehlen", sich seinem Umfeld, seinen Vertrauenspersonen mitzuteilen.

Die Fachkraft muss darauf vorbereitet sein und dem leidenden Menschen bei seinen jeweiligen Problemen pflegerisch beistehen.
Unser Selbstbild ist geprägt durch die Erfahrung eines intakten, funktionsfähigen Körpers mit dem Gefühl, Handelnder zu sein. Eine Krebserkrankung stellt dies alles infrage. Der Kranke ist körperlich stark eingeschränkt. Er fühlt sich der Krankheit ausgeliefert und ist durch Krankheits- oder Therapiefolgen entstellt. Er befürchtet, nicht mehr geschätzt zu werden. Der kranke Mensch muss sein Selbstbild wieder stabilisieren, mit der Angst vor Verschlechterung umgehen und sich mit dem Tod auseinandersetzen.
Die besten Chancen für eine Bewältigung der Krankheit haben nach klinischer Erfahrung Menschen, die in der Lage sind, Teile des Geschehens zu verdrängen, aber auch offen mit anderen Teilaspekten umzugehen. Hilfreich ist auch ein Gleichgewicht zwischen teilweiser Übertragung von Verantwortung auf andere (Ärzte, Pflegepersonal) und Übernahme eigener Verantwortung.

2.4 Krankheitsbilder

Alle Gewebe können sich verändern und bösartige Tumoren bilden. Je nach Teilungsrate des Gewebes sind Veränderungen häufiger oder seltener. Auch Wachstumsgeschwindigkeit und Aggressivität sind sehr unterschiedlich, sodass fallweise die Nichtbehandlung mit mehr Lebensqualität verbunden sein kann als eine aggressive Therapie.

2.4.1 Lungenkrebs (Bronchialkarzinom)

Bei Krebserkrankungen der unteren Atemwege handelt es sich meist um ein Bronchialkarzinom (▶ Abb. 1). Der Tumor entwickelt sich aus dem Gewebe der Bronchialschleimhaut. Ein direkter Zusammenhang mit dem Tabakrauch ist geklärt. Auch sogenannte „Passivraucher" haben ein erhöhtes Risiko. Das Erkrankungsalter liegt zwischen dem 50. und 70. Lebensjahr, wobei Männer acht- bis zehnmal häufiger als Frauen erkranken. Der Anteil der Frauen nimmt aber stetig zu.

Zeichen einer Erkrankung können sein:
- neu auftretender Husten
- Verschlimmerung eines chronischen Hustens
- Auswurf, unter Umständen mit Blutbeimengungen
- Atemnot
- Schmerzen in der Brust
- allgemeiner Kräfteverfall

Die ersten Anzeichen sind so allgemein, dass an eine verschleppte Virusinfektion gedacht werden könnte. Es sollte aber zur Regel werden, dass jeder nicht zu lindernde Husten, der länger als 3 Wochen besteht, genau abgeklärt wird.
Nicht selten entwickelt sich bei fortgeschrittenem Leiden eine begleitende Lungenentzündung. Verlegt der Tumor einen Bronchus, kann der betreffende Lungenabschnitt nicht mehr ausreichend belüftet werden. Auch eine Reizung des Rippenfells (Pleuritis) mit Ergussbildung ist möglich. Das Bronchialkarzinom bildet Metastasen vorwiegend in den Knochen und der Leber. Wird die Erkrankung frühzeitig erkannt, kann bei etwa einem Drittel der Betroffenen mit Erfolg operiert werden. Immer wird zusätzlich eine Chemotherapie durchgeführt.

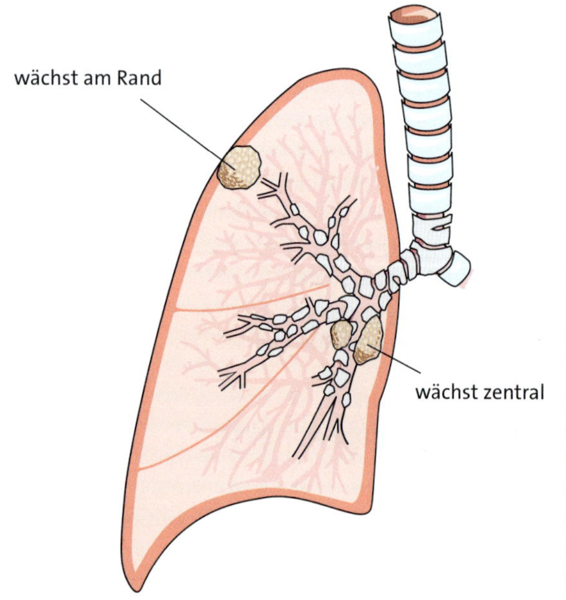

Abb. 1 Bronchialkarzinom

2.4.2 Brustdrüsenkrebs (Mammakarzinom)

Der Brustkrebs ist die häufigste Krebserkrankung bei Frauen. Das Risiko nimmt mit dem Alter zu. 65 % aller Patientinnen sind älter als 60 Jahre. Es gibt eine familiäre Häufung. Das Auftreten oder Größerwerden eines Knotens in der Brust ist häufig mit Schmerzen oder Druckempfindlichkeit sowie mit Veränderungen der Haut oder der Brustwarze verbunden. Eine Selbstuntersuchung der Brust kann zur Diagnose beitragen. Heilerziehungspflegerinnen sollten dabei beratend unterstützen.

Für Frauen zwischen dem 50. und 69. Lebensjahr besteht Anspruch auf eine Teilnahme an einer Röntgenreihenuntersuchung (Mammografie-Screening) zur Früherkennung.

Beachtet werden sollten:
- das Auftreten eines einzelnen Knotens bei sonst unauffälliger Brust,
- unregelmäßige Form und Härte des Knotens,
- Unverschieblichkeit des Knotens gegen das umgebende Gewebe,
- eine Verkleinerung der Brust,
- Einziehung der Haut oder der Brustwarze.

Ist die Diagnose gesichert, wird meist operiert. Besondere Bedeutung kommt dabei dem Befall der **Lymphknoten** in der Achselhöhle zu. Dann erfolgt eine zusätzliche Bestrahlung. Die häufig auch notwendige Entfernung des Lymphgewebes behindert den Lymphstrom. Es kommt zur Ausbildung eines Ödems des betroffenen Arms (**Lymphödem ▸ s. Modul 5, Kap. II.1.3.17**).

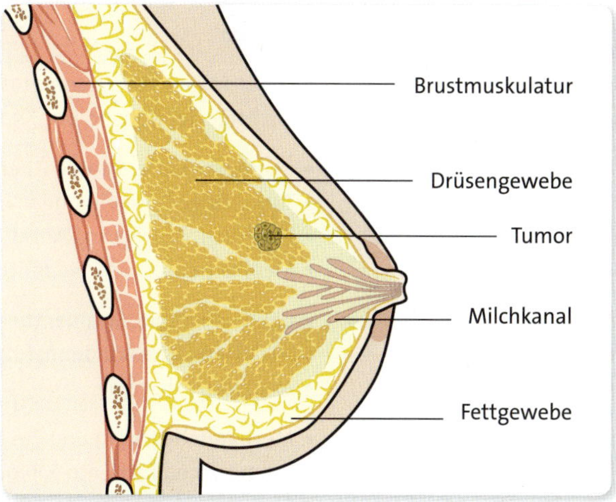

Abb. 1 Mammakarzinom

2.5 Pflege

Die Möglichkeit der **Metastasierung** bestimmt das Handeln im Bereich der Grundpflege. Verhaltens- oder Bewusstseinsveränderungen können Ausdruck von Hirnmetastasen sein. Neu auftretende Schmerzen oder Schmerzverstärkung weisen auf eine weitere Ausbreitung hin.
Wegen der Gefahr von Knochenmetastasen müssen alle Pflegehandlungen vorsichtig und sanft durchgeführt werden. Der Betroffene muss sicher gehalten und geleitet werden. Frühzeitig ist bei Bedarf eine zweite Pflegeperson hinzuzuziehen. Die Selbstständigkeit soll unterstützt werden, aber auch auf mögliche Selbstüberforderung des Betroffenen ist zu achten.

Fachlich müssen die Pflege und der Umgang mit Ab- oder Zuleitungssystemen beherrscht werden. Dazu gehören:
- Absaugen der Lunge und Umgang mit einer Luftröhrenkanüle (**Trachealkanüle ▸ s. Modul 4, Kap. II.4**)
- Anus praeter, Umgang mit entsprechenden Ableitsystemen (**▸ s. Modul 5, Kap. II.2.4.6**)
- unterschiedliche Formen der indirekten Urinableitung (**Blasenkatheter, suprapubischer Katheter ▸ s. Modul 4, Kap. II.2.3.5**)
- Ernährungssonden (**▸ s. Modul 5, Kap. II.2.4.9**)
- Infusionssysteme

Häufig ist dadurch die Zusammenarbeit mehrerer Professionen erforderlich, wie z. B. mit einem Urologen beim Legen von Kathetern. Des Weiteren kann für sehr spezielle Tätigkeiten ein externer Pflegeservice herangezogen werden.
Es ist wichtig, der Angst in Gesprächen Raum zu geben. Die offene Beantwortung aller Fragen um die Krankheit herum hilft, diffuse Ängste abzubauen. Verlässlichkeit in der Pflege, professionelle Durchführung der Maßnahmen und Einheitlichkeit des Handelns im Pflegeteam verstärken das notwendige Gefühl der Sicherheit. Die Auseinandersetzung mit dem Tod kann immer wieder zum Thema werden. Auch hier gilt es, die Bereitschaft zum Gespräch erkennen zu lassen (**▸ s. Modul 6, Kap. I.2**).
Angehörige brauchen ebenfalls Unterstützung. Ihre Reaktionen schwanken zwischen Rückzug oder Überfürsorge. Hier ist die Fachkraft häufig als Vermittlerin gefordert, um einen Ausgleich der Bedürfnisse zu ermöglichen.

Nähe und Distanz. Die Auseinandersetzungen des Kranken mit seiner Krankheit berühren auch den Heilerziehungspfleger als Beziehungsperson. Immer wird damit auch dessen eigene Einstellung zu den anstehenden Fragen berührt. Gefühle des Versagens, des Verlassenwerdens, Angst vor eigener Erkrankung werden in der Pflegesituation verspürt. Wichtig ist daher die Bestimmung von Nähe und Distanz in der Beziehung, um die Balance zwischen Bedürfnissen des Kranken und Belastungsfähigkeit der Fachkraft herzustellen.

Erforderlich sind geplante Pflege mit abgestimmtem Vorgehen des Teams, Möglichkeit des Austausches mit anderen Menschen sowie regelmäßige Supervision der pflegerischen Tätigkeit. Durch berufsbegleitende Fortbildung sollte fachliche Überforderung vermieden werden.

Symptom	Ursachen
Schmerzen	• Tumorfolgen: Knochenmetastasen, Nervenkompression, Einwachsen in Hohlorgane • Als Folge der Behandlung: Narbenschmerzen, Strahlenreaktion, Schmerzen nach Operation
Übelkeit, Erbrechen	• Chemotherapie, Strahlentherapie • Tumorfolgen: Verengungen im Magen-Darm-Trakt, Hirndruck • Psychisch: Aufregung, Angst, Erschöpfung • Medikamentös: Schmerzmittel, Antibiotika
Diarrhoe	• Chemotherapie, Strahlentherapie • Hochkalorische Sondennahrung („Astronautenkost") • Antibiotikatherapie
Obstipation	• Mechanische Einengung des Dickdarms • Schmerzmedikamente (Opioide) • Chemotherapie • Tumorfolgen: Zerstörung von Nervenbahnen im Becken • Depression, Scham • Schmerzen, Immobilität
Anämie (Leistungsabfall, Tachykardie, Herzklopfen)	• Unterdrückung der Blutbildung (Chemotherapie, Strahlentherapie)
Haarausfall	• Chemotherapie, Strahlentherapie
Hautveränderungen	• Tumorfolgen: Infiltration • Infektionen durch Abwehrschwäche (Herpes) • Chemotherapie, Strahlentherapie
Schleimhautveränderungen (Entzündung, Trockenheit, Blutung)	• Chemotherapie • Strahlentherapie
Müdigkeit und Schlafstörungen	• Tumorfolgen: Energieverbrauch, Anämie, Fieber • Psychische Belastung • Therapiefolgen • Medikamentös: Schmerzmittel, Beruhigungsmittel, Mittel gegen Übelkeit
Mangelernährung	• Tumorfolgen: Störungen von Schluckakt, Nahrungstransport und Funktion der Verdauungsdrüsen • Operationsfolgen: Entfernung von Funktionsgewebe, Verkleinerung von Organen (Magen, Darm) • Erhöhter Nährstoffbedarf • Appetitlosigkeit (Chemotherapie)

Abb. 1 Häufige Symptome bei Tumorpatienten

2.5.1 Krankenbeobachtung

Bei der Vielfalt der möglichen Krebserkrankungen und der daraus folgenden Vielschichtigkeit von Symptomen gibt es keine spezielle Krankenbeobachtung bei Krebserkrankungen. Allerdings lassen sich häufig auftretende Symptome zusammenfassen (▸ **Abb. 1**).

Notsituationen

Bedingt durch das Tumorwachstum kann es zu Situationen kommen, in denen eine sofortige ärztliche Intervention erforderlich ist. Die folgenden Hinweise dienen der Erkennung solcher Zustände. Inwieweit es dann wirklich zu einer Intervention kommt, hängt von der Störung und dazu real bestehenden Interventionsmöglichkeiten ab. Ganz wichtig ist dabei die Entscheidung des Betroffenen selbst.

Das Wissen um mögliche Komplikationen im Krankheitsverlauf muss genutzt werden, um gemeinsam (Pflegeteam, Betroffener, Angehörige und behandelnde Ärzte) verbindliche Absprachen über das jeweilige Vorgehen zu treffen, welche schriftlich in der Akte niedergelegt sind.

Hirndruck. Ein erhöhter Hirndruck kann unbehandelt durch Einklemmung des Hirnstamms zum Tode führen. Auslöser sind meist Hirnmetastasen.
Symptome:
- (zunächst) Kopfschmerzen mit Übelkeit und Erbrechen, Unruhe
- (dann) Bewusstseinstrübung bis zur Bewusstlosigkeit, Krampfanfälle, Sehstörungen, Atemstörungen

Bei Hirntumoren oder bekannten Hirnmetastasen ist eine kontinuierliche Dokumentation folgender Beobachtungen erforderlich:
- Allgemeinzustand
- Bewusstseinslage
- Mobilität, Reaktion auf Reize
- Verhalten der Pupillen (Weite, Lichtreaktion)
- Augenbewegung
- Atmung
- Temperatur
- Blutdruck, Puls

Rückenmarkskompression. Skelettmetastasen in den Wirbelkörpern können zu einer Einengung des Rückenmarks führen mit Ausfällen bis hin zu kompletter Querschnittslähmung.
Symptome:
- Schmerzen (90 %)
- Empfindungsstörungen (Taubheit, Brennen, Kribbeln)
- Störungen beim Wasserlassen / Stuhlgang

Kompression der oberen Hohlvene. Tumoren oder Metastasen im oberen Brustraum (Mediastinum) können zu Aufstau im Bereich der oberen Hohlvene führen (Bronchialkarzinom, metastasierendes Mammakarzinom).
Symptome:
- Kopfdruck
- gestaute Halsvenen
- Schwellung von Gesicht und Halsregion
- blaurote Verfärbung des Gesichts

Darmverschluss. Tumoren im Bauchraum führen häufig zu Störungen der Nahrungspassage.
Symptome:
- kolikartige Schmerzen
- Übelkeit, Erbrechen
- verzögerte Stuhlentleerung

2.5.2 Schmerzlinderung

Einen wichtigen Anteil der Pflege stellt die Linderung der Schmerzen dar. Am häufigsten sind dabei Schmerzen durch Knochenmetastasen, Druck auf Nerven oder das Einwachsen des Tumors in die Wand von Hohlorganen. Klienten mit Bronchialkarzinom und Mammakarzinom sind besonders betroffen.
Nach dem **WHO-Stufenschema** (▸ s. Modul 6, Kap. II.1) kommen Antirheumatika sowie schwache und starke Opioide zum Einsatz, unterstützt von physikalischen Maßnahmen. Neben Tabletten und Zäpfchen erfolgt die Verabreichung auch über Pflaster und Injektionen. In einigen Fällen werden Medikamente auch über Verweilkatheter (Port) gegeben.

2.5.3 Übelkeit und Erbrechen

Zu den wichtigsten Nebenwirkungen der Therapie gehören Übelkeit und Erbrechen. Bei fortgeschrittenem Tumorleiden liegt die Häufigkeit von Übelkeit (**Nausea**) und Erbrechen (**Emesis**) bei 40 % bis 70 %. Es handelt sich hierbei um Symptome, die sich besonders kräfteraubend und Lebensqualität mindernd auf den Betroffenen auswirken.

Ursachen. Störungen im Magen-Darm-Trakt (teilweiser oder kompletter Verschluss des Darms durch einen Tumor)
- Tumoren im Bereich der Gleichgewichtsorgane
- Vergiftungen durch Tumorgifte, Infektionen (Bakterien, Viren)
- Arzneimittel: Zytostatika, Digitalis, Antirheumatika, Antibiotika, Opioide, Antiepileptika, Antidepressiva
- Stuhlverstopfung (Obstipation)
- Pilzerkrankung (Soor)
- chronischer Schmerz
- psychische Faktoren
- erhöhter Hirndruck (z. B. bei Metastasen)
- therapiebedingt: Strahlentherapie, speziell Spätwirkung der Chemotherapie

> Übelkeit hat häufig auch sehr einfache Ursachen. Ein trockener und ungepflegter Mund, Angst vor Untersuchungen, vor Schmerzen oder der nächsten Chemotherapie, unappetitlich gereichte Mahlzeiten, Gerüche, Änderung der Lage, Husten.

Medikamente zur Behandlung von Übelkeit und Erbrechen (Antiemetika). Die Behandlung mit antiemetischen Substanzen zielt je nach Ursache auf eine Aktivierung oder Blockierung der Nervensignale ab, die für die Vermittlung oder Auslösung von Übelkeit und Erbrechen zuständig sind. Beispiele für Substanzen, die gegen Übelkeit und Erbrechen eingesetzt werden ▸ s. Modul 4, Kap. II.1.5.

Pflegerische Maßnahmen ▸ s. Modul 5, Kap. II.2.4

Bestrahlungsgebiet	Nebenwirkung Symptome	Prophylaxe/Behandlung
Akut, allgemein: Strahlenkater direkt nach der Bestrahlung	Müdigkeit, Appetitlosigkeit, Übelkeit, Erbrechen	Ruhe und viel Schlaf
Kopf	Haarausfall	Rechtzeitig Perücke anfertigen lassen
Mund, Gesicht	Entzündungen der Schleimhaut, Soor, Schmerzen, Appetitlosigkeit	Sorgfältige Zahnpflege mit weicher Zahnbürste, Mundspülungen mit Kamillenlösung, schmerzlindernde Lutschtabletten, ggf. antimykotische Tinkturen
Hals, Speiseröhre	Entzündung, Schmerzen, Appetitlosigkeit	Pürierte Kost, bei starkem Schluckschmerz ca. 15 Min. vor der Mahlzeit Gabe eines Schmerzmittels
Magen-Darm-Trakt	Durchfälle, Schmerzen	Hochkalorische, eiweißreiche, fett- und ballaststoffarme Kost, Flüssigkeits- und Elektrolytverluste ausgleichen
Brust, Lunge	Hautrötungen	Rauchverbot, Atemgymnastik, atemstimulierende Einreibungen, mehrmals täglich Inhalationen
Bauch, Blase	Schlechte Abwehrlage, Blasenkomplikationen	Viel Flüssigkeit, Urinkontrolle auf Blutbeimengungen, sorgfältige Intimpflege
Spätreaktionen	Hautverfärbungen, Verhärtungen des Unterhautfettgewebes	Hautpflege, entsprechende Kleidung

Abb. 1 Nebenwirkungen und deren Behandlung bei Bestrahlung

2.5.4 Pflege bei Tumorgeschwüren

Exulzerierende Tumoren (**Exulzeration**, lat. nach außen aufbrechender geschwüriger Tumorzerfall) können durch bösartige Hauttumoren oder Metastasen an Haut und Schleimhäuten entstehen. Besonders entstellend sind sie im Kopf- und Halsbereich.

Pflegeziele und Maßnahmen

- Sekretreduktion und wundnahes Auffangen bei stark absondernden Wunden
- Auffangen der Sekrete mit geeigneten Materialien und Systemen bei fistelnden Wunden (fistula, lat. Röhre)
- Eindämmung unangenehmer Gerüche bei übel riechenden, verjauchenden Wunden
- Linderung von Schmerzen (Schmerzmittel vor dem Verbandswechsel)
- Gepflegtes, für den Betroffenen akzeptables Äußeres
- Gut sitzende, sichere und kosmetisch vertretbare Verbände (hier sind der Kreativität keine Grenzen gesetzt!)
- Dokumentation der Wunde mit entsprechenden Wundanamnesebögen.

2.5.5 Pflege bei Bestrahlung

Die möglichen Nebenwirkungen bei der Strahlentherapie bedürfen einer sorgsamen Beachtung. Grundsätzlich werden akute Nebenwirkungen, die bereits während der Strahlentherapie auftreten, und Spätreaktionen, die Monate bis Jahre nach der Behandlung auftreten, unterschieden (▸ **Abb. 1**). Lokale Nebenwirkungen sind abhängig vom Bestrahlungsort.
Unabhängig vom Bestrahlungsort, ist der Hautzustand während und nach einer Strahlentherapie zu erfassen (▸ **Abb. 2**).

Stufe 0	keine Veränderungen seit Behandlung
Stufe 1	schwaches oder dumpfes Erythem, reduziertes Schwitzen, Haarausfall, trockene Abschuppung
Stufe 2	empfindliches (druckschmerzhaftes) oder leuchtendes Erythem, fleckige, feuchte Abschuppung, mäßiges Ödem
Stufe 3	feuchte Abschuppungen, Dellen bildendes Ödem, Ulzerationen
Stufe 4	großflächige Ulzerationen, Blutungen, Nekrosen

Abb. 2 Stadieneinteilung von Hautreaktionen (nach Seegenschmiedt, M. H., Systematik der akuten und chronischen Strahlenfolgen, 1993)

Normale Haut	einmal täglich dünn pudern
Fettige Haut	ein- bis zweimal täglich dünn pudern (Babypuder)
Trockene Haut	jeden 2. Tag dünn pudern, in Bestrahlungspausen dünn cremen Trockene, schuppige Haut dünn cremen
Behaarte Haut	wird nicht gepudert
Duschen	max. zweimal pro Woche
Kopfbestrahlung	max. zweimal pro Woche Haare waschen

Abb. 1 Hautpflege bei Strahlentherapie. Pflegestandard der Uniklinik Heidelberg, Abt. für Strahlentherapie

Bestrahlte Haut ist sehr empfindlich und muss in jedem Fall gepflegt werden (▸ **Abb. 1**). Über die Art der Pflege gibt es keine einheitliche Meinung. Es sollte mit dem behandelnden Strahlentherapeuten besprochen werden. Grundsätzlich darf bestrahlte Haut ab der ersten Bestrahlung bis 3 Wochen nach Ende der Behandlung nicht mechanisch beansprucht werden. Zu vermeiden sind hautreizende Seifen, Bürsten, Frottieren, Anwendung von Alkohol, Benzin, Äther, Parfüm, Deospray, hautreizende Pflaster, Einreibemittel, Wärmebehandlung (Umschläge, Rotlicht, Höhensonne). Reiben, Kratzen, beengende Kleidungsstücke (vor allem aus Kunstfasern) oder Gürtel sollten vermieden werden.

2.5.6 Pflege bei Zytostatikatherapie (Chemotherapie)

Da die eingesetzten Substanzen auch gesunde Zellen angreifen, kommt es häufig zu Nebenwirkungen. Diese sind abhängig von:

- Dosierung und Dauer der Behandlung
- Wirkungsmechanismen der Zytostatika
- Kombination verschiedener Zytostatika
- Darreichungsform der Zytostatika
- psychischer und körperlicher Individualität

Wichtig ist besonders in den ersten 2 Wochen nach der Therapie eine genaue Krankenbeobachtung. Zytostatika schädigen den Körper bereits bei Hautkontakt, Einatmung oder Aufnahme über den Mund.

Lokale Nebenwirkungen	Prophylaxe, Behandlung, Linderung
Schädigung des umliegenden Gewebes, wenn Infusion paravenös (in das Gewebe neben der Vene) läuft	• Infusion sofort stoppen • Injektionsnadel belassen • Extremität ruhig stellen und hoch lagern • Sofort Arzt informieren
Allgemeine Nebenwirkungen	
Appetitlosigkeit, Übelkeit, Erbrechen (meist 1 bis 5 Stunden nach Medikamentengabe)	• Orale Zytostatika nur nach dem Essen auf vollen Magen verabreichen • Lutschen von Bonbons, Wassereis oder Kaugummikauen hilft in einigen Fällen • Nierenschale und Zellstoff bereithalten, aber nicht ins unmittelbare Blickfeld legen • Unangenehme Geruchsreize vermeiden
Schleimhautveränderungen (Entzündungen von Mundschleimhaut und Speiseröhre, Schädigung der Darmschleimhaut)	• Sorgfältige Mundhygiene • Weiche Zahnbürste • Desinfizierende Mundspülungen (Salbei, Myrrhe) • Kein Alkohol- oder Nikotinkonsum
Blutbildveränderung: Verminderung der weißen Blutkörperchen und Blutplättchen (Leuko- und Thrombozytopenie) mit erhöhter Infektions- und Blutungsneigung	• Strenge Einhaltung der Hygiene • Sorgfältige Körperhygiene • Fernhalten von Personen mit ansteckenden Infekten • Meidung potenziell stark keimbesiedelter Lebensmittel • Krankenbeobachtung auf Anzeichen einer Infektion (▸ **s. Modul 2, Kap. II.3.3**)
Haarausfall (reversibel)	• Tipps zum Tragen von Perücken, Mützen, Tüchern • Schutz der Kopfhaut bei Kälte oder Hitze

Abb. 2 Nebenwirkungen bei Zytostatikatherapie

Hinweise zum Umgang mit Zytostatika

- Zytostatika-Lösungen werden meist zentral in der Apotheke an einem speziellen Arbeitsplatz zubereitet.
- Beim Anlegen einer Infusion sind Handschuhe, Schutzkittel und Mundschutz nötig.
- Kommt es zu Hautkontakt, Lösung sofort mit viel Wasser abspülen und als Arbeitsunfall melden.
- Beim Richten oraler Zytostatika mit Handschuhen und / oder Pinzette arbeiten.
- Tabletten nicht teilen oder mörsern.
- Tablettengabe erfolgt getrennt von den übrigen Arzneimitteln und so, dass der Klient sie nicht anfassen muss.
- Bei der Entsorgung von Ausscheidungen unbedingt Handschuhe tragen.
- Schwangeren und Jugendlichen ist die Arbeit mit Zytostatika verboten.

Zum Weiterlesen

www.habichtswaldklinik.de – Umfassende Informationen zu Krebserkrankungen

www.krebsinformation.de

Aufgaben

1. Erläutern Sie den Mechanismus der Metastasierung.
2. Nennen Sie die pflegerischen Grundsätze, die den Kranken in seinem Selbstwertgefühl stützen.
3. Nennen Sie pflegerische Maßnahmen, die als Folge von Erkrankung und Therapie bei Krebskranken erforderlich sein können.
4. Diskutieren Sie Ihre fachlichen Grenzen und mögliche Lösungsansätze.
5. Bestrahlte Haut braucht angepasste Pflege, erläutern Sie Ihr Vorgehen.

3 Pflege Sterbender (Palliativpflege)

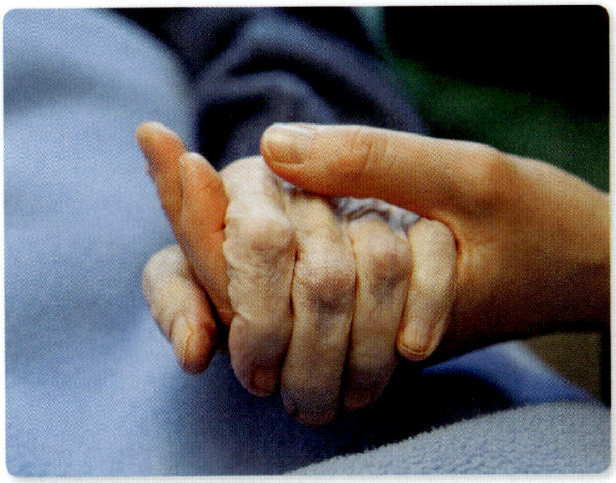

3.1 Gesellschaftliche Dimension des Sterbens

Sterben trifft uns alle ausnahmslos, macht uns alle gleich. In der Pflege Sterbender werden wir immer wieder mit der Frage nach dem Sinn des Lebens konfrontiert, dem Woher und Wohin. Menschen fragen sich: „Warum gerade ich, warum gerade jetzt?" Trotz aller Therapieerfolge und Fortschritte in der Medizin kann der Tod nicht überwunden werden. Sterben und Tod gehören jedoch zu den Tabuthemen unserer Gesellschaft. Es scheint sich aber in letzter Zeit etwas an diesem Zustand zu ändern.

Die Gruppe der nachkriegsgeborenen Menschen mit Behinderung zählt in unserer Gesellschaft mittlerweile zu den Senioren. Folglich ergibt sich für diese Menschen eine Auseinandersetzung bzw. schrittweise Annäherung an die Thematik Lebensende und Tod. Aktuell gibt es in der Sozialpädagogik und Heilerziehungspflege kaum umfassende Konzepte, die es den Fachkräften in den Einrichtungen der Behindertenhilfe ermöglichen, sterbenahe Menschen mit Behinderungen professionell, würdevoll und zugewandt zu begleiten.

▸ S. dazu auch Modul 6, Kap. I.3.3, Sterben und Tod bei Menschen mit geistiger Behinderung

Es ist der Initiative engagierter Bürger in der **Hospizbewegung** zu verdanken, dass Raum und Versorgungsmöglichkeiten für schwer kranke und sterbende Menschen und ihre Angehörigen geschaffen wurden. Von professioneller Seite aus bemühen sich **Palliativpflege** und **-medizin** um eine ganzheitliche Behandlung von Patienten mit begrenzter Lebenserwartung, deren Erkrankung fortgeschritten und nicht mehr heilbar ist. Behandlungsziel ist eine bestmögliche Qualität der verbleibenden Lebenszeit durch Vorbeugen und Lindern körperlicher und psychischer Beschwerden.

Der Begriff **„palliativ"** ist abgeleitet von dem lateinischen Wort pallium: Mantel, Hülle, Bedeckung. Die Situation Schwerstkranker und Sterbender ist gekennzeichnet durch:

- Verschiebung von Prioritäten und Werten,
- Angst vor Abhängigkeit und Autonomieverlust,
- Angst vor Schmerzen und anderen quälenden Symptomen.

Daraus ergeben sich als Ziele:

- Linderung von Beschwerden,
- Erhaltung und Verbesserung der Lebensqualität,
- Vermeidung von Komplikationen.

Palliativversorgung orientiert sich an den **Kernbedürfnissen sterbender Menschen**, die wie folgt definiert werden:

- Im Sterben **nicht allein** gelassen zu werden, sondern an einem vertrauten Ort inmitten vertrauter Menschen zu sterben,
- im Sterben **nicht unter** starken **körperlichen Beschwerden** (z. B. Schmerzen) leiden zu müssen,
- die **Regelung letzter Dinge** (unerledigte Geschäfte, Konflikte),
- das Stellen der **Sinnfrage** (z. B. nach dem Sinn des Lebens und Sterbens) und das Erörtern der Frage nach dem Danach.

Die Weltgesundheitsorganisation (WHO) definiert **Palliativmedizin** als aktive, ganzheitliche Behandlung von Patienten mit einer progredienten (progredi lat., voranschreiten) Erkrankung und einer begrenzten Lebenserwartung zu der Zeit, in der die Erkrankung nicht mehr auf kurative Behandlung anspricht und die Beherrschung der Schmerzen, anderer Krankheitsbeschwerden, psychologischer, sozialer und spiritueller Probleme höchste Priorität besitzt.

3.1.1 Veränderungen im Umgang mit Tod und Sterben

Sterben findet heute wesentlich häufiger in Institutionen als im eigenen Zuhause statt, obwohl die meisten Menschen den Wunsch haben, zu Hause zu sterben. 80 % aller Menschen sterben in Krankenhäusern, 15 % in Alten- und Pflegeheimen.

Nach neuesten Untersuchungen liegen die Gründe für das Scheitern sowohl in der Krankheitsproblematik als auch in strukturellen Defiziten. Insbesondere fehlt es an erfahrener **professioneller Unterstützung**, aber auch an niedrigschwelligen Hilfsangeboten bei Überlastungs- und Überforderungssituationen sowohl des Betroffenen als auch des Umfelds.

Die moderne Medizin hat Möglichkeiten entwickelt, das Leben scheinbar unbegrenzt zu verlängern. Sie tritt zumindest mit dem Anspruch an, den Zeitpunkt des Todes beeinflussen zu können, häufig ohne Beachtung dessen, was mit dem Ausdruck „Lebensqualität" beschrieben wird.
Sterben erscheint oft **als Niederlage** und nicht als natürlicher Vorgang, der Teil unseres menschlichen Lebens ist. Auch findet der Abschied der Angehörigen häufig unter schwierigen Bedingungen statt. Auf Intensivstationen, umgeben von hoch technisierten Apparaturen, Betriebsamkeit und fremden Menschen, erfahren sich Angehörige als Störfaktor und ausgegrenzt. In den Pflegeheimen wird das Thema Tod und Sterben mit Angehörigen wenig thematisiert, sie werden häufig nicht rechtzeitig über den Zustand informiert, wenig zur Begleitung ermutigt, mit einbezogen, angeleitet und unterstützt.

Ambulante Palliativ- und Hospizarbeit

Das **palliative Versorgungsteam** sollte aus Personen unterschiedlicher Professionen bestehen und sowohl haupt- als auch ehrenamtliche Mitarbeiter einbeziehen. Das sind neben examinierten Pflegekräften und Ärzten in Palliative Care geschulte ehrenamtliche Hospizbegleiter.
Die **palliativ-pflegerische** Versorgung erfordert ein fachlich fundiertes, ganzheitliches Pflegekonzept, in das Angehörige und Freunde des Sterbenden integriert werden. Aufgaben und Voraussetzungen vonseiten der Pflegekräfte:

- Kenntnis der unterschiedlichen Krankheitsbilder sowie einer möglichen Selbstwahrnehmung der Situation bei Menschen mit Behinderung
- Erkennen und Benennen der körperlichen Symptomatik
- Adäquates Handeln bei der Vielfalt auftretender Symptome
- Aufklärung über angstmachende, krankheitsbedingte Veränderungen
- Erfassen der psychosozialen Situation
- Beratung bezüglich palliativ-pflegerischer Maßnahmen
- Abstimmung mit behandelnden Ärzten
- Anleitung von Angehörigen
- Erstellen eines Notfallplans (Krisenintervention)
- Qualitätssicherung in der Gesamtversorgung

1. Versicherte, die keiner Krankenhausbehandlung bedürfen, haben (...) Anspruch auf einen Zuschuss zu stationärer oder teilstationärer Versorgung in Hospizen, in denen palliativ-medizinische Behandlung erbracht wird, wenn eine ambulante Versorgung im Haushalt oder der Familie des Versicherten nicht erbracht werden kann.

(Sozialgesetzbuch V, § 39a)

1. Versicherte mit einer nicht heilbaren, fortschreitenden und weit fortgeschrittenen Erkrankung bei einer zugleich begrenzten Lebenserwartung, die eine besonders aufwendige Versorgung benötigen, haben Anspruch auf spezialisierte ambulante Palliativversorgung.
2. Versicherte in stationären Pflegeeinrichtungen (...) haben in entsprechender Anwendung des Absatzes 1 einen Anspruch auf spezialisierte Palliativversorgung.

(Sozialgesetzbuch V, § 37b)

Zunehmend finden sich Initiativen, die oft schon im Vorgriff auf die Regelungen des Sozialgesetzbuchs **Netzwerkstrukturen** aufbauen, um die Versorgung schwer kranker Menschen sowie ihrer An- und Zugehörigen zu verbessern.

Aufgabe

Recherchieren Sie mit den Begriffen „Palliativnetzwerk" und „Hospiznetzwerk" im Internet. Suchen Sie Netzwerke in Ihrer Umgebung und informieren Sie sich direkt über deren Arbeit.

Sterbehilfeproblematik

Die rechtliche Seite, insbesondere die Strafbarkeit der Sterbehilfe, wird beleuchtet im Rechtsteil dieses Moduls 6: ▸ **Kap. IV.1, Rechtliche Aspekte von Sterbehilfe und Sterbebegleitung**

3.1.2 „Recht auf den eigenen Tod"

Selbstbestimmung am Lebensende und das Verfügungsrecht über den eigenen Tod sind im Zusammenhang mit **Patientenverfügung** und **Vorsorgevollmacht** zu einem brisanten Thema geworden. Um das Recht auf Selbstbestimmung ausüben zu können, sind besonders Menschen mit ernsten, lebensbedrohlichen und einschränkenden Erkrankungen auf die Fürsorge anderer Menschen angewiesen. Personen mit kognitiven Einschränkungen, die sich nur noch über ihre Körpersprache ausdrücken können, bedürfen zur Ausübung ihres Selbstbestimmungsrechts der einfühlenden Wahrnehmung ihrer Betreuungspersonen. Oft sind am Lebensende nur noch kleinste Signale einer Willensäußerung möglich.
Auch Kranke, die sich für oder gegen eine **Behandlung** (Operation, Chemotherapie Bestrahlung) entscheiden sollten, benötigen Fürsorge in Form von Informationen, Gesprächsangeboten und Aufklärung in einer verständlichen Sprache. In **Krisensituationen**, bei Angst, Panik, Verzweiflung, müssen

Menschen geschützt und stabilisiert werden (z. B. durch Seelsorge und psychologische Betreuung), um ihren weiteren Weg selbstbestimmt finden zu können. So beinhaltet der Respekt vor Selbstbestimmung und dem Recht auf den eigenen Tod sowohl wohlwollende Fürsorge als auch respektvolle Distanz.
In der Sterbephase, wenn kurativ nichts mehr, aber palliativ noch alles getan werden kann, sollten Pflegende:

- dem Klienten nahe sein, ihm aber nicht zu nahe treten,
- ihn begleiten, aber nicht gängeln,
- fürsorglich mit ihm umgehen, ihn aber nicht fremdbestimmen.

Aufgabe

Versuchen Sie in einer Partnerübung, ausschließlich über nonverbale Äußerungen Wünsche oder Beschwerden mitzuteilen.

3.2 Individuelle Ebene des Sterbens

Sterbephasen nach Kübler-Ross

Die Schweizerin **Elisabeth Kübler-Ross** (1926–2004) war eine der Ersten, die sich mit dem Thema Sterbebegleitung befasst hat. Ihre Erkenntnisse über die 5 **„Sterbephasen"** erwuchsen aus der Begleitung unzähliger Sterbender. Es sind:

- Verneinung / Leugnung
- Protest / Zorn
- Verhandeln
- Depression
- Einwilligung

1. Verleugnen: Der Betroffene ist über die Mitteilung des baldigen Todes entsetzt und reagiert abwehrend. Er will es nicht wahrhaben.
2. Wut und Zorn: Der Betroffene hadert in dieser Phase mit Gott und der Welt, er lehnt sich auf und fragt: „Warum gerade ich?". Er ist mit allem unzufrieden und beschimpft unter Umständen Pflegende und Angehörige.
3. Verhandeln: Die neue Situation wird anerkannt, der baldige Tod aber noch nicht angenommen. Es besteht der Wunsch nach Aufschub: „Vielleicht gibt es ja doch noch eine neue Behandlungsmethode; ich muss aber erst noch meine Enkel sehen".
4. Depression: Die Vorstellung, alles aufgeben zu müssen, Abschied zu nehmen, löst eine tiefe Traurigkeit aus. Das kann dazu führen, dass der Sterbende das Essen verweigert, niemanden sehen will. Andere Sterbende wollen unerledigte Konflikte bereinigen, den Nachlass klären. Es kann auch sein, dass der Sterbende wirklich allein sein will.
5. Einwilligung: In der letzten Phase tritt eine gewisse Ruhe ein, die Angst vor dem Tode und die Verzweiflung treten zurück. Der Mensch blickt auf sein Leben zurück und kann ruhig über seinen Abschied sprechen. Vielleicht redet er noch darüber, wie er sich seine Beerdigung vorstellt.

Die Einsichten von Kübler-Ross wurden oft dahingehend missverstanden, als würden diese Phasen immer in der angegebenen Reihenfolge ablaufen. Daraus leitete sich ein Vorgehen ab, welches starr daran orientiert eher zu einem Gegeneinander als einem Miteinander führte, zumal auch in der Trauer der **Betreuenden** ähnliche Phasen auftreten.
Der innere Prozess vom Nein zum Ja ist jedoch wesentlich komplexer und verläuft eher in Schleifen. Phasen können auch übersprungen werden. Bei einer Verschlechterung der Krankheit steht der Betroffene oft wieder am Anfang seines Weges (▸ **Abb. 1**).
Dieser **Verarbeitungprozess** ist eben keine gradlinige Entwicklung auf der Bewusstseinsebene, sondern spiegelt weitgehend auch unbewusste Wünsche und Befürchtungen wider.

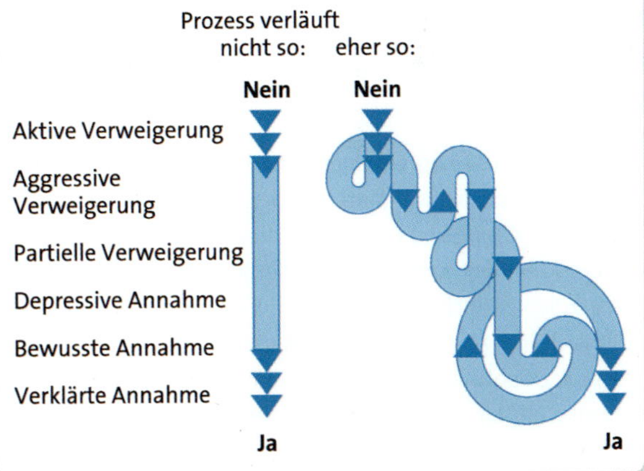

Abb. 1 Prozessdynamik nach Emil A. Herzig (Hrsg.): Betreuung Sterbender, Beiträge zur Begleitung Sterbender im Krankenhaus, Basel 1981, S.19–a23.

3.3 Grundsätze in der Pflege Sterbender

Die Fachkraft hat eine zentrale Bedeutung in der Begleitung Schwerkranker und Sterbender. Sie ist das Bindeglied vom Klienten und seiner Familie zu den einzelnen professionellen Betreuungsebenen.

Voraussetzungen
- Fachliche, kommunikative, persönliche und organisatorische Kompetenz
- Besondere Kenntnisse in Schmerztherapie und Symptomkontrolle
- Die Fähigkeit, Zusammenhänge zu erkennen und den voraussichtlichen Verlauf einschätzen zu können
- Die Fähigkeit, vorbereitend und vorwegnehmend tätig zu werden
- Vielseitigkeit in Bezug auf die unterschiedlichen Krankheitsbilder und Fachbereiche
- Flexibilität bei rasch wechselnden Symptombildern mit Rücksicht auf die Individualität des Sterbenden
- Kreativität, Bedürfnisorientierung, Improvisationsgabe
- Die Fähigkeit, den Sterbenden ganzheitlich und im Kontext seines sozialen Gefüges wahrnehmen zu können
- Die Einsicht, dass auch Dasein und Aushalten zentrale Aufgaben sind
- Die Bereitschaft, sich mit Leiden, Sterben und Tod auseinanderzusetzen und in reflektierter Weise mit eigenen Gefühlen – wie Angst, Ekel, Wut, Ärger – umzugehen
- Fachübergreifende Kompetenz (psychosozialer, seelsorgerischer Bereich)
- Fähigkeit zur Zusammenarbeit mit anderen Berufsgruppen

3.3.1 Kommunikation und Interaktion mit Sterbenden

Wenn die ersten **körperlichen** Zeichen des nahenden Todes auftreten, lässt man den sterbenden Menschen nicht mehr allein. Angehörige und Fachkräfte, die eine gute Beziehung zu dem Sterbenden haben, bleiben bei ihm. Man kann für den Sterbenden einfach nur da sein, ohne etwas zu tun, die Hand halten, Nähe zeigen. Religiöse Bedürfnisse können erfüllt werden. Dabei hat auch das Betreuungspersonal die Möglichkeit, Gefühle und Trauer zu zeigen, Abschied zu nehmen, denn in den Jahren der Betreuung sind oft enge Beziehungen gewachsen.

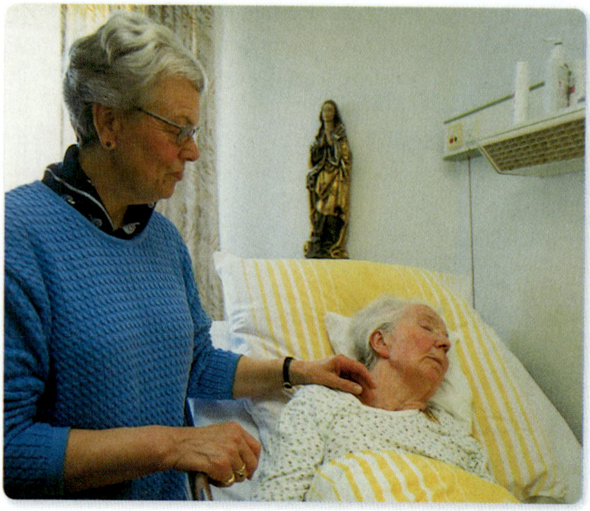

Abb. 1 Sterbende

Der sterbende Mensch hat Gefühle und nimmt die Pflege wahr. Daraus leitet sich ab, dass Pflegende
- nicht über den Sterbenden hinweg sprechen,
- pflegerische Tätigkeiten nie hektisch oder schweigend durchführen,
- Hilfestellungen nicht aufschieben oder vernachlässigen,
- sprachliche und nichtsprachliche Signale akzeptieren und beachten,
- Wünsche ernst nehmen und danach handeln,
- Sterbende möglichst in ihrer gewohnten Umgebung pflegen,
- Sterbenden nur so viel zumuten, wie sie selbst körperlich oder gefühlsmäßig ertragen können,
- nicht mit Kolleginnen, Angehörigen, Mitbewohnern flüstern.

Das Wissen um die phasenhafte psychische Dynamik soll helfen, Angst und Wut, welche der Sterbende nach außen richtet, einzuordnen und sie nicht als gegen die eigene Person gerichtet zu verarbeiten. In der Auseinandersetzung mit dem Sterbenden liegt auch für Pflegende die Möglichkeit einer Reifung, die Hilfe, mit den eigenen Gefühlen besser umgehen zu können, an den eigenen Tod angstfreier denken zu können.

3.3.2 Verstehendes Verhalten

Die folgenden Vorschläge können ein Anhalt sein, müssen aber immer nach den Möglichkeiten des Einzelnen gehandhabt werden.

> Richtschnur kann die Reflexion sein: Was würde ich in der jeweiligen Situation wünschen und wollen?!

- **Ich stehe dem Sterbenden dann zur Verfügung, wenn er es wünscht.** Auch der Sterbende will nicht immer über den kommenden Tod nachdenken. Ich überlasse ihm, wann er über dieses Thema sprechen möchte.
- **Ich respektiere die Abwehrmechanismen des Sterbenden.** Der Betroffene muss seine Gefühle verarbeiten. Hatte er eben noch ein realistisches Bild seiner Situation zulassen können, „weiß" er im nächsten Moment nichts mehr davon oder klammert sich an unrealistische Hoffnungen, macht Zukunftspläne. Ich ermögliche diese Entlastung im Denken und konfrontiere den Sterbenden nicht gegen seinen Willen mit der Realität.
- **Ich lasse Gefühle von Zorn und Depression zu.** Diese Gefühle gehören zu einer Auseinandersetzung mit einer Krise. Ich versuche, gegen mich gerichtete Gefühlsäußerungen zuzulassen, überprüfe aber auch, ob es nicht berechtigte Gründe für diese Gefühle gibt.
- **Ich gebe gewünschte Informationen in verträglicher Form und Dosierung.** Alle Fragen des Sterbenden beantworte ich nach meinem eigenen Wissen. Ich richte mich dabei nach dem Informationsbedürfnis des Betroffenen, er bestimmt, wie genau die Information sein soll, wie viel er emotional verarbeiten kann.
- **Ich vermittle das Gefühl, dass alles getan wird.** Ich führe bei dem Sterbenden eine optimale Pflege und ausreichende Schmerzbekämpfung durch. Dadurch vermittle ich Ansätze von Hoffnung (auf einen ruhigen, schmerzfreien Verlauf), entlaste von der Angst eines qualvollen Sterbens.

3.3.3 Hilfe für Helfer

Zur Bewältigung der besonderen Belastungen sollten Pflegende Angebote bekommen, die ihnen das Recht auf einen liebevollen Umgang mit sich selbst bewusst machen. Dies kann z.B. in Einzel- und Gruppensupervisionen geschehen (▸ s. Modul 7, Kap. I.1.6).

Die Beachtung folgender 10 Gebote kann zu einem gesunden Umgang mit den Belastungen beitragen (Selbstpflege):

- Keine vorschnellen Zusagen und Versprechen geben.
- Arbeit delegieren und um Hilfe bitten.
- Differenzieren lernen, d.h., nicht jedes Misslingen einer Situation hat mit mir zu tun.
- Ich darf Fehler machen und muss nicht für alles ein Patentrezept haben.
- Ausgleich in körperlicher Betätigung suchen.
- Auf gesunde Ernährung achten.
- Zeit strukturieren, Arbeitszeiten und Pausen einhalten.
- Urlaubszeiten gut planen.
- Entspannungsmethoden erlernen (▸ s. Modul 6, Kap. III.1.15).
- Ärger, Wut und Selbstzweifel ausdrücken und darüber sprechen.

3.4 Körperliche Symptomatik und Linderungshilfen

3.4.1 Unruhe und Verwirrtheit

Psychische Störungen wie Unruhe (**Agitation**) und Verwirrtheit (**Delir**) treten bei alten und sterbenden Menschen häufig auf. Vor allem Angehörige, aber auch Pflegende reagieren darauf oft verunsichert, ratlos und überfordert. In den letzten Stunden und Tagen des Lebens werden Unklarheit und Verwirrtheit auch als **terminale Unruhe** (terminal, lat. zum Ende gehörend) oder **präfinales Delir** (präfinal, lat. vor dem Ende) bezeichnet. Trotz unterschiedlicher Ursachen zeigen Delirante eine recht einheitliche Symptomatik. Gestört sind das Bewusstsein, die Wahrnehmung und Auffassung, das Gedächtnis sowie Denken, Antrieb und Erregbarkeit.

Terminale Unruhe hat nicht selten einen produktiven und ordnenden Charakter und bedarf nicht in jedem Fall einer Ruhigstellung (**Sedierung**). Sterbende Menschen drücken ihre Wahrnehmung oft in Form von Bildern und Gleichnissen aus, hier vermischen sich Vergangenheit, Gegenwart, Traum und Wirklichkeit.

Wichtig ist die Feststellung, wer unter der Unruhe leidet. Vom Sterbenden muss sie keineswegs als belastend empfunden werden. Die Hauptaufgabe der Pflegenden besteht daher häufig in Information und Unterstützung der Angehörigen bei gleichzeitig guter Symptomkontrolle. Da sich der Sterbevorgang wissenschaftlicher Erkenntnisse entzieht und angenommen wird, dass es für terminale Unruhe sowohl psychologische als auch organische Ursachen gibt, sollte immer gewissenhaft nach der individuellen Ursache geforscht werden.

Ursachen für terminale Unruhe
- Angst vor dem Tod
- Sorgen um nahe Angehörige und um ungelöste Probleme
- Gehirnerkrankungen, Tumore und Metastasen
- Medikamente, die nicht mehr ausgeschieden werden können und dadurch leicht zu einer Überdosierung führen
- Infektionen, hochfieberhafte Erkrankungen (Pneumonie, Harnwegsinfekte), Tumorzerfall und AIDS
- Sauerstoffmangel und Durchblutungsstörungen des Gehirns
- Austrocknung (Flüssigkeitsmangel)
- Stoffwechselstörungen, z. B. bei Nierenversagen, Lebererkrankungen
- Störungen des Elektrolythaushalts (Hyperkalzämie)
- Herz- und Gefäßerkrankungen
- Entzugserscheinungen, z. B. bei starken Rauchern, die aufgrund ihrer Schwäche nicht mehr rauchen können (hilfreich kann hier ein Nikotin-Ersatzpflaster sein)
- Unbequeme Lagerung (Druckstellen)
- Harnverhalt (volle Blase)
- Schmerzen
- Juckreiz

Hilfen bei terminaler Unruhe
- Den Sterbenden nicht allein lassen. Die Anwesenheit von einem Familienmitglied oder einer anderen vertrauten Person ermöglichen.
- Für eine ruhige Atmosphäre sorgen (angenehmes Licht, leise Musik, auch Summen und Singen).
- Erfassen von Schmerzen durch Körpersignale und Fragestellungen, die durch abgemachte Zeichen, Händedruck, Augenöffnen, Nicken oder mit „Ja" und „Nein" leicht beantwortet werden können.
- Dem Bewegungsdrang durch Lageveränderung nachgeben. Auch Schaukeln und Wiegen wirken beruhigend.
- Beruhigende, erklärende Gespräche mit den Angehörigen führen.
- Medikamentös: Lorazepam, Midazolam, Diazepam. Dämpfend wirken auch warme Lavendelauflagen.
- Durch regelmäßige Mundpflege einer trockenen Mundschleimhaut entgegenwirken.

3.4.2 Terminale Dehydration

Die Frage, wie viel Flüssigkeit Sterbende benötigen und ob die Austrocknung in dieser Phase als Ausdruck des normalen Sterbeprozesses oder als Komplikation zu betrachten ist, wird viel diskutiert.

Krankenbeobachtung. Entscheidung orientiert sich an folgenden Beobachtungen:
- Kann der Sterbende in einer kritischen Situation nicht genügend Flüssigkeit aufnehmen (Durchfälle, Erbrechen, starkes Schwitzen)?
- Ist er nicht unmittelbar sterbend, leidet aber unter Symptomen, die eine Dehydratation vermuten lassen (Unruhe, Verwirrtheit, Muskelkrämpfe, mangelnde Harnausscheidung)?
- Ist der Sterbende aufgrund funktioneller Erkrankungen (z. B. Verschluss oder Verlegung der Verdauungsorgane, Schleimhautläsionen, Pilzerkrankungen) nicht in der Lage, Flüssigkeit zu sich zu nehmen?
- Trinkt der Sterbende wegen des nahenden Todes immer weniger?

Viele **Dehydratationssymptome** (▸ s. Modul 4, Kap. II.2.3) treten bei Sterbenden in der Finalphase auf, ohne durch Austrocknung bedingt zu sein. Es hat sich gezeigt, dass Durst und trockener Mund bei Sterbenden in keinem direkten Zusammenhang mit der Menge der aufgenommenen Flüssigkeit stehen. Folglich eignet sich für die Linderung von Mundtrockenheit und Durst in diesen Fällen die künstliche Flüssigkeitszufuhr nicht.

> Die terminale Dehydratation ist nicht vergleichbar der Exsikkose im Alter (▸ s. Modul 4, Kap. II.2.3).

Die Diagnose einer terminalen Dehydratation kann nur **in enger Zusammenarbeit** aller an der Versorgung Beteiligten gestellt werden. Sie wird von einer bestimmten Konstellation der Symptome, klinischen Befunden und Laborwerten beeinflusst. Die richtige Einschätzung ist vor allem abhängig von der Erfahrung im Umgang mit sterbenden Menschen und erfordert eine geschulte, ganzheitliche Wahrnehmung des Sterbeprozesses. Hier können vor allem Pflegende aufgrund ihrer Fachkompetenz, der Krankenbeobachtung und Versorgung einen wesentlichen Beitrag leisten.

Pflegerische Maßnahmen

Entscheidungsprozess. Die Durchführung einer zusätzlichen Flüssigkeitsversorgung erfordert die Berücksichtigung aller geschilderten Aspekte und ist von allen zum Versorgungsteam gehörenden Personen zu treffen und zu tragen. Angehörige sind in diese Überlegungen einzubeziehen, damit der einzuschlagende Weg für sie transparent und verständlich wird.

Die handlungsweisenden Fragen lauten:
- Geht es um eine akute Erkrankung oder um das Sterben?
- Ist die Austrocknung des Körpers Folge einer Krise, die durch angemessene Behandlung überwunden werden kann, oder ist sie Teil des Sterbeprozesses?

Eine Reduzierung der Flüssigkeitszugabe bedeutet nicht, dass nichts mehr getan werden kann, der Sterbende aufgegeben oder sogar vernachlässigt wird. Es ändert sich lediglich das Behandlungsziel und die Form der Versorgung.

Flüssigkeitszufuhr. Hat sich das Behandlungsteam in Übereinstimmung mit dem Wunsch des Betroffenen und seiner Familie für eine Symptomlinderung durch Flüssigkeitszugabe entschieden, ist Folgendes zu beachten:

- Die Flüssigkeitsmenge sollte aufgrund des meist verminderten Körpergewichts und der verminderten Körperaktivität bei ca. einem Liter in 24 Stunden liegen und ist damit deutlich niedriger als in einer akuten Situation.
- Bleibt das erwartete Ergebnis aus oder verschlimmert sich dadurch die Situation, sollte die Therapie abgebrochen werden.
- Auf einen intravenösen Zugang ist aufgrund von Immobilisierung, Venenentzündung etc. zu verzichten, wenn nicht schon ein Zugang besteht und zu anderen Zwecken gebraucht wird.
- Zu bevorzugen ist die subkutane Zufuhr, die mit geringen Risiken und hohem Nutzen verbunden ist. Der Körper kann die Menge an Flüssigkeit aufnehmen, die er auch in der Lage ist zu nutzen (keine Gefahr der Überwässerung).

> Eine schonende und problemlose Flüssigkeitsgabe ist auch auf rektalem Wege möglich. Mit einer Magensonde (ca. 40 cm und 22 Char.) können bis zu 250 ml körperwarme Flüssigkeit pro Tag in den Darm eingebracht werden.

Bedeutung der Mundpflege. Schwerkranke möchten ihre letzten Tage möglichst beschwerdefrei verbringen. Sterbende möchten sich mitteilen können und sind dabei auf Mundverhältnisse angewiesen, die eine Kommunikation erlauben. Angemessene Mundpflege ist daher mit das Wichtigste, was für einen Sterbenden getan werden kann.

Zähne, Prothesen, Schleimhäute und Lippen sollten regelmäßig inspiziert werden. Hilfreich ist dabei eine Taschenlampe.

- Zum Ablösen von Borken und Belägen haben sich Butter, geschlagene Sahne oder Vitamin-Brausetabletten bewährt.
- Trockene Raumluft kann mit Wasserdampf, nassen Tüchern und Verneblern angefeuchtet werden.
- Geeignet für Lippen und Zunge sind geschmacksneutrale Öle (reines Mandelöl) sowie neutraler Lippen- und Nasenbalsam (unparfümierte Ringelblumensalbe), zum Auftragen eignen sich Watteträger, Spatel und Stiltupfer).
- Bei Entzündungen eignen sich vor allem Salbei und Kamille.

> Der Mund ist eine Intimzone. Bei der Mundpflege können leicht Grenzen überschritten werden und sowohl bei Pflegenden als auch bei Betroffenen Widerstände auftreten.

Möglichkeiten zur Behandlung von Mundtrockenheit und Durst

- Häufige Gabe jeder Art von Getränken, die der Betroffene mag, immer dann, wenn Lippen und Mund trocken sind oder es gewünscht wird.
- Einbringen mithilfe von Teelöffeln, Plastikpipetten, Spritzen, feuchten Mulltupfern, kleinen Sprühfläschchen etc. über Lippen, Zunge, Gaumen und die Wangentaschen. Häufig sind Sterbende bis kurz vor dem Tod in der Lage, sich durch Aussaugen einer feuchten Kompresse (od. eines Baumwolltüchleins) mit Flüssigkeit zu versorgen.
- Gefrorene Fruchtstücke (Ananas, Zitrone) oder zerstoßenes Eis befeuchten und regen die Speichelproduktion an.

Für die Linderung von Durst und Mundtrockenheit ist nicht die Menge der zugeführten Flüssigkeit entscheidend, sondern die Häufigkeit der Durchführung. Kühle und eher wässrige Flüssigkeiten haben eine nachhaltigere Wirkung.

> Häufige Mundbefeuchtung ist sehr zuwendungsintensiv und gerade Angehörige und freiwillige Begleiterinnen sind erfahrungsgemäß froh, wenn sie diesen Dienst übernehmen können.

3.4.3 Appetitlosigkeit

Eine große Anzahl unheilbar Erkrankter ist im fortgeschrittenen Stadium von Appetitlosigkeit (Anorexie) betroffen. Oft kann man das Fortschreiten der Erkrankung am Auftreten dieses Symptoms erkennen. In der Sterbephase können und wollen Menschen nicht essen.

Symptome

- Kein Hungergefühl, Lustlosigkeit beim Essen
- Geschmacksstörungen, besondere Abneigung gegen Fleisch
- Gewichtsverlust, Schwäche, Abmagerung und Auszehrung (**Kachexie**)
- Trockene, faltige Haut
- Reduzierte Ausscheidung, Obstipation
- Infektanfälligkeit
- Druckgeschwüre durch Abnahme des Unterhautfettgewebes
- Veränderte Laborwerte (z. B. niedrige Blutzuckerwerte)

> Menschen sterben nicht, weil sie nicht essen, sondern sie essen nicht, weil sie sterben.

Pflegerische Maßnahmen

- Ursache, Krankheitsstadium und individuelle Situation beachten.
- Niemals zum Essen drängen oder zwingen.
- Verständnis dafür wecken, dass Appetitlosigkeit zum Sterben gehört und eine künstliche oder erzwungene Ernährung dem Organismus eher schadet als nützt.

Anregungen zur Förderung des Appetits

- Kleine, appetitlich zubereitete Portionen
- Appetitanregenden Aperitif anbieten
- Gute Lagerung, wenn möglich in sitzender Haltung
- Wunschkost
- Individuelle Essenszeiten
- Unangenehme Gerüche vermeiden
- In Gemeinschaft, guter Atmosphäre (Musik, Kerzenschein) essen

3.4.4 Bewegungseinschränkung

Die letzte Lebensphase geht in der Regel mit Einschränkungen der Bewegungsfähigkeit einher. Die Betroffenen sind zunehmend auf Unterstützung durch Lagerung angewiesen. Mehr und mehr wird das Bett zum zentralen Lebensraum und sollte dementsprechend Orientierungshilfe, Privatsphäre und Schutz bieten. Für die Pflege ist der respektvolle Umgang mit diesem intimen Raum von zentraler Bedeutung.
Bei Menschen in der Sterbephase ist eine konsequente Durchführung der Dekubitusprophylaxe (▶ s. Modul 2, Kap. II.2.3.8) häufig eingeschränkt. Die pflegerische Zielsetzung orientiert sich dann mehr an den individuellen Bedürfnissen des Sterbenden und seiner Familie (z. B. dem Wunsch nach Selbstständigkeit und Ungestörtheit).

Abb. 1 Das Bett: zentraler Lebensraum des Sterbenden

Pflegeziele und Maßnahmen

- Das Wohlbefinden des Sterbenden wird gefördert, Bedürfnisse, Vorlieben und Gewohnheiten werden beachtet.
- Die Maßnahmen erfolgen im Wissen um die Bedeutung von Körperkontakt und Sicherheitsgefühl, vor allem bei Klienten, die sich selbst nicht mehr äußern können.
- Das Körpergefühl und die Körperwahrnehmung werden durch Verbesserung der Orientierung in Bett und Raum gefördert.
- Der Entstehung oder Verschlechterung eines Dekubitus wird entgegengewirkt, der Betroffene erfährt Respekt und Akzeptanz, wenn er sich gegen eine spezielle Lagerung entscheidet.
- Angehörige bekommen die Grundlagen der Lagerung vermittelt, um sie im Rahmen ihrer Möglichkeiten umzusetzen.

3.5 Tod

> „... der Tod (ist) doch etwas so Seltsames, dass man ihn, unerachtet aller Erfahrungen, ... nicht für möglich hält und er immer als etwas Unglaubliches und Unerwartetes eintritt. Er ist gewissermaßen eine Unmöglichkeit, die plötzlich zur Wirklichkeit wird."
>
> (Goethe, Gespräche mit Eckermann)

Das Ende der zentralen Koordination der einzelnen Lebenserscheinungen und der Organfunktionen wird als Tod bezeichnet.

Das Nahen des Todes ist begleitet von typischen Veränderungen der Vitalzeichen:

- Das Bewusstsein trübt sich ein und schwindet,
- der Blutdruck fällt ab, Abblassung der Haut mit bläulicher Marmorierung stellt sich ein,
- der Puls schwächt sich ab, setzt zeitweise aus,
- die Atmung wird unregelmäßig, schnappend.

3.5.1 Klinischer Tod

Häufig wird der **Individualtod** als Leben ohne Bewusstsein (psychischer Tod) vom biologischen Tod unterschieden. Er tritt früher ein, als das Erlöschen aller Körperfunktionen. Da aber keine Möglichkeit besteht, mit Sicherheit zu sagen, wann der Tod wirklich eintritt, wird dieser offenen Frage mit dem Gebrauch abstrakter Begriffe begegnet.
Der **Herzstillstand** gilt als Zeichen des klinischen Todes und ist an folgenden Veränderungen zu erkennen:

- Atem- und Herzstillstand, kein arterieller Puls mehr feststellbar, arterielle Blutungen kommen zum Stehen,
- die Pupillen sind maximal erweitert und lichtstarr,
- der Betroffene entwickelt eine Zyanose.

Dieser Zeitpunkt wird in den meisten Fällen auch mit dem Individualtod gleichzusetzen sein, da innerhalb weniger Minuten durch den **Organtod** des Gehirns auch der Verlust des Ich-Bewusstseins unumkehrbar wird. In der Phase zwischen Herzstillstand und Hirntod sind Wiederbelebungsmaßnahmen (Reanimation) möglich.
Der Überlebensfähigkeit des Gehirns ohne Blutversorgung sind allerdings enge Grenzen gesetzt. Kommt die Hirndurchblutung durch Herzstillstand völlig zum Erliegen, treten durch Sauerstoff und Glucosemangel innerhalb von 5 Minuten Störungen bis hin zum Hirntod auf.

3.5.2 Hirntod

Bei schwerst Hirnverletzten können das Herz und andere Organe noch lange Zeit funktionstüchtig erhalten werden. Der Hirntod wird dann zum Individualtod erklärt, was rechtlich für die Transplantation von Organen wichtig ist. Es wird dann auch von „juristischem Tod“ gesprochen.
Nach den Richtlinien des Beirats der Bundesärztekammer ist Hirntod ein „Zustand der irreversibel erloschenen Gesamtfunktion des Großhirns, des Kleinhirns und des Hirnstamms. Dabei wird durch kontrollierte Beatmung die Herz- und Kreislauffunktion noch künstlich aufrechterhalten“.

Als Bedingungen zur Feststellung des Hirntods sind gesetzlich vorgeschrieben:

- direkte oder indirekte Hirnschädigung
- Koma
- erloschene Reflexe
- fehlender Atemantrieb

Ausgeschlossen sein müssen:

- Vergiftungen
- Schock
- Unterkühlung

> **Es ist eine Untersuchung durch 2 dafür qualifizierte Ärzte zu treffen, die über eine mehrjährige Erfahrung in der Intensivbehandlung von Patienten mit schweren Hirnschädigungen verfügen.**

Für hirntot wird der erklärt, bei dem der Ausfall folgender Funktionen in zwei 12 Std. auseinanderliegenden Untersuchungen bestätigt wird:

- beiderseits weite, lichtstarre Pupillen
- fehlende Augenbewegung bei Drehen des Kopfes
- fehlender Hornhautreflex
- fehlende Schmerzreaktion
- fehlender Hustenreflex
- Ausfall der Spontanatmung

Durch die fehlende Hemmung des Rückenmarks durch das Gehirn kann es beim Hirntod zu spontanen oder ungerichteten Bewegungen auf Berührungsreize hin kommen. Diese Bewegungen der Extremitäten oder des Rumpfes, „Lazarus-Phänomen“ genannt, sprechen nach den Richtlinien nicht gegen den Hirntod, sondern werden als typische Zeichen gewertet.

3.5.3 Maßnahmen nach Eintritt des Todes

- Dokumentation des mutmaßlichen Todeszeitpunkts (auch die Veränderung der Vitalzeichen vor Eintritt des Todes)
- Benachrichtigung des Arztes zur Feststellung des Todes und der Todesursache (Totenschein)
- Behutsame Benachrichtigung der Angehörigen oder nahestehender Personen

> **Falls gewünscht, darf der Leichnam zum Abschiednehmen für nahestehende Personen in einem separaten Zimmer bis zu 36 Std. aufgebahrt werden.**

Versorgung des Toten. Nicht immer tritt der Tod friedlich ein, häufig hinterlassen Agonie und medizinische Maßnahmen einen Toten, dessen Anblick für die Angehörigen eher erschreckend wäre. Pflegende sollten den Verstorbenen daher noch versorgen:

- Lagerungshilfen aus dem Bett entfernen.
- Katheter, Sonden, Drainagen, Verbandsmaterialien entfernen.
- Schmuck, Prothese, Perücken o. Ä. entfernen.
- Augen des Toten schließen (feuchte Tupfer auf die Lider legen).
- Unterkiefer des Toten abstützen, ohne die Gesichtszüge zu verzerren.
- Arme des Toten seitlich an den Körper legen (evtl. vor der Brust falten).
- Den Toten flach lagern.
- Ausscheidungen entfernen, Toten eventuell waschen.
- Frisches Hemd anziehen (oder Kleidung nach vorheriger Abmachung).
- Toten in frisches Laken hüllen.
- Raum kühl halten (Heizung ausschalten).

Wir leben in einer multikulturellen Gesellschaft, in der sehr unterschiedliche religiöse Haltungen, Bräuche und Rituale in Bezug auf Tod und Sterben praktiziert werden. Das kann bedeuten, dass beim Umgang mit Sterbenden und bei der Versorgung der Toten abweichend von den obigen Schritten gehandelt werden sollte.

Bestattung. Falls keine Angehörigen oder Freunde vorhanden sind, welche sich um die notwendigen Schritte kümmern können, muss die Beerdigung möglichst zeitnah vorbereitet werden. Diese Aufgabe sowie die gesamte Nachlassverwaltung bzw. -auflösung wird vom gesetzlichen Betreuer übernommen. Die Durchführung obliegt üblicherweise **Bestattungsunternehmen**.

Zum Weiterlesen

Christophorus Hospiz Verein e.V. München *www.chv.org* → Informationsmaterial (Broschüren u. a. zu: Ernährung um jeden Preis?; Hospiz-/Palliativberatungsdienst für Menschen mit Behinderung)

E. Grond: Palliativpflege in der Gerontopsychiatrie. 2011

A. Stähli: Umgang mit Emotionen in der Palliativpflege. 2004

Aufgaben

1. Sterbende Menschen haben sogenannte Kernbedürfnisse. Stellen Sie diese in einer Gruppe zusammen und füllen Sie sie inhaltlich.
2. Unterscheiden Sie aktive Sterbehilfe von Hilfe beim Sterben.
3. Tragen Sie zusammen, welche fachlichen und persönlichen Voraussetzungen für Pflegende in der Betreuung Schwerkranker und Sterbender notwendig sind.
4. Nennen Sie die beiden wichtigsten Maßnahmen nach Eintritt des Todes.
5. Allgemein wird die Thematik Lebensende und Tod in unseren Medien weitestgehend ignoriert. Diskutieren Sie in der Klasse Gründe dafür. In anderen Kulturen erfährt der Tod eine weitaus selbstverständlichere Akzeptanz. Nennen Sie Beispiele.

Teil III
Psychiatrie

1 Psychotherapie

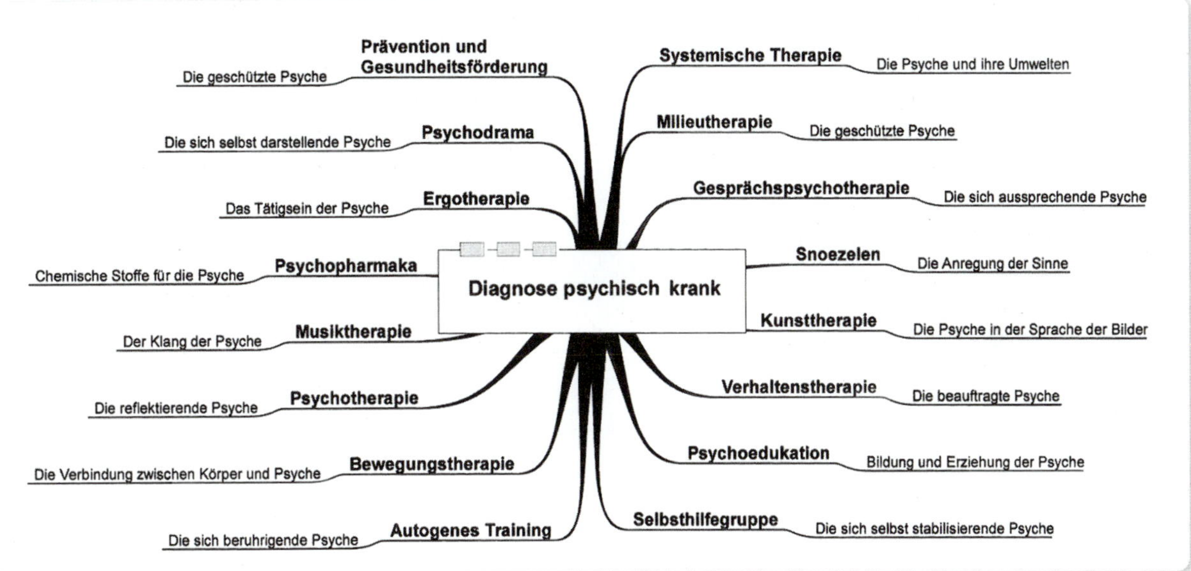

Abb. 1 Die Vielzahl der therapeutischen Möglichkeiten

Psychotherapie ist ein Sammelbegriff für psychotherapeutische Verfahren zur Behandlung psychischer Krisen oder Erkrankungen. Es wird eine Vielzahl von Methoden unterschieden, die auf unterschiedlichen Theorien der menschlichen Entwicklung und Psychopathologie beruhen (▸ **Abb. 1**).
Die häufigsten Verfahren sind Verhaltenstherapie, Psychoanalyse, Gesprächstherapie, Gestalttherapie und körpertherapeutische Verfahren. In der modernen Psychotherapie ist ein integratives Vorgehen selbstverständlich geworden. Je nach Klient und psychischer Situation kommen Verfahrenselemente unterschiedlicher Therapieschulen zur Anwendung. Dabei steht heute ein krankheitsspezifisches Therapiekonzept *vor* einer bestimmten Schul- oder Methodenorientierung. Allen Therapien ist gleich, dass sie psychisches Leiden verringern, Verhalten verändern sowie das Verständnis der eigenen Person vertiefen und die Persönlichkeit entwickeln wollen.

Abb. 2 Als „Vater" der Psychotherapie angesehen: Sigmund Freud

Psychotherapeuten sind in der Regel Psychologen oder entsprechend weitergebildete Ärzte. Zudem können Pädagogen, Sozialpädagogen oder weitere psychosoziale Berufsgruppen sich in psychotherapeutischen Methoden weiterbilden und diese auch anwenden. Es gibt auch psychotherapeutisch ausgebildete Heilpraktiker.
Die Psychotherapie versucht, psychische Beeinträchtigungen mit emotionalen, kognitiven und verhaltensbezogenen Maßnahmen zu mildern oder zu beseitigen. Dabei nutzt sie je nach Behandlungsansatz ganz bestimmte **methodische Verfahren**. Allen Verfahren aber ist gleich, dass sie eine professionelle **Therapeut-Klienten-Beziehung** aufbauen und diese für die therapeutischen Maßnahmen nutzen.

Die Psychotherapie versucht, die Ursachen einer psychischen Beeinträchtigung zu ergründen und durch Prozesse der Reflexion und Neubestimmung zu veränderten Erlebnis- und Verhaltensweisen zu ermuntern.

Psychotherapie ist ein bewusster und geplanter und auf ein möglichst gemeinsames Ziel hin angelegter interaktiver Prozess zur Beeinflussung von Verhaltensstörungen und Leidenszuständen vor dem Hintergrund von Krankheits- und Behandlungstheorien mit empirisch abgesicherten psychologischen Mitteln. Sie basiert auf ethischen Grundsätzen und unterliegt der Qualitätssicherung. (Strotzka 1975)

Zum Schutz der Persönlichkeitsrechte der Klienten und zur Sicherung der professionellen Kompetenz verpflichten sich Psychotherapeuten, die der Deutschen Gesellschaft für Psychotherapie (DGPT) angeschlossen sind, bestimmte ethische Grundsätze, die den Umgang mit Klienten, den Kollegen, der psychoanalytischen Wissenschaft und der allgemeinen Öffentlichkeit regeln, einzuhalten.

Zum Weiterlesen

Die ethischen Grundsätze der Deutschen Gesellschaft für Psychotherapie: *http://dgpt.de/die-gesellschaft/ethik-leitlinien/*

Maßnahmen zur Qualitätssicherung in der Psychotherapie werden insbesondere durch die Psychotherapeutenkammer in Berlin beschrieben: *http://www.psychotherapeuten-kammer-berlin.de/themen/qm_qs*

Aufgabe

Was würden Sie von einem Psychotherapeuten erwarten, wenn Sie sich in einer psychischen Krise befänden und sich für eine Therapie entschieden hätten?

Wer darf sich Psychotherapeut nennen?

Das Psychotherapeutengesetz (PsychThG) schützt den Begriff „Psychotherapeut". Die Bezeichnung Psychotherapeut oder Psychotherapeutin darf nur von Fachärzten und Psychologen mit einer entsprechenden Weiterbildung geführt werden.

PsychThG § 1 Berufsausübung

(1) Wer die heilkundliche Psychotherapie unter der Berufsbezeichnung „Psychologische Psychotherapeutin" oder „Psychologischer Psychotherapeut" oder die heilkundliche Kinder- und Jugendlichenpsychotherapie unter der Berufsbezeichnung „Kinder- und Jugendlichenpsychotherapeutin" oder „Kinder- und Jugendlichenpsychotherapeut" ausüben will, bedarf der Approbation als Psychologischer Psychotherapeut oder Kinder- und Jugendlichenpsychotherapeut. Die Berufsbezeichnungen darf nur führen, wer zur Ausübung der Berufe befugt ist. Die Bezeichnung „Psychotherapeut" oder „Psychotherapeutin" darf von anderen Personen als Ärzten, psychologischen Psychotherapeuten oder Kinder- und Jugendlichenpsychotherapeuten nicht geführt werden.

(3) Ausübung von Psychotherapie im Sinne dieses Gesetzes ist jede mittels wissenschaftlich anerkannter psychotherapeutischer Verfahren vorgenommene Tätigkeit zur Feststellung, Heilung oder Linderung von Störungen mit Krankheitswert, bei denen Psychotherapie indiziert ist. Im Rahmen einer psychotherapeutischen Behandlung ist eine somatische Abklärung herbeizuführen.

1.1 Psychoanalyse

Die grundlegende Voraussetzung für eine wirksame und eigenständige Behandlung psychischer Störungen lieferte **Sigmund Freud**. Er entwickelte eine Theorie und Praxis, nach der psychisches Leiden oder eine psychische Erkrankung als eine körperlich weitgehend unabhängige **intrapsychische Dynamik** verstanden werden konnte und somit Gegenstand psychotherapeutischer Interventionen wurde.

Die Arbeiten Freuds in den 1920er-Jahren sind umso verdienstvoller, als parallel zu seinen Forschungen die klassische psychiatrische Behandlung psychisch Kranker ganz andere Wege einschlug. Die Psychiatrie suchte den Anschluss an die allgemeine somatische Medizin. Insbesondere **Emil Kraerpelin** (1856–1926) bemühte sich, die Psychiatrie als eigenständige Wissenschaft zu etablieren; psychische Störungen sollten nicht mehr als Geistesstörungen und Irresein (Irrenanstalten) betrachtet werden, sondern als anatomische oder physiologische Störungen des Gehirns; sie wurden dadurch Gegenstand der allgemeinen Medizin. Die ersten Grundlagen des heutigen Systems der Klassifizierung psychischer Störungen (vgl. ICD-10 der WHO und DSM-IV der American Psychiatric Association) gehen auf ihn zurück, ebenso die erste Entwicklung der Psychopharmakologie (▸ s. Kap. 1.8).

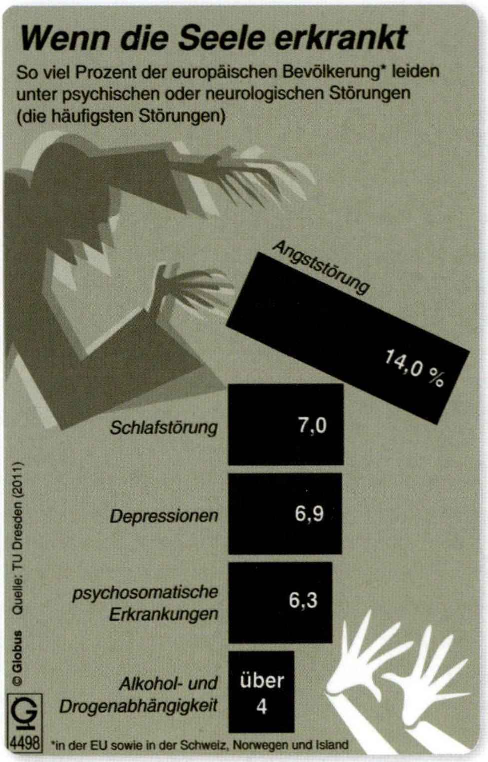

Abb. 2 Die häufigsten Störungen (Stand 2011)

Abb. 1 Sigmund Freud (1856–1936)

Die Psychoanalyse geht auf Sigmund Freud zurück. Freud postulierte eine andere Kausalität der psychischen Erkrankungen. Sein psychoanalytisches Modell, nachdem intrapsychische Kräfte (Über-Ich, Ich, Es) Ursache für psychische Auffälligkeiten sind, bewegt sich – wie die somatische Sichtweise – im Rahmen eines individualistisch-pathologischen Denkansatzes. So spielten beispielsweise die Eltern oder andere soziale Bezugspersonen eines psychisch erkrankten Kindes oder Jugendlichen für die frühe Psychoanalyse *keine* Rolle, sie bilden lediglich den Hintergrund des Geschehens. Freud ging davon aus, dass **unbewusste psychische Vorgänge** von entscheidender Bedeutung für die Ausbildung psychischer Störungen sind.

Freud bezieht sich in seiner Psychoanalyse auf Erkenntnisse der Philosophie des 19. Jahrhunderts. Hier wurde intensiv über das Phänomen der menschlichen Freiheit – also der Möglichkeit der bewussten Selbststeuerung – nachgedacht. Freud betrachtete die gekränkte menschliche Psyche als Quelle aller neurotisch-psychotischen Verhaltensweisen. Er entwarf ein Denkmodell, das ermöglichte, psychische Störungen grundlegend zu verstehen und damit auch behandeln zu können.

Die Psychoanalyse gilt als ein aufdeckendes, reflektierendes psychodynamisches Verfahren, mit dessen Hilfe unbewusste, häufig in der eigenen Lebensgeschichte weit zurückliegende Ereignisse aufgespürt werden, um sie bewusst und in ihrer Wirkung auf das aktuelle Erleben und Verhalten veränderbar zu machen. Dies gilt besonders für ungelöste Konflikte, die in der Beziehung zum Therapeuten aufgedeckt, bearbeitet und gelöst werden.

1.2 Analytisch orientierte Psychotherapie

Die analytisch orientierten Psychotherapien basieren auf den Erkenntnissen und Annahmen der Psychoanalyse. Zu unterscheiden sind dabei 2 Arten:

- die klassische Psychoanalyse
- die tiefenpsychologisch fundierte Psychotherapie

Die klassische Psychoanalyse untersucht die in früher Kindheit bei jedem Menschen entstandene psychische Grundstruktur. Diese unbewusste Struktur (auch Charakter genannt) ist für unser Fühlen und für unsere typischen Verhaltensweisen verantwortlich. In der klassischen Psychotherapie nach Freud liegt der Klient auf einer Couch (▶ **Abb. 1**) und assoziiert frei, was ihm in den Sinn kommt, er spricht alles aus, was er dabei fühlt oder denkt. Der Therapeut versucht, die Gefühle und Bilder aufzugreifen und durch analytische Interpretationen zu deuten. Ziel ist die Bewusstmachung der inneren Psychodynamik und das Erkennen der grundlegenden psychischen Muster.
Die therapeutischen Sitzungen dauern in der Regel 50 Minuten und finden mehrmals in der Woche statt. Durchgeführt werden zwischen 160 und 240 Sitzungen, die unter bestimmten Voraussetzungen von den Krankenkassen bezahlt werden.

Die tiefenpsychologisch fundierte Psychotherapie basiert ebenfalls auf den Annahmen der Psychoanalyse. Allerdings geht sie in der Praxis von den aktuellen psychischen Konflikten oder Leidenszuständen aus. Von der aktuellen Erlebniswelt werden Erfahrungen und Erlebnisse aus früheren Situationen oder aus Kindheitserlebnissen aufgegriffen, um die Emotionalität und aktuellen Verhaltensmuster zu verstehen.
Das therapeutische Gespräch findet im Sitzen statt, sodass ein Dialog möglich ist. Der Therapeut kann auch nonverbale Aspekte wahrnehmen und diese interpretieren. Die psychoanalytischen Grundlagen von Widerstand, Übertragung und Gegenübertragung werden in der Therapie beachtet und genutzt. Tiefenpsychologisch fundierte Therapieverfahren werden von vielen Psychotherapeuten angeboten, da sie gut mit den Krankenkassen abzurechnen sind. Sie werden für das gesamte Spektrum psychischer Störungen und Erkrankungen eingesetzt.

Abb. 1 Gesprächsraum mit Couch

Die Sitzungen finden meist einmal wöchentlich statt. Die Dauer beträgt etwa 50 Minuten. Die Therapie dauert zwischen 3 Monaten und 2 Jahren.

Katathymes Bilderleben

Abb. 2 In Bildern können Gefühle aus der KB-Sitzung interpretiert und dargestellt werden

> Synonym wird der Begriff „Katathym Imaginative Psychotherapie" (KIP) verwendet.
> Das griechische Wort „katathym" bedeutet „den Gefühlen gemäß".

Das katathyme Bildererleben (KB) gehört zur analytischen Psychotherapie. Das Verfahren bedient sich der Imagination und dient dazu, unbewusste Gefühle oder Erlebnisse aufzudecken und der bewussten Bearbeitung zugänglich zu machen. Entwickelt wurde die Form der Psychoanalyse von Hanscarl Leuner (1919–1996). Beim KB führt der Therapeut den Klienten in eine „Tagträumerei" und bittet darum, die aufkommenden Bilder zu beschreiben. Möglich ist auch ein projektives Verfahren, bei dem der Therapeut dem Klienten Bilder zeigt und um spontane Assoziationen bittet. Hierbei werden Standardmotive gezeigt wie Wiese, Bachlauf, Weg auf einen Berg, Haus, Waldrand, Höhle.
Das KB wird in der Kurztherapie bei Kindern, Jugendlichen und Erwachsenen zur Behandlung von Lebenskrisen, psychosomatischen Beschwerden, Neurosen und bei Depressionen genutzt.

1.3 Klientenzentrierte Psychotherapie – Gesprächstherapie

Synonym verwendet: klientenzentrierte Gesprächspsychotherapie, personzentrierte Therapie, Gesprächstherapie

Die klientenzentrierte Gesprächspsychotherapie wurde in den 1950er-Jahren von Carl Rogers (1902–1987) entwickelt. Interessant ist die Tatsache, dass sich in den USA nach der Anerkennung der Psychoanalyse und der Verhaltenstherapie eine philosophische Denkrichtung entwickelte, die später als humanistische Psychologie bezeichnet wurde. Die **humanistische Psychologie** geht von einem grundsätzlichen Wachstumspotenzial des Menschen aus und grenzt sich dadurch sowohl vom *Behaviorismus* als auch von der Psychoanalyse ab. Neben Carl Rogers sind Charlotte Bühler, Abraham Maslow und Erich Fromm wichtige Vertreter dieser psychologischen Schule. Zu den humanistischen Therapieformen werden auch die *Gestalttherapie* nach Fritz Perls (▸ s. unten), das *Psychodrama* nach Jacob Levy Moreno sowie die *personzentrierte Kinderspieltherapie* nach Virginia Axline gezählt.
Die **Grundannahmen** der humanistischen Psychologie sind:

- Der Mensch kann sich selbst verstehen und sich bewusst entwickeln.
- Menschliches Existieren vollzieht sich in zwischenmenschlichen Beziehungen.
- Der Mensch ist für sein Erleben und Handeln verantwortlich.
- Der Mensch kann sich frei entscheiden.
- Der Mensch handelt zielorientiert.

Rogers betonte die Einzigartigkeit eines jeden Individuums und seine grundlegenden Fähigkeiten der Selbstverwirklichung. Der Mensch ist demnach frei, Sinn und Erfüllung im Leben zu finden. **Ursache** für psychische Störungen sind Entfremdung, Einsamkeit, negative Selbstbewertungen und eine unausgereifte Persönlichkeit.
Für Rogers macht wirkliches Verstehen eines anderen Menschen das Interpretieren und Diagnostizieren überflüssig.
Grundlegend ist die Haltung, dass der Klient Raum, Zeit und Anregungen erhalten soll, im Gespräch über sich und seine Wahrnehmungs- und Erlebnisweisen berichten zu können. Anders als in der klassischen Psychotherapie spielt hierbei nicht die Interpretation des Therapeuten eine Rolle. Viel wichtiger ist sein Bemühen, sich in die Welt des Klienten einzufühlen und empathisch seine Sicht der Dinge verstehen zu wollen. Der Begriff „klientenzentriert" meint daher, dass die innere Welt des Klienten, dass seine Interpretation seiner subjektiven Wirklichkeitserfahrungen Inhalt der Gespräche und Ausgangspunkt der Entwicklungen sein muss. Ziel der klientenzentrierten Gesprächspsychotherapie ist es, durch eine schrittweise Bewusstwerdung des Selbstkonzepts des Klienten diesen in einen Prozess der Persönlichkeitsentwicklung zu bringen. Der Klient lernt, sich selbst zu entdecken und zu verstehen, er lernt, zu neuen Handlungsmöglichkeiten im Umgang mit herausfordernden Situationen zu kommen. Diese Selbstentdeckung oder Selbstdiagnostik wird auch als **Selbstexploration** bezeichnet. Theoretische Annahme ist, dass jeder Mensch seine eigenen Schwierigkeiten und Probleme grundsätzlich selbst lösen kann, wenn er sich von Selbsttäuschungen und Minderwertigkeitsempfindungen zu befreien vermag.
Das Selbstkonzept eines Menschen umfasst alle Erfahrungen, die ein Mensch mit sich und seiner Umgebung gemacht hat. Es enthält Wahrnehmungen und Erfahrungen der eigenen Person in Auseinandersetzung mit der Umwelt, die als problematisch oder gar gefährlich erlebt wurden, wie auch Wahrnehmungen und Erfahrungen, die erfolgreich und stärkend erlebt wurden. Daraus ergeben sich für die Gegenwart und Zukunft bestimmte Wahrnehmungs- und Interpretations- sowie Konfliktlösungsmuster.

Aufgabe des Therapeuten. Der therapeutische Prozess wird als Wachstums- und Entwicklungsprozess verstanden, in dem der Therapeut lediglich günstige „klimatische Bedingungen" herstellt. Der Berater oder Therapeut kann diesen Prozess unterstützen, indem er sich ganz auf den Klienten einlässt und diesem als authentischer Partner Sicherheit und ehrliche Rückmeldungen bietet. Rogers benennt 3 grundlegende Bedingungen, die für die klientenzentrierte Therapie richtungweisend sind:

1. Einfühlendes Verstehen
2. Positive Wertschätzung und emotionale Nähe
3. Echtheit und Kongruenz

Zu (1) Der Therapeut bemüht sich, die Gefühle und Erlebnisse des Klienten möglichst vollständig wahrzunehmen und zurückzuspiegeln. Dabei interpretiert er nicht, sondern versucht, die emotionalen Reaktionen zu spiegeln und zu verbalisieren. Das einfühlende Verstehen gelingt nur dann, wenn der Therapeut seine eigenen Gefühle und Bewertungen zurücknimmt und die Aussagen des Klienten in dessen subjektivem Kontext betrachtet. Einfühlendes Verstehen und die Rückmeldung der wahrgenommenen Gefühle beziehen sich nicht nur auf die verbalen Äußerungen, sondern auch auf die nonverbalen und paraverbalen Botschaften, die der Klient zeigt. Das Spiegeln und Verbalisieren der Gefühle unterstützt die Selbstwahrnehmung und das Selbstverstehen des Klienten.
Zu (2) Der Klient wird im Gesprächsverlauf immer wieder motiviert, frei über seine Gefühle und Erlebnisse zu berichten. Der Therapeut hört nichtwertend zu. Eine positive Wertschätzung in der therapeutischen Beziehung entwickelt sich dann, wenn der Therapeut den Klienten als autonome

Persönlichkeit wahrnimmt, ihn als Mensch schätzt und seine Erlebnisse und Gefühle respektiert.

Zu (3) Der Therapeut sollte sich in seinen Reaktionen möglichst authentisch verhalten. Er sollte sich nicht hinter einer „professionellen Fassade" verbergen, sondern seine eigenen Gefühle einbringen. Hierdurch wird eine authentische menschliche Begegnung möglich, die an sich schon heilend sein kann. Die Professionalität des Therapeuten schützt ihn davor, sich zu sehr zu involvieren und die therapeutische Distanz zu verlieren.

1.4 Gestalttherapie

Die Gestalttherapie geht auf den Arzt und Psychologen Fritz Perls (1993–1970) zurück. Aus der Psychoanalyse kommend, interessierte sich Perls nicht so sehr für die Symptome und Verhaltensweisen eines Klienten, ihn faszinierte die dahinter stehende Persönlichkeit und die Art und Weise ihrer Selbstdarstellung. Der Begriff „Gestalt", den Perls aus der **Gestaltpsychologie** entnommen hat, bezieht sich auf die Formung aller Ausdrucksweisen auf ein sinnvolles Ganzes im Sinne einer *Gestaltung* oder *Gestalt.* Die Gestalttherapie betrachtet daher Gedanken, Gefühle, Haltungen und Handlungen als integrative Ganzheit, die sich durch das Individuelle eines Menschen zum Ausdruck bringt.

Die Gestalttherapie versucht bei ihren Klienten Selbsterkenntnis und Selbstbewusstsein zu entwickeln, damit es ihnen so gelingt, den Ausdruck der eigenen Gefühle zu verstehen. Der Therapeut arbeitet mit den aktuell zugänglichen Gefühlen und erlebbaren Verhaltensweisen. Dieses Tun im „Hier und Jetzt" bietet die Möglichkeit, in der achtsamen Wahrnehmung zu einem tieferen Selbstverstehen zu gelangen. Die aktuelle Gegenwart ist der zentrale Punkt, von dem aus sich Vergangenes bewusst werden und Zukünftiges vorausplanen lässt.

Aufgabe des Therapeuten ist es, in eine authentische Beziehung zum Klienten zu treten und wirklichen emotionalen Kontakt zu ermöglichen. Hierdurch hat der Klient die Chance, zu sich selbst in Beziehung zu treten, in Kontakt mit seinen eigenen Gefühlen zu kommen, die er zuvor aus dem bewussten Erleben ausgeblendet hatte. In der Gestalttherapie spielt auch die Arbeit mit Träumen eine wichtige Rolle. Allerdings werden hier Träume nicht wie in der Psychoanalyse auf ihren Symbolgehalt hin wahrgenommen, sondern die konkreten Inhalte und Bilder der Träume werden als Repräsentation unbewusster Gefühle verstanden.

Der ganzheitliche Ansatz der Gestalttherapie bezieht sich auf die Einheit von Körper, Geist und Emotion sowie auf seine Einbindung in ein konkretes soziales Umfeld („Organismus-Umwelt-Feld"), dabei sind die „Kontaktstellen" zwischen diesen Elementen in der therapeutischen Arbeit bedeutsam.

Prinzipien der Gestalttherapie

- Therapeutische Angebote oder Interventionen werden grundsätzlich mit dem Klienten entwickelt oder besprochen, die persönliche Begegnung ist wichtiger als jede therapeutische Methode.
- Die Verhaltensweisen eines Menschen stehen immer in Bezug zu einer konkreten Umwelt (dem sozialen Feld). Der Austausch mit der Umwelt geschieht in einer ständig wechselseitigen Anpassung. In der Therapie soll der Klient erkennen, welche Verhaltensmuster er automatisch (konditioniert) zeigt und welche Ressourcen und Möglichkeiten er hat, sich für oder gegen bestimmte Verhaltensweisen zu entscheiden bzw. welche Einflüsse des Feldes er auf sich zulassen und welche er ablehnen möchte.
- Anders als in der klassischen Therapie steht in der Gestalttherapie nicht die Diagnose im Vordergrund. Therapeut und Klient machen sich gemeinsam auf, in einer ganzheitlichen Wahrnehmung die aktuellen psychischen Phänomene zu verstehen.
- Menschen sehen und interpretieren ihre Welt, sie sind somit für ihre Wahrnehmung verantwortlich. Das Verhältnis, das der Mensch zu sich und seiner Umgebung hat, wird durch diese subjektive Interpretation bestimmt. Der Mensch kann (natürlich nur bedingt) die Verhältnisse ändern bzw. die Sicht auf die Verhältnisse verändern.

Abb. 1 Modell des ganzheitlichen Ansatzes

Methoden

- Bewusstseinsübungen (Awareness)
- Sprachspiele
- Rollenspiele
- Experimente
- Hausaufgaben

Der leere Stuhl. Ein bekanntes methodisches Element der Gestalttherapie ist die Arbeit mit dem „leeren Stuhl". In der therapeutischen Arbeit wird ein leerer Stuhl als Projektionsfläche oder Platzhalter für eine konkrete relevante Person, für eine Emotion oder für einen bestimmten Persönlichkeitsanteil des Klienten genutzt. Der Stuhl ermöglicht nun eine „reale" Auseinandersetzung mit dem „Gegenüber". Der Klient wird gebeten, sich laut mit der vorgestellten Person oder der Emotion zu unterhalten. Dabei kann er vom Therapeuten eingeladen werden, sich wechselseitig auf verschiedene Stühle zu setzen und aus der jeweiligen Rolle oder Emotion zu sprechen. Das Szenario macht es dem Klienten möglich, seine verdeckten oder auch widersprüchlichen Persönlichkeitsanteile zu erkennen und in Verbindung zu bringen.

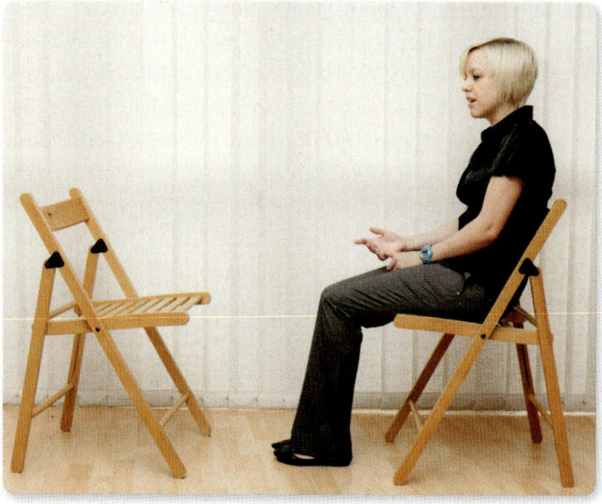

Abb. 1 Arbeit mit dem leeren Stuhl

Bei der Bearbeitung z.B. von Konflikten im Team können ebenfalls gestalttherapeutische Grundsätze angewendet werden: ▸ **s. Gestaltpädagogik, Modul 8, Kap. I.1.5.**

1.5 Verhaltenstherapie

Neben den psychoanalytischen Verfahren wird die Verhaltenstherapie häufig angewendet. Anders als bei den introspektiven Methoden (Methoden, die die Selbstwahrnehmung erhöhen) beruht die Verhaltenstherapie (VT) auf lernpsychologischen Erkenntnissen. Sie geht davon aus, dass psychisch krankes Verhalten die Folge von Fehlkonditionierungen ist. Psychische Störungen sind erlernte Fehlverhaltensweisen oder erlernte Hemmungen. *Abweichende* Verhaltensweisen sind daher nach den gleichen Mechanismen gelernte Verhaltensweisen wie *erwünschte* Verhaltensweisen.

Verhaltenstherapie erzeugt Verhaltensmodifikationen oder Verhaltensveränderungen mithilfe des klassischen und des operanten Konditionierens. Die Verhaltenstherapie bezieht ihre theoretische Grundlage auf die bekannten **Lerntheorien**:

- Neurotische Störungen können aus dieser Perspektive mithilfe der **klassischen Konditionierung** (Pawlow) erklärt werden. Wenn zum Beispiel eine Person keine Katzen in ihrer Nähe ertragen kann (Phobie), dann liegt die Ursache hierfür in einer frühen Konditionierung eines neutralen Reizes „Katze" mit einem unbedingten Reiz „Warnung der Eltern vor einer gefährlichen Krankheit" und einer Reizgeneralisierung „alle Katzen sind lebensgefährlich".
- Auch **operante Konditionierungen** (Skinner), also das Lernen am Erfolg oder Misserfolg und das Lernen am Modell (Bandura ▸ **s. Modul 6, Kap. I.2.2.1**), können zu psychischem Fehlverhalten oder psychischen Störungen führen.

Positive Verstärker. Die Frage, warum ein Mensch ein Verhalten zeigt, das ihm offenbar keine Vorteile verschafft, sondern nur Schäden erzeugt, kann man beantworten, wenn man auf die positiven Verstärker achtet. Jedes Verhalten – auch Suchtverhalten, kriminelles Verhalten, neurotisches Verhalten – wird gezeigt, weil es neben den Nachteilen auch subjektive Vorteile oder Gewinne ermöglicht. So schädigt zwar Alkohol und Nikotin den Körper, zugleich entspannen diese Drogen und verschaffen ein Wohlgefühl.

Verhaltenstherapeutische Methoden arbeiten mit Mitteln

- der „positiven Verstärkung",
- der „Löschung" oder
- der „Desensibilisierung".

Bei Angststörungen wird die **Expositionstherapie** – auch Konfrontationstherapie – angewendet. Lerntheoretisch ist jedes Verhalten, also auch ein ängstliches Verhalten, gelernt worden und kann daher auch wieder „verlernt" werden. Bei der systematischen Desensibilisierung werden die Klienten mit dem angstauslösenden Reiz in der Vorstellung oder in der Wirklichkeit stufenweise konfrontiert. Dabei erleben die Betroffenen, dass sie den angstauslösenden Reiz ertragen können und dass der angstauslösende Reiz ungefährlich ist. Zunehmend lernen sie, die Nähe des Reizes anzunehmen, und verlernen dabei ihre ängstlichen (panischen) Gefühle.

Bei der **Aversionstherapie** versucht man, ein angenehmes Gefühl mit einem unangenehmen Reiz zu koppeln. So werden übelkeiterregende Medikamente eingesetzt, die bei Alkoholkonsum Übelkeit und Erbrechen auslösen (Methode der Selbstbestrafung). Die Aversionsmethode wird auch bei Rauchern eingesetzt. Hier versucht man, das positive Gefühl (ausgelöst durch den Botenstoff Dopamin) mit negativen Bildern oder Gedanken zu kombinieren. Die Bilder von krebszerstörten Lungen oder offenen Wunden auf den Zigarettenpackungen sollen diese negativen Gefühle auslösen. Therapeutisch hilfreich ist aber auch die Verordnung exzessiven Rauchens. Der Raucher wird aufgefordert, so viele Zigaretten zu rauchen, bis ihm davon übel wird (Nikotinvergiftung!). Diese Methode wird auch **Flooding** (Reizüberflutung) genannt. Das negative Gefühl wird mit dem Verhalten des Rauchens verknüpft und soll den nächsten Griff zur Zigarette verhindern.

Verhaltenstherapeutische Methoden werden bei folgenden Indikation angewandt: Phobien (systematische Desensibilisierung), soziale Hemmungen und soziale Angst, Suchttherapie, Autismus, Schizophrenie.

Kritiker der Verhaltenstherapie verweisen darauf, dass die eigentlichen (tiefenpsychologischen) Ursachen einer psychischen Störung nicht beseitigt werden und dass es zu sogenannten Symptomverschiebungen kommen kann. Beispielsweise hört der Raucher auf zu rauchen, beginnt aber, seine „innere Leere“ mit einem Übermaß an Nahrungsmitteln zu füllen und wird adipös.

Die Verhaltenstherapie geht von einer **Verhaltensdiagnostik** aus. Diese klärt folgende Fragen:

- Welches sind die störenden oder problematischen Verhaltensweisen?
- Welche Bedingungen oder Gefühle lösen das Verhalten aus?
- Welche kognitiven und körperlichen Bedingungen fördern das Verhalten?
- Durch welche Konsequenzen oder Wirkungen wird das problematische Verhalten verstärkt?
- Welche Art von Konsequenzen für das Problemverhalten könnte helfen, das Verhalten zukünftig unter Kontrolle zu bringen?

Aufgaben

1. Was ist die Grundannahme der Verhaltenstherapie?
2. Versuchen Sie mithilfe der Verhaltensdiagnostik folgende Phänomene zu untersuchen:
   a) Selbstverletzendes Verhalten
   b) Rauchen und Alkoholismus
3. Beschreiben Sie die VT-Methoden positive Verstärkung und Desensibilisierung.

1.6 Kognitive Therapien

Die Verhaltenstherapie ist den 1970er-Jahren durch die kognitive Therapie weiterentwickelt worden. Die kognitive Therapie fundiert theoretisch auf der Kognitionspsychologie.

Die Kognitionspsychologie beschäftigt sich mit jenen psychischen Vorgängen, die mit Denk- und Wahrnehmungsprozessen und Wissensentwicklung zu tun haben.

Die kognitive Therapie wurde wesentlich von Aaron Beck (*1921) entwickelt und gilt heute in Verbindung mit der klassischen Verhaltenstherapie als effektives therapeutisches Verfahren bei Angststörungen und Depressionen.

Grundlegend wird davon ausgegangen, dass unsere Kognitionen unsere Emotionen und Verhaltensweisen beeinflussen („Ich fühle, was ich denke“). Folglich kann eine bewusste, gesteuerte Wahrnehmung und ein bestimmtes Wissen unser Verhalten beeinflussen und verändern. Therapeutisch werden kognitive Techniken zur Verhaltensmodifikation eingesetzt. Beispielhaft soll hier die **rational-emotive Verhaltenstherapie (REVT)** von Albert Ellis (1913–2007) vorgestellt werden.

Die REVT, entwickelt in den 1950er-Jahren, geht davon aus, dass Menschen ihre Realität subjektiv konstruieren, dass sie also ihre Wirklichkeit so wahrnehmen, wie sie über sie denken und was sie für sie empfinden. Nach Ellis werden psychische Störungen durch irrationale Gefühle, Überzeugungen und Denk- sowie Bewertungsmuster ausgelöst. Dabei sieht er 4 Grundkategorien, die krankmachende Wirkungen entfalten können:

1. Wünsche oder Gedanken werden zu absoluten Forderungen („Wenn ich das nicht schaffe, dann ...“).
2. Die Selbst- oder Fremdwahrnehmung wird verallgemeinert („Ich bin sowieso ein Versager“).
3. Negative Gefühle oder Gedanken werden überbewertet („Es wäre die Katastrophe, wenn ...“).
4. Überzeugung, diese möglichen negativen Erlebnisse nicht ertragen zu können („Das würde ich niemals aushalten können“).

Die Kognitionspsychologie sieht in diesen Denkmustern eine bedeutsame Ursache für viele Angststörungen und depressiven Störungen. In der Therapie wird daher das Ziel verfolgt, solche *irrationalen* Denk- und Bewertungsmuster zu erkennen und zu verändern. Die Grundannahme lautet also:

- Negative Denkprozesse führen zu negativen Verhaltensweisen.
- Positive Überzeugungen haben positive Konsequenzen.

Aufgabe des Therapeuten. Die rational-emotive Verhaltenstherapie versucht, die negativen und selbstschädigenden Denkprozesse eines Klienten bezüglich bestimmter Emotionen bzw. Verhaltensweisen zu verändern. Die Aufgabe des Therapeuten ist es, durch einen kritischen, direktiven Dialog den Klienten von der Unsinnigkeit seiner Annahmen zu überzeugen. Es werden auch Situationen aufgesucht, in denen der Klient unmittelbar erleben kann, dass seine negative Prognose nicht zutrifft.

Im englischen Sprachraum wird diese Form der Verhaltenstherapie Rational Emotive Behavioral Therapy (REBT) genannt. Als einfache Formel hat sich die ABC-Vorgehensweise bewährt:
A steht für "activating experiences". Hierunter sind alle Erfahrungen (frühkindlich, aktuell) zu verstehen, die als Quelle einer aktuellen negativen Emotion (z. B. Traurigkeit) ausgemacht werden können.
B steht für „beliefs". Hiermit sind Glaubenssätze, Überzeugungen oder Annahmen gemeint, die wir einsetzen, um unser Gefühl (z. B. Traurigkeit) zu erklären.
C steht für „consequences": Gemeint sind die Verhaltensweisen oder Konsequenzen, die aus unseren Gefühlen und Annahmen entstehen.

Der therapeutische Zugang des REVT-Therapeuten geschieht nicht, wie in der klassischen Verhaltenstherapie, über die Veränderung der Verhaltensweisen, sondern über eine Veränderung der Überzeugungen – also der irrationalen Annahmen. Eine veränderte Vorstellung der Ursachen der eigenen Gefühle und der augenblicklichen und zukünftigen Möglichkeiten führt dann zu veränderten Verhaltensweisen.
Der Therapeut verdeutlicht zu Beginn einer Therapie dem Klienten die negative Beziehung zwischen seinen Denkmustern und seinen emotionalen Reaktionen (Psychoedukation, ▸ s. Kap. 1.9). Dadurch soll der Klient motiviert werden, seine Gedanken und Gefühle in der Wirklichkeit neu zu überprüfen. Hierzu dienen 4 aufeinander aufbauende **Therapiephasen**:
(1) Aktiv werden: Der Klient erhält wie in der Verhaltenstherapie einen Aktivitätsplan über eine bestimmte Zeit. So wird er verpflichtet, bestimmte schwierige Tätigkeiten zu erledigen (z. B. einen Einkauf tätigen und dabei einen Verkäufer ansprechen, ein Familienmitglied anrufen und sich zum Essen verabreden). Die Tätigkeiten sind so gewählt, dass der Klient sie bewältigen kann und er dadurch Erfolgserlebnisse hat.
(2) Gedankenmuster erkennen und die Folgen überprüfen: Der Klient soll lernen, seine negativen Gedankenprozesse zu erkennen (Mustererkennung) und zu reflektieren. Beispielsweise hindert ihn der Gedanke, dass seine Essenseinladung sicher abgelehnt wird, daran, eine solche Einladung überhaupt auszusprechen. Er soll nun praktisch überprüfen, ob seine Gedanken mit der Realität übereinstimmen, beispielsweise direkt ausprobieren, ob eine bestimmte negative Vorstellung tatsächlich eintritt. Der Therapeut ist in dieser Phase als kritischer Freund wichtig, da er hinterfragt und zu positiven Übungen ermuntert.
(3) Um den Prozess der Analyse negativer Gedankenmuster zu stärken, zeigt der Therapeut dem Klienten auf, wie seine Erinnerungen negativ verzerrt sind und wie sehr er die Ursache von Problemen ausschließlich bei sich sieht. Die Erkenntnis des Klienten, dass er selbst die negativen Gedanken verursacht und daraus negative Konsequenzen zieht, ist wichtig für die gegenteilige Erkenntnis, dass positive Gedanken zu positiven Verhaltensbereitschaften führen.
(4) In der letzten Phase soll der Klient lernen, seine angstauslösenden oder depressionsauslösenden Grundannahmen zu verändern. Alle negativen Einstellungen werden im Dialog mit dem Therapeuten aufgerufen und kritisch hinterfragt. Hierdurch sollen selbstschädigende Prozesse im Sinne einer „self-fulfilling prophecy" in eine positive Grundhaltung „Das schaffe ich schon!" verändert werden.

Der Hammer
Ein Mann will ein Bild aufhängen. Den Nagel hat er, nicht aber den Hammer. Der Nachbar hat einen. Also beschließt der Mann, hinüberzugehen und ihn auszuleihen.
Doch da kommen ihm Zweifel: „Was, wenn der Nachbar mir den Hammer nicht leihen will?
Gestern schon grüßte er nur flüchtig. Vielleicht war er in Eile. Aber vielleicht war die Eile nur vorgeschützt, er hat etwas gegen mich. Und was? Ich habe ihm nichts angetan; der bildet sich da was ein. Wenn jemand von mir ein Werkzeug borgen wollte, ich gäbe es ihm sofort. Und warum nicht? Wie kann man einem Menschen einen so einfachen Gefallen abschlagen?
Leute wie dieser Kerl vergiften einem das Leben. Und dann bildet er sich noch ein, ich sei auf ihn angewiesen. Bloß weil er einen Hammer hat. Jetzt reicht's mir wirklich."
Und so stürmt er hinüber, läutet, der Nachbar öffnet, doch bevor der „Guten Tag" sagen kann, schreit der Mann ihn an: „Behalten Sie Ihren Hammer, Sie Rüpel!"
(aus: P. Watzlawick, Anleitung zum Unglücklichsein. 1988)

1.7 Systemische Therapieformen

Abb. 1 Eine Einzeltherapie-Familienaufstellung mithilfe von Figuren

„Das Unbewusste ist nicht in uns, sondern zwischen uns."

(Martin Buber)

1.7.1 Familie als System

Die Systemtheorie betrachtet Menschen und Geschehnisse nicht aus der Perspektive der individuellen Merkmale oder Eigenschaften, sondern vor dem Hintergrund ihrer Interaktionen. Familientherapie aus systemischer Sicht betrachtet das „System Familie" mit ihren Umwelten und ihren Gesetzmäßigkeiten.

Ein System setzt sich aus unterschiedlichen Teilen zusammen, die miteinander in Beziehung stehen. Der Zustand jedes Elements innerhalb eines Systems wird durch die anderen Elemente mitbestimmt. Ein System besitzt also eine Struktur und eine Dynamik. Die Beziehungen zwischen den Teilen eines Systems sind bei lebendigen Systemen nicht statisch, sondern verändern sich in unterschiedlichem Maße. Deswegen lässt sich ein System auch durch seine internen Prozesse darstellen. Lebendige Systeme haben also einerseits stabile Strukturen, sie sind andererseits durch kommunikative Prozesse in einem ständigen Wandel. Diese Veränderungsprozesse führen dazu, dass Systeme verletzlich sind.

Grenzen. Lebendige Systeme bilden Grenzen aus, die sie von der Umwelt trennen. Hier findet der Austausch zwischen dem System und der Umwelt statt.

- Gelingt es dem System nicht, die Grenzen aufrechtzuerhalten und den Austausch einzuschränken, geht der Unterschied – also die Identität – zwischen dem System und der Umwelt verloren.
- Sind die Grenzen hingegen zu undurchlässig, kommt es zu Versteinerungen, das System ist geschlossen und verliert seine Vitalität. Auf der psychologischen Ebene sind sowohl individuell wie auch sozial Grenzen oder Abwehrmechanismen erforderlich, um individuelle oder soziale Identität aufzubauen und zu bewahren.

Betrachtet man nun Grenzen von Familien, dann kann man beispielsweise mit den Grenzen der einzelnen Mitglieder beginnen, die *unbewusste* Anteile ihrer Psyche von denen trennen, die *bewusst* sind. Weitere Grenzen liegen zwischen den Mitgliedern der Familie wie z. B. zwischen den Generationen. Letztlich lassen sich die Grenzen beschreiben, die eine Familie als Einheit umschließen und die den Austauschprozess mit der Umwelt regeln.

Familientherapeutisch ist es interessant, die Grenzen innerhalb einer Familie zu analysieren:

- So gibt es Familien, deren Grenzen zur Außenwelt überaus rigide und undurchlässig sind, sodass wichtige Interaktionen und Entwicklungen nicht stattfinden können.
- Andere Familiensysteme weisen starre Grenzen zwischen ihren Mitgliedern auf, zeigen aber gegenüber der sozialen Umwelt kaum familiären Zusammenhang.

Aussonderung. Die Grenzen innerhalb der Familie können auch ein Spiegelbild für die Grenzen innerhalb der einzelnen Mitglieder sein; beispielsweise wenn bestimmte Verhaltensweisen wie Sexualität oder Aggressionen bei den Mitgliedern der Familie stark tabuisiert werden und ein Familienmitglied, wenn es dieses Tabu bricht, ausgeschlossen wird. Auf der individuellen Ebene können Bedürfnisse oder Gefühle, die nicht ausgelebt werden dürfen, zu psychischen Verhaltensauffälligkeiten führen. So kann ein Familienmitglied z. B. an einer Magersucht erkranken. Innerhalb des familiären Systems übernimmt dann dieses Mitglied die Rolle einer Symptomträgerin (Sündenbock), die pathologisiert oder ausgesondert wird. Systeme tendieren dazu, sich zu stabilisieren (Homöostase) – ist der Sündenbock ausgesondert, kann das System mit seinen Interaktions- und Grenzstrukturen erhalten bleiben.

Allgemein lässt sich der Grundsatz formulieren: Das Bedürfnis nach Beständigkeit der Grenzen eines Systems wächst, wenn die Instabilität der Situation zunimmt.

Lebenszyklus. Neben der Struktur und Organisation der Familiendynamik kann auch der lebenszyklische Prozess in Familien zu psychischen Störungen bei einzelnen Mitgliedern führen. Über die Zeit des Zusammenlebens verändern sich der Status der Familienmitglieder und ihre Beziehungen zueinander. Übergangsperioden von der frühen Kindheit in die Schulzeit, später in die Adoleszenz und Ablösung, Veränderung der Elternrolle und Paarbeziehung, berufliche Entwicklung und Verluste sowie Scheidungen oder Krankheiten stellen eine Gefahr für das Familiensystem dar, wenn diese Transitionsprozesse nicht konstruktiv bewältigt werden können. Rigide

Familiensysteme sind in ihrer Anpassungsfähigkeit schnell überfordert und ihre Mitglieder reagieren mit psychischen Auffälligkeiten.
Familien sind stets gefordert, zwischen 2 widersprüchlichen Funktionen einen Ausgleich herzustellen: Zwischen dem Bedürfnis nach Stabilität und Homöostase und der Notwendigkeit nach fortlaufender Transformation. Viele menschliche Konflikte entstehen in Zeiten der Veränderung. In den meisten Fällen ist die Familie als systemisches Ganzes flexibel, sodass sie Veränderungen ausbalanciert und ein neues Gleichgewicht findet. In einigen Fällen kann diese Suche nach einem neuen Gleichgewicht zur Dekompensation oder zu einer Starrheit führen, unter der dann einzelne Mitglieder – besonders Kinder – leiden.
Wenn davon ausgegangen wird, dass psychische Konflikte und Störungen ursächlich in den äußerst komplexen Beziehungen zu suchen sind, dann ist es für die Diagnose zentral, neben dem „präsentierten Leiden" die **Familiendynamik zu analysieren**. Die Diagnose ist somit eine Beziehungsdiagnose und gilt für den therapeutischen Prozess als Arbeitshypothese.
Ziel der Familientherapie ist es, die Bedeutung der psychischen Störung zu analysieren und dem familiären System neue Verhaltens- und Handlungsmöglichkeiten zu eröffnen.

Familiensystemische Diagnose (nach Minuchin 1977):

- Erfassung der Familienstruktur, Kommunikationsmuster, Werte, Tabus und Grenzen
- Entwicklungsgeschichte der Familie und Umgang mit Übergängen/Veränderungen sowie Unterstützungen und Belastungen in der sozialen Umwelt
- übliche Bewältigungsstrategien in Krisen oder bei Belastungserlebnissen
- soziokultureller Kontext, soziale und ökonomische Verhältnisse
- Geschichte der Eltern aus ihrer jeweils eigenen Ursprungsfamilie, hier auch deren Traditionen, Werte, Aufträge
- Entstehungsgeschichte der psychischen Störung eines Familienmitglieds, der bisherige Umgang und die Auswirkungen auf die Familienorganisation
- subjektive Zuschreibungen und Erklärungen der psychischen Auffälligkeit
- brauchbare Strategien und vorhandene Ressourcen zur Problemlösung
- Formulierung der Zielsetzung

Die Auswahl der therapeutischen Methoden hängt von der Art der Symptomentstehung, der psychosozialen Ressourcen und der formulierten Ziele ab.

1.7.2 Paar- und Familientherapie

Die Familienberatung bzw. Paar- und Familientherapie hat sich in den 1970er-Jahren von einer individuumsbezogenen Sichtweise, in welcher der Klient als alleiniger Problemträger angesehen wurde, abgewandt und erkennt nun psychisches Leiden als mögliches Symptom gestörter Familienbeziehungen. Die Anfänge lagen in der Psychotherapie von Kindern und Jugendlichen. Die psychoanalytisch arbeitenden Therapeuten erkannten, dass der Einfluss der Bezugspersonen ihrer Klienten unerwünschte Verhaltensweisen förderte und aufrechterhielt.
In der Familientherapie geht es nicht in erster Linie um den individuellen psychisch Kranken, sondern um die **Familie als das relevante Bezugssystem**. Insbesondere in der Kinder- und Jugendpsychotherapie hat sich die Arbeit mit der Familie bewährt. Die psychische Symptomatik bei Kindern und Jugendlichen ist oftmals Symptom einer gestörten oder unangemessenen Eltern-Kind-Interaktion oder Ausdruck einer familiären Krise, z. B. Paarprobleme oder Scheidung.

Nach dem Motto „Das gestörte Verhalten eines Kindes ist die normale Reaktion auf gestörte Familienverhältnisse" werden in der Familientherapie nicht die Symptome des Kindes direkt angegangen, sondern die Veränderung des familiären Systems steht im Mittelpunkt therapeutischer Interventionen. Somit ist die Familientherapie eng mit systemtheoretischen Ansätzen verbunden.

Das Symptom des Kindes dient der Aufrechterhaltung einer bestimmten Familienstruktur, welche wiederum das Symptom des Kindes aufrechterhält. Das Kind leidet sozusagen *an* der, aber auch *für* die Familie. Die Veränderung in den Interaktionsmustern oder die Bewältigung beispielsweise einer Trennungsproblematik führt zu einer Verringerung der psychischen Irritationen bei den betroffenen Kindern und zu einer Verbesserung der psychischen Problematik.

Die Familientherapeutin **Virginia Satir** (1916–1988) gilt als Begründerin der systemischen Therapie. Erstmals Anfang der 1950er-Jahre begann sie, in der Behandlung von Kindern und Jugendlichen die Eltern und Geschwister mit in ihre Diagnose und Therapie einzubeziehen.
„Ich glaube daran, dass das größte Geschenk, das ich von jemandem empfangen kann, ist, gesehen, gehört, verstanden und berührt zu werden. Das größte Geschenk, das ich geben kann, ist, den anderen zu sehen, zu hören, zu verstehen und zu berühren. Wenn dies geschieht, entsteht Beziehung."

(Virginia Satir)

Satir, die auch als Vertreterin der humanistischen Psychologie gilt, formulierte als therapeutische Grundhaltung „fünf menschliche Freiheiten“:

1. Die Freiheit, zu sehen und zu hören, was im Moment wirklich da ist – anstatt das, was sein sollte, gewesen ist oder erst sein wird.
2. Die Freiheit, das auszusprechen, was ich wirklich fühle und denke – und nicht das, was von mir erwartet wird.
3. Die Freiheit, zu meinen Gefühlen zu stehen – und nicht etwas anderes vorzutäuschen.
4. Die Freiheit, um das zu bitten, was ich brauche – anstatt immer erst auf Erlaubnis zu warten.
5. Die Freiheit, in eigener Verantwortung Risiken einzugehen – anstatt immer nur „auf Nummer sicher zu gehen“ und nichts Neues zu wagen.

1.7.3 Psychotherapeutische Familientherapie

Neben der systemischen Familientherapie steht die psychotherapeutische Familientherapie. Die moderne psychoanalytische Familientherapie verbindet den systemischen Blick mit psychoanalytischen Erkenntnissen. Psychisches Leiden eines Menschen wird als psychisches Leiden der Familie betrachtet. Jedes Mitglied der Familie ist Teil eines Interaktionssystems, in dem das Verhalten eines Teils zwangsläufig andere Teile beeinflusst. Daher lässt sich ein bestimmtes individuelles Verhalten nicht mehr eindimensional als Ursache des Verhaltens der anderen ansehen. Die Familientherapie arbeitet konfliktorientiert, d. h., sie ermöglicht die innerfamiliäre Konfrontation mit dem Ziel, schließlich zu einer innerfamiliären Versöhnung zu gelangen.

Abb. 1 Unser „sicheres Zuhause“ ist eine emotional stabile Familienbeziehung

Aufgabe des Therapeuten. Familientherapie ist nach psychoanalytischem Verständnis vor allem als empathischer Prozess zu verstehen. Die „allparteiliche“ Grundhaltung des Therapeuten schafft die Voraussetzung dafür, dass der Beratungsprozess therapeutische Wirksamkeit erhält. Der Therapeut ist der Familie gegenüber wertschätzend und gefühlsmäßig offen für ihre Struktur, ihre Geschichte und ihre gegenwärtige Dynamik. Er bemüht sich, das Leiden in der Familie in seiner Ursache und seinem Sinn zu verstehen und seine Wahrnehmungen angemessen zu formulieren. Der Therapeut bringt sich gleichsam als therapeutisches Instrument in den Prozess der Familie ein. Er ist authentisch und erspürt in sich die emotionale Familiendynamik. Er arbeitet aktiv mit der Familie, er stellt sich auf ihre Möglichkeiten ein, übernimmt Verantwortung für Interventionen, erklärt und interpretiert Verhaltens- und Beziehungsaspekte.

Natürlich hat die psychische Auffälligkeit von Kindern und Jugendlichen nicht immer unmittelbar mit den Familien zu tun, aber auch dann kann die Familie als Ressource genutzt werden, die psychische Krisensituation oder Entwicklungsverzögerung positiv zu verändern.

Systemische Therapie – sie beachtet:

- die Unterscheidung zwischen offenen und geschlossenen Systemen, je nachdem, ob Austauschprozesse mit der Umwelt stattfinden.
- die Begriffe „Ganzheit“ und „Teil“: Eine Familie ist demnach nicht einfach die Summe ihrer Mitglieder, sondern existiert nur als untrennbares Ganzes und ist mehr als die Summe.
- Homöostase: Systeme tendieren dazu, ein gewisses Gleichgewicht herzustellen, hierzu sind homöostatische Mechanismen erforderlich wie bestimmte Regeln oder Tabus.
- Zirkularität: Die Beziehungen in Systemen sind zirkulär und nicht linear. Das Ursache-Wirkung-Prinzip oder das Stimulus-Effekt-Denken können aus systemischer Sicht die Phänomene nicht erklären.
- Systeme: Die kleinste Einheit in einem System ist nicht der einzelne Mensch, sondern die Interaktion.

1.8 Medikamentöse Therapie – Psychopharmaka

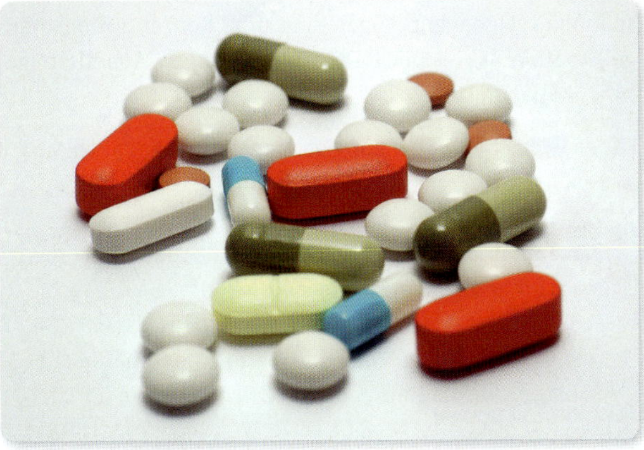

Abb. 1 Psychopharmaka

Wirkweise von Psychopharmaka: Etwa 100 Milliarden Neuronen im Gehirn sorgen dafür, dass der Mensch über Wahrnehmung, Bewusstsein, Wille und Beweglichkeit verfügt. Die Übertragung von Informationen erfolgt chemisch über Neurotransmitter, diese lösen elektrische Impulse aus (▸ **Abb. 2**).
Im Falle einer psychischen Erkrankung können so auch medizinische chemische Substanzen auf das menschliche Gehirn einwirken.

Es gibt psychische Störungen, bei denen eine medikamentöse Therapie angezeigt ist. Die Medikamente nehmen Einfluss auf die Hirnfunktion und greifen damit in eine zentrale menschliche Fähigkeit und in die Psyche ein. Für den Klienten wie für seine Angehörigen ist die **Information** über pharmakotherapeutische Grundlagen und Risiken wesentlich für den therapeutischen Erfolg. Manche Klienten benötigen eine jahrelange Dauerbehandlung, um gut geschützt und stabilisiert mit der psychischen Erkrankung leben zu können. Hierzu ist es wichtig, dass sie die tägliche Medikamenteneinnahme als Form einer sinnvollen Bewältigungsstrategie in ihr Selbstkonzept integrieren. Immer sollte der Klient als mündiger Partner über alle Wirkmechanismen und Wirkfolgen aufgeklärt werden.
Die medikamentöse Therapie psychischer Erkrankungen wird als **Psychopharmakotherapie** bezeichnet. Die Medikamente wirken auf den Gehirnstoffwechsel und beeinflussen die Wachheit (Vigilanz), kognitive Funktionen, das emotionale Erleben sowie neuronale und vegetative Funktionen. Grundsätzlich wirken Psychopharmaka symptomorientiert, die eigentlichen Ursachen – wenn sie nicht eindeutig körperlicher Natur sind – bleiben unberührt. Jede Verordnung mit Psychopharmaka setzt eine gründliche Information des Klienten durch einen Fachmediziner voraus. Die Einnahme von Psychopharmaka sollte grundsätzlich nur durch die Begleitung eines Arztes erfolgen und ist pflegerisch zu unterstützen.
Die Psychopharmakotherapie spielt in der Behandlung von Kindern und Jugendlichen eine untergeordnete Bedeutung.

Aufgabe der psychiatrischen Pflege

Für die psychiatrische Pflege ist die aufmerksame Begleitung der Klienten bei der Durchführung einer medikamentösen Therapie, eine genaue Beobachtung, Dokumentation und Kommunikation der Wirkungen berufliche Verpflichtung.
Hierzu zählt auch, gerade wenn der Klient in einer akuten psychischen Krise steht, der professionelle Umgang mit psychischen Krisen- und Notfallsituationen, der verlässliche Aufbau einer pflegerisch-therapeutischen Beziehung (▸ **s. Modul 5, Kap. III.1**), die adäquate Gestaltung eines therapeutischen Milieus unter aktiver Mitwirkung des Klienten, angemessene Information bezüglich Einsatz und Notwendigkeit der Psychopharmakotherapie sowie Förderung des Kooperationsverhaltens des Klienten bei der Einnahme der Medikamente (Medikamenten-Compliance). Letztlich sind natürlich der Austausch und die Zusammenarbeit mit dem behandelnden Arzt sowie anderen Berufsgruppen und psychiatrisch-psychosozialen Diensten erforderlich.

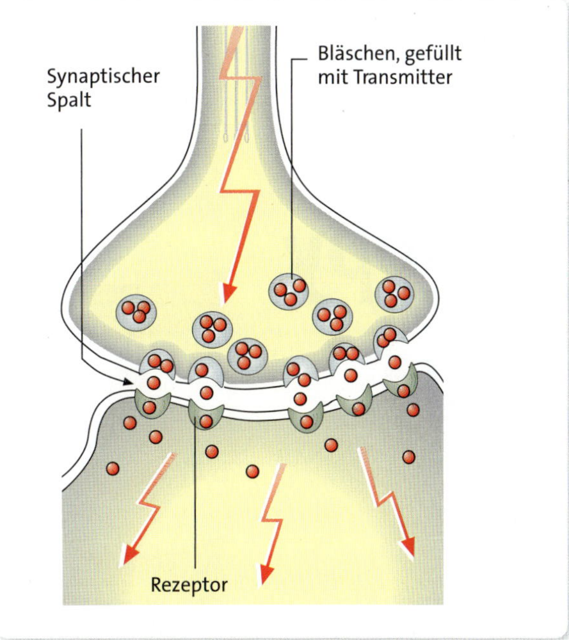

Abb. 2 Chemische Neurotransmitter überwinden den Synapsenspalt

Medikamentengruppen

Antidepressiva – die Aufheller. Antidepressiva sind Psychopharmaka, die hauptsächlich gegen Depressionen, aber auch zum Beispiel bei Zwangsstörungen und Panikattacken, generalisierten Angststörungen, phobischen Störungen, Essstörungen, chronischen Schmerzen, Entzugssyndromen, Antriebslosigkeit, Schlafstörungen sowie bei der posttraumatischen Belastungsstörung eingesetzt werden (Benkert/Hippius 2005).
Nebenwirkungen können u.a. sein: Sehstörungen, Zittern, Schwindel, Herz-Kreislauf-Probleme, trockene Schleimhäute, Schweißausbrüche, Magen-Darm-Probleme, Appetit- und Gewichtszunahme und sexuelle Störungen.

Neuroleptika – die Dämpfer. Neuroleptika haben eine antipsychotische, sedierende und psychomotorisch dämpfende Wirkung. Sie werden daher bei akuten psychotischen Störungen, schizophrenen und manischen Störungen sowie bei Zwangsstörungen eingesetzt und beeinflussen Wahnideen und Halluzinationen, außerdem vermindern sie den Antrieb. Man unterscheidet zwischen

- Neuroleptika, wie Neurocil, Decentan oder Haloperidol, und
- Antipsychotika, wie Risperdal, Zyprexa, Seroquel und Leponex.

Nebenwirkungen können u.a. sein: Müdigkeit, Antriebs- und Interessenlosigkeit, neurologische Störungen ähnlich der Parkinson-Krankheit (beispielsweise Gesichtskrämpfe, Bewegungseinschränkung, quälende Unruhe), Gleichgewichtsstörungen, Herzrasen und Kreislaufschwankungen.

Abb. 1 Der Umgang mit Psychopharmaka sollte stets unter ärztlicher Beobachtung erfolgen

Tranquilizer – die Beruhiger. Tranquilizer, auch Sedativa (Benzodiazepine) werden bei nicht-psychotischen Erregungs- und Angstzuständen verordnet. Sie wirken angstlösend und entspannend. Nebenwirkungen sind u.a.: Konzentrationsmangel, Apathie, Schwindel, Gedächtnisstörungen, Appetitsteigerung, Abhängigkeit.

Für eine Übersicht über gängige Arzneimittel ▸ **s. auch Modul 4, Kap. II. 1.5 f.**

Placebowirkung: Interessant ist die Beobachtung, dass manchmal sogenannte Placebos ebenfalls auf psychische Störungen therapeutisch wirken. Ein Placebo (lat. „ich werde gefallen") ist eine medikamentenähnliche Substanz, die chemisch ohne Wirkung ist. Die durch den Klienten erlebte subjektive Wirkung – medizinisch Scheinwirkung – kann zu ähnlichen positiven Effekten führen wie die Vergabe eines nachgewiesen wirksamen Medikaments.

Grundsätzlich sollte eine psychopharmakologische Therapie mit einer **psychotherapeutischen Behandlung** verbunden werden. Nur so kann sichergestellt werden, dass die medikamentöse Unterstützung therapeutisch wirksam ist und die vielfältigen Nebenwirkungen ethisch verantwortlich sind.

Aufgaben

1. Welche Nebenwirkungen haben Antidepressiva?
2. Welche Nebenwirkungen haben Neuroleptika?
3. Beschreiben Sie die Aufgabe der psychiatrischen Pflege im Rahmen einer Psychopharmakotherapie.

1.9 Psychoedukation

Mit Psychoedukation wird die Schulung von Klienten mit psychischen Erkrankungen und deren Angehörigen bezeichnet. Sie soll das Krankheitsverständnis fördern, präventive Maßnahmen unterstützen und therapeutische Angebote begleiten. Ziel ist der selbstverantwortliche Umgang mit der Erkrankung und die Förderung des Selbsthilfepotenzials von Klienten und Angehörigen. Schulung bedeutet hier, dass die Klienten und ihre Bezugspersonen durch Informationen über Ursache, Formen, Verlauf, Therapiemöglichkeiten und Prognose einer psychischen Erkrankung **Verständnis und Akzeptanz** für die therapeutischen (medikamentösen) Maßnahmen entwickeln.

Die Psychoedukation nutzt verhaltenstherapeutische und gesprächstherapeutische Methoden. Ursprünglich wurde diese Unterstützungsform in der Therapie schizophren erkrankter Menschen genutzt, um die medikamentöse Behandlung durch verhaltenstherapeutische Maßnahmen zu regulieren. Psychoedukation versucht, professionelle Therapieverfahren, individuelle Selbsthilfestrategien und soziale Unterstützungsressourcen im Sinne eines optimierten Vulnerabilitäts-Stress-Bewältigungsmodells zu fördern.

Ziele für die Klienten
- Umfassende Information über die Erkrankung und deren Entstehungsmechanismus
- Früherkennung von Symptomen
- Erläuterung der Behandlungsmöglichkeiten
- Enge Zusammenarbeit mit den Helfern, regelmäßige Einnahme der Medikamente, gute Beobachtung und Kommunikation der Nebenwirkungen
- Versachlichung der Symptome, um dadurch Ängste, die mit der Erkrankung verbunden sind, zu reduzieren
- Förderung der Mitwirkungsbereitschaft (Compliance) an den therapeutischen Maßnahmen
- Unterstützung einer Lebensweise, die die Gesundheit fördert, Vermeidung von Überforderung und Stresssituationen
- Verbesserung der Bewältigungsstrategien bei Krisen und Belastungserlebnissen, Entwicklung von Geduld und Zuversicht
- Verhaltenstherapeutische Umstrukturierung bei schädlichen Gewohnheiten wie beispielsweise Abusus
- Experte auf dem Gebiet der eigenen psychischen Erkrankung werden

Abb. 1 Schulung mit dem Ziel Verständnis

Ziele für Angehörige und Bezugspersonen
- Umfassende Information über den Krankheitsverlauf und über die Therapiemöglichkeiten
- Information über die Wirkungen und Nebenwirkungen der Medikamente sowie über die Art und Weise der Anwendung
- Förderung der Unterstützungskompetenzen und der Fähigkeit, mit Krisen umzugehen
- Angehörige in der Rolle des „Mit-Therapeuten" schulen
- Angehörige belohnen und emotional entlasten
- Entlastung und Entspannung im Umgang mit Familienmitgliedern
- Reflexion der pathologischen Beziehungsanteile (beispielsweise der Co-Abhängigkeit)
- Information über externe Hilfeangebote (z. B. komplementäre therapeutische Maßnahmen, therapeutische WG, Reha-Einrichtungen, Laienhelfer, Berentung)
- Weitere Ressourcenaktivierung

Eine Indikation für eine Psychoedukation kann bei allen psychischen Erkrankungen hilfreich sein. Insbesondere ist in der Literatur diese Unterstützungsmaßnahme beschrieben bei:
- Angststörungen
- Schizophrenie
- Depression
- Sucht
- Zwangsstörungen

1.9.1 Methoden der Psychoedukation

Grundsätzlich kann zwischen **Einzelgesprächen** und **Gruppenarbeit** unterschieden werden. Außerdem gibt es reine Klientengruppen, reine Angehörigengruppen und Gruppen, in denen Klienten gemeinsam mit ihren Angehörigen begleitet werden. Die Angebote können während eines klinischen Aufenthalts, ambulant oder auch im Rahmen von Langzeitbetreuungen gemacht werden. Grundsätzlich ist die freiwillige Motivation der Klienten und Angehörigen eine wichtige Voraussetzung für die Arbeit. Methodisch wird in der Regel mit Elementen der kognitiv orientierten Verhaltenstherapie oder mit verhaltenstherapeutischer Familientherapie gearbeitet.

Anders als bei einer Gruppen- oder Gesprächspsychotherapie steht bei der Psychoedukation die **Vermittlung von Wissen** im Vordergrund der Arbeit. Entsprechend sind die Gruppen oder Einzelgespräche als Schulung konzipiert und medial unterstützt. Häufig erhalten die Teilnehmer Informationsmaterialien in Form von Broschüren oder schriftlichen Unterlagen. Die emotionale Entlastung der Psychoedukation liegt in der begleitenden verhaltenstherapeutischen Psychotherapie. Durch die Einsicht in die Entstehung und Symptomatik der Erkrankung sowie in die Behandlungsmaßnahmen können sich Klient und Angehörige entlasten und Perspektiven für die Zukunft entwickeln.

1.9.2 Haltung des Therapeuten

Der Therapeut nimmt die Rolle des Lehrers ein, der informiert, übersetzt, aufklärt und unterstützt. Letztlich initiiert und begleitet er einen Bildungsprozess, der zu einer verbesserten Kompetenz im Umgang mit Ursache und Verlauf der psychischen Erkrankung führen kann. Der partnerschaftliche und respektvolle Umgang mit dem Klienten und den Angehörigen erhöht die Mitwirkungsbereitschaft. Der Therapeut sollte empathisch und verständnisvoll auf die individuellen Krankheitserfahrungen eingehen und die Bedürfnisse und Ressourcen der Beteiligten wahrnehmen und berücksichtigen können.

Ressourcenorientierung bedeutet, dass der Therapeut Vertrauen in die Fähigkeiten der Klienten entwickelt und ihnen so das Gefühl der Beeinflussbarkeit und das Erleben von Selbstwirksamkeit vermittelt. Die Entwicklung dieser Grundhaltung, die auch als **Empowerment-Haltung** beschrieben werden kann, hat in der Psychoedukation zentrale Bedeutung. Im Rahmen der Einzel- oder Gruppengespräche sollte genügend Raum geschaffen werden, um individuelle Krankheitsgeschichten erzählen und Erfahrungen austauschen zu können. Hier kann der Therapeut Klienten mit erfolgreichen Bewältigungsstrategien ermuntern zu berichten, wie sie ihre Krisen und Probleme handhaben. Auch kann er durch aktives Zuhören die ressourcenorientierten Strategien der Beteiligten verbal unterstützen. Letztlich sollten seine Informationen über Krankheit und Therapie dazu beitragen, dass die Betroffenen neuen Mut und Hoffnung entwickeln können. Therapeutisch wirkt die Schulung, wenn es gelingt, durch didaktisch gut aufbereitetes Wissen Struktur und Übersicht über die eigene Erkrankung oder die Erkrankung eines Angehörigen zu gewinnen und eine zuversichtliche Haltung zu unterstützen.

Der Wissensvorsprung der professionellen Helfer wird zugunsten eines partnerschaftlichen Wissens aufgegeben; hiervon profitiert nicht nur der Klient im Sinne einer zunehmenden Mündigkeit und Emanzipation, sondern auch der Helfer, da er erweitertes Wissen über den Betroffenen, seine Ressourcen und seine therapeutischen Mitwirkungsmöglichkeiten erhält.

In der Gruppenarbeit muss der Therapeut mit unterschiedlichen subjektiven Krankheitstheorien und Krankheitserfahrungen umgehen können, zugleich aber auch im Sinne der wissenschaftlichen Fundierung auf Objektivität und nachgewiesene Erkenntnisse achten. Nur so wird er sachlich informieren und berechenbare Orientierung für alle Betroffenen geben können.

Aufgabe des Heilerziehungspflegers. Fachkräfte der Heilerziehungspflege können, wenn sie über die entsprechende Qualifikation verfügen, psychoedukative Gespräche oder Gruppensitzungen unterstützen. Hierbei ist darauf zu achten, dass die Ziele der Psychoedukation vorher mit dem behandelnden Therapeuten geklärt sind und die Durchführung eindeutigen methodischen Prinzipien folgt. Grundsätzlich ist natürlich auch auf die in § 203 StGB geregelte Schweigepflicht zu achten. Die Kontaktaufnahme mit Angehörigen und die Erklärung allgemeiner Aspekte einer Erkrankung und Behandlung sind hierdurch nicht eingeschränkt.

Strafgesetzbuch § 203 Verletzung von Privatgeheimnissen

(1) Wer unbefugt ein fremdes Geheimnis, namentlich ein zum persönlichen Lebensbereich gehörendes Geheimnis oder ein Betriebs- oder Geschäftsgeheimnis, offenbart, das ihm als

1. Arzt (...) oder Angehöriger eines anderen Heilberufs, der für die Berufsausübung oder die Führung der Berufsbezeichnung eine staatlich geregelte Ausbildung erfordert,
2. Berufspsychologe mit staatlich anerkannter wissenschaftlicher Abschlussprüfung,
3. (...)
4. Ehe-, Familien-, Erziehungs- oder Jugendberater sowie Berater für Suchtfragen in einer Beratungsstelle (...)

anvertraut worden oder sonst bekannt geworden ist, wird mit Freiheitsstrafe bis zu einem Jahr oder mit Geldstrafe bestraft.

Curriculum der Psychoedukation

Psychoedukative Sitzungen haben in der Regel einen ähnlichen inhaltlichen Aufbau:

1. Begrüßung und Erläuterung des Programms
2. Erklärung der Krankheitsbegriffe, der Symptomatik und der Diagnostik
3. Erklärung der Zusammenhänge von Neurobiologie und Psyche
4. Einführung in Stressbewältigungsprogramme
5. Medikamentöse Therapie und Nebenwirkungen
6. Psychotherapie und psychosoziale Interventionen
7. Prophylaktische Maßnahmen, die dazu dienen, das Wiederauftreten einer Krankheit nach Abheilung zu vermeiden, Krisenplan
8. Ausblick in die Zukunft

Zum Weiterlesen

Zur konkreten Ausgestaltung psychoedukativer Begleitung:

J. Bäum, G. Pitschel-Walz u. a.: Arbeitsbuch PsychoEdukation bei Schizophrenie. 2010

B. Behrendt, A. Schaub: Handbuch Psychoedukation und Selbstmanagement: Verhaltenstherapeutische Ansätze für die klinische Praxis. 2005

Zur kritischen Reflexion der Psychoedukation:

J. Schweitzer, A. von Schlippe: Lehrbuch der systemischen Beratung und Psychiatrie. 2009

Aufgabe

1. Beschreiben Sie die wesentlichen Ziele der Psychoedukation.
2. Überlegen Sie, welche fachliche Qualifikation hilfreich ist, eine Psychoedukation anzubieten.
3. Informieren Sie sich im nächsten Praktikum, ob eine solche Unterstützungsmaßnahme in der Einrichtung angeboten wird, und sprechen Sie eine mögliche Teilnahme ab.
4. Informieren Sie sich bei Betroffenen und Angehörigen, wie sie diese Unterstützung erleben.

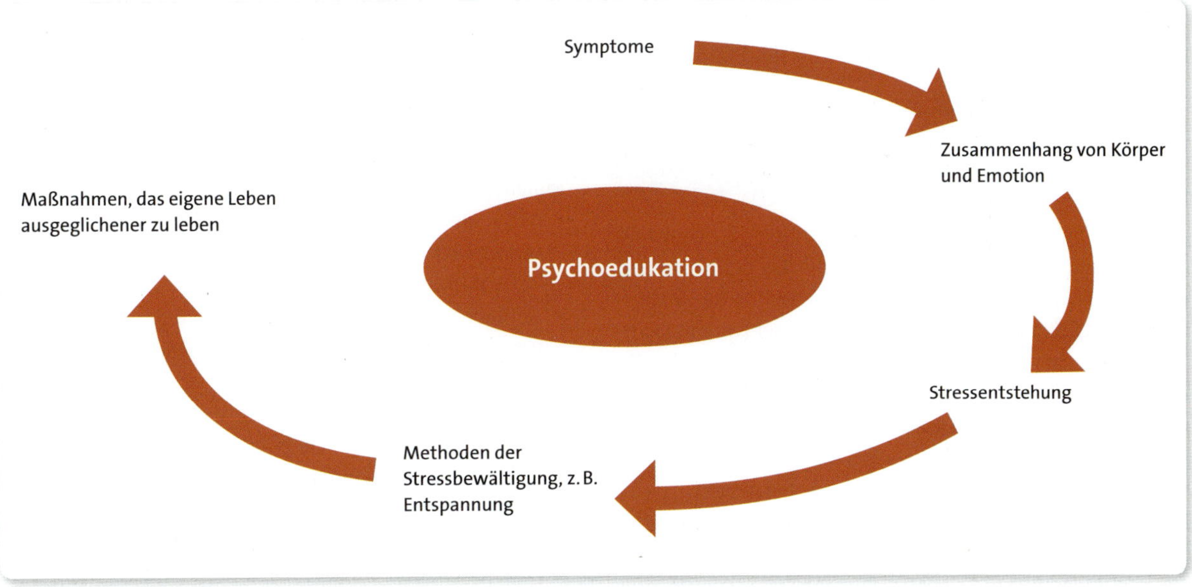

Abb. 1 Psychoedukation

1.10 Milieutherapie – therapeutische Gemeinschaften

Abb. 1 „Liberta e therapeutica" (Freiheit heilt) – Ausspruch von Franco Basaglia (*1924–1980*, italienischer Psychiater, löste die „Irrenanstalten" auf)

Die Milieutherapie geht auf den Grundgedanken der sozialpsychiatrischen Bewegung in den 1980er-Jahren zurück. Man erkannte, dass psychiatrische Behandlungsmethoden und psychiatrische Kliniken nur bedingt therapeutische Wirkungen zeigen. Aktive Teilnahme am Therapieprozess, soziale Eingliederung und die Unterstützung durch soziale Gemeinschaften hingegen wirken offenbar nachhaltiger auf die psychische Gesundung.

Unter Milieu wird das soziale und emotionale Umfeld verstanden, dem ein Mensch angehört, in dem er lebt, das ihn prägt und das er mitgestalten kann. Das Milieu beeinflusst die Erfahrungsmöglichkeiten eines Menschen und damit zugleich die Art und Weise seines Denkens, Fühlens, Wertens, Handelns.

In einer frühen Beschreibung wird Milieutherapie dargestellt als ein „Sammelbegriff für Verfahren, die das räumliche und soziale Milieu innerhalb vorwiegend psychiatrischer Institutionen möglichst Krankenhaus-unähnlich und kommunikationsfördernd zu gestalten versucht. Vom Wohncharakter der Zimmer über Dienstleistungsangebote, Gruppenaktivitäten und Kleidung bis zur Strukturierung als therapeutische Gemeinschaft reichen die einzelnen als Milieutherapie bezeichneten Änderungen." (Fachlexikon der sozialen Arbeit)
Der milieutherapeutische Ansatz, der sowohl gruppentherapeutische wie ökologische Ansätze verbindet, geht davon aus, dass Menschen mit einer psychischen Erkrankung in ihrer Selbst- und Fremdwahrnehmungsfähigkeit, ihrer Selbsterfahrung und Selbstachtung gestärkt werden müssen. Außerdem benötigen sie eine sichere, gut strukturierte, zuverlässige, überschaubare, vertrauensvolle, schützende und sinngebende **soziale Umgebung**. Diese psychische Stärkung geschieht am besten durch andere Menschen, die nicht unbedingt therapeutisch geschult sein müssen und durch äußere heimische Bedingungen, durch die schädliche Einflüsse vermieden werden. Mitbewohner und Klinikpersonal können dieses sozialtherapeutische Milieu sehr gut gestalten. Die äußere Lebenssituation eines Klienten kann dann therapeutisch wirken, wenn sie Sicherheit, Intimität und Vertrauen schafft und zur aktiven Mitgestaltung auffordert.
Milieutherapeutische Gemeinschaften lassen sich in Kliniken, Wohnheimen und therapeutischen Wohngemeinschaften entwickeln. Dazu sollten die Regeln und **Bedingungen des Zusammenlebens** so gestaltet werden, dass Verhaltensweisen abgestimmt, verlässliche Gewohnheiten und Rituale (beispielsweise Essensrituale) vereinbart, offene, vertrauensvolle und konfliktfreudige Kommunikation mit dem Ziel der Verträglichkeit und Verlässlichkeit eingeübt und gemeinsame Tätigkeiten verrichtet werden.
Milieutherapeutische Gemeinschaften organisieren im täglichen Ablauf vieles selbstständig. Gemeinsame Mahlzeiten, Freizeitaktivitäten und therapeutische Angebote dienen der Kommunikation und sind gemeinschaftsstiftend. In der Gemeinschaft erleben die Bewohner ein zwischenmenschliches Miteinander, Verbindlichkeiten und Verantwortungsübernahme, sie sind weniger auf die eigenen Probleme und Symptome fixiert.
Prinzipiell versucht die Milieutherapie, eine möglichst normale Lebensweise in der Einrichtung unter normalen Lebensbedingungen zu gestalten. Der Klient soll aus seiner „passiven Krankenrolle" entlassen werden. Das Milieu bietet dafür nicht nur den passenden Rahmen, sondern wirkt selbst therapeutisch.

Milieutherapeutische Prinzipien

- Aktive Beteiligung an der Gesundung und Rehabilitation – statt passivem Klientenstatus und klinischer Verwahrung
- Teilhabe und Mitbestimmung in der Tagesgestaltung – statt hierarchischer medizinisch-pflegerischer Vorgaben
- Toleranz und Unterstützung der Vielfalt – statt Stigmatisierung abweichenden Verhaltens und festgelegter Erwartungen von Verhaltensweisen
- Klarheit und Verbindlichkeit in den gemeinsamen Regeln – statt sozioemotionaler Verwahrlosung
- Kommunikation und Gemeinschaft – statt einseitiger Ausrichtung auf medizinische Heilung
- Empowerment, Selbstverantwortung und Mitverantwortung in der Gemeinschaft – statt fürsorglicher Entmündigung

Aufgabe

Entwerfen Sie den Prinzipien der Milieutherapie gemäß ein Konzept für ein therapeutisches Wohnangebot.

1.11 Ergotherapie

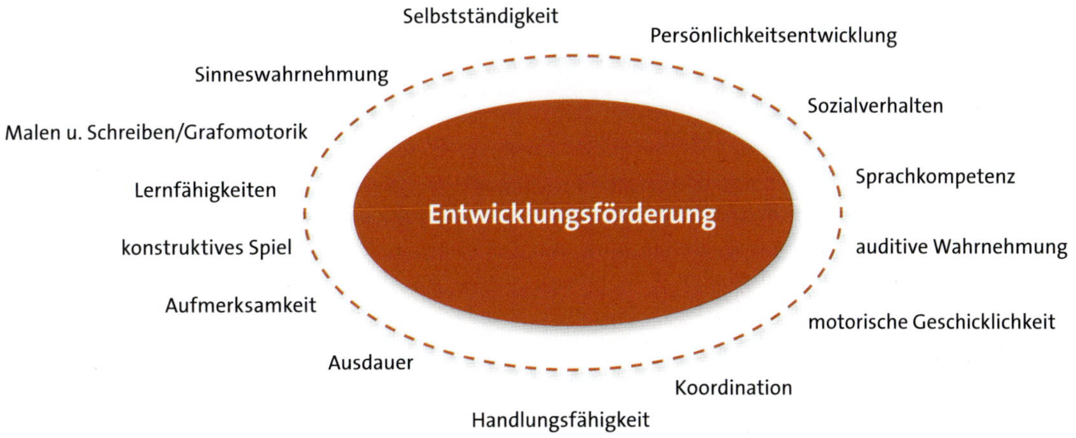

Abb. 1 Bereiche der Förderung durch ergotherapeutische Methoden

Die Ergotherapie hilft Menschen dabei, eine durch Unfall, Krankheit oder Behinderung verlorengegangene oder nicht hinreichend ausgebildete lebenspraktische Fähigkeit zu entwickeln. Ergotherapie unterstützt auch die psychiatrische Behandlung, indem verloren gegangene oder beeinträchtigte Handlungskompetenzen im Bereich der Selbstpflege und Selbstversorgung, der Arbeitsfähigkeit und der Freizeitgestaltung gefördert werden. Grundsätzlich orientiert sich die Ergotherapie an 2 therapeutischen Schwerpunkten:

- zum einen am **Übungsaspekt** durch Entwicklung von lebenspraktischen Fertigkeiten,
- zum anderen am **psychosozialen Aspekt** der Entwicklung von Selbstbewusstsein, Motivation und Selbstvertrauen durch Selbstwirksamkeitserfahrungen (▸ Abb. 1).

Die Ergotherapie gehört zu den medizinischen Heilberufen. Der Begriff meint „Gesundung durch Handeln und Arbeiten" und leitet sich vom griech. ergon = Werk, Aktivität ab.
„Ergotherapie unterstützt und begleitet Menschen jeden Alters, die in ihrer Handlungsfähigkeit eingeschränkt oder von Einschränkung bedroht sind. Ziel ist, sie bei der Durchführung für sie bedeutungsvoller Betätigungen in den Bereichen Selbstversorgung, Produktivität und Freizeit in ihrer persönlichen Umwelt zu stärken. Hierbei dienen spezifische Aktivitäten, Umweltanpassung und Beratung dazu, dem Menschen Handlungsfähigkeit im Alltag, gesellschaftliche Teilhabe und eine Verbesserung seiner Lebensqualität zu ermöglichen."

(Deutscher Verband für Ergotherapie)

Ziel ist die selbstständige Lebensführung und die Verbesserung der Lebensqualität. Methodisch begleitet werden kognitive und emotionale Fähigkeiten gestärkt, beispielsweise die Selbstwahrnehmung, individuelles Ausdrucksvermögen und die eigene Körperwahrnehmung, soziale Fähigkeiten wie Kommunikation und Beziehungsgestaltung, motorische Fähigkeiten sowie lebenspraktische Fähigkeiten wie der Umgang mit Geld, die Planung und Zubereitung von Speisen.
Die Ergotherapie arbeitet klientenzentriert und milieutherapeutisch. Der Klient und nicht seine psychische Störung stehen im Zentrum der Behandlung, dabei werden seine sozialen und ökologischen Bedingungen mitberücksichtigt.
Im Rahmen der psychiatrischen Behandlung führt die Rehabilitation verlorener Selbst- und Handlungskompetenzen zu einer verbesserten Selbstwahrnehmung und Befähigung zur selbstständigen Lebensführung.
Die Ergotherapie arbeitet mit sehr unterschiedlichen Methoden. Beispielhaft sei hingewiesen auf:

- **die Wahrnehmungsförderung** nach dem Förderprogramm von Marianne Frostig
  (Frostig: Bewegungserziehung. Neue Wege der Heilpädagogik)
- **die sensorische Integration** nach Jean Ayres
  (Ayres: Bausteine der kindlichen Entwicklung. Die Bedeutung der Integration der Sinne für die Entwicklung des Kindes) ▸ s. Modul 5, Kap. I.5.1
- **die Integrationstherapie** von Felicie Affolter
  (Hofer: Das Affolter-Modell. Entwicklungsmodell und gespürte Interaktionstherapie) ▸ s. Modul 2, Kap. I.7.4

Ergotherapien werden in Deutschland von speziell ausgebildeten Fachtherapeuten – Ergotherapeuten – durchgeführt.

1.12 Musiktherapie

▸ S. auch Modul 5, Kap. I.8 Musik, Rhythmik und Tanz

Musiktherapie ist der gezielte Einsatz von Musik im Rahmen der therapeutischen Beziehung zur Wiederherstellung, Erhaltung und Förderung seelischer, körperlicher und geistiger Gesundheit. (DMtG)

Die Musiktherapie wird in der psychotherapeutischen Arbeit und Heilerziehungspflege eingesetzt, um Erlebnis-, Ausdrucks-, Kommunikations- und Gemeinschaftsfähigkeit zu fördern. Musik berührt den Menschen emotional unmittelbar. Bestimmte Rhythmen haben einen direkten Einfluss auf das vegetative Nervensystem, sie aktivieren oder beruhigen, je nach Instrument, Klang und Geschwindigkeit der Tonfolge. Die beruhigende Wirkung langsamer und tiefer Töne wird beispielsweise bei Entspannungsübungen oder beim Snoezelen eingesetzt.

Bei Menschen mit schweren geistigen Beeinträchtigungen kann Musik der emotionalen Regulierung bei hoher emotionaler Spannung dienen, bei Menschen mit autistischen Störungen kann über Musik oder rhythmische Geräusche kommunikativer Kontakt hergestellt werden.

Abb. 1 Beruhigende Wirkung mancher Instrumente nutzen

Musik kann als eine universale Sprache betrachtet werden, die bei allen Menschen vergleichbare Empfindungen auslöst. Über einfache Instrumente wie Klangschalen, Trommeln, pentatonische Flöten lassen sich Rhythmen, Vibrationen, Klangstimmungen, Resonanzen erzeugen, die bei Menschen zu einer tiefen Entspannung und zu Harmonieempfindungen führen.

Musiktherapie kann auch zur Bildung und Entwicklung von Gemeinschaften genutzt werden. Mit einfachen Instrumenten können musikalische Improvisationen angeregt werden, die bei den Musizierenden zu positiven sozialen Emotionen führen. Über Töne und Klänge können sich die Klienten ausdrücken und Auskunft über ihre Stimmung geben, sie treten so in einen aktiven Dialog mit anderen Klienten und ihrem Therapeuten.

Musiktherapie kann eingesetzt werden:

- zur Unterstützung der heilpädagogischen Arbeit bei Menschen mit Entwicklungsstörungen, Verhaltensauffälligkeiten und Behinderungen
- bei psychiatrischen und psychosomatischen Erkrankungen
- bei Abhängigkeitserkrankungen
- in der Behandlung von Traumata
- bei chronischen Schmerzen
- bei Entwicklungs- und Verhaltensstörungen
- bei psychischen Problemen im Kindes- und Jugendalter
- in der Arbeit mit Demenzerkrankungen
- in der Begleitung komatöser Patienten
- in der Begleitung unheilbar Kranker und Sterbender

Zum Weiterlesen

Berufsverband für Anthroposophische Kunsttherapie e.V.
www.anthroposophische-kunsttherapie.de

Dt. Gesellschaft für Musiktherapie DMtG)
www.musiktherapie.de

1.13 Tiergestützte Therapie

Die sogenannten tiergestützten Therapieverfahren mit Hunden, Pferden, Delfinen und anderen Tierarten zählen nicht zu den anerkannten therapeutischen Verfahren; sie zeigen bestenfalls therapeutische Wirkungen. Die genutzten Tiere sind in der Regel domestizierte Lebewesen, die sich dem Menschen gegenüber anhänglich zeigen und eine Beziehung eingehen. Im Umgang mit ihnen übernimmt der Mensch Verantwortung für Nahrung und Pflege. Andererseits erfährt er durch die Tiere bedingungslose Annahme.

„Unter **tiergestützter Therapie** versteht man alle Maßnahmen, bei denen durch den gezielten Einsatz eines Tieres positive Auswirkungen auf das Erleben und Verhalten von Menschen erzielt werden sollen. Das gilt für körperliche wie für seelische Erkrankungen. Das Therapiepaar Mensch/Tier fungiert hierbei als Einheit. Als therapeutische Elemente werden dabei emotionale Nähe, Wärme und unbedingte Anerkennung durch das Tier angesehen. Zusätzlich werden auch verschiedenste Techniken aus den Bereichen der Kommunikation und Interaktion, der Basalen Stimulation und der Lernpsychologie eingesetzt."

(*www.tierealstherapie.org*)

Abb. 1 Therapiehund bei alter Dame

Zum Weiterlesen

www.lebenmittieren.de – Informationen zu Tierbesuchsdiensten, zu Mensch-Tier-Begegnungsstätten

Allgemeine Ziele einer tiergestützten Therapie

- Verbesserung der Konzentration, Aufmerksamkeit und Selbstwahrnehmung
- Lösen von Verspannungen
- Förderung des Selbstbewusstseins
- Emotionale Stabilisierung
- Stärkung der Selbstkontrolle
- Förderung der sozioemotionalen und kognitiven Entwicklung
- Selbstwirksamkeitserfahrungen

Zielgruppen. Tiergestützte Therapie wird in der Begleitung von Menschen mit Behinderungen (insbesondere auch bei geistigen Behinderungen, Autismus und ADHS), Verhaltensstörungen, psychosomatischen und psychischen Erkrankungen und auch an Demenz Erkrankten erfolgreich eingesetzt. Insbesondere in der Arbeit mit entwicklungsgestörten Kindern und Jugendlichen liegen gute therapeutische Erfahrungen vor.

Tiergestützte Therapie hat vermutlich auch deshalb positive Auswirkungen auf den Entwicklungsprozess von Kindern, weil Tiere sich als aktive und relativ widerspruchsfreie Spielpartner anbieten, ständig präsent sind, Sicherheit und Vertrauen vermitteln und damit zur Ich-Stärkung und Identitätsbildung beitragen können.

Hippotherapie. Die häufigste tiergestützte Therapie ist die Reittherapie (Hippotherapie). Hier lassen sich insbesondere folgende Effekte beobachten:

- Verbesserung der Körperwahrnehmung und der Koordination der Motorik
- Verbesserung des Gleichgewichtssinns
- Verbesserung von Atem- und Kreislauffunktion
- Stärkung der Konzentration und Wachheit
- Freude und positive Emotionalität, emotionale Ausgeglichenheit
- Verbesserung des Selbstvertrauens
- Entwicklung von Konzentration, Ausdauer, körperlicher Kraft

Heilpädagogisches Reiten bietet sich beispielsweise bei Kindern mit zerebralen Bewegungsstörungen (Zerebralparese) an. Neurophysiologische Auswirkungen auf die Körperhaltung, Muskeltonus, Bewegungsabläufe lassen sich gut beobachten. Auch bei Störung der Gleichgewichtsfunktionen (Ataxie), Muskelschwächen im Rahmen von neuromuskulären Erkrankungen sowie bei autistischen Störungen und allgemeinen Entwicklungsstörungen ist das heilpädagogische Reiten förderlich (Böwer 2006).

▸ **S. auch Modul 5, Kap. I.5.5 Psychomotorik in verschiedenen Behinderungsbereichen**

1.14 Körperbezogene Verfahren

Die differenzierte Betrachtung des Menschen, getrennt in Körperlichkeit, Psyche, geistige Möglichkeiten und soziale Einbindung, ist ein Konstrukt zur Analyse menschlichen Erlebens und Verhaltens. Grundsätzlich aber sind all diese Elemente im Menschen integriert und beeinflussen sich wechselseitig.

So wirken sich beispielsweise psychische Belastungen auf unser Körpergefühl oder unsere körperliche Gesundheit aus: Wir fühlen uns möglicherweise schlapp, müde, haben Schlafstörungen oder leiden unter Appetitlosigkeit. Umgekehrt haben auch körperliche Zustände Auswirkungen auf unser psychisches Wohlbefinden: So werden wir nach einem guten Essen müde, körperliche Schmerzen beeinflussen unsere Wahrnehmung, hormonelle Umstellungen wirken auf unsere Stimmung und Alkohol und Drogen „benebeln" die Sinne.

Wilhelm Busch brachte diesen Zusammenhang in ein Gedicht:

„Vergessen sind die Kursberichte,
die Steuern und das Einmaleins,
kurz, jede Form gewohnten Seins,
die sonst real erscheint und wichtig,
wird plötzlich wesenlos und nichtig.
Ja, selbst die alte Liebe rostet,
man weiß nicht, was die Butter kostet,
denn einzig in der engen Höhle
des Backenzahnes weilt die Seele."

Unsere Wahrnehmung, die meist nach außen gerichtet ist, wendet sich konzentriert bei körperlichen Beschwerden nach innen, dahin, wo wir uns nicht wohlfühlen oder Schmerzen haben. In der Sprache wird auf die Verbindung zwischen Körper und Psyche vielfältig hingewiesen:

- Wir spüren die Angst im Nacken.
- Wir haben einen Kloß im Hals oder Schmetterlinge im Bauch.
- Uns geht etwas zu Herzen.
- Der Schreck fährt uns in die Glieder.

Anatomische Grundlagen. Psychosomatische Reaktionen lassen sich über die Funktion des autonomen Nervensystems erklären. Das autonome Nervensystem ist nicht dem Willen unterworfen und regelt mit dem Hormonsystem die zentralen Körperfunktionen wie Atmung, Kreislauf, Stoffwechsel und Muskelspannung (▸ **s. auch Modul 2, Kap. II.4 Nervensystem**). Das autonome Nervensystem wird durch emotionale Erregungszustände beeinflusst: Angst führt zur Steigerung der Herzfrequenz, Erhöhung des Blutdrucks und zur Aktivität der Schweißdrüsen.

Das autonome Nervensystem besteht aus dem *viszeralen System* (lat. viscera: Eingeweide), welches Informationen aus dem Körper an das zentrale Nervensystem weiterleitet, und dem *vegetativen Nervensystem*, dessen Zentrum der Hypothalamus im Gehirn ist. Der Hypothalamus regelt als Steuerzentrum des vegetativen Nervensystems über die Abgabe von Hormonen zahlreiche Körperfunktionen wie Schlaf, Sexualität, Körpertemperatur und Nahrungsaufnahme.

Das vegetative Nervensystem wird in die Bereiche **Sympathikus** und **Parasympathikus** unterschieden. Die meisten Organe werden von beiden Systemen innerviert, sodass hier je nach Bedarf eine leistungssteigernde Reaktion (Sympathikus) oder eine entspannende Reaktion (Parasympathikus) ausgelöst werden kann.

Physiologische und psychologische Prozesse beeinflussen sich also wechselseitig. Beispiele:

- Wahrnehmungen wie zum Beispiel Hunger, Durst oder Müdigkeit führen zu physiologischen Regulationen.
- Physiologische Vorgänge wie Weinen, Lachen, Erröten, Zittern sind Ausdruck psychischer Erregung, die sich in körperlichen Vorgängen ausdrücken.
- Die vegetativen Reaktionen sind besonders deutlich durch emotionale Reize beeinflusst. Das sympathische Nervensystem reagiert bei Spannungen, Ärger, Feindseligkeiten. Die Folgen können psychosomatische Beschwerden sein wie Migräne, Magen-Darm-Probleme (Gastritis, Obstipation, Diarrhoe, Colitis), Muskelverspannungen.
- Das parasympathische Nervensystem reagiert bei Entspannung, Ruhe, Lust, Glückgefühl oder Freude. Die Folgen sind körperliche Entspannung, körperliches Wohlgefühl und Verbesserung der körperlichen Resilienz.
- Stress oder Angst können zu einer erhöhten (Dauer-)Aktivität des Sympathikus führen. Hierdurch wird der Blutdruck gesteigert, die Herzfrequenz erhöht, Magen- und Darmtätigkeit eingeschränkt, die Atmung beschleunigt und die Möglichkeiten der Entspannung und des Schlafens reduziert. Ein solcher Zustand ist auf Dauer krank machend.

Anwendung. Grundsätzlich können primär körperorientierte Therapieverfahren hilfreich bei psychischen Krisen und Erkrankungen sein. Verfahren, die das vegetative Nervensystem beeinflussen, sind beispielsweise Zazen, Yoga, Eutonie, autogenes Training, Biofeedback, Bioenergetik und achtsamkeitsbasierte Stressreduktion. Dazu können durch hypnotische oder autosuggestive kognitive Techniken Veränderungen erzielt werden, die ebenfalls Einfluss auf das vegetative Nervensystem haben.

Körperbezogene Psychotherapie

Abb. 1 Bewegung als Ausdruck

Neben medikamentösen Verfahren, die über die Beeinflussung körperlicher Prozesse (wie Stoffwechselprozesse oder hirnorganische Prozesse) Einfluss auf die psychische Befindlichkeit nehmen, gibt es auch therapeutische Verfahren, die über die Körperwahrnehmung und körperliche Entspannung zu emotionaler Entspannung führen können.
Zentraler Ausgangspunkt einer körperbezogenen Psychotherapie ist die Erkenntnis, dass Körper, Geist und Emotionalität eine Einheit bilden. Wir *haben* keinen Körper, sondern wir *sind* Körper. Alle 3 „Zustände" Körper, Geist, Emotionalität stehen in unmittelbarer Wechselwirkung. Es gibt kein Gefühl ohne körperliche Repräsentation und keinen körperlichen Zustand, der nicht auch durch eine Emotion seinen Ausdruck findet. Natürlich erleben wir in dieser Einheit auch die Verschiedenheit. Wir können uns (das Ich) in ein kritisches Verhältnis zum eigenen Körper stellen. Wir können ihn mögen oder ablehnen, wir können ihn nach unseren Vorstellungen manipulieren, wir können an ihm leiden, wenn er beispielsweise nicht unserer Wunschvorstellung entspricht oder seine Leistungsfähigkeit eingeschränkt ist (körperliche Behinderung) oder nachlässt (Alterungsprozesse).
Eine wichtige Bedingung für ein zufriedenes Leben ist es daher, eine umfassende Identität zu bilden, die körperliche, geistige und emotionale Voraussetzungen und Möglichkeiten umfasst.
Die Körperpsychotherapie arbeitet direkt und indirekt mit dem Körper und versteht diesen in seinem unmittelbaren Zusammenspiel mit mentalen, emotionalen, sozialen und spirituellen Wahrnehmungen und Lebensäußerungen. Körperpsychotherapie unterstützt die individuelle Integration von Körper, Geist und Psyche; sie stärkt selbstregulative Prozesse. Grundlage ist die psychoanalytische Theorie (▸ **s. oben, Kap. 1.1**).
Bestimmte Körperspannungen und Körperhaltungen werden als Muster ungelöster Konflikte wahrgenommen, die bei einer reflektierten Wahrnehmung zu emotionalen Lösungen und körperlicher Entspannung führen. Die Körperpsychotherapie stützt sich auf Erkenntnisse von Wilhelm Reich, einem Schüler von Sigmund Freud. Formen sind u. a.:

Bioenergetik

Die Bioenergetik wurde von Alexander Lowen in den 1950er-Jahren entwickelt. Lowen, ein Schüler von Wilhelm Reich, nutzte die Erkenntnisse der Tiefenpsychologie und übertrug das Prinzip der freien Darstellung von Gedanken und Emotionen sowie deren Reflexion auf die körperliche Ebene. Er erkannte, dass zwischen dem körperlichen Ausdruck (Haltung, muskuläre Spannung, Bewegungsabläufe, Atmungsmuster) und der emotionalen Gestimmtheit eines Menschen ein unmittelbarer Zusammenhang besteht. Wie in der Psychoanalyse, so sieht auch Lowen einen Zusammenhang zwischen der körperlichen Identität eines Menschen und seinen frühkindlichen psychischen Erfahrungen.
Die bioenergetische Analyse konzentriert sich also auf die körperliche Gestalt, die Bewegung und die Atmung des Klienten. Die Arbeit findet meist im Stehen statt. Dabei wird der Klient angeleitet, seinen Kontakt zum Boden und die Standfestigkeit zu spüren, die Qualität seiner Atmung bewusst wahrzunehmen, das eigene Körperselbst zu reflektieren.
Die Körperdiagnostik wird in Zusammenhang mit der psychischen Stimmung und den kognitiven Überzeugungen gebracht. Körperliche und psychische Beschwerden werden wechselseitig erklärt. Die therapeutische Behandlung geht vornehmlich über körperliche Interventionen wie Bewegungsübungen, Atemübungen, Dehnungsübungen.

Zum Weiterlesen

A. Lowen: Freude. Die Hingabe an den Körper und das Leben. 1996

Eutonie

Eutonie ist ein Verfahren zur körperlichen Selbstwahrnehmung und Selbstregulation. Der Begriff kommt aus dem Griechischen und meint „gute oder harmonische Spannung". Das Verfahren wurde von Gerda Alexander in den 1950er-Jahren entwickelt. Alexander war durch die Reformpädagogik beeinflusst und von der Idee einer selbstbestimmten und selbstverantwortlichen Lebensweise überzeugt. Die Eutonie hat das Ziel, eine ausgeglichene Körperspannung zu erzeugen und zu einem angenehmen und gut akzeptiertem eigenem Körperbild zu gelangen.
Dabei ist die achtsame Wahrnehmung aller körperlichen Symptome der Ausgangspunkt. Eutonie-Übungen basieren auf einer ruhigen Beobachtung der Atmung und auf einem Prozess der An- und Entspannung der Körpermuskulatur. Die Lösung von körperlichen, muskulären Verspannungen führt zu einer emotionalen Entspannung.

Zum Weiterlesen

G. Alexander: Eutonie. Ein Weg der körperlichen Selbsterfahrung. 2011

Formative Therapie

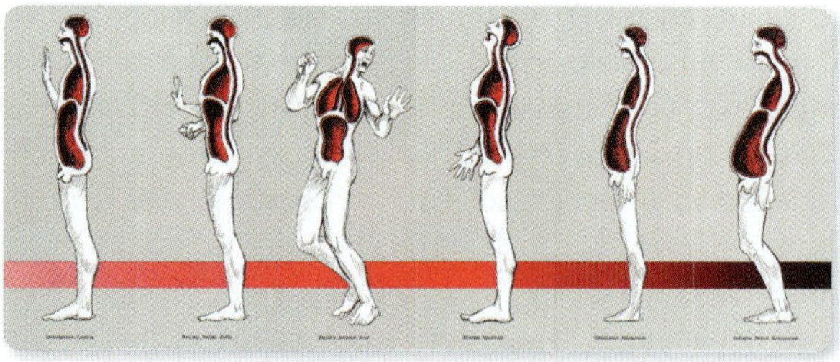

Abb. 1 Bewusste Wahrnehmung von Haltung

Die formative Therapie wurde von Stanley Keleman in den 1970er-Jahren entwickelt. Keleman, ein Pionier der Körpertherapie, der ursprünglich eng mit Alexander Lowen gearbeitet hat, geht davon aus, dass wir willentlich in der Lage sind, Einfluss auf unseren Körper zu nehmen: Ich weiß, wer ich bin, weil ich mich selbst so erfahre. Ich kann mich selbst beeinflussen, mein Denken, Fühlen und meine körperliche Präsenz formen.

Das Selbstbewusstsein wird durch die subjektive Erfahrung mit dem eigenen körperlichen Selbst begründet. Die bewusste Beeinflussung unserer Körperform durch bewusste Wahrnehmung unserer Haltung, Atmung und Bewegung sowie die zielgerichtete Veränderung (▶ **Abb. 1**) schafft eigenständige und eigentümliche Körperformen, die sich unmittelbar auf unsere Selbstwahrnehmung und Selbstachtung auswirken. Eine zentrale Aussage Kelemans lautet: „Leben ist immer Leben in Beziehung – mit sich selbst und mit anderen, ist ein intraorganismischer und interorganismischer Dialog." In Anlehnung an Martin Buber bedeutet dies: „Dasein ist Mit-Sein."

Zum Weiterlesen

S. Keleman: Forme Dein Selbst. Wie wir Erfahrungen verkörpern und umgestalten. 1993

Integrative Bewegungstherapie

Die integrative Bewegungstherapie wurde in den 1970er-Jahren von Hilarion Petzold entwickelt. Auch hierbei geht es um die Wahrnehmung des Körpers als Repräsentant verborgener psychischer Konflikte oder Spannungen. Die integrative Bewegungstherapie bezieht sich auf Psychotherapieverfahren und verbindet diese mit der integrativen Therapie, welche Verfahren der Gestalttherapie, der Psychodramatherapie und der Verhaltenstherapie verbindet. Dabei werden körperliche Bewegungen mit inneren psychischen, geistigen und sozialen Bewegungen oder Erstarrungen in Verbindung gebracht.

Abb. 2 Körperliche Anspannung und Entspannung

Im Prinzip arbeitet die integrative Bewegungstherapie mit der Selbstwahrnehmung der körperlichen Präsenz, der bewussten Entspannung körperlicher Verspannungen und einer intensiven Atemtherapie. Drei methodische Zugänge sollen hier kurz dargestellt werden:

(1) Durch das regelmäßige Üben körperlicher Anspannung und Entspannung und die Förderung der Wahrnehmungsfähigkeit nach innen und außen werden die Körperhaltung verbessert sowie Spannkraft und Kondition gefördert.

(2) Durch das Bewusstwerden von Gewohnheiten und eingeschliffenen Reaktions- und Verhaltensweisen können neue Denkweisen und Verhaltensformen erprobt werden. Dazu werden positive Erinnerungen, Erfolge und hilfreiche Verhaltensweisen genutzt, die eigene Kreativität gefördert und vorhandene Ressourcen entdeckt, um diese für eine Veränderung zu nutzen.

(3) Durch die gezielte Aufarbeitung von Konfliktsituationen wird ein emotionales Wiedererleben von Spannungen möglich. Eine Re-Inszenierung von problematischen Situationen durch Bewegungs- und Rollenspiele kann unterdrückte Gefühle beleben und erstarrte Haltungen auflösen. Hierdurch kann der Klient negative Erfahrungen aus der Vergangenheit abschließen und sich mit neuer Energie auf seine aktuelle Lebenssituation einlassen.

Zum Weiterlesen

M. J. Waibel: Integrative Bewegungstherapie. Störungsspezifische und ressourcenorientierte Praxis. 2009

Atemtherapie

Der deutsche Arzt und Psychiater Udo Derbolowsky entwickelte in den 1980er- und 1990er-Jahren aus dem fernöstlichen Wissen über die Bedeutung des Atmens eine eigenständige Atemtherapie. Atem beeinflusst das autonome Nervensystem. Der Begriff „Atem" findet sich in den indischen Sprachen im Begriff „Atman" und bedeutet Lebenshauch oder auch Seele. Mit dem Atmen stehen wir in einer permanenten rhythmischen Beziehung zur Welt. Die Atemtherapie nach Derbolowsky verfolgt einen psychosomatischen Ansatz, sie nimmt Elemente der Gymnastik, des Tanzes und der Psychotherapie auf. Die bewusste tiefe Atmung führt zu der Fähigkeit, sich zu zentrieren und im Kontakt mit sich selbst zu sein. Wenn es dabei zu einer inneren Balance kommt, ändern sich die Haltung und Lebenseinstellung des Klienten sowohl körperlich als auch psychisch und geistig.

Abb. 1 Ein entspanntes Zwerchfell ermöglicht eine tiefe Atmung

Anwendung findet die Atemtherapie bei:
- Begleitung von Lebenskrisen und Veränderungsprozessen,
- Stressbewältigung,
- psychosomatischen Symptomen,
- Haltungsfehlformen,
- Migräne, Depressionen und Ängsten,
- Atemdysfunktionen (z. B. Asthma, chronischer Bronchitis, Emphysem),
- funktionellen Störungen des Verdauungs-, Herz- und Kreislaufsystems.
- Außerdem begleitet sie natürliche Lebensprozesse wie Schwangerschaft und Sterben.

Zum Weiterlesen

U. Derbolowsky : Atemtherapie in der ganzheitlich orientierten Krankenbehandlung. 1991

U. Derbolowsky: Atem ist Leben. Ein Einführungs- und Übungsbuch. 2004

Konzentrative Bewegungstherapie

Die konzentrative Bewegungstherapie (KBT) wurde von Helmut Stolze (Arzt und Psychoanalytiker) entwickelt. Sie ist ein körperorientiertes psychotherapeutisches Verfahren, das sich orientiert an entwicklungspsychologischen, tiefenpsychologischen und lerntheoretischen Denkmodellen. Insbesondere bezieht sich der Ansatz auf Überlegungen von Erik Erikson, Margaret Mahler und Jean Piaget und den psychosomatischen Theorien des Mediziners Viktor von Weizsäcker (1886–1957). Von Weizsäcker, durch Sigmund Freud beeinflusst, entwickelte zentrale Gedanken zum Zusammenspiel psychischer und körperlicher Prozesse, die er **Gestaltkreis** nannte. Er beobachtete die funktionale Wechselbeziehung zwischen Körper und Psyche oder auch zwischen Umwelt und *Organismus*. *Wahrnehmung* und *Bewegung* bilden danach eine Einheit. Im Begriff des „Begreifens" ist die Gestaltkreisidee schon aufgenommen: Wir fühlen, spüren, bewegen uns, nehmen dabei wahr, erfassen und greifen etwas, erkennen bzw. verstehen dadurch und können uns entsprechend verhalten.

In der konzentrativen Bewegungstherapie werden Wahrnehmung und Bewegung als Voraussetzung des Fühlens, Denkens und Handelns genutzt. Im konzentrativen Sichbewegen, Sichwahrnehmen werden Gefühle und Erinnerungen bewusst, die sich aktuell in Haltung und Verhalten als Körperausdruck zeigen.

Methodisch nutzt die KBT die aktuelle Situation eines Klienten, seine Körperhaltung, seine Stimmung, seine sprachlichen Mitteilungen. Diese diagnostischen Beobachtungen werden dem Klienten gespiegelt und er wird aufgefordert, die Signale seines Körpers zu verstärken. Ziel ist dabei, die Selbst- und Körperwahrnehmung bewusster zu gestalten, die eigenen Gefühle klarer zu erleben und darüber **Zugang** zu den dahinter liegenden Erfahrungen und Konflikten **zu gewinnen**.

Die konzentrative Wahrnehmung des eigenen Körpers und seiner aktuellen Ausdrucksformen ermöglicht einen Zugang zum „Leibgedächtnis". Der Körper „speichert" alle Erfahrungen und diese werden über die intensive Arbeit mit dem Körper bewusst. Jede bewusste Erfahrung mit dem eigenen Körper (wie gehe, stehe, laufe, liege, greife ich) führt zu inneren gefühlsmäßigen Erfahrungen. Veränderte *Bewegungen* können zu veränderten *Stimmungen* führen, die helfen, neue Verhaltensweisen leichter zu erlernen und zu integrieren. Die moderne Lernpsychologie hat diesen positiven Lerneffekt bestätigt. Emotionale Beteiligung und aktives Handeln sichern nachhaltig den Lernerfolg eines Menschen.

Die konzentrative Bewegungstherapie wird auch eingesetzt bei **psychosomatischen Beschwerden**. Sie ermöglicht eine bewusste Wahrnehmung des eigenen Körpers in Ruhe und Bewegung und führt zu einem Selbstverstehen der körperlichen Signale. Im therapeutischen Gespräch wird die Selbst- und Fremdwahrnehmung reflektiert und im Zusammenhang mit der Lebensgeschichte betrachtet.

Aufgaben

1. Wie lässt sich der Zusammenhang zwischen Gefühlen und körperlichen Reaktionen erklären?
2. Welche Möglichkeiten der Einflussnahme auf die Funktionsweise des vegetativen Nervensystems haben wir?

Zum Weiterlesen

H. Stolze: KBT – Die konzentrative Bewegungstherapie. Grundlagen und Erfahrungen. 2001

Ch. Gräff: Konzentrative Bewegungstherapie in der Praxis. 2008

P. Geißler: Analytische Körperpsychotherapie, eine Bestandsaufnahme. 2009

M. Dornes: Die frühe Kindheit. Entwicklungspsychologie der ersten Lebensjahre. 1997

1.15 Entspannungsverfahren

Zu den „nicht aufdeckenden Verfahren", die also nicht die tiefenpsychologische Ursache einer psychischen Störung erkunden wollen, gehören Entspannungsverfahren. Entspannungsverfahren sind psychosomatische Übungen, die körperliche, geistige und emotionale Anspannung verringern sollen. Entspannungsverfahren stärken in vielen Fällen Gefühle der Selbstwirksamkeit und Selbstkontrolle und wirken so therapeutisch. In der Arbeit mit Klienten bieten sich viele Methoden zur Entspannung an. Gemeinsam ist allen Verfahren ein **selbstinduzierter Prozess** innerer Konzentration und Ruhe.

Anatomische Grundlage. Entspannungsverfahren führen auf der körperlichen Ebene zu einer verringerten Muskelspannung (Muskeltonus), verlangsamten Herzfrequenz und Senkung des arteriellen Blutdrucks, auf neuronaler Ebene wird der Parasympathikus aktiviert und die hirnelektrische Aktivität wird auf eine entspannte Wachheit reduziert. Die psychischen Effekte sind Gelassenheit, ruhige Aufmerksamkeit, Zufriedenheit und Wohlbefinden.
Die Wirksamkeit von Entspannungsverfahren hängt von der Häufigkeit des Übens ab. Je regelmäßiger ein bestimmtes Entspannungsverfahren praktiziert wird, umso leichter lässt es sich im Alltag gewinnbringend nutzen.

Biofeedback

Eine Methode der Selbstentspannung ist die Wahrnehmung körperlicher Reaktionen, die normalerweise unserer unmittelbaren Selbstbeobachtung nicht zugänglich sind, mittels des sogenannten Biofeedbacks. Beim Biofeedback wird ein technisches Gerät benutzt, das über optische oder akustische Signale Auskunft über körperliche Vorgänge gibt. So lassen sich Atem- oder Herzfrequenz, Blutdruck oder Muskelspannungen oder Muskelleistungen „sichtbar" machen. Biofeedback ist eine gute Möglichkeit, eine bewusste körperliche Entspannung bei Kopfschmerzen, Stress, Schlafstörungen, Angststörungen oder allgemeinen Muskelverspannungen einzuüben.

1.15.1 Autohypnotische Entspannungsverfahren

Abb. 1 Zu den autohypnotischen Verfahren gehört vor allem das autogene Training

Autogenes Training nach J. H. Schultz

Autogenes Training nach dem Psychiater J. H. Schultz (1884–1970) vermindert psychische und körperliche Spannungs- und Stresszustände. Der Klient lernt, seine Gedanken und seinen Körper bewusst wahrzunehmen und zu beeinflussen (**Autosuggestion**). Das autogene Training ist für Personen relativ leicht erlernbar und gibt ihnen eine Möglichkeit der aktiven Selbstentspannung. Über stufenweise erlernbare Entspannungsübungen kann der Klient Spannungs- und Erschöpfungssyndrome, Schlafstörungen, Schmerzen, vegetative Störungen wie Magen- oder Herzprobleme positiv beeinflussen.
Ablauf. Die konzentrative Selbstentspannung oder Achtsamkeitsübung führt über Schwere- und Wärmeübungen zur Regelung der Atmung und des Herzschlags bis hin zur Entkrampfung der Muskulatur und der Bauchorgane. Nach Schultz werden in der Grundstufe 6 Übungen empfohlen. Alle Übungen sind von Ruheformeln begleitet: „Ich atme tief ein und aus, ich bin ganz ruhig, Ruhe durchströmt mich, ich ruhe ganz in mir." Alle Übungen werden in der Ich-Form gesprochen. Die Übungen beziehen sich auf

- die Körperschwere (beginnend bei den Armen, dann Beine),
- die Körperwärme,
- die Atmung,
- das Sonnengeflecht (Solarplexus),
- das Herz (emotionale Entspannung),
- den Kopf sowie Stirnkühle, innere/geistige Entspannung.

Progressive Muskelrelaxation (PMR)

Die PMR ist einfach zu erlernen und wirkt oft schon nach der ersten Anwendung sehr positiv.

Die progressive Muskelrelaxation (oder Muskelentspannung) wurde von dem Arzt Edmund Jacobson (1885–1976) entwickelt. Jacobson beobachtete in seiner psychologischen Arbeit, dass es bei Stress, Angst oder psychischen Belastungssituationen zu einer Anspannung der Muskulatur kommt (spontane Reaktion des vegetativen Nervensystems über den Sympathikus). Er stellte bei seinen Beobachtungen weiter fest, dass eine gezielte Muskelentspannung zu einem Ruhe- und Entspannungsgefühl führen kann (Reaktion des Parasympathikus). Die enge Zusammenwirkung von körperlichen und psychischen Reaktionen machte er sich zunutze und entwickelte ein gezieltes und systematisches Entspannungsprogramm – das er progressive Muskelrelaxation nannte.

Durch eine gezielte Selbstwahrnehmung und Selbstbeeinflussung (**Autosuggestion**) wird eine zunehmende Entspannung der Muskulatur, der inneren Organe und der Atmung erreicht. In der Regel werden zum Erlernen 4 bis 5 Sitzungen unter Anleitung vorgeschlagen. PMR bewährt sich bei Stress, Schlafstörungen, innerer Unruhe sowie chronischen Schmerzen. Um eine entspannende Wirkung zu erzielen, sollten die Übungen häufig und regelmäßig durchgeführt werden.

Ablauf. Das Training wird in 4 Abschnitte unterteilt:

1. Hände, Arme
2. Kopf, Stirn, Augen, Nacken
3. Oberkörper, Schultern Rücken, Bauch
4. Beine, Gesäß, Füße

Verschiedene Muskelpartien in diesen Abschnitten werden angespannt und nach kurzer Zeit wieder losgelassen. Durch den Wechsel zwischen sich steigernder – progressiver – Spannung und Entspannung der Muskeln wird die eintretende körperliche und psychische Entspannung intensiver wahrgenommen.

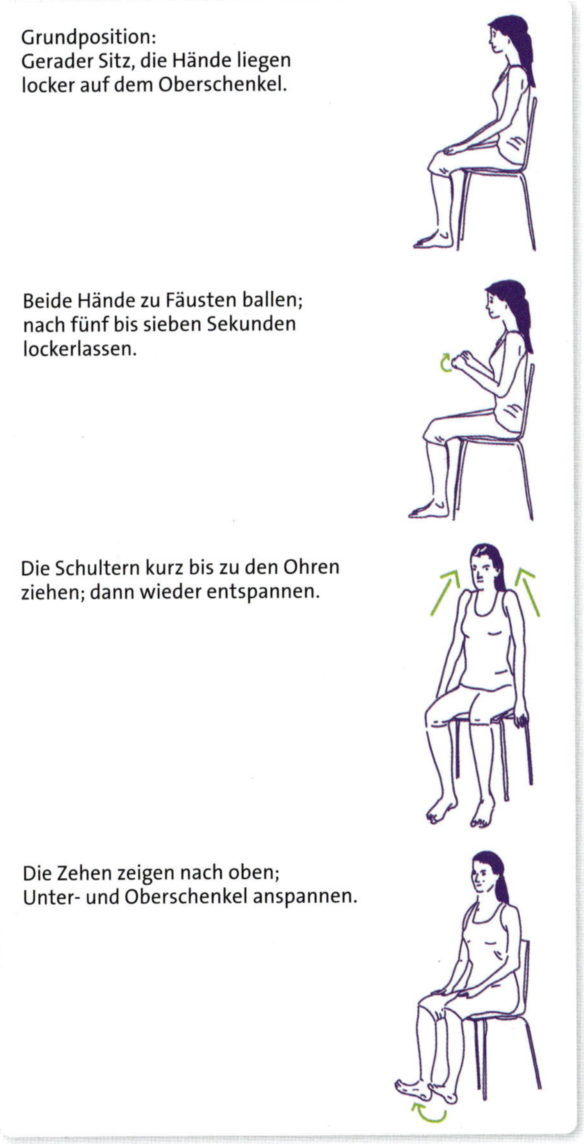

Abb. 1 PMR im Sitzen

Aufgabe des Heilerziehungspflegers. Die Übungen zur Entspannung können, nach entsprechender Qualifikation, auch gut von Heilerziehungspflegern angeboten und begleitet werden. Wenn der Klient die PMR selbstständig durchführt, sollten Heilerziehungspflegekräfte regelmäßig nach den Erfahrungen fragen, um so die Motivation weiterhin zu fördern.

Zum Weiterlesen

www.progressive-muskelentspannung.de/

Aufgabe

Setzen Sie sich in möglichst bequemer Haltung auf einen Stuhl. Die Füße sollten flach und etwa schulterbreit auseinanderstehen. Legen Sie Ihre Hände locker auf die Oberschenkel. Schließen Sie die Augen, atmen Sie ruhig ein und aus und entspannen Sie sich dabei. Ballen Sie nun die rechte Hand zu einer Faust. Achten Sie auf die Spannung in Ihrer Hand und in Ihrem Unterarm, erhöhen Sie die Spannung und atmen Sie dabei tief ein. Nun atmen Sie tief aus und entspannen dabei Ihre Hand vollständig.

Wiederholen Sie die Übung mit der linken Hand, danach mit beiden Händen.

Nun ziehen Sie die Schultern so weit es geht nach hinten. Atmen Sie tief ein und verstärken Sie dabei die Schulterspannung. Atmen Sie tief aus und lockern die Schultern vollständig. Ziehen Sie jetzt die Schultern so weit es geht nach vorne und atmen dabei tief ein, kurz die Spannung halten und wahrnehmen, dann wieder vollständig loslassen und ausatmen.

1.15.2 Snoezelen

▸ S. auch Modul 2, Kap. I.7.4

Snoezelen ist eine Wortneuschöpfung der beiden niederländischen Begriffe „snuffelen" (schnuppern oder wahrnehmen) und „doezelen" (dösen oder schlummern).

Unter den Entspannungstechniken gilt seit den 1980er-Jahren das Snoezelen (sprich: „snuzelen) als die einfachste Form der Sinnesanregung und Tiefenentspannung. Die Methode ist ganz einfach und lässt sich ohne teure Ausstattung realisieren. Benötigt wird ein ruhiger Raum, im dem über eine bequeme Sitz- oder Liegemöglichkeit, warmes Licht, leise, rhythmische Musik und angenehme Düfte **alle Sinne** in einer entspannenden Wirkung **angeregt** werden. Die Gesamtsituation ähnelt durchaus der geschützten, warmen und umsorgten Stimmung im Mutterleib. Der Körper kann sich hierbei

entspannen, die Gedanken werden ruhiger und es entstehen wohlige Gefühle.
Snoezelen ist keine anerkannte Therapieform, die gezielt bei bestimmten psychischen Erkrankungen eingesetzt wird; gleichwohl hat die entspannende und beruhigende Wirkung positiven Einfluss auf unruhige, stark verspannte, aggressive oder verwirrte Menschen. Snoezelen, ursprünglich in der Begleitung von Menschen mit schwerer Behinderung entwickelt, wird seitdem auch zunehmend im Bereich der **psychiatrischen Pflege** und in der Betreuung von **an Demenz Erkrankten** angewendet.

„Hinter dem Snoezelen steht ein multifunktionales Konzept: In einem besonders ansprechend gestalteten Raum (vorwiegend weißer Raum) werden über Licht-, Klang- und Tonelemente, Aromen und Musik Sinnesempfindungen ausgelöst. Diese wirken auf die verschiedensten Wahrnehmungsbereiche entspannend, aber auch aktivierend. Das gezielt ausgesuchte Angebot steuert und ordnet die Reize, es weckt Interesse, es ruft Erinnerungen hervor und lenkt Beziehungen. Snoezelen erzeugt Wohlbefinden. In der ruhigen Atmosphäre werden den Menschen Ängste genommen, sie fühlen sich geborgen. Snoezelen ist Therapie und Förderung zugleich und wird in allen Entwicklungsstufen (vom Kleinkind bis zum betagten Menschen) eingesetzt."

(Mertens 2006, 429)

In vielen Einrichtungen der Behindertenhilfe und der Rehabilitation finden sich speziell ausgestattete Räume, in denen eine entspannende, stimmungsvolle Atmosphäre zur Ruhe und zum Wohlbefinden einlädt. Die Grundausstattung besteht meist aus weichen Sitz-oder Liegemöbeln, sanftem Licht, Klangschalen, Aromalampen, Spiegelkugeln, Meditationsmusik, angenehmen Wärmequelle, Kissen und Decken.

Abb. 1 Sinnesstimulation im Snoezelraum

Die therapeutische Wirksamkeit von Entspannungsmethoden (therapeutisches Milieu) ist nachgewiesen. In der Literatur wird bei folgenden Beeinträchtigungen von positiven Effekten durch multisensorische Reizeinwirkungen berichtet:
- psychische Probleme wie Stress, psychosomatische Störungen, Magersucht, Depressionen, ADHS, Verwirrtheit in Folge von demenziellen Erkrankungen
- physiologische Probleme wie chronische Schmerzzustände, Schlafstörungen, Bluthochdruck, Wachkoma

Beachte: Snoezelen ist eine Entspannungsmethode, keine Therapie. Die Methode kann nicht zielbezogen eingesetzt werden und ist häufig von der Alltagswelt der Klienten weit entfernt.

Zum Weiterlesen

K. Mertens: Snoezelen. Eine Einführung in die Praxis. 2004
C. Löding: Snoezelen. Altenpflege professionell. 2004
Deutsche Snoezelen-Stiftung: *www.snoezelen-stiftung.de*

1.16 Psychotherapie und Krankenkassen

Die gesetzlichen Krankenkassen übernehmen die Behandlungskosten einer psychotherapeutischen Erkrankung, sofern die psychische Erkrankung von einem Arzt festgestellt wird. Allerdings werden nicht alle Therapieverfahren finanziert. Zurzeit sind es:
- Verhaltenstherapie
- Psychoanalyse
- tiefenpsychologisch fundierte Psychotherapie

Mithilfe der genannten Methoden werden meist folgende Erkrankungen behandelt:
- Persönlichkeitsstörungen
- Verhaltensstörungen
- psychosomatische Störungen
- Essstörungen
- Angststörungen
- Depressionen
- Süchte
- Zwangsstörungen

Zum Weiterlesen

www.gesundheitsinformation.de/psychotherapie.592.56.de.html

Teil IV
Recht/Organisation/Verwaltung

1 Rechtliche Aspekte von Sterbehilfe und Sterbebegleitung

Die Betrachtung der Sterbehilfe befindet sich in einem Spannungsfeld zwischen

- dem Grundrecht auf Menschenwürde (keine Lebenserhaltung gegen den Willen des Klienten, Recht auf einen menschenwürdigen Tod) und
- dem Grundrecht auf Leben (keine gezielte Lebensverkürzung gegen den Willen des Menschen).

▸ **S. auch Modul 1, Kap. IV.2 Die Grundrechte**

Im Folgenden wird nur die rechtliche Seite, insbesondere die Strafbarkeit der Sterbehilfe beleuchtet. Eine moralische oder ethische Bewertung findet an dieser Stelle nicht statt.

Peter H

ist am 31. August gestorben.

Wir mussten beschließen, die Geräte abschalten zu lassen, damit er Ruhe finden konnte.

Seine Familie

Köln, den 8. September 20...

Abb. 1 Sterbeanzeige

1.1 Hilfe beim Sterben

Hilfe beim Sterben bedeutet, dem Sterbenden einen leichten Tod zu ermöglichen. Pflegekräfte sind verpflichtet, dem Sterbenden durch pflegerische Hilfe und Betreuung beizustehen. Dazu gehört von ärztlicher Seite die Schmerzlinderung.
(Pflege bei Schmerzen: ▸ **s. Modul 6, Kap. II.1**)

Alle Maßnahmen, die einer Erleichterung des Sterbens dienen, ohne dass eine Lebensverkürzung bezweckt wird, sind rechtlich geboten. Die Verabreichung von Schmerzmitteln im Rahmen der Palliativmedizin, die als unerwünschte Nebenwirkung das Leben verkürzen, ist dabei nicht strafbar.
(Pflege Sterbender – Palliativpflege: ▸ **s. Modul 6, Kap. II.3**)

1.2 Hilfe zum Sterben

Hilfe zum Sterben bedeutet, einem Kranken zu helfen, sein Leben zu beenden.

Hilfe bei der Selbsttötung

Ein Klient, der geistig völlig klar ist, aber an Krebs im Endstadium mit starken Schmerzen leidet, bittet Pflegekraft Edi, ihm starke Schlaftabletten und Alkohol zu besorgen. Der Patient nimmt sich damit das Leben.

In diesem Beispiel handelt es sich um eine straflose Beihilfe zur Selbsttötung. Der Suizid ist im deutschen Recht nicht strafbar, deshalb kann auch die Beihilfe dazu nicht strafbar sein.

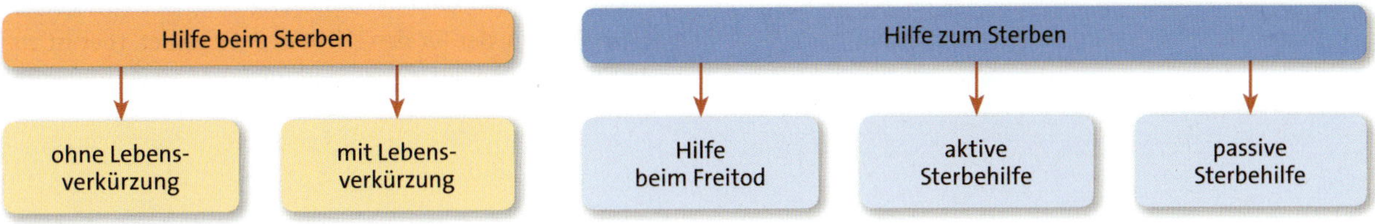

Abb. 2 Hilfe beim Sterben/Hilfe zum Sterben

Wichtig ist, dass derjenige, der sich töten will, das Geschehen beherrscht und sich jederzeit *doch* für das Leben entschließen kann. Die letzte Entscheidung muss also in der Hand des Menschen liegen, der sich das Leben nehmen will. Keine straflose Beihilfe läge beispielsweise vor, wenn Pflegekraft Edi den Klienten auf dessen ausdrücklichen Wunsch vom Balkon eines hohen Hauses stürzen würde.

Pflegekraft Edi findet einen Klienten bewusstlos im Zimmer auf. Der Klient hat eine größere Menge Schlaftabletten zusammen mit Alkohol zu sich genommen. In einem Abschiedsbrief schreibt er, dass er aus freien Stücken aus dem Leben scheiden möchte.

Pflegefachkräfte haben gegenüber Klienten und Bewohnern eine **Garantenstellung**, können also beim Unterlassen einer Hilfeleistung bestraft werden (▶ s. Modul 5, Kap. IV.1.3).
Das würde zu dem Ergebnis führen, dass
- Pflegekraft Edi dem Klienten straflos Mittel für den Suizid besorgen dürfte, aber
- dass, wenn diese eingenommen wurden und der Klient bewusstlos wurde, Edi diesen nun retten müsste, um sich nicht strafbar zu machen.

Die herrschende Rechtslehre hält das Nichteingreifen für straflos, da der Wille des Menschen, sich das Leben zu nehmen, zu respektieren ist. Die Rechtsprechung dagegen bejaht eine Rettungspflicht und hält das Geschehenlassen eines Suizids für strafbar. Bislang gibt es keine klare gesetzliche Regelung für diese widersprüchliche Situation. Viele Ärzte und Pflegefachkräfte retten deshalb bewusstlose Suizidenten, um einer möglichen Strafbarkeit vorzubeugen.

Besonderheit psychische Erkrankung. Pflegefachkräfte sind *nur* bei Personen, die infolge einer psychischen Störung Selbsttötungstendenzen aufweisen, verpflichtet, den Suizid zu verhindern. Bei geistig und seelisch Gesunden verstößt beispielsweise das Durchsuchen von Schubladen nach Tabletten gegen die rechtlich geschützte Handlungsfreiheit.

In der Praxis sind diese Fragen eher theoretischer Natur. Pflegefachkräfte sollten sicherheitshalber immer einen Arzt zurate ziehen, wenn sie bei einem Klienten oder Bewohner Selbsttötungstendenzen feststellen.

Passive Sterbehilfe

Max M. leidet an einem unheilbaren Gehirntumor, der unter anderem dazu geführt hat, dass Max nicht mehr bei klarem Verstand ist. Es wird erwartet, dass Max höchstens noch 2 Wochen leben wird. Er verweigert nun auch die Nahrung und müsste mittels einer Magensonde ernährt werden.

Unter **passiver Sterbehilfe** versteht man das Unterlassen oder Abbrechen lebensverlängernder Maßnahmen, wenn die Krankheit eines Klienten einen tödlichen Verlauf angenommen hat (▶ s. Eingangsbeispiel dieses Kapitels).

Lebensverlängernde Maßnahmen sind z. B.:
- Wiederbelebung
- künstliche Ernährung
- Beatmung

Hierbei ist grundsätzlich der Wille des Klienten maßgebend: Wünscht er keine weitere Behandlung nach eingehender Beratung und Aufklärung, so ist diese zu unterlassen oder zu beenden. Dies hat der Bundesgerichtshof in einem Grundsatzurteil vom 25. Juni 2010 (Aktenzeichen 2 StR 454/09) noch einmal klargestellt. Eine Pflicht oder das Recht des Arztes, das Leben in jedem Fall zu verlängern, besteht nicht.
Bei Bewusstlosigkeit oder geistiger Störung des Klienten muss sich der Arzt am mutmaßlichen Willen der Person orientieren. Wichtig in diesem Zusammenhang ist die **Patientenverfügung**. In ihr können Fragen der medizinischen Versorgung geregelt werden, für den Fall, dass der Betroffene sich nicht mehr selbst äußern kann. Unter anderem kann bestimmt werden, dass lebenserhaltende Maßnahmen wie künstliche Ernährung oder Beatmung nicht gewünscht werden. In § 1901 a BGB ist festgeschrieben, dass eine schriftliche Patientenverfügung für Betreuer und Arzt verbindlich ist. Liegt keine Patientenverfügung vor, muss der mutmaßliche Wille eines Klienten beispielsweise durch Aussagen Angehöriger oder des Pflegepersonals ermittelt werden. Deshalb ist es wichtig, diesbezügliche Äußerungen von Klienten in der Pflegedokumentation festzuhalten.
Unter Umständen kann die Bestellung eines Betreuers erforderlich werden, der für den Klienten entscheidet. Hier ist zusätzlich die Genehmigung des Betreuungsgerichts erforderlich.

Aktive Sterbehilfe

Aktive Sterbehilfe bedeutet **Tötung auf Verlangen** im Sinne von § 216 Strafgesetzbuch.
Jemand wünscht sich ausdrücklich und ernsthaft den Tod, kann oder will sich aber selbst nicht töten, und bittet deshalb einen anderen, ihn zu töten.

Der von Kopf bis Fuß gelähmte Rudi K. möchte nicht mehr leben. Aufgrund seiner Behinderung ist es für ihn unmöglich, seinem Leben selbst ein Ende zu setzen. Er bittet deshalb seinen Hausarzt eindringlich, ihm eine tödliche Spritze zu verabreichen.

Der Unterschied zwischen strafloser Beihilfe zur Selbsttötung und der gerade geschilderten Situation ist klein. Würde der Arzt Rudi K. ein tödliches Getränk mit einem Trinkhalm reichen, wäre dies nicht strafbar, da die entscheidende Handlung – das Saugen am Trinkhalm – von Herrn K. und nicht vom Arzt gesteuert würde.

Tötung „aus Mitleid"

Die eigenmächtige Tötung von schwer kranken Menschen ist immer strafbar als Totschlag oder je nach den Beweggründen sogar als Mord.

Zum Weiterlesen

Broschüre Patientenverfügung des Bundesministeriums für Justiz und Verbraucherschutz: *www.bmjv.de/DE/Service/Broschueren/_node.html*

Aufgaben

1. Was bedeutet Hilfe beim Sterben?
2. Erklären Sie den Unterschied zwischen aktiver und passiver Sterbehilfe.
3. Müssen Pflegefachkräfte den Suizid eines Klienten verhindern?

Patientenverfügung

Ich, Lieselotte Mustermann,
geboren am: ...,
wohnhaft in: ...,

bestimme hiermit für den Fall, dass ich meinen Willen nicht mehr bilden oder verständlich äußern kann:

Wenn infolge einer Gehirnschädigung meine Fähigkeit, Einsichten zu gewinnen, Entscheidungen zu treffen und mit anderen Menschen in Kontakt zu treten, nach Einschätzung zweier erfahrener Ärzte (Dr. med. Hausärztin und Dr. med. Neurologe) aller Wahrscheinlichkeit nach unwiederbringlich erloschen ist, selbst wenn der Todeszeitpunkt noch nicht absehbar ist, oder wenn ich bereits infolge eines weit fortgeschrittenen Hirnabbauprozesses (z. B. bei Demenzerkrankung) auch mit ausdauernder Hilfestellung nicht mehr in der Lage bin, Nahrung und Flüssigkeit auf natürliche Weise zu mir zu nehmen, oder wenn ich mich im Endstadium einer unheilbaren Erkrankung befinde, so treffe ich folgende Festlegungen:

Es sollen alle lebenserhaltenden Maßnahmen unterlassen werden. Hunger und Durst sollen auf natürliche Weise gestillt werden, gegebenenfalls mit Hilfe bei der Nahrungs und Flüssigkeitsaufnahme. Ich wünsche fachgerechte Pflege von Mund und Schleimhäuten sowie menschenwürdige Unterbringung, Zuwendung, Körperpflege und das Lindern von Schmerzen, Atemnot, Übelkeit, Angst, Unruhe und anderer belastender Symptome.

Ich erwarte eine fachgerechte Schmerz und Symptombehandlung. Wenn alle sonstigen medizinischen Möglichkeiten zur Schmerz und Symptomkontrolle versagen, sollen bewusstseinsdämpfende Mittel zur Beschwerdelinderung eingesetzt werden. Dabei nehme ich die unwahrscheinliche Möglichkeit einer ungewollten Verkürzung meiner Lebenszeit durch schmerz- und symptomlindernde Maßnahmen in Kauf.

Ich wünsche, dass eine künstliche Ernährung und/oder eine künstliche Flüssigkeitszufuhr nur bei palliativmedizinischer Indikation zur Beschwerdelinderung erfolgen. (...)

Ich erwarte, dass der in meiner Patientenverfügung geäußerte Wille zu bestimmten ärztlichen und pflegerischen Maßnahmen von den behandelnden Ärztinnen und Ärzten und dem Behandlungsteam befolgt wird. Mein Bevollmächtigter soll dafür Sorge tragen, dass mein Wille durchgesetzt wird.

(www.bmjv.de)

Modul 7

Kooperieren und qualifizieren – interdisziplinäre Zusammenarbeit in der Heilerziehungspflege

Teil I Theorie und Praxis der Heilerziehungspflege

1 Team und Teamentwicklung 384
1.1 Strukturen eines Teams 384
1.2 Kommunikation im Team 385
1.3 Teammoderation 386
1.4 Teamsteuerung und Teamleitung 391
1.5 Konflikte im Team 392
1.6 Hilfen für Helfer – Supervision 397

2 Interdisziplinäre Zusammenarbeit 400
2.1 Entwicklungs- und Betreuungsplanung 400
2.2 Fallgespräche 409
2.3 Coaching 411
2.4 Kollegiale Beratung 415
2.5 Balint-Gruppen 418
2.6 Mediation 420
2.7 Zusammenarbeit mit anderen Institutionen 422
2.8 Öffentlichkeitsarbeit 426
2.9 Fort- und Weiterbildung 431
2.10 Berufsorganisationen und Verbandsarbeit 432

3 Mit Angehörigen partnerschaftlich arbeiten 434
3.1 Die Arbeit mit Angehörigen in Phasen des Übergangs 435
3.2 Die Arbeit mit Angehörigen in Wohneinrichtungen 436
3.3 Mitwirkungsrechte des Heimbeirats 438

Teil II Gesundheit und Pflege

– –

Teil III Psychiatrie

– –

Teil IV Recht / Organisation / Verwaltung

– –

Praxisbeispiel Modul 7

Renate Weber (32 Jahre) hat im letzten Jahr ihre Ausbildung zur **Heilerziehungspflegerin** an einer Fachschule in Frankfurt erfolgreich abgeschlossen. Es war ein langer Weg bis zu ihrem Examen gewesen – nach dem Abitur hatte sie zunächst den Weg in ein Pädagogikstudium eingeschlagen, konnte dort jedoch nicht richtig Fuß fassen. Zu theoretisch erschien ihr die Vermittlung der Inhalte und ein konkretes Ziel ließ sich auch nicht erkennen.

Deutlich mehr Spaß hatte ihr immer die Arbeit im *Seniorenheim Marienfrieden* gemacht. Die Arbeit mit den alten Menschen forderte sie. Abwechslungsreich in der Begleitung der Bewohner und Bewohnerinnen an den Wochenenden und auch mit der Pflege kam sie gut zurecht. So war schließlich aus dem Aushilfsjob ein freiwilliges Jahr als **„Bufdi" (Bundesfreiwilligendienstleistende)** geworden, welches sie für sich als berufliche Neuorientierung nutzte. Über eine Jobmesse war sie auf das Feld der Behindertenhilfe aufmerksam geworden und die Entscheidung in Richtung Heilerziehungspflege war letztlich genau die richtige Wahl gewesen.

Hoch motiviert nahm sie ihre erste Stelle im Wohnheim für ältere Menschen mit Behinderungen in Offenbach an. Ein multiprofessionelles Team erwartete sie dort – Altenpfleger/-innen und Gesundheitspfleger/-innen arbeiteten Hand in Hand mit Sozialpädagogen und eben Heilerziehungspflegern. Das ging nicht immer reibungslos – erst neulich gab es eine lautstarke Auseinandersetzung auf einer Teamsitzung um die richtige Art der Mobilisation und Lagerung. Hier spürte man dann, dass die unterschiedlichen Berufsgruppen eine andere Sicht der Dinge hatten.

Ein zunehmend wichtiges Thema in der Einrichtung war das Thema der demenziellen Erkrankungen und Veränderungen. Hier war es insbesondere die Leitung der Einrichtung, die die Idee der **personenzentrierten Pflege** und der **Milieugestaltung** im Konzept der Einrichtung verankern wollte. Dazu sollte das Leitbild des Wohnheims den Erfordernissen eines modernen Qualitätsmanagements angepasst werden. Eine zeitintensive Arbeit, wie Renate Weber es empfand. Zeit, die sie eigentlich lieber in die Betreuung und Begleitung ihrer Bewohner und Bewohnerinnen investiert hätte.

Während der letzten Wochen war ihr besonders die **54-jährige Frau Wenning** ans Herz gewachsen. Frau Wenning gehörte mit ihrer leichten Behinderung aufgrund eines Down-Syndroms zu den selbstständigeren Bewohnern. Ihre Arbeitszeit in der Werkstatt für Menschen mit Behinderungen - sie arbeitete leidenschaftlich gern im Bereich Verpackung und Montage – war reduziert worden. Zeit, die Frau Wenning für ihre Hobbys nutzte: gemeinsames Kochen und Backen mit ihren beiden Freundinnen in der Wohngruppe. Frau Wenning war stolz darauf, dass sie ihr Zimmer selbst in Ordnung halten konnte. Zudem legte sie Wert auf ein gepflegtes Äußeres.

In der letzten Zeit sind Renate Weber aber einige Veränderungen aufgefallen, die ihr Sorge bereiten: Frau Wenning zieht sich häufiger als bisher in ihr Zimmer zurück, manchmal muss Renate sie auch deutlich auffordern, ihren Arbeitsbeginn nicht zu verpassen und rechtzeitig aufzustehen. Alles scheint ein wenig langsamer zu gehen.

Auch ihren Interessen geht Frau Wenning nicht mehr so leidenschaftlich nach. Selbst beim Kochen ist sie nicht mehr so aktiv, sodass sich ihre beiden Freudinnen besorgt zeigen. Offensichtlich ist auch, dass Frau Wenning nicht mehr so gepflegt auftritt – neulich fuhr sie sogar mit ihren Hauspantoffeln zur Arbeit. Aus der Werkstatt gibt es keine weiteren Hinweise oder Informationen, die hier weiterhelfen könnten.

Als Renate Weber in einem Gespräch mit ihrer langjährigen Kollegin Barbara König erfährt, dass die Mutter von Frau Wenning an Demenz erkrankt war, bevor sie vor 3 Jahren verstarb, nimmt sich Renate Weber vor, hier noch einmal genauer nachzufragen und Frau Wenning zu beobachten.

Die nächste Teamsitzung bietet eine gute Gelegenheit für einen längeren Austausch.

Teil I
Theorie und Praxis der Heilerziehungspflege

1 Team und Teamentwicklung

Abb. 1 „Das Team“

Unterschiedliche Modelle zu Gruppenprozessen (beispielsweise mit den Phasen *Forming, Storming, Norming* u. a.) wurden in ▸ **Modul 2, Kap. I.5** näher betrachtet. Da gerade in der heilerziehungspflegerischen Praxis die Arbeit in Teams an der Tagesordnung ist, soll nachfolgend in einem weitergehenden Schritt die **Phase der Gruppenentwicklung** unter die Lupe genommen werden – jene Phase, in der eine Gruppe als Team charakterisiert werden kann. Bei Bruce Tuckman beispielsweise würde dies der Phase *Performing* entsprechen. Es soll also geklärt werden, welche Aspekte erfüllt sein müssen, um eine Gruppe „Team“ nennen zu können.

Des Weiteren wird auf die **Kommunikation im Team** eingegangen. Fragen, wie eine Kommunikation ablaufen sollte, die für den Teamprozess förderlich ist, werden beantwortet und mithilfe von Praxisbeispielen verdeutlicht. Methoden zur **Teammoderation** und -steuerung werden ebenfalls präsentiert. Schließlich wird der **Konfliktfall** im Team mit zur Verfügung stehenden Lösungsschritten beleuchtet. Supervision und Mediation werden in diesem Kontext als 2 Möglichkeiten der Konfliktbearbeitung detailliert vorgestellt.

1.1 Strukturen eines Teams

Das Team ist so strukturiert, dass jedes Teammitglied seine persönlichen Stärken einbringen kann und soll. Diese werden von den anderen Teammitgliedern nicht nur akzeptiert, sondern auch als solche auf dem Weg zur Zielerreichung benötigt und demzufolge vom Einzelnen eingefordert. Ist diese kooperative Grundlage gegeben, kann die zu lösende Aufgabe zielgerichtet bearbeitet werden. Dabei sind unterschiedliche Gesichtspunkte von Relevanz, um von einem „Team“ und „Teamarbeit“ reden zu können:

Es findet eine Aufgabenteilung statt, damit effizientes Arbeiten zur Erreichung eines gemeinsamen Ziels stattfinden kann. Die Verantwortlichkeit wird geteilt, sodass Schritte des Arbeitsprozesses auf dem Weg zur Zielerreichung sowie das Ziel selbst als eigene Errungenschaft empfunden werden können. Damit ist die Motivation des Einzelnen für das Geschehen sowie den weiteren Arbeitsprozess und -einsatz gesteigert. Solchermaßen bedeutsam und relevant zu sein, trägt zur Gesamtzufriedenheit des einzelnen Teammitglieds bei, was wiederum einen gesteigerten Leistungseinsatz und ein positives Arbeitsklima nach sich zieht. Gegenteilig gesehen werden Misserfolge oder das Scheitern auch persönlich gesehen. Diese auszugleichen bzw. aufzuheben, wird in der Teamarbeit als eine Art „Herzensangelegenheit“ betrachtet: Der Einzelne hat den Ansporn, das Nichtgeglückte in einen Erfolg umzuwandeln, und zeigt persönlich hohen Einsatz, um mit seinem Beitrag ein positives Ergebnis mit dem Team, dem er angehört, erreichen zu können. Dabei wird jedes Teammitglied in einem funktionierenden Team von den anderen Teammitgliedern in seinem Denken und Handeln auf unterschiedliche Weise unterstützt. Das kann beispielsweise durch Ideen, Handreichungen, Informationen, Materialien oder motivationale Aspekte geschehen.

Sollte ein Teammitglied durch Krankheit o. Ä. ausfallen, ist das Team in der Lage, die Situation zu bewältigen und trotz der fehlenden Person ihr Ziel zu erreichen. So können Teile der Arbeitsanforderungen von anderen Teammitgliedern übernommen werden. Jeder ist über die Arbeit des anderen informiert, ein Ausfall kann von dem restlichen Team kompensiert werden. Allerdings ist das *gemeinsame* Erreichen des gesetzten Ziels anzustreben, damit das Team – nach seinem Erfolgserlebnis in seiner Leistung und Motivation gesteigert – als „Dream-Team“ das nächste Vorhaben angehen kann.

Abb. 1 Ein Team kommt weiter!

Merkmale von Teamarbeit
- Es besteht ein gemeinsames Ziel, mit dem sich jedes Teammitglied identifizieren kann.
- Das Ziel ist realistisch und klar definiert.
- Eine zeitliche Terminierung ist gegeben.
- Fragestellungen werden gemeinsam entschieden und getragen.
- Die Kommunikation untereinander ist von gegenseitiger Offenheit gekennzeichnet; sie findet auf der Sachebene, d. h. inhaltlich zielgerichtet statt.
- Gegenseitige Unterstützung und Hilfe im Sinne der Zielerreichung. Kooperation ist vorausgesetzt.
- Synergie-Effekte werden erkannt und genutzt.
- Ein Koordinator oder eine Teamleiterin ist vorhanden. Er/sie tritt nicht nur bei sachlichen Fragen und organisatorischen Aspekten, sondern auch bei persönlichen Diskrepanzen in Erscheinung.
- Eine Übereinstimmung von Regeln liegt vor.
- Verantwortlichkeiten sind geklärt.
- Regelmäßige Reflexionsrunden finden statt.

Sind die genannten Gesichtspunkte der Teamarbeit gegeben, kann ihre hohe Relevanz leicht nachvollzogen werden: Ein Ziel kann im Vergleich zu Einzelbemühungen leichter, schneller und qualifizierter erreicht werden, wobei gleichzeitig das soziale Miteinander und das Zusammengehörigkeitsgefühl gefördert werden.

Die weitverbreitete Bedeutungserklärung von Team als „**T**oll, **e**in **a**nderer **m**achts" kann unter diesen Bedingungen nicht aufrechterhalten werden. Diese Redewendung kann nur verifiziert werden, wenn einzelne Aspekte von Teamarbeit nicht vorhanden sind. In einem solchen Fall handelt es sich aber nicht mehr um ein *Team*, sondern nur um eine zusammengesetzte *Gruppe*.
Teamarbeit ist gerade gegenwärtig vor dem Hintergrund komplexer werdender Arbeitsschritte und Anforderungen wichtig, um den Ansprüchen des heilerziehungspflegerischen Arbeitsalltags qualifiziert und effizient zu begegnen. Das Aufteilen von Aufgaben und das Zusammenführen der Einzelergebnisse zu einem Gesamtergebnis machen die zur Verfügung stehenden Synergie-Effekte in der Praxis deutlich. Die individuellen Stärken können (und sollen!) in die Teamarbeit einfließen, sodass das Gesamtteam davon profitieren kann. Die gesteigerte Gesamtqualität in Bezug auf Inhalt, Zeit und persönlichen Einsatz ist durch das Arbeiten in einem eingespielten Team klar ersichtlich. Zudem wirkt der gemeinsame Erfolg motivationssteigernd und trägt zu einem verbesserten Arbeitsklima bei, das sich wiederum durch persönliches Engagement auszeichnet. Dieses mündet in eine Arbeitshaltung, die der Umsetzung innovativer Ideen gegenüber aufgeschlossen ist.

1.2 Kommunikation im Team

Eine offene Kommunikation ist die Grundlage für eine gelingende Teamarbeit. Dabei ist es wichtig, dass unterschiedliche Kommunikationsmodelle, wie sie beispielhaft in ▶ **Modul 2, Kap. I.4** vorgestellt wurden (TZI u. a.), den Teammitgliedern bewusst sein und von ihnen genutzt werden sollten. Wichtig für die von Offenheit gekennzeichnete und gelingende Kommunikation sind besonders folgende Gesichtspunkte:

Ausgewählte Kommunikationsregeln auf einen Blick
- Ich-Botschaften senden
- Respekt zeigen
- gegenseitiges Zuhören
- aussprechen lassen
- Freiwilligkeit, sich zu äußern oder nicht
- keine „Killerphrasen" verwenden, z. B.: „Das haben wir noch nie so gemacht."
- Sachebene betonen
- zielgerichtete Äußerungen
- angenehmer Gesprächsrahmen
- eigene Ideen einbringen
- Details klarlegen
- Kompromissbereitschaft zeigen
- deutliche Aussprache
- positive Kritik üben, gute Leistungen loben
- eigene Körpersprache und die der Teilnehmer beachten und darauf reagieren

1.3 Teammoderation

Die Moderation eines Teams erfordert die Bewältigung vielfältiger Aufgaben, die vor, während und nach einem Teamtreffen erfüllt werden müssen.

Die Planung. Dem Moderator kommen zunächst die Aufgaben der Planung und Vorbereitung eines Teamtreffens zu. Diese Aufgabe kann in einzelne Schritte unterteilt und strukturiert werden:

Einladung zum Teamtreffen. Sie sollte möglichst in schriftlicher Form erfolgen und frühzeitig (etwa 2 Wochen) vor dem Treffen erfolgen. Finden die Treffen zeitlich regelmäßig und im Dienstplan verankert statt, entfällt dieser Punkt weitestgehend. Eine Erinnerung an das Treffen mit Hinweis auf die Möglichkeit, im Vorfeld Themen zu benennen, die unumgänglich zum nächsten Treffen besprochen werden, ist jedoch empfehlenswert.

Tagesordnung erstellen. Für die Teammitglieder ist es wichtig, die Inhalte des Treffens im Vorfeld zu kennen. Damit können sie sich thematisch auf das Treffen vorbereiten. Bestimmte Haltungen, Fragen oder Ideen zu einzelnen Aspekten können individuell ohne zeitlichen Druck überdacht werden. Sie werden während des Teamtreffens eingebracht und tragen zu einem zeitlich und inhaltlich effektiven Verlauf des Treffens bei. Um relevanten individuellen Anliegen einzelner Teammitglieder einen zeitlichen Raum zu bieten, ist es wichtig, einen entsprechenden Tagesordnungspunkt dafür vorzusehen. Das Aufnehmen des Punkts „*Verschiedenes*" bietet sich in diesem Zusammenhang an.

Rahmenbedingungen schaffen. Neben inhaltlichen Gesichtspunkten muss sich vor dem Treffen auch um organisatorische Aspekte gekümmert werden. So ist ein Raum mit angenehmer Atmosphäre und ausreichenden Sitz- und Schreibmöglichkeiten zu belegen. Bei Bedarf ist für unterschiedliche Präsentationsmedien (z. B. Laptop, Beamer, Flipchart) zu sorgen; auch Schreibutensilien für den individuellen Bedarf sollten ggf. vorhanden sein. Des Weiteren trägt es zu einer angenehmen Gesamtatmosphäre bei, wenn Getränke und kleine Snacks oder Knabbereien bereitgestellt sind.

Abb. 1 Rahmenbedingungen fürs Teamtreffen

Tagesordnung Teamtreffen: Einrichtung eines Bewegungsraums

18. August, 9:30–11:30 Uhr, Teamraum „Sonnenschein"

Teamtreffen wurde einberufen von der gruppenleitenden Heilerziehungspflegerin Frau Schmidt

Teilnehmer: siehe Teilnehmerliste
Bitte vorbereiten: siehe Leseliste zum Thema
Bitte mitbringen: siehe Materialliste, individuelle SMART-Planung

TOP 1 (9:30–09:40 Uhr):
Begrüßung
Abgleich SMART-Planungen, ggf. Anpassung der TOP
Beschreibung der Projektphase „Bewegungsraum"
Übersicht über die Projektplanung

TOP 2 (09:40–10:10 Uhr):
Einzelpräsentationen zum aktuellen Stand
Nennung weiterer notwendiger Aktivitäten

TOP 3 (10:10–11:00 Uhr):
Kurzberichte der Partnerteams zu Fortschritten, Schwierigkeiten, Besonderheiten
Zeitliche Grobplanung für die nächsten Schritte

TOP 4 (11:00–11:30 Uhr):
Verschiedenes
Kurzreflexion I (SMART)
Kurzreflexion II (Blitzlicht)

Platz für Notizen:

Abb. 2 Beispiel einer Tagesordnung

Das Teamtreffen. Das Treffen an sich sollte mit einer Erwartungsklärung begonnen werden. Jedes Teammitglied äußerst seine Erwartungen an das Treffen. Die Nennung der einzelnen Zielvorstellungen zum Treffen erleichtert das weitere strukturierte Vorgehen. Der Grund des Treffens wird den Teilnehmern nochmals bewusst und die sich anschließende Besprechung kann zielgerichtet vollzogen werden. Eine bewährte Form der Zielplanung ist das sogenannte „SMART-Verfahren" (▸ s. auch Modul 5, Kap. I.3.2.2).

SMART-Zielplanung
S – spezifisch: Die Ziele müssen inhaltlich konkret formuliert sein.
M – messbar: Die Ziele müssen überprüfbar sein.
A – ansprechend: Die Ziele müssen motivierend sein.
R – realistisch: Die Ziele müssen angemessen und erreichbar sein.
T – terminiert: Die Ziele müssen zu einer festgelegten Zeit erreicht sein.

Durch die SMART-Zielplanung kann eine effektive Teambesprechung stattfinden. Ist die Besprechung beendet, ist die Rückmeldung über das Erreichen der einzelnen Ziele offensichtlich. Der Einzelne weiß, was erreicht wurde und welche Fragen und Aufgaben noch im Raum stehen. Die Sinnfrage nach dem regelmäßigen Treffen entfällt, da sie durch die Zielplanung zu Beginn des Treffens beantwortet wird. Dadurch erhöht sich die Motivation der Mitarbeiter, an solchen Treffen aktiv teilzunehmen.
Während des Teamtreffens moderiert das ausgewählte Mitglied, indem es Beiträge sammelt, auf die Einhaltung der Kommunikationsregeln und Redezeiten der Einzelnen achtet sowie die zielgerichtete Diskussion und Aufgabenbewältigung vorantreibt. Werden Verantwortlichkeiten aufgeteilt, muss der Moderator auf gleichmäßige Verteilung achten. Es wäre nicht im Sinne einer qualifizierten Teamarbeit, wenn die Aufgaben lediglich von *einer* Person erledigt werden würden. Das Achten auf eine gerechte arbeitsteilige Vorgehensweise innerhalb des Teamtreffens kann somit konfliktvorbeugend wirken und sogar den entscheidenden Faktor zum Weiterbestehen eines Teams oder dessen Scheitern ausmachen.
Absprachen und Verbindlichkeiten müssen vom Moderator festgehalten werden. Dabei kommt dem Moderator auch die Aufgabe zu, vorgeschlagene und akzeptierte Kooperationen zielgerichtet zu koordinieren. Sollten **Konflikte** auftauchen, gilt es, diese offenzulegen und zu klären, bevor auf inhaltlicher Ebene weitergearbeitet werden kann. Werden diese nicht erkannt oder „unter den Teppich gekehrt", kann keine effiziente Teamarbeit im weiteren Verlauf stattfinden, da immer der unausgesprochene bzw. unbehandelte Konflikt im Raum stünde.
Näheres zur Konfliktbearbeitung ▸ **s. Kap. 1.5.**

Schließlich gilt es, Ergebnisse des Teamtreffens nochmals zu benennen und schriftlich zu fixieren. So hat jedes Teammitglied einen Überblick über Absprachen, Verbindlichkeiten und zu erledigende Aufgaben. Das wirkt nicht nur erinnernd, sondern steigert die Verantwortlichkeit des Einzelnen in Bezug auf seinen persönlichen Beitrag für die weitere effektive Teamarbeit. Hilfreich bei der Dokumentation kann ein übersichtliches **Planungsraster** sein (▸ **Abb. 1**). Das Planungsraster kann auch einem Protokoll oder einem **Dokumentationsbogen** hinzugefügt werden, den jedes Teammitglied wenige Tage nach dem Treffen erhält (▸ **Abb. 2**).

Zum Abschluss. Bevor der Moderator das Teamtreffen beendet, sollte eine kurze schriftliche oder mündliche Reflexion durchgeführt werden. Diese kann sich auf die SMART-Planung beziehen und/oder einen einzelnen Aspekt (z. B. die Kommunikation untereinander) beleuchten. Wird ein einzelner Aspekt ausgewählt, sollte er zukünftig wiederholt reflektiert werden, um festzustellen, ob Änderungen eingetreten sind. In solch intensiven Reflexionsphasen können dann einzelne Bereiche ausgeweitet werden, damit Veränderungschancen in unterschiedliche Richtungen (z. B. fachlich oder persönlich) ermöglicht werden.

Ziel des Teams	Aufgabe	Person 1	Person 2	Deadline

Abb. 1 Beispiel eines Planungsrasters zur Dokumentation für Teamtreffen

Dokumentationsbogen für das Teamtreffen am ...

Anwesende:

Tagesordnungspunkte:

Ergebnisse im Einzelnen:

Verantwortlichkeiten:

Ort, Datum, Unterschrift ____________________

Ausblick: Nächstes Treffen ist am ________ mit dem Thema ...

Die Moderation übernimmt: ____________________

Abb. 2 Beispiel eines Dokumentationsbogens

In der Reflexion bieten sich folgende Fragen an, die individuell beantwortet werden:
1. Was ist geschehen?
2. Wie ist es empfunden worden?
3. Was ist daraus gelernt worden?
4. Besteht eine Übertragbarkeit auf Alltagssituationen – privat oder beruflich?
5. Wie kann zukünftig in ähnlichen Situationen gehandelt werden?

Mögliche Veränderungen. Folgt man dieser Struktur, eröffnet sich jedem Teammitglied die Chance, sich selbst über eigene Verhaltensmuster und Bedürfnisse in unterschiedlichen teamrelevanten Bereichen klar zu werden. Das Erkennen typischer Handlungen und seiner Konsequenzen in der beruflichen Arbeit kann auf das Verhalten im privaten Alltag übertragen werden; oft spiegelt es sich hier in ähnlicher Weise wider, samt Vor- oder Nachteilen. Konkrete Veränderungen können überlegt und in beruflicher wie privater Praxis erprobt werden. Eine gesteigerte Zufriedenheit mit der Veränderung und den Konsequenzen daraus ist wünschenswert. So können beispielsweise einzelkämpferische Eigenschaften, die einer effektiven Teamarbeit im Wege stehen, durch Erkenntnis und bewusste Verhaltensänderung zu teamfähigem Handeln einer Person führen.

Zehn Ideen für Kurzreflexionen

Blitzlicht: In festgelegter kurzer Zeit (10–15 Sek.) wird ein Statement zu einer festgelegten Ausgangsfrage (z. B. Zufriedenheit mit der Kommunikation untereinander) abgeben.

Stimmungsbarometer: Ein Plakat mit einem Barometer wird aufgehängt. Jeder kann einen Klebepunkt an die Stelle heften, die seiner Befindlichkeit hinsichtlich des Treffens (oder einem zuvor genannten Aspekt, z. B. Zielorientierung) entspricht.

Wetterkarte: Ein Poster mit unterschiedlichen Wettersymbolen wird aufgehängt. Ansonsten wie beim „Stimmungsbarometer".

Smiley-Abfrage: Gesichter mit unterschiedlichen Emotionen werden angezeichnet. Die einzelnen Teammitglieder machen einen Strich hinter das Gesicht mit jener Emotion, die der ihren bez. einer Ausgangsfrage oder einem genannten Statement am nächsten entspricht.

Standogramm: Ein Raum wird in unterschiedliche Bereiche (z. B. von „sehr zufrieden" bis „überhaupt nicht zufrieden") eingeteilt. Durch Einnehmen eines bestimmten Standorts im Raum wird der eigenen Meinung und Empfindung Ausdruck verliehen.

Bilder: Es wird ein Stapel mit unterschiedlichen Bildern (z. B. Postkarten mit Landschaftsmotiven) zur Verfügung gestellt. Jedes Teammitglied darf eine Karte auswählen, die seinem Empfinden zu einer bestimmten Fragestellung entspricht. Am Bild erläuternd kann es seine Gefühle und Wahrnehmung äußern.

Metaphern: Ein komplexes System wird vorgegeben, in dem jeder Teilnehmer seine Rolle nennen und erläutern soll; auch die Zufriedenheit mit der Rolle soll geäußert werden. Denkbar ist z. B. das System „Schiff", welches Rollen wie die des Kapitäns, des Schiffsjungen oder des Arbeiters im Maschinenraum eröffnet.

Fragebogen: Ein vorbereiteter Fragebogen wird jedem zur Beantwortung zur Verfügung gestellt, eingesammelt und ausgewertet.

Zielscheibe: Eine Zielscheibe mit Beschriftungen von „sehr gut" (Mitte) bis „sehr schlecht" (Rand) wird aufgehängt. In die einzelnen Abschnitte werden Themen oder Fragen (z. B. „Wie empfanden Sie das soziale Miteinander während der Problemlösung?") eingetragen. Die Teilnehmer beziehen durch das Anbringen von Klebepunkten Stellung.

Spielfiguren: Anhand von zur Auswahl bereitgestellten Spielfiguren (z. B. Playmobilfiguren oder Schlümpfe) kann das eigene Empfinden zu einer Ausgangsfragestellung gezeigt und erläutert werden.

Reflexionsfragen zur Gruppenarbeit (Beispiele)
- Wie empfinde ich den gemeinsamen Arbeitsprozess?
- Welche Rolle habe ich? Wie fühle ich mich damit?
  - Möchte ich eine andere Rolle einnehmen? Was kann ich dafür tun?
- Wie zufrieden bin ich mit der inhaltlichen Arbeit?
- Welche inhaltlichen Beiträge konnte ich liefern?
- Wurden meine Ideen für die Weiterarbeit übernommen?
- An welchen Stellen habe ich die Weiterarbeit der Gruppe beeinträchtigt?
- Wie empfinde ich die Gesamtatmosphäre in der Gruppe? Wie fühle ich mich damit?
- Welche Verhaltensweisen anderer Gruppenmitglieder helfen mir (nicht) beim zielgerichteten Arbeiten?
- Welche organisatorischen Bedingungen sind der Gruppenarbeit zuträglich? Welche eher hinderlich?
- Welche Schritte zur Verbesserung der Zusammenarbeit sollten gemacht werden? Was soll auf keinen Fall verloren gehen?
- Welche Kompetenzen kann ich für den Prozess einbringen?

Die Fragen können je nach Reflexionsthema geändert und auch in schriftlicher Form, zum Beispiel als Fragebogen oder Tabelle zum Ankreuzen, an die Teammitglieder ausgeteilt werden. So kann in diagnostischer Art und Weise auch auf Ursachen eines bestimmten Verhaltens eingegangen werden. Eine **Evaluation mit Änderungsvorhaben** in perspektivischer Sicht sollte der Reflexion folgen. So wird verdeutlicht, dass die Empfindungen, Ideen und Anregungen der Einzelnen wichtig sind und ihre Umsetzung finden. Reflexion und ihre Wirkung für einen Verbesserungsprozess wird unterstrichen. Der häufige Gedanke „Ist doch sowieso egal, was ich hier sage/schreibe" entfällt. Die Zufriedenheit und Arbeitsleistung der einzeln wertgeschätzten Teammitglieder steigt.

Feedback

Üblicherweise gehen intensive Reflexionsphasen mit gegenseitigem Feedback einher. Dies bedeutet, dass sich die Mitglieder einer Gruppe Rückmeldung zu bestimmten Aspekten geben. Dies kann sich beispielsweise auf persönliches Verhalten, technische Fähigkeiten oder interpersonale Aspekte beziehen. Die Rückmeldungen können negativ wie positiv sein, wirken aber in den meisten Fällen emotional berührend, da es einem selbst ein Bild der eigenen Persönlichkeit, der eigenen Charakterzüge und individuellen Verhaltensmerkmalen – wahrgenommen von anderen – offenbart. Ein Eindringen in den privaten, normalerweise nur wenigen einzelnen Personen zugänglichen Bereich, erfolgt. Aus diesem Grund ist innerhalb des Feedback-Prozesses von allen Beteiligten besonders vorsichtig und empfindsam vorzugehen. So ist das gegenseitige Feedback in Kleinstgruppen von 3–4 Personen zu empfehlen. Größere Gruppen könnten den Effekt des „Bloßgestelltwerdens" in sich tragen. Gegenseitiges Feedback mit einem Partner ist auch üblich, kann aber in gegenseitiges „Aufrechnen" und Zurückgeben von negativer Kritik ausarten. Das Einhalten von Regeln für das Feedbackgeben und -nehmen ist konsequenterweise unabdinglich, um einen positiven Verlauf und ein möglichst optimales Ergebnis zu erreichen. Dieses soll in intendiert positive Veränderung münden, ohne die Gefühle des Einzelnen verletzt zu haben.

Regeln für den Feedbackgeber
- Ein Angebot zum Feedback machen: Es basiert auf Freiwilligkeit und kann auch abgelehnt werden.
- Positive Aspekte hervorheben.
- Nur beschreiben, was man selbst wahrgenommen oder empfunden hat.
- Details beschreiben.
- Aktuell sein: Keine Situationen beschreiben, die länger zurückliegen.
- Keine Bewertung vornehmen.
- Zeigen Sie dem Gegenüber Respekt.
- Konstruktiv vorgehen.
- Ich-Botschaften senden.
- Im Dreischritt vorgehen: „Ich habe wahrgenommen ..., ich habe empfunden ..., ich wünsche mir ..."
- Das Motto „Weniger ist mehr" beachten.

Regeln für den Feedbacknehmer
- Um Feedback bitten.
- Zuhören.
- Bei Unklarheiten nachfragen.
- Feedback annehmen.
- Den Feedbackgeber wertschätzen.
- Eigene Gefühle auf das Feedback beschreiben.
- Nicht rechtfertigen.
- Für das Feedback danken.
- Ggf. Änderungen vornehmen, deren Notwendigkeit sich aus dem erhaltenen Feedback ergeben hat.

(Quelle: IQSH)

Präsentation

„Jede Präsentation ist auch eine Selbstpräsentation."
Die Rolle des Teammoderators macht es nicht selten notwendig, Inhalte zu bestimmten Themen präsentieren zu müssen. Gerade weil die Art der Präsentation auf den Moderator selbst zurückfällt, ist Wissen um Präsentationstechniken und die Anwendung derselben für eine professionelle Darstellung unabdingbar.

Die Präsentation sollte vorab gut geplant und strukturiert werden, um Schwierigkeiten währenddessen weitestgehend auszuschließen. Dies schließt i. d. R. ein „Durchspielen" der Präsentation im Vorfeld ein. Zu Beginn steht allerdings die Zeiteinteilung: Der zeitliche Rahmen ist meist vorgegeben, daher (und damit die Zuhörer nicht überfordert werden oder in ihren Gedanken abschweifen) ist die Vorgabe einzuhalten. Wichtig ist dabei die Zahl „20": Einzelne Abschnitte oder Redeeinheiten sollten nicht über 20 Minuten hinausgehen, da die Konzentrationsfähigkeit des menschlichen Gehirns dann erschöpft ist. Die sich anschließende Verarbeitungsphase im Gehirn ist durch entsprechende methodisch-didaktische Planung effektiv für die Zielerreichung zu nutzen.

Hauptteil. Ist die Begrüßung der Zuhörer erfolgt, schließt sich die Hinführung und Nennung des Präsentationsthemas an. In einem Hauptteil wird auf inhaltliche Belange eingegangen, ohne vom roten Faden abzuweichen, da die Konzentrationsphase der Zuhörer zu nutzen ist. Es bietet sich in diesem Zusammenhang an, die Zuhörer zu bitten, auftretende Fragen am Ende der Präsentation zu stellen. Der Hauptteil bezieht sich vornehmlich auf sachliche Aspekte des Themas, die aufbauend und argumentativ vorgestellt werden. Die Begründungen sind so zu formulieren, dass der Zuhörer sie logisch und leicht nachvollziehen kann. Das Nutzen von Fachbegriffen, Hinweise auf innovative Ideen mit ihren Belegen sowie Beispiele aus der Praxis unterstützen die Präsentation. Tauchen unbekannte oder schwer verständliche Fachbegriffe auf, sollten sie von dem Moderator, der die Präsentation durchführt, direkt kurz erläutert werden. Trotz verwendeter Wissenschaftlichkeit sollte Verständlichkeit stets gegeben sein. Gesellschaftliche, soziale und kulturelle Bezüge zum Thema können der Argumentationsführung und dem Ziel der Präsentation dienlich sein. Die Betonung der wesentlichen Aspekte ist jedoch während der gesamten Präsentation zu beachten, damit die Aufmerksamkeit der Zuhörer gezielt auf eine Thematik gelenkt und dort gehalten werden kann. Aus diesem Grund bietet es sich an, einen Spannungsbogen aufzubauen, ihn weiterzuführen und am Ende der Präsentation aufzulösen. Dies kann durch das Einführen eines Problems, seine Ausprägung, vorgeschlagene Lösungen mit eventuellen Alternativen und deren Begründungen erreicht werden, die schließlich in einen Zukunftsausblick münden. Mit dieser vorgeschlagenen Perspektive endet die Präsentation. Eine Frage- und/oder Diskussionsrunde zum Thema kann sich anschließen.

Äußere Aspekte. Während der Präsentation sollte auch auf das eigene Erscheinungsbild, verbale, nonverbale und paraverbale Aspekte geachtet werden: Neben einer dem Rahmen angemessenen Kleidung und einem gepflegten Äußeren ist auf die eigene Gestik und Mimik sowie die Körperhaltung insgesamt zu achten. Sie sollte selbstbewusst, den Zuhörern zugewandt, freundlich und offen sein, aber auch Sicherheit, Engagement und ein Überzeugtsein von den eigenen Ausführungen ausstrahlen.

In Kombination mit dem Gebrauch der verbalen und paraverbalen Möglichkeiten kann ein gestecktes Ziel leichter erreicht werden. So ist von einer monotonen Sprache abzuraten; vielmehr sollte die Stimme moduliert werden: Lautstärke, Geschwindigkeit, Sprachmelodie und Tonlage müssen variiert werden, um den Zuhörer immer wieder aufs Neue zu interessieren. Sicheres, betontes und verständliches Sprechen, das in freier Form erfolgt, erleichtert das Zuhören stark. Kurze Redepausen unterstützen dabei, das Interesse des Zuhörers erneut zu gewinnen.

Medien. Die Medien, die zur Präsentation verwendet werden, sind so zu wählen, dass sie das Thema unterstreichen. Eine Präsentation mit entsprechender Software (z. B. PowerPoint) bietet zwar viele Möglichkeiten, kann aber auch vom eigentlichen Inhalt ablenken. Daneben birgt sie einige technische Gefahren, die durch Wahl eines anderen Mediums, z. B. des Posters oder Overheadprojektors, ausgeschaltet werden. Wichtig ist, dass ein kompetenter Umgang mit dem Medium gegeben ist, wenn man es in einer Präsentation einsetzen möchte. Außerdem sollte es das zu präsentierende Thema unterstützen. Will man die Zuhörer beispielsweise für eine computerfreie Zeit in der Einrichtung gewinnen, ist es nicht empfehlenswert, die Vorzüge dieser Idee mithilfe eines Computers aufzuzeigen. Filmsequenzen können genutzt werden, um zum Beispiel einen innovativen Umgang im Pflegebereich zu zeigen, anstatt ihn umständlich mithilfe von Zeichnungen oder verbal erklären zu wollen.

Abb. 1 Langweilig!

Zusammenfassung Präsentation

- Klarheit über das Ziel der Präsentation schaffen.
- Präsentationsthema hervorheben.
- Stichwortzettel mit Erläuterungen oder kürzeren Textpassagen bereithalten.
- Passende Medien zur Visualisierung aussuchen und sich mit dem Umgang vertraut machen.
- Alternativen für eventuelle Medienausfälle bereithalten.
- Medien nutzen, die unterschiedliche Sinne ansprechen.
- Redepassagen von nicht länger als 20 Minuten einplanen.
- Abwechslung, damit das Zuhören erleichtert wird.
- Während des Vortragens eine stehende Position einnehmen.
- Den Zuhörern mit Blick und Körper zugewandt sein.
- Angemessene Kleidung wählen.

1.4 Teamsteuerung und Teamleitung

Die Frage, ob ein Team eine Leitung benötigt, lässt sich durch das Betrachten der Aufgaben einer Teamleitung beantworten: Ein Team bedarf für erfolgreiches Arbeiten einer Steuerung und Koordination. Diese erfolgt gewöhnlich durch die Teamleitung, z. B. die Leiterin einer Wohngruppe. Die Leiterin koordiniert Prozesse, wiederkehrende Treffen und zeitliche Arrangements. Darüber hinaus organisiert sie weitere Treffen und sorgt dafür, dass benötigte Materialien und personelle Ressourcen zur Erledigung der Aufgaben zur Verfügung stehen. Kommt es zu Schwierigkeiten in einzelnen – auch menschlichen – Bereichen, ist es Aufgabe der Teamleitung, diese zu beheben. Wie das im Einzelnen geschehen kann, wird im ▶ **Kap. 1.5 Konflikte im Team** behandelt.

Die Teamleitung kontrolliert den **Arbeitsprozess** sowie den zielgerichteten und zeitgemäßen Ablauf desselben. So werden beispielsweise Zeit- und Dienstpläne erstellt, die von den Mitarbeitern im heilerziehungspflegerischen Arbeitsbereich eingehalten werden müssen. Der Wohngruppenalltag muss so ablaufen, dass inhaltliche heilerziehungspflegerische Ziele effektiv umgesetzt werden können.

Aber die Teamleitung stellt nicht nur sämtliche Ressourcen zur Verfügung, sie trägt auch Sorge für die **Motivation** des Gesamtteams. Das lobende Hervorheben positiver Aspekte und bereits erreichter Teilziele kann ebenso zur Motivation beitragen wie gruppendynamische Aktivitäten, die den Gesamtzusammenhalt stärken und zu gesteigerter Arbeitsleistung beitragen. So kann beispielsweise das Organisieren eines gemeinsamen Ausflugs oder eines anderen gemeinsamen Erlebnisses außerhalb des Arbeitsbereichs zu den Aufgaben des Leiters einer Wohngruppe oder einer Heimeinrichtung gerechnet werden.

Es ist auch wichtig, dass die Teamleitung die **Kommunikation** unter den Teammitgliedern aufrechterhält, sodass kein Informationsdefizit entsteht. Infowände oder virtuelle Plattformen können von der Wohngruppenleiterin eingerichtet werden, um die Fachkräfte, die in ihrer Wohngruppe arbeiten, gleichermaßen über aktuelle Geschehnisse und Neuerungen zu informieren. So wird dem vorgebeugt, dass Arbeit aneinander vorbeiläuft und das Ziel nicht oder nicht in der gesetzten Zeit erreicht wird. Ist eine Teamleiterin vorhanden, kommt ihr in den meisten Fällen auch die oben beschriebene Rolle der Teammoderatorin mit den entsprechenden Aufgaben zu. Das Ansteuern des abgesprochenen Ziels ist unter ihrer Leitung und mit Unterstützung durch die Teammitglieder zu bewältigen. Dabei muss die Teamleiterin wertschätzend und kooperativ vorgehen, damit sich der Arbeitsprozess sowie die Entwicklung des Teams positiv vollziehen. (▶ **Abb. 1**).

Abb. 1 Aufgaben der Teamleitung

Abb. 1 Die 3 Dimensionen der Teamentwicklung

Um ein Team von Fachkräften im Bereich der Arbeit mit Menschen mit Behinderung professionell zu leiten, genügt es nicht, lediglich Aufgaben zu übertragen, die möglichst effizient zu erreichen sind. Es ist vielmehr das Herstellen, Bewahren und Weiterentwickeln des interdisziplinär strukturierten Teams gefordert. Dabei ist das Team vor dem Hintergrund von 3 Dimensionen zu sehen: der Dimension der Teamkultur, derjenigen der Teamstruktur sowie der Dimension des „Primary Task".

Die ▸ **Abb. 1** zeigt den Zusammenhang der einzelnen Bereiche. Es wird deutlich, dass die Ziele des „Primary Task" („hauptsächliche Aufgabe") nicht ohne Beachtung besonderer Strukturen im Team (z. B. einzelner Rollen) und der Teamkultur (z. B. der Art der Zusammenarbeit miteinander) erreicht werden können.

Fähigkeiten des Einzelnen, die einer festen Teamstruktur zum Opfer gefallen sind, müssen vom Teamleiter erkannt und gefördert werden, sodass sie in den gemeinsamen produktiven Arbeitsprozess in der Heilerziehungspflege eingebunden werden können. Der Teamleiter muss also als **Ansprechpartner** für sämtliche Belange der Teammitglieder zur Verfügung stehen. Seine beratende Funktion bezieht sich nicht nur auf fachliche, sondern bei Bedarf auch auf persönliche und zwischenmenschliche Bereiche. Wobei letzteren eine besondere Rolle zukommt, da gerade der Arbeitsalltag mit Menschen mit Beeinträchtigung unterschiedlichste persönliche Emotionen hervorrufen kann.

1.5 Konflikte im Team

Abb. 2 Entstehung von Konflikten

In der Begegnung von Menschen kommt es aus unterschiedlichen Gründen immer wieder zu Problemen und Konflikten. Dies ist in der Teamarbeit im Rahmen des heilerziehungspflegerischen Handelns nicht anders. Zwar bemüht man sich normalerweise um eine konstruktive und kooperative Vorgehensweise, jedoch kann es trotzdem zu einem Konflikt im Team kommen. In einem solchen Fall gilt es, diesen baldmöglichst zu lösen. Allerdings ist dabei strukturiert vorzugehen, damit das Team sich wieder als solches wahrnehmen und seinem eigentlichen Zweck nachkommen kann (▸ **Abb. 1**).

Zielformulierung. So gilt es zunächst, das oder die Probleme, die bestehen, klar zu benennen und im Detail vorzustellen. Bevor Ursachen für die Probleme dargelegt werden, um die Gründe für das Entstehen des Konflikts zu finden, sollte eine Zielformulierung geschehen: Das bedeutet, dass die Beteiligten das Ziel der Konfliktbearbeitung deutlich ausdrücken sollen. So kann zum Ende der Konfliktlösungsphase festgestellt werden, ob die Problematik im Sinne der Beteiligten behoben wurde.

Maßnahmen. Danach geht man dazu über, Maßnahmen für mögliche Lösungen zu sammeln und in ihrer Realisierung zu überprüfen. Diese Überprüfung bezieht sich nicht nur auf die Wahrscheinlichkeit, die vorgeschlagenen Handlungsmöglichkeiten in die Wirklichkeit umsetzen zu können, sondern auch auf die Aussicht, das gesteckte Ziel zu erreichen. So werden Vor- und Nachteile jedes Vorschlags gegeneinander abgewogen.

Lösungsweg. Hat man sich gemeinsam schließlich für einen **Weg entschieden**, wird er von allen gegangen und getragen. Zuständigkeiten werden für alle am Lösungsprozess Beteiligten transparent gemacht und klar geregelt. Einzelne Personen können sich so nicht ihrer Verantwortung entziehen; sie sind gefordert, ihre Pflichten wahrzunehmen. Am besten wird eine Liste mit Verantwortlichkeiten erstellt, die von den einzelnen Teammitgliedern übernommen werden müssen.

Finale. Ist der Konflikt schließlich durch gemeinsames Handeln gelöst worden, ist diese Zielerreichung durch das Gesamtteam zu äußern. Die Gemeinschaft kann sich nach erreichtem Ziel als Team neu erfahren und ihre neu gewonnene Kraft in die Arbeit an der gestellten Aufgabe einfließen lassen. Die „neu gewonnene Kraft", von der die Rede ist, steht gewöhnlich durch das Erlebnis zur Verfügung, ein Problem gemeinsam bewältigt zu haben. Womit nicht gesagt werden soll, dass ein Team sich zunächst um ein Problem und daraufhin die Lösung desselben bemühen sollte, um optimal arbeitsfähig zu sein.

Überprüfung. Im weiteren Verlauf der Arbeit im Team soll die Einhaltung der vereinbarten Punkte und erreichten Lösungen regelmäßig überprüft werden, damit nicht wieder Verhaltensmuster oder Gewohnheiten angenommen werden, die zu dem gelösten Konflikt geführt hatten. Eine Arbeitsweise, die offen mit Schwierigkeiten umgeht und sensibel Konfliktpotenzial gegenüber ist, soll perspektivisch angestrebt und durchgeführt werden.

1. Problem erkennen
2. Problem benennen
3. ZIEL darlegen
4. Ursachenforschung
5. *Lösungsvorschläge sammeln*
6. Lösungsvorschläge evaluieren
7. Auswahl *eines* Lösungswegs
8. Verantwortlichkeiten festlegen
9. Zielerreichung benennen
10. REFLEXION der Konfliktlösung samt Ausblick

Abb. 1 10 Schritte der Konfliktlösung

Metaplan-Methode

Die Moderationsmethode „Metaplan“ geht auf den Unternehmer E. Schnelle und seine gleichnamige Firma für Moderationsmaterial zurück. Die Metaplan-Methode ist der konstruktivistischen Didaktik zuzuordnen. Allgemein wird sie eingesetzt, um einen Überblick über bestimmte Themen und Fragestellungen zu erlangen. Dabei wird die Sichtweise jedes einzelnen Gruppenmitglieds beachtet und in das entstehende Schaubild aufgenommen. Offenheit in Bezug auf Lösungsprozesse ist gegeben, Entscheidungen können transparent und demokratisch durchgeführt werden. Der Weg zu einer bestimmten Haltung und Meinung kann nachvollzogen werden.

Konstruktivistische Didaktik: Demnach geht der Wissenserwerb vom Einzelnen aus, der bereits bestehende Konstrukte um neue Inhalte erweitert. Durch aktive Beteiligung erhält der Lernende die Möglichkeit, neues Wissen zu erlangen. Problemstellungen und Anreize werden dargeboten, um einen Lern- und Lösungswillen beim Einzelnen auszulösen, der mit Wissensaneignung einhergeht.

Diskutieren mit Karten. In der praktischen Konfliktlösung im Team bietet die Metaplan-Technik des „schriftlichen Diskutierens“ die Möglichkeit, Konflikte offenzulegen und unterschiedliche Standpunkte der einzelnen Teammitglieder zu verdeutlichen. Dies geschieht üblicherweise durch eine **Kärtchenabfrage**: Jedem Teilnehmer werden Kärtchen zur Verfügung gestellt, auf welche er seine persönliche Sichtweite notieren kann. Durch Verwendung verschiedener Farben bietet sich die Möglichkeit, die folgende Offenlegung an einer oder mehreren Stellwänden optisch hervorzuheben. So können beispielsweise Vorteile einer Situation auf grüne, Nachteile auf rote Kärtchen und Lösungsideen auf gelbe Kärtchen notiert werden.

Abb. 1 Metaplan-Technik

Die Meinung eines jeden wird damit beachtet, auch zurückhaltende Teammitglieder werden nicht in ihren Ansichten übergangen, jeder wird aktiv am Lösungsprozess beteiligt und soll ihn schließlich in gefundener Form mittragen können. Gesichtspunkte werden deutlich, die ohne die Methode wahrscheinlich unausgesprochen blieben. Komplexe Problemkonstruktionen können aufgebrochen und in ihren Bestandteilen dargestellt werden. Die Ergebnisfindung oder Kompromissbildung erfolgt effizient unter Beteiligung aller Teilnehmer. Eine hohe Zufriedenheit mit dem Ergebnis als gemeinschaftlichem Produkt ist wahrscheinlich.

Metaplan-Techniken (Auswahl)

Karten-Abfrage: Eine Frage oder Aussage wird auf einem Kärtchen an eine Stellwand geheftet. Die Teilnehmer formulieren stichwortartig ihre Antwort bzw. Meinung dazu auf einem eigenen Kärtchen und heften sie ebenfalls an. Der Moderator liest die Kärtchen vor oder clustert sie, damit ein Überblick entsteht und die Entscheidungsfindung erleichtert wird.

Zuruf-Abfrage: Der Moderator sammelt zugerufene Beiträge schriftlich auf Kärtchen an einer Stellwand zu einer vorgegebenen Überschrift. Während des Notierens kann der Moderator inhaltlich sortierend vorgehen. Das anschließende Clustern entfällt damit.

Ein-Punkt-Abfrage: Die Teilnehmer beziehen Stellung zu einer vorgegebenen Äußerung, indem sie einen Klebepunkt beispielsweise auf einer Skala von 0–10 anbringen.

Mehr-Punkt-Abfrage: Mehrere Auswahlmöglichkeiten stehen den Teilnehmern zur Verfügung. Diese erhalten mehrere Klebepunkte, die anzubringen sind, um ihre Präferenz zu zeigen.

Präsentations-Szenario: Gruppenweise werden Wege zu einer Lösungsfindung oder Meinungsbildung an einer Stellwand oder Pinnwand präsentiert. Die Teilnehmer können die dargestellten Schlussfolgerungen und Wege, die zu einer Meinung geführt haben, nachvollziehen.

Interaktions-Szenario: Ein vorbereitetes Thema wird durch eine Arbeitsgruppe präsentiert. Die Präsentation enthält Fragestellungen, Ideen und Anregungen zum Weiterarbeiten. Die weitere Arbeit am Thema kann innerhalb der Gesamtgruppe oder mit neuen Impulsen in der Kleingruppe erfolgen.

(vgl. Reich 2003)

Gestaltpädagogik

Gestaltpädagogik ist eine Richtung der Pädagogik, die ihre Handlungskonzepte und Begriffe aus der Gestalttherapie (▸ **s. Modul 6, Kap. III.1.4**) bezieht.

Um konfliktgeladene Situationen möglichst positiv zu lösen, ist es hilfreich, unterschiedliche Konfliktlösungsstrategien zu beherrschen. Gestaltpädagogisches Handeln kann als *eine* Strategie der Konfliktlösung dienen. Im gestaltpädagogischen Prozess können eigene Chancen und Fähigkeiten sowie die des Teams erkannt werden. Diese Kompetenzen stehen dann für die weitere Zusammenarbeit zur Verfügung, wenn sie akzeptiert worden sind. Die Gestaltpädagogik bietet dem Team die Chance, sich als wertvoll zu erkennen und in seiner Arbeit bedeutungsvoll zu sein, ohne überheblich zu werden oder erhaben über alle Kritik zu sein.

Sie basiert auf der ganzheitlichen Pädagogik, die die Förderung der individuellen Persönlichkeit beabsichtigt. Der Mensch wird als physisches, psychisches und kognitives Wesen gesehen. Kompetenzen werden also nicht nur im Bereich der Kognition (wie dem Schreiben), sondern auch in anderen Bereichen gesehen. So ist Sportlichkeit oder die Fähigkeit der besonders guten zwischenmenschlichen Kommunikation genauso wichtig wie z. B. ein guter Orientierungssinn. Im Zusammenhang von Persönlichkeitsentwicklung kann einerseits selbstreflektorisch vorgegangen werden. Andererseits bietet sich aber auch hier gerade die Chance, das **eigene Verhältnis zu anderen Menschen**, insbesondere zu den anderen Teammitgliedern, zu hinterfragen. „Bringt mein Verhalten das Team weiter?", wäre eine zentrale Frage in diesem Prozess.

Die **Förderung des Selbstbewusstseins des Einzelnen** steht im Vordergrund der Gestaltpädagogik, um einen gefestigten und offenen Umgang mit anderen führen zu können. Daher finden sich Aufgaben im gestaltpädagogischen Handeln, die persönlich relevant sind. Mithilfe des Gestaltpädagogen werden individuelle Ziele herausgearbeitet. Nach der Durchführung einer Übung oder Aufgabe erfolgt die Reflexion darüber, wie die Aufgabe gelöst worden ist und ob die individuellen Ziele erreicht werden konnten oder wie sie hätten erreicht werden können. Dadurch wird Kreativität, Energie, Motivation und Ideenreichtum freigesetzt. Diese Eigenschaften können als persönliche Stärken in die Teamarbeit einfließen.

Kontaktkonzept. Innerhalb der Gestaltpädagogik erhält „Kontakt" eine zentrale Bedeutung. Kontakt wird als Lernen definiert, wobei man unterscheidet zwischen

- der äußeren Ebene, d. h. dem Kontakt zu sich selbst, zu anderen und zu Inhalten, und
- der inneren Ebene, d. h. dem Kontakt zum eigenen Körper, zum Intellekt und seinen Emotionen.

Aufgabe des Gestaltpädagogen ist es, Räume so zu gestalten, dass Kontakt (Lernen) ermöglicht wird. Dieser Kontakt soll im Sinne des individuellen Lernens auf unterschiedlichen Ebenen stattfinden können.

Phasen des Kontaktprozesses

1. Initialphase – erinnern und stimulieren
2. Aktionsphase – physische und emotionale Erfahrungen
3. Integrationsphase – durcharbeiten und rational erfahren
4. Neuorientierungsphase – Veränderung und Erprobung

Es wird nicht nur ein intellektueller Zugang zu Themen, Menschen und der eigenen Persönlichkeit gestaltet; das sozial-emotionale Erleben und das praktische Begreifen und Erfahren von Zusammenhängen werden gleichermaßen unterstützt, um einen Lernprozess anzuregen. So wird ein Konflikt im Team ebenfalls auf unterschiedlichen Ebenen behandelt, um geklärt aus ihm hervorgehen zu können.

Die Ebenen des Ich-Wir-Es des Einzelnen sollen sich zu Ende eines Konflikts in Balance befinden, dann kann von einer Lösung des Konflikts gesprochen werden.

ICH-WIR-ES

Ziel des gestaltpädagogischen Handelns ist die Zufriedenheit in den 3 Bereichen Ich, Wir, Es. Dabei sollen alle 3 Bereiche eine gleich schwere Bedeutung erhalten:

ICH – Meine Person. „Ich bin zufrieden mit mir! Ich habe meine Mitte gefunden."

WIR – Das Team, meine Beziehung zu den einzelnen Teammitgliedern. „Die Beziehung unter den Teammitgliedern ist geklärt und von allen akzeptiert. Jeder wird so wertgeschätzt, wie er ist."

ES – Das Thema, der Inhalt. „Die Sache, um die es geht, ist wichtig. Das Ziel ist erstrebenswert und lohnt der Mühe."

Um dies zu erreichen, werden Prozesse durchgeführt, die dem Einzelnen beispielsweise Grenzen und die Notwendigkeit aufzeigen, diese zu akzeptieren; auch die persönliche Stellung in der Gruppe, die eigene Verantwortlichkeit Gruppenmitgliedern gegenüber oder die eigene Bedeutsamkeit kann in gestaltpädagogischen Maßnahmen offengelegt werden. Die eigenen Erfahrungen und Empfindungen in Bezug auf ein Problem können gezeigt werden.

Anschließend führt eine sachliche Analyse und Evaluation des Erlebten und Empfundenen zu einer neuen Perspektive, die zunächst in geschütztem Raum erprobt und schließlich in die Praxis transferiert werden kann.

Welche konkreten gestaltpädagogischen Prozesse eignen sich für die Umsetzung in der Praxis?

- Rollenspiele/Theater: Der Einzelne kann sich in unterschiedliche Rollen einfühlen und abschließend sein Empfinden reflektieren und bezüglich seines (erwünschten) Verhaltens evaluieren.
- Tanz: Im Tanz können die eigenen Gefühle und Emotionen ausgedrückt werden. Dabei zeigt sich innerhalb der Gruppe auch die Distanz oder Nähe, die zu den verschiedenen Teilnehmern eingegangen wird. Reflektierend können die Körperausdrücke hervorgehoben und ausgewertet werden. Innerhalb der Neuorientierungsphase können veränderte Ausdrücke erprobt und schließlich evaluiert werden.
- Kunst und Gestaltung: Kreativ können Vorstellungen und Ideen Ausdruck verliehen werden. Unterschiedliche Möglichkeiten der Gestaltung von Gegenständen mit ihren jeweiligen Vor- und Nachteilen bieten sich. Veränderungen mit ihren jeweiligen Konsequenzen können gestalterisch erprobt werden. Reflexion und Evaluation unterstützen das Finden desjenigen Weges, der den eigenen Vorstellungen am nächsten ist – und in Einklang mit den Ansichten der weiteren Beteiligten steht.

Abb. 1 Zusammenhänge erkennen, sich selbst reflektieren

Teamtraining – am Beispiel Erlebnispädagogik

Unterschiedlichste Formen von Teamtrainings werden als Mittel zur Stärkung eines Teams angewendet. Aber auch die Lösung eines Konflikts kann in Teamtrainings angegangen werden. Gerade die Erlebnispädagogik bietet mit ihren unterschiedlichen Einflüssen eine große Vielfalt an Möglichkeiten, Teilnehmern einen Konflikt im Team bewusst werden zu lassen.

Die Möglichkeiten reichen von Problemlöseaufgaben und Initiativübungen über Natursportarten bis hin zu Erlebnissen in (Groß-)Städten. Innerhalb unterschiedlichster Aktivitäten können Teams an ihre Grenzen geführt werden. Typische Verhaltensmuster und Rollenzuweisungen vollziehen sich in der Regel, während das Team versucht, eine Gemeinschaftsaufgabe zu lösen. In anschließenden Reflexionsphasen mit einem qualifizierten Erlebnispädagogen werden Hemmnisse erörtert. Unterschiedliche Sichtweisen der reflektierenden Teilnehmer erhellen Gründe für bestimmte Verhaltensweisen. In einem weiteren Schritt erfolgt ein Transfer der Erkenntnisse aus der gemeinsamen Aktivität auf den Teamalltag.

An dieser Stelle wird den meisten Teammitgliedern die Ursache für ihren Konflikt deutlich, sodass im Anschluss an konkreten Lösungen gearbeitet werden kann. Aber auch im geschützten Raum des erlebnispädagogischen Handelns können unterschiedliche Rollen ausprobiert und reflektiert werden, um sie schließlich in die Praxis des Teamalltags zu übertragen.

Zum Weiterlesen

www.schleswig-holstein.de/IQSH Suchbegriff: Kollegiale Zusammenarbeit gestalten

www.metaplan.de

www.gpv-ev.de/ Gestaltpädagogische Vereinigung e.V.

www.outwardbound.de/outward-bound-deutschland-erlebnispaedagogik.html

1.6 Hilfen für Helfer – Supervision

In vielen sozialpädagogischen und pflegerischen Einrichtungen wird zur Unterstützung der Mitarbeiter sowie zur Teamentwicklung Supervision angeboten. Der Begriff meint „Überblick" (supra: oben, video: sehen) und steht für eine Beratungsmethode, bei der ein externer Berater – der Supervisor – einen Beratungsprozess im Umfeld beruflicher Themen gestaltet.

Beispiel 1

In einer Einrichtung der Behindertenhilfe wird regelmäßig für alle Mitarbeiter Supervision angeboten. Das Team trifft sich einmal im Monat an einem Freitagmorgen im Teamraum mit einer Supervisorin. Diese wird vom Träger der Einrichtung engagiert und bezahlt. Für die Supervisionszeit stehen 3 Zeitstunden zur Verfügung, der Raum ist störungsfrei, die Versorgung der Bewohner ist währenddessen gesichert. Die Teammitglieder sitzen im Stuhlkreis.

Die Supervisorin eröffnet die Runde mit einer Frage nach der augenblicklichen Stimmung und klärt die Rahmenbedingungen der heutigen Sitzung. Nachdem alle „angekommen sind" und eine vertrauensvolle Arbeitsatmosphäre hergestellt ist, eröffnet die Supervisorin die Gesprächssituation für ein berufliches Thema. Christoph meldet sich und erklärt, ein Thema einbringen zu wollen: Er schildert den hohen Arbeitsdruck, den er in den vergangenen Wochen erlebt, und eine zunehmende Empfindung der Überlastung. Die Supervisorin bittet Christoph zu beschreiben, was für ihn ein gutes Ergebnis einer gemeinsamen Beratung der Situation sein könnte. Christoph antwortet, dass er sich wünscht, nach der Supervision besser mit seinen inneren Spannungen zwischen den Arbeitsanforderungen und seiner Arbeitsmöglichkeit umgehen könne.
Die Supervisorin bietet nun eine methodisch unterstütze Möglichkeit der Analyse an. Sie bittet Christoph, zunächst zu beschreiben, was er gefühlsmäßig erlebt, wenn er beruflich unter Druck gerät. Christoph benennt mehrere Gefühle: „Ich gerate unter Stress, ich werde hektisch, ich fühle mich unwohl, ich missachte die Bedürfnisse nach Selbstbestimmung der Bewohner, ich reagiere abweisend im Kollegium."
Die Supervisorin visualisiert diese Gefühlsbeschreibungen auf *Moderationskarten* und legt diese in die Mitte des Stuhlkreises. Zugleich fragt sie das Team, welche weiteren Gefühle bei Christoph in solchen Situationen der Arbeitsüberlastung wahrgenommen werden können. Anja nennt „unfreundlich und rechthaberisch"; Miriam ergänzt „ die laute Stimme und das hektische Verhalten". Auch diese Begriffe werden als *Fremdwahrnehmung* visualisiert und der *Selbstwahrnehmung* zugefügt. Nun fragt die Supervisorin, was Christoph gern tun würde, wenn er sich so fühlt. Christoph beschreibt, dass er sich am Liebsten zurückziehen möchte, dass er gar keine Lust habe, zur Arbeit zu gehen, dass ihn die „Behinderten" nerven, das Kollegium ihm zuwider sei und er am liebsten den Beruf hinschmeißen würde.
Auch hiernach bittet die Supervisorin das Team um *Rückmeldung* an Christoph. Es wird dabei deutlich, dass alle Teammitglieder diese Reaktionen verstehen können, ja zum Teil bei sich selbst feststellen.
In der letzten Runde bittet die Supervisorin, nun die Frage zu *reflektieren* und zu beantworten: „Was brauchst du, um effektiv und zufriedenstellend hier arbeiten zu können?" (*Vision*). Christoph beschreibt eine konstruktive Vision seiner Arbeitsmöglichkeiten. Hier benennt er Werte wie „Zeit haben, sich wirklich individuell auf die Bewohner einzulassen, sich besser abzugrenzen und nicht immer für alles Verantwortung zu übernehmen. Bei Überbelastung die Dinge Schritt für Schritt zu erledigen, offen die eigenen Überlastungsgefühle im Team anzusprechen und in einem Team arbeiten zu können, das stützt und entlastet".
Die Supervisorin bittet nun alle Anwesenden, sich auf diese Vision einzulassen. Welche Möglichkeiten hat das Team, für gute Arbeitsbedingungen zu sorgen? Was tut das Team schon dafür? Was sollte verstärkt werden? Was sollte als Erstes verändert werden? Woran könnte das Team merken, dass die Arbeitssituation für Christoph (vielleicht auch für alle) besser geworden ist?
Anja schlägt zudem vor, dass Christoph stärker in seiner Freizeit auf Ausgleich und Erholung achten soll. Sie weiß, dass er zu Hause meist noch lange am Computer sitzt und in letzter Zeit immer weniger Zeit mit Freunden verbringt.
In der Abschlussrunde bittet die Supervisorin jedes Teammitglied und zum Schluss auch Christoph darzustellen, welche persönliche Erkenntnis gewonnen wurde und welche konkreten Veränderungen angestrebt werden, um die Arbeitssituation subjektiv zu entspannen.

Abb. 1 Rückmeldung bekommen in der Supervision

Das Beispiel zeigt, wie eine Supervisionssitzung ablaufen kann. Ein Supervisor ist ein ausgebildeter Fachmann für die Begleitung einzelner Personen oder ganzer Arbeitsteams. Supervision ist ein notwendiges Arbeitsmittel in vielen helfenden Berufen.

Die Deutsche Gesellschaft für Supervision definiert das Verfahren so:

„**Supervision** ist ein wissenschaftlich fundiertes, praxisorientiertes und ethisch gebundenes Konzept für personen- und organisationsbezogene Beratung in der Arbeitswelt. Sie ist eine wirksame Beratungsform in Situationen hoher Komplexität, Differenziertheit und dynamischer Veränderungen."

Ziele der Supervision sind:

- Berufliches Handeln professionell angeleitet zu reflektieren
- Möglichkeiten der konstruktiven Bewältigung alltäglicher Praxis zu durchdenken und auch zu erproben (z. B. in Rollenspielen)
- Entwicklung der eigenen Professionalität
- Teamentwicklung
- Qualitätsentwicklung der beruflichen Praxis

Supervision dient also dazu, berufliches Handeln zu reflektieren und zu klären. Teamsupervision hilft, unterschiedliche Situationsdeutungen zu kommunizieren und anzugleichen, Konflikte zu thematisieren, zu lösen und zu gemeinsamen Absprachen zu kommen.

Ein weiteres Thema der Supervision ist der reflektierte **Umgang mit emotionalen Reaktionen**, die durch den Umgang mit Klienten ausgelöst werden (im Sinne von Übertragungen) sowie die Steuerung eigener Emotionen und Handlungsstrategien im professionellen Umgang mit Klienten (▸ **Beispiel 2**). Supervision erleichtert den professionellen Umgang mit den vielfältigen Herausforderungen, Belastungen und Krisensituationen in der heilerziehenden Arbeit. Die Helferbeziehung ist hochkomplex, die Erfolge sind oft nicht unmittelbar sichtbar. Supervision hilft, berufliche Entscheidungen und Handlungen kritisch zu würdigen und die Bedeutung der geleisteten Hilfe angemessen wahrzunehmen. Hier helfen „Falldarstellungen", die den Blick auf die Interaktion zwischen dem Helfer und dem Hilfesuchenden legt. Dies kann die professionelle Beziehung zwischen Helfer und Klient sowie zwischen den Helfern selbst klären.

Supervision dient also der Ausbildung von Kompetenzen im Umgang mit schwierigen Situationen, sie hilft intrapsychische und zwischenmenschliche Konflikte verstehbar zu machen und zu lösen.

Beispiel 2

In einer Supervisionssitzung bringt Anja den „Fall Werner L." ein. Anja ist seit 3 Wochen als Praktikantin im Team und assistiert Werner L. (34 Jahre und geistig behindert) bei der täglichen Lebensgestaltung.

Nun hat Werner sich offensichtlich in Anja verliebt. Er sucht ständig ihre Nähe und beschenkt sie mit selbst gemalten Bildern und kleinen Geschenken. Anja ist das peinlich. Sie sieht ihre professionelle Distanz gefährdet und weiß nicht, wie sie sich verhalten soll.

Der Supervisor bittet Anja, eine Person aus der Gruppe auszuwählen, die in die *Rolle von Werner* schlüpft. Anja wählt spontan Solmaz aus. Der Supervisor bittet Anja zu erzählen, was sie tagtäglich mit Werner tut. Solmaz soll darauf achten, wie Anja auf ihn wirkt und welche Gefühle er dabei in sich wahrnimmt. Anja berichtet nun von den verschiedenen Tätigkeiten im Tagesablauf. Als sie davon erzählt, wie die Abendstunden aussehen, spürt Solmaz deutlich eine Irritation in der Identifikation mit Werner. Anja erzählt, wie sie sich abends an das Bett von Werner setzt, ihm eine Geschichte vorliest und sich mit einem Gutenachtkuss verabschiedet.

In der anschließenden *Reflexion* berichtet Solmaz aus der Rolle von Werner, dass dieses abendliche Ritual sehr erotisch erlebt wird. Die intime Situation des abendlichen Zimmers, das lange Sitzen am Bett, die warme Stimme und dann noch der Kuss würden zu einem „Gefühlsschwall" führen.

Anja hört diese Rückmeldung zum ersten Mal. Sie hatte sich bisher bei dieser Form des Abschieds vom Tag für Werner nichts gedacht. Nun, als sie die Gefühle von Werner durch Solmaz gespiegelt bekommt, merkt sie ihre Grenzüberschreitung in der Begleitung und kann sich die „Verliebtheit" des Bewohners gut vorstellen. Im weiteren Verlauf der Supervision erarbeitet Anja für sich mehr Klarheit in ihrem Verhalten, sodass trotz innerer Nähe zu Werner die professionelle Distanz erhalten bleibt.

▸ S. auch nachfolgend: Kap. 2.3 Coaching, Kap. 2.4 Kollegiale Beratung

Zum Weiterlesen

A. Ebbecke-Nohlen: Einführung in die systemische Supervision. 2012

K. Rappe-Giesecke: Supervision für Gruppen und Teams. 2009

Deutsche Gesellschaft für Supervision: *www.dgsv.de*

Aufgaben

1. Beschreiben Sie, unter welchen Voraussetzungen ein Team tatsächlich als solches benannt werden darf.
2. Erläutern Sie die 10 Schritte der Konfliktlösung anhand eines konkreten Beispiels.
3. Beschreiben Sie Situationen, in welchen Sie Ziele in persönlichem oder beruflichem Kontext durch Teamarbeit effizient erreichen konnten. Ziehen Sie Schlussfolgerungen für Ihre heilerziehungspflegerische Zukunft.
4. Internetrecherche: Stellen Sie eine Liste von „Killerphrasen der Kommunikation" zusammen.
5. Überlegen Sie gemeinsam, welche Kleidung für eine Präsentation in Ihrem Arbeitsbereich angemessen ist. Erstellen Sie Plakate mit Dos & Don'ts für Männer und Frauen.
6. Stellen Sie Vor- und Nachteile unterschiedlicher Wege der Konfliktlösung zusammen und ziehen Sie ein Fazit für den Einsatz der verschiedenen Methoden in der heilerziehungspflegerischen Praxis.
7. Was unterscheidet eine Supervision von einer kollegialen Beratung?
8. Welche typischen Methoden der Supervision sind in den Beispielen 1 und 2 zu erkennen?
9. Prüfen Sie im nächsten Praktikum, ob Sie an einer Supervisionssitzung teilnehmen können.

2 Interdisziplinäre Zusammenarbeit

Abb. 1 Kooperation – Basis hochqualifizierter Arbeit

2.1 Entwicklungs- und Betreuungsplanung

Die obige Abbildung zeigt unterschiedlichste Bereiche der heilerziehungspflegerischen Tätigkeit, die allesamt durch interdisziplinäre Aspekte gekennzeichnet sind. Es wird deutlich, dass der Heilerziehungspfleger sich in seinem professionellen Handeln stets in Kontakt mit Personen aus anderen Fachgebieten befindet. Eine *ausschließlich* fachspezifische Vorgehensweise ist undenkbar, um individuell auf den Menschen mit Beeinträchtigung eingehen zu können. So verlangt auch eine qualifizierte Entwicklungs- und Betreuungsplanung nach Absprache oder Zusammenarbeit mit Fachkräften aus angrenzenden Fachgebieten. Dies können beispielsweise Ärzte, Therapeuten, Pflegekräfte, Lehrkräfte oder Vertreter des Trägers der Einrichtung sein, in der der Mensch mit Beeinträchtigung lebt. Das bedeutet, dass diejenigen zu einem Abstimmungsgespräch zusammenkommen können, die am Entwicklungs- und Betreuungsprozess des Einzelnen beteiligt sind. Dieser Abstimmungsprozess überschneidet sich in der Praxis oft mit der „Hilfebedarfsplanung“ (▸ **s. Modul 5, Kap. I.1 bis I.3**). Dies ist in den meisten Fällen beabsichtigt, um einerseits ein überwältigendes Ausmaß an schriftlicher Dokumentation zu vermeiden, das zulasten der Zeit mit dem Klienten geht. Andererseits können die Situationen genutzt werden, zu denen Fachkräfte aus unterschiedlichsten Professionen zugegen sind; ein interdisziplinärer Einfluss auf die Entwicklungs- und Betreuungsplanung kann vorgenommen werden. Dadurch kann die Planung optimiert werden und an Qualität gewinnen.

2.1.1 Die dialogische Entwicklungsplanung

Um das individuelle Eingehen auf den Klienten und seine Wünsche weitestgehend zu gewährleisten, ist seine Teilnahme an der Hilfebedarfsplanung von hoher Relevanz. Man gibt nicht einfach vor, zu wissen, was eine Person braucht, sondern geht mit ihr in Dialog, um es tatsächlich herauszufinden. Es wird also eine „dialogische Entwicklungsplanung“ durchgeführt.

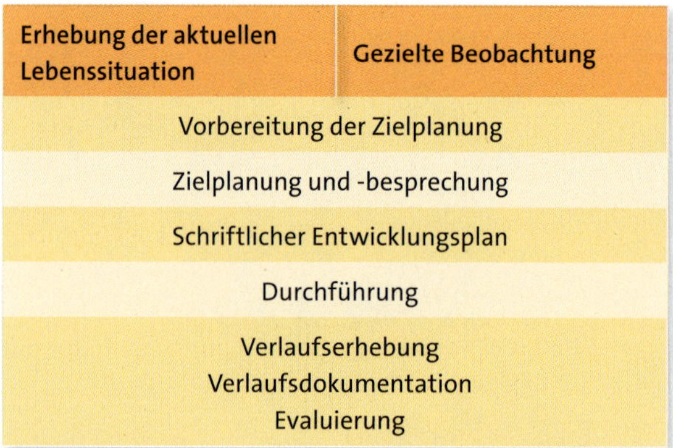

Abb. 2 Der Prozess der dialogischen Entwicklungsplanung (Bensch/Klicpera 2003)

Abb. 1 Aktuellen Entwicklungsstand feststellen

Diese Planung soll nicht als Wunschzettel des Menschen mit Beeinträchtigung gesehen werden, sondern vielmehr unter seiner weitestgehenden Beteiligung vorgenommen werden. Dabei geht man davon aus, dass der Mensch mit Beeinträchtigung ein Recht auf Selbstbestimmung hat, sein Lebensstil respektiert wird, eine Orientierung an bevorzugten Aktivitäten und die Umsetzung der Maßnahmen im Sinne des Case-Managements erfolgt. Die dialogische Entwicklungsplanung hat eine bestimmte Abfolge, die mit der Feststellung des Ist-Standes ihren Anfang nimmt. Die aktuelle Lebenssituation wird genau betrachtet und gezielte Beobachtungen werden durchgeführt. Es wird versucht, den Klienten so weit wie möglich in seiner persönlichen Lebensführung und seinen Bedarfen zu verstehen. Ein aktuelles Bild von ihm soll sich ergeben.

Es soll kein Bild über ihn erstellt werden, das an ihm vorbeigeht. So wird im Dialog mit ihm beispielsweise seine Zufriedenheit mit bestimmten Aspekten seiner Lebensführung erörtert, Zukunftsperspektiven werden mit ihm reflektiert und Ziele oder Veränderungswünsche besprochen. Um das entstandene Bild zu vervollständigen, ist es sinnvoll, auch Personen des näheren Umfelds zum Leben des Menschen und seinen Vorstellungen zu befragen. Ziel ist es dabei, eine **Charakterisierung der Gesamtpersönlichkeit** zu erreichen; defizitorientiertes Vorgehen ist zu vermeiden.

Leitfaden. Ein Beispiel zum dialogischen Vorgehen zwischen Heilerziehungspfleger und Mensch mit Beeinträchtigung wird in ▶ **Abb. 2** zum Lebensbereich Freizeit dargestellt. An diesem Beispiel wird deutlich, wie in der Erhebung der aktuellen Lebenssituation dialogisch mit dem Menschen mit Beeinträchtigung vorgegangen werden kann.
Der Leitfaden lässt sich auf die unterschiedlichsten Lebensbereiche (z. B. Arbeit, Schule, Gesundheit) und Werthaltungen übertragen. Wichtig ist, dass eine Sprache gewählt wird, die der Klient mühelos verstehen kann; in vielen Fällen muss der eigene Sprachstil zugunsten eines besseren Verstehensprozesses abgeändert werden. In einigen Fällen ist der Einsatz von Bildern oder anderen Medien notwendig, um nützliche Informationen zu gewinnen.
Ist trotz sämtlicher Bemühungen eine Ergebniserreichung bezüglich der Bedarfserhebung nicht möglich, legt man den Schwerpunkt auf gezielte Beobachtungen des Klienten und Befragungen seiner Mitmenschen aus seinem näheren Lebensumfeld. Die Erhebung der aktuellen Lebenssituation eines Klienten ist aufgrund ständiger Veränderungen, die das Leben mit sich bringt, **regelmäßig durchzuführen** – sie ist nicht als einmalige Aufgabe anzusehen.

Freizeit

Einschätzung der Person selbst

- Was bedeutet für Sie Freizeit und was unternehmen Sie in Ihrer freien Zeit?
- Wie verbringen Sie Ihre Wochenenden und Urlaube?
- Verbringen Sie ihre Freizeit zu Hause oder außerhalb der Wohnung/der Wohngemeinschaft/des Wohnheims? Sind Sie dabei allein oder mit anderen Personen zusammen?
- Nehmen Sie an von Betreuern organisierten Aktivitäten teil, z. B. Ausflüge, Kino- oder Kaffeehausbesuche?

Zufriedenheit – angestrebte Veränderungen

- Welche Erfahrungen haben Sie mit Ihrer Freizeitgestaltung gemacht? Mit welchen der Freizeitaktivitäten sind Sie zufrieden, mit welchen unzufrieden?
- Sind Sie mit Ihrer Wochenend- und Urlaubsgestaltung zufrieden? Was möchten Sie daran verändern?
- Möchten Sie andere Freizeitaktivitäten ausprobieren, die Sie bisher noch nicht gemacht haben, und welche Unterstützung, Entscheidungshilfen brauchen Sie dafür?
- Was möchten Sie in den nächsten Monaten unternehmen? (z. B. Kino, Konzerte, Ausflüge, Museum, Wandern, Spazierengehen, Kurse, Schwimmen)

Kompetenzen/Veränderung des Betreuungsangebots – mehr/weniger Unterstützung

- Haben Sie einen Überblick über Freizeitaktivitäten, die von erwachsenen Menschen ausgeführt werden können? Wie können Sie sich diesen Überblick verschaffen und welche Unterstützung brauchen Sie dabei? (Fotos, Bilder in Illustrierten, Beobachtung anderer Personen, ausprobieren)
- Möchten Sie Freizeitaktivitäten gern selbstständiger wahrnehmen und was wäre dafür notwendig? Oder brauchen Sie dabei vielleicht mehr als die bisher angebotene Unterstützung – in welcher Form? (Begleitung, Organisation, Beratung, Motivation)

Abb. 2 Am Lebensbereich Freizeit dargestellt (Bensch/Klicpera 2003)

Die Besprechung. Der beschriebenen Informationsgewinnung schließen sich die Vorbereitung der **Zielplanung** und weiterhin ihre Besprechung an. In der Besprechung selbst beginnt der Heilerziehungspfleger üblicherweise mit einer kurzen Erläuterung des Grundes der Zusammenkunft sowie des weiteren Vorgehens. Daraufhin legt er die gewonnenen Informationen bezüglich des Klienten für jeden Teilnehmer der Besprechung transparent und nachvollziehbar dar. Der zuvor erhobene Ist-Stand des Menschen und seiner Lebenssituation wird präsentiert.
Um die folgende Vereinbarung über die Ziele möglichst im Sinne des Klienten durchzuführen, nimmt dieser selbstverständlich an der Planungsbesprechung teil. Er bestimmt maßgeblich darüber, welche weiteren Personen an der Besprechung teilhaben. So können neben dem zuständigen Heilerziehungspfleger und dem rechtlichen Vertreter beispielsweise auch Freunde des Klienten an der Planungsbesprechung teilnehmen. Gemeinsam werden realisierbare Ziele in ihrer Schritt-für-Schritt-Umsetzung besprochen.

Interdisziplinär. Die Teilnehmer der Besprechung kommen aus unterschiedlichen Fachdisziplinen. Vor diesem Hintergrund wägen sie die Notwendigkeit für Unterstützungsmaßnahmen zur Zielerreichung anhand der vorhandenen Fähigkeiten und Fertigkeiten des Klienten ab. Sie betonen Handlungsschritte, die der Mensch selbstständig durchführen kann. Ziel der Besprechung ist immer die Verbesserung der Lebensqualität des Klienten.

Leitziele
sind allgemein formulierte, übergeordnete und eher noch undifferenzierte Aussagen über angestrebte Kompetenzen – also allgemeine Fähigkeiten und Fertigkeiten – einer Person

↓

Richtziele
beziehen diese Leitziele genauer auf bestimmte Lebens- oder Lernbereiche oder Kompetenzbereiche einer Person. Sie sind eher abstrakt formulierte Aussagen und umfassen ein größeres Vorhaben.

↓

Grobziele
sind differenziertere und genauere Beschreibungen der gewünschten Kompetenzen oder Kompetenzzuwächse für einen bestimmten, konkreten und fest umrissenen Bereich.

↓

Feinziele
schließlich beschreiben konkret und genau, im Sinne von überprüfbar und unmittelbar beobachtbar, gewünschte und gewollte Ergebnisse von Erziehungs-, Lern- und Bildungsprozessen (**operationalisierbare Ziele**).

Abb. 1 Vom Leitziel zum operationalisierbaren Feinziel – Zielhierarchien im Überblick

Relevanz	Aktuelle Situation	Ziel beschreibung	Fachdisziplin, unterstützende Maßnahme, Methode (Was? Wie? Wo? Wann? Wie oft?)	Zeit bez. Anfang u. Ende der Gesamtmaßnahme (von-bis)	Verantwortliche Person
1					
2					
3					

Abb. 2 Überblick Entwicklungsplanung

Entwicklungsplan. Darauf folgt eine möglichst genaue Beschreibung und schriftliche Festlegung der Ziele: der schriftliche Entwicklungsplan. Er enthält langfristige und kurzfristige Ziele, die jeweils in Richt-, Grob- und Feinziele aufgespalten sind (▶ **s. dazu Modul 5, Kap. I.3**). So ist klar erkennbar,

- welcher Entwicklungs- oder Lebensbereich angesprochen ist (z. B. das Richtziel der Sprachentwicklung),
- welche Aktivität innerhalb des Entwicklungsbereichs gefördert wird (z. B. das Grobziel der Aussprache) und
- welche Aufgabe der Klient konkret bewältigen soll (z. B. das Feinziel, vorgegebene Wörter akzentuiert nachzusprechen).

Ziele. Die Ziele sollen für jeden Teilnehmer der Planungsbesprechung im Detail nachvollziehbar sein; sie sollen einsichtig und als wertvoll erachtet werden. Damit ist der Wille der Umsetzung gegeben und die Chancen der Zielerreichung sind erhöht. Bei der Zielsetzung ist es weiterhin von Relevanz, dass eine Reihenfolge festgelegt wird.
Außerdem ist der zeitliche Rahmen abzustecken, in dem ein Ziel erreicht werden soll. Dabei ist klar darzulegen, wann ein Ziel als „erreicht" anzusehen ist. Um allen an der Planungsbesprechung Beteiligten für die Durchführung der unterstützenden Maßnahmen einen groben Überblick zu ermöglichen und die Verbindlichkeit durch Unterschriften zu erhöhen, bietet es sich an, die Struktur aus ▶ **Abb. 2** zu verwenden.

Nicht alle Ziele können zu gleicher Zeit verfolgt, geschweige denn erreicht werden. Es gilt, Prioritäten zu setzen (▶ s. Modul 5, Kap. I.3.2.1).

Eine detaillierte schriftliche Entwicklungsplanung ist dem sich anschließenden **Protokoll** der Planungsbesprechung hinzuzufügen. Die auszuformulierenden Aspekte der detaillierten Planung richten sich nach den im obigen Grobraster genannten Hauptaspekten. Sämtliche Fragen und Unklarheiten

Abb. 1 Reflexionsfragen

sind durch entsprechende differenzierte Darstellung aufzuheben. Die Durchführung sowie der Verlauf der Maßnahmen wird ausführlich dokumentiert, um in die sich anschließende Evaluierung einfließen zu können. Entwicklungsschritte sind deutlich hervorzuheben. Unterstützung erfolgt in vereinbarter Weise und vornehmlich begleitet durch die Person, die sich dafür verantwortlich gezeichnet hat. Dabei ist der Heilerziehungspfleger als Bezugsperson stets für die Durchführung einer Maßnahme verantwortlich.

Evaluation. Sind alle Ziele erreicht bzw. die Maßnahmen in ihrer Durchführung beendet, erfolgt eine Evaluation und Reflexion. Der Termin für diesen Abschnitt sollte schon am Tag der Planungsbesprechung festgelegt werden; so wird gewährleistet, dass möglichst alle Teilnehmer der Planungsbesprechung auch an der Evaluierung teilnehmen können. Zu diesem Termin werden nicht nur erreichte Ziele als solche benannt, sondern auch in ihrer Umsetzung und Erreichung näher betrachtet. Ebenso werden Gründe für die Nichterreichung einzelner Ziele angesehen. Grundlegend für diese analytische Vorgehensweise sind **Dokumentationen** aus der Durchführungsphase. Diese können durch mündliche Beiträge aller Teilnehmer ergänzt werden. Es soll deutlich werden, warum einzelne Ziele erreicht und andere dahingegen nicht erfüllt werden konnten. Davon ausgehend können zukünftige Zielplanungen so angelegt werden, dass die Ziele mit hoher Wahrscheinlichkeit erlangt werden.

Weiterhin soll der Mensch mit Beeinträchtigung die Gelegenheit erhalten, über sein Empfinden vor, während und nach der Maßnahme reflektieren zu können. Er hat die Chance, die geänderte Lebenssituation darzustellen und sein Maß an Zufriedenheit damit zu verdeutlichen. Auch soll der Prozess, der zur Änderung der Lebenssituation geführt hat, näher beleuchtet werden: Sollte zukünftig ein gleichartiger Weg eingeschlagen werden, um ein Ziel zu erreichen? Ist der Weg vielleicht sehr beschwerlich beschritten worden, damit eine Änderung zustande kommt, und will in dieser Weise nie wieder gegangen werden?
In der Evaluation und Reflexion sollen also Punkte verdeutlicht werden, die zukünftigen Planungen hilfreich sind und stetig zu einer gesteigerten Lebensqualität des Menschen beitragen. Probleme und Hindernisse sollen erkannt werden, um im weiteren Verlauf vermieden zu werden. Ursachen für Schwierigkeiten sollen herausgefiltert werden und in konkrete Änderungen münden.

Organisatorisches. Damit die gemeinsamen Treffen möglichst erfolgreich und angenehm für alle Beteiligten stattfinden können, muss der Heilerziehungspfleger organisatorische Details im Vorfeld klären. Hierzu gehören die schriftliche Einladung zur Besprechung und Evaluierung, die Raumbelegung, das Festlegen einer angemessenen Zeitspanne und gegebenenfalls Aufgabenverteilungen, wenn beispielsweise Präsentationen von anderen Teilnehmern eingeplant sind. Weiterhin sollte bez. der Planungsbesprechung die vorbereitete Zielplanung bereits auf ihre Umsetzbarkeit hin überprüft worden sein.
Ist abzusehen, dass die Besprechungen überfordernd für die Teilnehmer, insbesondere den Klienten, sein werden, sind sie auf mehrere Termine festzulegen.

Fazit: Die dialogische Entwicklungsplanung stellt den Dialog mit dem Klienten in den Vordergrund. Sie beteiligt ihn weitestgehend an der Planung von Maßnahmen, die seine gesteigerte Lebensqualität zum Ziel haben.

2.1.2 Pädagogische Betreuungsplanung nach Haisch

Das von Prof. Dr. Werner Haisch, Psychologe und Philosoph, entwickelte Verfahren zur Unterstützung von Menschen mit Behinderung hat unter dem Begriff „Planung und Organisation in Betreuung und Assistenz" bzw. „Gestaltung der Begleitung von Menschen mit Behinderung" (kurz **POB&A/GBM**) in die heilpädagogische Praxis Einzug gehalten. Das Verfahren stellt eine Möglichkeit dar, die Notwendigkeit pädagogischer Maßnahmen mit dem Geschehen in der Einrichtung zu verbinden; d.h., *theoretische* Hintergründe für die praktische Umsetzung von Maßnahmen werden ebenso deutlich wie *methodische* Schritte zur Zielerreichung im Alltagsgeschehen. Dabei werden Mittel zur technischen Bewältigung mit Hinblick auf die Forderungen der Leistungsträger zur Verfügung gestellt. Ausgesprochenes Ziel des Verfahrens nach Haisch ist die weitestgehend „selbstständige und selbst gestaltete individuelle Lebensführung" des Menschen mit Beeinträchtigung.
Haischs Modell geht von den entwicklungspsychologischen Erkenntnissen Jean Piagets (1896–1980, Schweizer Entwicklungspsychologe) aus. Abhängig von der individuellen Entwicklung erfolgt eine „hilfreiche pädagogische Begleitung", die den Menschen mit Beeinträchtigung in seiner Weiterentwicklung fördert bzw. ihm hilft, bisherige Fähigkeiten zu erhalten.

Individuelle Lebensführung				
Pflege/ Selbstpflege	**Krankenpflege/ Krankenselbstpflege**	**Beschäftigung/Lebensführung**		**Beratung/ Behandlung/ Therapie**
Mobilität	Krankenpflege/ Krankenselbstpflege	**Bewegung** (Gymnastik, Rhythmik, Sport)	**Mitteilung** (Ausdruck, Kommunikation, Meinungsbildung)	**Bewegungsstereotypie**
Orientierung		**Betätigung** (Genuss, Unterhaltung, vertrauter Umgang)	**Soziales Leben** (Gruppe, Freundschaft, Partnerschaft)	**Effektstereotypie**
Körperpflege		**Gewohnheit** (Vorliebe, soziales Spiel, lebenspraktische Fertigkeit)	**Entfaltung der Lebensbereiche** (Privatleben, Schule, Arbeit, Öffentlichkeit)	**Selbstbehauptung in der betreuerischen Beziehung**
Toilette		**Gestaltung** (Kreativität, individuelle Lebensführung)		**Selbstbehauptung im sozialen Leben**
Ernährung		**Ausdruck** (Individualität, Bedürfnis, Gestik, Mimik)		**Selbstbewertung**
Hauswirtschaftliche Versorgung		**Vorstellung** (Erinnern, Vorstellen, Fantasie, Symbol u.a.		

Abb. 1 Beispiel Einteilung der Betreuungsbereiche für stationäre Behindertenhilfe im Wohnen (POB&A/GBM)

Ablauf und Schritte. Mit Beginn des POB&A/GBM-Verfahrens wird eine Förderdiagnostik des individuellen Menschen mit Beeinträchtigung erstellt. Haisch nutzt zu diesem Zweck zunächst die „Matrix betreuerischer und assistierender Maßnahmen", dies ist ein Katalog von Bedarfen und dazugehörigen Maßnahmen.

Es werden Leistungsgruppen und -bereiche übersichtlich dargestellt, um in einer Analyse der einzelnen Bereiche notwendige allgemeine Unterstützungsmaßnahmen („Hilfeformen") und Ziele deutlich hervortreten zu lassen (▸ **Abb. 2**).

Die einzelnen Hilfeformen werden mit Zeitangaben verknüpft. So kann der Leistungsträger erkennen, wie viel Zeit für die jeweilige Unterstützungsmaßnahme eingerechnet werden muss und welche finanziellen und personellen Leistungen damit einhergehen.

Im nächsten Verfahrensschritt wird mithilfe des „Fragebogens zur Lebensform in Betreuung und Assistenz" der individuelle Bedarf des Menschen mit Behinderung herausgearbeitet. Der Beantwortung des Fragebogens liegen wiederum die Leistungsbereiche des Leistungsträgers zugrunde. Inhalt-

Erscheinungsbild		Hilfeform	Ziel der Hilfe
Der/die Betreute zeigt im jeweiligen Bereich der Pflege/ Selbstpflege		**Der/die Betreuer/-in leistet im jeweiligen Bereich der Pflege/ Selbstpflege**	
1	Keinerlei Aktivitäten	stellvertretende Ausführung („vollständige Übernahme" bzw. „therapieunterstützende Maßnahmen" nach PflRi)	Anregung zu eigener Aktivität
2	Ansätze zur selbstständigen Ausführung	Mithilfe („teilweise Übernahme" bzw. „therapieunterstützende Maßnahmen" nach PflRi)	Anleitung lebenspraktischer Fähigkeiten
3	selbstständige, jedoch nicht sachgerechte Ausführung	Beobachtung und Korrektur („Unterstützung" bzw. „Beaufsichtigung und Anleitung" nach PflRi)	Übung lebenspraktischer Fähigkeiten
4	selbstständige und sachgerechte Ausführung, jedoch nicht in den Lebenszusammenhang eingeordnet	Aufforderung und Begründung („Beaufsichtigung und Anleitung" nach PflRi	Ausübung lebenspraktischer Fähigkeiten
5	selbstständige und sachgerechte Ausführung und Einordnung in den Lebenszusammenhang	Begleitung	Sicherung der sachlichen Bedingungen

Abb. 2 Beispiel Hilfeformen im Bereich Pflege/Selbstpflege (nach Haisch, POB&A/GBM)

Bereiche	Inhalte
Stellenplan	Qualifikation der Mitarbeiter, Stundenzahl pro Woche, regelmäßige Ausfallzeiten
Tagesprotokoll	Betreuungstätigkeiten eines typischen Tages*
Wochen-, Monatsprotokoll	Betreuungstätigkeiten einer typischen Woche* /eines Monats*
Besetzungsprotokoll	Anwesenheit von Mitarbeitern und Betreuten einer typischen Woche*
Wohnbedingungen	Eigenschaften der Wohnung, Wohn-/Schlafraum, Bad, Toiletten, Balkon, Garten (Größe, Belegung, Ausstattung)

** Für die Tages-/Wochen-/Monatsabschnitte können mehrere Protokolle ausgefüllt werden, um die Besonderheiten unterschiedlicher Zeitabschnitte während des Jahres (z. B. Schul- und Ferienzeiten) zu berücksichtigen. Dabei kann jeweils ein Anteil des Jahres angegeben werden, für den das Protokoll gelten soll: Z. B. gilt ein Wochenprotokoll 40 Wochen, das zweite Wochenprotokoll die restlichen 12 Wochen des Jahres.*

Abb. 1 Fragebogen zur Arbeitsorganisation, Beispiel stationäres Wohnen (nach Haisch, POB&A/GBM)

liche Details werden aus schriftlichen Beobachtungen von Fachkräften sowie Gesprächen mit anderen, an der Unterstützung und Begleitung des Menschen mit Behinderung beteiligten Personen gewonnen. Von zentraler Bedeutung ist in diesem Zusammenhang das Interview mit dem Menschen mit Behinderung selbst.
Der sich anschließende „Fragebogen zur Arbeitsorganisation" (▶ **Abb. 1**) stellt ein Mittel zur Erörterung der aktuellen Gegebenheiten in der Gruppe und der Leistungszuwendungen dar; personelle und arbeitsorganisatorische Details erfahren hier ihre nähere Betrachtung.

Software. Die eigens für den Zweck der Betreuungsplanung erstellte Computersoftware POB&A/GBM dient dazu, nach Eingabe der erhobenen Daten eine Ist-Soll-Stand-Analyse durchzuführen, quantitative Standards der Betreuungsleistungen zu berechnen und Betreuungsintensitäten vorzuschlagen. Weiterhin können mithilfe dieser Software beispielsweise auch potenzielle Soll-Planungen sowie ganzheitliche Betreuungs- bzw. Assistenzplanungen und Dokumentationen aus unterschiedlichen Fachdisziplinen erstellt werden. Der Leistungsträger erhält detaillierten Einblick in interdisziplinär durchzuführende Maßnahmen, ihre Begründungen und Ziele; beantragte Leistungen aus verschiedenen Fachgebieten können auf diese Weise leicht nachvollzogen (und genehmigt) werden. Evaluationen und Dokumentationen, die mit dem Qualitätsmanagement einer Einrichtung einhergehen, können zeitlich und inhaltlich effizient und transparent durchgeführt werden.

Heilpädagogisches Modell nach Haisch

Das pädagogische Handeln, das zur Durchführung der Maßnahmen der Betreuungsplanung ausgeübt werden muss, basiert auf dem „Heilpädagogischen Modell nach Haisch" (▶ **Abb. 2**).

Ausgangslage	über (hilfreiche pädagogische Begleitung)	zu (Ergebnis)	Stufe
1. Organismisches Leben und Erbkoordination			
Vegetative Bedürfnisse	Pflege/Beruhigung	Befriedigung, Zufriedenheit	Beruhigte Wachheit
2. Erregungsgeleitete Selbstbewegung			
Massenbewegung	Anregung der Bewegungsfreude	Lockere, gelöste, gezielt koordinierte Bewegung	Bewegungsgefühl
3. Effektgeleitete Betätigung			
Zufälligkeit entdeckter Effekte	Anleitung zur Unterhaltung	Vertrauter verfügbarer Umgang	Geschmacksbildung
4. Gewohnheitsgeleitete Betätigung			
Vorliebe pflegen	Mitspielen	Fertigkeit	Routinemäßige Bewältigung der Lebenspraxis
5. Darstellungsgeleitetes Handeln			
Experimentieren	Modell sein	Produzieren	Ausdruck
6. Mitteilungsgeleitetes Handeln			
Benennen, beschreiben	Zuhören, mitdiskutieren	Entscheiden, mitbestimmen	Vorstellung

Abb. 2 Das heilpädagogische Modell nach Haisch (in: Zörb-Langen, 2007)

Fazit: POB&A/GBM („Planung und Organisation in Betreuung und Assistenz“ bzw. „Gestaltung der Begleitung von Menschen mit Behinderung“) betont die Verknüpfung von Theorie und Praxis im heilerziehungspflegerischen Handeln.
Sie zielt auf „selbstständige und selbst gestaltete individuelle Lebensführung“ des Klienten ab. Dabei stellt sie konkrete methodische Hinweise zur Zielerreichung zur Verfügung.

2.1.3 Geplante Förderung und Unterstützung

Auf Grundlage des Respekts und der Akzeptanz der individuellen Persönlichkeit des Klienten kann pädagogische Unterstützung und Förderung zielgerichtet geplant und durchgeführt werden.
Strukturell kann in der Regel wie in ▸ **Abb. 1** vorgegangen werden.

▸ **S. auch Modul 3, Kap. I.2 bis I.5 Beobachten**

Die Beobachtung und ihre Auswertung kann generell auf unterschiedliche Arten durchgeführt werden. Oft stehen gesonderte **Beobachtungsbögen** mit ihren jeweiligen Vor- und Nachteilen in einer Einrichtung zur Verfügung. (Wird sich für eine freie schriftliche Beobachtung entschieden, können detaillierte Angaben aus ▸ **Modul 3, Kap. I.5** hilfreich sein.) Die Erstellung des Ist-Stands basiert auf den angestellten Beobachtungen. Dabei ist der **aktuelle Entwicklungsstand** des Klienten in unterschiedlichen Entwicklungsbereichen zu beschreiben, um ein möglichst umfangreiches Gesamtbild zu erhalten.

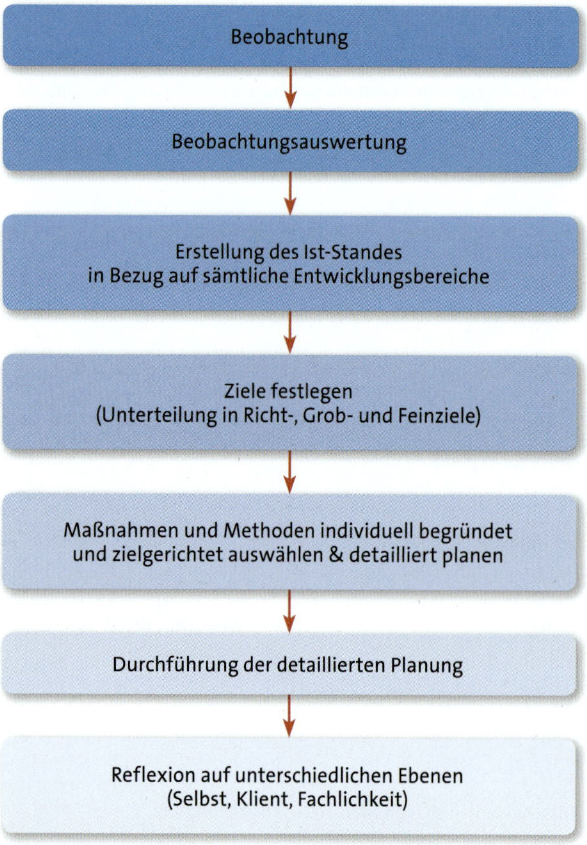

Abb. 1 Struktur pädagogisch geplanter Förderung

Abb. 2 Die richtige Methode zum Ziel

Zentrale Entwicklungsbereiche sind:
- Kognition
- Sprache
- Sozialverhalten
- Umgang mit Emotionen
- Lebenspraxis
- Umgebungsbewusstsein
- Grobmotorik
- Feinmotorik

Ist der Entwicklungsstand detailliert beschrieben, können in einem nächsten Schritt **Ziele aufgestellt** werden. Da man von einer lebenslangen Entwicklung ausgeht, sollten jene Ziele ausgewählt werden, die in ihrer Erreichung zunächst am wichtigsten erscheinen. Maßstab für diese Rangordnung der Ziele ist die intendierte Selbstständigkeit des Klienten. Die Fragen „Was benötigt die Person jetzt am meisten, um weitestgehend selbstständig handeln zu können?“ bzw. „Welche Fähigkeiten und Fertigkeiten werden benötigt, damit das Alltagshandeln selbstständiger vollzogen werden kann?“ helfen bei der Festlegung der Reihenfolge der Ziele. Die Unterteilung in Richt-, Grob- und Fein-/Nahziele bietet sich in diesem Kontext an, damit die Maßnahmen und Methoden zur Zielerreichung möglichst stimmig ausgewählt und geplant werden können (▸ **s. dazu Modul 5, Kap. I.3.3.2 Zielhierarchien: vom Leitziel zum Feinziel**).

In Bezug auf die Maßnahmen- und Methodenplanung ist der **Anknüpfungspunkt** von zentraler Relevanz, d.h., die Maßnahme mit ihren methodisch-didaktischen Details muss an die vorhandenen Fähigkeiten und Fertigkeiten des Klienten anknüpfen. Bereits bestehendes Können und Wissen ist zu nutzen, um es durch zielgerichtete Aktivität zu erweitern.

Didaktische Prinzipien der Förderung und Unterstützung

Das qualifizierte heilerziehungspflegerische Vorgehen ist:
- entwicklungsgemäß
- individualisiert
- strukturiert
- stetig
- ganzheitlich
- differenziert
- aufeinander aufbauend
- eindrucksvoll
- anschaulich
- konkret
- nachvollziehbar
- einprägsam
- unbewertend
- freudvoll

Das Finden einer solchen adäquaten Aktivität mit ihren einzelnen methodischen Schritten und der Beachtung didaktischer Prinzipien ist keine leichte Aufgabe. Daher ist es empfehlenswert, diesbezügliche grundsätzliche Entscheidungen mit Fachkräften aus anderen Bereichen (z.B. Lehrkräften, Ärzten, Psychologen, Therapeuten), die an der Begleitung des Klienten beteiligt sind, zu fällen. Durch dieses **interdisziplinäre Vorgehen** werden andere Perspektiven deutlich; Aspekte aus unterschiedlichen Bereichen werden beleuchtet und Stolpersteine in der Zielerreichung durch die gemeinsame Beratung weitestgehend vermieden.
Das Wissen des Heilerziehungspflegers um vorherrschende Lerntheorien trägt außerdem dazu bei, die gewählte Maßnahme methodisch-didaktisch so zu planen, dass die Wahrscheinlichkeit der Zielerreichung möglichst hoch ist. Da unterschiedliche Vorgehensweisen in der Durchführung einer Aktivität angewendet werden können, kommt dem Heilerziehungspfleger die Aufgabe zu, jenen Prozess zu wählen, der das Lernen des Klienten wahrscheinlich macht. Konkret bedeutet dies auch die Entscheidung darüber, welche Lerntheorie man der Durchführung des Angebots zugrunde legt.

Lerntheorien – eine Übersicht
▸ **S. auch Modul 6, Kap. I.2.2.1**
Klassische Konditionierung (nach Pawlow)
Operante (instrumentelle) Konditionierung (nach Skinner)
Beobachtungs-/Modelllernen (nach Bandura)
Kognitives Lernen
Verbales Lernen
Begriffsbildung

Mit der Entscheidung für die Anwendung der einen oder anderen Lerntheorie geht die Motivation oder Demotivation des Klienten zum Lernen und damit der mehr oder weniger erfolgreichen Zielerreichung einher. Der Wille zum Lernen und die Freude dabei oder schließlich über den Erfolg als anspornendes Element sind entscheidend für das Gelingen der Aktivität sowie der gesamten Maßnahme.

Methodisch-didaktische Fragestellungen
- Wie gehe ich vor?
- Warum mache ich das in dieser Art und Weise?
- Welche Vorgehensweise ist in diesem Fall die beste?
- Welcher Weg ist der geeignete für den Klienten?
- Wie erreicht der Klient das Ziel effizient und mit Freude?
- Warum wähle ich dieses Material?
- Könnte eine andere Vorgehensweise besser sein?
- Welche Eventualitäten könnten eintreten?
- Habe ich einen „Plan B"?
- Was mache ich, wenn?
- Welche Alternativen stehen überhaupt zur Verfügung?

Natürlich kann nicht jede einzelne Eventualität bedacht und mit einer alternativen Handlungsweise geplant werden, jedoch kann man durch detaillierte Planung sämtliche Stolpersteine im Vorfeld erkennen und aus dem Weg räumen. Auch lassen sich Schwierigkeiten leichter erkennen und schneller beheben, wenn man auf sie vorbereitet ist. Bei all dem muss man aber bedenken, dass man sich selbst seiner Flexibilität im Handeln nicht berauben darf. Ein krampfhaftes Festhalten an einer noch so guten Planung wird dem Erfolg ebenso abträglich sein wie die planungs- und planlose Vorgehensweise.

Praktische Umsetzung. Ist die Durchführung einer Aktivität methodisch-didaktisch detailliert geplant, ist jeder Schritt begründend überlegt und mit Alternativen bedacht, kann das Angebot praktisch umgesetzt werden. Während der Umsetzung ist zielgerichtet, interdisziplinär und klientenorientiert vorzugehen. Der Heilerziehungspfleger beobachtet also das Verhalten des Klienten während der Angebotsdurchführung. Ist der Klient motiviert und erfolgreich in seinem Handeln, kann planmäßig vorgegangen werden. Ist jedoch deutlich demotiviertes Verhalten erkennbar oder sind Handlungsschritte vom Klienten nicht zu bewältigen, muss ein alternatives

Weiterführen des Angebots flexibel gewählt werden; auch der Abbruch der Aktivität ist in einem solchen Fall denkbar. Während der Angebotsdurchführung kommt dem Heilerziehungspfleger quasi gleichzeitig die Aufgabe des

- Beobachtens,
- Reflektierens und
- flexiblen Reagierens auf gezeigtes Verhalten des Klienten

zu. Ein großes Unterfangen, das durch theoretisches und praktisches Wissen in der Kombination mit persönlicher Erfahrung und interaktiven Kompetenzen gelingt.

Reflexion. Die geplante Aktivität schließt mit einer umfassenden Reflexion (▸ **s. Modul 7, Kap. I.1.3**). Sie bezieht sich nicht nur auf die Durchführung des Angebots an sich sowie das Verhalten des Klienten, sondern auch auf die eigene Person und das eigene Handeln und Empfinden.

Reflexionsfragen zur Angebotsdurchführung (Auswahl)

- Wie ist das Angebot insgesamt verlaufen?
- Warum sind die einzelnen Schritte (nicht) gelungen?
- Was hat dem Klienten geholfen, die Anforderungen zu bewältigen?
- Wäre eine ähnliche methodische Herangehensweise in Zukunft zu befürworten?
- Was müsste geändert werden, um der Zielerreichung näherzukommen?
- Habe ich angemessen reagiert?
- An welchen Punkten muss ich mein eigenes Verhalten zukünftig ändern?
- Bin ich an meine Grenzen gestoßen? Warum (nicht)?
- Wie kann ich meine eigenen Lücken in Bezug auf Fähigkeiten/Fertigkeiten/Wissen schließen?
- Erfordert die Beziehung zum Klienten Verbesserung? Wie kann diese erreicht werden?

Auf Grundlage der Reflexion zeigen sich weitere Schritte, die perspektivisch beachtet und/oder angegangen werden müssen. Die Konsequenz, die daraus folgt, ist es, den Klienten in unterschiedlichen Fachbereichen qualifiziert unterstützen zu können; seine individuellen Möglichkeiten an selbstständiger Lebensführung sollen interdisziplinär ausgeweitet werden.

Zum Weiterlesen

POB&A/GBM nach W. Haisch

Beispiel für GBM-Verfahren: *www.palme.ch/pages/documents/GBM_000.pdf*

C. Bensch, Ch. Klicpera: Dialogische Entwicklungsplanung. 2003

Aufgaben

1. Praxisaufgabe
Finden Sie heraus, welches Verfahren der Entwicklungs- und Betreuungsplanung in Ihrer Praxiseinrichtung üblich ist. Stellen Sie das Verfahren Ihren Mitstudierenden vor.

2. Internetrecherche
a) Stellen Sie eine Liste der Fachkräfte zusammen, die an der interdisziplinären Zusammenarbeit im Entwicklungs- und Betreuungsprozess von Menschen mit Beeinträchtigung beteiligt sein können.
b) Stellen Sie Schlussfolgerungen aufgrund des Ergebnisses auf.

3. Internetrecherche/Büchereibesuch
a) Informieren Sie sich zu den unterschiedlichen Lerntheorien und stellen Sie Ihre gewonnenen Erkenntnisse den Mitstudierenden vor.
b) Geben Sie Empfehlungen, welche Lerntheorie zu welcher Zielerreichung angewendet werden sollte, um ein möglichst positives Ergebnis für alle Beteiligten zu erreichen.

2.2 Fallgespräche

Abb. 1 Fallgespräch

Nach Beobachtung und vor der Hilfebedarfsplanung (▶ s. Modul 5, Kap. I.1) sowie bei aktuellen Schwierigkeiten und Problemen, beispielsweise bei der Zielerreichung, wird in der Regel ein Fallgespräch durchgeführt. Ein solches Fallgespräch dient nicht nur der Qualitätssicherung in Bezug auf heilerziehungspflegerisches Handeln, sondern auch der qualitativ hochwertigen Grundlage für die Hilfebedarfsplanung. An einem Fallgespräch nehmen in der Regel diejenigen Personen teil, die an der Erziehung, Bildung und Pflege des Menschen mit Beeinträchtigung beteiligt sind. Um ein möglichst umfangreiches Bild zu erhalten, bietet es sich an, nicht nur Beschäftigte innerhalb der Einrichtung für Menschen mit Behinderung einzuladen. Auch Personen, die außerhalb der Einrichtung entwicklungsfördernd und unterstützend auf den Klienten wirken, können und sollten (neben dem Klienten selbst) an einem Fallgespräch teilhaben: z. B. Lehrkräfte, unterschiedliche Therapeuten oder Leiter bestimmter Maßnahmen. Sie werden vom Einrichtungsleiter zum Fallgespräch eingeladen.

Verabschiedung eines Klienten. Entfällt beim Weggang eines Klienten aus einer Einrichtung eine abschließende Hilfebedarfsplanung, wird ebenfalls ein Fallgespräch durchgeführt. Darin erfolgt eine **Evaluation** des gesamten Entwicklungsverlaufs des Menschen in der Einrichtung. Mit Blick auf die Ziele, die man mit dem Klienten erreichen wollte, erfolgt eine Art **Bilanzierung** dessen, was tatsächlich erfolgreich umgesetzt werden konnte. Dabei werden erreichte Ziele nicht nach Art einer Checkliste abgehakt. Es findet vielmehr eine genaue Betrachtung dahingehend statt, auf welche Art und Weise ein Ziel erreicht werden konnte und wie das Erreichte *qualitativ* zu bewerten ist. Konnte es beispielsweise gut, mittelmäßig oder gerade so umgesetzt werden? Zeigte sich der Erfolg nur kurzfristig oder hat sich eine mittel- bis langfristige Änderung zum Positiven vollzogen, die perspektivisch auch beibehalten werden kann? Um diese und ähnliche Fragen qualitativ hochwertig beantworten zu können, bietet sich das strukturierte Vorgehen an, das sowohl professionelle Beobachtungen und Eindrücke als auch die subjektive Einschätzung des Menschen mit Beeinträchtigung einbezieht. Der Evaluationsprozess der Entwicklungsperformanz eines Menschen mit Beeinträchtigung, d. h. das strukturelle Vorgehen des Fallgesprächs, richtet sich nach den Themenbereichen, die im aktuellen individuellen Hilfebedarfsplan angesprochen und mit Zielen belegt wurden. Aber auch das Verwenden des Protokolls des letzten Fallgesprächs kann für das schrittweise Vorgehen hilfreich sein, damit wichtige Aspekte der Entwicklung nicht vergessen werden – auch wenn sie zunächst vielleicht unbedeutend erschienen sind. Es bietet sich an, im Vorfeld eine Art „Checkliste" für das einzelne Fallgespräch zu erstellen, mit deren Hilfe der Prozess der Evaluation zeitlich und inhaltlich effizient geleitet werden kann:

Checkliste für ein Fallgespräch
- Ergebnisse des letzten Fallgesprächs
- Ziele des letzten Hilfebedarfsplans
- aktuelle Beobachtungen
- Einschätzungen
- Schlüsse und Konsequenzen
- perspektivische Maßnahmen und Ziele
- Vereinbarungen
- organisatorische Details und Verantwortlichkeiten

Insgesamt ist ein interdisziplinäres Vorgehen und Bearbeiten der einzelnen Punkte zu beachten.

Beispielsweise kann mithilfe einer solchen Checkliste strukturiert evaluiert werden, ob im Bereich der Grobmotorik ein Fortschritt zu verzeichnen ist.

Die 34-jährige Sandra H. konnte sich zu Beginn einer physiotherapeutischen Maßnahme ausschließlich mit einem Walker fortbewegen; nun kann sie auch einige Schritte ohne Hilfsmittel bewältigen, wie es in den Intentionen des Hilfebedarfsplans angegeben ist.

Im Beispiel ist eine positive Entwicklung in der grobmotorischen Performanz erfolgt und kann entsprechend von allen Beteiligten des Fallgesprächs bewertet werden. Die persönliche Anstrengung, die zur Zielerreichung geführt hat, kann jedoch nur von der Klientin selbst beurteilt werden. Sie musste sie leisten und jeden Tag aufs Neue die notwendige körperliche Anstrengung aufbringen, um sich ohne Gehwagen fortbewegen zu können. Die Schwere dieser Leistung muss in ihrer subjektiven Betrachtung Teil der Evaluation im Fallgespräch sein. Was für den einen eine Leichtigkeit ist, kann für den anderen ein großes Unterfangen sein. Wenn dazu noch unterschiedliche Erwartungen an Wertschätzungen erfüllt werden, ist das Entstehen von Unstimmigkeiten nicht selten. Dieses kann durch **gemeinsame strukturierte Evaluation** im Fallgespräch im Vorfeld ausgeschlossen werden. Dabei ist die Sicht möglichst jeder am Entwicklungsprozess direkt beteiligten Person zu beachten.

Gesamteinschätzung. Aufgrund der intensiven Beantwortung der Fragen, kann eine detaillierte Auswertung und qualitative Gesamteinschätzung der Arbeit mit dem Menschen mit Beeinträchtigung vollzogen werden. Daraus sollen sich keine Schuldzuweisungen an Kollegen oder das Erstellen von personellen und methodischen Rangordnungen ergeben. Vielmehr soll es dazu dienen, Erfahrungen und Ergebnisse zu verdeutlichen, um zukünftig die Wege zu wählen, die zur bestmöglichen Erreichung der Intentionen führen.

Beispiel 1: Die durchgeführte Maßnahme der Hippotherapie kann als besonders förderlich für den Aufbau des Muskeltonus eines Klienten erkannt werden; daher ist zu vermerken, dass diese Maßnahme in ähnlicher Situation auch zukünftig empfehlenswert ist.

Beispiel 2: Eine Gesprächstherapie zum Aufbau des Selbstbewusstseins einer Klientin mit psychischer Beeinträchtigung wurde nicht erfolgreich beendet. Als Konsequenz daraus stehen die Überlegungen, ob eine solche Maßnahme in ähnlichem Fall wieder zu wählen ist, welche besser zur Zielerreichung geeignet wäre oder wie das bestehende Angebot abgewandelt werden könnte.

Um die Ergebnisse der Evaluation zu sichern, ist eine **Dokumentation** innerhalb des Fallgesprächs unumgänglich. Diese erfolgt üblicherweise in Form eines Protokolls, das der Akte des Klienten hinzugefügt wird.
Das Protokoll sollte für die zukünftige Hilfeplanung und Entwicklung des Klienten unterstützend wirken. Dann können künftig wenig erfolgversprechende Methoden, subjektiv empfundene Überforderungen oder unliebsame Maßnahmen ebenso ausgeschlossen wie entwicklungsfördernde Maßnahmen eingeplant und verstärkt werden. Die Schlüsse des Fallgesprächs gehen also nicht unter, sondern kommen effektiv im nächsten Planungsschritt zum Tragen. In diesem Sinne kann es als Instrument der Qualitätssicherung und -entwicklung gesehen werden.

Protokoll
Es wird generell zwischen Verlaufs- und Ergebnisprotokoll unterschieden; der Aufbau eines Protokolls ist jedoch strukturell gleich:

1. Organisatorisches:
   - Teilnehmer in alphabetischer Reihenfolge
   - Nichtanwesende, aber Informationsberechtigte
   - Thema und Anlass des Gesprächs
   - Datum, Zeit, Ort
2. Inhaltliche Details, die den Verlauf oder die Ergebnisse herausstellen
3. Organisatorisches:
   - Datum, Zeit, Ort des nächsten Treffens
   - Datum der Erstellung des Protokolls
   - Name und Unterschrift des Protokollanten

Zum Weiterlesen

Gesprächsleitfaden für institutionsübergreifende Fallgespräche: *www.perspektive-berufsabschluss.de/* (Suchbegriff: Fallgespräche)

Aufgaben

1. Schreiben Sie eine Einladung zu einem Fallgespräch. Vergleichen Sie die Einladung mit denen Ihrer Mitstudierenden dahingehend, ob alle relevanten Aspekte bedacht sind und eine dem Anlass entsprechende Form gewählt wurde. Machen Sie gegebenenfalls Verbesserungsvorschläge.
2. Praxisaufgaben
   a) Erstellen Sie eine detaillierte Checkliste für ein Fallgespräch mit einem (fiktiven) Klienten. Beachten Sie dabei interdisziplinäre Aspekte.
   b) Protokollieren Sie ein Fallgespräch und bitten Sie Ihre Praxisleitung um Rückmeldung.

2.3 Coaching

Abb. 1 Der Kutscher oder der Coach sorgt für eine sichere Reise und die Ankunft am vereinbarten Ziel

Neben der Supervision (▸ s. oben, Kap. 1.6) hat sich in den letzten Jahren das Coaching als Hilfe für Helfer in vielen helfenden Berufen etabliert. Coaching unterscheidet sich von der Supervision vor allem durch eine klare berufliche Zielorientierung und durchstrukturierte Methode. Der Begriff Coaching wird daher manchmal auch in die begriffliche Nähe von „Training" gestellt.

Hilfe zur Selbsthilfe. Coaching in helfenden Berufen ist eine professionelle, personenorientierte Beratung, Begleitung und Unterstützung im beruflichen Kontext. Coaching ist zielgerichtet, lösungs- und ressourcenorientiert. Die Beratungsmethode unterstützt die Erweiterung der Perspektiven und Handlungsmöglichkeiten des Ratsuchenden – der hier *Coachee* genannt wird – unter Wahrung der persönlichen Entscheidungsfreiheit. Coaching ist keine Expertenberatung. Der Coach hält sich mit Tipps und Ratschlägen zurück. Coaching dient dazu, dass der Coachee in einem methodisch strukturierten Beratungsprozess **durch Selbstreflexion zu eigenen Lösungen** kommen kann. Coaching ist daher Hilfe zur Selbsthilfe. Als ergebnis- und lösungsorientierte Beratungsform dient Coaching der Verbesserung der beruflichen Handlungsfähigkeit.

Ziel ist die Entwicklung und Stärkung der professionellen Persönlichkeit:

- Förderung der persönlichen und sozialen Ressourcen des Coachees
- Horizont- und Perspektivenerweiterung
- Wahrnehmung von Kontextbedingungen
- Stärkung der Reflexionskompetenz
- Stärkung des „Selbst"-Bewusstseins
- Rollenklärung
- Gestaltung der beruflichen Beziehungsebenen
- Stärkung der personalen Kompetenzen (Kommunikationsfähigkeit, Teamfähigkeit, emotionale Stabilität, Selbstkonzept, Selbstwirksamkeitserfahrungen)

Coaching als personenorientierte Beratung orientiert sich an einem humanistischen Menschenbild und geht von folgenden **anthropologischen Grundannahmen** aus:

- Menschen werden nicht als Reiz-Reaktions-Organismen angesehen, sondern als aktive und konstruierende Personen.
- Menschen handeln vor dem Hintergrund ihrer subjektiven Interpretationen.
- Menschen verfügen über grundlegende Fähigkeiten zur Selbsterkenntnis und Selbststeuerung, die im Lauf der individuellen Entwicklung immer mehr ausgeweitet werden. Diese grundlegenden Fähigkeiten sind:
  - Fähigkeit zur Kommunikation
  - Fähigkeit zur Autonomie
  - Fähigkeit zur Rationalität
  - Fähigkeit zur Reflexivität

> „Der personenbezogene Ansatz beruht auf der Prämisse, dass der Mensch im Grunde ein vertrauenswürdiger Organismus sei, der fähig ist, die äußere und innere Situation abzuschätzen, und der sich auch selbst so versteht, dass er konstruktive Entscheidungen in Bezug auf die nächsten Schritte im Leben treffen und nach diesen Entscheidungen handeln kann."
> (Carl R. Rogers)

Selbstverantwortungs-, Selbstgestaltungs- und Selbstheilungsfähigkeiten werden entwickelt, wenn die Beratung durch bestimmte Grundeinstellungen getragen wird:

(1) Kongruenz (Authentizität). Der Berater geht in eine geklärte professionelle Beziehung. Er reflektiert seine eigenen Gefühle und spiegelt die wahrgenommenen Gefühle des Ratsuchenden wider. Der Berater klärt zu Beginn eines Coachings den Beratungsauftrag und das Beratungsziel.

(2) Wertschätzung. Der Berater respektiert die Wirklichkeitswahrnehmung des Ratsuchenden. Er bietet verschiedene Perspektiven an, beachtet dabei aber immer die Autonomie und die individuellen Möglichkeiten des Coachees. Grundlegend sind die dialogische Haltung und eine Beratung auf Augenhöhe. Der Coach übernimmt die Verantwortung für die zielführende Gestaltung des Coaching-Prozesses; er unterstützt damit individuelle Problemlösungsmöglichkeiten. Er gibt selbst keine Lösung (Ratschläge) vor, sondern ist davon überzeugt, dass der Coachee die Fähigkeit zur Problemlösung entwickeln kann.

(3) Empathie. Der Berater fühlt sich in die Wahrnehmungs-, Denk- und Gefühlsrealität des Ratsuchenden ein. Er betrachtet die Situation aus seiner Perspektive, ohne sich zu identifizieren oder in Übertragungsphänomene zu geraten. Der Berater konzentriert sich auf die Stärken und Ressourcen sowie auf das jeweilige Entwicklungspotenzial.

Neben der Haltung des Coachs im Beratungsprozess dienen systemische Grundannahmen dazu, auch die beruflichen Kontextbedingungen des Ratsuchenden zu berücksichtigen. Die systemische Theorie geht davon aus, dass lebende Systeme sich selbst organisieren, auf ihre eigenen inneren Zustände reagieren und sich selbst erhalten können. Systemisches Coaching ist daher nicht nur auf den Ratsuchenden gerichtet, sondern immer auch auf das **soziale Umfeld** der Person und die darin stattfindenden **Interaktionen**.

Merkmale sozialer Systeme sind beispielsweise:
- Personen
- subjektive Deutungen
- soziale Regeln
- Regelkreise (regelmäßige Verhaltensmuster)
- System-Umwelt-Beziehungen
- Entwicklung (Vorgeschichte, Gegenwart, Zukunft)
- Interaktion

Beispielfragen im systemischen Coaching:
Welche Personen sind von Bedeutung?
Welche sozialen Regeln (offene und verdeckte) steuern das Verhalten aller Beteiligten?
Welche Werte und Tabus gibt es im System?
Welche subjektiven Deutungen beeinflussen Wahrnehmung und Handlungen?
Welche typischen Verhaltensweisen gibt es? (Musterlösungen)
Was würde passieren, wenn das Problem nicht da wäre?

Eine Heilerziehungspflegerin sucht ein Coaching-Gespräch auf, da sie sich in der letzten Zeit zunehmend ausgebrannt und erschöpft fühlt. Zu Beginn der Beratung vereinbaren der Coach und die Fachkraft eine Beratungsdauer von 60 Minuten. Zudem wird Stillschweigen über alle Gesprächsinhalte vereinbart. Die Möglichkeit weiterer Termine besteht.
Der Coach nimmt die Erschöpfungssituation des Coaches wahr und spiegelt seine Wahrnehmung wider. Er stellt eine vertrauensvolle und entspannte Atmosphäre her. Der Coach fragt nun nach dem Beratungsanlass, um eine erste Einschätzung der „Problemdimension“ zu erhalten. Die Frau schildert von den vielen schwierigen Klienten, dem vergifteten Betriebsklima, den abwesenden Angehörigen und der nie endenden Arbeit. Der Coach fragt nach dem schwierigsten, bedrängendsten Problem in der Problemvielfalt. Sie schildert daraufhin, dass die vergiftete Arbeitsbeziehung zu den Kollegen besonders belastend wäre. Der Coach bietet an, diesen Problembereich zu fokussieren und dabei dessen Beziehung zu den anderen Problembereichen genau anzusehen. Die Heilerziehungspflegerin ist damit einverstanden und wirkt jetzt konzentriert und gespannt.

Der Coach fragt nun nach dem gewünschten Gesprächsergebnis für diese erste Coaching-Sitzung. Die Frage nach der Zielbeschreibung führt schon über das Problem hinaus in eine geklärte Zukunft. Der Coach visualisiert das von der Heilerziehungspflegerin formulierte Ziel: „Ich möchte gerne unabhängiger von den Stimmungen im Team werden und mich dadurch besser auf die Arbeit mit den Klienten konzentrieren.“
Nun bittet der Coach die Fachkraft, darzustellen, wie sie die Stimmungen im Team erlebt, wann diese mehr oder weniger stark sind, wie einzelne Teammitglieder das wahrnehmen, wie die Klienten das erleben und mit welchem Gift die Arbeitsatmosphäre belastet ist.
Sie beschreibt verschiedene Situationen. Dabei wird sie vom Coach immer wieder aufgefordert, in die Perspektive anderer Beteiligten zu gehen.
Nachdem die Situation beschrieben und die Perspektiven erweitert wurden, bittet der Coach sie, einen Teamzustand zu beschreiben, der aus ihrer Sicht zu idealen Arbeitsbedingungen führen würde. Die Heilerziehungspflegerin beschreibt ein Team, in dem persönliche Interessen und Unterschiede gering gehalten werden und professionelles Interesse an den Klienten, geklärte Arbeitsbeziehungen und eindeutige Aufgabenbeschreibungen zum Standard gehören.
Der Coach bittet sie, ihre *Möglichkeiten* zur Teamentwicklung in Form eines Brainstormings einmal darzustellen. Dabei schreibt er alle Ideen auf Moderationskarten mit und legt sie vor ihr aus. Nun bittet er sie, die Möglichkeiten auf einer Skala von 0–10 zu sortieren. Dabei bedeutet 0 „das ist aus meiner Sicht gar nicht möglich“ und 10 „das kann ich sofort umsetzen“.
Die Heilerziehungspflegerin stellt für sich fest, dass sie mehr auf eine innere Distanz zu dem „Getratsche der Kollegen“ gehen könnte, dass sie sich stärker mit Fachfragen und fachlichen Anregungen in die Teamgespräche einbringen und auf der nächsten Teambesprechung die professionelle Unterstützung durch eine Teamsupervision beantragen könnte.
In der Abschlussphase bittet der Coach sie, ihre benannten Möglichkeiten mit konkreten *Arbeitsschritten und Zeitangaben* zu verbinden. Als „Erinnerung“ übergibt er ihr die Karten mit den ausgewählten Möglichkeiten.
Zum Ende der 60 Minuten schauen beide Gesprächspartner erneut auf die Zielformulierung. Der Coach bittet die Heilerziehungspflegerin, die Zielerreichung zu prüfen.

Das Beispiel zeigt, wie ein Coach einen Coaching-Prozess steuert. Dabei wird deutlich, was Coaching kann:

- Eine ratsuchende Person systematisch unterstützen,
- die berufliche Situation aus anderen Perspektiven zeigen,
- dadurch neue eigene Sichtweisen und Lösungsideen ermöglichen,
- veränderte Handlungsoptionen eröffnen und
- den Betroffenen sich persönlich und beruflich weiterentwickeln lassen.

Coaching ist damit eine sehr effiziente Methode zur Begleitung der eigenen beruflichen Unterstützungs- und Hilfeangebote. Coaching führt zur Ausbildung von diesen **Metakompetenzen** bei Heilerziehungspflegern:

- Fähigkeit zur Selbstdisposition
- Fähigkeit zur Selbstorganisation, Selbststeuerung
- Kompetenz zum Konfliktmanagement
- Führungskompetenz
- Teamkompetenz
- Reflexionskompetenz
- Kompetenz zur systemischen Wahrnehmung, zum Perspektivwechsel und zur Distanzierungsfähigkeit
- Rollenklarheit und Ambiguitätstoleranz
- Fähigkeit zum Umgang mit besonderen beruflichen Belastungen

Coaching-Methoden

Die Methoden im Coaching sind vielfältig und dienen dazu, Prozesse der Reflexion und Möglichkeiten der Problembewältigung zu verbessern. Nachfolgend sind 3 Methoden kurz beschrieben.

Ressourcenarbeit

Frage des Coaches: *„Was tun Sie gewöhnlich nach einer sehr anstrengenden beruflichen Situation?“*
Ihre Antwort: ... Weitere typische Coaching-Fragen:
„Was davon würden Sie gern verstärken?“
„Was würden Sie gern zuerst verändern?“
„Welche Fähigkeiten haben Sie dazu schon und was bräuchten Sie noch zur Zielerreichung?“
„Woran würden Sie erkennen, dass Sie sich verändert haben?“

Analyse menschlichen Verhaltens. Bei dieser Analysemethode können unterschiedlichste Ebenen der Intervention gewählt werden. Je nachdem, welche Ebene der Coachee in seiner Schilderung anbietet, kann der Coach diesbezüglich intervenieren. Die Methode geht auf die Darstellung der „logischen Ebenen“ von Robert Dilts zurück. Dilts geht davon aus, dass sich menschliches Denken und Verhalten auf 6 Ebenen beschreiben lässt (▶ **Abb. 1**). Die Ebenen beeinflussen sich wechselseitig. Der Coach kann auf jeder Ebene ansetzen und von dort aus auf die anderen Ebenen wechseln. Die einfachste Beobachtungsebene ist natürlich die des Verhaltens. Was tut ein Mensch in bestimmten Situationen?

SWOT-Analyse. Bei der SWOT-Analyse steht die systematische Wahrnehmung und Beschreibung der beruflichen Möglichkeiten des Ratsuchenden im Mittelpunkt der Beratung.

Abb. 1 Die 6 logischen Ebenen nach Dilts

SWOT ist ein englisches Akronym und steht für den Blick auf Stärken und Schwächen, Möglichkeiten und Risiken.

S – Strenghts = Stärken, besondere Fähigkeiten, Kompetenzen, Ressourcen
W – Weaknesses = Nachteile, Schwächen
O – Opportunities = Möglichkeiten, Chancen
T – Threats = Hürden, Stolpersteine, Risiken

Aus der Analyse der beruflichen Situation können dann veränderte Handlungsstrategien abgeleitet werden. Dabei werden die verschiedenen Perspektiven in einem Bild deutlich und können zueinander in Beziehung gesetzt werden.

Strengths
- Was gelingt Ihnen besonders gut?
- Worauf sind Sie stolz?
- Worauf können Sie sich verlassen?
- Was sagen andere zu Ihren Leistungen?
- Was würden Sie gern verstärken?

Weaknesses
- Was gelingt Ihnen nicht gut?
- Was macht Ihnen Schwierigkeiten?
- Was hindert Sie, professioneller zu werden?

Opportunities
- Was möchten Sie gern verändern?
- Welche neuen Möglichkeiten würden dadurch eröffnet?
- Wer oder was könnte Ihnen behilflich sein?

Threats
- Welche Schwierigkeiten erwarten Sie dabei?
- Was dürfte auf keinen Fall passieren?
- Wer könnte Interesse haben, Sie zu schwächen?

Abb. 1 Die 4 Bereiche der SWOT-Analyse

Zum Weiterlesen

E. König, G. Volmer: Handbuch Systemisches Coaching. 2009
C. Kindl-Beilfuß: Fragen können wie Küsse schmecken. 2011
H. Brüggemann: Systemische Beratung in fünf Gängen. 2006

Aufgabe

Erkundigen Sie sich im nächsten Praktikum nach Möglichkeiten der beruflichen Unterstützung durch Beratungsangebote in Ihrer Einrichtung. Welche Hilfen für Helfer werden angeboten, nach welchen Methoden arbeiten sie? Bemühen Sie sich, an einem Beratungsangebot teilnehmen zu können. Reflektieren Sie den Erfolg einer beruflichen Beratung für Ihre Arbeitszufriedenheit.

Der Coaching-Prozess

Abb. 2 Wachstum

Die verschiedenen Coaching-Methoden sind in eine klare Prozessstruktur eingebettet. Beispielhaft wird hier die Prozessstruktur des GROW-Modells nach Whitmore vorgestellt.

Das **GROW-Modell** steht für:
Goal: Orientierungs- und Zielklärungsphase
Reality: Beschreibungs- und Erklärungsphase
Options: Suche nach Lösungsmöglichkeiten
What next: Entscheidungs- und Vereinbarungsphase

Im Prozess werden dabei folgende Aspekte beachtet:
Goal (Ziel): Auftrags- und Anliegen-Klärung. Was ist das genaue Ziel des Gesprächs, was wäre ein gutes Ergebnis für den Coachee?
Reality (Situationsdarstellung): Was wird als Problem wahrgenommen? Wie ist es zu dieser Situation gekommen? Wie beschreibt der Coachee die Situation? Was ist das Schlimmste, was das Beste? Welche Personen sind noch beteiligt? Welche Beschreibungen/Erklärungen sind noch möglich? (Perspektivwechsel)
Options (Ressourcen, Lösungsideen): Welche Möglichkeiten der Problemlösung hat der Coachee schon erprobt? Welche weiteren Ressourcen trägt er in sich? Was und wer können ihn unterstützen oder die Situation erschweren? Welche Lösungen sind realistisch?
What next/What works (Ergebnisfeststellung, Vereinbarungen): Was ist das Beratungsergebnis für den Coachee? Welche Handlungsentscheidungen trifft er? Was kann er jetzt anders oder besser tun? Welche Unterstützung nimmt er an? Sind weitere Gespräche nötig?

2.4 Kollegiale Beratung

Die kollegiale Beratung (auch: kollegiale Praxisberatung oder Intervision) ist eine Beratungsmethode, bei der Menschen aus einem ähnlichen Arbeitsfeld sich wechselseitig bei beruflichen Fragestellungen oder Problemen kompetent beraten. Damit unterscheidet sie sich von der ▸ **Supervision**, dem ▸ **Coaching** oder der ▸ **Balint-Gruppe**, in der es einen externen Berater/Coach oder Therapeuten gibt.

Das kollegiale Team verfügt über genug intelligentes Wissen, die relevanten beruflichen Probleme lösungsorientiert zu bearbeiten. Die Möglichkeit, sich regelmäßig über berufliche Herausforderungen und Konflikte auszutauschen und sich dabei wechselseitig zu beraten, führt zu einer Haltung der Normalisierung von Problemen im beruflichen Alltag. Berufliche Probleme werden im Team angesprochen und gelöst, dies führt für alle Beteiligten zu Kompetenzerfahrungen und Kompetenzentwicklung. Berufliche Probleme werden dadurch nicht als Versagen Einzelner individualisiert. Zudem können in der kollegialen Beratung strukturelle Probleme der Organisation aufgedeckt und bearbeitet werden. Die kollegiale Beratung ist ähnlich wie das **Coaching** (▸ **s. oben**) eine personenorientierte Beratung.

Personenorientierte Beratung

Die personenorientierte Beratung beruht generell auf einer Interaktion zwischen 2 und mehr Personen, in der ein Ratsuchender mehr Klarheit über seine Probleme oder Fragen entwickelt und neue Möglichkeiten der Bewältigung oder neuen Lösungen findet. Unterschieden wird zwischen einer direktiven Beratung und einer nichtdirektiven Beratung:

Bei der **direktiven Beratung** gibt der Berater Ratschläge, leitet den Ratsuchenden konkret an, instruiert, empfiehlt und begleitet ihn.

Bei der **nichtdirektiven Beratung** bietet der Berater Möglichkeiten der Reflexion, der Erkundung eigener Ressourcen, der Erweiterung von Perspektiven oder systemischen Veränderungsmöglichkeiten an. Letztlich bleibt aber die Verantwortung bei dem Ratsuchenden. Der Ratsuchende erfährt Unterstützung, eigenständig zu einer Problemlösungsvorstellung und Handlungsentscheidung zu kommen. Nichtdirektive Beratung bietet also Hilfe zur Selbsthilfe.

Grundlagen jeder Beratung

Basis einer jeden Beratungstätigkeit ist die Kenntnis der Kommunikationstheorien von Paul Watzlawick und F. Schulz von Thun sowie die Kompetenz der non-direkten Gesprächsführung nach Carl Rogers.

Watzlawick hat grundlegende Kommunikationspostulate (Axiome) formuliert:

1. Man kann nicht nicht kommunizieren.
2. Jede Kommunikation hat eine Beziehungs- und eine Inhaltsebene.
3. Kommunikation ist immer Ursache und Wirkung zugleich (Interpunktion).
4. Menschliche Kommunikation besteht aus verbalen, nonverbalen und paraverbalen Mitteilungen.

Schulz von Thun hat die Grundannahmen von Watzlawick erweitert, indem er neben der *Beziehungs-* und *Inhaltsebene* auch noch die Ebenen der *Selbstoffenbarung* (Selbstauskunft) und des *Appells* (Aufforderung, Wunsch) stellt. Zudem hat er den Kontext, in dem eine Aussage gemacht wird, als wichtige Kommunikationsgröße mit aufgenommen.

Carl Rogers hat die Grundhaltung einer klientenzentrierten Gesprächsführung beschrieben. Hiernach soll der Berater sich authentisch und kongruent verhalten. Das heißt, er ist sich seiner eigenen Gefühle und Gedanken bewusst. Er unterscheidet zwischen seinen Gefühlen/Wirklichkeitsdeutungen und den Gefühlen/Deutungen des Ratsuchenden. Der Berater sollte sich weiter wertschätzend dem Ratsuchenden zuwenden. Er akzeptiert seine Problemwahrnehmung und Situationsdeutung, seine Lösungsmöglichkeiten und seine Grenzen. Letztlich soll der Berater sich empathisch in die erlebten Situationen und Empfindungen des Ratsuchenden einfühlen können. Ein „Standing in the other's shoes" ermöglicht die Einnahme der Perspektive des Ratsuchenden, ohne dass damit eine Identifikation einhergeht: Ich verstehe z.B. die Angst meines Klienten in einer bestimmten Situation, ich bin aber nicht der Klient und nicht in der Situation und ich habe selbst keine Angst.

Abb. 1 Hinderliches in einer Beratung

Ausgehend von diesen theoretischen Grundlagen organisiert und führt der Berater den Beratungsprozess unter folgenden **Bedingungen**:

- Beratung ist nur möglich, wenn der Ratsuchende die Beratung für sich wünscht und Verantwortung für das Beratungsergebnis übernimmt.
- Der Berater klärt, dass er keine Patentlösung hat, sondern Hilfe zur Selbsthilfe leistet.
- Die Beratungsatmosphäre und die Beratungssprache sind so gewählt, dass sie dem Ratsuchenden das Gefühl von Vertrauen, Akzeptanz und Kompetenz ermöglichen.
- Die Beratung konzentriert sich auf die persönlichen und sozialen Ressourcen des Ratsuchenden.
- Der Beratungsprozess lässt Emotionen zu, vermittelt neue Perspektiven und ermöglicht neue Einsichten.
- Der Ratsuchende entscheidet, welche Ideen oder Lösungsmöglichkeiten für ihn angemessen sind.
- Der Ratsuchende wird im Beratungsprozess kompetenter, selbstständiger und unabhängiger.

Kollegiale (Praxis-)Beratung

Diese Form der Beratung fördert die Entwicklung beruflicher Kompetenzen, dient der Psychohygiene, der Berufszufriedenheit und der Teamentwicklung. Sie hilft zudem, berufliche Metakompetenzen zu entwickeln wie:

- Fähigkeit zur Selbstorganisation und Selbstdisposition
- Teamfähigkeit
- Fähigkeit zur Mediation
- Fähigkeit zur professionellen Reflexion und Evaluation
- Work-Life-Balance halten
- Entwicklung von beruflicher Souveränität und Gelassenheit

Kollegiale Beratung findet Anwendung in vielen helfenden sozialen und medizinischen Berufen. Das Team kann sich nach einer ersten Anleitung selbstständig steuern und so herausfordernde berufliche Situationen eigenverantwortlich bewältigen.

Als wichtige **Bedingungen** sind zu nennen:

- Die Beratung ist formal strikt gegliedert und zeitlich begrenzt (je Sitzung max. 90 Minuten), um einen kontinuierlichen Reflexionsprozess sicherzustellen und zu einer brauchbaren Lösung zu kommen.
- Die Gruppengröße liegt in der Regel bei 6–8 Personen. Es gibt dabei einen Moderator aus der Gruppe.
- Ein festgelegter Phasenablauf und die klaren Gesprächsregeln ermöglichen eine zielgerichtete, strukturierte Vorgehensweise, die die Ressourcen der Gruppe nutzt und dabei ohne einen externen Berater auskommt.
- Es wird ergebnisorientiert beraten.
- Kollegiale Praxisberatung unterliegt der Verschwiegenheitspflicht. Jeder bringt sich eigenverantwortlich ein (Chairman-Prinzip).
- Alle Mitglieder der Beratungsgruppe sind im Beratungsprozess aktiv eingebunden.
- Kollegiale Fallberatung ist kein Ersatz für Supervision, Coaching oder auch Teambesprechungen. Sie ist eine ergänzende Beratungsmethode.

Förderliche Bedingungen

- Gruppengröße zwischen 6 und 8 Personen
- Vertrauen innerhalb der Gruppe
- Offenheit nach innen und Verschwiegenheit nach außen
- symmetrische Gruppen- und Kommunikationsstruktur
- nur berufliche Anliegen als Gegenstände der kollegialen Praxisberatung
- ausreichend Zeit (ca. 60–90 Minuten)
- störungsfreier Raum
- Konstanz der Gruppe
- Termintreue

Phasenstruktur der kollegialen Beratung

Phasenschritte	Inhalte und Bedeutungen
1. Verabredung eines Settings	Ziel ist die Herstellung eines günstigen und hilfreichen Umfelds und einer für alle annehmbare Arbeitsatmosphäre. Vereinbarung der Beratungszeit und Festlegung eines Moderators der Sitzung sollten hier erfolgen, wenn nicht in der vorherigen Sitzung besprochen.
2. Herstellung eines günstigen Rapports	Rapport meint das Herstellen einer günstigen Beziehung als Grundlage für eine wertschätzende Kommunikation in der Sitzung. Dazu kann es hilfreich sein, ein kurzes Blitzlicht mit folgenden Fragestellungen durchzuführen: Wo stehe ich gerade innerlich? Wie geht es mir hier und jetzt – beruflich und privat? Gibt es noch Besprechungsanlässe aus dem vorherigen Treffen? Welches Problem im beruflichen Umfeld beschäftigt mich? Was will ich in die Gruppe einbringen?
3. Entscheidung der Gruppe für ein konkretes Problem	Wenn mehrere Probleme eingebracht werden, entscheidet die Gruppe, welches Thema aktuell bearbeitet werden kann. Dafür ist es notwendig, dass jeder die Dringlichkeit seines Falles klärt und verdeutlicht. Ebenso wichtig ist es, sein eigenes Anliegen gegen die anderen abzuwägen und möglicherweise deren größere Aktualität oder Wichtigkeit zu akzeptieren. Der Moderator sammelt die Anliegen und lässt die Gruppe entscheiden.
4. Schilderung des Ratsuchenden	Nur der Ratsuchende hat das Recht der Darstellung. Er kann ungehindert seinen Fall aus seiner subjektiven Wahrnehmung vortragen. Fragen können bei der Darstellung helfen: • Was ist vorgefallen? Ereignis, äußerer Anlass, Ablauf • Was ist in mir vorgegangen? Gedanken, Empfindungen • Was ist genau mein Problem/meine Unsicherheit/Fragestellung? • Wie wirkt sich das Problem auf mich und andere aus?
5. Feedback an den Ratsuchenden ▶ **s. oben, Kap. 1.2 Feedback**	Der Ratsuchende hört nach der Schilderung seines Anliegens zu, wie seine Darstellung auf die Mitglieder der Gruppe wirkt. Als hilfreich haben sich Beobachtungen der äußeren und inneren Wahrnehmung erwiesen. *Aspekte der äußeren Wahrnehmung:* • verbales Verhalten • Sprache / Lautstärke / Sprechtempo / Intensität • Inhalte / angesprochene und ausgeblendete Bereiche • weitere Grundaspekte der Kommunikation (Beziehung, Appell, Selbstoffenbarung) • nonverbales Verhalten • Mimik / Gestik / Körperhaltung / Blickrichtung • Kongruenz zwischen verbalem und nonverbalem Verhalten *Aspekte der inneren Wahrnehmung (eigene Betroffenheit):* • Assoziationen, Bilder, Erinnerungen, Fantasien, die die Schilderung ausgelöst hat • Körperreaktionen beim Beobachter • eigene Gefühle dem Protagonisten gegenüber • spontane (Re-)Aktionsgefühle
6. Einbringen anderer Sichtweisen – Perspektivenvielfalt	Ziel dieser Phase ist es nun, andere Aspekte und Kontexte des Problems aufzuwerfen. Es geht dabei nicht um „richtig" und „falsch"! Spontane Ideen, Fantasien, Hypothesen, Verrücktes können geäußert werden – also andere Sichtweisen, ohne dass dafür eine Richtigkeit bewiesen werden muss. Hilfreich ist auch die Anregung „Ich-als-XY-würde ...". Dabei kann auch die Position des Gegenspielers des Ratsuchenden eingenommen werden.
7. Entwicklung von Handlungsoptionen	Ziel ist die gemeinsame Suche nach Lösungsmöglichkeiten für den Ratsuchenden. Dabei ist die Identifikation mit dem Ratsuchenden wichtig! Als „Geschenke, die in einen Korb gelegt werden", oder „Angebote, die sich wie in einem Schaufenster zeigen", entwickeln die Gruppenmitglieder möglichst viele Alternativen und Ansätze. Der Ratsuchende soll spüren, dass es nicht einfache „Tipps" sind, sondern er die Möglichkeit hat, selbstständig die Handlungsalternativen zu betrachten und abzuwägen.
8. Entscheidung	Der Ratsuchende soll in voller Autonomie einen Lösungsansatz für sich auswählen. Nur er weiß, was er sich für die kommende Situation zutraut, wofür er sich einsetzen kann. Indem er die neue Sichtweise oder Handlungsmöglichkeit für sich verbalisiert, unterstützt ihn die Gruppe mit anregenden Fragen und Hinweisen. Rollenspiele oder Probehandeln können in diese Phase eingebaut werden. Am Ende sollte eine kurze Zusammenfassung stehen: Was ist das Ergebnis? Wie ist die jetzige Situation? Wie könnte es nun weitergehen?
Eventuell Vereinbarungen mit der Gruppe	Einen besonderen Grad an Verbindlichkeit erhält die kollegiale Beratung durch die Selbstverpflichtung des Ratsuchenden, eine bestimmte Option nun wahrzunehmen.

Abb. 1 Die Phasen in der kollegialen Beratung

Die Rolle des Moderators. Diese Rolle sollte in der Gruppe geklärt sein. Wie aktiv bringt er sich in das Geschehen ein? Ist er Teilnehmer oder Außenstehender? Soll oder kann er eigene Sichtweisen und Aspekte einbringen? Beteiligt er sich an Feedbacks und eventuellen Übungen?

- Folgende Aspekte muss der Moderator auf jeden Fall berücksichtigen, damit seine Rolle klar ist:
- Er beginnt und verantwortet den Beratungsprozess.
- Er sorgt für Setting und Rapport.
- Er bringt keine Fälle ein.
- Er ruft die Gruppenregeln (Vereinbarungen) ins Gedächtnis.
- Er ist Anwalt der Zeit.
- Er kennt die Phasenstruktur (▸ **Abb. 1, vorige Seite**) und sorgt für sie bzw. erinnert an sie.
- Er beobachtet die wechselseitigen Anteile des Protagonisten und der Gruppe und sorgt für Ausgewogenheit.
- Er führt das Gespräch von der Metaebene und verhindert Bewertungen, langatmige Analysen und kopflastige (Klein-)Diskussionen.
- Er beendet den Beratungsprozess und sorgt für einen guten Abschluss.

Zum Weiterlesen

J. Hendriksen: Intervision. Kollegiale Beratung in Sozialer Arbeit und Schule. 2000

W. Mutzeck: Kooperative Beratung. Grundlagen und Methoden der Beratung und Supervision im Berufsalltag. 2002

J. Schlee: Kollegiale Beratung und Supervision für pädagogische Berufe. 2012

K.-O. Tietze: Kollegiale Beratung. Problemlösungen gemeinsam entwickeln. 2010

Aufgabe

Beraten lernt man durch Beraten!
Kollegiale (Praxis-)Beratung ist eine professionelle Beratungsmethode, die leicht zu erlernen ist. Es gilt auch hier: die praktische „Übung macht den Meister". Bilden Sie mit Ihren Kollegen eine kollegiale Beratungsgruppe und übernehmen Sie im Wechsel die Moderation. Organisieren Sie Raum und Zeit und halten Sie sich möglichst eng an die Phasenstruktur der kollegialen Beratung.
Es ist zu Anfang hilfreich, wenn Sie sich die 8 Phasenschritte auf Moderationskarten schreiben und diese Schritt für Schritt für alle sichtbar in den Stuhlkreis legen. So wird jedem klar, an welcher Aufgabe jeweils gearbeitet wird.

2.5 Balint-Gruppen

Eine Balint-Gruppe setzt sich aus Mitgliedern einer Berufsgruppe, also aus Ärztinnen, Sozialarbeitern, Heilerziehungspflegern, Psychologen u. a. zusammen. Die Gruppenstärke kann zwischen 6 und 12 Personen variieren. Angeleitet wird die Gruppe immer von einem Gruppenleiter mit einer psychoanalytischen Ausbildung.
Die wichtigste Methode ist der freie Bericht über ein **Fallbeispiel**. Die Einfälle, Gefühle und Reaktionen der Gruppenmitglieder zu dem Fallbericht und den beteiligten Personen dienen der Analyse der Fallsituation.

Neben der Supervision hat sich auch die Balint-Gruppenarbeit im klinischen Alltag bewährt. In der Balint-Gruppe wird nicht nur von einem „Fall" berichtet und dieser beraten, sondern auch die Kommunikation zwischen Arzt und Klient (Beziehungsebene, Appellebene, Selbstoffenbarungsebene) wird genau reflektiert und bearbeitet.
Der ungarische Arzt **Michael Balint** (1896–1970, Psychiater und Psychotherapeut, Schüler von Sigmund Freud) entwickelte in den 1950er-Jahren diese Form der psychoanalytischen Gruppensupervision, in der es wesentlich um die bewussten und unbewussten Aspekte der zwischenmenschlichen Beziehung zwischen Helfer und Hilfesuchenden geht.

Für Balint war der Arzt das wichtigste Hilfsmittel in der Behandlung eines Klienten. In der professionellen Beziehungsgestaltung zwischen Arzt und Klient lernt der Arzt den Klienten ganzheitlicher, das heißt auch in seiner Lebensbiografie und in seinen Lebensbedingungen kennen.
In einem analytischen Verfahren wird diese Arzt-Klienten-Beziehung dann durch die Balint-Gruppe untersucht und dadurch ein tieferes Verständnis für die Krankheit ermöglicht. Die psychischen und sozialen Faktoren werden ebenso in den Blick genommen wie die körperlichen Gründe für eine Erkrankung. Der Gruppenleiter versucht mit psychoanalytischen Methoden, die Qualität dieser Beziehung zu reflektieren und zu entwickeln. Dabei lernen die Helfer sich selbst, den Hilfesuchenden und die Helferbeziehung zu reflektieren und aus unterschiedlichen Perspektiven wahrzunehmen.

Ziel der Balint-Gruppenarbeit ist, ein möglichst umfassendes Verständnis der bewussten und unbewussten zwischenmenschlichen Beziehungsdynamik; hier also zwischen Helfer und Hilfesuchenden zu gewinnen. Wichtigstes Instrument ist das der psychoanalytischen Deutung. Die Balint-Arbeit verfolgt folgende Ziele:

- Verbesserung der Arzt-Klienten-Beziehung bzw. Helfer-Hilfesuchenden-Beziehung
- Verbesserung der Mitarbeit des Klienten in der therapeutischen Arbeit (Compliance)
- vertieftes Verstehen der Gesamtsituation des Klienten
- Klärung der Beziehung und Verbesserung des professionellen Umgangs mit schwierigen Klienten
- Wahrnehmung der eigenen Gefühle und unbewussten Reaktionen auf den Klienten im Sinne einer Selbsterfahrung
- interdisziplinäre Zusammenarbeit
- persönliche Entlastung von belastenden Gefühlen in einer Helfer-Beziehung

Die Leitfrage der Balint-Arbeit lautet: „Wie sehe ich den Klienten und was mache ich mit ihm? Wie sieht mich der Klient und was macht der Klient mit mir?" Der Helfer lernt, dass viele Verhaltensweisen des Klienten aus *Übertragungsphänomenen* herrühren, da der Helfer stellvertretend für reale oder gewünschte Personen im Leben des Klienten stehen kann. Seine eigenen emotionalen Reaktionen können als Gegenübertragungen wiederum die Haltung des Klienten verstärken.

Beispiel einer Falldarstellung

Nachdem ein Gruppenmitglied über eine Begleitungsarbeit mit einem depressiven Menschen berichtet und dabei auch seine eigenen Gefühle der Hilflosigkeit und Wut dargestellt hat, gehen 2 Gruppenmitglieder in einem gespielten Dialog auf das ein, was sie gerade selbst während der Fallbeschreibung gefühlt haben:
Klient: „Sieh, wie schlecht es mir geht! Weil ich sooooo hilflos bin, musst du mir helfen."
Therapeut: „Deine Hilflosigkeit macht mich ganz betroffen, also helfe ich dir, denn das ist ja mein Beruf und meine Identität."
Klient: „Weil du mir hilfst, bestätigst du mir aber auch meine Hilfebedürftigkeit – mir geht es dabei ganz schlecht."
Therapeut: „Ich helfe dir, weil du dir nicht selbst helfen kannst. Also sei mir dankbar dafür und ändere dich."
Klient: „Wozu soll ich dankbar sein, du hilfst mir ja nicht wirklich, verstehst nicht wirklich, wie schlecht es mir geht, tust nur deinen Job und wirst dafür sehr gut bezahlt!"
Therapeut: „Deine Undankbarkeit macht mich wütend, am liebsten würde ich dir gar nicht helfen. Wenn du nur nicht so hilflos wärest und ich mich nicht so verantwortlich für dich fühlen würde."
Klient: „Deine Wut gibt mir ein ganz schlechtes Gewissen. Ich kann doch nichts dafür, dass ich so krank bin und du mir helfen musst!"

Zum Weiterlesen

R.-D. Hirsch: Supervision, Teamberatung, Balintgruppe. Professionalisierung in der Altenarbeit. 2009
J. Roth: Hilfen für Helfer: Balint-Gruppen. 1985
W. Stucke: Die Balint-Gruppe. 2002

Aufgabe

Bilden Sie nach einem Praktikum eine Gruppe von ca. 8 Personen. Bestimmen Sie einen Gruppenleiter, der den Gruppenprozess steuert. Nun erzählt ein Gruppenmitglied von einem Klienten, zu dem er eine direkte Helferbeziehung hatte. Die Gruppe hört aufmerksam zu und nimmt wahr, wie der Fall dargestellt wird, was vielleicht in der Beschreibung fehlt, welche Gefühle des Falldarstellers wahrgenommen werden, welche eigenen Impulse und Gefühle dem Klienten und dem Erzähler gegenüber entstehen. Danach bittet der Leiter die Gruppenmitglieder, ihre Wahrnehmungen zu erzählen. Der Fallerzähler hört nun genau zu und reflektiert neben seiner Selbstwahrnehmung auch die Fremdwahrnehmungen der Gruppenmitglieder. Hierdurch erweitert sich seine Perspektive und er kann umfassender auf „seinen Fall" blicken. Diese Perspektivenerweiterung führt letztlich auch zu einer Erweiterung der Handlungsmöglichkeiten.

2.6 Mediation

Abb. 1 Brückenbauen bei Konflikten!

Mediation ist eine interaktive Vermittlungsmethode mit dem Ziel einer gewaltfreien Konfliktbearbeitung. Die Mediation geht von der Annahme aus, dass die Konfliktpartner fähig sind, die für sie akzeptable Lösung gemeinsam zu finden.

Konflikte gehören zu den unausweichlichen und normalen Erscheinungen in jeder Arbeitswelt. Werden sie konstruktiv und dauerhaft gelöst, können sie die professionelle Arbeit sogar unterstützen. Die Mediation ist ein sehr erfolgreiches Verfahren, um Konflikte zu lösen und dauerhaft zu beseitigen.

„Mediation" bedeutet, in die Mitte zu gehen oder zu vermitteln. Dabei wählen 2 oder mehrere Konfliktpartner freiwillig einen unbeteiligten Dritten, den **Mediator**, der helfen soll, den Konflikt zu klären. Der Mediator ist verantwortlich für das Mediationsverfahren, das zu einer Vereinbarung führen soll, in der keiner der Konfliktpartner benachteiligt wird. Die Entscheidung über die Vereinbarung treffen die Konfliktpartner. Der Mediator versucht, im Konflikt eine **allparteiliche Haltung** einzunehmen; er versucht, die Konfliktbeschreibung und Konfliktdeutung aller Konfliktpartner empathisch zu verstehen und geht in keine Parteinahme. Er kann dafür sorgen, dass die Konfliktpartner sich aussprechen können und dass durch einen Perspektivwechsel oder durch die Einnahme einer Metaebene das Problem hinter dem Problem wahrgenommen werden kann.

Ziel ist eine gewaltfreie Konfliktbearbeitung: Bei der Konfliktlösung wird eine sogenannte **Win-win-Lösung** angestrebt, bei der jede Konfliktseite einen Kompromiss eingeht, sich dabei aber nicht als Verlierer fühlt.

Ablaufphasen einer Mediation

Es gibt keine festen Ablaufphasen, allerdings haben sich die nachfolgenden Schritte bewährt:

(1) Kontaktaufnahme: Zu Beginn nehmen die Konfliktpartner Kontakt zu einem Mediator auf und klären ihr Anliegen. Der Mediator prüft, ob er den Konfliktlösungsprozess begleiten kann, welche Methoden und welche Zeiten möglicherweise sinnvoll sind.

(2) Kontrakt: Der Mediator klärt seine Rolle und das Verfahren. Er verdeutlicht die Verantwortlichkeiten beider Konfliktpartner und die notwendigen Rahmenbedingungen. Nur wenn alle Beteiligten dem Vermittlungskontrakt (Vertrag) zustimmen, kann eine entsprechende Beratung erfolgen.

(3) Zielbeschreibung: Alle Konfliktbeteiligten stellen ihr persönliches Ziel dar. Sie machen also klar, unter welchen Voraussetzungen sie eine Konfliktlösung akzeptieren.

(4) Konfliktbeschreibung: Die Konfliktpartner haben nun die Möglichkeit, ihre subjektive Sichtweise des Konflikts darzustellen und Hintergründe, Erklärungen und Forderungen zu formulieren. Dabei können auch Kränkungen oder Konflikte aus früheren Situationen thematisiert werden. Wichtig ist, dass wirklich „alles auf den Tisch" kommt.

(5) Erarbeitung von Lösungsmöglichkeiten: Nun werden alle Beteiligten aufgefordert, Lösungsvorschläge zu machen. Der Mediator erteilt dabei keine Ratschläge und entwickelt keine eigenen Lösungsvorschläge. Er bittet aber die Beteiligten immer wieder, auch die Perspektive der anderen Konfliktpartner einzunehmen und gemeinsam die Realisierbarkeit der Lösungsideen zu prüfen. Das Ziel dieser Phase ist, dass die Lösungsvorschläge letztlich allen Bedürfnissen und Interessen gerecht werden und eine Konfliktbeendigung erreicht werden kann. Die ausgewählten Lösungsvorschläge sollen so konkret wie möglich sein, rasch umgesetzt werden und zu nachhaltigen Veränderungen der Situation führen. Dies gelingt besonders dann, wenn keiner der Beteiligten sich benachteiligt fühlt und jeder eine Win-win-Situation erkennt.

(6) Realisierung: Der Mediationsprozess endet mit einer Lösungsvereinbarung – diese kann auch schriftlich erfolgen. Dabei stellt jeder Konfliktpartner auch dar, was er genau tun oder unterlassen wird, um die vereinbarte Lösung nicht zu gefährden. Häufig wird ein Überprüfungstermin vereinbart, der den Umsetzungsprozess noch einmal reflektieren soll.

Methoden der Mediation

Es gibt keine eigenen Methoden der Mediation, denn alle Wege sind erlaubt, die zu einer brauchbaren Lösung im Konfliktfall führen. Wichtig ist dabei immer, dass die Methoden *personenorientiert* sind und zu einer Veränderung führen und nicht den Konflikt verfestigen. Beispielhaft sind hier ein paar Möglichkeiten dargestellt:

Arbeit mit dem inneren Team (Schulz von Thun). Immer wenn wir etwas tun, werden wir von inneren Stimmen begleitet, die unser Tun kommentieren und bewerten. Da gibt es die Stimme, die im Konfliktfall sagt „du musst kämpfen, denn du hast recht!“ oder eine andere Stimme „wer sich nicht wehrt, der lebt verkehrt!“, eine andere ruft vielleicht „der Klügere gibt nach!“. Eine weitere warnt „wer mit dem Schwert kämpft, kommt damit um!“ und eine letzte Stimme vielleicht „ich möchte nicht immer verlieren müssen!“.
Das innere Team lässt sich in der Mediation darstellen, indem man diese Stimmen auf Karten schreibt und vor sich ausbreitet. Dies tut auch der Konfliktpartner. Danach können die inneren Stimmen beider Kontrahenten miteinander sprechen, die Konfliktpartner selbst können sich diese Gespräche ansehen und zum Schluss daraus ihre Folgerungen ziehen.

Paradoxe Intervention. Hierbei wird den beiden Konfliktpartnern, wenn sie jedes Bemühen einer Vermittlung ablehnen, etwas verschrieben, was sie überhaupt nicht erwarten.

So kann in einem Konflikt, in dem eine Mutter ständig über die Unordnung ihrer Tochter klagt, diese Tochter aber vehement die Einmischung der Mutter ablehnt, folgende Empfehlung verschrieben werden: Täglich muss die Mutter mindesten eine Stunde lang das Zimmer der Tochter aufräumen.
Schon nach kurzer Zeit wird die Mutter merken, dass sie dazu keine Lust hat, das Zimmer aber ordentlicher wird. Die Tochter wird merken, dass die Mutter ihre privaten Sachen wegräumt, und durch eigenes Aufräumen genau das zu vermeiden suchen.

Getrennte Einzelgespräche. Sie können sinnvoll sein, wenn die Konfliktpartner so sehr emotional gespannt sind, dass eine sachliche Win-win-Situation nicht möglich erscheint. In den Einzelgesprächen kann der Mediator als Vermittler von Wünschen, Erwartungen und Einbringungsleistungen fungieren.

Abb. 1 Jede Methode der Mediation hat sich daran zu messen, ob sie zu einer guten Lösung im Konfliktfall führen kann

Voraussetzung ist natürlich, dass beide Konfliktpartner mit diesen Einzelgesprächen einverstanden sind.

Patenschaften. Bei dieser Methode gehen die Konfliktpartner gleichzeitig mit je einem Mediator in ein Gespräch und schildern ihre Konfliktsichtweise und ihre Gefühle dabei. Anschließend kommt das Doppelpaar zusammen und die Mediatoren berichten in Patenschaft für die Streitenden über Erwartungen, Befürchtungen, Ängste und Forderungen. Die Konfliktpartner erleben in diesem Rollenspiel ihren Konflikt „auf der Bühne“ und können aus der Zuschauerperspektive eine veränderte Wahrnehmung gewinnen.

Zum Weiterlesen

Bundesverband Mediation: *www.bmev.de*

M. Oboth, G. Seils: Mediation in Teams und Gruppen. Praxis- und Methodenhandbuch. 2008

I. Holler: Mit dir zu reden ist sinnlos! Oder? Ein Mediationshandbuch mit DVD. 2010

Th. Gordon: Familienkonferenz: Die Lösung von Konflikten zwischen Eltern und Kind. 2012

Aufgaben

1. Versuchen Sie einmal, in einem Konfliktfall mit Ihrem Konfliktgegner die Unterstützung eines Beraters in Anspruch zu nehmen. Überprüfen Sie für sich, wie sich Ihre „Sicht der Dinge“ dadurch verändert.
2. Wenn Sie einen Konflikt zwischen 2 Kollegen beobachten, bieten Sie sich einmal als Vermittler/-in an. Sie werden sehen, es ist ganz einfach. Bewahren Sie Ihre Neutralität und probieren Sie die Konfliktlösungsphasen aus.

2.7 Zusammenarbeit mit anderen Institutionen

Abb. 1 Zusammen Ziele erreichen

Die Zusammenarbeit mit anderen Institutionen ist für die Arbeit des Heilerziehungspflegers von hoher Wichtigkeit. Durch unterschiedliche Schwerpunktlegung der einzelnen Institutionen wird ein interdisziplinärer Zugang in der Arbeitsweise mit dem Klienten ermöglicht. Dadurch kann das Individuum bestmöglich in seiner Ganzheitlichkeit gefördert werden und seinen Interessen kann weitestgehend nachgekommen werden. Es bietet sich die Möglichkeit, gemeinsam auf unterschiedliche Weise an einem Ziel zu arbeiten – Unterstützung erfolgt dabei auf verschiedenen Wegen. Da viele verschiedene potenzielle Kooperationspartner zur Verfügung stehen, wird im Folgenden nur eine Auswahl der Institutionen dargestellt, mit denen häufig in der Behindertenhilfe zusammengearbeitet wird.

2.7.1 Frühförderstellen

▸ **S. auch Modul 1, Kap. I.4.1 f.**

Arbeitet der Heilerziehungspfleger in einer Kindertagesstätte, erhält die Zusammenarbeit mit der Frühförderstelle einen wichtigen Stellenwert. Die individuelle Förderung von Kindern steht im Mittelpunkt dieser Arbeit. In Absprache mit dem zuständigen Heilerziehungspfleger wird das Kind darin unterstützt, Fähigkeiten entwickeln oder ausbauen zu können, die es benötigt, um zu einem (weitestgehend) selbstständig handelnden Menschen heranzuwachsen. Hier wird ein ganzheitlicher Ansatz vertreten, der die unterschiedlichen Entwicklungsbereiche eines jungen Menschen betrachtet und in ihrer Weiterentwicklung unterstützt. Dabei werden jegliche vorhandene Ressourcen bezüglich ihrer optimalen Nutzung analysiert und betont. Neue Möglichkeiten zur individuellen Förderung werden eröffnet.

2.7.2 Schulen

Die Zusammenarbeit mit Lehrkräften ist nicht nur dann notwendig, wenn man selbst als heilerzieherische Fachkraft in Schulen eingesetzt ist. Sie ist gerade auch dann von Relevanz, wenn der Klient schulpflichtig ist oder an einem freiwilligen schulischen Bildungsgang teilnimmt. Hier sind die Fähigkeiten des Klienten mit den schulischen Leistungsansprüchen zu vergleichen. Im Austausch mit der zuständigen Lehrkraft sind notwendige Unterstützungsmaßnahmen festzustellen, auf ihre Realisierbarkeit bezüglich der individuellen Möglichkeiten des Klienten hin zu überprüfen und ihre Durchführung zu arrangieren.

Mögliche Themen in diesem Zusammenhang können Unterrichtsmethoden, Lernarrangements, einzelne Lerninhalte oder Leistungsüberprüfungen sein. Um die Zusammenarbeit mit der Schule gelingen zu lassen, ist es empfehlenswert, gleich zum Schuljahresbeginn Kontakt mit der zuständigen Lehrkraft und/oder Schulleitung aufzunehmen und Absprachen zu treffen. Diese Absprachen sollen die individuelle Förderung des Menschen mit Behinderung zum Ziel haben. Unterstützungsmaßnahmen und besondere Bedarfe des Klienten, um geforderte Leistungen zu erbringen, sollten Gesprächsinhalt zwischen Heilerziehungspfleger und Lehrkraft sein. Die schriftliche Dokumentation der vereinbarten Inhalte sollte zur Bestätigung der Verantwortlichkeit der beteiligten Personen nicht vergessen werden. Daneben gilt es, sämtliche Termine zu regelmäßigem Austausch festzulegen, um die größtmögliche schulische Förderung des Menschen mit Behinderung erreichen zu können.

Der Heilerziehungspfleger ist zukünftig eine Fachkraft für Inklusion.

2.7.3 Arztpraxen

Die Zusammenarbeit mit niedergelassenen Ärzten ist für die ganzheitliche Förderung des Menschen mit Behinderung grundlegend. In Absprache mit dem zuständigen Arzt des Klienten können Entwicklungsmöglichkeiten besprochen werden. Tätigkeiten, die für die selbstständige Bewältigung des Alltags notwendig sind, werden in ihrer körperlichen Umsetzbarkeit mit dem zuständigen Arzt evaluiert. Dieser kann beispielsweise einschätzen, ob das mehrmalige Treppenlaufen für einen Menschen mit einer bestimmten Gehbehinderung förderlich oder schädlich ist. Daraufhin können Maßnahmen in die eine oder andere Richtung gelenkt werden; in diesem Fall wäre zu überlegen, ob ein Umzug ins Erdgeschoss des Wohnheims infrage kommt oder ob der Prozess des Laufens verstärkt werden sollte.

Erkrankungen. Aber auch wenn der Mensch mit Behinderung erkrankt, ist eine enge Zusammenarbeit mit der medizinischen Fachkraft notwendig. Die Reaktion des Menschen auf medizinische Untersuchungen kann sehr unterschiedlich ausfallen, was mit seinen besonderen Bedürfnissen im Zusammenhang steht:

Empfindet der Klient mit Autismus körperliche Nähe als Qual, kann eine körperliche Untersuchung durch einen Arzt, der die Stellung einer fremden Person innehat, zu heftigen Reaktionen führen. In einem solchen Fall sind Schläge und Tritte sowie die Zerstörung von Gegenständen nicht unüblich.

Durch eine enge Zusammenarbeit mit der untersuchenden Person und vorherigem regelmäßigem Austausch mit dem Klienten durch den Heilerziehungspfleger, können einerseits heftige Reaktionen einkalkuliert und andererseits (durch das zuvor aufgebaute Vertrauensverhältnis) eventuell vermieden werden. Um eine fachgerechte ärztliche Versorgung zu gewährleisten, ist also das regelmäßige Zusammenarbeiten mit einem Arzt möglichst von Beginn der heilerziehungspflegerischen Betreuung eines Klienten notwendig. Dieser Arzt kann den Menschen mit seiner Krankengeschichte kennenlernen, Risiken kompetent einschätzen und im Erkrankungsfall qualifiziert in Kooperation mit dem Klienten handeln, ohne unnötige Abwehrreaktionen oder Ängste hervorzurufen.
Außerdem sind dem Arzt dann nicht nur akute Erkrankungserscheinungen bekannt, sondern auch andere Beschwerden, die in angrenzenden Bereichen wie dem **psychiatrischen oder neurologischen Fachgebiet** liegen. Interdisziplinär können im Vorfeld einer Erkrankung nicht nur der Arzt, der Heilerziehungspfleger und der Klient in Kooperation arbeiten, sondern Experten aus unterschiedlichen Bereichen in Absprache miteinander treten. Denn: Ist die körperliche Befindlichkeit gestört, können die meisten weiterführenden Entwicklungsideen und Fördermaßnahmen nicht erfolgreich durchgeführt werden.

Stellen Sie sich in diesem Zusammenhang vor, man habe Magenkrämpfe und solle gleichzeitig für ein Fußballturnier trainieren oder Vokabeln lernen. Dies wird vergleichbar erfolglos enden.

Die Herstellung eines gesunden Wohlbefindens des Menschen mit Beeinträchtigung ist somit Voraussetzung jeglichen weiteren Förderhandelns. Die „Bundesarbeitsgemeinschaft Ärzte für Menschen mit geistiger oder mehrfacher Behinderung e.V." hat sich gerade dieses Ziel der bestmöglichen medizinischen Versorgung von Menschen mit Beeinträchtigung gesetzt, das sie mit Schwerpunktlegung auf unterschiedliche Maßnahmen national und international erreichen wollen. Die Erarbeitung von Qualitätsstandards, das Ausbauen von Fortbildungsprogrammen und Informationsangeboten sind neben dem täglichen Praktizieren nur einige der Tätigkeitsbereiche der Ärzte für Menschen mit geistiger oder mehrfacher Behinderung.

Zum Weiterlesen

BAG Ärzte für Menschen mit geistiger oder mehrfacher Behinderung e.V.: *www.aemgb.de/*

2.7.4 Therapieeinrichtungen

Das Kooperieren mit Therapeuten und Therapieeinrichtungen ist unabdingbar, um den Menschen mit Beeinträchtigung weitestgehend fördern zu können. Das Feld von Therapieeinrichtungen ist sehr breit gefächert. Da viele Menschen neben der vornehmlichen Behinderung noch weitere besondere Förderbedarfe haben, ist es häufig notwendig, unterschiedliche Therapeuten aufzusuchen. Angefangen von Sprachtherapeuten über Physio-, Reit- und Kunsttherapeuten bis hin zu Psychotherapeuten reicht das Feld. Viele weitere Therapierichtungen bieten ihre Förderung für die unterschiedlichen Entwicklungsbereiche von Menschen an.
Individuell können die Therapeuten auf den Menschen eingehen und versuchen, ihn dabei ein Stück in seiner Entwicklung zu unterstützen. Beispielsweise kann ein Kunsttherapeut den Menschen mit Behinderung dabei unterstützen, seine Gefühle und Gedanken auszudrücken, da verbale oder schriftliche Äußerungen schwierig für ihn sein können. Missverständnisse oder angestaute Aggression, die dadurch zustande kommen, nicht verstanden zu werden, können die Folge sein. Der Kunsttherapeut ermöglicht es dem Klienten, sein Innerstes nach außen zu bringen. Durch eine Zusammenarbeit mit dem Therapeuten kann der Heilerziehungspfleger auf der einen und der Therapeut auf der anderen Seite mehr über den Klienten erfahren und ihn besser verstehen, um so noch besser und individueller auf den Menschen mit Beeinträchtigung einzugehen und ihn fördern zu können.
Allerdings muss der Heilerziehungspfleger gerade bei diesem vielfältigen Angebot darauf achten, dass der zu betreuende Mensch nicht in Therapiestress gerät. Ihm fällt die Aufgabe zu, jene Therapieangebote auszuwählen, die für die beste und dringlichste Förderung notwendig und hilfreich sind.

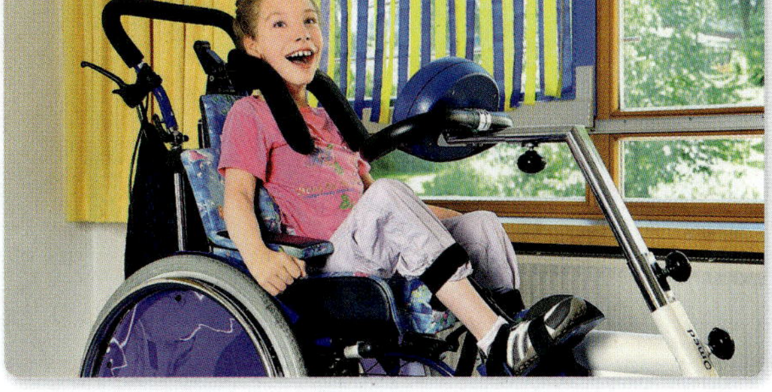

Abb. 1 Bei der Physiotherapie

Kann die Förderung zielgerichtet stattfinden, ohne einseitig zu sein, ist ein erfolgreicher Abschluss der therapeutischen Maßnahme wahrscheinlich.

2.7.5 Arbeitgeber

Die Kooperation mit dem Arbeitgeber spielt eine zentrale Rolle, da der berufstätige Mensch mit Beeinträchtigung einen Großteil seines Lebens an der Arbeitsstelle verbringt. In Absprache mit dem Leiter einer **Werkstatt für Menschen mit Behinderung**, können individuelle Fähigkeiten und Fertigkeiten klar dargelegt werden. Leistungsanforderungen können definiert und angepasst werden, sodass Unter- wie Überforderung am Arbeitsplatz weitestgehend ausgeschlossen wird. Durch heilerziehungspflegerische und/oder sozialpädagogische Fachkräfte, die neben handwerklichem Fachpersonal in Werkstätten zur Verfügung stehen, bietet sich die Möglichkeit, klientenzentrierte Aufgabenstellungen zu entwerfen. Neue Anforderungen können direkt angepasst werden, sodass sie von dem Menschen gut bewältigt werden könnten. Dabei werden im gemeinsamen Gespräch Arbeiten ausgewählt, die den Interessen des Klienten entsprechen bzw. am nächsten kommen. Daneben werden in Absprache mit dem Bezugsbetreuer Aktivitäten in der Werkstatt angeboten, die die ganzheitliche Förderung intendieren – einseitiger Schwerpunktbildung wird so entgegengewirkt.

Erster Arbeitsmarkt. Aber nicht alle Menschen mit Behinderung arbeiten in einer Werkstatt für Menschen mit Behinderung. Etliche Klienten wünschen sich die Arbeit an einem „normalen" Arbeitsplatz, d. h., sie möchten eine Stelle auf dem allgemeinen Arbeitsmarkt annehmen. Anforderungen, die eher ihrem Interesse entsprechen, sind ebenso Gründe wie der Wunsch nach einem „normalen" Leben. Gelingt dem Menschen mit Behinderung der Schritt weg von der speziellen Arbeitseinrichtung hin zu einer Anstellung am ersten Arbeitsmarkt, gewinnt er an Selbstständigkeit und unabhängiger Lebensführung. Das Selbstwertgefühl steigt und die Rolle in der Gesellschaft wird neu definiert. Um diesen Übergang erfolgreich zu meistern, ist in der Regel die Unterstützung des zuständigen Heilerziehungspflegers notwendig (▶ **s. Modul 4, Teil I, hier: Umsetzung im Alltag**).

Abb. 1 Anstellung am ersten Arbeitsmarkt

Zusammen mit dem Gruppenleiter der Werkstatt kann ein Übergang vorbereitet werden, damit die Anforderungen der Stelle von dem Menschen gut bewältigt werden. Wichtig dabei ist auch die Kooperation mit dem zukünftigen Arbeitgeber: Er muss über die besonderen Bedürfnisse seines zukünftigen Angestellten wissen, um in ihm einen effizienten Arbeitnehmer zu finden. Folgendes Beispiel zeigt, wie die Arbeit eines Menschen mit Behinderung außerhalb eines speziellen Arbeitsplatzes mit Unterstützung des Heilerziehungspflegers gelingen kann:

„Ich bin fit und will etwas leisten"

Seit 2008 ist Hadi Reissi bei dem Solinger Unternehmen Dziomba & Lebitschnig GmbH unbefristet beschäftigt, einem weltweit tätigen Hersteller von Förderbandkomponenten.
Der junge Mann, der neben seiner kognitiven Beeinträchtigung auch stark sehbehindert ist, erledigt Unterstützungsarbeiten aller Art.

Die Arbeit in der Metallverarbeitung macht ihm viel Spaß: Nach 4 Jahren in der Werkstatt wechselte Hadi Reissi zu dieser Firma. Am liebsten arbeitet er direkt in der Metallverarbeitung und entfernt scharfe Kanten und Splitter aus den produzierten Walzenkörpern. Aber er greift auch zum Besen und fegt durch die Halle.
Hadi Reissi ist sehr froh über seinen Job und stolz darauf, dass er den Sprung aus der Werkstatt für Menschen mit Behinderung auf den Arbeitsmarkt geschafft hat.
„Ich wollte unbedingt in einer normalen Firma arbeiten. Ich bin körperlich fit, kann was leisten und arbeite gern. Hier klappt alles prima, mit der Arbeit, mit den Kollegen und mit den Chefs."
Geschäftsführer Bert Dziomba hatte sich während eines Praktikums davon überzeugt, dass Hadi Reissi in die kleine Firma passt und mit den Arbeiten klarkommt: „Er ist ein netter Kerl, setzt sich sehr gut ein und erledigt seine Aufgaben zuverlässig."
Die Arbeit bei Dziomba & Lebitschnig hat Hadi Reissi verändert. Beruflich wie privat ist er selbstbewusster und selbstständiger geworden – er traut sich immer mehr zu. Er ist gewachsen.
Der LVR [Landschaftsverband Rheinland] und seine Fachdienste standen Hadi Reissi und seinem Arbeitgeber beratend und begleitend zur Seite. Im Rahmen des Modellprogramms „LVR-Kombilohn" beteiligt sich der LVR zudem an den Lohnkosten.

(www.lvr.de)

2.7.6 Vereine

Die Kooperation von Heilerziehungspflegern mit Vereinen unterschiedlichster Ausrichtung ist von großer Bedeutung. Dabei sind nicht ausgewiesene Vereine für Menschen mit Behinderung, sondern ortsansässige bzw. regional angesiedelte Gemeinschaften gemeint. Die aktive Teilnahme am Vereinsleben beinhaltet die Mitwirkung am allgemeinen gesellschaftlichen Leben. Dies ist gerade für einen Menschen mit Beeinträchtigung von Wichtigkeit, um nicht in eine Randposition zu geraten.

In Absprache mit dem Übungsleiter kann beispielsweise die Teilnahme des Klienten an **Sportkursen** (▶ s. Modul 5, Kap. I.6) ermöglicht werden. Besondere Bedürfnisse werden im Vorfeld abgeklärt. Informationen der anderen Kursmitglieder über besondere Bedürfnisse des Menschen mit Behinderung können bei Bedarf unter Wahrung datenschutzrechtlicher Bedingungen gegeben werden.

Durch das gemeinsame Miteinander findet ein gegenseitiges Kennenlernen statt; eventuelle Vorurteile werden abgebaut. Das führt schrittweise zu einer Verbesserung der Position des Menschen mit Behinderung in der Gesellschaft – vorausgesetzt die Kooperation von heilerzieherischen Fachkräften, Menschen mit Behinderung und Vereinen erfolgt regelmäßig und gehäuft.

Beharrlichkeit. Obwohl man als Heilerziehungspfleger zunächst an spezielle Vereine für Menschen mit Behinderung verwiesen wird, wenn man sich nach der Teilnahme eines Klienten an allgemeinen Kursen erkundigt, lohnt sich doch das Nachfragen und die Beharrlichkeit: Oftmals ergeben sich im Gespräch mit den zuständigen Kursleitern Chancen, dem Klienten die Teilnahme zu ermöglichen. Im Verlauf des Kurses zeigt sich dann in der Regel das Potenzial, das der Mensch mit Behinderung für die Mitwirkung aufbringen kann. Positiv überrascht beurteilen viele Kursleiter und andere Kursteilnehmer im weiteren Verlauf die Teilnahme des Menschen mit Behinderung: Er gehöre schließlich dazu, wie jeder andere auch. Vielleicht treten die einen oder anderen Probleme auf, jedoch sind diese durch intensive Kooperation der Beteiligten bereits in der Anfangsphase zu lösen. Die **ständige Kooperation** während der Vereinstätigkeit trägt zum positiven Verlauf der Teilnahme des Menschen mit Beeinträchtigung bei.

2.7.7 Kirchengemeinden

Die Zusammenarbeit mit Kirchengemeinden bietet ein großes Potenzial an Betätigungsmöglichkeit für den Menschen mit Beeinträchtigung: Angefangen von Gottesdienstbesuchen über Angebote wie gemeinsames Frühstücken oder die Teilnahme an Musikgruppen bis hin zu Ausflügen reichen die Aktivitäten. Sie bieten Möglichkeit zum gegenseitigen Austausch von Menschen mit und ohne Beeinträchtigung. Man kann sich in einem offenen Kontext kennenlernen und neue Kontakte knüpfen.

Dabei beziehen sich die Angebote keineswegs nur auf ältere Klienten. Im Bereich der **Kinder- und Jugendarbeit** werden vielfältige Aktivitäten durchgeführt, die für jedermann offen sind. Konfessionszugehörigkeit ist dabei natürlich wünschenswert, aber in vielen Fällen nicht Voraussetzung für die Teilnahme.

Beispiele kirchlicher Angebote

- Gottesdienste
- Kindergottesdienste
- Kinder- und Jugendfreizeiten
- geistliche Betreuung
- Kirche in der Stadt
- Nacht der Kirchen
- Strand-Gottesdienst
- Wald-Weihnacht
- interkulturelle Kirche
- Kirchentag
- Kirchenmusik

Oftmals ist eine kirchliche Institution auch Einrichtungsträger. Kooperation ist in solchem Fall direkt und regelmäßig gegeben; zu denken ist dabei an die zahlreichen kirchlichen Kindertagesstätten sowie Wohnheime und Werkstätten für Menschen mit Behinderung, z. B. der Caritas oder Diakonie. Dadurch sollten auch kirchliche Inhalte in die tägliche Arbeit mit den Menschen mit Behinderung einfließen und ein Leben nach dem Kirchenjahr geschehen. Typische Feste wie Ostern oder Weihnachten, Fronleichnam oder Erntedank sollten also im Jahresverlauf ihre Beachtung finden.

Ist der Mensch mit Beeinträchtigung einer anderen Glaubensgemeinschaft angehörig, sollte ihm das Ausleben seiner diesbezüglichen Interessen natürlich weitestgehend ermöglicht werden.

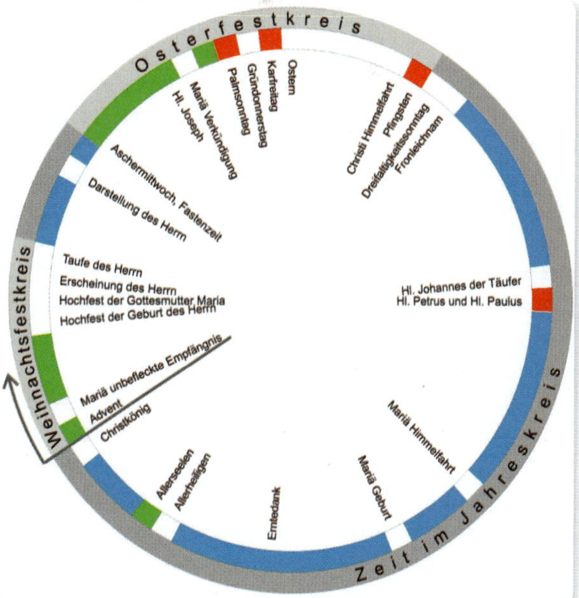

Abb. 1 Das Kirchenjahr im christlichen Glauben

Zum Weiterlesen

Diakonische Stiftung Wittekindshof: *www.wittekindshof.de/wittekindshof/unterstuetzende-dienste/therapie/therapie.html*

www.caritas.de/
www.diakonie.de/

Aufgaben

1. Internetrecherche
   a) Erkundigen Sie sich über die Arbeitsziele und -schwerpunkte von „Ärzte für Menschen mit geistiger oder mehrfacher Behinderung e.V.“.
   b) Finden Sie jene Ärzte für Menschen mit geistiger/mehrfacher Behinderung heraus, die in Ihrer Region praktizieren. Erstellen Sie eine Broschüre mit Anschriften und Schwerpunkten der jeweiligen Mediziner.
2. Praxisaufgabe
   a) Nehmen Sie je nach Interessenlage und Förderbedarf Ihres Klienten mit ihm an einer kirchlichen Veranstaltung teil.
   b) Evaluieren Sie den Erfolg der Teilnahme in Bezug auf zukünftige Annahme ähnlicher Angebote.
3. Informieren Sie sich zur Ausgestaltung der unterschiedlichen kirchlichen Fest- und Feiertage. Legen Sie sich eine Kartei an.

2.8 Öffentlichkeitsarbeit

Abb. 1 Öffentlichkeitsarbeit bedeutet Kommunikation

Entscheidet man sich für den Beruf des Heilerziehungspflegers, denkt man nicht in erster Linie an Öffentlichkeitsarbeit. Dennoch ist Öffentlichkeitsarbeit ein wichtiger Bestandteil der Arbeit in den unterschiedlichen Tätigkeitsbereichen des Heilerziehungspflegers. Die bekanntesten Einrichtungen für Menschen mit Behinderung haben ihren Bekanntheitsgrad und ihre Bedeutung gerade durch intensive Öffentlichkeitsarbeit erhalten: „Aktion Mensch“, „Lebenshilfe“, „Diakonie“ und „Wohlfahrtswerk“ sind nur einige Beispiele von Institutionen, die durch qualifizierte Öffentlichkeitsarbeit auf sich aufmerksam machen.

Inhalte der Arbeit und Unterstützungsformen werden den Mitmenschen erläutert und vor Augen geführt. Ein Profil der Institution wird erstellt, sodass sie in einem bestimmten positiven Blickwinkel erscheint. Damit kann eine hohe Wertschätzung der Arbeit in der Öffentlichkeit erreicht werden. Die **Attraktivität** der Arbeit oder Betreuung in einer Einrichtung der betreffenden Institution steigt deutlich. Damit nimmt auch die Zahl der Stellenbewerbungen bestqualifizierter Heilerziehungspfleger zu, was sich in entsprechend professioneller Arbeitsweise widerspiegelt. Anmeldungszahlen von Klienten erhöhen sich und Sponsoren bringen sich häufiger mit finanzieller Unterstützung oder Sachspenden ein. Auch sie wollen durch die Verknüpfung mit einer renommierten Institution in einem guten Licht erscheinen und somit wiederum neue Kunden gewinnen. Weiterhin trägt Öffentlichkeitsarbeit zu Verknüpfungen mit anderen Personen und Institutionen sowie zu Kooperationen bei. Dadurch ergeben sich Möglichkeiten, die Arbeit mit den Menschen für Behinderung zu verbessern und weitere Förder- und Unterstützungsmöglichkeiten effektiv zu nutzen.

Öffentlichkeitsarbeit verlangt nach vielfältigen Kompetenzen des Heilerziehungspflegers:
- qualifizierte Ausdrucksweise in Sprache und Schrift
- Kommunikationssicherheit mit Medienvertretern
- selbstbewusstes und stilsicheres Auftreten
- thematische und inhaltliche Sicherheit
- zielgruppenorientiertes Handeln
- strukturiertes Vorgehen
- Offenheit und Kontaktfreudigkeit
- Talent zu ansprechender Gestaltung
- Evaluations- und Reflexionsfähigkeit

Schließlich bietet Öffentlichkeitsarbeit im heilerziehungspflegerischen Bereich die Chance, **gesellschaftspolitisch tätig** zu sein, indem die Notwendigkeit qualifizierter sozialer Aktivität und Unterstützung in der alltäglichen Lebenswelt herausgestellt wird. Toleranz und inklusives Vorgehen, die zur Gestaltung eines harmonischen gesellschaftlichen Miteinanders ebenso grundlegend wie strukturelle Rahmenbedingungen sind, erhalten ihre Betonung und können beispielsweise mit Kooperations- oder Teilnahmeangeboten verdeutlicht werden.

„Öffentlichkeitsarbeit meint jede Aktivität, die dazu dient, Informationen zum Zwecke der eigenen Zielerreichung zu veröffentlichen und dabei eine positive Aufmerksamkeit für die eigene Arbeit und die mit ihr verbundenen eigenen Anliegen herzustellen."
(R. Bohrhardt)

Öffentlichkeitsarbeit ist in unterschiedlichen Formen denkbar. Im Folgenden sind einige der vielfältigen Wege beschrieben, um einen Einblick in das Feld der Öffentlichkeitsarbeit zu erhalten:

2.8.1 Zeitungsartikel

Es bietet sich an, besondere Ereignisse oder Projekte, die beispielsweise im Wohnheim für Menschen mit Behinderung anstehen oder stattgefunden haben, in einem bebilderten Artikel der regionalen Tageszeitung mitzuteilen. Die Leser erfahren in informativer Weise über das Vorgehen im nahe gelegenen Wohnheim. Dadurch erfolgt ein Kennenlernen nicht nur der Arbeit mit Menschen mit Behinderung, sondern auch ein erstes Kennenlernen der Beschäftigten und der Klientel. Damit können Berührungsängste oder auch Einstellungen nach dem Motto „da schaut man nicht hin" oder bemitleidende Haltungen verändert werden. Es wird gezeigt, dass Hinschauen gewünscht ist und die Klienten Freude am Leben und dem aktiven Handeln mit und ohne Unterstützung haben.
Um einen Zeitungsartikel mit Bildern in der lokalen Tageszeitung unterzubringen, bedarf es einiger organisatorischer Regelungen und inhaltlicher Aspekte:

- Relevanz des Inhalts für den Leser herausstellen.
- Nichts beschönigen oder verschleiern, sondern die Realität abbilden.
- Kurzen, interessanten Titel und Eingangsabschnitt wählen, der zum Weiterlesen animiert.
- Der Schreibstil sollte leicht verständlich, aber gehoben sein. Eine hohe fachliche Qualifikation sollte deutlich werden. Die Sätze sind kurz zu halten und es sollte in der dritten Person geschrieben werden.
- Vermeiden Sie inhaltliche Fehler, indem Sie den Text wiederholt Korrektur lesen lassen.
- Beigefügte Bilder sollen von hochwertiger Qualität sein und zentrale Aspekte beinhalten.
- Ist ein Journalist eingeladen, bietet es sich an, ihm wichtige Informationen zur Verfügung zu stellen. Inhalte, die einem selbst wichtig sind, können so betont werden.

(vgl. J. von Pechmann)

Erstellt der Heilerziehungspfleger selbst einen Zeitungsartikel, ist es von Vorteil, wenn er über Kompetenzen in der Texterstellung verfügt und Freude am Schreiben von Berichten hat. Dann kann ein guter und verständlicher Zeitungsartikel entstehen, der gern gelesen wird, sodass die intendierten Ziele beim Leser erreicht werden. Zumindest gelingt aber eine Öffnung nach außen, die Einblicke zulässt und positive Aufmerksamkeit erweckt.

2.8.2 Internetauftritt

Ein Internetauftritt ist auch für eine kleine Institution wichtig und vorteilhaft: Menschen mit Beeinträchtigung und deren Angehörige können sich jederzeit umfangreich über die Arbeit in einer bestimmten Einrichtung informieren. Bilder, Videos und Beschreibungen sind dabei hilfreich, Arbeitsweisen vorzustellen und die Einrichtung zu präsentieren. Die tägliche qualifizierte heilerziehungspflegerische Tätigkeit wird erläutert und dargestellt.

Barrierefreiheit. Daneben bietet ein Internetauftritt die Möglichkeit, unterschiedliche technische Mittel zu nutzen. So kann nicht nur ein geschriebener Text vom Nutzer selbst gelesen, sondern können auch Videos angeschaut und Hörtexte vorgelesen werden. Damit wird ein Informationsangebot für Menschen mit unterschiedlichen Beeinträchtigungen (z. B. Seh-, Hörbehinderung oder Konzentrationsbeeinträchtigung) zur Verfügung gestellt.

Elemente. Die gegebene Information ist äußerst umfangreich und vielseitig. Sie kann je nach Informationsbedarf individuell ausgewählt werden. Eine sogenannte „Kontaktfunktion" ist auf einer Website zusätzlich einzurichten, damit nicht beantwortete Fragen oder Vorschläge per E-Mail direkt an die verantwortliche Fachkraft gestellt und von dieser beantwortet werden. Adresse, Telefonnummern und zuständige Mitarbeiter für die einzelnen Bereiche werden aufgelistet und sind somit kontaktierbar. Außerdem besteht die Möglichkeit, eine Lage- und Anfahrtsskizze zu zeigen, um die Einrichtung bei Bedarf zu finden. Ein Forum dient dem Kontakt der Zielgruppe untereinander sowie als Ideenquelle, ist allerdings betreuungsintensiv.
Die Aufgeschlossenheit der Nutzung neuer Medien gegenüber wird vom Klienten bzw. seinem Angehörigen positiv verallgemeinert und auf andere Inhalte und Methoden übertragen: Das Bild einer Einrichtung mit Mitarbeitern, die Neuerungen offen gegenüberstehen, ergibt sich. Ein Werbeeffekt stellt sich ein, der qualifizierte und engagierte Mitarbeiter mit innovativen Ideen sowie potenzielle neue Klienten anspricht.
Die Webseite kann in Eigenarbeit erstellt werden und stellt sich als kostengünstiges Mittel zur überregionalen Präsentation dar.

2.8.3 Newsletter

Die Erstellung eines Newsletters für die eigene Klientel und deren Angehörige ist die zeitgemäße Form der Kommunikation aktueller Themen, anstehender Termine und empfehlenswerter Informationsangebote. Neuigkeiten auf fachlichem oder einrichtungsinternem Gebiet werden schnell und günstig verbreitet. Durch ein automatisches Verteilersystem ist gewährleistet, dass alle Beteiligten den Newsletter erhalten, keiner vergessen wird oder aus Krankheits- oder Urlaubsgründen wichtige Informationen zu spät erhält.
Individuell kann der Newsletter dann abgerufen und gelesen werden, wenn Zeit und Lust dazu gegeben ist. Auch das umstandslose Archivieren und Aufbewahren ist leicht möglich.
Durch direkte Anrede und das Hinzufügen von Fotos werden Newsletter **individualisiert**. In der heilerziehungspflegerischen Arbeit, in der das Eingehen auf den Einzelnen von besonderer Relevanz ist, bieten sich individualisierte Newsletter an: Bezogen auf den Klienten können ihm beispielsweise einzelne „Highlights der Woche“ mit Fotos vor Augen geführt werden. Dies hat oft motivierende Funktion, die gerade im Förder- und Entwicklungsprozess von Bedeutung ist. Weiterhin erkennt der Klient Termine auf einen Blick und nimmt Änderungen frühzeitig wahr. Aber auch die Arbeit des zuständigen Heilerziehungspflegers und seiner Kollegen erfährt Transparenz und kann in ihrem Wert erkannt und geschätzt werden.

Zur Erstellung von Newslettern bedarf es natürlich dem persönlichen Engagement sowie der technischen Kompetenz der heilerziehungspflegerischen Fachkraft. Außerdem sollte Freude am Verfassen des Newsletters gegeben sein, da es oft einen erheblichen zeitlichen Mehraufwand mit sich bringt. Daneben kann der Klient dem Text unbewusst – teilweise sogar bewusst – entnehmen, ob er freudlos „zusammengeschrieben“ oder mit Spaß an der Sache erstellt wurde.
Einige Tipps helfen dabei, dass der Newsletter nicht dem Löschknopf zum Opfer fällt:

- Persönliche Ansprache.
- Aktualität betonen, keine schon bekannten Inhalte ausbreiten.
- Qualifizierte Inhalte aufnehmen.
- Angemessene Sprache wählen, die zum Weiterlesen verleitet.
- Freude vermitteln, schöne Geschehnisse hervorheben.
- Überraschende Elemente inkludieren.
- Wertschätzung dem Klienten gegenüber deutlich werden lassen.
- Fotos vom Klienten selbst oder Personen in gleicher/ähnlicher Situation einfügen.
- Ein Geschenk hinzufügen, z. B. kostenloses PDF-Material oder Sammelpunkte, die bei einer gewissen Anzahl von gelesenen Newslettern eingelöst werden können.

2.8.4 Tag der offenen Tür

Abb. 1 Einladung zum Tag der offenen Tür

Zur Präsentation der Einrichtung, der Mitarbeiter und der fachlichen Arbeitsschwerpunkte bietet sich ein „Tag der offenen Tür“ an. Angehörige, Sponsoren, (potenzielle) Klienten, Fachkollegen oder andere Interessenten können sich vor Ort ein Bild von der heilerziehungspflegerischen Tätigkeit und ihren dortigen Rahmenbedingungen machen. Hilfreich ist die Durchführung eines „Hausrundgangs“ und ein Programmangebot, das typische Aktivitäten beinhaltet. Hier sind vor allem sozialpädagogische Angebote empfehlenswert, die die kompetenzsteigernde klientenzentrierte Arbeitsweise abbilden.

Beispielsweise können künstlerisch-kreative Aktivitäten angeboten werden, die gleichzeitig Sinneserfahrungen hervorheben. So sind Gipsabdrücke, die Arbeit mit Ton oder die Erstellung von kleinen Kunstwerken aus Naturmaterialien denkbar.
▸ S. auch Modul 5, Kap. I.9.6
Aber auch Fühlstraßen und Gemeinschaftstänze oder musikalische Darbietungen können ansprechende Programmpunkte sein.

Generell ist darauf zu achten, eine möglichst angenehme Atmosphäre zu schaffen, in der sich die Besucher des Tages der offenen Tür besonders wohlfühlen. So sind auch Speisen und Getränke zu wählen, die nicht nur schmackhaft und gesund, sondern auch reichlich und kostengünstig zu erwerben sind. In einer solchen Atmosphäre lassen sich Informationen transportieren und Fragen im direkten Gespräch klären. Es bietet sich die Möglichkeit, Aktivitäten und Gegenstände zu erläutern, die von Interesse für die Zielgruppe sind, z. B. die Beschreibung von Tagesabläufen, das Stillen unterschiedlicher Bedürfnisse, Ausstattung und besondere Räume (z. B. Snoezelraum).

Orte der Bekanntmachung. Neben einem Zeitungsartikel und der Terminnennung in einschlägigen Magazinen, im Newsletter und auf Fachportalen gilt es, mit Plakaten und Flyern auf den Tag der offenen Tür aufmerksam zu machen. Damit kann ein möglichst breites Publikum erreicht werden. Die Gestaltung der Einladungen sollte ansprechend sein und die Hauptdaten beinhalten. Bei Plakaten und Flyern ist darauf zu achten, dass das Layout und die Bebilderung aussagekräftig bezogen auf das zu Erwartende sind. Als Faustformel zur Erstellung solcher Einladungen zu einem Tag der offenen Tür gilt:
Beantwortung der „W-Fragen"

- Was?
- Wer?
- Wann?
- Wo?
- Warum?

PLUS informationstragendem Hintergrundbild/Gestaltung

2.8.5 Marktstände

Die Teilnahme an einem Markt wie einem Weihnachts- oder Frühjahrsmarkt der Stadt oder Gemeinde, in der sich die Einrichtung befindet, bietet ein weiteres Feld der Öffentlichkeitsarbeit. Mit selbst hergestellten Produkten kann man die Arbeit der Menschen mit Beeinträchtigung nach außen präsentieren. Im Vorfeld können dafür z. B. Kerzen gegossen, Marmeladen gekocht, Kuchen gebacken oder Dekorationsartikel hergestellt werden; aber auch der Verkauf von Artikeln aus den der Einrichtung angegliederten Werkstätten für Menschen mit Beeinträchtigung kann der Präsentation nach außen an einem Marktstand zuträglich sein.

Zur Erlaubnis des Verkaufs von Lebensmitteln an Marktständen ist das zuständige Amt für Veterinärwesen und Verbraucherschutz zu befragen.

Marktbesucher nehmen die Einrichtung für Menschen mit Behinderung als wichtigen Bestandteil ihrer Gesellschaft wahr, der das Leben bereichert. Jeder kann durch das Handeln am Marktstand in Kontakt mit Menschen mit Beeinträchtigung treten und eventuell vorhandene Scheu oder Distanz ablegen. So werden Personen angesprochen, die sonst nie den Weg zu einem Tag der offenen Tür in die Einrichtung gefunden oder einen Newsletter eines entsprechenden Trägers abonniert hätten. Die Akzeptanz und Wertschätzung nicht nur der Einrichtung selbst, sondern auch gerade derjenigen von Menschen mit Behinderung nimmt durch das Zusammentreffen und Miteinander-in-Kontakt-Treten zu. Sie werden als Personen erlebt, die ihren Beitrag zum gemeinschaftlichen Leben leisten (Normalisierungsprinzip). Vorurteile können abgebaut werden. Daneben nimmt der Bekanntheitsgrad der Einrichtung und ihrer Arbeit zu. Perspektiven eröffnen sich, Möglichkeiten für potenzielle Klienten oder deren Angehörige eröffnen sich.

Die Mutter eines jungen Mannes mit Beeinträchtigung im kognitiven Bereich erkennt während eines Besuchs auf dem Frühjahrsmarkt eine Alternative zum aktuellen Lebensalltag ihres Sohnes. Im Gespräch mit den Heilerziehungspflegern, die am Marktstand vertreten sind, werden mögliche Schritte durchgesprochen und in ihrer Realisierung anfänglich beurteilt. Hier könnte die Verbesserung eines Lebenswegs ihren Anfang nehmen.

Abb. 1 Einen Stand auf dem Weihnachtsmarkt betreuen

Abb. 1 Wertschätzung

Im ungezwungenen Kontext des Marktgeschehens werden häufig neue Kontakte geknüpft und alte wiederhergestellt, die für die Einrichtung und ihr weiteres Bestehen förderlich sind. Potenzielle Sponsoren oder ehrenamtliche Mitarbeiter werden so durch direkte Ansprache oder dezent angebrachte Aushänge akquiriert.

Schließlich stellt der Verkauf von Gegenständen und Lebensmitteln an einem Marktstand eine Einnahmequelle dar, die das stets knappe Budget der Einrichtung verbessern kann. So kommt die Teilnahme an einem Markt auch finanziell der Einrichtung zugute.

Davon abgesehen erfahren besonders die direkt am Marktgeschehen beteiligten Menschen mit Beeinträchtigung eine **Wertschätzung ihrer Person** sowie ihres Handelns. Damit geht eine Steigerung ihres Selbstwertgefühls und Selbstbewusstseins einher. Aber auch die nicht direkt am Marktgeschehen beteiligten Klienten können die Wertschätzung erleben, wenn beispielsweise Artikel verkauft werden, die sie selbst produziert haben oder an deren Produktion sie beteiligt waren.

Zum Weiterlesen

Nifbe: Öffentlichkeitsarbeit Schritt für Schritt planen – Anleitung *http://kitaundco.de* (Suchbegriff: Öffentlichkeitsarbeit)

M. Gries: Vom Sommerfest zum Fundraising-Event. 2002

Aufgaben

1. Nennen und beschreiben Sie Vorteile von Öffentlichkeitsarbeit. Erläutern Sie, wie eventuelle Nachteile ausgeräumt werden können.
2. Wählen Sie eine Form der Öffentlichkeitsarbeit und entwickeln Sie ein konkretes Beispiel für die praktische Umsetzung in einer Institution Ihrer Wahl.
3. Erstellen Sie eine Webseite für eine (fiktive) heilpädagogische Einrichtung Ihrer Wahl. Nutzen Sie dabei unterschiedliche Funktionen und Möglichkeiten der Darstellung.
4. Entwerfen Sie ein Einladungsplakat zu einem Tag der offenen Tür eines Wohnheims für Menschen mit Beeinträchtigung.

2.9 Fort- und Weiterbildung

Die Frage nach der Relevanz von Fort- und Weiterbildung liegt im Hinblick auf das lebenslange Lernen auf der Hand: Mit Abschluss der Ausbildung ist nicht das Ende der Lernzeit erreicht. Man möchte geradezu das Gegenteil sagen: Es ist der Beginn einer Lernreise auf einem besonderen Fachgebiet. Details bezüglich des Ausbildungsberufs können durch Praxiserfahrung und stetige Erweiterung der theoretischen Kenntnisse vertieft beziehungsweise in ihrer Existenz kennengelernt werden.

Beispielsweise kommt die Heilerziehungspflegerin während ihrer beruflichen Tätigkeit in Kontakt mit unterschiedlichen therapeutischen Maßnahmen, die sie als wertvoll für die eigene professionelle Handlungsweise erachtet. In einem Wohnheim für Menschen mit Beeinträchtigung erlebt sie die Fortschritte, die ein Klient mithilfe spezieller ergotherapeutischer Maßnahmen erreicht. Die Heilerziehungspflegerin möchte ihre Arbeit qualifizieren. Im Gespräch mit dem Ergotherapeuten erfährt sie, wie sie einzelne Fördermaßnahmen in den Alltag des Klienten einplanen und diese durchführen kann. Nachdem sie dies regelmäßig umgesetzt hat und der Erfolg sie in ihrem Handeln bestärkt hat, beschließt die Heilerziehungspflegerin, Fortbildungen mit dem Schwerpunkt „Ergotherapie" zu besuchen. Sie qualifiziert ihr Handeln deutlich, was sich nicht nur in der Arbeit mit dem Klienten, sondern auch in den Dokumentationen des Entwicklungsstands und Förderbedarfs des Klienten zeigt. Die Heilerziehungspflegerin beschließt aufgrund ihrer Praxiserfahrungen und selbst erkannten Wissensbedarfe, eine Zusatzqualifikation in Form der Weiterbildung zum Ergotherapeuten zu erwerben. Damit erweitert sie ihre Professionalität deutlich. Sie ist höher qualifiziert, was sich nicht nur in ihrem Berufsalltag in der Arbeit mit Klienten niederschlägt, sondern auch im individuellen „Berufs- oder Qualifizierungsportfolio" als Heilerziehungspflegerin positiv wirkt. Sollte eine neue Stelle oder höhere Position angestrebt werden, kann eine solche Zusatzqualifikation für die Stellenvergabe entscheidend sein.

Berufs- oder Qualifizierungsportfolio

In einem „Berufs- oder Qualifizierungsportfolio" werden Unterlagen gesammelt, die die individuelle Weiterentwicklung im Berufsbereich dokumentieren. Schritte, die die Höherqualifizierung verdeutlichen, sind nachzuweisen, dazu gehören beispielsweise Teilnahmezertifikate von Fortbildungsveranstaltungen im einschlägigen Bereich. Nachweise zu Praxiserfahrungen, die ein verbessertes Arbeiten im Beruf mit sich bringen, können ebenso dem Portfolio beigefügt werden wie Beispiele erfolgreichen Handelns (z. B. Zeitungsartikel zu besonderen Projekten) und Bescheinigungen, die eine persönliche Qualifizierung verdeutlichen, welche der beruflichen Tätigkeit zuträglich ist. Fotos, Beispiele von Hör- oder Lesetexten können der eigenen Präsentation im Berufs- oder Qualifizierungs-Portfolio ebenso dienlich sein wie die Darstellung methodischer Leistungen anhand von unterschiedlichen Medien (z. B. DVD- oder CD-Aufnahmen).

Es soll ein möglichst positives Bild von der eigenen Person mit den individuellen Fähigkeiten und Fertigkeiten bez. des gewählten Berufszweigs entworfen werden.

Kontextuell wichtig ist die Unterscheidung zwischen den Begriffen „Fortbildung" und „Weiterbildung":

Fortbildungen bezeichnen generell Kurse und Seminare, die der Sicherung, Erweiterung und Vertiefung von Wissen, Fähigkeiten und Fertigkeiten in einem bestimmten Bereich dienen. Oftmals werden sie vom Träger einer Einrichtung, dem Berufsverband oder einer dem Berufsfeld angehörigen Organisation angeboten, z. B. bietet die *Lebenshilfe* jährlich ihr eigenes Bildungsprogramm (Bildungsinstitut) an. Dort finden Fortbildungen zu unterschiedlichen Themen statt, die auch die heilerziehungspflegerische Arbeit direkt betreffen. Ein Auszug aus dem Inhaltsverzeichnis zeigt die Bandbreite der angebotenen Fortbildungen und stellt gleichzeitig die Vielzahl der notwendigen Kompetenzen dar, um qualitativ hochwertig arbeiten zu können:

Im Herbst ist Bundestagswahl – Wir wählen mit!
Werkstatträte werden gebraucht
Unter uns Frauen
Ich möchte wohnen, wie ich will
Ich bin/werde Vorstandsmitglied in der Lebenshilfe!
Rund ums Fahrrad
Ich bin Heimbeirat in meiner Wohnstätte
Mein Wohnen und mein Leben
Wir vertreten unsere Mitbewohner
Arbeitsbegleitende Maßnahmen in der WfbM sinnvoll planen und umsetzen

(Quelle: Lebenshilfe, Bildungsinstitut 2013)

Trotz einer guten und umfangreichen Ausbildung zum Heilerziehungspfleger stößt man im Berufsalltag auf Situationen, zu denen man sich mehr Information wünscht. So unterschiedlich der Alltag von Menschen ist, so vielfältig sind auch die Fortbildungen, die man besuchen kann. Hinweise, Strategien, neue oder alternative Handlungsweisen werden aufgezeigt und führen nicht nur zu einer Verbesserung der eigenen beruflichen Tätigkeit, sondern auch zu einer höheren Arbeitszufriedenheit.

Weiterbildungen stellen eine Möglichkeit dar, die eigenen Kenntnisse und Fähigkeiten in einem bestimmten Bereich (normalerweise innerhalb des Fachgebiets Heilerziehungspflege) zu erweitern. Es wird eine Zusatzqualifikation erworben, die i.d.R. durch eine Abschlussprüfung am Ende des Kurses erreicht wird. Der Weiterbildungskurs selbst kann unterschiedlich strukturiert sein: Von einer Vollzeitausbildung über Teilzeit-/Blockunterricht bis zu berufsbegleitenden Programmen und Fernlehrgängen reichen die Angebote. Es bietet sich an, dasjenige Weiterbildungsangebot zu wählen, das neben dem besonderen fachlichen Interesse mit der aktuellen persönlichen und finanziellen Lebenslage bestmöglich zu vereinbaren ist.

Mithilfe des erreichten Abschlusses können erweiterte Tätigkeiten durchgeführt werden, die häufig eine Lohnerhöhung oder Zusatzvergünstigungen mit sich bringen. Therapeutische Maßnahmen können in vielen Fällen nur durchgeführt werden, wenn der Nachweis über eine entsprechende Zusatzqualifikation vorhanden ist. Leitungsaufgaben und -positionen verlangen oft nach Zusatzausbildungen.

Nicht selten werden für die Berufsausübung notwendige Weiterbildungsmaßnahmen vom Arbeitgeber oder staatlichen Stellen finanziell unterstützt. Nähere Informationen hierzu kann der Leistungsträger oder die zuständige Agentur für Arbeit zur Verfügung stellen.

Weiterbildungen, die im Bereich der Arbeit mit Menschen mit Beeinträchtigung häufig gewählt werden:

- Elementarpädagogik
- Ergotherapie
- Logopädie
- Motopädagogik
- Hippotherapie
- Musiktherapie
- Kunsttherapie
- Fachwirt (unterschiedliche Ausrichtungen)
- Heilpädagogik

Das Ergebnis des lebenslangen Lernens ist eine Arbeitsweise, die von einer hoch qualifizierten Fachkraft durchgeführt wird. Sie zeichnet sich durch Aktualität aus und wird stets gegenwärtigen Forschungsergebnissen gerecht. Damit stellt sich nicht nur Zufriedenheit bei der Klientel, sondern auch bei der Heilerziehungspflegekraft ein. Diese positiven Wirkungen auf beiden Seiten beeinflussen sich wiederum gegenseitig, sodass die Wahrscheinlichkeit für ein professionelles Arbeiten in angenehmer Atmosphäre grundgelegt ist.

Zum Weiterlesen

Lebenshilfe Bildungsinstitut: *www.lebenshilfe.de/de/fortbildung/institut-inform/index.php*

www.berufsverband-hep.de/index.php/576.html

Aufgaben

1. Erstellen Sie Ihr eigenes Berufs- oder Qualifizierungsportfolio zur Ausbildung als Heilerziehungspfleger/-in.
2. Stellen Sie Gründe für die Teilnahme an Fort- und Weiterbildungsveranstaltungen zusammen und erläutern Sie diese.
3. Erstellen Sie eine Rangliste zu Weiterbildungen, die für Sie persönlich von Interesse wären.
4. Informieren Sie sich zu Anbietern und Rahmenbedingungen von 2 Weiterbildungskursen.

2.10 Berufsorganisationen und Verbandsarbeit

Berufsorganisationen und -verbände informieren zu Themen, die in direktem Zusammenhang mit der Profession stehen. Sie vertreten die Interessen des Berufstätigen und unterstützen ihn bei Detailfragen und ungesetzmäßiger Behandlung. Rechtliche oder politische geplante Veränderungen, die zum Nachteil des Berufstätigen oder seiner Klientel sein könnten, werden deutlich verneint. Im Gegenzug stellen Berufsorganisationen und -verbände alternative Lösungswege vor und versuchen sie zum Wohl ihrer Mitglieder durchzusetzen. Dabei steht es den Berufsorganisationen der Gewerkschaften (z.B. „verdi") zu, zum Streik aufzurufen oder Tarifverhandlungen durchzuführen und diesbezügliche Verträge abzuschließen. Ein gesamtes Berufsfeld wird von Gewerkschaften vertreten und angesprochen. Berufsverbänden, die sich in der Regel um die Belange *einer* Berufsgruppe kümmern, stehen diese umfangreichen Rechte der Gewerkschaften nicht zu.

Der Berufsverband „Heilerziehungspflege in Deutschland e.V." bietet aktuelle Informationen, die fachliche wie rechtlich-organisatorische und sozialpolitische Inhalte der heilerziehungspflegerischen Tätigkeit betreffen. Innovative Verfahren und Änderungen von Bestimmungen können den Informationen des Verbandes entnommen oder dort erfragt werden. Kontaktadressen und regionale Ansprechpartner werden genannt. Ebenso findet eine Vernetzung von Heilerziehungspflegern und Einrichtungen für Menschen mit Beeinträchtigung statt. Arbeitsteams können so leicht gebildet und Best-Practice-Beispiele geteilt werden. Informationen zu Aus-, Fort- und Weiterbildung stellt der Berufsverband detailliert und aktuell dar. So kann eine Zusammenstellung von Terminen auf der Website oder in Fachzeitschriften bei der Planung der eigenen Weiterqualifizierung hilfreich und richtungsweisend sein. Dabei werden auch Möglichkeiten zur finanziellen Unterstützung von Maßnahmen der professionellen Qualifizierung vom Bundesverband „Heilerziehungspflege in Deutschland" genannt.

Berufsverbände

Eine Auswahl von Berufsverbänden und -vereinigungen zeigt die Vielfalt und unterschiedliche Schwerpunktlegung der berufsvertretenden Zusammenschlüsse innerhalb Deutschlands:

www.bag-hep.de Bundesarbeitsgemeinschaft der Ausbildungsstätten für Heilerziehungspflege in Deutschland e.V.
www.aktion-mensch.de Die Aktion Mensch e.V. ist die größte private Förderorganisation im sozialen Bereich in Deutschland.
www.beb-ev.de Bundesverband Evangelische Behindertenhilfe e.V.
www.bvkm.de Bundesverband für Körper- und Mehrfachbehinderte e.V.
www.caritas.de Deutscher Caritasverband
www.diakonie.de Diakonisches Werk Deutschland
www.lebenshilfe.de Bundesvereinigung Lebenshilfe für Menschen mit geistiger Behinderung

Ausgesprochenes Ziel der Arbeit von heilerziehungspflegerisch ausgerichteten Berufsorganisationen und -verbänden ist die Herstellung und Erhaltung von **angemessenen Arbeitsbedingungen**, sodass die heilerziehungspflegerische Tätigkeit mit Blick auf die individuelle Förderung des Menschen mit Beeinträchtigung von einer Fachkraft bestmöglich durchgeführt werden kann. Rahmenbedingungen wie adäquat ausgestattete Räumlichkeiten, finanzielle Bedingungen und personelle Situation müssen gegeben sein, um qualifiziert handeln zu können.

Sind entsprechende Bedingungen im Allgemeinen nicht gegeben, bemüht sich der Verband wie die Gewerkschaft um Verbesserung der Lage durch Kontaktaufnahme mit zuständigen Gremien. Dies impliziert in der Regel Verhandlungen mit ausschlaggebenden Ministerien (z. B. dem Ministerium für Familie, Senioren, Frauen und Jugend oder dem Bundesministerium für Gesundheit) und zuständigen Behörden (z. B. der ansässigen Bundesagentur für Arbeit oder dem Versorgungsamt). Häufig folgt solchen Gesprächen eine Verbesserung der Arbeitssituation und der Lebensbedingungen der Menschen mit Beeinträchtigung.

In einigen Fällen kann es aber auch zu **Streiks** kommen, die die Öffentlichkeit auf eine unangemessene Situation aufmerksam machen. Daneben wird durch Niederlegen der Arbeit ein sozialer wie politischer Druck aufgebaut. Verhandlungspartner sehen sich in Zugzwang, um die Wiederaufnahme der Arbeit mittelfristig zu gewährleisten. Zugeständnisse und Kompromissbereitschaft von den Verhandlungspartnern unterschiedlicher Interessenvertreter sind in einem solchen Fall unabdingbar. Das haupt- oder ehrenamtliche Engagement in Gewerkschaften oder Berufsverbänden ist also eine begrüßenswerte Tätigkeit zur Verbesserung nicht nur der eigenen Arbeitsbedingungen und Löhne, sondern damit einhergehend auch der Situation jedes einzelnen Klienten.

Zum Weiterlesen

www.berufsverband-hep.de/
www.verdi.de/
www.bmfsfj.de
www.behindertenbeauftragter.de

Aufgaben

1. Internetrecherche
   a) Erstellen Sie eine Liste der regional zuständigen Vereinigungen (z. B. Landesverbände oder Arbeitsgemeinschaften) für heilerziehungspflegerische Tätigkeiten.
   b) Vergleichen Sie die Schwerpunkte der Arbeit der einzelnen Organisationen und ziehen Sie ein Fazit hinsichtlich der Ihnen am nächsten stehenden Vereinigung.
2. Beschreiben Sie organisatorische, zeitliche, räumliche und personelle Rahmenbedingungen, die Ihres Erachtens für eine qualifizierte heilerziehungspflegerische Arbeit in einer ausgewählten Einrichtung für Menschen mit Beeinträchtigung gegeben sein müssten.

3 Mit Angehörigen partnerschaftlich arbeiten

Abb. 1 Angehörige sind meist die wichtigsten Bezugspersonen

Angehörige, das sind Eltern, Geschwister, Verwandte, Nachbarn, Freunde, die in einer persönlichen Beziehung zu einem Menschen mit Behinderung stehen. Angehörigenarbeit ist die kooperative Zusammenarbeit mit Angehörigen, die Interesse haben, sich auch dann zu engagieren, wenn professionelle Hilfe notwendig ist. Ziel der Arbeit ist der Aufbau einer vertrauensvollen und partnerschaftlichen Zusammenarbeit zum Wohle des Menschen mit Behinderung.

Die Arbeit mit Eltern und Geschwistern ist in den ersten beiden Lebensjahrzehnten Standard und unterstützt professionell die Hilfe-, Erziehungs- und Bildungsarbeit der Familie.

In späteren Jahren ist allerdings die Zusammenarbeit mit Angehörigen häufig nur noch ein Nebenthema. Die Übernahme der Klienten in die ambulante oder stationäre Begleitung führt bei den Profis schnell zu einer „alleinigen Verantwortung“ und zu einer „allumfassenden Zuständigkeit“.

Angehörige werden zu Besuchern. Sie übernehmen an Wochenenden oder in Urlaubszeiten zwar „entlastende Aufgaben“ oder unterstützen bei Festen und öffentlichen Veranstaltungen, berühren damit aber die Arbeit der professionellen Mitarbeiter nur am Rande.

System Familie. Angehörigenarbeit aus systemischer Sicht betrachtet nicht den Klienten und seine Familie als „Einzelpersonen“, sondern die wechselseitigen Beziehungen zwischen allen Personen eines familiären Systems, deren Geschichte, subjektive Situationsdeutungen. Die heilpädagogische Perspektive beachtet dabei insbesondere, was das familiäre System braucht, um gut zu funktionieren, was es stützt und was es stört.

Um mit der Familie zu arbeiten, sind die familiären Erlebnisse (zum Beispiel die Geschichte der Familie) und die Unterstützungsvoraussetzungen genau zu prüfen. Wird ein behindertes Kind geboren, so sind die Eltern oftmals tief erschrocken und verunsichert. Die Situation überfordert, da die Eltern sich auf ein Kind einstellen müssen, das in seiner Entwicklung Schwierigkeiten zeigen wird, die nicht vorauszusagen sind. Viele ideale Vorstellungen und Hoffnungen auf ein gemeinsames zukünftiges Leben sind infrage gestellt. Narzisstische Kränkungen und Schuldvorwürfe belasten die Paarbeziehung und erschweren die Übernahme der Elternrolle. Behinderte Kinder sind andererseits in ihrer Entwicklung besonders auf eine kompetente Unterstützung und fürsorgliche, wertschätzende Annahme angewiesen. Hierfür brauchen sie eine starke Familie. Eine Familie mit Behinderung benötigt daher vielfältige Unterstützung. Diese beginnt mit der Information über die Behinderung und unmittelbarer professioneller Hilfe. Eltern und Geschwister intensiv zu begleiten, erhöht die Hilfekompetenz der Familie, sodass diese sowohl die besonderen Bedürfnisse des behinderten Kindes erkennen und darauf eingehen als auch sich selbst in ihrer Paarbeziehung und Elternbeziehung stabilisieren können.

Das Zusammenleben mit einem behinderten Kind ist für Eltern und Geschwister durch eine besondere Abhängigkeit gekennzeichnet. Alle Personen im familiären System sind „mitbehindert“. Die fortwährende Verantwortung und andauernde Fürsorge schafft ein sehr individuelles und dichtes Interaktionsmuster. Für Außenstehende wirkt dieses Interaktionsmuster manchmal überbehütend und entwicklungseinschränkend. Tatsächlich findet man aber in der Regel relativ stabile Versorgungsmuster vor.

▸ S. auch Modul 2, Kap. I.2 Die Lebenssituation von Familien mit einem Kind mit Behinderung

Ziele. Angehörigenarbeit dient der Kompetenzentwicklung, dem Empowerment, der Entwicklung und Pflege der Kooperationsbereitschaft, der Information über Unterstützungsmöglichkeiten und der psychohygienischen Entlastung.

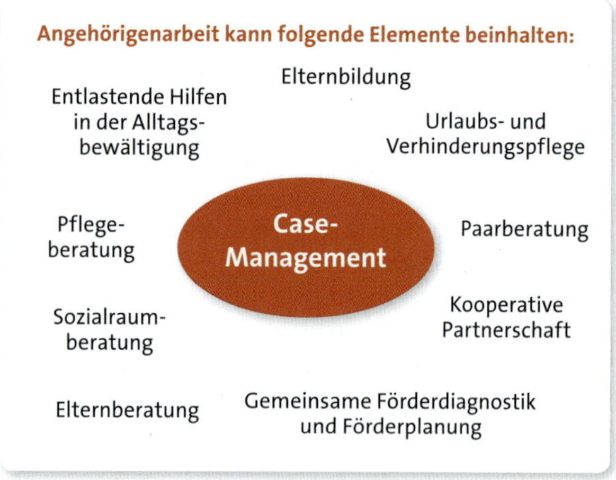

Abb. 2 Aspekte der Angehörigenarbeit

Entlastende Angebote. Nicht begleitete Angehörige haben kaum Möglichkeiten der inneren Distanzierung und selbstkritischen Reflexion. Sie sind 24 Stunden am Tag in Betreuung und Pflege eingebunden, kommen in Situationen der subjektiven Überforderung und zeigen nicht selten stressbedingte psychosomatische Probleme.

Heilerziehungspfleger entlasten durch direkte Unterstützung in der Alltagsarbeit, aber auch mit Gesprächsangeboten das familiale Hilfesystem. Grundsätzlich können folgende Ebenen der Angebote für Angehörige unterschieden werden:

- ausführliche Information über Art und Ursache der Behinderung
- professionelle Unterweisung und Unterstützung in der täglichen Pflege und Betreuung
- Vermittlung von Hilfsmitteln und Pflegetechnik
- Entlastung durch zeitweise Übernahme der Versorgung
- Organisation weiterer Unterstützungsangebote wie Nachbarschaftshilfe
- individuelle Gesprächsangebote und Gesprächsgruppen

Sichtweise der Fachkraft. Um mit oder in einer Familie mit einem behinderten Kind arbeiten zu können, ist die mehrperspektivische Wahrnehmung der Situation wichtig. Einseitige äußere Bewertungen und Zuschreibungen führen dazu, dass sich Eltern und Geschwister missverstanden und gekränkt fühlen. Die Familie eines behinderten Menschen sollte daher als ein „kompetentes System" betrachtet werden. Die Familie funktioniert so, wie sie funktioniert, sie lebt und agiert im Rahmen ihrer individuellen Situationsdeutungen, Handlungsmuster und Ressourcen. Sie handelt aus ihrem Verständnis und ihren Möglichkeiten richtig. Der professionelle Zugang gelingt, wenn diese Grundannahme berücksichtigt wird.

Abb. 1 Der Aspekt Behinderung und Migration wird genauer beleuchtet in ▸ **Modul 6, Kap. I.3.1**

3.1 Die Arbeit mit Angehörigen in Phasen des Übergangs

Wenn Kinder mit Behinderungen aus der schulischen Erziehung entlassen und erwachsen werden, belastet dies die Situation in den Familien in besonderer Weise. Die Behinderung verhindert oftmals die normalen Prozesse der Verselbstständigung und Ablösung vom Elternhaus. Die Selbstverantwortung und Selbstständigkeit in Berufswahl, Berufsausführung, Partnerwahl und Wohnungswahl ist möglicherweise weiterhin eingeschränkt oder nur mit Assistenz möglich.

Eltern haben ihre Kinder in der frühen Kindheit häufig allein und später mit Unterstützung von Kindertagesstätte und Schule erzogen und begleitet. Die Aufgaben, die sich mit der Annahme und Erziehung eines Kindes mit Beeinträchtigung stellen, sind erheblich. Dabei entwickeln Eltern Kompetenzen, die sie zu Experten im Umgang mit ihren Kindern werden lassen. Diese Expertise zu nutzen, ist professionelle Aufgabe bei den Übergängen von der Schule in ein Arbeitsleben und eine wohnräumliche Verselbstständigung. Die Lösung aus der elterlichen Fürsorge in eine professionelle Begleitung gelingt nicht immer reibungsfrei. Der pädagogische Ansatz des Empowerments und das Recht auf Selbstbestimmung in den Einrichtungen führen dazu, dass Eltern sich in ihrer jahrelangen fürsorgenden Haltung manchmal missverstanden fühlen.

Übergangsprozesse mit Eltern und Geschwistern gemeinsam zu gestalten, ist Aufgabe einer professionellen Angehörigenarbeit. Diese Übergänge finden auf 3 wesentlichen Ebenen statt:

(1) Die individuelle Ebene: Der Mensch mit Behinderung und seine Angehörigen stehen vor einer neuen Situation, die mit folgenden Entwicklungsaufgaben einhergeht: Ablösung und Entpflichtung vieler alltäglicher Aufgaben, Veränderung der Identität und Rolle, Bewältigung starker Emotionen wie Angst, Ungewissheit, Freude, Stolz, das Erlernen neuer Kompetenzen und das Aushalten von Trennung.

(2) Die interaktionelle Ebene: Die sozialen Beziehungen verändern sich. Das intime Verhältnis der Familie wird an bestimmten Stellen öffentlich. Professionelle Helfer und weitere Mitbewohner oder Mitarbeiter in Wohnheim, betreutes Wohnen oder Werkstatt werden zu relevanten Interaktionspartnern. In dieser Übergangsphase müssen möglicherweise auch Beziehungen beendet werden. Die Rollenerwartungen an den Menschen mit Behinderung und an seine Angehörigen durch das neue soziale Umfeld verändern sich.

(3) Die kontextuelle Ebene: Das Leben in Elternhaus, Werkstatt und Wohnbereich fordert die Integration verschiedener Lebensbereiche. Neue Aufgaben und Herausforderungen sowie neue Beziehungen müssen gestaltet und bewältigt werden. Auch die Aufgaben der Eltern und Geschwister verändern sich. Jetzt können Angehörige, wenn sie kooperativ eingebunden werden, den förderlichen Rahmen für diese Anpassungsprozesse bilden. In der zuversichtlichen Freigabe kann das bisher umsorgte Familienmitglied die Übergänge bewältigen, wenn die Familie als stützende Ressource im Hintergrund verbleibt.

3.2 Die Arbeit mit Angehörigen in Wohneinrichtungen

Sämtliche Angebote, die der Kontaktpflege, dem Informationsaustausch, der wechselseitigen Unterstützung, der Mitwirkung und der Beratung der Angehörigen dienen, sind geeignete Formen der gemeinsamen Arbeit in der stationären oder teilstationären Versorgung. Dazu gehören beispielsweise regelmäßige gemeinsame Entwicklungsgespräche, Angebote zur Mitgestaltung des alltäglichen Lebens in der Einrichtung, regelmäßige Besuche der Angehörigen, Beratungsangebote, Elterngesprächsgruppen, Teilnahme an den Sitzungen des Heimbeirats, Einzelgespräche und vieles mehr.

Rechtliche Grundlage. Angehörigenarbeit ist da rechtlich geregelt, wo der Mensch mit geistiger Behinderung eine ständige Betreuung benötigt.

BGB § 1901 Umfang der Betreuung, Pflichten des Betreuers

(1) Die Betreuung umfasst alle Tätigkeiten, die erforderlich sind, um die Angelegenheiten des Betreuten nach Maßgabe der folgenden Vorschriften rechtlich zu besorgen.

(2) Der Betreuer hat die Angelegenheiten des Betreuten so zu besorgen, wie es dessen Wohl entspricht. Zum Wohl des Betreuten gehört auch die Möglichkeit, im Rahmen seiner Fähigkeiten sein Leben nach seinen eigenen Wünschen und Vorstellungen zu gestalten.

(3) Der Betreuer hat Wünschen des Betreuten zu entsprechen, soweit dies dessen Wohl nicht zuwiderläuft und dem Betreuer zuzumuten ist. Dies gilt auch für Wünsche, die der Betreute vor der Bestellung des Betreuers geäußert hat, es sei denn, dass er an diesen Wünschen erkennbar nicht festhalten will. Ehe der Betreuer wichtige Angelegenheiten erledigt, bespricht er sie mit dem Betreuten, sofern dies dessen Wohl nicht zuwiderläuft.

(4) Innerhalb seines Aufgabenkreises hat der Betreuer dazu beizutragen, dass Möglichkeiten genutzt werden, die Krankheit oder Behinderung des Betreuten zu beseitigen, zu bessern, ihre Verschlimmerung zu verhüten oder ihre Folgen zu mildern. Wird die Betreuung berufsmäßig geführt, hat der Betreuer in geeigneten Fällen auf Anordnung des Gerichts zu Beginn der Betreuung einen Betreuungsplan zu erstellen. In dem Betreuungsplan sind die Ziele der Betreuung und die zu ihrer Erreichung zu ergreifenden Maßnahmen darzustellen.

▸ S. auch Modul 2, Kap. IV.3 Rechtliche Betreuung

Konfliktpotenziale. Das geringe Engagement von Angehörigen in Einrichtungen und Werkstätten der Behindertenhilfe lässt sich auch dadurch erklären, dass sie sich oftmals in ihrer Zuständigkeit für ihr Familienmitglied entpflichtet und machtlos erleben. Die „Profis" sind jetzt zuständig, das Leben des Betroffenen verändert sich und wird fremd.
Wie lassen sich diese Konfliktzonen beschreiben?

- Die Arbeit in den Einrichtungen ist für die Angehörigen häufig nicht transparent.
- Angehörige fühlen sich nicht ausreichend informiert und finden keinen Raum, Beziehungen zu pflegen und sich im Alltag zu engagieren.
- Angehörige und Fachkräfte artikulieren nur unzureichend ihre gegenseitigen Erwartungen. Enttäuschung oder Ärger sind die Folge, eine Zusammenarbeit bleibt aus.
- Angehörige und Fachkräfte streiten über die bessere Diagnosekompetenz; jeder weiß besser als der andere, was mit dem Klienten los ist und was er braucht.
- Es wird von beiden Seiten zu wenig nach einem gemeinsamen Förderkonzept gearbeitet. Dadurch entstehen Gefühle der Konkurrenz um den besten Förderplan.
- Heilpädagogische Ansätze zur Förderung der Selbstständigkeit und Selbstbestimmung werden von manchen Eltern als Überforderung ihres Kindes gesehen.
- In Konfliktsituationen gibt es nur selten gemeinsame Abstimmungs- und Klärungsgespräche.
- Eltern haben oftmals Schuldgefühle, weil sie nicht selbst die Begleitung und Pflege ihrer Kinder dauerhaft sichern können. Aus den Schuldgefühlen heraus entsteht eine besondere Anforderung an die Mitarbeiter, nun wirklich alles perfekt zu machen.
- Mitarbeiter der Einrichtung wünschen keine Einmischung der Angehörigen in ihren Dienstalltag und keine Ratschläge bezüglich der Klienten – sie sind schließlich die Profis.

Abb. 1 Angehörige sind auch im stationären Wohnbereich wichtige Kooperationspartner

Angehörige sind in einer anderen Lebenswirklichkeit als die professionellen Mitarbeiter einer Einrichtung. Die Mitarbeiter sollten Angehörigen mit Respekt und Wertschätzung begegnen und ihre besondere Erziehung- und Bildungsarbeit weiterhin unterstützen.

Der Übergang eines Menschen mit Behinderung in eine heilpädagogische Einrichtung kann sehr unterschiedliche Gründe haben. Häufig hängt er schlicht damit zusammen, dass die Schulzeit beendet wurde und der Arbeitsplatz in einer entfernten Werkstatt den Umzug in eine Wohneinrichtung nötig macht. Nötig wird der Übergang dann, wenn die Eltern selbst aus gesundheitlichen oder altersbedingten Gründen den besonderen Anforderungen nicht mehr gewachsen sind. Die räumliche Trennung ist somit kein „Scheitern", sondern hier wurde eine bewusste Entscheidung für eine optimale Lebensbegleitung des Angehörigen mit Behinderung getroffen.

Angehörigenarbeit kann gelingen, wenn die Familie als Teampartner in der gemeinsamen Arbeit **wertgeschätzt** wird und ihre Möglichkeiten und Wünsche eingebunden werden.
Hierzu zählen zum Beispiel:

- Aufgreifen und Weiterleiten von Wünschen, Anregungen, Beschwerden
- gemeinsame Zielabstimmung und Planung heilerziehungspflegerischer Maßnahmen
- Angehörigentreff zur gegenseitigen Beratung und Unterstützung
- Mitgestaltung von Übergängen in den verschiedenen Lebensabschnitten
- Vermittlung bei Konflikten
- Einbindung in den Alltag und bei gemeinsamen und individuellen Festen
- umfassend und zeitnah Information über organisatorische und gesundheitliche Veränderungen (sofern der Bewohner zustimmt)
- Ein zuständiger Mitarbeiter steht den Angehörigen als Kooperationspartner und Berater zur Verfügung.
- transparente Begleitungskonzepte und Tagesgestaltung
- Angebote für die Angehörigen, um sich einzubringen

Abb. 1 Die Arbeit in einer Werkstatt ermöglicht Erfolgserlebnisse, die auch von Angehörigen wahrgenommen werden sollten

Der veränderte Blick auf die Kompetenzen des familiären Systems führt zunehmend zu einer engeren Verzahnung familiärer und professioneller Unterstützungssysteme. Der systemische Blick auf die Familie zeigt die Unterstützungsnotwendigkeit aller Beteiligten, auch dann, wenn das betroffene Familienmitglied in die professionelle Begleitung übergeht.

Angehörigenarbeit ist eine notwendige Aufgabe in der professionellen Begleitung und ein Qualitätsstandard.

Abb. 2 Freude an der Arbeit und kollegiales Miteinander

3.3 Mitwirkungsrechte des Heimbeirats

▸ **S. auch Modul 4, Kap. IV.6 Das Heimrecht**

Angehörigenarbeit wird auch im Rahmen des Heimgesetzes geregelt. Das Heimgesetz sichert im § 10 Abs. 1 den Heimbewohnern ein Mitwirkungsrecht bei Fragen der Unterkunft, der Betreuung, der Aufenthaltsbedingungen, der Heimordnung, der Verpflegung und der Freizeitgestaltung zu. Die Mitwirkung ist institutionell in Form eines Heimbeirats gesetzlich geregelt. Der Heimbeirat kann „fach- und sachkundige Personen seines Vertrauens" hinzuziehen. Das bedeutet, dass nicht nur Heimbewohner, sondern auch deren **Angehörige**, sonstige Vertraute oder gesetzliche Betreuer in den Heimbeirat gewählt werden können.

Heimgesetz (HeimG) § 10 Mitwirkung der Bewohnerinnen und Bewohner

(1) Die Bewohnerinnen und Bewohner wirken durch einen Heimbeirat in Angelegenheiten des Heimbetriebs wie Unterkunft, Betreuung, Aufenthaltsbedingungen, Heimordnung, Verpflegung und Freizeitgestaltung mit. Die Mitwirkung bezieht sich auch auf die Sicherung einer angemessenen Qualität der Betreuung im Heim und auf die Leistungs-, Vergütungs-, Qualitäts- und Prüfungsvereinbarungen nach § 7 Abs. 4 und 5. (...)

(2) Die für die Durchführung dieses Gesetzes zuständigen Behörden fördern die Unterrichtung der Bewohnerinnen und Bewohner und der Mitglieder von Heimbeiräten über die Wahl und die Befugnisse sowie die Möglichkeiten des Heimbeirats, die Interessen der Bewohnerinnen und Bewohner in Angelegenheiten des Heimbetriebs zur Geltung zu bringen.

(3) Der Heimbeirat soll mindestens einmal im Jahr die Bewohnerinnen und Bewohner zu einer Versammlung einladen, zu der jede Bewohnerin oder jeder Bewohner eine Vertrauensperson beiziehen kann. (...)

Zum Weiterlesen

www.behindertekinder.ch
www.angehoerige.ch/
www.das-beratungsnetz.de/

U. Wilken (Hrsg.): Eltern behinderter Kinder. Empowerment – Kooperation – Beratung. 2003

M. Seifert.: Geschwister in Familien mit geistig behinderten Kindern. Eine praxisbezogene Studie. 1998

K. Ziemen: Das bislang ungeklärte Phänomen der Kompetenz – Kompetenzen von Eltern behinderter Kinder. 2002

Aufgabe

Prüfen Sie, ob Ihre Einrichtung ein Konzept zur Angehörigenarbeit hat. Wenn es ein Konzept gibt, so prüfen Sie, ob es den verschiedenen Interessen von Angehörigen gerecht wird.

- Sind Möglichkeiten für engagierte und weniger engagierte Angehörige beschrieben?
- Werden Eltern, Geschwister Verwandte und Freunde unterschiedlich angesprochen?
- Ist eine Beratungsgruppe vorgesehen?
- Können Angehörige in der Einrichtung übernachten und an den Mahlzeiten teilnehmen?
- Können sie private Feste, zum Beispiel den Geburtstag des Bewohners, in der Wohn- oder Pflegeeinrichtung feiern?

Modul 8

Reflektieren, systematisieren, evaluieren – heilerziehungspflegerische Arbeit hinterfragen

Teil I Theorie und Praxis der Heilerziehungspflege

1 Reflexion in der Heilerziehungspflege ... 442
1.1 Reflexion ... 442
1.2 Evaluation ... 448

2 Grundlagen des Qualitätsmanagements ... 455
2.1 Qualität sozialer Dienstleistungen ... 455
2.2 Qualitätssicherung ... 457
2.3 Instrumente der Qualitätssicherung ... 461
2.4 Organisationskonzepte und -strukturen ... 474
2.5 Konsequenzen für die heilerziehungspflegerische Praxis ... 475

3 Dokumentations- und Berichtswesen ... 476
3.1 Systematische Dokumentation in der Heilerziehungspflege 476
3.2 Besondere Verwaltungsaufgaben ... 478
3.3 Ökonomischer Umgang mit Ressourcen ... 482

Teil II Gesundheit und Pflege

1 Das Hormonsystem und die Pflege bei Diabetes ... 483
1.1 Grundlagen ... 483
1.2 Altersveränderungen ... 486
1.3 Psychosoziale Aspekte ... 486
1.4 Krankheitsbilder ... 487
1.5 Pflege ... 491

Teil III Psychiatrie

1 Pflegeplanung in der psychiatrischen Versorgung ... 498
1.1 Pflegetheorien ... 498
1.2 Bezugspflege ... 500
1.3 Pflegediagnose ... 501
1.4 Pflegeziele ... 501
1.5 Pflegeplanung ... 502
1.6 Evaluation und Qualitätsbeurteilung der psychiatrischen Pflege ... 504

2 Qualitätsmanagement in der Psychiatrie ... 506
2.1 Was ist Qualität? ... 506
2.2 Normen und Qualität – Qualitätsmanagement (QM) in der Psychiatrie ... 507
2.3 Verfahren zum Qualitätsmanagement ... 509
2.4 Qualitätsmanagement, Qualitätskontrolle und Qualitätsbeurteilung ... 510

Teil IV Recht/Organisation/Verwaltung

1 Grundlagen des Arbeitsrechts ... 511
1.1 Das Arbeitsverhältnis ... 512
1.2 Beendigung des Arbeitsverhältnisses ... 517
1.3 Tarifrecht ... 519
1.4 Mitwirkung und Mitbestimmung ... 520
1.5 Das Arbeitsgerichtsverfahren ... 521

2 Pflegerechtliche Fragestellungen ... 522
2.1 Durchführung ärztlicher Verordnungen ... 522
2.2 Rechtliche Aspekte der Pflegedokumentation ... 526
2.3 Rechtsgrundlagen der Qualitätssicherung ... 527

Praxisbeispiel Modul 8

Geschafft! Mit einem letzten Pinselstrich beendet **Martina Mahler** die Malerarbeit in ihrer neuen eigenen kleinen Wohnung. Martina ist eine 25 Jahre alte Frau mit einer psychischen Verhaltensauffälligkeit, diagnostiziert ist eine Bindungsstörung, die aus frühkindlichen familiären Erfahrungen herrührt. Stolz sieht sie auf die selbst gestrichene Wand und fühlt sich nun richtig wohl in ihren eigenen 4 Wänden. Gleich will sie einmal Frau Kurzer anrufen, die sie als heilerziehungspflegerische Fachkraft in der *Beratungsstelle Betreutes Wohnen Alsterdorf* so gut unterstützt hat.

Es war ein langer Weg bis zur eigenen Wohnung. Nach Beendigung der Schulzeit in der inklusiven Gesamtschule, einem Vorzeigeprojekt der Stadt Hamburg, hatte Martina Mahler möglichst schnell zu Hause ausziehen wollen. Die Beziehungen im Familiensystem Mahler waren höchst kompliziert und Phasen der Entspannung und des Sich-sicher-Fühlens deutlich selten. Der Stress führte zu Rückzug, aber auch zu schwierigem Verhalten bei Martina. Sie zeigte in den letzten Jahren zunehmend Muster von **Autoaggression** und selbstverletzendem Verhalten – sie ritzte sich in die Unterarme, kratzte sich die vernarbten Wunden auf und kaute ihre Fingernägel bis zum Blutigwerden herunter. Je mehr sie sich selbst verletzte, umso stärker wurde auch ihre Abkehr von der Außenwelt.

Martinas Versuch, sich vom Elternhaus zu lösen und unabhängig zu werden, hatte zunächst zu einem Platz in einer **Wohngruppe** geführt. Hier wohnten 8 junge Menschen mit psychischen Störungen (Persönlichkeitsstörungen, Depressionen, eine „Borderlinerin") auf dem Gelände nahe der Alster zusammen.

Doch diese Entscheidung erwies sich als der deutlich verkehrte Weg für Martina Mahler. Um nicht immer wieder in Konflikte zu geraten, zog sich die junge Frau zunehmend in sich zurück, sie entwickelte eine regelrechte Angst vor Kontakten. Essen spielte in ihrem Leben eine immer größere Rolle und sie fraß alles buchstäblich in sich hinein – was sich auch in zunehmendem Übergewicht zeigte. Mit ihrem selbstverletzenden Verhalten konnte sie die anderen auch ganz gut auf Abstand halten, hatte sie bemerkt.

In der Hilfebedarfsplanung wurde klar, wie sehr Martina Mahler nach „Selbstbestimmung" und „Eigenständigkeit" strebte, und so schien der Weg in das **betreute Einzelwohnen** nur logisch. Mit der Hilfe von Frau Kurzer wurde eine kleine Wohnung gefunden. Allerdings, nach Stress mit der Hausgemeinschaft und einem zunehmenden Rückzug (manchmal war Martina gar nicht mehr aus dem Haus gegangen und sie ließ auch ihre Tätigkeit in der kleinen Gärtnerei schleifen) war dieses nun der zweite Versuch, auf eigenen Füßen zu stehen.

Die **Tätigkeit in der Gärtnerei** war zum „Rettungsanker" im Leben von Martina Mahler geworden. Sie liebte die Arbeit in der freien Natur, liebte das Gärtnern und die anfallenden Holzarbeiten. Allerdings fiel es ihr zunehmend schwerer, ihre Aufgaben zu bewältigen. Häufig musste sie die Arbeit unterbrechen, weil sie Durst hatte oder zur Toilette gehen musste. Eines Tages brach sie zusammen ... Die Ärzte sagten etwas von **Zuckerkrankheit** und dass der Blutzucker viel zu hoch sei. Sie meinten, dass eine Ernährungsberatung bzw. Bewegung extrem wichtig sei, in ihrer Situation sei damit nicht zu spaßen. Martina dachte sich, was von allein gekommen ist, geht auch wieder von allein weg ...

Es hatte sich eine kleine Bekanntschaft entwickelt zum **45-jährigen Burkhard Fest,** der mit seiner leichten geistigen Behinderung und dem Down-Syndrom schon lange zu den Beschäftigten der Gärtnerei zählte. Ihm musste Martina nichts beweisen, mit ihm konnte sie stundenlang zusammenarbeiten, weil dieser sie nicht „zuquatschte".

Doch nun war alles anders, so ganz anders geworden: Burkhard Fest war bereits seit 3 Tagen nicht zur Arbeit erschienen, ein eher ungewöhnliches Verhalten für den so zuverlässigen Beschäftigten. Martina begann sich Sorgen zu machen, traute sich aber nicht, in Burkhards Wohngruppe bei der *Lebenshilfe* anzurufen. Umso erschütterter war sie, als nun alle Beschäftigten zu einer Versammlung gerufen wurden. Burkhard Fest war tot, gestorben an einem Herzversagen, plötzlich und unerwartet. Sicherlich, nach manch langem Arbeitstag in der Gärtnerei hatte er schon mal über Unwohlsein geklagt, aber das! Martina Mahler war wie alle Beschäftigten geschockt.

Der Abteilungsleiter der Werkstatt berichtete, dass die Nachtwache Burkhard tot in seinem Bett gefunden habe. Zunächst dachte sie, Burkhard habe verschlafen, so friedlich habe er in seinem Bett gelegen. Plötzlicher Herztod, so die Feststellung des Arztes, Burkhard habe vermutlich nicht gelitten. Als ob das ein Trost sei!

Der Platz in der Gärtnerei war leer und verwaist. Kein gemeinsames Arbeiten mehr. Der Pfarrer hatte versucht, die Beerdigung so persönlich wie möglich zu gestalten, doch richtig mitbekommen hatte Martina Mahler eigentlich nichts. Immer wieder kreisten die Gedanken darum, ob sie nicht hätte mehr aufpassen müssen auf Burkhard. Vielleicht wäre das dann alles nicht passiert?

Hätte, wenn und aber ... Burkhard war tot und niemand konnte ihn zurückbringen. Martina Mahler steht in ihrer kleinen Wohnung und fühlt eine große Leere in sich aufsteigen. Wie soll es jetzt nur weitergehen? Wie soll sie wieder an ihren Arbeitsplatz in der Gärtnerei zurückkehren? Es scheint alles so sinnlos. Das Klingeln der Türglocke reißt Martina Mahler aus ihren Gedanken. Heilerziehungspflegerin Frau Kurzer steht mit einem Blumenstrauß vor der Tür. Sie kennt Frau Mahler bereits eine ganze Weile und hat gespürt, dass der jungen Frau die Ereignisse der letzten Zeit sehr nahegehen.

Martina Mahler ist froh, dass Frau Kurzer zu Besuch kommt.

Teil I
Theorie und Praxis der Heilerziehungspflege

1 Reflexion in der Heilerziehungspflege

Abb. 1 Gemeinsam Probleme erkennen und lösen

Im heilerziehungspflegerischen Berufsalltag nehmen Reflexion und Evaluation einen großen Stellenwert ein. Auf diese Weise wird die alltägliche heilerziehungspflegerische Arbeit professionell betrachtet und analysiert. Schlussfolgerungen und Konsequenzen führen zu einer ständigen Verbesserung des Handelns im Berufsalltag. Um dem quantitativ wie qualitativ hohen Anspruch dieser Anforderungen gerecht werden zu können, sind die dafür notwendigen Arbeitsbereiche im Folgenden in Theorie und Praxis näher erläutert.

1.1 Reflexion

1.1.1 Gründe für Reflexion

Warum muss eigentlich ständig reflektiert werden?
Gerade in der Ausbildung und am Berufsanfang stellt sich (zukünftigen) Heilerziehungspflegern diese Frage wiederholt. Im Berufsalltag stellt sich meist die Notwendigkeit der Reflexion schnell heraus und die Frage ändert sich hin zu einem Einfordern von Zeit zur Reflexion.
Reflektieren beinhaltet die Voraussetzung für qualitativ hochwertiges Handeln, stellt ein diagnostisches Mittel dar und bietet eine zielgerichtete Gelegenheit für Kommunikation im Team und damit für die Förderung einer effektiven und harmonischen Teamarbeit. Reflexion bietet die Chance, unterschiedlichste Aspekte des heilerziehungspflegerischen Handelns näher zu beleuchten und detailliert zu analysieren. Sie bezieht sich üblicherweise auf:

- die eigene Person,
- fachliche Inhalte,
- soziales Handeln,
- technische Punkte,
- diagnostische Details im Berufsalltag.

Abb. 2 Reflexionsfragen I

Die Reflexion der eigenen Person bedeutet, den gezielten Blick auf persönliche Eigenschaften zu werfen, die für die Berufspraxis von Relevanz sind. Charaktereigenschaften können dabei ebenso wichtig sein wie erworbene Eigenheiten und das äußere Erscheinungsbild. Dieser Aspekt der Reflexion ist emotional aufgeladen, da das Individuum in seiner Person mit ihren Stärken und Schwächen, mit Eigenheiten und eventuell ihn selbst störenden Angewohnheiten betrachtet wird. Es werden Themen angesprochen, die zuvor (oft gewollt) verschwiegen worden sind. Dazu gehören Sprachschwierigkeiten oder -besonderheiten ebenso wie Piercings, Tattoos oder ständige Witze und ihre Wirkung auf das Gegenüber. Beispiele für Reflexionsfragen, die persönliche Aspekte des heilerziehungspflegerischen Handelns betreffen **siehe ▶ Abb. 2, linke Seite**.

Die Reflexion fachlicher Inhalte geht üblicherweise auf die praktische Umsetzung der Theorie der Heilerziehungspflege ein. Fähigkeiten und Fertigkeiten, die direkt mit theoretischem Grundlagenwissen in Verbindung stehen, werden analysiert. Dabei ist von Interesse, ob Wissenslücken im Selbststudium oder durch den Besuch einer Fort- oder Weiterbildung zu schließen sind, die ansonsten die alltägliche Berufspraxis beeinträchtigen. Hier zeigen sich die Konfrontation mit seltenen Beeinträchtigungen und der professionelle Umgang damit als Ursache für den Wunsch, seine Fähigkeiten zu erweitern; auch das Einüben notwendiger Fertigkeiten kann in diesem Zusammenhang von Relevanz sein. Es geht aber nicht um eine Überprüfung des fachlichen Wissens! – Das ist in der Ausbildung geschehen. Fragen, die im fachlichen Bereich der Reflexion gestellt werden könnten **siehe ▶ Abb. 1**.

Das soziale oder interaktive Handeln einer Person ist in 2 Richtungen zu reflektieren: einerseits in Bezug auf den Umgang mit Klienten, andererseits hinsichtlich seiner Arbeit im Team. Dabei stehen Fragen im Vordergrund, die Schlüsselqualifikationen zur Einstellung als Heilerziehungspfleger entsprechen – sie reichen von Wertschätzung, Toleranz und Offenheit über Kritikfähigkeit und aktives Einbringen in Gestaltungsprozesse bis hin zu Loyalität, Arbeitseffizienz und Engagement.

Technische Aspekte der Reflexion sind in der Arbeit mit Medien und Materialien zu sehen. Dadurch können beispielsweise Mängel an Geräten zur Unterstützung in der Praxis herausgefiltert werden. Schwierigkeiten oder Unfälle, die beschädigte Apparaturen mit sich bringen, werden durch frühzeitiges Erkennen der Gefahrenstellen vermieden. Aber auch die Einsicht zu fehlender Kenntnis bei der Bedienung von technischen Instrumenten kann gewonnen werden. Der Besuch einer gezielten Fortbildung in diesem Bereich würde aus einer solchen Reflexion optimalerweise hervorgehen.

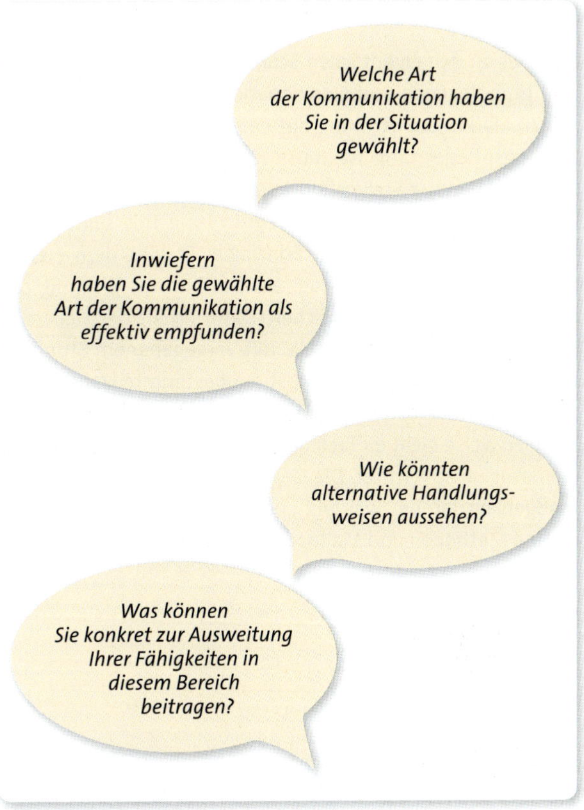

Abb. 1 Reflexionsfragen II

Diagnostische Details im Berufsalltag des Heilerziehungspflegers zielen in ihrer Reflexion besonders auf Hintergründe des eigenen Verhaltens und Handelns. Die Frage des „Warum" steht hier im Zentrum – wobei es nicht um den Klienten in seinem Handeln geht, sondern um den Heilerziehungspfleger als Person in einem anspruchsvollen Arbeitsbereich. So könnte herausgefiltert werden, dass die „bemutternde" Haltung einem Klienten gegenüber auf eigene Beobachtungsfehler (z. B. den Halo-Effekt ▶ **s. Modul 3, Kap. I.4**) zurückzuführen ist. Zukünftig wird mit dieser Erkenntnis bewusst dem Klienten angemessen gearbeitet werden können.
Auch Herangehensweisen an bestimmte Situationen können reflektiert werden. Beispielsweise kann das eigene Handeln in einem Konfliktgespräch mit einem Klienten in seinen Einzelheiten herausgestellt werden. Reaktionen und Gegenreaktionen werden in ihren unvermeidlichen Abfolgen betrachtet und unter Beachtung von Emotionen und Gefühlsäußerungen, die in der Situation wahrgenommen werden konnten, analysiert. Eine Verbesserung des eigenen Handelns ist intendiert. Alternative Handlungswege werden erkannt und aufgezeigt.

1.1.2 Verfahren der Reflexion

Bevor es zu den eigentlichen Schritten der Reflexion kommt, sind grundlegende und eine Situation beeinflussende Faktoren zu klären. Die **Struktur**, auf deren Grundlage der Heilerziehungspfleger tätig ist, muss zunächst bewusst gemacht werden. An erster Stelle steht in diesem Zusammenhang der Arbeitgeber bzw. Träger einer Einrichtung mit seinen Zielvorstellungen, Werten und Prinzipien. Er gibt dem Heilerziehungspfleger den Auftrag, ein bestimmtes Ziel mit der gegebenen Klientel zu erreichen. Dafür erhält der Heilerziehungspfleger eine Arbeitsstelle mit vorgegebenem Stundenumfang. Diese Stelle an sich lässt nur bestimmte Handlungen und Maßnahmen zu – eine Delfintherapie in der Rhön wäre beispielsweise nicht einfach durchzuführen, eine Hippotherapie dafür umso leichter. Die Gegebenheiten bestimmen also maßgeblich darüber, was letztendlich durchgeführt wird, d. h., welche Methoden und Maßnahmen ausgewählt werden.

Abb. 1 Delfintherapie im Wald ... ?

Außer Zeit und Umgebung sind aktuelle Themen, Gruppenstruktur und -phase der Klientel sowie ihre Stimmung für die Durchführung einer Handlung entscheidend. Weitere direkte und indirekte Faktoren, die die individuelle Tätigkeitsausführung beeinflussen, betreffen hauptsächlich eigene Fähigkeiten und Fertigkeiten, das Verhältnis zur Klientel und nicht zuletzt die eigene Befindlichkeit. Beispiel: Geht es mir gut, so fällt es mir leicht, positiv gestimmt auf meine Mitmenschen zuzugehen und eventuelle Probleme leichter zu bewältigen. Die heilerziehungspflegerische Arbeit mit ihren Chancen und Herausforderungen geht sozusagen leichter von der Hand.

Klärungsfragen VOR der Reflexion – eine Auswahl

- Was ist mein Auftrag?
- Welche Werte muss ich vertreten und vermitteln?
- Mit welcher Klientel arbeite ich?
- Welche fachlichen Kenntnisse werden von mir erwartet?
- Welche zeitlichen und räumlichen Möglichkeiten stehen mir zur Verfügung?
- Gibt es technische Probleme oder Störfaktoren?
- Wie hoch ist der finanzielle Spielraum?
- Was sind aktuelle Themen der Klientel?
- Wie ist die Stimmung der Klientel?
- In welcher Gruppenphase befindet sich die Klientel?
- Wie geht es mir eigentlich?
- Kann ich mich konzentriert auf meine Arbeit einlassen?

Sind die Rahmenbedingungen des individuellen Berufsalltags geklärt, können durchgeführte Aktivitäten in Bezug auf die unterschiedlichen Aspekte (persönlich, fachlich, interaktiv, technisch, diagnostisch, s. oben) reflektiert werden. Oftmals überschneiden sich die Aspekte, jedoch sollte man versuchen, ein Hin-und-her-Springen möglichst zu vermeiden. Vielmehr ist ein aufeinanderfolgendes Reflektieren ausgewählter Punkte zu empfehlen. Beispielsweise können zunächst *fachliche* Aspekte beleuchtet und daraufhin *persönliche* Gesichtspunkte näher betrachtet werden.

Wertschätzende Prinzipien. Während der Reflexion sind einige Prinzipien zu beachten, um einerseits die Effektivität und andererseits das Wohlergehen der Teilnehmenden zu gewährleisten. Niemand soll sich durch eine Reflexion „bloßgestellt" fühlen. Eine Situation, in der eine Person oder ihre Handlung unter dem Deckmantel der Reflexion zerrissen wird, ist auf jeden Fall zu vermeiden! Vielmehr gelten die Prinzipien der Freiwilligkeit und der gegenseitigen Wertschätzung. Störungen jeglicher Art, damit ist auch das persönliche Unbehagen gemeint, haben Vorrang. Sie müssen behoben werden, um eine professionelle Reflexion durchführen zu können.

Die Schritte. Die Reflexion selbst läuft idealerweise nach 5 Schritten ab (vgl. Reflexionsmodell nach Simon Priest):

1. Situationsbeschreibung aus eigener Sicht:
   „Was ist genau geschehen?"
2. Darstellung der eigenen Gefühle:
   „Was hat es bei mir ausgelöst?"
3. Einsicht:
   „Was habe ich daraus gelernt?"
4. Transferbezüge herausstellen:
   „Gibt es Parallelen/ähnliche Situationen im persönlichen oder beruflichen Alltag?"
5. Schlussfolgerung:
   „Welche Konsequenz ziehe ich aus den Erkenntnissen? Welche Änderungen werden durchgeführt und wie werden sie gewährleistet?

In der heilerziehungspflegerischen Praxis bietet sich aber auch das Reflektieren ohne den dritten und vierten Schritt an. Einsichten und Transferbezüge, welche für die berufliche Praxis von Relevanz sind, werden in den letzten Schritt der Schlussfolgerung aufgenommen. Da oftmals die Zeit knapp ist, hat sich letzteres Modell im Praxisalltag für die *regelmäßige* Reflexion bewährt. Wird eine intensive Reflexion gewünscht, ist das Fünf-Schritte-Modell von Vorteil, weil noch intensiver und detaillierter auf individuell ausschlaggebende Faktoren für bestimmte Handlungsweisen eingegangen werden kann. Dafür ist allerdings ein größerer zeitlicher Rahmen einzuplanen.

Simon Priest und seine Reflexions- und Lernmodelle

- Handlungslernen pur (learning and doing). Nach einer Aktivität, die dem Anleiter neue Fähigkeiten abverlangt, erfolgt das Lernen durch das Ergebnis selbst.
- Kommentiertes Handlungslernen (learning by telling). Das Lernen erfolgt dadurch, dass nach einer Handlung oder Aktivität Lernziele offenbart und konkrete Hinweise gegeben werden. Der Handelnde hat eine passive Rolle.
- Handlungslernen durch Reflexion (learning through reflection). Zielgerichtete Fragestellungen ermöglichen es dem Handelnden, Lernprozesse zu vollziehen.
- Direktives Handlungslernen (direction with reflection). Bevor eine Aktivität durchgeführt wird, erfolgt eine vorgezogene Reflexion. Nach der Aktivität wird mit Bezug auf die zuvor geäußerten Vermutungen erneut reflektiert. Die Fähigkeit zum Antizipieren (Vorausahnen) von Ereignissen wird vorausgesetzt.
- Metaphorisches Handlungslernen (reinforcement in reflection). Eine Aktivität wird vor ihrer Durchführung erläutert. Die Ähnlichkeit zum Lebensalltag bzw. vergleichbaren alltäglichen Situationen wird verdeutlicht. Vorweg und während der Aktivität können alternative Handlungsweisen überlegt und dann umgesetzt werden. Die Konsequenz für das geänderte Verhalten ist direkt, d. h. noch in der Situation selbst erfahrbar.
- Indirekt-metaphorisches Handlungslernen (redirection before reflection). Durch detaillierte Hinweise auf Verhaltensweisen oder Unterlassungen werden mögliche Fehlschritte von vornherein ausgeschlossen. Der Handelnde soll die Aktivität durch große Hilfestellung im Vorfeld erfolgreich abschließen. Eine Reflexion, in der einzelne positive Schritte hervorgehoben werden, schließt sich an. Das Lernen erfolgt durch die Erkenntnis über selbst vollzogene und zu bejahende Handlungsweisen, die zu einem positiven Ergebnis geführt haben.

(vgl. Simon Priest, British Columbia Institute of Technology, Canada)

Leitfaden

Findet die Reflexion in Form eines Gesprächs statt, ist es sinnvoll, einem Leitfaden zu folgen. Dieser richtet sich nach der Struktur von Reflexionsgesprächen, die einzuteilen ist in

- Vorbereitung,
- Durchführung inkl. Vereinbarungen und
- Nachbereitung inkl. Überprüfungen.

Innerhalb der Vorbereitung auf das Gespräch erhält der Reflektierende (d. h. die heilerziehungspflegerische Person, deren Handeln näher beleuchtet wird) Gelegenheit, sich über allgemeine und persönliche Bedingungen während der Handlung bewusst zu werden. Zeitliche und räumliche Rahmenbedingungen sind dabei ebenso von Relevanz wie emotionale und physische Konditionen. Weiterhin sollte er sich über seine einzelnen Handlungsschritte und deren heilerziehungspflegerischen Wert und Erfolg klar werden. Es ist deutlich zu machen, ob gesteckte Ziele erreicht worden sind oder nicht. Gegebenenfalls kann der Reflektierende in diesem Zusammenhang einen Abgleich mit seiner vorherigen schriftlichen Planung vornehmen und Gründe für das (Nicht-)Gelingen überlegen. Mögliche Alternativen sind in der Vorbereitungszeit schon anzudenken.

Die Durchführung des Reflexionsgesprächs beginnt mit einem Gesprächseinstieg. Ausgehend von einigen allgemeinen Sätzen zur Einrichtung, persönlichen Befindlichkeit oder Situation führt der Reflexionsleiter zur Erläuterung des Gesprächsablaufs hin. Der geplante Zeitrahmen wird gesteckt. Eine positive Grundstimmung sollte aufgebaut werden, damit sich Offenheit beim Gegenüber einstellt, die Voraussetzung für ein konstruktives Gespräch ist.

Abb. 1 Positive Atmosphäre schaffen

Der nächste Schritt des Reflexionsgesprächs beinhaltet die Analyse der zu reflektierenden Situation. Im Detail werden einzelne Handlungsschritte mit ihren erwarteten (Zwischen-) Zielen sowie Vorgehensweisen besprochen. Verbesserungsmöglichkeiten werden ebenso erörtert wie beizubehaltende positive Aktivitäten hervorgehoben werden. Fragen vom Reflexionsleiter führen zu neuen Handlungsideen, in welcher Weise in ähnlichen Situationen zukünftig vorgegangen werden kann. Daraus ergeben sich häufig Einsichten zu notwendigen Hilfen oder zusätzlichen Informationen, um alternative Handlungen zu vollziehen. Pläne und Vorhaben, die sich zu diesem Zeitpunkt bei dem Reflektierenden bezüglich seiner heilerzieherischen Arbeit ergeben haben, werden vereinbart und schriftlich festgehalten. Eine spätere Überprüfung des Einhaltens der Vereinbarungen wird durch eine Terminabsprache gewährleistet. Bestehen sonstige Fragen oder Anmerkungen des reflektierenden Heilerziehungspflegers, die seine berufliche Tätigkeit betreffen, sollte man ihm abschließend natürlich die Möglichkeit zur Äußerung geben. Insgesamt ist bei der Durchführung zu beachten, dass keine Schuldzuweisungen erfolgen und die Äußerungen des Reflexionsleiters durch Fragestellungen charakterisiert sind.

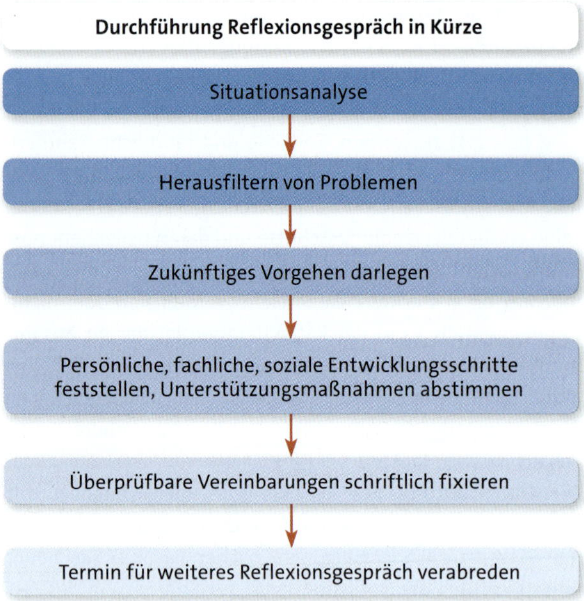

Abb. 1 Ablauf des Reflexionsgesprächs

Nachbereitend werden zu vereinbartem Termin die schriftlich fixierten Vereinbarungen überprüft. Erreichte Ziele erhalten ihre Wertschätzung, neue Ziele können gesteckt oder nicht erreichte Ziele in der Schwierigkeit ihrer Erreichbarkeit analysiert und ggf. abgeändert werden. Die Ergebnisse der Nachbereitung hält man mit einer erneuten Terminvereinbarung fest. Damit ergibt sich ein Reflexionskreislauf, der durch Regelmäßigkeit gekennzeichnet ist.

Eine umfangreiche und ganzheitliche Reflexion bedarf der Selbstreflexion sowie der Fremdreflexion.
▸ S. Selbst- und Fremdwahrnehmung: Modul 3, Kap. I.1

Neben dem Reflexionsgespräch bieten sich noch viele weitere Reflexionsmethoden an, um unterschiedlichen Wahrnehmungen und Ausdrucksmöglichkeiten gerecht zu werden sowie die zu reflektierenden Aspekte besser beleuchten zu können (▸ **s. auch Modul 7, Kap. I.1.3**). Methoden können sein:

- Standogramme
- Metaphern ▸ **s. unten**
- Schriftliche Methoden wie Tagebuch, Ergebnisse auf Karten oder Wandzeitung, in Fragebögen
- Teilgruppen bilden (Paare, Kleingruppen von 3-5 Personen)
- Mit Symbolen arbeiten (Postkarten, Gefühlskarten, freie Symbole)
- Runde durchlaufen lassen mit Blitzlicht (1 Wort, 1 Satz oder Satz ergänzen)
- Bewertungen auf Skala (1-10 Finger, Daumen, Klebepunkte)
- Diskussion
- Kreatives Erstellen (Zeichnen allein oder in der Gruppe; Gedicht, Reportage, Knetmasse), ▸ **s. nachfolgend**

Methode Metaphern. Bei der Reflexion anhand von Metaphern kann die eigene Rolle im Gesamtprozess sehr effektiv herausgearbeitet werden: Angenommen, die heilerziehungspflegerische Einrichtung gleiche einem Fahrrad, welcher Teil wäre man aus eigener Sicht – Lenker, alarmierende Klingel, antreibendes Pedal oder eine Speiche im Rad? (▸ **Abb. 2**) Ist man mit seiner Rolle und Position zufrieden? Warum (nicht)? Was will man anstellen, um die Position beizubehalten oder zu verändern? Es bieten sich Fragen, die in ihrer Konsequenz zu einer grundsätzlichen Veränderung nicht nur der eigenen Einschätzung, sondern auch des realen Einsatzes im heilerziehungspflegerischen Alltag führen können.

Methode Kreatives. Das Nutzen von Naturmaterialien oder Anfertigen von „Landart"-Konstrukten ist eine **kreative Methode** der Reflexion, die sich dann empfiehlt, wenn die „Worte fehlen". Sie bietet sich auch als Alternative an, um besondere Erlebnisse und Eindrücke darzustellen. Durch das erschaffene Kunstwerk prägen sich die Situation sowie die eigene diesbezügliche Reflexion mit ihren Schlussfolgerungen besser ein als Worte, die quasi im Raum verfliegen. Des Weiteren kann ein Foto erstellt werden, was als Erinnerung dient, wenn es an häufig frequentierter Stelle angebracht wird. Angenommen, es erinnert an eine besonders gelungene Situation samt Reflexion, so kann die Abbildung des erstellten Gebildes motivierenden Charakter haben und in stressigen Minuten vor dem Aufgeben bewahren.

Die Verwendung von Materialien aus der Natur hat gleich mehrere positive Gesichtspunkte: Zunächst bietet es dem (zukünftigen) Heilerziehungspfleger während der Reflexionsphase die Gelegenheit, sich vom Ort des Geschehens wegzubegeben. Er sucht nach geeigneten Materialien, mit denen er seine Gefühle darstellen kann. Das bietet ihm die Chance, in aller Ruhe in der Natur über den Ablauf einer Handlung nachzudenken. Abseits des Handlungsraums sammelt er seine Gedanken zum Reflexionsthema und überlegt, wie sie bestmöglich einer anderen Person verständlich präsentiert werden können. Dabei hilft ihm die Natur, indem sie unterschiedlichste Materialien bietet – von weich bis hart, von spitz bis stumpf.

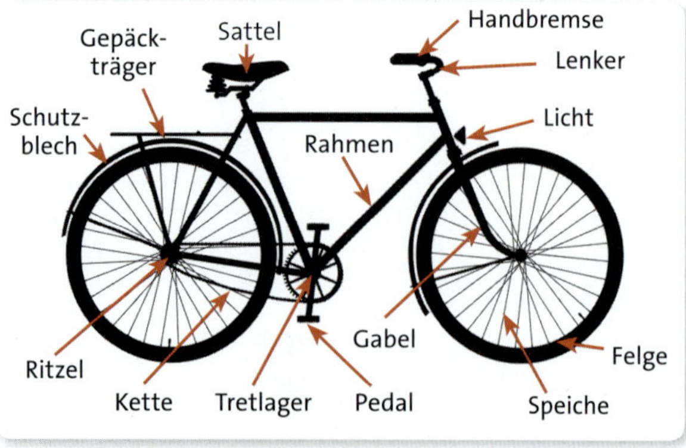

Abb. 2 Fahrrad als Metapher der Reflexion

Abb. 1 Reflexion mit Naturmaterialien: Eine Schlange aus Hagebutten

Außerdem wird der Reflektierende quasi gezwungen, mit einem natürlichen Stoff in der freien Luft zu arbeiten, wodurch automatisch eine positivere Wirkung auf den Gesamtorganismus gegeben ist. Daneben entfallen der Kostenfaktor und die Frage nach aufwendiger Materialbeschaffung.

Reflexionsbögen in der heilerziehungspflegerischen Ausbildung und zukünftigen Praxis bieten die Chance der überlegten Selbstreflexion. Über einen selbst gewählten Zeitraum hin können eigene Fähigkeiten, Fertigkeiten, Verhaltensweisen und deren Ursachen sowie Ziele und die Erreichenswahrscheinlichkeit überdacht und schließlich schriftlich fixiert werden. Man ist nicht auf einen Zeitpunkt beschränkt, an dem der Bogen ausgefüllt werden muss. Fragen, die der intensiven Überlegung bedürfen, können die Zeit dazu erhalten. Auch der Ort, der bei manchem eine Rolle spielen mag, ist selbst wählbar: Will man ihn allein zu Hause am Küchentisch mit einer Tasse Tee ausfüllen oder doch lieber nach einem Spaziergang und intensivem thematischem Austausch mit einem Kollegen? Man erhält die Gelegenheit geboten, sich über sich selbst und seine gegenwärtige berufliche, teilweise sogar private Situation und Zukunft bewusst zu werden und ggf. Weichen in die eine oder andere Richtung zu stellen. Auf jeden Fall aber wird der Heilerziehungspfleger selbst mit seinen Gedanken und Gefühlen in den Mittelpunkt gerückt. Es dreht sich um ihn und ausnahmsweise nicht um die Klienten, was gerade im heilerziehungspflegerischen Berufsfeld nicht häufig, aber doch wichtig ist. ▶ **S. Modul I, Kap. I.1.4 Professionelle Selbstsorge**

Reflexionsbogen 1
„Ausbildung zum Heilerziehungspfleger“
Beschreiben Sie jeweils 2 High- und Lowlights Ihres Berufspraktikums. Gehen Sie auf die jeweilige Situation ein und stellen Sie Ihre Empfindungen während des Geschehens dar.

...

Wie würden Sie Ihr Verhalten in der dargestellten Situation im Nachhinein beurteilen? Warum?

...

Sortieren Sie die Beschreibungen nach Fachlichkeit, persönlichen Aspekten, Arbeit im Team sowie Arbeit mit der Klientel. Stellen Sie fest, in welchem Bereich bzw. welchen Bereichen sich Ihre High- und Lowlights befinden, und finden Sie dadurch Ihre Stärken heraus.

...

Welche Konsequenzen können Sie für sich persönlich, fachlich und interaktiv aus den Schilderungen ziehen?

...

Welche konkreten individuellen Ziele ergeben sich aus dem Berufspraktikum für Sie?

...

Reflexionsbogen 2
„Ausbildung zum Heilerziehungspfleger“
Welche meiner Ziele konnte ich bisher erreichen? Was habe ich dazu beigetragen?

...

Was bedeuten die bisher erreichten Ziele für mich persönlich, fachlich und interaktiv?

...

Welche meiner in der theoretischen und praktischen Ausbildung gewonnenen Kenntnisse, Fähigkeiten und Fertigkeiten kann ich in der Alltagspraxis einbringen? *(Ordnen Sie Ihre Kenntnisse, Fähigkeiten und Fertigkeiten bei der Beantwortung in folgende Kategorien: Sprache, Logik/Mathematik, Musik/Rhythmik, bildlich-räumliches Denken, Sport, Natur/physikalische Zusammenhänge, interpersonelle [zwischenmenschliche] Fähigkeiten, intrapersonelle [selbstverstehende, -reflektierende] Fähigkeiten, Religion/Spiritualität.)* (Vgl. Gardner, Kongress 2009)

...

In welchen Kategorien möchte ich meine Kenntnisse, Fähigkeiten und Fertigkeiten im weiteren Verlauf der Ausbildung ausweiten? Wie und warum will ich das erreichen?

...

1.1.3 Ziele der Reflexion

Mithilfe der Reflexion und der dadurch evozierten systematischen Rückschau auf eine bestimmte Situation oder Handlung kann die Zufriedenheit des Heilerziehungspflegers mit seiner beruflichen Tätigkeit deutlich gesteigert werden. Sogenannte Knackpunkte werden im Reflexionsprozess deutlich und können infolgedessen für zukünftige Situationen behoben bzw. stärker beachtet werden. Auch eine Anerkennung der tagtäglichen Leistung erfolgt durch eine Reflexion.
Herausfordernde Tätigkeiten und Engagement über die Mindestanforderungen hinaus erhalten ihre Wertschätzung. Dadurch wird der Einsatzwille des Heilerziehungspflegers zusätzlich gesteigert. Die Arbeitsmotivation erhöht sich, wovon alle am Arbeitsprozess Beteiligten profitieren. Der Heilerziehungspfleger selbst, seine Kollegen und die Klienten zeigen gesteigerte Freude am täglichen Miteinander.
Neben den dargestellten gewichtigen Zielen stehen **weitere Intentionen** im Blickfeld der Reflexion:

- Das eigene Handeln kritisch und strukturiert betrachten.
- Handlungen professionell begründen (mit Bezug zu einschlägiger Fachliteratur).
- Gründe für Geschehnisse erkennen, beschreiben und beurteilen.
- Schlussfolgerungen aus Erkenntnissen ziehen.
- Perspektiven entwickeln und planen.

Heilerziehungspflegerische Handlungsweisen sowie deren Begründung und Einschätzung stehen deutlich im Zentrum der Reflexion. Die Kenntnis fachlicher Inhalte ist für das professionelle Reflektieren also notwendig, um einerseits Vorgehensweisen begründen zu können. Andererseits zielen sie auf die bewusste Entscheidung für die Wahl einer bestimmten Handlungsweise oder Methode unter einer Vielzahl von heilerziehungspflegerischen Möglichkeiten ab.
Reflexion bezweckt auch die Kenntnis persönlicher Charakteristika sowie eigener sozialer Fähigkeiten oder Probleme. Nur durch das **Wissen um die eigene Kompetenz** und Entwicklungsmöglichkeit bzw. Notwendigkeit der Weiterentwicklung kann die tägliche Arbeit einer Person optimiert werden. Wobei dieser Optimierungsprozess oder auch Vorgang des Weiterqualifizierens durch ständige Änderungen, die der Arbeitsalltag des Heilerziehungspflegers mit sich bringt, nie abgeschlossen ist.

> Ziel der Reflexion in der Heilerziehungspflege ist es, mindestens das persönliche, fachliche und soziale Verhalten so auszugestalten, dass das tägliche Handeln und Tun als heilerziehungspflegerische Fachkraft hoch qualifiziert vollzogen werden kann.

1.2 Evaluation

Evaluation in der Heilerziehungspflege meint die Auswertung der Prozesse und Ergebnisse des heilerziehungspflegerischen Arbeitsalltags mit seinen Intentionen. Durch systematische und objektive Sammlung von Daten und Fakten bietet Evaluation die Chance, analytisch vorzugehen und verbesserungswürdige Aspekte herauszufinden. Es wird ersichtlich, in welchen Bereichen Änderungen notwendig sind, um die Arbeitsqualität anzuheben.
Durch ihre unterschiedliche Systematik und Struktur grenzt sich Evaluation in der Regel von Reflexion ab; Überschneidungen sind allerdings möglich. Ebenso verschwimmen die Grenzen von Evaluation zu Controlling und Qualitätssicherung, wobei sich Controlling hauptsächlich um finanzielle Aspekte und Wirtschaftlichkeit einer Einrichtung kümmert. Qualitätssicherung (▸ **s. Kap. 2.2**) betrachtet vornehmlich institutionell gegebene Rahmenbedingungen wie räumliche Gegebenheiten, Personalschlüssel und zeitliche Möglichkeiten. Dem steht die Evaluation gegenüber, die sich auf zentrale heilerziehungspflegerische Themen, Inhalte und Verfahrensweisen bezieht.

1.2.1 Gründe für Evaluation

Erfolge oder Schwierigkeiten, die in der Arbeit entstehen, werden durch Evaluation verdeutlicht. Dadurch können zum Beispiel ausgewählte Maßnahmen, Methoden oder ganze Konzepte systematisch ausgewertet und beurteilt werden. Die eigene Arbeit erhält eine Wertschätzung und kann weiterqualifiziert oder als Empfehlung weitergegeben werden. Es handelt sich nicht um eine Kontrolle, ob man „seine Arbeit richtig macht", wie oft befürchtet wird und womit Angst vor einer Evaluation einhergeht.
Im Gegenteil: Sie unterstützt die heilerziehungspflegerische Einrichtung und ihre Mitarbeiter dabei, ihre Schwächen festzustellen und Stärken zu erkennen, um schließlich gestärkt aus dem Evaluationsprozess herauszugehen. Kompetenzen können daraufhin gezielt genutzt und eingesetzt werden, herausgestellte Qualität wird gesichert und öffentlich gemacht. Das „Wir-Gefühl" im Team und in Bezug auf die Klienten und den Träger erhöht sich.
Finanzielle, personelle und zeitliche Notwendigkeiten können dem Träger gegenüber gerechtfertigt werden. Weitere erforderliche Unterstützung wird durch Evaluation verdeutlicht.

Umgekehrt kann man aber auch eine Reduzierung der Kosten oder effektivere Umverteilung der Ausgaben durch Evaluation erreichen, ohne die Qualität der Arbeit zu schmälern.

1.2.2 Verfahren der Evaluation

Zur Durchführung von Evaluation in der heilerziehungspflegerischen Praxis ist im Vorfeld die Beachtung einiger Eckpunkte unabdingbar. Dazu zählen vor allen Dingen der zeitliche und personelle Aufwand sowie finanzielle Mittel, die je nach Evaluationsmethode notwendig sind. Die Gegebenheiten entscheiden schließlich über die Form und Häufigkeit von Evaluation. In der Regel wird sich dann für eine Selbst- oder Fremdevaluation entschieden.

In der Selbstevaluation (auch „innere Evaluation" genannt) dokumentiert der Heilerziehungspfleger selbst seine eigenen Tätigkeiten und beurteilt sie nach erfolgreichen oder weniger erfolgreichen (Teil-)Ergebnissen. Voraussetzung dafür ist, dass man ein Team hat, dem man sich gegenüber öffnen

„Fachliche" Wissensbereiche	Mögliche Beurteilungskategorien					
	Dieses Wissen ist für meine Arbeit ...			Ich habe dieses Wissen ...		
	sehr wichtig	wichtig	nicht wichtig	erworben	teilweise erworben	nicht erworben
• „Bedingungs-" bzw. „Umfeldwissen" (z. B.: Es muss gewusst werden, welche Bedingungen oder Faktoren die eigene Arbeit beeinflussen und wie darauf zu reagieren ist, z.B. Termine, zeitliche Bereitstellung von Materialien, Produkten, Dienstleistungen.)						
• „Eigenschafts-" bzw. „Funktionswissen" zum Arbeitsgegenstand (z. B.: Es muss gewusst werden, welche Eigenschaften und Funktionen die Materialien bzw. die Produkte, Güter oder Dienstleistungen haben, die zu be- oder erarbeiten sind.)						
• „Technisches Wissen" zum Arbeitsmittel (z. B.: Es muss gewusst werden, wie die notwendigen Werkzeuge, Geräte, Anlagen, Transportmittel zu handhaben bzw. zu bedienen sind und auch/oder wie sie funktionieren.)						
• „Kriterienwissen" (z. B.: Es muss gewusst werden, wie die Qualität, von dem was zu be- oder erarbeiten ist, bewertet wird und welche Merkmale dafür maßgeblich sind.)						
• „Prozesswissen" bzw. „Technologisches Wissen" (z. B.: Es muss gewusst werden, wie die technologischen Prozesse (z.B. Erzeugungs- oder Herstellungsprozesse), Verfahren, Dienstleistungs- oder andere Arbeitsabläufe funktionieren und welche „Prozesszustände" auftreten können.)						
• „Maßnahmenwissen" (z. B.: Es muss gewusst werden, ob und wann in den Arbeitsprozess einzugreifen ist, z.B. aus Gründen der Prozesslenkung oder der Behebung von Störungen und Fehlern.)						
• „Handlungswissen" i. e. S. (z. B.: Es muss gewusst werden, wie bei der Erfüllung der Arbeitsaufgaben am günstigsten/ effektivsten vorzugehen ist. Dazu gehört auch zu wissen, ob es unterschiedliche Wege gibt, die Aufgaben unter Nutzung einzusetzender Arbeitsmittel [z.B. Werkzeuge, Geräte, Anlagen, EDV], Materialien bestmöglich und mit der geringsten eigenen Belastung zu erfüllen.)						

Abb. 1 Bogen zur Selbstevaluation (Plath/Blaschke, Institut für Arbeitsmarkt- und Berufsforschung der Bundesanstalt für Arbeit 1999)

und Vertrauen entgegenbringen kann. Das Prinzip der Freiwilligkeit hat hier Vorrang; fühlt ein Heilerziehungspfleger sich innerhalb der Selbstevaluation nicht wohl, muss ihm die Möglichkeit gegeben sein, sich und sein Handeln nicht zu evaluieren, ohne dass er sein Gesicht verliert. Dazu gehört andererseits auch die Kraft, sich Kritik in positivem wie negativem Sinne zu stellen. Hilfreich ist dabei die Verwendung unterschiedlicher Evaluationsmethoden, die der individuellen Ausdrucksweise entgegenkommen.

Vorteile von Selbstevaluation	Nachteile von Selbstevaluation
• Hohe Identifikation mit dem Evaluationsprozess • Deutlicher Bezug zu eigenem Handeln • Direkter Transfer der Konsequenzen/neuen Ideen in die Praxis • Materialien sind oft schon vorhanden (z. B. Tagesprotokolle oder Aktivitätsreflexionen) und können genutzt werden.	• Subjektive Darstellung und Einschätzung • Probleme werden übersehen oder nicht als solche erkannt.

Abb. 1 Selbstevaluation, die Vor- und Nachteile

Fremdevaluation (auch bekannt als „äußere Evaluation") wird von externen Fachkräften durchgeführt. Diese müssen nicht zwangsläufig Heilerziehungspfleger sein oder aus dem sozialen Bereich stammen, sie können auch als Coach oder Evaluierungsexperten angestellt werden.

Vorteile der Fremdevaluation	Nachteile der Fremdevaluation
• Hohe Objektivität • Entlastung der eigenen Mitarbeiter • Professionelle Vorgehensweise • Feststellung von Ergebnissen ist nicht an Mitarbeiter gebunden	• Nicht kurzfristig durchführbar • Kein heilerziehungspflegerisches Fachwissen vorhanden

Abb. 2 Fremdevaluation, die Vor- und Nachteile (Bürgerstiftung Hamburg)

Das **Verfahren der Evaluation** selbst läuft nach folgenden Schritten ab:

Festsetzung der Zielsetzung und Evaluationskriterien
↓
Auswahl der Evaluationsmethoden
↓
Durchführung
↓
Analyse, Interpretation und Auswertung
↓
Darstellung der Ergebnisse
↓
Schlussfolgerungen

▸ **S. auch SMART-Zielplanung Modul 7, Kap. I.1.3**

Diesem Evaluationsverfahren liegt eine Struktur zugrunde, die systematisch einen transparenten Ablauf gewährleistet. Mithilfe weniger Fragen werden grundlegende Aspekte der anstehenden Evaluation im Vorfeld geklärt.

Transparenz von Evaluation durch die Klärung von:
- Evaluationsziel (Was wird angestrebt")
- Evaluationsmethoden und -instrumenten (Wie geschieht die Auswertung? In welcher Form wird vorgegangen?)
- Evaluationsgegenstand (Worum geht es? Um welchen Inhalt handelt es sich?)
- Evaluationskriterien (Was wird wie beurteilt?)

So können sich die Evaluationsteilnehmer auf den Ablauf und Inhalt der Evaluation einstellen. Ängste werden genommen und eventuell vorhandene Widerstände beigelegt. Jeder weiß, was ihn erwartet und welches Ziel mit welcher Methode durch die Evaluation erreicht werden soll.

Evaluationsstandards und deren Sicherung

(1) **Nützlichkeitsstandards**: Sie stellen sicher, dass Interessen und Bedürfnisse des Einzelnen beachtet werden.
- Nennung und Beteiligung aller am Arbeitsprozess beteiligten Personen
- Vertrauenswürdiger und kompetenter Evaluator
- Auswahl relevanter Informationen durch den Evaluator; Abgleich des Evaluationsplans mit zentralen an der Evaluation beteiligten Personen
- Transparente Bewertung und Interpretation der Informationen durch den Evaluator
- Ausführlicher und nachvollziehbarer Evaluationsbericht mit Ergebnisinformation der Teilnehmer

(2) **Durchführbarkeitsstandards**: Die voraussichtliche Praktikabilität und Effektivität der Evaluation wird im Vorfeld eingeschätzt.

- Leicht anwendbare Evaluationsmethoden
- Objektivität sichern
- Kosten-Nutzen-Abgleich

(3) **Korrektheitsstandards**: Durch diese Standards wird sichergestellt, dass rechtliche Gesetze, ethische und moralische Werte sowie allgemeine Verhaltensnormen während der Evaluation eingehalten werden.

- Interessen und Bedürfnisse des Individuums beachten
- Vereinbarungen schriftlich fixieren
- Vollständiger und fairer Evaluationsbericht mit negativen wie positiven Gesichtspunkten
- Offenlegung der Evaluationsergebnisse (unter Achtung von Datenschutz)
- Konflikte und Probleme (finanziell, interpersonal, räumlich) möglichst vor der Evaluation lösen
- Offenlegung der Kosten zur Durchführung der Evaluation

(4) **Genauigkeitsstandards**: Es wird sichergestellt, dass qualitativ hochwertige Ergebnisse auf heilerzieherischer Ebene erreicht werden, die für die Praxis wertvoll und umsetzbar sind.

- Ausführliche Beschreibung des zu evaluierenden Gegenstands (z. B. der Maßnahme) sowie der Rahmenbedingungen
- Definition der Evaluationsziele
- Erläuterung zum Verwendungszweck der Ergebnisse
- Erwartungsabklärung zwischen Evaluator und Auftraggeber
- Abgleich gewonnener Informationen
- Validierungsverfahren, d. h., detaillierte Erläuterung der einzelnen Bestandteile des Evaluationsprozesses
- Reliabilität darstellen, d. h. erneute Datengewinnung unter gleichen Bedingungen würde zu gleichem Ergebnis führen.
- Beschreibung, Interpretation, Analyse und Auswertung von qualitativen (individuellen Antworten zu offenen Fragen) *und* quantitativen (meist in Zahlenform) Informationen
- Begründete Schlussfolgerung der Ergebnisse durch Evaluator
- Objektive Berichterstattung
- Meta-Evaluation, d. h. Evaluation über die Evaluation

„Evaluationsstandards und deren Sicherung" aus dem Originalwerk: *http://wiki.bildungsserver.de/index.php/Evaluation* des Deutschen Bildungsservers im Deutschen Institut für Internationale Pädagogische Forschung (DIPF)

Evaluation kann **begleitend und/oder formativ** stattfinden. Man hat dadurch einerseits die Möglichkeit, Maßnahmen zu evaluieren, die noch in der Durchführung sind, um ggf. kurzfristige Änderungen vorzunehmen, damit sich gewünschter Erfolg einstellt; in diesem Zusammenhang spricht man auch von **„prozessanalysierender oder intrinsischer Evaluation"**. Andererseits können Maßnahmen nach deren Abschluss insbesondere bezüglich ihrer Zielerreichung und einzelnen Zwischenschritte evaluiert werden; in diesem Fall ist von einer **„summativen oder extrinsischen Evaluation"** die Rede.
Die Wahl der einen oder anderen **Evaluationsform** hängt von der Länge der Maßnahme oder Aktivität selbst sowie von dem Ziel der Evaluation ab. Handelt es sich beispielsweise um eine längerfristige Maßnahme, bietet sich die begleitende Evaluation an. Möchte man Ergebnisse evaluieren, wählt man eher die formative Variante. Aber auch **Mikro- und Makroevaluationen** sind möglich, d. h. kleinste Prozesse oder Strukturelemente können ebenso evaluiert werden wie ganze Systeme (z. B. ein Träger als System mit seinen komplexen Zusammenhängen).
Die Häufigkeit von Evaluation im Bereich der Heilerziehungspflege legt das Team in Übereinstimmung mit dem Träger fest. Je nach gegebener Situation und Problemlage ist ein vermehrtes Evaluieren unterschiedlicher Aspekte durchzuführen.
Aspekte, die in der Heilerziehungspflege evaluiert werden:

- Rahmenbedingungen (personell, finanziell, zeitlich, räumlich)
- Ablauf heilerziehungspflegerischer Tätigkeiten
- Maßnahmen
- Intentionen
- Ergebnisse
- Effekte bzw. langfristige Wirkung

Evaluationsmethoden sind vielfältig und unterscheiden sich teilweise stark. Zielgruppenspezifisch ist bei der Auswahl einer Evaluationsmethode vorzugehen, dabei spielen die Evaluierenden, die Aspekte der Evaluation und die Evaluationskriterien eine entscheidende Rolle. Beantwortet ein Heilerziehungspfleger beispielsweise lieber Fragen, als Sätze selbst zu formulieren, ist der Einsatz eines Fragebogens oder die Durchführung eines Interviews sinnvoll. Sollen Ergebnisse summativ evaluiert werden, bietet sich die Auswertung von Dokumenten im Gegensatz zu einer Prozessbeobachtung an.

Unabhängig von der gewählten Form der Evaluation werden innerhalb einer Evaluationsmethode in der Regel **3 Fragebereiche** ins Zentrum gestellt: Der erste dreht sich darum, was stattgefunden hat, der zweite Bereich fragt nach den erreichten Zielen oder Teilzielen und der letzte Fragenbereich geht Verbesserungsideen nach.

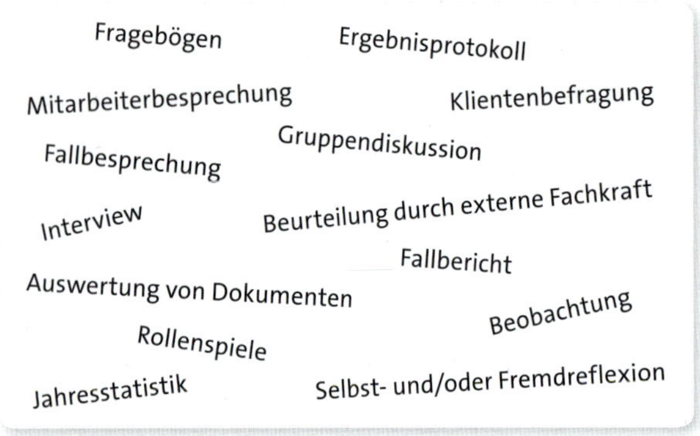

Abb. 1 Evaluationsmethoden – eine Auswahl

Die Datengewinnung erfolgt durch **quantitative oder qualitative Evaluation**. Können Informationen gemessen, d. h. mit Zahlen dargestellt werden, spricht man von quantitativer Evaluation. Qualitative Evaluation wird mithilfe von individuellen Antworten durch offene Fragen erreicht. Allerdings bedeutet dies einen größeren Auswertungsaufwand, weshalb sich diese Evaluationsform eher bei kleineren Gruppen anbietet.

Weiterhin gibt es noch die Möglichkeit, **vergleichende Evaluationen** mit Kontrollgruppen anstatt **nicht vergleichende Evaluationen** ohne Kontrollgruppen durchzuführen. Dies ist in der Heilerziehungspflege zwar gerade in Hinsicht auf die Klienten mit unterschiedlichsten Beeinträchtigungen möglich, jedoch eher unüblich.

1.2.3 Ziele der Evaluation

Evaluation in der Heilerziehungspflege bezieht sich in der Regel auf Tätigkeiten im pädagogischen und pflegerischen Bereich mit Menschen mit Beeinträchtigung.

Evaluation ist wichtig, um einerseits erforderliche Änderungen zu verdeutlichen und andererseits Maßnahmen ins Auge zu fassen, die Umgestaltungen oder alternative Herangehensweisen mit sich bringen. Konsequenzen und Schlussfolgerungen aus der Evaluation sind für die tägliche Praxis unabdingbar. Daher muss die Evaluationsauswertung von theoretischer Analyse und Interpretation auf das heilerziehungspflegerische Alltagshandeln leicht übertragbar sein. Kosten und Nutzen sollten mindestens im Gleichgewicht stehen, damit der Sinn einer Evaluation von allen Beteiligten nachvollzogen werden kann.

Weiter- oder Fortbildungen eines Heilerziehungspflegers können ebenso evaluiert werden, um den Nutzen in der Praxis objektiv zu beurteilen.

Weiterhin können Empfehlungen zu positiv bewerteten Schritten ausgesprochen und schriftlich dokumentiert werden. Die heilerziehungspflegerische Fachkraft wird in ihrem Handeln wertgeschätzt und motiviert, sich optimal in das Gesamtgeschehen einzubringen. So entsteht qualitativ hohe Arbeit in der Tätigkeit mit Menschen mit Beeinträchtigung. Das führt wiederum zu einem hohen Ansehen und guten Ruf der heilpädagogischen Einrichtung.

Trotz der genannten Vorteile hat Evaluation auch **Nachteile**: So kann oftmals nicht der Gesamtprozess in sämtlichen Aspekten betrachtet werden. Viele Einzelpunkte geraten dadurch aus dem Blickfeld und werden vergessen, obwohl sie vielleicht von Interesse für den Einzelnen wären. Weiterhin ist die quantitative Messbarkeit von etlichen Schlüsselkompetenzen für die heilerziehungspflegerische Arbeit nicht immer gegeben: Spaß, Selbstbewusstsein, Zufriedenheit sind beispielsweise *nicht messbar* (wobei man sich in diesem Fall mit Skalenabstufungen behilft). Trotzdem stellt sich noch die Schwierigkeit der Auswertung von individuellen Antworten auf *offene* Fragen. Hier ist meist aufwendiges Auswerten vonnöten, um eine zielgerichtete Schlussfolgerung als Abschluss der Evaluation zu erhalten.

Gelungene oder nicht gelungene Evaluation – der gesamte Evaluationsprozess in seiner regelmäßigen Durchführung sollte immer wieder **Meta-Evaluationen** unterzogen werden. Das bedeutet, dass des Öfteren Evaluationen über die durchgeführten Evaluationen angestellt werden müssen, um die Qualität auf Dauer zu gewährleisten.

Zum Weiterlesen

Gesellschaft für Evaluationen e.V. *www.degeval.de/*
www.soziale-arbeit-heute.de/index.php/Evaluation
M. Hesse: Die Anwendung von Selbstevaluation in der sozialen Praxis. 2001

Abb. 2 Schlussfolgerungen für das weitere Vorgehen ziehen

Aufgaben

1. Beschreiben Sie den Reflexionsvorgang nach Simon Priest mithilfe eines Beispiels aus der heilerziehungspflegerischen Praxis.
2. Erstellen Sie Ihre persönliche Liste der 10 favorisierten Reflexionsmethoden. Erläutern Sie jede Methode kurz, sodass Sie diese jederzeit einsetzen können.
3. **a)** Sammeln Sie Fotos von Gesichtsausdrücken, die sich beim Gedanken an „Evaluation" zeigen.
   b) Ziehen Sie Schlüsse aus der fotografierten Mimik und erläutern Sie, inwieweit diese Schlussfolgerungen zutreffen könnten.
4. Stellen Sie eine Liste mit Fragen zu den 3 zentralen Fragebereichen der Evaluationsmethoden zusammen. Setzen Sie die Liste in Verbindung mit der Übung von Evaluationsmethoden in der Klasse ein.

EXKURS: Berufliche Selbstständigkeit als Heilerziehungspfleger

Viele Heilerziehungspfleger sehen nach einigen Jahren der Berufspraxis ihre Zukunft in der heilerziehungspflegerischen Selbstständigkeit. In diesem Zusammenhang bieten sich viele unterschiedliche Betätigungsfelder an, die sich in Institutionen und in Familien finden. Aber auch als Service- oder Dienstleistungsstelle kann die selbstständige heilerziehungspflegerische Tätigkeit ausgeübt werden. Ein weiteres Feld, das Heilerziehungspfleger ausfüllen, ist das der Weiter- und Fortbildung, um ihr gesammeltes Expertenwissen in unterschiedlichsten Bereichen, z. B. in Bezug auf den Umgang mit Menschen mit Morbus Parkinson (▸ **s. Modul 5, Kap. I.6.3**), weiterzugeben.

Möglichkeiten heilerziehungspflegerischer Selbstständigkeit (Auswahl)

- Inklusionsassistenz in Schulen und am Arbeitsplatz
- Frühförderstelle
- Servicestelle
- Familienbegleitender Dienst
- Ambulante Betreuung bez. Alltags- und Freizeitgestaltung
- Case-Manager
- Dienstleister für unterschiedliche Einrichtungen wie Hospize, (Reha-)Kliniken, Seniorenheime, Kindertagesstätten
- Experte für Hilfebedarfsermittlung
- Anbieter für Fort- und Weiterbildung

(Vgl. www.bag-hep.de)

Trotz der vielfältigen Möglichkeiten scheuen etliche Heilerziehungspfleger den Schritt in die Selbstständigkeit. Gründe, die angeführt werden, beziehen sich meist auf finanzielle Aspekte, das nötige Selbstvertrauen und nicht zuletzt auf die Frage, wie die Pläne konkret in die Tat umgesetzt werden können. Welche Schritte müssen unternommen werden, bis die Geschäftsidee Wirklichkeit geworden ist? Nachfolgend einige Tipps und Hinweise zur Realisierung eines solchen Vorhabens:

Voraussetzungen. Grundvoraussetzung für die Umsetzung von der Idee bis zur freiberuflichen Tätigkeit als Heilerziehungspfleger ist zunächst die eigene Überzeugung von dem Vorhaben. Daneben sollten hohe fachliche Kompetenz und qualitativ hochwertige Handlungsfähigkeit durch Berufspraxis gegeben sein. Weiterhin sind Durchhaltevermögen, Selbstvertrauen und Durchsetzungsfähigkeit von Vorteil, um mögliche Hürden zu überwinden. Aber es ist auch wichtig, vorab zu klären, ob die heilerziehungspflegerische Dienstleistung, die man anbieten will, gefragt ist. Was taugt das beste Konzept, wenn es niemand haben will oder der Markt übersättigt ist?

Abb. 1 Marktanalyse durchführen

Finanzen. Man sollte sich bewusst machen, dass die ersten Jahre nach dem Eintritt in die freiberufliche Tätigkeit arbeitsreich und stressig, aber trotzdem finanziell mager ausfallen können. Daher sollte man seine finanziellen Verhältnisse realistisch einschätzen. Ein Gang zum Kundenberater der Hausbank kann hilfreich sein. Die eigene finanzielle Situation, Möglichkeiten der Kreditaufnahme oder der Begünstigung durch einen staatlichen Zuschuss (z. B. Gründungszuschuss bei der Agentur für Arbeit) können ins Auge gefasst werden.

Detailplanung. Sind notwendige Grundvoraussetzungen gegeben, gilt es die Feinplanung zu beginnen. Werden Praxisräume benötigt? Wie sollen sie eingerichtet werden? Welches Arbeitsmaterial wird benötigt? Fragen tauchen auf, die geklärt werden müssen. Um die Übersicht nicht zu verlieren, bietet es sich an, einen **Businessplan** zu erstellen. So kann das Vorhaben bis ins Detail geplant und schließlich mit dem Businessplan als Checkliste umgesetzt werden.

In diesem Zusammenhang empfiehlt sich der Besuch eines **Gründerseminars,** das von Volkshochschulen oder Agenturen für Arbeit angeboten wird. Denn nicht nur die heilerziehungspflegerische Geschäftsidee selbst ist zu planen, sondern auch die mit der Selbstständigkeit einhergehenden organisatorischen und verwaltungstechnischen Angelegenheiten müssen bewältigt werden können. Rechtliche Fragen und notwendig abzuschließende Versicherungen (z. B. Rechtsschutz- und Haftpflichtversicherung) werden auf Gründerseminaren ebenso geklärt wie erforderliche Ämtergänge erläutert.
Mit einem Anruf bei der zuständigen Gemeinde- oder Stadtverwaltung klärt man, ob ein Gewerbeschein für die Tätigkeit benötigt wird. Durch Nachfrage beim Finanzamt findet man heraus, welche Änderungen an dieser Stelle zu vollziehen sind.

Öffentlichkeitsarbeit. Sind schließlich sämtliche Fragen geklärt, Ämtergänge getätigt, Anträge ausgefüllt, Räume hergerichtet, Arbeitsmaterialien besorgt und heilerziehungspflegerische Vorbereitungen getroffen, gilt es, eine Werbeoffensive in angemessenem Rahmen zu starten. Das heißt z. B.: Broschüren herstellen und verteilen, Webseite gestalten, Zeitungsanzeigen aufgeben und Plakate aufhängen.
▸ **S. auch Öffentlichkeitsarbeit: Modul 7, Kap. I.2.8**

Ist diese Vorarbeit geleistet, kann man sich eine Praxiseröffnung mit geladenen Gästen, die viele potenzielle Klienten darstellen sollten, gönnen. Danach werden (hoffentlich) die ersten Termine vereinbart und die selbstständige heilerziehungspflegerische Tätigkeit kann beginnen.

Betreutes Wohnen als Tätigkeitsfeld des freiberuflichen Heilerziehungspflegers

Worin bestehen die primären Aufgabenfelder?

- Anleitung im lebenspraktischen Bereich
  - Einkaufen
  - Zubereitung von Mahlzeiten
  - Einrichten der Wohnung
  - Raumpflege
- Psychosoziale Betreuung und Unterstützung
  - Krisenintervention
- Unterstützung in administrativen Angelegenheiten
  - Bank- und Behördengänge
- Hilfe bei medizinischen Maßnahmen
  - Gesundheitsvorsorge
- Anregung zur individuellen Freizeitgestaltung und Teilnahme am gesellschaftlichen Leben
  - Reisen
  - Erwachsenenbildung

Welche Vorteile bringt die ambulante Betreuung?

- Sie können selbst bestimmen, wo und vor allem wie Sie wohnen möchten.
- Sie können in Ihren eigenen vier Wänden Ihr Leben eigenverantwortlich organisieren.
- In einer Krise steht Ihnen qualifiziertes Fachpersonal zur Seite.
- Sie sind in das öffentliche Leben voll integriert.
- Sie können an geplanten Freizeitangeboten und Ausflügen teilnehmen.

Wer übernimmt die Kosten für die Betreuung?
Die Kosten für die Unterstützung übernimmt der zuständige Träger der Sozialhilfe, sofern der Klient einen Anspruch auf die Übernahme der Kosten hat. Die Anträge hierfür füllen wir gemeinsam aus.

(Quelle: www.betreutes-wohnen-allgaeu.de)

2 Grundlagen des Qualitätsmanagements

Abb. 1 Qualitätsmanagement im Gesundheitswesen

Hohe Qualität am Arbeitsplatz wird im Allgemeinen von allen an einem Arbeitsprozess beteiligten Personen angestrebt. Um diesem Streben ein klares Ziel zu geben, ist es zunächst sinnvoll zu klären, was „hohe Qualität" bedeutet.

Qualität ist das Maß, in dem durch den Dienst konzeptionelle Versprechen und konkrete Vereinbarungen mit Nutzern eingehalten werden. (Universität Siegen)

Sind messbare Merkmale beschrieben, kann die Qualität von Arbeit, Mitarbeitern und System beurteilt werden. Notwendige Anpassungen und Verbesserungen lassen sich zielorientiert nach einem Abgleich von Ist- und Soll-Stand angehen. Stimmen Ist- und Soll-Stand miteinander überein, kann festgestellt werden, dass ein festgelegter Qualitätsstandard erreicht ist.

Durch Qualitätsmanagement wird sichergestellt, dass sämtliche Aspekte Beachtung finden, die dazu führen, einen umfassenden hohen Qualitätsstandard zu erlangen.

Qualitätsmanagement (QM) umfasst von der Geschäftsführung klar definierte Zielsetzungen und Maßnahmen zur Entwicklung und Verbesserung von Qualität einer Einrichtung in allen Bereichen.

Zusammen mit Prozessen zu Qualitätssicherung sind einrichtungsinterne Ziele und Prinzipien vor dem Hintergrund von Gesetzen und Empfehlungen Bestandteile des Qualitätsmanagement. Qualitätssicherung ist also nicht gleich Qualitätsmanagements. Sie nimmt lediglich einen großen und wichtigen Bereich des gesamten Qualitätsmanagements ein.

2.1 Qualität sozialer Dienstleistungen

Die Qualität sozialer Leistungen festzustellen, ist oft nicht leicht möglich, da im sozialen Bereich kein Produkt im eigentlichen Sinn hergestellt wird. Es kann kein Erzeugnis vorgewiesen werden, wie zum Beispiel ein Konditor seine schönste Torte herstellen und anbieten kann. Nichtsdestotrotz können soziale und in diesem Kontext auch heilerziehungspflegerische Dienstleistungen qualitativ beurteilt werden. Als Grundlage dessen wird häufig das Qualitätsmanagement-System nach DIN EN ISO 9001: 2008 genutzt.

Die Bezeichnung „DIN EN ISO 9001" steht für:
Deutsches **I**nstitut für **N**ormung,
Europäische **N**orm,
International **S**tandardization **O**rganization.
9001 bezeichnet die Nummer der Norm.
2008 nennt das Jahr der letzten Aktualisierung.

Diese Norm beschreibt Qualitätskriterien, die erfüllt sein müssen, um eine Zertifizierung erhalten zu können. Die Beurteilung richtet sich nach 8 Kriterien, die jeweils in den Dimensionen Struktur und Prozess beurteilt werden. Die inhaltliche Ergebnisqualität wird nach diesem Zertifizierungsverfahren allerdings nicht beachtet.

1. Kundenorientierung
2. Verantwortlichkeit der Führung
3. Einbeziehung der beteiligten Personen
4. Prozessorientierter Ansatz
5. Systemorientierter Managementansatz
6. Kontinuierliche Verbesserung
7. Sachbezogener Entscheidungsfindungsansatz
8. Lieferantenbeziehungen zum gegenseitigen Nutzen

Die Beurteilung von **Kundenorientierung** im heilerziehungspflegerischen Bereich erfolgt durch Klientenbefragung. Der Klient soll seine Meinung zu Rahmenbedingungen und Prozessen, z.B. dem Tagesablauf, wiedergeben. Er steht im Mittelpunkt des Geschehens und soll seiner Auffassung von Qualität Ausdruck verleihen. **Verantwortlichkeit der Führung** wird durch klare Zielvorgaben, Intentionen und Zweckbeschreibungen des Trägers bzw. der Leitung beschrieben. Klare Vorstellungen und Begründungen bezüglich Struktur und Ablauf stellen den Sinn des Bestehens einer Einrichtung in gewählter Form dar.

Durch die **Einbeziehung der beteiligten Personen** erhalten die Mitarbeiter Gelegenheit, ihre Sicht des Geschehens in der Einrichtung auszuführen. Dabei lässt man nicht nur Gruppenleiter zu Wort kommen, sondern Mitarbeiter auf allen Ebenen leisten ihren Beitrag zur Qualitätsfeststellung. So hat auch die Hauswirtschaftskraft Gelegenheit, ihre Gedanken zu Struktur und Ablauf zu äußern. Durch den **prozessorientierten Ansatz** wird dem Weg zum Ziel eine bedeutende Rolle beigemessen. Intentionen, die mit einer Aktivität oder Maßnahme einhergehen, können effizienter erreicht werden. Es erfolgt kein stures Abarbeiten von einzelnen Schritten, sondern ein durchdachtes, zielorientiertes Handeln. Die Zielerreichung ist die logische Konsequenz der strukturierten Tätigkeit mit ihren Zwischenzielen.

Der **systemorientierte Managementansatz** beschreibt die Koordination und Integration von verknüpften Aktivitäten in einem System, wodurch Organisation und Zuordnung leicht durchzuführen und nachvollziehbar sind. Weiterhin erfolgt eine Beurteilung der **kontinuierlichen Verbesserung**, d.h. dem Willen nach ständiger Fortentwicklung, die mit aktuellen Forschungsergebnissen, Studien und ökonomischen Erkenntnissen einhergeht. Es gilt, up to date zu bleiben. Durch den **sachbezogenen Entscheidungsfindungsansatz** können Entscheidungen objektiv auf Grundlage von Fakten gefällt werden. Emotional geleitete Fehlentscheidungen entfallen dadurch.

Abschließend werden die **Lieferantenbeziehungen zum gegenseitigen Nutzen** beurteilt. Im heilerziehungspflegerischen Bereich bedeutet dies das Vertrauensverhältnis von Klienten zu Fachkräften. Ist dies nicht vorhanden, ist ein zielgerichtetes gemeinsames Arbeiten in der Regel nicht gegeben. Förderung kann nur in einer Atmosphäre stattfinden, die von gegenseitigem Vertrauen geprägt ist.

Abb. 1 Zertifizierung nach DIN EN ISO 9001: 2008

Abgesehen von der fehlenden Beurteilung der Ergebnisqualität, kann der Zertifikationsprozess eine Institution dabei unterstützen, ihre eigenen Strukturen und Abläufe näher zu betrachten. Schwierigkeiten oder Unregelmäßigkeiten werden erkannt und behoben bzw. zum Besseren hin verändert. Struktur- und Prozessqualität kann so deutlich angehoben werden, was mit einer Verbesserung der Lebensqualität der Klientel sowie der Arbeitszufriedenheit der Mitarbeiter einhergeht.

Im Einzelnen beinhalten die 3 Qualitätsdimensionen Folgendes:

Strukturqualität: Die Sicht auf die Rahmenbedingungen wird eröffnet, d.h. im heilerziehungspflegerischen Bereich, die Einrichtung im Detail, Einrichtungsgegenstände und Materialien, personelle Gegebenheiten, zeitlicher Rahmen und Tagesstruktur können unter dieser Dimension näher betrachtet, analysiert und beurteilt werden.

Mit Blick auf die **Prozessqualität** können Pflege- und Versorgungsabläufe, Durchführung von Maßnahmen in ihrer Struktur und Regelmäßigkeit sowie ihrer Koordination evaluiert werden. Auch Planungen, Anamnesen, Entwicklungsbeschreibungen und Förderpläne werden in ihrem Vorhandensein und Gebrauch analysiert und beurteilt. Verbindliche und ordnungsgemäße Ausführung der Maßnahmen und Dokumentationen erfährt ihre Beurteilung innerhalb dieser Dimension ebenfalls.

Ergebnisqualität in Bezug auf die heilerziehungspflegerische Tätigkeit beschreibt, inwieweit gesteckte Ziele erreicht worden sind. Dies bezieht sich besonders auf Pflege und Versorgung sowie Maßnahmen zur individuellen und ganzheitlichen Förderung. Grundlage dafür ist die schriftliche Anfertigung von Entwicklungs- oder Förderplänen (▶ **s. Modul 5, Kap. I.1–3**) sowie die detaillierte Zusammenstellung der Pflegeplanung. Ökonomische Effizienz unter Beachtung qualitativ hochwertiger Maßnahmen in einem umfassenden interdisziplinären Netzwerk wird in dieser Dimension angestrebt.

2.2 Qualitätssicherung

Abb. 1 Qualitätsentwicklung und -sicherung

Standards und Expertenstandards

Qualitätssicherung erfolgt durch unterschiedlichste Maßnahmen, wobei sich **Standards** herausgebildet haben, die vorhanden sein müssen, um eine gehobene Qualität feststellen und sichern zu können. Diese Standards beziehen sich im Allgemeinen auf Qualitätsmerkmale der 3 Qualitätsdimensionen Ergebnis, Struktur und Prozess.

Inhaltlich können die Standards angepasst werden, sodass die Möglichkeit gegeben ist, pflegerische, pädagogische und psychologische Bereiche ebenso in ihrer Qualität zu untersuchen wie hauswirtschaftliche und bauliche Aspekte. Fachkräfte der einzelnen Bereiche legen Standards und deren Niveau fest. Die Fachkräfte können aus der eigenen Einrichtung stammen und interne Standards festlegen, was in eine **interne Qualitätssicherung** mündet.

Aber auch externe Personen oder Komitees können Standards entwickeln und vereinbaren. Diese werden zur **externen Qualitätssicherung** genutzt. In den Standards sind allgemeine Bemerkungen zu Leistungen und deren Niveaus zu finden. Mehr als das, beschreiben Standards konkret, welche Leistung in welcher Art und Weise auf einem bestimmten Niveau durchzuführen ist. Sollten einzelne Aspekte nicht mindestens der Leistungsbeschreibung entsprechen, ist die Qualität in diesem Bereich nicht gemäß vereinbarter Norm.

Eine Qualitätsbeschreibung auf bestimmter Ebene kann nicht vorgewiesen werden. Gehen dahingegen Standardbeschreibungen mindestens mit den gezeigten und nachweisbaren Leistungen einer Einrichtung einher, ist eine professionell vereinbarte Qualitätsnorm nachweisbar. Diese wird oft für den Klienten und die breite Öffentlichkeit transparent gemacht, um sich mit der erreichten Qualitätsnorm von anderen Einrichtungen abzuheben.

Gerade im Bereich der Pflege finden sich Standards zu sämtlichen Aspekten der Gesundheit und des Umgangs mit dem individuellen Menschen. Die Frage, ob einzelnen Bedarfen von Klienten in einer Einrichtung nachgekommen wird, ist damit leicht zu beantworten; aber auch eine Kontrolle der tatsächlich durchgeführten Leistung ist leicht möglich. Ein Beispiel für Expertenstandards stellt folgende ▸ **Abb. 1, nächste Seite** zur Dekubitusprophylaxe dar:

Expertenstandards werden vom „Deutschen Netzwerk für Qualitätsentwicklung in der Pflege (DNQP)" entwickelt. Sie sind evidenzbasierte Instrumente der pflegerischen Qualitätsentwicklung und beschreiben mittels Struktur-, Prozess- und Ergebniskriterien, wie pflegerisches Handeln bei zentralen Qualitätsrisiken, z. B. zur Verhinderung eines Dekubitus, gestaltet werden kann. Damit geben sie die Zielsetzung pflegerischer Aufgaben sowie Handlungsalternativen und Handlungsspielräume vor. Zu einem Expertenstandard gehören immer eine Präambel, eine Kommentierung der Standardkriterien, eine Literaturanalyse und ein Auditinstrument.

Zum Weiterlesen

Dt. Netzwerk für Qualitätsentwicklung in der Pflege:
www.dnqp.de

Struktur	Prozess	Ergebnis
Die Pflegefachkraft **S1** – verfügt über aktuelles Wissen zur Dekubitusentstehung sowie über die Kompetenz, das Dekubitusrisiko einzuschätzen.	**Die Pflegefachkraft** **P1** – beurteilt mittels eines systematischen Vorgehens das Dekubitusrisiko aller Patienten/Bewohner, bei denen eine Gefährdung nicht ausgeschlossen werden kann. Dies geschieht unmittelbar zu Beginn des pflegerischen Auftrags und danach in individuell festzulegenden Abständen sowie unverzüglich bei Veränderungen der Mobilität, der Aktivität oder bei Einwirkung von externen Faktoren (z. B. Sonden, Katheter), die zur erhöhter und/oder verlängerter Einwirkung von Druck und/oder Scherkräften führen.	**E1** Eine aktuelle, systematische Einschätzung der Dekubitusgefährdung liegt vor.
S2 – beherrscht haut- und gewebeschonende Bewegungs-, Lagerungs- und Transfertechniken.	**P2** – gewährleistet auf der Basis eines individuellen Bewegungsplanes sofortige Druckentlastung durch die regelmäßige Bewegung des Patienten/Bewohners, Mikrobewegung, scherkräftearmer Transfer, und fördert so weit wie möglich die Eigenbewegung des Patienten/Bewohners.	**E2** Ein individueller Bewegungsplan liegt vor.
S3a – verfügt über die Kompetenz, die Notwendigkeit und die Eignung druckverteilender Hilfsmittel zu beurteilen. **S3b** Dem Risiko des Patienten/Bewohners entsprechende druckverteilende Hilfsmittel (z. B. Weichlagerungskissen und -matratzen, Spezialbetten) sind unverzüglich zugänglich.	**P3** – wendet zusätzlich zu druckentlastenden Maßnahmen die geeigneten druckverteilenden Hilfsmittel an, wenn der Zustand des Patienten/Bewohners eine ausreichende Bewegungsförderung nicht zulässt.	**E3** Der Patienten/Bewohner befindet sich unverzüglich auf einer für ihn geeigneten druckverteilenden Unterlage.
Die Pflegefachkraft **S4** – verfügt über Fähigkeiten sowie über Informations- und Schulungsmaterial zur Anleitung und Beratung des Patienten/ Bewohners und seiner Angehörigen zur Förderung der Bewegung des Patienten/ Bewohners, zur Hautbeobachtung zu druckentlastenden Maßnahmen und zum Umgang mit druckverteilenden Hilfsmitteln.	**P4** – erläutert die Dekubitusgefährdung und die Notwendigkeit von prophylaktischen Maßnahmen und deren Evaluation und plant diese individuell mit dem Patienten/Bewohner und seinen Angehörigen.	**E4** Der Patient/Bewohner und seine Angehörigen kennen die Ursachen der Dekubitusgefährdung sowie die geplanten Maßnahmen und wirken auf der Basis ihrer Möglichkeiten an deren Umsetzung mit.
Die Einrichtung **S5** – stellt sicher, dass alle an der Versorgung des Patienten/Bewohners Beteiligten den Zusammenhang von Kontinuität der Intervention und Erfolg der Dekubitusprophylaxe kennen und gewährleistet die Informationsweitergabe über die Dekubitusgefährdung an externe Beteiligte.	**P5** – informiert die an der Versorgung des dekubitusgefährdeten Patienten/Bewohners Beteiligten über die Notwendigkeit der kontinuierlichen Fortführung der Interventionen (z. B. Personal in Arztpraxen, OP-, Dialyse- und Röntgenabteilungen oder Transportdiensten).	**E5** Die Dekubitusgefährdung und die notwendigen Maßnahmen sind allen an der Versorgung des Patienten/Bewohners Beteiligten bekannt.
Die Pflegefachkraft **S6** – verfügt über die Kompetenz, die Effektivität der prophylaktischen Maßnahmen zu beurteilen.	**P6** – begutachtet den Hautzustand des gefährdeten Patienten/ Bewohners in individuell zu bestimmenden Zeitabständen.	**E6** Der Patient/Bewohner hat keinen Dekubitus.

Zielsetzung: Jeder dekubitusgefährdete Patient/Bewohner erhält eine Prophylaxe, die die Entstehung eines Dekubitus verhindert.

Begründung: Ein Dekubitus gehört zu den gravierenden Gesundheitsproblemen pflegebedürftiger Patienten/Bewohner. Das vorhandene Wissen zeigt, dass das Auftreten eines Dekubitus weitgehend verhindert werden kann. Ausnahmen sind in pflegerisch oder medizinisch notwendigen Prioritätensetzungen oder im Gesundheitszustand der Patienten/Bewohner begründet. Von herausragender Bedeutung für eine erfolgreiche Prophylaxe ist, dass das Pflegefachpersonal die systematische Risikoeinschätzung, Schulung von Patienten/Bewohnern, Bewegungsförderung, Druckentlastung und -verteilung sowie die Kontinuität und Evaluation prophylaktischer Maßnahmen gewährleistet.

Abb. 1 Expertenstandard Dekubitusprophylaxe in der Pflege, 1. Aktualisierung 2010

Qualitätssicherung wird aber nicht nur aus Gründen der Werbung oder einem selbst auferlegten Wunsch nach Verbesserung der Arbeitsprozesse, -ergebnisse und -strukturen durchgeführt. Sie ist vielmehr auch als grundlegende Forderung des **Heimgesetzes** durchzuführen:

„Zweck des Gesetzes ist es, eine dem allgemein anerkannten Stand der fachlichen Erkenntnisse entsprechende Qualität des Wohnens und der Betreuung zu sichern." HeimG § 2 Abs. 1, 5

Durch diese Förderung soll ein Standard gewährleistet werden, der besonders den Klienten gegenüber qualitativ hochwertige Leistungen garantiert. Im Zentrum einer so verstandenen Arbeit stehen

- eine hohe Achtung der Menschenwürde,
- Ausrichtung der Tätigkeit auf Interessen und Bedürfnisse der Klienten,
- Förderung von Selbstständigkeit,
- Ermöglichung der Übernahme von Selbstverantwortung und -bestimmung,
- Ermunterung zu Partizipation in institutionellen Fragen, die den Tagesablauf der Klienten bestimmen.

Heimaufsicht. Diese Aspekte gilt es in der täglichen Arbeit zu betonen. Instrumente zur Qualitätssicherung erfassen die Durchführung der Leistungen in ihrer Qualität und können so den qualitativen Standard einer Einrichtung feststellen. Relevante Tätigkeiten, Leistungen und allgemeine Bedingungen, die einen angemessenen Qualitätsstandard charakterisieren, sind in § 11 HeimG (Heimgesetz) detailliert niedergelegt.

Die regional zuständige Heimaufsicht unterstützt die einzelnen Einrichtungen bei der Umsetzung und Etablierung ihrer (Mindest-)Standards. Beratungen von Beschäftigten und Heimträgen fallen ebenso in den Aufgabenbereich wie richtungsweisende Gespräche mit Heimbewohnern und deren Angehörigen. Bestrebungen, die höhere Qualität intendieren, werden natürlich auch von der Heimaufsicht unterstützt. Sie ist demzufolge als Partner willkommen zu heißen und nicht als kontrollierende Instanz zu fürchten.

Es gehört auch zu den Aufgaben der Heimaufsicht, die Einhaltung der gesetzlichen **Rahmenbedingungen zu überwachen**. Werden Mängel festgestellt, erfolgen Anordnungen, die das Beseitigen der Missstände intendieren; bei Missachtung der Anordnungen ist mit ordnungsrechtlichen Ahndungen zu rechnen. Die Qualität einer Einrichtung muss im Sinn des Heimgesetzes gewahrt sein; dies bezieht sich sowohl auf die Einrichtung selbst als auch auf das gesamte Vorgehen innerhalb einer Heimeinrichtung und die Betreuung der ihr zugehörigen Klienten. Insgesamt wird neben der Qualitätsüberprüfung eine **fachliche Weiterentwicklung** von der Heimaufsicht beabsichtigt, wobei sie selbst an Arbeitsgruppen mit dieser Zielsetzung teilnimmt.

Die Organisation der Heimaufsichtsbehörden ist regional unterschiedlich, meist sind sie Landesbehörden oder kommunalen Ämtern zugeordnet. Eine kleine Auswahl an Heimaufsichtsbehörden in verschiedenen Bundesländern:

- Fachstelle für Pflege- und Behinderteneinrichtungen und Qualitätsentwicklung und Aufsicht (FQA), Landratsamt Freising/Bayern
- Landratsamt – Ordnungsamt Böblingen, Baden-Württ.
- Bezirksamt – Sozialdezernat, Hamburg
- Stadt Düsseldorf/Nordrhein-Westfalen, Sozialamt, Abt. Hilfen für besondere Personengruppen und Seniorenhilfe
- Amt für Versorgung und Soziales, Halle/Sachsen-Anhalt
- Landesverwaltungsamt Gera/Thüringen

Pflegeversicherung. Qualitätssicherung ist aber auch in ihrer Durchführung in den Regularien der Pflegeversicherung vorgesehen, wie § 112 SGB XI erkennen lässt:

> **§ 112 SGB XI Maßstäbe und Grundsätze zur Sicherung und Weiterentwicklung der Pflegequalitäten**
> (2) Die zugelassenen Pflegeeinrichtungen sind verpflichtet, Maßnahmen zur Qualitätssicherung durchzuführen [...]. ▸ **S. Modul 8, Kap. IV.2.3**

§ 80 SGB XI regelt Details zu nationalen Grundsätzen und Maßstäben sowie zur Weiterentwicklung von Qualität im Bereich der ambulanten und stationären Pflege, wodurch ein großer Teil der heilerziehungspflegerischen Tätigkeit betroffen ist. Inhalte und Bedingungen von pflegerischen Leistungen sind in § 75 SGB XI grundgelegt.

▸ **S. Modul 4, Kap. IV.4 Pflegeversicherung**

Nationale Richtlinien (QPR), die grundlegend für eine **Qualitätsprüfung** der ambulanten und stationären Pflege sind, können in § 114 SGB XI gefunden werden. Sie bieten Details zur Feststellung von Qualität in Bezug auf Prozess und Ergebnis. Die bestandene Qualitätsprüfung und die Verpflichtung zur Durchführung eines effektiven Qualitätsmanagements sind Grundlage für den Abschluss von **Versorgungsverträgen**. Sind die Verträge bereits geschlossen, finden nach § 114 SGB XI Qualitätsprüfungen statt, die feststellen, ob ein Qualitätsmanagement durchgeführt wird oder geplant ist. Darüber hinaus stellen diese Prüfungen auch die Art und Weise des stattfindenden bzw. geplanten Qualitätsmanagements fest.

Voraussetzung zum Abschluss einer Pflegesatzvereinbarung sind sogenannte „Leistungs- und Qualitätsvereinbarungen" (LQV). Als Verknüpfung von Versorgungsvertrag und Vergütungsvereinbarung sind sie Bemessungsgrundlage für Pflegesätze und festgelegte Entgelte. Einzelne Leistungen lassen sich leicht anpassen, ohne Vertragsänderungen vornehmen zu müssen. Werden umgekehrt Leistungen von der Pflegeeinrichtung nicht geboten, erfolgt eine direkte Kürzung der finanziellen Vergütungen; gesetzliche Grundlage dafür stellt § 115 SGB XI dar:

> **§ 115 Abs. 3 Satz 1 SGB XI Ergebnisse von Qualitätsprüfungen**
> Hält die Pflegeeinrichtung ihre gesetzlichen oder vertraglichen Verpflichtungen, insbesondere ihre Verpflichtungen zu einer qualitätsgerechten Leistungserbringung aus dem Versorgungsvertrag (§ 72) ganz oder teilweise nicht ein, sind die nach dem Achten Kapitel vereinbarten Pflegevergütungen für die Dauer der Pflichtverletzung entsprechend zu kürzen [...].

Ist eine Leistungs- und Qualitätsvereinbarung nicht vollzogen oder eingehalten worden, besteht vonseiten des Trägers der Sozialhilfe keine Pflicht zur finanziellen Vergütung. Werden Vereinbarungen nicht eingehalten, d. h. „grob verletzt", können Verträge und Vereinbarungen durch den Träger der Sozialhilfe außerordentlich gekündigt werden.

Weitere Qualitätskriterien. Gesondert in Bezug auf die Arbeit mit Menschen mit Beeinträchtigung gilt es weitergehende Qualitätskriterien festzusetzen. Diese beinhalten besonders Fragen nach der Lebenszufriedenheit, Entscheidungsmöglichkeiten und geleisteter Unterstützung in der Bewältigung des Lebensalltags. Maßnahmen, die der Sicherung der geleisteten Qualität in mindestens den aufgezeigten Bereichen dienen, sind generell von der Einrichtung selbst zu initiieren. Dabei können externe Maßnahmen der Qualitätssicherung ebenso erfolgreich in der Umsetzung sein wie interne Verfahren. Wobei eine Kombination beider eine Ideallösung darstellen kann, d. h. die Durchführung einer externen prozessorientierten Qualitätsprüfung, die die Verbesserung interner Abläufe intendiert und dabei fachbezogen vorgeht.

Im Großen und Ganzen gelten im Bereich der Behindertenhilfe jedoch die Regularien, welche auch für andere Heimeinrichtungen gelten. Das Heimgesetz bezieht sich auf Heimeinrichtungen jeder Art, wobei die Prüfung in allen Fällen der Heimaufsicht obliegt.

In der Arbeit mit Menschen mit Beeinträchtigung legt die Heimaufsicht im Zuge der Prüfung besonderen Wert auf **Dokumentation der Förder- bzw. Hilfebedarfspläne** sowie der damit einhergehenden Durchführung. Teilweise, wie in Baden-Württemberg, wird besonderer Wert auf eine Passung der Qualifikation der Fachkräfte mit den Anforderungen gelegt.

Behindertenverbände und -vereinigungen wie „Lebenshilfe", „Katholischer Trägerverband" oder VEEMB („Verband evangelischer Einrichtungen für Menschen mit Behinderungen") stellen häufig ihre eigenen Qualitätskriterien ins Zentrum der täglichen Arbeit und der Qualitätssicherung. Diese Kriterien gehen über das gesetzlich festgelegte Mindestmaß hinaus und bieten dem Menschen mit Beeinträchtigung eine große Beachtung und Wertschätzung in seiner Individualität und qualifizierten Betreuung.

Die Fachverbände der Behindertenhilfe stellen in ihrer „Leitlinie der stationären Behindertenhilfe" heraus: „Pädagogische, heilpädagogische und pflegerische Aufgaben sind gleichermaßen qualifiziert zu erfüllen."

Damit erhält die heilerziehungspflegerische Arbeit einen ebenso hohen Stellenwert wie medizinische oder pädagogische Tätigkeiten, um dem Menschen mit Behinderung in seiner Individualität gerecht zu werden. Weitere Ziele, die in diesem Zusammenhang hervorgehoben werden, beziehen sich beispielsweise auf Selbstbestimmung, Privatheit, Eigenkompetenz, soziale Begleitung und Unterstützung im Sinne eines inklusiven Lebens. Werden diese sehr zu empfehlenden Qualitätskriterien übergangen, so ist immerhin das Mindestmaß an Leistungen zu dokumentieren, das in der Form rechtlich festgelegt ist, dass der Sozialhilfeträger Qualitätsprüfungen mit der jeweiligen Einrichtung im Detail regelt und vertraglich niederlegt.

Aktuell herrschen die relativ allgemeinen Qualitätssicherungsmaßnahmen TQM, DIN ISO 9000 und EFQM vor. Mit besonderem Bezug zum Bereich der Arbeit mit Menschen mit Beeinträchtigung haben sich die Verfahren GBM, SYLQUE und LEWO herauskristallisiert. Einzelne Instrumente der Qualitätssicherung, welche im Bereich des heilerziehungspflegerischen Handelns üblich sind, werden im Folgenden erläutert.

Ombudsmann

Immer häufiger werden ehrenamtlich arbeitende Ombudspersonen oder Ombudsleute in der Behindertenhilfe eingesetzt, um die Rechte von Menschen mit Beeinträchtigung zu gewährleisten. Da die Einstellung in der Regel durch den Kreistag erfolgt, hat dieses Amt eine politische Legitimation und bedeutungsvolle Relevanz. Mithilfe des Ombudsmann-Verfahrens, welches im allgemeinen Sinne aus der skandinavischen Tradition stammt, werden Konflikte, die sich auf die Behinderung zurückführen lassen, beigelegt. Fragen, Anmerkungen, Kommentare oder Beratungswünsche zum Leben mit Beeinträchtigung können auf direktem Wege angenommen und geklärt oder weitergeleitet werden. Unterstützung bei dem Ausfüllen von Formularen, Erstellen von Anschreiben oder Tätigen von Verwaltungsangelegenheiten wird ebenfalls durch den Ombudsmann geleistet.

Die Zusammenarbeit mit Vertretern einschlägiger Gremien und Beiräten ist für die Tätigkeit des Ombudsmanns unabdingbar. In Beratungsfragen handelt er zumeist nach dem Prinzip der „Hilfe zur Selbsthilfe", wobei der Ratsuchende selbst über das weitere Vorgehen in einer Angelegenheit entscheidet. So werden auch erst dann weitere Stellen vom Ombudsmann eingeschaltet oder kontaktiert, wenn der Ratsuchende dies ausdrücklich wünscht.

Daneben ist Verschwiegenheit des Ombudsmanns von höchster Wichtigkeit, da die Belange seiner Klienten häufig äußerst persönliche Bereiche betreffen und vertraulich weitergegeben werden. Eine Ausnahme bildet in diesem Zusammenhang allerdings die Information zu Straftaten und Gesetzesübertretungen. Anonym weitergegebene Beschwerden werden in der Regel nicht berücksichtigt.

In einem jährlichen Erfahrungsbericht kann der Ombudsmann seine Tätigkeit innerhalb des Vorjahres dokumentieren.

2.3 Instrumente der Qualitätssicherung

Zur Sicherung von Qualität im heilerziehungspflegerischen Bereich stehen unterschiedliche Instrumente zur Verfügung. Wie so oft im sozialen Bereich, gibt es keine Ideallösung zum Gebrauch des einen oder anderen Instrumentariums. Die Auswahl hängt davon ab, welche Aspekte vornehmlich untersucht werden sollen. Die Entscheidung für Qualitätssicherung mit einem bestimmten System hat nicht zwangsläufig die Feststellung einer umfassenden Qualität in *allen* Bereichen zur Konsequenz.
Man unterscheidet zwischen **2 Organisationsformen der Qualitätssicherung**:
Die zentrale Qualitätssicherung:

- Außenstehende Experten führen die Prüfung auf Grundlage allgemeiner Standards durch.
- Audits (systematische Beurteilungen von Leistung und Erfolg) zur Vorgabe und Evaluation von Zielen finden statt.
- Der Gesamtablauf wird zentral von einem Qualitätsbeauftragten und/oder QM-qualifizierten Fachkräften analysiert.

Die dezentrale Qualitätssicherung:

- Die Überprüfung von Standards und einrichtungsinternen Kriterien erfolgt durch Fachkräfte der Einrichtung selbst. Sie arbeiten selbst an der Sicherung der Qualität mit.
- Methoden der Überprüfung von Prozessen werden selbst gewählt und durchgeführt.
- Abläufe werden als Teile analysiert und beurteilt.
- Direkte Einbindung der Mitarbeiter in die Prüfung und Sicherung von Qualität sowie deren Reflexion.

Einige übliche Maßnahmen zur Qualitätssicherung sind im Folgenden dargestellt, um die Entscheidung für oder gegen ein bestimmtes Qualitätssicherungsmodell zu erleichtern.

2.3.1 Total Quality Management (TQM)

Das Modell des „Total Quality Management" zielt, wie der Name vermuten lässt, auf umfassende Qualität in allen Bereichen ab. Ausgehend von betriebswirtschaftlichen Zusammenhängen, intendiert es perfekte Leistung im gesamten Arbeitsfeld. Perfektion ist konsequenterweise das übergeordnete Ziel jeglicher Tätigkeit und als Arbeitsprinzip anzusehen. Jeder Mitarbeiter hat sich diesem Prinzip gegenüber geradezu zu verpflichten und entsprechend zu verhalten. Struktur-, Prozess- und Ergebnisqualität sind gleichermaßen angesprochen. Jedoch stehen Klienten als sogenannte „externe Kunden" und Mitarbeiter („interne Kunden") im Zentrum des Modells. Es findet keine Unterscheidung zwischen Mitarbeitern auf unterschiedlichen Ebenen statt. Personal im Management wird ebenso in seiner Leistung beurteilt wie hauswirtschaftliche Mitarbeiter oder Reinigungspersonal. Die Optimierung der Arbeit auf allen Ebenen wird angestrebt, um ganzheitliche Perfektion zu erreichen. Damit hebt sich das TQM grundlegend von der klassischen Qualitätssicherung ab, wie in ▶ **Abb. 1** erkennbar ist:

Klassische Qualitätssicherung	Total Quality Management
Menschen machen Fehler.	Prozesse provozieren Fehler.
Einzelne Mitarbeiter sind für Fehler verantwortlich.	Alle Mitarbeiter sind für Fehler verantwortlich.
Null Fehler ist nicht realisierbar.	Null Fehler ist das Ziel.
[...]	[...]
Kunden müssen nehmen, was das Unternehmen an Qualität liefert.	Alles ist auf vollkommene Kundenzufriedenheit ausgerichtet.

Abb. 1 Vergleich Instrumente (Roux, Informatik Uni Jena, 2011)

Fazit: Der betriebswirtschaftliche Ursprung der Qualitätssicherung wird besonders mit Blick auf die „Kunden" deutlich. Ersetzt man diesen Begriff mit „Klienten" ist die Übersicht durchaus auf die Arbeit im heilpädagogischen Bereich übertragbar. Vorteile für den einzelnen Menschen, gleich ob Mitarbeiter oder Klient, werden im TQM gegenüber der klassischen Qualitätssicherung deutlich. Wobei außerdem noch Perfektion im Sinn von Fehlervermeidung in den Rahmen des Möglichen aufgenommen wird. Somit ist TQM der klassischen Qualitätssicherung gegenüber zu bevorzugen.

2.3.2 European Foundation for Quality Management (EFQM)

EFQM basiert auf dem TQM-Modell, geht jedoch darüber hinaus, indem es Mitarbeiter in Prozesse der Weiterentwicklung einbindet. Dadurch können bessere Ergebnisse erreicht werden. Insgesamt ist es innerhalb des EFQM-Prozesses möglich, einen Punktwert von 1000 zu erreichen. Die Verteilung gestaltet sich folgendermaßen ▶ **Abb. 2**:

Kriterium EFQM	Max. Punktzahl
Führung	100
Grundsätze und Strategien	80
Mitarbeiterorientierung	90
Ressourcen	90
Prozesse	140
Mitarbeiterzufriedenheit	90
Geschäftsergebnisse	150
Kundenzufriedenheit	200
Gesellschaftliche Verantwortung und Image des Unternehmens	60

Abb. 2 Punkteverteilung im EFQM

Das Modell ist das Ergebnis zu Fragen nach Qualitätssicherungsmaßnahmen europäischer Spitzenunternehmen, um im globalen Wettbewerb konkurrenzfähig zu sein. Daher ist es nicht verwunderlich, dass „Kundenzufriedenheit“ insgesamt zwar den höchsten Punktwert erhält, im Gesamtanteil mit 20% jedoch relativ niedrig anzusiedeln ist. In der heilerziehungspflegerischen Praxis wäre dieser Aspekt der „Kundenzufriedenheit“ sicher mit einer höheren Prozentzahl zu belegen, um sozialen und pflegerischen Gesichtspunkten gerecht werden zu können.
Ein weiterer Kritikpunkt an dem EFQM-Modell ist der zeitliche Aufwand von einem Jahr, der zur qualifizierten Durchführung dessen benötigt wird. Eine schnelle und kurzfristige Sicherung von Qualität ist auf diesem Wege nicht möglich.

2.3.3 Standardisiertes Instrumentarium zur Evaluation von Einrichtungen der stationären Altenhilfe (SIESTA)

Da Menschen mit Beeinträchtigung heute ein hohes Alter erreichen können, ist ein Blick auf ein Instrumentarium aus dem Bereich der stationären Altenhilfe sicher auch für Heilerziehungspfleger lohnenswert: Ausgehend vom TQM stellt SIESTA das hohe Erwachsenenalter und die damit einhergehenden besonderen Lebensaufgaben von Menschen ins Zentrum der Evaluation. Mithilfe von Vergleichen der Ist- und Soll-Stände innerhalb unterschiedlicher Module erfolgt die Sicherung von Qualität. Dabei handelt es sich um **4 Module**, die gemeinsam von internen Mitarbeitern und externen Fachkräften konzipiert werden. Zwei der Module zielen auf die Beurteilung der Rahmenbedingungen bezüglich baulich-technischer und organisatorisch-konzeptioneller Belange. Durch ein weiteres Modul erhält die Arbeitssituation der Mitarbeiter ihre nähere Betrachtung; hier wird nicht nur die persönliche Arbeitszufriedenheit angesprochen, sondern auch der Umgang untereinander sowie derjenige mit der Klientel. Das letzte Modul von SIESTA soll den Klienten die Möglichkeit geben, sich zu ihrer eigenen Lebenszufriedenheit zu äußern.

Die gewonnenen Informationen werden analysiert und dokumentiert, sodass positive und negative Aspekte zum Vorschein kommen. Aufgrund der gewonnenen Erkenntnisse erfolgt ein Vergleich von Ist- und Soll-Stand. Die aktuelle Lage wird auf Basis der TQM-Elemente mit der angestrebten Situation verglichen. Verbesserungswürdige Punkte sollen im Sinne von SIESTA mithilfe von Empfehlungen des „Kuratoriums Deutsche Altershilfe“ verändert werden.

2.3.4 Selbstbewertungssystem für stationäre Einrichtungen der Altenhilfe (SEA)

Ein weiteres Modell zur Qualitätssicherung im Bereich der Altenhilfe stellt das aus Großbritannien stammende SEA dar. Es intendiert die hohe Zufriedenheit aller am Arbeitsalltag beteiligten Personen – Klienten wie Mitarbeiter auf allen Ebenen und Vertreter betroffener Ämter (z. B. der zuständige Sachbearbeiter der Pflegekasse). Das System basiert auf dem EFQM-Modell in Kombination mit „Homes are for Living In“ und „Home Life“. Letzteres stellt ein Konzept dar, das besonderen Fokus auf die Erhaltung von Werten im Wohnbereich und Tagesablauf legt.

Zentrale Grundwerte des SEA:
- Die Würde des Menschen
- Das Recht auf Privatsphäre
- Unabhängigkeit, z. B.: Ausstattung der Räumlichkeiten
- Wahlfreiheit, z. B. Wahlmöglichkeit bei den Mahlzeiten
- Rechte/Rechtssicherheit
- Erfüllung/Selbstverwirklichung, z. B. Abwechslung im Alltag

(Berger, 2001)

Außerdem sind SEA Standards zugrunde gelegt, die dem Gemeinschaftsprojekt „Handbuch zur Qualitätssicherung“ (G. A. Hoffmann, Diakonisches Werk Hessen) entstammen. Diese Standards beziehen sich auf Qualität, Selbstbewertung, Verbesserung und Erfolgskontrolle.

Fragen, mit deren Hilfe die **Selbstbewertung in SEA** durchgeführt wird, sind in 3 Gruppen aufgeteilt:
1. Gruppe: Politik und Strategien, Prozesse, Personalführung
2. Gruppe: Bewertung und Planung, bauliche Standards, Informationspolitik, Pflegepraxis, Therapieangebote, Unterstützung individueller Bedürfnisse, hauswirtschaftliche Leistungen
3. Gruppe: Mitarbeiter- und Kundenzufriedenheit

Dabei werden die einzelnen Elemente durch festgelegte Punkteverteilung von insgesamt 5.000 erreichbaren Punkten unterschiedlich stark gewichtet. Durch die sich anschließende Auswertung ist klar ersichtlich, welche Bereiche zunächst der Verbesserung bedürfen.

Abb. 1 Erreichbarer Punktwert des SEA

Fazit: Im Zeitraum von mindestens einem Jahr erfolgt die Umsetzung von SEA in der Praxis, wobei abschließend keine Zertifizierung erfolgt. Allerdings hat es sich in der Praxis sowohl durch seine Einfachheit in der Umsetzung als auch in der ganzheitlichen Betrachtung der Gesamtsituation bewährt. Die Übertragung der Ergebnisse kann direkt im täglichen Arbeitsablauf erfolgen.

2.3.5 Qualitätssiegel und -zertifikate

In weiterem Sinne sind Qualitätssiegel und -zertifikate eigene Qualitätssicherungsinstrumente. Teilweise sind sie Bestandteile von Qualitätsmanagement-Systemen, teilweise werden sie unabhängig von solchen Modellen verliehen. Angebote von Siegeln und Zertifikaten sind zahlreich, wobei nicht jede Auszeichnung als allgemeines Gütekriterium zu verstehen ist. Nicht selten werden Zertifikate für Kleinstbereiche oder Leistungen in einem einzelnen Gebiet ausgestellt. Einen groben Überblick über gängige Siegel und Zertifikate in der deutschen Langzeitpflege bietet eine „Siegelkarte" des Zentrums für Qualität in der Pflege im Doppelseitenformat mit wertvollen Informationen ▸ **Abb. 1**. Es gibt sie zum Download unter *http://zqp.de/index.php?pn=project&id=16*

2.3.6 Qualitätshandbücher

Qualitätshandbücher können frei erstellt werden. Jeder Einzelne und jede Einrichtung kann ihr eigenes Qualitätshandbuch verfassen. Demzufolge ist der Markt nur so überflutet von „Qualitätshandbüchern", die sich meist in ihrer Schwerpunktlegung auf Prozess- oder Ergebnisqualität unterscheiden. Zwar bietet sich dadurch eine große Vielfalt, jedoch spricht dies nicht unbedingt für die Güte der einzelnen Werke. Empfehlenswert sind daher Handbücher professioneller Beratungsunternehmen oder diejenigen von Berufsverbänden oder Ausgaben renommierter heilerziehungspflegerisch arbeitender Vereinigungen wie der AWO oder Lebenshilfe. Eine wertvolle Unterstützung für den Einsatz in der heilerziehungspflegerischen Praxis ist das „Qualitätshandbuch Wohnen im Heim", das zwar aus dem Bereich der Altenhilfe stammt, jedoch gut auf stationäre Behinderteneinrichtungen angepasst werden kann.

Dieses Buch basiert auf dem Pflegemodell der „Aktivitäten und existenziellen Erfahrungen des Lebens" (AEDL) nach Krohwinkel. Mithilfe von zahlreichen Fragen zu unterschiedlichsten Lebensbereichen wird eine Beurteilung der fachlichen Tätigkeit in einer stationären Einrichtung der

Zentrum für Qualität in der Pflege
Die Stiftung, die Wissen vernetzt.

Bezeichnung	Sektor			Wer hat Zugang?	Sind die MDK-Anforderungen abgedeckt?	Werden im Rahmen der Prüfung regelmäßig …		
	STATIONÄR	AMBULANT	TAGESPFLEGE			… Bewohner/Klienten befragt?	… Bewohner/Klienten mit einbezogen?	… Mitarbeiter befragt?
AWO-Qualitätsmanagement Zertifikat	✓	✓	✓	AWO-Einrichtungen und kooperative Mitglieder	✓	✓	✓	✓
Der Grüne Haken	✓	✗	✗	Alle stationären Pflegeeinrichtungen der Altenhilfe	✗	✓	✓	✓
Diakonie-Siegel Pflege	✓	✓	✓	Diakonische Einrichtungen und Träger	✓	✓	✓	✓
DiCV QuM-Siegel des Caritasverbandes Bamberg	✓	✓	✓	Mitgliedseinrichtungen des Caritasverbandes der Erzdiözese Bamberg e. V.	✗	✓	✓	✓
DRK Siegel des Landesverbandes Baden-Württemberg für ambulante Pflege	✗	✓	✗	Einrichtungen des DRK Landesverbandes Baden-Württemberg	✓	✗	✗	✗

Abb. 1 Übersicht zu Siegeln und Zertifikaten in der deutschen Langzeitpflege – Ausschnitt

Behindertenhilfe erreicht. Verbesserungsmöglichkeiten und Entwicklungsschritte sind offensichtlich erkennbar. Sie können durch Fachbezug und Praxisnähe des Handbuchs direkt im täglichen Handeln umgesetzt werden.

2.3.7 Qualitätszirkel

Ausgehend vom betriebswirtschaftlichen Management haben sich auch im Bereich der Behindertenhilfe Qualitätszirkel gebildet: Eine Kleingruppe von Mitarbeitern der gleichen Hierarchieebene kommen über eine bestimmte Zeit in regelmäßigen Abständen zusammen, um ihre Erfahrungen, Herausforderungen und empfehlenswerten Strategien des Arbeitsalltags auszutauschen. Innerhalb der Gruppe erfolgt gemeinsam mit einem professionellen Moderator eine Analyse der ausgetauschten Informationen. In einem weiteren Schritt entwickelt die Kleingruppe Lösungsstrategien für anstehende Probleme und Schwierigkeiten.

Die Reihenfolge der anzugehenden Punkte wird ihrer Relevanz nach von der Gruppe selbst bestimmt. Man geht davon aus, dass die Mitarbeiter selbst am besten wissen, welche Probleme für ein effektives Arbeiten zuerst behoben werden müssen. Außerdem wird ihnen als Experten für ihre Ebene die Fähigkeit zugesprochen, Wege zu einer schnellen und wirksamen Zielerreichung optimal einschätzen zu können.

Weiterhin geht das Konzept der Qualitätszirkel davon aus, dass Menschen gewillter sind, einen Weg zu gehen, wenn sie ihn selbst oder eine Person aus ihrer Mitte ihn mitgeplant haben. Offensichtliches Ziel der Qualitätszirkel ist es, den Arbeitsalltag zu verbessern. Dabei zielt es ebenso auf Problemlösungen wie Steigerungen des Standards bisher üblicher Abläufe. Die Kleingruppe sorgt dafür, dass Verbesserungsvorschläge in die Tat umgesetzt werden, und überprüft die Ergebnisse. Damit geht fachliche Kommunikation und Herausforderung mit gemeinsamen Erfolgserlebnissen einher.

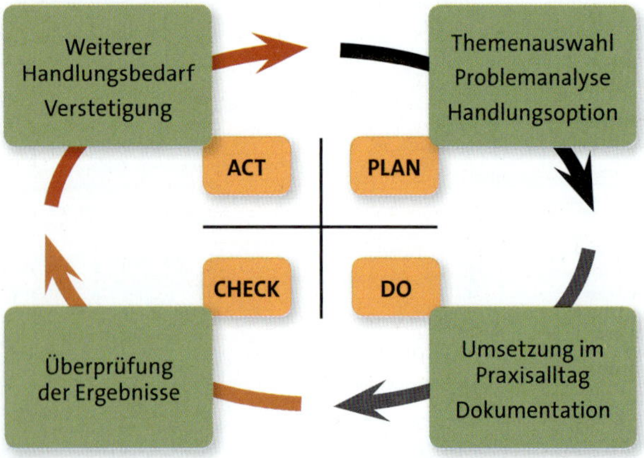

Abb. 1 Struktur der Arbeit im Qualitätszirkel (KBV Berlin)

Effektives Miteinander der Kollegen am Arbeitsplatz ist die Folge, die in Arbeitszufriedenheit resultiert, die wiederum zu besseren und schnelleren Ergebnissen führt. Außerdem üben die Mitarbeiter ein, wie Probleme und Schwierigkeiten selbst effektiv gelöst werden können. Das Management wird diesbezüglich entlastet und kann seinen eigentlichen Leitungsaufgaben nachgehen.

2.3.8 Pflegedokumentation

Das Qualitätssicherungsinstrument der Pflegedokumentation stellt den Klienten in den Mittelpunkt der Arbeit. Durch sie werden effiziente Kommunikation und schneller und unkomplizierter Informationsaustausch gewährleistet. Notwendige und wichtige Information zu einem Klienten wird an zuständige Betreuer des Klienten direkt weitergegeben. Missverständnisse oder Unklarheiten können so im Vorfeld weitestgehend ausgeräumt werden. Dabei dient die Dokumentation allen am Pflegeprozess einer Person beteiligten **Mitarbeitern**, unabhängig von ihrer Berufszugehörigkeit. Heilerziehungspfleger haben ebenso Einsicht in die Pflegedokumentation wie Therapeuten und Erzieher. Informationslücken oder die Weitergabe einseitiger Mitteilungen entfallen. Weiterhin wird die Qualität der Pflege durch Dokumentation deutlich und offen erkennbar. Daneben ist die Pflegeleistung kontrollierbar, was im Zusammenhang mit juristischen Prozessen von hoher Relevanz ist. Aus diesem Grund müssen Pflegedokumentationen mindestens 5 Jahre aufbewahrt werden (§ 13 HeimG).

In den meisten Einrichtungen wird die Pflegedokumentation zwischenzeitlich mithilfe einer benutzerfreundlichen Computersoftware getätigt. Ist man in der Position, sich eine Software aussuchen zu dürfen, sollten nicht nur qualitative und umfassende Aspekte der Dokumentation für die Wahl ausschlaggebend sein. Gesichtspunkte der einfachen und schnellen Umsetzung sollten ebenso Auswahlkriterien darstellen. Es ist nicht empfehlenswert, sich stundenlang mit einer schriftlichen Dokumentation auseinandersetzen zu müssen, wenn die Zeit letztendlich von der Pflegezeit der Klienten abgezogen werden muss.

▸ **S. auch Pflegedokumentation im Modul 3, Kap. II.2**

Wichtige Bestandteile von Pflegedokumentationen sind nach § 75 SGB XI:

- Pflege- und Betreuungsanamnese
- Pflegeplanung
- Pflegebericht
- Angaben über den Einsatz von Pflegehilfsmitteln
- Angaben über durchgeführte Pflegeleistungen (Leistungsnachweis)

2.3.9 Resident Assessment Instrument (RAI)

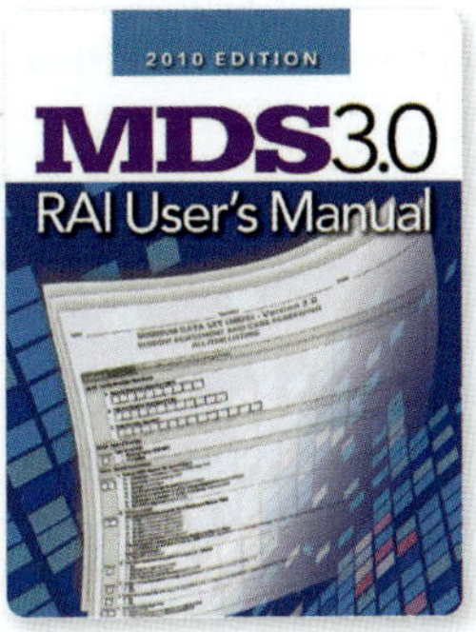

Abb. 1 Handbuch: Resident Assessment Instrument

Die individuelle Pflegesituation sowie der Pflegebedarf eines Menschen kann mit dem Qualitätssicherungsverfahren RAI festgestellt werden. RAI wurde in den USA entwickelt und wird weltweit angewendet. Standards sind festgelegt und können neben Bedarfen der Klienten auch das notwendige Personal zur qualitativ hochwertigen Erfüllung der Leistungen aufzeigen.
Das zentrale Element von RAI stellt das „Minimum Data Set" (MDS) dar. Zusammen mit Einschätzungsbögen („Resident Assessment Protocols") kann das Befinden eines Klienten in Langzeitpflege aus gesundheitlicher und pflegerischer Sicht im Detail dokumentiert werden. Dabei beschränkt sich der Erfassungsbogen „MDS" nicht auf die intensive Betrachtung einzelner weniger Bereiche, sondern geht auf mehr als **500 Aspekte** ein, die folgenden Gebieten zugeordnet werden können:

- Angaben zur Person
- Kognition
- Kommunikation, auditive Erfassung
- Visuelle Erfassung
- Stimmungslage und Verhalten
- Psychosoziales Wohlbefinden
- Körperliche Funktionsfähigkeit (ADL)
- Kontinenz in den letzten 14 Tagen
- Krankheitsdiagnosen
- Gesundheitszustand
- Ernährungszustand
- Mund- und Zahngesundheit
- Hautzustand
- Beschäftigungsmuster
- Medikation
- Spezielle Behandlungen
- Entlassungspotenzial
- Allgemeinzustand; Assessmentinformation

Die Ergänzung „Patientenmix" rundet die ganzheitliche Erfassung des individuellen Klienten ab. Aus festgestellten Förderbedarfen heraus ergeben sich in Konsequenz konkrete Handlungsanweisungen auf 18 unterschiedlichen Gebieten, den Abklärungshilfen „RAP" (Resident Assessment Protocol). Sie bieten eine direkte Verbindung zu den erfassten Informationen des MDS:

- Akute Verwirrtheit/Delir
- Kognitive Beeinträchtigung/Demenz
- Sehfähigkeit
- Kommunikative Fähigkeiten
- Rehabilitationspotenzial (ADL)
- Urininkontinenz/Dauerkatheter
- Psychosoziales Wohlbefinden
- Stimmungslage
- Verhalten
- Aktivitäten und Beschäftigung
- Stürze
- Ernährungszustand
- Sonden
- Dehydration/Flüssigkeitsbilanz
- Mund- und Zahnpflege
- Druckgeschwüre/Decubiti
- Psychopharmaka
- Freiheitsberaubende Maßnahmen

Mithilfe eines „Triggersystems" als sogenanntes Alarmsystem wird erkennbar, in welchen Fällen ein erhöhter Handlungsbedarf aufgrund schwerwiegender Probleme vorherrscht; dafür werden „Risikoerkennungstafeln" verwendet. Weiterhin können die „Resource Utilization Groups" (RUG) angewandt werden. Sie dienen der Feststellung des gesamten Pflegebedarfs und -aufwands einer Einrichtung.
Fazit: RAI ist insgesamt als effektives und praxisnahes Instrument der Qualitätssicherung anzusehen. Ausschlaggebend für diese Einschätzung ist gerade auch die Beachtung der 3 Qualitätsdimensionen (Struktur, Prozess, Ergebnis) sowie der Beteiligung der Klienten am Qualitätssicherungsprozess. So können Aspekte der Fachlichkeit, Persönlichkeit und zwischenmenschlichen Beziehung innerhalb der Qualitätsdimensionen von allen Beteiligten eines Systems ihre Beachtung finden.
Allerdings sollen diese positiven Aspekte nicht über einige schwierige Punkte hinwegtäuschen: Befragungen der Menschen mit Beeinträchtigung können in einigen Fällen sehr wohl Probleme mit sich bringen. Diese gestalten sich in der Art, dass momentane Gefühle und Situationen oft die Beurteilung stark beeinflussen. Auch Annahmen, dass eine höhere Pflegequalität einer höheren Lebensqualität entspricht, bestehen nicht selten, sind aber so nicht haltbar. Konsequenterweise erfolgt eine Verfälschung des Beurteilungsergebnisses. Diese Verfälschung entsteht auch leicht durch Unkenntnis theoretischer Inhalte und Zusammenhänge sowie ein anderes Verständnis eines Sachverhalts. Beispielsweise kann „Zufriedenheit mit der Einrichtung" mit „Zufriedenheit mit dem eigenen Leben" verwechselt werden.

Mögliche Probleme bei der Klientenbefragung

- Beeinflussung durch soziale Erwartungen aufgrund der Nähe zur Fachkraft
- Tendenz zur Bestätigung des Bestehenden (Affirmation)
- „Resignative Harmonie“ – Menschen im hohen Lebensalter tendieren zum Schönreden. Man will sich vor dem Sterben nicht mit (zusätzlichen) Problemen belasten.
- Die nahestehende Fachkraft wird in ihrem Handeln nicht hinterfragt oder kritisiert.
- Aussagen entsprechen nicht der tatsächlichen Empfindung.

Die Befragung der Klienten ist folglich wichtig, aber nicht immer positiv im Sinn von Validität zu sehen. Das Qualitätsniveau einer Einrichtung kann nicht allein aus Ergebnissen von Klientenbefragungen abgeleitet werden. Durch Einbezug *aller* am Prozess, der Struktur und den Ergebnissen beteiligten Personen, kann RAI diesem kritischen Punkt standhalten und Qualität weitestgehend objektiv feststellen.

2.3.10 Gestaltung der Betreuung für Menschen mit Behinderung (GBM)

GBM ist ein Verfahren, das die **Selbstevaluation** in den Vordergrund stellt, um Betreuungs- und Begleitplanung höher qualifizieren zu können. Es ist ein vom Bundesverband evangelische Behindertenhilfe e.V. (BeB) weiterentwickeltes Verfahren, das auf dem von Prof. Dr. Werner Haisch (München) entwickelten Ursprungsverfahren „Planung und Betreuung“ (POB) beruht. GBM intendiert einerseits Ergebnisse bezüglich der Personalbemessung. Andererseits zielt es nicht nur auf ökonomische Ergebnisse ab, sondern beinhaltet auch klassische Fragen der sozialrehabilitativen Arbeit. Betreuungsplanung und -organisation stehen also ebenso im Mittelpunkt dieses Qualitätssicherungsinstruments. Dabei fokussiert sich die Prüfung nicht nur auf den Lebensbereich Heim, sondern untersucht auch die **Qualität in anderen Lebensbereichen**, wie diejenige der Arbeitsstelle oder ermöglichten Freizeitaktivitäten. GBM spricht die Ebenen Individuum, Team und Organisation an.

Ebene Individuum

Ausgehend von dem „Modell der Lebensformen“ (nach Haisch) kann der individuelle Betreuungsbedarf ganzheitlich erhoben und geplant werden.

„Modell der Lebensformen“

Dieses theoretische Konzept ist von W. Haisch entwickelt und basiert auf entwicklungspsychologischen Vorstellungen J. Piagets: Eine defizitäre Herangehensweise ist zugunsten eines Normalisierungsprinzips ausgeschlossen. Haisch geht von 8 gleichwertigen Lebensformen aus, die das individuelle Leben charakterisieren:

- Pflege, Selbstpflege, Krankenpflege
- Selbstbewegung
- Betätigung
- Gewohnheit
- Gestaltung
- Mitteilung/Kognition
- Ausdruck/Konzentration
- Vorstellung/Kognition

Durch die mehr oder weniger intensive Handlung in den einzelnen Bereichen können unterschiedlich nachhaltige Erfahrungen gesammelt werden, die wiederum das individuelle Leben prägen und einzigartig in seinem Sein und seinen Bedarfen werden lassen.

Ebene	Thema	Theorie	Hilfsmittel	Information
Individuum	Erhebung des individuellen Betreuungsbedarfs als Grundlage für Förder- und Betreuungsplanung	Modell der Lebensformen	Fragebogen individueller Lebensformen (FIL), Matrix individueller Betreuung (MIB)	Qualitative und quantitative Aussagen zum Betreuungsbedarf anhand ungewichteter und gewichteter Intensitätswerte
Team	Qualitative und quantitative Leistungserfassung, (Aufwandserhebung)	Modell der Arbeitsorganisation, Modell der Teamdynamik	Betreuungskalender, Fragebogen der Arbeitsorganisation	Aussagen über die Arbeitsorganisation und Bedarfsdeckung in einzelnen Teams
Organisation	Ressourcensteuerung, betriebliche Standards, Gruppen- und Einrichtungsvergleiche	Modell der Organisation, Kooperationsmodell	Bezugs- und Vorgabesätze, Ausdrucke und Report	Bedarfsstruktur von Personen, Gruppen, Bereichen, Einrichtung

Abb. 1 Ebenen des GBM

Ebene Team

Diese Ebene dient der Strukturierung der Arbeitsorganisation auf Grundlage des „Modells der Arbeitsorganisation" und der „Theorie zur Teamdynamik". Es ermöglicht die Berechnung des notwendigen Zeitaufwands zur Erfüllung der Bedarfe eines Menschen mit Beeinträchtigung auf festgelegtem Betreuungsniveau. Daneben bietet es die Chance, notwendige (Zusatz-)Qualifikationen der Fachkräfte festzustellen oder zu initiieren, um bedarfsgerechtes Handeln nach Betreuungsstandard zu gewährleisten.

Modell der Arbeitsorganisation (nach Haisch). Die Mitarbeiter stellen den zeitlichen Bedarf für die Erledigung der Leistungen nach Betreuungsstandard fest. Dazu wird ein Betreuungskalender verwendet, der innerhalb des Softwareprogramms „GBM-Behindertenhilfe-Assistent" zur Verfügung steht.
Bei der Erfassung wird zwischen Zeiten für direkte und indirekte Betreuung unterschieden. Zur „direkten Betreuung" wird die Zeit gerechnet, die in direktem Umgang, d.h. in der direkten Betreuung mit den Klienten verbracht wird. „Indirekte Betreuung" meint Tätigkeiten, die zum Erbringen der Leistung auf festgelegtem Betreuungsniveau notwendig, jedoch nicht dem direkten Kontakt zum Klienten zuzurechnen sind; z.B. hauswirtschaftliche oder organisatorische Tätigkeiten, Besprechungen und Gespräche mit Angehörigen. Innerhalb der Arbeitsorganisation erfolgt eine Untergliederung in 4 Ebenen:

1. Kooperation: Innerhalb dieser Ebene befinden sich konkrete Betreuungsleistungen nach festgelegten Kriterien im Kontakt mit dem Klienten, z.B. Unterstützung im Alltag.
2. Koordination: Dieser Bereich beinhaltet die organisatorische Planung, z.B. Dienstpläne erstellen.
3. Subvention: Hier werden organisatorische Tätigkeiten beschrieben, die sich auf Rahmenbedingungen und Infrastruktur beziehen, z.B. Fahrdienste und hauswirtschaftliche Tätigkeiten sowie Softskills der Mitarbeiter, z.B. Weiterbildung.
4. Kommunikation: Diese Ebene bezieht sich auf Struktur sowie Art und Weise der berufsbezogenen Kommunikation, z.B. Teamsitzungen und Effektivität der Gespräche.

Theorie zur Teamdynamik (nach Haisch). Kooperation im Team wird von den jeweiligen Voraussetzungen und Gegebenheiten beeinflusst. Sind diese von ungünstigen Faktoren geprägt, kann Kooperation zusammenbrechen bzw. sich nicht in positivem Sinn entwickeln. Mehr oder weniger offensichtliche Streitigkeiten oder Querelen der Mitarbeiter untereinander und die Formation von konkurrierenden Sub-Teams (sogenannte „Cliquenbildung") kann die Folge sein. Dies führt in Konsequenz zu destruktivem Verhalten, das den Klienten nicht gerecht wird und Unzufriedenheit bei allen am Betreuungsprozess direkt oder indirekt beteiligten Personen mit sich bringt. Festgesetzte Leistungsstandards können nicht erreicht werden.

Ebene Organisation

Die Ebene der Organisation basiert auf dem „Kooperationsmodell oder Modell der sozialen Organisationen". Es beschreibt die strategische Planung der Leistungen einer Einrichtung. Detailliert werden Leistungen aus allen Bereichen in ihrer bestehenden Qualität erläutert. Vorhaben mit Bezug auf Leistungsentwicklung finden ihre Beachtung. Üblicherweise werden Ist-/Soll-Stand-Analysen angefertigt, um Ergebnisse zu erhalten, die Standards und Ziele verdeutlichen und den Personalbedarf klar erkennen lassen.

Kooperationsmodell oder Modell der sozialen Organisationen. Das Modell geht von dem Minimal- und Maximalprinzip der Wirtschaftlichkeit aus ▸ **Abb.1**.

Maximalprinzip:
Mit vorgegebenen Mitteln ein Maximum an Leistung erzielen

Die angebotene Leistung erfolgt nach individuellen Kriterien der Betreuungspersonen und ist abhängig von dessen Prioritätensetzung und Belastbarkeit

Mittel	Realisierung	Zielformulierung
Orientierung am Mangel	Maßloses Prinzip optimaler Betreuung	Abhängigkeit vom Engagement der Betreuer/-innen

Minimalprinzip:
Ein vorgegebenes Ziel mit einem Minimum an Aufwand erreichen

Ziele werden anhand fachlicher Kriterien getroffen und von der Leitung verantwortet. Die entsprechenden Mittel werden bereitgestellt.

Zielformulierung	Mittel	Realisierung
Orientierung am Bedarf	Möglichkeit, die Effektivität zu bestimmen	Bewusstsein, wann die Arbeit zu Ende ist

Abb. 1 Übersicht Minimal- und Maximalprinzip

Beide Prinzipien stehen sich gegenüber: Während die betreuende Fachkraft innerhalb des Maximalprinzips maßlose Arbeit leistet, um ein Optimum an Betreuung zu bieten, zeigt ein Mitarbeiter, der nach dem Minimalprinzip agiert, Handlungen, die ausreichen, um festgelegte Standards zu erfüllen. Neben den Prinzipien der Wirtschaftlichkeit prüft das Kooperationsmodell auch Organisationsaufgaben hinsichtlich der Zusammenarbeit aller am Betreuungsprozess beteiligten

	Maximalprinzip	Minimalprinzip
Kooperation	Identifikation der Privatpersonen mit dem betrieblichen Interesse	Personalunabhängige Erfüllung der Dienstleistungsaufgaben und Dienstleistungsprozesse
Koordination	Haushalten	Formeller Vollzug einer in Art und Umfang spezifischen Dienstleistung in Kombination der Teilaufgaben
Subvention	Fachdienste mit Funktion der Feuerwehr	Beschaffung und Sicherung der personellen und dinglichen Mittel als Voraussetzung für die Betreuung
Kommunikation	Bekanntmachen von Leitungsvorgaben, Störungsmeldungen und Präsentation	Aktuelle Abstimmung und Fortschreibung der Planung

Abb. 1 Kooperationsmodell (GBM)

Personen. Wie auf der „Ebene Team" wird auch hier unterschieden zwischen den Bereichen:

1. Kooperation: Dieser Bereich meint die Interaktivität mit den Klienten, bedingt durch die Prinzipien der Wirtschaftlichkeit.
2. Koordination: Hiermit sind klar definierte und zugeteilte Aufgabenbereiche der Organisation gemeint. Es sind zumeist Angelegenheiten der Organisation und Verwaltung durch die Leitung, die üblicherweise nach dem Maximalprinzip handelt, beschrieben.
3. Subvention: Sie beinhaltet Unterstützungsprozesse zur Ermöglichung des grundlegenden Arbeitsgeschehens; d. h. Zurverfügungstellen von notwendigen Ressourcen jeglicher Art. Hierzu gehört auch die sogenannte „Feuerwehrfunktion" zur Vermittlung bei Konflikten oder Problemen.
4. Kommunikation: Dieser Aspekt bezieht sich auf die verlässliche Weiterleitung von Informationen, um einen geregelten Ablauf zu gewährleisten, der „Herrschaftswissen" ausschließt. Entscheidungen werden möglichst begründet weitergegeben. Dadurch wird hohe Zufriedenheit und gemeinsames Arbeiten an *einem* Ziel erreicht.

Bestmöglich gestaltet sich die Zusammenarbeit nach diesem Modell, wenn arbeitsteilig und zielorientiert vorgegangen wird, wobei auch Kompromisse zugunsten der gemeinsamen Sache eingegangen werden müssen. Dies ist auch in Überschneidung mit anderen Ebenen notwendig, wenn beispielsweise heilerziehungspflegerische Inhalte aufgrund organisatorischer Strukturen nicht oder nur teilweise umgesetzt werden können. Der praktische Zusammenhang zwischen den Prinzipien der Wirtschaftlichkeit und der Zusammenarbeit der Mitarbeiter wird nochmals durch obiges Schaubild verdeutlicht ▸ **Abb. 1**.

Insgesamt geht GBM von folgenden Grundsätzen aus:

- **Einheitlichkeit im betreuerischen Handeln**, d. h. qualitativ hochwertiges Handeln bezogen auf Fachlichkeit, Teamarbeit und Organisation. Die Leistungen zeichnen sich durch spezielles Eingehen auf den Klienten mit seinen individuellen Bedarfen aus.
- **Fachlichkeit von Betreuung**, d. h. Wertschätzung jedes Lebens und individuelle Förderung innerhalb der gegebenen Möglichkeiten des Klienten.
- **Individuelle Bedürfnisse und Bedarfe**, d. h., Bedürfnisse und Bedarfe sind individuell zu verstehen und in gesellschaftlich akzeptablem Kontext zu stillen. Vorherrschende Normen und Werte sind zu beachten.
  Die individuellen Bedarfe werden mit dem sogenannten „Fragebogen individueller Lebensführung (FIL) erhoben. Gemeinsam mit der „Matrix der individuellen Betreuung" (MIB), die Leistungsbeschreibungen bietet, können Förder- und Betreuungsplanung des individuellen Klienten ganzheitlich vorgenommen werden. Nicht zu vergessen ist die Selbsteinschätzung des Klienten, die selbstverständlich in die Planung einbezogen wird. Durch diese umfangreiche und detaillierte Planung wird der zeitliche, finanzielle und personelle Aufwand ersichtlich, der für die Ausführung der Leistungen notwendig ist. Ein gesondertes System von Kennzahlen innerhalb des GBM-Verfahrens unterstützt die Ermittlung und detaillierte Beschreibung des jeweiligen Betreuungsaufwands sowie der fachlichen Leistungen.

Fazit: Da mit GBM eine Vielzahl an quantitativ und qualitativ wertvollen Informationen aus 3 Ebenen gewonnen werden können, ist GBM auch als Unterstützungsinstrument bei strategischen Fragen anzusehen. Aufgrund des erforderlichen Hintergrundwissens zur Anwendung von GBM in der Praxis beschränkt sich der Einsatz von GBM aber häufig nur auf den Bereich der individuellen Ebene, aus der die Betreuungsplanung hervorgeht.

Zum Weiterlesen

www.gbm.info

2.3.11 SYLQUE

Das „System der Leistungsbeschreibung, Qualitätsbeschreibung, Qualitätsprüfung und Entgeltberechnung" (SYLQUE) stellt ein weiteres Instrument zur Qualitätssicherung in der Arbeit mit Menschen mit Beeinträchtigung dar. Zusammen mit der Universität Kaiserslautern hat der „Verband katholischer Einrichtungen und Dienste für lern- und geistig behinderte Menschen e.V." (VKELG) dieses System entwickelt.

Zusammenschluss VKELG – CBP
Zum Verband „Caritas Behindertenhilfe und Psychiatrie e.V." (CBP) haben sich 2010 zusammengeschlossen:
Verband kath. Einrichtungen und Dienste für lern- und geistig behinderte Menschen e.V.
Bundesarbeitsgemeinschaft kath. Einrichtungen für sinnesbehinderte Menschen e.V
Verband kath. Einrichtungen und Dienste für körperbehinderte Menschen e.V.

SYLQUE geht grundsätzlich von einem ganzheitlichen Menschenbild aus, das christlich charakterisiert ist. Konsequenterweise ist das Qualitätssicherungsinstrument ressourcenorientiert und geht auf den individuellen Hilfebedarf des Menschen mit Beeinträchtigung ganzheitlich ein. Dazu wird ein „Erhebungsbogen zur Erfassung des Hilfebedarfs von Personen mit Behinderung" (EHB) verwendet. Dieser Erhebungsbogen ermittelt Informationen aus den Bereichen:

- Pflege
- Auffälligkeiten
- Selbstständigkeit
- medizinische Hilfe

Diesen Bereichen sind insgesamt 36 jeweils **fünfstufige Aspekte** (▸ **Abb. 1**) zugeordnet. Sie gehen von der Bezugsperson und deren Einschätzung aus. Aus der Erhebung ergeben sich Betreuungsbedarfe, die benötigte Personalzahl (PMZ) zur Umsetzung der notwendigen Maßnahmen kann ermittelt werden.

Ganz im Sinn der Ganzheitlichkeit beachtet das System auch die eigene Lebenswelt des Klienten. Allerdings steht die Überprüfung der *Prozessebene* im Vordergrund. Der Alltag in einer Einrichtung für Menschen mit Beeinträchtigung steht in seinem Ablauf im Zentrum der Qualitätssicherung. Ist-Stände werden mit dem Ziel der Optimierung erfasst. Dabei werden bestehende Standards als Maßstab verwendet. Die Entwicklung neuer Qualitätsmaßstäbe ist in SYLQUE nicht vorgesehen; das wird von SYLQUE-Kritikern negativ hervorgehoben. Dem System geht es vielmehr darum, bereits beschriebene Leistungsstandards zu erfüllen bzw. die Voraussetzungen dafür herzustellen, dass sie erreicht werden können. Gegebenenfalls sind politische Forderungen notwendig, um strukturelle, finanzielle und personelle Bedingungen durchzusetzen.

Zur Durchführung von SYLQUE ist zu erläutern, dass es sich um eine Form von **Selbstevaluation** handelt, wobei eine externe Moderation für sinnvoll erachtet wird. Innerhalb der Selbstevaluation kann mit SYLQUE der Hilfebedarf einer Einrichtung festgestellt werden. Aus dem System heraus ergeben sich Unterschiede zwischen festgeschriebenen Standards und der realen Situation. Die Differenz wird in Struktur und Ergebnis, besonders aber in Bezug auf den Arbeitsprozess und Personalbedarf deutlich. Mit dem Verfahren zur Personalbemessung kann die Personalmesszahl (PMZ) ermittelt werden, die nötig ist, um Standards zu erfüllen. Aspekte, die der standardgemäßen Durchführung entgegenstehen, werden offenbar. Besteht Verbesserungsbedarf, so ist er deutlich ablesbar. Da SYLQUE auf strukturelle, fachspezifische und organisatorische Gesichtspunkte über einen Zeitraum von etwa einem Jahr eingeht, ist das System als umfassend zu beurteilen. Das System kann durchaus als Entscheidungshilfe herangezogen werden, die zu einer Qualitätssteigerung der Leistungen führt. Außerdem stellt es eine Grundlage für Gespräche hinsichtlich der Verbesserung der Arbeitsqualität auf unterschiedlichen Bereichen dar. Art, Ausmaß und Qualität der Leistung sind für alle Beteiligten klar ersichtlich.

Differenzierung der Leistung	Leistungsbeschreibung	Qualitätsbeschreibung			Prüfkriterien	Kostenfaktoren	Entgelt
		Struktur	Prozess	Ergebnis			
Einrichtungsbezogen							
Verpflegungs- und versorgungsbezogen							
Personenbezogen							

Abb. 1 Struktur von SYLQUE

Fazit: Schwierigkeiten oder Schwächen im Arbeitsablauf stellt SYLQUE ebenso fest wie starke und empfehlenswerte Aspekte, die zu einer hervorragenden Evaluation führen. Interpretationen in die eine oder andere Richtung entfallen. Sich anschließende Qualitätsentwicklungsprozesse werden strategisch effektiv initiiert und implementiert. Das Ziel einer Qualität nach Standardbeschreibung, besonders hinsichtlich der Dimension des Arbeitsprozesses in einer Einrichtung für Menschen mit Beeinträchtigung, ist nach Analyse des Ist-Standes anhand von SYLQUE schrittweise erreichbar. Kontextuelle Qualität auf festgelegtem Standardniveau kann realisiert, beschriebene Qualitätsstandards können überprüft und durchgesetzt werden. Kritik an SYLQUE bezieht sich darauf, dass das System sich vornehmlich an Großeinrichtungen wendet und wenig nutzerfreundlich erscheint; auch das grundgelegte Verständnis von Behinderung fand nicht allenthalben Anklang. Aus dieser Sicht ist SYLQUE eher in dem Bereich der strukturellen und personellen Qualitätssicherung einer größeren Einrichtung für Menschen mit Beeinträchtigung zu sehen.

2.3.12 Lebensqualität in Wohnstätten für erwachsene Menschen mit geistiger Behinderung (LEWO II)

Das Modell LEWO geht aus dem Forschungsprojekt „Qualität Sozialer Dienste" der Universität Siegen und der Bundesvereinigung Lebenshilfe von 1997 hervor. Nach einer intensiven Erprobungsphase in der Praxis wurde die überarbeitete und erweiterte Version LEWO II im Jahr 2001 veröffentlicht.

Abb. 1 LEWO II – Das Handbuch

LEWO bezieht sich in seiner Ausgangsversion zunächst auf **fachliche Aspekte** der Arbeit in Wohnheimen für **Menschen mit Beeinträchtigung im kognitiven Bereich**. Im Gegensatz zu den meisten anderen in der sozialen Praxis üblichen Instrumenten der Qualitätssicherung stellt LEWO sich damit gegen verfahrensorientierte Qualitätsmanagement-Überprüfungen aus dem Wirtschaftsbereich. LEWO II schließt allerdings Verfahrensstandards ein. Grund dafür ist die Erkenntnis, dass sich mithilfe dieser Standards Arbeitsprozesse und -abläufe abbilden lassen, die für die Evaluation und Weiterentwicklung von Qualität von hoher Relevanz sind.
Das Modell bezieht sich in seinen Überprüfungskriterien auf allgemeine Leitlinien der sozialen Rehabilitation geistig behinderter Menschen. Diese beinhalten Ausmaß sowie Art und Weise der Durchführung von:

- Bedürfnisorientierung
- Individualisierung
- Selbstbestimmung
- Erweiterung des Rollenbilds
- Förderung des Ansehens
- Förderung von Kompetenz
- Alters- und Kulturangemessenheit
- Entwicklungsorientierung
- Förderung von Integration
- Schutz/Rechte
- Partnerschaftlichkeit/Respekt
- Berücksichtigung der besonderen Verletzlichkeit

Diese Leitlinien sind im Bereich der Arbeit mit Menschen mit geistiger Beeinträchtigung generell anerkannt und werden für wertvoll erachtet. So erfährt LEWO II eine grundlegende hohe Akzeptanz innerhalb des fachbezogenen Qualitätsmanagements. Daneben bietet die Operationalisierung der Leitlinien in Aufgabenfelder mit zugehörigen Gegenstandsbereichen die Möglichkeit der faktischen Überprüfung. Prinzipien bleiben also nicht als theoretisches Konstrukt stehen, sondern werden mithilfe der Übertragung in die Praxis greifbar gemacht. Die Übersicht auf der nächsten Seite lässt dies deutlich werden ▸ **Abb. 1.**

Die Leitlinien finden sich in den einzelnen Gegenstandsbereichen wieder. Dabei können einzelne Bereiche auf mehrere Leitlinien zurückgeführt werden. Im Arbeitsalltag trifft man also immer wieder auf die Prinzipien. Überlappungen zeigen die enge Verknüpfung und Zusammengehörigkeit der Theorie mit der Praxis. Das eine ist dem anderen nicht aufgesetzt, vielmehr ist ein verbundenes System zu erkennen. Beispielsweise zeigt sich die Leitlinie der Individualisierung in unterschiedlichen Gegenstandsbereichen der Aufgabenfelder 1 – 5. Von der „Wahlfreiheit der Wohnform" über „Freizeitaktivitäten" bis hin zur „Gesundheitsfürsorge" kann das Einfließen von Individualisierung festgestellt werden. Als Mittel der Überprüfung stehen Fragebögen zur Verfügung, die abgestufte Beurteilungen von „trifft zu" bis „trifft nicht zu" vorsehen. Die Fragen werden von den Klienten selbstständig oder mit Unterstützung beantwortet. Anhand dessen kann die Qualität der struktur- und prozessbezogenen Arbeit ermittelt werden.

LEWO II Aufgabenfelder und Gegenstandsbereiche

1. Wohnort, Einrichtung und Gestaltung der Wohnung und des Hauses	2. Alltagsstrukturen, Routinen, Angebote und Tätigkeiten	3. Zusammenleben	4. Nichtprofessionelle Beziehungen und Netzwerke	5. Rechte / Schutz	6. MitarbeiterInnenführung	7. Organisationsentwicklung
1.1 Wahlfreiheit und Kontinuität des Wohnorts und der Wohnform	2.1 Selbstversorgung und Alltagshandeln	3.1 Wahl der Mitbewohner und Kontinuität des Zusammenlebens	4.1 Beziehungen zwischen den NutzerInnen	5.1 Schutz vor Zwangsmaßnahmen und Misshandlungen	6.1 Qualifikation, Auswahl und Einarbeitung	7.1 Konzeptualisierung und Evaluation
1.2 Standort	2.2 Regelmäßige Tätigkeit außerhalb des Wohnbereichs	3.2 Gruppengröße und Gruppenzusammen setzung	4.2 Soziale Netzwerke, bedeutsame Beziehungen und Freundschaften	5.2 Bürgerliche Rechte	6.2 Führung und Zusammenarbeit	7.2 Fortbildung und Supervision
1.3 Individuelle Gestaltung und Privateigentum	2.3 Freizeitaktivitäten und Erwachsenenbildung	3.3 Beziehungsgestaltung zwischen Mitarbeiterinnen und Nutzern	4.3 FürsprecherInnen und Selbsthilfegruppen	5.3 Gesundheitsfürsorge	6.3 Arbeitszufriedenheit	7.3 Öffentlichkeitsarbeit
1.4 Ästhetik und Komfort	2.4 Zeitstrukturen	3.4 Privatheit und Individualisierung	4.4 Geschlechtliche Identität, Sexualität und Partnerschaft	5.4 Transparenz und Datenschutz	6.4 Personale Kontinuität	7.4 Aktive Teilnahme an der regionalen Sozialplanung und der Sozialpolitik
1.5 Alters- und Kulturangemessenheit	2.5 Religiöse Praxis und Spiritualität	3.5 Umgang mit Krisen		5.5 Sprachliche Darstellung		
				5.6 Formelle Nutzer- und Angehörigenmitwirkung		

Abb. 1 LEWO II, Aufgabenfelder und Gegenstandsbereiche

Zusätzlich zu diesem Instrument der Qualitätsüberprüfung werden teilnehmende **Beobachtungen, Gespräche**, Interviews und Introspektionen durchgeführt sowie biografische Informationen gesammelt. Dadurch kann eine umfangreiche und ganzheitliche Beschreibung der Lebenswelt des Klienten erfolgen. Dies ist von großer Relevanz, da der Mensch mit Beeinträchtigung als Beteiligter im Gesamtprozess gesehen wird. Er tritt aus der Rolle des Konsumenten oder Kunden heraus, da er am Geschehen und Maßnahmenverlauf ausschlaggebend beteiligt ist. Konsequenterweise kommt ihm die Rolle eines *Kooperationspartners* zu, der entscheidenden Einfluss auf das Ergebnis einer angebotenen Dienstleistung nimmt. Die festgestellte Ergebnisqualität ist vor diesem Hintergrund zu sehen. Sie hängt nicht nur von der Leistung der Mitarbeiter, sondern aus dieser Sicht auch von derjenigen der Menschen mit Beeinträchtigung sowie deren individuell unterschiedlichen Anforderungen ab.

Die Fokussierung der Qualitätssicherung von LEWO II auf die Entwicklungsebene ist in diesem Kontext verständlich. Man geht von entwicklungsfähiger Qualität aus, die in dialogischer Form stets erarbeitet und angepasst werden muss.

Abb. 2 Angemessenheit und Zufriedenheit mit der Aktivität

Die Sicherung der Qualität mit LEWO II stellt gezielt fest, ob die grundlegenden Leitlinien der Arbeit im Wohnheim für Menschen mit kognitiver Beeinträchtigung umgesetzt werden und inwieweit eine Umsetzung dieser Grundgedanken angestrebt wird. Ausgesprochenes Ziel ist die **Beurteilung der Angemessenheit** der durchgeführten Tätigkeiten für den Klienten.

Insgesamt bietet das System LEWO II 5 Anwendungsbereiche in der Praxis (s. nächste Seite):

(1) Extern begleitete Selbstevaluation/Qualitätsprüfung

Die Selbstevaluation sieht einen Ablauf nach folgender Struktur vor:

Zunächst wird eine **Steuergruppe** festgelegt, die Zielvereinbarungen trifft und inhaltliche Schwerpunkte der Evaluation setzt. Rahmenbedingungen werden erläutert und Untersuchungseinheiten ausgewählt. Die Steuergruppe strukturiert den Prozessverlauf und informiert die Mitarbeiter schließlich über Grobplanung sowie das weitere Vorgehen der Qualitätsprüfung.
Nachdem Strukturdaten und Informationen systematisch gesammelt und aufbereitet wurden, bildet sich das **Evaluationsteam**. Mit den bereits erstellten Materialien geht es seine weiteren Aufgaben an, die mit der Bestimmung von Assistenzkräften für die Menschen mit Beeinträchtigung beginnen. In einem weiteren Schritt legt es das **zu erreichende Ziel** der Evaluation im Detail fest. So kann beispielsweise eine Gesamtevaluation oder auch nur die Beurteilung eines einzelnen Problembereichs intendiert sein. Gegenstände der Überprüfung werden klar beschrieben. Nachdem Abstimmungsprozesse zwischen Mitarbeitern und Evaluationsteam beendet sind, beginnt die **Feinplanung** der Evaluation durch das Evaluationsteam. Eine Zwischenauswertung führt allen am Evaluationsprozess beteiligten Personen transparent den aktuellen Stand vor Augen. Auf Grundlage gesammelter und ausgewerteter Informationen und Daten sowie Beschreibungen der Lebenswelt der Menschen mit Beeinträchtigung erfolgt eine **Beurteilung** durch das Evaluationsteam unter Beteiligung der Klienten, die mit einer **Präsentation der Arbeitsergebnisse** abschließt.

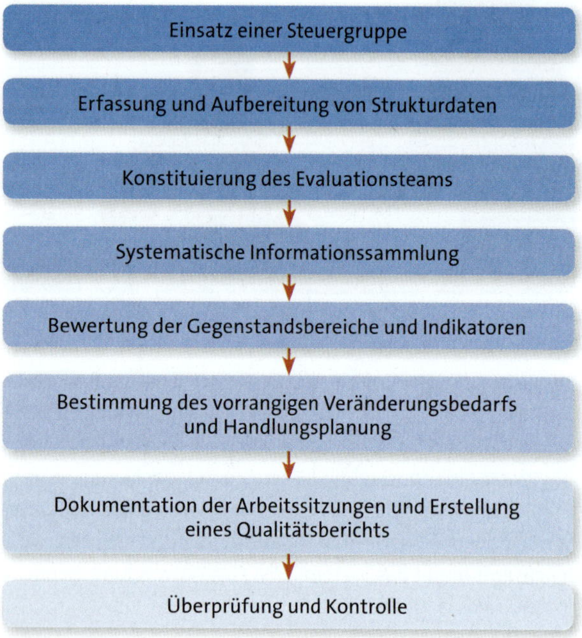

Abb. 1 Selbstevaluation (Uni Siegen, LEWO II)

Daraus ergeben sich Erkenntnisse zu notwendigen Veränderungen, die in einen Qualitätsbericht münden, der der Steuergruppe vorgelegt wird. Empfehlungen und Aktivitäten zur Änderung und weiteren Planung können in naher Zukunft zur Evaluation umgesetzt werden. Innerhalb einer wiederkehrenden, regelmäßig stattfindenden Überprüfung wird die Umsetzung der vereinbarten Veränderungen kontrolliert.

Zum Weiterlesen: Beispiele für Qualitätsberichte

Bundesagentur für Arbeit: Statistik zur Teilhabe behinderter Menschen am Arbeitsleben, 2013

Der Paritätische Sachsen-Anhalt: Qualitätsberichte der Mitgliedsorganisationen

www.claudiushaus.de/wohnbereich/standorte.php – mit Qualitätsberichten

(2) Qualitätsmanagement

Der Anwendungsbereich von LEWO II als Qualitätsmanagement-System erfolgt in abgestufter Reihenfolge:

Nach einer Grundsatzentscheidung erfolgt eine klare Erläuterung der Ziele und Beschreibung des Projektablaufs. Erst wenn dies geschehen ist, kann das Projekt in geplanter Art und Weise durchgeführt werden. Nach abgeschlossener Evaluation erfolgt eine **Rückmeldung** über die erhaltenen Ergebnisse. Auf der nächsten Stufe wird das Qualitätsmanagement-System samt Handbuch **in Kraft gesetzt**.
Auf dieser Grundlage wird ein internes Audit durchgeführt, das heißt, Leistungen und ihr Erfolg werden innerhalb der Einrichtung systematisch beurteilt. Zur Wahrung der Objektivität und Qualitätssicherung nach aktuellen Kriterien schließt sich auf letzter Ebene eine **externe Qualitätsprüfung** an.

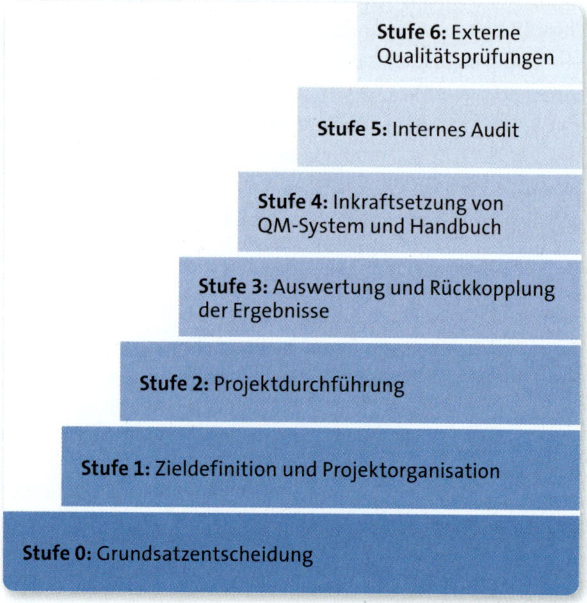

Abb. 2 Stufen des QM nach LEWO II (Uni Siegen, LEWO II)

(3) Individuelle Hilfebedarfsplanung

Der Prozess der individuellen Hilfe(bedarfs)planung mittels LEWO II findet unter Beachtung der Leitlinien seinen Ausgangspunkt im Dialog über Vorstellungen zu zukünftigen Zielen und Maßnahmen mit dem Menschen mit Beeinträchtigung. Seine Wünsche und Bedürfnisse werden eruiert und die aktuelle Lebenssituation näher beleuchtet. Daneben wird der individuelle Förderbedarf des Menschen mit Beeinträchtigung festgestellt. Sind ausreichend Ressourcen vorhanden, um Maßnahmen durchführen zu können, die den Bedarfen sowie gewünschten Zielen entsprechen, erfolgt eine **Zielvereinbarung** mit dem Klienten. Dabei können zur Verfügung stehende Ressourcen mithilfe von LEWO II leicht festgestellt werden. Nach detaillierter Dokumentation der Vereinbarungen sowie der Durchführung der Maßnahmen, schließt eine Prozess- und Ergebniskontrolle die individuelle Hilfebedarfsplanung ab. Zielerreichung und Ablauf der Aktivitäten werden im Detail betrachtet und evaluiert.

1. Vereinbarung von Zielen und Maßnahmen
2. Erkundung der Lebenssituation, der Bedürfnisse und Wünsche des Nutzers
3. Einschätzung des individuellen Hilfebedarfs
4. Klärung der Ressourcen zur Unterstützung des Nutzers
5. Vereinbarung von Zielen und Maßnahmen
6. Dokumentation
7. Prozess- und Ergebniskontrolle

(Uni Siegen, LEWO II)

▸ S. auch Modul 5, Kap. I.1 f. Hilfebedarfsplanung

(4) Konzeptentwicklung und Maßnahmenplanung

LEWO II bietet sich als Unterstützungsinstrument für eine Konzeptentwicklung und Maßnahmenplanung an, da durch die Überprüfung und ihre Auswertung Inhalte bezüglich der 3 Qualitätsdimensionen (Ergebnis, Prozess und Struktur) deutlich in den Vordergrund getreten sind. Auch Prinzipien der täglichen Arbeit, die auf den allgemeinen Leitlinien basieren, sind verdeutlicht und können direkt in die Konzeptentwicklung und Maßnahmenplanung einfließen. Grundlagen für die Entwicklung eines Konzepts für die eigene Einrichtung sind also zu Genüge vorhanden. Schritte, die gegangen werden müssen, bis das Konzept verteilt werden kann, sind aber noch vielfältig:

Zunächst gilt es, **Aufgaben festzulegen** und die Bearbeitungsform zu klären. Soll beispielsweise eine Gruppe von Mitarbeitern und Klienten das Konzept entwickeln oder erhält jeder Beteiligte eine Aufgabe, die in das Konzept einfließt? Wie umfassend soll der Arbeitsrahmen sein und welcher Struktur soll das Konzept folgen? Klare Vereinbarungen und Abgrenzungen zu Beginn der Konzeptentwicklung erleichtern also den darauffolgenden eigentlichen Entwicklungsprozess. Sind neben den vorhandenen Informationen und Daten aus LEWO II noch weitere Angaben notwendig, so müssen sie vor Erstellung des ersten Konzeptentwurfs ermittelt und ausgewertet werden. Zu denken ist dabei an klientenbezogene Informationen, trägerspezifische Entscheidungen oder interne Vereinbarungen.

Ist der Konzeptentwurf erstellt, lässt man ihn allen am Arbeitsprozess einer Einrichtung beteiligten Personen zukommen und vereinbart einen Termin zur **Diskussion** des Vorschlags. Zu diesem Termin sollten wiederum alle Beteiligten erscheinen, um ihre Meinung äußern und Verbesserungsvorschläge unterbreiten zu können. Das Konzept soll die Arbeit und Leistung, das Leben in der gegebenen Einrichtung widerspiegeln. In einem nächsten Schritt wird der Konzeptentwurf überarbeitet; vereinbarte Änderungswünsche werden übernommen, Erweiterungen hinzugefügt. Die **überarbeitete Version** wird nochmals an alle Beteiligten verteilt. In einem weiteren Termin kann der neue Konzeptentwurf erneut besprochen werden. Wird der neue Entwurf angenommen, kann er als Konzept verabschiedet werden, bestehen jedoch immer noch gravierende Änderungswünsche, müsste ein dritter Konzeptentwurf erstellt werden.

Ist das Konzept erstellt, erfolgt die **Planung der Umsetzung** der einzelnen Gesichtspunkte in die Praxis sowie die Verteilung der endgültigen Version an alle Beteiligten der Einrichtung. Es gilt als Grundlage der täglichen Arbeit und kann als gemeinsames Regelwerk der Einrichtung verstanden werden.

(5) Ausbildung, fachlicher Austausch und interne Fortbildung

Aufgrund von LEWO II werden wichtige Aspekte deutlich, die zur professionellen Qualifizierung von Relevanz sind. Wird durch die Auswertung innerhalb LEWO II beispielsweise deutlich, dass eine bestimme Qualifikation (wie Umgang mit einer bestimmten Computersoftware zur Dokumentation) unabdinglich ist, schließt sich eine entsprechende **Qualifizierungsmaßnahme** an. Fachliche Austausche und kollegiale Fallberatungen können sich aus den festgestellten unterschiedlichen Herangehensweisen an die Arbeitsprozesse ergeben. Qualitative Verbesserungen gehen mit den gegenseitigen Empfehlungen innerhalb dieser Austausche einher. Aber auch Ausbildungsstellen können von LEWO II insofern profitieren, da relevante Qualifikationskriterien einer Fachkraft deutlich hervortreten, die Voraussetzung einer Anstellung sind. Konsequenterweise fließen erforderliche Inhalte in die Ausbildung von Fachkräften für die Arbeit mit Menschen mit Beeinträchtigung ein. Diese können sich auf unterschiedliche Bereiche beziehen: Medizin, Pädagogik oder Psychologie können dabei ebenso angesprochen sein wie Kenntniserweiterung um verbale oder nonverbale Sprachsysteme.

Weiterhin können Inhalte und Methoden der Arbeit mit Menschen mit Beeinträchtigung **besser individualisiert** werden. Durch Erkundung der Lebenswelt der Einzelnen können jene Inhalte und Methoden ausgewählt werden, die zur Förderung des Individuums in seiner Ganzheitlichkeit am geeignetsten erscheinen. Hier steht wiederum der fachliche Austausch als Mittel zum Erhellen der optimalen Inhalte und Methoden im Zentrum. Außerdem sind durch LEWO II Prozesse und Abläufe der täglichen einrichtungsinternen Arbeit verdeutlicht worden, auf die in der klientenzentrierten Vorgehensweise eingegangen werden kann.

Ergänzende Arbeitshilfen
In Ergänzung zu LEWO II stehen folgende Arbeitshilfen zur Verfügung:
AQUA-FUD: Arbeitshilfe zur Qualitätsentwicklung in familienunterstützenden Diensten
AQUA-NetOH: Arbeitshilfe zur Qualifizierung von örtlichen Netzwerken offener Hilfen für Menschen mit Behinderungen
AQUA-UWO: Qualitätsentwicklung in Diensten für unterstütztes Wohnen von Menschen mit geistiger Behinderung

2.4 Organisationskonzepte und -strukturen

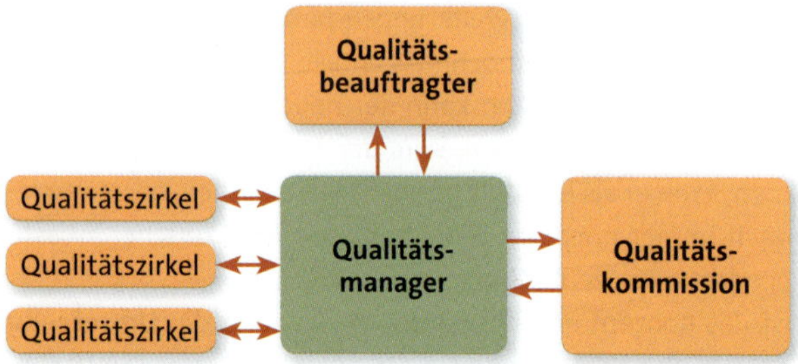

Abb. 1 Struktur von Qualitätssicherung (Beispiel)

Das Organigramm ▸ **Abb. 1** macht deutlich, wie Qualitätssicherung in einer Einrichtung strukturiert werden kann. In diesem Fall steht ein **Qualitätsmanager** im Zentrum des Qualitätssicherungsprozesses. Zusammen mit Qualitätszirkel (s. oben), Qualitätsbeauftragtem und der Qualitätskommission erfolgt die Überprüfung beziehungsweise Sicherung von Qualität. Weiterleitung von Ergebnissen der unterschiedlichen Organe der Organisationsstruktur erfolgt durch ihn. So leitet er beispielsweise die Ergebnisse der Qualitätszirkel an die Qualitätskommission weiter; diese bespricht die einzelnen Resultate, beurteilt sie und zieht ein Fazit daraus, das vom Qualitätsmanager wieder an den betreffenden Qualitätszirkel zurückgemeldet wird. Werden Beschlüsse durch die Qualitätskommission gefasst, steht es dem Qualitätsmanager zu, diese allen Mitarbeitern mitzuteilen. Außerdem berät er die Einrichtungsleitung, nachdem er die Ergebnisse der einzelnen Organe der Organisationsstruktur erhalten hat.

Dem **Qualitätsbeauftragten** kommt eine besondere Stellung zu, da er eine Mittlerfunktion zwischen Mitarbeitern und Qualitätsmanager einnimmt. Er kennt beide Seiten und steht mit ihnen im Austausch, sodass Entscheidungen so gefällt werden können, dass beide Seiten sich darin wiederfinden. Dazu ist häufig auch eine Kompromissbildung notwendig, die der Qualitätsmanager in seiner Beratungsfunktion der Einrichtungsleitung gegenüber vertreten muss.

GAB-Verfahren der Qualitätssicherung und -entwicklung. Ein anderes Konzept der Qualitätssicherung in der Praxis stellt das Verfahren der „Gesellschaft für Ausbildungsforschung und Berufsentwicklung“ (GAB) dar.
Das Konzept bezieht jeden einzelnen Beteiligten direkt in die Qualitätssicherung ein, sodass er sich in den Qualitätszielen wiederfindet und ein Interesse an der Erreichung der Qualitätsziele hat. Ständige Arbeit an der Entwicklung hin zur Zielerreichung, eine fortwährende Qualitätsentwicklung und Verbesserung der Arbeit mit Blick auf Aktualität und neueste Erkenntnisse sind mit dem GAB-Verfahren intendiert. Konsequenterweise setzt das Konzept bei vorhandenen Qualitätssicherungsmaßnahmen an und stellt die Frage „Was wollen wir?“ nach den Qualitätszielen der am Arbeitsprozess Beteiligten. Das Wir wird betont, um die **Gemeinsamkeit** herauszustellen.
Damit stellt sich bei jedem Einzelnen die Haltung ein, nach einem gemeinsamen Ideal zu streben, wofür der persönliche und fachlich hohe Einsatz eines jeden von Relevanz ist. Ausschlaggebend dafür ist nicht nur das Abzielen auf die Tätigkeit oder Handlung an sich, sondern auch auf das **Leitbild und Konzept der Einrichtung**. Der Einzelne kann sich also mit der Einrichtung und deren Zielen identifizieren, wodurch der Wille zu hohem Engagement grundgelegt ist. Die eigene Arbeit erhält dadurch einen hohen Stellenwert.
Es ist wichtig, dass man sich selbst optimal einbringt, um das gemeinsame Ziel zu erreichen. Daher reflektiert und evaluiert man das eigene Handeln regelmäßig und nimmt Ideen zu Verbesserungsvorschlägen an. Die Grundhaltung ist von dem Willen nach bestmöglicher Nutzung der gegebenen Ressourcen geprägt. Durch den **Qualitätszirkel** erhält man die Gelegenheit der Reflexion des eigenen Handelns und des Abgleichs mit den gemeinsamen Zielen. Sind Unterstützungsleistungen in der Erledigung der alltäglichen Arbeit mit Menschen mit Beeinträchtigung notwendig, kann die kollegiale Beratung sehr nützlich sein (▸ **s. Modul 7, Kap. I.2.3 Kollegiale Beratung**).

Abb. 1 Kontinuierliche Verbesserung

Die systematische Evaluation schließlich bietet die Chance, Aufklärung über die Zufriedenheit der Klientel mit der vorherrschenden Qualität zu erhalten. Unzufriedenheit wird genauso zum Anlass von Veränderungsnotwendigkeit angeführt wie konkrete Verbesserungsvorschläge versucht werden umzusetzen. Die stetige Verbesserung mit dem Ziel der Zertifizierung steht im Zentrum dieses Konzepts zur Qualitätssicherung. In der Praxis wird dies durch schrittweises Verbessern, Anpassen und Aktualisieren der Maßnahmen und Tätigkeiten umgesetzt, wobei wiederum alle Mitarbeiter Gestaltungsfreiraum im Rahmen der Ziel- und Handlungsvereinbarungen haben.

Zur Dokumentation der Qualitätsarbeit empfiehlt es sich, ein **Qualitätssicherungshandbuch** anzulegen, welches durch das GAB-Verfahren unterstützt wird. Dabei ist es auch möglich, nur einzelne Teile des Verfahrens zu nutzen und sie in Kombination mit anderen Qualitätssicherungsdokumentationen zu verwenden. Eine Zertifizierung des Qualitätsmanagements mit dem GAB-Verfahren ist nach ISO 9001 möglich.

Zum Weiterlesen

www.gwk-germany.com/GAB-Verfahren.shtml

2.5 Konsequenzen für die heilerziehungspflegerische Praxis

Qualitätsmanagement und seine gesetzlichen Grundlagen sind in der heilerziehungspflegerischen Praxis nicht mehr wegzudenken. Sieht man nicht nur die Dokumentationsarbeit, die damit einhergeht, kommt man sogar zu dem Schluss, dass die Vorteile des Qualitätsmanagements mit seinen Maßnahmen und Instrumenten überwiegen. Denn durch die Prüfungen, Evaluierungen und Weiterentwicklungen werden qualitative Standards deutlich, die täglich in der Arbeit mit Menschen mit Beeinträchtigung geleistet werden. Unklarheiten und Probleme lassen sich erkennen und lösen. Die ständige Qualitätsverbesserung wird offensichtlich und transparent.

Zur Umsetzung der Qualitätssicherung in der Praxis stehen vielfältige **staatliche Förder- und Unterstützungsmaßnahmen** zur Verfügung. Hier lohnt es sich, bei den Bundesministerien für Familie, Senioren, Frauen und Jugend (BMFSFJ) sowie für Gesundheit (BMG) nachzufragen. Aber auch die Bundeskonferenz zur Qualitätssicherung im Gesundheits- und Pflegewesen e.V. (BUKO-QS) und das Deutsche Netzwerk für Qualitätssicherung in der Pflege (DNQP) können wertvolle Unterstützung im Qualitätsmanagement-Prozess im heilerziehungspflegerischen Bereich bieten. So ist beispielsweise ein „runder Tisch" der Bundesministerien für Familie, Senioren, Frauen und Jugend sowie Gesundheit ins Leben gerufen worden. Dieser „runde Tisch" hat sich die Aufgabe gestellt, (Rahmen-)Bedingungen für Betreuung und Pflege deutlich zu verbessern. Dies geschieht nicht „von oben herab", sondern unter Einbeziehung der zuständigen Personen vor Ort beziehungsweise deren Vertreter. Gemeinsam werden Konzepte zur Verbesserung und Qualitätserhöhung der Bedingungen für Betreuung und Pflege entwickelt.

Fazit: Im Sinne einer qualitativ hochwertigen Arbeit mit Menschen mit Beeinträchtigung, die von Transparenz und Offenheit gekennzeichnet ist, gilt es, aktiv am Qualitätsmanagement einer Einrichtung teilzunehmen und seine eigene Arbeit als entwicklungsfähig anzusehen. Fortbildungen und die Umsetzung innovativer Ideen sind in diesem Zusammenhang nicht als notwendiges Übel, sondern als Bereicherung des qualifizierten Arbeitshandelns zu sehen.

Zum Weiterlesen

Bundeskonferenz zur Qualitätssicherung im Gesundheits- und Pflegewesen e.V. (BUKO-QS e.V.) *www.buko-qs.de/*

Bundesministerium: Grundlagen der Qualitätssicherung *www.bmfsfj.de/*

Bundesverband evangelische Behindertenhilfe e.V.: Behandlungspflege in der Behindertenhilfe – Leitlinie für stationäre Einrichtungen. 2008

Aufgaben

1. Erläutern Sie die Struktur der Arbeit im Qualitätszirkel anhand eines Praxisbeispiels.
2. Wägen Sie Vor- und Nachteile der Anwendung von dezentral und zentral organisierter Qualitätssicherung gegeneinander ab.
3. Wählen Sie 2 Instrumente der Qualitätssicherung, die Ihnen für den Einsatz in der heilerziehungspflegerischen Praxis am besten erscheinen. Begründen Sie Ihre Auswahl.
4. Praxisaufgabe: Betrachten Sie die „Allgemeinen Leitlinien der sozialen Rehabilitation geistig behinderter Menschen" und finden Sie jeweils ein Beispiel aus der Praxis, aus der die Beachtung der einzelnen Leitlinien hervorgeht.

3 Dokumentations- und Berichtswesen

Marienbad

Das multiprofessionelle Team des *Marienbad*, Hofgut für psychisch kranke Erwachsene, sucht zum nächstmöglichen Zeitpunkt eine/einen
in psychiatrischer Arbeit erfahrene/n Kollegin/Kollegen

Das *Marienbad* begleitet Menschen mit psychischen Erkrankungen im täglichen Leben und unterstützt sie darin größtmögliche Selbstständigkeit und eine sinngebende Lebensperspektive zu entwickeln.

Dieser geschützte Rahmen trägt dazu bei, Verantwortung für sich und für die Gemeinschaft aus Mensch und Tier zu übernehmen.
Die Bewohner nehmen an einer vorwiegend landwirtschaftlich-ökologisch ausgerichteten Tagesstruktur und einem vielseitigen therapeutischen Angebot teil.
Gesucht wird ein freundlicher, engagierter Kollege oder Kollegin, welche/r sowohl mit der Betreuung von Klienten als auch mit dem zugehörigen Organisations- und Berichtswesen vertraut ist. Aus Gründen der Ausgewogenheit innerhalb des Mitarbeiterteams wird bevorzugt eine weibliche Bewerberin gesucht.
Ihre aussagekräftige Bewerbung richten Sie bitte an ...

Beim Blick auf Stellenanzeigen im heilerziehungspflegerischen Berufsfeld fällt vermehrt die Anforderung nach Fähigkeiten im Organisations-, Dokumentations- und Berichtswesen auf. Obwohl man bei der Berufswahl des Heilerziehungspflegers üblicherweise nicht in erster Linie an schriftliche Arbeiten im Büro denkt, nehmen sie in der Praxis doch einen beachtlichen Raum ein. Das Wissen um die effektive und erfolgreiche Anfertigung sowie die Fähigkeit der Bewältigung von Aufgaben aus dem Bereich der Verwaltung und Organisation sind eine Notwendigkeit für die Tätigkeit als Heilerziehungspfleger. Im Folgenden werden diejenigen Bereiche hervorgehoben, die für die Verrichtung der organisatorischen und verwaltungstechnischen Alltagsarbeiten unabdingbar sind.

3.1 Systematische Dokumentation in der Heilerziehungspflege

Die Dokumentationen werden in der Regel computergestützt erstellt. So ist das Wissen um die Arbeit mit entsprechenden Programmen notwendig. Von der Pflegedokumentation über Entwicklungs- und Hilfebedarfsplanung bis hin zu Abschlussberichten reichen die Aufgaben, welche dem Heilerziehungspfleger neben fachlichem Wissen verwaltungstechnische Anforderungen abverlangen.

▸ S. auch Modul 3, Kap. II.2.3 Pflegedokumentation
Modul 5, Kap. I.2 Modelle der Hilfebedarfsplanung

Abb. 1 Computerarbeit

3.1.1 IT-gestützte Dokumentation

Zur Anfertigung von IT-Dokumentation im Allgemeinen bedarf es zunächst fundierter Kenntnisse in der Arbeit mit herkömmlichen Computerprogrammen und Betriebssystemen. Sind diese nicht oder nur in Ansätzen vorhanden, können sie in Kursen unterschiedlicher Anbieter, zum Beispiel in Angeboten der ortsansässigen Volkshochschule oder in berufsspezifischen Fortbildungskursen, erworben bzw. erweitert werden. Darauf aufbauend gilt es, sich über **Ziel und Zweck der Dokumentation** bewusst zu werden. Ist es beispielsweise eine Hilfebedarfsplanung, die finanzielle Unterstützung intendiert und die Notwendigkeit bestimmter Maßnahmen erläutert, oder eine Entwicklungsplanung, die zukünftige Aktivitäten mit dem Menschen mit Beeinträchtigung beschreibt? Weiterhin ist der **Adressat** der IT-unterstützten Dokumentation von Relevanz, um eine angemessene Form und Struktur zu wählen und den Inhalt adressatenspezifisch abzustimmen. Dokumentiert man beispielsweise einen Handlungsablauf zur Weiterarbeit für einen Kollegen, gestaltet man ihn anders als den Bericht über die Tätigkeit innerhalb einer Qualitätssicherungsmaßnahme.

Es bietet sich an, ein internes „Notfallhandbuch" zu erstellen, um Fehler im IT-System schnell beseitigen zu können. Ein IT-Experte steht oft nicht unmittelbar zur Verfügung.

Dokumentation. Sind diese Punkte geklärt, erfolgt eine klare Strukturierung der IT-unterstützten Dokumentation. Sie ist unbedingt notwendig, um leichte Lesbarkeit zu erreichen. Ist die Dokumentation unstrukturiert oder durch unzureichende Struktur gekennzeichnet, tendiert der Leser dazu, die Dokumentation als insgesamt schlecht zu beurteilen. Notwendigkeiten, die sich eigentlich aus der Dokumentation ergeben sollten, finden keine Beachtung.

Um eine gute Struktur zu erreichen, empfiehlt es sich, folgendermaßen vorzugehen:

1. **Deckblatt** formulieren, aus dem mindestens der Kontext, der Verfasser und das Datum zu entnehmen sind.
2. **Inhaltsverzeichnis** erstellen.
3. **Einleitung** verfassen, aus welcher Inhalt und Struktur deutlich werden.
4. **Inhaltliche Beschreibungen** und Erläuterungen mit klarer Ausrichtung auf Zweck und Adressaten der Dokumentation. Schaubilder, Abbildungen und Diagramme erleichtern dem Leser das bessere Verständnis dessen, was zum Ausdruck gebracht werden soll. Zusammenhänge können verdeutlicht werden.
5. **Anhang** aus notwendigen Formularen, Protokollen, Berichten und Bildern zur Unterstützung oder als Beleg des Inhalts zusammenstellen. Es ist wichtig, dass der Anhang direkten Bezug zum Inhalt hat; zusätzliche Informationen können zwar schön sein, lenken aber vom eigentlichen Sinn ab. Daher ist es empfehlenswert, nur das zu verwenden, was der Klärung des Sachverhalts dient.
6. **Form und Stil** sind sachlich und allgemeinen Standards gemäß zu wählen. Verschnörkelungen, außergewöhnliche Schriftarten oder Schriftgrößen sind für eine sachliche Dokumentation unangemessen. Es bietet sich an, berufsgruppenspezifische Software zu nutzen, die Form und Stil standardisiert vorgibt. (Quelle: *www.docusnap.com*)

Durch den Dokumentationsprozess werden sämtliche grundlegenden Aspekte der heilerziehungspflegerischen Arbeit mit Menschen mit Beeinträchtigung nicht nur in ihrer Durchführung gewährleistet, sondern auch belegt. So wird die fortlaufende prozessorientierte und zielgerichtete Dienstleistung mit dem individuellen Klienten bewiesen. Entwicklungsfördernde Maßnahmen vor dem Hintergrund des ganzheitlichen Vorgehens erfahren ihre Dokumentation.

Das alltägliche Handeln mit seinen vielfältigen und unterschiedlichen Gesichtspunkten kann die angemessene Wertschätzung erhalten. Tätigkeiten, die als Nebensächlichkeiten abgetan werden könnten, bekommen durch ihre schriftliche Fixierung einen Stellenwert beigemessen, der sie meist in ihrer Beurteilung für den Gesamtprozess wichtig und notwendig einstuft. Ohne die Verrichtung der „Nebensächlichkeiten" sind weitere Abläufe häufig gar nicht möglich.

Man denke an die atmosphärische Gestaltung des Gruppenraums, die der positiven Stimmung der Menschen zuträglich ist. Davon ausgehend steht der Klient Angeboten und entwicklungsfördernden Aktivitäten offener gegenüber. Eine negative Grundhaltung, die sehr wohl durch eine nichtssagende Raumgestaltung bekräftigt werden kann, lässt den Klienten dahingegen mürrisch agieren. Die „Nebensächlichkeit" des ansprechenden Dekorierens erfährt somit eine entscheidende Bedeutung im Tagesablauf und der Entwicklung des Einzelnen (▸ **Abb. 1**).

Durch die Dokumentation dieser Tätigkeit fällt sie normalerweise in den Qualitätssicherungsprozess mit seiner Evaluation, sodass die Bedeutung einer bestimmten Handlung für die Einrichtung und ihre qualitative Arbeit hervortritt. In dieser Hinsicht ist Dokumentation als Grundlage der Sicherung einer qualitativ hochwertigen Arbeit zu sehen.

Zur Vereinfachung des Dokumentationsverfahrens in der Praxis ist es sinnvoll, **klientenzentrierte IT-Programme** zu verwenden. Sie bieten Material zur umfassenden Dokumentation und Evaluation unterschiedlichster Prozesse der heilerziehungspflegerischen Arbeit. Durch nachvollziehbaren Aufbau und Struktur ist die Anwendung in der Regel leicht und effektiv möglich. Das Dokumentations- und Berichtswesen kann unter Nutzung eines geeigneten IT-Programms leicht bewältigt werden.

Abb. 1 Raumgestaltung erhält einen besonderen Stellenwert

Eine Auswahl von IT-Programmen zur systematischen Dokumentation
C&S KlientenManager® *www.managingcare.de/*
Casalix SIRIUS *www.casalix.de/*
CGM SOZIAL.TOPSOZ *www.systema.de/sozial/klienteninformationssystem.html*
MICOS konzept *www.micos.de/MICOS-konzept.1094.0.html*
Die VIA-S-Dokumentation *www.dobrick-wagner.de/index.php/klientenverwaltung/dokumentation*

Bei Anfertigung der Dokumentation ist auf datenschutzrechtliche Bestimmungen zu achten. Die gesammelten und ausgewerteten Informationen zu einer Person sind lediglich einrichtungsintern und zur individuellen Entwicklungsförderung, Begleitung und Unterstützung zu verwenden.

3.1.2 Protokollieren von Verlaufsprozessen und deren Ergebnissen

In der Regel bildet eine Anamnese des Klienten den Anfangspunkt eines zu protokollierenden Verlaufsprozesses. Daraufhin wird der Verlauf des Geschehens über einen festgelegten Zeitraum protokolliert. Der Zeitraum entspricht üblicherweise dem Abend-, Nacht- oder Tagesdienst der zuständigen Fachkraft. Sie muss darauf achten, dass sachlich berichtet wird. Positive wie negative Ereignisse sind gleichermaßen darzustellen und auszuwerten. Eine einseitige Darstellung führt zu Verzerrungen, die eine individuelle und angemessene ganzheitliche Unterstützung erschwert. Maßnahmen und Aktivitäten sind in Bezug auf die Gesamtreaktion und ihren Förderungseffekt zu beschreiben und auszuwerten. Bemerkungen, die für den weiteren Arbeitsverlauf mit dem Klienten von Relevanz sind, werden in die Protokollierung aufgenommen. Dies bezieht sich insbesondere auf allgemeine, aber auch klientenbezogene Absprachen der Fachkräfte untereinander. Das weitere Vorgehen kann auf Grundlage des protokollierten Verlaufsprozesses und dessen Ergebnissen geplant werden. Notwendige Maßnahmen und personelle Bedarfe sind deutlich.

3.2 Besondere Verwaltungsaufgaben

Aufgaben der Organisation und Verwaltung betreffen zwar in erster Linie den Einrichtungsleiter, aber auch die heilerziehungspflegerische Fachkraft in ihrer Tätigkeit mit dem Menschen mit Beeinträchtigung ist gefragt, entsprechende schriftliche Tätigkeiten zu verrichten. So sind beispielsweise Dokumentationen, Berichte, Protokolle, Dienstaufzeichnungen, Besonderheiten zur Übergabe und auch Dienstpläne niederzuschreiben, damit ein geregelter Arbeitsablauf stattfinden und die geleistete Arbeit – zum Eigenschutz – kontrolliert werden kann. Aber auch finanzielle Anforderungen, wie monatliche Abrechnungen und Rechnungsbegleichung, das heißt betriebswirtschaftliche Aufgaben sind zu erfüllen.
Der Blick auf einige Verwaltungsaufgaben gewährt einen Einblick in die alltäglichen Tätigkeiten der Einrichtungsleitung und Verständnis für ihr Drängen auf Einhaltung von Plänen, Anfertigung notwendiger Dokumentationen und frühzeitiges Anmelden von Änderungen oder Änderungswünschen. So ist im Folgenden die Dienstplangestaltung und der Übergabeprozess näher erläutert.

3.2.1 Dienstplangestaltung

Dienste müssen schriftlich geplant werden, um eine angemessene ständige personelle Abdeckung zu garantieren und überprüfbar zu machen. Bei der Planung gilt es, vielfältige Gesichtspunkte zu beachten: Gesetzliche Vorgaben (▸ **s. rechts**) müssen dabei ebenso beachtet werden, wie persönliche Wünsche ihre Berücksichtigung finden sollten.

Termine und Jahresplanung

Zusätzlich zu Übergabebuch und Dienstplan hat sich in der Einrichtung das Führen eines Terminkalenders oder Wochen-/Jahresplaners bewährt. Hierin werden notiert:
- Termine der Klienten (samt Angabe, welcher Mitarbeiter den Klient begleitet, sofern personengebunden)
  - regelmäßige Termine (Therapien, Arbeitszeiten, Freizeitgruppen u. a.)
  - unregelmäßige Termine (Arztbesuche, Aktivitäten u. a.)
  - Besonderheiten in der ambulanten Betreuung
- Veranstaltungen und Feste
- Einzel- und Gruppenreisen
- Urlaubszeiten der Fachkräfte
- Zeiten, in denen interdisziplinäre Ansprechpartner und unterstützende Dienste nicht erreichbar sind (Abwesenheit von Ärzten, Therapeuten u. a.)

Je nachdem, ob der Kalender den Mitarbeitern oder auch den Klienten zugänglich ist, sollte eine passende Form und Sprache gewählt werden (z. B. in Leichter Sprache, mit Fotos oder Symbolen).

10 gesetzliche Regelungen zur Dienstplangestaltung

1. Die Mitarbeiter arbeiten generell 8 Stunden pro Tag (Arbeitsschutzgesetz – ArbSchG). Ausnahmen bis max. 10 Stunden sind möglich (§ 3 Arbeitszeitgesetz – ArbZG).
2. Es sind ausreichende Pausenzeiten oder Pausenkorridore im Dienstplan festgelegt (§ 4 ArbZG). Bei Jugendlichen unter 18 Jahren gelten größere Pausenzeiten (§ 11 Jugendarbeitsschutzgesetz – JArbSchG).
3. Zwischen den einzelnen Diensten liegen ununterbrochene Ruhezeiten von mindestens 10 Stunden (§ 5 ArbZG).
4. Nachtdienstmitarbeiter arbeiten nicht länger als 10 Stunden (§ 6 ArbZG).
5. Jugendliche unter 18 arbeiten höchstens 8 Stunden am Tag und nicht vor 6 und nach 20 Uhr (§ 8 JArbSchG).
6. Jugendliche unter 18 Jahren arbeiten nicht mehr als 40 Stunden pro Woche und nur an 5 Tagen in der Woche (§ 15 JArbSchG).
7. Jugendliche unter 18 Jahren haben mindestens an 2 Samstagen und Sonntagen im Monat frei (§ § 16 und 17 JArbSchG).
8. Jugendliche unter 18 Jahren arbeiten nicht am 24. und 31. Dezember nach 14 Uhr oder an gesetzlichen Feiertagen (§ 18 JArbSchG).
9. Werdende und stillende Mütter sind nicht in der Nacht zwischen 20 und 6 Uhr zu beschäftigen (§ 8 Mutterschutzgesetz – MuSchG).
10. Werdende Mütter, die an Sonn- oder Feiertagen arbeiten, haben in der Woche darauf einen Tag frei (§ 8 MuSchG).

▶ **S. auch Kap. IV.1 in diesem Modul.**

Weiterhin spielt der **Betreuungsbedarf** der individuellen Klienten eine große Rolle. Nach SGB XI steht Personen, die den verschiedenen Pflegestufen zugeordnet sind, ein bestimmtes Maß an Versorgung zu. Um diese leisten zu können, muss der Fachkraft ein festgelegter Mindestzeitraum für die Durchführung der Tätigkeit zur Verfügung stehen. Die Aufteilung gestaltet sich folgendermaßen:

Zeitbedarf nach Pflegestufen	Versorgungszeit von	Versorgungszeit bis	Grundpflegezeit von der Versorgungszeit
Pflegestufe 1	90 Minuten	179 Minuten	45 Minuten
Pflegestufe 2	180 Minuten	299 Minuten	120 Minuten
Pflegestufe 3	300 Minuten		240 Minuten

Abb. 1 Pflegestufen und Versorgungszeiten

Daraus ergibt sich diese Beispielrechnung:

Beispielrechnung für einen Dienstplan
Wohnbereich „Frühling" beherbergt 10 Bewohner mit folgenden Pflegestufen:
In Pflegestufe 1 befinden sich 3 Bewohner, in Pflegestufe 2 befinden sich 5 Bewohner und in Pflegestufe 3 befinden sich 2 Bewohner.

Somit ergibt sich folgende Formel zu Berechnung:
Pflegestufe 1: 3 Bewohner à 90 Min. Pflegezeit (= 270 Min.)

Pflegestufe 2: + 5 Bewohner à 180 Min. Pflegezeit (= 900 Min.)
Pflegestufe 3: + 2 Bewohner à 300 Min. Pflegezeit (= 600 Min)

Die Pflegezeit für 24 Stunden beträgt für diese Station: 1770 Pflegeminuten, das entspricht 29,5 h.

Da die Mitarbeiter nach Dienstplan 8 Stunden täglich arbeiten, sind die ermittelten Werte durch diese Arbeitszeit zu dividieren. Das Ergebnis zeigt, dass im Dienstplan für 24 Stunden auf dieser Station rein rechnerisch 3,69 Mitarbeiter zur Verfügung stehen müssen, um die Pflege laut Pflegestufen sicherzustellen.

(Pro Pflege Management)

Es wird deutlich, dass sämtliche Aspekte bei der Dienstplangestaltung zu bedenken sind und bereits kleinste Zwischenfälle, wie die Erkrankung einer Mitarbeiterin, oft größere Ausmaße in der Gesamtdienstplangestaltung nach sich ziehen. Aus diesem Grund bietet sich auch hier das **Nutzen einer IT-Software** (▶ **Abb. 1, nächste Seite**) an, die die Planung unterstützt.

Informationen zu Mitarbeitern, beispielsweise deren Qualifikation oder auch Wünsche zu bestimmten Arbeitszeiten oder Freistellungen an einzelnen Tagen, werden in das System eingepflegt. Eine Einteilung unter Berücksichtigung des Ausbildungsstatus und der individuellen Situation erfolgt durch das Computerprogramm. Wochentage werden von Wochenenden ebenso vom System erkannt und unterschieden wie unterschiedliche Schichten und Plus- und Minusstunden. Urlaubsansprüche und Sollstunden werden deutlich. Rechtliche Vorgaben können leicht beachtet und umgesetzt werden. Notwendige Bedarfe errechnet das Programm und kann so hervorheben, wenn eine Über- oder Unterbesetzung vorliegt. Ergeben sich kurzfristige Änderungen durch Krankheit oder andere besondere Vorkommnisse, sind sie leicht in das System einzutragen; das Computerprogramm schlägt daraufhin Alternativen vor.

A1 — **April 2013**

2013-02-08 11:02:00, Seite 1 von 3 Seiten
Klinik A AVR

Mitarbeiter		Datum	Mo 1	Di 2	Mi 3	Do 4	Fr 5	Sa 6	So 7	Mo 8	Di 9	Mi 10	Do 11	Fr 12	Sa 13	So 14	Mo 15	Di 16	Mi 17	Do 18	Fr 19	Sa 20	So 21	Mo 22	Di 23	Mi 24	Do 25	Fr 26	Sa 27	So 28	Mo 29	Di 30	Mi 31	Soll	Ist	+/-	Vorplan	Saldo	UGes
																																		2836,74	3001,18	108,44	192,44	300,88	87,00
Chaplin	L 1,00	Soll		F2	F2	F2	F2	X	X	U	U	U	U	U	X	X	U	U	U	U	U	X	X	F2	F2						F2	F2		146.30	146.30		1.60	1.60	1.00
	3j LTG	Ist		F2	F2	F2	F2	X	X	U	U	U	U	U	X	X	U	U	U	U	U	X	X	F2	F2						F2	F2		146.30	149.60	3.30	1.60	4.90	1.00
Geraldine		Diff.																						1,30							1,00								
Ellon	LV 1,00	Soll		S	S	S	S			F	F	F	F	F	F	F	S		S	S	S			F	F	F	F	F			S			147.00	147.00		6.20	6.20	4.00
	3j LTG	Ist		S	S	S	S			F	F	F	F	F	F	F	S		S	S	S			F	F	F	F	F			S			147.00	148.00	1.00	6.20	7.20	4.00
Getrude		Diff.								1,00																													
Babbage	KP 1,00	Soll		F	F	F	F	F	F		S	S	S	S			F	F	F	F	F	F	F	S	S						F	F		147.00	154.00	7.00	31.25	38.25	3.00
	3j	Ist		F	F	F	F	F	F		S	S	S	S			F	F	F	F	F	F	F	S	S						F	F		147.00	156.50	9.50	31.25	40.75	3.00
Charles		Diff.						0,50	2,00																														
Addams	KS 1,00	Soll		Mu	Mu	Mu	Mu	Mu	Mu	Mu	Mu	Mu	Mu	Mu	Mu	Mu	Mu	Mu	Mu	Mu	Mu	Mu	Mu	Mu	Mu	Mu	Mu	Mu	Mu	Mu	Mu	Mu	Mu	147.00	140.00	-7.00		-7.00	
	3j ME	Ist		Mu	Mu	Mu	Mu	Mu	Mu	Mu	Mu	Mu	Mu	Mu	Mu	Mu	Mu	Mu	Mu	Mu	Mu	Mu	Mu	Mu	Mu	Mu	Mu	Mu	Mu	Mu	Mu	Mu	Mu	147.00	140.00	-7.00		-7.00	
Jane		Diff.																																					
Ross	KP 1,00	Soll	S	S	S	S				F	F	F	F	F	F	F	S	S	S		S			F	F	F	F	F	F	F	S	S		147.00	168.00	21.00	27.40	48.40	5.00
	3j A_I	Ist	S	S	S	S				F	F	F	F	F	F	F	S	S	S		S			F	F	U	U	U	U	U	S	S		147.00	168.00	21.00	27.40	48.40	
Ronald		Diff.																																					
Merici	KS 0,75	Soll						S	S								F	F	F	S		S	S			S	S	S	S	S	S	S	S	110.25	112.00	1.75	-16.30	-14.55	3.00
	3j	Ist						S	S								F	F	F	S		S	S			S	S	S	S	S	S	S	S	110.25	112.00	1.75	-16.30	-14.55	3.00
Angela		Diff.																																					
Schumann	KKS 0,50	Soll								N	N				S	S		S		Wb	Wb					F	F	F	F	F			F	73.50	88.00	14.50	6.23	20.73	6.00
	3j	Ist								N	N				S	S		S		Wb	Wb					F	F	F	F	F			F	73.50	89.00	15.50	6.23	21.73	6.00
Klara		Diff.													1,00																								
Alcott	KS 1,00	Soll	F	F	F	F	F	F	F	S	S		S	S			F	F	F	F	F	F	F	S	S						F	F	F	147.00	161.00	14.00	13.62	27.62	6.00
	3j	Ist	F	F	F	F	F	F	F	F2	F2		S	S			F	F	F	F	F	F	F	S	S						F	F	F	147.00	163.23	16.23	13.62	29.85	6.00
Louisa May		Diff.					1,17						-0,33																										
Jacquard	KP 0,75	Soll	U	U	U	U	U	X	X	F	F	F	F	F	F	F	Fe	Fe				F	F						F	F				110.25	122.50	12.25	4.32	16.57	3.00
	3j	Ist	U	U	U	U	U	X	X	S	S	Fa	F	F	F	F	Fe	Fe				F	F						F	F				110.25	115.50	5.25	4.32	9.57	3.00
Joseph-Marie		Diff.																																					

F 06:00 - 13:30 · F2 07:00 - 15:12 · S 13:45 - 21:15 · N 20:45 - 06:15 · N 22:00 - 06:12 · F 06:00 - 14:12 · S 14:00 - 22:12 · F 06:15 - 14:27 · S 14:15 - 22:27
Fa Freizeitausgleich · Fe Fortbildung extern · Mu Mutterschutz · U Urlaub · Wb Weiterbildung · X Freier Tag · Xb Frei nach Bereitschaft · Schichtleitung · Anleitung
Tausch/Wunsch

Gedruckt von CSG - Support · Status: Isterfassung · LayOut designed by <CSG Pradtba GmbH> Bochum - Germany

Anmerkung: · Dienstplan genehmigt durch: · Unterschrift:

Abb. 1 IT-unterstützte Dienstplangestaltung

3.2.2 Die Übergabe

Der Begriff der „Übergabe" meint die Weitergabe von wichtigen Informationen an den dienstantretenden Kollegen über Geschehnisse während der gerade abgeschlossenen Dienstzeit. Diese Informationsweiterleitung kann **in mündlicher oder schriftlicher Form** zum Schichtwechsel stattfinden. Die schriftliche Form wird Übergabebuch (oder Dienstbuch) genannt. Innerhalb der mündlichen Übergabe wird die Information in einem direkten Gespräch an den Kollegen vermittelt. Es handelt sich dabei um Mitteilungen, die sich vornehmlich auf die weitere Tätigkeit mit dem Menschen mit Beeinträchtigung beziehen.

Aber auch organisatorische Details sind bei Bedarf zu kommunizieren. So kann beispielsweise ein am Morgen besonders gut gelungenes hauswirtschaftliches Angebot mit einem Klienten zur Durchführung eines Kaffeestündchens am Nachmittag vorgeschlagen werden. Dieses wäre als positiver Verstärker für die gewünschte Handlungsweise des Klienten zu sehen. Andererseits können aber auch organisatorische Besonderheiten, wie ein defekter Spülkasten in einer Toilette, relevant für die Arbeit des Kollegen in der nächsten Schicht sein und sinnvollerweise in das Übergabegespräch einfließen. Das Gespräch wird abseits der Klientel geführt, da sensible Daten ausgetauscht werden könnten, die nur für den internen Gebrauch gedacht sind. Außerdem könnten die Informationen negative Auswirkung auf den Betroffenen haben oder einen nicht adressierten Zuhörer falsche Schlussfolgerungen ziehen lassen. Ist ein **geschützter Rahmen** gegeben, besteht die Möglichkeit der Nachfrage für den übernehmenden Kollegen, der sich gegebenenfalls Informationen, wie Aussagen zu Medikation oder Änderung im Tagesablauf eines Klienten durch neue Terminvereinbarungen, notieren muss.

Abb. 2 Türschild aufhängen

Es gilt also, einen ungestörten Raum zur Übergabe aufzusuchen, an dem man sich in Ruhe austauschen kann. Dabei bietet es sich an, die Übergabezeit für Klienten wie andere Mitarbeiter offenkundig zu machen, um Störungen zu vermeiden. Ein zusätzliches Schild an der Tür und die Abgabe der Rufbereitschaft an einen Kollegen können wirkungsvoll sein. Weiterhin empfiehlt es sich, die Übergabezeit nicht mit der Pausenzeit zu verbinden, da dann eine zeitlich und inhaltlich effektivere Übergabe durchgeführt werden kann.
Wird die Form der schriftlichen Übergabe gewählt, wird in der Regel ein Übergabeprotokoll erstellt. Diesem können Pflegeberichte, die im Rahmen der täglichen Dokumentation entstehen, hinzugefügt werden, wenn sie für die direkte Weiterarbeit von Relevanz sind. Auch weitere Anmerkungen, die die Arbeit des dienstbeginnenden Kollegen betreffen, werden diesem Protokoll hinzugefügt. Verwendet man eine Computersoftware, ist dies relativ einfach durch besondere Kennzeichnung zu tätigen. In der klassischen Form wählt man Vordrucke, die relevante Daten abfragen ▸ **Abb. 1.**

Es besteht aber auch die Möglichkeit der **Übergabe vor Ort**, was bedeutet, dass der Klient zum Übergabegespräch anwesend ist. Diese Form wird dann genutzt, wenn Unklarheiten bestehen oder besondere Aspekte der weiteren Tätigkeit der Erläuterung durch den Klienten oder an den Klienten bedürften. Beispielsweise könnte ein Missverständnis ausgeräumt werden, das sich zwischen dem Menschen mit Beeinträchtigung und dem dienstbeendenden Heilerziehungspfleger gezeigt hat und Bezug zur folgenden Schicht hat. So kann ein mögliches Ausspielen der Fachkräfte gegeneinander unmittelbar im direkten Gespräch mit den betroffenen Personen verhindert werden. Transparenz, klare Regeln und eine gemeinsame Linie im heilerziehungspflegerischen Handeln wird dadurch verdeutlicht.
Schließlich besteht noch die Empfehlung der wöchentlichen oder monatlichen Durchführung einer sogenannten **„großen Übergabe“**. An dieser großen Übergabe nehmen grundsätzlich alle Mitarbeiter aus allen Bereichen teil. Die Bezugsfachkraft stellt die Situation des einzelnen Klienten vor; Probleme, Wünsche und Zielvorstellungen des individuellen Menschen mit Beeinträchtigung werden erläutert und besprochen. Ein Austausch zu Änderungen, Schwierigkeiten und Empfehlungen in sämtlichen Aufgabengebieten findet statt. Angedachte oder geplante fachliche, teambezogene und organisatorische Maßnahmen sowie deren Begründung und Intentionen werden kommuniziert. Handlungsbedarfe in unterschiedlichen Aufgabenbereichen werden angemeldet und Ideen zur Lösung gesammelt oder direkt beschlossen.

Übergabeprotokoll

Datum ____________ Uhrzeit ________ Wohnbereich ______ erstellt von ________________

Bei der Übergabe anwesend	Bei der Übergabe abwesend	Zur Kenntnis genommen

Name des Bewohners	Ereignisse, Maßnahmen, Pflegeplanung, nicht durchgeführte Maßnahmen	Impulse für Interventionen

Abb. 1 Übergabeprotokoll

3.3 Ökonomischer Umgang mit Ressourcen

Der Bereich des Dokumentations- und Berichtswesens ist ein weites Feld, in welchem man einen hohen Arbeitsaufwand betreiben kann. Viele der zur Verfügung stehenden Ressourcen können auf die Bewältigung von Arbeiten in diesem Bereich verbraucht werden. Diese gehen dann aber unweigerlich von der direkten heilerziehungspflegerischen Arbeit mit dem Klienten ab. Daher ist ein möglichst ökonomischer Umgang mit materiellen, zeitlichen und persönlichen Ressourcen anzustreben. Durch geschicktes Ressourcenmanagement können Bestände erhalten werden, die für eine dauerhaft hochwertige Leistung notwendig sind.

Dem vollständigen Verbrauch der Ressourcen wird entgegengewirkt. Dies ist nicht nur der eigenen anspruchsvollen fachlichen Arbeit, sondern auch der persönlichen und interaktiven Gesunderhaltung zuträglich und für diesen Zweck auch notwendig. Daher gilt es, nicht alle Aufgaben alleine übernehmen und bewältigen zu wollen. Können Tätigkeiten von anderen Fachkräften übernommen werden, sollten sie die Möglichkeit dazu erhalten. Die Arbeit ist dabei so zu delegieren, dass jeder Mitarbeiter einen Teil seiner Ressourcen zur Verfügung stellt, um ein gemeinsam vereinbartes Ziel zu erreichen. Teamtreffen zum Zweck der Ressourcenfeststellung sind beste Voraussetzung, um herauszufinden, welche Ziele mit den gegebenen Potenzialen erreicht werden können und auf welche Weise die Zielerreichung optimal umgesetzt werden kann.
So können beispielsweise Dokumentationen innerhalb eines Softwareprogramms von mehreren Fachkräften erstellt werden. Einzelne Berichte und Protokolle können von denjenigen Personen eingegeben werden, die sie anfänglich erstellt haben. Es bedarf keiner Fachkraft, die die schriftlichen Unterlagen komplett in das Computerprogramm einpflegt. Eine systembezogene Fortbildungsmaßnahme dient der Einführung der Mitarbeiter in das System. Kontrollen durch *eine* Fachkraft, normalerweise die Einrichtungsleitung, stellen sicher, dass notwendige Eintragungen von diensthabenden Kräften regelmäßig durchgeführt worden sind. Damit wird nicht nur professionell delegiert, sondern auch Motivation bei den Mitarbeitern erreicht, die sich in ihrem Handeln wertgeschätzt fühlen und die Relevanz ihrer Arbeit erfahren. Davon abgesehen erhalten die Mitarbeiter Einblicke in weitere Tätigkeitsbereiche, die auch im Bereich der Arbeit mit Menschen mit Beeinträchtigung durchzuführen sind. In Konsequenz folgen einschlägige Fortbildungen, die der fachlichen wie persönlichen Entwicklung dienlich sind.

Abb. 1 Delegieren

Zum Weiterlesen

H. Eberspächer: Ressource Ich: Stressmanagement in Beruf und Alltag. 2009.
www.socialnet.de/stellenmarkt/
www.social-software.de/adb/index.php
www.dienstplan-maschine.de/heim-und-wohngruppen-dienstplan.html

Aufgaben

1. Internetrecherche
   a) Informieren Sie sich zu einschlägiger Computersoftware zur Erstellung von systematischen Dokumentationen in der heilerziehungspflegerischen Praxis.
   b) Stellen Sie einen Vergleich der von Ihnen recherchierten Software an und sprechen Sie eine begründete Empfehlung für die Praxisanwendung aus.
2. Erstellen Sie einen Wochendienstplan für ein Wohnheim für Menschen mit Beeinträchtigung mit 12 Mitarbeitern und 8 Klienten. Details können von Ihnen festgelegt werden.
3. Praxisaufgabe
   a) Notieren Sie den Verlauf eines Tagesdienstes mit einigen außergewöhnlichen Aspekten.
   b) Führen Sie in einem Rollenspiel ein Übergabegespräch mit einem „Kollegen“ durch.
   c) Erstellen Sie ein Übergabeprotokoll für die übernehmende Fachkraft, die den nächsten Dienst antritt.
   d) Evaluieren Sie gemeinsam mit Ihrem Rollenspielpartner die durchgeführte mündliche sowie schriftliche Übergabe und ziehen Sie ein Fazit für Ihre heilerziehungspflegerische Tätigkeit in der Praxis.

Teil II
Gesundheit und Pflege

1 Das Hormonsystem und die Pflege bei Diabetes

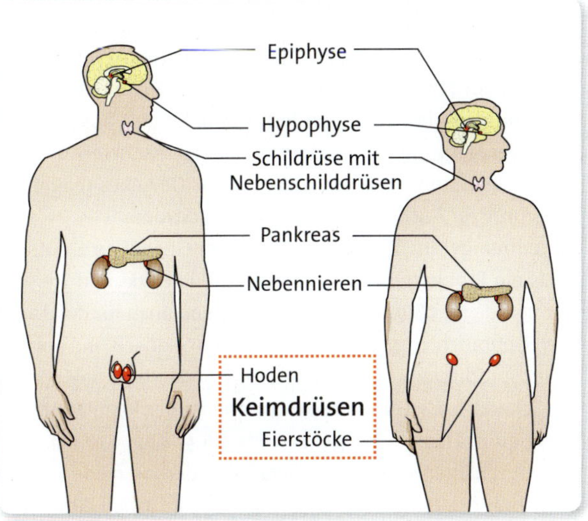

Abb. 1 Hormondrüsen des Menschen

1.1 Grundlagen

1.1.1 Hormone

Die Tätigkeit der Organe im Körper muss ständig aufeinander abgestimmt werden, um eine optimale Funktion zu erreichen. Eine wichtige Aufgabe übernimmt hierbei das vegetative Nervensystem, das schnelle Reaktionen der einzelnen Organe ermöglicht. Die Übertragung der Nachrichten ist allerdings an das Nervensystem gebunden. Damit kann die Information immer nur an bestimmte Strukturen gelangen, z. B. zur Auslösung einer Muskelaktivität oder zu einer Drüsentätigkeit.

Viel umfassender ist die Steuerung durch **Hormone**. Dies sind chemische Substanzen, die sich von Aminosäuren oder Cholesterin (Steroidhormone) ableiten und als **Botenstoffe** arbeiten. Ihre Wirkung tritt im Vergleich zu den Nervenimpulsen langsam ein, nach Sekunden (Adrenalin) oder auch erst nach Monaten (Wachstumshormon).

Hormone werden von **endokrinen Hormondrüsen** gebildet, die ihr Produkt direkt über das Gewebe ins Blut abgeben. Hormone finden sich entweder frei im Blut oder sind an Transporteiweiße gebunden.

Zur Aufnahme des hormonellen Signals muss eine Zelle entsprechende **Rezeptoren** an ihrer Oberfläche besitzen, an denen sich das Hormon anlagern kann. Hierfür wird gern das Beispiel von Schloss und Schlüssel benutzt. Passen Rezeptor und Hormon zusammen, werden in der Zelle die für die jeweilige Organtätigkeit notwendigen Stoffwechselvorgänge ausgelöst.

Zellen unterschiedlicher Gewebe können Rezeptoren für ein und dasselbe Hormon aufweisen, andererseits können einzelne Zellen aber auch Rezeptoren für unterschiedliche Hormone besitzen. Dadurch ist eine Vielzahl von Reaktionen des Gewebes und der Organe möglich. Das Hormon **Adrenalin** bereitet z. B. die Skelettmuskulatur durch Steigerung des Stoffwechsels auf Flucht oder Kampf vor, beruhigt aber zugleich die Muskulatur des Magen-Darm-Trakts.

Hormone beeinflussen biologische Abläufe im Körper, aber auch das Verhalten oder die Empfindungen. Eindrucksvolles Beispiel ist die Stressreaktion. Hormone sind entscheidend für die körperliche und geschlechtliche Entwicklung sowie für die Entwicklung des Gehirns. Sie sorgen für das Überleben des Organismus durch Regulierung des Ess-, Trink- und Schlafverhaltens. Sie steuern das Sexualleben sowie die Vorgänge der Fortpflanzung. Sie helfen dem Menschen, mit Krisensituationen fertig zu werden.

Durch das vielfältige Ineinanderwirken sind Störungen der Hormonfunktion häufig nicht auf ein Organsystem beschränkt, sondern lösen unterschiedliche krankhafte Veränderungen aus.

Hormon- und Nervensystem ergänzen sich in ihren Aufgaben und sind miteinander durch die **Hirnanhangsdrüse (Hypophyse, ▶ Abb. 1)** verbunden, die von dem **Hypothalamus** stimuliert oder gehemmt wird. Die unter Einfluss des Hypothalamus gebildeten Hormone stimulieren oder hemmen wiederum die einzelnen Hormondrüsen. Erst deren Produkte wirken dann auf die Gewebe.

Das Hormon der **Zirbeldrüse (Epiphyse)**, Melatonin, reguliert den Tag-Nacht-Rhythmus. Die Hormone der **Nebennieren** sorgen für eine Bereitstellung von Energieträgern und helfen damit, Stressreaktionen zu bewältigen. Sie haben Einfluss auf das Immunsystem und wirken auf die Nieren. Die Hormone der **Keimdrüsen (Hoden und Eierstöcke)** ermöglichen die normale Geschlechtsentwicklung und später die Fortpflanzung.

Hormoneller Regelkreis

Am Beispiel der **Schilddrüse** lässt sich die Regelung der Hormonabgabe gut darstellen (▶ **Abb. 1**).

Das auslösende Hormon für den Regelkreis der Schilddrüse ist das **Thyreotropin-Releasing-Hormon** (**TRH**, release, engl. freisetzen). Es wird ausgeschüttet, wenn im Hypothalamus ein Abfall der Konzentration von Schilddrüsenhormon im Blut festgestellt wird. Die Ausschüttung wird bei steigender Konzentration reduziert.

Unter dem Einfluss dieses Hormons schüttet nun die Hypophyse Thyreotropin, ein **Thyreoidea stimulierendes Hormon (TSH)**, aus. Auch dieser Vorgang wird über die Konzentration von Schilddrüsenhormon im Blut gesteuert. Thyreotropin führt nun in der Schilddrüse zur Freisetzung der wirksamen Hormone aus ihren Zwischenspeichern. Die Erhöhung der Konzentration im Blut wird wiederum in Hypothalamus und Hypophyse registriert und führt zu einer Minderung von deren Aktivität. Regelungstechnisch nennt man so etwas eine negative Rückkopplung.

Soll die Hormonwirkung beendet werden, erfolgt ein Abbau:

- Frei im Blut befindliche Hormone werden in der Leber abgebaut und über die Nieren ausgeschieden.
- An Rezeptoren gebundene Hormone werden über die Zellmembran aufgenommen und in den Lysosomen abgebaut (▶ **s. Modul 2, Kap. II.1.4**).

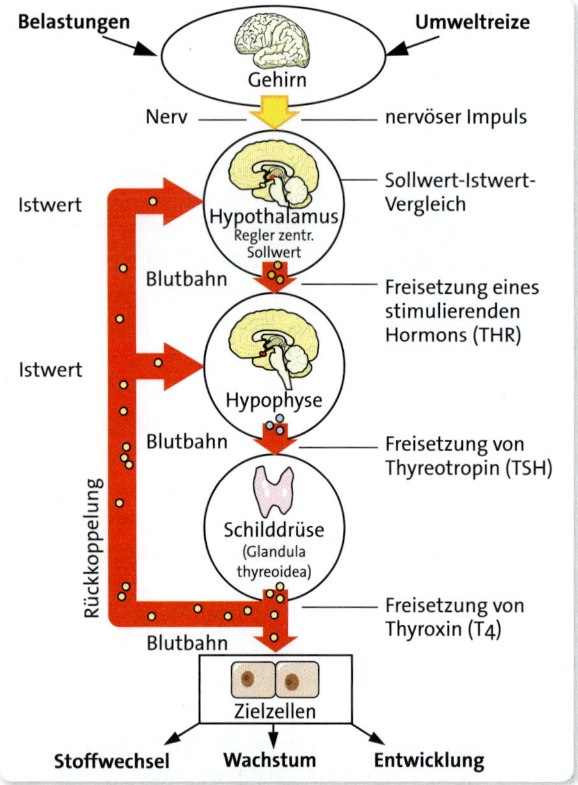

Abb. 1 Hormoneller Regelkreis der Schilddrüse

1.1.2 Hormonproduzierende Drüsen

Schilddrüse (Glandula thyreoidea)

Die Schilddrüse folgt dem Kehlkopf beim Schlucken. Sie ist ca. 60 g schwer und besteht aus 2 Lappen, die über eine Brücke vor der Luftröhre miteinander verbunden sind (▶ **Abb. 2**).

Das Drüsengewebe besteht aus vielen kleinen Bläschen (**Follikel**), in deren Wand die Hormone gebildet und als Tröpfchen in den Bläschen gespeichert werden. Besondere Zellen zwischen den Follikeln produzieren das Hormon **Kalzitonin**, das für die Regelung des Calciumhaushalts zuständig ist.

Die Follikel der Schilddrüse produzieren **Thyroxin (T4)** und **Trijodthyronin (T3)**. Beide Hormone werden aus einer Aminosäure unter Anlagerung von **Iod** gebildet. Fehlt ausreichend Iod in der Nahrung, ist die Hormonbildung erschwert und die Schilddrüse kann mit einer Zunahme des Gewebes reagieren. Es kommt zur Ausbildung eines **Kropfes** (Struma).

Da Iodmangel im Trinkwasser in vielen Gegenden Deutschlands ein Problem ist, wird zunehmend in Back- und Fleischwaren iodiertes Speisesalz verwendet und auch für den täglichen Gebrauch empfohlen. Iodreich sind Seefisch und andere Meeresprodukte.

Die Schilddrüse ist über ihre Hormone an der Regulation des **Energieumsatzes** beteiligt (▶ **s. Modul 5, Kap. I.10.1.5**). Störungen schlagen sich also in einer Veränderung nieder, die so ausgeprägt sein kann, dass der Verdacht auf eine Erkrankung gelenkt wird. Bei einer Überfunktion kann der Grundumsatz bis auf das Doppelte steigen, bei einer Unterfunktion bis auf 60 % abnehmen.

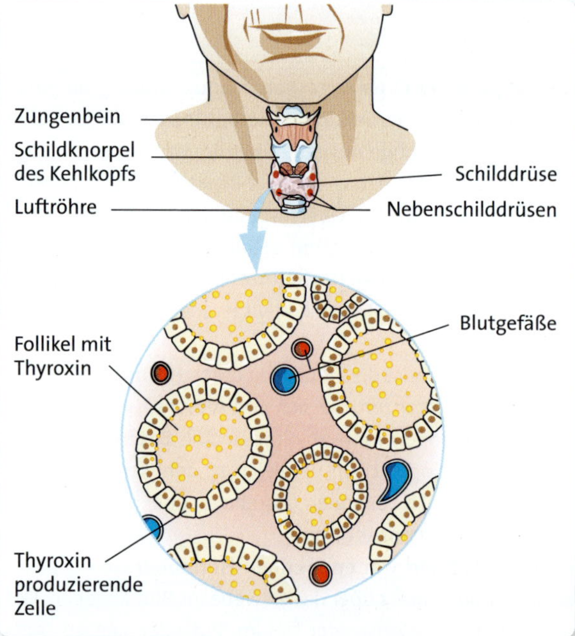

Abb. 2 Lage der Schilddrüse mit Drüsengewebe

Bauchspeicheldrüse (Pankreas)

Die Bauchspeicheldrüse nimmt unter den Drüsen des Hormonsystems eine Sonderstellung ein. Sie produziert sowohl Enzyme, die die Verdauung unterstützen (▸ s. Modul 5, Kap. II.2) als auch Hormone, die den Blutzuckerspiegel in engen Grenzen konstant halten, um eine ausgeglichene Versorgung der Zellen mit Glucose zu gewährleisten.

Die Hormonproduktion findet in speziellen Zellen statt, die wie Inseln über die Drüse verteilt sind. In den nach ihrem Entdecker Langerhans **Langerhans-Inselzellen** benannten Zellen befinden sich unterschiedliche Zelltypen, die Hormone bilden. Die wichtigsten sind die sogenannten **A- und B-Zellen** (▸ **Abb. 1**). Etwa 80 % der gesamten Zellmasse sind B-Zellen. In ihnen wird das Blutzucker senkende Insulin produziert, ein Eiweiß aus 2 Aminosäureketten. In den A-Zellen wird der Gegenspieler des Insulins, das **Glukagon**, gebildet. Es lässt den Blutzuckerspiegel ansteigen. Störungen der Insulinwirkung oder der Insulinproduktion führen zu einer krankhaften Störung des Zuckerstoffwechsels, dem **Diabetes mellitus** (▸ s. Kap. 1.4.2).

Aufgaben des Insulins. Von seinem Bildungsort gelangt das Insulin über die Venen der Bauchspeicheldrüse und die Pfortader in den Kreislauf und wird damit an die Zellen herangeführt.

Zur sofortigen Bereitstellung von Energie wird die Glucose in einer Reaktion mit Sauerstoff verbrannt (oxidiert). Dieser Vorgang setzt Energie frei, die die Leistungen der Zelle ermöglicht. Besonders wichtig ist dieser Weg für die Nervenzellen, weil sie nicht in der Lage sind, Glucose zu speichern. Sie müssen ständig mit Glucose versorgt werden, was nur möglich ist, wenn der Blutzuckerspiegel stabil gehalten wird.

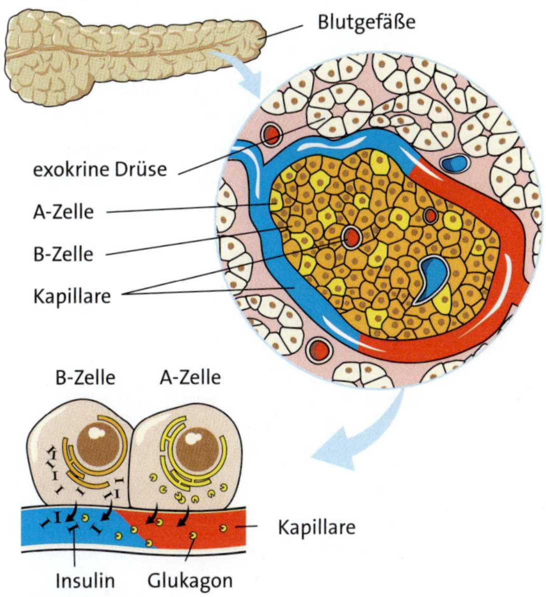

Abb. 1 Langerhans-Inselzellen

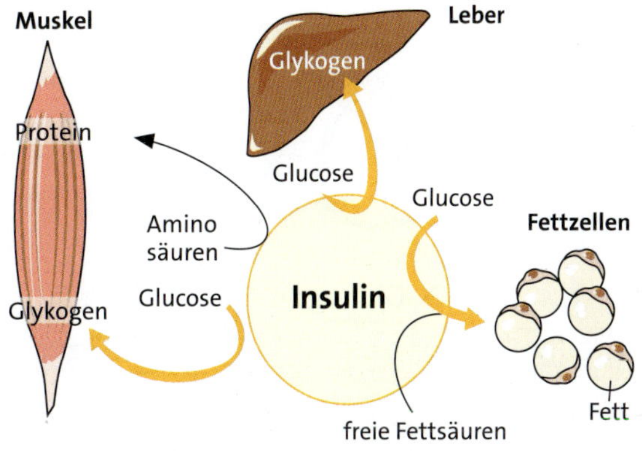

Abb. 2 Insulin im Stoffwechsel

Wichtigste Aufgabe des Insulins ist daher die Steigerung der Durchlässigkeit der Zellmembranen für Glucose. Durch Bindung des Hormons an entsprechende Rezeptoren der Zellwand werden Poren geöffnet, durch die die Glucose aktiv ins Zellinnere aufgenommen wird. Ist kein Insulin vorhanden oder fehlt es an Rezeptoren bzw. ist deren Funktion gestört, kommt es zu einem Anstieg des Blutzuckers.

Weitere Stoffwechselwege unterliegen ebenfalls dem Einfluss des Insulins (▸ **Abb. 2**).

- Bei einem relativen Überschuss, z. B. beim ruhenden Muskel, wird die Glucose gespeichert. Hierzu werden Glucosemoleküle zu einer Kette (**Glykogen**) zusammengefügt. Diese Speicherform wird besonders in Muskelzellen und Leberzellen angelegt und kann bei Bedarf wieder zurückgewandelt werden.
- Hält die Kohlenhydratzufuhr ohne Energieverbrauch an, wird in den Leberzellen aus Glucose Fett gebildet und in den Fettzellen als Energiespeicher deponiert. Insulin verzögert den Abbau der Fette und steht damit dem Erfolg schneller Reduktionsdiäten entgegen.
- Insulin greift auch in den Eiweißstoffwechsel ein. Es unterstützt die Aufnahme von Aminosäuren in die Zelle und fördert den Aufbau von Eiweißen.

Blutzuckerregulation. Für eine ausreichende Energieversorgung der Zellen muss stets eine bestimmte Menge Glucose im Blut zur Verfügung stehen (**Blutzuckerwert, BZ**). Die Menge wird in mg/dl (1/1 000 g in 100 ml) oder mmol/l angegeben. Als Normalwert werden 0,6 bis 1,0 g/Liter Blut angegeben.

Funktioniert die Regulation durch die Bauchspeicheldrüse, nimmt die **Blutzuckerkonzentration** einen typischen Verlauf: Nach einer kohlenhydratreichen Mahlzeit steigt der **Blutzuckerspiegel** an. Werte bis zu 140 mg/dl eine Stunde nach dem Essen von Süßigkeiten gehören in den Normalbereich. Dann erfolgt ein kontinuierlicher Abfall auf etwa 120 mg/dl nach 2 Stunden und eine Normalisierung auf den Ausgangswert nach etwa 3 Stunden.

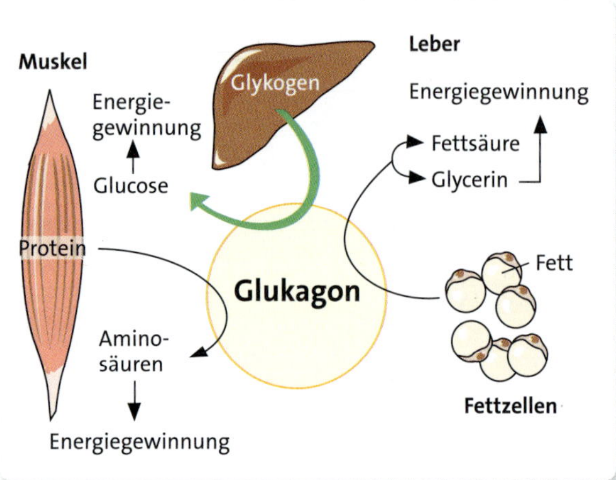

Abb. 1 Glukagon im Stoffwechsel

In den Inselzellen wird die Veränderung der Blutzuckerkonzentration registriert. Bei einer Zunahme reagieren die B-Zellen mit einer gesteigerten Ausschüttung von Insulin. Der Blutzucker sinkt relativ rasch wieder ab. Der zunächst steilere Anstieg der Konzentration erklärt sich aus der notwendigen Zeit für die Produktion des Insulins. Die Abnahme der Blutzuckerkonzentration vermindert die Ausschüttung von Insulin.
Fällt der Blutzucker stark ab (stärkere Belastung, längere Nahrungspause), kommt es zunächst zu einem Gefühl der Abgeschlagenheit und Müdigkeit als Ausdruck mangelnder Energieversorgung der Zellen. Gleichzeitig entsteht ein **Hungergefühl**. Die Blutzuckerwerte liegen in diesem Zustand deutlich unter den Normalwerten. Auch bei fehlender Nahrungszufuhr nimmt die Leistungsfähigkeit jedoch wieder zu und das Hungergefühl verschwindet.
Der Abfall des Blutzuckers wird im **Gehirn** registriert. Über den Hypothalamus werden in unterschiedlichen Drüsen Hormone freigesetzt, die eine Bereitstellung von Glucose steuern und damit eine erneute Anhebung des Blutzuckers bewirken. Am wichtigsten ist die Stimulation der A-Zellen, die daraufhin **Glukagon** ausschütten. Dieses steigert den Abbau von Glykogen in den Leberzellen und lässt so den Blutzucker wieder ansteigen (▸ **Abb. 1**). Auch die Glukagonabgabe ist im Sinne einer Rückkopplung an den Blutzuckerspiegel gebunden.
Die Regelung des Blutzuckers folgt also mit einer gewissen Verzögerung der Höhe des Blutzuckerspiegels. Flutet die Glucose schnell an, müssen für die Gegenregulation höhere Mengen von Insulin freigesetzt werden. Je weniger aktiv man ist, desto mehr Insulin ist für die Umwandlung der Glucose erforderlich. Eine bewegungsarme Lebensweise mit der Aufnahme einfacher Kohlenhydrate (z. B. Trauben- und Fruchtzucker) fordert die Bauchspeicheldrüse stark. Außerdem führen die hohen Insulinmengen zu einem starken Absinken des Blutzuckers mit rascher Ermüdbarkeit und Hungergefühl. Wird der Hunger dann mit ungeeigneten Nahrungsmitteln (Schokoriegel) befriedigt, übersteuert das System erneut.

Ausreichende Bewegung und Ernährung mit komplexen Kohlenhydraten (z. B. Stärke) lassen die Glucose im Blut langsamer ansteigen und ermöglichen eine Weiterverarbeitung ohne große Insulinmengen, die Bauchspeicheldrüse wird also „geschont".

1.2 Altersveränderungen

Geringere allgemeine Aktivität, eine Verschlechterung oder Veränderung der Ernährungssituation sowie eine Abnahme des Muskelgewebes gehören zu den typischen Altersveränderungen. Besonders der Ersatz von Muskelgewebe durch Fettgewebe führt zu einer Abnahme der **Insulinrezeptoren**. Man spricht in diesem Zusammenhang auch von einer Insulinresistenz, d. h., dass trotz ausreichend vorhandenem Insulin der Zuckertransport in die Zellen gestört ist.

Die Funktion der Schilddrüse nimmt häufig im Alter ab, ebenso die Produktion des Hormons, welches die Funktion anregt (**TSH**, ▸ **s. oben**). Schilddrüsenerkrankungen im Alter sind meist eher milde ausgeprägt und werden deshalb häufig übersehen oder als normale Alternsprozesse fehlgedeutet (▸ **s. unten**).

1.3 Psychosoziale Aspekte

Die hormonelle Steuerung und die Psyche stehen in engem Zusammenhang. Dies zeigt sich besonders deutlich in Phasen der hormonellen Umstellung vor allem im Bereich der Sexualhormone (Pubertät, Schwangerschaft). Deutlich wird dies insbesondere im Klimakterium. Die häufigsten Beschwerden sind Hitzewallungen und Schweißausbrüche, nicht selten kommt es zu depressiven Störungen.

Schilddrüsenfehlfunktionen zeigen sich meist an auffälligen Verhaltensänderungen. So reagieren Personen mit einer Unterfunktion verlangsamt und schwunglos. Personen mit einer Überfunktion sind reizbar, nervös und motorisch unruhig.
Erhebliche Einschränkungen der Lebensqualität können mit Diabetes mellitus einhergehen. Die notwendige Umstellung der Ernährung und weitgehender Verzicht auf „Naschwerk"

fallen vielen Menschen nicht leicht. Das gilt insbesondere für Menschen mit geistiger Behinderung, die häufig den Zusammenhang zwischen Diabetes und falscher Ernährung kognitiv nicht erfassen. Regelmäßige Untersuchungen des Blutzuckers und unter Umständen eine Injektionstherapie mit Insulin führen leicht zur Überforderung und erfordern Hilfestellung.

1.4 Krankheitsbilder

1.4.1 Schilddrüsenfunktionsstörungen

Überfunktion (Hyperthyreose)

15 bis 20 % aller Kranken sind über 60 Jahre alt. Aus nicht geklärten Gründen sind Frauen bis zu 10-mal häufiger betroffen. Häufigste Ursache ist eine gutartige Zunahme von Drüsengewebe (**Adenom**), das nicht auf die Steuerung durch die Hypophyse anspricht und daher ungehemmt Hormone produziert. Eine Überversorgung mit Hormonen bei der Therapie einer Schilddrüsenunterfunktion ist aber auch möglich. Ferner kann eine Autoimmunerkrankung (**Morbus Basedow**) Auslöser sein. Antikörper, die Ähnlichkeit mit Thyreotropin (TSH) haben, stimulieren die Schilddrüse dauernd zur Hormonbildung.

Häufige Krankheitszeichen sind:
- Gewichtsverlust durch erhöhten Grundumsatz
- Schlaflosigkeit und innere Unruhe
- ständiges Unwohlsein
- unregelmäßiger, schneller Herzschlag
- Wärmeempfindlichkeit, Schwitzen
- Durchfälle
- Verwirrtheitszustände

Führen diese eher unklaren Beschwerden zum Arzt, kann durch Bestimmung der Blutwerte der Schilddrüsenhormone eine Funktionsstörung schnell erkannt werden.
Die Behandlung soll die Auswirkungen der Überfunktion mildern. Zum Schutz des Herzens werden Substanzen verabreicht, die den Herzschlag absenken (Betablocker). Gleichzeitig wird durch Hemmstoffe (Thyreostatika) die Produktion der Hormone gedrosselt. Beides dient der Überbrückung bis zum Wirksamwerden der eigentlichen, ursächlich wirkenden Therapie. Hierbei wird radioaktives Iod injiziert, welches von der Schilddrüse aufgenommen wird und einen Teil des Gewebes zerstört (Radio-Iod-Therapie). Meist ist danach ein dauerhafter Hormonersatz erforderlich.

Unterfunktion (Hypothyreose)

Bis zu 10 % aller 80-Jährigen haben eine Unterfunktion der Schilddrüse. Ursache ist ein Mangel an Schilddrüsenhormonen durch Abnahme des funktionsfähigen Drüsengewebes, in der Mehrzahl der Fälle nach einer Entzündung der Schilddrüse.

Die Diagnose wird häufig erst verspätet gestellt, weil die Krankheitszeichen auf das „Alter" geschoben werden. Darüber hinaus setzen die Veränderungen schleichend ein und werden so nur bei vergleichender Beobachtung auffällig.

Häufige Krankheitszeichen sind:
- allgemeine Schwäche
- Gewichtszunahme durch sinkenden Grundumsatz
- Müdigkeit, erhöhtes Schlafbedürfnis und Verlangsamung der Denkabläufe
- verlangsamter Herzschlag
- Kälteempfindlichkeit
- Verstopfung
- Einschränkung der Mimik

Typisch sind auch Hautveränderungen. Die Haut wird trocken, schuppig und blass, sie ist teigig verdickt und geschwollen durch Ablagerung Wasser bindender Stoffwechselprodukte. Das Haar wird stumpf und fällt vermehrt aus. Dank der therapeutischen Möglichkeiten sind solche Veränderungen selten.
Behandelt wird die Unterfunktion der Schilddrüse durch die regelmäßige Gabe von Schilddrüsenhormon unter regelmäßiger Überwachung der Blutwerte.

1.4.2 Diabetes mellitus (Zuckerkrankheit)

Der Begriff Zuckerkrankheit weist auf den **Stoffwechselweg** hin, der zunächst gestört ist. Wegen der allgemeinen Wirkungen des Insulins kommt es aber auch zu einer Störung der anderen Stoffwechselwege. Bei längerer Krankheit werden nahezu alle Organsysteme geschädigt.

Neben einer erblichen Belastung hat die Lebensweise Einfluss auf die Häufigkeit der Erkrankung:
- Abnahme körperlicher Arbeit
- Tendenz zu weniger Bewegung
- Überernährung
- Bevorzugung fetter, süßer Nahrungsmittel

Mit der Bezeichnung Diabetes mellitus (lat. süßer Harnfluss) wurden schon im Altertum 2 wichtige Symptome benannt: eine Zunahme der Urinmenge und die Ausscheidung von Zucker mit dem Urin.

Veränderungen des Stoffwechsels bei Insulinmangel

Normalerweise kann die Bauchspeicheldrüse bis zu 200 **I. E. (Internationale Einheiten)** Insulin produzieren. Sinkt die Zahl der Zellen in den Langerhans-Inseln, nimmt die Produktion ab und reicht irgendwann nicht mehr aus, um einen ausreichenden Glucosetransport in die Zellen sicherzustellen.

Die aus dem Darm aufgenommene Glucose verbleibt im Blut und der Blutzucker steigt allmählich an. In den Nieren wird dieser Zucker zunächst in den Urin abgegeben, dann wieder resorbiert, weil der Körper auf diesen wichtigen Energieträger nicht verzichten kann. Übersteigt der Blutzuckerspiegel einen Wert von 180 mg/dl, wird die Kapazität der Nieren überfordert und Zucker mit dem Urin ausgeschieden, man spricht von einer **Glukosurie**. Den Wert bezeichnet man als **Nierenschwelle**.

Ausgeschieden werden kann Zucker nur in gelöster Form. Ist die Konzentration zu hoch, entstehen Kristalle. Es muss also viel Wasser mit dem Zucker zusammen ausgeschieden werden. Dies führt zu auffällig hohen Urinmengen (**Polyurie**, **▸ s. Modul 4, II.2.3**). Ein starkes Durstgefühl, ein Austrocknen der Haut mit Rötung und Juckreiz sind die Folge. Weitere Krankheitszeichen ergeben sich aus dem Energiemangel der Zellen. Die Betroffenen sind blass, ständig müde und in ihrer Belastbarkeit eingeschränkt.
Als Energieträger wird zunehmend Fett abgebaut, da die hemmende Wirkung des Insulins ausbleibt. Dies führt längerfristig zu einem Verlust an Körpergewicht, gekoppelt mit Appetitlosigkeit. Ein damit verbundener Anstieg der Blutfettwerte unterstützt die Entwicklung arteriosklerotischer Komplikationen. Ein gesteigerter Abbau von Eiweiß bewirkt auf Dauer eine Abnahme der körpereigenen Abwehr. Dies äußert sich in vermehrter Anfälligkeit für Harnwegs- und Pilzinfektionen sowie für Wundheilungsstörungen.

Diabetes in der Familie sollte immer Anlass für eine Überprüfung des Blutzuckerspiegels sein. Erster einfacher Schritt ist der **Urintest** mit einem **Indikatorstäbchen**, das eine Zuckerausscheidung anzeigt. Ist diese im morgendlichen Urin nachgewiesen, sollte auf jeden Fall eine ärztliche Untersuchung erfolgen.
Die Untersuchung besteht zunächst in einer Überprüfung des Blutzuckernüchternwerts. Ist dieser deutlich erhöht (über 120 mg/dl), liegt ein Diabetes mellitus vor. Werte darunter weisen auf eine Verwertungsstörung hin. Zur Abklärung wird ein sogenannter **Glucose-Belastungs-Test** durchgeführt. Dabei wird vor und nach dem Trinken einer konzentrierten Glucoselösung in regelmäßigen Abständen der Blutzucker bestimmt, um zu sehen, ob die körpereigene Insulinproduktion ausreicht.

Trotz vergleichbarer Symptome und Spätschäden müssen unterschiedliche Formen des Diabetes mellitus unterschieden werden, die dann auch eine unterschiedliche Therapie erfordern.

Diabetes mellitus Typ I

Durch **Zerstörung der Insulin bildenden B-Zellen** der Bauchspeicheldrüse besteht ein absoluter Mangel an Insulin. Vorbedingung für diesen Prozess ist (wie auch bei Typ II) eine angeborene Veranlagung. Die Zerstörung selbst ist die Folge einer Autoimmunerkrankung. Es wird heute angenommen, dass äußere Faktoren diesen Prozess auslösen, wobei besonders Viren (z. B. Röteln) eine Rolle spielen sollen.

Erst bei Verlust von etwa 80–90 % der Zellen wird die Blutzuckerregulation so gestört, dass die Krankheit auftritt. Der Ausbruch liegt meist im Kinder- oder Jugendalter. 25 % der Erkrankungen treten jedoch erst nach dem 35. Lebensjahr und teilweise auch bei 60- bis 70-Jährigen auf.
Die Therapie besteht in einer lebenslangen Injektion von Insulin, einer angepassten Ernährung und ausreichender Bewegung. Das Ziel ist, eine nahezu dem normalen Ablauf entsprechende Einstellung des Blutzuckers zu erreichen. Hierzu ist eine Schulung des Betroffenen erforderlich sowie seine Bereitschaft, durch regelmäßige Selbstmessungen seinen Blutzucker zu bestimmen und daran orientiert Insulin zu spritzen.

Die 5 Säulen der Therapie von Diabetes Typ I bei vorhandenen Ressourcen:
- Schulung
- Selbstkontrolle
- Insulin
- Ernährung
- Bewegung

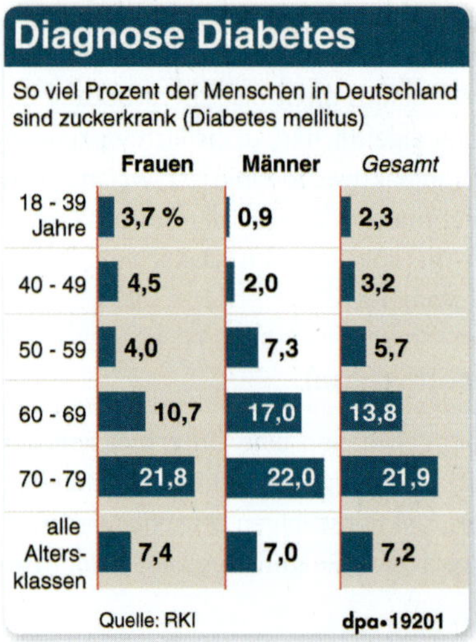

Abb. 1 Eine Frage des Alters (Stand 2013)

Diabetes mellitus Typ II

Nahezu 9 % der Gesamtbevölkerung leiden unter dem Diabetes Typ II. Die Erkrankungshäufigkeit steigt mit dem Alter an, Frauen sind etwas häufiger betroffen. Nur 10 % der Erkrankten haben Normalgewicht, man spricht dann von Diabetes **Typ IIa**, 90 % sind übergewichtig, was als Diabetes **Typ IIb** bezeichnet wird. Diese Unterscheidung ist deswegen wichtig, weil sich daraus Konsequenzen für die Therapie ergeben.

Die Ursache liegt in einem **Defekt der Rezeptoren** der Zellmembran. Als Folge kommt es zu einer verminderten Ausnutzung der angebotenen Glucose. Die geringere Wirkung an den Leberzellen vermindert die Speicherung von Glykogen. Die dadurch erhöhte Glucose im Blut stimuliert die Insulinproduktion. Insgesamt wird der Blutzucker damit über Jahre im Normbereich gehalten, allerdings mit deutlich erhöhtem Insulinspiegel, was die häufige Übergewichtigkeit erklärt. Erst wenn die Bauchspeicheldrüse überfordert ist, kommt es zur Überzuckerung und zu einer unter Umständen sehr schnell abnehmenden Insulinproduktion. Diese beruht wahrscheinlich auf einer Schädigung der B-Zellen durch hohe Blutzuckerkonzentrationen.

Therapieziel ist eine möglichst normale Einstellung der Blutzuckerwerte. Hierbei kommen der Ernährung mit Gewichtsnormalisierung und der Bewegung eine besondere Bedeutung zu, um eine medikamentöse Behandlung lange hinauszuschieben. Dies scheitert aber im Alter oder bei Behinderung häufig an einer Überforderung oder der fehlenden Einsicht in die Notwendigkeit einer Änderung des Lebensstils. In diesen Fällen muss dann eine Therapie mit Antidiabetika oder sogar mit Insulin erfolgen.

> Die 3 Säulen der Therapie von Diabetes Typ II bei vorhandenen Ressourcen:
> - Ernährung
> - Bewegung
> - Medikamente

Ist noch eine Restfunktion der Bauchspeicheldrüse vorhanden, kann entweder versucht werden, diese zu stimulieren oder die Zuckerverwertung in den Zellen zu steigern. Beide Effekte führen zu einer Normalisierung der Blutzuckerwerte. Neuerdings ist es auch möglich, die Aufnahme der Glucose aus dem Darm zu verzögern, um so die Bauchspeicheldrüse zu entlasten.

Häufig ist eine sehr enge Einstellung des Blutzuckers nicht mehr möglich. Das ist angesichts eines Alters, in dem Spätschäden kaum mehr zu erwarten sind, zu akzeptieren. In Sonderfällen muss es ausreichen, dafür zu sorgen, dass akute Entgleisungen des Stoffwechsels vermieden werden.

Blutzuckerentgleisung

Ziel einer guten Einstellung des Blutzuckers bei Diabetes ist eine fast dem normalen Ablauf entsprechende Konzentration des Blutzuckers. Abweichungen sind durch Ernährungsanpassung und Änderung der Therapie korrigierbar. Unterbleibt dies, kann es zu **Veränderungen des Blutzuckerspiegels** kommen, die zu Bewusstlosigkeit führen. Diese lebensbedrohliche Komplikation der Zuckerkrankheit erfordert rasches, zielgerichtetes Handeln.

Hyperglykämisches Koma. Das hyperglykämische Koma ist Folge eines stark erhöhten Blutzuckers (**Hyperglykämie**). Neben den durch Austrocknung hervorgerufenen Zeichen ist das Koma Ausdruck einer verminderten Versorgung der Hirnzellen mit Glucose trotz eines Überangebots im Blut. Es lassen sich 2 Formen unterscheiden.

Der ausgeprägte Insulinmangel beim **Diabetes Typ I** führt zu hohen Blutzuckerwerten (bis zu 700 mg/dl). Gleichzeitig versucht der Körper, den Energiemangel durch Mobilisierung der Fette auszugleichen. Saure Stoffwechselprodukte führen zu einer Übersäuerung des Blutes, die der Körper durch vermehrtes Abatmen von Kohlensäure (CO_2) auszugleichen sucht. Hierbei wird Aceton auch über die Atemluft abgegeben. Auffällig bei dem Erkrankten sind

- ein Acetongeruch der Atemluft (riecht ähnlich wie Nagellackentferner) und
- eine vertiefte Atmung (Kussmaul-Atmung).

Diese Form des Komas wird als **ketoazidotisches Koma** bezeichnet. Fehler bei der Insulindosierung (zu niedrig), aber auch ein erhöhter Insulinbedarf bei Infekten sind häufige Auslöser.

Beim Diabetes Typ II ist meist eine Restinsulinproduktion vorhanden, sodass der Abbau von Fetten verhindert wird. Es kann zu extremen Blutzuckerwerten bis zu 1000 mg/dl kommen. Dies führt zu hohen Flüssigkeitsverlusten über die Nieren, sodass die Zeichen der Austrocknung im Vordergrund stehen. Wegen der hohen Glucosekonzentration im Blut wird dieses Koma als **hyperosmolares Koma** bezeichnet. Auslöser sind erhöhter Insulinbedarf durch Diätfehler, Infekte oder Stress, häufig auch Unregelmäßigkeiten bei der Einnahme Blutzucker senkender Medikamente.

Hypoglykämisches Koma. Blutzuckerwerte unter 50 mg/dl werden als **Hypoglykämie** bezeichnet. Weiteres Absinken führt dann rasch zur Bewusstlosigkeit. Ursache dieser Stoffwechselstörung sind Überdosierungen von Insulin, starker Alkoholgenuss oder körperliche Überanstrengung. Beim älteren Diabetiker mit Typ-II-Diabetes ist es meist die Folge unzureichender Nahrungsaufnahme bei Fortführung der Therapie mit Antidiabetika. Appetitlosigkeit ist ein häufiges Problem und einige Antidiabetika wirken im Körper länger nach (z. B. Sulfonylharnstoffe).

1.4.3 Diabetische Folgeerkrankungen

Hohe Blutzuckerkonzentration und erhöhter Insulinspiegel führen zu Veränderungen an den Blutgefäßen, welche vielfältige Organschäden nach sich ziehen. Sie treten bei schlechter Einstellung schon nach 5–10 Jahren auf, können durch eine gute Blutzuckereinstellung verzögert, aber nicht vollständig vermieden werden.

Diabetes mellitus ist ein wesentlicher Riskofaktor für die Entwicklung einer **Arteriosklerose** (▸ s. Modul 5, Kap. II.1.3.9). Der Befall der großen Gefäße (Makroangiopathie) kann zu Herzinfarkt, Schlaganfall, arterieller Verschlusskrankheit oder Nierenschädigungen führen. Eine rein diabetische Veränderung ist der Befall der kleinen Blutgefäße (Mikroangiopathie). Erkrankungen treten besonders am Auge und an den Nieren, aber auch am Nervensystem auf.

Diabetischer Fuß

Das häufigste Problem des an Diabetes erkrankten Menschen ist die Schädigung der Füße. Sie ergibt sich aus dem Zusammenwirken von **Durchblutungsstörung**, **Nervenschädigung** und erhöhter **Infektanfälligkeit**.
Die fehlende Schmerzempfindlichkeit kann dazu führen, dass Verletzungen durch Druck oder scharfe Gegenstände nicht bemerkt werden und zu behandlungsbedürftigen Infekten führen. Durchblutungsstörungen können eine **diabetische Gangrän** hervorrufen.

Jede Wunde bei einem Diabetiker muss sofort desinfiziert und steril verbunden werden. Bei den geringsten Anzeichen für eine Verschlimmerung, z. B. durch Zunahme der Umgebungsrötung oder Überwärmung in der Umgebung, ist ärztliche Hilfe erforderlich.

Fettleibigkeit (Adipositas)

Der **Body Mass Index (BMI)** errechnet sich aus dem Körpergewicht dividiert durch die Körpergröße im Quadrat:

$$\text{BMI} = \frac{\text{Körpergewicht in kg}}{\text{Körpergröße in m} \cdot \text{Körpergröße in m}}$$

Ein Wert von über 24,9 weist auf Übergewicht hin, Personen mit BMI von > 30 gelten als adipös.

Zur Bewertung des Körpergewichts gilt folgende Einteilung:

Bewertung	BMI ♂	BMI ♀
Untergewicht	< 20	< 19
Normalgewicht	20–25	19–24
Übergewicht	25–30	24–30
Adipositas	30–40	30–40
massive Adipositas	> 40	> 40

Abb. 1 Bewertung des Körpergewichts Erwachsener nach der DGE (Deutsche Gesellschaft für Ernährung), 1992

Im Alter, d. h. über 64 Jahren, wird der BMI von 24–29 als optimal angesehen.

▸ s. auch Modul 5, Kap. I.10.1 Grundlagen der Ernährungslehre/Adipositas

Eine eventuell bestehende Erkrankung muss behandelt werden. Die Nahrungsaufnahme wird nach Menge und Zusammensetzung den tatsächlichen Erfordernissen des Organismus angepasst. Diese Forderung ist schwer umzusetzen, da die Essgewohnheiten stark von Erziehung und Gewohnheiten geprägt sind und Essen mehr bedeutet als nur reine Nahrungsaufnahme.
Angestrebt wird eine Reduzierung des Grundumsatzes um 500 bis 800 kcal täglich vor allem durch Reduzierung der Nahrungsfette. Dies entspricht einer Abnahme von etwa 0,3–1 kg/Woche. Um den Durchhaltewillen zu stärken, kann es sinnvoll sein, diese Menge pro Monat zu planen.
Die größten Erfolge zeigen Menschen, die eine Aufnahme von 1200 kcal/d über ein halbes Jahr durchhalten (Reduktionskost). Bei weiterer Reduzierung ist ärztliche Begleitung erforderlich.

Abb. 2 Kontrolle des Körpergewichts

1.5 Pflege

1.5.1 Krankenbeobachtung

Hormonelle Störungen oder Stoffwechselerkrankungen lassen sich oft nicht einem bestimmten Organ zuordnen. Entsprechend vielfältig können die zu beobachtenden Beeinträchtigungen sein.

Psychische Veränderungen. Das Gehirn reagiert besonders empfindlich auf Nährstoff- und Energiemangel, was sich an psychischen Auffälligkeiten verdeutlicht. Jeder hat schon erlebt, wie gereizt Menschen reagieren können, wenn sie Hunger haben. Langfristig stellen sich bei anhaltenden Nährstoffdefiziten häufig depressive Verstimmungen ein.
Antriebsarmut, Müdigkeit und geistiges Desinteresse können Zeichen einer Schilddrüsenunterfunktion sein und nicht ohne Abklärung einer beginnenden Demenz oder Depression zugeordnet werden. Unerklärliche Ruhelosigkeit und Nervosität können Zeichen einer Schilddrüsenüberfunktion sein. Konzentrationsschwächen bis hin zu Verwirrtheitszuständen und Bewusstseinseintrübungen können auf ein beginnendes diabetisches Koma hindeuten.

Vegetative Veränderungen. Stoffwechselstörungen können zu Funktionsstörungen in unterschiedlichen Organsystemen führen und sehr unterschiedliche Symptome verursachen, die im Zusammenhang gesehen werden müssen. So klagen Personen mit Schilddrüsenüberfunktion über Herzrasen, vermehrtes Schwitzen und auch über Durchfall. Im Zustand einer Überzuckerung wird der Klient starken Durst empfinden und große Mengen wasserhellen Urins ausscheiden.

Körpergewicht. Unerklärliche Gewichtsveränderungen können Folge von hormonellen oder Stoffwechselstörungen sein. Durch den gesteigerten Energiestoffwechsel nehmen Personen mit Schilddrüsenüberfunktion trotz reichlicher Nahrungszufuhr ab. Auch der Diabetes-mellitus-Typ-I geht häufig mit einer Gewichtsabnahme einher. Bei einer Unterfunktion der Schilddrüse kommt es zu einer Gewichtszunahme.

- Bei einem normalen Ernährungszustand steht das Körpergewicht in einem angemessenen Verhältnis zur Körpergröße der Person.
- Bei deutlichem Untergewicht ist das Unterhautfettgewebe reduziert, eventuell sind hervortretende Knochen zu erkennen.
- Bei rascher Gewichtszunahme bilden sich oft streifenförmige Veränderungen der Haut (striae, „Schwangerschaftsstreifen") durch Überdehnung des Bindegewebes an Bauch und Hüften.

Zur Ermittlung des Körpergewichts stehen **Stand-** und **Sitzwaagen** zur Verfügung. Die **Gewichtskontrolle** erfolgt möglichst nüchtern am Morgen auf immer derselben Waage. Die zu wiegende Person sollte zuvor Darm und Blase entleeren und möglichst wenig bekleidet sein. Die Steh- oder Sitzfläche wird mit einer Unterlage abgedeckt.

- Waage tarieren (auf null stellen).
- Betroffenen auf die Fläche der Waage bitten bzw. helfen. Die Person muss vollständig und frei auf der Fläche der Waage stehen bzw. sitzen. Ein Abstützen auf der Waage würde zu einem zu geringen Messwert führen.
- Gewicht mit Angabe von Uhrzeit und Kleidung dokumentieren.
- Bei großen Gewichtsabweichungen ist der Arzt zu informieren.

Regelmäßige Gewichtskontrollen sind ferner notwendig bei:

- Personen mit Ödemen (z. B. bei Störung der Herz- oder Nierenfunktion),
- Durchführung einer Reduktions- bzw. Aufbaukost,
- Menschen mit schweren auszehrenden Erkrankungen,
- Personen, die Neuroleptika bzw. Antidepressiva einnehmen, welche als Nebenwirkung den Appetit anregen.

1.5.2 Pflege bei Diabetes mellitus

Behandlung mit oralen Antidiabetika

Die Behandlung mit oralen Antidiabetika setzt voraus, dass der Betroffene noch über eine ausreichende körpereigene Insulinproduktion verfügt. Die Medikamente wirken auf unterschiedliche Weise auf den Blutzuckerspiegel der Betroffenen, indem sie

- die körpereigene Ausschüttung von Insulin verstärken (Sulfonylharnstoffe, Glinide),
- die Aufnahme der Kohlenhydrate aus dem Darm ins Blut verzögern (Acarbose, Guarkernmehle),
- für eine verbesserte Wirkung des Insulins an den Körperzellen sorgen und die Glucoseneubildung in der Leber verringern (Biguanide).

Wichtig ist, dass sich der Betroffene genau an die Verordnung hält. Bei oralen Antidiabetika aus der Gruppe der **Sulfonylharnstoffe**, die unabhängig von der Höhe des Blutzuckers eine langfristig verstärkte Insulinausschüttung bewirken, ist darüber hinaus zu beachten, dass der Betroffene regelmäßig Kohlenhydrate aufnehmen muss, um nicht zu unterzuckern. Glinide bewirken bei einer Mahlzeit eine rasche Insulinfreisetzung, die nur wenige Stunden anhält. Das Medikament wird entsprechend zur Hauptmahlzeit eingenommen. Möchte der Betroffene nicht essen, lässt er die Einnahme aus. Das Risiko einer Unterzuckerung wird so gesenkt.

Behandlung mit injiziertem Insulin

Fast ausnahmslos wird mit gentechnisch hergestelltem **Humaninsulin** behandelt. Seit einigen Jahren sind darüber hinaus **Insulinanaloga** (analog, gr. übereinstimmend) verfügbar, die etwas vom Bauplan des menschlichen Insulins abweichen und dadurch eine erwünschte andersartige Wirkung erzielen.

Auf jeden Fall muss nach Injektion von Insulin gegessen werden, um eine Unterzuckerung zu vermeiden. Das bedeutet, dass die Fachkraft, die die Injektion verabreicht, auch für die Sicherstellung der Nahrungszufuhr verantwortlich ist.

Konventionelle Insulintherapie. Hier wird zweimal am Tag Insulin verabreicht. Allerdings ist eine strikte Anpassung der Mahlzeiten an das Wirkprofil der Insulinzubereitung notwendig. Meist lässt sich auf diese Weise keine auf längere Sicht befriedigende Einstellung des Blutzuckers über den Tag erreichen. Die konventionelle Insulintherapie wird daher bei Diabetes mellitus Typ II mit noch geringer Insulineigenproduktion als vertretbare Notlösung angewendet oder bei älteren Diabeteskranken, die mit einer anderen Therapieform überfordert sind.

Intensivierte konventionelle Insulintherapie. Mit diesem Behandlungsschema kann eine weit bessere Einstellung des Blutzuckers erreicht werden, weil es der natürlichen Insulin-

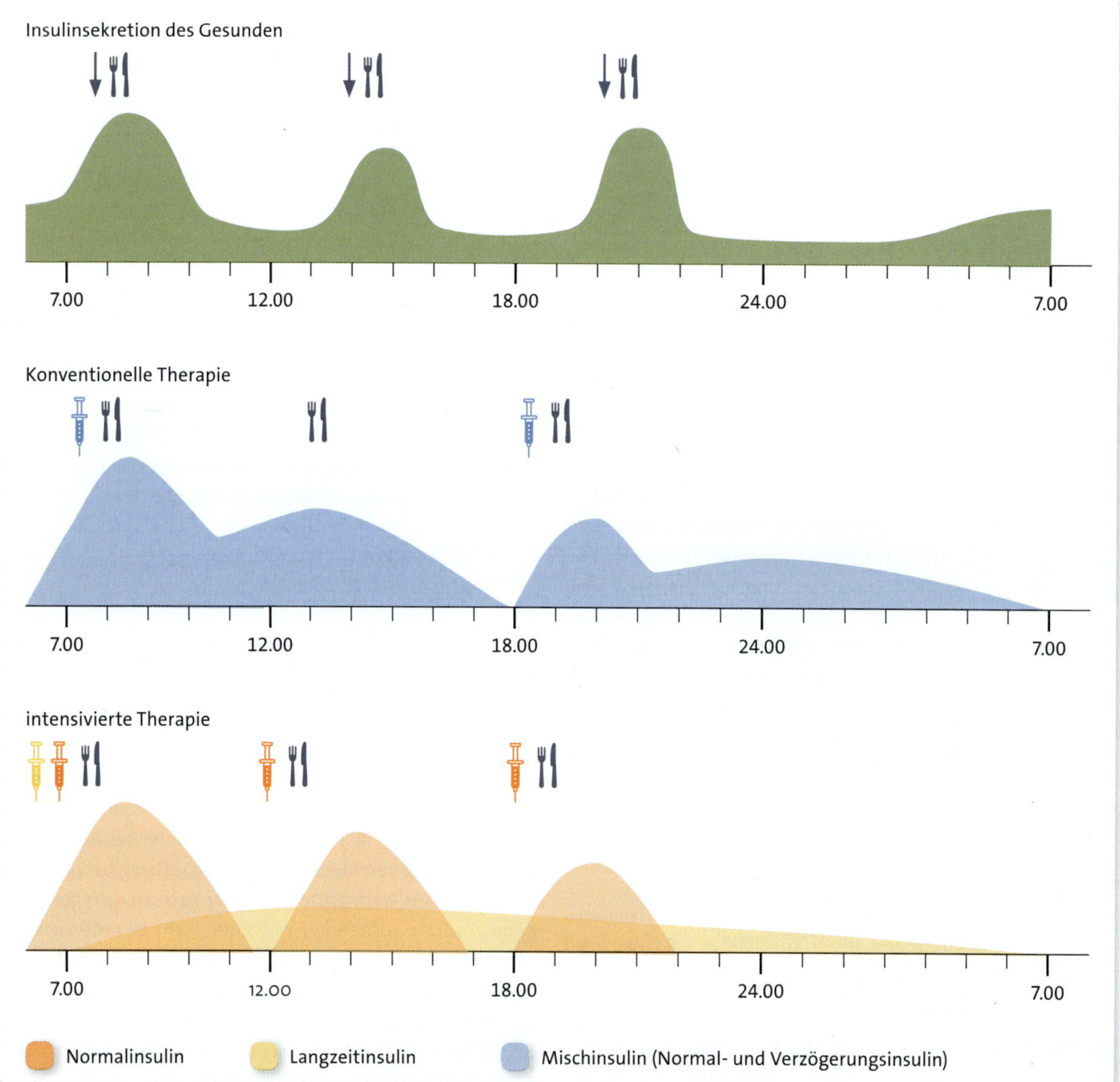

Abb. 1 Wirkungsverlauf bei konventioneller und intensivierter Insulintherapie

sekretion des Körpers recht nahe kommt. Zur Deckung des Grundbedarfs an Insulin wird einmal täglich morgens ein Langzeitinsulin gespritzt. Vor den Hauptmahlzeiten sowie bei Bedarf auch vor kohlenhydratreichen Zwischenmahlzeiten wird Insulin verabreicht. Dazu muss der Betroffene oder die Pflegekraft zunächst den aktuellen Blutzuckerspiegel messen und den Kohlenhydratgehalt der bevorstehenden Mahlzeit bestimmen. Die Insulinmenge wird dann entsprechend berechnet. Auf diese Weise ist der Betroffene sehr flexibel in der Gestaltung der Mahlzeiten, muss aber häufig den Blutzucker kontrollieren. Menschen mit Behinderung benötigen hierbei intensive Unterstützung bzw. Assistenz.

Insulinpumpen. Diese kleinen Pumpen geben kontinuierlich eine kleine Menge an Insulin über eine Kanüle mit Schlauchverbindung in das Unterhautgewebe ab (Grundbedarf). Vor den Haupt- und Zwischenmahlzeiten bestimmt der Betroffene wie bei der intensivierten Insulintherapie den aktuellen Blutzuckerwert und löst per Knopfdruck die Gabe der zusätzlich notwendigen Insulinmenge aus. Die Pumpenbehandlung ermöglicht die derzeit bestmögliche Einstellung des Blutzuckerspiegels bei freier Gestaltung der Ernährungsweise.

Insulininjektion

Die Vergabe von Insulininjektionen gehört nicht zum Aufgabenkreis des Heilerziehungspflegers. Wird dies relevant für einen Klienten, muss medizinisch geschultes Fachpersonal hinzugezogen bzw. mit dem Hausarzt eine geeignetere Form der Insulintherapie gefunden werden. Die Fachkraft hat die Möglichkeit, im Rahmen einer Fortbildung die subkutane Injektion zu erlernen (▸ **s. Modul 8, Kap. IV.1.2 Delegierbare Maßnahmen im Pflegerecht**).

Umgang mit Pens. Die stiftartigen **Insulin-Pens** haben aufgrund ihrer einfachen Handhabung die Insulinspritzen im häuslichen Bereich weitgehend verdrängt. Sie werden mit Patronen zu 1,5 ml oder 3 ml eines U_{100}-Insulins befüllt und sind danach für mehrere Injektionen einsatzbereit. Einweg-Pens werden nur so lange benutzt, bis die einliegende Insulin-Patrone aufgebraucht ist. Danach werden sie vom Hersteller wieder aufbereitet. Die Dosierung wird am Dosierknopf mit Dosisvorwahl eingestellt und ist danach analog oder bei neueren Modellen auch digital im Display ablesbar.

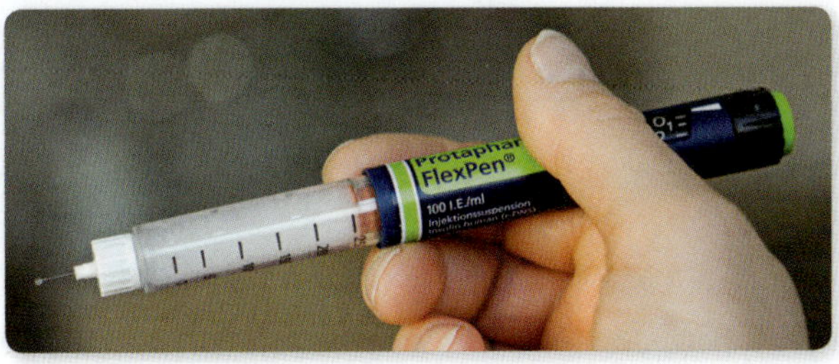

Abb. 1 Insulin-Pen

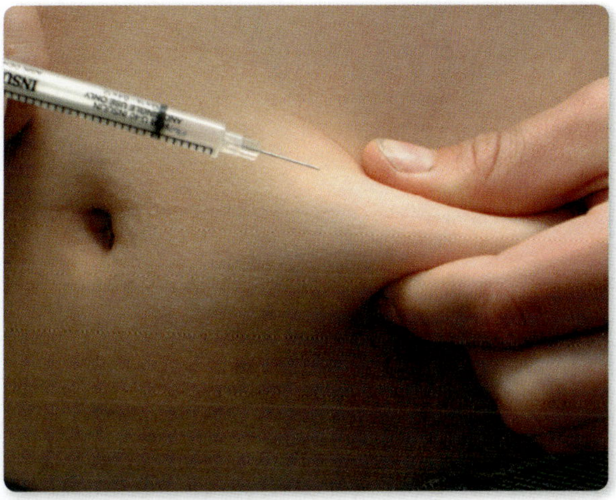

Abb. 2 Subkutane Injektion

> Für sehbeeinträchtigte und motorisch eingeschränkte Menschen sind Pens mit extra großer Anzeige und Dosierknöpfen, bei denen das Einstellen der Insulinmenge bei jedem Drehen durch Klicken hörbar ist, zu empfehlen.

Wenn verschiedene Insuline verabreicht oder verschiedene Dosierungen dauerhaft voreingestellt werden sollen, ermöglichen die unterschiedlichen Farben der Pens eine sichere Unterscheidung.
Verwendete Pens sollten nicht im Kühlschrank aufbewahrt werden. Dadurch können Luftblasen in der Insulinpatrone entstehen, sodass die Spritzmenge nicht mehr zuverlässig zu bestimmen ist. Außerdem brennt kaltes Insulin beim Spritzen.

Subkutane Injektion. Da das Hormon Insulin bei der Magenpassage verdaut und dadurch unwirksam wird, muss es ins Unterhautgewebe (subcutan, s. c.) gespritzt werden. Von hier wird es langsam über die Kapillargefäße ins Blut aufgenommen. Auf diese Weise wird eine gleichbleibende, von körperlichen Einflussfaktoren weitgehend unabhängige Wirkung erreicht.

> Keinesfalls darf das Insulin in den Muskel injiziert werden, da dann die Wirkung aufgrund der individuell unterschiedlichen Muskeldurchblutung nicht abschätzbar wäre.

Die Einstichtiefe wird zum einen von der Länge der Kanüle und zum anderen von der Injektionstechnik bestimmt. Bei schlanken Personen muss die Kanüle entsprechend kürzer gewählt werden und / oder der Einstich flacher (etwa im 45°-Winkel zur Hautoberfläche) gehalten werden. Bei adipösen Pflegebedürftigen kann auch senkrecht im 90°-Winkel eingestochen werden.

Insulininjektion

Einstichstellen:

1. Bauchregion mit Ausnahme der Nabel-und Gürtelgegend
2. Oberschenkel
3. Gesäß

Die Einstichstelle sollte innerhalb der Körperregion regelmäßig gewechselt werden.

Durchführung:

Mit Daumen und Zeigefinger eine Hautfalte abheben und die Nadel in einem Winkel von ca. 45 Grad oder 90 Grad zügig in die Hautfalte stechen.

Dosierknopf vollständig bis zum hörbaren Klick durchdrücken, bis die Anzeige wieder auf Null steht. Die Nadel noch mindestens 10 Sekunden in der Haut belassen – erst dann langsam herausziehen.

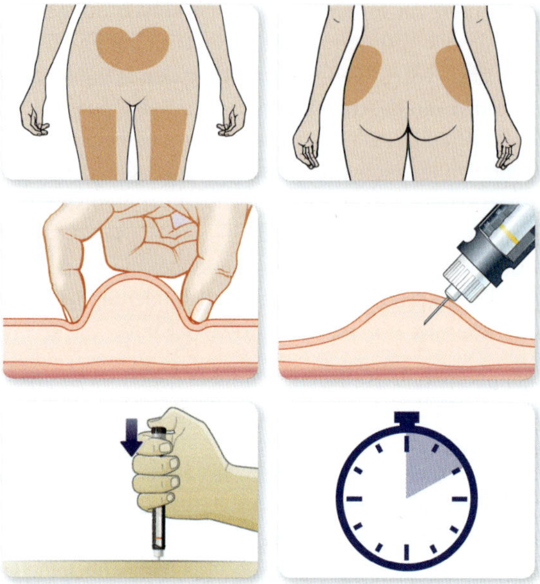

Abb. 1 Übersicht: Insulininjektion mit Pen

Die Notwendigkeit der Hautdesinfektion vor einer s.c.-Injektion ist unter Experten umstritten. Für den häuslichen Bereich, wenn sich der Betroffene selbst spritzt, wird die Desinfektion kaum noch empfohlen.

Die Kanüle eines Pens kann für mehrere Injektionen verwendet werden, sollte aber wenigstens alle 2 Tage gewechselt werden. Bei zu langem Gebrauch wird sie zunehmend stumpf. Der Einstich wird dadurch unangenehm, narbige Verhärtungen und Verletzungen des Gewebes werden gefördert.

Als Injektionsorte werden die Bauch- und die Oberschenkelregion bevorzugt. Bei Injektion im Bauchbereich tritt die Wirkung am schnellsten ein, was vor den Mahlzeiten von Vorteil sein kann. Bei Injektion im Bereich des Oberschenkels wird das Insulin verzögert aufgenommen, die Wirkung hält somit länger an.

Blutzuckerkontrolle

Die Blutzuckerkontrolle als Erweiterung der Messung der Vitalwerte kann nur vom Arzt angeordnet werden. Die Durchführung der Messung ist der heilerzieherischen Fachkraft erlaubt, nachdem sie eine entsprechende Fortbildung absolviert hat.

Die Therapie des Diabetes mellitus setzt eine Kontrolle des Blutzuckers voraus. Die Häufigkeit ist behandlungsabhängig. In einigen Fällen wird nach ärztlicher Anweisung ein Tagesprofil durch mehrmaliges Messen in festgelegten Abständen erstellt. Für die tägliche Messung stehen elektronische Messgeräte mit speziellen Teststreifen zur Verfügung. (▸ **Abb. 2**) Die Handhabung ist relativ einfach und bei allen Geräten ähnlich.

Zur Messung werden bereitgelegt:

- Einmalhandschuhe (für die Pflegeperson)
- Tupfer
- Lanzette oder automatische Einstichhilfe
- Blutzuckermessgerät
- codierte Teststreifen

Vor der Messung die Hände des Klienten gründlich mit warmem Wasser waschen (lassen).

Eine Desinfektion mit alkoholischem Mittel sollte unterbleiben, weil die Messwerte dadurch verfälscht werden können.

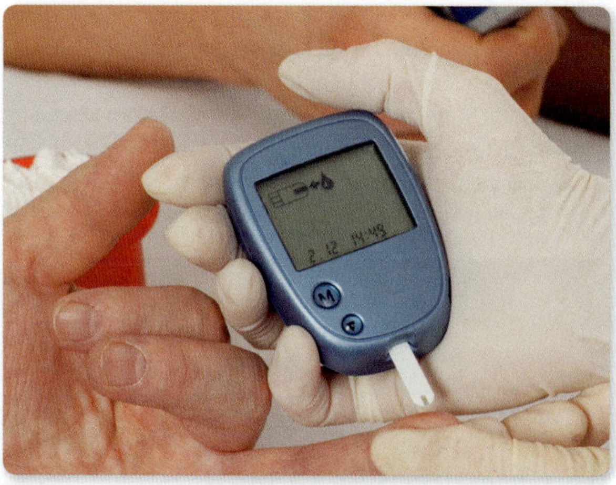

Abb. 2 Blutzuckermessung

Durchführung

- Einstellen des Geräts. Bei Anbruch einer neuen Teststreifenpackung muss das Gerät neu codiert werden. Teststreifen einführen.
- Seitlich der Fingerbeere mit einer sterilen Lanzette oder einer automatischen Einstichhilfe einstechen. Alternativ kann Blut aus dem Ohrläppchen entnommen werden.
- Aufbringen eines großen Bluttropfens auf das Testfeld des Teststreifens.
- Messzeit beachten (meist erfolgt nach Ende der Einwirkzeit ein akustisches Signal).
- Wert ablesen und dokumentieren (Gebrauchsanweisung beachten).
- Einstichstelle mit einem Tupfer fest andrücken, bis die Blutung gestillt ist.
- Messwerte mit Zeitpunkt und ggf. Umständen der Messung dokumentieren.

Bei neueren Geräten wird der Teststreifen nur an den Bluttropfen herangeführt und nimmt selbstständig die notwendige Menge auf.

Beim Herauspressen des Blutes aus dem Finger tritt Gewebsflüssigkeit mit aus und führt zu fehlerhaften Messergebnissen. Das Massieren oder Anwärmen der Finger sorgt für eine unkomplizierte Blutentnahme.

1.5.3 Über- und Unterzuckerung

Überzuckerung (Hyperglykämie)

Die sich über Stunden bis Tage entwickelnden Zeichen einer Überzuckerung sind:

- vermehrtes Wasserlassen
- starker Durst
- schneller Herzschlag bei niedrigem Blutdruck
- allgemeine körperliche Schwäche
- Übelkeit mit Erbrechen
- Verwirrtheit mit Fehlhandlungen, dann zunehmende Bewusstseinseintrübung
- Bewusstlosigkeit (hyperglykämisches Koma)

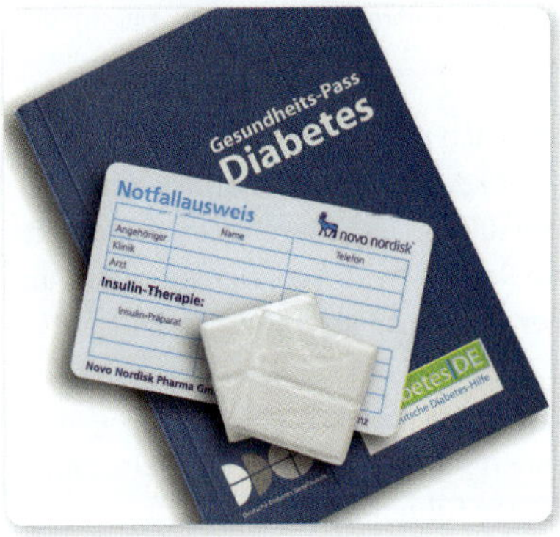

Abb. 1 Ausrüstung des Diabetikers für den Notfall

Eine Überzuckerung entsteht bei einem bereits erkannten Diabetes mellitus meist durch eine unzureichende Mitarbeit (Ernährung, Medikamenteneinnahme) des Betroffenen. Die zunächst wenig spezifischen Symptome entwickeln sich schleichend. Die Klagen über Übelkeit, Erbrechen und Appetitlosigkeit werden nicht selten als Nebenwirkung von Medikamenten missdeutet. In der Heilerziehungspflege wird von der Fachkraft ein hohes Maß an Umsicht sowie Knowhow und eine zeitnahe Entscheidungskompetenz erwartet. Mitunter ist der betroffene Klient nicht in der Lage, sich verbal zu äußern, um seine Übelkeit bzw. sein Unwohlsein mitzuteilen.

Bei beginnender Überzuckerung (der Verdacht kann durch eine Blutzuckermessung erhärtet werden) ist der Arzt zu verständigen. Gleichzeitig sollte keine Nahrung, sondern nur viel zu trinken gegeben werden (Tee, Mineralwasser). Eine Maßnahme, bei der keine Fehler möglich sind.

Ist es zu einem Koma gekommen, wird sofort eine Krankenhauseinweisung organisiert. Parallel dazu sollte durch eine BZ-Messung die Situation weiter abgeklärt werden. Eine Kontrolle von Blutdruck und Puls sowie ständige Beobachtung wegen der Gefahr einer Aspiration sind bis zum Eintreffen des Rettungswagens unerlässlich. Hierzu gehört bei Bewusstlosigkeit die stabile Seitenlagerung (▸ **s. Modul 5, Kap. II.3.4**).

Unterzuckerung (Hypoglykämie)

Die Unterzuckerung entwickelt sich rasch, bei Insulintherapie unter Umständen innerhalb von Minuten. Zeichen sind:

- Heißhunger
- Herzklopfen
- Schwitzen
- Zittern des ganzen Körpers
- Aggressivität
- Verwirrtheit
- Sprechstörungen und andere neurologische Ausfälle, die leicht für einen Schlaganfall gehalten werden können
- zunehmende Bewusstseinseintrübung, unter Umständen mit Krampfanfällen
- Bewusstlosigkeit (hypoglykämisches Koma)

Beim älteren Diabetiker fehlen diese typischen Zeichen häufig. Hier sind es Verhaltensauffälligkeiten oder besonders nächtliche Verwirrtheitszustände, die an eine Unterzuckerung denken lassen sollten. Auch Stürze unklarer Ursache sollten immer zu einer **Überprüfung des Blutzuckers** führen. Bei einer Therapie mit bestimmten blutdrucksenkenden Substanzen (Betablocker) können die Zeichen völlig fehlen.

Der Diabetiker sollte über die Gefahr der Unterzuckerung informiert sein, um beim Auftreten erster Symptome Maßnahmen ergreifen zu können oder ärztliche Hilfe anzufordern. Außerdem sollte er stets einen Notfallausweis und etwas Traubenzucker mit sich führen (▸ **Abb. 1**).

Beim noch bewussten Kranken besteht die **Erstmaßnahme** in einer raschen Zufuhr von Glucose. Hierzu eignen sich:

- in der Frühphase auch eine Scheibe Brot mit Marmelade, sonst
- Würfel- oder Traubenzucker (ca. 5 Stück),
- zuckerhaltige Getränke.

Bei bereits eingetrübtem Bewusstsein können Traubenzuckertäfelchen in die Wangentaschen eingelegt werden, damit das Kohlenhydrat über die Mundschleimhaut aufgenommen werden kann.

Wird der Betroffene mit Acarbose behandelt, muss unbedingt Traubenzucker verabreicht werden. Haushaltszucker bleibt unwirksam, weil er nicht resorbiert wird.

Begleitende BZ-Kontrollen, Beobachtung mit Kontrolle des Bewusstseins sowie Benachrichtigung des Rettungsdienstes vervollständigen die Maßnahme.

Ist der Diabetiker bereits bewusstlos, ist die erste Maßnahme die stabile Seitenlagerung. Wegen der Gefahr der Aspiration darf nichts mehr über den Mund zugeführt werden. In dieser Situation kann zur Überbrückung bis zur Überführung ins Krankenhaus Glukagon gespritzt werden. Es steht in Fertigampullen zur Verfügung und kann s.c. oder i.m. gespritzt werden. Bei ärztlicher Versorgung wird Glucose intravenös injiziert.

Unterzuckerungen durch Antidiabetika dauern häufig länger an, sodass eine Beobachtung mit häufigen Blutzuckerkontrollen über mindestens 2 Tage erforderlich ist. Abzuklären ist eventuell auch eine Änderung der Therapie.

Bei unklarer Bewusstseinstrübung und fehlender Möglichkeit zur Blutzuckerkontrolle ist immer Traubenzucker zu verabreichen. Im Falle der Unterzuckerung ist diese Maßnahme hilfreich. Im Falle einer Überzuckerung schadet die relativ geringe Menge Traubenzucker nicht.

1.5.4 Ernährung bei Diabetes mellitus

Der Begriff „Diät" sollte gemieden werden. Denn die Ernährung des Diabetikers entspricht im Wesentlichen einer gesunden Vollwertkost, die keineswegs mit Verzicht gleichzusetzen ist.

Um den Blutzuckerspiegel ausgeglichen zu halten, muss die aufgenommene Kohlenhydratmenge der zugeführten Insulinmenge bzw. der noch vorhandenen Insulinproduktion angepasst werden. International wird in **K**ohlen**h**ydrat**e**inheiten (**KHE**) gerechnet, die jeweils für 10 g verwertbare Kohlenhydrate stehen. Das gebräuchlichere Maß ist die **B**rot**e**inheit (**BE**). Eine BE entspricht 12 g Kohlenhydraten. Mithilfe entsprechender Tabellen und einer Küchenwaage mit Grammeinteilung (Diätwaage) kann der BE-Wert einer gewählten Portion eines bestimmten Lebensmittels ermittelt werden. Tabellen mit BE-Werten von Lebensmitteln sind in Apotheken erhältlich oder im Internet zum Ausdrucken, z. B. www. diabetiker-netzinfo.de.

Nahrungsmittel	BE
1 mittelgroßer Apfel	1,0
1 Banane	1,8
100 g Kekse	3,7
100 g Früchtemüsli	5,0
100 g Grießpudding	1,2
100 g Karotten, gekocht	0,3
250 ml Milch	1,0
100 g Kartoffelchips	3,4
100 g Kartoffeln, gegart	1,2
100 g Teigwaren, gegart	2,2
100 g Reis, gegart	1,7
100 g Milchschokolade	4,5
100 g Weintrauben	1,3
100 g Trockenobst	4,7

Abb. 1 BE-Wert ausgewählter Nahrungsmittel

Während insulinpflichtige Diabetiker mit intensivierter Insulinbehandlung recht frei in der Gestaltung ihrer Mahlzeiten sind, sollten Personen mit Diabetes mellitus Typ II, bei denen die Ernährung wesentlicher Therapiebestandteil ist, folgende **Grundsätze** beachten:

- Kohlenhydratreiche Nahrungsmittel müssen je nach der noch vorhandenen Stoffwechselleistung berechnet werden.
- Die Ernährung sollte so bemessen sein, dass starkes Übergewicht möglichst abgebaut und das Gewicht gehalten wird.
- Ballaststoffe sind günstig, weil sie die Aufnahme von Kohlenhydraten aus dem Darm ins Blut verzögern.
- Bei einigen Gemüsesorten (z. B. Gurken) sind Portionsgrößen bis zu 200 g ohne Anrechnung auf die tägliche Kohlenhydratmenge erlaubt.
- Traubenzucker und Haushaltszucker müssen gemieden werden, weil sie den Blutzuckerspiegel zu rasch ansteigen lassen. Geringe Zuckermengen von bis zu 3 Teelöffeln (10 g) am Tag sind erlaubt, wenn sie zusammen mit ballaststoffreichen Nahrungsmitteln (z. B. beim Müsli) verzehrt werden.

Zuckeraustauschstoffe (z. B. Fruchtzucker) erfreuen sich besonders bei Typ-II-Diabetikern großer Beliebtheit. Als „Diätsüße" oder „Diabetikersüße" suggerieren diese Produkte weiterhin Genuss ohne Reue. Tatsächlich werden diese Austauschstoffe langsamer als Haushaltszucker ins Blut aufgenommen. Sie müssen aber ebenso angerechnet werden und liefern ebenso wie Zucker nicht unerhebliche Mengen an Energie. Außerdem können sie bei empfindlichen Personen zu Blähungen und Durchfällen führen.

07.30 Uhr	Frühstück 3 1/2 BE	60 g Grahambrot	2 BE
		1 TL Butter	–
		20 g Konfitüre	1/2
		1 kl. Apfel	1
		Kaffee	–
10.00 Uhr	2. Frühstück 1 BE	150 ml Fruchtjoghurt	1
12.30 Uhr	Mittagessen 3 1/2 BE	200 g Kartoffeln	2
		100 g Putenbrust	–
		10 g Sonnenblumenöl	–
		200 g Gurke	–
		130 g Birne	1 1/2
		Mineralwasser	–
15.30 Uhr	Kaffee 1 BE	250 ml Milch	1
18.30 Uhr	Abendessen 3 BE	80 g Roggenbrot	3
		10 g Butter	–
		30 g Käse	–
		30 g Schinken	–
		1 Tomate	–
		Kräutertee	–
21.00 Uhr	Spätmahlzeit 2 BE	150 g Banane	2
		gesamt	**14 BE**

Abb. 1 Beispiel für einen Tagesplan über 14 BE bei Diabetes mellitus Typ II (weibl., 155 cm, 60 kg, 80 J.)

Künstliche Süßstoffe (z. B. Saccharin, Cyclamat) enthalten weder Kohlenhydrate noch Kalorien. Sie müssen nicht angerechnet werden und sind für übergewichtige Typ-II-Diabetiker geeignet.
Spezielle Diätschokolade oder Diätspeiseeis für Diabetiker ist unnötig und zudem sehr teuer. Außerdem sind diese Süßigkeiten meist viel fettreicher als vergleichbare „normale" Produkte, weil Fett die Kohlenhydrataufnahme ebenfalls verzögert. Die wünschenswerte Gewichtsnormalisierung des übergewichtigen Typ-II-Diabetikers wird dadurch erschwert.

Geeignete „normale" Lebensmittel erkennt man beim Blick auf die Zutatenliste: Zucker und Fett sollten möglichst weit hinten aufgeführt sein.

Alkohol beeinträchtigt die Glukoneogenese in der Leber und kann dadurch zu einer Unterzuckerung beitragen. Der Betroffene sollte über diesen Zusammenhang informiert sein. Wenn überhaupt, sollte Alkohol nur zu besonderen Anlässen und nur in kleinen Mengen getrunken werden. Geeignet sind trockene Weine.

Besonders für Menschen mit Behinderung und ältere Menschen macht der Genuss beim Essen einen wesentlichen Teil ihrer Lebensqualität aus. Außerdem wird es mit zunehmendem Alter schwieriger, den Betroffenen im Rahmen einer Diabetikerschulung von einem komplizierten Therapie- und Diätkonzept zu überzeugen. Unter Umständen kann deshalb bei diesen Betroffenen die Verhinderung von Langzeitfolgen als Behandlungsziel in den Hintergrund treten. Es erscheint wenig sinnvoll, einem 80-Jährigen seinen Kuchen zum Kaffee mit dem Hinweis auf möglicherweise in 10 Jahren eintretende Langzeitschäden zu verbieten.
In vielen Fällen ist die unbefriedigende Blutzuckereinstellung die Folge unbewusster Ernährungsfehler.

Die Fachkräfte achten deshalb auf:
- Naschereien (auch vermeintlich gesunde Naschereien wie Obst)
- eventuell kohlenhydrathaltige Getränke
- einen geregelten Mahlzeitenrhythmus
- Freizeitgestaltung (Bewegungsaktivität)

Der Betroffene muss über die Bedeutung der Ernährung als wesentlicher Therapiebestandteil informiert sein. Vor allem sollte er mögliche versteckte Zucker- und Fettquellen in der Nahrung und die Wirkung des Verzehrs solcher Lebensmittel kennen.

▸ **S. auch Reduktionskost: Modul 5, Kap. I.10.1.4**

Zum Weiterlesen
Deutsche Diabetetes Hilfe: *http://profi.diabetesde.org*

Aufgaben

1. Beschreiben Sie, wie der Körper die Konzentration des Hormons Thyroxin stabil hält.
2. Nennen Sie die Zeichen einer Schilddrüsenunterfunktion.
3. Erläutern Sie, wo die Hormone zur Regulierung des Blutzuckerspiegels gebildet werden.
4. Erläutern Sie die Veränderungen des Stoffwechsels bei Insulinmangel und nennen Sie Krankheitszeichen.
5. Erstellen Sie ein Informationsblatt zur Ernährung für einen Pflegebedürftigen mit Diabetes Typ II.
6. Führen Sie in Partnerarbeit ein Beratungsgespräch mit dem Thema: „Richtig ernähren bei Diabetes Typ II".
7. Nennen Sie die Zeichen einer Unterzuckerung.
8. Welche Maßnahmen ergreifen Sie bei Unterzuckerung bei einem klaren, wachen Diabetiker?

Teil III
Psychiatrie

1 Pflegeplanung in der psychiatrischen Versorgung

Abb. 1 Beziehungspflege

Die Heilerziehungspflegerin begegnet in der psychiatrischen Versorgung im ambulanten, teilstationären oder stationären Bereich psychisch erkrankten oder behinderten Menschen. In der Regel findet sie eine umfangreiche „Patientenakte" vor, aus der die bisherige Krankengeschichte zu ersehen ist. Um in der psychiatrischen Arbeit eine Begegnung heilpädagogisch wertvoll gestalten zu können, ist eine professionelle Beziehungsaufnahme nötig. Erst in dem konkreten Begegnungsprozess entsteht ein „Bild" von der aktuellen individuellen Problematik des Klienten und den Unterstützungsnotwendigkeiten. Die Beziehungsaufnahme und Beziehungsgestaltung ist dabei die Grundlage für Pflegediagnose und alle Pflegemaßnahmen.
▸ **s. Modul 5, Kap. III.1**

Die persönlichen und sozialen Ressourcen des Klienten, seine Kooperationsfähigkeit und die seines sozialen Systems, bedingen den pflegerischen Prozess. Die heilerziehungspflegerische Arbeit geht über die Verminderung der Krankheitssymptome hinaus, sie unterstützt die Fähigkeiten und den gesunden Anteil des Klienten und fördert seine Teilhabemöglichkeiten. Dabei beachtet sie ethische Grundsätze wie den Schutz der Würde und die Rechte des Klienten sowie seine individuellen Belastungsgrenzen und Lebensperspektiven.

1.1 Pflegetheorien

Pflegetheorien haben den Anspruch, pflegerisches Denken, Beobachten, Planen und Handeln vor dem Hintergrund bestimmter Menschenbildannahmen und medizinischen/psychologischen Erkenntnissen in einen sinnvollen Zusammenhang zu bringen. Im Rahmen der Entwicklung einer eigenständigen Pflegewissenschaft hat sich im vergangenen Jahrhundert eine Vielzahl von sogenannten Pflegetheorien entwickelt. In Deutschland sind dabei insbesondere folgende Pflegemodelle bekannt geworden:

- Psychobiografisches Pflegemodell – insbesondere in der Altenpflege – von Erwin Böhm
- Ganzheitliche Pflege – insbesondere in der Altenpflege-von Monika Krohwinkel (AEDL = Aktivitäten und existentielle Erfahrungen des täglichen Lebens)
- Ganzheitliches Pflegemodell von Liliane Juchli (ATL = Aktivitäten des täglichen Lebens)
- Pflegemodell – Selbstpflegemodell – von Dorothea Orem
- Pflegemodell – Lebensaktivitäten – von Nancy Roper
- Beziehungspflegemodell – Interaktionsmodell – von Hildegard Peplau

In der psychiatrischen Pflege gibt es kein allgemein anerkanntes Pflegemodell. Viele psychiatrische Einrichtungen beziehen sich aber neben den Pflegemodellen der somatischen Pflege auf das Beziehungspflegemodell.
Pflege in der Psychiatrie ist Beziehungspflege. Psychisch erkrankte Menschen stehen häufig in problematischen Beziehungen und benötigen hier Unterstützung und neue positive Erfahrungsmöglichkeiten:

Beziehungsstörungen
zur Vergangenheit
zur Gegenwart
zur Zukunft
zu ihren Angehörigen
zu ihren Mitmenschen
zu sich selbst

Diese Beziehungsproblematik wird in der **psychiatrischen Beziehungspflege** besonders in den Blick genommen. Hildegard Peplau (1909–1999) entwickelte eine Theorie des Zwischenmenschlichen, die als Grundlage für eine psychiatrische Pflegetheorie dient und auf die sich viele Pflegekonzepte in der psychiatrischen Pflege beziehen.
In Verbindung mit dem Interaktionsmodell von Peplau nutzen Pflegekonzepte auch das Selbstpflegemodell von Dorothea Orem (1914–2007). Orem geht davon aus, dass der Mensch grundsätzlich und auch in schwierigen Zeiten die Fähigkeit und Motivation zur Selbsthilfe und Selbstpflege besitzt. Pflege setzt an dieser grundlegenden Selbstkompetenz an und ergänzt (kompensiert) die durch Krankheit oder Behinderung eingeschränkte Selbstpflegekompetenz. Dabei sind Angehörige oder weitere Bezugspersonen einzubinden. Das Modell der Selbstkompetenz von Orem hat zu einer ressourcenorientierten Sichtweise in der Psychiatriepflege geführt.

Das Pflegeziel ist die Wiederherstellung der Gesundheit und des Wohlbefindens durch ein ausgeglichenes Maß an Selbstbestimmung; dies kann auch in der Annahme von Fremdhilfe geschehen, wenn diese eine positive Anpassung an eine vorübergehende oder dauerhafte Beeinträchtigung ermöglicht.
Peplau wendet sich von der reinen Krankheits- oder Defizitorientierung ab und rückt in die Pflegewahrnehmung zwischen Pflegekraft und Klient die Qualität der Interaktion.
Pflege ist demnach ein professioneller Beziehungsprozess, in dessen Rahmen sich der Klient weiterentwickeln kann. Pflege geht über die körperliche Versorgung hinaus und bindet den Klienten in alle Interaktionsprozesse aktiv ein. Die wechselseitige Beziehung wird zum zentralen Thema. Dadurch entsteht ein Lernprozess, in dem der Klient neue Erfahrungen mit sich selbst und seinen Mitmenschen macht.

Peplau unterscheidet 4 Phasen in der „Beziehungspflege" zwischen Pflegendem und Klient:

1. Orientierungsphase
Kommt ein Mensch mit einer psychischen Erkrankung in Kontakt mit professioneller Hilfe, sucht er in der Regel Schutz, Orientierung und Hilfe. Pflegende nehmen dieses Beziehungsangebot auf und versuchen in einem gemeinsamen Interaktionsprozess die Problemsituation zu verstehen und zu konkretisieren. Dabei wird der Bedarf an Unterstützung – möglichst gemeinsam – festgestellt (Pflegediagnose).

2. Identifikationsphase
Die gemeinsame Suche nach den Unterstützungsbedarfen und den Entwicklungszielen sowie die gemeinsame Planung der Hilfemaßnahmen führt dazu, dass sich der Klient mit den Pflegezielen und Pflegemaßnahmen identifizieren kann und Vertrauen zu den Mitteln der professionellen Hilfe entwickelt.

3. Arbeitsphase
In der konkreten Ausgestaltung der Pflegebeziehung erfährt der Klient individuelle Unterstützung. Dabei wird die Beziehung zur Pflegeperson oftmals herausgefordert, da ja der psychiatrische Klient hier die größten Schwierigkeiten hat. Die Pflegekraft bleibt in der Beziehung präsent und authentisch und lässt sich nicht auf Provokationen oder Phänomene der Übertragung ein. Dadurch erfährt der Klient Beziehungssicherheit und erlebt sich neu in einer erwachsenen Beziehung.

4. Ablösungsphase
Gelingt die Pflegebeziehung, wächst das Zutrauen des Klienten in seine Fähigkeit der Beziehungsgestaltung.
Er wird zunehmend unabhängiger von seinen bisherigen Beziehungserfahrungen und kann sich so aus alten Rollenmustern lösen. Ziel ist letztlich die Unabhängigkeit von der „Helferbeziehung", sodass ein selbstbestimmtes Leben möglich wird.

Das Pflegemodell von Peplau wird in der psychiatrischen Pflege verbunden mit dem Pflegemodell von Orem (Selbstpflege) und Roper oder Juchli (Aktivitäten des täglichen Lebens). Dabei wird in der 1. Phase die Qualität der Selbstpflege (Was kann der Klient für sich tun?), der Umfang der Selbstpflege (Welche der ATL führt der Klient selbstständig aus?) und die Selbstpflegedefizite (Was kann der Klient nicht selbstständig für sich tun und welche Ursachen liegen diesem Defizit zugrunde?) ermittelt. In der 2. Phase wird eine individuelle Pflegeplanung erstellt. Hierzu werden der Klient und möglichst seine Angehörigen und das multiprofessionelle Team beteiligt. Alle Pflegemaßnahmen werden so abgestimmt, dass sich der Klient mit ihnen identifizieren kann.
In der 3.Phase wird der Klient motiviert, sich aktiv an den Pflegemaßnahmen zu beteiligen. Dabei spielt die tragfähige professionelle Beziehung eine große Rolle.
In der 4. Phase wird mit dem Klienten und eventuell seinen Angehörigen überprüft, wie weit die Pflegeziele erreicht werden konnten. Zudem werden mögliche Nachsorgemaßnahmen abgestimmt.

▸ **S. auch Modul 1, Kap. II.1 Theorien und Konzepte der Pflege**

1.2 Bezugspflege

Abb. 1 Die Beziehung zwischen Klient und HEP ist das wichtigste therapeutische Mittel

Beziehungspflege meint die bewusste Aufnahme und Gestaltung einer pflegerischen Beziehung zwischen Pflegekraft und Klient. Dabei gehen die Beziehungspartner einen reflektierten Kontrakt über die Ausgestaltung, Begrenzung und Verantwortlichkeit der gemeinsamen Arbeit ein. Die Pflegekraft nutzt ihre professionelle Distanzierungsmöglichkeit zur Bearbeitung und Klärung interpersonaler Dynamiken und schafft so für den Klienten eine hohe Beziehungssicherheit. In der gesicherten professionellen Bindung kann der Klient seine Emotionalität ausdrücken und erfährt sich als Person angenommen.
Die Beziehung zu einem anderen Menschen setzt eine Beziehung zu sich selbst voraus; zugleich wächst die Beziehung *zu sich selbst* in der Beziehung *zum anderen* durch dessen Akzeptanz, Wertschätzung, Verlässlichkeit und Vertrauen.
Das Konzept der Beziehungspflege geht auf Martin Buber und Hildegard Peplau zurück. Im Dialog kann ein wechselseitiges Verstehen stattfinden, das zur Ich-Entwicklung führt.

„Ich werde am Du, ich werdend spreche ich Du, alles wirkliche Leben ist Begegnung." Martin Buber

Der Begriff Beziehungspflege oder Bezugspflege ist, wie oben dargestellt, ein Begriff aus der Pflegetheorie und beschreibt neben einer bestimmten Pflegehaltung zugleich ein Arbeitsorganisationsprinzip. Jedem Klienten wird eine ausgebildete Pflegefachkraft zugeordnet, welche in einem ständigen Interaktionsprozess mit dem Klienten alle relevanten Pflegemaßnahmen abstimmt und für den Pflegeplanungsprozess während der gesamten Begleitungszeit verantwortlich ist (Care-Management).
Die Bezugspflegekraft ist Ansprechpartner für das multiprofessionelle Team, für Angehörige und Bezugspersonen oder weitere Unterstützungssysteme. Sie dokumentiert den gesamten Pflegeprozess respektive verantwortet die entsprechenden Delegationen.
Bezugspflege ist dann hilfreich, wenn ein Vertrauensverhältnis zum Klienten aufgebaut werden kann, die Beziehung professionell (erwachsen) gestaltet wird und die Pflegekraft als zuständige Ansprechpartnerin sich verantwortlich zeigt.

Die Begleitung des Klienten im Rahmen der psychiatrischen Pflege umfasst alle relevanten Pflegeereignisse:
- Teilnahme am Aufnahmegespräch, Gespräch mit Angehörigen
- Erhebung der Pflegeanamnese
- Erhebung der Ressourcen und Selbstpflegeprobleme (Pflegediagnose)
- Ableitung der daraus resultierenden Ziele und Maßnahmen – Klärung des Pflegeauftrags mit dem Klienten
- Verantwortung für Beteiligung und Abstimmung der Ziele und Maßnahmen im multiprofessionellen Team
- Begleitung bei der Durchführung der Pflegemaßnahmen, Beständiger Ansprechpartner im Pflegeprozess, Alltagsbegleitung, Kontakt zu Angehörigen
- Monitoring der Pflegeplanung
- Evaluation der Maßnahmen
- Beteiligung bei der Entlassung aus der psychiatrischen Pflege, Übergangsmanagement, Nachsorgemanagement

Zum Weiterlesen

H. E. Peplau: Zwischenmenschliche Beziehung in der Pflege. 1997.

1.3 Pflegediagnose

Abb. 1 Pflegediagnostik als Voraussetzung für effiziente Pflege

Der Begriff Pflegediagnose meint die Beschreibung der Ergebnisse der Befragung (Anamnese/Exploration) und der Beobachtungen (Krankenbeobachtung) eines Klienten im Rahmen eines diagnostischen Prozesses. Die Pflegediagnose stellt ein ganzheitliches Bild aller Phänomene des Klienten dar. Dazu gehören Ressourcen, Fähigkeiten und Erfahrungen, Einschränkungen, Unterstützungsbedarfe und Bedürfnisse. Die Pflegediagnose dient im multiprofessionellen Team der gemeinsamen Wahrnehmung und Planung der unterstützenden Maßnahmen.

Die Nordamerikanische Pflegediagnoseorganisation NANDA hat mittlerweile über 170 Pflegediagnosen beschrieben, klassifiziert und in der Pflegepraxis überprüft.

Zum Weiterlesen

www.pflegewiki.de/wiki/NANDA_Pflegediagnosen

Liste der Pflegediagnosen nach NANDA: *www.pflegesoft.de/forum/index.php?topic=103.0*

1.4 Pflegeziele

Nur wer das Ziel kennt,
kann einen Weg finden.

Pflegerisches Handeln ist immer zielorientiert. Ziele in der Pflege dienen dazu, die Unterstützungsangebote „passgenau" und effizient anzubieten und die Pflegemaßnahmen überprüfbar zu machen. Pflegeziele sollten daher möglichst personenorientiert, erreichbar und akzeptiert sein. Pflegeziele sind aus der Pflegediagnose abzuleiten. Pflegeziele können „Erhaltungsziele" oder „Entwicklungsziele" beschreiben.

> Der Klient, Herr Bassols, hat in den vergangenen Jahren regelmäßig seine Medikamente genommen. Seit einigen Wochen nimmt seine depressive Stimmung zu, sodass er das Gefühl hat, sich selbst gefährden zu können. Er zieht sich mehr und mehr in sich zurück.
> Erhaltungsziel: „Herr Bassols nimmt seine Medikamente selbstverantwortlich ein."
> Entwicklungsziel: „Herr Bassols kommuniziert seine depressiven Empfindungen und hat eine verlässliche Beziehung zu einer HEP."

Es ist für die spätere Überprüfung empfehlenswert, Pflegeziele so zu formulieren, dass ein erreichter Zustand oder eine gebesserte Form dargestellt wird.

> „Frau Schuster wäscht sich morgens und abends selbstständig."
> „Frau Schuster fühlt sich in der Therapiegruppe sicher und wohl."

Negative Formulierungen sollten vermieden werden.

> „Frau Schuster muss nicht mehr zur Körperpflege ermahnt werden!"

Die psychiatrischen Pflegeziele werden in der Fachliteratur (Vgl. *www.psychiatrie24.de.be/*und *www.forensik.de.be/*) beispielhaft wie folgt beschrieben.

- Behandlungsmotivation ist gestiegen
- Geringe psychopathologische Symptomatik
- Keine Gefahr der Selbst- und Fremdgefährdung
- Hohe Selbstständigkeit, Verantwortlichkeit und Compliance
- Differenzierte Selbstwahrnehmung und realistisches Krankheitsverständnis
- Gelungene berufliche und soziale Integration

1.5 Pflegeplanung

Die psychiatrische Pflegeplanung unterscheidet sich nicht wesentlich von der allgemeinen Pflegeplanung. Allerdings ist die Einbeziehung der Klienten in die Planung deutlich intensiver zu gestalten, damit Verantwortlichkeit, Selbstständigkeit, Krankheitsverständnis und Compliance gestärkt werden. Zudem ist die interdisziplinäre Teamabsprache allgemeiner Standard.

„Hilfe mit der Hand in der Tasche“

Die Einbeziehung der Klienten in Aufgaben und Tätigkeiten des Stationsalltags, die assistierende Begleitung bei den individuellen Aktivitäten des täglichen Lebens im Sinne der „Förderung durch Forderung“ ermöglichen eine kompetenzbezogene Selbstwahrnehmung.

Heilerziehungspflegerisches Handeln in der psychiatrischen Versorgung findet überwiegend in Gesprächen statt. Die Art und Weise, wie miteinander gesprochen wird, in welcher Atmosphäre, wie strukturiert und mit welcher Verbindlichkeit Gespräche geführt werden, prägt das therapeutische/pflegerische Verhältnis. Pflegediagnostik, Pflegemaßnahmen, Pflegeevaluation sind Grundlagen professionellen Handelns und eingebettet in Gespräche. Gespräche mit Klienten und Angehörigen müssen oftmals gut vorbereitet werden, damit sie zielorientiert und strukturiert geführt werden können. Gespräche in Gruppen wie bei der täglichen Stationsversammlung, zu aktuellen Themen oder zu therapeutischen Zwecken bedürfen einer klaren und eindeutigen Moderation.

Gesprächsgruppen, auch Teambesprechungen, die nicht zielführend moderiert werden, führen oftmals in stundenlange Debatten oder „Erzählkreise“.

Ein Gespräch strukturiert zu führen, eine Gesprächsgruppe erfolgreich zu moderieren, sind Fähigkeiten, die gelernt werden müssen. Zur Gesprächsführung können konkrete Methoden und Standards vereinbart werden, die hilfreich sind und zugleich Möglichkeiten der Qualitätsüberprüfung bieten. ▸ **S. Modul 3, Kap. III.1.2 Methoden der Gesprächsführung**

Pflegeplanungsmaßnahmen orientieren sich in der psychiatrischen Pflege häufig an sogenannten **psychiatrischen Pflegestandards**, die im Rahmen der Pflegeplanungsunterlagen dokumentiert sind.

Teilhabe der Klienten bei allen Schritten der Pflegeplanung

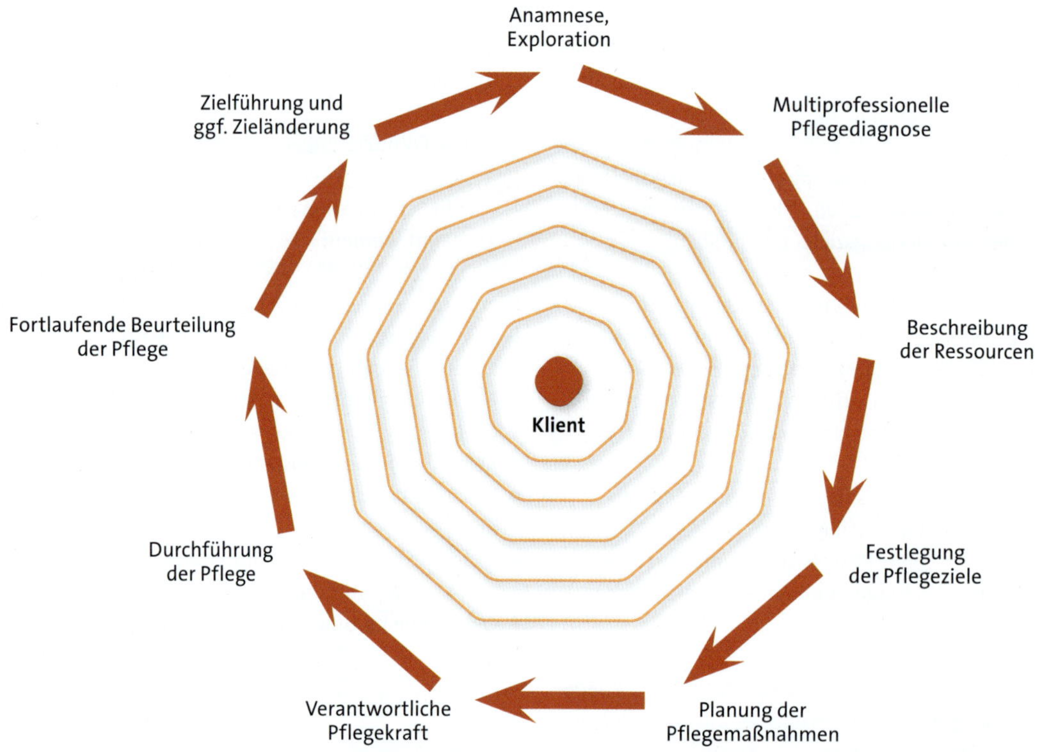

Abb. 1 Alle Aspekte der Pflegeplanung können mit dem Klienten abgestimmt werden

Beispiel für eine Standardbeschreibung in der psychiatrischen Pflege

Psychiatrischer Pflegestandard	Krankheitsbild: Psychose, Wahnvorstellungen
Ziel	• Verminderung der akuten Symptomatik • Keine Gefahr von selbst- und fremdgefährdendem Verhalten
Leistung	• Anamnese • Beobachtung und Befragung des Klienten • Beschreibung der Angst- und Wahnvorstellungen • Erstellung eines Pflegeplans in Zusammenarbeit mit dem Klienten und dem behandelnden Facharzt und dem Team
Pflegeintervention	• Aufbau einer sicheren Beziehung • Ernstnehmen wahnhafter Vorstellungen sowie der daraus resultierenden Ängste • Sicherheit vermitteln, für eine sichere Umgebung und wiederholende Rituale sorgen • Förderung der Aktivitäten des täglichen Lebens • Selbsthilfe-/Selbstpflegepotenzial fördern • Soziale Kontakte fördern, nicht aber dazu zwingen • Angehörige über Wahnsymptome informieren und in Pflegemaßnahmen einbeziehen • Möglichkeiten zur Selbstgefährdung ausschließen • Selbstverantwortung und Compliance fördern • Einnahme der erforderlichen Medikamente begleiten (z. B. Neuroleptika)
Pflegeperson	• Verantwortliche Pflegefachkraft oder Heilerziehungspfleger als Pflegebezugsperson
Zeit	• Zum Behandlungsbeginn intensive Begleitung • Nach Abklingen der akuten Symptome gemäß individueller Erfordernisse, die im multiprofessionellen Team abgesprochen werden
Dokumentation	• Alle pflegerischen und heilerziehungspflegerischen Maßnahmen • Medikation und Medikamenteneinnahme • Alle Veränderungen beim Klienten • Insbesondere Veränderungen bei Wahnvorstellungen und problematischer Verhaltensweise
Zielüberprüfung	• Fortlaufende Feststellung, ob sich die Wahnsymptome vermindern • Risikoprüfung von Selbst- und Fremdgefährdung • Grad der Selbstverantwortung und Selbstpflege regelmäßig prüfen

Abb. 1 Psychiatrischer Pflegestandard bei einer Psychose

1.6 Evaluation und Qualitätsbeurteilung der psychiatrischen Pflege

Abb. 1 What Works? Überprüfung der Wirksamkeit von Pflegemaßnahmen

Jeder Pflegeprozess endet damit, dass er auf seine Wirksamkeit im Sinne der Zielerreichung überprüft wird. **What Works**? Die Frage nach der Wirkung heilerziehungspflegerischen Handelns in der psychiatrischen Pflege ist Voraussetzung für eine evidenzbasierte Praxis. Evaluation bedeutet Bewertung. Evaluation setzt voraus, dass das, was bewertet werden soll, klar festgelegt ist. Beispielsweise: psychische Stabilisierung eines bestimmten Klienten durch die regelmäßige Teilnahme an Gruppensitzung. Es sind klare Kriterien nötig, mit deren Hilfe die Wirksamkeit eines Verfahrens gemessen werden kann. Beispielsweise: Die Teilnahme an den Gruppensitzungen führt zu „Emotionalem Wohlbefinden", „Selbstständiger Kontaktaufnahme und Kontaktpflege", Reduktion psychischer Spannungen". Und es sind die Messprozesse und Messmethoden festzulegen. Beispielsweise: „Befragung des Klienten nach der ersten, dritten und fünften Gruppensitzung", „Beobachtung des Patienten vor und nach den Sitzungen", „Befragung von Angehörigen" .

Letztlich sind die so erhobenen Daten zu bewerten, sodass die Evaluationsfrage oder das Pflegeziel in der Qualität seiner Erreichung beschrieben werden kann. Beispielsweise: Der Klient ist nach Teilnahme der Gruppensitzungen psychisch stabil. Aus einer solchen Evaluation lassen sich dann Rückschlüsse für die weitere Pflegeplanung ziehen.

- War die Zielformulierung für diesen Klienten stimmig und erreichbar?
- War die ausgesuchte Unterstützungsmethode „Gruppenarbeit" zielführend?
- Waren die Kriterien für die Bewertung zielbezogen?

Die Ergebnisse der Evaluation sind mit allen Beteiligten zu besprechen. Hierzu sind neben dem Klienten auch die Mitglieder des Teams und möglichst die Angehörigen einzubinden.

Fragebögen
Ergebnisprotokoll
Mitarbeiterbesprechung
Klientenbefragung
Fallbesprechung
Gruppendiskussion
Interview
Beurteilung durch externe Fachkraft
Fallbericht
Auswertung von Dokumenten
Beobachtung
Rollenspiele
Jahresstatistik
Selbst- und/oder Fremdreflexion

Abb. 2 Evaluationsmethoden – eine Auswahl

Festsetzung der Zielsetzung und Evaluationskriterien
↓
Auswahl der Evaluationsmethoden
↓
Durchführung
↓
Analyse, Interpretation und Auswertung
↓
Darstellung der Ergebnisse
↓
Schlussfolgerungen

Abb. 3 Systematisiertes Vorgehen bei der Evaluation

Der Deutsche Berufsverband für Pflegeberufe beschreibt in seiner Stellungnahme zur psychiatrischen Pflege.

„Die Evaluation dient der Bewertung und Überprüfung der durchgeführten Maßnahmen hinsichtlich der Erreichung der Pflegeziele. Das Anliegen der Pflege ist nicht allein das Wohlbefinden eines Menschen, sondern darüber hinaus sein persönliches Wachstum und die Unterstützung bei der bestmöglichen Bewältigung der jeweiligen Lebenslagen. Deshalb ist die Evaluation eines der wichtigsten Instrumente der psychiatrischen Pflege.
Die Evaluation nutzt professionell Pflegenden nicht nur in ihrer Arbeit, sondern auch in ihrer persönlichen Entwicklung. Professionell psychiatrisch Pflegende können ihre Erkenntnisse, Fertigkeiten, Erfahrungen und die Wirksamkeit ihres Handelns reflektieren und somit feststellen, welche Maßnahmen zu welchem Ergebnis geführt haben und welche Möglichkeiten in Zukunft bestehen.
Psychiatrisch Pflegende erleben sich und ihre Patienten als Wesen, die fähig sind, zu wachsen und sich selbst zu verwirklichen. (...) Durch die Evaluation ist verantwortungsbewusstes, kompetentes und professionelles Pflegen möglich."

(DBfK, 2006)

Pflegemaßnahmen in der psychiatrischen Pflege lassen sich auf folgende Ebene evaluieren:

Pflegediagnose und Pflegeziel. Lagen alle Informationen über den Klienten vor? Konnte die Wahrnehmung unter Einbindung verschiedener Perspektiven vervollständigt werden? Wurde eine valide Pflegediagnose erstellt? Waren die Pflegeziele angemessen, realistisch, erreichbar und umsetzbar?

Pflegeverlauf. Wurde der Pflegeprozess gemeinsam mit allen Beteiligten geplant und abgestimmt? Konnten die geplanten Maßnahmen effizient umgesetzt werden? Hat sich der Klient beteiligen können? Konnten Angehörige eingebunden werden?

Pflegeergebnis. Haben sich die psychischen Symptome reduziert? Ist das Risiko einer möglichen Selbst- oder Fremdgefährdung gesunken? Konnte Wohlbefinden und Zukunftsbezogenheit gestärkt werden?
Konnte die Beziehungskompetenz entwickelt werden? Hat die Fähigkeit zur Selbststeuerung (Selbstpflege) zugenommen?

Institutionelle Bedingungen. War hinreichend qualifiziertes Personal vorhanden? Konnte eine Bezugspflege sichergestellt werden? War die Bezugspflegekraft an allen Gesprächen und Entscheidungen mitbeteiligt? Konnte die notwendige Pflegezeit bereitgestellt werden? Waren die Pflegematerialien vorhanden? Konnten alle Therapieangebote wahrgenommen werden? Gab es ausreichende Möglichkeiten der Selbstbestimmung und Partizipation für den Klienten? Wurden Vereinbarungen gemäß des therapeutischen/heilpädagogischen Konzeptes eingehalten? Gab es regelmäßige multiprofessionelle Team- und Fallbesprechungen? Konnte in kollegialen Praxisberatungsrunden und/oder Supervisionssitzungen die professionelle Beziehungsgestaltung überprüft werden? War die Berufszufriedenheit der Teammitglieder hoch?

Sozio-ökonomische Bedingungen. Wurde die soziale Einbindung des Klienten in Familie, Freundeskreis, Arbeitswelt unterstützt bzw. konnte der Klient neu integriert werden? Sind die Bedingungen für eine sichere Wohnung und Wohnumgebung stabilisiert? Sind hinreichende finanzielle Ressourcen für ein selbstbestimmtes Leben vorhanden?

Aufgabe

Informieren Sie sich in Verlauf Ihres Praktikums in der psychiatrischen Pflege über standardisierte Maßnahmen zur Evaluation von Pflegezielen und Pflegemaßnahmen.

Beteiligen Sie sich an einer konkreten Pflegeplanung, assistieren Sie bei den Pflegemaßnahmen und beobachten Sie kritisch die Erfolge für den Klienten. Evaluieren Sie die oben genannten Ebenen. Dokumentieren Sie Ihre Beobachtungen und Analysen und stellen diese in einer Teamsitzung im Rahmen einer Fallbesprechung vor.

Zum Weiterlesen

Löser, A.: Evaluation-Auswertung des Pflegeprozesses. Bewertungsverfahren zur prozesshaften Gestaltung der Pflege. 2007

Otto, H.-U.: What Works? Zum aktuellen Diskurs um Ergebnisse und Wirkungen im Feld der Sozialpädagogik und Sozialarbeit. 2007

2 Qualitätsmanagement in der Psychiatrie

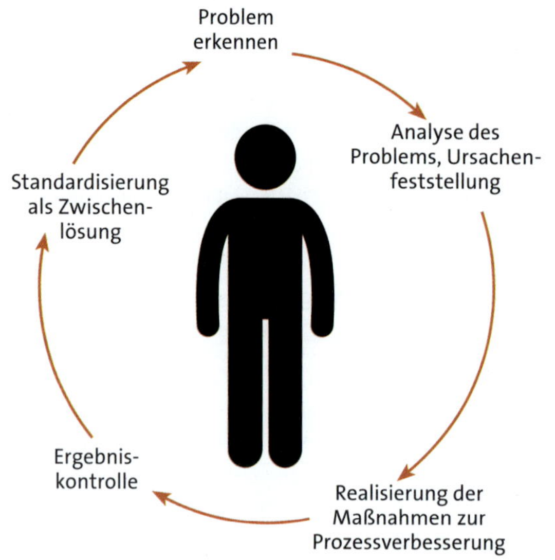

Abb. 1 Kaizen: Der psychisch kranke Mensch steht im Mittelpunkt aller Verbesserungsbemühungen

2.1 Was ist Qualität?

Der Qualitätsbegriff in der Psychiatrie meint die bestmögliche personenbezogene Behandlung und Begleitung psychisch erkrankter Menschen. Bestmögliche Behandlung und Begleitung psychisch erkrankter Menschen orientiert sich dabei an den Menschenrechten, einem hohen medizinischen/pflegerischen Standard, hohem Engagement der professionellen Helfer, ganzheitlicher multiperspektivischer Wahrnehmung der Leidens- und Lebenssituation des Klienten, Einbindung der Angehörigen und Bezugspersonen sowie einer wirtschaftlichen Arbeitsweise.

Qualitätsmanagement heißt, Klienten und deren Angehörige werden in den Mittelpunkt aller therapeutischen und pflegerischen Bemühungen gestellt. Mitarbeiterinnen und Mitarbeiter finden Bedingungen vor, unter denen sie mit hoher Professionalität und hoher Berufszufriedenheit arbeiten können.
In der Qualitätsdebatte wird hierzulande oftmals der japanische Begriff KAIZEN benutzt. Kaizen bezeichnet eine Haltung, die auf ständige Verbesserung einer bestimmten Situation ausgerichtet ist. Kai bedeutet dabei soviel wie „Wandel", Zen bedeutet „Besserwerden". Qualitätsmanagement folgt einer bekannten Logik, die auch in der Pflegeplanung genutzt wird. Das Nachdenken über die Qualität der pflegerisch/therapeutischen Arbeit in der Psychiatrie wurde in Deutschland Ende der 1960er-Jahre durch die kritische Auseinandersetzung der „68er-Generation" mit dem Nachkriegsdeutschland zu einer öffentlichen Angelegenheit vieler psychiatrisch tätiger Menschen. Eine erste überregionale Konferenz zur Situation psychisch erkrankter Menschen in den Einrichtungen der Psychiatrie fand 1970 in Mannheim statt. Der »Mannheimer Kreis« wurde zu einem Inbegriff der Psychiatriebewegung und mündete in der Gründung der Deutschen Gesellschaft für soziale Psychiatrie (DGSP). In seinen Schriften „Bürger und Irre" 1975, „Sozialpsychiatrie" 1972 und dem Lehrbuch „Irren ist menschlich", das er zusammen mit Ursula Plog 1978 veröffentlichte, legte Klaus Dörner eine kritische Analyse der psychiatrischen Versorgung in Deutschland vor und formulierte gewichtige Argumente für eine Humanisierung der Pflege und Behandlung psychisch kranker und behinderter Menschen. Die DGSP eröffnete eine nachhaltige Qualitätsdebatte.

Aufgabe

Informieren Sie sich über Geschichte und Ziele der DGSP.
Internetquelle: www.dgsp-ev.de/

Zum Weiterlesen

Dörner, K.: Tödliches Mitleid. Zur sozialen Frage der Unerträglichkeit des Lebens. 2002

In den 1970er-Jahren wurde im Rahme der ersten Psychiatriereform das **Bündnis AKTION PSYCHISCH KRANKE** www.apk-ev.de ins Leben gerufen. Die AKTION PSYCHISCH KRANKE ist ein gemeinnütziger Verein, der seine Mittel im Wesentlichen vom Bundesministerium für Gesundheit und zum geringeren Teil aus Mitgliedsbeiträgen bezieht.

Die Reform der Versorgung psychisch erkrankter Menschen führte in den letzten Jahrzehnten zu einer Umorientierung:
- von der Institutionszentrierung zur Personenzentrierung,
- von der Krankheitszentrierung zur Ressourcenzentrierung,
- von der Angebots- zur Bedarfsorientierung,
- von einer auf Berufsgruppeninteressen bezogenen Sichtweise hin zum mehrdimensionalen Krankheitskonzept und multiprofessioneller Behandlung.

Im Fünften Sozialgesetzbuch (SGB V) wurde 1989 mit dem § 137 die **Verpflichtung zur Qualitätssicherung** für Krankenhäuser gesetzlich festgelegt. Auch die **multiprofessionelle Zusammenarbeit** wird hier als wesentliches Qualitätsprinzip psychiatrischer Behandlung gefordert. Diagnose, Therapie und

Pflege gehen von einem mehrdimensionalen Krankheitskonzept aus und berücksichtigen die Wechselwirkung von somatischen/hirnorganischen, psychischen/biografischen und sozialen Dimensionen in der Behandlung und im Krankheitsverlauf. Hieraus ergibt sich die Verpflichtung, mehrdimensionales Fachwissen unterschiedlichster Berufsgruppen zu bündeln.
1991 folgte die **Verordnung über Maßstäbe und Grundsätze für den Personalbedarf in der stationären Psychiatrie**. Die **psychiatrische Personalverordnung (Psych-PV)** regelt die personelle Ausstattung psychiatrischer Krankenhäuser.

Aufgabe

Lesen Sie den Gesetzestext aus dem SGB V § 137 im Internet unter: *http://www.gesetze-im-internet.de/sgb_5/__137.html*

2.2 Normen und Qualität – Qualitätsmanagement (QM) in der Psychiatrie

„Kühner, als das Unbekannte zu erforschen, kann es sein, das Bekannte zu bezweifeln."

Alexander von Humboldt

Übergeordnetes Ziel aller Qualitätsmaßnahmen in der Pflege und Begleitung psychisch erkrankter oder behinderter Menschen ist, ein möglichst hohes Maß an Zufriedenheit für alle Beteiligten herzustellen. Die Verminderung oder Heilung psychischer Beeinträchtigungen, die sowohl den Klienten also auch sein Lebensumfeld belasten, ist das grundlegende Ziel der psychiatrischen Pflege.
„Qualität ist das, was der Kunde wünscht!" Hinter diesem plakativen Satz aus der Wirtschaft steht für die Frage nach der Qualität einer pflegerischen Leistung die Perspektive des Klienten. Seine Wünsche nach Sicherheit, Ruhe, Versorgung, Lebensfreude, Wohlbefinden, Kompetenz, Selbstbestimmung u. a. m. müssen demnach in die Qualitätsbeschreibung (personenbezogene Standardbeschreibung) aufgenommen werden.
Die Zufriedenheit des Klienten mit den psychiatrischen Behandlungs- und Pflegeangeboten ist ein wichtiges Ziel des QM und ein zentraler Indikator zur Überprüfung der Zielerreichung. Die Beschreibung von Standards oder Normen der psychiatrischen Pflege und die Bestimmung der Maßnahmen, um die festgelegten Qualitätsnormen zu erreichen, dienen dazu, die Qualität der Behandlung psychischer Erkrankungen und die Qualität der therapeutischen Begleitung der betroffenen Menschen messbar und überprüfbar zu machen, Pflegefehler zu vermeiden und im Sinne des Kaizen die Qualität der Pflegeleistungen beständig zu verbessern.
Qualitätsmanagement in der psychiatrischen Pflege legt die Qualitätsstandards der Pflege fest und beschreibt alle Maßnahmen, die geeignet sind, eine qualitativ hochwertige Pflegeleistung unter möglichst ökonomischen Bedingungen zu erbringen. Qualitätsmanagement optimiert die Prozesse der Leistungserbringung und sichert durch regelmäßige Verfahren der Überprüfung die Güte der Qualität
In diesem Zusammenhang hat sich in den letzten Jahren neben dem Begriff des Qualitätsmanagements auch der Begriff der Evidenzbasierung in der Medizin und Pflege etabliert.

Evidenzbasierte Pflege – was ist das?

Professionelle Pflege orientiert sich an

1. den Bedürfnissen der Klientinnen und Klienten und deren Angehörigen,
2. den besten derzeit verfügbaren Forschungserkenntnissen,
3. den kritisch reflektierten klinischen Erfahrungen der Pflegefachpersonen,
4. den zur Verfügung stehenden Ressourcen.

Evidenzbasierte Verfahren sind Maßnahmen zur objektiven Beurteilung pflegerischer Verfahren.

Unter evidenzbasierter Pflege (EBP) werden alle Pflegeleistungen verstanden, die aufgrund pflegewissenschaftlicher, medizinischer und psychosozialer Erkenntnisse zu einer nachweisbaren Verbesserung der Situation der Klienten führen.

Qualitätsmanagement benötigt die Mitwirkung engagierter und kritischer Mitarbeiter/-innen. Häufig finden sich in den Einrichtungen sogenannte Qualitätsbeauftragte, die die Umsetzung der Qualitätssicherung und Qualitätsentwicklung verantworten. Dabei ist Qualitätsmanagement immer eine Aufgabe der Leitungskräfte. Diese haben auch die Aufgabe der Personalführung und Personalentwicklung.
Zu Beginn jedes Qualitätsmanagements steht die Qualitätsbeschreibung. Was ist also genau und wie zu tun, wenn ein psychisch erkrankter Mensch in eine psychiatrische Einrichtung kommt?

Standardbeschreibungen für Pflegequalität finden sich beispielweise in den Bereichen:

- Aufnahmegespräch
- Pflegeplanung
- Medikation
- Bezugspflege
- Ressourcenorientierung
- Therapeutische Angebote
- Teamarbeit
- Krisenintervention
- Pflegedokumentation
- Pflegeevaluation
- Zwangsmaßnahmen

Suizidprophylaxe im Rahmen einer Depressionsbehandlung

Standards zur Suizidprävention

1. Gefahr der Selbstgefährdung oder Selbsttötung nicht tabuisieren, sondern offen mit Klient, Angehörigen und dem Kollegium thematisieren.
2. Information über eine mögliche Selbstgefährdung an alle beteiligten Mitarbeiter/-innen, auch das Reinigungspersonal und das Hauspersonal.
3. Absprache im Team aller zu treffenden Maßnahmen und Festlegung von Verantwortlichkeiten.
4. Entfernung von suizidanregenden oder suizidermöglichenden Gegenständen.
5. Klare Beziehungsangebote im Rahmen der Bezugspflege, regelmäßige Kontaktvereinbarungen.
6. Einbindung in tägliche Aktivitäten des Alltags.
7. Positive Rückmeldungen, Erfolgswahrnehmung ermöglichen, Selbstkonzept stärken als Maßnahmen zur Lebensmotivation.
8. Tägliche Klienten-Besprechung im Team.

Diese verbindlichen Pflegenormen dienen als „Messinstrument" für die Qualitätsbeurteilung.

Standard zu Zwangsmaßnahmen in der Psychiatrie

Der Deutsche Paritätische Wohlfahrtsverband (DPWV) hat beispielsweise Standards für Einrichtungen, die eine stationäre geschlossene Unterbringung anbieten, formuliert.

Freiheitsbeschränkende Maßnahmen in der psychiatrischen Versorgung

1. Die Anwendung von freiheitsbeschränkenden Maßnahmen soll so selten und im Umfang so gering wie möglich erfolgen.
2. Die Anwendung der freiheitsbeschränkenden Maßnahmen soll, wenn überhaupt notwendig, so gestaltet werden, dass für den Bewohner so viel Autonomie wie möglich erhalten bleibt.
3. Die Anwendung der freiheitsbeschränkenden Maßnahmen soll, wenn im Einzelfall notwendig, so gestaltet sein, dass das Ziel, die Autonomie (Schritt für Schritt) wiederzuerlangen, deutlich erkennbar bleibt.
4. Der Unterbringungsbeschluss soll aufgehoben werden, sobald dies möglich ist.
5. Die Überprüfung freiheitsentziehender Maßnahmen muss im Qualitätsmanagementsystem der Einrichtungen verankert sein.
6. Wenn die Einrichtung überregional Bewohner/-innen aufnimmt, muss im Hinblick auf eine Überleitung in den nicht geschlossenen Bereich auch eine überregionale Vernetzung erfolgen.
7. Die Einrichtungen müssen über die regionalen Gremien mit dem komplementären Angebot vor Ort vernetzt sein.
8. Die Umsetzung des Unterbringungsbeschlusses und die damit verbundenen Regeln und Vorschriften für den Betroffenen müssen in einem ständigen Prozess intern hinterfragt und überprüft werden.
9. Ständige Schulung der Mitarbeiter/-innen zur Problematik freiheitsentziehender Maßnahmen.
10. Dokumentation von Einzelmaßnahmen, die über die in der Hilfeplanung festgelegten Maßnahmen hinausgehen.

www.der-paritaetische.de

Zum Weiterlesen

Holnburger, M.: Pflegestandards in der Psychiatrie. 2004
www.pqsg.de/seiten/openpqsg/hintergrund-standard-wahn.htm

2.3 Verfahren zum Qualitätsmanagement

Qualitätsmanagement lässt sich in einem Regelkreis beschreiben, in dem an jeder Stelle die Qualität eines bestimmten Prozesses oder einer bestimmten Leistung bestimmt, überprüft und beeinflusst werden kann.

Grundsätzlich orientieren sich psychiatrische Pflegestandards an folgenden Bereichen:

Nutzerperspektive. Wünsche und Erfolgswahrnehmung der Klienten und deren Angehörigen werden systematisch erfasst. Die Sichtweise und Erfolgswahrnehmung der Kooperationspartner in den medizinischen und sozialen Hilfesystemen findet Berücksichtigung.

Personenorientierung und multiprofessionelles Konzept. Ursache, Verlauf und Behandlung psychiatrischer Erkrankungen werden individualisiert und mehrdimensional betrachtet. Multiprofessionelle Teamarbeit ist die Regel. Integration verschiedener Therapieverfahren.

Beziehungsorientierung. Gestaltung einer professionellen Helferbeziehung, in der neben dem Klienten auch sein soziales Umfeld eingebunden ist.

Bedarfsorientierung. Pflegeleistungen werden an den tatsächlichen Bedarfen orientiert. Nachrangigkeit der stationären Hilfen.

Empowermentorientierung. Sowohl die Unterstützung der Selbstverantwortung, Selbstheilung und Compliance als auch die Befähigung, mit chronischen Einschränkungen oder Beeinträchtigungen ein gutes Leben führen zu können, werden gefördert.

Wissenschaftsorientierung. Anwendung von wissenschaftlich nachgewiesenen erfolgreichen Mitteln und Verfahren.

Vernetzung. Komplementäre Hilfen wie familiäre und soziale Unterstützungssysteme sind eingebunden.

Abb. 1 Kriterien im Qualitätsmanagement

2.4 Qualitätsmanagement, Qualitätskontrolle und Qualitätsbeurteilung

Pflegequalität wird gesichert, indem sie regelmäßig überprüft wird. Die Prüfverfahren sind im ▸ **Modul 8, Kap. I.2 Grundlagen des Qualitätsmanagements** beschrieben.

Pflegequalität kann selbstverständlich nicht durch externe Überprüfung, sondern nur durch interne Maßnahmen (QM) verbessert werden. Externe Qualitätsanalyse kann aber das Maß der erbrachten Pflegequalität und die Zufriedenheit der Klienten messen und somit auf mögliche Problembereiche hinweisen.

Um Pflegequalität prüfen zu können, muss vorher festgelegt worden sein, was Pflegequalität in der psychiatrischen Arbeit ist. Dazu sind, wie oben beschrieben, **Merkmale** zu beschreiben und **messbare Qualitätsindikatoren** zu benennen. Qualitätsindikatoren in der Pflege müssen so beschrieben werden, dass vergleichende Untersuchungen möglich sind. Hier stoßen wir aber sofort auf Probleme, da bestimmte Merkmale einer guten psychiatrischen Pflege, wie beispielsweise eine „tragfähige professionelle Beziehung" oder „subjektives Wohlbefinden", nur *bedingt messbar* sind. Solche Qualitätskriterien sind von individuellen Bedingungen oder Bewertungen abhängig.

Ähnliches gilt für den Medikamentengebrauch oder die Verweildauer in einer psychiatrischen Einrichtung. Ist eine hohe Medikamentennutzung oder ein geringer Medikamentenverbrauch ein Qualitätskriterium bezogen auf eine bestimmte psychische Erkrankung? Ist eine kurze oder eine lange klinische Behandlung für die Genesung hilfreich?

Gut messbar sind hingegen Qualitätsmerkmale wie Aufnahmeverfahren, Maßnahmen zur Diagnostik, Handhabung bei Zwangsmaßnahmen, Anzahl und Häufigkeit der Therapieangebote, Personalausstattung, Versorgungsleistungen, Zimmerausstattung oder Entlassungsvorbereitung und Entlassung und Verfahren der Nachsorge. Hier lassen sich leicht Indikatoren zur Qualitätsprüfung finden. Bei der Zimmerausstattung könnte dies die Quadratmeterfläche, Einzel- oder Doppelzimmer, eigener Türschlüssel, Mobiliar, Bad usw. sein. Bei den Therapieangeboten kann die Anzahl der Klienten mit den Therapieplätzen in Verbindung gebracht werden. Die Qualität der Therapieangebote kann mittels Beobachtung oder Fragebogen überprüft werden.

Aufgabe

1. Bearbeiten Sie die Frage: „Was ist gute heilerzieherische Pflege in der psychiatrischen Arbeit?"
2. Versuchen Sie, mindestens 5 Kriterien zu beschreiben. Erstellen Sie in der Klasse einen „Qualitätskatalog" und beschreiben Sie zu den Qualitätskriterien jeweils messbare Indikatoren.

Qualitätsmatrix in der Heilerziehungspflege:

Indikatoren		sehr hoch 1	2	3	schwierig 4
Qualitätskriterien					
Q 1	Beziehungsqualität				
Q 2	Grad der Selbstpflege				
Q 3	Nutzung individueller Ressourcen				
Q 4					
Q 5					
Q 6					

3. Möglichkeiten der Qualitätssicherung in der psychiatrischen Arbeit bieten auch Selbsthilfegruppen und unabhängige Beschwerdestellen. Recherchieren Sie im Netz nach den Möglichkeiten einer Beschwerde.

   Nutzen Sie dazu folgende Quellen:

   Bundesnetzwerk unabhängiger Beschwerdestellen Psychiatrie: *www.beschwerde-psychiatrie.de*

   Beauftragter der Bundesregierung für die Belange der Patientinnen und Patienten

   Örtliches Gesundheitsamt

   Bundesverband Psychiatrie-Erfahrener (BPE) e.V.: *www.bpe-online.de*

   Deutsche Gesellschaft für soziale Psychiatrie

Teil IV
Recht/Organisation/Verwaltung

1 Grundlagen des Arbeitsrechts

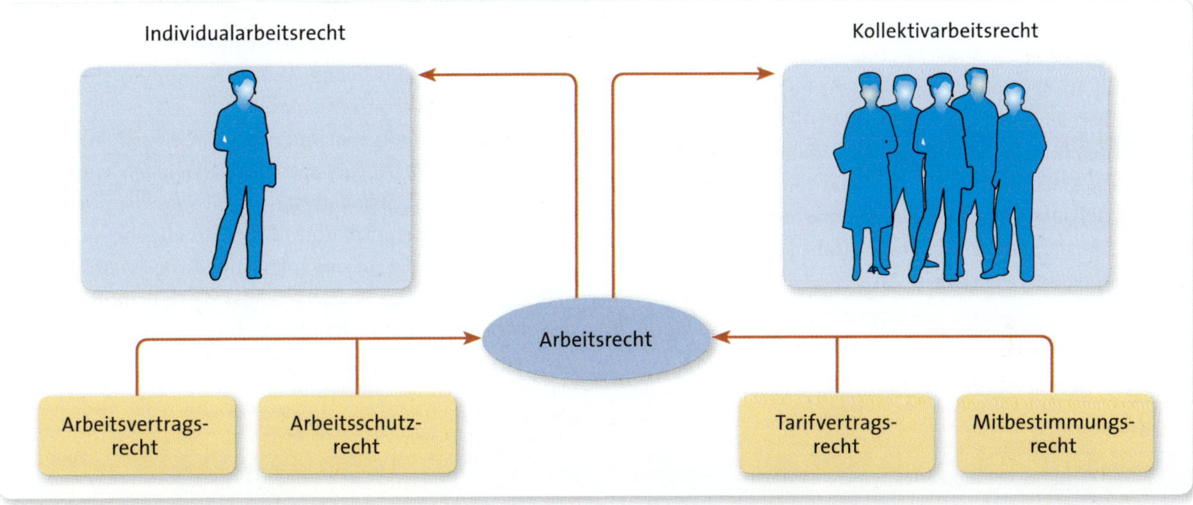

Abb. 1 Einteilung des Arbeitsrechts

Das Arbeitsrecht ist das „Sonderrecht" der Arbeitnehmer. Es gilt nicht für Selbstständige, Beamte, Richter und Soldaten. Eingeteilt wird es in das Individual- und das Kollektivarbeitsrecht:
Das **Individualarbeitsrecht** regelt die Rechtsbeziehungen zwischen einzelnen Arbeitgebern und Arbeitnehmern vor allem im Arbeitsvertrags- und Arbeitsschutzrecht.
Das **Kollektivarbeitsrecht** regelt die Verhältnisse zwischen Gruppen von Arbeitnehmern und Arbeitgebern und beinhaltet vor allem das Tarifvertragsrecht und das Mitbestimmungsrecht.

Die Rechtsquellen

Ein Arbeitsgesetzbuch wie in anderen Ländern gibt es in Deutschland nicht. Die arbeitsrechtlichen Regelungen sind in vielen verschiedenen Rechtsquellen zu finden ▶ **Abb. 2**.
Außerdem kommt dem Richterrecht, also den Urteilen einzelner Gerichte, im Arbeitsrecht eine große Bedeutung zu, da in manchen Bereichen gesetzliche Regelungen fehlen.
Die Rechtsquellen unterliegen untereinander einer Rangfolge von oben nach unten, das bedeutet, dass Regelungen einer niedrigeren Rechtsquelle widersprechen dürfen. Von dieser Regel darf nur nach dem Günstigkeitsprinzip abgewichen werden: Ist eine in der Rangfolge niedrigere Regel günstiger für den Arbeitnehmer, so gilt diese.

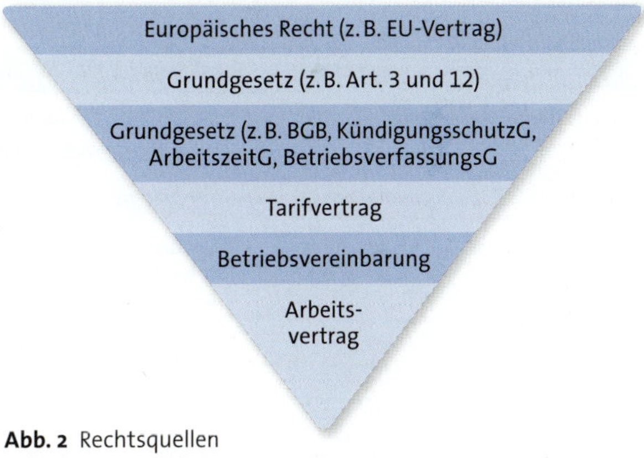

Abb. 2 Rechtsquellen

Aufgabe

Das Bundesurlaubsgesetz regelt, dass jedem Arbeitnehmer jährlich 24 Werktage Erholungsurlaub zustehen. In den Arbeitsverträgen des Heimträgers Geiz GmbH sind 20 Werktage festgelegt, während der Träger Solidarität GmbH seinen Mitarbeitern 30 Werktage gewährt.

Wie viele Tage Erholungsurlaub stehen den Mitarbeitern jeweils zu?

1.1 Das Arbeitsverhältnis

Bevor ein Arbeitsvertrag zustande kommt, müssen Arbeitgeber und Arbeitnehmer erst einmal in Kontakt kommen. Oft inseriert ein Arbeitgeber in Zeitungen oder im Internet und ein Arbeitsuchender bewirbt sich auf die Anzeige. Stellenanzeigen dürfen nicht diskriminierend sein. Bei einer Anzeige, die einen „kräftigen Mitarbeiter für ein junges Team" sucht, können sich Frauen, Ältere und Menschen mit Behinderungen ausgeschlossen fühlen.

Eine Stellenanzeige ist noch kein Angebot des Arbeitgebers zum Abschluss eines Arbeitsvertrags, sondern nur eine Aufforderung an Arbeitsuchende, sich zu bewerben. Dennoch hat dies bereits rechtliche Folgen. Bewerber haben das Recht auf Rücksendung der Unterlagen, sofern das nicht in der Anzeige ausgeschlossen wurde. Bei Blind- oder Initiativbewerbungen, bei denen eine Bewerbung ohne Stellenanzeige oder sonstige Aufforderung erfolgte, besteht kein Anspruch auf Rücksendung der Unterlagen.

Das Vorstellungsgespräch

In der Regel findet vor dem Abschluss eines Arbeitsvertrags ein Vorstellungsgespräch statt. Der Bewerber hat einen Anspruch auf Ersatz jener Kosten, die für die Wahrnehmung des Gesprächs angefallen sind, auch wenn kein Arbeitsvertrag geschlossen wird. Erstattungsfähig sind Reisekosten und je nach Entfernung auch die Kosten für Übernachtung und Verpflegung. Ob auch ein Verdienstausfall zu bezahlen ist, hängt vom Einzelfall ab. Der Arbeitgeber muss die Kosten nicht ersetzen, wenn er dies bei der Einladung zum Vorstellungsgespräch ausdrücklich ausgeschlossen hat.

Der bisherige Arbeitgeber muss den Arbeitsuchenden dann bezahlt für das Vorstellungsgespräch freistellen, wenn er das Arbeitsverhältnis gekündigt hat.

Im Vorstellungsgespräch dürfen vom Arbeitgeber nur Fragen gestellt werden, die für das zukünftige Arbeitsverhältnis von Bedeutung sind. Der Bewerber muss diese wahrheitsgemäß beantworten, außer es handelt sich um unzulässige Fragen, wie folgende Tabelle zeigt: ▶ **Abb. 1**.

Fragen zu ...	
beruflichem Werdegang	zulässig
Gründen für die Bewerbung	zulässig
chronischen Krankheiten	wenn Arbeitnehmer dadurch in seiner Arbeitsfähigkeit beeinträchtigt ist, zulässig, z. B. schwere Bandscheibenerkrankung in der Pflege
Behinderung von 50 % und mehr	zulässig
Vorstrafen	nur zulässig, wenn die Verurteilung mit dem Beruf in Verbindung steht, z. B. Pfleger wurde wegen Körperverletzung an einem Bewohner verurteilt
laufenden Ermittlungsverfahren	unzulässig
Schwangerschaft	unzulässig, außer: • bei Tätigkeiten, die die Schwangere oder das ungeborene Kind schädigen könnten • wenn ein notwendiger körperlicher Einsatz mit der Schwangerschaft unvereinbar ist (z. B. Fotomodell für Bademoden) • wenn eine befristete Stelle durch Mutterschutz und Elternzeit praktisch unbesetzt wäre
Gewerkschaftszugehörigkeit	unzulässig, außer in Tendenzbetrieben
geplanter Heirat oder Kinderwunsch	unzulässig
sexueller Orientierung	unzulässig
politischer Einstellung	unzulässig, außer in Tendenzbetrieben
Freizeitgestaltung	unzulässig
Religionszugehörigkeit	unzulässig, außer in Tendenzbetrieben
Vermögensverhältnissen	unzulässig, außer in Tendenzbetrieben
Familienstand, insbesondere Scheidung	unzulässig, außer in Tendenzbetrieben

Abb. 1 Fragen im Vorstellungsgespräch

Tendenzbetriebe sind Betriebe oder Unternehmen, die unmittelbar politischen, konfessionellen oder karitativen Zwecken dienen, wie Religionsgemeinschaften, Gewerkschaften und Parteien.

Inhalte des Arbeitsvertrags

Grundsätzlich gilt für den Abschluss des Arbeitsvertrags Vertragsfreiheit, d.h., die Vertragspartner können vereinbaren, was sie möchten. Der Arbeitnehmer darf jedoch nicht schlechter gestellt werden als gesetzlich geregelt. Zwingend sind im Arbeitsvertrag festzuhalten:

- Vertragspartner
- Beginn des Arbeitsverhältnisses
- Art der auszuübenden Tätigkeit

Sinnvoll ist es, zu regeln:

- Ort der Tätigkeit
- Höhe des Arbeitsentgelts
- Arbeitszeit
- Länge der Probezeit

Oftmals wird jedoch auf bestehende Tarifverträge (▸ s. Kap. 1.3) Bezug genommen. Fehlt eine Regelung in Arbeits- und Tarifvertrag, so greift die gesetzliche Regelung ein.

Arbeitgeber	Arbeitnehmer
• Lohnzahlung inkl. Sozialabgaben • Fürsorgepflicht • Beschäftigungspflicht • Gleichbehandlungspflicht	• Leistung der vereinbarten Arbeit • Treuepflicht • Leistung von Überstunden • Mitteilung drohender Schäden • Verschwiegenheit

Abb. 1 Der Arbeitsvertrag verpflichtet zu verschiedenen Leistungen und Verhaltensweisen

Der Abschluss des Arbeitsvertrags ist formlos möglich, also auch mündlich. Der Arbeitgeber ist jedoch verpflichtet, einen Monat nach Beginn des Arbeitsverhältnisses die wesentlichen Inhalte der Vereinbarung schriftlich festzuhalten.

Das Weisungsrecht des Arbeitgebers

Der Arbeitgeber kann dem Arbeitnehmer Weisungen erteilen, in denen er Art, Zeit und Ort der Arbeitsleistung konkretisiert und das Verhalten des Arbeitgebers im Betrieb reglementiert. Unzulässige Weisungen müssen von Arbeitnehmern jedoch nicht beachtet werden, insbesondere in folgenden Fällen:

Die Anweisung verstößt gegen ein Gesetz.

Heilerziehungspflegerin Frieda P. wird angewiesen, den Heimbewohner Max L. zu fixieren, obwohl sich dieser dagegen wehrt. Es liegt weder eine richterliche Anordnung noch ein Notfall vor.

Die Anweisung verstößt gegen den Arbeitsvertrag.

Heilerziehungspfleger Ingmar wird als Reinigungskraft eingesetzt.

Die Anweisung ist für den Arbeitnehmer unmöglich und unzumutbar.

Heilerziehungspflegerin Paula soll intramuskuläre Injektionen vornehmen, obwohl dies nicht Inhalt der Ausbildung ist.

Die Anweisung verstößt gegen die Beteiligungsrechte des Betriebs- oder Personalrats.

Heilerziehungspfleger Viktor soll in eine andere Einrichtung des Trägers versetzt werden, ohne dass der Betriebsrat dazu angehört wurde.

Der Arbeitnehmer sollte in solchen Fällen zunächst das Gespräch mit dem Arbeitgeber suchen, um eventuelle Missverständnisse auszuräumen. Sinnvoll ist es auch, sich durch Betriebsrat, Gewerkschaft oder Berufsverband beraten zu lassen.

Folgen von Pflichtverletzungen

Verletzt der Arbeitnehmer seine Pflichten z.B. dadurch, dass er unentschuldigt nicht zur Arbeit erscheint, seine Arbeit nicht ordentlich erledigt oder dem Arbeitgeber oder einem Dritten einen Schaden zufügt, so kann der Arbeitgeber eine Abmahnung oder **Kündigung** (▸ s. Kap. 1.2) aussprechen oder vom Arbeitnehmer **Schadensersatz** (▸ s. Modul 5, Kap. IV.1.1) fordern.
Da sich arbeitsbedingte Schäden nie ganz ausschließen lassen und auch dem sorgfältigsten Arbeitnehmer Fehler unterlaufen können, hat die Rechtsprechung eigene Regeln für die Haftung innerhalb eines Arbeitsverhältnisses entwickelt. Dadurch soll vermieden werden, dass Arbeitnehmer für kleinste Fehler, die jedem passieren können, in voller Höhe haften.

Die Haftung für Schäden ist wie folgt geregelt:

- Der Arbeitnehmer handelt mit **leichtester Fahrlässigkeit**: Der Arbeitgeber haftet in voller Höhe.
- Der Arbeitnehmer handelt mit **normaler Fahrlässigkeit**: Der Schaden wird nach den Umständen des Einzelfalls zwischen dem Arbeitgeber und dem Arbeitnehmer aufgeteilt. Zu berücksichtigen sind für die Festlegung der Anteile folgende Faktoren: Risiko des Schadenseintritts, Vorhersehbarkeit des Schadens, Lebensalter und Berufserfahrung des Arbeitnehmers, Verhalten des Arbeitnehmers in der Vergangenheit, Höhe des Gehalts und des Schadens.
- Der Arbeitnehmer handelt **grob fahrlässig** oder vorsätzlich: Der Arbeitnehmer haftet in voller Höhe.

Trifft den Arbeitgeber ein Mitverschulden an der Entstehung des Schadens, ist die Haftung entsprechend aufzuteilen.

Überlastungsanzeigen. Um Schadensersatzansprüchen des Arbeitgebers vorzubeugen, ist eine Überlastungsanzeige sinnvoll, wenn z. B. zu wenig Personal eingesetzt ist. Die Überlastungsanzeige kann schriftlich oder mündlich erfolgen. Aus Beweisgründen ist die Schriftform vorzuziehen. Sie wird direkt an die Leitung des Trägers gerichtet. Inhaltlich muss die Überlastungsanzeige die Situation am Arbeitsplatz so konkret wie möglich schildern, z. B. welches Personal vorhanden ist und wie viele Bewohner auf welche Weise zu versorgen sind. Weiterhin sollte geschildert werden, was die verantwortliche Pflegefachkraft bereits unternommen hat, um die Situation zu verbessern. Wichtig ist auch, dass mögliche Risiken für die Bewohner aufgezeigt werden, die z. B. durch fehlendes Personal zu befürchten sind.

Eine Überlastungsanzeige berechtigt nie zu pflichtwidrigem Handeln des Arbeitnehmers. Sie entbindet ihn nicht von seiner Pflicht zur sorgfältigen Arbeitsleistung.

Aufgabe

Recherchieren Sie im Internet und suchen Sie nach Mustern für Überlastungsanzeigen. Überlegen Sie, in welchen Situationen eine Überlastungsanzeige sinnvoll sein kann.

Der befristete Arbeitsvertrag

Grundsätzlich sind Arbeitsverträge zeitlich unbefristet. Im Jahr 2012 waren jedoch etwa 10 % der Arbeitsverhältnisse nur für eine bestimmte Zeit abgeschlossen. Die Zulässigkeit solcher befristeter Arbeitsverhältnisse ist im **Teilzeit- und Befristungsgesetz** geregelt.

Befristete Arbeitsverträge müssen immer schriftlich geschlossen werden und können als Endzeitpunkt einen Kalendertag oder auch ein bestimmtes Ereignis haben, z. B. die Rückkehr eines erkrankten Arbeitnehmers.
Die Befristung eines Arbeitsverhältnisses ist nur zulässig, wenn ein sachlicher Grund vorliegt, z. B. die Vertretung aufgrund von Elternzeit oder Krankheit eines Arbeitnehmers, oder wenn der betriebliche Bedarf nur vorübergehend ist, z. B. bei Saisonarbeitskräften.
Ausnahmsweise können befristete Arbeitsverträge auch ohne sachlichen Grund geschlossen werden:

- Bei Neueinstellungen (d. h., der Arbeitnehmer darf nie zuvor beim Arbeitnehmer beschäftigt gewesen sein) ist eine Befristung bis zu 2 Jahren möglich.
- Bei Einstellung von Arbeitnehmern über 52 Jahre, die vorher mindestens 4 Monate arbeitslos waren, ist eine Befristung bis zu 5 Jahren zulässig.
- In den ersten 4 Jahren nach der Gründung eines Unternehmens können befristete Arbeitsverträge bis zur Dauer von 4 Jahren abgeschlossen werden.

Diese Ausnahmen sollen Arbeitgeber dazu motivieren, mehr Arbeitsverträge abzuschließen und insbesondere auch ältere Arbeitnehmer einzustellen.

Teilzeitarbeit

Durch die Einführung des Teilzeit- und Befristungsgesetzes haben Arbeitnehmer einen Anspruch auf Teilzeitarbeit, d. h., sie haben das Recht, weniger als die übliche regelmäßige Arbeitszeit zu arbeiten. Dieser Anspruch besteht jedoch nur dann, wenn keine betrieblichen Belange entgegenstehen. Das können z. B. Beeinträchtigungen von Arbeitsabläufen sein oder das Entstehen von unverhältnismäßigen Kosten durch die Arbeitszeitverringerung. Teilzeitbeschäftigte Arbeitnehmer dürfen nicht schlechter gestellt werden als vollzeitbeschäftigte. Arbeitgeber müssen das Arbeitsentgelt und andere Leistungen anteilig entsprechend der verringerten Arbeitszeit bezahlen.

Arbeitszeit

Das **Arbeitszeitgesetz** gewährleistet Sicherheit für die Arbeitnehmer und schützt ihre Gesundheit. Von den folgenden Vorschriften kann jedoch in Tarifverträgen (▶ **s. Kap. 1.3**) abgewichen werden.
Arbeitszeit ist die Zeit vom Beginn bis zum Ende der Arbeit ohne die Ruhepausen. Die tägliche Arbeitszeit darf grundsätzlich 8 Stunden pro Werktag nicht überschreiten. Sie kann in Ausnahmen auf bis zu 10 Stunden verlängert werden. Dann darf aber, auf einen Zeitraum von 6 Monaten, die durchschnittliche tägliche Arbeitszeit von 8 Stunden nicht

überschritten werden. Der Arbeitnehmer muss also einen Ausgleich für die mehr geleistete Arbeitszeit erhalten und entsprechend an anderen Tagen weniger oder gar nicht arbeiten. Als Werktage gelten die Tage von Montag bis Samstag, ausgenommen die gesetzlichen Feiertage.

Ruhepausen. Jeder Arbeitnehmer hat Anspruch auf Ruhepausen:

- bei einer Arbeitszeit von mehr als 6 Stunden bis zu 9 Stunden: insgesamt 30 Minuten
- bei einer Arbeitszeit über 9 Stunden: insgesamt 45 Minuten

Die Ruhepausen stehen dem Arbeitnehmer zur freien Verfügung und dürfen als einzelne Pause nicht kürzer als 15 Minuten sein. Sie müssen im Voraus festgelegt werden, also nicht beliebig nach Arbeitsanfall. Länger als 6 Stunden am Stück ohne Ruhepausen dürfen Arbeitnehmer nicht beschäftigt werden.

Als **Ruhezeit** bezeichnet man die Freizeit zwischen der Beendigung der Arbeit und der Wiederaufnahme am nächsten Tag. Die ununterbrochene Ruhezeit muss mindestens 11 Stunden betragen. Eine Verkürzung auf 10 Stunden ist bei einem Ausgleich innerhalb von 4 Wochen in Pflege- und Betreuungseinrichtungen ausnahmsweise zulässig.

Abb. 1 Pause von der Arbeit

Nachtarbeit ist die Arbeit, die länger als 2 Stunden in der Zeit von 23:00 bis 6:00 Uhr erbracht wird. Arbeitnehmer, die regelmäßig in Wechselschicht oder an mindestens 48 Tagen im Kalenderjahr Nachtarbeit leisten, haben Anspruch auf eine medizinische Untersuchung vor Beginn der Beschäftigung und danach regelmäßig in Zeitabständen von mindestens 3 Jahren sowie nach Vollendung des 50. Lebensjahrs in jährlichen Abständen. Die Kosten für die Untersuchung trägt der Arbeitgeber. Außerdem ist für die Nachtarbeit ein angemessener Ausgleich in Form von freien Tagen oder einem finanziellen Zuschlag zu gewähren.

Grundsätzlich dürfen Arbeitnehmer an **Sonntagen und gesetzlichen Feiertagen** nicht beschäftigt werden. Ausnahmsweise erlaubt ist dies unter anderem in Pflege- und Betreuungseinrichtungen. Mindestens 15 Sonntage pro Jahr müssen für jeden Arbeitnehmer frei bleiben. Für Sonn- und Feiertage ist jeweils ein Ersatzruhetag an einem Werktag zu gewähren, innerhalb von 2 Wochen bei Sonntagsarbeit und innerhalb von 8 Wochen bei Feiertagsarbeit.

Bereitschaftsdienst. Beim Bereitschaftsdienst ist der Arbeitnehmer verpflichtet, sich an einem vom Arbeitgeber vorgegebenen Ort aufzuhalten, um nach Aufforderung die Arbeit unverzüglich aufnehmen zu können. Bereitschaftsdienst ist normale Arbeitszeit und bei der Berechnung der Höchstarbeitszeit miteinzubeziehen.

Im Gegensatz dazu kann der Arbeitnehmer bei der **Rufbereitschaft** seinen Aufenthaltsort frei wählen, muss jedoch für den Arbeitgeber jederzeit erreichbar und in der Lage sein, die Arbeit innerhalb einer vereinbarten Zeit alsbald aufzunehmen. Rufbereitschaft zählt nicht zur Arbeitszeit, hier zählt nur der tatsächliche Einsatz.

Urlaub

Jedem Arbeitnehmer stehen nach dem Bundesurlaubsgesetz mindestens 24 Werktage **Erholungsurlaub** zu. In Arbeits- oder Tarifverträgen können auf keinen Fall weniger Urlaubstage vereinbart werden. Auf den Urlaub kann der Arbeitnehmer nicht verzichten, ebenso wenig kann er sich den Urlaub ausbezahlen lassen.

Der Urlaub dient zur Erholung und zur Erhaltung oder Wiederherstellung der Arbeitskraft. Deshalb ist der Urlaub zusammenhängend zu gewähren, wenn nicht betriebliche Belange entgegenstehen. In jedem Fall hat der Arbeitnehmer Anspruch auf mindestens 2 Wochen Urlaub am Stück pro Jahr. Während des Urlaubs ist jede dem Erholungszweck zuwiderlaufende Erwerbstätigkeit verboten. Nebentätigkeiten, die der Arbeitnehmer auch sonst zulässigerweise neben seinem Arbeitsverhältnis ausübt, sind hiervon nicht betroffen. Ebenso erlaubt sind sogenannte „Ausgleichstätigkeiten", bei denen man sich von seiner üblichen Arbeit erholen kann, z. B. bei der Weinlese helfen. Auch kann der Arbeitgeber nicht verbieten, im Urlaub gemeinnützige, ehrenamtliche Tätigkeiten oder Hilfstätigkeiten in der Familie oder Nachbarschaft auszuüben, selbst wenn man dafür einen kleinen Obolus erhält.

Anspruch auf Urlaub hat der Arbeitnehmer erstmals nach 6 Monaten seit Beginn des Arbeitsverhältnisses. Der Urlaub soll nach den Wünschen des Arbeitnehmers gewährt werden.

Abb. 2 Erholung im Urlaub

Allerdings können betriebliche Belange wie Hochsaison oder Urlaubswünsche von Kollegen bei der Planung berücksichtigt werden.

Wird ein Arbeitnehmer im Urlaub krank, so werden die Tage, die er durch ein ärztliches Attest belegen kann, nicht als Urlaubstage gerechnet. An den einmal genehmigten Urlaub muss sich der Arbeitgeber halten – er kann den Arbeitnehmer auch nicht aus dem Urlaub zurückrufen.

Grundsätzlich muss der Urlaub im laufenden Kalenderjahr genommen werden. Ausnahmsweise kann Urlaub aus dringenden Gründen auf das nächste Jahr übertragen werden und muss dann in den ersten 3 Monaten angetreten werden.

In den meisten Bundesländern wird Arbeitnehmern zusätzlich **Bildungsurlaub** gewährt. In dieser Zeit können Weiterbildungsangebote von anerkannten Trägern im politischen, beruflichen oder kulturellen Bereich besucht werden. Die Einzelheiten sind in den jeweiligen Landesgesetzen geregelt.

Mutterschutz

Heilerziehungspflegerin Mona arbeitet in einer Einrichtung für Menschen mit einer schweren Behinderung. Mona ist im 4. Monat schwanger. Nachdem sie ihren Arbeitgeber von der Schwangerschaft in Kenntnis gesetzt hat, erwartet dieser, dass sie weiterarbeitet wie bisher. Insbesondere soll sie weiterhin Nachtschichten und Wochenenddienste übernehmen. Muss Mona die Anweisung ihres Arbeitgebers befolgen?

Während der Schwangerschaft und nach der Geburt genießen werdende und stillende Mütter einen besonderen Schutz, der im **Mutterschutzgesetz** geregelt ist. Das Mutterschutzgesetz gilt für alle Frauen, die in einem Arbeitsverhältnis stehen, auch wenn es sich um ein befristetes Arbeitsverhältnis oder eine Berufsausbildung handelt.

Die Schwangere sollte ihren Arbeitgeber sobald wie möglich in Kenntnis setzen und den voraussichtlichen Tag der Entbindung mitteilen. Es besteht zwar keine Pflicht, eine Schwangerschaft zu melden, es liegt jedoch im Interesse der Schwangeren und des Kindes, denn der Arbeitgeber kann ohne Kenntnis der Schwangerschaft keine Schutzvorschriften beachten. Die Informationen sind vom Arbeitgeber vertraulich zu behandeln.

Der Arbeitgeber ist verpflichtet, die zuständige Aufsichtsbehörde unverzüglich nach Kenntnisnahme über die Schwangerschaft zu informieren, damit sie die Einhaltung der mutterschutzrechtlichen Vorschriften überwachen kann. Aufsichtsbehörden sind je nach Bundesland die staatlichen Ämter für Arbeitsschutz oder die Gewerbeaufsichtsämter. Dorthin können sich schwangere Frauen mit allen Fragen wenden, die den Mutterschutz betreffen.

Sechs Wochen vor dem errechneten Geburtstermin beginnt die Schutzfrist, während der eine werdende Mutter nicht mehr beschäftigt werden darf, es sei denn, sie erklärt sich ausdrücklich zur Arbeit bereit. Diese Erklärung kann jederzeit widerrufen werden.

Nach der Geburt beträgt die Schutzfrist 8 Wochen, bei Früh- oder Mehrlingsgeburten verlängert sie sich auf 12 Wochen. In dieser Zeit besteht ein **absolutes Beschäftigungsverbot**.

Bei einer vorzeitigen Entbindung verlängert sich die Schutzfrist nach der Geburt um die Tage, die vor der Entbindung nicht in Anspruch genommen werden konnten. So haben alle Arbeitnehmerinnen Anspruch auf eine Schutzfrist von mindestens 14 Wochen.

Ab Bekanntgabe der Schwangerschaft ist der Arbeitgeber verpflichtet, die Arbeit der werdenden Mutter so zu gestalten, dass sie vor Gefahren für ihre Gesundheit und die des Kindes geschützt ist.

In Pflege- und Betreuungseinrichtungen bedeutet dies insbesondere

für werdende Mütter:

- Verbot von schwerer körperlicher Arbeit wie regelmäßiges Tragen und Heben von Lasten mit mehr als 5 kg Gewicht oder gelegentlich von mehr als 10 kg ohne mechanische Hilfsmittel, wie beim Lagern oder Umbetten eines Klienten.
- Verbot von Tätigkeiten mit erhöhter Unfallgefahr, wie z. B. bei Injektionen oder beim Umgang mit aggressiven Bewohnern.
- Verbot des Umgangs mit Gefahrstoffen, wie sie z. B. in Desinfektions- oder Reinigungsmitteln enthalten sind.

für werdende und stillende Mütter: Verbot von Nachtarbeit zwischen 20:00 und 6:00 Uhr, von Mehrarbeit (nicht länger als 8,5 Stunden pro Tag oder 90 Stunden pro Doppelwoche) und von Sonntags- und Feiertagsarbeit.

für stillende Mütter: Stillpausen während der Arbeitszeit von mindestens zweimal täglich 30 Minuten oder einmal täglich einer Stunde.

Von Beginn der Schwangerschaft bis zum Ablauf von 4 Monaten nach der Geburt ist die Kündigung des Arbeitsverhältnisses durch den Arbeitgeber grundsätzlich unzulässig. Ausnahmsweise ist eine Kündigung mit Zustimmung der Aufsichtsbehörde bei Vorliegen besonderer Gründe möglich. Ein solcher Grund kann beispielsweise die Schließung des Betriebs sein.

Die Arbeitnehmerin kann während der Schwangerschaft und der Schutzfrist zum Ende dieser Frist kündigen und muss dabei die arbeits- oder tarifvertraglichen Kündigungsfristen nicht einhalten.

1.2 Beendigung des Arbeitsverhältnisses

Arbeitsverhältnisse können auf verschiedene Weise beendet werden.

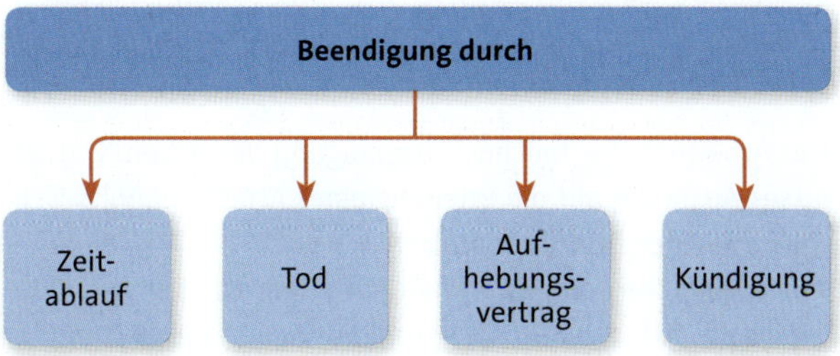

Abb. 1 Beendigung

Zeitablauf. Bei befristeten Arbeitsverhältnissen endet das Arbeitsverhältnis automatisch mit Ablauf der im Arbeitsvertrag genannten Zeit. Eine Kündigung muss nicht mehr ausgesprochen werden. Dies gilt auch bei Verträgen, deren Endzeitpunkt durch ein Ereignis bestimmt ist, wie durch die Rückkehr einer vertretenen Kollegin aus der Elternzeit.

Erreichen der Regelaltersgrenze. Mit dem Erreichen der Regelaltersgrenze in der gesetzlichen Rentenversicherung endet ein Arbeitsverhältnis nicht automatisch ohne Kündigung. In Tarifverträgen, Betriebsvereinbarungen oder einzelvertraglichen Regelungen ist dies jedoch vorgesehen.

Tod. Mit dem Tod des Arbeitnehmers endet das Arbeitsverhältnis. Stirbt jedoch der Arbeitgeber, so besteht grundsätzlich das Arbeitsverhältnis mit den Erben fort. Eine Ausnahme von diesem Grundsatz liegt dann vor, wenn beispielsweise eine Heilerziehungspflegerin einen Vertrag zur häuslichen Pflege eines ganz bestimmten Menschen geschlossen hat. Stirbt dieser Mensch, ist das Arbeitsverhältnis beendet.

Aufhebungsvertrag

Unter einem Aufhebungsvertrag versteht man die einvernehmliche Auflösung eines Arbeitsverhältnisses. Arbeitgeber und Arbeitnehmer sind sich darüber einig, dass das Arbeitsverhältnis ohne Einhaltung von Kündigungsfristen zu einem bestimmten Zeitpunkt endet. Oftmals wird eine Abfindung für den Arbeitnehmer vereinbart. Der Aufhebungsvertrag muss schriftlich geschlossen werden.

Vorsicht ist geboten, wenn der Arbeitnehmer im Anschluss kein neues Arbeitsverhältnis hat und ihm Arbeitslosengeld zusteht. Dann kann von der Arbeitsagentur eine Sperre von bis zu 12 Wochen verhängt werden.

Ordentliche Kündigung

Der Arbeitnehmer kann ohne Angabe von Gründen schriftlich innerhalb von 4 Wochen zum nächsten 15. oder Letzten eines Monats kündigen.

Für den Arbeitgeber verlängert sich diese Frist je nach Betriebszugehörigkeit des Arbeitnehmers auf bis zu 7 Monate zum Ende eines Kalendermonats. Innerhalb der vereinbarten Probezeit kann das Arbeitsverhältnis von beiden Seiten mit einer Frist von 2 Wochen gekündigt werden. Zu beachten ist, dass in Arbeits- oder Tarifverträgen andere Kündigungsfristen vereinbart sein können.

Kündigungsschutz. Das Kündigungsschutzgesetz regelt, in welchen Fällen das ordentliche Kündigungsrecht des Arbeitgebers eingeschränkt ist. Zur Anwendung kommt es jedoch nur, wenn das Arbeitsverhältnis 6 Monate bestanden hat und wenn der Betrieb mehr als 10 Arbeitnehmer beschäftigt. Nicht mitgezählt werden hierbei Auszubildende. Teilzeitkräfte zählen entsprechend ihres Anteils an einer vollen Stelle.

Ist das Kündigungsschutzgesetz anwendbar, so kann der Arbeitgeber eine Kündigung nur aussprechen, wenn wichtige Gründe vorliegen.

Wichtige Gründe können sein:

- **Betriebsbedingte Gründe**, z. B. Rationalisierungsmaßnahmen, Umstrukturierung des Betriebs oder starker Auftragsrückgang. Wenn der Arbeitnehmer darauf verzichtet, eine Kündigungsschutzklage vor dem Arbeitsgericht zu erheben, dann steht ihm im Fall der betriebsbedingten Kündigung eine Abfindung in Höhe eines halben Monatsverdienstes für jedes Jahr der Betriebszugehörigkeit zu.
- **Verhaltensbedingte Gründe**, z. B. wenn der Arbeitnehmer seine Pflichten in grober Weise verletzt, etwa durch dauerhaft schlechte Arbeitsleistung, strafbare Handlungen während der Arbeitszeit, Mobbing von Kollegen, wiederholt grob fahrlässige Verursachung von Schäden oder ständige Verstöße gegen die Pünktlichkeit. In solchen Fällen muss vor Ausspruch der Kündigung eine **Abmahnung** erfolgen. Die Abmahnung muss sich auf ein Verhalten beziehen, das der Arbeitnehmer beeinflussen kann. Sie muss auf nachprüfbaren Tatsachen beruhen und klar formuliert sein. Sie darf nicht unverhältnismäßig sein, z. B. das einmalige 5-minütige Zuspätkommen in 10 Jahren rügen. Erst wenn es zeitnah zu weiteren gleichartigen Verstößen kommt, kann der Arbeitgeber die Kündigung aussprechen. Die Abmahnung verliert mit der Zeit ihre Wirkung und ist spätestens nach 3 Jahren aus der Personalakte zu entfernen und zu vernichten.
- **Personenbedingte Gründe**, insbesondere Krankheit oder Arbeitsunfähigkeit. Eine Kündigung kann nur ausgesprochen werden, wenn eine negative Prognose für die Zukunft vorliegt, nicht aber, weil jemand in der Vergangenheit krank war. Je länger ein Arbeitnehmer in einem Betrieb beschäftigt ist, desto längere Krankheitszeiten sind dem Arbeitgeber zumutbar.

Für bestimmte Gruppen von Arbeitnehmern gibt es darüber hinaus spezielle Kündigungsschutzregeln. Dazu gehören unter anderem Schwangere, Schwerbehinderte, Personal- und Betriebsratsmitglieder, Initiatoren von Betriebsratswahlen sowie Angestellte im öffentlichen Dienst mit mehr als 15-jähriger Dienstzeit, die über 40 Jahre alt sind.

Kleinbetriebe. In kleineren Betrieben, in denen das Kündigungsschutzgesetz nicht anwendbar ist, kann eine fristgerechte Kündigung ohne Gründe ausgesprochen werden. Aber auch hier ist der Arbeitnehmer nicht völlig schutzlos. Das Bundesverfassungsgericht verlangt ein Mindestmaß an sozialer Rücksichtnahme. Die Kündigung eines erheblich schutzwürdigen Arbeitnehmers (aufgrund der Betriebszugehörigkeit, des Alters oder von Unterhaltsverpflichtungen) vor der eines weniger schutzwürdigen Arbeitnehmers ist ohne ein berechtigtes Interesse des Arbeitgebers nicht zulässig.
Ebenso ist auch in Kleinbetrieben eine willkürliche Kündigung, die den Arbeitnehmer aufgrund seines Geschlechts, seiner Herkunft oder seiner Religion diskriminiert, nicht erlaubt.

Die außerordentliche Kündigung

Ohne Einhaltung einer Frist können Arbeitnehmer und Arbeitgeber kündigen, wenn wichtige Gründe vorliegen, die die Fortsetzung des Arbeitsverhältnisses bis zum Ende der Kündigungsfrist unzumutbar machen. Auch diese Kündigung muss schriftlich erfolgen.
Wichtige Gründe für den **Arbeitnehmer** können sein:

- Beleidigung oder Misshandlung durch den Arbeitgeber
- Nichtzahlen des Arbeitsentgelts
- Mobbing und Diskriminierung durch den Arbeitgeber

Den **Arbeitgeber** berechtigen unter anderem zur fristlosen Kündigung:

- Unentschuldigtes längeres Fernbleiben von der Arbeit
- Ausländerfeindliche Äußerungen gegenüber Kollegen
- Sexuelle Belästigung von Kollegen
- Misshandlung von Klienten und Bewohnern
- Grobe Verletzung der Verschwiegenheitspflicht
- Starke Trunkenheit während der Arbeit

Beteiligung des Betriebsrats

Kündigungen durch den Arbeitgeber sind nur dann wirksam, wenn der Betriebsrat (▸ **s. Kap. 1.4**) vorher angehört wurde. Der Arbeitgeber muss dem Betriebsrat die Gründe für die Kündigung mitteilen. Der Betriebsrat kann einer ordentlichen Kündigung widersprechen, wenn z. B. soziale Gesichtspunkte nicht berücksichtigt wurden oder der Arbeitnehmer in einem anderen Teil des Betriebs hätte weiterbeschäftigt werden können.

Hat der Arbeitnehmer Kündigungsschutzklage beim Arbeitsgericht erhoben, so hat der Widerspruch des Betriebsrats zur Folge, dass der Arbeitgeber den Arbeitnehmer auf Wunsch bis zum Ende des Kündigungsschutzprozesses weiterbeschäftigen muss, auch wenn dies nach der Kündigungsfrist liegt.

Das Arbeitszeugnis

Der Arbeitnehmer hat nach Beendigung des Arbeitsverhältnisses Anspruch auf die Erteilung eines Arbeitszeugnisses. Er kann zwischen 2 Formen wählen:

- Das **einfache Zeugnis** enthält nur Angaben über die Dauer und die Art der Beschäftigung ohne eine Bewertung der Arbeitsleistung.
- Das **qualifizierte Zeugnis** hat darüber hinaus Aussagen über die Leistung und das Verhalten des Arbeitnehmers zum Inhalt.

Das Zeugnis muss der Wahrheit entsprechen und es soll einem künftigen Arbeitgeber konkrete Vorstellungen über die Persönlichkeit und die Einsatzmöglichkeiten des Arbeitnehmers vermitteln. Es darf keine unwahren Behauptungen, Unterstellungen oder Vermutungen enthalten. Gleichzeitig soll der Arbeitgeber das Zeugnis wohlwollend verfassen, damit der Arbeitnehmer in seinem Fortkommen nicht durch ein schlechtes Zeugnis behindert wird.
Im Lauf der Zeit hat sich eine „Geheimsprache" unter Arbeitgebern entwickelt: „Er war sehr tüchtig und wusste sich gut zu verkaufen" kann auch bedeuten „Er ist ein Wichtigtuer, dem es an Kooperationsbereitschaft mangelt". Oder „Sie trug zur Verbesserung des Betriebsklimas bei" kann gedeutet werden als „Sie trank öfters Alkohol während der Arbeit".
Auch für die Beurteilung der Leistung gibt es häufig genutzte Wendungen:

- sehr gut = „stets zu unserer vollsten Zufriedenheit" oder „stets außerordentlich zufrieden"
- gut = „zu unserer vollsten Zufriedenheit" oder „stets zu unserer vollen Zufriedenheit"
- befriedigend = „zu unserer vollen Zufriedenheit"
- ausreichend = „stets zu unserer Zufriedenheit"
- mangelhaft = „insgesamt zu unserer Zufriedenheit" oder „war bemüht, den Anforderungen zu entsprechen"

Ebenso kann der letzte Satz in einem Zeugnis ein versteckter Hinweis sein. Aus „Wir wünschen ihm, dass er seine Leistungsfähigkeit an einer neuen Arbeitsstelle voll entfalten kann" könnte man schließen, dass der Arbeitnehmer an seiner alten Stelle nicht besonders viel geleistet hat.
Nicht immer steckt jedoch böse Absicht hinter solchen Formulierungen. Da der Arbeitnehmer Anspruch auf ein wahrheitsgemäßes Zeugnis ohne „Geheimsprache" hat, sollte er dies im Zweifelsfall vom Arbeitgeber einfordern und notfalls auf dem Klageweg vor dem Arbeitsgericht geltend machen.

1.3 Tarifrecht

Das Tarifrecht ist ein Teil des kollektiven Arbeitsrechts. Das Recht zum Abschluss von Tarifverträgen folgt aus Art. 9 Abs. 3 Grundgesetz (GG). Ein **Tarifvertrag** ist ein schriftlicher Vertrag, der zwischen einem Arbeitgeberverband oder einzelnen Arbeitgebern auf der einen Seite und Gewerkschaften auf der anderen Seite geschlossen wird (▸ **Abb. 1**).

Nach Art. 9 GG dürfen einem Arbeitnehmer keine Nachteile entstehen, wenn er Gewerkschaftsmitglied ist. Genauso kann niemand gezwungen werden, sich einer Gewerkschaft anzuschließen. Beschäftigte in der Heilerziehungspflege können Mitglied werden in den Gewerkschaften ver.di (Vereinte Dienstleistungsgewerkschaft, www.verdi.de) oder GEW (Gewerkschaft Erziehung und Wissenschaft, www.gew.de).
Für einzelne Fragen der Berufstätigkeit gibt es daneben den Berufsverband Heilerziehungspflege in Deutschland e.V. (www.berufsverband-hep.de). Dieser führt jedoch keine Tarifverhandlungen.

In **Rahmen- oder Manteltarifverträgen** werden Mindeststandards der Arbeitsbedingungen wie Länge der Wochenarbeitszeit und des Urlaubs, Fortbildungsmaßnahmen, Kündigungsfristen oder Zuschläge für Mehr-, Nacht- und Schichtarbeit geregelt. Die Laufzeit beträgt üblicherweise 3 Jahre.

In **Lohn- und Gehaltsrahmentarifverträgen** werden die verschiedenen Lohn- und Gehaltsgruppen, die für die Tätigkeiten der Arbeitnehmer gelten, festgesetzt. Sie enthalten die Beschreibung von Tätigkeits- und Qualifikationsmerkmalen für die einzelnen Lohn- und Gehaltsstufen und die Kriterien der jeweiligen Einstufung. Auch diese Tarifverträge werden in der Regel für eine Zeit von 3 Jahren geschlossen.

In **Lohn- und Gehaltstarifverträgen** wird die Höhe des Arbeitsentgelts festgelegt. Die Laufzeit beträgt typischerweise ein Jahr.

Die in Tarifverträgen vereinbarten Arbeitsbedingungen und Entgelte gelten grundsätzlich nur für die Arbeitsverhältnisse der tarifgebundenen Gruppen, also nur für Arbeitnehmer, die Mitglied der tarifvertragschließenden Gewerkschaft sind, und für Arbeitgeber, die Mitglied des tarifvertragschließenden Arbeitgeberverbands oder als Unternehmen selbst Tarifvertragspartner sind.
Ein Tarifvertrag kann vom Bundesministerium für Arbeit und Soziales oder von der jeweiligen obersten Landesbehörde eines Bundeslands für *allgemein verbindlich* erklärt werden. Dann gilt der Tarifvertrag für alle Arbeitnehmer und Arbeitgeber, die im Geltungsbereich des dem Tarifvertrag unterfallenden Branchenzweigs tätig sind – unabhängig davon, ob sie Mitglied des Verbands sind, der den Tarifvertrag geschlossen hat.
In einzelnen Arbeitsverträgen kann Bezug auf einen gültigen Tarifvertrag genommen werden. Der Inhalt des Einzelvertrags entspricht dann dem Tarifvertrag. Vom Tarifvertrag abweichende Regelungen sind nur zulässig, wenn der Tarifvertrag selbst eine Abweichung zu Ungunsten des Arbeitnehmers erlaubt oder wenn die abweichende Regelung zugunsten des Arbeitnehmers ausfällt.
Für Heilerziehungspfleger, die in staatlichen oder kommunalen Einrichtungen tätig sind, gilt der **Tarifvertrag öffentlicher Dienst (TVöD)**. In Einrichtungen von Kirchen, Caritas und Diakonie, aber auch von Mitgliedern des Paritätischen Wohlfahrtsverbands gelten meist eigene Regelungen, die sogenannten **Arbeitsvertragsrichtlinien (AVR)**.

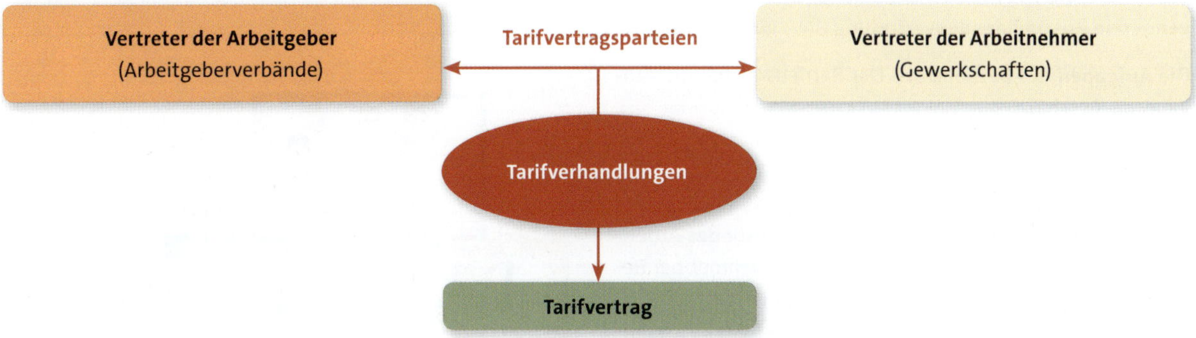

Abb. 1 Tarifvertragsparteien

1.4 Mitwirkung und Mitbestimmung

In allen Betrieben sollen die Arbeitnehmer an Entscheidungen beteiligt werden. Dies geschieht durch die **Belegschaftsvertretungen** (▸ **Abb. 1**).

Im Folgenden wird vor allem auf die Regelungen des Betriebsverfassungsgesetzes (BetrVG) eingegangen. In sogenannten Tendenzbetrieben wie den Einrichtungen der freien Wohlfahrtspflege gilt das BetrVG allerdings nur eingeschränkt.

Die Personalvertretungsgesetze (PersVG) der Länder sowie die Mitarbeitervertretungsordnungen (MAVO) der kirchlichen Einrichtungen entsprechen in den Grundzügen dem BetrVG. Allerdings sind in den MAVO einige Mitwirkungsrechte ausgeschlossen.

Betriebe der Privatwirtschaft	Öffentlicher Dienst	Kirchliche Einrichtungen
Betriebsrat	Personalrat	Mitarbeitervertretung
Betriebsverfassungsgesetz (BetrVG)	Personalvertretungsgesetze der Länder (PersVG)	Mitarbeitervertretungsordnungen (MAVO)

Abb. 1 Arbeitnehmervertretungen

Die Wahl des Betriebsrats. Betriebsräte können gewählt werden in Betrieben mit mindestens 5 ständig beschäftigten, wahlberechtigten Arbeitnehmern, von denen mindestens 3 wählbar sind. Wahlberechtigt sind alle Arbeitnehmer, die mindestens 18 Jahre alt sind. Wählbar sind alle Wahlberechtigten, die länger als 6 Monate im Betrieb beschäftigt sind. Die Anzahl der zu wählenden Betriebsräte richtet sich nach der Anzahl der Beschäftigten. Leitende Angestellte zählen nicht dazu. Die Betriebsratswahl darf vom Arbeitgeber nicht behindert oder verboten werden.

In Betrieben, in denen ein Betriebsrat gewählt wurde und in denen mindestens 5 Arbeitnehmer unter 18 Jahren oder Auszubildende unter 25 Jahren beschäftigt sind, kann eine **Jugend- und Auszubildendenvertretung** (JAV) gewählt werden.

Die Aufgaben des Betriebsrats. Der Betriebsrat hat die Aufgabe, die Beschäftigten

- bei Einstellungen,
- in Gehaltsfragen,
- bei Kündigungen

sowie in vielen anderen Bereichen vor der Willkür des Arbeitgebers zu schützen. Er unterstützt die Arbeitnehmer bei Beschwerden, Anliegen oder Konflikten mit dem Arbeitgeber.

Der Betriebsrat wirkt bei der Gestaltung der Arbeitsbedingungen so mit, dass sie den gesetzlichen und tariflichen Vorgaben entsprechen. Er wacht darüber, dass Gesetze, Verordnungen, Unfallverhütungsvorschriften, Tarifverträge und Betriebsvereinbarungen eingehalten werden. Im Besonderen vertritt er die Belange von schwerbehinderten, jugendlichen, älteren und ausländischen Arbeitnehmern.

Die Rechte des Betriebsrats

Um die Interessen der Arbeitnehmer vertreten zu können, hat der Betriebsrat folgende Rechte:

- **Mitwirkungs- und Mitbestimmungsrechte**
  - Beteiligung bei Stellenausschreibungen und Einstellungen; hier hat der Betriebsrat auch die Durchsetzung der tatsächlichen Gleichstellung von Mann und Frau zu fördern.
  - In Unternehmen mit mehr als 20 Arbeitnehmern hat der Arbeitgeber die Zustimmung des Betriebsrats bei allen Einstellungen, Versetzungen oder Umgruppierungen einzuholen.
  - Anhörung bei Kündigungen sowie Einspruchsrecht (▸ **Abb. 2**).
- **Recht, die Einigungsstelle oder das Arbeitsgericht anzurufen**, wenn es zwischen Arbeitgeber und Betriebsrat keine Einigung gibt oder wenn die Beteiligungsrechte des Betriebsrats verletzt oder missachtet werden.
- **Recht auf Abschluss von Betriebsvereinbarungen** in Bezug auf
  - Leistungsprämien
  - Zulagen
  - Arbeitszeit
  - Überstunden
  - berufliche Bildung
  - Verhinderung von Berufskrankheiten und Arbeitsunfällen
  - Urlaubsgrundsätze

Der Arbeitgeber ist verpflichtet, den Betriebsrat über alle Angelegenheiten, die die Interessen der Arbeitnehmer in irgendeiner Weise berühren, rechtzeitig und umfassend zu informieren. Er muss auch die laufenden Kosten des Betriebsrats übernehmen, wie Büromaterial, Telefon und Sitzungsraum.

Abb. 2 Betriebsratsanhörung

1.5 Das Arbeitsgerichtsverfahren

Arbeitsgerichte sind zuständig für Streitigkeiten zwischen
- Arbeitgebern und Arbeitnehmern,
- Tarifvertragsparteien.

Örtlich zuständig ist das Arbeitsgericht, in dessen Bezirk der Betrieb des Arbeitgebers liegt. Vor dem Arbeitsgericht in 1. Instanz können die Parteien den Rechtsstreit selbst führen oder sich von einem Anwalt vertreten lassen. Ebenfalls möglich ist die Vertretung des Arbeitnehmers durch einen Spezialisten der Gewerkschaft.

Bei den Arbeitsgerichten befindet sich eine Rechtsantragsstelle, bei der man Unterstützung durch einen Rechtspfleger bei der Formulierung einer Klage erhält. Rechtspfleger dürfen jedoch nicht inhaltlich beraten.

In der 2. und 3. Instanz (Landes- und Bundesarbeitsgericht) ist eine Vertretung durch einen Rechtsanwalt vorgeschrieben, seine Stelle kann in der 2. Instanz auch ein Gewerkschaftsvertreter übernehmen.

Auf Antrag können bedürftige Personen Prozesskostenhilfe erhalten. Gewerkschaftsmitglieder erhalten umfassenden Rechtsschutz durch ihre Gewerkschaft – von der Beratung bis hin zur Vertretung vor dem Arbeitsgericht.

Zum Weiterlesen

Broschüre „Beratungshilfe und Prozesskostenhilfe“ des Bundesministeriums der Justiz und für Verbraucherschutz. Kostenloser Download auf *www.bmjv.de*

Aufgaben

1. In welchen Rechtsquellen finden Sie arbeitsrechtliche Regelungen?
2. Welche Fragen sind in einem Vorstellungsgespräch unzulässig? Wie verhalten Sie sich?
3. Wozu verpflichten sich Arbeitgeber und Arbeitnehmer im Arbeitsvertrag?
4. Situation: Heilerziehungspflegerin Paula zerstört aus Unachtsamkeit in der Werkstatt ein teures Gerät. Unter welchen Voraussetzungen kann ihr Arbeitgeber den Ersatz des Geräts von Paula verlangen?
5. Situation: Der Träger eines Heims für Menschen mit schweren Behinderungen weist die Mitarbeiter an, während der Arbeit keinen Schmuck, insbesondere keine Ohrringe und Piercings zu tragen. Er begründet dies mit einer erhöhten Verletzungsgefahr. Diskutieren Sie die Rechtmäßigkeit dieser Anweisung.
6. Welche Regelungen enthält das Mutterschutzgesetz für werdende und stillende Mütter? Welche sind in der Heilerziehungspflege von Bedeutung?
7. Wie kann ein Arbeitsverhältnis beendet werden? Überlegen Sie sich Beispiele für die verschiedenen Varianten.
8. Zwischen welchen Zeugnisarten kann ein Arbeitnehmer wählen?
9. Welche Arten von Tarifverträgen kennen Sie?
10. Welche Aufgaben hat ein Betriebsrat und welche Rechte hat er?

2 Pflegerechtliche Fragestellungen

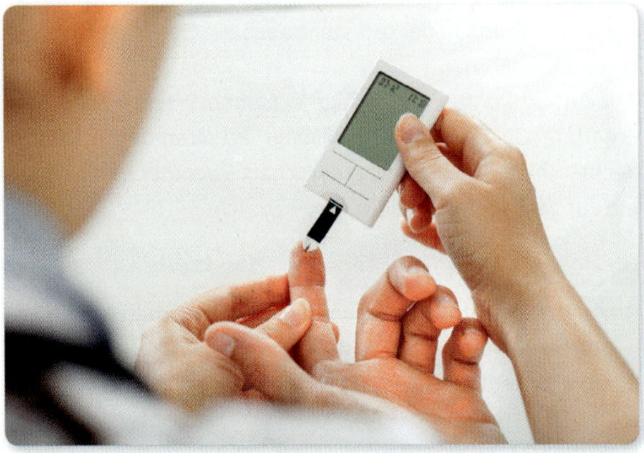

Abb. 1 Einfache Blutzuckermessung als delegierbare Tätigkeit

2.1 Durchführung ärztlicher Verordnungen

2.1.1 Rechtliche Voraussetzungen

Grundsätzlich fallen alle Behandlungsmaßnahmen in den ärztlichen Aufgabenbereich.

Übertragen werden können nur Maßnahmen, die nicht unumgänglich von einem Arzt durchgeführt werden müssen. Das sind die Kernbereiche des ärztlichen Handelns: Untersuchung, Diagnose, Anamnese, Beratung und Aufklärung sowie Operationen und Anästhesien. Behandlungsmaßnahmen können auch dann nicht delegiert werden, wenn die Art der Maßnahme, der Gesundheitszustand des Betroffenen oder die Gefahr einer Komplikation es nicht zulassen. Diese Umstände sind gründlich zu prüfen, da in einem Heim und noch viel mehr in der häuslichen Pflege ärztliche Hilfe schwieriger zu erhalten ist als in einem Krankenhaus.

Die **Delegation ärztlicher Tätigkeiten** an Pflegefachkräfte ist nicht gesetzlich geregelt. Es ist jedoch seit Langem in Rechtsprechung und Literatur anerkannt, dass bestimmte ärztliche Aufgaben von angeleiteten und qualifizierten Pflegefachkräften ausgeführt werden können (▶ **Abb. 1**).

Die Übertragung ist in begrenztem Umfang zulässig, wenn
- der Klient einverstanden ist,
- der Arzt einverstanden ist und
- die Pflegefachkraft einverstanden und befähigt ist.

Im Einzelnen müssen deshalb vorliegen:
- das Einverständnis des betroffenen Klienten
- eine ärztliche Verordnung
- eine qualifizierte Pflegefachkraft, die bereit ist, die ärztliche Aufgabe durchzuführen

Einverständnis des betroffenen Klienten

Voraussetzung für die wirksame Einwilligung des Klienten ist die **ärztliche Aufklärung**. Der betroffene Klient muss nicht nur mit der Behandlung an sich einverstanden sein, sondern auch damit, dass die Pflegefachkraft die Behandlung durchführt. Die Einwilligung ist nur wirksam, wenn der Klient vor der Behandlung ärztlich aufgeklärt wurde.

Ärztliche Verordnung

Pflegefachkräfte dürfen ohne ärztlichen Auftrag keine Behandlungsmaßnahmen durchführen. Alle ärztlichen Anordnungen sind schriftlich und nachvollziehbar in der Dokumentation festzuhalten.

Die ärztliche Anordnung muss:
- ausführlich sein und für den Einzelfall erfolgen. Eine pauschale Anordnung darf ausnahmsweise bei einfachen und auf Dauer angelegten Therapien geschehen;
- persönlich erfolgen, also nicht am Telefon. Ausnahmsweise darf in einem Notfall eine telefonische Anweisung gegeben werden, dies ist von der Pflegefachkraft entsprechend zu dokumentieren und bei nächster Gelegenheit vom Arzt gegenzuzeichnen.

„Der Arzt hat über die in Ausübung seines Berufs gemachten Feststellungen und getroffenen Maßnahmen die erforderlichen **Aufzeichnungen** zu machen. Ärztliche Aufzeichnungen sind nicht nur Gedächtnisstützen für den Arzt, sie dienen auch dem Interesse des Patienten an einer ordnungsgemäßen Dokumentation.“ (§ 10 der Berufsordnung der Hamburger Ärzte und Ärztinnen vom 20.02.2006)

Qualifikation der Pflegefachkraft

Formelle Qualifikation	Materielle Qualifikation
Berufsabschluss und staatliche Anerkennung **– objektiv –**	Tatsächliches Können **– subjektiv –**

Abb. 2 Eignung der Pflegefachkraft

Pflegefachkräfte müssen über eine einschlägige Qualifikation verfügen, wenn sie ärztliche Aufgaben übernehmen.

Formelle Qualifikation. Zum einen gibt es die formelle Qualifikation. Damit ist der Abschluss der Berufsausbildung gemeint. Die formelle Qualifikation einer Pflegefachkraft haben nach dem Sozialgesetzbuch nur staatlich anerkannte Gesundheits- und Krankenpfleger sowie Altenpfleger nach einer 3-jährigen Ausbildung. Dies wurde in einem Urteil des Sozialgerichts Speyer vom 27.07.2005 (AZ.: S3P122/03) bestätigt.

Heilerziehungspfleger sind somit keine Pflegefachkräfte – mit 2 Ausnahmen:

- Nach § 71 Abs. 3 SGB XI gelten in ambulanten Pflegediensten, deren Klienten überwiegend Menschen mit Behinderungen sind, auch Heilerziehungspfleger als Pflegefachkräfte.
- In Einrichtungen der Eingliederungshilfe nach § 55 SGB XII und den dazugehörigen landesrechtlichen Bestimmungen sind Heilerziehungspfleger Pflegefachkräfte.

Außerdem gibt es die Möglichkeit, dass Heilerziehungspfleger in einem Jahr verkürzt den Abschluss als staatlich anerkannte Altenpfleger erwerben können. Damit erhalten sie auch die formelle Qualifikation als Pflegefachkraft.
Die Anforderungen an Einrichtungen der Behindertenhilfe entwickeln sich jedoch vermehrt in Richtung Behandlungspflege, deshalb gibt es Überlegungen, die Ausbildung und Qualifikation in der Heilerziehungspflege dem anzupassen. In Baden-Württemberg ist angedacht, eine pflegerische Zusatzqualifikation *HEP Plus* einzuführen, die zur Anerkennung als Pflegefachkraft führt.

Materielle Qualifikation. Die formelle Qualifikation allein genügt jedoch nicht für die Übernahme von behandlungspflegerischen Maßnahmen. Ebenso wichtig ist die materielle Qualifikation. Darunter versteht man das tatsächliche Können der Pflegefachkraft. Fehlende Kenntnisse und Fertigkeiten können auch im Rahmen einer Weiterbildung erworben werden. Der Arzt muss sich vor jeder Delegation vergewissern, dass die Pflegefachkraft in der Lage ist, die Anweisungen auch auszuführen.

Auf **in Ausbildung befindliche Personen** dürfen ärztliche Aufgaben nicht eigenverantwortlich übertragen werden. Im Rahmen der Ausbildung ist es aber zulässig und auch zweckmäßig, wenn solche Aufgaben unter unmittelbarer Anleitung und Aufsicht eines Arztes oder einer Pflegefachkraft durchgeführt werden. Wichtig ist hierbei, dass die Verantwortung beim Arzt oder der anleitenden Pflegefachkraft verbleibt.

Bereitschaft der Pflegefachkraft

Pflegefachkräfte dürfen die Ausführung einer ärztlichen Anordnung verweigern, wenn sie glauben, die Maßnahmen nicht ordnungsgemäß ausführen zu können. Eine Weigerung hat keine arbeitsrechtlichen Folgen. Der Arbeitgeber kann jedoch von der Pflegefachkraft verlangen, sich entsprechend weiterzubilden.

Ein Weigerungsrecht ist auch dann gegeben, wenn der Arzt die Behandlung nicht schriftlich angeordnet hat. Pflegefachkräfte sind verpflichtet, die Ausführung von Anordnungen zu verweigern, wenn sie gegen ein Strafgesetz verstoßen würden. Dies wäre immer dann der Fall, wenn eine Behandlung gegen den Willen des Klienten durchgeführt werden soll. In Notfällen besteht jedoch kein Weigerungsrecht.

2.1.2 Delegierbare Maßnahmen

Zu den delegierbaren Maßnahmen zählen:

- **Tätigkeiten der Behandlungspflege** wie Wundversorgung, Dekubitusprophylaxe und Medikamentengabe sind generell auf Pflegefachkräfte übertragbar. Bei der Gabe von Medikamenten ist die ärztliche Verordnung genau zu beachten. Bei einer Bedarfsmedikation ist vom Arzt darauf zu achten, dass Symptome oder die Situation, in der ein Medikament gegeben werden soll, genau beschrieben ist. Ebenso sind die Einzeldosis sowie die Tageshöchstdosis genau anzugeben.
- **Blutentnahme** aus Ohr und Finger ist kaum mit Gefahren verbunden und kann deswegen auch von Pflegehelfern durchgeführt werden. Blut aus der Vene dürfen nur examinierte und besonders qualifizierte Pflegefachkräfte entnehmen.
- **Injektionen** sind in Abhängigkeit von der Injektionstechnik zu beurteilen:
  - **Subkutane Injektionen** dürfen an Pflegefachkräfte und auf geeignete Pflegehelfer übertragen werden. Diese leicht erlernbare Injektionstechnik kann in der häuslichen Pflege sogar von geschulten Angehörigen übernommen werden.
  - **Intramuskuläre Injektionen** sind im Hinblick auf die Technik und das zu injizierende Medikament nicht risikolos und deshalb nur an Pflegefachkräfte delegierbar. Die Technik kann in einer Weiterbildung erlernt werden. Fühlt sich die Pflegefachkraft von der Aufgabe überfordert, darf sie die Ausführung verweigern.
  - **Intravenöse Injektionen und Infusionen** sind nicht leicht erlernbar. Da zudem die verwendeten Medikamente ihre Wirksamkeit sehr schnell entfalten, kommt eine Übertragung nur in Ausnahmefällen auf besonders qualifizierte Pflegefachkräfte infrage. Das Zufügen von Medikamenten in den Infusionsschlauch oder die Infusionsflasche ist genauso zu beurteilen.
- **Subkutane Infusionen** sind auf qualifizierte Pflegefachkräfte übertragbar.
- **Das Legen, Entfernen und Wechseln von Blasenkathetern** (▸ **s. Modul 4, Kap. II.2.3.5**) wird wie eine intramuskuläre Injektion beurteilt und kann deshalb an Pflegefachkräfte übertragen werden.

Röntgenkontrastmittel, Herzmittel, Zytostatika (Chemotherapie) und alle Mittel, die bereits öfters durch Komplikationen aufgefallen sind, dürfen unabhängig von ihrer Darreichungsform nur von Ärzten verabreicht werden.

2.1.3 Verordnungs- und Handlungsverantwortung

Aufgabe

Die Ärztin Dr. Weiss verordnet dem pflegebedürftigen Klienten Herrn Hermann eine Hautsalbe. Pfleger Albert, der Herrn Hermann im Rahmen der häuslichen Pflege versorgt, trägt die Salbe fachgerecht auf. Herr Hermann zeigt eine starke allergische Reaktion und muss deshalb ärztlich behandelt werden. Wer haftet?

Um entscheiden zu können, wer sowohl strafrechtlich als auch zivilrechtlich für Schäden in der Pflege haftet, ist zu klären, wer für Fehler verantwortlich ist.

▸ **S. auch Grundlagen des Haftungsrechts: Modul 5, Kap. IV.1**

Hierbei unterscheidet man:

- die Verordnungs- oder Anordnungsverantwortung
- die Handlungs- oder Ausführungsverantwortung

Die ärztliche Verordnung von Medikamenten sowie die Anordnungen sämtlicher Behandlungen fallen allein in die **ärztliche Verantwortung**. Bei Unverträglichkeitsreaktionen und dem Auftreten von sonstigen Komplikationen aufgrund einer fehlerhaften Anordnung haftet allein der Arzt. Ebenso ist er für die Richtigkeit der Diagnose und Auswahl der richtigen Therapie sowie dafür, dass die ausführende Pflegefachkraft die nötige Qualifikation besitzt und für deren Überwachung zuständig.

Die **Verantwortung für Pflegehandlungen** und die Ausführung von ärztlich delegierten Aufgaben trägt jede Pflegefachkraft selbst. Sie muss entscheiden, ob sie sich der Aufgabe gewachsen fühlt, ob sie auch wirklich die erforderliche Qualifikation besitzt und ob die Durchführung nicht gegen ein Gesetz verstößt, weil z. B. der Betroffene in die Behandlung nicht eingewilligt hat. Bedenken gegen die ärztliche Verordnung hat sie dem Arzt mitzuteilen. Die fachgerechte Vorbereitung und die technisch richtige Ausführung der Behandlungsmaßnahmen fallen in den Verantwortungsbereich der Pflegefachkraft.

Nicht immer lässt sich die Verantwortung eindeutig einer Person zuordnen oder es haben mehrere Personen in ihrem Bereich Fehler gemacht. In diesem Fall haften mehrere Personen je nach dem Grad ihrer Verantwortlichkeit.

2.1.4 Sonstige gesetzliche Regelungen

Bei der Ausführung ärztlich verordneter Maßnahmen und Pflegehandlungen sind nicht nur die oben ausgeführten rechtlichen Voraussetzungen zu beachten. Die Tätigkeiten berühren darüber hinaus Gesetze, die zumindest in Teilbereichen berücksichtigt werden müssen:

- **Das Arzneimittelgesetz** definiert Arzneimittel und regelt den Umgang mit ihnen (▸ **s. Modul 4, Kap. II.1**).
- **Das Infektionsschutzgesetz** regelt das Meldewesen, den Umgang mit Infizierten und die gesundheitlichen Voraussetzungen für den Umgang mit Lebensmitteln im Rahmen der Pflege (▸ **s. Modul 2, Kap. II.3**).
- **Das Medizinproduktegesetz** regelt die Zulassung und den Umgang mit allen Geräten, die in der Pflege zum Einsatz kommen (z. B. Blutdruckmessgeräte, Ernährungspumpen, Pflegebetten). Es dient dem Schutz der Klienten, aber auch der Anwender vor Herstellungs- oder Nutzungsfehlern. Medizinprodukte sind bei erkennbaren Mängeln sofort aus dem Verkehr zu ziehen. Ihr Zustand muss dem Vorgesetzten gemeldet und Mängel abgestellt werden. Dies gilt auch für Mängel, welche die Genauigkeit von Messgeräten beeinflussen, wie der Ablauf der Eichung eines Blutdruckmessgeräts.

Das Betäubungsmittelrecht

Das Betäubungsmittelrecht regelt im **Betäubungsmittelgesetz (BtMG)** und seinen Verordnungen den legalen Umgang mit Betäubungsmitteln und die Bestrafung des illegalen Umgangs.

Betäubungsmittel sind Stoffe, die in den Anlagen I-III zum BtMG aufgeführt sind:

Anlage I enthält nicht verkehrsfähige Arzneimittel und Medizinprodukte. Dies sind gesundheitsschädliche und für medizinische Zwecke nicht geeignete Stoffe. Jeglicher Umgang mit ihnen wie Anbau, Erwerb, Abgabe und Einfuhr ist verboten und strafbar. Dazu gehören z. B. Cannabisharz, „Rauschpilze“, LSD und Ecstasy.

In Anlage II sind Wirkstoffe aufgeführt, deren Verwendung in der Pharmaindustrie oder in Apotheken erlaubt ist, die aber nicht verschreibungsfähig sind, z. B. Cocablätter und Cannabispflanzen.

Anlage III listet Medikamente auf, die dann verschrieben werden dürfen, wenn der Erfolg einer Behandlung nicht auf andere Weise erreicht werden kann, also nur im Ausnahmefall. Hierzu zählen Amphetamine, Barbiturate, Kokain, Methadon, Morphin, Ritalin und seit 2011 auch Cannabis als Fertigarznei. Für diese Mittel gelten besondere Sorgfaltspflichten bezüglich Verschreibung und Aufbewahrung.

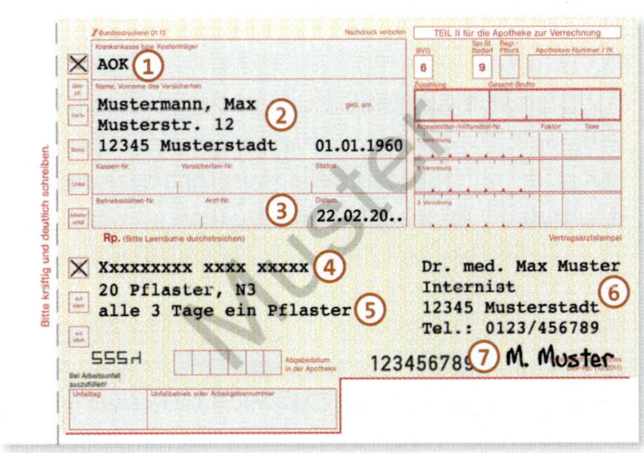

① Krankenkasse
② Name, Vorname, Anschrift und Geburtsdatum des Patienten
③ Ausstellungsdatum des Rezepts
④ Eindeutige Bezeichnung des Betäubungsmittels, Stückzahl und Darreichungsform
⑤ Gebrauchsanweisung mit Einzel- und Tagesdosen
⑥ Name des Arztes, Berufsbezeichnung und Anschrift sowie Telefonnummer
⑦ Eigenhändige Unterschrift des Arztes

Abb. 1 Betäubungsmittelrezept

Verschreibung eines Betäubungsmittels. Die Verschreibung von Arzneimitteln aus der Anlage III darf nur durch einen Arzt, Zahnarzt oder Tierarzt erfolgen.

Die Verschreibung muss auf einem speziellen **Betäubungsmittelrezept** erfolgen. Dies ist ein dreiteiliger amtlicher Vordruck: Teil 1 bleibt in der Apotheke, Teil 2 geht an die Krankenkasse und Teil 3 bleibt beim Arzt (▶ **Abb. 1**). Die Rezepte sind durchnummeriert und werden nur von der Bundesopiumstelle beim Bundesinstitut für Arzneimittel und Medizinprodukte herausgegeben. Apotheke und Arzt müssen das Rezept 3 Jahre aufbewahren. Die Apotheke darf Betäubungsmittel nur herausgeben, wenn das Rezept nicht älter als 7 Tage ist.

Der Arzt darf für den einzelnen Klienten innerhalb von 30 Tagen nur eine für jedes Betäubungsmittel einzeln festgelegte Höchstmenge verschreiben. Für Klienten in Pflegeheimen und Hospizen kann der Arzt festlegen, dass das Betäubungsmittel nicht dem Klienten, sondern nur dem beauftragten Pflegepersonal ausgehändigt wird.

Aufbewahrung eines Betäubungsmittels. Für die Aufbewahrung von Betäubungsmitteln in Pflegeeinrichtungen gelten besondere Anforderungen. Es besteht eine Aufzeichnungspflicht über jeden Zu- und Abgang mit einem amtlichen Formblatt oder einem Betäubungsmittelbuch. Auch diese Unterlagen sind 3 Jahre aufzuheben.

Betäubungsmittel sind getrennt von anderen Arzneimitteln aufzubewahren und vor unbefugter Entnahme zu schützen. In der Praxis bedeutet dies, dass Betäubungsmittel in einem verschließbaren Schrank verwahrt werden und der Schlüssel dazu sicher zu hinterlegen ist.

Nicht verwendete Betäubungsmittel dürfen nicht an andere Klienten weitergegeben werden, sondern müssen in Gegenwart von 2 Zeugen vernichtet werden. Die Wiedergewinnung der Wirkstoffe muss ausgeschlossen sein und die Umwelt darf nicht geschädigt werden.

Zum Weiterlesen

Bundesinstitut für Arzneimittel und Medizinprodukte
www.bfarm.de

Strafbarkeit des Umgangs mit Betäubungsmitteln. Der Anbau, der Besitz und das Inverkehrbringen von Betäubungsmitteln stehen grundsätzlich unter Strafe.

Besitz bedeutet die tatsächliche und bewusste Herrschaft. Auch das Aufbewahren für einen anderen oder der Transport werden als Besitz gewertet. Die Strafbarkeit ist unabhängig von der Menge. Das Gericht kann von Strafe absehen, wenn es sich um eine geringe Menge handelt und die Schuld des Täters gering ist, weil er beispielsweise das Betäubungsmittel nur zum Eigenverbrauch besessen hat. Dies gilt jedoch nicht bei Besitz in einer Schule oder auf einer Entzugsstation.

Unter Inverkehrbringen versteht man, dass die Möglichkeit eröffnet wird, dass ein anderer an ein Betäubungsmittel gelangt. Fahrlässigkeit genügt hierbei. Das bedeutet auch: Wenn Pflegepersonal Betäubungsmittel nicht ordnungsgemäß verwahrt und somit ein Unbefugter Zugriff darauf bekommt, ist dies strafbar.

2.2 Rechtliche Aspekte der Pflegedokumentation

Die lückenlose Dokumentation von Pflege, Betreuung und Versorgung von Menschen mit Behinderungen gehört zur Aufgabe von Heilerziehungspflegern. Die Dokumentation dient der Qualitätssicherung, ist Grundlage für die Abrechnung von Leistungen und hat bei Haftungsfragen Beweisfunktion.
Im Folgenden werden die rechtlichen Aspekte der Pflegedokumentation aufgezeigt, praktische Fragestellungen sind behandelt in ▸ **Modul 3, Kap. II.2.3**.

Rechtsgrundlagen. Die Pflicht zur Dokumentation ist an unterschiedlichen Stellen geregelt:
- Für die Versorgung in stationären und ambulanten Krankenpflegeeinrichtungen findet sich die Pflicht zur Dokumentation in § 112 SGB V sowie den entsprechenden Rahmenvereinbarungen mit den gesetzlichen Krankenkassen.
- Aus den §§ 75 und 113 SGB XI sowie den entsprechenden Rahmenvereinbarungen mit den Pflegekassen geht die Dokumentationspflicht für Pflegeleistungen im Rahmen der gesetzlichen Pflegeversicherung hervor.
- Die Dokumentation in Pflegeheimen ist in den jeweiligen Landesvorschriften geregelt, z. B. § 8 Landesheimgesetz Baden-Württemberg oder § 17 Hamburgisches Wohn- und Betreuungsqualitätsgesetz.

Aufgabe

Recherchieren Sie die einschlägigen Regelungen in dem für Ihr Bundesland geltenden Heimgesetz.

Beweissicherung. Nicht nur für die Abrechnung von Leistungen bei den Sozialversicherungsträgern ist eine sorgfältige und vollständige Pflegedokumentation erforderlich, sondern sie ist auch Beweismittel bei der Beurteilung von Pflegefehlern im Falle eines Schadens.
Wie im Kapitel Grundlagen der Haftung (▸ **s. Modul 5, Kap. IV.1**) beschrieben, obliegt die Beweisführung aufgrund der Beweislastumkehr bei offensichtlichen Pflegefehlern der Pflegeeinrichtung. Sie muss beweisen, dass sie richtig und den fachlichen Anforderungen entsprechend gepflegt hat. Kann sie dies aufgrund einer fehlenden oder mangelhaften Dokumentation nicht, haftet sie für Schäden, die Pflegebedürftige erleiden.
Aber auch in anderen Fällen kommt der Pflegedokumentation eine wichtige Beweisfunktion zu. Die Rechtsprechung des Bundesgerichtshofs spricht Klienten eine Beweiserleichterung zu insofern, dass nicht dokumentierte Maßnahmen auch nicht durchgeführt wurden.

Das Oberlandesgericht Düsseldorf hat in seinem Urteil vom 16.06.2004 (AZ.: I-15U160/03) einen Schadensersatz wegen fehlender Dekubitusprophylaxe bejaht, da aufgrund der mangelhaften Dokumentation darauf zu schließen sei, dass die Prophylaxe nicht ordnungsgemäß durchgeführt wurde.

Pflegedokumentation als Urkunde. Der Pflegedokumentation kommt eine wichtige Rolle als Beweis im Rechtsverkehr zu, sie ist deshalb als Urkunde zu werten. Jede inhaltliche Änderung, Streichung oder nachträgliche Ergänzung in einer Pflegedokumentation stellt deshalb eine Straftat der **Urkundenfälschung nach § 267 StGB** dar. Dies gilt auch für EDV-gestützte Dokumentationen. Muss ausnahmsweise eine nachträgliche Änderung erfolgen, so ist nachvollziehbar zu vermerken, wieso, wann und von wem die Änderung vorgenommen wurde.

Aufbewahrung der Pflegedokumentation. Schadensersatzforderungen wegen der Verletzung des Lebens, des Körpers oder der Gesundheit verjähren nach § 199 BGB erst nach 30 Jahren. Da die Pflegedokumentation in solchen Fällen als Beweismittel dient, ist sie 30 Jahre lang aufzubewahren.
In stationären Einrichtungen werden die Pflegedokumentationen zentral aufbewahrt. Nach den Grundlagen der Qualitätssicherung und deren Überprüfung durch den Medizinischen Dienst der Krankenkassen (MDK) verbleibt in der häuslichen Pflege die Dokumentation beim Klienten. Ausnahmsweise kann sie beim Pflegedienst aufbewahrt werden, wenn die begründete Befürchtung besteht, dass der Klient die Dokumentation vernichtet oder verschwinden lässt.

Einsichtnahme in die Pflegedokumentation. Der **Klient** hat ein Recht, in die über ihn geführte Dokumentation Einsicht zu nehmen. Dieses Recht kann nur ausnahmsweise ausgeschlossen sein, insbesondere wenn im Rahmen einer psychiatrischen Behandlung therapeutische Gründe der Einsichtnahme entgegenstehen.
Die **Erben** eines verstorbenen Klienten haben nur dann ein Einsichtsrecht in die Dokumentation, wenn der Klient dies zu Lebzeiten erlaubt hat oder wenn die Einsichtnahme durch die Erben im mutmaßlichen Interesse des Verstorbenen liegt. Das ist laut Rechtsprechung beispielsweise dann der Fall, wenn mithilfe der Pflegedokumentation Ansprüche geltend gemacht werden oder die Testierfähigkeit festgestellt werden sollen.

Ein **Betreuer** mit dem Aufgabenbereich Gesundheitsfürsorge hat ebenfalls ein Einsichtsrecht, da er sonst die Betreuung nicht ordnungsgemäß ausführen kann. Dasselbe gilt für **alle an der Pflege Beteiligten** sowie den behandelnden Hausarzt. Kein Einsichtsrecht in die Dokumentation haben dagegen die Leistungsträger wie **Kranken- und Pflegekassen**. Dies wurde in einem Grundsatzurteil des Bundessozialgerichts aus dem Jahr 2002 (AZ.: B3KR64/01R) festgestellt: Auch bei Zweifeln an der Richtigkeit einer Abrechnung haben Kostenträger kein eigenständiges Einsichtsrecht. Sie müssen vielmehr eine gutachterliche Stellungnahme des Medizinischen Dienstes (MDK) einholen.

Dem MDK ist Einsicht in Pflegedokumentationen im Rahmen der Qualitätsprüfungen nach § 104 SGB XI zu gewähren, ebenso der Heimaufsichtsbehörde nach den jeweiligen landesrechtlichen Vorschriften. MDK und Heimaufsichtsbehörde haben dabei die Vorschriften des Datenschutzes zu beachten. Gewährt eine Pflegekraft oder ein Träger darüber hinaus anderen als den oben aufgeführten Personen Einsicht in die Pflegedokumentation, stellt dies einen Verstoß gegen die Schweigepflicht gemäß § 203 StGB dar (▸ **s. Modul 5, Kap. IV.1.3 Schweigepflicht**).

2.3 Rechtsgrundlagen der Qualitätssicherung

Im Folgenden werden einige wichtige Rechtsgrundlagen für die Qualitätssicherung in der Pflege dargestellt. Auf Konzepte und Instrumente des Qualitätsmanagements wird ausführlich eingegangen in ▸ **Modul 8, Kap. I.2**. Durch das Gesetz zur strukturellen Weiterentwicklung der Pflegeversicherung aus dem Jahr 2008 wurden wichtige Rechtsnormen im Hinblick auf die Qualität in der Pflege geändert.

Ambulante Pflegedienste und stationäre Pflegeeinrichtungen sind gemäß § 112 SGB XI zur Qualitätssicherung und zum Qualitätsmanagement verpflichtet:

„(1) (...) Maßstäbe für die Beurteilung der Leistungsfähigkeit einer Pflegeeinrichtung und die Qualität ihrer Leistungen sind die für sie verbindlichen Anforderungen in den Vereinbarungen nach § 113 sowie die vereinbarten Leistungs- und Qualitätsmerkmale (§ 84 Abs. 5).

(2) Die zugelassenen Pflegeeinrichtungen sind verpflichtet, Maßnahmen der Qualitätssicherung sowie ein Qualitätsmanagement nach Maßgabe der Vereinbarungen nach § 113 durchzuführen, Expertenstandards nach § 113a anzuwenden sowie bei Qualitätsprüfungen nach § 114 mitzuwirken. Bei stationärer Pflege erstreckt sich die Qualitätssicherung neben den allgemeinen Pflegeleistungen auch auf die medizinische Behandlungspflege, die soziale Betreuung, die Leistungen bei Unterkunft und Verpflegung (§ 87) sowie auf die Zusatzleistungen (§ 88).“ (§ 112 SGB XI)

§ 37 SGB V regelt Mindeststandards für die **häusliche Krankenpflege**:

„Versicherte erhalten in ihrem Haushalt, ihrer Familie oder sonst an einem geeigneten Ort, insbesondere in betreuten Wohnformen, Schulen und Kindergärten, bei besonders hohem Pflegebedarf auch in Werkstätten für behinderte Menschen, neben der ärztlichen Behandlung häusliche Krankenpflege durch geeignete Pflegekräfte, wenn Krankenhausbehandlung geboten, aber nicht ausführbar ist, oder wenn sie durch die häusliche Krankenpflege vermieden oder verkürzt wird. (...) Die häusliche Krankenpflege umfasst die im Einzelfall erforderliche Grund- und Behandlungspflege sowie hauswirtschaftliche Versorgung.“ (§ 37 SGB V)

Für den Bereich der **Sozialhilfe** gibt es das Prüfungsrecht des Sozialhilfeträgers nach § 75 Abs. 3 SGB XII sowie die Vorgabe des § 76 Abs. 3 SGB XII, nach dem Sozialhilfeträger und Leistungserbringer Grundsätze und Maßstäbe für die Qualitätssicherung sowie das Verfahren von Qualitätsprüfungen vereinbaren.
Nicht zuletzt finden sich in den **landesrechtlichen Vorschriften über Heime für erwachsene Menschen** Regelungen zur Überwachung der Qualität, so beispielsweise in § 10 Heimgesetz für Baden-Württemberg (LHeimG):

„Die Heime werden von den zuständigen Behörden durch wiederkehrende oder anlassbezogene Prüfungen überwacht. Die Prüfungen erfolgen grundsätzlich unangemeldet. Sie können jederzeit stattfinden, wobei Prüfungen zur Nachtzeit nur zulässig sind, wenn und soweit das Überwachungsziel zu anderen Zeiten nicht erreicht werden kann. Die Heime werden daraufhin überprüft, ob sie die Anforderungen an den Betrieb eines Heims nach diesem Gesetz erfüllen. Die wesentlichen Ergebnisse der Prüfungen sollen veröffentlicht werden.“ (§ 10 I LHeimG Baden-Württemberg)

Literaturquellen und Internethinweise

Modul 5 Planen, umsetzen, dokumentieren – heilerziehungspflegerische Angebote entwickeln

Teil I Theorie und Praxis der Heilerziehungspflege

Kapitel 2

Neuntes Buch Sozialgesetzbuch (SGB IX) – Rehabilitation und Teilhabe behinderter Menschen – Teil 2 (§§ 68 bis 160): Besondere Regelungen zur Teilhabe behinderter Menschen (Schwerbehindertenrecht) i. d. Fassung v. 01. Juli 2001

87. Arbeits- und Sozialministerkonferenz (ASMK), *www.asmk2010.hessen.de* Wiesbaden 24./25. November 2010

ICF International Classification of Functioning, Disability and Health (Internationale Klassifikation der Funktionsfähigkeit, Behinderung und Gesundheit), WHO *www.dimdi.de*

Biewer, G.: Grundlagen der Heilpädagogik und Inklusiven Pädagogik. Klinkhardt, Bad Heilbrunn 2009, S. 67

Zwölftes Buch Sozialgesetzbuch (SGB XII) – Sozialhilfe – (Art. 1 des Gesetzes vom 27. Dezember 2003, BGBl. I S. 3022), zuletzt geändert durch Art. 13 Abs. 28 des Gesetzes vom 12. April 2012 (BGBl. I S. 579)

Schreiber, T.: Individuelle Hilfeplanung in der Praxis. Psychosoziale Arbeitshilfen 27. Psychiatrie-Verlag, Bonn 2010, S. 20f.

Metzler, H.: Verfahren zur Ermittlung des Hilfebedarfs von Menschen mit Behinderung (HMB), Universität Tübingen HMB-T, o. J.

Landschaftsverband Rheinland (LVR): Individueller Hilfeplan IHP-3, Köln 2010

Doose, S.: I want my dream. Persönliche Zukunftsplanung. Neue Perspektiven und Methoden einer personenzentrierten Planung mit Menschen mit und ohne Beeinträchtigungen. AG SPAK Bücher, Neu-Ulm 2013

Doose, S., Emrich, C., Göbel, S.: Käpt'n Life und seine Crew. Ein Arbeitsbuch zur Persönlichen Zukunftsplanung. Verlag Mensch zuerst, Kassel 2012

O'Brien, J., Pearpoint, J., Kahn, L.: The PATH & MAPS Handbook. Inclusion Press, Toronto 2010

Emrich, C., Gromann, P., Niehoff, U.: Gut Leben: Persönliche Zukunftsplanung realisieren – ein Instrument. Verlag Bundesvereinigung Lebenshilfe, Marburg 2006

Gromann, P. (Hrsg.): Mit Teilhabeplanung zu einer individuellen ambulanten Versorgung. Psychiatrie-Verlag, Bonn 2012

Metzner, N.: Planst Du noch oder hilfst Du schon? – Hilfeplanung als Baukastensystem für ambulante und stationäre Dienste/Einrichtungen. Ein Arbeitsheft für den Wohn- und Freizeitbereich. BoD, Norderstedt 2008

Schreiber, T.: Individuelle Hilfeplanung in der Praxis. Psychiatrie-Verlag, Bonn 2010

Deutscher Verein für öffentliche und private Fürsorge e.V. *www.deutscher-verein.de*

Weinert, F. E.: Vergleichende Leistungsmessung in Schulen – eine umstrittene Selbstverständlichkeit. In: Weinert (Hrsg.): Leistungsmessungen in Schulen. Beltz, Weinheim 2001, S. 17–31

Kapitel 3

Schäfers, M.: Lebensqualität aus Nutzersicht. Wie Menschen mit geistiger Behinderung ihre Lebenssituation beurteilen. Verlag für Sozialwissenschaften, Wiesbaden 2008

Zapf W., Glatzer, W. u. a.: Lebensqualität in der Bundesrepublik: Objektive Lebensbedingungen und subjektives Wohlbefinden. Campus, Wiesbaden 1984

Orientierung. Fachzeitschrift der Behindertenhilfe. Themenheft Lebensqualität. Heft 3/2013

Wacker, E., Wansing, G., Schäfers, M.: Personenbezogene Unterstützung und Lebensqualität. Teilhabe mit einem Persönlichen Budget. Verlag für Sozialwissenschaften, Wiesbaden 2009

Hurrelmann, K.: Einführung in die Sozialisationstheorie. Beltz, Weinheim 2006

Kapitel 4

Aktas, M. (Hrsg.): Entwicklungsorientierte Sprachdiagnostik und -förderung bei Kindern mit geistiger Behinderung. Theorie und Praxis. Urban und Fischer, München 2012

Grimm, H.: Störungen der Sprachentwicklung: Grundlagen-Ursachen-Diagnose-Intervention-Prävention. Hogrefe, Göttingen 2012

Grimm, H., Weinert, S.: Sprachentwicklung. In: Oerter/Montada (Hrsg.), Entwicklungspsychologie. Beltz, Weinheim 2002, S. 517–550

Rüther-Dahlmanns, B.: Haus der Sprache. In: Methoden und Themen. Handwerk und Technik, Hamburg 2009

Schneider, W.; Lindenberger, U. (Hrsg., vormals Oerter/Montada): Entwicklungspsychologie. Beltz, Weinheim 2012

Kauschke, C., Siegmüller, J.: Patholinguistische Diagnostik bei Sprachentwicklungsstörungen. Urban und Fischer, München 2002

Otto, K., Wimmer, B.: Unterstützte Kommunikation. Ein Ratgeber für Eltern, Angehörige sowie Therapeuten und Pädagogen. Schulz-Kirchner, Idstein 2013

Snippe, K.: Autismus. Wege in die Sprache. Schulz-Kirchner, Idstein 2013

Wendlandt, W.: Sprachstörungen im Kindesalter. Thieme, Stuttgart 2010

Wilken, E. (Hrsg.): Unterstützte Kommunikation. Eine Einführung in Theorie und Praxis. Kohlhammer, Stuttgart 2010, S. 3

http://kathrinlemler.de – persönliche Webseite von Kathrin Lemler

Kapitel 5

Guski, R.: Wahrnehmen – ein Lehrbuch. Kohlhammer, Stuttgart 1996

Das Psychomotorik-Portal *www.psychomotorikundspiele.de/feinmotorik-uebung.html* (Abruf 24.09.2013)

Spomedial Schaubild Psychomotorik *http://vmrz0100.vm.ruhr-uni-bochum.de/spomedial/content/e866/e2442/e11185/e11282/e11374/e11392/index_qer.html* (Abruf 29.01.2013)

Pfiff e.V. *www.pfiff-ev.de/psychomotorik/index.htm* (Abruf 12.04.2014)

Kapitel 6

Bundesvereinigung Lebenshilfe: Broschüre „Bewegung, Spiel und Sport. Eine Empfehlung". *www.lebenshilfe.de/de/themen-fachliches/artikel/bewegung-spiel-und-sport.php* (Abruf 29.01.2013)

Sporthochschule Köln: Fit. Das Wissenschaftsmagazin der Deutschen Sporthochschule Köln, Heft 1, Juni 2010 „Sport und Behinderung", *www.fi-bs.de/fibs/projekte/FIT_1_2010.pdf* (Abruf 30.1.2013)

Blaschke, R./Deutsche Welle: Behindertensport – Ein Stück Normalität durch Sport, vom 14.11.2012 *http://dw.de/p/16ivO* (Abruf 29.01.2013)

Schliermann, R. et al.: Sport von Menschen mit Behinderungen. Grundlagen, Zielgruppen, Anwendungsfelder. Elsevier, München 2013

www.einfach-teilhaben.de/DE/LS/Mobilitaet/Sport/sport_inhalt.html – Linkliste Sportangebote

www.behindertensport.de/

www.dbs-npc.de/ – Deutscher Behindertensportverband

Kapitel 7

Matthies, U.: Spielend spielen in der beruflichen Bildung *www.spielend-spielen.de/* (Abruf 03.09.2012)

Huizinga, J.: Homo Ludens. Rowohlt, Reinbek 1938/1991, S. 37

Becker, G.: Spielformen *www.kindertherapie-becker.de/uploads/media/Spielformen.pdf* (Abruf 04.09.2012)

Oerter, R.: Die Psychologie des Spiels. Beltz, Weinheim 2011

Elkonin, D.: Psychologie des Spiels. Pahl-Rugenstein, Köln 1980

Kolping-Jugend DV Augsburg: Themenheft Tu was, Spiele für Gruppen *www.kolping-augsburg.de/jugend/tuwas/tuwas-thema-spiele.pdf* (Abruf 19.09.12)

Sueddeutsche.de, Krass, S.: Wenn Gewinnen nur das Zweitwichtigste ist. Special Olympics. *www.sueddeutsche.de/muenchen/nationale-spiele-der-geistig-behinderten-lasst-mich-mutig-mein-bestes-geben-1.1360007* (Abruf 24.09.12)

IEK Berlin, *www.iek-berlin.de/ausbildungen/therapeutische-und-paedagogische-ausbildungen/spieltherapeut-ausbildung* (Abruf 08.03.2013)

Heimlich, U.: Einführung in die Spielpädagogik. Klinkhardt, Bad Heilbrunn 2010

LeFevre, Dale N.: Best of New Games, Faire Spiele für viele. Verlag an der Ruhr, Mülheim 2002

Zimmer, U./GUV Westfalen-Lippe: Kleine Spiele *http://www.fssport.de/texte/GUV-Kleine%20Spiele.PDF* (Abruf 16.02.2014)

Fröbel e.V. Berlin: Anleitung Fröbelstern *http://www.froebel-gruppe.de/fileadmin/user/bastelanleitung-froebelstern.pdf* (Abruf 13.02.2014)

www.froebelsociety.de/

www.bildungsserver.de/Spielen Spielpaedagogik-Spieleratgeber-4384.html

www.praxis-jugendarbeit.de/spielesammlung/spiele-fallschirm.html

Kapitel 8

WDR.de/Butt, S.: Macht der Musik, Stand vom 20.11.2013 *www.planet-wissen.de/kultur_medien/musik/macht_der_musik/index.jsp* (Abruf 28.03.2013)

Welt.de vom 8.01.2010 *www.welt.de/gesundheit/article5780278/Fruehgeborene-gedeihen-besser-mit-Mozart-Sonaten.html* (Abruf 25.03.2013)

Bastian, H.-G.: Musik(-erziehung) und ihre Wirkung. Eine Langzeitstudie an Berliner Grundschulen. Schott, Mainz 2000

Adamek, K., Blank, T.: Singen in der Kindheit. Eine empirische Studie zur Gesundheit und Schulfähigkeit von Kindergartenkindern. Waxmann, Münster 2010

Forum Schule, Magazin für Lehrer: Forschung Die Musik machts. *www.partner-fuer-schule.nrw.de/dev/t3/fileadmin/user_upload/forum-schule/forum-schule-archiv/fs21/fs21/forschung/die-musik-machts/die-musik-machts.html* (Abruf 26.03.2013)

Barth, S.: Musik und Bewegung mit Kindern unter drei Jahren, 2009 *www.unfallkasse-berlin.de/res.php?id=10451* (Abruf 07.04.2013)

Spektrum der Wissenschaft/Ayan, S.: Macht Musik intelligent? Interview mit Professor Altenmüller, 11.05.2012, *www.spektrum.de/alias/hirnforschung/macht-musik-intelligent/1151099* (Abruf 30.03.2013)

Landesverband der Musikschulen BaWü, Arbeitskreis „Musik mit Menschen mit Behinderung": *www.musikschulen-bw.de/landesverband-fach-ag-behinderung.html* (Abruf 07.04.2013)

Musiktherapie in der Rehabilitation (inkl. MP3-Downloads): *www.mit-musik-geht-reha-besser.de/html/parkinson.html* (Abruf 08.04.2013)

Segeberger Kliniken: Hilfe für Parkinson-Patienten durch Musik und Tanz. Stand 29.08.2012. *www.segebergerkliniken.de/ueber-uns/presse-medien/pressemitteilung/items/hilfe-f%C3%BCr-parkinson-patienten-durch-musik-und-tanz.html* (Abruf 08.04.2013)

Hesse, H. et al.: Abschlussbericht Wirkungsforschung von Musik bei Patienten mit M. Parkinson. Stand 23.05.2005 *www.horstpeterhesse.de/forschung/pdf/Parkinson-Studie_2005.pdf* (Abruf 08.04.2013)

Manhart, J.: Musizieren mit Menschen mit geistiger Behinderung. 05.10.2007 *http://epub.ub.uni-muenchen.de/11824/1/serv_zula_manhart.pdf* (Abruf 09.04.2013)

Hökelmann, A.: Musikorientiertes motorisches Lernen bei gehörgeschädigten und gehörlosen Kindern. Otto-von-Guericke-Universität Magdeburg, Institut für Sportwissenschaft, 2005 *www.sportwissenschaft.de/fileadmin/pdf/dvs-Info/2005/2005_2_4.pdf* (Abruf 08.04.2013)

Bildungswerk Rhythmik e.V.: *www.bw-rhythmik.de*

Zaiser, D.: Musik und Rhythmik in der Sprachförderung. Expertise erstellt im Auftrag des Deutschen Jugendinstituts DJI, *www.dji.de/bibs/384_Expertise_Musik_Zaiser.pdf* München 2005, S. 35ff.

WDR.de/Delvaux de Fenffe, G.: Der Humanismus. Stand 01.06.2009 *www.planet-wissen.de/politik_geschichte/renaissance/renaissance/renaissance_menschenbild.jsp* (Abruf 01.04.2013)

Lange, U.(Hrsg.): Musik & Märchen. Kreativ-therapeutische Beiträge zur Begleitung von Menschen mit Demenz. Kuratorium Deutsche Altershilfe (KDA), Köln 2006

Harms, H., Dreischulte, G.: Musik erleben und gestalten mit alten Menschen. Elsevier, München 2010

www.psychology.mcmaster.ca/ljt/research.htm – McMaster University, Canada (engl.). Forschung: Wirkung von Klängen

www.fk-reha.musik.tu-dortmund.de/ – TU Dortmund, Fakultät Rehabilitationswissenschaften (Musikerziehung)

www.dgt-tanztherapie.de – Dt. Gesellschaft für Tanztherapie e.V

Kapitel 9

Leutkart, C., Wieland, E., Wirtensohn-Baader, I. (Hrsg.): Kunsttherapie aus der Praxis für die Praxis. Materialien, Methoden, Übungsverläufe. Verlag Modernes Lernen, Dortmund 2010

Menzen, K.-H.: Kunsttherapie in der Sozialen Arbeit: Indikationen und Arbeitsfelder. Verlag Modernes Lernen, Dortmund 2013

Orientierung. Fachzeitschrift der Behindertenhilfe. Themenheft Kunst, Heft 1/ 2013

Somazzi, M.: Spuren machen – Zeichen setzen. Bausteine zum bildnerischen Gestalten. Haupt, Bern, Stuttgart, Wien 1999

Stritzker, U., Peez, G., Kirchner, C.: Schmieren und erste Kritzel – Der Beginn der Kinderzeichnung. BoD, Norderstedt 2008

Müller, A., Schubert J. (Hrsg.): SHOW UP. Beiträge zur künstlerischen Aus- und Fortbildung geistig beeinträchtigter Menschen. BoD, Norderstedt 2007

Theunissen, G. (Hrsg.): Außenseiter-Kunst. Außergewöhnliche Bildnereien von Menschen mit intellektuellen und psychischen Behinderungen. Klinkhardt, Bad Heilbrunn 2007

Dienstbier, A.: Kinder, Kunst und Kompetenzen. Kreatives Gestalten in der Sozialpädagogik. Handwerk und Technik, Hamburg 2013

Dienstbier, A.: Krippenkinder, Kunst und Kompetenzen. Kreatives Gestalten in der Frühpädagogik. Handwerk und Technik, Hamburg 2014

www.kunsthaus-kannen.de – Museum für Outsider Art

www.schlumper.de – Die Schlumper, eine Hamburger Ateliergemeinschaft

www.lydda.de – Künstlerhaus Lydda, Bethel

www.kreative-werkstatt.de – Kreative Werkstatt Dresden e.V.

www.atelier-goldstein.de

www.eucrea.de – Verband Kunst und Behinderung e.V.

Kapitel 10

Peterberns, N.: Übergewicht und Adipositas bei Erwachsenen mit geistiger Behinderung: Handlungsempfehlungen für die Gestaltung von Beratungsprogrammen. Diplomarbeit HAW Hamburg *http://edoc.sub.uni-hamburg.de/haw/volltexte/2007/358/pdf/ern_y_529.pdf* (Abruf 9.1.2014)

Petersen, C., Hamm. M: Moby Dicks Spaß-Diät für Kinder. Ullstein, Berlin 2003

Rumpold, N. et al.: Moby Dick – ambulante Adipositastherapie für Erwachsene mit geistiger Behinderung – Erste Erfahrungen und Ergebnisse. In: Aktuelle Ernährungsmedizin 29. 2004, S. 297

Warschburger, P. et al.: Gemeinsam fit- das Elterntraining Adipositas. Kohlhammer, Stuttgart 2013

Deutsche Adipositas-Gesellschaft, Deutsche Diabetes-Gesellschaft, Deutsche Gesellschaft für Ernährung, Deutsche Gesellschaft für Ernährungsmedizin (Hrsg.): Evidenzbasierte Leitlinie – Prävention und Therapie der Adipositas. 2006 *www.adipositas-gesellschaft.de*

Deutsches Netzwerk für Qualitätsentwicklung in der Pflege: Expertenstandard Ernährungsmanagement zur Sicherstellung und Förderung der oralen Ernährung in der Pflege. DNQP, Osnabrück 2010

Simpfendörfer, D., Klug, S.: Haushaltsführung als Dienstleistung. Handwerk und Technik, Hamburg 2010

www.uni-hohenheim.de/wwwin140/info/interaktives/bmi.htm – Ernährungsinformationen, BMI

www.dsl-mangelernaehrung.de/ – Mangelernährung im Alter

www.5amtag.de/ – Kampagne „5 am Tag – Obst und Gemüse“

www.dge.de – Deutsche Gesellschaft für Ernährung

Kapitel 11

Bundschuh, K., Dworschak, W.: Leben in stationären Wohnformen für Erwachsene mit geistiger Behinderung. Eine Studie zu Lebenszufriedenheit, individuellen Entscheidungsmöglichkeiten, sozialem Netzwerk und Unterstützungsressourcen (Abschlussbericht). *www.edu.lmu.de/geistigbehindertenpaedagogik/downloads/forschung/forschung_lequa.pdf* Ludwig-Maximilians-Universität(LMU), München 2003

Schützhoff, M.: Neue Herausforderungen in der Wohnbegleitung meistern. Vortrag, Fachtagung des Ausschusses „Wohnen“ der Bundesvereinigung Lebenshilfe am 29. August 2008 in Marburg *www.lebenshilfe.de/wData/downloads/themen-fachliches/VAWohnbegleitung/Schuetzhoff-2.pdf*

Göbel, S., Miles-Paul, O.: Wohnen, wo ich will! Stärkung gemeindenaher Wohn- und Unterstützungsformen für behinderte Menschen. Expertise im Auftrag des Ministeriums für Arbeit, Soziales, Familie und Gesundheit des Landes Rheinland-Pfalz. 2003

Fib e.V. Marburg: Mittendrin statt nur dabei?! – Selbstbestimmtes Leben und Wohnen von Menschen mit (geistiger) Behinderung. Bericht zur Fachtagung vom 6. Juni 2008 in Marburg. Zu erhalten beim: Verein zur Förderung der Inklusion behinderter Menschen (fib e.V.) *www.fib-ev-marburg.de*

DIN-Norm 18040-1 Barrierefreies Bauen – Planungsgrundlagen – Teil 1: Öffentlich zugängliche Gebäude, Ausgabe: 2010-10

DIN-Norm 18040-2 Barrierefreies Bauen – Planungsgrundlagen – Teil 2: Wohnungen, Ausgabe: 2011-09

Neuntes Buch Sozialgesetzbuch (SGB IX) Rehabilitation und Teilhabe behinderter Menschen, Teil 2 (§§ 68 bis 160): Besondere Regelungen zur Teilhabe behinderter Menschen (Schwerbehindertenrecht) i. d. Fassung v. 1. Juli 2001

Heimgesetz für Baden-Württemberg (Landesheimgesetz – LheimG) vom 10. Juni 2008, zuletzt geändert durch Art. 46 der Verordnung vom 25. Januar 2012 (GBl. S. 65, 70)

Verordnung des Sozialministeriums zur baulichen Gestaltung von Heimen und zur Verbesserung der Wohnqualität in den Heimen Baden-Württembergs (LheimBauVO vom 18. April 2011)

BKB Bundeskompetenzzentrum Barrierefreiheit e.V.: Kriterienkatalog zur Barrierefreiheit für Menschen mit kognitiven Einschränkungen *www.barrierefreiheit.de/kriterienkatalog.html*

Keller, S.: Leben und Wohnen im Alter. Stiftung Warentest, Berlin 2006

Simpfendörfer, D., Klug, S.: Haushaltsführung als Dienstleistung. Handwerk und Technik, Hamburg 2010

http://nullbarriere.de/din.htm – Barrierefrei bauen (DIN-Normen u. a.)

www.bag-wohnungsanpassung.de/wohnberatungsstellen.html

www.rehadat.de – Infos zur beruflichen Integration inkl. Hilfsmittel

www.fgwa.de – Forum Gemeinschaftliches Wohnen e.V., Bundesvereinigung

www.barrierefrei-leben.de – Infoseite, u. a. Handwerksbetriebe mit Erfahrung mit barrierefreien Umbauten

www.bmgev.de – Mietrecht

www.bv-hausnotruf.de

Teil II Gesundheit und Pflege

Deutsches Netzwerk für Qualitätsentwicklung in der Pflege: Expertenstandard Pflege von Menschen mit chronischen Wunden. DNQP, Osnabrück 2009

Blank, I.: Wundversorgung und Verbandwechsel. Kohlhammer, Stuttgart 2007

Protz, K.: Moderne Wundversorgung. Elsevier, München 2007

Vasel-Biergans, A., Probst, W.: Wundversorgung für die Pflege – Ein Praxisbuch. Wissenschaftliche Verlagsgesellschaft mbH, Stuttgart 2005

Vasel-Biergans, A.: Wundauflagen für die Kitteltasche. Wissenschaftliche Verlagsgesellschaft mbH, Stuttgart 2006
Malteser Hilfsdienst (Hrsg.): Erste-Hilfe-Handbuch. Dorling Kindersley, München 2006

www.rehadat.de/rehadat (Hilfsmittelverzeichnisse)
www.die-wunde-verbindet.de – Informationen zur Wundversorgung
www.wundzentrum-hamburg.de – Wundzentrum Hamburg e.V., Patientenbroschüren, Informationen
www.erstehilfeonline.de – Ratgeber mit Abbildungen und Animation
www.schlaganfall-hilfe.de

Teil III Psychiatrie

Kapitel 1

Deutscher Berufsverband für Pflegeberufe (DBfK): Psychiatrische Pflege. 2006 *www.dbfk.de/download/download/Faltblatt-Psychiatrische-Pflege.pdf*
Verordnung über Maßstäbe und Grundsätze für den Personalbedarf in der stationären Psychiatrie (Psychiatrie-Personalverordnung – Psych-PV) vom 18. Dezember 1990 (BGBl. I S. 2930), geändert durch Art. 4 der Verordnung vom 26. September 1994 (BGBl. I S. 2750)
Beauchamp, T., Childress, J.: Principles of Biomedical Ethics. Oxford University Press, Oxford 2008
Bandura, A.: Self-efficacy: The exercise of control. Freeman, New York 1997
Bundesminister für Jugend, Familie, Frauen und Gesundheit (Hrsg.): Empfehlungen der Expertenkommission der Bundesregierung zur Reform der Versorgung im psychiatrischen und psychotherapeutisch/psychosomatischen Bereich auf der Grundlage des Modellprogramms Psychiatrie der Bundesregierung, 11. November 1988

www.dgkjp.de – Dt. Gesellschaft Kinder- und Jugendpsychiatrie, Psychosomatik und Psychotherapie e.V.
www.kinder-psych.de
www.psychiatrie.de/dgsp/ – Allgemeine Psychiatrie
www.neurologen-und-psychiater-im-netz.de – Informationsportal
www.law.uchicago.edu/faculty/nussbaum – Martha Nussbaum

Kapitel 2

Schanze, C.: Psychiatrische Diagnostik und Therapie bei Menschen mit Intelligenzminderung. Ein Arbeits- und Praxisbuch für Ärzte, Psychologen, Heilerziehungspfleger und –pädagogen. Schattauer, Stuttgart 2007
Fünftes Buch Sozialgesetzbuch (SGB V) – Gesetzliche Krankenversicherung – (Art. 1 des Gesetzes vom 20. Dezember 1988, BGBl. I S. 2477, 2482), zuletzt geändert durch Art. 1 des Gesetzes vom 22. Dezember 2013 (BGBl. I S. 4382)

Teil IV Recht / Organisation / Verwaltung

Bürgerliches Gesetzbuch (BGB) i. d. Fassung der Bekanntmachung vom 2. Januar 2002 (BGBl. I S. 42, 2909; 2003 I S. 738), zuletzt geändert durch Art. 4 Abs. 5 des Gesetzes vom 1. Oktober 2013 (BGBl. I S. 3719)
Strafgesetzbuch (StGB) i. d. Fassung der Bekanntmachung vom 13. November 1998 (BGBl. I S. 3322), zuletzt geändert durch Art. 1 G v. 24.9.2013 (BGBl. I S.3671)
Stuttgarter Nachrichten/Stavrakis, G.: Behinderte Kinder missbraucht. Vom 14.05.2009 *http://content.stuttgarter-nachrichten.de/stn/page/2025637_0_8041_-fuenf-jahre-haft-fuer-aushilfsfahrer-behinderte-kinder-missbraucht.html* (Abruf 18.12.2013)
Zenneck, H.-U. (Hrsg.): Altenpflege in Lernfeldern – Rechtliche Rahmenbedingungen und Berufskunde. Handwerk und Technik, Hamburg 2013
Lehrbuch Altenpflege. Handwerk und Technik, Hamburg 2014
Joecks, W.: Studienkommentar StGB. C.-H. Beck, München 2012
Wessels, J.: Strafrecht –Allgemeiner Teil; Strafrecht – Besonderer Teil 1 und 2. C.F. Müller Jur. Verlag, Heidelberg 2013

Modul 6 Unterstützen, begleiten, assistieren – Menschen mit Behinderungen in besonderen Situationen

Teil I Theorie und Praxis der Heilerziehungspflege

Cullberg, J.: Krisen und Krisentherapie. Psychiatrische Praxis 5, 1978, S. 25–34
D'Amelio, R.: Studienbrief Krise und Krisenintervention. Universitätskliniken des Saarlandes, 2010
Caplan, G.: Principles of preventive psychiatry. Basic Books, New York 1964
Fried, E.: Die Gewalt (1985). In: Gesammelte Werke. Gedichte 3, Wagenbach, Berlin 2006, S. 183–184
Stangl, W.: http://arbeitsblaetter.stangl-taller.at/
Gräßlin, M., Länger, C.: Wege aus dem Irrgarten der Verständigung. In: Orientierung Heft 2/2007, S. 32
Theunissen, G.: Positive Verhaltensunterstützung. Eine Arbeitshilfe für den pädagogischen Umgang mit herausforderndem Verhalten bei Kindern, Jugendlichen und Erwachsenen mit Lernschwierigkeiten, geistiger Behinderung und autistischen Störungen. Lebenshilfe, Marburg 2011, S. 79
Heinrich, J. (Hrsg.): Akute Krise Aggression. Aspekte sicheren Handelns bei Menschen mit geistiger Behinderung. Lebenshilfe, Marburg 2012
Janssens, M.: Humor als Intervention, die Betreuung verändert. Spaß mit Menschen, die mit einer geistigen Behinderung leben. DgvT, Tübingen 2010
Heijkoop, J.: Herausforderndes Verhalten von Menschen mit geistiger Behinderung. Neue Wege der Begleitung und Förderung. Juventa, Weinheim 2014
Nolting, H.-P.: Lernfall Aggression. Wie sie entsteht – wie sie zu vermindern ist. Eine Einführung. Rowohlt, Reinbek 2009
Petermann, F., Petermann, U.: Training mit aggressiven Kindern. Beltz, Weinheim 2012
Orientierung, Fachzeitschrift der Behindertenhilfe: Themenheft Herausforderndes Verhalten, Heft 2/2007
Bienstein, P., Rojahn, J.: Selbstverletzendes Verhalten bei Menschen mit geistiger Behinderung. Grundlagen, Diagnostik und Intervention. Hogrefe, Göttingen 2013
Kane, J.-F., Klauss, T. (Hrsg): Die Bedeutung des Körpers für Menschen mit geistiger Behinderung. Zwischen Pflege und Selbstverletzung. Universitätsverlag Winter, Heidelberg 2003
Petermann, F., Winkel, S.: Selbstverletzendes Verhalten. Erscheinungsformen, Ursachen und Interventionsmöglichkeiten. Hogrefe, Göttingen 2009

Krueger, F., Degen, J.: Das Alter behinderter Menschen. Lambertus, Freiburg 2006
Gemeinsame Erklärung der Bundesarbeitsgemeinschaft der Freien Wohlfahrtspflege zur interkulturellen Öffnung und zur kultursensiblen Arbeit für und mit Menschen mit Behinderung und Migrationshintergrund, Berlin 2012
Orientierung. Fachzeitschrift der Behindertenhilfe: Themenheft Migration und Behinderung 1/2012
Kvas, S.: Interkulturelle Kompetenzen entwickeln. Handlungsmöglichkeiten von Fachkräften bei kultureller Vielfalt. In: Orientierung Heft 1/2012, S. 16
Heiligensetzer, Chr.: tip doc pflege, Setzer Verlag, Stuttgart 2010
Beyer, I.: Unser Kind ist ein Geschenk. Familien türkischer Herkunft mit einem geistig behinderten Kind in Deutschland. Lebenshilfe, Marburg 2013
Böhm, C.: Interkulturelle Kompetenz in der Altenpflege. Johannes-Gutenberg-Universität, Mainz 2005
Wansing, G., Westphal, M.: Behinderung und Migration. Intersektionale Perspektiven. Springer, Heidelberg 2014
Übereinkommen der Vereinten Nationen über die Rechte von Menschen mit Behinderungen (UN-Behindertenrechtskonvention) vom 13. Dezember 2006
Walter, J. (Hrsg.): Sexualität und geistige Behinderung. Universitätsverlag Winter, Heidelberg 2002
Schröder, S.: Ein Gedankenanstoß. In: Walter (Hrsg.): Sexualität und geistige Behinderung. Universitätsverlag Winter, Heidelberg 2002
Bundesvereinigung Lebenshilfe: Grundsatzprogramm Ja zu Partnerschaft und Sexualität. Marburg 1991
Bundesvereinigung Lebenshilfe (Hrsg.)/Flegel, A.: Anita holt Hilfe. Aus: Sexualpädagogische Materialien für die Arbeit mit geistig behinderten Menschen. Juventa, Weinheim 2009
Clausen, J., Herrath, F. (Hrsg.): Sexualität leben ohne Behinderung. Das Menschenrecht auf sexuelle Selbstbestimmung. Kohlhammer, Stuttgart 2013
Hierholzer, S.: KompaktWISSEN Sexualpädagogik in der Heilerziehungspflege. Handwerk und Technik, Hamburg 2014
Bosch, E., Suykerbuyk, E.: Aufklärung – Die Kunst der Vermittlung. Methodik der sexuellen Aufklärung für Menschen mit geistiger Behinderung. Juventa, Weinheim 2007, S. 57
Achilles, I.: „Was macht Ihr Sohn denn da?" Geistige Behinderung und Sexualität. Reinhardt, München 2010
Sandfort, L.: Hautnah. Neue Wege der Sexualität behinderter Menschen. AG SPAK Bücher, Neu-Ulm 2003
Butler, R. N., Lewis, M. I., Erckenbrecht, I.: Alte Liebe rostet nicht. Über den Umgang mit Sexualität im Alter. Huber, Bern 1996
Bundesvereinigung Lebenshilfe: Bäume wachsen in den Himmel. Sterben und Trauern. Marburg 2011
Varley, S.: Leb wohl, lieber Dachs. Annette Betz/Ueberreuther, Wien 2009
Abedi, I.: Abschied von Opa Elefant. Eine Bilderbuchgeschichte über den Tod. Ellermann, Hamburg 2006
Bosch, E.: Tod und Sterben im Leben von Menschen mit geistiger Behinderung. Bosch & Suykerbuyk, Arnhem 2011
Franke, E.: Anders leben – anders sterben. Gespräche mit Menschen mit geistiger Behinderung über Sterben, Tod und Trauer. Springer, Wien 2012
Kostrzewa, St.: Menschen mit geistiger Behinderung palliativ pflegen und begleiten. Palliative Care und geistige Behinderung. Huber, Bern 2013

www.aktion-zivilcourage.de
www.kultursensible-altenhilfe.de
www.lebenshilfe.de – Bundesvereinigung Lebenshilfe e.V.
www.sexualassistenz.ch

Teil II Gesundheit und Pflege

Deutsches Netzwerk für Qualitätsentwicklung in der Pflege (Hrsg.): Expertenstandard Schmerzmanagement in der Pflege bei akuten Schmerzen. DNQP, Osnabrück 2011
Christophorus Hospiz Verein e.V. (CHV) info@chv.org: Broschüren zu Themen wie: Konzept der Schmerzbehandlung, Atemnot bei Schwerkranken und Sterbenden, Ernährung um jeden Preis?
Carr, E. C. J., Mann, E. M.: Schmerz und Schmerzmanagement. Huber, Bern 2014
Fischer, T.: Schmerzeinschätzung bei Menschen mit schwerer Demenz. Huber, Bern 2012
Zech, D. u. a.: Validation of World Health Organization guidelines for cancer pain relief. A 10-year prospective study. Pain, Volume 63 (1995)
Fies, B.: Mutter hat Krebs, Knesebeck, München 2006
Evangelische Kirche in Deutschland: Fragen zu Sterben und Tod: *www.ekd.de/einsteiger/sterben.html*
Zentralrat der Muslime in Deutschland: Tod und Bestattung im Islam: *www.islam.de/1640.php#tod*
Zentralrat der Juden in Deutschland: Lebensende, Bestattung und Trauer: *www.zentralratdjuden.de/de/topic/210.html*
Grond, E.: Palliativpflege in der Gerontopsychiatrie. Kohlhammer, Stuttgart 2011
Stähli, A.: Umgang mit Emotionen in der Palliativpflege. Kohlhammer, Stuttgart 2004

www.habichtswaldklinik.de – umfassende Informationen zu Krebserkrankungen
www.krebsinformation.de

Teil III Psychiatrie

Strotzka, H.: Sozialpsychiatrische Untersuchungen. Springer, Berlin 1975
Deutsche Gesellschaft für Psychotherapie *http://dgpt.de/die-gesellschaft/ethik-leitlinien/*
www.psychotherapeutenkammer-berlin.de/themen/qm_qs – Qualitätssicherung Psychotherapie
Psychotherapeutengesetz (PsychThG) vom 16. Juni 1998 (BGBl. I S. 1311), zuletzt geändert durch Art. 34a des Gesetzes vom 6. Dezember 2011 (BGBl. I S. 2515)
Watzlawick, P.: Anleitung zum Unglücklichsein. Piper, München 1988
Minuchin, S.: Familie und Familientherapie. Lambertus, Freiburg 1977, S. 163 f.
Satir, V. u. a.: Das Satir-Modell: Familientherapie und ihre Erweiterung. Junfermann, Paderborn 2007, S. 80f.
Benkert, O., Hippius, H.: Kompendium der psychiatrischen Pharmakotherapie. Springer, Berlin 2012
Strafgesetzbuch (StGB) i. d. Fassung der Bekanntmachung vom 13. November 1998 (BGBl. I S. 3322), zuletzt geändert durch Art. 1 G v. 24.9.2013 (BGBl. I S.3671)
Bäuml, J., Pitschel-Walz, G. u. a.: Arbeitsbuch PsychoEdukation bei Schizophrenie. Schattauer, Stuttgart 2014
Behrendt, B., Schaub, A.: Handbuch Psychoedukation und Selbstmanagement: Verhaltenstherapeutische Ansätze für die klinische Praxis. dgvt, Tübingen 2005
Schweitzer, J., Schlippe, A. von: Lehrbuch der systemischen Beratung und Psychiatrie II. Vandenhoeck & Ruprecht, Göttingen 2009, S. 62ff.
Deutscher Verein für öffentliche und private Fürsorge (Hrsg.) Fachlexikon der sozialen Arbeit. Nomos, Baden-Baden 2011
www.ergotherapie-seiler.de/

Deutscher Verband für Ergotherapie: *www.dve.info/fachthemen/definition-ergotherapie.html*
Frostig, M.: Bewegungserziehung. Neue Wege der Heilpädagogik. Reinhardt, München 1999
Ayres, J.A.: Bausteine der kindlichen Entwicklung. Die Bedeutung der Integration der Sinne für die Entwicklung des Kindes. Springer, Berlin 2013
Hofer, A.: Das Affolter-Modell: Entwicklungsmodell und gespürte Interaktionstherapie. Pflaum, München 2009
Berufsverband für Anthroposophische Kunsttherapie e.V.: *www.anthroposophische-kunsttherapie.de/index.php/anthroposophische-kunsttherapie-bvak* (Abruf 28.11.2013)
Deutsche Gesellschaft für Musiktherapie: *www.musiktherapie.de* (Abruf 28.11.2013)
Böwer, M.: Methode „Heilpädagogisches Reiten/Voltigieren" Pferd als Medium? In: Institut für Therapeutisches Reiten e.V. (Hrsg.): Heilpädagogik und Soziale Arbeit. Zum Einsatz des Pferdes als Medium in der Behinderten und Jugendhilfe. Eigenverlag, 2006
Busch, W.: Zahnschmerz. München 1909
Lowen, A.: Freude. Die Hingabe an den Körper und das Leben. Goldmann, München 1996
Alexander, G.: Eutonie. Ein Weg der körperlichen Selbsterfahrung. Huber, Bern 2012
Keleman, St.: Forme Dein Selbst. Wie wir Erfahrungen verkörpern und umgestalten. Kösel, München 1994
Waibel, M. J.: Integrative Bewegungstherapie. Störungsspezifische und ressourcenorientierte Praxis. Schattauer, Stuttgart 2009
Derbolowsky, U.: Atemtherapie in der ganzheitlich orientierten Krankenbehandlung. Karl F. Haug, Ulm 1991
Derbolowsky, U.: Atem ist Leben. Ein Einführungs- und Übungsbuch. Psychopädica, Germering 2005
Stolze, H.: KBT – Die Konzentrative Bewegungstherapie. Grundlagen und Erfahrungen. Springer, Berlin 2002
Gräff, Chr.: Konzentrative Bewegungstherapie in der Praxis. Klett-Cotta, Stuttgart 2008
Geißler, P.: Analytische Körperpsychotherapie: eine Bestandsaufnahme. Psychosozial-Verlag, Gießen 2009
Dornes, M.: Die frühe Kindheit. Entwicklungspsychologie der ersten Lebensjahre. Fischer, Frankfurt 1997
Mertens, K. In: Brockhaus Enzyklopädie. Bd. 25, Brockhaus Verlag, Mannheim 2006, S. 429
Mertens, K.: Snoezelen. Eine Einführung in die Praxis. Verlag modernes Lernen, Dortmund 2004
Internationaler Förderverein Basale Stimulation® e.V. *www.basale-stimulation.de/fileadmin/Redaktion/pdf/Snoozelen.pdf* (Abruf 04.12.2014)
Löding, C.: Snoezelen. Altenpflege professionell. Elsevier, München 2004

www.tierealstherapie.org/
www.kda.de – Informationen zur Fortbildung ‚Tiere öffnen Welten' (Tierhaltung in Pflegeheimen)
www.lebenmittieren.de – Tierbesuchsdienste, Mensch-Tier-Begegnungsstätten
www.progressive-muskelentspannung.de/ – PME nach Jacobson
www.basale-stimulation.de
www.snoezelen-stiftung.de – Dt. Snoezelen Stiftung
www.gesundheitsinformation.de/psychotherapie.592.56.de.html – Gesundheitsinformation.de

Teil IV Recht/Organisation/Verwaltung

Zenneck, H.-U. (Hrsg.): Altenpflege in Lernfeldern – Rechtliche Rahmenbedingungen und Berufskunde. Handwerk und Technik, Hamburg 2013
Strafgesetzbuch (StGB) i. d. Fassung der Bekanntmachung vom 13. November 1998 (BGBl. I S. 3322), zuletzt geändert durch Art. 1 G v. 24.9.2013 (BGBl. I S.3671)
Bundesministerium der Justiz und für Verbraucherschutz, *www.bmvj.de*: Patientenverfügung, Berlin 2014
Verbraucherzentrale NRW e.V.: Patientenverfügung. Düsseldorf 2013

Modul 7 Kooperieren und qualifizieren – interdisziplinäre Zusammenarbeit in der Heilerziehungspflege

Teil I Theorie und Praxis der Heilerziehungspflege

Kapitel 1

Bildungs-News.Com: Was bedeutet Teamarbeit für Sie? *www.bildung-news.com/bildung-und-karriere/bewerbung/was-bedeutet-teamarbeit-fuer-sie/* (Abruf 24.05.2013)
Institut für Qualitätsentwicklung an Schulen Schleswig-Holstein IQSH: Kollegiale Zusammenarbeit gestalten. (Broschüre) *www.schleswig-holstein.de/IQSH/DE/FortWeiterbildung/Fortbildungsinitiative/Eingangsphase/Praxisleitfaden/d6__blob=publicationFile.pdf* (Abruf 28.05.2013)
http://lehrerfortbildung-bw.de/kompetenzen/gestaltung/forum_m_g/05_projekte_exkursionen/05_7_praesentation/Praesentation.pdf (Abruf 08.06.13)
Reich, K. (Hrsg.): Methodenpool. *http://methodenpool.uni-koeln.de* Stand 2003 (Abruf 18.06.2013)
www.gestaltpaedagogik.at/Gestaltpaedergogik.html (Abruf 18.06.2013)
Deutsche Gesellschaft für Supervision e.V. *www.dgsv.de/* (Abruf 11.11.2013)
Ebbecke-Nohlen, A.: Einführung in die systemische Supervision. Carl Auer, Heidelberg 2012
Rappe-Giesecke, K.: Supervision für Gruppen und Teams. Springer, Berlin 2009

www.metaplan.de
www.gpv-ev.de/ – Gestaltpädagogische Vereinigung e.V.
www.outwardbound.de/outward-bound-deutschland-erlebnispaedagogik.html
www.dgsv.de/ – Dt. Gesellschaft für Supervision e.V.

Kapitel 2

Bensch, C. Klicpera, Chr.: Dialogische Entwicklungsplanung. Ein Modell zur Betreuungsplanung bei maximaler Einbeziehung der Menschen mit geistiger Behinderung. In: Behinderte in Familie, Schule und Gesellschaft. Nr. 2/2003, S.42–51
Bensch, C. Klicpera, Chr.: Dialogische Entwicklungsplanung: Ein Modell für die Arbeit von Behindertenpädagoginnen mit erwachsenen Menschen mit geistiger Behinderung. Universitätsverlag Winter, Heidelberg 2003

Haisch, W.: POB&A/GBM („Planung und Organisation in Betreuung und Assistenz", „Gestaltung der Begleitung von Menschen mit Behinderung") *http://pobunda.de/downloads/POB.pdf* (Abruf 04.07.2013)
Zörb-Langen, U.: Heilpädagogisches Modell von Haisch. (2007). *www.zoerb-langen.de/drupal/haisch* (Abruf 04.07.2013)
Rogers, C. R.: Die Kraft des Guten. Kindler Verlag, Reinbek 1978, S. 26f.
Dilts, R.: Die Veränderung von Glaubenssystemen. Junfermann, Paderborn 2010
Dilts, R.: Professionelles Coaching mit NLP. Junfermann, Paderborn 2005
Whitmore, J.: Coaching für die Praxis. Alles im Fluss, Staufen 2011
König, E., Volmer, G.: Handbuch Systemisches Coaching. Beltz, Weinheim 2009
Kindl-Beilfuß, C.: Fragen können wie Küsse schmecken. Carl Auer, Heidelberg 2013
Brüggemann, H.: Systemische Beratung in fünf Gängen. Vandenhoeck & Ruprecht, Göttingen 2006
Hendriksen, J.: Intervision. Kollegiale Beratung in Sozialer Arbeit und Schule. Juventa, Weinheim 2000
Mutzeck, W.: Kooperative Beratung. Grundlagen und Methoden der Beratung und Supervision im Berufsalltag. Juventa, Weinheim 2002
Schlee, J.: Kollegiale Beratung und Supervision für pädagogische Berufe. Kohlhammer, Stuttgart 2012
Tietze, K.-O.: Kollegiale Beratung. Problemlösungen gemeinsam entwickeln. Rororo, Reinbek 2010
Hirsch, R.- D.: Supervision, Teamberatung, Balintgruppe. Professionalisierung in der Altenarbeit. Reinhardt, München 2009
Roth, J.: Hilfen für Helfer: Balint-Gruppen. Piper, München 1985
Stucke, W.: Die Balint-Gruppe. Dt. Ärzte Verlag , Köln 2002
Oboth, M., Seils, G.: Mediation in Teams und Gruppen: Praxis- und Methodenhandbuch. Konfliktklärung in Gruppen, inspiriert durch die Gewaltfreie Kommunikation. Junfermann, Paderborn 2008
Holler, I.: Mit dir zu reden ist sinnlos! ... Oder? Ein Mediationshandbuch mit DVD. Junfermann, Paderborn 2010
Gorden, Th.: Familienkonferenz: Die Lösung von Konflikten zwischen Eltern und Kind. Heyne, München 2012
Institut für Qualitätsentwicklung an Schulen Schleswig-Holstein IQSH: Grundschulen und Förderzentren arbeiten zusammen. (Broschüre) *www.schleswig-holstein.de/IQSH/DE/FortWeiterbildung/Fortbildungsinitiative/Eingangsphase/Praxisleitfaden/d7__blob=publicationFile.pdf* (Abruf 04.08.2013)
Landschaftsverband Rheinland LVR: Ich bin fit und will etwas leisten. *www.lvr.de/de/nav_main/inklusion_4/arbeit/einstiegsseitearbeit.html* (Abruf 11.08.2013)
Diakonische Stiftung Wittekindshof: *www.wittekindshof.de/wittekindshof/unterstuetzende-dienste/therapie/therapie.html* (Abruf 11.08.2013)
Bohrhardt, R.: Öffentlichkeitsarbeit – Zur Einführung. *www.hs-coburg.de/4216.html* (Abruf 19.08.2013)
Pechmann, J. von : 6 Tipps für gelungene Pressemitteilungen. *www.gruenderszene.de/marketing/pressemitteilungen-erfolgreich-schreiben* (Abruf 22.08.2013)
Nifbe: Öffentlichkeitsarbeit Schritt für Schritt planen – Anleitung Schritt für Schritt *http://kitaundco.de/fachbeitraege/beitraege-von-a-z/93-themensammlung/bildungs-und-sozial-management/presse-und-oeffentlichkeitsarbeit/88?showall=1&limitstart* (Abruf 03.09.2013)
Gries, M.: Vom Sommerfest zum Fundraising-Event. Beltz, Weinheim 2002
Bildungsinstitut in Form der Bundesvereinigung Lebenshilfe *www.lebenshilfe.de/de/fortbildung/institut-inform/index.php* (Abruf 07.09.2013)
www.palme.ch/pages/documents/GBM_000.pdf – Beispiel eines GBM-Verfahrens
www.perspektive-berufsabschluss.de/ – Gesprächsleitfaden für institutionsübergreifende Fallgespräche
www.bmev.de – Bundesverband Mediation
www.aemgb.de/ – BAG Ärzte für Menschen mit geistiger oder mehrfacher Behinderung e.V.
www.caritas.de/
www.diakonie.de
www.bag-hep.de
www.aktion-mensch.de
www.beb-ev.de – Bundesverband Evangelische Behindertenhilfe e.V.
www.bvkm.de – Bundesverband für Körper- und Mehrfachbehinderte e.V.
www.lebenshilfe.de – Bundesvereinigung Lebenshilfe für Menschen mit geistiger Behinderung
www.berufsverband-hep.de/
www.verdi.de/
www.bmfsfj.de
www.behindertenbeauftragter.de

Kapitel 3

Bürgerliches Gesetzbuch BGB (Fassung aufgrund des Gesetzes zur Reform des Verfahrens in Familiensachen und in den Angelegenheiten der freiwilligen Gerichtsbarkeit – FGG-Reformgesetz – FGG-RG- vom 17.12.2008 mit Wirkung vom 01.09.2009)
Heimgesetz (HeimG) i.d. Fassung der Bekanntmachung vom 5. November 2001 (BGBl. I S. 2970), zuletzt geändert durch Art. 3 Satz 2 des Gesetzes vom 29. Juli 2009 (BGBl. I S. 2319)
Wilken, U. u.a. (Hrsg.): Eltern behinderter Kinder. Empowerment – Kooperation – Beratung. Kohlhammer, Stuttgart 2003
Seifert, M.: Geschwister in Familien mit geistig behinderten Kindern. Eine praxisbezogene Studie. Klinkhardt, Bad Heilbrunn 1998
Ziemen, K.: Das bislang ungeklärte Phänomen der Kompetenz – Kompetenzen von Eltern behinderter Kinder. AFRA, Butzbach-Griedel 2002
www.bzga.de/ – Broschüre: Willkommen – Wenn es anders kommt – Informationen für Eltern eines behinderten oder chronisch kranken Kindes
www.behindertekinder.ch
www.angehoerige.ch/ – Verein Netzwerk Angehörigenarbeit Psychiatrie
www.das-beratungsnetz.de/ – Allgemeine Beratungsstellen (Liste)

Teil II Gesundheit und Pflege

–

Teil III Psychiatrie

–

Teil IV Recht / Organisation / Verwaltung

–

Modul 8 Reflektieren, systematisieren, evaluieren – heilerziehungspflegerische Arbeit hinterfragen

Teil I Theorie und Praxis der Heilerziehungspflege

Kapitel 1

Gardner, H. A.: Multiple Intelligence. Approach to Human Gifts and Creativity. ICBF Kongress Münster, 9.-12.9.2009

Plath, H.E., Blaschke, D. Institut für Arbeitsmarkt- und Berufsforschung der Bundesanstalt für Arbeit (IAB): Probleme der Erfolgsfeststellung in der beruflichen Rehabilitation. Sonderdruck aus Mitteilungen aus der Arbeitsmarkt- und Berufsforschung (MittAB); Erschienen in: MittAB 32. Jahrgang, 1/1999, S. 61–69

Bürgerstiftung Hamburg: Evaluation der Projektarbeit, Informationsblatt für Förderprojekte, o. J.

Evaluationsstandards und deren Sicherung; aus dem Originalwerk: *http://wiki.bildungsserver.de/index.php/Evaluation* des Deutschen Bildungsservers im Deutschen Institut für Internationale Pädagogische Forschung (DIDF) (Abruf 30.10.2013)

Soziale Arbeit heute: Evaluation: *www.soziale-arbeit-heute.de/index.php/Evaluation* (Abruf 16.12.2013)

Hesse, M.: Die Anwendung von Selbstevaluation in der sozialen Praxis – Eine Betrachtung der Grundlagen und des Wesens der Selbstevaluation unter Einbeziehung der Sichtweisen von Fachkräften ausgewählter Einrichtungen der Jugendhilfe in Nordthüringen. Diplomarbeit. 2001. *www.grin.com/de/e-book/111209/die-anwendung-von-selbstevaluation-in-der-sozialen-praxis-eine-betrachtung* (Abruf 30.10.2013)

Ambulant betreutes Wohnen im Allgäu *www.betreutes-wohnen-allgaeu.de/* (Abruf 30.10.2013)

Universität Siegen/Dittmann I.: Einführung in das Instrumtent LEWO II. *www.uni-siegen.de/zpe/projekte/abgeschlossene/lewo/praesentationlewo.pdf 2001* (Abruf 09.12.2013)

Deutsches Netzwerk für Qualitätsentwicklung in der Pflege: Expertenstandard Dekubitusprophylaxe in der Pflege. DNQP, Osnabrück 2010 *www.heimaufsicht.de/*

Bundesministerium für Familie, Senioren, Frauen und Jugend: Rechtliche Grundlagen von Qualitätssicherung *www.bmfsfj.de/Publikationen/heimbericht/6/6-1-Grundlagen-der-qualitaetssicherung/6-1-2-rechtliche-grundlagen-der-qualitaetssicherung.html* (Abruf 05.11.2013)

Gesundheitsamt Baden-Württemberg: Gesundheitsförderung *www.gesundheitsamt-bw.de/SiteCollection Documents/30_Gesundheitsth_Fruehfoerd/vortrag-berg-pflegebedarf_110506.pdf* (Abruf 01.12.2013)

Die Fachverbände: Behandlungspflege in der Behindertenhilfe – Leitlinie für stationäre Einrichtungen *www.diefachverbaende.de/files/fachthemen/2008-10-24-Leitlinie-Behandlungspflege.pdf*, Stand 2008 (Abruf 01.12.2013)

Anna-Roles-Haus, Köln *www.anna-roles-haus.de/en/-ueber-uns/ombudsmann.html* (Abruf 09.01.14)

Kreis Olpe *www.kreis-olpe.de/index.php?NavID=2041.498&La=1* (Abruf 09.01.2014)

Pflegeführer Ostalb: Teil 4 Qualitätsmanagement in der Altenhilfe *www.ostalbkreis.de/sixcms/detail.php?_topnav=3802&_sub1=97654&_sub2=-1&id=97665* (Abruf 14.12.13)

Roux, M.: Quality is planned in, not tested in Qualitätsmanagement. *www.informatik.uni-jena.de/dbis/lehre/ss2011/roux/2011-Q-Management-Ende.pdf* (Abruf 13.12.2013)

Berger, B.: Qualitätssicherung Altenhilfe. (2001) *www.berndberger.net/Leistungen_Beratung_zu___/Qualitaetssicherung___Altenhil/body_qualitaetssicherung___altenhil.html* (Abruf 13.11.13)

Hoffmann, G. A.: Handbuch zur Qualitätssicherung in stationären Einrichtungen der Altenhilfe Gemeinschaftsprojekt. Frankfurt/M.: Diakonisches Werk in Hessen und Nassau, Ref. Altenhilfe, o. J.

Zentrum für Qualität in der Pflege: Siegelkarte *http://zqp.de/index.php?pn=project&id=16*

Bundesministerien für Familie, Senioren, Frauen und Jugend (BMFSFJ): Qualitätssicherung in den Heimen *www.bmfsfj.de/Publikationen/heimbericht/6/6-1-Grundlagen-der-qualitaetssicherung/6-1-1-zu-den-begriffen-qualitaet-und-qualitaetssicherung.html* (Abruf 05.11.2013)

Bundesverband evangelische Behindertenhilfe e.V.: Verfahren GBM. *www.gbm.info/files/pdf/2008/2008-01-09gbm_fuehr-inst.pdf* (Abruf 01. 12 2013)

Bundesagentur für Arbeit: Statistik zur Teilhabe behinderter Menschen am Arbeitsleben, Version 1.1, Stand: 30.06.2013 *http://statistik.arbeitsagentur.de/Statischer-Content/Grundlagen/Qualitaetsberichte/Generische-Publikationen/Qualitaetsbericht-Statistik-Teilhabe-behinderter-Menschen-Arbeitsleben.pdf* (Abruf 14.12.13)

Der Paritätische Sachsen-Anhalt: Qualitätsberichte unserer Mitgliedsorganisationen aus den Bereichen „Pflege“ und „Hilfen für Menschen mit Behinderung“ nach Wohn- und Teilhabegesetz Sachsen-Anhalt. *www.paritaet-lsa.de/cms/211-0-Qualitaetsberichte-WTG.html* (Abruf 14.12.13)

Matthias-Claudius-Haus Oschersleben *www.claudiushaus.de/wohnbereich/standorte.php* (Abruf 14.12.13)

Berns, E.: Selbstbestimmung als wesentliches Kriterium für Qualität in der Behindertenarbeit. 2002. *http://d-nb.info/975524682/34* (Abruf 4.12.13)

Lebenshilfe e.V.: LEWO II *www.lebenshilfe.de/wData/downloads/buecher-zeitschriften/buecher/LEWO-II.pdf* (Abruf 08.12.2013)

Böhm, A., Wöhrle, W., Hochschulverband Distance Learning: Einführung in das Qualitätsmanagement in der sozialen Arbeit. Studienbrief. HDL, Brandenburg 2009

MediClin Klinik an der Lindenhöhe: Qualitätsmanagement *www.klinik-lindenhoehe.de/Home/Themen/Qualitaet.aspx* (Abruf 05.11.2013)

GWK – Gesellschaft für Wirtschafts- und Kulturgestaltung: Das GAB-Verfahren *www.gwk-germany.com/GAB-Verfahren.shtml* (Abruf 14.12.13)

WissIntra Qualitätsmanagement Lexikon. *www.wissintra.de/qualitaetsmanagement.html* (Abruf 05.11.2013)

Bundesverband evangelische Behindertenhilfe e.V.: Behandlungspflege in der Behindertenhilfe – Leitlinie für stationäre Einrichtungen. 2008. *www.diefachverbaende.de/files/fachthemen/2008-10-24-LeitlinieBehandlungspflege.pdf* (Abruf 01.12.2013)

IT Dokumentation – Der Blog. *www.docusnap.com/it-dokumentation/praxis/it-dokumentation-in-angriff-nehmen-so-gehts* (Abruf 16.12.13)

Verein Wohnen Steyr: Konzept Wohnheim *www.b29.at/media/download_gallery/Konzepte/Konzept%20Wohnheim.pdf* (Abruf 16.12.13)

Pro Pflege Management: Die 10 wichtigsten gesetzlichen Arbeitszeitregelungen für Ihre Dienstplangestaltung. *www.ppm-online.org/* (Abruf 18.12.13)

Eberspächer, H.: Ressource Ich. Stressmanagement in Beruf und Alltag. Hanser, München 2009

www.degeval.de/ – Gesellschaft für Evaluation e.V.

www.gbm.info

www.gwk-germany.com/GAB-Verfahren.shtml – Gesellschaft für Ausbildungsforschung und Berufsentwicklung (GAB)

www.cbp.caritas.de/ – Caritas Behindertenhilfe und Psychiatrie e.V.

www.buko-qs.de/ – Bundeskonferenz zur QS im Gesundheits- und Pflegewesen e.V. (BUKO-QS e.V.)

www.bag-hep.de

www.socialnet.de/stellenmarkt/

www.social-software.de/ – Software-Anwendungen für soziale Arbeit und Gesundheitswesen

Teil II Gesundheit und Pflege

http://profi.diabetesde.org – Deutsche Diabetes Hilfe

Teil III Psychiatrie

Deutscher Berufsverband für Pflegeberufe (DBfK) – Bundesverband e.V.: Faltblatt Psychiatriepflege. Berlin 2006

www.psychiatrie24.de.be/

www.pflegediagnosen.de.be/

Teil IV Recht / Organisation / Verwaltung

Kapitel 1

Wörlen, R.; Kokemoor, A.: Arbeitsrecht, Carl Heymanns Verlag, Köln 2005

Zenneck, H.-U. (Hrsg.): Altenpflege in Lernfeldern – Rechtliche Rahmenbedingungen und Berufskunde. Handwerk und Technik, Hamburg 2013

Bundesministerium für Arbeit und Soziales, *www.bmas.de* (Veröffentlichungen): Arbeitsrecht, Bonn 2013 / Kündigungsschutz, Bonn 2013 / Arbeitszeitgesetz, Bonn 2013 /Mitbestimmung, Bonn 2012 /Teilzeit – Alles was Recht ist, Bonn 2013

Bundesministerium für Familie, Senioren, Frauen und Jugend, *www.bmfsfj.de*: Leitfaden zum Mutterschutz, Berlin 2013

Bürgerliches Gesetzbuch (BGB) i.d. Fassung der Bekanntmachung vom 2. Januar 2002 (BGBl. I S. 42, 2909; 2003 I S. 738), zuletzt geändert durch Art. 4 Abs. 5 des Gesetzes vom 1. Oktober 2013 (BGBl. I S. 3719)

Teilzeit- und Befristungsgesetz vom 21. Dezember 2000 (BGBl. I S. 1966), zuletzt geändert durch Art. 23 des Gesetzes vom 20. Dezember 2011 (BGBl. I S. 2854)

Arbeitszeitgesetz vom 6. Juni 1994 (BGBl. I S. 1170, 1171), zuletzt geändert durch Art. 3 Abs. 6 des Gesetzes vom 20. April 2013 (BGBl. I S. 868)

Bundesurlaubsgesetz in der im Bundesgesetzblatt Teil III, Gliederungsnummer 800-4, veröffentlichten bereinigten Fassung, zuletzt geändert durch Art. 3 Abs. 3 des Gesetzes vom 20. April 2013 (BGBl. I S. 868)

Mutterschutzgesetz i.d. Fassung der Bekanntmachung vom 20. Juni 2002 (BGBl. I S. 2318), zuletzt geändert durch Art. 6 des Gesetzes vom 23. Oktober 2012 (BGBl. I S. 2246)

Kündigungsschutzgesetz i.d. Fassung der Bekanntmachung vom 25. August 1969 (BGBl. I S. 1317), zuletzt geändert durch Art. 3 Abs. 2 des Gesetzes vom 20. April 2013 (BGBl. I S. 868)

Grundgesetz für die Bundesrepublik Deutschland in der im Bundesgesetzblatt Teil III, Gliederungsnummer 100-1, veröffentlichten bereinigten Fassung, zuletzt geändert durch Art. 1 des Gesetzes vom 11. Juli 2012 (BGBl. I S. 1478)

Betriebsverfassungsgesetz i.d. Fassung der Bekanntmachung vom 25. September 2001 (BGBl. I S. 2518), zuletzt geändert durch Art. 3 Abs. 4 des Gesetzes vom 20. April 2013 (BGBl. I S. 868)

Arbeitsgerichtsgesetz i.d. Fassung der Bekanntmachung vom 2. Juli 1979 (BGBl. I S. 853, 1036), geändert durch Art. 3 des Gesetzes vom 10. Oktober 2013 (BGBl. I S. 3786)

Kapitel 2

Berufsordnung der Hamburger Ärzte und Ärztinnen vom 20.2.2006. *www.aerztekammer-hamburg.de/berufsrecht/Berufsordnung.pdf* (Abruf 13.11.2013)

Sträßner, H. R.: Sicher dokumentieren – Rechtliche Aspekte der Pflegedokumentation. In: CNE.fortbildung 01/2010

Sozialgericht Speyer, Urteil vom 27.7.2005, S 3 P 122/03

Zenneck, H.-U. (Hrsg.): Altenpflege in Lernfeldern – Rechtliche Rahmenbedingungen und Berufskunde. Handwerk und Technik, Hamburg 2013

König, J.: 100 Fehler bei der Pflegedokumentation und was Sie dagegen tun können; Brigitte Kunz Verlag, Hannover 2007

Pflege- und Wohnqualitätsgesetz vom 8. Juli 2008, GVBl. 2008, S. 346, zuletzt geändert durch Gesetz vom 22.5.2013, 308

Fünftes Buch Sozialgesetzbuch (SGB V) – Gesetzliche Krankenversicherung – (Art. 1 des Gesetzes vom 20. Dezember 1988, BGBl. I S. 2477, 2482), zuletzt geändert durch Art. 1 des Gesetzes vom 22. Dezember 2013 (BGBl. I S. 4382)

Elftes Buch Sozialgesetzbuch – Soziale Pflegeversicherung – (Art. 1 des Gesetzes vom 26. Mai 1994, BGBl. I S. 1014, 1015), zuletzt geändert durch Art. 2a des Gesetzes vom 15. Juli 2013 (BGBl. I S. 2423)

Heimgesetz i.d. Fassung der Bekanntmachung vom 5. November 2001 (BGBl. I S. 2970), zuletzt geändert durch Art. 3 Satz 2 des Gesetzes vom 29. Juli 2009 (BGBl. I S. 2319)

Heimgesetz für Baden-Württemberg vom 10. Juni 2008, GBl. 2008, 169, geändert durch Art. 46 der Verordnung vom 25. Januar 2012 (GBl. S. 65, 70)

Arzneimittelgesetz i.d. Fassung der Bekanntmachung vom 12. Dezember 2005 (BGBl. I S. 3394), zuletzt geändert durch Art. 1 des Gesetzes vom 10. Oktober 2013 (BGBl. I S. 3813)

Betäubungsmittelgesetz i.d. Fassung der Bekanntmachung vom 1. März 1994 (BGBl. I S. 358), zuletzt geändert durch Art. 4 Abs. 7 des Gesetzes vom 7. August 2013 (BGBl. I S. 3154)

Infektionsschutzgesetz vom 20. Juli 2000 (BGBl. I S. 1045), zuletzt geändert durch Art. 4 Abs. 21 des Gesetzes vom 7. August 2013 (BGBl. I S. 3154)

Medizinproduktegesetz i.d. Fassung der Bekanntmachung vom 7. August 2002 (BGBl. I S. 3146), zuletzt geändert durch Art. 4 Abs. 62 des Gesetzes vom 7. August 2013 (BGBl. I S. 3154)

Krause, A.: Haftung und Verantwortung in der ambulanten Pflege, Schlütersche, Hannover 1997

Schneck, G.: Rechtskunde Heilerziehungspflege, Lambertus, Freiburg, 2009

Höfert, R.; Meißner, T.: Von Fall zu Fall – Ambulante Pflege im Recht. Springer, Heidelberg 2008

Hell, W.: Alles Wissenswerte über Staat, Bürger, Recht. Thieme, Stuttgart 2013

Strafgesetzbuch (StGB) i.d. Fassung der Bekanntmachung vom 13. November 1998 (BGBl. I S. 3322), zuletzt geändert durch Art. 1 G v. 24.9.2013 (BGBl. I S.3671)

www.sozialgesetzbuch-sgb.de/

www.bmas.de – Bundesministerium für Arbeit und Soziales

Sachwortverzeichnis

AAC, Augmentative and Alternative Communication 56
Abmahnung 517
Abnehmen 130
Abschiedsbuch 316
Adipositas 130, 490
Adipositasprogramme 130
AEDL 498
Affolter-Modell 369
Aggression 283
–, Erklärungsansätze 285
–, Notfallmaßnahmen 293
Aggressionen 294
–, Pädagogische Interventionen 290
–, Pädagogische Veränderungen 291
Aggressionsabbau 290
aggressionsfördernde Faktoren 291
aggressives Verhalten 282
Allergien 145
Allergiker 140
ältere Menschen
–, Wohnkonzepte 159
Analgetika 325
Anämie 198
Anamnese 501
Angebote 407
–, Gestaltung von 35
Angehörigenarbeit 434, 438
Angehörigengruppen 366
Angststörungen 358, 365
Anreichen
–, Nahrung 149
Antidepressiva 364
Antidiabetika 491
Antikoagulantientherapie 208
Anus praeter 222
Arbeitgeber
–, Kooperation mit 424
Arbeitsgerichtsverfahren 521
Arbeitslosigkeit 302
Arbeitsmarkt 424
Arbeitsorganisation 467
Arbeitsprozesse 470
Arbeitsrecht 511
Arbeitsverhältnis 512
Arbeitsvertrag 513
–, befristeter 514
Arbeitsvertragsrichtlinien 519
Arbeitszeit 514
Arbeitszeugnis 518
Arbeitszufriedenheit 462
Arteriosklerose 198
Arzneimittel
–, Kontraindikationen (KI) 325, 332
–, unerwünschte Wirkungen 325, 332
Arzneimittelgesetz 524
Ärzte
–, Zusammenarbeit mit 422
ärztliche Anordnung 522
Aspirationsprophylaxe 153
Assistenz 63
Asthma bronchiale 238
Atemnot 207
Atemspende 242
Atemtherapie 374
Aufhebungsvertrag 517
autoaggressives Verhalten 294
autogenes Training 376
Autosuggestion 376
Ayres, Jean 66

Bakterien im Haushalt 183
Balint-Gruppenarbeit 418
Bandura, Albert 251, 286
Barrierefreie Gestaltung des Wohnraums 162
Barrierefreiheit 162
Basale Stimulation® 114
–, des Mundes 225
Bauchschmerzen 223
Bauchspeicheldrüse 217, 485
Bedarfsermittlung 18
Beendigung des Arbeitsverhältnisses 517
Behandlungspflege 523
Belegschaftsvertretungen 520
Beratung
–, Bedingungen 416
–, der Angehörigen 436
Beratungsstelle 304
Bereitschaftsdienst 515
Berichtswesen 476
berufliche Selbstständigkeit 453
Berufsethische Prinzipien nach Beauchamp und Childress 250
Berufs- oder Qualifizierungsportfolio 431
Berufsorganisationen 432
Berufsverbände 433
Beschäftigungsverbot 516
Besondere Lebenssituationen 299
Betäubungsmittelrezept 525
Betreuung
–, rechtliche 436
Betreuungsplanung 466
Betriebsrat 518, 520
betriebswirtschaftliche Aufgaben 478
Bewegung 298
Bewegungstherapie
–, integrative 374
–, konzentrative 375
Bewusstseinsstörungen 237
Beziehungsgestaltung 246
Beziehungspflege
–, psychiatrische 499
Bezugspflege 258, 315, 500
Bilderbuch betrachten 55
Bildungsurlaub 516
Blut 189
–, Erkrankungen 208
Blutdruck
–, hoher 197
–, niedriger 197
Blutdruckmessung 206
Blutentnahme 523
Blutungen 234
Blutzuckerentgleisung 489
Blutzuckermessung 494
Blutzuckerregulation 485
BMI 128, 490
Briefgeheimnis 267
Bügeln 181
Businessplan 454

Case-Management 260
Chemotherapie 331, 339
Chronifizierung 321
Clearingstelle 19
Coaching 411
Compliance 363, 365
Compliance-Schulung 252
Computerprogramm 479

Deeskalation 291
Defibrillator 243
Dehydratation 148

Dehydration
–, terminale 346
Delegation ärztlicher Tätigkeiten 522
delegierbare Maßnahmen 523
Demenz 383
Depression 258, 358, 365
Diabetes mellitus 487
–, Ernährung bei 496
diabetische Folgeerkrankungen 490
dialogische Assistenz 13
dialogische Entwicklungsplanung 400
diätische Maßnahmen 131
Dienstplangestaltung 478
DIN EN ISO 9001 455
Diskriminierung 302
Diversity Management 305
Dokumentation
–, Fallgespräch 410
–, IT-gestützte 476
–, IT-Programme 478
–, Pflicht zur 526
–, Struktur 477
–, Teamtreffen 387
–, von Pflege 526
–, von Wunden 234
Dokumentationsprozess 477
Durchfall (Diarrhoe) 225

EFQM 461
Eingliederungshilfe 22
Einkauf von Lebensmitteln 139
Einlauf 226
Elternarbeit 434
Eltern-Kind-Interaktion 361
Elternschaft
–, begleitete 312
Embolie 200
Empathie 249, 411
Energiebedarf 132
Enterale Ernährung 156, 229
Entspannungstechniken 70
Entspannungsverfahren 376
Entwicklungsaufgaben 40
Entwicklungsplan 402
Entwicklungs- und Betreuungsplanung 400
Erbrechen 223, 337
Erfolgskontrolle 462
Ergebnisqualität 456
Ergotherapie 80, 369
Erlebnispädagogik 396
Ernährung
–, Diabetes mellitus 496
–, künstliche 155
–, Regeln 138
Ernährungskreis der DGE 137
Ernährungslehre 128
Ernährungszustand 128
Erste-Hilfe-Maßnahmen 240
Erster Arbeitsmarkt 424
Essen
–, Rahmenbedingungen 142
Essverhalten 144
Ethische Grundlagen 250
Evaluation 475
–, Arbeitsalltag 448
–, Datengewinnung 452
–, Entwicklungsplanung 403
Evaluationsstandards 450
Evaluationsteam 472
Evidenzbasierte Pflege 507
Expertenstandards 457

fahrlässiges Handeln 264
Fallbeispiel 258
Fallgespräch 409
Familie 434
Familientherapie 360
Feedbackgeben 389
Feinziel 38
Fingeralphabet 58
Fixierung 269, 297
Flüssigkeitsaufnahme 144
–, Beobachtung der 147
Förderdiagnostik 75
Förderschule 273
Förderung
–, geplante 406
Förderung der Kommunikation
–, Angebote 55
Fort- und Weiterbildung 431
Frakturen (Knochenbrüche) 235
Freiheitsberaubung 269
freiheitsbeschränkende Maßnahmen 508
Fremdevaluation 450
Freud, Sigmund 285, 353
Fröbel, Friedrich 89
Früherkennungsuntersuchungen 330
Frühförderstellen 422
Frustrations-Aggressions-Kette 286
Frustrations-Aggressions-Theorie 285
Füttern von Säuglingen 151
GAB-Verfahren der Qualitätssicherung 474
Garantenstellung 270
GBM-Verfahren 468
Gebärdensprache 58
gebärdenunterstützte Kommunikation (GuK) 59
Gefäßsystem 185
–, Krankheitsbilder 199
geistige Behinderung 72
–, Aggressionen 284
–, Multimorbidität 257
–, psychiatrische Pflege bei 254
–, Sprache 48
–, Umgang mit Tod 314
Geschäftsidee 454
Gesprächsführung 415
Gesprächstherapie 355
Gestaltpädagogik 395
Gestalttherapie 356
Gestaltung der Betreuung für Menschen mit Behinderung (GBM) 466
Getränke 147
Gewalt 282, 284
–, sexuelle 310
Gewaltverminderung 290
Gewerkschaften 432
Gewichtskontrolle 491
Grammatik 54
Grundbedürfnisse 288
Grundumsatz 132
Gruppe 395, 416, 419
Günstigkeitsprinzip 511

Haftpflichtversicherung 263
Haftung 514
–, strafrechtliche 261, 264
–, zivilrechtliche 261
Hämorrhoiden 221
Handlungs- oder Ausführungsverantwortung 524
Haushaltsführung 157, 175
Haushaltshygiene 183
Hauswirtschaft 128
Heilpädagogische Heime (HPH) 255
heilpädagogisches Modell nach Haisch 405
Heimaufsicht 459, 460
Heimlich-Handgriff 238
Hepatitis 220
herausforderndes Verhalten 280

Herz 185
–, Krankheitsbilder 193
Herz-Kreislauf-System 185
Herz-Lungen-Wiederbelebung 241
Hilfebedarfsplanung 13
–, individuelle 17
–, mittels LEWO II 473
–, Modelle und Verfahren 15
–, traditionelle 15
–, Überblick 34
Hilfe bei der Selbsttötung 379
Hilfe beim Sterben 379
Hilfe mit der Hand in der Tasche 502
Hilfen für Helfer 397
Hilfeplaninstrumente
–, IHP-3 22
–, Metzler-Verfahren 22
Hilfeplankonferenz 19
Hilfeplanung 15
Hilfestellung
–, beim Essen 149
–, beim Trinken 153
Hilfsmittel
–, gesetzliche Krankenversicherung 171
Hilfsmittel zum Ausgleich einer Behinderung 172
Hippotherapie 73, 371
Hirnforschung 98
Hitzschlag 239
Hochtontrainer-System 104
Hormonsystem 483
–, Krankheitsbilder 487
Hormontherapie 332
Hospizarbeit 342
humanistische Psychologie 355

ICF (International Classification of Functioning, Disability and Health) 20
Individualarbeitsrecht 511
Individuelle Hilfeplanung (IHP-3) 27
Infektionsschutzgesetz 524
Infusionen 523
Injektion 523
–, subkutane 493
Inkontinenzhilfsmittel 171
Insektenstich 238
Institutionen
–, Zusammenarbeit mit 422
Instrumente
–, Musik 101
Insulin 485, 488
Insulintherapie 492
interdisziplinäres Team 247
interdisziplinäre Zusammenarbeit 400
Interkulturelle Behindertenhilfe 305
Interkulturelle Kompetenz 303
Internetauftritt 427
Intersektionalität 302

Jugend- und Auszubildendenvertretung 520

Kaizen 506
Kaustörungen 152
Kinder- und Jugendpsychotherapie 361
Kirchengemeinden
–, Zusammenarbeit mit 425
Klientenbefragung 466
Klistier 226
Knochenbruch 235
Koanalgetika 320
Kognitionspsychologie 358
Kognitive Entwicklung 120
kollegiale Beratung 415
Kollektivarbeitsrecht 511
Kommunikationshilfen
–, elektronische 61
–, nicht elektronische 59
Kommunikationsmethode 56
–, elektronische 56
–, körpereigene 56
–, nicht elektronische 56
Kommunikationstheorien 415
Kompetenz
–, personale 41, 411
Kompetenz- bzw. Verwirklichungsansatz 251
Kompressionstherapie 211
Konditionierung 357
Konflikte 398, 420
–, im Team 392
Konfliktgespräch 443
Konfliktsituationen
–, Angehörige 436
Konfrontationstherapie 357
Kongruenz 411
Konstruktionsspiel 87
Kontaktaufnahme 55
Kontraindikationen (KI) 325, 332
Konzept der positiven Verhaltensunterstützung 292
Konzeptentwicklung 473
Körperbehinderung 72
Körpererfahrung 67
körperorientierte Therapieverfahren 372
Körperpsychotherapie 373
Körpersprache 57
Körperverletzung 267
Kostformen 146
Krebs 326
–, Früherkennung 330
–, Krankheitsbilder 334
–, Pflege 335
–, Schmerzen 337
Kreislauf 187
Krisen 275
–, geistige Behinderung 277
–, Lebensveränderungs- 277
–, situativ-traumatische 276
Krisenbewältigung 278
Krisenintervention 256, 278
Krisenmanagement 293
Kultursensible Arbeit 303
Kundenzufriedenheit 462
Kündigungsschutz 517
Kunst 108
–, Entwicklung des Kindes 117
–, Entwicklungsstufen 118
–, Identitätsbildung 114, 116
–, Methoden 121
–, von Menschen mit Behinderung 113
Künstlerisches Werken 127
Künstliche Darmentleerung 226
Künstliche Ernährung 155
Künstlicher Darmausgang 222
Kunsttherapeut 114

Lagerung 324
–, Erleichterung der Atmung 207
lautsprachbegleitende Gebärden (LBG) 59
Lebensbereiche 42
Lebensmittel 133
–, Verträglichkeit 146
–, Vorratshaltung 141
–, Zubereitung 141
Lebensmittelrecht 184
Lebensqualität 369
Lebensqualitätskonzepte 37
Lebensveränderungskrise 277
Leber 216
leerer Stuhl 357
Leistungsumsatz 132

Leitbild
–, Einrichtung 474
Leitziel 38
Lernen am Effekt 287
Lernen am Modell 286, 357
Lerntheorien 357, 407
LEWO II 470
Lohn- und Gehaltstarifverträge 519
Lungenödem 194
Lymphdrainage 212
Lymphgefäßsystem 192

Magen 215
Malen 121
MAPS 31
Marktstände 429
Materialerfahrung 67
Mediation 420
Medikamente 363
–, Schmerzen 325
Medikamentengabe 151
Medizinproduktegesetz 524
Menschenbild 14
Meta-Evaluationen 452
Metakompetenzen 413, 416
Metaplan-Methode 394
Metastasierung 328
Metzler-Verfahren (HMB) 23
Migrationshintergrund
–, Beratung 304
–, Fachkräfte mit 299
–, Kultur 301
Migration und Behinderung 299
Milieu
–, therapeutisches 252
Milieutherapie 368
Mimik und Gestik 56
Mindesthaltbarkeitsdatum 140
Misshandlung von Schutzbefohlenen 268
Mitbestimmung 520
Mitwirkungsrecht 438
Mobilisation 210
Modell der Arbeitsorganisation (nach Haisch) 467
Montessori, Maria 88
Morbus Parkinson 100
Motologie 75
Motopädie 64
Motorische Entwicklung 68
–, geschlechterspezifische Besonderheiten 69

Multimorbidität 257
multiprofessionelles Team 500
multiprofessionelle Zusammenarbeit 506
Mundhöhle 214
Mund- und Zahnpflege 224
Musik 95
–, Entwicklungsbereiche 97
–, Entwicklungsstufen 99
–, Körperliches 96
Musiktherapie 101, 370
Mutterschutz 516

Nachbarschaftshilfe 435
Nachtarbeit 515
Nährstoffe 133
Nahrungsanreichung im Bett 151
Nahrungsaufnahme 144
Nährwertkennzeichnung 139
Nervensystem 372
Neuroleptika 364
New Games 90
Newsletter 428
Normen und Qualität 507
Notfall
–, Unterzuckerung 495
Notfälle 236
Nothilfe 264
Nötigung 268
Notwehr 264

OB&A/GBM 403
Obstipation 226
Öffentlichkeitsarbeit 426, 454
Ombudsmann 460
Organisationsstruktur 474
Organisation und Verwaltung 478
Orientierung an Entwicklungsaufgaben 40
Orientierung an Lebensbereichen 42
Orientierung an personalen Kompetenzbereichen 41
Outsider Art 113

pädagogische Betreuungsplanung nach Haisch 403
Palliativpflege 341
Parenterale Ernährung 156
PATH-Prozess 32
Patientenverfügung 380
PECS (Picture Exchange Communication System) 60

PEG-Sonde 229
Personalbedarf 469
Personalführung 507
persönliches Budget 20
persönliche Zukunftsplanung 29, 31
Pflanzen pflegen 182
Pflege
–, psychiatrische 245
Pflegeanamnese 500
Pflegediagnose 501
Pflegediagnostik 259
Pflegedokumentation 270
–, Einsichtnahme 526
–, passive Sterbehilfe 380
–, Qualität 464
–, rechtliche Aspekte 526
Pflegeergebnis 505
Pflegefachkraft
–, Qualifikation der 522
Pflegehilfsmittel 173
Pflege mit der Hand in der Tasche 250
Pflegemodell
–, von Orem 499
–, von Peplau 499
Pflegeplanung 259
Pflegequalität 510
Pflegerecht 522
Pflegestandards
–, psychiatrische 502
Pflege Sterbender 344
Pflegetheorien 498
Pflegeverlauf 505
Pflegeziele
–, psychiatrische 501
Piaget, Jean 118
Placebowirkung 364
Präsentation 389
–, der Einrichtung 428
Präventionsarbeit
–, sexuelle 310
Praxisberatung
–, kollegiale 416
Prellungen 236
Professionalität 247
progressive Muskelrelaxation (PMR) 376
Projekt
–, Kunst und Werken 127
Prothesenpflege 225
Prozessqualität 456
psychiatrische Kliniken 255

psychiatrische Pflege 245, 498
–, begleitende Aufgaben 252
–, Evaluation 504
–, geistige Behinderung 257
–, Kompetenzen in der 249
–, Medikamente 363
–, Qualitätsmanagement 507
psychiatrische Pflegeplanung 498, 502
psychiatrisches Pflegekonzept 259
psychische Erkrankungen
–, Verfahren zur Behandlung 260
Psychische Störungen 246
psychoanalytisches Modell 353
Psychoedukation 252, 365
Psychomotorik 64
Psychopharmaka 363
psychosomatische Reaktionen 372
Psychotherapie 351
–, Krankenkasse 378
Pubertät 309
Pulsmessung 204

Qualifizierungsmaßnahme 473
Qualitätsfeststellung 456
Qualitätshandbücher 463
Qualitätsmanagement 455
–, in der Psychiatrie 506
–, Regelkreis 509
Qualitätsmanager 474
Qualitätsnormen 507
Qualitätsprüfung
–, externe 472
Qualitätssicherung 457, 474
–, Instrumente der 461
–, Rechtsgrundlagen 527
Qualitätssiegel 463
Qualitätszirkel 464, 474

Rechtskunde 261
Reduktionskost 131
Reflexion 442
–, Klärungsfragen 444
–, Spiel 94
–, zehn Ideen 388
Reflexionsbögen 447
Reflexionsfragen 443
–, zur Angebotsdurchführung 408
–, zur Gruppenarbeit 389
Reflexionsmethoden 446
Regelspiel 87
Reinigung der Küche 182
Religion 425
–, Ernährung 137
religiöse Rituale 315
Resident Assessment Instrument (RAI) 465
Ressourcen-Etikettierungs-Dilemma 15
Rhythmik 104
Rollenspiel 86
Rufbereitschaft 515
Ruhepausen 515

Sanitärbereich reinigen 177
Satir, Virginia 361
Schadensersatz 263
Schichtwechsel 480
Schilddrüsenfunktionsstörungen 487
Schilddrüsenhormon 484
Schluckprobleme 152
Schluckstörungen 219
Schmerzbehandlung 322, 325
–, bei chronischen Wunden 235
Schmerzen 298, 317
–, akute 321
–, bei Tumorleiden 320
–, chronische 321
–, Phantomschmerz 322
Schmerzformen 319
Schock 197
–, anaphylaktischer 244
–, Erstmaßnahmen 244
–, kardiogener 244
Schriftsprache 61
Schulen
–, Zusammenarbeit mit 422
Schwangerschaft 312
Schweigepflicht 267, 366
Schwerstmehrfachbehinderung 73
SEA 462
Selbstevaluation 449, 466, 472
Selbstkonzept 246, 355
Selbstpflegemodell 499
Selbstreflexion 411
Selbstständigkeit 453
selbstverletzendes Verhalten 294
–, Umgang mit 297
Selbstverstehen 356
Selbstwirksamkeit 251, 298
sensomotorisches Spiel 84
sensorische Integration 66, 369
Sexualassistenz 313
Sexualerziehung 309
Sexualität von Menschen mit Behinderung 306
Sexuelle Aufklärung 309
sexuelle Gewalt 310
sexueller Missbrauch 269, 311
SGB IX 16
SGB V 171
SGB XI 172
SGB XII 22
Sicherheit in der Wohnung 170
Sinnesförderung 71
Sinnesorgane 67
–, Unterstützung bei einer Einschränkung 143
situativer Kontext 280
Skill-Koffer 298
SMART-Methode 39
SMART-Zielplanung 387
Snoezelen 377
Sondennahrung 231
Sonnenstich 239
Sozial-emotionale Beeinträchtigungen 73
Sozialerfahrung 67
sozialer Verstärker 293
Spiel 83
–, Planung und Durchführung 92
Spielformen 84
Spieltherapie 93
Sponsoren 426, 428
Sportkurse 425
Sport und Bewegung 77
Sprache
–, Bezugspersonen 46
–, Erlernen von 45
–, fördern 43
–, günstige Lernkontexte 47
–, Meilensteine 48
Sprachentwicklung 47, 105
–, Störungen 50
Spracherwerb 46
Sprachförderung 51
–, Angebote 52
Sprachspiele 85
Sprechen 45
stabile Seitenlage 241
stationär-psychiatrische Behandlung 256
Sterbebegleitung 315
Sterbehilfe 379
Sterben 314, 341
–, Pflege 344

Sterbephasen 343
stereotype Verhaltensweisen 297
Stoffwechsel 485
Stoma 222
Stomapflege 227
Strafrecht 264
Straftatbestände 266
Strahlentherapie 331, 338
Strukturqualität 456
Stuhlgang 223
Stuhlinkontinenz 221, 227
Stuhlverstopfung 226
Subjektive Krankheitsempfindung 248
Suizidprävention 508
Supervision 397
SWOT-Analyse 413
SYLQUE 469
Symbolspiel 85
Symbolverständnis 45
systemische Aufgaben
–, psychiatrische Pflege 253
systemische Theorie 412
systemische Therapieformen 360
Systemtheorie 360

Tag der offenen Tür 428
Talker 62
Tanz 95, 106
Tarifrecht 519
Taster 61
TEACCH (Treatment and Education of Autistic and related Communication-handicapped Children) 61
Team 384, 443
–, Konflikt 393
–, Moderation 386
Teamdynamik (nach Haisch) 467
Teamleitung 391
Teamsupervision 398
Teamtreffen 386
Teilzeitarbeit 514
Tendenzbetriebe 513
Textilien 178
Therapeut 355, 366
Therapieeinrichtungen 423
Thromboseprophylaxe 209
tiergestützte Therapie 371
Tod und Sterben 314, 348
–, Umgang mit 341

Total Quality Management (TQM) 461
Tötung auf Verlangen 381
Tranquilizer 364
Trinkgefäß 154
Trinkverhalten 147
Trisomie 21
–, Herzfehler 195
Tumoren 327, 336, 338

Übelkeit 223, 337
Übergabegespräch 480
Übergabeprotokoll 481
Übergänge 277
–, Angehörigenarbeit 435
Übergewicht 129, 130
Überlastungsanzeige 514
Überleitungspflege 256
Übertragung 419
Übertragungseffekte 248
Überzuckerung (Hyperglykämie) 495
UN-Behindertenrechtskonvention 254
Unruhe 345
Untergewicht 129
Unterlassene Hilfeleistung 270
Unterstützerkreis 292
unterstützte Kommunikation (UK) 56
Unterstützungsbedarf
–, beim Essen 144
–, beim Trinken 147
Unterstützungskreis 30, 32
Unterzuckerung (Hypoglykämie) 495
Urkundenfälschung 270
Urlaub 515

Vegetarismus 137
Venen und Arterien 191
Verätzung 239
Verbrennung 238
Verdauungstrakt 214
–, Krankheitsbilder 219
Vereine 425
Vergiftung 240
Verhaltensauffälligkeiten 280
Verhaltensmuster
–, Veränderung der 291
Verhaltenstherapie 357
Vernetzung 509
Verordnungs- oder Anordnungsverantwortung 524

Verwaltungsaufgaben 478
Vulnerabilität 277

Wahrnehmungsförderung 74, 369
Wäschepflege 177
Webseite 427
Weisungsrecht 513
Weiterbildung 431
Werken 108
Werkstätten für Menschen mit Behinderung (WfbM) 80, 424
Wertschätzung 355, 429
WHO-Stufenschema 319
Wohnbegleitung 158
Wohnen 157
Wohnformen 157
Wohngemeinschaft
–, therapeutische 368
Wohnheim 436
Wohnraum
–, eigener 167
–, gesundheitsfördernde Gestaltung 168
Wohnraumanpassung 161
–, Maßnahmen 162
Wohnung reinigen 176
Wollsocken-Prinzip 36
Wortschatz 53
Wunden 233

Zähne 214
Zahnpflege 224
Zahnschmerzen 317
Zeichnerische Entwicklung 120
Zeitungsartikel 427
Zertifikate 463
Zertifizierung 475
Zieldimensionen 38
Zielperspektive
–, Lebensqualität 37
Zivilrecht 261
Zuckerkrankheit 487
Zusammenarbeit
–, interdisziplinär 422
–, mit Angehörigen 434
Zwangsmaßnahmen in der Psychiatrie 508
Zytostatika 332
Zytostatikatherapie 339

Bildquellenverzeichnis

123RF Germany c/o Inmagine GmbH, Nidderau: S.351/2; 498

a r t e d g e, günter mayer, Bamberg (www.business-knigge.com): S.390

Abenteuer Vielfalt, Schwäbisch Hall (www.abenteuervielfalt.blogspot.de): S.55/1 (Patricia Masibay)

akg-images GmbH, Berlin: S.110 (© Succession Picasso/VG Bild-Kunst, Bonn 2014); 111/1-3; 112/1-3; 124/4 (© Succession Picasso/VG Bild-Kunst, Bonn 2014); 125/1 (© Succession Marcel Duchamp/VG Bild-Kunst, Bonn 2014); 353/1

Albertinen-Krankenhaus, Hamburg: S.200/2

Annegret Hultsch Photography, Hamburg (www.hultsch.com) – mit freundlicher Genehmigung der Lufthansa Technik AG, Hamburg: S.58/2

AOK-Bundesverband, Berlin: S.377

ARTOTHEK, Weilheim: S.317

as-illustration, Alexander Schmitt, Rimpar: S.244/2

Bartl GmbH, Garching an der Alz: S.88/2

Beyer foto.grafik, Berlin (www.beyer-foto-grafik.de): S.27/2; 77; 79/2; 81; 90; 128; 145; 157/1; 167; 175; 406; 424; 434; 435

Blindeninstitut Thüringen, Schmalkalden: S.423

BOB Born, Christian, Freiburg: S.37; 283; 293; 301; 302

Bodhicon, Hans-Ueli Schlumpf, Basel, Schweiz (www.bodhicon.ch): S.392/1

Bundesinstitut für Arzneimittel und Medizinprodukte (BfArM), Bonn: S.525

Colourbox, Odense N, Dänemark: S.68/1

Corbis GmbH, Düsseldorf: S.43/1 (Brian Mitchell); 62/2 (Tony Kurdzuk/Star Ledger); 67/3 (Phil Schermeister); 80 (Michael S. Yamashita); 91/1 (Travis Silva/Design Pics); 374/2 (John Lund/Marc Romanelli/Blend Images); 378 (PILAR OLIVARES/Reuters); 471 (Silvia Morara)

CSG Pradtke GmbH, Bochum: S.480/1

DETOA Albrechtice s.r.o., Tschechische Republik: S.54/2

Deutscher Ärzte-Verlag GmbH, Köln: S.204

Deutsches Rotes Kreuz - Generalsekretariat, Berlin: S.241; 242/1-4

Deutsche Gesellschaft für Ernährung e. V., Bonn: S.137

Dienstbier, Akkela, Bremen: S.447

Dominikus-Ringeisen-Werk, Region Unterfranken: S.437/1,2

Donicht, Heinz Dieter, Oldenburg (www.leistungsteam.de): S.391

Doose, Stefan, Dr., Lübeck (Grafik von Susanne Göbel aus: Doose, Stefan, 2013): I want my dream!): S.29

dpa-Picture-Alliance GmbH, Frankfurt am Main: S.65; 66/1; 71 (Jens Büttner); 72 (Miguel Villagran); 78/1; 87 (Martin Schutt); 88/1 (Bodo Schackow); 195 (Wissen Media Verlag); 297 (Hans Wiedl); 353/2; 357 (Geoff Kirby); 368 (Helga Lade Fo); 394 (Robert B. Fishman, ecomedia); 409 (Gudrun Petersen); 412 (N. Hochheimer/CHROMORANGE); 482 (TANZER Richard); 488

DRK-Kinderklinik Siegen gGmbH, Siegen: S.75

Ewers-Basbay, Ute, Hamburg (Verlag Handwerk und Technik GmbH): S.59/1-6; 70/1; 298; 386

F1online digitale Bildagentur GmbH, Frankfurt am Main: S.70/2 (Agencja Free); 477 (Spaces Images RM Jaak Nilson); 500 (Maskot)

Fotolia Deutschland, Berlin, © www.fotolia.de: S.16 (Péter Mács); 40/2 (Alexander Raths); 44 (Sergey Lavrentev); 45/2 (st-fotograf); 55/2 (Dan Race); 66/3 (chuck), 4 (Martin Schumann); 68/2 (Liddy Hansdottir); 85/1 (st-fotograf); 86 (Aliaksei Lasevich); 91/3 (Gina Sanders); 102/2 (MUE), 5 (Klaus Eppele); 109/1 (Marco Corbelli); 142 (Bernd Keller); 146/1 (unverdorben), 2 (photocrew); 147 (Otto Durst); 150 (st-fotograf); 153 (moeyan); 154/2 (Coprid), 3 (kristina rütten); 180 (gradt); 240 (tournee); 244/1 (Gabriele Fontana); 275/1 (Kwest), 2 (Gina Sanders); 304/2 (Y. L. Photographies); 306/1 (muro), 2 (rolafoto); 314 (chalabala); 316 (sas); 326 (Lisa F. Young); 354/1 (shooarts), 2 (Ljupco Smokovski); 371 (macroart); 382 (Robert Kneschke); 385 (jot8206); 398/2 (Andrius Gruzdaitis); 403 (Jan Engel); 422 (Robert Kneschke); 426 (XtravaganT); 430 (XtravaganT); 439 (Marco2811); 442 (Marco2811); 480/2 (Gabriele Rohde); 490 (Gina Sanders); 494/2 (Anette Romanenko); 515/2 (haveseen); 522 (apops)

Fresenius Kabi Deutschland GmbH, Bad Homburg v.d.H. : S.229; 230

Fritsche, Olaf, Dr., Mühlhausen (www.visuelles-denken.de): S.58/1,3

FRÖBEL Competence GmbH, FRÖBEL-Gruppe, Berlin: S.89/3

Gay, Claude-Bernard, Hamburg: S.35

Getty Images Deutschland, München: S.33/2 (Lucy Lambriex); 376 (yellowdog); 476 (Inti St. Clair)

GINETEX GERMANY c/o GermanFashion Modeverband Deutschland e.V., Köln: S.179

Grafische Produktion Neumann, Rimpar: S.185; 186/1; 187/2; 190/1,3; 201; 226; 243

Guhl, Martin, Stein am Rhein: S.13; 15; 19; 27/1; 41; 42/1-6; 64/1-3; 98/2; 396; 508

Hamann, Wenke, Hamburg (Verlag Handwerk und Technik GmbH): S.59/7, 9; 388/1-10; 444

Hamburger Arbeitsassistenz, Hamburg (www.hamburger-arbeitsassistenz.de): S.392/2

HCPro, Inc., Danvers, Massachusetts, USA: S.465

Hollister Incorporated, Niederlassung Deutschland, München: S.228/1-3

Institut für Formative Psychologie, Solingen : S.374/1

INVACARE Aquatec GmbH, Isny: S.172; 173/2

iStockphoto, Berlin: S.36 (Prill Mediendesign & Fotografie); 45/1 (Marina_Di); 74 (pilcas); 102/7 (lamnee); 117 (NiDerLander); 152 (Nwphotoguy); 166 (Dominik Pabis); 174 (ra3rn); 237 (Izabela Habur); 294 (Estate of Stephen Laurence Strathdee); 315 (iburns); 341 (leaf); 364 (9Lives); 445 (Santje09); 515/1 (Kemter)

Jeker, Urs, Boniswil, Schweiz: S.67/1

Kallmünzer, Tanja, Eschenbach: S.181/1-3

Kassenärztliche Bundesvereinigung, Berlin: S.464

Katholische Hochschule NRW, Köln/Landschaftsverband Westfalen-Lippe: Dieckmann, F., Giovis, C., Schäper, S., Schüller, S. & Greving, H. (2010), (www.katho-nrw.de\lequi\): S.157/2

Klamke, Bastian, Berlin (www.bastian-klamke.de): S.504

Köhn, Birte, Hamburg (Illustration): S. 49

Kramer, Angelika Grafikdesign, Stuttgart: S. 136; 233/2; 234; 236; 238/1,2; 239; 363/2

Krausen, Scott, Mönchengladbach: S. 129; 163/1; 170/2; 176/1-4; 186/2-5; 187/1; 188/1-3; 189; 190/2; 191; 192; 193/1,2; 194; 196; 199/1,2; 202; 211/1; 214; 215/1,2; 216/1,2; 217/1,2; 220; 221; 222/1,2; 235/1,2; 263; 266; 321; 327; 328/1,2; 331; 334; 335; 483; 484/1,2; 485/1,2; 486; 520

Krüper, Werner, Steinhagen: S. 261/1; 264; 265; 269; 270; 332; 344; 348

laif Agentur für Photos & Reportagen GmbH, Köln: S. 79/1; 272; 280; 304/1

Lebenshilfe Bad Dürkheim e.V.: S. 429

Lebenshilfe-Verlag Marburg, Verlag der Bundesvereinigung Lebenshilfe e.V., Marburg: S. 311/1-6; 470

Liebermann, Erik, Steingaden (www.liebermann-cartoons.de): S. 501

Lohmann & Rauscher GmbH & Co. KG, Rengsdorf: S. 211/2

MANUFACTUM GmbH & Co. KG, Waltrop (www.manufactum.de): S. 178/1

Mauritius GmbH, Mittenwald: S. 91/2 (Birgit Koch)

Mayer, Karl C., Heidelberg: S. 100/1

MEYRA-ORTOPEDIA Vertriebsgesellschaft mbH, Kalletal-Kalldorf: S. 163/2; 173/1

Microsoft Clipart Gallery: S. 384 (Montage: Quatsling, Liane, Hamburg)

Müller-Fahrenkamp, Jutta, Neu-Ulm: S. 360

Münstersche Zeitung Medien GmbH & Co. KG, Münster: S. 170/1 (Inga Tawadrous)

Neese, Anika, Fotodesign, Berlin: S. 151/1; 213; 223; 226/2

Novo Nordisk Pharma GmbH, Wien, Österreich: S. 494/1

Nutricia GmbH, Erlangen: S. 156/2

OKAPIA KG Michael Grzimek & Co., Frankfurt am Main: S. 203 (JUZO)

Oser, Liliane, Hamburg: S. 54/1; 59/8

Otto-von-Guericke-Universität Magdeburg, Institut für Sportwissenschaft (Foto: S. in Lange): S. 104

PAUL HARTMANN AG, Heidenheim: S. 211/3; 212

Per Medien+Marketing GmbH, Braunschweig: S. 14; 17; 31; 32; 33/1; 38; 83; 84; 98/1; 133; 134; 156/1; 207; 209; 249; 259; 261/2; 307; 323; 333; 351/1; 367; 369; 400; 413/2; 418; 425; 455; 457; 476; 492; 511; 519

Planetware, München (www.colormusic.de): S. 103/1,2

Pyramid Educational Consultants of Germany UG (haftungsbeschränkt), München: S. 60/2

Regens-Wagner-Stiftungen, Dillingen: S. 61/2

RehaMedia GmbH, Duisburg: S. 62/1

Reuters News Agency, Thomson Reuters, Berlin: S. 300 (Muhammad Hamed)

Roche Pharma AG, Grenzach-Wyhlen: S. 208

Roll 'n' Go Dancers, Beate Kellermann, Rheinfelden: S. 106

Rüther-Dahlmanns, Brigitte, Bonn: S. 49 (Inhalt)

Schindelbeck, Dirk, Dr. phil., Freiburg (© 2008-2013 Grimm Foundation): S. 245

Schmidt, Roger, Brunsbüttel: S. 453

Schramm, Alfred, Münster: S. 108/1,2; 118; 119/1,2; 121/1,2; 122/1-6; 123/1-3; 124/1-3,5; 125/2,3; 126/1,2; 127/1-6

Setzer Verlag, Stuttgart: S. 305

Shutterstock Images LLC, New York, USA: S. 30 (dencg); 39/1-5 (Mirona TARTAN); 43/2 (dencg); 48 (lucadp); 78/2 (Johannes Eder); 85/2 (Pavel L Photo and Video); 95/1 (Alegria); 100/2 (karelnoppe); 101 (Zoran Simin); 102/3 (Yuriy_fx), 4 (Dario Sabljak), 6 (Keith Publicover); 109/2 (matka_Wariatka); 151/2 (Robert Kneschke); 162 (Grandpa); 210 (R.S.Jegg); 247 (Scott Maxwell/LuMaxArt); 250 (clearviewstock); 258 (Steven Frame); 306/3 (DeiMosz); 362 (STILLFX); 363/1 (Tveritinova Yulia); 365 (sofist); 375 (Belushi); 398/1 (mangostock); 411 (MaKars); 413/1 (Orla); 414 (Skalapendra); 420 (Anatoli Styf); 421 (Andrey Ezhov); 436 (Miriam Doerr); 446 (Talashow); 506 (Leremy)

SINA Spielzeug GmbH, Neuhausen: S. 89/1,2

Singer, Andy, Saint Paul, Minnesota, USA: S. 452

Six Pack, A Capella Comedy Show, Sulzbach-Rosenberg (www.six-pack.org): S. 95/2

Springborn, Dirk-Sönke, Holzwickede: S. 200/1

St. Augustinus-Kliniken gGmbH, Neuss: S. 254

Steffi Loos Fotografie, Berlin (www.fotokombinat.net): S. 401

Stiftung Aktion Sonnenschein, Hilfe für das mehrfach behinderte Kind, München: S. 61/1

Stiftung Freilichtmuseum am Kiekeberg, Rosengarten: S. 159

Stracke-Mertes, Ansgar, Raeren, Belgien: S. 40/1,3; 370; 373/1,2

Strenzler, David, Kettig (www.kathrinlemler.de): S. 57/1-3

Studio 49 Musikinstrumentenbau GmbH, Gräfeling: S. 102/1

SuperStock., Co, London, Großbritannien: S. 493/1 (Ulrich Niehoff)

Thomas Hilfen für Körperbehinderte GmbH & Co. Medico KG, Bremervörde: S. 149/1-3

toonpool.com GmbH, Berlin: S. 299

Ungerer, Otto, Prof. Dr., Kirchheim: S. 183

Universität Tübingen: S. 95/3 (H. Jensen)

Universität zu Köln, Humanwissenschaftliche Fakultät, Department Heilpädagogik und Rehabilitation, Köln: S. 60/1 (© Boenisch/Sachse; Symbole © Metacom)

Verlag Handwerk und Technik GmbH, Hamburg: S. 139/2; 169

verlag modernes lernen GmbH & Co KG, Dortmund: S. 52/1,2; 53/1,2

W. Söhngen GmbH, Erste Hilfe - Notfallmedizin, Taunusstein: S. 233/1

Walle, Andreas, Hamburg: S. 139/1; 144; 178/2; 493/2; 495

Walther, Elke, Bad Rappenau : S. 66/2

WEW Gemeinnützige Westeifel Werke GmbH, Gerolstein: S. 428

WGP-Produktdesign, Ellerau: S. 154/1

www.pflegewiki.de: S. 343 (Produnis)

Your Photo Today, Taufkirchen: S. 11 (BSIP/_B); 45/3 (BSIP/_B); 63 (Phanie); 67/2 (ABK/BSIP); 73 (BSIP); 99 (ABK/BSIP); 255 (Phanie); 281 (PHANIE)

ZertSozial GmbH, Stuttgart: S. 456

Zwerg, Dorothea, Greifswald: S. 103/3